胡光利
梁志刚
／著

全传 上

季羡林

华中科技大学出版社
http://www.hustp.com
中国·武汉

图书在版编目（CIP）数据

季羡林全传：上下册/胡光利，梁志刚著. —武汉：华中科技大学出版社，2019.12
　ISBN 978-7-5680-5689-2

Ⅰ. ①季… Ⅱ. ①胡…②梁… Ⅲ. ①季羡林（1911-2009）—传记 Ⅳ. ①K825.5

中国版本图书馆 CIP 数据核字 (2019) 第 234868 号

季羡林全传（上下册）　　　　　　　　　　　　　　　　　胡光利　梁志刚　著
Jixianlin Quanzhuan

策划编辑：吴素莲
责任编辑：吴素莲
特约编辑：王佩芬　王进花
封面设计：璞茜设计
责任校对：张会军
责任监印：朱　玢

出版发行：华中科技大学出版社（中国·武汉）　电话：(027) 81321913
　　　　　武汉市东湖新技术开发区华工科技园　邮编：430223

印　　刷：湖北新华印务有限公司
开　　本：787mm×1092mm　1/16
印　　张：52.75　　插页：12
字　　数：1044 千字
版　　次：2019 年 12 月第 1 版第 1 次印刷
定　　价：152.00 元（上下册）

本书若有印装质量问题，请向出版社营销中心调换
全国免费服务热线：400-6670-118 竭诚为您服务
版权所有　侵权必究

◎ 1934年,季羡林在母校济南高级中学任教

◎ 季羡林中学时代在济南、北平等地报刊上发表的译作

◎ 季羡林儿时在临清大官庄的故居

◎ 1936年冬,季羡林与在德国的同学合影

◎ 1935年8月,季羡林离开济南赴德留学前,与中学同学合影

◎ 季羡林与刘先志夫妇等中国留学生在德国合影

◎ 季羡林留德期间,其叔父、婶母、妻子及子女等合影

◎ 1948年6月,季羡林与出席泰戈尔画展的来宾在北京大学孑民堂前合影

◎ 1948年10月24日，季羡林与赵宝煦等人在北京香山碧云寺合影

◎ 1958年，季羡林参加塔什干亚非作家会议时留影

◎ 1962年，季羡林在埃及参观访问时留影

◎ 1965年5月，季羡林与家人在北京居庸关长城合影

浣溪沙 苏东坡

游蕲水清泉寺寺临兰溪溪水西流

山下兰芽短浸溪松间沙路净无泥萧萧暮雨子规啼谁道人生无再少门前流水尚能西休将白发唱黄鸡

季羡林 壬午春

序

　　季羡林先生是我崇敬的前辈学者。20世纪60年代我在北大求学，季先生是东语系主任，我是数力系学生，虽未能结识先生，但从我一位在东语系学习的高中同学那里听到了不少关于季先生的传奇，对季先生心中总有一种向往。21世纪初，我到中央档案馆国家档案局工作期间，季羡林先生担任中国档案文献遗产工程国家咨询委员会名誉主任委员，有幸与先生结缘。记得2003年春节刚过，我和校友、同事梁志刚一起来到北大朗润园13公寓，代表档案工作者向季老先生祝贺新春，并对他多年来关心支持档案事业表示衷心感谢。

　　季老当时已是92岁高龄，不久前才从医院回家。季老先生见到我们十分高兴，十分亲切，虽是初次见面，毫无陌生之感。他饶有兴趣地听取中央档案馆和中国第一历史档案馆馆藏情况的介绍，不时关切地询问毛泽东手稿和清代满文老档等珍贵档案的保管情况。季老先生对近年来档案工作逐渐受到重视表示欣慰。他说："你们的工作很有意义、很有成绩。《中国档案报》和它的副刊《档案大观》也办得不错，我常看。"季老回忆他亲身经历的十年浩劫中北大档案损失严重的情况后，语重心长地说："档案是承载历史的，历史是不应该忘记的，档案工作者要对历史负责。不珍惜历史何以创造未来？在人类几千年的历史上，我们的祖先既做过一些聪明的事，有益的事，也做过一些愚蠢的事，有害的事。聪明的事，有益的事，我们应该继承发扬。愚蠢的事，有害的事，是历史的垃圾，我们当起而铲除之。所谓铲除，绝非简单地一笔勾销，而是把它留在我们的记忆中，作为反面教材，时时为我们敲响警钟。"

季老对青年一代寄予无限希望。他说："我们中国人，特别是青年人要认识到自己对国家和后代子孙的义务。我们都是人类进化无限长河中的一段，承前启后，是跑接力赛中的一棒。我们一定要把自己这一棒跑好，这就是爱国主义。"言犹在耳，老先生离开我们已经8年了。一番长谈，三生有幸，终身受益。

我经常抱憾自己结识季老太晚，没有更多机会聆教。值得庆幸的是，季老的亲炙弟子胡光利、梁志刚的大作《季羡林全传》由华中科技大学出版社出版，志刚学兄索序于我，送我书稿，我虽惶恐，但乐得先睹为快。这是一部百万字的巨著。初读一时难以入境，读着，读着，我深深被胡、梁两位学兄新著的恢宏建构、精彩叙述、传神勾描、深情抒怀所打动，所吸引，随着他们展开的季先生人生长卷，一位堪称一代精神楷模的中国学术泰斗的形象在我的眼前逐渐丰满、高大起来，令我景仰，令我感佩，令我亲近，令我思味。

《季羡林全传》的两位作者都是我的大学同年级同学、季先生担任东方语言文学系主任时的高足。他们面聆教诲，多得亲传，又有近半个世纪的交往与情谊，对季先生的生平业绩有较深的了解。特别是在季老辞世后，他们怀着对恩师的敬爱之情，数年来不辞辛苦，搜集、整理季老的遗著、遗照，精读细品，以恭谨审慎、实事求是的态度和深挚的情感，完成了这部皇皇大著，在多方面显示出独具的特色与魅力。尤其在结构上，两位学兄是颇费一番心思来建构这部鸿篇巨制，它以季先生的九十八年人生历程为经，以近百年中国历史上发生的巨大变革为纬，演绎出一幅具有历史纵深感的史诗般画卷。季羡林先生的一生跨越了中国20世纪到21世纪初近百年的历史，从一个贫苦农家子弟成长为一代知识分子的杰出代表，他是我国当代著名学者、北大资深教授、东方文化大师、教育家，在语言学、文化学、印度学、历史学、佛学等领域成就辉煌，为弘扬中华民族优秀文化，促进文化交流，做出了重要贡献。他还是当代著名文学家，在散文创作、文学翻译、比较文学、民间文学和文艺理论诸方面硕果累累，对我国文学事业的繁荣产生广泛影响。季先生的学问博大精深，有些领域至为偏僻，一般人难窥奥堂之妙，两位学兄深入浅出，用通俗易懂的言语较全面介绍了季羡林先生的学术成就和学术思想，这些都是难能可贵的。

季羡林先生是"感动中国"2006年度十大人物之一，正如评委们所言："季羡林创建了东方语文系，开拓中国东方学学术园地。是享誉海内外的东方学大师。季老不仅学贯中西，融汇古今，而且在道德品格上同样融合了中外知识分子的优秀传统。中国传统士大夫的仁爱和恕道，强烈的忧患意识和责任感，坚毅的气节和情操，西方人文主义知识分子的自由独立精神，尊重个性和人格平等观念，开放创新的意识，这些优秀传统都凝聚融化在季老身上。所以，他能够做大学问，成大事业，有大贡献，他是中国现代知识分子的一面旗帜和榜样。"这部《季羡林全传》生动诠释了这样的评价。尤其难能可贵的是，作者遵循传主兼恩师的教诲，"实事求是，既不夸大，也不缩小"，秉笔直书，绝不掩饰、避讳季羡林先生走过的弯路、犯过的过错，诸如"大跃进"时对"亩产万斤"的歌颂，"文革"时对那场"大革命"的深信不疑等等，如同他本人所说"愚蠢的事""有害的事"应该留在我们的记忆里，"时时为我们敲响警钟。"总之，季先生的为人为学，对晚辈后学，堪称榜样。

  我和志刚学兄共事多年，他对学业研究之精深、业务工作之敬业、待人接物之真诚、廉洁自律之严格，处处折射出先生的人格魅力。我深知我没有资格评说他和胡学兄的大作，更没有资格为《季羡林全传》作序。我写下几句极肤浅的感受，只是想说明：我们学习掌握知识很重要，掌握学习知识的方法更重要；我们传承先生的学问很重要，传承先生的精神更重要。

毛福民

2017 年 9 月 19 日

目 录 | Contents

桑梓篇

第一章 | 走出官庄 002

辛亥剧变 ... 002
"拾庄稼" ... 007
第一位老师 ... 010
穷人家的孩子 ... 006
三个小伙伴 ... 008

第二章 | 顽童读书 012

来到济南 ... 012
王妈 ... 017
一师附小 ... 021
新育小学 ... 026
看热闹 ... 028
蚂蚱进城 ... 032
开元寺秋游 ... 034
蝙蝠脸老人 ... 014
上私塾 ... 020
三只兔子 ... 023
"造反"失败 ... 027
路经刑场 ... 030
读"闲书" ... 033

第三章 | 少年英才 036

补习英文 ... 036
父亲病逝 ... 040
状元公的褒奖 ... 046
省立高中 ... 052
无爱的婚姻 ... 056
谋职失败 ... 059
正谊中学 ... 037
山大附中 ... 041
失学一年 ... 050
打群架 ... 055
毕业旅行梦 ... 058

清华园篇

第四章 | 清华学子 ... 062

进京赶考 ... 062
异彩纷呈选修课 ... 069
课内课外 ... 074
结识文坛前辈 ... 079
永远的悔 ... 084
想当作家 ... 089
荷尔德林 ... 095

在西洋文学系 ... 066
南下请愿 ... 072
"四剑客" ... 076
秋妹出嫁 ... 082
回乡偶遇 ... 087
中德学会 ... 092
杭州游 ... 097

第五章 | 执教中学 ... 102

国文教员 ... 102
自行车和手表 ... 106

小小窍门 ... 105
饭碗堪忧 ... 107

留洋篇

第六章 | 离乡去国 ... 110

天赐良机 ... 110
哈尔滨三日 ... 116
途经莫斯科 ... 119
柏林趣话 ... 122

进入"满洲国" ... 114
在国际列车上 ... 117
波兰女孩 ... 120

第七章 | 小城春秋 ... 125

哥廷根的魅力 ... 125
平静的留学生活 ... 138
"博士父亲"的期望 ... 145
莫逆之交 ... 158

至关重要的抉择 ... 132
机遇与挑战 ... 141
怀念两位母亲 ... 150
贵人相助 ... 165

第八章 | 烽火岁月 ... 168

大轰炸下的逸闻 ... 168
家书抵亿金 ... 175
攻读吐火罗文 ... 186

饥饿地狱的煎熬 ... 172
博士论文的轰动 ... 180
博士后的辉煌 ... 193

异国慈母 ... 198　　　　苦涩的恋情 ... 203
反希特勒的友人 ... 209　　纳粹末日 ... 214

第九章 | 归国之路 ... 220

泪别哥廷根 ... 220　　　初到瑞士 ... 223
弗里堡见闻 ... 226　　　与公使馆的斗争 ... 228
途经马赛 ... 229　　　　船上生活 ... 230
西贡印象 ... 232

第十章 | 回到祖国 ... 235

回到香港 ... 235　　　　上海和南京 ... 237
北平和济南 ... 243

北大篇

第十一章 | 红楼冷雨 ... 248

走进红楼 ... 248　　　　翠花胡同 ... 256
来到胡适和汤用彤旗下 ... 259　　虎落平川 ... 264
《浮屠与佛》及其他 ... 270　　与师友在一起 ... 281
夜幕下的北平 ... 293

第十二章 | 红楼暖意 ... 298

天亮了 ... 298　　　　　东语系初现辉煌 ... 305
工会主席 ... 313　　　　出访印度和缅甸 ... 317
一级教授 ... 322

第十三章 | 燕园风云（一）... 327

从红楼到燕园 ... 327　　"原罪"的代价 ... 330
绝不出卖良心 ... 334　　在"运动"的夹缝中做学问 ... 336
加入共产党 ... 342

第十四章 | 燕园风云（二）… 348

躲了过去 … 348
《春满燕园》… 356
临深履薄的印度学研究 … 366
狂热的梦 … 349
朗润园安家 … 362

第十五章 | 十年一梦 … 374

从"社教"到"文革" … 374
重执教鞭 … 380
插曲和闹剧 … 384
老朋友来访 … 388
门房偷译史诗 … 376
参观中国通史陈列 … 381
官庄之行 … 385
恢复党组织生活 … 389

桑梓篇

第一章

走出官庄

辛亥剧变

公元1911年，旧历辛亥年，是中国历史上一个重要的年份。这一年资产阶级民主革命风起云涌，清朝封建专制统治风雨飘摇。10月10日武昌起义爆发，各省纷纷响应。及至次年2月12日，清朝最后一位皇帝溥仪被迫宣布退位，在中国大地上延续了两千多年的封建帝制宣告结束。

不过，辛亥革命的影响所及似乎只在南方，或者大城市；在北方的农村，人们对时局的变化了解甚少，农民们仍然怀着敬畏之心称皇帝为"朝廷"，仍然是日出而作、日落而息，一切似乎都没有什么变化，只是感觉日子越来越不好过了。

这一年的夏季特别长。在闰六月初八，即公历8月2日这一天，在山东鲁西平原上一个叫官庄的村子里，一户姓季的农民家中，诞生了一个男婴。小男孩儿的父亲叫季嗣廉，母亲娘家姓赵，婚后就成了季赵氏，自从有了这个孩子——这是他们的头一个孩子——就被称为"孩儿他娘"了。这个男孩儿是季家久久盼望的，喜得贵子，乳名喜子。父亲为他起的大名叫季宝山，季宝山改成季羡林，那是6年以后的事了。

说起季羡林的生日是怎么由8月2日变成8月6日的，原因是早年生日惯用阴历，季羡林去欧洲留学，填表时根据欧洲人先日后月的表达习惯，生日写为"8.6"，前面这个8表示（阴历）8日，后面这个6表示闰6月。岂料这个"8.6"被人误解为8月6日，以后将错就错，就把生日定为8月6日。这样，比实际时间晚了4天。因为当过宣统皇帝几个月的"臣民"，季羡林戏称自己是清朝"遗少"或者"遗小"。

官庄原属清平县康庄镇管辖。1956年清平县被撤销，改归临清县，即现在的临清市。

古老的京杭大运河从北向南穿过临清全境。临清在山东省的最西端，属于鲁西平原。旱涝、风沙、盐碱这些平原常见的自然灾害，这里都有。农产品产量低而不稳。自从津浦铁路通车以来，运河淤塞，曾经繁华的临清迅速变得萧条。所以，季羡林说，自己的家乡是山东最穷的一个县，而他的家又是村里最穷的人家。临清往南不远就是有名的水泊梁山。不知道什么

清平县元代京杭古运河

原因，也许受乡土文化的影响，季嗣廉的性格里颇有几分梁山好汉的遗风。他为人豪爽，虽然贫穷，但喜欢仗义疏财——当然只是在他有财可疏的时候。

　　清平季氏家族，到季嗣廉这一代是第九代。原来住在王里长屯，在他的父辈那一代搬到附近的官庄。官庄又叫"大官庄"，"大官"指何人？或者有没有和"大官庄"相对应的"小官庄"？笔者没有考证，不敢乱说。季家不算名门望族，甚至说不上是书香门第，却也是耕读传家。季羡林的祖父名叫季秀吉，号老苔。季秀吉夫妇有三个儿子，季嗣廉是老大，老二叫季嗣诚，因为家里穷，老三生下还没来得及起名，就送给一户刁姓人家做养子。三个儿子还没有成年，季秀吉夫妇就都故去了。季秀吉这一辈兄弟三人，老大季汝吉曾经考中举人，在一个县里做过教谕，是方圆数十里最有学问的人。季嗣廉和季嗣诚小的时候，跟他们的伯父读过书，有些文化。季汝吉兄弟共有子侄十一人。季嗣廉在堂兄弟中行七，季嗣诚行九，季羡林称他九叔，那个送了人的小弟弟行十一，季羡林称他一叔。随着举人去世，家道中落，遭遇灾荒，无法维持生计，十一个兄弟中有六

季羡林的家乡山东省临清市（大）官庄

人去闯关东，只有老八曾经返回山东探亲祭祖，其余都杳无音信。举人家有两个儿子家境较好，每家有几十亩地。季嗣廉和季嗣诚兄弟在父母死后，成了孤儿，只好投奔到伯父门下，过着寄人篱下的生活。伯父母很可怜小哥儿俩，可是家里人多，是非也多。兄弟二人过着饥一顿饱一顿的日子，有时候饿得实在不行，就到村边枣树林里去捡拾掉下来的烂枣子充饥。

季嗣廉兄弟长到十几岁的时候，也想效法几位堂兄弟外出谋生。山东省会济南离官庄不算太远，约200华里。兄弟二人步行两三天来到济南。他们两手空空，举目无亲，身无长物，只能靠出卖劳动力维持生活。他们当过警察，扛过大件，拉过洋车，做过苦力，经历了无数艰难困苦，弟弟终于考取了武备学堂，学习测绘。学校的行当虽属行伍，毕业后谋的差事却是文职。季嗣诚在黄河河务局得到一份差事，留在济南，挣些钱补贴家用，哥哥回到家乡，打理父母留下的半亩多地。回乡不久，季嗣廉娶了邻村王里长屯赵家的姑娘。后来弟弟

季羡林的官庄旧宅

失业，只身去了东北。在几乎山穷水尽的时候，季嗣诚用身上最后几块钱买了湖北赈灾彩票，不曾想竟中了大奖，得了4000大洋。季嗣诚一夜做梦，梦到举人伯父教他写诗，其中有两句诗醒来还记得："阴阳往复竟无穷，否极泰来造化工。"如今中了奖，想必是先人护佑，这下子时来运转了！兄弟二人把银子换成制钱，雇人用手推车运回官庄，买了一块有水井的土地，又在村口南边盖起一座挺气派的三合院：五间北房，东西厢房各三间，和村子里那些低矮的泥顶土坯房相比，简直是鹤立鸡群。说起盖房子，还有个小插曲：因为砖窑停工，一时买不到砖瓦，季嗣廉就放出话来："谁肯拆房子卖砖给我，我出十倍的价钱。"就这样，季家的房子成了名副其实的高价房。

说到季嗣诚买彩票中奖的事，笔者在季羡林的回忆文章中见过不同的说法，大同而小异。上面的记述是综合几种不同版本形成的大致说法，细节是当存疑的。这是哪一年的事？看来应当是20世纪初的某一年。那时候季羡林尚未出生，这故事是季羡林听来的，但似乎

不是从叔父那里直接听来的，而季羡林的儿子季承，小时候却听他的叔祖父季嗣诚亲口讲过此事。笔者以为这是季承记录的亲历者的讲述，应当更可靠，故将他的文章摘录如下：

> 大约在我十来岁的时候，叔祖父有一次高兴，对我讲起了大约发生在20世纪初的事情。他由于不善奉承，且自恃有点文化和技术，有两下子，在河务局和上司相处不太融洽。为时不久，他就失掉了工作。之后，便流落到东北一位朋友家。工作无着，闲住无聊，身上花得只剩下几块大洋。有一天他去街上闲逛，走到该城南门外，见一家杂货店在售彩票，是为赈济湖北水灾发行的（可能是1909年的湖北彩票）。他豁出去了，就用一半的钱买了两张彩票。过了几天，他又去街上闲逛。可见那家杂货店挂出大字横幅，上面写着"本店售出头彩"几个大字。中奖号码就写在底下。这时他想起几天前他无意中买的彩票，急忙回去拿来核对，只见其中一张上的号码似乎与那头彩号码相似。他沉下心仔细核对，他真不敢相信自己的眼睛：千真万确，他的那张彩票中的就是头彩！头彩是四千大洋。没过几天，就有人推着独轮车将四千大洋送到他寄宿的朋友家。（季承：《我和父亲季羡林》005页，鹭江出版社，2016）

当时季嗣廉只有20来岁，不仅不懂经营，连怎么过日子都不大明白。他十分仰慕仗义疏财的英雄豪杰。现在有了钱，亲戚朋友乡邻谁家有困难，他都有求必应。有时候去赶集，他一高兴，便当场宣布："今天官庄来的，都到饭馆喝酒吃肉，我季七爷请客！"这样匪夷所思的事情，他做了不止一次。季嗣廉得到豪爽仗义的好名声，心里好不得意；待到囊中羞涩、捉襟见肘的时候，只能落个窘相十足，狼狈不堪。钱来得快，去得也快，很快，债主们纷纷找上门来。活钱花完了，他只好出卖土地，地卖光了，接着就卖房子。房子是花大价钱盖起来的，要卖却没有人要，他就拆掉卖木料、卖砖瓦。买来值金值玉，卖掉如同粪土，没过多久，三合院只剩下三间西屋了，还欠了一屁股债，到死他都没有还清。曾经阔过一阵子的季嗣廉又变成了一个穷光蛋。

季羡林的外婆家也是贫农。母亲勤俭持家、善良贤惠、服从丈夫、孝敬长辈、和睦邻里、生儿育女、含辛茹苦、坚韧不拔，总之具备那个时代的妇女应有的一切美德。季羡林小的时候不爱哭闹，母亲一边带孩子，一边还可以做点活儿。后来她又生了女儿香妹，一家四口生活就更加艰难了。母亲不识字，一辈子连县城都不曾去过，她走过的最长的路不过是从娘家到婆家的几里路。那时候妇女缠足，走路艰难，一般是不出远门的。

季羡林出生在这样的家庭、这样的环境里，论说他长大了八成会是一个不识字或者识字不多的贫农，足不出乡里，面朝黄土背朝天地终年劳作。可事实却偏偏不是这样。他一生所走的路，他小的时候根本不曾想到，他的父母长辈也不曾想到。他后来竟成了中外知名、学贯东西的大学问家，足迹遍及30多个国家。其原因何在呢？且听笔者慢慢仔细道来。

穷人家的孩子

季羡林家是贫农。他的关于童年的记忆，几乎都与吃的有关：家里日常吃的主要是"红的"，很少见到"白的"。所谓"红的"和"白的"，是指粮食的颜色。高粱是红色的，季家一年到头的主要口粮就是高粱；小麦面的颜色是白的，白面是季家终年难得一见的细粮。此外，还有"黄的"，就是小米和玉米面，季家也不常吃。

高粱这东西口感发涩还带苦味，用来酿酒是上好的原料，可实在算不上什么好吃的口粮。清平旱涝无常，高粱在五谷中长得最高，抗旱耐涝，即使夏秋发了洪水，一般也不会陷于灭顶之灾，总能有些收成。加之高粱是一种最便宜的粮食，于是就成了北方穷苦人家的主要口粮。季羡林小的时候，家里饭桌上天天少不了高粱面饼子或者高粱面糊糊，里头时常还掺杂着野菜。下饭的经常是一碟自家腌制的萝卜咸菜，咸中带着苦味——因为没钱买盐，就把地里的盐碱土扫起来，泡水熬成盐，腌咸菜。这种土盐里面含有大量的硝，味道发苦。腌的萝卜咸菜里从来没有什么香油、酱油之类。至于白的，那东西太稀有、太珍贵了，只有过大年的时候，才能吃上一两顿。这种好吃的对小孩子诱惑力实在太大，季羡林平日里就想方设法找一点儿"白的"吃。

前面说过，季羡林的祖父这一代，出了一位举人。季羡林来到世间的时候，举人已经故去，举人的妻子还在，季羡林管她叫"大奶奶"。她的两个儿子，每家有几十亩地，儿子们每天蒸几个白面馒头孝敬老人家。这是一位宽厚慈祥的老太太，亲孙子不幸夭折了，她就把满腔慈爱转移到了季羡林这个可爱的侄孙子身上。老太太身高体胖，饭量很大。据说，有一次家里煮了一锅肉，老太太吆喝道："煮好了没有？给我盛一碗，拿俩馒头，我尝尝！"她每天把自己的口粮省出半个馒头，藏在肥大的袄袖里。季羡林三四岁的时候，早晨一睁开眼睛，溜下土炕就往大奶奶家里跑。见到老太太，甜甜地喊声"大奶奶"，老太太立刻眉开眼笑地招呼道："乖孙子，快来！你看这是什么？"随即像变戏法似的从袄袖里掏出半个雪白的馒头来。季羡林捧在手上，眼睛里充满了感激。数十年后，季羡林回忆童年往事，认为这是他最高的享受，最快乐的时刻。

"拾庄稼"

季羡林家住在村外,邻居不多,隔着一片枣树林子有一户人家,对门而居,这就是宁家。户主叫宁朝秀,季羡林称他大叔,而对大叔的妻子和妹妹,就叫大婶和大姑。宁家人很喜欢对门家这个小男孩儿,小喜子也喜欢宁家人,特别是宁大姑。

每年麦收或者收秋的时候,宁大姑都要到收割过的地里去"拾庄稼",就是捡拾遗落在地里的麦穗、谷穗或者豆荚、豆粒儿。四五岁的小喜子也煞有介事地挎个小竹篮,跟屁虫似的跟在后边。他们每天要走很远的路,口渴了,大姑带他找水喝;在收过的高粱或黄豆地里,又提醒他小心别给茬子扎了脚。就这样,小喜子居然能在宁大姑的关照下,每天捡一小篮粮食回来。

小喜子四五岁的时候,就能靠自己的"劳动"挣一点儿"白的"吃了。麦收时节,喜子跟着宁大姑,胳膊上挎个小竹篮到收割过的麦田里去,捡拾遗落的麦穗,每天能捡半篮子或者一篮子。母亲从麦穗中搓出麦粒儿,一个麦收下来总有十斤八斤。母亲把这些麦子磨成面粉,烙成饼子,自己一口都舍不得吃,留着给儿子解馋,一顿只许吃一小块。有一次,喜子吃完一块,伸手又拿了一块,母亲不让,喜子拿着饼子跑了出去,母亲在后边追着要打。夏天,小喜子身上一丝不挂,跳进屋后的苇子坑里,站在水中嬉皮笑脸地看着母亲,慢慢享受着他的"战利品"。母亲站在岸边,看着稚嫩无知、混混沌沌的儿子,也不由得笑了。可惜每年只有一次麦收,吃白面饼子的机会实在太少了。当然,收秋的时候,喜子也跟大婶、大姑出去捡谷穗和豆子,可是这些东西就无法和"白的"相提并论了。

季羡林小的时候从来没有吃过肉,肉汤是喝过的,那是在外婆家里。俗话说:"外孙是姥姥家的狗,有就吃,没有就走。"姥爷姥姥十分疼爱外孙子,每次来了总要想方设法给他弄一点儿好吃的。姥姥家隔壁是一家屠户,杀牛卖酱肉。姥姥家穷,买不

1997年10月10日,季羡林(左2)与官庄乡亲亲切交谈

起肉，有时就花几个制钱买一小罐肉汤回来。冬天，金黄色的牛肉汤凝固成冻儿，油亮亮的，软塌塌的，散发着诱人的香味儿；一进嘴里，就融化了，实在是美极了。这便是儿时的季羡林吃过的最好的东西了。一小罐牛肉汤从王里长屯提到官庄，每天喝几小口，他能喝好几天呢。有一次，牛肉汤里有一块牛肚子，季羡林找来一把锈迹斑斑的小刀把牛肚切成几小块，慢慢品尝，其滋味简直可以和龙肝凤髓相媲美！还有一年中秋节，有人给了母亲半块月饼，母亲舍不得吃上一口，就给了喜子。在喜子的记忆里，月饼的美味简直无法用语言形容。

再稍微长大一点儿，喜子又找到了凭自己的劳动换一点儿好吃的门道。伏天，高粱抽穗灌浆的时候，需要打掉一些叶子，好让高粱地通风透光。高粱叶子是喂牛的好饲料。喜子家是没有牛的，可是二大爷家有牛。小喜子擗了高粱叶子，扎成一捆，背到二大爷家去，自然会受到二大爷和二大妈的夸奖，不仅是夸奖，少不了还有犒赏——"别走了，就在这儿吃饭吧。""蹭"一顿好饭，正中小喜子下怀。二大妈家的伙食可比自家的强多了，通常是"黄的"——黄灿灿香喷喷的玉米饼子，还有菜。在没有高粱叶子的时候，小喜子就打上一捆青草，给二大爷家送去，照样"赖"在那里蹭饭吃。如果运气好，还可以吃到黍子面的年糕，虽然颜色也是黄的，但因为稀少，自然比"白的"还要金贵。

三个小伙伴

玩耍是儿童的天性，喜子是个贪玩的孩子。

季家住在官庄村南，当时离村口还有一段距离，算是村外。现在村子扩大，季羡林的故居已经是在村里了。当年季家东边是一片枣树林子，西边不远处是季羡林爷爷奶奶的坟墓，后来他的父母也长眠在那里。房后是一个大水塘，水塘边长满了茂密的芦苇。水里有青蛙，有小鱼小虾；树上有鸟窝，鸟儿在树枝上鸣唱；夏天还有一天到晚尖叫不停地知了。

那时候，喜子要找小朋友玩，只能进村。村里有两个和他很要好的小伙伴：杨狗和哑巴小。有时喜子不进村，他俩必定到村外来找他。三个小伙伴几乎天天在一起，形影不离。杨狗大名杨继发，属狗，比季羡林大一岁，因属相而得此乳名。他人很本分，一辈子当农民，一辈子没有上过学，一辈子没有离开过官庄。哑巴小姓马，不知道名字，只知道他的父亲是个哑巴。

三个小男孩儿在一起玩什么呢？当然没有玩具。于是，他们便在村里村外、枣树林里、苇子坑边、庄稼地里猎取乐趣。春天，在路旁、田埂采野花、挖野菜，还可以到水塘边掰苇芽、挖芦根。苇芽嫩嫩的,味道像鲜竹笋;芦根有点儿甜味,可以嚼着吃,也能泡水喝。夏天,上树摘杏子、采桑葚、捉蜻蜓、逮知了。树林里知了很多,在树梢上一天到晚尖叫不停。白天他们找来一把麦粒儿,放进嘴里嚼出面筋来,这东西很黏,粘在一根长竹竿的顶端,双手举着对准树上的知了,一粘就是一只;晚上逮知了就更容易了,只需在树下点一堆篝火,使劲儿摇动树干,那知了就噼里啪啦掉下来了。

村子周围有好几个大水坑。他们在苇坑里摸小鱼小虾、捉蝌蚪、钓青蛙。如果早晨起得早,还可以在芦苇丛里捡到又大又白的野鸭蛋。最高兴的是玩水,他们每天在水塘里嬉戏、洗澡、打水仗,并无师自通地学会了游泳。秋天,苇塘芦花一片银白,他们在苇丛中捉迷藏,在枣树林子里打枣子,在地里偷点儿地瓜、毛

这里原来有一个水塘,季羡林经常与小伙伴在此游泳、打枣、捉知了、摸虾

豆烤着吃,还可以在豆子地里捉到肥胖的蝈蝈和蚂蚱。冬天,他们打雪仗,堆雪人,在结了冰的水面上抽陀螺。没有雪的时候,他们会到树林里捡拾被大风吹落的干树枝,拿回家当柴烧,身手敏捷的哑巴小还会爬上高高的大树去掏鸟窝。那年月虽然日子过得苦,但是孩子自有孩子的快乐。三个小朋友长大以后,走上了完全不同的人生道路,可是他们的心始终是息息相通的。

季羡林1917年进城读书,从上小学到大学毕业只回过官庄四次,其中三次是奔丧,一次是为疼爱他的大奶奶,一次是为父亲,最后一次是为母亲。每次都来去匆匆,心情很坏,儿时的朋友再也没有机会相聚。"文革"期间,季羡林因为反对北大那个不可一世的"老佛爷",被关进"牛棚",专案组为罗织罪名,两次派人去官庄调查,企图把季羡林打成地主分子。杨狗和乡亲们仗义执言,说:"如果让全官庄的人诉苦,季羡林应该是第一家。他们家比贫农还穷,连贫农都够不上。"专案组的人只好悻悻而归。

1982年9月中旬,季羡林再次回到阔别多年的故乡,带着礼物去看望杨狗,杨狗已经是一位73岁的老人了。当年的小兄弟如今成了名副其实的老兄弟。世事沧桑,白云苍狗,令人唏嘘不已。他们不约而同地想起了共同的朋友哑巴小。哑巴小在旧社会为生活所迫,成

了一名绿林好汉。他练就了一身飞檐走壁的好功夫，蹿房越脊如履平地，用手指抓着椽子，把身体悬空，可以在大庙顶上"走"一圈。他打家劫舍，劫富济贫。可是，"盗亦有道"，他懂得"兔子不吃窝边草"的道理，从来不在家乡作案。后来他被官府捉住，打得皮开肉绽，十冬腊月被扒掉衣服，泼上凉水，倒吊在外边过了一夜，居然还活着。就是这样一条好汉，最终还是被砍了脑袋。说实在的，季羡林为有这样的朋友而感到自豪。

第一位老师

当年季家院子里有两棵杏树，长得高过屋顶。夏天，杏树上结的杏子又大又圆，味道却是酸的。喜子和杨狗、哑巴小他们上树摘杏子，主要是为了玩杏核儿。他们在泥地上挖个小坑，丢一粒杏核儿在里头，轮番用另外的杏核把它砸出来，每天玩得不亦乐乎。村里别的孩子有时也爬上房顶偷杏子，曾经有个孩子一不小心，从房顶上跌落下来，摔断了腿。大人们很少有喜欢酸杏子的，可也有个例外，那就是马景恭。

马景恭的名字又写作马景功，是官庄的一位小知识分子。因为喜欢酸杏子的缘故，他常来季家摘杏子，和喜子混得很熟。季羡林的父母让儿子管他叫"马先生"。既没有正式拜师，也没有学堂，甚至连纸笔课本都没有，可是马景恭却成了季羡林的第一位老师。马景恭教季羡林认字写字，从未教过什么《三字经》《百家姓》之类，只是在院子里、土地上，拿根芦柴棒随心所欲写几个字，供学生辨认和临摹。小喜子对识字很有兴趣，脑子又很聪明，虽然不能说过目不忘，但学得很快。没过多久，常用的汉字他就能认会写了。马景恭对季羡林的父母说："这孩子是个读书的料儿，如果能有好的老师教他，将来可不得了。"可是家里穷得吃饭都成问题，哪有条件送他上学读书啊？

恰好这时九叔从济南回来了。季嗣诚在济南河务局当小职员，已经娶妻成家，有了一个女儿，小日子过得不错。这次回来，他惊奇地发现，哥哥嫂嫂家里没有一本书，甚至连一片

1999年9月，季羡林向故乡捐赠价值7万元的书籍，并在赠书仪式上讲话

字纸都没有，可是侄儿小小年纪居然能读会写不少字。这孩子天分不错，如此待在家里就被埋没了，而季家将来正是要靠他顶门立户的。怎么办？季嗣诚陷入了沉思。

季家曾经人丁兴旺，季嗣诚这一代，光是堂兄弟就有 11 人。可是，到了季羡林这一代，原来他有个堂兄季元林，被土匪绑票杀害了，现在只剩季羡林一个男孩儿了。自然，传宗接代、光宗耀祖的希望就寄托在他身上。季嗣诚认为，要实现这个愿望，唯有让侄儿好好读书，将来方能出人头地；而他现在有责任也有能力帮助哥哥嫂嫂，把侄儿培养成才，光大门楣。于是，他提议带侄儿去济南读书。季嗣廉完全同意弟弟的意见，兄弟俩一拍即合，做出了这个重要的决定。但季羡林的母亲压根儿也没想到会有这种事儿，她觉得孩子还小，从来没有出过远门，每天晚上都要在妈妈怀里才睡得着。她着实舍不得、放不下。怎奈家里大事小情，向来都是当家的说了算，她是无权参与意见的。至于小喜子，就更没人管他愿意不愿意了。

1917 年春节刚过，喜子就跟随父亲骑着毛驴上济南了。一个 6 岁的孩子依依不舍地告别了母亲和妹妹，告别了亲切而又贫困的故乡，走上了一条艰辛的漫漫求学之路。如今临清到济南的柏油马路宽阔而平坦，从官庄到省城不过两三个小时的车程。可那时候，喜子在崎岖不平、尘土飞扬的黄土路上，跋涉了整整两天。

第二章

顽童读书

来到济南

季羡林在毛驴背上颠簸了两天,听着驴子单调的铃声,看着似乎没有尽头的黄土路,一路向东,天边的山影从无到有,越走越近,待到南山清晰可见的时候,便来到了济南。进入市区,父子二人穿过迷宫似的大街小巷,走到济南南关佛山街柴火市对面一个有石头台阶的古旧大门前,进了大门,看见一株很大的枸杞树,凌乱的枝条上长出了米粒儿大的小芽。这里就是九叔季嗣诚的家。

九叔没有儿子,只有一个女儿惠林,小名秋妹,比喜子小 10 天。季羡林在九叔家不算过继,而是兼祧,就是俗话说的"一子担两门"。如果季羡林是个乖巧的孩子,管叔婶叫爹叫娘,他的境况可能会好些;可是,这孩子倔,认死理,始终没有改口,让他的叔婶有些"见外"。

喜子在九叔家天天可以吃"白的",生活比在老家强多了,可是一个小孩子离开母亲,来到一个陌生的环境,终究不是一件快乐的事儿。叔父和婶母毕竟不是亲生父母,童心的发展在无形中受到了阻碍。谁会相信,一个小孩儿能躺在非母亲的人的怀抱中打滚撒娇呢?由于想娘,季羡林经常在夜里偷偷地哭。少年时代的生活环境,对人的性格形成影响极大。从官庄来到济南,随着年龄和增长,季羡林的性格也在悄然发生变化,由外向一点点变得内向了。

季嗣诚,号化斋,在济南黄河河务局当工程师,在当地治黄的技术人员中小有名气。在季羡林看来,"叔父是一个非常有天才的人。他并没有受过什么正规教育,在颠沛流离中,完全靠自学,获得了知识和本领。他能作诗,能填词,能写字,能刻图章。中国古书也读了不少。按照他的出身,他无论如何也不应该对宋明理学产生兴趣,然而他竟然产生了兴趣，而且还极为浓烈，非同一般"。季羡林记得，季嗣诚写过一首七绝诗，是描写济南北园白鹤庄的：

杨花流尽菜花香，弱柳扶疏傍寒塘。
蛙鼓声声向人语，此间就是避秦乡。

季嗣诚对侄子的教育十分重视，是对季羡林影响最大的人之一。叔父不许季羡林读"闲书"，但对他学习英文、补习古汉语是坚决支持、舍得花钱的。也许是由于生活的压力大，他脸上难得看到笑容。吃饭的时候，女眷不许上桌子。如果侄儿在一个盘子里连搛三次菜，那他的筷子就会被打落在地上。守旧、严厉而刻板的管教，对季羡林性格形成的影响是显而易见的。

另一个影响最大的人是婶母。婶母名叫马巧卿，是季嗣诚当年在武备学堂读书

老济南古城墙和护城河

时的一位教官的女儿。现在季家在佛山街住的房子，就是马家的房产。所以，马巧卿在济南这个家里的地位，比季羡林母亲在官庄那个家里的地位高多了。马巧卿对季嗣诚兄弟寄予厚望的这个侄儿，一点儿也不娇惯。季嗣廉不善经营，却喜欢结交朋友，把好端端的一个家挥霍殆尽，依旧靠济南的弟弟接济，这让马巧卿十分不满。季羡林在上新育小学时，季嗣廉常到济南来"打秋风"，住上几天，拿些钱回老家去。马巧卿不欢迎这个不速之客。有一次，季嗣廉又来了，住在北屋里，同儿子睡一张床。马巧卿在西房里高声大叫，指桑骂槐，数落了一通。这等于下了"逐客令"，季嗣廉好没面子，赶忙告辞回家，马氏还虚情假意挽留。从此，他就没脸再来济南了。

马巧卿心胸狭隘，偏心自己的亲生女儿，在日常生活中对侄儿有明显的歧视。比如说，做衣服，给女儿做的是府绸的，而给侄儿做的是粗布的，有时干脆就不给做。还有，孩子该种牛痘了，给女儿种，却没有侄儿的份儿。结果是，季羡林染上天花，大病了一场，差点儿死掉，脸上还落下几颗浅白麻子。这些事情积累多了，久了，季羡林在潜意识中对婶母有些发怵，就连向婶母张口要早点钱，也成了难题。夏天的晚上，全家人在院子里铺上席子，躺在上

季羡林（后排中）与婶母（前排中）、秋妹（前排左）等亲友在一起

面纳凉。他想要早点钱，但是不敢张口，几次欲言又止，最后快到深夜了，才鼓起最大的勇气，说要几个小制钱。钱拿到手，他心里踏实了，立即躺下，进入梦乡，一觉睡到天亮。

叔父和婶母养育了少年季羡林，给他吃的、穿的，还给了他受教育的机会，对此，季羡林终生心存感激。他认为自己人生的第一次机遇是九叔给的。但是，他也的的确确饱尝了寄人篱下的滋味儿。

蝙蝠脸老人

说来也怪，季羡林刚来那天，第一眼看到的既非叔父，也非婶母，而是一个颇为怪异的老人。这个老人和季家非亲非故，可是看起来好像和季嗣廉早就认识。季羡林发现他与父亲谈话蛮亲热的。老人灰白稀疏的胡子，谈话时不停地上下抖动，头顶上同样是灰白而更加稀疏的头发，在胡子和头发中间夹着一张黧黑的脸膛，如同一只黑色的蝙蝠。这副模样在一个六七岁的孩子看来十分可怕，尤其晚上做梦时看见这样一张脸，季羡林被吓醒了。

第二天早晨起来，季羡林第一眼偏偏又看到了他。他仿佛很高兴，朝小喜子笑了笑，算是打招呼。他那鲇鱼似的大嘴一咧，露出残缺不全的牙齿，那样子更加恐怖。鲇鱼须似的胡子朝后抖着，眼睛和鼻子之间的距离就扯得更近了，中间再耸起几道皱纹，那张脸就更像一只跃跃欲飞的蝙蝠了。季羡林感到实在可怕，不敢去看，只好转过身面对着那棵刚刚发芽的枸杞树。这时，耳边传来街上小贩的吆喝声，因为初来乍到，他不知道是卖什么的。老人似乎并不介意，他在院子里忙活自己的事儿。

日子久了，季羡林从别人的嘴里渐渐知道了这老人的一些情况：他的家在济南南边的山里，家里很穷，所以一直是光棍一条。几年前他到济南来做工，人很勤快，又能吃苦，还是个手艺不错的泥瓦匠，但始终没有挣到什么钱。现在老了，情况就更加艰难，只好借住在季家后院的一间草棚里，帮助房东修修房子，干点杂活儿。季羡林发现，老人那微笑后面隐藏着一颗被生活磨透了的悲苦的心。就是这个发现，使他同老人亲近了起来。

老人邀请季羡林到自己屋里去。其实这并不是一间屋子，而是靠着墙搭起的一个低矮的棚子。没有窗户，里头黑洞洞的，一股潮湿的霉味儿，熏得人透不过气来。四壁烟熏火燎，顶子上挂着蜘蛛网，屋里只有一张床和一张三条腿的桌子。当季羡林正要抽身出来的时候，忽然发现墙龛里有一个肥白的大泥娃娃。老人看见他对泥娃娃感兴趣，就拿下来送给了他。这泥娃娃成了季羡林不会说话的玩伴儿，带给他无限的乐趣。他渐渐觉得，那张蝙蝠脸不仅不可怕，而且变得可爱了。

闲下来的时候，老人常带季羡林到附近去玩。他带他登上圩子墙，眺望云彩一样的青黛色的南山；带他到护城河边，看清清的河水里游动的小鱼和岸边碧绿的野草。他们最常去的地方是离家不远的一座古庙。古庙院子不大，里头有许多高大的柏树，浓荫匝地。阴暗的大殿里列着几尊泥塑的神像，神像的油彩已经斑驳，两廊站着面目狰狞的鬼卒，气氛阴森恐怖。庙里早已没有了香火，到处布满尘土，柱子和屋顶挂着蜘蛛网，梁间有燕子垒的窝。奇怪的是，季羡林很乐意跟老人到古庙里玩。老人在柏树下给他讲故事，说有一个放牛的小孩儿，怎样在山里遇见一只狼，小孩儿如何同狼斗智斗勇，终于脱险。季羡林竟然听得津津有味，听完从古庙回到家，天已经黑了。

有一年夏天，季家搬了一次家。从柴火市搬到佛山街的南段。在搬家过程中，季羡林从别人那里听到了一些关于老人的轶闻趣事。长期的单身汉生活，老人的一些基本生理要求无法满足。也是机缘巧合，他认识了一个不安心单调生活的有夫之妇。老人为她发狂了，不顾一切了。但不久，一天夜里，两个人被那女人的丈夫堵在屋里。老人因为当过泥瓦匠，有些身手，就从窗户跳出，又翻过一堵墙，逃脱了。这比放牛的小孩儿遇见狼又脱险的故事有趣多了，人们津津乐道。从此，季羡林再看见那蝙蝠脸的老人就想发笑。看他那强作笑容、一本正经的样子，看他那撅着胡子、一脸严肃的样子，季羡林再也无心听他讲放牛孩子的故事。他真想问一问,那天晚上他逾窗逃走是怎么回事儿,可是又张不开口,终于没问,只是把这个秘密埋在心底,暗自玩味,偷偷地乐。

日子一久,老人的处境更加狼狈了。他已经不能继续在那个棚子里居住,只好搬出来。他没有别的地方可去,就栖身在那座破旧的古庙里。庙里没有和尚道士,他一个人孤零零地和那些泥塑的神像鬼卒为伍。整整一个漫长的夏天,季羡林没去见那个老人。一个夏末的黄昏,季羡林到古庙来看望他。庙仍然同先前一样衰颓,柏树仍然遮天蔽日。季羡林看见老人的身影在大殿的角落里晃动,立刻走上前去。见季羡林来了,他显得很高兴,忙着搬来一条板凳,又倒水给他喝。从他那蹒跚的脚步和佝偻的身躯看,他老了许多。老人絮絮叨叨地述说着几个月来的情况。季羡林一边听着,一边环顾庙里的环境,青面獠牙的鬼卒让他感觉鬼气森森,连汗毛都竖起来了。老人告诉季羡林,他已经不能再做泥瓦匠,几个好心的街坊邻居经常送饭给他吃。最近他的身体越来越弱,他真想壮壮实实再活几年。昨晚他做了个梦,梦见自己托着一个太阳。梦见太阳就是好兆头嘛,所以他非常高兴,觉得自己的身体会慢慢好起来的。说到这里,他的脸上出现了奇异的微笑,眼睛也闪出神秘的光亮。季羡林被惊呆了,他不知道该和老人谈些什么,就告辞回家去了。

进入秋天的时候,老人大病了一场。在挣扎着活过来之后,老人的背驼得更厉害了,脸上像涂了一层黑灰,而且嘴里不停地哼哼。除了哼哼和吐痰之外,他已经做不了任何事情,只能依靠乞讨度日,苟延残喘。季羡林一年年逐渐长大,老人则越来越老、越来越弱了。

老济南火车站,1930年季羡林从这里乘火车去北平赶考

季羡林要去北平上大学了,老人知道后特地到季家来看他。人还没有到,就听到了他的哼哼声。坐下来喘息了一阵儿,他才断断续续迸出几句话来,接着是一连串剧烈的咳嗽,蝙蝠形的脸缩成一个奇怪的形状。季羡林怀着怜悯的心情同他说话,心想,这老人恐怕活

不了多久了。可是,他惊奇地发现,老人似乎很镇定,眼睛里依然闪着一种神秘的光。

季羡林寒假回到济南,以为老人肯定不在人世了。没有想到的是,他又听见了窗外传来的熟悉的哼哼声。他简直惊愕得不知所措了。老人进屋坐下,又从断断续续的哼哼中迸出几句套话来,接着又是连珠炮似的咳嗽。季羡林问及他生活的近况,他说因为受到本街流氓的欺侮,已经不能在古庙住了,就在圩子墙附近找到个地方,搬了过去,不过仍然有好心人送饭给他吃,其中包括季家。他觉得身体比先前好些了,希望能壮壮实实再活几年,说罢拖着蹒跚的脚步离去了。

次日下午,季羡林去看他,走近圩子墙的时候,已经没有了人家,只见一片坟场,找了半天,发现坟场边的土崖下有一个洞,洞口有个秫秸扎的门。季羡林轻轻把门拉开,一股带烟味儿的土腥气直冲鼻孔。老人蜷缩在铺着干草的地上,看见季羡林急忙想站起来,被季羡林劝住了。季羡林一边跟他说着话,一边看着"门"外边一个连着一个的坟头,心想,这个僵尸似的垂死老人不就"生活"在坟墓里吗?他的心冷得颤抖起来,可是这个老人看上去却从容淡定,神秘的目光里仿佛包含着不可思议的希望。

从六七岁到二十几岁,季羡林与这个蝙蝠脸的老人没有断过来往。他目睹了一个孤独无助的劳动者悲惨的晚年,引起他对人生和社会问题的许多思考。他们不是亲戚,甚至不能算是邻居,可他们是忘年交。

王妈

王妈是季羡林叔父家的老妈子,在这里代替母亲照顾季羡林的生活。

王妈是个乡下人,干了半辈子庄稼活儿,后来丈夫死了,儿子逃荒到关外。她孤苦伶仃,只好到城里来谋生,季嗣诚把她请到家里来帮忙。季羡林后来回忆说:"我不知道她什么时候到我们家里来的。当我从故乡来到这个大都市的时候,我就看到她已经在我们家里来来往往地做着杂事。那时,已经似乎很老了。""她特别注意到我衣服寒暖。在冬天里,她替我暖,在夏夜里,她替我用大芭蕉扇赶蚊子。"总之,季家做饭、洗衣服、扫地、擦桌子那些琐琐碎碎的活儿,全给王妈一个人包下来了。在初秋的暴雨里,她提着篮子出去买菜;在严冬大雪的早晨,她点着灯起来生炉子,冷风把她手吹得红萝卜似的开了裂,露出鲜红的肉来。她有自己的感情,自己的脾气,这些都充分显示出一个北方农民的固执与倔强。

王妈还有一些季节性的工作。每到夏末秋初,当季家院子里夜来香开花的时候,她就像孩子似的,手忙脚乱地数着那些盛开的花朵。当然,在夏夜里,她的主要活计是搓麻线,准备纳鞋底,给主人家做鞋,干这活儿都是在晚上。吃过晚饭,一家人坐在院子里乘凉,在星光下、黑暗中,随意说着闲话儿,这也正是王妈搓麻线的时候。她那一双长满了老茧的手,看上去笨拙得很,十个指头又短又粗,像老树干上的树枝子,但每当这时,借着从窗子里透出来的微弱的灯光,手指却显得异常灵巧秀丽。那些杂乱无章的麻在它的摆布下,服服帖帖,要长就长,要短就短,一点儿也不敢违抗。这一双手左旋右转,只见它搓呀搓呀,一刻也不停,仿佛想把夜来香的香气也搓进麻线里似的。王妈的这一双手,季羡林是熟悉的,它同自己母亲的那一双手多么相像啊!他总想多看几眼,看着看着,不知道什么时候就睡着了,王妈就把他抱到屋里去。半夜醒来,季羡林看见她手里拿着大芭蕉扇给自己赶蚊子,在朦朦胧胧中,扇子的声音听起来好像是从很远很远的地方传来似的。有时,季羡林从飘忽的梦境里醒来,看到窗纸上微微有点儿白;仔细一听,就有嗡嗡的纺车声,混着一阵阵夜来香的幽香飘进来;倘若走出房门,就可以看到一盏油灯放在夜来香花丛的下面,昏黄的灯光照彻了小院,把花的高大支离的影子投在墙上,王妈坐在灯旁纺着麻线,她的影子也被投在墙上,和着花的影子晃动。

人是需要倾诉衷肠的。在季家,唯有小喜子是王妈可以倾诉衷肠的对象。闲下来的时候,王妈总爱跟他说话。她告诉他,她的丈夫是村里唯一的秀才,但没能捞上个举人就死去了。她被家里的妯娌们排挤,不得已才出来当佣工。她有一个儿子,因为在乡里混不上饭吃,便到关外做买卖去了,留下一个媳妇在这城里,似乎不大正经。她又说,她年轻的时候怎样刚强,怎样有本领;但谁知道,在垂老的暮年又被迫出来谋生。同样,在季羡林看来,王妈也是在家里唯一可以听他倾诉衷肠的人,他向王妈讲述他的故乡官庄、他的母亲和小伙伴们。

王妈把暮年的希望都放在儿子身上。季羡林曾替她写过几封信。有一年夏天,王妈的儿子来信了。信里说,他在关外辛苦几年挣的钱都给别人骗走了。他因为生气,现在正病着。信的末尾说:"倘若母亲还要儿子的话,就请汇钱给我回家。"听季羡林读完

季羡林给读者、朋友包括家乡亲人写信

信,王妈连叹了几口气,没说什么话儿,但脸色却更阴沉了。

后来有一个星期日,季羡林从学校里回家,看到一个个头儿很高的黄瘦中年汉子在家里帮着搬家具。旁人告诉他,这就是王妈的儿子。几个月以前她把积蓄了多年的钱都汇给他,现在他从关外回来了,带回来的除了一床破棉被以外,就剩了一个病身子和一双连霹雳都听不到的耳朵。但他终究是个活人,终于回到家里来了。

不久,媳妇也不知从哪里名正言顺地找了来,于是一个小家庭就组成了。儿子显然不能再干重活了,但是,想吃饭除了出卖劳力之外又没有第二条路可走。季羡林第二个星期日回到家里的时候,看到她的儿子咳嗽着,说话打着手势,一出一进地挑着满桶的水卖钱。

可是,儿子常生病,又聋得很,虽然每天拼命挑水,却连肚皮也填不饱,这使他只有豁出命了!结果呢,旧病没好又添了新病。媳妇又学上了喝酒抽烟的新毛病,丈夫自然不能满足她,她竟同别人姘居了。王妈早起晚睡侍候别人挣来的钱,以前是锁在一个箱子里的,现在却换成米面,填充儿子的肚皮。她为儿子的病焦躁不安,又生媳妇的气,但是没有办法,只好终日叹息。

儿子病的次数多起来,而且越来越厉害,几天不能挑水,家里没了柴米,媳妇也不知道跑到什么地方去了,王妈只好以泪洗面。没过多久,她也病了,眼睛蒙上了一层白膜。但她并不想死,请来了巫医,供神水,喝符,用大葱叶包起七个活蜘蛛生生吞下去。为了治病,她几乎什么办法都用上了。几个月以后病是好了,她却只剩下了一只眼睛,而且更显得衰老了,腰佝偻着,剩下的那只眼睛似乎也没有什么大用,走路时只能用手摸索着,干活也十分吃力。

1930年夏天,季羡林离开济南到北平求学。在大学里,他时常想到王妈,日记里也提到王妈。王妈怎么样了?后来他才知道老人已经回老家了。

原来,她正要带着儿子回老家去养病的时候,儿子竟然经不起病的摧折死去了。在严冬的大风雪里,在灰暗的长天下,一个风烛残年的老人,坐在独轮小车上,带着独子的棺

1973年8月,季羡林全家在济南大明湖

材回故乡去。车走上一个小木桥的时候，忽然翻下河去，老人掉进水里，被人捞上来的时候，浑身都结了冰。

王妈在那穷僻的小村里孤独地活着，剩下的一只眼睛也哭得失明了，房子卖给了别人，借住在亲戚家里，处在贫病的煎熬中。1933年9月23日，季羡林在清华收到秋妹的信，信中说王妈死了。

季羡林怀着满腔的悲哀，回忆起那闷热的夏夜，夜来香悄悄地绽放，小小的院子里弥漫着醉人的幽香。王妈在昏黄的灯下纺着麻线，她的影子伴着夜来香花的影子在晃动……她是那样辛勤劳作，然而命运多舛，凄惨悲怆，与鲁迅笔下的祥林嫂有何两样！季羡林在怀念王妈的一篇文章中写道：

第二年暑假我回家的时候，就听人说，王妈死了。我哭都没哭，我的眼泪都堆在心里，永远地。现在我的眼前更亮，我认识了怎样叫人生，怎样叫命运。——小小的院子里仍然挤满了夜来香，黄昏里我仍然坐在院子里的竹床上，悲哀沉重地压住了我的心。我没有心绪再数蝙蝠了。在沉寂里，夜来香自己一闪一闪地开放着，却没有人再去数它们。半夜里，当我再从飘忽的梦境里转来的时候，看不到窗上的微微的白光，也再听不到嗡嗡的纺车的声音，自然更看不到照在四面墙上的黑而大的影子在和着凌乱的枝影晃动，一切都死样的沉寂。我的心寂寞得像古潭。第二天早晨起来的时候，整夜散放着幽香的夜来香的伞似的黄花枝枝都枯萎了。没了王妈，夜来香哪能不感到寂寞呢？

上私塾

季羡林初到济南那会儿，还是一个野性十足的乡下顽童，不懂规矩，没有教养。叔父知道离家不远的曹家巷有一家私塾，先生管教很严，严师出高徒嘛，于是决定把侄儿送到那里读书。

要上学了，总得起个学名吧。季嗣诚不喜欢宝山这个名字，认为太土气。他想给侄儿起个雅一点儿的名字。根据季家的家谱，侄儿这一辈可用的字有"宝"和"林"两个字。"宝"不好，"林"又怎么样？喜好读古书和作诗的季嗣诚，想到了北宋的一位诗人林逋。这位隐居在杭州西湖种梅养鹤的名士太高雅了。"疏影横斜水清浅，暗香浮动月黄昏"，多美的诗句，真让人羡慕极了！对了，就叫"羡林"或者"慕林"吧。到底是"羡林"，还是"慕林"？

他拿不准,就去和塾师商量。塾师认为"羡林"好一些。于是,喜子就有了学名"季羡林",字"希逋"。从此,季羡林便每天早晨到私塾去上学,对着孔子牌位行礼之后,就开始读《三字经》《百家姓》《千字文》一类的发蒙读物。

塾师同季羡林婶母的娘家沾点儿亲戚,是一位不苟言笑的老先生。白胡子撅着,脸整天阴沉着,挺严厉的,令人望而生畏,可季羡林却不害怕。读书识字,根本难不住他,就跟玩似的。塾师让他念《百家姓》,他就"赵钱孙李,先生没米,周吴郑王,先生没床"地胡诌一通,逗得一帮小伙伴笑痛肚子;只要塾师一转身,他就立刻做鬼脸,玩花样,搅得课堂一团糟。

也许因为自己脸上有些星星点点的麻子,遭人嘲笑;也许因为有些城里孩子欺生,故意找碴儿,那时候季羡林时常和同学发生冲突。

他打起架来,双眼紧闭,双拳乱挥,拳头之外,毛笔、砚台也充当"武器",弄得满手满脸甚至衣服鞋袜上到处是黑色的墨迹。回家后婶母劈头就问:"又跟同学打架啦?"季羡林觉得奇怪,她是怎么知道的,就问秋妹。

季羡林手迹

秋妹说:"你自己去照照镜子!"他在镜子跟前一照,脸上东一块西一块,全是墨迹。

在家的时候,婶母让羡林和秋妹写仿——练大字。他俩照着柳公权、颜真卿的字帖一笔一画地临摹。起初他还比较认真,可是写着写着就不耐烦了,一瞅大人不在就玩了起来,拿着毛笔给秋妹脸上画副眼镜,秋妹给他画两撇胡子,嘻嘻哈哈,胡闹一气。

念了一年私塾,塾师认为季羡林朽木不可雕,于是请来他的叔父,说:"你这位侄少爷我教不了,请你领走另寻高明吧!"

一师附小

私塾读不成,那就上学堂吧。1918年,季羡林进入一师附小。学校全名是"山东省立第一师范附属小学",地点在南城门内升官街西头。所谓"升官街",与升官发财毫无关系。"官"是"棺"的同音字,这一条街上棺材铺林立,大家忌讳这个"棺"字,所以改称升官街,图个吉利。

附小校长由一师校长王士栋兼任。王士栋，字祝晨，绰号"王大牛"，是山东教育界的名人。民国初年，他担任过教育界的高官，同鞠思敏等同为山东教育界的元老，学习蔡元培办北京大学的精神，新旧共蓄，兼容并包，因而在学界享有盛誉。在一个七八岁的小学生眼中，校长宛如在九天之上，可望而不可即。可是人生变幻莫测，过了16年，1934年季羡林清华大学毕业后，回到山东省立济南高中教书，王士栋也在这里教历史，他们成了平起平坐的同事。季羡林对他执弟子礼甚恭，他则再三逊谢。季羡林一想到竟和自己当年的校长做同事，心里就憋不住直乐。

季羡林在一师附小待了不到两年。两年初小学习生活，没有给他留下多少记忆。唯一残留在脑海中的一件小事，就是认识了一个"盔"字，但并不是在国文课堂上，而是在手工课堂上。老师教他们用纸折叠东西，其中有一个头盔，知道学生不会写这个字，就用粉笔写在黑板上，写完了这个字回头看学生，戴着近视眼镜的脸上露出一丝笑容。

那时季羡林迷上了玩推铁环。他找来两根铁条，把一根搣成一个圆圈儿，另一根搣成曲尺状，这样就可以推着滚了。他上学也不忘带着铁环。南关大街上人多车多，铁环推不成，可是一走到僻静的升官街，青石板铺就的路面光滑平整，他推着铁环轰隆隆地跑过，一口气跑到学校门口，心里别提有多美了。

李长之是季羡林在一师附小的同班同学，后来他们在清华大学又成了同学，彼此的友谊保持了几十年。

那时候，季羡林野性未驯，性格一点儿也不内向，外向得很。他喜欢打架，欺负人，也被人欺负。有一个男孩儿，比他大几岁，个子比他高半头，总好欺负他。最初季羡林有点儿怕他，时间久了，忍无可忍，就同他干了一架。他个子高，打季羡林的上身；季羡林个子矮，打他的下身。后来两人搂抱着滚在双杠下面的沙土堆里，打得难解难分，没有决出胜负。这时上课铃响了，他们各回自己的教室。从此，天下太平，这个同学再也不敢欺负季羡林了。

相反，季羡林有时也欺负别的孩子。有一个名叫刘志学的小学生，比较懦弱，被季羡林选中，成了他欺负的对象。季羡林让他跪在地下，不听就拳打脚踢。他如果敢于反抗，季羡林就会收敛一些；如果逆来顺受，季羡林就变本加厉。有一次，刘志学受了欺负，回家向家长诉苦。刚巧，他家同季羡林的婶母是拐弯抹角的亲戚，他父母便找上门来告状，季羡林免不了挨婶母一顿臭骂，这一出闹剧终于落幕。

上初小的时候，季羡林还做过几次"小生意"。在他上学的路上，位于新桥的一家炒货店，门面不大，但这里的五香花生米——济南话叫"长果仁"——咸香脆，赫赫有名。有一次季羡林突发奇想，用买早点的钱买了半斤花生米，拿到学校用纸包成几个小包。同学们都想尝尝新桥花生米的美味儿，纷纷掏钱购买。第二天，他仍然照此办理。几天下来，季羡林居然赚到了几个小钱。如果这生意一直做下去，说不定季羡林还会发点儿小财。可惜他见好就收，财运也就与他无缘了。

季羡林离开一师附小并不是因为毕业，而是因为转学。王士栋是个新派人物，"五四运动"一来，积极赞同新文化运动，很快就把文言文的国文教材换成了白话文。课本中有一篇著名的童话《阿拉伯的骆驼》，内容是：在沙漠大风暴中，主人躲进自己搭起来的帐篷里，而把骆驼留在门外。骆驼忍受不住风沙之苦，哀告主人说："让我把头放进帐篷行不行？"主人答应了。过了一会儿，骆驼又哀告说："让我把前身放进去行不行？"主人又答应了。又过了一会儿，骆驼又哀告说："让我全身都进去行不行？"主人答应后，自己却被骆驼挤出了帐篷。谁知，课本被季羡林的叔父看到了，这位守旧的家长大为不满，说："骆驼怎么能说话？荒唐！转学！"于是季羡林就转学了。

三只兔子

季羡林每天从家里到学校，从学校到家，过着单调的日子。在高大的灰色的砖墙内，他只能听到闹闹嚷嚷的车马的声音，这哪里像故乡那清脆悦耳的牛羊的嘶鸣声呢？在鳞次栉比的楼房的空隙里，他只能看见一线蓝天，这哪里像故乡那广阔湛蓝的天空呢？他看不到远远的笼罩着轻雾的树，看不到天边上飘动的水似的云烟，嗅不到泥土的芳香的气息，小小的心灵充满了寂寞和悲哀。他是大地的儿子，渴望着再回到大地的怀抱里去。对故乡的每一点儿记忆，都是那样的珍贵，其中最使他不能忘怀的，是关于兔子。那时候，季羡林喜欢到邻居家院子里看兔子，那有着宝石似的红眼睛的兔子，深深地印在他的脑海里。

有一年秋天，叔父要到望口山去，临走时问侄儿想要什么，季羡林要他带几只兔子回来。叔父从望口山回家的时候，仆人挑着一担东西，上面是用蒲包装的有名的肥城桃，下面有一个木笼。季羡林正在猜测木笼里会装些什么东西，仆人已经把木笼举到他的眼前——战栗似的颤动着的嘴，透亮的长长的耳朵，红亮的宝石似的眼睛……这不正是他梦寐以求的兔子吗？他仿佛一下子回到了故乡，怎么能不欢喜若狂呢？笼里一共有三只兔子：一只大的，黑色，像母亲；两只小的，白色，像儿子。季羡林顾不上美味的肥桃，东跑西跑，忙着找白菜，找豆芽喂它们，又去张罗住处，索性把它们安顿在自己的床下。

在官庄的时候，季羡林看到邻居家的兔子，羡慕得不得了。现在自己居然也有三只兔子,而且就在床下边,这简直像做梦一样。兔子刚从笼里放出来的时候,立刻就有猫挤上来,兔子很胆怯,伏在地上不敢动,耳朵紧贴在头上,只有嘴颤动得更厉害。等到把猫赶走了,它们才慢慢地试着跑,一转眼,大的早领着两只小的躲在花盆后面了,再一转眼,又跑到床下面去了。有了兔子的第一个夜里,季羡林躺在床上,辗转着睡不踏实,听着兔子在床下嚼豆芽的声音。这一夜,他仿佛浮在云堆里,已经记不起做过什么样的梦了。

床下面凭空添了三个小生命,一下子有了三个小伙伴,这给季羡林带来了无限的乐趣和惆怅。每当他坐在靠窗的桌子旁边读书的时候,兔子便偷偷地从床下面跑出来,没有一点儿声音。他从书页上面屏息地看着它们——先是大的一探头,又缩回去,再一探头,走出来了,一溜黑烟似的。紧随着的是两只小的,白得像一团雪,眼睛红亮,比玛瑙还光莹。它们用小小的红亮的眼睛四面看着,走到从花盆里垂出的拂着地的草叶下面,嘴战栗似的颤动几下,停一停;走到书架旁边,嘴战栗似的颤动几下,停一停;走到小凳下面,嘴战栗似的颤动几下,停一停。忽然,季羡林觉得有软茸茸的东西靠上了他的脚,原来是小兔正伏在脚下,于是忍耐着不敢动。不知怎的,他的腿忽然一抽,再看时,一溜黑烟,两溜白烟,兔子都藏到床下面去了。他伏下身子去看,在床下面黑暗的角落里,只见晶莹的宝石似的一对对眼睛。

院子里随时有猫出没。季羡林时时提防着猫会袭击兔子。窗前有一棵海棠树,门关严了的时候,这棵海棠树就成了猫进屋的路。自从有了兔子以后,在冷寂的秋夜里,季羡林常常蓦地惊醒——窗外风吹着落叶,窸窣地响,他疑心是猫从海棠树爬上了窗子;连绵的夜雨击着落叶,窸窣地响,他又疑心是猫爬上了窗子。他静静地等着,不见有猫进来,再低头看看,兔子正在地上来回跑着,在微明的灯光里,更像一溜溜的黑烟和白烟了,眼睛也更红亮得像宝石了。季羡林正要蒙眬睡去的时候,恍惚听到"喵"的一声,抬头看见窗子上破了洞的地方,两颗灯似的眼睛正在向里张望。

第二天早晨起来,季羡林第一件要做的事情,就是低下头去看兔子丢了没有。当他看到两只小兔如同两团白絮似的偎在大的身旁熟睡的时候,心里仿佛得到点儿安慰。过了一会儿,再回到屋里来读书的时候,又可以看到它们在脚下来回地跑了,虽然没有什么声息,屋里总仿佛充满了生气与欢腾似的,连周围的空气也仿佛变得甜美了。兔子同季羡林混熟了,渐渐胆壮起来,看见他也不再躲避了。当一只小兔第一次很驯顺地让他抚摸的时候,他高兴得流出了眼泪。

这样的颇有诗意的日子过了半个秋天,快要入冬的时候,在一个天蓝的早晨,季羡林又照例伏下身子,去看兔子丢了没有——奇怪,床下面空空的,仿佛少了什么东西似的,再仔细看看，只见两只小兔凄凉地互相偎着睡。它们的母亲跑到哪里去了呢？季羡林立刻慌了，汗流遍了全身。他想，这几天大兔子的胆子更大了，常常自己偷跑到天井里去，这次恐怕又是自己偷跑出去了吧。他把屋里屋外都找了一遍，也不见踪影。回头他又看到两只小兔子偎在自己的脚下，一种莫名的凄凉袭上心头，两眼沁出泪珠。两年前他离开了家，无时不想念母亲，感到凄凉和寂寞，要想倾诉只好在梦里。眼前这两只小兔子也同自己一样凄凉和寂寞吧！小兔子没有了母亲，又向谁倾诉呢？

起初，季羡林还幻想着大兔子会自己跑回来，蓦地给他一个惊喜，但是一天一天过去了，希望终于成了泡影。他更加怜爱这两只小兔子，以前爱它们，是因为它们红亮的眼睛，雪絮似的软毛，现在的爱里却掺入了同情，有时还想拿自己的爱抚来弥补它们失掉母亲的悲哀。但这哪里办得到呢？它们渐渐消瘦，在屋里跑的时候也不像以前那样欢快了，时常偎在主人的脚下，被主人抱在怀里时也驯服地伏着不动。每当他看到它们踽踽地走开的时候，心里充满了莫名的悲哀。

又过了两三天，季羡林忽然发现在屋里跑着的只有一只兔子了，那个同伴到哪里去了呢？他又慌了，又在墙角、桌下、天井里四处寻找，低声唤着，落叶在脚下索索地响，可是不见兔子的踪影。当他看到这仅剩下的一个小生命孤独地似乎在寻找什么的时候，再听檐边呼啸的秋风，眼泪又流了下来。它在找它的母亲吗？找它的兄弟吗？为什么连叹息一声也没有了呢？它那宝石似的眼睛里仿佛含着晶莹的泪珠。夜里，在微明的灯光下，它不在床下沉睡，只是不停地在屋里跑着。这冷硬的土地，这漫漫的秋的长夜，没有母亲、没有兄弟偎着，凄凉的冷梦萦绕着它，它怎能睡得下去呢？

第二天早晨，天更蓝了，蓝得有点儿古怪。小屋里照得通明，小兔在眼前跑过的时候，季羡林看见洁白的绒毛上仿佛有一点红，一闪一闪的；再看，就在透明红润的耳朵旁边，发现一点血痕——只一点，衬了雪白的毛，更显得红艳，像鸡血石上的斑。他真的担心了！听人说，兔子只要见血，无论多少都会死的。这剩下的一只，没有母亲没有兄弟的孤独的小生命也要死去吗？他不敢相信，然而摆在眼前的却就是那一点红艳的血痕，怎能否认呢？他把它抱起来，它仿佛知道有什么不幸要降临到它身上，只伏在主人怀里不动，放下也不跑。就在这天黄昏的微光里，当他再伏下身去看床下的时候，除了一堆白菜和豆芽以外，什么也看不到了。他各处找了找，什么也没找到。

季羡林早就料到有什么事情要发生，现在终于发生了。他想：这样也好，不然，小兔子孤零零的一个活在这世界上，得不到一点儿温暖，凄凉和寂寞的一生怎样消磨呢？他没有哭，眼泪都流到肚子里去了。悲哀沉重地压在心头，他想到了故乡，想到了母亲。

三只兔子和季羡林相伴相守了半个秋天,如今一只也没有了。有时候,他半夜从梦中惊醒,外边的秋风秋雨声,让他误以为猫爬上了窗台。此时,他总是下意识地往地上看,寻找兔子。这当然是徒劳的,除了在梦里,他是无缘再见到他的兔子了!

季羡林曾经怀疑是猫袭击了兔子,其实并不是。兔子在房子的后墙挖了一个洞,不知道跑到什么地方去,无声无息地结束了它们的生命……

新育小学

季羡林转到了新育小学,时间是在1920年,那年他9岁。新育小学坐落在南圩子门里朝山街,离季羡林家不算远。一位年长两岁的亲戚同来报名,面试时有一个"骤"字,季羡林认识,定为高小一年级,那个亲戚不认识,便定为初小三年级。就这样,一个字让季羡林少读了一年初小。

学校大门朝东,进门是个外院,有几排平房,季羡林的班主任老师就住在这里。同院还住着从曹州府来的三个李姓同学,他们都是大地主家的少爷,在家乡读过多年私塾,年龄比较大,国文水平也高。为了顺应潮流,博取一个新功名,便到济南来上小学,还带着厨子和听差。二门是木架子搭成的柴门,门上有"循规蹈矩"四个大字。季羡林不知道是什么意思,只觉得这四个字笔画繁多,很好玩。院内的一个废弃了的花园,有太湖石堆成的假山,半山腰有亭子,屹然挺立,假山前后树木蓊郁,有圆池和花坛。院子虽已破败,依然美丽。

新育小学旧址,又称济南三和街小学,即现在的山东省实验小学

班主任老师姓李,40多岁,为人非常诚恳忠厚,朴实无华,说话总是和颜悦色,从来不训斥学生。当时的小学教员,都是教多门课程的,什么国文、算术、历史、地理都一锅煮了,因为程度极浅,用不着有多么大的学问。李老师也教英文,教学生认识英文字母,他有妙法。有一年初春的一天,大圆池旁的春草刚刚长齐,天下着小雨,李老师带全班学生到大

圆池附近种菜，自己挖地，自己下种，种的是扁豆、芸豆、辣椒和茄子。当时碧草如茵，嫩柳鹅黄，一片绿色仿佛充塞于天地之间。学生们蹦蹦跳跳，快乐得像一群小鸟儿。

那时候季羡林年龄小，贪玩，对所有的正课都采取对付的办法。上课时，他经常有小动作，或者在本子上画小人，或者用小刀在课桌上刻字，或者从口袋里掏出从外边捡来的小石子把玩，看上面美丽的花纹。他脑子常常走神儿，不专心听老师讲课，斜眼看窗外四时景色的变化，春天繁花似锦，彩蝶飞舞；夏天绿柳成荫，蝉鸣鸟唱；秋天风卷落叶，层林尽染；冬天白雪皑皑，琉璃世界。旧时候学校流传一首打油诗："春天不是读书天，夏日炎炎正好眠，秋有蚊虫冬有雪，收拾书包好过年。"大概可以当成他的写照。但是，他很聪明，虽不是顶尖的学生，却总是中上等。当时写作文都用文言，最困难的是不知道怎样起头。老师出的作文题写在黑板上，他在作文簿上抄上题目，面对着"人生在世"四个字冥思苦想，不知道怎样下笔，好久才能憋出一篇文章来。

新育小学是男女合校，男生占大多数。那时候，有的女同学还裹着小脚，大家也不以为怪。在季羡林上高小二年级的时候，学校还来了一位教美术的年轻的女教师。

当年季羡林就读的新育小学，就是现在的山东省实验小学。20世纪该校出了三位名人：王尽美、季羡林、巩俐。王尽美是无产阶级革命家，中共一大代表；巩俐是家喻户晓的电影明星，大红大紫。季羡林在98岁的时候，给自己母校的题词是"桃李无言，下自成蹊"。

"造反"失败

实际上，并非所有的老师都像李老师那样和蔼可亲，比如，一位教珠算的老师简直是个"迫害狂"，对学生从来没有笑脸。他的脸长得像知了，学生送他一个外号"稍迁"，"稍迁"是济南土语，就是蝉的意思。"稍迁"先生对初学珠算的小孩子制定出既残酷又不合理的规定：打错一个数，打一板子。如果在算盘上差一行，那就差十个数，结果就是十板子。打手板可比打算盘的声音大多了，远远地便可听到课堂上噼噼啪啪的板子声。一堂课下来，几乎每个学生都挨过板子。偶尔有错几十个到一百个数的，那板子不知要打多久，直到老师打累了，才"板下开恩"。老师作威作福，学生苦不堪言，于是乎学生告诉家长，家长管不起；学生反映给校长，校长不理睬。小学生求告无门，被逼到穷途末路，自然就要造反，把"稍迁"先生赶走。

几个大一点儿的男孩儿子带头提出了行动方案：上课前把老师的教桌翻倒过来，让它四脚朝天。学生们都不去上课，躲到假山附近的树丛中。花园里大树上结满了黄色的豆豆，大家把豆豆采下来装进口袋里，准备用这些"子弹"打"稍迁"先生的脑袋。"稍迁"先生丢了人，教不下去了，就得卷铺盖走人。季羡林觉得这主意不错，又喜欢凑热闹，便随着那几个大孩子，离开教室躲在乱树丛中。

但是，过了半个多小时，当他们回到教室，准备用口袋里的"子弹"袭击"稍迁"先生时，却傻了眼。他们发现，四脚朝天的教桌也早已翻过来了，大约有三分之一的学生乖乖地坐在教室里，正在听老师讲课。原来，这次"造反"没有经过周密的动员和组织，贸然行事，本来的统一战线彻底崩溃了，结果一个班的学生分成了两类：良民与罪犯，造反的人当然属于后者。"稍迁"先生满面怒容，威风凛凛地坐在讲台上，手握竹板戒尺，等候着一批"小罪犯"自投罗网。

"你们竟敢跟我作对！简直要翻天了！"他看"造反"学生的个子大小，就知道谁是主犯，谁是从犯。他先把主犯叫过去，他们自动伸出右手，只听到重而响的啪啪的板子声响彻教室，没有人敢喘大气。那几个男孩儿子也真有"种"，被打得龇牙咧嘴也不哼一声。轮到季羡林了，他也勇敢地把右手伸出去，啪啪10声，算是从轻发落，手掌立即红肿起来，刺骨地热辣辣地痛。下课了，他用红肿的手掏出那些黄色的豆豆，悄悄地扔掉了。这次"造反"就这样以失败告终。

看热闹

玩耍虽然是儿童的天性，但也是他们成长的"维生素"。季羡林在官庄时如此，来济南后也不例外。他家离新育小学并不算远，一路上虽然有的巷子很窄，但都是青石铺路，走上去极为平坦舒适，并没有难走的地方。他同一些比较顽皮的男孩子一样，除非肚子真的饿了，放学后往往不立即回家，在路上同小朋友打打闹闹，磨蹭着不肯回家。见到什么新鲜事儿，他必然挤上去围观；看到争吵打架的，他就更要看个水落石出不可。还有，济南地势南高北低，到了夏天下大雨的时候，城南群山的雨水汇流成河，顺着一条大沙沟，奔腾向北，进了圩子墙，穿过朝山街、正觉寺街等马路东边房子后面的水沟，再向前流去。济南人把这一条沙沟叫"山水沟"。山水每年夏季才有，平常日子这条沟是干的，附近的居民就把垃圾，甚至死狗死猫丢在沟里，根本没有人走这里。可季羡林同几个小伙伴偏偏选了朝山街的山水沟作为回家的路，沟里沙石垃圾满地，臭不可闻，他们从这里走回家，感觉新鲜刺激，虽非天天如此，次数也不太少。

还有一件让他们感兴趣的事是看捆猪。新育小学的西邻是一个很大的养猪场。如果第二天早晨杀猪，头一天接近黄昏的时候就要把猪捆好。捆猪并不容易，猪与羊和牛不一样，当它们感到末日来临时，总是用超常的力量奋起抵抗。季羡林和几个调皮的小伙伴放学后一听隔壁猪叫，就立即爬上校内的柳树，坐在高高的树杈上，看猪场捉猪。有的猪劲儿极大，不太矮的木栅栏一跃而过，满院飞奔。捉猪人使用极其残暴的手段和极端残忍的工具——一条长竿顶端有两个铁钩——把猪捉住。有时候竿顶的铁钩深刺在猪的身上，鲜血立即喷出。猪仍然不肯屈服，带血狂奔，血流满地，直到精疲力竭才被人捆绑起来，嘴里仍然叫个不止。这场面对季羡林来说，相当残忍刺激。

最热闹的是九月九庙会。济南的重阳节庙会设在南圩子门外大片空地上，西边一直到山水沟。每年进入阴历九月，就有从全省各县府，甚至从全国一些地方来的艺人汇聚此地，马戏团、地方戏班子、变戏法的、练武术的、说山东快书的、玩猴的、耍狗熊的，一应俱有。他们各自圈地搭席棚，留一出入口，卖门票收钱。由于各家规模大小不一，席棚也就有大小之分，至少有几十座。还有临时赶来卖米粉、炸丸子和豆腐脑的担子，卖花生和糖果的摊子，其中特别显眼的是柿子摊。柿子是南山特产，个大色黄，非常诱人。庙会上人声鼎沸，热闹非凡。新育小学同庙会仅一墙之隔，庙会上的声音依稀可闻。这些顽皮的孩子焉能安心上课？即使勉强坐在那里，也是身在课堂心在庙会。一有机会，他们就溜出学校，因嫌走圩子门太远，便就近爬过圩子墙，飞奔到庙会。席棚很多，他们拣大的去看。虽然他们身上没有一文钱，买不起门票，好在都是三块豆腐干高的小孩子，混在购票的观众中，挤进去并不难。进去以后，他们总要看个够儿，看完了走出来，再钻另外一个席棚。有的席棚实在钻不进去，他们就绕棚一周，看看哪个地方有小洞，就透过小洞往里看。在十几天的庙会中，他们几乎钻遍了大大小小的席棚，一览无余，一文钱不掏。可是，对那些卖小吃的摊子和担子，他们没法钻空子，只好白流口水。

这块空地除了办庙会，还年年举办马市。到了那一天，空地上挤满了人和马、骡、驴等大牲口。马嘶驴叫，人声嘈杂，一片繁忙热闹景象。看骡马交易也很有趣。骡马的高低肥瘦一看便知，可年龄却是看不出的。经纪人倒有办法，骡、马、驴都是吃草的动物，吃草要用牙，草吃多了，牙齿就受到磨损，从牙齿磨损的程度上就能看出年龄，于是，他们在看好了骡马的外相之后，用手扒开嘴，仔细观看牙齿。等到这些手续都办完了，就开始讨价还价。在这里，不像在蔬菜市场或别的市场上那样，凭着嘴来讨价还价，而是用手。经纪人和卖主或他的经纪人，把手伸进袖筒里，用手指头来商谈价格，口中则一言不发。如果袖筒中价钱谈妥，则退出手来，交钱牵牲口；如果袖筒交易没有结果，就另起炉灶，找另外的人去谈了。至于袖筒中怎么个谈法，这是经纪人的秘密，局外人是无法知道的。经纪人有会看牙口和在袖筒里谈生意两招绝技,被称为"牙行"。这种牲口交易方式,在小孩子看来既有趣又神秘。

季羡林上小学的时候,还偷偷看过一回戏。他们家住的佛山街中段有一座火神庙,庙前有一座戏台,破旧不堪,门窗有的已经脱落,看上去快要倒塌了。有一年,不知道是哪位善男信女发了大愿,要给火神爷唱上几天戏。于是,他把戏台稍稍修饰了一下,在戏台和火神庙左右两旁搭上了两座木台子,上设座位,为贵宾所专用,其余的观众就站在台下观看。季家规矩很严,小孩子看戏是绝不允许的。每逢听见锣鼓响,季羡林心里就痒痒得要命,借出门买油打醋的机会,到台下看上几眼,得到一点儿满足。有一次他回家晚了,自然挨了一顿训斥。至于唱的是什么戏,他完全不懂,只看见台上敲锣拉胡琴儿的坐在一旁,中间站着一位演员在咿咿呀呀地唱,觉得很新鲜。还有,戏台上那红红绿绿的门帘,尽管陈旧也挺好看。说来也怪,不知道什么原因,即使偷偷看了一会儿,一些演员的名字季羡林也都记得很牢,比如坤角叫云金兰,老生叫耿永奎,丑角叫胡风亭,几十年没有忘掉。

路经刑场

新育小学所在地是朝山街的末端。出圩子门向右是一条通往齐鲁大学的大道,大道中段经过山水沟,右侧有一座小小的龙王庙,左侧是一大片荒滩,对面土堤很高,这里就是当时的刑场。每当犯人被押赴刑场,就从城里院东大街路北的警察厅监狱出发,出大门向右走一段路,再左拐至舜井街,然后出南城门,经过朝山街,出南圩子门,就到了这里。朝山街是季羡林上学的必经之路。有时候,他看到街道两旁挤满了人,就知道要杀人了,立即兴奋起来,于是把上学的事儿早已忘到九霄云外,挤在人群里,伸长脖子,等候着。此时,只见街道两旁人山人海,而街道中间则既无行人,也无车马。不久,一个衣衫破烂的人,喝得醉醺醺的,右肩背一支步枪,慢腾腾地走过去,这就是刽子手。再过不久,大队警察簇拥着待处决的囚犯走过来,囚犯五花大绑,背上插一根木牌,上面写着他的名字,名字上面用朱笔画一个红"×"。犯人过去以后,街上的秩序立即大乱,人群纷纷挤向街中间,摩肩接踵,跟着警察大队挤出南圩子门,抢占有利地形,以便看得清楚些,但又不敢离得太近。犯人被警察押到刑场,面向南跪在高崖下面,枪声一响,大事完毕,警察撤走。这时,人群又涌向前去,观看躺在地上的死尸。季羡林和其他几个顽皮的孩子当然不甘落后,也随着大家往前涌。等到看罢这一切,他们才想起上学的事儿,急忙往学校赶,结果免不了受到老师一顿斥责。然而,他们不思悔改,下一次碰到这样的事儿照看不误。

有一天,季羡林放学走到刑场附近,看见很多人聚集在那里,知道又要杀人了。他一打听，说是今天要处决土匪。"土匪"二字，让季羡林联想到了绿林好汉，就是他在公案小说里看到的那些英雄豪杰、侠门剑客，他们一个个飞檐走壁，武艺高强，是他崇拜和向往已久的。他曾经为了练习"铁砂掌"，背着家人在盛大米和绿豆的大缸里用手掌去插，直插得手指红肿破皮，疼痛难忍；他曾经为了练习"隔山打牛"，在蚊帐顶上放一个纸球，每天起床以前朝纸球挥拳几十次，挥得胳膊酸痛。可是，现实中的土匪是什么样子呢？他们的武功怎样？又是如何练成的？他怀着强烈的好奇心，准备今天好好看个究竟。

过了没多久，刽子手走过来了。他身上背的不是大枪，而是一把大刀，裹着一块血迹斑斑的破布。紧跟着的是警察的步枪队和马队，押着一个犯人。那犯人面色蜡黄，双手被反绑着，由两个警察架着，显然已经瘫软，无法正常行走。人们纷纷议论："此人好生没种！""怎么会有这样的土匪？"

季羡林看着犯人，觉得有些面熟；再仔细观察，原来是那个他上学时几乎每天都会遇到的卖小米和绿豆的小贩。他怎么会是土匪？！

季羡林每天清晨上学的路上，人很少，但他经常会碰上一个挑着担子沿街叫卖的汉子，约莫40来岁，头发开始花白，穿着普通的粗布裤褂，表情很和善，看上去是地地道道老实巴交的乡下人。有一天早晨，他从家出来的时候，看见王妈同他讨价还价。原来，家里每天吃的小米和绿豆，就是从他手里买来的。一来二去，季羡林就跟他认识了。以后每次见面，那汉子都朝他笑一笑，或者打个招呼，间或问一句："你们家的小米绿豆吃完了没有？"季羡林开始并不言语，后来看他很和气，没有恶意，就逐渐地和他说起话来。

那汉子见季羡林挺招人喜欢，就编出一个荒诞不经的故事来哄他开心，说什么他某年某月看见一只老鼠，有大象那么大，这并没有让季羡林惊讶，因为他从来没见过大象。他还说某某地方有一只花母鸡，下的蛋有西瓜那么大，某某地方有一个穷小子，娶了一个仙女等等，这也难使季羡林相信。不过，季羡林寂寞时也乐得听他胡说八道，最有意思的是，他说某地有户人家蒸了一个大馒头，馒头皮有四里厚，一家人啃了几年才吃到馅儿。季羡林听了乐得咯咯的，那汉子也孩子似的笑了。

从春天到夏天，从秋天到冬天，季羡林几乎天天在上学的路上都能看到那汉子，他们可以说混得很熟很熟了，他还听他讲过什么剑侠、剑仙之类的故事，只是最近两三个月没有见到他了。怎样回事？难道他去当了土匪？

季羡林一边看着那汉子，一边仔细听人家议论，于是大体明白了这人的身世：他原来是乡下的农民，因为遭了灾，没有饭吃，就铤而走险，当上了土匪。前几年他就洗手不干了，躲到济南走街串巷做起了小生意。不久前他被人告发，坐了大牢……啊，原来如此！

季羡林远远望着那个汉子,只见他老老实实跪在那里。忽然,刽子手手里的大刀一挥,一股殷红的鲜血喷涌而出……

自从那天从刑场经过,有好长一段时间,季羡林无论看什么东西,都仿佛蒙着一层恐怖的红颜色。

蚂蚱进城

有一天早晨季羡林去上学,刚刚走到曹家巷口,就发现马路上蹦的跳的全是蚂蚱,一群一群地正从南向北迁徙。他越往前走,蚂蚱越多,密密麻麻,到处都是,走到朝山街时简直就没有了人的下脚之地,一脚踩下去就会踩死一二十只。路上到处是被人踩死或者被车轧死的蚂蚱,如果蚂蚱有血的话,大概要血流成河了。但季羡林发现,蚂蚱依然生死不顾,一往无前,前仆后继,犹如一支浩浩荡荡的大军,气势恢宏,其场面蔚为壮观。

这些蚂蚱是从南圩子门进城的,个头很小,还没有长出翅膀,身体光溜溜的,不能飞,只会蹦跳。这种没有发育成熟的蚂蚱,学名叫若虫,又叫跳蝻,它们和蝗虫一样,食量很大,数量极多。季羡林听大人们说过,蝗虫所经之处,凡是绿色的东西,比如庄稼、蔬菜、野草,都被啃食得精光。蝗虫迁徙飞起来遮天蔽日,宛如一片乌云,连树上的叶子都被一扫而光,那是十分可怕的天灾。

季羡林没有见过蝗虫,此时他好奇地想,这些蚂蚱是蝗虫变来的?它们从哪里来?到哪里去?要去做什么?它们是在哪里集合的?是谁给它们带路?它们有首领吗?一切都不得而知。大自然的确隐藏着无限的奥秘,简直太神奇了!他踏着蚂蚱的尸体来到学校,竟然发现学校的院子里一只蚂蚱都没有。"原来这里不在它们迁徙的路线上。"季羡林脑筋一转,想对了。

中午放学的时候,蚂蚱的冲击波已经过去,大街上已经没有活着的蚂蚱了,可是季羡林依然看见到处是一堆堆、一片片死蚂蚱,人们正在把它们扫进山水沟。蚂蚱进城的闹剧就此落幕了。

自从第一次看见这样令人震惊的自然现象,季羡林便对大自然产生了一种敬畏的心理。长大后他虽然在西方学习多年,但仍然记着这件事儿,没有接受关于"征服自然"的思想。随着年龄的增长和知识的增加,他逐渐认识到人类是大自然的一部分,形成了人类应该和大自然和谐相处的世界观。

读"闲书"

"雪夜闭门读禁书",这里说的却是季羡林酷爱读"闲书"。所谓"闲书",就是课外书,主要是旧小说。那时候,叔父管得严,"闲书"也被视为"禁书",季羡林和他的堂妹惠林只好偷偷看。有的古典文学名著,如《红楼梦》,他们看不懂,也不喜欢动不动就哭鼻子的林黛玉,对此书不感兴趣;但季羡林读中学时却把《金瓶梅》看了。当时,他们兄妹俩看得最多的是《水浒传》,对于发生在自己家乡的水泊梁山的故事,百看不厌。他们还看了《西游记》《说唐全传》以及《彭公案》《施公案》之类公案小说和《七侠五义》《小五义》之类武侠小说。他们识字有限,看书经常遇到"拦路虎",念错别字是家常便饭,比如把"飞檐走壁",念成"飞dǎn走壁"等等。事后,他们经常互相开玩笑,比如兄问:"你是用笤帚扫,还是用扫帚扫?"妹答:"不认识的字少了,就用笤帚,多了就得用扫帚。"不过这类小说内容易懂,即使有些字他们不认识,意思还是能看明白的,况且有些小说还有插图或者"绣像"。季羡林看"闲书"的瘾头儿极大,那时候家里没有电灯,晚上把煤油灯吹灭,在被窝里用手电筒照着看,一看大半宿。白天如果有时间,他也偷偷看,一口大缸盖上一个高粱秆做的盖帘就是他的书桌,上面摆着四书五经,而他读的却是小说。每当听见叔父的脚步声,他就掀起盖帘,把"闲书"藏进大缸里,拿过四书五经读几句"子曰诗云"。

季羡林还把闲书带到学校去,偷空就看上一段。当时校门外空地上正在施工盖房子,很多红砖摞在那里,中间有空隙,坐在里面谁也看不见,放学后他就搬几块砖下来,坐在上面,掏出闲书大看特看。看得入了迷,书中侠客们蹿房越脊,刀光剑影,仿佛就在他眼前晃动。等到脑筋清醒了一点儿,他才想起回家,到家后已经过了吃饭的时间,照样要挨一顿训斥。季羡林看了数量极大的"闲书",看到"侠客"武艺高强,十分羡慕,便照着去学。前面说过,他曾练过"铁砂掌",用手指往盛豆子的缸里戳,戳到皮破流血,疼痛难忍,方才作罢;他还练过"隔山打牛",

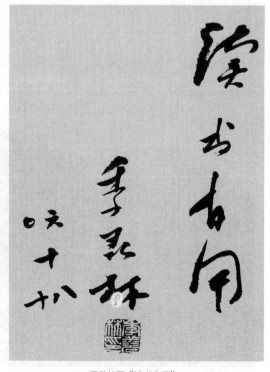

季羡林题"读书有用"

在屋顶或蚊帐顶上吊一纸球,朝它挥舞拳头,胳膊挥得酸痛,纸球仍旧纹丝不动……无独有偶,钱锺书幼时也酷爱读《说唐》《济公传》《七侠五义》之类的"闲书",兴之所至也练起了"棉花拳"。笔者认为,少年时期适当地读些课外书,能够学到课堂上学不到的东西,如季羡林、钱锺书那样,增强了他们日后驾驭语言文字的能力。

开元寺秋游

有一年秋天,新育小学组织学生游开元寺。开元寺是济南名胜之一,坐落在千佛山东群山环抱之中。寺上面的大佛头尤其著名,是在一面巨大的山崖上雕琢而成的。据说,那佛头的一个耳朵眼里能够摆一桌酒席,其规模虽然比不上四川的乐山大佛,但也颇有一点儿名气。从山坡往上爬,路并不难走,不到半个小时就到了佛头下。从大佛头再往上爬,山路崎岖,山石亮滑,爬起来就吃力了。山顶上,有一座用石块垒起来的塔状建筑,从济南城里看去,好像是一个橛子,所以这座山叫作"橛山"。在济南南部群山中,橛山鹤立鸡群,登上山顶,望千佛山顶如在肘下。可惜这里连一棵树都没有,只有遍山蓑草,显得光秃秃的。从橛山山顶,经过大佛头下行,地势渐低,树木渐多,走到一个山坳里就是开元寺。这里松柏参天,柳槐成行,一片浓绿。绿树丛中可见红墙,院内佛殿宏伟,佛像庄严。院中有一座亭子,名曰"静虚亭"。最难得的是一泓泉水,流自东面石壁的一个不深的圆洞中。泉水从上面石缝里滴下来,积之既久,遂成清池,名曰"秋棠池"。水池的东面岸上长着一片青苔,栽着数株秋海棠。泉水甘甜清冽,用来煮开泡茶,味道极佳。寺里的僧人和络绎不绝的游客,都从泉中取水喝。季羡林喜欢这个地方,以前曾来过多次。这一次随小伙伴们来游,兴致极高。回校后,老师出了一个作文题目《游开元寺记》,举行作文比赛,把优秀的文章张贴在教室西头走廊的墙壁上,季羡林的作文也在其中。出游本来符合季羡林的天性,而大量"闲书"的阅读又增强了驾驭语言文字的能力,因此他在作文方面似乎开始崭露头角了。

济南开元寺

新育小学每学期考试一次，高小三年一共六次。季羡林得了两次甲等第三和两次乙等第一，名次总是徘徊在甲等三四名和乙等前几名之间。甲等第一名被一个叫李玉和的同学包了，而季羡林却从来没有争第一名的念头。他对名次不感兴趣，最大的兴趣还是玩。季羡林曾说，小学考试的名次对学生一生没有多大影响，家庭出身和机遇的影响要大得多。又说，那一个"考"字宛如如来佛的掌心，让你落在这张密而不漏的天网中。笔者以为，季羡林的话很有警示作用，今日小学生因考试成绩不佳，断送生命于家长手下的例子也偶尔见诸报端。

小学毕业由于家庭出身和个人机遇不同，往往会走上完全不同的人生之路。季羡林就见过丰子恺先生的一幅漫画，题目是《小学同学》。画面上一副吃食担子，旁边站着两个人，不用说，一个是摊主，另一个是食客，耐人寻味。季羡林还亲历过一件小事，比丰子恺那幅画更抢眼，更耐人寻味，他说如果自己会画画，一定要把它画下来。事情是这样的：有一天晚上，他雇洋车从济南院前街回佛山街，黑暗中没有看清车夫的模样。到了家门口下车付车钱时，他蓦地一抬头，发现车夫竟是自己新育小学的同班同学，这让他既惊讶又尴尬。这个画面清晰地印在季羡林的脑子里，七八十年后依然历历在目。笔者由此想起"劳心者治人，劳力者治于人"这句话，家庭出身和机遇的不同，往往就造成了这种结果。

第三章

少年英才

补习英文

季羡林学习英文是从新育小学开始的。当时的班主任李老师为人和善，很受同学们喜欢。他担任这个班大部分课程，教学生记英文字母很有一套办法，比如字母 f，他说像只大马蜂，两头长，小细腰，学生一下子就记住了。

英文完全不同于母语汉语，引起了季羡林极大的好奇心。他原以为，方块字是天经地义的，天下所有的文字都应该是方块字，可这像蚯蚓爬出的痕迹似的英文，也能发音，居然还有意思，简直不可思议，在他看来越是神秘的东西，就越有吸引力。这时，恰恰有位懂英文的老师，要利用课余时间教英文，当然要收一些学费。季羡林告诉了叔父，叔父坚决支持。于是，季羡林就和十几个同学一道，晚上学起英文来了，而且一学就是八年。

80 年之后，季羡林在回忆当年学习英文的情景时，写道：

我的记忆中有很清晰的一幕，在春天的晚间，上过课以后，在校长办公室高房子前面的两座花坛中间，我同几个小伙伴在说笑，花坛里的芍药或牡丹花的大花朵和大叶子，在黯淡的灯光中，分不清红色和绿色，但是鼻子中似乎能嗅到香味。芍药和牡丹都不以香名。唐人诗："国色朝酣酒，天香夜染衣。"其中用"天香"二字，似指花香。不管怎样，当时，在料峭的春夜中，眼前是迷离的花影，鼻子里是淡淡的清香，脑袋里是刚才学过的英文单词，此身如遗世独立。这一幅电影画面以后常在我眼中展现，至今不绝。

季羡林在小学学习了一些英文单词和简单的语法。有一个问题总在困扰着这个初学者："是"(to be)和"有"(to have)分明不会动,怎么会是动词呢?他向老师请教,老师也答不出。

不管怎样,在考初中的时候,没有想到正谊中学还考英文,题目是翻译一段话:"我新得了一本书,已经读了几页,不过有些字我不认识。"季羡林因为有英文基础,没有费多大劲儿就交卷了。他被录取了,不是一年级,而是一年半级,占了半年便宜。

在上中学的时候,季羡林继续他的课余英文学习,地点是在济南城内按察司街南口附近的尚实英文学社。这是一个私人办的学社,创建人叫冯鹏展,广东人,是一个英文水平相当高的中学教师,办学社算是他的副业。上课时间是在晚上,每个月学费三块大洋。学社除了冯老师还有两位老师,一位钮威如,一位陈鹤巢。他们教书很卖力气,学生趋之若鹜,人数有七八十人。当时英文教学流行图解式教学法,季羡林对此感到很新鲜,当然也很有收获,打下了深厚的英文根底。他在中学时期,英文成绩年年全班第一,没有一个同学能同他相比。

那时候,季羡林上学很辛苦,简直是马不停蹄。每天早晨他从家穿过济南城到大明湖去上学,晚上五点走回南关吃晚饭,饭后立刻进城去尚实英文学社上课,晚上九点下课回家,天天如此,但他并不觉得累或有什么压力。1926年季羡林上高中时,他的英文水平已经达到能阅读和翻译英国作家小说的程度,英文作文也可以写出相当长的文章了。

语言是人类思维的工具,学好一门外语,就等于开启了一扇通向域外的窗口。季羡林青年时代的多年苦读积累了丰富的学养,为他日后成为一代语言学大师打下了坚实的基础。

正谊中学

1923年至1926年,季羡林在济南正谊中学读初中。严格地说,是从初一下学期读到高一上学期。这是他生命历程中重要的三年。那时候在济南,正谊中学算不上好学校,绰号"破正谊",和"烂育英"齐名,大概只能算是个二三流的学校吧。"文革"中的"四人帮"之一张春桥,也在这里念过书,但比季羡林晚六七届。

正谊中学的老教学楼

正谊中学坐落在济南大明湖南岸阁公祠即阎敬铭的纪念祠堂内，校内景色非常美，特别是北半部靠近原阁公祠的那一部分，绿杨撑天，碧水流地，一条清溪从西向东流，尾部有假山一座，小溪穿山而过。登上阁公祠的大楼，可以看到很远的地方，向北望，大明湖碧波潋滟，水光接天，夏天则是芦苇丛生，荷香十里，绿叶千顷。

正谊中学是一所私立学校，创办人和校长是鞠思敏先生。他是民国初年山东教育界的领袖人物之一。季羡林12岁到正谊中学上学，鞠先生已经有60来岁了。季羡林每次见到他，就油然生出敬仰之情。他身材魁梧，走路极慢，威仪俨然，穿着极为朴素，夏天布大褂，冬天布棉袄，脚上穿着一双黑布鞋，袜子是布做的。机器织的袜子，当时叫作洋袜子，已经颇为流行了，可鞠先生脚上仍然是布袜子，可见他俭朴之一斑。

鞠思敏

鞠先生每天必到学校里来办公。在军阀统治下，时局动荡，民不聊生，要维持一所有几十名教员和上千名学生的私立中学，谈何容易？鞠先生身上的担子十分沉重。然而，他极关心青年学生的成长，特别在道德方面倾注了全部的心血，想把学生培养成有文化有道德的人。每周的星期一上午八时至九时，全校学生都集合在操场上。鞠先生站在台阶上讲话，内容无非是怎样做人，怎样爱国，怎样讲公德、守纪律，怎样严于律己、宽以待人，怎样孝顺父母，怎样尊敬师长，怎样与同学和睦相处……他俨然是一个絮絮叨叨的老太婆。当时没有扩音器，他的嗓门并不洪亮，站的地方也不高，但他讲的那一些普普通通做人的道理，都是金玉良言，经年累月，学生们受到了潜移默化的影响。

刚进正谊中学的时候，季羡林同在小学时一样，并不喜欢念书，每次考试好了可以考到甲等三四名，坏了就是乙等前几名，但在班上还算是高才生。他是班里年龄最小的学生，贪玩惯了，主要兴趣在大楼后的大明湖。每到夏天，湖边长满了芦苇，芦苇丛中到处是蛤蟆和虾，它们都是水族中的笨家伙。季羡林从家里拿一根针，把针尖砸弯，拴上一条绳，顺手拔一根苇子，当成钓竿。他又抓了一只苍蝇，穿在针尖上，把钓竿伸向端坐在荷叶上的蛤蟆，抖上两抖，它就一跃而起，想捕捉苍蝇，却被针尖钩住，捉上岸来。但是季羡林并不伤害它，又把它放回水中。最笨的就是长着一对长夹的那种虾，对付它们不费吹灰之力，他顺手拔一根苇子，看到虾就往水里一伸，它便用长夹夹住苇秆，死死不放松，于是便被拖出水来。季羡林也把它放回水中，他只是为了戏耍，消磨时间。每天上午上完课，匆匆在小吃摊子上买点儿东西吃，他就来到大明湖边，一直玩到下午上课。

季羡林上初中的时候，有位叫徐金台的老师，是正谊中学的资深教员，很受师生的尊敬。徐老师古文很棒，他在课外办了一个古文补习班。愿意学习的学生，只要交上几块大洋，就能够随班上课。叔父听说了这件事很高兴，立即让季羡林报了名。上课时间是下午放学以后，地点是在阁公祠大楼的一间教室里，念的是《左传》《史记》《战国策》一类的古籍。叔父对季羡林学习古文非常重视，他还曾心血来潮，亲自选编并用毛笔正楷手抄了一本厚厚的《课侄选文》，然后又亲自给他讲解。选文中都是程朱理学文章，唐宋八大家的一篇也没有。季羡林并不喜欢这类文章，只好硬着头皮听下去。好在叔父只讲过几次就置诸脑后，再也不提了。徐老师采用"开小灶"式的古文学习方法，让季羡林受益匪浅，为他后来在高中研读古文打下了基础。

随着年龄逐渐增长，季羡林的玩心也逐渐淡化了，学习的兴趣逐渐增强。读高一的时候，有两位老师给他留下了深刻的印象，一位是教国文的杜老师，绰号"杜大肚子"，另一位是教英文的郑又桥老师。

杜老师是饱学之士，熟读经书，精通古文，一手小楷写得俊秀遒劲，听说前清时还有过什么功名。可惜他生不逢时，命途多舛，毕生浮沉于小学教员与中学教员之间。季羡林1923年考入正谊中学，录取的不是一年级，而是一年级下学期，由秋季始业改为春季始业，只用了两年半初中就毕业了。毕业后又留在正谊中学念了半年高一。杜老师就是在这个时候教他的，时间是1926年，季羡林15岁。杜老师出了一个描绘风景抒发感情的作文题目，季羡林突发奇想，写了一篇带有骈文味道的作文。那时候作文都是文言文，没有写白话文的。季羡林第一次尝试写骈文，当然期待老师的评判。作文簿发下来，他看到杜老师在上面写满了密密麻麻的字，等于又重新写了一篇文章，批语是："要做花样文章，非多记古典不可。"短短一句话正中要害。季羡林读过不少古文，骈文却只读过几篇，仅仅凭着自己脑子里记的那几篇古文和有限的几篇骈文就想写"花样文章"，怎能办得到呢？看了杜老师批改的作文，他心中又是高兴，又是惭愧。杜老师已年届花甲，竟不嫌麻烦这样修改自己的文章，批语一语中的，他怎能不高兴呢？惭愧的是自己根底太浅，学养不够。从此，他学习更加刻苦。季羡林当年学习的一些古文名篇，到老年还能流利背诵，许多典故，写文章时信手拈来，自然贴切，恰到好处，这都是中学时打下的基础。

另外郑又桥老师是南方人，英文非常好，专教高年级。当时高一正是正谊中学的最高年级,用的英文课本是现成的《天方夜谭》《泰西五十轶事》,语法书是《纳氏文法》(Nesfield Grammar)。郑老师教书的特点,突出地表现在批改作文上。季羡林清楚地记得,他的英语作文郑老师一字不改,而是根据原意另写一篇,这种做法是相当高明的。语言是思维的工具,学生作文使用的思维工具当然是母语,就是汉语,而根据汉语思维写成英文,难免受汉语的制约,结果就是中国式的英文。这种中国式的英文,所谓 Chinglish,一直到今天还是英语初学者的普遍毛病。季羡林虽然在尚实英文学社补习过英文,英文成绩在全校名列前茅,但这类毛病也在所难免。郑老师的另写是地道的英文,是多年学养修炼而成的,并非每个人都能企及。季羡林拿自己的作文和郑先生的改作细心对比,悟到了许多东西,简直可以说是心扉洞开,获益匪浅。季羡林就是从郑老师那里得到了一把金钥匙,学到了地道的英文。

那时,季羡林每天要穿过整个济南城,才能到大明湖畔的学校,中午不能回家。他正是长身体的时候,一顿最简单的午饭也需要三个铜圆,婶母却每天只给两个铜圆。他花一个铜圆买一块锅饼,另一个铜圆买一碗豆腐脑或一碗丸子汤,站在校门外的担子旁边,狼吞虎咽地吃下去。当他再看到路旁小铺里卖的一个铜圆一碟的小葱拌豆腐,就只有咽口水的份儿了。济南有一种小吃,叫作"油旋",季羡林十分喜欢,但只有他考了好成绩,叔父高兴了才会赏他一两个铜圆开开斋。至于饭馆里的炒菜,他连想都不敢想。有一次学校开庆祝会,季羡林和几个同学帮助布置会场,每人获得一张奖励午餐券,可以到附近小饭馆吃一顿。平日可望而不可即的地方,季羡林终于可以进去,于是饱餐一顿,撑得连晚饭都没吃。

父亲病逝

1925年夏天,官庄老家有人捎信来,说季羡林的父亲病重。恰好他正在放暑假,立刻准备回乡看望。叔父季嗣诚惦记自己的哥哥,又担心侄儿年龄小,万一有个三长两短应付不了,就请了假和侄儿一道回乡。

叔侄二人赶回老家,发现季嗣廉果然病得不轻。他直挺挺地躺在土炕上,不能动也不能说话,但是面色红润,两只眼睛也很有神,看样子还不至于出大事。季羡林的叔叔大爷们急着要给病人看病。可是那年月,在清平这样的穷乡僻壤,一无医,二无药,附近十里八村,别说医院,就连医生也没有。只听说官庄北面十几里外有个大地主庄园,庄园主懂些医道,给人看过病。病急乱投医,他们决定去请那个地主来给病人瞧瞧。

去请"先生"——当地老百姓对医生尊称为"先生",必须要有交通工具。季羡林去二大爷家借来一辆牛车,求二大爷赶着和自己去请医生。十几里路,坑坑洼洼,牛车摇摇晃晃要走差不多两个小时。中间路过一个村庄，有一家做点心的作坊，他们拐进村去买上一木匣点心，给"先生"做见面礼。到了地主家，说明来意后，"先生"面有难色，主要是担心自己的安全。因为连年军阀混战，民不聊生，有些农民铤而走险，当上了土匪，这一带很不太平。

季羡林祖父母及父母之墓碑

时值盛夏，"青纱帐"笼罩四野，经常有土匪出没。每到这个季节，地主为了安全，都蛰居不出家门。季羡林为救父亲，跪地相求。二大爷也说了一车好话。"先生"受了感动，说："难得城里来的洋学生有一片孝心，我就冒险去试一试吧！"

他们扶着"先生"，坐着牛车，穿过田野赶回官庄。路经高粱地时，季羡林警惕地东张西望，他知道，说有土匪绝非空穴来风，他的堂兄季元林就是被土匪绑了票，虽然交了赎金，可还是被撕了票，死得很惨；眼下如果土匪劫了自己，那就听天由命，如果劫了"先生"，麻烦可就大了！到了家，他赶紧给"先生"沏茶备饭，请"先生"按脉处方，最后请"先生"上车，提心吊胆，恭恭敬敬送回府去。回来时他又绕道去另一个村子，找药铺抓了药，当晚，他便给父亲煎药、喂药、翻身、擦洗。三五天后他又去请一次"先生"，还算运气好，并没有遇上土匪。

可是，父亲的病情仍然没有好转，但也没有加重。过了几天，学校要开学了，叔父也该上班了，叔侄二人只好离开官庄回到济南。

然而，开学没有几天，父亲竟然去世了，季羡林又再次回到官庄，安葬父亲。

从此，家中只剩下母亲一人了，等待季羡林的，将是永久的悔……

山大附中

1926年秋，季羡林考入山东大学附设高中，在这里读了两年书。山东大学附设高中分文科和理科，文科校园坐落在济南北园白鹤庄，故又称"北园高中"。从此，他那十五六岁的青春年华,就同风景如画的白鹤庄紧密连在一起。泉城济南的地势,南高北低,72名泉的水流出地面,一股脑儿都向北流来。就连泰山北麓的泉水也通过黑虎泉、龙洞,汇入护城河,最终流向北园,一部分注入小清河,流向大海。因此,北园潇洒似江南,成了水乡泽国,到处荷塘密布,碧波潋滟。风乍起,吹皱一塘清水,无风时则如一片明镜,可以看到二十里外的千佛山的倒影。塘边绿柳成行,夏天杨柳绿叶葳蕤,铺天盖地,如烟如雾,即使不能"烟笼十里堤",也把天地之间染成了绿色,自是风光旖旎,赏心悦目。

白鹤庄就在杨柳深处,是一个荷塘环绕的小村庄。虽然不见白鹤飞来,可确实是一个念书的绝妙的好地方。校址设在村中的一处大宅院,大到住了二三百学生也一点儿不显拥挤。当时学校共有六个班,三年级一个班,二年级一个班,一年级四个班,季羡林在一班。这两年他一直担任班长,座位排在教室第一排左首第一个位子。

这是一所公立高中,教师待遇较好,师资队伍可谓极一时之选。

正谊中学校长鞠思敏先生应聘担任该校的教员,教伦理学课,课本用的是蔡元培的《中国伦理学史》。鞠先生衣着朴素如故,威仪俨然如故,讲课慢条斯理,但是句句真诚动听。他这样一个人,本身就是伦理的化身。1947年,季羡林回国后回到济南,去母校拜访鞠先生时,他早已作古。但是,人们并没有忘记他,他在日寇占领期间,大义凛然,不畏威胁利诱,誓死不出任伪职,穷到每天只能用盐水泡煎饼果腹,终至贫病而死。鞠先生为中华民族

济南白鹤庄山东大学附设高中

留正气,为后世子孙树楷模,他的言传身教深深地影响了季羡林。

讲授历史和地理的祁蕴璞先生,满族,是山东中学教育界的名人。他原是第一师范的教员,后来到山东大学教书,又在附中兼课。在历史和地理的教学中,他堪称状元,无人能出其右。祁老师不是一个口才很好的人,说话有点儿口吃。他的讲义每年都根据世界形势的变化和考古发掘的最新成果,以及学术界的最新学说,加以补充修改。所以,他教给学生的知识都是最新的知识。这种做法不但在中学绝无仅有,即使在大学中也十分罕见,其原因就在于他精通日文和英文。自从明治维新以后,日本最积极最热情最及时地吸收着欧美的新知识。而祁先生订有多种日文杂志,还随时购买日本新书,有时候他还把新书拿到课堂上给学生看,生怕手上沾的粉笔末弄脏了新书,战战兢兢地用袖子托着,从那细微的动作可见他对书籍之爱护。祁先生的言传身教也深深地影响了季羡林。

祁先生还在课外举办世界新形势讲座,学生中愿意听者可以自由去听。他讲演时只有提纲,没有讲义,届时指定两个文笔比较好的学生做记录,然后整理成文,交给他改正,再油印成讲义,发给学生。季羡林是被指定的两个记录人之一。当时没有什么报纸,祁先生的讲演让学生了解了外面的世界,开阔了视野,增加了知识,看来是益善多多。

国文教员王昆玉先生是山东莱阳人,他父亲是当地有名的文士,也写古文,所以王先生家学渊源,从小受过良好的教育,特别是古文写作方面更为突出。他为文遵循桐城派义法,结构谨严,惜墨如金,逻辑性很强。王先生有自己的文集,是他手抄的,从来没有出版过,几十年的写作,只有薄薄的一小本。

王先生上课,课本使用现成的《古文观止》,不是每篇都讲,而是由他自己挑选出来若干篇加以讲解。文中的典故当然在必讲之列,而重点则在文章义法上。《古文观止》里的文章是按年代顺序排列的,不知什么原因,王先生选讲的第一篇文章竟是比较晚出的明代袁宏道的《徐文长传》,讲完后出了一个作文题目《读〈徐文长传〉书后》(在此之前,1924年,臧克家在山东省立第一师范读书时,曾向林兰女士主编的《徐文长的故事》投去三篇稿子,都被采用,可见徐文长其人其事引人注目。见《臧克家回忆录》——笔者)。季羡林从小学起作文都用文言,到了高中仍然未变。他驾轻就熟地写了一篇《书后》,不经意竟

王昆玉

获得了王先生的青睐，定为全班压卷之作，评语是"亦简劲，亦畅达"。季羡林当然很高兴，老师的夸奖激发起他的学习兴趣。于是，他又拿来韩愈、柳宗元、欧阳修和三苏的文集，认真研读，其中不少名篇他老年时仍能背诵如流。那时，全班国文最好的学生叫韩云鹄，可惜他别的课程成绩不好，不能算优等生。王先生把学生的作文簿批改完亲手发给每个人，把差的排在前面，好的放在后面。作文后面他都写上批语，有时候还会当面说上几句。季羡林和韩云鹄的作文簿总是最后发下来。

那时候高中学生全都住校。季羡林喜欢自然风光，春秋时节，吃过早饭以后到上课之前，他经常一个人到校舍南面和西面的小溪旁散步，看小溪中碧水潺潺、绿藻漂漂，顾而乐之。晚间下课，他又走出校门在小溪旁徘徊流连，只见月明星稀，柳影洒地，草色离离，荷香四溢。他最喜欢看的是捕蟹，附近的农民每晚来到这里，把苇箔插在溪水中，水能通过苇箔流动，可是螃蟹则过不去。农民点一盏马灯，放在岸边，螃蟹只要看见一点儿亮，就从芦苇丛中爬出来，爬到灯边，农民一伸手就把它捉住了。间或有大鱼游来，被苇箔挡住，游不过去，又不知回头，只在箔前跳动，这时农民站起身来，举起带网的长竿，想把鱼网住。但是，鱼大劲儿也大，它不会束"手"待捉，奋起抵抗，往往争斗很久，农民才能把它捉住。这是季羡林最爱看的一幕。王昆玉先生有时也来这里散步，他还出了一个作文题目:《夜课后闲步校前溪观捕蟹记》。季羡林喜欢写抒情或写景的散文，这个作文题目正中下怀，他的"生活"积累足够，写起来得心应手，酣畅淋漓，又一次在全班夺魁。

教英文的刘先生个子矮矮的，是一中的教员，来这里兼课。他毕业于北大英文系，水平非常高，季羡林非常钦佩。由于有尚实英文学社的底子，季羡林在班上英文成绩首屈一指，无人可比。刘先生有一个特点，每当学生在课堂上提出问题，他自己先不回答，而是指定学生回答，指定的顺序按照英文水平高低排列。每个学生的水平在他心里都有一本账，他指定回答的学生当然要比提问的学生水平高。如果回答不了，他再依次向上指定学生，最后往往就要指定季羡林，才算到了头。看来，一般问题季羡林都能够回答，如果实在回答不了，那就由刘先生亲自出马了。

在北园读高中的时候，季羡林已经不满足于课堂上老师教授的那一点儿英文，他开始购买和阅读原版英文小说，并尝试着翻译。他节衣缩食，每年能从生活费里省出两三块大洋，就用这钱买英文书。买书是通过日本东京的丸善书店，办法很简便，在一张明信片上，写下书名，再加上三个英文字母 COD(cash on delivery)，日文叫作"代金引换"，意思就是书到了以后，拿着钱到邮局去取。在两年之内，他共买过两三次书，其中有一次买的是英国作家 Kipling 的短篇小说集。那时候他接触外国作家的原著毕竟不多，还不知道

Kipling 在英国文学史上算不了什么人物，只是喜欢而已。他接到丸善书店的回信，就像过年一般欢喜，立即约上一个要好的同学，午饭后沿着胶济铁路，步行走到十几里外的商埠，从邮政总局把书取回来。虽然不过是薄薄的一本，他内心却增添了极大的力量，充满一种无可言状的幸福感。

那时候，季羡林又开始学习第二门外语——德语。胶东半岛曾经是德国的势力范围，特别是青岛，当时有不少德国人。所以，当地知识分子中有很多人多多少少懂一些德语。北园高中正好开设德语选修课，季羡林本来对外语兴趣浓厚，于是就选修了这门课。教授德语的教师是胶东人，身材魁梧，络腮胡子。他的德语发音极不标准，带有明显的胶东口音，把 gut 念做"古吃"，人家给他纠错，他还不服气。所用教材大约是清朝末年编写的，中文语言陈腐不堪。他的德文水平虽然浅陋，但杂学却有一套，尤其喜欢十七言诗，自费印制了自己收集编辑的十七言诗集，并送给季羡林一本。这玩意儿类似今天大家熟悉的"三句半"，挺有意思的。几十年后，季羡林还记得其中一首：

> 发配到云阳，
> 见舅如见娘。
> 二人齐落泪，
> 　三行。

诗中末句怎么会是"三行"呢？原来，是舅父瞎了一只眼睛！

当时，季羡林在叔父家受到歧视，心有所感，于是模仿这首诗自己也作了一首诗：

> 叔婶不我爱，
> 于我何有哉。
> 但知尽孝道，
> 　应该。

这首诗被堂妹看见了，惹得她极为不满。

那时候是新旧交替时期，济南处于北洋军阀统治之下。军阀当局提倡读经，经学在当时是一门重要的课程。教经学的先生是一位清朝遗老，可能还得过什么功名。他在课堂上，张口就是"你们民国"如何如何，"我们大清国"如何如何，于是得了个"大清国"的诨号，真实姓名反被人遗忘了。四书五经他都能背诵如流，据说还会倒背，所以上课从来不带课本。《诗》《书》《易》《礼》他也能讲一点儿，完全按照注疏讲。还有一位教诸子的先生姓王，北大毕业，戴一副深度近视镜。王先生读了很多书，很有学问，他曾写了篇长文《孔子的仁学》，把《论语》中讲到"仁"的地方全部搜集起来，加以综合分析，然后得出结论。此文曾印成讲义发给学生，季羡林的叔父读了以后，大为赞赏。经学、诸子这些功课，季羡林当时虽然不能全懂，但每堂课都不落下，为他日后研读国学打下了基础。由此可见，季羡林从小接受的是中国传统文化知识教育，经过长期的熏陶和积累，以至对国学经典烂熟于心，运用自如；但因大学读的是外国文学专业，便不可能二者兼得。

负责学校日常管理的是一位刘姓监学，他经常住在学校，什么事情都管。因为秃顶，学生赠给他一个诨名"刘秃蛋"。此人为人奸诈伪善，学生都不喜欢他，他却自我感觉良好，每个班的班长都由他指定。季羡林因为学习成绩好，在两年四个学期中，始终被他指定为班长。刘监学想拉拢季羡林给他做眼线，打小报告，季羡林早就看透了他的心思，始终没有上他的圈套。

由于北园远离济南市区，所有学生都住校。学生吃饭在学校食堂，当时叫作"饭堂"，学校根本不管，由学生自己同承包商打交道。学生每月选出一名伙食委员管理食堂，这是费力不讨好的事，谁也不愿意干，既然被选上了，只好干上一个月。但是，行行出状元，二年级有一个名叫徐春藻的同学，对此既有兴趣，也有天才，他每夜起来巡视厨房，看看有没有厨子偷肉偷粮。有一次，承包人把肉藏在酱油桶里，准备偷运出去，被他抓住罚了款，从此伙食质量大有提高，经常能吃到肉和黄花鱼。徐春藻因此受到同学的拥护，连选连任，乐此不疲。

北园高中对季羡林一生影响颇大，使他养成了购书读书的兴趣，改变了他对学习的态度，由一个贪玩的孩子变成了一名品学兼优的学生。

状元公的褒奖

季羡林经常说，自己幼无大志，小学毕业后就连报考著名的一中的勇气都没有。确实，季羡林上小学和初中的时候，并不喜欢念书，只是贪玩，他虽然应试能力很强，成绩颇佳，名次相当靠前，可他从来没有要当第一名的野心，对那玩意儿一点儿兴趣也没有。相反，钓虾、捉蛤蟆对他的诱惑力更大。他对自己这一辈子究竟干什么，从来也没有认真考虑过，只是朦朦胧胧地觉得，家里的经济状况固然不算好，按理应该长点儿志气，可自己毕竟是个上不得台面的人，一辈子能混上一个小职员当当，也就算不错了。但是，人的想法是能够改变的,有时甚至会发生180°的大转弯。季羡林在北园高中就经历了这样的改变,而这一改变却是由一件偶然的事情引起的。

北园高中既然附属于山东大学,便受山东大学的领导。当时山东大学校长由山东省教育厅长王寿彭兼任。王寿彭(1875—1929),字眉轩,号次篯,山东潍坊人。光绪二十九年(1903),他参加会试,文章写得漂亮。据说,殿试时恰逢慈禧老佛爷七十大寿,因为他的名字中包含"王者寿比彭祖"的意思,慈禧以为吉兆,非常高兴,于是便被点了状元。王寿彭还是有名的书法家,他的字遒劲潇洒,俊美隽秀,颇有二王之风,很受藏家追捧。

北洋军阀当政时期,山东督军是奉系大军阀张宗昌,绿林出身,绰号"狗肉将军"。不知他有多少兵、多少钱、多少姨太太,因此,以"三不知"蜚声全国。他虽然一字不识,却想附庸风雅,提倡尊孔读经,起用状元公王寿彭当教育厅长。有一次,在山东大学校本部举行祭孔大典,在王寿彭陪同下,督军和校长一律长袍马褂,威仪俨然。北园高中那些十五六岁的大孩子也奉命参加。他们感兴趣的不是对孔圣人三跪九叩,而是院子里的金线泉,围在泉旁看一条金线从泉底袅袅地向上飘动,觉得十分可爱,久久不想离去。

就在一年级第一学期考试结束时,状元公忽然要表彰学生了。高中学生表彰的标准是:每班的甲等第一名,平均分数达到或超过95分。奖品是状元公亲笔书写的一个扇面和一副对联。王寿彭的书法极为有名,他的墨宝极具经济价值和收藏价值,是很不容易得到的。高中共有六个班,便有六个甲等第一名,但是其中五名的平均分数都没有达到95分,只有季羡林这个甲等第一名平均分数为97分。因此,他就成了全校唯一获得状元公褒奖的学生,这当然是极高的荣誉。

状元公手书的扇面抄录厉鹗的一首七言诗,全文是:

> 净几单床月上初,
> 主人对客似僧庐。
> 春来预作看花约,
> 贫去宜求种树书;
> 隔巷旧游成结托,
> 十年豪气早消除;
> 依然不坠风流处,
> 五亩园开手剪蔬。
>
> 录《樊榭山房诗》,丁卯夏五

落款是"羡林老弟正 王寿彭"。

厉鹗（1692—1752），号樊榭，浙江钱塘人，康熙时举人，清代著名文学家，有《樊榭山房集》传世。

状元公手书的对联是漂亮的馆阁体，内容是：

才华舒展临风锦，

意气昂藏出岫云。

题头是"羡林老弟雅詧（古同'察'）"，落款是王寿彭署名。可见状元公对季羡林这名16岁的"老弟"评价之高、希望之殷切。

王寿彭手书对联

这一份珍贵的奖品对季羡林产生了戏剧性的影响，它看似出乎意料，却自在情理之中。荣誉感人皆有之，尤其是青少年，一旦得到表扬，就会激发他们的荣誉感，增强他们的自尊心，可以大大释放争强好胜的潜能。话又说回来，季羡林屡次讲自己幼无大志，自贱自卑，可是眼前的事实说明，这其实就是一种荣誉感的表现。试想，如果一点儿荣誉感自尊心都没有，真的得过且过满不在乎，哪还会有什么自卑呢？

这里，笔者想就季羡林认为"幼无大志"再说上几句。这不是一句谦辞，而是实在话，主要与他的出身和经历有关。你想想，一个6岁离开亲生父母、寄人篱下的穷孩子，能够混上一口饭吃，且有书可读，那就感到知足常乐了，还谈得上什么远大志向呢？不过，季羡林的少年经历确实是一笔宝贵的财富，从本书的介绍中即可了解到。正如有人说："立志立过了头，无论遇到任何困难，任何问题，他就想到要勇往直前，排除万难，不怕牺牲。他没有考虑到，是不是一开始自己的决定就有些问题。他不管，反正他从头到尾就是志气高昂。一个志气太过高昂、太过自信的人其实都有一点儿傻，他对世界的看法很单向、单调，对人生的看法也很单一，不知道世界的复杂。……如果一个人很早就意识到人性里面的自私、阴暗、邪恶，知道自己控制不了那种欲望，那种动力，他就会明白人生很不简单、很复杂，有很多我们不能控制的东西。然后他就有可能变成性格比较平和的人，至少他不会再犯傻。"

直到上北园高中，季羡林的学习态度，乃至对自我价值的追求，才发生了根本变化。

说到变化，这里面有三层意思。第一层意思是，97分这个平均分数给了季羡林许多启发和暗示。因为，分数与分数是不相同的，像历史、地理等课程，只要不懒不笨，考试前临时抱佛脚，硬背一通，得个高分并不难。但是，像国文和英文这样的课程，必须有长期的积累，还必须有一定的天资，才能有所成就，得到高分。如果没有基础，临时无论怎样努力，也是无济于事的。季羡林在国文和英文方面有比较坚实的基础，非其他五个甲等第一名可比。他们的国文和英文虽然也绝不会太差，否则就考不到第一名，但是同季羡林相比，自然要稍逊一筹。这件事儿使季羡林心中有了底气，倒觉得过去的自卑实在有点儿毫无道理，甚至有点儿可笑了。

第二层意思是，季羡林从未得到这样的荣誉，它确实来之不易，现在既然于无意中得之，就不能让它再丢掉，如果下一学期考不到甲等第一名，这一张脸又往哪里搁呢？这是最原始最简单的荣誉感，然而就是这一点儿荣誉感，促使他改弦易辙，开始埋头读书了。就在不到一年前，在正谊中学读书时期，虾和蛤蟆对他的诱惑力还远远超过书本。眼前的北园，荷塘纵横，并不缺少虾和蛤蟆，他却视而不见。俗话说："浪子回头金不换。"季羡林现在成了回头的浪子、勤奋用功的好学生了。他在高中读书三年，每学期都考第一，拿到六次甲等第一名，成了"六连冠"。

第三层意思是，季羡林曾经想到，中学毕业后只能当上一个小职员，抢到一只饭碗，平平安安地过上一辈子。他认为自己只是一条小蛇，无论如何也成不了一条大龙。这一次褒奖却改变了他的想法，自己即使不是一条大龙，也绝不是一条平庸的小蛇。他从此不甘落后，力争上游，勇攀高峰，在崎岖的求学道路上拼搏不息，直至耄耋之年依然如是。最能说明问题的是，高中毕业后他到北京报考大学，从山东来的几十名考生大都报考六七个大学，唯独他信心十足，只报考北大和清华，对那些二三流的大学不屑一顾，这同小学毕业时不敢报考一中形成了鲜明的对比，好像变成另外一个人。

以上三层意思说明，季羡林从自贱、自卑到自尊、自信，从不认真读书到勤奋学习，关键因素是荣誉感使然。而这荣誉感正是由于王寿彭的一次褒奖激发起来的，从而证明德国诗人歌德说的，"荣誉不能建筑，任何追求荣誉的做法都是徒劳的"。王状元的举动可能出于偶然，他不会想到一个被他称为"老弟"的16岁的孩子，竟因为这个偶然而变得判若两人。不过，从季羡林的例子不难看出，担任山东大学校长的王寿彭尽管守旧，尽管尊孔，可他终究育人有方，堪称一位有作为的教育家。

失学一年

1928年，蒋介石与汪精卫合流以后的国民党，仍然打着孙中山先生的旗号继续"北伐"。4月初北伐军逼近济南，奉系军阀败退。日本人担心会失去在山东的特权，4月30日，日军福田彦助部借口保护侨民开进济南。5月1日，国民党军队也进入济南。5月3日，日军寻衅开枪打死中国军民多人，并向济南大举增兵，重炮轰击济南城。蒋介石下令不准抵抗，北伐军撤出济南。日军占领济南以后，大肆烧杀抢掠，无恶不作，中国军民五千余人被日军杀害，制造了骇人听闻的"五三惨案"。国民政府派出蔡公时等前去交涉，竟被侵略军割耳剜鼻，同17名外交人员一起被残忍地杀害。济南城遭到严重破坏，在日军占领下变成恐怖的地狱。爱国学生成了日军迫害的重点对象，学校办不下去，北园高中的老师和同学全部疏散。从此，季羡林失学了，蜷伏在家中，心里极其郁闷。

有一天，表兄孙襄城来到季羡林家。他们不但是表兄弟，而且是同学。两人聊着聊着，很自然地谈到了学校。好久没学可上了，他们都很怀念上学的日子。现在日本人来了，学校不知道怎么样了。他们决定去北园看看。两人步行十多里，来到北园，只见偌大的校园静悄悄的，仅剩下一个工友看门。他们向工友打听学校的情况，才知道还有一位英文老师没有走，就是尤桐老师。他们来到尤老师的宿舍。尤老师是南方人，不知什么原因还留在学校。他见学生来看他，很受感动。师生一起谈时局，谈日本兵的残暴，抱怨国民政府无能，接着又谈学校，相互打听老师和同学的下落。他们看不到希望，心情十分凄凉。尤老师鼓励他们坚持自学，别荒废了功课，说学校早晚有复课的一天。那天，师生交谈了许久。从此以后，季羡林便再也没有见到尤老师。

在日本军队统治下，济南的老百姓战战兢兢，毫无人身安全和尊严。那时候即使你不撞车，也难保车不撞你，季羡林就亲尝了当亡国奴的滋味儿，心里苦闷极了。1993年，他写了一篇回忆文章《我的心是一面镜子》，在谈到这一段经历时写道：

日寇占领了济南，国民党军队撤走。学校都不能开学，我过了一年临时亡国奴生活。

此时日军当然是全济南至高无上的唯一的统治者。同一切非正义的统治者一样，他们色厉内荏，十分害怕中国老百姓，简直怕到风声鹤唳、草木皆兵的程度。天天如临大敌，常常搞一些突然袭击，到居民家里去搜查。我们一听到日军到附近某地来搜查了，家里就像开了锅。有人主张关上大门，有人坚决反对。前者说：不关门，日本兵会说："你怎么这样大胆呀！竟敢双门大开！"于是捅上一刀。后者则说：关门，日本兵会说："你们一定有见不得人的勾当；不然的话，皇军驾到，你们应该开门恭迎嘛！"于是捅上一刀。结果是，一会儿开门，一会儿又关上，如坐针毡，又如热锅上的蚂蚁。此情此景，非亲身经历者，是决不能理解的。

我还有一段个人经历。我无学可上，又深知日本人最恨中国学生，在山东焚烧日货的"罪魁祸首"就是学生。我于是剃光了脑袋，伪装是商店的小徒弟。有一天，走在东门大街上，迎面来了一群日军，检查过往行人。我知道，此时万不能逃跑，一定要镇定，否则刀枪无情。我貌似坦然地走上前去。一个日军搜我的全身，发现我腰里扎的是一条皮带。他如获至宝，发出狞笑，说道："你的，狡猾的大大地。你不是学徒，你是学生。学徒的，是不扎皮带的！"我当头挨了一棒，幸亏还没有昏过去，我向他解释：现在小徒弟们也发了财，有的能扎皮带了。他坚决不信。正在争论的时候，另外一个日军走了过来，大概是比那一个高一级，听了那个日军的话，似乎有点不耐烦，一摆手："让他走吧！"我于是死里逃生，从阴阳界上又转了回来。我身上出了多少汗，只有我自己知道。

这是多么恐怖、多么屈辱的日子！在一个17岁的青年心中，种下了仇恨的种子，同时激发了他的爱国热情。季羡林的屈辱和愤怒只能靠一支笔来宣泄。不久，他的第一篇短篇小说《文明人的公理》写成了，发表在1929年2月天津《益世报》上。这篇文章描写了日本侵略者制造"五三惨案"，在占领济南期间横行霸道、抢夺中国老百姓财物的悲惨一幕，表现了作者对日本侵略者的无比憎恶和辛辣讽刺。

"愤怒出诗人"，愤怒也同样可以造就作家。《文明人的公理》是季羡林的处女作，他成为当代著名作家，应该是从那时发轫的。

省立高中

1928年,季羡林失学在家待了一年。次年,日军撤出济南,国民党军队开了进来。旧日的山东大学附设高中和济南一中合并为省立高中,校址迁至城西杆石桥一个清代衙门的旧址。这是全省唯一的高中,原来北园高中的学生也来这所学校继续学习。学校校长换了人,最初的校长姓彭,南方人,留美学生出身,不久便调任省教育厅当科长。继任校长张默生,

山东省立高中老照片

山东人,北京师范大学国学系毕业,墨子研究专家。他曾经为前面提到的第一师范校长王士栋作传,书名叫《王大牛传》。掌权人变了,教师队伍也有很大的变化。国文课本也从文言文改为白话文,学生不再学习经学,作文也改用白话,季羡林为之耳目一新。教国文的老师也不再是什么前清的翰林、进士,而是清一色上海来的青年作家,他们是胡也频、董秋芳、夏莱蒂和董每戡,其中前两位是季羡林的业师,对他的影响很大。

省立高中的校园里崇楼峻阁,雕梁画栋,颇为富丽堂皇。校门坐北朝南,门前有一段斜坡,走上斜坡进入校门,左侧是一个很大的传达室。校内院子很大,东西两侧有许多房子。东边有一间教员游艺室,里头摆放着乒乓球台。从院子西侧再向前走,上几个台阶,就

是单身教员宿舍，位于独门独户的小院中，南北各有一排房子。院里栽着一排木槿花，春天开花时显得春意盎然。小院西边有个大圆门，进门是一个很大的花园，有荷塘、假山和花坛，虽然有些破败，但树木依然青翠，花草依然繁茂，是个读书、休憩的好地方。胡也频老师的居室就在花园门口旁边，常见他走过花园到后面的教室去讲课。校长办公室、教务主任办公室、教务处、训导处、庶务处占着正对大门的一排高大的北房。这排房子后面是全校最大的一个院子，西侧是几排学生宿舍，借一条又长又宽的风雨走廊连在一起，东侧是一大排教室，最东边和省立一中（只有初中部）相连，教学楼由两校平分。

胡也频

教国文的就是胡也频老师。胡也频（1903—1931）福建福州人，左翼作家，曾任"左联"执行专员。同以前的老师完全不同，他不但不讲《古文观止》，连新文学作品也不大讲。每次上课，他都在黑板上大书"什么是现代文艺"几个大字，然后用浓重的南方口音侃侃而谈、滔滔不绝地讲起无产阶级革命来，只讲得眉飞色舞，学生听得入了迷，"现代文学"、"普罗文学"，一下子变成了他们的兴奋点。别看胡老师年纪轻轻，个子不高，眉清目秀，一副文弱书生的样子，可他不愧是革命作家，意气风发，大义凛然，视敌人如无物，勇敢无畏。当时济南是国民党的天下，学校也掌握在他们手里，可是胡先生不仅在课堂上大讲革命文学，而且在课下组织成立"现代文艺研究会"，公开在学生宿舍的走廊上张贴海报，摆上桌子，发放表格，招收会员。"革命啦！"学生欢呼雀跃，奔走相告，热闹得像过节一样。在胡老师的鼓动下，市面上流行的几本普罗文学理论的译文——作者叫弗理契，原文是俄文，中文译本是从日文转译的，佶屈聱牙，简直如读天书——都被学生抢购一空。大家生吞活剥地读着，革命热情空前高涨。胡老师还准备办一个刊物，季羡林是积极追随者，帮助招兵买马，并为刊物的创刊号写了一篇稿子，题目是《现代文艺的使命》，通篇鼓吹革命。季羡林那时虽然稚嫩，对革命知之甚少，但积极性颇为可嘉。

那一年，胡也频的夫人丁玲女士从上海来济南探亲，大多数学生成了她的"追星族"。上海滩大名鼎鼎的革命女作家来了，仿佛从南方飞来一只金凤凰，他们怎么能不兴奋呢？丁玲身材丰满，个子比胡也频略高，还穿着挺高的高跟鞋，这般时髦的服饰引起学生的关注。

看着胡老师和夫人手拉手走在坑坑洼洼的马路上，大家感到既新鲜又羡慕，于是议论纷纷：胡老师真是一位好丈夫！因此对他更加尊敬了。

可是好景不长，自从1927年蒋介石背叛革命，国民党反动派建立了反动的黑暗统治，在文化方面也同样发动了残酷的反革命"围剿"。1930年，胡也频遭到国民党当局的通缉，连夜秘密潜回上海。1931年1月17日胡也频被捕，2月7日同柔石、冯铿、殷夫、白莽等左翼作家一道，被国民党当局秘密杀害于龙华警备司令部，年仅28岁。鲁迅先生写了一篇杂文《为了忘却的记念》，怀念自己的战友，愤怒声讨反动派的暴行。胡也频虽然像夏夜里的流星一样一闪而逝，但在中国现代文学史上留下了光辉的一页。

接替胡也频的是董秋芳老师。董秋芳（1897—1977），笔名冬芬，毕业于北大英文系，也是一位小有名气的左翼作家。当时，有一本颇为流行的苏联小说《争自由的波浪》就是他翻译的，鲁迅先生作的序，不少学生都读过，对他可谓神交已久。董老师个头儿不高，相貌也毫无惊人之处，一只手似乎还有些毛病。

董老师在课堂上不讲什么"现代文学"，也不宣传革命，而是老老实实地教书，认认真真地为学生批改作文。他以浓重的绍兴口音，给学生讲解鲁迅翻译的红极一时的日本作家厨川白村的《苦闷的象征》《出了象牙之塔》。他出作文题很特别，往往在黑板上大书"随便写来"，意思很明白，想写什么就写什么，想怎么写就怎么写。季羡林从前虽然写文言文，但是他自小好读闲书，中小学看了许多志怪、公案小说，大学又看了五四以来的新文学作品，鲁迅、胡适、茅盾、周作人、郭沫若、巴金、老舍、郁达夫等人的作品几乎都读遍了。从《庄子》《史记》到唐宋八大家，从明代公安派、清代桐城派到现代作家，好文章他读多了，潜移默化中就自然形成自己的一些看法。他认为，写好文章一要感情真挚、充沛，二要词句简练、优美、生动，三要布局紧凑、浑然一体，三者缺一不可。不过，当时这些想法还只是形成于不知不觉之间，他自己并没有清醒地意识到。

有一次，在董老师"随便写来"的启示下，季羡林写了一篇记述回故乡为父亲奔丧的悲愤心情的文章。此文感情真挚，自不待言，但在谋篇布局上，他并未觉得有何特别之处。等到作文簿发下来，看到董老师的批语，他大吃一惊。在每页的空白处，董老师都写了不少批注，有些地方批道"一处节奏"，"又一处节奏"。季羡林有点儿疑惑："这是说自己的作文吗？"没错儿，就是自己的！原来他完全没有意识到的东西，如今却给董老师注意到了，而且一语道破。"知我者，董先生也！"季羡林受到鼓励，怎么能不感激呢！在另一篇作文后面，董老师又批道："季羡林的作文，同理科一班的王联榜一样，大概可以说是全班之冠，也是全校之冠吧！"季羡林本来就爱好作文，受到胡老师如此褒奖，他的写作积极性被充分调动起来。

继《文明人的公理》之后，季羡林又在天津《益世报》上发表了《医学士》《观剧》两篇文章。"小荷才露尖尖角"，这些文章爱憎鲜明，文笔流畅，紧贴现实，虽然稚嫩但清新可爱。几乎与此同时，季羡林又开始发表译作，主要发表在山东《国民新闻》和天津《益世报》副刊上，作品有印度大文豪泰戈尔的《小诗》、俄国著名作家屠格涅夫的《老妇》《世界底末日——梦——》《玫瑰是多么美丽，多么新鲜啊……》以及《老人》等。

打群架

高中学生处于未成年人向成年人的过渡时期，思想和行为方式很不成熟，容易冲动，行动不计后果。加上他们住校，过集体生活，难以驾驭，如果缺乏有效的管理，极易造成群体事件。季羡林在高中的最后一年，就经历了两次本校同学拥出校门，到外边打群架的事儿。

济南的杆石桥一带是回族聚居区，而地处杆石桥的济南高中，绝大多数学生却是汉族。回族和汉族宗教信仰和生活习俗有很大不同，如果互相尊重，和睦相处，当可相安无事，反之，就会惹出麻烦来。

学校的伙食由学生管理，主副食采购也由学生负责。每隔几天，就有几个学生拉着架子车去买一两片白条猪肉回来。如果把买来的猪肉遮盖一下，不暴露在光天化日之下，也许没有人知道，可是，他们偏偏拉着猪肉在大街上大摇大摆，招摇过市。当地回民受了侮辱，觉得欺人太甚，忍无可忍。终于有一次，几个买肉回来的学生遭到了回民的围殴。挨了打的学生逃回学校，向同学诉苦，于是一大群学生，有的赤手空拳，有的手持木棒，冲出校门，直奔杆石桥而来。

另一次打架是跟隔壁的育英中学。那天，育英中学有文娱演出，几个高中学生想进去看节目，可是他们没有票，育英的学生不让他们进校门，双方便发生了口角和肢体冲突。育英的学生仗着人多势众，把几个高中学生打了。挨了打的学生回到学校大声疾呼，应者如云，他们挥舞着棍子去育英中学报仇雪恨，见人就打。育英是一所初中，学生们只有十二三岁，显然不是对手。他们打了人还不解气，又把对方演出的场子砸个稀巴烂，这才"得胜回营"。

这两次打架，季羡林都没有参与，因为他有了足够的理智，打架的时代早已成为历史。可是他作为"班长"，却无法制止这种群体非理性行为，竟留下日后茶余饭后的谈资。有了这两次外出打群架的经历，省立高中的学生"名声大振"，成了无人敢惹的济南"西霸天"。

无爱的婚姻

中国人讲究"孝道",说是"百善孝当先"。山东这个地方是孔孟故里,这种文化氛围尤其浓厚。旧时候还有一种说法,叫"天下没有不是的父母",就是说,父母无论怎样都是对的。羊羔跪乳、乌鸦反哺这类故事对人们影响很深。

在婚姻问题上,季羡林也反映出一个"孝"字。

1929年,他18岁了,已经成年。这时候,叔父和婶母认为他该娶妻生子、为季家接续香火了,就为他娶了媳妇。正在求学的季羡林本不愿意有家室拖累,况且长辈给他娶的并不是他心仪的女孩儿,可那时是"父母之命,媒妁之言",婚姻当事人是无权提出意见的,于是他除了服从,没有别的选择。

按照旧时的风俗习惯,像季羡林这样"兼祧"的人,为了延续家族的香火,叔父婶母和父亲母亲可以在济南和清平老家各自为他娶一房媳妇。由于父亲母亲去世早,季羡林的媳妇只有济南这一房。

季羡林的妻子叫彭德华,比季羡林大4岁。彭家在济南南关佛山街柴火市住,和季家是

季羡林的初恋情人荷姐(左)和夫人彭德华(中)

街坊。彭家是一个大家族，彭德华家有爷爷、父亲、继母和弟弟，还有二大爷、二大娘，以及他们生的兄弟姐妹。彭德华的父亲彭如山行四，号希川，和季羡林的叔父季嗣诚是好朋友，也是黄河河务局的同事。早年两家住前后院，共走一个大门，前院住的是季家，后院是彭家。因此，彭家的人出出进进，都要经过季家的院子。彭家的小孩儿和季家兄妹，从小就在一块儿玩，堪称青梅竹马。那时候，彭家的弟弟妹妹称季羡林为喜子哥，称彭德华为胖姐。后来季嗣诚在佛山街南段买了个四合院，从柴火市搬走了，但两家离得不远，仍然常有来往。

彭家有五个男孩儿，最小的弟弟彭松生于1916年，比季羡林小5岁。季羡林喜欢这个小弟弟。别人在院子里疯玩，他就把彭松带到自己屋里。那时季羡林住北屋东头，靠窗搁一书桌，挨里放一张床，他从书桌里拿出一本有插图的英文书，给彭松讲故事，讲的是《鲁滨孙漂流记》，每天讲一段，什么鲁滨孙、星期五，小彭松听得入了迷。北屋西头存放粮食，季羡林在那儿练"铁砂掌"，院里有棵槐树，季羡林在那里练功夫，脚倒钩在树枝上，头朝下，小彭松看了惊羡不已。季羡林跟彭松的四哥也要好，俩大孩子常带彭松出去玩，嫌他人小走得慢，就一边一个架着，双脚悬空，拖着往前跑。

彭家的女孩儿有堂姊妹四人，季羡林以为二姑娘彭冠华最漂亮，花容月貌，心地善良，称得上是他心目中最美的美人。她年龄比季羡林大些，季羡林管她叫"小姐姐"。可是漂亮归漂亮，季羡林知道自己的分量，一个乡下来的小土孩儿，貌不出众，语不惊人，配不上这天仙似的美女，不敢有非分之想。四姑娘小荷，大名彭蓉华，聪明伶俐，活泼可爱，虽然没有她姐姐那般花容月貌，但也挺耐看，年龄比季羡林稍大，季羡林管她叫"荷姐"。而他俩最要好，自认为十分般配，朦朦胧胧中憧憬着将来能够结为夫妻。可是，荷姐的娘——彭家二大娘看不上季羡林这个乡下来的"土小子"，把闺女许配给了有钱的刘家；季家二老显然也不喜欢活泼好动的四姑娘，在他们看来，勤快、孝顺、文静、寡言的三姑娘——彭德华，才是最理想的媳妇。就这样，从定亲到过门，两家老人一手包办，季羡林和他媳妇成了任人摆弄的活道具。结婚那天，小彭松倒是过了一把坐轿子的瘾儿——他给三姐"压轿"，脚底下摆块黄年糕，取"步步高升"之意。

彭德华没有读书的天分，只读了几年小学，认识千把儿字。她不像季羡林和他的堂妹爱看"闲书"，什么书都不看，整天帮着父母做家务，带弟弟妹妹玩，学过的那些字渐渐生疏了，提笔写字很困难，结婚后长期两地生活，给丈夫写信都是由弟弟代笔。由于文化水平和性格、爱好方面的差异，季羡林的婚姻生活谈不上美满。他感到妻子和叔父、婶母同自己格格不入，家庭不能成为他的一个避风港。

于是，季羡林对家庭采取消极的态度：逃避和妥协。一方面，他和家庭始终保持一定的距离，能躲则躲；另一方面，他不回避对家庭的责任。尽管受到明显的歧视，可是他终生感谢叔父婶母的养育之恩和给予自己受教育的机会，认为报答他们，对他们尽孝，是自己的责任。季羡林的婚姻实际上是为"孝顺"而存在，以传宗接代为目的。在相当长的时间里，代他为叔父婶母行孝的正是妻子彭德华，且为他如愿生下了后代。因此，如同他对家庭既厌烦又非背叛一样，他对自己的婚姻也始终怀有一种矛盾的心态。爱情是没有的，他也没有试图培养爱情，像有的夫妻那样先结婚后恋爱。然而，季羡林心知肚明，彭德华并非有任何对不起他的地方，代他孝

季羡林与夫人彭德华

敬长辈、抚育子女、含辛茹苦、绝对忠诚、绝对服从……尤其季羡林留学德国的时候，由于战争，有数年同祖国和家庭完全断了联系，季羡林说是"烽火连八岁，家书抵亿金"。同时，家乡流传着各种谣言，彭家的一个远房亲戚还打过彭德华的歪主意，彭德华竟毫不动摇。事实也同样证明，季羡林虽然对妻子没有爱，但绝没有背叛她。或者说，他们的婚姻生活固然没有花前月下、卿卿我我，然而，季羡林"执子之手，与子偕老"，对妻子终生不离不弃。

毕业旅行梦

高中很快就要毕业了，同学们酝酿着毕业离校之前，集体出去旅行一次。可是旅游需要花钱，钱从哪里来呢？向家里要吧，大多数家长都不支持，有的没有钱，有的有钱也不愿孩子"乱花钱"。唯一的办法就是自己设法筹款。同学们推举出一个筹委会，负责旅行的筹备

和筹款，筹委会成员都是各班的骨干，主任由一名诸城籍同学担任，季羡林也是筹委之一。

筹委会决定组织一台文娱演出，卖门票筹集旅费。这些十八九岁的大孩子中间人才济济，凑一台节目没问题。有个高二同学叫台振中，京剧唱得好，"失、空、斩"是拿手好戏，演老生饰诸葛亮，也叫好又叫座，堪称台柱子。还有说快板的，说山东快书的，耍杂技的，跳舞的，很快就选定了一台节目。说干就干，入场券很快印好了，而且送出去了一部分。

现在是"万事俱备，只欠东风"。所谓东风，就是校长的批准和支持。校长张默生是一位老实人，他不愿意给学生泼冷水，可是能力又实在有限，跟教育厅长何思源也没有多少交情，指望他把入场券推销出去，换成银子，其实是一种不可能实现的奢望。可怜的张校长不愿意承认自己爱莫能助，但又确实无法帮学生推销门票，只好采取拖延战术，今天拖明天，明天拖后天，学生渐渐看明白了，决定不再让他勉为其难，于是忍痛作罢，鸣金收兵。一场毕业旅行梦就这样破灭了。

季羡林的高中毕业证书

谋职失败

1930年夏天，季羡林高中毕业。当时他既已奉叔父婶母之命，娶妻成家，就要挑起家庭的担子。家里的经济状况不好，如果能谋到一只饭碗，可以养家糊口，当然是求之不得的。那时的中国，百业凋敝，学生求职绝非易事，想找个"铁饭碗"就更难。当时只有三个部门有"铁饭碗"：邮政局、铁路局、盐务稽核所。这三个部门都把持在外国人手里，在那里谋一个差事，只要不得罪"洋大人"，一辈子不愁吃喝。恰巧济南邮政局要招考邮务生，叔父见是个难得的机会，遂命季羡林去应考。如果考中了，不出娄子，勤勤恳恳干上十年二十年，混上个邮务佐，也算是个小"官"，可以衣食无忧、风平浪静地度过一生。

此时的季羡林，已非高小毕业时那样"胸无大志"了，当初他连一流的中学都不敢报考，现在他是准备报考最好的大学的。在这个节骨眼上，要他去邮政局报考一个小职员，怎能心

1930年高中毕业时的季羡林

甘情愿呢？可是，叔父的话如同"圣旨"，岂敢不听？于是他只好硬着头皮去应考。

不知道为什么，主考的洋人却偏偏看不中他。季羡林名落孙山，求职未果，是耶？非耶？但不管怎么说，如此阴差阳错，使他走上了一条完全不同的人生之路。

可话说回来，季羡林无疑是那一届高中学生中的佼佼者，凭他的成绩而论，何以不能考取邮务生呢？是不是他故意不好好考，故意要落榜呢？我们有理由这样怀疑。季羡林晚年在回答这种疑问时说，他虽然不想当邮局职员，却也不是故意不好好考，没有录取的原因可能有两个：一个是自己数学成绩不好，这可以理解，他高中是读文科班的，三年中数学没有学习多少；一个是可能被关系硬的考生顶掉了。那时候虽然没有"走后门"这个词儿，可讲究关系在中国是根深蒂固的，古今如此。能在洋人开办的邮局谋到一个职务，对许多家长来说可谓求之不得，竞争的激烈程度并不亚于考名牌大学，有些考生或家长，走一走旁门左道，也没有什么好奇怪的。

总之，邮务生既非季羡林之所愿，没考上也就作罢了，他或许暗自庆幸，有另外一条完全不同的人生之路，正在等待着他呢！

清华园篇

第四章

清华学子

进京赶考

邮务生既然没有考上，1930年7月，季羡林便和大约80名山东"举子"一起进京赶考。在此前一年，即1929年6月20日北京已改为北平，因为1927年8月25日，国民党政府将首都定在南京。北京历来是历史文化名城，也是高校云集的地方。那时大学虽然没有现在多，但也不算少，有官办的、私立的、教会办的，五花八门，总共十几所，还有若干专科学校。顶尖的大学当然只有清华和北大。在高中获得"六连冠"的季羡林，此时雄心勃勃，自知有能力和那些王谢人家、书香门第的子弟一争高下，非考个名牌大学不可。

20世纪二三十年代，中国实行"大学独立、学术自由、教授治校"的原则。大学要独立地按照自己的要求考核学生，采取自主选拔和考试的方式；学生则可以同时报考几所大学，最后自己决定上哪所大学。招生考试由学校自行命题，考试时间也不统一。有的二三流大学一个暑期竟招考三四次，一为捞报名费，二为挣学费。那时来京的考生一般都报考七八所学校，而且几乎没有不报北大、清华的，即使没有太大希望，也想侥幸试一试，下边再报一个或几个保底的学校。1930年招生，朝阳大学把山东来的学生，没有考上一二流大学的，几乎照单全收，一网打尽。当年全国考生有七八千人，清华招生200来人，北大招生不到清华的一半，竞争之激烈可想而知。

季羡林是第一次来到北平。他在前门火车站下了火车，坐上了黄包车。进入前门楼子下面的城门洞，他看到木屋似的有轨电车正向北行驶，心想"电"这东西不是挺危险吗？应该躲远一点儿。可是，车夫在电车前面慢悠悠地跑着，电车在后摇铃催促，季羡林心里十分着急，还有几分慌乱。长安街到了，他看见了红墙黄瓦的皇城和高耸的天安门城楼。黄包车顺着红墙一路向西,经过西单,把他拉到大木仓胡同里的一个小公寓。他住进一间北屋客房,窗前有一株高过屋檐的老枸杞树,院子里摆着一缸荷花和一盆开着白花的仙人掌,还有几盆叫不出名字的花草。第二天天下着雨,季羡林静下心来,躲在客房里温课备考。看书累了,他就在院子里走走,和公寓的主人闲聊几句。他似乎胸有成竹,决定只报考北大和清华两所名校,别的学校不报,不同于其他"举子"的"撒大网"。

北大的考场在沙滩,清华因离城较远,就在城内借用北河沿大街北大三院做考场。北大和清华各考三天,把人考得精疲力竭、焦头烂额。季羡林白天去沙滩、北大三院应考,晚上回到小公寓里,还要对付臭虫的围攻。特别可怕的是臭虫的"空降部队",这种讨厌的虫子极其狡猾,会爬上天花板,"空降"到床上,极难对付。这些山东学生也会苦中寻乐。黄昏,他们结伴去西单逛街。虽然那时候北平街灯不明,路不平,"无风三尺土,下雨满街泥",并不令人愉快,可是他们光顾老字号的店铺,品尝京味小吃,欣赏北海和中南海的美景,耳听铿锵清脆、悠扬有致的京腔京韵,如闻仙乐,鼻子也能享受到路边小摊子上的栀子花和茉莉花散发出的沁人肺腑的幽香。晚上回到寓所,胡同里传来悠扬的叫卖声:"驴肉!驴肉!""王致和的臭豆腐!""硬面儿饽饽!"虽有几分凄凉但仍好听,伴随着他们进入梦乡。

关于试题的情况,清华的党议试题(相当于政治)是:"孙先生民生史观与马克思唯物史观差异何在?"国文试题(二选一)是:1."将来拟入何系,入该系之志愿如何?"2."新旧文学书中,任择一书加以批评。"这些试题规规矩矩、平平常常,没有什么特别之处,季羡林得心应手,成绩应该不错,否则他不会榜上有名。至于作文题,可能他答过就忘记了,2001年他回忆说是《梦游清华园》。其实这个作文题确由陈寅恪出过,非常有名,但并非1930年而是1932年的试题。显然,是季羡林记错了。北大的试题非同凡响,季羡林印象极深,几十年后他回忆说:

> 国文题就非常奇特:"何谓科学方法?试分析详论之。"这哪里像是一般的国文试题呢?英文更加奇特,除了一般的作文和语法方面的试题以外,还另加一段汉译英,据说年年如此。那一年的汉文是:"别来春半,触目愁肠断,砌下落梅如雪乱,拂了一身还满。"这也是一个很难啃的核桃。最后,出乎所有考生的意料,在公布的考试科目以外,又奉赠了一盘小菜,搞了一次突然袭击:加试英文听写。我们在山东济南高中时,从来没有搞过这玩意儿。这当头一棒,把我们都打蒙了。我因为英文基础比较牢固,应付过去了。可怜我那些同考的举子,恐怕没有几个人听懂的。结果在山东来的举子中,只有三人榜上有名。我侥幸是其中之一。(另外两位是王联榜和宫兴廉——笔者)

由于国文和英文的考试成绩优异,季羡林被清华和北大两所顶尖的大学都录取了。

当年同时考中这两所名牌大学的,虽然是凤毛麟角,但每届都有个把儿的。无独有偶,1930 年同时考中北大、清华两所名牌大学的,还有何其芳(1912—1977),他比季羡林小一岁,选择了北大,后来成为著名文艺理论家、诗人。在选择哪所大学上,季羡林又遇到了鱼和熊掌的问题。论师资和办学条件以及生源和名气,北大清华难分伯仲,各有优势,都是高中毕业生高考的首选志愿,至今依然如是。若干年后,早已从清华毕业,而在北大教了大半辈子书的季羡林,用杜甫的诗句概括了这两所大学的风格:北大是"沉郁顿挫",清华是"清新俊逸"。

季羡林斟酌再三,考虑到清华的前身是创办于 1910 年的"清华学堂",1911 年更名为

清华大学校门(今二校门)

"清华学校"即"留美预备学堂",专门培养和派遣赴美留学生,上清华将来出国留学的机会多。当时正在盛行"留学热",季羡林也想有机会出去,镀一镀金,回来容易抢到一只好的饭碗。所以,他最终选择了在清华,并将其作为出国留学的"跳板"。他来到清华园报到,首先遭遇到清华特有的捉弄新生的"拖尸",然后开始了四年求学生涯。关于"拖尸",

季羡林后来说：

> 这个从美国输入的"舶来品"，是不是表示旧生"虐待"新生呢？我不认为是这样。我觉得，这里面并无一点敌意，只不过是对新伙伴开一点玩笑，其实是充满了友情的。这种表示友情的美国方式，也许有人看不惯，觉得洋里洋气的。我的看法正相反。

1952 年高等学校院系调整之后，清华大学变成了一所纯理工科大学；20 世纪 80 年代情况又有了新的变化，逐步发展成为综合大学。而在 20 世纪 30 年代，清华大学本来就是文理科兼备的综合大学。这里再宕开一笔，简要介绍一下清华大学的历史。清华大学的前身清华学校与季羡林同龄，是清政府于 1911 年使用美国退还的"庚子赔款"建立的一所留美预备学堂，1925 年起逐步改建为大学，1928 年改名为国立清华大学。当时的清华国学研究院赫赫有名，因为有梁启超（1873—1929）、王国维（1877—1927）、陈寅恪（1890—1969）和赵元任（1892—1982）四大导师，承袭了中国古代书院的优良传统，因材施教，虽然只办了几年，却取得了了不起的成就，造就了一批学界精英。他们写文章，经常说"吾师梁任公""吾师王观堂"如何如何，故被称为中国学术史上有名的"吾师派"。在季羡林入学的时候，留美预备学堂已经不复存在，国学研究院也因梁启超、王国维相继去世而停办。

梁启超　　王国维　　陈寅恪　　赵元任

当时清华的规定是新生报考时不必填写志愿，入学以后再选专业，选择文科、理科或者工科，悉听尊便。读上一阵子觉得不合适还可以转系。低季羡林一届的钱伟长（1912—2010），本来也是文科学生，1931 年他以国文和历史双百的成绩考入清华，原想学习历史，可刚入学就赶上"九一八事变",他发愤造飞机大炮救国,遂改学物理,毕业后任清华机械工程系教授,成为"万能科学家"。话说回来,选学专业也成了季羡林犹豫不决的问题。他高中学习文科,高考数学成绩不佳,百分制才4分,钱锺书(1909—1998)也只有15分(钱锺书比季羡林高一届,因国文和英文成绩特优,英文竟得了满分,被校长罗家伦点名破格录取——笔者)。季羡林却一度想入数学系,以弥补自己理科知识的缺陷,后来经过反复思忖才决定上西洋文学系,后来更名为外国文学系。季羡林之所以做出这样的决定,一是因为这是当时大学里响当当的一个系;二是因为这个系同他的留学梦想密切相关。也许是因为在高中选学过一学期德语,他在西洋文学系选择了德国文学专业。

这一年西洋文学系入学的学生,只有一个班18人,其中江苏籍的最多,有5人,山东和四川籍的各有3人。全班分三个专修方向:英文、法文和德文。季羡林的专修方向是德文,起初和季羡林一起学德文的,有本班的,也有外系的,人数颇多,以后逐年减员。三年级选德文的只剩下两人,四年级选德文的就他一个人了。

季羡林同时考中了北大和清华,这在他的故乡引起了极大的轰动,是一件人们闻所未闻的大喜事。季羡林为父老乡亲争了光,清平县政府决定,为这个全县唯一的考中清华与北大的家境贫寒的学子,每年资助50块大洋。据季羡林《清华园日记》记载,山东省教育厅每年还寄来几十元津贴。当然并非他一人,同年考入清华的山东籍学生葛庭燧也享受这种津贴。由此看出,当时山东官方对考入清华、北大的学生是很器重的。

在西洋文学系

季羡林说过,四年的大学课程可以用两句话来概括:专业课乏善可陈,选修课异彩纷呈。这到底是怎么回事呢?

当年清华大学西洋文学系,确实是大名鼎鼎,名满天下。教材多为英文,教员多是外教,连中国教师讲课也多用英文。季羡林所以选学德文专业,同他那虚无缥缈的留学梦也有关系,他没有看中英美,而看中了德国。他学习的课程除了德文、英文、法文之外,还有国文、欧洲文学史、欧洲古典文学、中世纪文学、文艺复兴文学、现代文学、近代戏曲、文艺批评、莎士比亚、英国浪漫诗人、近代长篇小说、文艺概论、文艺心理学、西洋通史等等。他还选学了俄文和希腊文。但是,"盛名之下,其实难副",清华西洋文学系也不例外。据季羡林观察,大多数外国教授的水平,在本国,他们恐怕连教中学都不够格。

1997年,当年的老师都已作古,季羡林在他的学术自传《学海泛槎》这本书中,专写了

"学术研究的发轫阶段"一节，实事求是地介绍了清华大学西洋文学系的各位教授。

系主任王文显教授，自幼负笈英伦，获伦敦大学文学士学位。他的英文极好，用英文写了许多剧本，上课时学生甚至没有听过他说中国话。他是莎士比亚研究专家，用英文写出莎士比亚研究的讲义，上课就照本宣科读讲义，下课铃一响，合上讲义走人，一句废话都没有。他的讲义也多年一贯制，基本不做改动。

美国人温德教授是个单身汉，教授欧洲文艺复兴文学和三年级法文课。在世界上所有宗教中，他最喜欢伊斯兰教。穿的用的他都追求名牌，追求高档，但买东西经常上当，冤大头没有少当。他又喜欢喝酒，经常是醉醺醺的。他享年百岁，无疾而终，卒于中国。据说，他后来在昆明联大时，与进步师生一起反美游行；北平解放前夕，他保护进步学生免遭国民党逮捕，吴晗、袁震夫妇就是他用汽车护送出城的；朝鲜战争时，他曾公开控诉美国……可见，温德教授一生热爱中国，热爱中国人民，热爱中国文化。新中国成立后，他一直在北大西语系任教。

翟孟生教授也是美国人，原来是清华留美预备学堂的理化教员，清华学堂改为大学后，他留下教西洋文学史。他有研究欧洲文学史的专著 A Survey of European Literature，学生读后对欧洲文学形成了一个完整的概念，但他毕竟是半路出家，功底不足，可能没有细读过一些文学名著，所以这本书里时有张冠李戴之处。

毕莲教授也是美国人，教授中世纪英语。她一无著作二无讲义，拿手好戏是背诵英国大诗人 Chaucerd 的 Canterury Tales 的开头几段，背得滚瓜烂熟，把新生一下子就唬住了，以后就拿不出什么货色了。学生说，她还不如程咬金，程咬金有三板斧，她只有一板斧。

吴可读教授是英国人，教授中世纪文学，也是一无著作二无讲义。上课随口讲，学生随手记。他还讲当代长篇小说，比如当时刚刚出版不久的《尤利西斯》和《追忆似水年华》。反正她是否读懂了这两部名著，只有天知道。

石坦安教授是德国人，教授四年级德语，教课非常认真，颇得学生喜爱。季羡林在四年级时修过他的德国抒情诗课，撰写毕业论文时也征求过他的意见。

艾克教授，字锷峰，也是德国人，教授二三年级德语，是季羡林的业师。他在德国取得博士学位，好像主修的是艺术史。他很有学问，讲课却不大认真。奇怪的是，他喜欢用英语而非他的母语德语讲课。有一次，学生要求他用德语讲，他讲起来飞快，学生听不懂，如"坐飞机"。讲完之后，他问道："Verstehen Sie etwas daven？"（你们听懂了吗？）学生瞠目结舌，只好回答："No!"从此，再没有人敢要求他用德语讲课了。季羡林回忆说，一次德文课前，他在黑板上用粉笔写了几个汉字，当时写着玩的，带有鬼画符的味道，忘擦了。艾克来上课，发现了那几个字，当下愣住，站在那儿傻呆呆地看，似乎无限欣赏。下课后，艾克问这字是谁写的，他从实招认，艾克一笑，说："我不认识汉字，但我是美学家，我看汉字像看一幅画，只看结构、线条，不管含义，你这字写得真漂亮！"艾克娶的是中国媳妇，名叫曾永荷，是曾国藩的后人。他的家很阔气，租了辅仁大学附近一家王府，住在银安殿上，雇了中国听差和厨子。他专门研究中国的古塔和明清家具，还收藏了不少中国古画。他用英文写的专著《宝塔》，图文并茂；还有研究中国明代家具的专著，也是大部头，因此在国外汉学界很有名气。他精通希腊文和拉丁文，对荷尔德林的诗情有独钟。受到艾克的影响，季羡林开始研究荷尔德林并初见成效。他的论文《现代才被发见了的天才——德意志诗人薛德林》发表于《清华周刊》1933年（第39卷）的第5、6合期上，《近代德国大诗人薛德林早期诗的研究》发表于《文学评论》1934年第2期，发行日期是1934年10月。

华蓝德小姐，也是德国人，教授初级法语。她是脾气十分怪异的"老姑娘"，动不动就开口骂人，极为荒唐的是，即使学生回答问题完全正确，也难免被她一顿臭骂，最后把大多数学生都骂跑了，只剩下季羡林等五六个不怕骂的，这几个学生决定集体反抗。有一次，她在课堂上又找碴儿骂人，他们一起站起来顶撞她，她完全没有料到，从此有所收敛，天下太平。

西洋文学系的中国籍教授还有吴宓（雨僧）和叶崇智（公超）等人。

吴宓（1894—1978）是美国人文主义大师白璧德的弟子，回国后不遗余力地宣传自己崇拜的老师。他教授英国浪漫诗人和中西诗之比较两门课。在文艺思想上，他属于守旧派，反对白话文，曾与一些志同道合者创办《学衡》杂志，文章一律用文言。吴宓还解释过本系基础课教学为什么都用英语："清华昔为留美预备专校，特重英语语文，教员督察勤严，学生讲谈写作恒用英语语文，亦成习惯……且以经办留美学生事多年，对欧美学术界教育界素常接洽，声气较通。"

叶公超（1904—1981），原名叶崇智，教授第一学年英语，课本是英国女作家 Jane Austen 的《傲慢与偏见》。他讲

吴宓

叶公超

课的方法十分奇特：让学生按座次轮流朗读课文。第一个学生念了一段，他喊声"停！"这时他问："有什么问题吗？"如果没人提问，他便让这个学生邻座的另一个学生接着念。每当有人提问，他便大吼一声："查字典去！"全班愕然，以后便再也无人提问了。叶崇智与闻一多办了一个文学刊物《学文》，季羡林写了一篇散文《年》，他十分欣赏，遂决定在《学文》杂志上发表。季羡林自然喜出望外，遂又写了一篇《我是怎样写起文章来的？》，送给他看，谁知碰了一个大大的钉子。他把季羡林叫去，把稿子扔给他，铁青着脸，大声说："我一个字都没看！"大概他认为一个无名小辈不配写这样的文章。1949年叶崇智去了台湾，当过"外交部长""驻美大使"和"资政"。

当然，季羡林认为，西洋文学系也绝非一无是处，否则，怎么可能出钱锺书（1910—1998）、万家宝（即曹禺，1910—1996）这样的大家呢？他们都高季羡林一届，一个成了著名学者、作家，另一个成为著名剧作家。季羡林在临终前"口述人生"时说："钱锺书比我早一年，五级的。那时他在清华园已经很有名了，这是我的印象。在清华时我并不跟他讲话，因为什么呢？他就是装模作样，脑袋瓜是灵。上海那一带的人，脑袋瓜比北方的灵。所以我们在学校，不但没有来往，也没有讲过话。"至于曹禺，因为行当不同，季羡林在清华园与这位"中国戏剧第一人"也未有来往，但对他在校内的戏剧表演很有好感。曹禺毕业后创作《雷雨》《日出》《原野》等著名戏剧时，季羡林则远居异邦，开始了漫长的留学生涯。

客观地说，当时教季羡林的老师中不乏名家高手，讲课的效果之所以不佳，可能有课程安排上的原因，教授专长难以发挥。季羡林在清华学习四年，英语程度大有长进，德语成绩虽然优秀，但是听说能力都有欠缺，以德语为工具，进一步学习印度和西域的古代文字，那是他后来留学德国的事了。总的来说，季羡林对清华的几门必修的专业课，没有一门是满意的，认为收获不大，可谓"乏善可陈"。

异彩纷呈选修课

然而，清华大学毕竟是名师荟萃的高等学府，季羡林既然不是来混文凭的，那么，"失之东隅，收之桑榆"，他就要在选修课和旁听课上下功夫，把专业课的损失补上。其中有两门课对他影响最大，让他终身受益。

一门选修课是旁听陈寅恪教授的"佛经翻译文学"。虽然这门课与别的课因时间冲突而没有听全，但为季羡林终生从事梵文教学与研究产生了不可估量的影响。陈寅恪，江西修水人，晚清湖南巡抚陈宝箴之孙，爱国诗人陈三立（散原老人）之子。早年他游学日本和欧美，精通多种语言，兼治历史和佛学，学贯中西，博大精深。据说陈先生讲课，听课的教授比学生还多，故被称为"教授的教授"。陈先生原是清华大学国学研究院的四大导师之一，1927年，季羡林上清华前国学研究院已停办，陈先生在历史系任教，并应傅斯年之邀担任中央研究院历史语言所历史组研究员兼主任，此时正是他学术研究的极盛时期。季羡林身为外文系学生，却有机会旁听他的课，当然喜出望外。而与季羡林同在外文系的钱锺书却未选陈寅恪的课，虽然这一老一少一直被认为是文史研究之大家。陈先生讲课没有讲义，用的参考书是《六祖坛经》，季羡林特意进城到王府井北边的大佛寺买了一本。上课时，陈先生一句废话都不说，先在黑板上抄写资料，抄得满满的，然后逐条分析讲解，对一般人所不注意的地方总是提出崭新的见解，犹如石破天惊，让人茅塞顿开。他的分析细如毫发，如剥蕉叶，愈剥愈细愈深，而且恰如其分，不武断、不夸大、不歪曲、不断章取义，令人信服得五体投地。季羡林觉得，听陈先生讲课犹如夏季饮冰，简直是最高最纯的享受。他不仅爱听陈先生讲课，而且如饥似渴地阅读陈先生的文章，还曾站在王国维纪念碑前仔细研读陈先生写的碑文，感想颇深。1929年梁启超逝世后，留美归来正在东北大学任教的梁思成，赶回北平为父亲造墓，同时还为父之好友、自沉昆明湖的王国维设计碑。碑文曰："士之读书治学，盖将以脱心志于俗谛之桎梏，真理因得以发扬。思想而不自由，毋宁死耳。斯古今仁圣所同殉之精义，夫岂庸鄙之敢望？！先生以一死见其独立自由之意志，非所论于一人之恩怨，一姓之兴亡。"有时，同学们看到陈先生身着长衫，腋下夹一个布书包，步履稳重，目不斜视，好像去什么地方上课，季羡林和同学都投以尊敬的目光。就这样，陈先生在季羡林心中深深地播下了学习和研究梵文的种子，后来有了合适的土壤和气候的时候，这颗种子就破土而出了。

另一门选修课是朱光潜教授的"文艺心理学"即美学。朱光潜（1897—1986），字孟实，安徽桐城人，当代著名美学家，也是一位在季羡林心里播撒种子的人。他毕业于香港大学，1925年赴欧洲留学，先后在英国爱丁堡大学、法国巴黎大学、斯塔拉斯堡大学获得硕士和博士学位，回国后担任北大教授，在清华兼课。季羡林选修了朱先生的文艺心理学课，听了一个学年，感到受益匪浅。当时朱先生的著作《文艺心理学》还没有出版，讲课也没有讲义；他认真地讲，学生认真地记笔记。朱先生不是一个口才很好的人，他讲一口乡音浓重的蓝青官话，而且上课时眼睛不直接看学生，老是望着天花板。但是，他从不说一句废话，慢条斯理，娓娓道来，把抽象玄虚的美学原理讲得学生入耳入心。正因为朱先生课讲得好，拜访者趋之若鹜，"谈笑有鸿儒，往来无白丁"，于是大家一致同意成立一个"读诗会"，入会者群英荟萃，包括朱自清、沈从文、冰心、林徽因、俞平伯、冯至、卞之琳、萧乾、何其芳、周煦良等人。朱先生既精通西方哲学和西方流行的美学流派，又对中国的旧诗词十分娴熟，因此课堂上旁征博引，触类旁通，头头是道，毫无牵强附会之感。季羡林觉得，朱先生"是一个有学问的人，一个学术上诚实的人，他不哗众取宠，他不用连自己都不懂的'洋玩意儿'去欺骗、吓唬年轻的中国学生"，比那些欧美来的洋教授好得不可比拟，因此听他讲课如沐春风，成了一种乐趣。20世纪三四十年代，朱先生讲的内容非常有味，他才是真正的比较文学和比较诗学的积极倡导者。看来，比较文学的这颗种子，正是通过朱光潜先生深深地播进季羡林的心中，成为他终生从事的研究领域之一。

季羡林在他的《学海泛槎》一书中写道：

> 陈、朱二师的这两门课，使我终身受用不尽。虽然我当时还没有敢梦想当什么学者，然而这两门课的内容和精神却已在潜移默化中融入了我的内心深处。如果说我的所谓"学术研究"真的有一个待"发"的"韧"的话，那个"韧"就隐藏在这两门课里面。

当年，季羡林在清华还旁听甚至偷听了不少外系的课。朱自清（1898—1948）、俞平伯（1900—1990）、冰心（1900—1999）、郑振铎（1898—1958）等教授的课他都听过。听这些名家讲课，长知识，开眼界，他当然获益不少。"月朦胧，鸟朦胧，帘卷海棠红"，散文大家朱自清那秀丽委婉的文字，早已吸引了季羡林。他在高中时就读过《背影》《荷塘月色》，此时又聆听朱先生的课，着实被他那绘声绘色的讲解吸引住了。朱先生散文创作的缜密精致的艺术风格深深地影响了季羡林，使他在清华用尽苦心写出几篇像样的作品。"是真名士自风流"，俞平伯是国学大师俞樾的后人，著名诗人，红学家。俞先生讲唐宋诗词，引来众多旁听者。季羡林还记得，他选出若干诗词，在课堂上摇头晃脑朗诵之，有时闭着眼睛，一副陶

朱自清　　　　俞平伯　　　　郑振铎　　　　冰心

醉其中的模样。朗诵毕，他蓦地睁开眼睛，大声赞曰："好！好！好！就是好！"学生正等着他解释好在哪里时，他已经开始朗诵第二首诗词了，真有点儿令人莫名其妙。季羡林上旁听课也有不走运的时候，有一次，冰心先生见来听课的学生太多，连走廊里都站满了人，方知其中有诈，就拉下脸来，下了"逐客令"："凡不修本课的同学，统统出去！"季羡林和那些"蹭课"的学生只好灰溜溜走人。几十年后，季羡林跟冰心先生提起此事，冰心先生笑着说："我忘记了。"1999年2月28日，冰心先生逝世，次日上午季羡林给冰心治丧办公室打来电话，表示一定亲自参加追悼会。对于记者的采访，季羡林十分谦虚地说："我只是冰心老人的小读者，她的去世还轮不到我来说话，我只有尊重她的资格。我与文学还有一点点距离，我是要写文章来纪念冰心的。"郑振铎先生是一位知识渊博的学者，季羡林对他那种口若悬河、滔滔不绝的口才佩服得五体投地，但自己却学不拢，原因是他们各自的风格不同。郑先生虽然是名教授，但一点儿也不端架子，很让季羡林佩服。"存在决定意识"，那时教授身价高，待遇好，一般都有架子，郑先生的平易近人为季羡林树立了榜样。

南下请愿

1931年9月18日，日本关东军炮轰东北军北大营，爆发了"九一八"事变，蒋介石下令不抵抗。短短四个月日军即侵占了中国东北全境。日本的大规模侵略行动强烈震动了中国社会。各界爱国人士看到大片国土沦丧，政府屈辱退让，无不痛心疾首，一个群众性的抗日救亡运动迅速兴起，其中青年学生勇敢地走在运动的前列。清华学子义愤填膺，召开全校大会，决定到南京向蒋介石请愿，要求出兵抗日。当时清华的学生会会长是尚传道，参加会议的有600人，会后真正下决心去南京的不足百人。季羡林积极参加了南下请愿活动，因为日军曾经占领济南，他当过一年亡国奴，"国家兴亡，匹夫有责"，痛苦的经历驱使他不惜冒死一搏。清华、燕京等院校学生共同组成的南下请愿团，从前门火车站登上一列火车，左等右等，车子硬是不开。他们派人交涉，

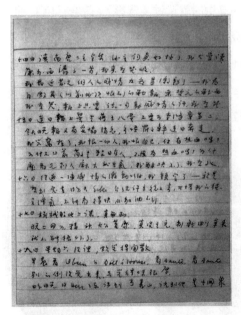

季羡林在1933年3月14日—18日的《清华园日记》手迹，痛恨自己不能上战场杀敌报国

站长说:"我没有得到指令,这样不明不白的,我怎么负得起责任?"于是,大家下车卧轨,把脑袋搁在枕木上,以此切断交通线。学生真是舍生忘死,万一火车开动,那就立刻人头落地。经过斗争,站长终于答应开车。路上,大家讨论何时开始绝食,那时火车开得很慢,如果上车就绝食,到了南京人都饿死了,还请什么愿?最后决定到浦口绝食。清华请愿的学生分左派和右派,左派拥护共产党,右派拥护蒋介石,一路上双方争执见了蒋介石,谁代表清华讲话,两派都想争发言权。季羡林的政治态度不明朗,属于中间派,光听不说。到了浦口,乘轮渡过江,大家开始绝食,徒步走到总统府。那里全是学生,人山人海,上海来的居多,北平学生受到热烈欢迎。蒋介石哪肯轻易出面,遂派清华老学长钱昌照出面斡旋。他劝大家先吃饭,否则蒋委员长不见;大家反对,他就让跟他走,说蒋介石在中央军校接见。清华学生一走,遭到其他学校学生的轰骂。到了中央军校,来了很多说客,都是清华老校友,劝他们先吃饭。大家硬挺着不吃,坚持到夜里12点。1931年9月29日,蒋介石终于出来了。他说:"你们从北方来,没看到沿途络绎不绝的军车吗?那都是我派的,到北方去抗日。"蒋介石花言巧语说了一通,末了答应抗日。蒋介石走后,大家就开始吃饭,然后登上火车返回北平。后来季羡林和同学们发现,他们到底还是被蒋介石骗了。这次清华学生的表现不如北大,北大学生是被军警两人架着一个,强行押上返程火车的。季羡林也觉得清华真丢了人,从此他变得心灰意冷,对国民党政府没有好看法。

第二年,到了纪念"九一八"事变一周年的时候,季羡林对国民党政府的信心已经降到了冰点,对形式主义的纪念活动毫无兴趣。尽管如此,他仍然时刻关心国家民族的命运。1933年,日本侵略者的魔爪继续伸向华北,承德、古北口相继陷落,国民党军队撤至密云、通州一线。"华北之大,已放不下一张平静的书桌",季羡林心如刀割,他无心上课,痛恨自己不能上战场杀敌报国。

1931年学生到南京国民政府请愿是较大的历史事件,为了使读者能从另一个角度认识这一历史事件,笔者根据张治中将军的回忆录,对事件的来龙去脉再做一些叙述:

"九一八"事变之后,日寇占领沈阳,进攻吉林、黑龙江,马占山将军孤军苦战。上海的大学生联合江苏、浙江、北平、天津的学生3000余人,高举爱国旗帜和标语,高呼爱国口号涌向南京国府大礼堂。大门和两廊挤满了学生,请愿学生群情激昂,谴责"不抵抗"政策,要求支持马占山,势如暴风骤雨,气氛紧张。当时国民政府主席蒋介石指定二十几人处理此事,其中有吴稚晖、陈立夫、朱家骅、张道藩、张厉生等,主持人是张治中。张治中在国府大厅主持会议研究对策。会上有两种意见:一派认为学生纯属捣乱,主张镇压,并从警察局调来了打手,准备了高压水龙头和催泪枪;以张治中为首的另一派认为学生动机是好的,主张和平解决，先用毛毯、开水、饼干把学生稳住。经过激烈争论，张治中派占了上风。打手撤走，毛毯和开水、馒头运到现场。学生们知道后也较克制，一夜平安无事。

次日清早，张治中对请愿学生讲话，并回答他们的提问。学生站立在蒙蒙细雨中，秩序井然，认真聆听讲话。张治中为学生的爱国热情所感动，表态说："政府对在前线血战的马占山是能救必救，没有不救的道理；如果事实上救不到，也没有办法。"听了解释，学生的情绪逐渐平和。过了一两天，蒋介石亲自接见学生，讲了一次话。学生们要求蒋书面表明抗战决心，而后散去。临行，张治中带领学生高呼口号："打倒日本帝国主义！拥护国民政府！"声振屋瓦，掌声热烈。

学生散去之后，张治中被国民党右派指责"姑息养祸"。第二、第三批学生来请愿，张治中不便再管，主张镇压的一派占了上风。1931年12月17日，蒋介石政府悍然出动军警，逮捕和枪杀请愿学生，终于酿成血案。

课内课外

季羡林入学不久，便结识了来自江苏盐城的历史系新生胡鼎新，此人就是后来的胡乔木（1912—1992）。胡乔木当时虽然还不是共产党员，但已经积极参加共产党领导的革命活动了。他和一些左派学生创办了一个工友子弟夜校——民众学校，约季羡林去上课，季羡林答应了。每周五晚上，他就到那一座门外嵌着"清华学堂"的高大的楼房内去讲课，即使胡乔木一年后离开清华担任共青团北平市宣传部长也没有停止。季羡林讲课用的教材是自编的《农民千字课》。学生虽然程度不齐，但是活泼可亲，季羡林想故作严肃也做不到。季羡林出身贫苦，为人正直，憎恶国民党反动统治，有一颗炽热的爱国心，用他自己的话来说，政治表现是中间偏左。胡乔木自然心里有数，于是，季羡林就成了这位青年革命家动员的对象。有一天夜里，胡乔木摸黑坐在季羡林床头，劝他参加革命活动。无奈，季羡林虽然痛恶国民党，但把主要精力放在求学上，又考虑到自己有家室之累，怕担风险，所以尽管胡乔木苦口婆心，反复劝说，他愣是不点头儿。最后，胡乔木只好叹了一口气，悻悻地离开了。

这里，笔者对胡乔木再提上一笔。据报载，"九一八"事变后不久，正是在他的指示下，东北抗日义勇军著名将

胡乔木

领李兆麟从北平返回家乡辽阳，发动群众，联合各路抗日力量，成立了第24路义勇军。看来，"时势造英雄"，胡乔夫与季羡林走的并非一条路。

季羡林是一个用功的学生。读外文本来是一件枯燥的苦差事，可是他乐此不疲，正课之外还自学俄语。须知，对付英、法、德、俄四门外语可不是闹着玩的，季羡林却游刃有余。1932年8月22日，虽然还没有开学，季羡林已经提前回到了学校，他在当天日记中写道：

> 早晨读点法文、德文。读外国文本来是件苦事情，但在这时候却不苦。一方面读着，一方面听窗外风在树里面走路的声音，小鸟的叫声……声音无论如何噪（嘈）杂，但总是含有诗意的。过午，感到疲倦了，就睡一觉，在曳长的蝉声里朦胧地爬起来，开始翻译近代小品文。晚上，再读点德国诗。我真想不到再有比这更好的生活了。

季羡林就是这样，一面刻苦攻读外语，一面尝试着进行翻译，并在《华北日报》副刊上公开发表了几篇译作，如美国幽默作家、诗人D.Marquis的《守财奴自传序》和英国散文家、文艺批评家L.P.Smith的《蔷薇》等。

然而，季羡林绝不是两耳不闻窗外事的人。他喜欢听名家演讲，梅贻琦、胡适之、温德、朱自清、郭彬和、萧公权、金岳霖、顾毓琇、燕树棠等人的演讲，他都听过。朱自清在演讲中说："欧洲人简直不知道有中国，总以为你是日本人。说了是中国人以后，脸上立刻露出不可形容的神气。"这话深深触痛了季羡林，他把它记在日记里，并写上"真难过！"听胡适之演讲"中国文明和西洋文明"，他听后肯定胡适之眼光远大，但同时评论说："观点浅薄。"可见，季羡林并不盲从大人物，自有主见，或者说他是一个有独立思想的人。

季羡林的课余生活也是丰富多彩的。尽管当时没有电视，连收音机都没有，可他仍然像今天的大学生一样，星期天进城，去北大或师大、朝阳会见老同学，到琉璃厂或者王府井的旧书店淘书，有时看场电影，还和同乡同学徐家存一起到开明剧院看过梅兰芳演的《黛玉葬花》，梅先生饰林黛玉，姜妙香饰贾宝玉，精彩极了！春秋两季，他和师友一道逛海淀，游燕大校园以及蔚秀园、颐和园、圆明园等遗址。喜欢"带历史臭味的东西"，在劫后圆明园的瓦砾中寻找宫殿的影子，在荒芜的湖水边想象当年水榭、画舫的豪华……有时，他租辆自行车，独自去香山赏红叶，登玉泉山，游碧云寺、卧佛寺，古寺里的松树高大繁茂，四季常青，那是他的最爱。

季羡林在春夏秋三季经常打喷嚏、流鼻涕，以为是感冒，其实主要是过敏所致。所以，他重视体育锻炼，三四年级时几乎每天都出现在操场上，跑步、打篮球，玩得最多的是手

清华女子排球队

球和网球,直玩得大汗淋漓,不亦乐乎。他还喜欢看球赛,学校有篮球、排球或者足球比赛,他是忠实的观众,逢球必看,即使临近大考也不例外,有时甚至为看球而逃课。那时候季羡林正年轻,看女生赛球,眼睛免不了多瞟几眼人家的大腿,看是黑是白,还在日记里评论一番。

"四剑客"

季羡林在清华上大学的时候,结交不少要好的同学和朋友,其中最有范儿的是"四剑客"。所谓"四剑客"是自封的,即指李长之、吴组缃、林庚和季羡林这四个好朋友。为什么称为"剑客"呢?因为清华演过一场电影,就是大仲马的《三剑客》,从此"剑客"一词风靡校园。

"四剑客"包括四个气味相投的文学青年,他们爱好写作,关注文坛。李长之(1910—1978),山东利津人,著名学者,文艺评论家。他比季羡林大一岁,一师附小时的同学。他1929年上北大预科,1931年考入清华,起初读生物学,后来转学哲学。他酷爱文学,长于文学评论,大学时出版过诗集,写过《〈红楼梦〉批判》《王国维文艺批评著作批判》《鲁迅批判》等。后者是鲁迅研究史上第一本赫赫有名的专著。在20世纪30年代早期,李长之使用"批判"一词,是从日文借用的,其意思无非是"评论"。这个词在中文中的含义后来发生了较大变化,于是"攻击鲁迅"成了他的"罪状"之一,给他带来了无穷无尽的苦难,这是后话。其实他是一位热爱鲁迅的文学青年。他13岁刚上初中的时候,就开始阅读鲁迅的《呐喊》,1929年,开始在报纸上发表介绍鲁迅的文章,20世纪30年代早期,他连续发表了一系列鲁迅作品的评论,如《十年后刮目相看的阿Q》《〈阿Q正传〉之新评价》《评〈三闲集〉》《评〈二心集〉》《评〈两地书〉》《评〈伪自由书〉》等。他评论鲁迅说:"生存这观念,使他的精神永远反抗着,使他对青年永远同情着,又过分的原宥着,这也是他换得青年的爱戴的根由。"季羡林与李长之过往甚密,在他的影响和鼓励下立志要成为一个作家。李长之对德国文学也很感兴趣,他建议成立一个德国文学研究会,请杨丙辰老师做指导,这显然又是受了季羡林的影响。季羡林写作中遇到困难,总喜欢找李长之商量,每有新作品脱稿,也往往先给他看,征求他的意见。季羡林写文章主张"惨淡经营",追求完美,有时候陷于"不知如何是好"的窘境;李长之则鼓励他不要管那么多,想好题目捉笔就写,让灵感推着走,逢山爬山,遇水涉水,随弯转向,顺风扯篷,见好就收。按照李长之的建议,季羡林率性而为,一挥而就,写了散文《枸杞树》。李长之看过直接寄给沈从文,沈从文很快就编发了这篇文章,刊登在天津《大公报》副刊上,并来信邀季羡林见面。季羡林受到极大鼓励,于是一发而不可收,《黄昏》《回忆》《寂寞》《老妇人》等散文相继问世。当然,这主要取决于季羡林自中学以来长期的知识和生活的积累。他之所以写出入学后的开山之作《枸杞树》,也应该得益于先前译出的《蔷薇》,正是"整个小城都在天空里熠耀着,闪动着,像一个巢似的星图"这种极具印象派绘画式风格启发了他,方能写出那种诗一般的意境。

季羡林也并非事事都听李长之的。他写的散文《年》,自认为很好,却被《现代》杂志退稿。他颇有些不平,拿给李长之看,想让李长之说几句公道话。谁知,李长之也不看好这篇文章,而对季羡林的另一篇自认为不理想的《兔子》大加赞扬。季羡林这次没听他的,马上去找英文教授叶公超。叶公超很欣赏季羡林的这篇散文,并指点他"文章要坚持朴实,写扩大的意识"。最后经叶先生推荐,《年》发表在《学文》杂志上。这篇文章的结尾写道:

当我们还没到达以前,脚下又正在踏着一块界石的时候,我们命定的只能向前看,或向后看。向后看,灰蒙蒙,不新奇了,向前看,灰蒙蒙,更不新奇了,然而,我们可以做梦。再要问:我们要做什么样的梦呢?谁知道。——一切交给命运去安排吧。

岂料,这段话被当时的左派刊物抓住了辫子,遭到批判,说是"发出了没落的教授阶级垂死的哀鸣"。其实,季羡林当时还只是一个穷学生,连伙食费都是靠家乡县政府的资助,说他是教授实在误会,说他是没落的教授阶级更冤枉他了。

吴组缃(1908—1994),安徽人,著名小说家,《红楼梦》研究专家。他1928年考入清华,先学经济,后改学中文,毕业后考入清华研究院。他擅长小说创作,在清华时期,创作了《一千八百担》《樊家铺》《天下太平》《某日》等小说,反映了当时中国农村的动荡现实和复杂矛盾,内容真实生动,语言细腻明快,有很高的艺术成就。他和季羡林有共同的爱好,共同的语言,看了季羡林发表在《文学季刊》上的《兔子》大加赞赏,认为写得好极了。

受到老大哥的鼓励，季羡林很是感激。他们还一起偷听过冰心、郑振铎先生讲课。吴组缃家境较好，夫人和女儿来京伴读，他就搬出宿舍，一家人租房住在清华附近的西柳村。季羡林曾经造访他的家，看到一家人其乐融融，他心中大概会有另一番感受。

林庚（1910—2006），原籍福建，当代著名诗人。他1929年进入清华大学中文系。一日早晨，林庚从梦中醒来，看见风吹帐子动，灵感来了，写了两句诗："破晓时天边的水声，深林中老虎的眼睛。"得意极了！当天他就拿给几个"剑客"朋友欣赏。林庚1933年出版了一本诗集《夜》，包括43首抒情诗，请俞平伯作序，闻一多题签。他说，这就是自己的毕业论文。林庚的诗从意境和技巧上都堪称一流，大多采用象征主义的手法。在20世纪30年代的诗中，"他否定了现实，虽然有强烈的想念过去的情绪，但他也不能不直感地去追求"，如在《二十世纪的悲愤》一诗中说："乃如黑夜卷来；令人困倦；漫背着伤痕，走过都市的城。"林庚毕业后留校当了朱自清教授的助教。季羡林与林庚终身保持友谊，新中国成立后林庚在北大中文系任教，他们又成为同事。前几年，林庚逝世的消息没有马上告知季羡林，因为他也年事已高，怕他经受不住打击。季羡林后来知道了甚为惋惜，仰天长叹。

季羡林　　　　　李长之　　　　　吴组缃　　　　　林庚

"四剑客"

"四剑客"经常在宿舍里相会，更多的时候是相聚在风景如画的荷塘边或者幽静的工字厅，那块有名的"水木清华"匾额就悬挂在工字厅后墙。如同毛泽东诗词中所说："恰同学少年，风华正茂，书生意气，挥斥方遒。指点江山，激扬文字，粪土当年万户侯。"这些不知天高地厚的毛头小伙子，指点文坛，臧否人物，高谈阔论，侃大山，吹牛皮，皇帝轮流做，今日到我家，嬉笑怒骂皆成文章，真可谓"语不惊人死不休"。他们甚至对胡适、鲁迅、茅盾这样的大师级人物也要评论一番，意见一致的时候几乎不多，有时争得面红耳赤，谁也说服不了谁，但却不伤和气。

当时的《清华周刊》是"四剑客"的重要写作园地，李长之曾一度负责周刊的文艺版。林庚的诗《风雨之夕》，吴组缃的散文《黄梅时节》，季羡林的评论《现代才被发现了的天才——德意志诗人薛德林》（薛德林为德国诗人荷尔德林的另一个中文译名——笔者）和译自英文的随笔《代替一篇春歌》（原作者为 Halbrook Jackson——笔者），李长之的诗《一只无能的鸟》和杂谈《我所了解的陶渊明》，都发表在周刊上。同时活跃在周刊上的，还有孙毓棠、张露薇、郑振铎、俞平伯、叶公超、钱锺书、卞之琳、曹葆华、钱伟长、张君川、敦福堂、御风等人。从1933年10月起，季羡林还担任了周刊的校内特约撰稿人。

结识文坛前辈

季羡林作为一个文学青年，喜欢舞文弄墨，当时许多作家的作品也都拜读过，不少著名作家和他们的作品，还是他与李长之、吴组缃、林庚等同学谈论、评论的话题。在清华这样的名牌大学，他又主动地结识了几位文坛名宿。笔者以为，季羡林登上文坛，固然由于自己的天分和勤奋，但也离不开文学前辈的提携。因此可以说，季羡林是幸运的。

那么，季羡林结交了哪些文坛名宿呢？

郑振铎，笔名西谛，福建长乐人，时任燕京大学中国文学系教授，在清华兼课。季羡林就很喜欢旁听郑先生的课，还记得，他戴一副高度近视眼镜，课堂上挤满了听课的学生，由于他学识渊博，掌握大量的资料，口才又好，讲起来口若悬河，滔滔不绝。那时候，教授一般都有"教授架子"，高不可攀，社会上论资排辈风气严重，学生同教授交往，简直难以置信。可是同郑先生一接触，季羡林就发现他和别的教授截然不同，在他身上，看不到一点儿架子，也没有论资排辈的习惯。他以完全平等的态度对待学生，说话非常坦率，有什么想法就直说，既不装腔作势，也不故弄玄虚。他从来不教训别人，态度总是亲切和蔼。总之，从郑先生那里，季羡林和同学们就想到了一个有名的人物，《水浒传》中的及时雨宋公明。那时候郑先生除在燕大、清华讲课之外，还兼着城里几所大学的课，他或坐人力车，或乘校车，或骑毛驴，夹一个鼓鼓囊囊的大包，风尘仆仆地来往于各大学之间，急匆匆走路的样子好像一只大骆驼。季羡林既景仰郑振铎学识渊博，又敬佩他为人亲切平易，所以很愿意同他接触，只要有机会总是去旁听他的课，还曾经约上几位好友到郑先生家中拜访。

郑先生住在燕园东门里的平房，外边有走廊，室内有地板，屋子里排满了书架，都是用珍贵的红木做成的，整整齐齐摆着难得的古代典籍，都是人间瑰宝。其中明清小说、戏剧的收藏在全国首屈一指。郑先生爱书如命，他认识许多书商，买书从不讲价钱，只要有好书，他就留下，什么时候有钱，什么时候付款，实在没钱就用别的书籍对换。他自己也印了一些珍贵图书，如《插图本中国文学史》《玄览堂丛书》等。有时候他就用这些书还书债。

那时候郑振铎同巴金、靳以一起主编大型文学刊物《文学季刊》，季羡林等文学青年也应邀担任编委或者特别撰稿人，看到自己的名字和那些文化名人的名字一起出现在杂志封面上，他们确实有受宠若惊之感，心里怎么能不既感激又兴奋呢？尤其是《文学季刊》1934年4月第2期上，还登出了季羡林的散文《兔子》。季羡林深受感动，认为郑先生对青年的爱护，除了鲁迅先生外，可说并世无第二人。

季羡林大学毕业之后回到济南教书，郑先生去上海主编《文学》，他们通过信。季羡林寄了散文《红》给郑先生，郑先生立即予以刊登。郑先生还准备给季羡林出一本散文集，后来因为他赴欧洲留学，文集没有出成。

前辈文人吴宓对季羡林的帮助也很大。吴先生是陈寅恪在哈佛的同学，回国后陈寅恪是清华国学研究院导师之一，吴先生是国学研究院主任。他学问好，为人耿直，虽然貌似古板，却不是一个不好接近的人。那时候，吴先生追求清华校花毛彦文，尽人皆知，季羡林和同学们常拿他恋爱的"绯闻"开玩笑。据传，从20世纪20年代一直到20世纪40年代，吴先生这种马拉松式的恋爱终无结果，只能经常在梦中与情人相会，一觉醒来，泪湿枕巾。季羡林在清华读高年级时，经常和其他文学青年被吴先生邀请做客他的"藤影荷声之馆"，季羡林还曾协助他编辑《大公报·文学副刊》，经常在上面发表一些关于文艺动态的文章，因而能领到几元稿费，这对一个穷学生来说不无小补。吴先生堪称20世纪20年代末30年代初中国比较文学学科的代表人物之一，讲授《东西诗之比较》课，季羡林受其比较文学理论的启发，写过一篇论文，其中把陶渊明同一位英国浪漫诗人加以比较，这在今天看来无疑有些幼稚，但终究是他向比较文学研究迈出的第一步。

老舍（1899—1966），本名舒庆春，满族，北京人。季羡林上高中的时候，就喜欢读他的作品，《老张的哲学》《赵子曰》《二马》都读过。后来老舍先生每有新作发表，季羡林都要先睹为快。1933年他的小说《离婚》发表，季羡林在第一时间写出书评，以"窘羊"的笔名发表在《大公报》文学副刊上。季羡林觉得，老舍先生和别的作家不同，他的作品语言生动幽默，是地道的北京话，偶尔夹杂一点儿山东俗语。总之，老舍先生称得上是季羡林毕生最喜爱的作家之一。他和老舍先生相识，是老同学李长之介绍的。那年暑假，季羡林回到济南，老舍先生正在齐鲁大学教书。李长之告诉季羡林，他要在家里请老先生吃饭，让季羡林作陪。季羡林喜出望外，但又不知老舍先生是否有"教授架子"，心里还是忐忑不安。见面后季羡林发现，老舍先生完全不是他想象的那样，一点儿架子都没有，同他一见如故。老舍先生人如其文，谈吐自然，和蔼可亲，特别是他那一口地道的京腔，铿锵有致。季羡林觉得，跟老舍先生交谈就像听音乐一样，是一种莫大的享受。

沈从文（1902—1988），湖南凤凰人，这位出生湘西、靠自学成材的苗族作家，把神秘的故乡介绍给了广大读者，其作品深受读者的喜爱。沈先生是季羡林学生时代最喜欢和崇拜的一位作家，他认为在并世作家中，文章有独立风格的并不多见，除了鲁迅先生，就是沈从文先生。他的作品只要读上几行，立刻就能辨认出来，绝不会搞错。尤其，季羡林从沈从文先生的作品中，深切地感受到他所欣赏、所追求的人与自然和谐的理想境界。季羡林与沈先生相识是在他的《枸杞树》发表以后。丁玲的《夜会》出版以后，季羡林写了一篇书评，发表在《文学季刊》创刊号上。后来他听说，早在1928年就曾与丁玲共事、过从甚密的沈从文先生对此有些意见，于是立刻给沈先生写了封信，同时请郑振铎先生在《文学季刊》创刊号再版时，撤掉那一篇书评。这样一来，一位大作家和一个文学青年竟成了朋友，并结成了终身友谊。1933年9月间，沈从文与张兆和女士结婚，在前门外大栅栏撷英番菜馆设盛大婚宴，胡适先生证婚，出席者名流云集，群星璀璨，季羡林居然也收到请柬。一个20岁刚出头儿的年轻人的身影，出现在一长串大人物中，岂不令人刮目相看！

还有巴金先生，也是季羡林结识的一位名声显赫的大作家。1932年9月23日，季羡林的老师杨丙辰请巴金先生吃饭，季羡林应邀作陪，这是他同巴金先生第一次见面。巴金先生是一位大人物，一点儿架子也没有，不多言语，给他留下一个老实巴交的印象，直感到相见恨晚，巴金先生的《家》《春》《秋》这些名著，季羡林都读过不止一遍，1933年8月他还在《大公报》文学副刊上发表《家》的书评。季羡林自从读了巴金先生的《灭亡》就对他很留心，一直认为他是自己老师辈的作家。新中国成立后巴金先生是全国作协主席，季羡林是顾问，交往中季羡林认为巴金先生真正是一个敢于说真话的人，与官场上的人物不同。2005年巴金先生逝世后，季羡林在《悼巴老》一文中说："在学习你的作品时，有一个人决不会掉队，那就是95岁的季羡林。"

看来，季羡林确实是幸运的，他和那么多的文坛巨匠相识，而且成为数十年的好朋友。他们共同经历了风风雨雨，在政治上互相勉励，在事业上互相支持，在学术上互相切磋，在生活中互相关心，展现出文坛上的一道亮丽的风景。

秋妹出嫁

季羡林在清华的事儿已经谈了许多,现在谈谈他在济南的家,就从他的那个小名叫秋妹的堂妹惠林出嫁说起。季羡林自从6岁来到济南,19岁去北平求学,13年间他几乎天天和堂妹惠林在一起。季惠林比他只小10天,他们的关系前面提到一些,总之与同胞兄妹没有太大的差别。关于季惠林的婚姻,笔者掌握的资料十分有限,当事人也已作古,只能根据有限的材料,做个大致的叙述。

季惠林大约是在20世纪30年代初结婚的。1933年暑假季羡林回到济南,季惠林带着夫婿也回到娘家。季羡林和他们一起陪婶母打牌,这在季羡林的日记中有过记载。季羡林还陪妹妹、妹夫游历了郊区的千佛山。

季惠林的丈夫叫弭菊田,济南人,生于1914年。弭家住在济南西关,据说是大房产主,相当富有。菊田是弭家二少爷,个子高高的,仪表堂堂,寡言少语,他俩年龄符合"女大三,抱金砖"的讲究,季惠林对这门亲事十分满意。在老一辈人看来,弭家门第比季家高,婶母马巧卿命季羡林常去西关弭家走动。季羡林以为这是巴结人家,很不情愿,又不得不去。季羡林看不惯弭家大少爷仗着家里有钱,不好好读书,也不认真做事,游手好闲,花天酒地的样子,于是对这位妹夫不甚满意。弭菊田又不善应酬,一副木讷的样子,来到岳父家坐下就打牌,要走抬腿就走,季家忙不迭倒屣相送,在季羡林看来甚为滑稽。

弭菊田从小学画,1934年暑期高中毕业,报考北平美专深造。据季羡林《清华日记》记载:7月28日,季羡林进城到庆林公寓替弭菊田租房子,供他在北平应考时居住。当晚,因为第二天要进城接人,怕耽误了,竟致失眠。29日早晨,季羡林起得很早,8点便进城了,接站为时尚早,他又到天桥走了一圈儿。接到弭菊田,在庆林公寓安顿下来后,又带他去游北海。他们登上白塔山,眺望北平街市,高耸的城墙和城楼,隐映在绿树中的棋盘似的街巷,红墙黄瓦的故宫,波光潋滟的三海,显得那么动人。

季惠林之女弭金冬与舅舅季羡林、舅母彭德华合影

游兴未尽，次日，季羡林又带弭菊田游中山公园和太庙。8月1日，他再访弭菊田，菊田已去美专参加考试。5日上午，季羡林又进城，弭菊田已经考完试，他们又去逛天桥、先农坛，一起在东安市场吃晚饭。从季羡林的日记中看出，妹夫到北平来，大舅哥该做的都尽心竭力做到了。

美专毕业之后，弭菊田长期生活在济南，以绘画、教书为业，20世纪80年代初，受命组建并出任济南画院院长，在齐鲁书画界享有盛名。

1998年，季羡林为弭菊田的画集作序，其中写道：

> 在菊田身上，我们看到的正是这一种奋斗拼搏精神，按照他的家庭环境，在旧社会，他本来应该成为一个商店的老板，或者政府机关的一个小公务员，如果再往下滑一步，他可能成为一个靠吃祖宗遗产过活的浪荡公子。这类的人物，我们亲眼看到的难道还不够多吗！
>
> 然而菊田却走了一条截然相反的道路。他依靠自己的努力，学了书法，学了国画，学了治印，学了刻竹，出乎许多人的意料，他成了有成就的艺术家。在旧社会不必说它了，到了新社会，他就靠这艺术上的成就，为人民服务，为祖国争光。
>
> 今天，我们全国人民正在意气风发地进行现代化的建设，全国形势一片大好。但也还有困难，而且有极大的困难。克服这些困难，要有多方面的因素，其中最主要的，我认为，就是在全民中提倡艰苦奋斗的精神，特别是靠自己的力量努力成材、努力成家的精神。从这方面来看，我们要向菊田学习的不仅仅是他的国画艺术，而更重要的是他那锲而不舍、努力奋斗的精神。
>
> 给一部画册写序，本来是应该谈画的。因为我不太懂画，只好说些别的话。但我并不认为我这是离题万里。我把艺术同努力奋斗结合起来，顺理成章。我还可以说，一切文学、艺术、科学、技术无一不应该同努力奋斗结合起来。这一点精神，是绝对不可缺少的。再把话缩回来，缩到菊田的画集上，我只能说两句话：我们要学习菊田的画，但我们更要学习他的自学成材、努力奋斗的精神。

季、弭两家作为至亲，按理应该常有来往，可是在弭菊田的回忆录中，关于季羡林的经历的记载却有些张冠李戴，可见他们来往并非十分密切。原因何在呢？笔者以为，这里有客观原因，也有主观原因。客观原因是两家住在不同的城市，而且行当也不相同，大家都忙，无暇走亲戚；主观原因是季羡林同季惠林兄妹之间有些隔膜，这在季羡林的《清华园日记》

中可以看得出来。为什么呢？季羡林的儿子季承在自己的文章中做过分析，笔者以为比较到位。他说：

"这个家里（指济南的家——笔者）有两个女人使他对家庭产生了反感。一个是他的婶母，一个是他的秋妹。很显然，婶母自己没有儿子，对培养他这个外来的侄儿肯定缺乏热情。况且父亲只会读书、花钱，他乡下的父母也要靠城里的叔叔供给，婶母哪里会高兴！这是人之常情。秋妹则嫉妒这个乡下来的哥哥，也很自然。在亲生父母的娇惯下，她后来又嫁了一个有钱的丈夫，表现得'轻浮'和'高傲'也在情理之中。至于给父亲不断制造麻烦，譬如，说她母亲的病是让父亲气出来的，等等，也是可以理解的。父亲把这些归为'女人天生的劣根性'，再加上他所谓'挥之不去的穷困'，父亲对此感到压抑和气闷也是很自然的。"

永远的悔

1933年上半年，季羡林忽然收到从清平老家寄来的信，信里说母亲身体不大好。因为这是母亲给他的第一封信，他收到以后异常兴奋，便没有太注意信的内容。本来他打算暑假回老家去看望多年未见的母亲，可是，暑假一回到济南就赶上婶母得了重病，叔父又不在家，他着实手忙脚乱了一阵子。后来一叔从清平来济南，商量香妹出嫁的事儿。香妹是季羡林的二妹妹，1919年出生，父亲去世不久也来到济南叔父家中。一叔告诉季羡林母亲生病了，可是他已经没有时间回官庄去。

秋季开学，季羡林回到北平不久，就接到从济南家中打来的电报，只有四个字："母病速归"。他仿佛当头挨了一棒，脑筋迷糊了半天，急忙买好车票，登上开往济南的火车。

自从6岁那年离开了故乡，离开了母亲，成了寄人篱下的非孤儿，季羡林就无时无刻不在想念母亲。1925年，他最后一次回故乡为父亲奔丧，从此家里没有了男主人，只有半亩地。母亲的

2001年8月，季羡林在官庄与香妹谈起幼年的事

日子怎么过，心情怎样，季羡林当时只有十四岁，是难以理解的，但他仍然必须离开母亲到济南去继续上学。在这万般无奈的情况下，但凡母亲还有不管是多么小的力量，她也绝不会放儿子走的。可是，她连一丝一毫的力量也没有。她一字不识，一辈子连个名字都没有，做了一辈子"季赵氏"。如今男人一走，她养活自己都不容易，再把儿子留在身边，那不更惨了吗？母亲内心的痛苦和忧愁，季羡林后来都感觉到了，正如他在日记中写道："当我死掉父亲的时候，我就死掉母亲了，虽然我母亲比父亲晚8年死的。"母亲当时只能眼睁睁地看着最亲爱的孩子离开自己。谁会知道，这是母亲最后一次看到自己的儿子，也是季羡林最后一次见到母亲啊！

季羡林由初中升入高中，从济南到北平上大学，8年过去了，他由一个小孩子长成了一个青年人，知识增加了，对人生了解的也多了。虽然他对母亲仍然是不断地想念，但在暗中饮泣的次数少了，想的是一些切切实实的问题。他梦想着，再过两年大学就毕业了，自己念完一所名牌大学，抢一只饭碗应该不成问题。到了那时候，自己手头有了钱，第一件事儿就是把母亲接到济南。她才40来岁，今后享福的日子还长着哩。

可是，季羡林的美梦被一纸"母病速归"的电报打得支离破碎。他坐在火车上，心惊肉跳，忐忑难安，暗自思忖：母亲是病了，还是走了？他不会求签占卜，可又偏想知道个究竟，于是就想出了一个占卜的办法。他闭上眼睛，如果一睁眼就能看到一根电线杆，那母亲就是病了；如果看不到，就是走了。当时火车速度极慢，从北京到济南要走十四五个小时。就在这样长的时间内，他闭眼又睁眼反复了无数次，有时能看到电线杆，心中一喜，有时又看不到，心中一惧，始终也没能得出一个肯定的结果，就这样到了济南。

回到济南家中，季羡林从叔父婶母那里知道，母亲不是病了，而是走了。这消息真如五雷轰顶，他昏迷了半晌，躺在床上哭了一天，水米不曾沾牙。他陷入了深深的悔恨和自责中：在长达八年的时间内，难道你就不能在任何一个暑假内抽出几天时间回家看一看母亲吗？二妹在前几年也从家乡来到了济南，家中只剩下母亲一个人，孤苦伶仃，形单影只，而且又缺吃少喝，她日子是怎么过的呀！你经济上虽然没有自立，但每年挤出几块钱帮助母亲，并不是办不到的，你为什么没有这样做，甚至连想都没有想呢？你的良心和理智哪里去了？你还能算得上是一个人吗？季羡林找不到一点儿原谅自己的理由，他甚至想自杀，追随母亲于地下。但是，只有等儿子回来，母亲才能入土为安；他现在自杀了，在乡亲们看来，那真是大逆不道！在极度痛苦中，季羡林赶忙为母亲写了一副挽联：

一别竟八载，多少次倚闾怅望，眼泪和血流，迢迢玉宇，高处寒否？

为母子一场，只留得面影迷离，入梦浑难辨，茫茫苍天，此恨曷极！

挽联道出了儿子锥心刺骨的永久的悔恨和歉疚——八年未见，甚至母亲的面容他也记不起了！

叔父婶母看着苗头儿不对，怕真出什么问题，派马家二舅陪季羡林还乡奔丧。到了家里，母亲已经成殓，棺材就停放在屋子中间。只隔着一层薄薄的棺材板，却不能再见到母亲，季羡林如万箭穿心，痛苦难忍，想一头撞死在棺材上。他被别人死力拽住，昏迷了半天，才醒过来，抬头再看屋中的情况，真正是家徒四壁，除了几只破椅子和一只破箱子以外，什么都没有。在这样的环境中，母亲这八年的日子是怎样过的，不是一清二楚了吗？他又不禁悲从中来，痛哭一场。

关于季羡林母亲的死因，蔡德贵编著的《季羡林年谱长编》第21页，转引姚明文章的说法："……到家后，知道母亲平常把省下来的粮食送给更穷的没有爹没有娘的孩子吃，自己是因为吃蒜皮和茄子叶中毒死去的。"

现在家中已经没有了女主人，也就是说，没有了任何人。白天，季羡林到二大爷家去吃饭，商量安葬母亲的事宜；晚上，二大爷亲自送他回家。那时村里不但没有电灯，连煤油灯也没有，家家都点豆油灯，用棉花条搓成灯捻，只是有点儿微弱的亮光而已。有人劝他睡在二大爷家里，他执意不肯，要陪母亲住上几天。人生在世，他在母亲身边只住过六年多时间，现在仅仅剩下最后几天，再不陪就真正抱憾终身了！二大爷手里提着一个小灯笼送他回家，此时万籁俱寂，宇宙笼罩在一片黑暗中，只有天上的星星在眨眼，闪出一丝光芒。全村没有一点儿亮光，没有一点儿声音，只从大坑里芦苇的疏隙闪出一点儿水光。他走近破篱笆门，看见门旁地上有一团黑东西，原来是一条老狗，静静地卧在那里。狗有没有思想，谁都说不清楚，但感情还是有的。它白天到村里什么地方找一点儿东西吃，然后又回到家里来，静静地卧在篱笆门旁。见了季羡林，它似乎感到他也是家里的主人，同女主人有点儿关系，见了他也不吠不咬，有时还摇摇尾巴，做出亲昵状来。

季羡林孤身一人走进屋内，守着母亲的棺材。夜深了，再也坚持不住了，他来到里面一间屋子，他躺在里面一间屋子的大土炕上，炕上到处是跳蚤，它们勇猛地发动进攻。季羡林本来就毫无睡意，跳蚤的骚扰更加使他难以入眠。此时，他陪伴着那口棺材，是不是害怕呢？不，棺材看起来可怕，可里面躺着的却是自己的母亲。母亲永远爱她的儿子，是人是鬼，都不会改变这种爱。

季羡林无论如何也睡不着，虽然两只眼睛蒙上黑暗，但仿佛能感到眼睛在发光。他想了很多很多八年来从来没有想到的事儿。父亲死了以后,济南叔父的经济资助几乎完全断绝,母亲就靠那半亩地维持生活,她能吃得饱吗?她一定是每天夜里躺在自己现在躺的这铺土炕上想念着儿子,然而儿子却音信全无。她不识字,写信也没用。听说她曾对别人说过:"如果我知道他一去不回头儿的话,我无论如何也不会放他走的!"母亲的想法他为什么一点儿也没有想到过呢?古人说:"树欲静而风不止,子欲养而亲不待。"这两句话现在恰恰当当应在自己的身上,他也确确实实感受到了。还差一年他就大学毕业了,就有能力奉养母亲了,可没想到母亲竟这样早地撒手人寰。晚了,太晚了,逝去的时光再也不能追回来了!"长夜漫漫何时旦",他切盼天赶快亮。

这时候,宁大叔突然来了。他要季羡林立刻到自己家来一趟,还说:"你娘叫你呢!"到底怎么回事?季羡林懵懵懂懂地来到宁家,看见宁大婶坐在炕上,两眼直勾勾地望着他,说:"喜子啊,娘好想你呀!"听那声音和口气,好像真的是母亲在说话!原来,宁大婶"撞客"了,这种"鬼魂附体"的事情,季羡林平时无论如何也不会相信,可是此时此刻又不由他不相信。他是多么希望能有机会再和母亲说上哪怕是一句话啊!8年了,娘想儿想得好苦啊!后来,宁大婶清醒过来时,又对他说了母亲生前说过的那句话:"早知道他一去不回,当初无论如何不放他走。"无可奈何,季羡林只有终身的悔恨和自责。

回乡偶遇

"季家的喜子回来了!"

"喜子给他娘奔丧来了!"

"这孩子八年没有回来了,连他娘最后一面也没有见到!"

"在他娘灵前哭得死去活来,怪可怜的!"

这消息如同一阵风,传遍了整个官庄。

婶子大娘们来了,街坊邻居们来了,住在三里五乡的亲戚们也来了。他们一是来吊唁死者,二是来看望北平回来的大学生。冷清破败的季家小院里,涌进了许多人。

季羡林守着母亲的棺材,不停地痛哭。他的脑子已经有些迷糊了,简直不敢相信母亲真的永远离去了。看到厨房里那半个茄子和半棵葱,他仿佛觉得母亲还没有走远。他恨自己为什么不早几天回来,哪怕能见母亲最后一面也好。他泪眼蒙眬地看着吊唁的人群进进出出,按照当地的习俗,机械地、忙不迭地跪下给来吊唁的人叩头,又身不由己地被人搀扶起来,如此多次重复。一大群女人围着他,七嘴八舌地劝慰着,至于是谁,说了些什么话,他似乎一句都没有听明白。他看着那些或熟悉，或陌生的面孔，其中有一位老妇人，满脸的皱纹，霜白的乱发，又红又肿的眼睛，没有牙齿的嘴一凹一凹地动着，絮絮叨叨地在说什么。季羡林在自己的记忆库里使劲儿搜索，却想不起她是谁了。管她是谁，反正不是亲戚就是朋友，季羡林不再想她了。谁知，这位老妇人上午走了，下午又来，头一天走了，第二天又来，嘴巴一直在一凹一凹，絮絮叨叨地说个不停，但又听不清她在说些什么，就好像是在念经咒。季羡林感到很奇怪，在她离去的时候，悄悄问宁大婶："她是谁呀？"宁大婶说："你不记得啦？她是村东头的，你该叫她大娘的。小时候，她还抱过你呢。想起来没有？""想是想不起来的，不过现在知道了。"季羡林似乎还在雾中。

到头儿来，季羡林的脑子渐渐清晰了。听老妇人一遍又一遍地述说，他终于明白了：原来她所说的话，和自己的母亲并没有什么关系，她也不是来劝慰季羡林的，而是来向从外边回来的读书人打听消息的。她的话总是离不开军队、打仗这些事儿，敢情是来打听自己儿子的下落的。

三年前，她唯一的儿子因为家里没有饭吃，不声不响地偷偷当兵去了。家里只剩下她和媳妇，还有一个小孙子，就是她经常带来的那个拖着鼻涕的小男孩儿。去年儿子寄来一封信，说是就要开到什么地方打仗去了。儿行千里母担忧，况且儿子是去打仗，而打仗就要死人，做娘的怎么能不担心！一年没有收到儿子的来信了，家里吃了上顿没下顿，媳妇经常哭哭啼啼，这日子可怎么过呢？

在老妇人看来，季羡林从京城来，到过天津、济南这些大地方，是见过大世面的，而且读了这么多年书，能识文断字，听说还会说好几种外国话呢，天下的事儿肯定都知道，找他打听儿子的下落算是找对人了。所以，她抱着极大的希望，天天到季家来，絮絮叨叨地述说自己的儿子。她那可爱的孙子非常淘气，使出各种花招儿打断她的话，可她仍然十分固执，十分有耐心，就连儿子小时候的事儿，都一遍一遍地讲个没完没了。她说，儿子小时候脾气很大，有一次打碎了一个碗，她打了他一巴掌，谁知这孩子哭得更凶了，把嗓子都哭哑了。

这确实令季羡林哭笑不得。他死了亲娘，本来正需要别人的安慰，可是面对这个让他无可奈何的老妇人，他能说些什么呢？他不忍心说自己无从了解她儿子的情况，只能说些宽心的话，安慰这位心焦的母亲。他说，自己回去以后，一定设法打听她儿子的下落，一旦有了确切的消息，一定马上告诉她，让她不要着急。他知道这是简直无法兑现的承诺，可是，不这样，他又能怎么样呢？尽管如此，那老妇人还是天天到他家来，抱着极大的希望，极大的信任，极大的期待，喋喋不休地跟季羡林谈着……

办完了母亲的丧事，季羡林准备回学校去了。就在他要离开官庄的时候，那老妇人又来了。这次老妇人的脸上居然挂着笑容,她从怀里掏出了一封信,对季羡林说:"看,我儿子来信啦!"她虽然不识字,但她知道,除了儿子,还有谁给她写信呢?就在收到信的头一天晚上,她刚好做了一个梦,梦见儿子回来了,而且当上了军官,骑着高头大马,英姿飒爽,十分神气……

季羡林接过信来,看了看信封。从邮戳看,这封信是半年前从河南某地发出的,地址也没有写清楚,信封上的套红已经被水浸得模糊不清,好在字迹还可以辨认。不知道这封信经历了多少艰苦的旅程,居然到了收信人手里。季羡林打开信封,发现信不是她的儿子写的,而是同儿子一起参军的一个朋友写的。内容很简单,就是告诉她,她的儿子在河南某地一次战斗中阵亡了,要她设法找人去河南,把儿子的灵柩运回来。这消息简直是晴天霹雳!看着老妇人充满期待的眼光,季羡林实在没有勇气说出事情真相来。他只能敷衍着,说她的儿子平安无事,而且快回来了。老妇人接回那封信,仔细地揣进怀里,对季羡林一再感谢。

在离开家乡的那一天,季羡林把那封信的内容悄悄告诉了一位乡亲,要他相机告诉那位老妇人,或者索性永远不要告诉她,反正她也活不了多久了。

季羡林怀着一颗破碎的心,告别长眠在地下的母亲,回到了学校。他在时时想到自己母亲的时候,也常常想到那位老妇人——一位失去儿子的母亲。他认为,这位母亲和自己同样命苦,同样悲惨。

想当作家

办完了母亲的丧事,季羡林来到了一个人生的十字路口。再过半年多就要毕业了,选择什么职业呢?出国留学的夙愿如同海上仙山,如何实现?家里添了女儿,经济负担越来越重,如何支撑?这些问题实实在在地摆在季羡林的面前。当时他正处于第一次散文创作高峰,自然而然想到了当作家。

1933年11月25日,他在日记中写道:

> 我最近很想成为一个作家,而且自信也能办得到。说起来原因很多,一方面我受长之的刺激,一方面我也想先在国内培植起个人的名誉,在文坛上有点地位,然后再用这地位到国外去,以翻译或者创造(应为创作——笔者),作经济上的来源。以前,我自己不相信,自己写出好文章来,最近我却相信起来,尤其在小品文方面。你说怪不?

这段话表达了以下几层意思：

第一，出国留学依然是季羡林追求的远期目标。去哪个国家呢？当然是德国。11月17日，他又在日记中写道："最近又想到，非加油德文不可，这大概也是因为留学而引起的刺激反应。昨天晚上我在纸条上写了几个字：'在漩涡里抬起头来，没有失望，没有悲观，只有干！干！'然而干什么呢？干德文。我最近觉到，留美实在没意思，立志非到德国去一趟不可。我在这里自誓。"

第二，出国留学的经济支撑何在？靠家庭肯定不行，只有自力更生。季羡林一介书生，身无长物，只有一支笔，他决心靠这支笔在文坛上打拼出一席之地。所以，他的近期目标是成为一个作家，靠小品文——散文的创作和翻译养活自己，并作为赴德国留学的经济支撑。

第三，这个计划有没有可行性？他认为是有的，所以才有信心。信心从何而来？

首先，信心来自李长之的"刺激"。这一年暑假，李长之写了《我对现代文艺批评的要求与主张》，并在《现代》杂志8月号上发表。季羡林认为这篇文章写得好，是一件很有意义的事。11月12日，季羡林在李长之的宿舍看到他的另一篇新作《梦想》，文中表达了他的所思所想，季羡林大有同感，暗自思忖："李长之能做到的，我季羡林为什么不能做到？"他产生了一种强烈的"效颦冲动"。

其次，信心来自前辈老师王力的榜样。11月24日，吴宓先生请几位文学青年在清华西餐厅吃西餐，季羡林应邀参加。第一次面对一大堆刀叉，他有点儿手足无措。好在他善于观察，顾左右而模仿之，虽然动作笨拙，但不至于出丑。同席有从法国留学归来的王力先生，王先生1932年获得巴黎大学文学博士，回国后被清华大学中文系主任朱自清先生聘为该系专任讲师，相当于副教授。他告诉季羡林，他出国留学一无公费，二无私费，全靠自己为商务印书馆翻译书稿挣钱，以维持在国外的学费和生活费。季羡林听了，佩服极了，以为王先生为自己树立了一个好榜样。他想："事在人为，经济条件不好，照样可以出国留学，王先生可以做到，我季羡林为什么不能做到？"

当时，季羡林确实是一个小有名气的文学青年了，创作欲望和状态都很好，差不多每周都有一两篇文章问世。《文学季刊》《文艺月刊》《现代》《学文》《文学》《寰中》等杂志接连发表他的作品，有些文章还得到沈从文、叶公超等前辈师友的鼓励和好评。前几年，钟敬文先生评论道："季先生的散文创作开始于20世纪30年代，那时他20多岁，就已经初有文名了。"这里，笔者不妨作以横向比较：季羡林在清华的开山之作、第一篇散文《枸杞树》，1933年12月27、30日在沈从文、杨振声、吴宓主编的天津《大公报·文艺副刊》上发表，同年萧乾在该刊上发表了第一篇小说《蚕》；季羡林创作的散文《母与子》发表在上海著名文学杂志《现代》1934年第6卷第1期上，而茅盾1932年创作的著名短篇小说《春蚕》也发表在该刊第2卷第1期上；季羡林创

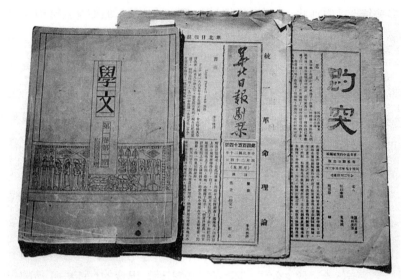

季羡林早期发文报刊

作的散文《红》发表在当时很有影响的上海《文学》月刊1934年第3卷第1期上，而巴金的《一个女人》是在1933年发表在该刊上的，在此前后，鲁迅、郭沫若、茅盾、闻一多、臧克家、何其芳等人也都在该刊发表过作品；季羡林创作的散文《年》发表在闻一多、叶公超主编的《学文》杂志1934年5月2日创刊号上，而钱锺书、李广田、何其芳、卞之琳、陈梦家、李健吾、曹葆华等人也经闻一多、叶公超之手，借《学文》《新月》扬名文坛。

看来，季羡林是以散文创作见长，尤其酷爱抒情散文。他之所以能在大学期间发表这些散文作品，首先在于他有争文坛一席之地的勇气，其次取决于他的深厚的文学功底。季羡林对古代的一些散文名篇，例如司马迁的《报任安书》、陶渊明的《桃花源记》、李密的《陈情表》、韩愈的《祭十二郎文》、欧阳修的《泷冈阡表》、苏轼的《前赤壁赋》和《后赤壁赋》、归有光的《项脊轩记》等，都百读不厌，经常背诵。他的散文创作也自然而然受到这些优秀作品潜移默化的影响。而且，他是一个完美主义者，一篇文章从构思到定稿，再到誊清，不知道要修改多少遍。当时他还要准备各门功课的结业考试，经常利用夜间从事写作。在宿舍熄灯以后，他秉蜡烛，继电灯，鏖战到深夜。季羡林这个时期的散文作品，是他的真实思想的自然流露，创作出一些批判现实主义的作品，如《红》《王妈》《父与子》等，但由于看不到祖国和人民的前途，看不到个人的前途，作品调子低沉，情绪幽凄。他虽然注重文学创作的艺术性，强调文学功利观与审美追求的统一，但在遣词造句方面，时而可见一些不规范的、自造的词语，透着一种初生牛犊不怕虎的气概。他的不少作品表现抽象的观念，一些难以表达、难以捉摸的东西，在他笔下颇有几分意识流的味道，这也是他早期散文创作的一个

显著特点。说到此,笔者可以做出这样一种设想,假如季羡林毕业后,不去德国抠那种死亡文字,专心从事文学创作,那他经过长期磨炼,一定会成为中国文坛的佼佼者。

季羡林写文章并不完全是出于兴趣爱好,撇开上面说的出国留学的动机,在很大意义上说,是家庭经济压力使然。那时候,家里已经无钱供他继续读书,他经常处于囊中羞涩的窘境。在创作《年》的时候,他只抄了一页就没有了稿纸,又没有钱买,只好放下数日。1934年年初,《文学季刊》编委会在前门外撷英番菜馆举行大型集会,季羡林与吴组缃、林庚、俞平伯同车前往。那天到会的有巴金、沈从文、郑振铎、靳以、沈樱、杨丙辰、梁宗岱、朱光潜、郭绍虞、刘半农、徐玉诺、徐霞村、孙伏园、朱自清、台静农、容庚、刘廷芳等人,中国文坛群贤备至,少长咸集,好不风光。开完会回到清华,付了车费,季羡林口袋里只剩下六角钱了。

季羡林除了散文创作,还写了一些书评。巴金的《家》、丁玲的《夜会》、老舍的《离婚》、臧克家的《烙印》出版后,他都要评论一番。书评这玩意儿见仁见智,意见很难一致。季羡林的批评也招来一些反批评,闹得很不愉快,可见作家之路,绝非坦途。叶公超先生认为季羡林没有资格写"我怎样写文章"之类题目,着实给他头上浇了一瓢凉水。因此,季羡林在做"作家梦"的同时,又不得不考虑其他的出路。

1934年2月26日,他在日记中写道:

> 我最近有个矛盾的心理,我一方面希望再入一年研究院。入研究院我并不想念什么书,因为我觉得我的想从事的事业可以现在才开头,倘离开北平,就不容易继续下去。一方面我又希望真能回到济南作一作教员,对家庭固然好说,对看不起我的人,也还知道我能够饿不死。

怎样才不至于饿死呢?当个作家,还是当个教书匠?季羡林又一次陷入了两难的选择。

中德学会

季羡林在大学四年级的时候,曾经和李长之、张天麟、张露薇等人一起酝酿筹办中德学会,这也是他学生时代的梦想之一。

张天麟原名张天彪,字虎文,比季羡林年长4岁。1924年季羡林在济南正谊中学上初中的时候,和他是同班同学。张天麟在班上年龄最大,脑瓜最灵。当时军阀混战,济南流通一种军阀当局发行的"军用票",币值极不稳定。私立中学要靠学生缴纳学费维持,张天麟就用"军用票"兑换外地同学手里的"硬通货"——现大洋或者中国银行、交通银行发行的钞票,占了不少便宜。这种投机钻营的本领,使张天麟在一群十三四岁的同学中显得鹤立鸡群。

初中毕业后,张天麟去南方从军,在国民党军队里混上了一官半职。1928年,日军为阻止北伐军北上,侵占济南,血腥屠杀中国军民,制造了"五三惨案"。1929年初,日本军队撤出济南,张天麟就跟着国民党军队"衣锦还乡"。此时,张天麟在季羡林看来,已经很像个"官"了。

1930年,季羡林到北平上清华,张天麟也到北平私立中国大学哲学系读书。那时候,北大教授讲课,允许外校学生旁听,张天麟就常去北大听课。他所学的外语也是德语,既然在同一个城市里,又学习同一种外语,张天麟和季羡林两个老同学就经常往来。后来,张天麟正式进入北大学习哲学和德语,季羡林每次进城必去找他,有时就借宿在他的宿舍西斋。张天麟来清华探访季羡林和李长之的次数也不少,有时是自己来,有时还带着老师或同学,他们一起逛海淀,游圆明园遗址。

杨丙辰是北大德语系的名教授,也在清华兼课。因为师生关系,加上张天麟擅长交际,他很快就成了杨先生的得意弟子。杨先生是河南南阳人,河南大学请他出任校长,他把张天麟也带了去,作为自己最得力的幕僚。杨先生担任校长时间不长,又回到北大执教,张天麟跟着回来,继续求学。

杨丙辰本名震文,但不常用,丙辰是他的字。他生于1896年,因为信仰天主教的关系,早年留学德国,是精通德语的前辈学人。他勤奋用功,德语造诣颇高,口语会话连德国人都称赞,翻译的德文著作也不少,如《费德利克小姐》《火焰》等都是经典之作。

1932年秋季,杨先生在清华讲授《浮士德》。早在一年前,即1931年11月19日,徐志摩因飞机失事去世,《新月》杂志推出纪念专号。对徐志摩的评价,当时在清华师生中意见比较分歧,杨先生是对徐志摩持否定态度的,李长之坚决支持杨丙辰,季羡林则认为他们的态度过于偏颇,徐志摩虽说是为参加林徽因在北平为外国使节作中国建筑艺术的演讲而殉难,但这只是友情的表示,对此不应小题大做。尽管意见不同,但并不妨碍季羡林从德文中翻译一些东西,请杨先生修改,以提高自己的德语水平。1932年中秋节,杨先生送给季羡林一册《鞭策周刊》,上面刊有他从德文翻译的《罗密欧与朱丽叶》。杨先生还请季羡林、李长之和张露薇喝咖啡、吃月饼,一起去燕大校园游玩赏月。杨先生给季羡林的印象是诚恳、热心,说话有些夸张,但很朴实,乐于助人,没有等级观念,是一个十足的好人。后来李长之提议组织一个德国文化研究会,请杨先生当指导,季羡林马上赞成。

杨先生中等身材，略微粗胖，面色黑红，时常穿一件肥大的深色长袍。看外表，他有几分像晋西北来的乡下人，有些迂阔，显得呆头呆脑，在学生中流传着不少他的逸闻趣事。张中行先生在《负暄琐话》中这样回忆说：

"杨丙辰的夫人小他20多岁，据说原来是说大鼓书的演员，不但年轻而且喜欢打扮。一堂一室之内，枯藤老树与桃之夭夭并列，显得很不协调。也许因为如此，杨先生在夫人身上费尽心思，有时还难免捉襟见肘。大家都见到的是每月领薪金，钱拿到手，端端正正地坐在休息室的一张书桌前，面前摆一张纸片，一面写数字，一面把钱分成若干份。有人问他这是做什么，他说，怕报假账露了马脚，所以必须算清楚。问他为什么要报假账，他说，每月要给穷朋友一点儿钱，夫人知道恐怕不高兴，所以要找些理由瞒哄过去，目的是不惹她生气。他这样解释，郑重其事，听的人却禁不住转过身暗笑。

"杨丙辰推崇佛教的'四大皆空'。他对待学生十分随和。据说，每次考试，杨丙辰均当场阅卷，阅卷并不认真，凭印象随笔给个分数。有个学生陈兆枋对分数不满意，赖在讲桌边不肯离去。杨丙辰立即加分，把S当场改为E。结果，皆大欢喜。那时候，清华的计分方法分五级：用英文字母E、S、N、I、F表示'超、上、中、下、劣'。学生管E叫'金耙齿'，S叫'银麻花'，N叫'三节棍'，I叫'当头棒'，F叫'手枪'。"

杨先生学问如此，为人如此，所以受到许多学生的拥戴。

1933年11月11日晚上，季羡林去北大找张天麟。不巧赶上停电，四下里黑灯瞎火。季羡林摸黑来到西斋，张天麟却带着他夜访杨府。烛光下，他俩和杨先生谈到10点半才起身告辞。

12月30日，杨先生应邀到清华大学演讲。季羡林请他和同来的张露薇在合作社用茶。演讲地点在生物厅，由于临近新年，又逢星期六，来听讲的学生人数不多，约有五六十人。杨先生演讲的主题是"文学与文艺学——文艺创作与天才"。季羡林听得认真，记得详细，觉得很受启发。

杨先生是中德文化协会的主要成员之一。他要季羡林为协会翻译《罗曼语族文学》，季羡林欣然从命，认为这对提高自己的德文水平、了解德国文学史有一定帮助。

李长之、张天麟、张露薇和季羡林都把杨先生视为研究和推介德国文化，乃至研究中德关系的领路人。从1934年2月下旬开始，他们多次在一起商量，成立一个中德学会，取中德文化协会而代之。他们认为这个学会应以杨先生为首，并筹划了拟定会章、发展会员、出版会刊、宣传鼓动等事宜，企图一鸣惊人。苦于没有经费，他们决定想方设法筹集。几个年轻人热情高涨，连杨先生本人也被鼓动起来，积极联络沉钟社和未名社以及周作人等人，筹办会刊《文学评论》。

大学时代是多梦的季节。季羡林等人似乎又要在一起办大事，做美梦来了。究竟办成与否，当初就连季羡林也信心不足，不得而知，因为不久他就要毕业离开北平，回济南高中教书去了。季羡林回山东以后，张天麟他们真就办起了中德学会，后来张天麟正是靠这条渠道到德国吐宾根留学的。20世纪40年代，季羡林从德国回来，参加过中德学会的一些活动，不过，常来这里活动的人士同30年代已经大不相同了。回首这段往事，笔者仿佛感到，这样一个民间自发的学术组织，由于与德国文化交流的气氛很浓，为季羡林两年后的德国之行吹响了前奏曲，尽管他与张天麟出国的渠道不同。

荷尔德林

1934年3月，季羡林完成了毕业论文。论文是用英文撰写的，题目是 The Early Poems of Hölderlin，翻译成汉语就是《荷尔德林的早期诗作》。季羡林为何选了这样一个题目？荷尔德林又是何许人也？这里不妨介绍一二。

荷尔德林（Johann Christian Friedrich Hölderlin，1770—1843），德国诗人，吐宾根神学院毕业。青年时代他受席勒影响，其诗作《自由颂歌》《人类颂歌》表现了古典主义和浪漫主义精神，渴望德国统一，同情法国资产阶级革命，并把古希腊政治理想化，但带有悲观情绪，著名诗作还有《致德国人》《为祖国而死》等。他的书信体小说《许佩里昂》描写1770年希腊人民反抗土耳其压迫者的斗争，流露出对古希腊文明的向往，同时通过主人公在德国的见闻，对当时德国社会有所批评。他30岁后精神失常，是一位短命而多产的诗人。

季羡林为何选择荷尔德林的诗作为自己的论文题目，据季羡林的儿子季承在文章中分析，荷尔德林"生活于18—19世纪。他的早期诗歌受克洛普施特克和席勒影响，洋溢着革命热情，多以古典颂歌体的形式讴歌自由、和谐、友谊和大自然。但是他的价值却是在他逝世一百多年后，也就是20世纪中叶才被发现的，那正好是父亲在清华求学的时期。从这里可以看出父亲当时的思想状况。父亲那时也许正梦想着成为一个诗人，恐怕也有一些革命热情，但是却没有投身革命的勇气和打算。否则，他应该接受胡乔木的建议加入中国共产党。至于做诗人，父亲好像没有明确说过。"看来，季羡林决定做这篇论文，完全是由对诗歌的兴趣所驱动，为此他必须付出一定的艰辛。

荷尔德林在沉寂了若干年之后，被人重新发现，名声大噪，红极一时，这自然引起季羡林的关注。德国老师艾克言必称荷尔德林，对荷尔德林情有独钟，这对季羡林又颇有影响。

根据《清华园日记》，季羡林阅读和研究荷尔德林的生平和作品，始于 1932 年 11 月。他从日本邮购了《荷尔德林生平》，晚上熄灯之后点上蜡烛，读到夜间 12 点才上床休息。他在 11 月 22 日的日记里写道：

> 刚才我焚烛读 Hölderlin——万籁俱寂，尘念全无，在摇曳的烛光中，一字字细读下去，真有白天万没有的乐趣。这还是我第一次亲切地感到。以后我预备做的 Hölderlin 将打算全部在烛光里完成。每天在这时候读几页所喜欢读的书，将一天压迫全驱净了，然后再躺下大睡，这也是平生快事罢。

1933 年，他又设法购到了德文版《荷尔德林全集》。因为日军侵略华北，占领热河，北平战云笼罩，6 月清华大学就提前放了暑假。季羡林回到济南，每天看一点儿书，其中就有荷尔德林的诗作和小说《许佩里昂》。季羡林喜好诗歌，喜好抒情作品，这篇小说尽管是书信体，但季羡林感觉他是用写抒情诗的手法写小说的，因而很有兴趣。

石坦安

开学后，德国老师石坦安讲授德国抒情诗课。为了听课，开学前季羡林提前在琉璃厂淘到一本 Germen Lyric Poetry(《德国抒情诗》) 和一部古罗马诗人维吉尔的史诗《埃涅阿斯纪》，然后开始从头到尾仔细研读荷尔德林的作品，并尝试把一些作品翻译成中文。这些一个多世纪以前的作品，有许多生僻字，而且对作者当时的处境和环境也很模糊，尤其荷尔德林的作品一般都不容易读懂，读起来如对符咒、读天书。季羡林一边读着，一边告诫自己，不要贪多，一定要弄明白。那时候，因为提前放假，开学后要补考上个学年的功课，还要听新课，相当紧张。季羡林坚持每天一早一晚啃荷尔德林的书，下了一番苦功。他还找来一些参考书，如麦克雷德、韦特科普等人的书籍，对照这些名家对荷尔德林作品的评论，他感觉荷尔德林的《致异教徒》曲调回环往复，优美极了。尽管读荷尔德林的作品拦路虎一个接一个，可是季羡林有一股犟劲儿，非把它拿下不可，最后决定把对荷尔德林早期的诗作作为自己毕业论文的论述对象。由此可见，季羡林为了写毕业论文，进行了充分的准备。9 月 21 日，他在日记中写道："我毫不消极，非要干个样子不行，连这个毅力都没有，以后还能做什么呢？"

9月下旬，各门功课一股脑儿都堆上来了。季羡林仍然每天挤出一个小时，继续啃荷尔德林的书，后因回故乡安葬母亲，耽误了差不多一个多月时间。回到学校，他把写毕业论文的打算告诉了石坦安教授。教授赞成季羡林的想法，并答应给他找一些参考书。这时，季羡林又拿起荷尔德林的诗集，一个多月没读了，现在有旧友重逢之感。10月底，清华大学图书馆购进一批德文版新书，有荷尔德林的，还有席勒的、赫尔德的。季羡林兴奋地读着这些德文新书，读着读着豁然开朗，一些观点逐渐形成。他还就遇到的问题，多次同艾克教授和石坦安教授讨论。常言道诗无达诂，况且对文学作品见仁见智，歧见屡见不鲜，两位老师的意见往往也不一致，一个对荷尔德林的诗赞不绝口，另一个则认为他的诗里并无音乐元素。季羡林也大胆地阐述了自己的观点，这说明他对荷尔德林作品的研究已经达到了较深的层次。

寒假时季羡林回济南过春节，随身带着那本德文版《荷尔德林全集》。1934年春天，他的多篇优秀散文相继发表，数门功课正在结业考试，可这本书始终不离他的左右。季羡林在后来数十年间，写作、翻译与科研并举，全力驱动三驾马车，"辗转于几张书桌之上"，灵感激情永无止境地喷涌，这种不同于常人的工作方式和精神，就是从那时起慢慢形成的。

3月5日，季羡林开始动笔撰写毕业论文，由于经过一年多的构思和酝酿，水到渠成，第一天就写出了一半初稿。说实在话，就季羡林当时的德语水平，并非能完全读懂荷尔德林的晦涩的诗句，当然也不是完全不懂。可是，他有浪漫和丰富的想象力，借助几部《德国文学史》的助推，把学术与幻想融为一体，到3月27日终于完成了论文。这篇论文成绩为"E"（优），这是公平的，因为这里包含着季羡林至少一年多的心血和艰辛。但严格说来，它是应试之作，季羡林称之为"应制之作"，并不满意，认为没有多少学术价值。他在这天的日记中写道："论文虽然当之有愧，毕业却真的毕业了。"

大学毕业之后，季羡林到中学教国文，也就和荷尔德林"拜拜"了，但过了一年，他又奇迹般地来到荷尔德林的国度。关于毕业论文的指导老师究竟是艾克还是石坦安，季羡林晚年回忆中有矛盾。据北京印刷学院叶新教授考证，应该是石坦安。石坦安是季羡林大四德语授课老师，当时艾克不在清华。当然，季羡林选择荷尔德林的早期诗作作为论文的研究对象，是受了艾克教授影响的。

杭州游

1930年季羡林高中毕业时的旅行梦，终于在四年后大学毕业时实现了。1934年4月7日，季羡林与几位同学离开北平赴杭州游玩，20日返校。这是他平生第二次离开北平到南方去。1931年那次，为了抗日冒死去请愿，哪有心思游玩。这次却实现了他多年的梦想。

4月6日，星期五。季羡林心里十分兴奋，无心看书，也无心写作，不停地走来走去，心总静不下来，仿佛还有什么准备工作没有完成，其实一切早已准备停当，就等第二天出发了。最近几天他老是梦见杭州，梦见西湖，笼罩在南国旖旎的春光里。

4月7日，星期六。下午两点半从清华园乘汽车进城。在前门车站上火车，6点50分，火车开动。车到天津，天色全黑了，上来了许多旅客，列车严重超员，车厢内拥挤不堪。次日早晨，车到德州，外边下着淅淅沥沥的细雨，车走走停停，天黑才到徐州。人多拥挤，十分疲劳，但睡不着觉，坐着，闭会儿眼睛，却没有瞌睡。9日早晨8时许，车到浦口，乘轮渡过江。季羡林在济南长大，黄河是见过无数次的，可看到长江的机会却很少。只见江面宽阔，水天一色，气势恢宏，江上舟来船往，一派繁忙，远非黄河可比。在南京换车不久，车忽然停在镇江，久停不动。一打听，方知前边有列车出轨，工人正在抢修。这里上车的客人，都操着听不懂的吴语。季羡林意识到，自己真的来到了南方。几小时后，列车重新启动，停靠苏州时，天色已晚。季羡林隔着车窗想看一看苏州是什么样子的。可惜，外边黑咕隆咚，只看见星星点点的灯光。午夜时分，列车到达上海。季羡林和同学们投宿北站旅社。次日早上7时，同学们登上上海至杭州的列车。铁路两边竹林茅舍，绿柳红花，一派春光。大片大片金黄色的油菜花，开得灿烂，令人赏心悦目。季羡林不禁赞叹道："江南就是不同，竟如此秀美！"车近杭州，只见一湾碧水环绕着古城，城墙上盘满翠绿的爬山虎。往远处看，透过片片云雾，隐约可见点点青黛色的山影。杭州，简直美得不可思议！晚上下榻在浙江大学理学院，在地板上打地铺。吃过晚饭，季羡林心里默诵着北宋词人柳永那首脍炙人口的词作：

东南形胜，三吴都会，钱塘自古繁华。
烟柳画桥，风帘翠幕，参差十万人家。
云树绕堤沙，怒涛卷霜雪，天堑无涯。
市列珠玑，户盈罗绮，竞豪奢。

重湖叠巘清嘉，有三秋桂子，十里荷花。
羌管弄晴，菱歌泛夜，嬉嬉钓叟莲娃。
千骑拥高牙，乘醉听箫鼓，吟赏烟霞。
异日图将好景，归去凤池夸。

多少年让季羡林魂牵梦绕的杭州，终于到了。他迫不及待，叫上林庚，来到西湖边，想看一看西湖夜景。可惜天色已晚，周围的景致看不分明。

4月11日，季羡林和同学们在时大时小的春雨中开始了杭州的游览。冒雨乘车先到灵隐寺。寺在西湖西面的幽谷之中，始建于东晋咸和元年。建筑极其宏伟，弥勒殿高悬康熙皇帝手书大匾"云林禅寺"，可是老百姓偏不买账，都说皇帝是将"靈"字的雨字头写得太大，只好将错就错写成"云"字，依然称此寺为灵隐寺。灵指灵鹫山，原来是印度的一座佛教圣山，传说从印度飞来此地，故称"飞来峰"。此峰矗立山门前，有众多的洞窟和佛教造像。最有名的是布袋和尚，被认为是弥勒化身。所以，殿门上方有匾额"灵鹫飞来"。灵隐寺在江南名气极大，和尚众多，香客如云，多为老年女性，她们挎着黄色香袋，撑着红色油纸雨伞，来此进香，队伍相当壮观。

出灵隐寺顺山墙西行，山径石阶两边，翠竹参天。一路大雨淋漓，登上半山亭，远望烟雾苍渺，云气回荡。流水之声，潺潺不绝，犹如仙乐。继续攀登，只见一座凌空高阁，这便是韬光寺。韬光寺的创始人是唐代诗僧韬光大师。白居易任杭州刺史时，时常到寺访问韬光，二人品茗赋诗，互相唱和，关系甚笃。寺有莲池，池内金莲相传为韬光所植。莲池之上，有一观海亭。季羡林在亭内眺望西湖、钱塘，感叹道："生平没有见过如此景色，描写不足，唯有赞叹，赞叹不足，唯有狂呼！"

下山之后来到岳坟，凭吊岳飞这位为世人景仰的南宋抗金英雄，从昔日岳飞抗金遇害的历史悲剧，联想到山河破碎、民生凋敝、东北抗联在白山黑水间苦斗的现实，季羡林心中感慨万千。从岳坟到孤山，看罢古代藏书名楼文澜阁和西泠印社，美丽的西子湖就在眼前。苏东坡有诗云："湖光潋滟晴方好，山色空蒙雨亦奇。"在雨中游西湖，但见湖面烟云淡白，四面青山点点，山上塔影在雨雾中时隐时现。乘小舟经阮墩至湖心亭、三潭印月，来到风景绝佳处，集体合影留念。登岸后来到南屏山下的净慈寺，这是吴越国王创建的千年古寺，曾屡建屡毁，又屡毁屡建。净慈寺出过许多著名的高僧，名气最大的就是道济和尚"济公"。济公俗名李心远，浙江天台人。民间有许多关于济公的神奇传说，说他是"降龙罗汉"转世，他在罗汉堂有特殊重要的位置。季羡林他们来了，当然要看看传说中当年修庙时济公运木头的古井，还要看看那口有名的南屏晚钟。净慈寺对面就是夕照山，雷峰夕照是西湖胜景，可惜雷峰塔已经垮塌。他们来到雷峰塔遗址，但见断砖重叠而已。

4月12日，雨依然下着。早晨从旗下乘小艇去茅家埠。湖上风大浪高，小艇颠簸摇晃。从茅家埠登山去龙井寺，泉清竹翠，幽深之极。品茶，用素斋，参观著名的18棵御茶树，选购茶叶。而后沿山路到九溪十八涧，赤脚涉过一道道溪水，走进幽篁深处。虽然雨大，淋得全身湿透，然而游兴不减。翻过一个山头，到达理安寺，这里楠木参天，溪水环绕。在南山上又游烟霞三洞，烟霞洞的观音像，体态婀娜，呼之欲出；石屋洞数百罗汉济济一堂，蔚为壮观；水乐洞泉声如琴，千回百转。下山来到虎跑泉，意外的是泉水极小，且不甚清。问和尚此泉有何特别之处，答曰："无他，唯喝了可以解渴，洗衣可以洁净耳。"季羡林喝了一杯，果然感觉甘洌无比。从虎跑泉到六和塔，眺望钱塘江。暮色四合，登车返回住地。

4月13日，雨已停，依然满天乌云。先到照庆寺，登西湖北面的宝石山至保俶塔。保俶塔初建于北宋初年，是为保佑吴越王钱镠所建。塔体玲珑秀美，在塔上眺望，西湖美景一览无遗。登上初阳台，居然看见了久违的太阳。游北山三洞，黄龙洞假山叠石，清泉铿锵，精致优雅；栖霞洞宽敞豁朗，怪石嶙峋，凉风习习；紫云洞峭壁斜倚，巨石如悬，阴凉彻骨。从黄龙洞去玉泉，路途竹篱茅舍，黄花怒放。在玉泉看到二三十斤的大红鱼。在岳庙乘船游雅号"汾阳别墅"的郭庄和号称"西湖第一名园"的刘庄，至白云庵月下老人祠，同学们竞相磕头求签。而后乘小艇返旗下，回住地。

4月14日，季羡林一行依依不舍告别杭州，晚6时抵达上海，住江苏省立上海中学。又是睡地铺，虽不乐意，只好将就。

4月15日在上海盘桓一天。逛外滩、城隍庙，接着是永安、新新、先施三大百货公司，晚上还到南京路溜达一番。家境富裕的同学当然要采购洋货，季羡林囊中羞涩，只是闲逛。在清静环境里生活惯了，来到车水马龙、摩肩接踵、熙熙攘攘的大上海，季羡林实在难以适应。

4月16日早晨登上上海至无锡的火车。途经苏州，原计划是要下车游玩的，可是大家旅途劳顿，临时决定不下车了。就这样，他们到达了列车的终点站无锡，住进铁路饭店。饭后，乘汽车游太湖。太湖比济南的大明湖、杭州的西湖可大多了。季羡林还是第一次见到如此宽阔的水面。只见黄水接天，浩浩汤汤，横无际涯。他们乘坐小艇游览了风光秀丽的鼋头渚。返回时参观梅园，梅园以梅著称，名气很大，可惜他们没有赶上梅花开放的季节，只能欣赏梅树的枝叶了。

4月17日早晨从无锡乘车北上。列车在南京稍作停留，过江在浦口上岸，次日下午5时到达济南。季羡林下车回家。他在当天的日记里写道：

> 家庭对我来说总是没缘的。我一见到它就讨厌。婶母见面三句话没谈，就谈到我应当赶快找点事做。那种态度，那种脸色，我真受不了。天哪！为什么把我放在

这样一个家庭里呢?

此时已经临近毕业,饭碗在哪里还没有眉目。幼女嗷嗷待哺,妻子无法为他分忧,季羡林的思想压力之大、内心之苦,不难想见。难怪他要呼天喊地了!

既然家庭不是久留之地,季羡林就恨不得早点儿逃离。19日下午4点才有火车去北平,可他不想待在家里,早早就去体育场观看武术比赛,借以消磨时间。4月19日下午上车,20日早晨8时,季羡林回到北平。连日跋山涉水,晚上睡地铺,加之在火车上坐了一夜,他疲乏至极,回到宿舍倒头就睡,醒来洗了个澡,接着又睡。直到次日上午10点,肚子开始咕咕直叫,他才想起一天一夜没有吃东西了……

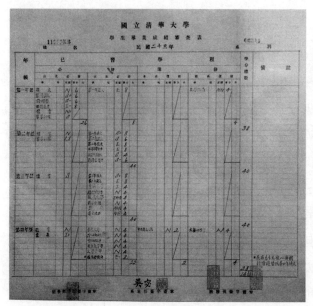 

季羡林的清华大学毕业证书(右)与成绩单(左)

第五章

执教中学

国文教员

1934年，季羡林大学毕业后当了一年国文教员，就在他的母校济南高中。

那时候，社会上流行一句话："毕业就是失业。"因为东北沦陷，时局动荡，民生凋敝，毕业生找个饭碗十分不易，即使是名牌大学如清华的毕业生也不例外。随着毕业日期越来越近，季羡林承受的压力就越来越大。那时家庭已经濒临破产，一家五口，上有老下有小，都企盼着他挣钱养活，简直如大旱之望云霓。季羡林一无靠山，二不会溜须拍马，一个人孤军奋战，前途十分不妙。毕业前一年，他就四下寻职，但是毫无结果。苦读四年，找不到工作，连自己都无法养活，有何脸面回家？他几乎陷于绝境，一筹莫展，到了食不甘味、寝不安席的程度。

就在他走投无路的时候，机会来了。毕业于北大历史系的梁竹航忽然来找季羡林，问他愿意不愿意回济南母校教高中国文。因为一位教国文的老师被学生轰走了，要有人来接替，现任校长宋还吾便想到了季羡林。季羡林上高中时，作文全校第一，在报刊上发表过好几篇文章，学校尽人皆知。上大学这四年，他的散文屡屡见诸大报和高级刊物，早已声名鹊起。在一般人看来，会写文章肯定会教国文，所以，宋校长想让季羡林补缺。饭碗有着落了！季羡林心里一阵狂

1934年，季羡林返回中学母校
济南高中任教时留影

喜。可是，他继而一想，自己学的是外文，如果教英文，还差不多，教国文并不对路，而且会写文章的人未必会教书，高中学生又不是好教的。他感到自己一无本钱，二无信心，不敢贸然去接这块烫手的山芋。梁竹航见他犹豫不决，就让他再考虑考虑。季羡林思来想去，无别的路可走，只好把心一横：你敢请我，我就敢教！于是这一年秋天，季羡林回到了济南高中。

宋还吾是北大毕业生，为人豁达，喜交朋友，绰号"宋江"。他是山东教育厅长何思源的好朋友，曾在曲阜、青岛、济南等地多所中学当过校长，在山东教育界很有些名气。季羡林应聘来任教，他十分高兴，在济南铁路宾馆设宴为季羡林接风，表示热烈欢迎。

季羡林离开济南高中四年了，这里发生了巨大的变化。行政领导已经全盘更换，教职员中的多数老面孔也杳如黄鹤。有意思的是，季羡林小学时期的校长王士栋也在这里执教，昔日师生今天成了同事，

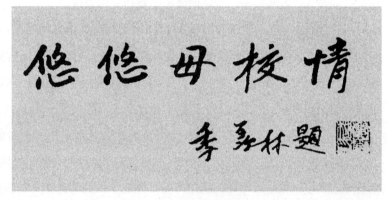

季羡林为济南一中题词

季羡林对这位为培养人才"俯首甘为孺子牛"的师长，仍然执弟子礼甚恭。在同事中，季羡林很快结交了一些新朋友，有训育主任张叙清，教英文的顾寿昌、张友松，教物理的周老师，教国文的冉性伯、童经立等，他们在小饭馆相互请客，一道骑自行车去济南以南群山中郊游，一直跑到泰山脚下。1934年中秋，季羡林约上两个朋友，一起乘火车到泰安，登泰山。他们走过斗母宫、快活三里、中天门，攀上十八盘，经南天门登上绝顶。从下边看，泰山并不很高，此时终于领略到"一览众山小"的意境，他们才切身感受到泰山的伟岸。

高中三个年级共12个班，每个年级4个班。原来的三位国文老师，每人包一个年级3个班，他们都是地地道道的国文系毕业生，教课驾轻就熟。而季羡林就不同了，留给他教的3个班，一个年级一个班，共三个头。人家备一次课可以讲三次，他备一次课只能讲一次，工作量之大可想而知。季羡林虽然没有教国文的经验，但有别人教学国文的经验，正谊中学的杜老师，高中时代的董秋芳、胡也频，还有大学时代的刘文典，都可以作为他的借鉴。再说当时教育当局和学校领导，对国文教学又没有什么具体的要求，教师成了"独裁者"，想怎么教就怎么教。不过，季羡林知道，他的前任王老师就是被学生轰走的，足见这些学生是很难对付的。他虽然有些战战兢兢，如履薄冰，但还是做了充分的准备。要和学生搞好关

系,首先就要把书教好。他认真地编选教材,选了一些中国古典文学作品,有唐宋散文、明人小品、李商隐的诗歌,还有几篇外国文学名著。他在课堂上着重讲解教材中的典故和难懂的语句,为了弄明白一些典故的来源,《辞源》和《辞海》等工具书快被他翻烂了,查阅速度也达到了出神入化的程度。有一次,他讲错了一个典故,第二天在课堂上马上加以改正。他对学生既不敷衍,也不阿谀奉承,课堂提问、批改作业都实事求是,绝不随意夸奖和批评。除了教课之外,他还喜欢和学生闲聊,天南地北侃大山,或者在一起打乒乓球,一打就是半天。他比学生年龄大不了多少,有些农村来的学生比他还大,有的甚至大5岁。他从不摆老师的谱儿,没有架子,同学们都把他看作老师兼伙伴。

尽管如此,高中学生确实不好对付。他们有时想出各种稀奇古怪的问题"难为"老师,老师如果说"不知道",肯定被人讥笑,没有办法只好顾左右而言他,或者被逼急了乱说一通,这样虽然暂时保全了"面子",但内心却痛苦极了。起初,季羡林就曾发生过这种事,下课后他回到寝室,坐立难安,感到十分无助,真想大哭一场。

因为季羡林在文坛小有名气,一回济南就有一家报社——山东《民国日报》主编找上门来,约他编一个文学副刊,季羡林愉快地答应了。副刊名叫《留夷》,取自《楚辞》上一个香花的名字,据学者考证,就是芍药。他把学生的优秀作文发表在这个副刊上,每千字可得一元稿费,当时一元钱能买不少东西,对穷学生不无小补。季羡林也精心撰写了一篇游记《游灵岩》,发表在上面,学生都为他叫好。季羡林的学生中有个叫牟善初的男生,作文成绩全班第一,写的文章不但通畅流利,而且有自己的风格,这对一个十六七岁的孩子来说难能可贵。季羡林想,如果他能考上名牌大学,将来可以成为一个出色的作家。谁知过了差不多半个世纪,牟善初来看望自己的老师时,他已经是一位出色的军医了,担任解放军总医院副院长。九十多岁的季羡林来到这所医院住院时,牟善初和他的同事们为老先生提供了一流的治疗和服务。季羡林教书育人大半生,弟子遍于全天下,牟善初这样的例子不胜枚举。

那时季羡林的月薪是160块大洋,比大学助教高出一倍,一家老小的吃饭问题解决了。他真的成了全家的顶梁柱,每月交给家几十块钱,婶母的脸上也有了笑容。可惜好景不长,季羡林参加工作没多久,他的婶母马巧卿就病故了。

只有星期天,季羡林才回到佛山街的家里。这是一处坐西朝东的四合院,正房是西屋。虽然房子是土墙草顶,但地基却是条石砌成的。两株海棠高过屋脊,春天花朵累累,繁花似锦;北屋窗下一棵石榴,碧绿的叶子和红艳艳的花朵让人赏心悦目。女儿婉如已在蹒跚学步,可爱极了。南屋住着一家田姓木匠,他有两个女儿,大的叫小凤,小的叫小华。小华和婉如差不多大,走路还走不稳,说话也说不全。她管季羡林叫"大爷",可她只会叫"爷"。小东西和季羡林有缘分，一看见他就喊着"爷""爷"，跑过来张着两只小胳膊要他抱。

按说，季羡林在家里应该是很快乐的，可是家里的环境与他格格不入，不能作为他的避风港。叔父守旧，讲老礼儿，无论看书，还是打麻将，季羡林都必须在一旁站立

1982年9月，季羡林（右二）回到济南一中

伺候着，老人不发话，他不能回房间休息。堂妹惠林已经出嫁，婆家是弭姓大户，季羡林并非看得起，婶母却常让他常去西关弭家走动，季羡林很不情愿，但又不得不从命。媳妇彭德华识不了多少字，只会带孩子做家务，精神上不能也不会为丈夫分忧。季羡林不想在家里久待，索性搬到学校单身老师宿舍——那个开满木槿花的小院——去住，一个星期回一次家。

小小窍门

季羡林毕竟没有登过讲台，第一次上课心里直打鼓。另外那三位国文老师，都是他几年前的老师，向人家去请教羞于开口。因为原来是师生，现在是同事，彼此容易变成竞争的对手。你问人家，人家肯说吗？无奈，季羡林只好硬着头皮搞单干。

不过，老师也不是一点儿不关心自己的老学生。在季羡林第一次上课之前，他们就提醒说："先把学生名册认真看一看，人名里经常有些十分生僻的字，要查查《康熙字典》。如果第一堂课就叫不出学生的名字，就先失掉了威信，可能会丢掉饭碗。如果临时发现不认识的字，就不要点这个名字，最后问一声：还有没点到的吗？这个学生一定会举手站起来。然后你问：'你叫什么名字？'他一回答，你就认识了这个字。"如此等等，可谓经验之谈，在任何书本上都找不到。季羡林由衷感激自己的老师。

1935年，季羡林赴德留学前（前排右2）与济南高中同事合影

果然，他教的班有几个学生的名字，连《词源》上都查不到。若是没有老师教给的这个窍门，笑话可就闹大了，也就别想再教下去了。

这个"窍门"虽属雕虫小技，在季羡林几十年的教书生涯中，也只是浪花一朵，然而还是有用的，故记于此，替初为人师者支一小招儿。

自行车和手表

自行车和手表虽说是普普通通的生活必需品，但在20世纪30年代却是许多人买不起的。回济南教书以后，季羡林倒是置办了这不可或缺的"大件"。

因为季羡林住在学校，就买了一辆英国产的老飞鹰自行车。每周他从学校回一次南关的家，这辆自行车便成了他的代步工具。还有，他和同事结伴出游，探亲访友，也都离不开自行车。季羡林对他的车十分珍爱，经常保养擦拭，一尘不染。对此，他的堂妹夫弭菊田曾经回忆说：

"季公非常爱惜这辆自行车,每天下班回家都要擦洗一番。一次他的内兄彭平如(书法家)想借骑一下,季公拟有别用,未允,彭公甚为恼火,于是趁其不备,在自行车前放了一只香炉,插上三炷香,告诉人们这是把自行车'供'起来了,言下颇有揶揄嘲讽之意。"

这种年轻人的情状,唯有弭菊田这样的亲历者,才能讲得如此绘声绘色,让人忍俊不禁。

说了自行车,再说手表。参加工作以前,在清华,季羡林是没有手表的,连当时流行的怀表都没有。那时候上课下课听铃声即可,表无大用。可是一旦出门,没表就很别扭。季羡林有时进城,等公共汽车,左等右等不见车来,想知道一下时间,又不好意思问别人,他就钻进店铺,想找个钟看看时间。伙计见他东张西望,都狐疑地盯着他。这还不算什么,有时刚刚去找地方看了时间,车就开走了,让他恼得很。还有,有时他看了两个或者多个表,竟会相差半个小时以上,弄得他越看越糊涂。这时他就想,要是有块表多好!可是,他的经济状况总是捉襟见肘,偶尔有点儿稿费,又喜欢买书,哪里有"闲钱"买表呢?现在当了教员,没有表实在不方便,但又舍不得买好表,他就捡便宜的买了一块。谁知戴上没几天,表就不走了,拿去修理,说是发条松了,没花几个钱修好了;过了几天,又不走了,再修,说是表针有问题;接下来是游丝、齿轮,毛病多着呢,七修八修,修表比买表的钱还多呢!眼看一块表戴不到一年,修了七八次,季羡林受不住了,后来出国留学置备"行头"时,咬咬牙买了块新表。可没想到,他刚到国外那块表又给他找了麻烦……

饭碗堪忧

那时候山东教育界宗派林立,主要有北大、师大两派。宋还吾是北大派的首领,在济南高中有自己的一班人马。他聘用季羡林,自认为有恩于他,把季羡林看作自己人,任他摆布。为了壮大自己的势力,他希望季羡林组织一个济南高中校友会。可是,季羡林活动能力差,不谙交际,校友会没有搞成,很让宋校长失望。再说,校长夫人喜欢打麻将,有的教师为了巴结校长,就陪她玩,一发薪水就悉数带上,搞"原包大战",通宵达旦,第二天上课迷迷糊糊。但是,若让季羡林参加麻将大军,陪校长夫人消遣,那是办不到的。所以,宋校长对季羡林的评价是:"羡林很安静。"这"安静"二字意味深长,季羡林于恍惚中自感饭碗难保。

怎么办呢?如何才能保住自己的饭碗呢?季羡林从别人那里听到一些风声:某人给校长送礼了,某人请校长夫妇吃饭了……他想,这似乎是保住饭碗的绝招儿,无妨效法一下吧。

然而，问题来了。买礼物，备酒席，都不困难，可怎么送，怎么请呢？如果只说："这是礼物，我要送给你。"或者说："我要请你吃饭。"只要厚着脸皮，非难事，但还要有一些别的花样，这就非季羡林所知，更非季羡林所能了。那该怎么说呢？无人可以请教。季羡林考虑再三，甚至一个人关在宿舍里进行演练，暗背台词，最后只好承认自己缺少这方面的"天才"，不去再想它了。

在此境况中，季羡林又目睹了一场滑稽剧，更让他不寒而栗。一位名叫刘一山的同事，因为他的后台——教育厅的一位科长倒台了，在学期即将结束的时候，没有拿到聘书。那时候的教师是一年一聘的，没有拿到聘书就意味着失业。原来，宋校长本来是要解聘他的，事先还托人把意图透露给他，这位刘老师为了保全面子，也忍痛主动请辞。但是，宋校长却装模作样、虚情假意地一再挽留，还带上教务长和庶务主任，三驾马车一起出马，痛哭流涕，表示要和他"同进退"。宋校长确实演技高明，把戏演得跟真的一样，连旁观者都难辨真伪。季羡林感受到了人情世故之险恶，反复琢磨着宋校长的"羡林很安静"那句话，心想：既然自己也不被赏识，说不准哪一天，宋校长就要同自己"共进退"了。他愈加认定此为是非之地，可是下一步该去哪儿呢？

留洋篇

第六章

离乡去国

天赐良机

恰好，就在季羡林欲进无门、欲退无路的时候，机会来了。清华大学文学院院长冯友兰教授与德国方面洽谈，促成了清华大学与德国的大学建立交换留学生制度。双方交换研究生，为期两年。路费和制装费由学生本人承担，食宿费相互由对方负担。德国留学生在华每月30元，中国留学生在德每月120马克。这种待遇虽然比公费留学生差远了，但对季羡林来说简直是天赐良机。季羡林得到消息，立刻向母校报名。他在清华主修德语，四年成绩全优，完全符合条件。1935年快放暑假的时候，季羡林收到了母校清华大学的通知，他已经被录取为赴德国的交换研究生，可以去德国学习两年。多少年的留学梦想就要变成现实了，他怎么能不兴奋呢？

季羡林大学毕业即面临改行，度过了提心吊胆的一年时光，如今又来到了人生的一个关键的十字路口。出国留学是他多年的梦想，一年前，在清华毕业前夕，他曾经在日记中写道：

最近我一心想去德国，现在当然不可能。我想做几年事，积几千块钱，非去一趟，住三年四年不成。我今自誓：倘今生不能到德国去，死不瞑目。

可是，如果真的要走，困难又确确实实摆在面前：家庭经济濒临破产，叔父年老，已经失业，两个小孩儿，大的两岁，小的才出生不久，他这一走就等于抽去了顶梁柱，天都要塌了。怎么办呢？季羡林踌躇了，然而出乎他的意料，叔父和全家对他出国留学表示坚决支持。他们说:"不就是两年吗?我们咬咬牙,勒一勒裤腰带,很快就过去了。只要饿不死,以后日子就好过了。"他们指望季羡林能出人头地,为祖宗门楣增光,不惜做出牺牲。那时候科举思想在社会上还很有市场,小学毕业相当秀才,高中毕业就是中了举人,大学毕业等于中了进士,出国留洋无异当了翰林。当个洋翰林何等风光!回国以后可以端"金饭碗",岂能轻言放弃!

季羡林的德国留学资格证书

有了全家的支持,季羡林开始紧张的出国筹备,最困难的是筹措路费和制装费。出国以后那点儿津贴只够吃饭,没有余钱添置衣物,要在国内置办四季服装,需要花不少钱。一去万里迢迢,除了火车票之外,还有路途花销,也需要钱。季羡林教了一年高中,多少有点儿积蓄,但是还差得远。他求亲告友,东挪西借,碰了不少钉子,饱尝了世态炎凉,甚至一度想知难而退。终于,在几个好朋友的慷慨帮助下,凑足了路费,制作了几身衣服,准备工作告一段落。

济南高中的同事得知季羡林要出国,都对他刮目相看,羡慕之情溢于言表。学校飞出了一只金凤凰,那位宋校长也觉得脸上有光。他殷勤热情,亲自带他去找教育厅长,想争取一点儿赞助,无奈空手而归。宋校长热情不减,又是勉励,又是设宴饯行,相邀回国后继续合作。

到了"割慈忍爱,离邦去里"的时候了。8月1日,季羡林辞别一家老小,去北平办理出国手续。妻子抱着半岁大的儿子,拉着不到两岁的女儿把他送出家门。面对一家老的老,小的小,季羡林眼含泪水,不敢看自己的亲人。他把心一横,上洋车走了。

其实,季羡林去北平办手续的时间是有富余的,他早早离开家,有一个不便明说的原因,在他逝世前不久,跟儿子季承讲了:他的婶母马巧卿1934年已经去世,在他离家之前,叔父正准备"续弦"。此时季嗣诚已经50来岁,而准备迎娶的陈绍泽还不到40岁。季羡林对此颇不以为然,不愿意参加这对老夫少妻的婚礼,就借口办理出国手续躲了出去。十几年后季羡林从欧洲回来,得知这位陈氏婶母是维持季家生存的"大功臣"时,心中懊悔不已。陈绍泽后来成了季羡林终身爱戴和尊敬的四位女性之一。

这里来介绍一下陈绍泽的身世。陈绍泽家族的历史颇具传奇色彩，当然不会见于正史。季承曾在10多岁的时候，听叔祖母陈绍泽亲口讲过陈家的离奇故事：清朝雍正皇帝原来的王妃钮祜禄氏盼望得子以继承王位，但生下来却是一个女孩儿。而在此前几天，当朝太子太傅、文渊阁大学士、礼部尚书转工部尚书陈元龙的夫人恰巧生了一个男孩儿。钮钴禄氏设调包计用自己的女孩换了陈家男孩儿。这个男孩儿就是后来的乾隆皇帝。这样，陈家实际上就篡夺了皇位，而且是汉人篡夺了满人的皇位，实属罪大恶极，如果败露，必被诛灭九族。于是，陈元龙借口年事已高，请求告老还乡，回浙江海宁老家隐居。据说，后来乾隆皇帝多次下江南，名为巡视，实为寻根，而且曾经住在陈家。社会上流传起各种谣言，说乾隆是陈阁老的儿子。这谣言极大地震撼了陈家，陈阁老决定全家分散隐居到全国各地避祸。陈绍泽的父亲是名中医，他带着女儿避居天津，后来又将女儿寄养在济南一户亲戚家。陈绍泽跟随父亲学过医术，尤擅妇科和儿科。她嫁到季家以后，以柔弱的肩膀，充当了顶梁柱，被季家晚辈尊称为"老祖"。

再说季羡林下了火车，把两大箱行李寄存在沙滩附近的一家小公寓里，回到清华大学，住进了工字厅招待所。此时学校正放暑假，绝大多数师生已经离校，偌大一个清华园，虽然

季羡林在德国时，家中给他寄的照片，从左至右：
季羡林堂妹秋妹、叔父、季婉如、季承、陈绍泽、彭德华

柳绿花红，但显得冷清清、静悄悄的。

工字厅位于清华园的中央，四年的大学生活，季羡林在这里留下了不少足迹，此时旧地重游，心生许多感慨。吴宓老师的"藤影荷声之馆"就在这里，此时吴先生已经离校，季羡林不能进去和老师高谈阔论，只能隔着玻璃窗看一看屋里的陈设。还有不远处那间临湖大厅，里头摆着高雅的红木家具，当年他和李长之、吴组缃、林庚经常在此聚会，月旦文坛人物，评论文学作品，海阔天空，旁若无人，现在却冷冷清清，睹物思人，不禁伤感起来。一日晚饭后，季羡林信步来到朱自清先生在《荷塘月色》中描写的荷塘边，只见新月初现，倒映塘中，月光下，荷花荷叶皆呈灰色，而清清荷香直冲鼻官，塘边柳树上蝉声不断，低空中流萤点点，忽隐忽现，季羡林不禁又想起官庄和济南的家。

蒋廷黻

在招待所同屋住的是一位清华老毕业生，在一家保险公司当总经理。他得知季羡林准备出国，就劝他出去学习保险专业，这是一只金饭碗，回来工作不成问题，收入绝对一流。无奈，季羡林对经商、发财毫无兴趣，辜负了这位学长的一片好心。季羡林还拜访了朱光潜先生和蒋廷黻先生，他们同德国方面谈判也出了不少力，给了季羡林出国深造的机会。两位先生叮嘱季羡林说，那时的德国是法西斯国家，在那里一定要谨言慎行，免得招致灾祸。季羡林还拜访了敬仰已久的闻一多先生，但何曾料到，当他11年后从欧洲回来时，这位著名学者和诗人已经被国民党特务暗杀了。

当时北平没有外国领事馆，办理出国护照签证必须到天津去。季羡林和乔冠华一起坐火车去了天津，到德国和俄国使馆办理签证。手续办得很顺利，回到北平几位好友在北海公园为他饯行，李长之、林庚、王锦弟、张露薇都来了。北海公园蓝天碧水，荷叶田田，红花映日，几个年轻人租了两条小船，在湖上泛舟，又去仿膳吃

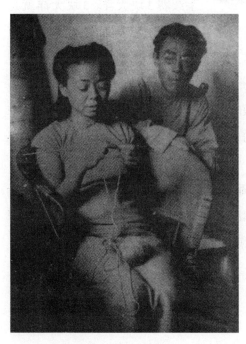

闻一多与夫人高真

饭，议论时政，臧否人物，兴高采烈，高谈阔论，玩了一整天，兴尽而散。

那时候去欧洲没有飞机，坐轮船路途遥远而麻烦，最便当的是乘坐火车，取道苏联，通过西伯利亚大铁路。1935年8月的最后一天，季羡林和乔冠华、王竹溪、谢家泽、敦福堂、梁祖荫等清华赴欧研究生，结伴在前门车站登车，开始了万里征程。

进入"满洲国"

东北抗日联军英勇反击

火车出山海关，进入东北境内。1932年3月1日，日本侵略者在东北导演了一出"独立自治"的丑剧，扶植清废帝溥仪成立了傀儡政权伪满洲国，一夜之间，东三省的老百姓全都变成了亡国奴。季羡林他们进入伪满洲国，自然少不了一番盘查，填了几张"入境"申请表，每人还必须缴纳手续费3块大洋。3块大洋就是一个学生半个月的生活费，真有点儿舍不得，可是强盗剪径，占领了中国国土，这"买路钱"是无论如何不能省的。虽然早在1933年2月，英、美等国通过决议，宣布伪满洲国的建立不符合国际法普遍公认的原则，要求国联及其成员国均不得承认，同时要求日军撤出东北，但是伪满洲国的实权仍然掌握在虎狼手中。季羡林他们面对的就是一个布满荆棘的火炕，只得小心翼翼，装出笑脸，赔着小心，恭恭敬敬把大洋奉上。

过"关"以后，他们事事小心谨慎，连说话都压低了声音。半夜里，包厢里进来了一个乘客，约莫二十五六岁，脚蹬长筒马靴，英俊潇洒，面呈微笑，睡在季羡林的上铺。夜深了，车厢内一片寂静，只听见车轮滚滚的声音。上铺那人忽然问季羡林：

"你是干什么的？"

"学生。"

"从哪里来的？"

"北平。"

"要到哪里去？"

"德国。"

"去干什么？"

"留学。"

一阵沉默，那人又问：

"你觉得'满洲国'怎么样？"

"我初来乍到，说不出什么意思。"

又一阵沉默，那人再问：

"你看我是哪国人？"

"我看不出来。"

"你听我说话像哪一国人？"

"你中国话说得蛮好，只能是中国人。"

"你没有听出我有什么口音吗？"

"我听不出来。"

"是不是有点儿朝鲜味儿？"

"不知道。"

"我的国籍今天在这地方无法告诉你。"

"没关系。"

"你大概知道我的国籍了，也就知道我同日本人和'满洲国'的关系了。"

"我不知道。"季羡林立刻警惕起来。

"你谈谈对'满洲国'的印象，好吗？"

"我初来乍到，实在说不出来。"

谈话到此结束。那人感到索然无趣，只好叹口气睡觉了。

9月2日早晨，车到了哈尔滨，所有旅客都下了车。临别时，上铺那人还对季羡林点头微笑。在车站办完了手续，季羡林猛然看见那位"旅伴"身着笔挺的警装，从警察局走出来，脚上仍然是那双高筒马靴。季羡林着实惊出了一身冷汗，他想：昨晚幸亏没有说什么，如果不慎说了出格的话，被他抓住"辫子"，后果不堪设想。

这就是可悲的"满洲国"留给季羡林的第一印象。

哈尔滨三日

他们在哈尔滨采购了一些食品，供路上吃，那时到苏联的旅客都这样做。因为，苏联国际列车上的饭菜价格奇高，而且只收美元，季羡林这些学生吃不起餐车上的饭菜，必须在哈尔滨备足给养。

这是季羡林第一次来到哈尔滨。这座城市颇具俄罗斯风情，楼房高耸，街道宽敞，上面行驶着"磨电"车。大街小巷到处可见俄国人——十月革命以后从俄罗斯逃过来的，即所谓"白俄"。季羡林对此感觉十分新奇。

他们找了一家小旅店住下，松弛一下紧绷的神经。除了那个穿马靴的侦探给季羡林不小的刺激，同行的敦福堂也制造了一场虚惊。此君是学心理学的，在校时相当活跃。下车之后提取行李的时候，他突然发现行李票不见了。行李无法提取，同学们心急如焚，立刻去找行李员、站长，反复交涉，拿出所有的证件担保，证明此公不是冒领行李，问题方才解决。到了旅店，大家余悸未消，纷纷议论，谁知敦先生往口袋里一摸，就把行李票掏了出来，弄得大家啼笑皆非。在以后半个月的旅途中，此君多次上演这种闹剧，大家也就见怪不怪了。

旅店前台的接待是一位满口胶东话的老者。季羡林发现，这里的山东人极多，大到百货公司老板，小到街边的小贩，到处可见。他们大都会说几句俄语，与"白俄"可以交流。季羡林看见柜台边有个赶马车的俄罗斯小男孩儿，就试着问了他几句话。小男孩儿显然没有听懂，翻了翻眼睛，指着那位负责接待的老者说："我跟他明白，跟你不明白。"季羡林笑了。他是研究语言的，心想：人与人交流离不开语言，与外国人交流更离不开外语，然而语言这玩意儿也真够奇怪的，一个人想精通本国和外国语言，必须付出极大的努力，穷毕生之力也未必能真通，可是要达到一般交际的目的，又似乎非常简单，只要掌握几个单词便可。

出了旅店，他们来到大街上采购食品。大街上有许多"白俄"开的铺子，随便走进一家，说明来意，立刻就能买到一大篮子装好的食品：主食是几个七八斤重的俄式大面包，俄语叫"列巴"，副食是几根粗大的香肠，再加一些奶酪、黄油，另配几听罐头，总共四五十斤重，差不多够在火车上吃八九天。半个小时之后，他们6个人满载而归。

沿街高楼大厦的地下室里，有不少俄式餐馆，老板娘人高马大，穿着白色大褂，是名副其实的"白俄"。饭菜精美，服务周到，价格实惠，季羡林在北平久闻俄式大菜的美名，但从来无缘品尝，这次来到哈尔滨，可算开了洋荤。他和几个同学喝罗宋汤，吃牛排、猪排、牛舌，大快朵颐。

黄昏时分，他们上街逛马路。路面用碎石铺就，电灯若明若暗，时有高大的俄式"六根棍"马车隆隆驶过,马蹄在石头路面上踏出点点火花,如同群萤飞舞。高踞车上扬鞭催马的车夫往往是十几岁的俄罗斯小男孩儿,高大的车马和矮小的车夫相映成趣。这种情景在内地城市自然是见不到的,他们又开了眼界。

到了哈尔滨,自然不能不去松花江游览。时值夏末秋初,天高云淡,金风送爽。几个同学租了一条小船,在江上泛舟,只见江水茫茫,风平浪静,远处铁桥如同彩虹,横卧在波涛之上,江面游船如织,美景如画。同学们游兴很高。季羡林细看两个撑船的俄罗斯小男孩儿,一个划船的竟然双目失明,另一个掌舵的是明眼人。他没有想到,一个盲童竟在水深流急、危机四伏的松花江上从事如此危险的营生。他想问一问情况,无奈语言不通,只好暗自猜度:肯定是生活所迫,否则,谁家父母舍得这么小的孩子出来受这份苦、冒这份险呢。他们的祖上说不定是沙俄的贵族,可这两个孩子太小,看年龄应该是在中国出生的,没有享过福,他们的家人正等着他们挣钱回去买面包呢……想着想着,季羡林心里酸酸的,无心再欣赏风景了。

太阳已经西斜,该回旅馆去。他们只能尽其所能,多给划船的孩子一点儿钱,看到两个孩子满意的笑容,心里多少得到点儿安慰。

在国际列车上

9月4日,季羡林一行登上苏联的国际列车,火车奔驰在一望无际的松嫩大平原上。黄昏时分,车外草原似海,风吹绿草如同波涛翻滚,残阳如血,挂在西边天际。"再见了,中国!"六个中国留学生不约而同地高喊起来。

第二天从满洲里出境,下车接受检查。苏联海关的检查可谓细致入微,一丝不苟,慢条斯理。旅客携带的行李,不管是箱是包、是篮是筐,一律打开,一一检查。旅客在一旁躬身肃立,随时准备回答询问。同学们带了一把白铁打造的水壶,准备在火车上打开水用,极其普通,极其粗糙,可没有想到海关官员对它兴趣极大,翻来覆去,敲敲打打,没完没了。季羡林看着看着,渐渐失去了耐心,刚想发火,一位同车的外国老年旅客拍了拍他的肩膀,说了句:Patience is great virte("忍耐是大美德")。季羡林会心一笑,硬是把火气压了下去。检查完毕,他们在车站的商店买了几个酱菜罐头、几瓶饮料,又上了火车。

此处宕开一笔,说几句闲话儿。你若到俄罗斯去,发现他们海关的通关速度极慢,工作效率奇低,千万不要大惊小怪,只要记住季羡林当年的遭遇和那个外国老头儿的话儿就够了,因为他们海关的传统就是如此,几十年一贯制。

车厢里四人一间的包房，6个中国学生占了一间半。另外两个铺位不时有别的旅客上上下下。

列车进入苏联境内，果然餐车上的东西是吃不起的，他们因为备足了"给养"，从来不去餐车。一天中午，忽然从餐车走出一位女服务员，身材高大魁梧，身披白袍，头戴白色高帽，足蹬高跟皮鞋，威风凛凛。她右手托一个大盘，里头盛着新出锅的牛排，香气四溢，诱人馋涎欲滴。一问价钱，吓了一跳：一块牛排卖3个美元！这不是宰人吗？车厢里没有一个人买，这位"女将军"只好托着盘子原路返回。季羡林他们确实饿了，纷纷从自己的篮子里拿出"列巴"，大啃起来。吃的好办，喝水却成问题，车上别说开水，连凉水都没有。火车一靠站，他们就拿起那把铁皮水壶，飞奔到开水供应处，灌满水壶，提回车厢，分而饮之。同车有位欧洲老太太，满头银发，颤颤巍巍，行动不便。她哪里有能力自己去打开水？中国学生打了水来，她也顾不得客气，赶紧把自己的杯子伸过来，用生硬的中国话说："开开水！开开水！"同学们心领神会，给她倒满杯子，老太太朝他们笑了笑。至于苏联旅客怎样吃饭，他们基本上都是就地取材。有一次上来一位苏联军官，每到一个大站，他就凭军官身份证去领取一份食品——面包、香肠，还有奶酪——拿到车厢来吃。苏军实行供给制，由此可见一斑。

吃喝情况如此，拉撒困难更多。一节车厢四五十号人，只有小小两间厕所，经常人满为患。季羡林每天早早起来在厕所门前排队，赶上内急，更是苦不堪言。

长途旅行百无聊赖，6个中国学生经常挤在一间包房里侃大山。他们虽然都是清华同学，但因为行当不同，平时接触并不多。这次同赴欧洲，结成了临时的命运共同体，几乎成了推心置腹的朋友。天上地下、山南海北，无所不谈，小小车厢内，笑语不断。神侃之外，就是下象棋，学物理的王竹溪是个高手，其他同学与他交手，屡战屡败。走了一路，下了一路，他们无论"单挑"，还是联合作战，没有谁能赢过王竹溪一盘。

车窗外的自然景色，辽阔雄浑，引人入胜，使人联想到苏联的国歌："我们祖国多么辽阔广大，她有无数田野和森林……"车过西伯利亚，大森林一望无际，郁郁葱葱；大草原野阔天高，白云悠悠；贝加尔湖湖水湛蓝，深不可测。车过乌拉尔山，山洞一个接着一个，连绵不绝。在森林深处的一个小站，季羡林看见一位农民正在兜售松果，这种从未见过的硕大松果可爱极了，季羡林经不住诱惑，掏出几角美元买了一个。这是他在苏联境内唯一的一次购物。9月14日夜间，列车驶进了苏联首都莫斯科。

途经莫斯科

到了莫斯科,铁路方面宣布停车一天,检修车辆,旅客们则由当局组织参观游览。这时来了一位导游小姐,只见她浓妆艳抹,珠光宝气,搔首弄姿,完全没有季羡林想象中的"无产阶级"的样子,令他大惑不解。

莫斯科是当时世界上唯一的社会主义国家的首都,又称"红都"或"赤都",在中国大多数青年学生的心目中神圣而又神秘,季羡林他们也乐得看看它的真实模样。季羡林读过左翼作家描写苏联的书,如胡也频的长篇小说《到莫斯科去》和郁达夫的莫斯科游记,把莫斯科想象成人间天堂,向往这个红色首都。可是,旅途的所见所闻,并非都是愉快的记忆。因此,他对苏联的情感是矛盾的。

季羡林出国不久写给储安平的信中,谈了途经苏联的感受。他说:

俄国人民是好人民。个个都有朝气。政府却是个怪政府,只在对旅客的待遇上,就可以完全表现出来。他们似乎特别不欢迎旅客,签护照就难,向你要许多钱,然而还是不痛痛快快地签。入境之后随处加以限制,使你没有自由。在俄国境内,外国人只能用美金,在莫斯科有几个秘密的地方,每块美金可以换到40卢布,然而我们用的美金,每块却只能当一个卢布。我们倘若用卢布,被发现了要入监狱的。在火车上,我向一个孩子买过一个松子,西伯利亚树很多,松子遍地是。然而一经tourist 的手却用了两毛美金。在莫斯科吃饭的价钱,说出来更骇人听闻。为什么他们这样做呢?俄国政府真有它的怪劲。

旅游大巴车载着外国旅客在市内参观。导游把他们带到一栋破旧的楼房前,用英语介绍说,第几个五年计划,这座楼要拆除,盖上新楼;车子开到另一个地方,导游又介绍说,第几个五年计划,这里旧房要拆除,盖上新楼……凡是到过的地方,导游都是这一套说辞,而且态度越来越冷漠。半天下来,旅客们没有参观到一栋新楼,唯一的印象是苏联要实行第几个、第几个五年计划,感到实在扫兴。季羡林暗想:难道这就是社会主义吗?

最后,旅客们被带到一座富丽堂皇的大楼里,据说这里是十月革命前一位沙皇大臣的官邸,现在是国家旅游总局招待所——大理石铺地,大理石柱子,大理石墙面,五光十色,宽敞明亮,顶棚的水晶吊灯有十几米长,豪华璀璨。季羡林仿佛置身于神话世界。此地的工作人员多是年轻貌美的女郎,个个金发碧眼,唇红齿白,十指纤纤,指甲涂满蔻丹。季羡林恍

莫斯科五彩大教堂

惚到了太虚幻境。此时已是中午，大部分旅客留下吃午饭，当然是消费美元。季羡林等几个中国学生的午餐另有安排，在中国使馆工作的清华校友谢子敦请他们到一家餐馆就餐。这家餐馆十分讲究，菜品精美，还有名贵的鱼子酱。他们啃了几天干面包，此番如同饿虎扑食一般，放开肚皮饱餐一顿。对季羡林来说，这是他从未见过的豪华大餐。这一餐吃掉 300 卢布，约合 200 美元，大家都感戴谢子敦先生的一饭之德。

晚上回到火车上，旅伴们又聚首了。那个在满洲里劝季羡林要忍耐的外国老头儿和在车上要"开开水"的老太太也回来了。季羡林问他们在哪里吃午饭？老头儿狡猾地眨眨眼睛，说他们吃了一顿十分精美而又非常便宜的午饭。季羡林大惑不解。老头儿悄悄解释说，他们已经在哈尔滨黑市上用美元换了卢布，汇率比这里高出十倍以上；在莫斯科他们也有路子，能找到黑市，用美元换成卢布，比官方汇率高出许多，只消花 8 美元，就足以美餐一顿。原来，他们是旅游的"老油条"了，神通广大，无孔不入。季羡林在莫斯科，第一次亲身体会了计划经济同商品经济的巨大差异。

火车不知不觉又重新开动了，第二天下午到达苏联和波兰边境城镇斯托尔扑塞，旅客们在这里换乘波兰列车。

波兰女孩

不知道什么时候，大概是快到波兰首都华沙了吧，一个年纪很轻的波兰女孩儿悄无声息地走进了车厢。她细高身材，圆圆的面庞，淡红的两腮，一对晶莹澄澈的大眼睛，天真无邪。她环顾了一下四周，看见中国学生座位中间有个空位，就径直走了过来，从包里掏出一个精致的椅垫，铺在座位上，坦然坐了下来。她刚巧坐在季羡林的对面。

在中学学习世界地理的时候，季羡林对波兰有点儿印象，只觉得那个国家十分遥远、抽象和模糊。现今他来到了波兰的土地上，而且竟有一个美丽的波兰姑娘坐在他的对面。

要是在国内，遇到这种情况，几个二十出头儿的小伙子，肯定会没话找话，"吃豆腐"，说得让姑娘脸红，以便看看女孩儿娇羞而嗔怪的模样。可现在，身在异国他乡，又有语言障碍，他们谁都不敢造次。那女孩儿用水灵灵的大眼睛，把几个中国小伙子挨个打量了一番，看得他们都有些害羞了，仿佛变成了在课堂上答不出问题的小学生，一个个低着头不吭声。

终于，那女孩儿开口了。她估计他们不懂波兰语，就用德语问："你们会说德语吗？"六个中国学生有一半不会德语，学习德语专业的也只有季羡林一人。大家都盯季羡林。季羡林只好硬着头皮说："我会。"既然能够沟通，那就聊一聊吧。话匣子一打开就热闹了，几个人七嘴八舌，季羡林的那点儿口语水平哪里应付得了？虽然谈话内容并不深奥，有时也难免"卡壳"，他只好以一笑代之，仿佛这一笑可以表达许多难以表达的意思。有的同学等不及季羡林翻译，就说起了英语。谁知那女孩儿也懂英语，可以大大方方用英语作答。于是乎，德语加英语，天南海北，叽里呱啦，聊得好不热闹。有个中国同学问："What is your name？"女孩儿伸出手来，示意要笔和纸，随即在递过来的本子上写下自己的名字："Wala."谢家泽念道："哇——啦——哇啦？"接着大笑起来。这一笑把女孩儿笑懵了，她瞪着两只疑惑的大眼睛死盯着谢家泽，意思是："你笑什么？有什么好笑的？"这下子该让小谢发窘了！

在满洲里上车之前，几个中国学生买了几瓶饮料，看上去像是啤酒。一路上，他们用铁皮壶打开水喝，饮料就没有开瓶。现在他们找了出来，打开瓶子，第一杯当然让给客人。女孩儿接过杯子，没有喝，她问季羡林："这是什么？"季羡林也没有喝过这种饮料，满以为是啤酒但他只会一个"酒"字，便用德语回答："酒。"女孩儿抿了一口，立刻抬起含笑的大眼睛，仿佛责备似的问："你说这是酒？"季羡林望着她那玫瑰花似的微笑和又圆又亮的大眼睛，感到既不能也没有必要再做什么解释了。女孩儿拿出随身携带的饼干分给他们吃，他们大家也不客气，边吃边聊。女孩儿又从包里掏出许多照片给他们看，他们也拿出画册、护照，甚至毕业证给她看。大家已经忘记这是在火车上邂逅，本来素昧平生的异国男女，仿佛是相交多年的朋友了。就连女孩儿坐的椅垫，也神不知鬼不觉地跑到中国学生的屁股底下了。

季羡林发现，坐在他旁边的一位大鼻子先生似乎对 Wala 很不满意，一个劲儿地跟他皱眉头，挤眼睛。季羡林愣了半天，终于弄明白了，那先生不满意的是，女孩儿戴着一顶红红绿绿的小帽子——季羡林竟然没有注意到。可是，这也没啥呀，配上她那圆圆的脸蛋，挺俏皮，挺可爱嘛！

夜深了，季羡林在座位上打了个盹儿。当他重新睁开眼睛的时候，Wala 已经下车了。从

德军占领波兰后,将华沙的波兰人和犹太人赶出家门

此,他们很难再见过面了。可是,那个波兰女孩儿美丽的大眼睛,可爱的面庞,大方的举止,爽朗的笑声,却时不时地出现在他的记忆中。在德国哥廷根大学学习的时候,季羡林亲眼见到法西斯对犹太人和波兰人的残酷迫害。有一天,在一个细雨萧索的晚上,有人告诉他,在附近的一个菜园子里,新近来了一个波兰女孩儿在干活儿,是被希特勒士兵装进一辆火车里运到德国来的。听到这里,季羡林的眼前立刻浮起 Wala 的面影。第二天早晨,他鬼使神差地直奔那个菜园子,但没见到那个女孩儿。以后他又去了几次,还是没有见到,终于失去了信心。他想这女孩儿不会是 Wala 了,可是 Wala 的命运还不是与这个女孩儿一样吗?于是,季羡林陷于极度的痛苦中……

柏林趣话

列车晚上经过华沙,上下车的波兰旅客与苏联旅客大不相同,他们衣着华丽,态度从容,对中国人态度友善。多数波兰人能讲点德语或者英语,季羡林一行可以用这两种语言同他们交谈。9月14日清晨4时,列车进入德国境内,16日上午8时,季羡林一行到达旅行目的地——德国首都柏林。清华老同学赵九章前来接站,带领他们办妥了必要的手续。清华老同学汪殿华和他的德国夫人,在下罗腾堡区魏玛大街帮助季羡林租到了一间房子,房主名叫罗斯瑙,看长相像是犹太人。

来到柏林,是旧生命的结束,新生命的起点。这座盼望已久、然而十分陌生的城市,让季羡林既兴奋又好奇,既兴会淋漓又忐忑不安。从经济文化落后的中国,一下子来到西方现代化的大都会,置身高楼大厦之中,季羡林有明显的压抑感,他感觉自己就像大海里的一滴水,沙漠中的一粒沙。

季羡林在此人地两生,他能很快适应环境吗?万事开头难,举个小小的例子——修表的故事,可见一斑。

前面说过,季羡林出国之前买了一块新表,不料在斯托尔扑塞换车搬行李的时候,手表的"蒙子"碰破了。他把破表小心翼翼地装在一个盛茶叶的小瓶子里,带到柏林。没表实在不方便,季羡林赶紧去修,在一位早两年到德国的留学生带领下,来到康德街一家表铺,修表匠是个老头儿,说换一个玻璃罩第二天就能取,然后递给他一张纸条。他也没有细看,以为上面写的是店名和地址,只要有地址取表不成问题。

第二天下午季羡林去取表,他不想再麻烦别人,就自己拿上那张纸条出了门。初来乍到,他路不熟,掏出那张纸条仔细一看,只有"收到某某牌手表一只"一行字,并无店名和地址。没有办法,他只好凭着模模糊糊的记忆,沿着康德街一家一家店铺去找。奇怪,走到了尽头,他也没有看见表铺,又只好折回来继续找,好不容易在一大排招牌里找到了一家表铺,因为门面太小,刚才走过去时没有发现。季羡林一脚跨进去,立刻发现似乎不大对头:昨天主人身后有一个摆着钟表的小橱柜,怎么不见了?他没来得及细看店里的陈设,主人出来了,也是个老头儿。他接过条子,立刻就去找表,找了半天也没有找到。老头儿搔了搔光亮的头皮,显出很焦急的样子,说:"表可能被我老婆放在什么地方了,她今天出门了,你明天来吧。"说完再三表示抱歉,还把地址用铅笔写在条子背面。季羡林拿起那张纸条,踏着暮色走回去。

次日,季羡林又去取表。因为昨天那家铺子实在没有把握,他一路留神注意路过的每一家店铺。终于,他发现了一家更小的表铺,进去拿出纸条问人家,是不是这里的,回答说不是。最后,他终于找到了昨天那家表铺,但老头儿不在,老太太接过纸条,看见丈夫写在上面的字,立刻开始找表。她打开每一个抽屉,找遍每一个角落,始终没有找到。老太太非常着急,只好让季羡林下午再来,问一问老头儿到底怎么回事儿。快到黄昏的时候,季羡林又来到这家表铺,里

柏林议会大厦

头黑洞洞的。老头儿和老太太似乎有些惊慌，他们打开电灯，又里里外外翻箱倒柜仔细找了一遍，还是没有表的影子。这时候，老头儿搔着发亮的头发，问："表是你送来的么？"季羡林回答说："是的。"可是，他并无把握就是这家铺子，因为自己刚来到柏林四天，对这里的环境不熟悉。他问老头儿："这条子是你这里的吗？"老头儿立刻打开抽屉，取出一叠自己店铺的条子来，一对比差别太大了。他说："我的条子是绿色的，不是白色的，而且面积要大一倍。"这下子该季羡林表示歉意了，他竭力用了德语中表达歉意的词儿。老头儿笑了笑，告诉他不远处还有一家表铺，可以去看一看，老太太则找来一块橡皮，使劲儿擦去丈夫写在纸条上的字。

最终，还是那位陪他修表的中国同学，帮他找到了那家修表的店铺，把表取回来。这家铺子在康德街西段，离季羡林刚才去过的那家至少有一公里。

无独有偶，季羡林在吃东西上又出了洋相。德国人每天只在中午吃一顿热餐，晚饭只吃香肠、面包和奶酪，佐以热茶。入乡随俗，有一天，季羡林到肉食店买了一些香肠，准备回家吃晚饭。晚上，他兴致勃勃泡了一壶红茶，想美美吃上一顿，可是一咬香肠，发现味道不对，原来里头的火腿肉全是生的。他大为恼火，愤愤不平地说："德国人这样捉弄外国人，真太不像话，简直岂有此理！"他咽不下这口气，第二天便去肉店同人家"理论"。一位女店员听完他的申诉，又看了看他手里的香肠，起初还有些大惑不解，接着就"咯咯"地笑了起来。她解释说，在德国，火腿都是生吃的，有时候肉也生吃，而且只有最新鲜的肉才可以生吃。季羡林少见多怪，他还有什么话好说呢！

修表、买香肠之类的喜剧，预示着季羡林在德国的学习生活将会不断地遇到麻烦。可是，他既然来到梦寐以求的德国，那么无论遇到何种困难，都不能退缩，必须迎难而上。事实果真如此，他原计划学习两年，谁知天有不测风云，先是由于中国抗日战争全面爆发，济南沦陷，有家难归；第二次世界大战，使他因交通阻隔有国难投，不得已在欧洲待了10年之久……

第七章

小城春秋

哥廷根的魅力

季羡林九秩华诞之际，德国驻华大使馆代表哥廷根大学，向他颁发毕业60年杰出贡献金质奖章；季羡林逝世前10个月，又传来喜讯——哥廷根大学向他颁发杰出校友荣誉证书。证书说：

值此2008年第一届国际校友返校之际，哥廷根大学授予季羡林教授、博士2008年哥廷根校友荣誉称号。

季羡林生于中国，1935—1945年间在哥廷根大学学习和研究，1941年获梵文博士学衔。上世纪80年代，他撰写《留德十年》，为哥廷根大学在中国塑造了形象，由他描述的德国学术生活对中国的影响更是一直延续至今。

哥廷根大学校长　库尔特·冯·费古拉教授、博士

哥廷根　2008年9月27日

对于母校给予的嘉奖和荣誉，季羡林自然万分感激。他在这里不仅结识了栽培过他、帮助过他的恩师和挚友，而且哥廷根小城的山山水水、草草木木都给他留下了美好的回忆。

1935年深秋，季羡林在柏林强化了一个多月的德语口语练习，又面临着一次选择，因为柏林只是一个前站，他还要到自己真正愿意去的地方去。当时好像是分配与自愿相结合，德国学术交流处决定把他派到东普鲁士的哥尼斯堡大学学哲学，那里学习条件极佳，是德国

1935年，季羡林入哥廷根大学

著名的古典唯心论创始人康德曾经任教的地方，但却被他拒绝了。季羡林自认不是学哲学的料儿，正如他后来所说："对哲学我是一无能力，二无兴趣。我的脑袋机械木讷，不像哲学家那样圆融无碍。"而与他一起强化口语练习的乔冠华倒是痛痛快快地去了德国南部小城吐宾根，继续学他的哲学（有人说他学的是军事，所以抗战初期在四路军总部任参谋，此说有误——笔者）。此时，季羡林又怎能不心急如焚呢！当学术交流处最后决定把他改派到德国中北部小城哥廷根时，他立刻欣然同意了。

这一年的10月31日，季羡林来到堪称第二故乡的哥廷根，在亲如父母的房东欧朴尔夫妇家安顿下来。真没想到，他这一住就是10年！

虽然已是深秋时节，但从踏上哥廷根的第一步起，季羡林并没有感觉到一丝凉意。那里自然景色之美，人文环境之优，学术氛围之浓，人们之热情诚恳，都在温暖着这个远离故乡的青年学子之心。

哥廷根位于德国东部下萨克森州境内，濒临威悉河。该城历史悠久，公元953年建城，公元1211年设市，公元14世纪中叶与德国北部卢卑克、汉堡、不来梅等城市，一起加入欧洲著名的商业和政治同盟——"汉萨同盟"，在此后的百余年间一直保持着重要的政治、经济地位。正因为具有这种日耳曼文化的背景和基因，哥廷根才呈现出自然与人文的双重底色。

就拿哥廷根的自然景色来说，可谓闻名全德国。城西的威悉河缓缓流过，河水卷着清凉的风，驱走了夏日的酷暑，带来了冬日的暖意。城东南的山林独具洞天，山有山的雄姿，林有林的秀气。群山之巅的俾斯麦塔巍然耸立，层云中冒出的塔顶，有如蓬莱灵山般的意境；山下有一望无际的"席勒草坪"，终年绿茵如盖，四周古木参天。山中的林木和草地也都郁郁葱葱——春天处处开满了鲜花，一片锦绣天地；夏日丰润的雨水洒满山林，抹上层层绿色，绵绵的雨丝与浓浓的绿意织成一张神奇的网；秋季又变成各种黄色，浅黄、深黄交织着抹在树梢上，间或杂着灌木的浓绿；冬天虽然皑皑白雪覆盖着绿草，但绿草依然青翠欲滴，仿佛大自然的生命永远不会停止……

哥廷根的建筑也别具一格，古色古香，灵光宝气。这里有古代石砌的城墙，上面长满参天的橡树；有尖顶直刺云霄的哥特式教堂，不时地传出清脆的钟声；有14世纪宏伟壮观的市政大厅，地面由晶莹剔透的大理石嵌镶。这一切都给人一种恍如隔世的古朴之感。最引人注目的是，市政厅广场上矗立的那尊"牧鹅女郎"雕塑，聪慧俊俏的女郎左手捧着一个花盆，右手提着一只白鹅，高傲地站在高台上，一股股泉水喷洒在她身上。一群群鸽子经常在她周围盘旋，有时亲昵地落在她身上，忽而被人惊动，一声呼哨飞上附近大教堂的尖顶。这尊雕塑已经成为全城的标志性建筑，人逢喜事都来亲吻这位美丽的少女，其中有许多获得博士学位的青年学子。哥廷根非常清幽洁净，喧声无起，尘埃不染，一些老年人甚至用肥皂来洗刷人行道，条条街路光鲜照人，成为全城一道道亮丽的风景线……

再看哥廷根的人文环境。自从公元18世纪上半叶哥廷根大学创办后，这里便逐渐形成了德国资产阶级进步文学迅猛发展的"狂飙突进"思潮的一个流派——"哥廷根林苑派"。该流派的创建者、哥廷根大学学生F.L.施托尔格贝（1750—1819）、J.H.福特（1751—1819）、M.克劳迪斯（1740—1815）等人，以德国近代启蒙运动的重要代表人物I.赫尔德(1744—1803)、F.G.克洛普施托克（1724—1803）为旗帜，进行诗歌创作，冲破洛可可的传统，摆脱理智和理性的束缚，使感情和感觉释放出来。他们的作品别具一格，语言清新，人物形象鲜明，感情充沛，表现出18世纪德国资产阶级反对封建主义的爱国精神。18世纪后期，哥廷根大学成为浪漫主义先驱诗人们集会的中心。这种流派或者思潮必定会影响哥廷根几代人，因此他们的

哥廷根市中心广场上的"牧鹅女郎"铜像

文化素养较高，富有饱满的浪漫和激情。季羡林虽然自幼受中国传统文化的熏陶，但他大学时毕竟在西洋文学系读书，学的是德国文学专业，而且由外籍老师授课，他的学士学位论文是对近代德国诗人荷尔德林早期诗的研究；而荷尔德林又深受克洛普施托克、席勒（1759—1805）等人的影响，写出了一些讴歌自由、和谐、友谊、爱情、青春的诗歌，被誉为德国少有的积极浪漫派诗人。由此看来，季羡林虽然没有写过多少诗，见诸报端的也绝无仅有，但他有诗人般的情怀，有读诗、爱诗的情趣。他到哥廷根来，刚好与其兴趣不谋而合，"哥廷

根林范派"以及荷尔德林的影子会在他脑海中出现,他会为此感到亢奋,尽管他在这里没有继续攻读德国文学。

季羡林就读的哥廷根大学,是他的首选学校。既然如此,便决定了他一生的命运。世间总是有果必有因,季羡林也常提起清华老师吴宓的两句诗:"世事纷纭果造因,错疑微似便成真。"这道理也很简单,季羡林之所以能够成为印度以及中亚古代民族语言研究之翘楚,盖由其进入哥廷根大学并巧遇恩师使然。季羡林对此十分珍视,曾经感叹,倘若能有来世的话,他还要学习和研究梵文;但他也曾祷祝造化小儿,不要将他拨弄成知识分子。连知识分子都不是,那又谈何梵文呢?据笔者理解,"文章憎命达,诗穷而后工",季羡林的人生道路并非平坦,归国后他即面临改行的尴尬局面,"有多大碗,吃多少饭",既然梵文、巴利文以及吐火罗文的研究不能继续下去,那么,他只好尝试和涉足其他相关领域的研究,于是乎便成了一个"杂家"。但季羡林毕竟是季羡林,后学者又有谁能与他相比?如果统计出他的数千弟子中有多少人改行,恐怕令人惊诧不已——这些人也都成了名副其实的杂家!季羡林身为北大东语系主任长达35年,对此情况自然比谁都清楚。但举一例,1957年年初,东语系在校的学生掀起了一股"转系风",季羡林遭到了围攻,学生天天缠着他不放,最后104名学生转了系,季羡林才松了一口气。

闲言少叙,下面再详细谈谈哥廷根大学的一些情况。

与欧洲其他国家相比,德国建国的时间并不太长。19世纪初叶,德国出现了资本主义大变革。19世纪中叶以后,普法战争(1870—1871)中普鲁士国王威廉一世和首相俾斯麦率兵打败了拿破仑三世,统一各邦,建立了德意志帝国。从此,德国在欧洲大陆独占鳌头,处于显赫的地位,与英法两国一起对世界产生了巨大的影响。

与此同时,德国在自然科学和人文社会科学方面也取得了长足进步。别的姑且不谈,就拿哥廷根大学来说,它创建于公元1733年,在全欧乃至世界都称得上最古老的大学,产生了一些自然科学的大师巨匠。19世纪中叶,德国最伟大的数学家高斯在该校任教。从19世纪末开始,这里与柏林大学并称世界数学中心(中国著名数学家陈省身1934—1937年曾在柏林大学留学——笔者)。当代最伟大的数学家希尔伯特1899年在《几何基础》一书中,创立了几何的形式公理系统,奠定了公理化的基础,此人在季羡林到来时还健在,对中国留学生特别友好,有一次季羡林在书店里见到他时,他主动上前打招呼。其他方面如化学、天文、气象、地质等等,这里的教授阵容也极其强大,其中有好几位诺贝尔奖获得者。

再从人文社会科学来说。前已提及,随着资本主义的蓬勃发展,18世纪70年代德国文坛上掀起了一股"狂飙突进"思潮,当此资产阶级进步文学向上发展之时,哥廷根大学的不少青年学子都参加了这一运动。他们在赫尔德、歌德（1749—1832）、席勒、克洛普施托克这些最具"狂飙突进"思潮代表性的理论家指引下，发起组织了"哥廷根林苑派"——一个文艺团体。他们主张破坏旧制度，建立新制度，反映了新兴市民阶级与封建势力的斗争，促进了文学艺术的发展。

哥廷根大学教学楼

那么，季羡林于哥廷根大学所学的梵文、巴利文和吐火罗文，在德国学术史上究竟处于什么地位呢？哥廷根大学在这方面的教学和科研实力如何呢？这在下面将会提到。

季羡林就读哥廷根大学时，有5个学院：哲学院、理学院、法学院、神学院、医学院。不是有"所谓大学者，非谓有大楼之谓也，有大师之谓也"的说法吗？这在哥廷根大学正好得到了验证。那里不但没有我们想象中的摩天大厦，一般也就四五层楼高，而且大师迭现，如著名的童话大师格林兄弟就曾在此任教。五个学院异地而居，分散在全城各个角落，因此又称"大学城"——毋宁称"科学文化之城"。哥廷根本是一个小城，人口只有10万，可是时进时出、川流不息的国内外大学生则通常保持在两三万人。平时，在各条街道上大学生们摩肩接踵，比比皆是。你想想，哥廷根的一般市民能不受到这种文化氛围的熏陶吗？像被磁石一样吸引过来的外国留学生，要想课余在此打工，不是也很难找到合适的地方吗？

经过长途跋涉，季羡林终于风尘仆仆地从柏林来了，清华老学长、正在哥廷根大学学习生物学的乐森珣，从火车站将他接回来，并给他安排了住处——明希豪森街20号，欧朴尔夫妇家。按规定，季羡林的留学期限只有两年，但后来由于战火燃起，交通阻隔，他在哥廷根一住就是10年，也就是与欧朴尔太太朝夕相处10年。事实证明，他们就像一家人一样，从来也没有发生过抵牾。常言道："在家靠父母，在外靠朋友。"季羡林初来乍到，人地生疏，困难多多，但女主人就像母亲一样对待他——季羡林自小就缺少母爱呀！女主人大约50来岁，具有典型德国人——抑或哥廷根人的气质。她受过中等教育，能欣赏德国文学，喜欢德国古典音乐，但对新潮儿爵士乐则不屑一顾；她善良正直，能体贴人，有同情心，但小市民的习气颇浓……

这就是一位普通的德国妇女给季羡林留下的第一印象。他后来著文称：

德国人是一个伟大的民族，虽没有太长的历史；但是学术艺术，彪炳寰宇，人民一般说起来老实诚恳，认真，有时到了板滞的程度。同他们交往不必怀有戒心，也用不着虚伪客气。我们中国这一套谦虚客气，他们就信以为真……

这一评价不是也有欧朴尔太太的佐证吗？

但是，世界上无论哪个民族，都不能说是十全十美的。季羡林刚来没几天，就看见大街上发生一场这样的"闹剧"：两个孩子不知为何动了肝火，厮打在一起。十四五岁的大孩子将八九岁的小孩子打倒在地，骑在身上，用手使劲儿地打他。过了几分钟，大孩子站了起来，小孩子随后也站起来，忽然，大孩子放声大笑，好像在显示自己的威力，小孩子也不甘示弱，跟着大笑起来。这又惹怒了大孩子，他跳上去一把抓住小孩子的金发，把他再次按在地上，痛快地打着。这期间，围观的人越来越多，却无人上前拉架……直到两个孩子又站起来进行第三个回合较量时，才有一个老太太从对面窗户上泼下一盆水，于是，两个孩子马上从地上爬起来，又都笑起来，围观的人也哄堂大笑，然后各走各的路……

试问，这还能够算是一个民族的优点或长处吗？

这虽然是一件小事，但季羡林却耿耿于怀——既唏嘘不已，又感慨万端。直到70年后，百岁老人仍然关注此事。在此，笔者录下一特写片段：

1994年，季羡林与金庸（中）在学术研讨会上

时间：2007年6月18日下午
地点：北京 解放军301医院
人物：季羡林、金庸以及北大宣传部部长赵为民、医学家洪昭光
金庸：我今天来看望先生，顺便请教先生对"侠"的理解。
季羡林：中外关于"侠"的理解是有很大不同的，"侠"下面是两撇，是两个人在打架。一个大人和小孩在打架，小孩打不过大人，外国老太太站在旁边看到了也不管，一直打下去好了，可以打两个小时。但是中国老太太就不会不管了。她会拿一盆水泼过去，把两个孩子泼开。

  金庸：听说，先生在德国就亲眼见到类似的事情。

  季羡林：是的。在日本侵略我们中国的时候，我们还去日本告状，请世界主持正义，当时我在欧洲，就觉得这个做法行不通。人家会想，你有本事打回去。武侠精神，在中国，还有日本、韩国、泰国、新加坡、越南这些亚洲国家，人们非常接受，认为很有道理，但是西方人就不大接受。他们不明白侠者要路见不平，拔刀相助。西方人觉得强的可以欺负弱的。

还有一件事儿也很有意思。季羡林一来到哥廷根，就向人打听这里有没有橡树，他似乎对橡树情有独钟。当他得知古城墙上橡树特多，就赶忙到那儿去看。后来，他便常常到古城墙上去散步。一见到橡树，他就想起了在清华读过的荷尔德林的诗和诗中的橡树。睹物思人，他会坐在寂寥无声的橡树下，凝神静虑，心中默诵着那首《浮生之半》：

大地以黄梨似金

和野玫瑰的花丝如绵

投影于湖中，

优雅的天鹅，

陶醉于亲吻

不断探首于

灵澈的水中。

堪叹冬日将至，

哪儿是我寻觅花朵的地方

还有阳光

和大地的一片阴凉？

城墙无语立孤寒

风声里

画旗泼喇翻。

此刻，在季羡林心中，仿佛正在寻找诗人笔下的那种自然万物和谐与不和谐的意境。

在哥廷根，季羡林不但自己诵诗，而且还听别人念诗。刚来到那里，他便听了两次诗，俨然成了"诗迷"。为此，他写了一篇散文《听诗》，寄回国内发表在好友储安平主编的《文学时代》1936年第1卷第6期上。在《听诗》中，第一次，他被老诗人宾丁的诗句打动了，"最初的声音很低，微微有点颤抖，然而却柔婉得像秋空的流云，像春水的细波，像一切说都说不出的东西。转了几转以后，渐渐地高起来了。每一行不平常的诗句里都仿佛加入了许多新的东西，加入了无量更不平常的神秘的力量。仿佛有一颗充满了生命力的灵魂跳动在里面，连我自己的渺小的灵魂也仿佛随了那大灵魂的节律在跳动着……"另一次，他听卜龙克念诗，开始的感觉很不好，只因"桌子前却挂了国社党的红底黑字的旗子，而且桌子上还摆了两瓶乱七八糟的花。我感到深深地失望的悲哀"。只是到后来，当他听到诗人念起用采集的民间故事创作的民歌时，"心又不知不觉飞了出去，我又到了一个忘我的境界"。留德10年，季羡林听过诗但没写过诗，只是继续自高中、大学开始的散文创作，将自己的感情真实地记录下来。

山好水好人更好，思山思水更思人。如今70年过去了，季羡林无时不在想着哥廷根，哥廷根也一直想着季羡林。是的，前辈学者蔡元培、陈寅恪、傅斯年、冯至等人都曾在德国留学过，甚至朱德也在哥廷根待过，季羡林与他们一起，以高尚的品质、开明的思想、精湛的学业，为中德人民的交往和友谊，架起了一座金桥……

至关重要的抉择

在季羡林的人生十字路口上，有几次可以由他自己选择的机会。他选择了，走下去了，虽然没有"一失足而千古恨"的教训，但毕竟是一条崎岖不平的路。用他自己的话说，就是"逢到过'山重水复疑无路'，也逢到过'柳暗花明又一村'，颠颠簸簸，坎坎坷坷，摇摇晃晃，趔趔趄趄，走过了这样漫长的道路"。

季羡林来到哥廷根大学，似乎又站在人生的十字路口上，这次是面临选择专业的机会。也许由于他的书卷气太浓，他认为专业一经选定，就决定了一生要走的路，并且要持之以恒把它走到底。他在耄耋之年回顾这件事情时，说道："这条道路，我已经走了将近60年，今后还要走下去，直到不能走路的时候。"季羡林把专业看得那样重，甚至达到如痴如醉的程度，由此可见一斑。

那么，在哥廷根，季羡林是如何选择这条道路的呢？

他刚来到哥廷根的第二天，即 1935 年 11 月 1 日，便在日记中写道：

> 终于又来到哥廷根了。这以后，在不安定的漂泊生活里会有一段比较长一点的安定的生活。我平常是喜欢做梦的，而且我还自己把梦涂上种种的彩色。最初我做到德国来的梦，德国是我的天堂，是我的理想国。我幻想德国有金黄色的阳光，有 wahrheit（真），有 Schonheit（美）。我终于把梦捉住了。我的一切希望都泡影似的幻化了去。然而，立刻又有新的梦浮起来。我梦想，我在哥廷根，在这比较长一点的安定的生活里，我能读一点书，读点古代有过光荣而这光荣将永远不会消灭的文字。现在又终于到了哥廷根了。我不知道我能不能捉住这梦，其实又有谁能知道呢？

其实，季羡林的梦想仍然盯在"西方"上，这似乎与他在大学所学的西方文学有关。也难怪，人们不是常说一句颇为时髦的口头禅——"言必称希腊"嘛！于是，1935 年冬至 1936 年春，他把希腊文定为主课，并兼读另外几门课程，但后来却大失所望。他在 1935 年 12 月 5 日的日记中写道：

> 上了课，Rabbow 的声音太低，我简直听不懂。他也不问我，如坐针毡，难过极了。下了课走回家来的时候，痛苦啃着我的心——我在哥廷根做的唯一的美丽的梦，就是学希腊文。然而，照今天的样子看来，学希腊文又成了一种绝大的痛苦。我岂不将要一无所成了吗？

看来，季羡林似乎要退下阵来，但实际上，他是在真正地往前冲。此时他想到，5 年前，在清华时便想学点儿梵文，但因梵文大师陈寅恪无意开这门课而落空，如今就来重拾旧梦吧！是的，10 年后季羡林归国时，又正是陈寅恪将学业有成的他介绍到北大去教书，培养出一代又一代弟子，使梵文在中国大地上生根、开花、结果。

于是，季羡林又张开了梦想的翅膀。笔者再抄录几篇他的日记：

> 一九三五年十二月十六日
>
> 我又想到我终于非读 Sanskrit（梵文）不行。中国文化受印度文化的影响太大了。我要对中印文化关系彻底研究一下，或能有所发明……

一九三五年十二月十七日

我又想到 Sanskrit，我左思右想，觉得非学不行。

一九三六年一月二日

仍然决意读 Sanskrit……我现在仍然发誓而且希望不要再变了，再变下去，会一无所成的。

要走的路终于选定了。他很年轻，才 25 岁，这条路还很长，很长……

笔者认为，一般来说，梦想的基因有二：一为"因"，即过去的经验；二为"想"，即现在的体验。对季羡林来说，可谓二者兼备。况且，他的梦想如同"庄周梦蝶"一样，既不想升官发财，也不想光宗耀祖，而只想"在这比较长一点的安定的生活里，我能读一点书，读点古代有过光荣而这光荣将永远不会消灭的文字"。这种脚踏实地而又平淡无奇的梦想，再伴之以持之以恒的勇气和坚持，焉能不实现呢？

1936 年春，一天，季羡林来到大学教务处，查看全校各系和各研究所的课程表。当他看见瓦尔德施米特教授（1897—1985）的名字时，眼前顿时一亮——这位著名的教授要开梵文课了！这不正是自己多年以来梦寐以求而又求之不得的吗？于是，他立刻报了名。

瓦尔德施米特何许人也？他是刚从柏林大学调来的，因为那时教梵文的西克教授刚刚退休。最能吸引眼球的是，瓦尔德施米特师从名门——柏林大学梵文研究所的海因里希·吕德斯教授。此人很了不起，在梵文研究的许多方面都做出了杰出的跨时代的贡献，尤其堪称古代梵文碑铭研究的一代泰斗，每逢印度发现了新的碑铭，连本国的梵文学者都百解不通时，就只好说："去请吕德斯吧！"名师出高徒，季羡林对瓦尔德施米特当然是十分崇拜的。

再说，瓦尔德施米特正好与陈寅恪同为吕德斯教授的入门弟子，这又使季羡林对他多了

瓦尔德施米特

一分尊敬。1918 年陈寅恪赴美国哈佛大学从兰曼教授学梵文、巴利文，1921 年转学德国柏林大学，在吕德斯教授指导下，又学习 4 年梵文、巴利文。季羡林想跟陈寅恪学梵文的梦想，竟在万里之外的异邦实现了，岂非天助也！

1936 年 4 月 2 日，季羡林兴致勃勃地来到"高斯-韦伯楼"，在东方研究所梵文研究室上第一堂课。当年伟大的科学家高斯（1777—1855）和韦伯（1804—1891），就在这里进行过电磁学的试验研究，发明了电报。毋庸置疑，德国在 19 世纪初至 20 世纪的一百年间，科学技术发展突飞猛进，除发明电报外，电流计、X 射线、塑料以及平炉炼钢、交流发电机、四冲程发动机、电车、汽油机、汽油发动汽车、柴油机等，也都出自德国人之手。总之，在世界资本主义体系中，当时德国是一个新兴崛起的国家，而作为全球主导力量的英国并没有将它成功地纳入国际体系，最终导致两次世界大战的爆发。

季羡林既然选择学梵文，当然就属于东方研究所的学生。德国历来强调大学教学与研究相结合，各个学院都创办了一些研究所，并提倡学术自由的风气。在这样的国度，在这样的大学里学习，季羡林心中非常得意，信心十足。

但是，这第一堂课却让季羡林百思不得其解，虽然在清华时，他也曾碰上这种事——四年级听德文课时也只有他一人。但是，在这样一位世界顶尖教授名下，竟然也只有他一个学生，而且是个外国人。这是开国际玩笑吧！对此，季羡林从未谈过自己的看法。笔者也只能做这样粗浅的分析：哥廷根大学的梵文研究，虽然经历了辉煌时期，出现了几代梵文大师，如雅可布·瓦克尔纳格尔、弗朗茨·基尔霍恩、海尔曼·奥尔登堡等人，但当时德国青年对文学、艺术和科技的爱好远胜于梵文、巴利文等东方古代语言，后者是一种枯燥无味的古文字，当然不会太受欢迎。由此，笔者想起当代美国著名天文学家钱德拉塞卡教授开的天文物理班，最初有几十名学生，最后也只剩下两名；又想起陈寅恪先生当年在岭南大学开选修课，也只有五六名学生，他却不因学生少而影响讲课。学生看见他身着夏布长衫，摸索着走进教室时，不禁感动不已，为师之高大形象霎时在他们心中耸立。另外，也有可能是哥廷根大学的梵文研究虽然历史悠久，具有雄厚的实力，但 1810 年创办的柏林大学与哥廷根大学呈比翼双飞之势，吕德斯的影响无人相比。难怪，季羡林后来曾将他的一些弟子送到哥廷根大学和柏林大学深造。至于季羡林本人为何没到柏林大学学习梵文，那便无从得知了。

季羡林选择学梵文，这的确是破天荒的事儿，在他追求的人生目标上，似乎跨越了几个台阶。在他那个年代，毕业即失业，但中国的文化传统是"学而优则仕"，学历越高，或者能出一趟国，不论学的是啥，弄个洋博士，就能捞到一只或大或小的"饭碗"，谋个差事并不难。还记得，出国前有人劝他去学保险，也许那还是一只"金饭碗"呢，但他认为自己少无大志，对做官、经商不感兴趣，别人的好意只好心领了。如今他选择学梵文，似乎也顾不得考虑这只"饭碗"是大是小了，只是一门心思要把它学好。最终，季羡林竟然捞到了一只"金饭碗"，但因他既无下海经商之本事，又对仕途不感兴趣，只好在北大老老实实当了一辈子教授。

当时，季羡林确实由少无大志一跃而变得踌躇满志了，他甚至要在规定留德的两年时间内，拿下博士学位。几十年后，他这样说道：

> 我在国内时对某一些趾高气扬不可一世的留学生看不顺眼，窃以为他们也不过在外国炖了几年牛肉，一旦回国，在非留学生面前就摆起谱来了。但自己如果不也是留学生，则一表示不平，就会有人把自己看成一个吃不到葡萄而说葡萄酸的狐狸。我为了不当狐狸，必须出国，而且必须取得博士学位。这个动机，说起来十分可笑，然而却是真实的。

实际上，季羡林要当博士的想法绝非这样简单，他的话只可当笑谈而已。在我们看来，他要学梵文的想法是有道理的，他要当博士的想法也同样顺理成章。因为，他的前辈王国维、梁启超、陈寅恪、郭沫若、鲁迅诸大师，虽然没有取得博士头衔，但都在学术界乃至社会上占有重要的地位。仅以陈寅恪而论，他12岁出国，游学日本、德国、瑞士、法国、美国长达15年，不以猎取学位为目标，最后并无任何头衔，但其学识却深得国内外学术界的推崇，在德国留学时，被誉为中国留学生"最有名望的读书种子"。汪荣祖曾在《陈寅恪评传》中引萧公权的话说："我知道若干中国学者在欧美大学中研读多年，只求学问，不受学位。史学家陈寅恪先生就是其中最特出的一位。"然而，季羡林那个年代却有所不同，大凡有成就者都取得了博士学位。"博士"并不是一张"空头支票"，既要为此付得起辛苦，又要拿出真本事来。

季羡林的这一决定，也可以说是人生十字路口的另一个重要抉择。你想想，要想在规定的两年时间里取得博士学位，如果不是匪夷所思，那就需要付出常人无法付出的代价。

于是，他为此而全力以赴。根据德国大学的规定，要取得博士学位必须修完一个主系和两个副系。他的主系无疑是梵文、巴利文，即所谓"印度学"，现在的问题是如何选择副系。对此，他曾回忆道：

这件事又是颇伤脑筋的。当年我在国内患"留学热"而留学一事还渺如蓬莱三山的时候,我已经立下大誓:决不写有关中国的博士论文。鲁迅先生说过,有的中国留学生在国外用老子与庄子谋得了博士头衔,令洋人大吃一惊,然而回国后讲的却是康德、黑格尔。我鄙薄这种博士,决不步他们的后尘。现在到了德国,无论主系和副系决不同中国学沾边。我听说,有一个学自然科学的留学生,想投机取巧,选了汉学作副系。在口试的时候,汉学教授问的第一个问题是:中国的杜甫与英国的莎士比亚,谁先谁后?中国文学史长达几千年,同屈原等比起来,杜甫是偏后的,而在英国则莎士比亚已算较古的文学家。这位留学生大概就受这种印象的影响,开口便说:"杜甫在后。"汉学教授说:"你落第了!下面的问题不需要再提了。"

季羡林把这种"两头唬"式的学生揭露得淋漓尽致,真可谓"可怜一个小玩笑,断送功名到白头"!

因此,季羡林最后选的两个副系是英国语言学和斯拉夫语言学,学习了与此有关的许多课程和语言。

季羡林(右)与乔冠华在德国

说到此,我们再顺便谈谈季羡林的清华校友、与他一起去德国留学的乔冠华(1913—1983)。据季羡林回忆,乔冠华在清华读的是哲学系,高他两届,小他两岁。那时乔冠华"经常腋下夹一册又厚又大的德文版黑格尔全集,昂首挺胸,旁若无人,徜徉于清华园中"。乔冠华在德国留学选的专业正是中国学,并很快写出了一篇关于庄子哲学的博士论文,取得了博士学位。这不正好被鲁迅所言中?但季羡林承认,他自己在德国一住就是10年,而乔冠华却"早已到了延安,开始他那众所周知的生涯。我们完全走了两条路,恍如'云天相隔,世事两茫茫'了"。看来,在获得博士学位上,乔冠华确实拣了便宜,走了捷径,只用了两年多的时间,而季羡林却用了5年。但是,"时势造英雄",乔冠华1938年回到香港作别学者生涯,投笔从戎,主办《时事晚报》，曾用英、法、日、俄、德多种语言文字搜集"二战"欧洲战场消息，进行宣传报道。1942年年底，他来到重庆，于曾家岩50号"周公馆"的三层小楼里，见到了仰慕已久的周恩来，接着奔赴延安，投身革命。如果说，乔冠华像季羡林那样继续留在德国，就不可能成为一个革命家，那么，是否就能说，季羡林是不革命的呢？

但话又说回来。那种留学生中"两头嗙"式的先生确有人在，不但过去有，现在也有，实为季羡林之大忌也。比如，1992年4月，新加坡学者郑子瑜被北大聘为客座教授。季羡林与他早已相识，见面时对他说："古人讲'道德文章'，道德和文章不能脱节，这是我国传统的衡人称文的标准，郑先生是配得上'道德文章'这四个字的称许的。"

这是由季羡林在德国选读博士学位引发的话题，它提醒人们，在人生道路的选择上，虽有佛家讲的"因缘和合"因素，但毕竟应该采取认真负责的态度。

平静的留学生活

道路既已选定，季羡林便很快进入角色，开始了原定两年的留学生活，而这两年又是在平静中度过的。

1933年1月，法西斯头子、纳粹党党魁鲁道夫·希特勒出任德国总理；1934年8月兴登堡总统去世，希特勒立即修改宪法，解散国会，取消总统职务，自任国家元首和总理。从此，德国的命运便掌控在这个杀人魔王手中，走上了屠杀犹太人、蹂躏邻邦，甚至征服世界的道路。

季羡林来到德国时，希特勒刚刚上台不久，他的狂热的演说和宣传，获得了具有浪漫主义和非理性主义情调的德国人的支持，都把他的《我的奋斗》一书奉为必读的《圣经》和不可偏离的准则。尤其那些青年人，他们纷纷加入到纳粹武装团体"冲锋队"和"党卫军"中，身着褐色衬衣或黑色制服，高举红底、白圆心、中间嵌黑色卐字的旗帜，迈着嚓嚓作响的步子走在大街上。人们对希特勒的崇拜达到无以复加的程度，见面时总是举起右手，喊一声"希特勒万岁！"有一次，一个与季羡林认识的漂亮女孩竟然对他说："我若能和希特勒生个孩子，那真是无上光荣！"季羡林听了毛骨悚然，未曾想到天下竟会有这种荒唐事。尽管德国人听信希特勒的宣传和蛊惑，但与外国留学生还是和平共处，并无摩擦，只是忌讳跟他们谈论国事。季羡林似乎有一种微妙的感觉——这不正是"山雨欲来风满楼"的气候吗？不过，这也并未影响他的留学生活。

季羡林自从踏上德国的土地，就特别留心那里的人到底怎样，这对他的留学生活是很重要的。因为，如果德国人好，就会给他带来许多方便。前面已提及，刚到柏林那阵儿，恰好发生了一件修表趣闻。季羡林从中看到了德国人的忠厚老实，很受感动，于是以此为素材写了一篇散文，名曰《表的喜剧》。1935年10月4日，他将这篇文章寄给《文学时代》主编储安平，并附一信。信中他还介绍了赴德一路上的见闻，其中抒发路过赤都莫斯科的感想说："俄国人民是好人民，个个都有朝气。政府却是个怪政府……"20世纪40年代，储安平又创办了《观察》周刊，成为当时中国自由主义知识分子的主要言论阵地，季羡林刚回国便应邀成为78位撰稿人之一，可见他是属于中国有独立见解的自由主义知识分子。

来到哥廷根，季羡林的生活也不用发愁，德方每月发给他120马克津贴，房租和伙食费大约分别用去40马克，剩余的零用钱绰绰有余。市场上食品应有尽有，季羡林每天早点是小面包、牛奶、黄油、干奶酪，佐之以一壶红茶；中午在外面饭馆就餐；晚上欧朴尔太太特

季羡林德国留学期间，与友人郊游留念

意将他们中午剩下的饭菜给他留下一份，因此就不必像德国人那样，晚饭只吃面包、香肠和喝茶了。前已提及，刚到柏林那阵儿，季羡林也出过吃香肠的洋相。可是，他在德国原本正常的饮食方式，竟然被"文革"中的"造反派"拿来借题发挥，在他被诬为"资产阶级反动学术权威"的前面冠以"吃过洋面包和洋香肠"。对此，季羡林一针见血地说："我到德国不是专门来吃面包和香肠的，我是来念书的！"

季承在谈论他的父亲时说："凡是自然的东西，他都热爱。"在哥廷根，季羡林对那里的山山水水都很动情。刚来那两年，一到周末，他就和几个中国留学生不约而同地来到城外的"席勒草坪"会合，然后一起到山中去游逛，午饭就在山中吃。都说"老乡见老乡，两眼泪汪汪"，季羡林当然也一样，他说：

见到中国人，能说中国话，真觉得其乐无穷。往往是在闲谈笑话中忘记了时间的流逝。等到注意到时间时，已是暝色四合，月出于东山之上了。

即使第二次世界大战爆发，季羡林仍然能从哥廷根的山林中猎取乐趣。他说：

从我来以哥城的第一天起，我就爱上了这山林。等到我堕入饥饿地狱，等到天上的飞机时时刻刻在散布死亡时，只要我一进入这山林，立刻在心中涌起一种安全感。山林确实不能把我的肚皮填饱，但是在饥饿时安全感又特别可贵。山林本身不懂什么饥饿，更用不着什么安全感。当全城人民饥肠辘辘，在英国飞机下心里忐忑不安的时候，山林却依旧郁郁葱葱，"依旧烟笼十里堤"，我真爱这样的山林，这里真成了我的世外桃源了。

仁者乐山，智者乐水，如同祖国的山山水水一样，哥廷根的山山水水也滋养着一位至仁至善者，一位大智大勇者。

这使笔者又想起季羡林在《自传》中说的一段话：

在学术工作方面，有人说，我对自己太残酷。已经到了望九之年，虽然大体上说来，我的身体还算是硬朗的，但是眼睛和耳朵都已不再灵光。走路有点"飘"；可我仍然是不明即起，亮起了朗润园的第一盏灯，伏案读写，孜孜不倦。难道我不知道，到圆明园或颐和园去遛弯儿，再远一点儿，到香山去爬山，不比现在这样更轻松愉快吗？……

看来，季羡林晚年并非像年轻时那样有游山玩水的闲情逸致——年轻时他也只是打打牌，下下棋，但决不会跳舞——而是与时间赛跑，与学术研究拼命。有人说，这还用得着吗？既然名和利早已到手，那就该明白"本来无一物，何处惹尘埃"嘛！他为此解释道，这是长期养成的习惯，笔者觉得此话也有一定的道理。季羡林的百年人生，自始至终是在读书治学中走过来的。

机遇与挑战

前已提及，季羡林虽然只能在德国待上两年，但他仍然决定要拿到博士学位。为此，他就不能按照两年的时间来安排学习计划，而必须按照通过严格的考试取得博士学位的要求来安排学习计划。这样，便产生了一个问题：如果两年内能拿到博士学位，那他正遂心愿，皆大欢喜；如果拿不到，他就能心甘情愿空着两手回国吗？说真的，他在两年内拿到博士学位毕竟很难，因为他在入学第二学期才学梵文，而且梵文是死文字，学起来并非容易。事实证明，截至两年留学期满，他仍然没有拿到博士学位。但是，与其说"天有不测风云"，不如说"天赐良机"，机遇再次垂青于他。

1937年"七七事变"发生后，敌人的飞机轮番轰炸洛口黄河大铁桥，不久日军便占领了济南城，切断了他回国的退路，使得他"等是有家归未得，杜鹃休向耳边啼"。

于是，季羡林留下来了，排除干扰，继续完成他的学业，直到1941年2月19日终于获得了博士学位。因此，他在哥廷根大学学习梵文的时间并非两年，而是五年。季羡林在耄耋之年，曾对德国以及哥廷根大学的梵文教学、研究的历史和现状做了回顾。从中我们得知，梵文是一种印度古典文学语言，古代印度的大多数文学、艺术、宗教、科技文献都是用梵文写成的。别看今天我们许多人对梵文还相当陌生，但自从两汉之交印度佛教传入中国后，一些高僧大德和翻译大家便陆续将印度的梵文佛经通过汉文、藏文、蒙文、满文翻译过来。因此可以说，我国是接受印度梵文最早的国家，要比欧洲早1000年。而在欧洲，直到18世纪英国殖民者入侵印度后，才开始对梵文进行了研究，从而确认梵文属于印欧语系，这大概与雅利安人早在公元前两千年就进入印度有关，希特勒便声称雅利安人是血统高贵的欧洲人。1789年英国梵文学家威廉·琼斯（1746—1794）将印度古典梵文名剧《沙恭达罗》译成英文，这要比季羡林用中文译出《沙恭达罗》早160余年，焉能同日而语！不久，梵文研究中心又移至法国巴黎。一些德国的浪漫学者、诗人前去巴黎学习梵文，如德国梵文研究的奠基人施勒格尔（1772—1829）、印欧语系比较语言学的创立者弗朗茨·葆朴（1791—1867）等人。可以说，迨至19世纪，世界上的梵文以及印欧语系比较语言学的研究中心，才开始转入德国，并一直保持着强劲的态势。

德国建国的时间并不长，但为何梵文以及印欧语系比较语言学的研究却能后来居上呢？据季羡林回忆，德国人有一种说法，也可以说是"夫子之道"，那就是离他们越远的东西，他们越感兴趣，正所谓"距离产生美"。比如，古代希腊和罗马，从时间上来看离得很远，他们就很感兴趣，因此对欧洲古典语文学的研究，如希腊文、拉丁文他们堪称一霸；古代东方的中国和印度，从时间和空间上来看都离得很远，他们也很感兴趣，因此对东方学的研究，其中包括中国古典文学以及印度古代语言文学，他们也堪称一霸，换句话说，东方学的研究滥觞于德国。

歌德

有例为证，近代德国伟大的诗人歌德便一直钟情于印度和中国。他在《浮士德》开头就模仿古代印度剧本的技巧，还在诗作中赞颂《沙恭达罗》："春华瑰丽，亦扬其芬，秋实盈衍，亦蕴其珍；莽莽天宇，恢恢地轮，彼美一人，沙恭达罗。"并想把它搬到德国舞台；他盛赞中国古典文学，《今古奇观》在我们看来并不十分好，他却捧得很高。歌德在1827年1月29日同爱克曼谈话时说，在中国"一切都比我们这里更明朗，更纯洁，也更合乎道德。在他们那里，一切都是可以理解的，平易近人的，没有强烈的情欲和飞腾动荡的诗兴……他们还有一个特点，人和大自然是生活在一起的。你经常听到金鱼在池子中跳跃，鸟儿在枝头上唱个不停，白天总是阳光灿烂，夜晚也总是月白风清。月亮是经常谈到的，只是月亮不改变自然风景，它和太阳一样明亮……还有许多典故都涉及道德和礼仪。正是这种在一切方面保持严格的节制，使得中国维持到几千年之久，而且还会长存下去。"歌德并未来过中国，他的感想只是通过读中国的书而发，今日有比那时多得多的外国人亲临中国，但又有多少人能像歌德那样，发出如此的感叹呢？还有德国的伟大剧作家席勒有一句名言：到东方去找最浪漫的地方！德国著名的浪漫主义诗人F.吕克特（1778—1866）在其诗中也赞美道："像《罗摩衍那》显示给你的，荷马无疑曾教给你藐视它；可是这样高尚的心术和这样深沉的情感，《伊里亚特》却不能显示给你。"德国悲观主义哲学家叔本华（1788—1860）对印度的《奥义书》也赞不绝口，他说："每一行都包含着倡导和谐的意义，每一页都闪烁着崇高的思想，全书充满了真正的神圣精神。在这里，我们能够呼吸到印度的空气，感应到顺应自然的生存方式……"由此可见，德国学者不但关注东方人与自然和谐等思想和理念，而且也认同东方亘古至今的文化价值。

季羡林身在哥廷根大学，对于那里梵文和印欧语系比较语言学的研究情况，自然感到耳目一新。实际上，那里名家辈出，师资雄厚，正是他选择学习梵文的一个重要原因。据他回忆，比较文学史的创立者本发伊教授（1809—1881）、英籍梵文学者马克思·米勒教授（1823—1900）、被誉为"活着的最伟大的梵文学家"雅可布·瓦克尔纳格尔教授等人，都曾在哥廷根大学任教和从事过研究工作。弗朗茨·基尔霍恩教授是真正在此从事梵文讲座的第一人，他曾在印度进行梵文语法学的研究，用德文、英文出版的《梵文文法》具有极高的权威性；海尔曼·奥尔登堡教授是基尔霍恩的接班人，他是一位杰出的印度学家，其名著《佛陀》的德文本刊行二十余次，并被译成多种外国文字；爱明尔·西克教授则是奥尔登堡的接班人，他不但精通梵文，而且精通吐火罗文；瓦尔德施米特教授又是西克教授的接班人，他师从柏林大学著名梵文学家海因里希·吕德斯教授，并与吕德斯等学者对20世纪初德国考古学家在中国新疆吐鲁番等地发掘的梵文佛典残卷进行研究、校订和出版，影响了全世界，从此便以佛教梵文研究为重点，发表了一系列重要论文。

1936年春，瓦尔德施米特受聘为哥廷根大学东方研究所梵文讲座教授，接替退休的西克教授走上讲台。于是，他把在柏林大学研究佛教梵文的传统和经验也带到这里。没过多久，一个远离祖国的年轻学子——季羡林来到哥廷根，先后师从瓦尔德施米特和西克两位教授，在这片肥沃的园地里辛勤耕作……

尽管客观条件再好，但季羡林要想拿到博士学位，也必须拼搏、拼搏、再拼搏。据他回忆，德国大学的特点总的来说是绝对自由的，那里没有入学考试。笔者不仅要问：当今中国大学进行高考改革，是否也能从德国借鉴经验呢？德国学生自愿选择学校，学习期限也没有规定，只要拿到博士学位就算毕业。学生上课，可以随便迟到和早退，教授不以为忤，学生也形同无事。除了最后的博士论文口试答辩以外，平时再无任何考试。开课前，学生只要请教授在"学习簿"上签上名，算是"报到"，以后愿意听课就来听，不愿意听课就溜之大吉。有的学生"报到"后就杳如黄鹤，一去不返。虽然有很少的课程不但开课前要请教授签名报到，而且在课程结束时还要请教授签名注销，但学生中只"报到"不"注销"者也大有人在。

季羡林与他的入室弟子博士生王邦维

由于不规定结业年限，便出现了一类特殊人物——"永远的学生"。然而，德国教授并非真正让学生永远放任自流。一个学生在几所大学"游学"之后，最后选定了某所大学和某位教授，他便要跟教授做博士论文。教授接收学生也并非没有原则，经过选择、考验，认为"孺子可教"，方才给他出论文题目，否则坦言谢绝。德国教授对博士论文的要求甚严，这在世界上有口皆碑。博士论文虽然也有高低之分，但起码要有新东西、新思想、新发现，此曰"学术训练的彻底性"。笔者同样要问：当今中国大学杜绝学术造假买卖论文，是否也能从德国借鉴经验呢？

笔者由此联想到，20 世纪初蔡元培（1868—1940）出任北大校长时，即以在德国考察的经验，提出在北大树立思想自由与兼容并包两大"主义"。季羡林一生所提倡的自由的学术风气和严谨的治学精神也可能是从德国学来的。比如，他的入室弟子、现任北京大学东方学研究院院长王邦维回忆说："读研究生，要做论文，选什么作论文题目，先生从来就是让我们自己去考虑。一般的情形是，我们自己提出一个选题，先生并不先说行还是不行，只是问我们为什么要选这个题目，如果真要做，打算怎样做。结果往往是我们的想法被否定。于是我们只得再动脑筋，再提出想法，当然也可能再被否定。在反复地被否定中间，我们终于变得比较的明白起来，最后，题目出来了，论文也出来了。"请看，这不正透露出德国式学术研究"严谨""自由"的信息吗？其实，季羡林早在清华时便已身体力行，从前面介绍的他作大学毕业论文《荷尔德林的早期诗作》的情形，不就看得出来吗？

总之，季羡林在德国攻读梵文博士学位，既面临机遇，又面临挑战。那么，他是如何在瓦尔德施米特教授的指导下，克服重重困难，圆满地完成学业的呢？

"博士父亲"的期望

1980年11月4日至15日,季羡林率领中国社会科学代表团赴联邦德国参观访问,这是他35年后第一次回到第二故乡。季羡林走在哥廷根小城的大街小巷,宛然走进了缓缓流淌的历史长河中。那一幢幢古老的建筑物,那市政厅广场上矗立的"牧鹅女郎"雕像,那广场周围的"黑熊""少爷"餐馆……一旦映入眼帘,就立刻飞溅起汹涌奔腾的浪花,将他的回乡幽情敲打,行囊和衣衫顿时湿成一片……

眼前一切竟物是人非,徒留下一长串绵绵的回忆,但季羡林还是期望有一位老人能够活在世上,将梦中无数次相见的情景移到眼前。那位老人正是他的"博士父亲"——瓦尔德施米特教授。

果然,季羡林终于见到了垂暮之年的恩师。当他把刚刚翻译出版的印度大史诗《罗摩衍那》第一卷拿给恩师看时,瓦尔德施米特顿时惊呆了:"你怎么搞起这玩意儿?"季羡林的满腹苦衷没有得到恩师的理解——那是他在"文革"中尚未被"解放"时偷偷地译出来的呀!然而,季羡林对恩师的培养和期望,永远铭感五内,他十分理解恩师——他是恨铁不成钢,

1980年,季羡林(右2)重返哥廷根大学,与瓦尔德施米特(左2)在一起交流

至今依然惦记着曾经手把手传授给弟子的绝活儿，盼着他能写出一部东方学者案头必备的佛教梵文语法书呀！

现在，就让我们回顾一下，当年季羡林是如何跟随瓦尔德施米特教授学习梵文的。

那时，瓦尔德施米特三十七八岁，看上去非常年轻，一副孩子似的面孔；季羡林二十五六岁，更年轻帅气，朝气蓬勃。他们"恰同学少年，风华正茂"，为了美好的愿望和理想，携手共走在同一条道路上。可是，这条路是困难艰辛的，因为梵文是世界上已知语言中年代最古老、语法变化最复杂的一种，要比我们的汉文难学极了；这条路是寂寞孤独的，因为很难找到同路人，世界上又有多少人愿意终生死抠这种古文字呢；这条路是清贫凄苦的，因为它注定要让你与富贵绝缘，与名利背道而驰。然而，这却是一条追求科学和真理的康庄之路，只要沿着这条路走下去，就能寻回失落千年的人类文明，焕发迈向新的未来的生机。

前已提及，瓦尔德施米特将柏林大学吕德斯教授和其他学者共同研究佛教以及佛教梵文的传统和经验带到了哥廷根大学。佛教梵文与古典梵文不同。古典梵文是印度古代、中世纪的文学语言，而印度古代早期佛教典籍，除包括一部分巴利文佛典外，一般都不是以纯粹的古典梵文写成，而是用掺杂了许多方言成分的"混合梵文"即佛教梵文写成。由于各地区的方言不同，语法变化各有特点，为顺应"梵文化"的趋势，各自向梵文转化的程度也不尽相同，所以对佛教梵文的研究，可以探求早期佛典产生的地点和时间，从而对印度佛教史的研究具有重要的意义。这也是季羡林向瓦尔德施米特学习的目的所在。如果说，19 世纪是德国研究古典梵文的极盛时期，那么，20 世纪对佛教和佛教梵文的研究便成为新的主攻方向。为什么会这样呢？正如陈寅恪所说："一时代之学术，必有新材料与新问题，取用新材料，以研究问题，则为此时代学术之新潮流。"正因为 20 世纪初德国探险队四次来到中国新疆吐鲁番等地考察，发现了大量的梵文以及其他古文字残卷——其中早期佛典残卷均用佛教梵文写成，即通常说的梵文贝叶经——才为德国的一些优秀梵文学者的研究提供了便利条件，使他们在此领域开辟了新天地。比如，吕德斯教授就投身到梵文佛典残卷的研究中去，并取得了惊人的成就。

好雨知时节，润物细无声。就像上帝早已安排好了似的，1935 年瓦尔德施米特和季羡林不约而同地来到了哥廷根；在瓦尔德施米特辛勤地浇灌下，季羡林这颗种子破土而出，茁壮成长。记得 1936 年春季开学，当瓦尔德施米特第一次站在哥廷根大学的讲台时，只有一名学生，那就是来自中国的青年学子季羡林。从上第一堂课开始，瓦尔德施米特就一直认真严肃地授课，绝没有半点儿懈怠过，如同他的学兄陈寅恪那样，为师之高大形象霎时在季羡林心中耸立。

根据当时季羡林"学习簿"的记载，在瓦尔德施米特1936—1939年授课的7个学期中，他除了选修多达20种与专业有关的课程外，主要攻读的包括印度古代语言在内的印度学专业课程为：

1936年夏学期

初级梵文语法

1936-1937年冬学期

梵文简单课文

译德为梵的翻译练习

1937年夏学期

马鸣菩萨的佛所行赞

巴利文

1937-1938年冬学期

印度学讨论班：梨俱吠陀

1938年夏学期

艺术诗（Kunstgedichf）（迦梨陀莎）

印度学讨论班：Brhad ā ranyaka-Upanisad

1938-1939年冬学期

巴利文：长阿含经

印度学讨论班：东土耳其斯坦的梵文佛典

1939年夏学期

梵文 Ch ā ndogyopanisad

印度学讨论班：Lalitavistara（普耀经）

季羡林的哥廷根大学学习簿

为了保证学习效果，季羡林还要做大量的课前准备工作，下一番常人无法想象的苦功。比如，他必须学会运用施腾茨勒的《梵文基础读本》、雅克布·瓦克尔纳格尔的《古印度语语法》、弗朗茨·基尔霍恩的《梵文文法》、海德曼·奥尔登堡的《佛陀》以及吕德斯的《印度语文学》等工具书。其中，施腾茨勒的《梵文基础读本》已有百余年的历史，德文版重印了17次，并被译成其他多种文字。1960年季羡林在北大开设梵文课即采用这本书，用汉文译出,编成讲义,后被他的弟子段晴和钱文忠补充完整,在国内公开出版。

再说,要想进行佛教梵文研究,还必须具有熟练掌握和运用古典梵文和巴利文的能力。因此,季羡林攻读的专业课程,除巴利文、佛教梵文典籍如《普耀经》外,还有公元前1500年前的《梨俱吠陀》、公元前5—4世纪的《奥义书》、公元4世纪前后的古典梵文艺术诗、公元7世纪的梵文文法体系等等,这些属于高年级的课程都是先由瓦尔德施米特选出原著,季羡林课下准备,上课就翻译,其难度可想而知。总之,季羡林涉猎之广,钻研之深,为他日后从事古典梵文文学作品的翻译以及佛教梵文和佛教经典的研究奠定了坚实的基础。

季羡林对瓦尔德施米特的教学方法很感兴趣,回国后他给学生讲课也"洋为中用",采用了这个方法。为此,"文革"中他竟落了个"鼓吹德国法西斯教学方法"的罪名,又多挨了几次批判。但他并不服气,"文革"后曾著文称,这种说法"百分之九十九点九是胡说八道,他们根本不知道,这种教学法兴起时,连希特勒的爸爸还没有出生哩!"那么,这究竟是一种什么样的教学方法呢?德国19世纪著名东方语言学家埃瓦尔德曾说过:"教语言如教游泳,把学生带到了游泳池旁,把他往水里一推,不是学会游泳,就是淹死,后者的可能性微乎其微。"这便是典型的德国式教学方法,瓦尔德施米特也在季羡林身上试验过。

据季羡林回忆,第一堂课老师先教字母发音,虽然梵文字母并不像英文字母那样简单,但他却感觉良好,并没有产生多大压力;第二堂课却给了他当头一棒,老师对梵文的"拦路虎"即非常复杂的连声规律根本不加讲解,词形变化——名词有24种,形容词有72种,动词甚至有成百上千种——也一律不加讲解,只带他做《梵文基础读本》例句练习,这就等于把他推下了水。由于字母刚刚学过,语法概念也一点儿没有,他只能结结巴巴地读,莫名其妙地译,直弄得满头冒汗,心中发火。于是,下课后他就拼命预习,一个只有五六个字的例句,查连声,查语法,需要一两个小时;一周两小时的课程,需要准备一两天。这样一来,他的主观能动性被大大地调动起来了,不久就适应了"在游泳中学会游泳"。从1936年4月2日到6月30日,他在第一学期结束时,已经学完了全部梵文语法,做了几百个例句练习。这时,瓦尔德施米特满意地笑了,问道:"你是否决定以印度学为主系呢?""是的!"季羡林坚定地回答,轻轻地舒了一口气。

第二学期开始,瓦尔德施米特便讲授中国新疆出土的印度早期佛典残卷,使用的仍然是德国式的教学方法,主要是季羡林课前充分准备,上课先由他译出,再由瓦尔德施米特纠正。实际上,这是训练季羡林日后从事研究工作的一种最好的方法,使他掌握了如何整理、阐释那些断简残卷的真本领。

2008年,已近百岁的季羡林"口述人生"时说:

学了一段时间以后，瓦尔德施米特教授问我："你是不是想在印度学方面发展？"我说："是的。"他当然非常高兴。为什么呢？德国人对印度学有兴趣的也不多，选这种文字学习的也不多。找到了我这么一个人（愿意学），（他）很高兴。他就问我是不是要学下去，我回答说："当然要学下去了。"

笔者想，对于瓦尔德施米特这样的大学者，他的隐衷恐怕不会像季羡林这里说的那样简单吧！

事实是，季羡林从学习梵文的第一学期起，一直到瓦尔德施米特被征从军，7个学期他都选了教授的课。瓦尔德施米特传承的这套教学方法，看起来匪夷所思，似乎给人留下不负责任的"错觉"，但实际上他对学生要求甚严，学生对梵文语法中那些古里古怪的规律都必须认真掌握，绝不允许有半点儿马虎和粗心大意，连一个字母和符号也不能放过。季羡林回国后，名正言顺地继承瓦尔德施米特的衣钵；季羡林的学生当了老师，也名正言顺地继承他的衣钵，难道不是这样吗？

如果用"言传身教""悉心呵护""耳提面命""雨露恩泽"等等一大堆新鲜词儿，来形容季羡林对瓦尔德施米特所表达的感恩之情，看来是一点儿也不过分。季羡林在耄耋之年，对每一位恩师仍然念念不忘，并希望青年一代继续发扬"尊师重道"的传统美德。2001年4月15日，他看了以他为主人公的公益宣传片《尊师重道，薪火相传》时，深有感触地说："尊师重道是中国文化的一个重要组成部分，在当今社会，对弘扬中国文化的意义很重要。"

下面，我们再从点滴小事上，看看季羡林与瓦尔德施米特日常生活中的交往。

从1936年夏到1939年夏，在整整三年的时间里，他们是在"二战"前相对平静的日子里度过的。在季羡林眼中，瓦尔德施米特的家庭十分美满，夫妇俩外加一个10多岁的儿子，恩恩爱爱，快快乐乐。他的家在城边山下的林荫旁，一幢漂亮的三层新楼房。季羡林为帮助老师翻译汉文佛典，常常到他家去，同全家人一起吃晚饭，然后一直工作到深夜。吃饭时全家都不多说话，气氛显得严肃有余，活泼不足。有一次，只听他对儿子说："今天家里来了一位客人，明天你大概要在学校里吹嘘一番吧！"说得大家都笑起来。

1939年秋"二战"爆发后，瓦尔德施米特被征从军。他原来是个上校，服役期满被列入预备役，直到45岁。如今时局紧张，他又被迫进入军营。不久，他的儿子也应征入伍。1941年冬季开始，苏德战争处于僵持阶段，最后德军在"莫斯科保卫战"中彻底失败。此时传来不幸的消息，瓦尔德施米特的儿子在北欧战场上阵亡了，这自然给瓦尔德施米特夫妇带来极大的悲痛。不过，瓦尔德施米特还是很坚强的，他并没有把内心的痛苦向季羡林倾诉，只是家庭气氛从此变得更加冷清寂寞了。

在被征从军的那年冬天，瓦尔德施米特预定的大剧院冬季演出票没有退掉，于是就委托季羡林陪伴师母去观看，每周一次，一共10多次。演出节目有歌剧、音乐、钢琴和小提琴独奏等，都是由国内外赫赫有名的演员演出。剧场内灯火辉煌，灿如白昼，男士服装笔挺，女士珠光宝气，一片升平祥和的气象，并没有赶上盟军空袭的情况；散场时则是另一番情景，由于灯火管制，不见一丝光线，仿佛进入黑暗的世界。季羡林搀扶着师母，一步一步地摸索着，走了很长的路才将她送回家中。然后，季羡林独自走在回家的路上，万籁俱寂，只听见自己的窸窸窣窣的脚步声，一丝丝乡愁立时袭上心头——他在思念着故国家园，思念着令他魂牵梦萦的两位母亲……

怀念两位母亲

季羡林既是大学者，又是大孝子，二者连为一体，密不可分；尤其后者又为前者必备之条件，亦可谓"学以孝为先"。

季羡林一生不知多少次谈过他有两位母亲，一个是生他的那位母亲，一个是养他的祖国母亲。这里，笔者不妨引用季承《我和父亲季羡林》中的一段话："令人感动的是，最近我在整理父亲的遗物时，从一个笔记本上发现了他写的一些文字，竟然仍在述说这两个母亲的事，他写道：'一个人有两个母亲，第一个是生身之母，这用不着多说；第二个是养身之母，就是我们伟大的祖国，道理并不深奥，一思考就能理解。'写这些文字的时间是2009年7月3日，距他7月11日离世只有8天时间。由此可见，这两个情结对他有着多么深刻的意义。"

季承在书中还说，2009年春节的前十几天，他在父亲的病房里发现了一张便笺，上面写了一行潦草的字，左高右低，斜斜地展现在纸上。那行字是："一年将尽夜，万里未归人。我已经忘记了，是在什么书中读到了这么两句诗的。"他断定，这的确是父亲的笔迹。没过几天，他又在父亲的病房里发现另一张便笺，上面写的一段文字显然不是父亲的笔迹。那段文字是：

一年将尽夜，万里未归人

我已经忘记了，是在什么书中读到了这么两句诗的。作者当然更忘记了。这两句话看起来很平常，很简单。但是身临其境者，感受却完全不同。我流浪德国达十几年之久,每一年都有一个"一年将尽夜"。在那十年之内,我当然是"万里未归人"。每到一年将近夜的时候,想到自己的处境,总要哭一场的。

中国古代诗人有一句有名的诗:每逢佳节倍思亲。

季承发现这张便笺的最上面写的日期是 2009 年 1 月 23 日,距春节只有 3 天。他断定,这是父亲生前没有写完的最后一篇散文,自己已无力动笔,只好由别人代写。

听了这位百岁老人的故事,有谁能不受感动呢?

为了了解季羡林留学德国时思亲的真实情况,笔者再引用几篇他初到哥廷根的日记:

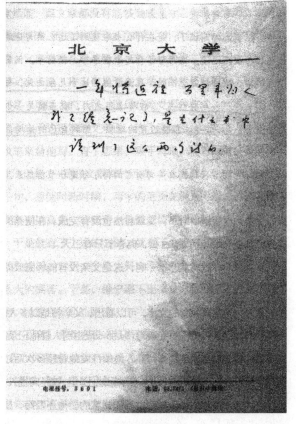

季羡林临终前笔迹

一九三五年十一月十六日

不久外面就黑起来了。我觉得这黄昏的时候最有意思。我不开灯,只沉默地站在窗前,看暗夜渐渐织上天空,织上对面的屋顶。一切都沉在朦胧的薄暗中。我的心往往在沉静到不能再沉静的氛围里,活动起来。这活动是轻微的,我简直不知道有这样的活动。我想到故乡,故乡里的老朋友,心里有点酸酸的,有点凄凉。然而这凄凉却并不同普通的凄凉一样,是甜蜜的,浓浓的,有说不出的味道,浓浓地糊在心头。

十一月十八日

从好几天以前,房东太太就向我说,她的儿子今天家来,从学校回家来,她高兴得不得了。……但儿子只是不来,她的神色有点沮丧。她又说,晚上还有一趟车,说不定他会来的。我看了她的神色,想到自己的在故乡地下卧着的母亲,我真想哭!我现在才知道,古今中外的母亲都是一样的!

十一月二十日
我现在还真是想家,想故国,想故国里的朋友。我有时简直想得不能忍耐。

十一月二十八日
我仰在沙发上,听风声在窗外过路。风里夹着雨。天气阴得如黑夜。心里思潮起伏,又想到故国了。

十二月六日
近几天来,心情安定多了。以前我真觉得两年太长;同时,在这里无论衣食住行哪一方面都感到不舒服,所以这两年简直似乎无论如何的忍受不下来了。

此外,季羡林在1936年7月11日写的一篇名曰《寻梦》的散文中,开头便说:"夜里梦到母亲,我哭着醒来。醒来再想捉住这梦的时候,梦却早不知道飞到什么地方去了。"结尾又说:"天哪!连一个清清楚楚的梦都不给我吗?我怅望灰天,在泪光里,幻出母亲的面影。"

是的,"夜长春梦短,人远天涯近",季羡林从迈出国门那天起,那颗赤子之心便朝着缥缈的春梦的地平飞去,去捕捉两位母亲的面影,这时他会觉得她们离他很近很近;但当他醒来发现捕捉不到这面影时,他又觉得她们离他很远很远……季羡林正是这样地度过了漫漫的长夜,终于没有了追梦的勇气,于是竟夜不眠,痛苦不已……他曾说:"我的失眠病就从那时开始的。"

季羡林的父亲去世时,他才14岁,因为对父亲的印象并不算好,对此他已经淡忘;但母亲却不同,她去世时,季羡林已是大学三年级的清华学子,本来对母亲就有一种难以割舍的特殊的感情,再加上8年未曾见面,在他心中自然落下永久的悔。他原本"指望接娘享富贵",但一生受苦受难的高堂老母,尚未来得及由儿奉养便去了另外的一个世界。从此以后,季羡林如若想与母亲重逢,除非在梦中……

季羡林来到德国时,母亲刚刚去世两年。他孤身一人,举目无亲,思母之情尤其浓烈。与母亲胶着的质朴厚重的爱,他怎能化得开呢?这种爱,除了个人的主观原因外,还受客观因素的影响。季羡林是性情中人,最容易触景生情;他又是细心之人,最善于观察周围的人与事。对此，季承对他父亲的分析正与笔者吻合。他说："父亲到了德国，脱离自己的家，孤零零地一个人在万里之外的异国他乡，攻读着枯燥无味的学问，饱尝着二次大战的战火、饥馑和各种危险的苦难。但是即便在那种严酷的条件下，父亲还是有机会体味到几个家庭的温暖：章用家、他的女房东家、伯恩克家、迈耶家、弗里堡的克恩家……"

这里，笔者再补充一下季羡林曾著文谈对这几家人的感受——对章用家，他说章用的母亲"在这离开故乡几万里的寂寞的小城陪儿子一住就是七八年，只是这一件，就足以打动天下失掉了母亲的孩子们的心，让他们在无人处流泪，何况我又是这样多愁善感？又何况还是在这异邦的深秋呢？我因而常常想到在故乡里萋萋的秋草下长眠的母亲……"对女房东家，他说有一次房东夫妇"到儿子的住处大学生宿舍里去，一瞥间，他们看到老头千辛万苦寄来的面包和香肠，却发了霉，干瘪瘪地躺在桌子下面。老头怎么想，不得而知。老太太回来后，在晚上向我'汇报'时，絮絮叨叨地讲到这件事，说他大为吃惊。但是，奇怪的是，老头还是照样拖着两条沉重的腿，把面包和香肠寄走。我不禁想到，'可怜天下父母心'，古今中外之所同……"对伯恩克家，他说伯恩克小姐的母亲"个儿不高，满面慈祥，谈吐风雅，雍容大方……当时正是食品极端缺少的时候，有人请客都自带粮票。即使是这样，'巧妇难为无米之炊'，请一次客，自己也得节省几天，让本来已经饥饿的肚子再加码忍受更难

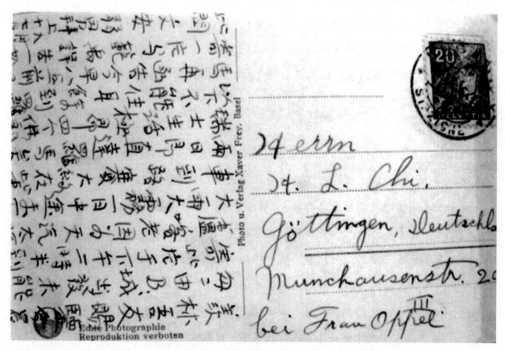

章用母亲寄给季羡林的明信片

忍的饥饿。这一位老太太就是在这样的情况下，亲手烹制出一桌颇为像样子的饭菜的。她简直像是玩魔术，变戏法，我们简直都变成了神话中人，坐在桌旁，一恍惚，热气腾腾的美味佳肴已经整整齐齐地摆在桌子上，大家可以想象，我们这几个沦入饥饿地狱里的饿鬼，是如何的狼吞虎咽了。这一餐饭就成了我毕生难忘的一餐。"对迈耶家，他说女主人"给中国学生做的事情，同我的女房东一模一样。我每次到她家去，总看到她忙忙碌碌，里里外外，连轴转。但她总是喜笑颜开，我从来没有看到她愁眉苦脸过。她们家是一个非常愉快美满的家族。"对弗里堡的克恩家，他说："他夫妇俩都非常关心我的生活。我在德国10年，没有钱买一件好大衣。到瑞士时正值冬天，我身上穿的仍然是11年前在中国买的大衣，既单薄，又破烂。他们讥笑称之为Mantelechen（小大衣）。教授夫人看到我的衣服破了，给我缝补过几次，还给我织过几件毛衣。这一切在我这个背井离乡漂泊异域10多年的游子心中产生什么感情，大家一想就可以知道……"

这一切，又怎么能不勾起季羡林对母亲的深深怀念呢？

母爱，被认为是人类共同的美德，那么，子孝呢？就季羡林来说，他是农民的儿子，浑身散发出一股"土"气，充满着朴实无华的感情；季羡林又是著名学者、资深教授，对中国几千年来形成的儒家道德思想知之甚多，颇有研究。正因为二者具备，他便很容易成为一个孝子——中国传统道德的践行者。尤其在晚年，看到社会上存在的某些道德沦丧、世风日下的弊端，他便大力提倡继承和发扬中国传统文化，认为其中极具精华者当属传统道德，它在人类文明遗产中具有明显的特殊性。

无独有偶，蔡元培临终前的最后遗音甚至有"道德救国"的铿锵四字。

季羡林还说过：

比如"孝"这个概念，"三纲五常"里面都有，除了中国以外，全世界各国都没有这么具体。何以证之呢？可以看一看欧洲现在的社会情况跟我们作比较。当然现在青年人也不像以前那样愚忠愚孝，"割肉疗母"我们也不提倡，可是就眼前来讲，我们中国的青年人还是比世界各国的要孝得多，虽然程度不如以前了。我是研究语言的，有件事很有意思：把"孝"这个词翻译为英语，用一个词翻译不出来，得用两个词。什么原因呢？因为虽然不能说外国没有孝，但是孝并非作为一个很重要的概念，所以译过去就得用两个词。英文里面的两个什么词呢？就是儿女的"虔诚"与"尊敬"，而在中文中光一个"孝"就够了。这就说明"孝"这个词有中国的特点。

季羡林在德国就曾碰到这样一件事：有一个退休的老妇人，看样子已有七八十岁了，老态龙钟，走不了路，孤身一人住在第二层楼的一间小屋里，由儿子给她送饭来。季羡林每次来拜访住在楼上的好友章用时，便能看见老妇人的卧室门外放着一份极其粗粝的饭菜，一点儿热气都没有，用中国话说就是"连狗都不吃"。这话真就说对了。据说，老妇人的儿子确实养了一条大狼狗，那狗不但不吃这样的饭，而且非吃牛肉不行，牛肉吃多了患了胃病，还要请狗大夫会诊。有段时间老妇人病了，季羡林每到章用家去，看见同一份饭菜总是摆在那里，清冷，寂寞，等待着老妇人享用，可是她这时大概连床都起不来了……

总之，像季羡林这样终身对母亲怀有风木之悲的人，所言孝是中华民族的最高美德，是能够令人信服的。

据报载，近来有人提出应将朱自清先生的散文《背影》从中学生语文课本中删除，其原因不仅父亲"违反了交通规则"，而且文章中感人至深的父子亲情——父亲跳下月台横穿铁道去给儿子买橘子——则是一种非理性的和实用主义的表现，需要进行反思。对此，笔者虽无意参与评论，但还想再摘录一遍《背影》中的那段话："我看见他戴着黑布小帽，穿着黑布大马褂，深青布棉袍，蹒跚地走到铁道边，慢慢探身下去，尚不大难。可是他穿过铁道，要爬上那边月台，就不容易了。他用两手攀着上面，两脚再向上缩，他肥胖的身子向左微缩，显得努力的样子。这时我看见他的背影，我的泪很快地流下来了。"下面，笔者还想推荐一篇1995年季羡林写的文章《读朱自清〈背影〉》，60年前他在清华旁听过朱先生的课，按说对老师文章的理解比别人更深。文中结尾写道：

> 我觉得，读朱自清先生的《背影》，就应该把眼光放远，远到齐家、治国、平天下。然后才能真正体会到这篇名文所蕴含的真精神。若只拘泥于欣赏真诚感人的父子之情，则眼光就未免太短浅了。

对于人世间的这种父子之情，抑或母子之情，季羡林难道是故意拔高吗？

2006年新年伊始，季羡林又亲自写了一篇小学生课文《我们都有两个母亲》。另据报载，近日某位红极一时的80后青春文学作家的文章也被选为学生课文。恕笔者谫陋，未得其妙，但认定，宣传和弘扬中华文化优秀的伦理道德和爱国主义精神，乃为我国目前思想文化建设中的一件大事，应引起足够重视。

下面，就来看看季羡林远在万里异邦怀念的另一位母亲。

本来，季羡林只能在德国待上两年，但焉知两年一变而成了十年，这在当时留学生中也不多见。其间,他经历了"烽火连八岁,家书抵亿金"的苦闷日子,也创造了"治学爱国两不误,寒暑八载传千秋"的惊人奇迹。

1935年8月23日,天津《益世报》上发表了季羡林出国前的最后一篇散文《去故国》,其中写道:

> 我真不愿意离开这故国,这故国每一方土地,每一棵草木,都能给我温热的感觉。但我终于要走的,沿着自己在心里画下的一条路走。我只希望当我从异邦转回来的时候,我能看到一切都不变的故国,一切都不变的故乡,使我感觉不到我曾这样长的时间离开过它,正如从一个短短的午梦转来一样。

从这字里行间,不是可以看出季羡林眷恋祖国的殷殷之情吗?

1937年"七七事变"爆发,8月8日,日军驻北平司令官河边正三率领3000多日军,在"卢沟晓月"前庆祝。当此中华民族蒙受耻辱之时,季羡林在德国的学习刚好期满,决定立即回国,但是,他的家乡被日军占领,断了回国的退路,只好应聘到哥廷根大学的汉学研究所任汉文讲师。1938年,汉学研究所主任古斯塔夫·哈隆教授应聘到英国伦敦大学任客座教授,并想把季羡林一起带走。此时,他正在完成博士论文,只好答应以后再说;不久"二战"爆发,此事便不了了之。直到1945年,季羡林正要回国时,哈隆教授来信说,为他在剑桥大学谋到一个职位,季羡林答应回国后把家庭问题处理完即赴英伦。可是,当他回国后看到家贫、亲老、子幼的境况时,立刻写信给哈隆教授,决定不再返回欧洲。

从这件事上,不是可以看出季羡林的心始终留在中国吗?

季羡林在炮声隆隆、饥肠辘辘中通过了博士论文答辩,取得了博士学位。"山川信美非吾土,漂泊天涯胡不归","胡马依北风,越鸟巢南枝",多年的夙愿既已实现,他便立刻想到故国家园。适逢德国政府与南京汪精卫汉奸政府建交,国民政府驻德使馆被迫撤到瑞士。他经过仔细考虑,决定离开德国先到瑞士,再从那里设法回国。但是,他到柏林后才知道去瑞士并不容易,即便到了那里也难以立即回国。于是,他只好返回了哥廷根,继续从事博士后研究。这时,他与哥廷根大学的几个中国留学生约定:假如同德国学生发生冲突,他们出言不逊侮辱个人,那还可以酌情原谅;但若侮辱中国,那就必须同他们坚决抗争。季羡林对南京日伪政府深恶痛绝,不屑与之发生联系,便与张维(1938年由英国到德国柏林高等工业学院攻读力学理论,新中国成立后曾任清华大学副校长、中国科学院院士——笔者)等人到德国警察局宣布自己为无国籍者,从此成了海外孤儿。须知,他们的做法极其危险,因为一个失去国籍的人,就好像天上的飞鸟,随时都有可能被射杀。可是,为了祖国的荣誉和尊严,季羡林认为这样做值得,一个堂堂正正的中国人,宁可失掉性命,也不能失掉人格和国格。

从这些事上,不是可以看出季羡林具有一颗赤诚、坚定、刚毅的中国心吗?

季羡林曾在多篇文章、多种场合谈过爱国主义,上面只就他在德国10年的所作所为略录一二。下面,笔者再来剪辑温家宝与季羡林的一次谈话片段:

时间:2005年7月30日

地点:北京301医院

人物:季羡林、温家宝以及随行人员

温家宝:我今年4月访问印度。出访前看到了《梵典与华章》一书,开卷就有您的题词:"文化交流是推动人类社会前进的重要动力之一。如果没有文化交流,我们简直无法想象人类今天的社会会是一个什么样子。"

季羡林:这是我的思想,一个人,一个国家如果关起门来过日子,那不行。

温家宝:我们不仅要继承和发扬自己的优良文化传统,也要学习和借鉴其他国家的先进文化和经验。

季羡林:就是爱国主义和国际主义相结合。

温家宝:您的《留德十年》和《牛棚杂忆》我都学习过。去年我访问德国还专门引用您的一段话:我一生有两个母亲,一个是生我的那个母亲,一个是我的祖国母亲。

季羡林:二者缺一不可。

温家宝:我给华侨讲时,很多人都热泪盈眶。

季羡林:应该列入小学教科书。

温家宝:我回去后向教育部反映。

事后,季羡林一直惦记这件事,遂于2006年新年伊始,在病榻上拟就了一篇供小学生阅读的课文《我们都有两个母亲》:

我们都有两个母亲。

我们平常只知道,我们有一个母亲,就是生身之母。

仔细考虑起来，应该说，我们都有两个母亲。除了生身之母外，还有一个养身之母，这就是我们的祖国。我们出生以后，由小渐长，所有衣食住行之所需，都是祖国大地生长出来的东西。称祖国为养身之母，是非常恰当的。

这里，笔者还想介绍一下季羡林晚年对两位母亲的印象。北大学兄、《人民日报》高级记者卞毓方在其《天意从来高难问：晚年季羡林》一书中，引了季羡林于2006年1月3日所作《元旦思母》的一段话：

不知是出于什么原因，最近几年以来，我每次想到母亲，眼前总浮现出一张山水画：低低的一片山丘，上面修建了一座亭子，周围植绿竹十余竿，幼树十几株，地上有青草。按道理，这样一幅画的底色应该是微绿加微黄，宛然一幅元人倪云林的小画。然而我眼前的这幅画整幅显出了淡红色，这样一个地方，在宇宙间是找不到的。可是，我每次一想母亲，这幅画便飘然出现，到现在已经出现过许多许多次，从来没有一点改变。胡为而来哉！恐怕永远也不会找到答案的。

对此，卞毓方评论说："至于为什么底色不是应有的微绿加微黄，而是淡红？我想这与他的心境有关，晚年，即进入新世纪之后，季先生被温暖的阳光包围，坐享安乐，连梦境也是红彤彤的，所以他想起亡母，再不是萧萧白杨下的萋萋孤坟，而代之以浅绛山水的一方幽境……"笔者认为这一评论入情入理。本来，元代山水画的特点是，画家的笔细细的，墨枯枯的，平淡而又明洁，苇叶瑟瑟有风声，但不见寒衰之意，这符合季羡林晚年的心境，但那一抹淡红却是季羡林的点睛之笔，是他内心真实感情的升华。季羡林晚年对祖国母亲的感情，显然不能与留德10年同日而语，此时他享受国家给予的最高尊荣，充溢十足的晚晴之美，具有独特的文化命运，因此对祖国母亲充满了无比的感恩之情，大唱而特唱赞歌。

莫逆之交

2008年7月4日上午9点半，季羡林从301医院回到北大朗润园家中——这已是阔别家园五载了。他来到自己的书房，查看珍藏的书籍和资料，到处翻找那本《章用诗集》，但未找到。他委托助手帮他去找，要在医院里再看一遍。季羡林对这本诗集为何如此偏爱呢？章用又是何许人也？

原来，季羡林刚到哥廷根时，那里的中国人并不多，却唯独与章用结成了莫逆之交，言下之意就是彼此情投意合，友谊深厚。这里，在介绍章用之前，先来看看季羡林对在德留学的中国人的印象。近日，笔者阅报曾见一篇文章，题目是《中国海外"阔少"震惊富国居民》。且不敢说今如昔也，但70余年前的那些"长辈"们也确实留下了不甚光彩的一页。

据季羡林介绍，在柏林的留学生中，不乏最有权势最有范儿的大官员和大财主的子女，比如蒋介石、宋子文、孔祥熙、冯玉祥、戴传贤、居正等人的后代和亲属。那些纨绔子弟"有吃、有喝、有玩、有乐，既不用上学听课，也用不着说德国话。有一部分留德学生，只需要四句简单的德语，就能够供几年之用。早晨起来，见到房东，说一声'早安'就甩手离家，到一个中国饭馆里，洗脸，吃早点，然后打上几圈麻将，就到了吃午饭的时候。午饭后，相约出游。晚饭时回到饭馆。深夜回家，见到房东，说一声'晚安'，一天就过去了。再学上一句'谢谢'加上一句'再见'，语言之功毕矣"。

中国留学生实在有愧于文明之邦。本来，文明程度愈高，说话愈不以声大见长，可是有些留学生吃饭时却像饕餮之徒，兴之所至边吃边吼。季羡林形容中国馆饭里"高声说话的声音，吸溜呼噜喝汤的声音，吃饭呱唧嘴的声音，碗筷碰盘子的声音，汇成了一个大合奏，其势如暴风骤雨"。

再看那些纨绔子弟，他们一面孤高自赏，唯我独尊；一面却卑鄙庸俗，一张嘴便是吃喝嫖赌，一应俱全。季羡林曾在日记中写道：

> 在没有出国之前，我虽然也知道留学生的泄气，然而终究对他们存着敬畏的观念，觉得他们终究有神圣的地方，尤其是德国留学生。然而现在自己也成了留学生了。在柏林看到不知道有多少中国学生，每天手里提着照相机，一脸满不在乎的神气。谈话，不是怎样去跳舞，就是国内某某人做了科长了，某某人做了司长了。不客气地说，我简直还没有看到一个像样的"人"。到今天我才真知道了留学生的真面目。

季羡林还辛辣地讥讽说：

> 每个人都少不了有三"机"，照相机、无线电收发机和野鸡。他们都不通德语，与不三不四的人交往，他们也用不着说话，他们的嘴有另外的更为重要的用处。

季羡林便遇见了这样两个败类：一个据说是某某院长的儿子，他经常与季羡林一起吃午饭,但直到他离开哥廷根时,季羡林也不知道他姓甚名谁。他只说过,他听过耶稣教神学、体育原理、微积分、流体力学、生理学、法律,但对这些均不感兴趣,唯独喜欢医学院的产科表演。他还常常向季羡林表演课堂上听到的女人生孩子的情形,并重复教授说的话:"男人无论如何英雄,无论能征服多少国家,也没有女人生产时那种身体上和精神上的力量。"他对女人也赞不绝口,在街上只要见到漂亮的女人就穷追不舍,有时得到的却是一声清脆的耳光……还有一个是上海大商贾的儿子,从小就生活在国外,后来到了德国,季羡林来时他已经在这儿待了七八年。他学的是航空工程,但代数和几何都不甚了了,外国同学都很奇怪,他居然告诉人家,中国逻辑与外国不同,数学也自成体系。他在德国待了十几年,有一天他突然告诉季羡林,他要回国了,回去后承担"组织飞机"的任务……

此类庸俗无能之辈,季羡林是不屑与之交往的。可是,他又缘何同章用成了莫逆之交呢?

章士钊、吴弱男及其三个儿子

论章用的家庭地位,要比一般的官府衙门高得多,显赫过,风光过。他的父亲章士钊(1882—1973)是中国近现代史上著名的民主人士,1924年任段祺瑞政府的教育总长,绰号"老虎总长"。他镇压学生爱国运动,反对以鲁迅为代表的新文化运动,但他一生却与共产党保持良好关系,支持革命,为中华人民共和国成立做出重要贡献。新中国成立后落实统战政策,他以爱国人士的身份,担任中央文史研究馆馆长,为党和国家做了许多有益的工作。他的外祖父吴保初,是清末"四公子"之一,既维新又革命,且有文才,以诗见长,梁启超《饮冰室诗话》收录其诗作。他的母亲吴弱男曾经留学英国,做过孙中山的英文秘书。由此可见,章用确乎出身于世家大族,书香名门,但他与季羡林在柏林见到的那些令人作呕的"衙内"完全不同,一点儿纨绔习气也没有。

1928 年章士钊卸任教育总长后，夫妇俩即携三子去欧洲留学，定居哥廷根。章士钊先期回国后，长子章可转赴意大利就学，幼子章因到英国念书，次子章用留下来陪伴母亲。季羡林来到哥廷根时，他们母子已在此待了五六年了。

1935 年秋，季羡林来到哥廷根，初来乍到，人地生疏，亏得了章用的帮助，才免去许多不必要的麻烦。还记得，章用陪季羡林奔波哥廷根全城——到大学教务处报到，到研究所注册选课，到医生家去看病……章用又陪季羡林出去消遣——一块儿去听诗，一块儿去喝咖啡，一块儿去逛书店，一块儿去山林中散步……

章用的母亲，当然对季羡林也很好，但她的"瘤癖"却显而易见。当今，越来越多的英国人开始学习汉语，就连具有 150 年历史的伦敦地铁也出现杜甫、李白、白居易的绝世佳句；可是，20 世纪 30 年代却不同，最不肯学外语的就是英国人，他们傲慢与偏见的一个突出表现就是，以口叼雪茄烟而能运用自如地说英文为无上荣光。章夫人似乎也跟着沾了光，不时地炫耀自己那口流利的英文。她来德国虽然已久，但连一句德文的"早安""晚安"都不会说，每天出门买东西，兜里总是揣着英文、德文袖珍字典，想买啥，只要往字典上的那个词儿一指，再伸出手指表示买多少，不费吹灰之力就可成交。章夫人更不识德国文字，希特勒提倡的花体字遍布大街小巷的路牌、门牌上，这下子便难倒了她，出门总是找不到北，于是平日里大多蜗居在家中。章夫人还不时地炫耀自己门第高贵，总习惯说"我们官家如何如何，你们民家又是如何如何"。季羡林有时便跟她开玩笑地说："你们官家也是用筷子吃饭，用茶杯喝茶吗？"她却丝毫也不在意，继续"官家""民家"地絮絮不休。章夫人每天在家难得与人闲聊，只有季羡林他们几个中国留学生来时才有了机会，喋喋不休，说个没完没了；但往往三句话过后便谈起了章士钊——她与丈夫如何如何结为伉俪，丈夫当了大官如何如何上车时给她开车门、走路时挽着她的胳臂、张嘴就用英文喊她"亲爱的"……就是这样一位贵夫人，也曾遭遇到不测风云，从九天之上的云端坠了下来，终于发现了她的"真我"，等到章士钊下台，他们全家便来到了哥廷根。

而章用呢，在季羡林眼中，他与母亲不同，是属于一种特立独行的人。他们之间虽然是邂逅——由清华老学长乐森珣引见的，但是在季羡林记忆的丝缕上，章用的影子却不时地闪现出来……

章用虽然也孤高自赏，但那纯属书生气。季羡林也曾想照着去学，但总是学不拢，这大概因为彼此性格迥异，或者家世出身不同吧！比如，他看上去真是"贵人言语迟"，与人交谈说话很少，甚至三缄其口，沉默如金，只留下一副神秘地向着眼前空虚处注视的神态；他在哥廷根很少有中国朋友，每天到大学上课，到图书馆看书，到山上散步，总是孑然一身，旁若无人；他在家也很少与母亲唠家常，总是在那儿思考着什么，眼睛愣愣的，只有跟他谈学问才感兴趣；他对吃饭也没有多大兴趣，嘴里嚼着饭菜，脑筋里还在想着问题，饭后问他吃了什么，他想了半天也回答不出……就是这样一个怪人，季羡林不但没有生厌，反而为他的宽泛渊博的学识和憨厚诚实的本性所折服。因为，季羡林心中有数，章用是为自己负责，想真正实现自我，成为一个独特的人，这种人表面给人一种怪诞的感觉，实际上正在为事业付出巨大的努力。

章用在哥廷根大学著名的数学研究中心学习，攻读博士学位，但因为他家学渊源，对中国古典文学造诣颇深，既擅长写古文，又擅长做旧诗，并喜欢哲学和宗教。庶几，季羡林才与他有了共同语言。季羡林心想，像他这种人，在柏林餐馆里是见不到的，更不会与那种"三机"先生沾边儿。

季羡林对章用既羡慕且景仰，于是与他越来越亲近。他们在一起谈哲学，谈宗教，转来转去总会转到旧诗上。有一天，章用终于将他的一本诗作拿给季羡林看，并随口吟了一句，抒发两人在一起纵谈诗歌的感想：

频梦春池填秀句，
每闻夜雨忆联床。

章用还高兴地说，自从季羡林来了以后，他的诗兴仿佛又开始腾涌起来，这是连他自己也没有想到的。这话还从他母亲那里得到了证实。章夫人常对季羡林说："你一来，章用就好像变了一个人，脸上有了笑容，话也多了起来。"没过多久，章用又把一个黄色的信封交给季羡林，里面的一张硬纸片上工整地写着一首诗：

空谷足音一识君，相期诗伯苦相薰。
体裁新旧同尝试，胎息中西沐见闻。
胸宿赋才徕物与，气嘘史笔发清芬。
千金敝帚孰轻重，后世凭猜定小文。

诗中期许季羡林指日可为"诗伯"，但他感到实难担当。他想，自己虽然喜欢读诗，发表过一点儿评论，对各类诗派及其代表人物有些看法，但毕竟光知螃蟹好吃，而从未捉过螃蟹，没有作过诗。不过，章用也算有眼识珠——季羡林对诗歌，从中学到大学着实有所涉猎，或者说，他早已沉浸到诗的情感世界中去了。

1936年夏，章用因为经济拮据，被迫辍学回国。临行前一天，几个中国留学生在市政厅地下餐馆为他饯行。次日一早，季羡林便来到他家，本想痛痛快快跟他谈一阵子，但他却坚持到大学里去上最后一堂课。

从此，季羡林便与这位莫逆之交"天各一方，世事两茫茫"了。章用名为回国筹款，却一去无回，而且从此与季羡林终身未见。

章用走后，季羡林与其他中国留学生担负起照顾章夫人的责任。每次见面时，她照例气喘吁吁地说："我要告诉你们一件大事。"大家都知道，她并没有什么大事，只是虚张声势而已，若有也无非是"官家"如何如何。1937年春，章夫人也要回国了，因为章用来信说筹款有问题。季羡林等人帮她退房，收拾东西，办理护照，买车船票，忙得不亦乐乎。她却仍然没有忘记自己的"官家"身份，要季羡林给她选一张"标准像"，以备回国后交给新闻记者，进行宣传报道。

再说章用，在回国途中，轮船每次泊岸，他总要给季羡林寄信去，其中有从报纸剪下来的关于梵文的材料和他新写的诗。他回国后先在青岛的山东大学任数学讲师，给季羡林写了一封长信，仅仅是愤世嫉俗、牢骚满腹、抒发内心抑郁不平而已。他还给季羡林寄来明信片，上书"八年未见海，一见心开悟"，并作诗一首，表示对哥廷根的怀念：

> 越鸟南枝剧自伤，
> 未能反哺累萱堂。
> 巢倾铩羽归飞日，
> 客树回看成故乡。

1937年，章用经苏步青介绍，来到浙江大学任数学教授。不久，抗日战争爆发，浙江大学辗转迁至江西建德。这时，他把回国后做的诗都寄给了季羡林，其中有一首诗的两句是："常歌建德非吾土，岂意祈门来看山"。是的，他绝非来看山的。有一天，敌机轰炸，学生问："警报已经响了，老百姓都躲起来了，老师还讲课吗？"他回答说："怎么不上课？"学生又问："黑板挂在哪儿呢？"他斩钉截铁地说："就挂在我身上！"章用虽然过惯了优裕的生活，可他随浙大西迁时，居然自己挑着行李与学生步行。向达教授还回忆说，有一次，章用从俞大维那里借到一部1607年版的《几何原本》，在回杭州的路上，正碰上"八一三"淞沪之战，日军大举进攻上海，敌机狂轰滥炸，他什么也顾不得了，手里只抱着那部借来

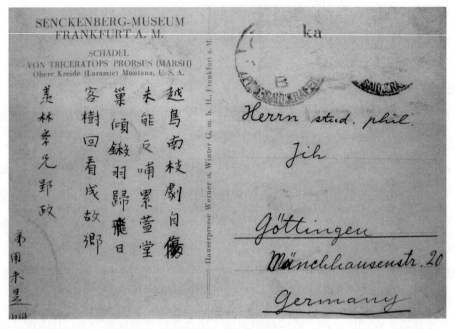

章用寄给季羡林的明信片

的《几何原本》紧紧不放。还有，与季羡林一起回国的刘先志在哥廷根大学学的是流体力学，回国后带病主持一次学术报告会时，由医生陪同并把氧气瓶放在身边，准备随时抢救，但他竟做了一个小时的演讲。难道，这还不足以看出"哥大精神"和德国学术训练的彻底性，在他们身上表现得淋漓尽致吗？

1939年12月16日，章用因肺病逝世于香港。他虽然未及而立之年，但却是个通才，涉及多种学科，尤其文、理兼通，堪为今人仿效。是的，这样一个卓然独立的人，始终没有脱离社会舞台，他所彰显的个性是以主张正义为前提，以履行责任为基石，以对社会的担当为使命的。

季羡林得知章用逝世的消息，心中非常悲痛。他从1941年开始写一篇怀念章用的文章，但因在哥廷根从事紧张的博士后研究，时断时续，终于在1946年7月回国途经南京时完成。同年7月23日，那篇《忆章用》发表在《文学杂志》第3卷第4期上，文中称：

> 他回国以后做的诗都寄给我了。他仿佛预感到自己已经不久于人世，赶快把诗抄好，寄给一个朋友保存下去，这个朋友他就选中了我。我一直到现在还不相信，这是偶然的，他似乎故意把这担子放在我肩上……我们相处一共不到一年。一直到离别还互相称做"先生"。在他没死之前，我不过觉得同他颇能谈得来，每次到一起

都能得到点安慰，如此而已。然而他的死却给了我一个回忆沉思的机会，我蓦地发现，我已于无意之间损失了一个知已，一个真正的朋友。在这茫茫人世间还有几个人能了解我呢？俊之无疑是真正能够了解我的一个朋友。我无论发表什么意见，哪怕是极浅薄的呢，从他那里我都能得到共鸣的同情。但现在他竟离开这人世去了。我陡然觉得人世空虚起来。我站在人群里，只觉得自己的渺小和孤独，我仿佛失掉了依靠似的，徘徊在寂寞的大空虚里。

如今，让这两个伟大的灵魂在另外的世界里相逢吧！在那里，两位莫逆之交一定会尽情地吟诵唱和啊！

贵人相助

季羡林晚年，除了经常提起国外的两位恩师——瓦尔德施米特和西克教授以外，又补充了一位，那就是古斯塔夫·哈隆教授。为此，2003 年 6 月 30 日，他特意写了一篇文章《追忆哈隆教授》，以感谢知遇之恩。

所谓"知遇之恩"，这里不但指受到赏识和重用的恩惠，而且还有急人之所急的情分。此话怎讲？原来，1937 年季羡林与德国签订的两年学习期限已满，这时中国刚好爆发了"七七事变"，不久他的家乡济南即被日军占领，而希特勒又下达了关闭国门的命令，这就让季羡林望乡兴叹，有家难归，出不去又进不来，被迫困居哥廷根。但天无绝人之路，正在这时，哈隆主动介绍他到哥廷根大学汉学研究所担任汉文讲师。这样，虽然他每月 120 马克的留学生奖学金拿不到了，但却能拿到每月 150 马克的汉文讲师工资，这要比那些后来因"二战"爆发，邮路阻塞，不能按时收到从国内寄钱的富家子弟强多了。这区区 150 马克解决了季羡林的后顾之忧。

季羡林对哈隆的感恩尚不止于此。

哈隆虽然是汉学研究所所长，但他一直不受正统德国人和校方的重视，当时还是副教授。他的祖籍在毗邻德国的捷克斯洛伐克西北边疆苏台德区，感情上与其说是德国人，不如说是捷克斯洛伐克人，因此，他对德国法西斯的宣传蛊惑非常反感，1938 年德国侵占捷克斯洛伐克，他便愤然离开哥廷根，到英国伦敦大学去了。顺便提一笔，在伦敦大学，古斯塔夫·哈隆曾经教过终身热爱中国文化、写出 30 多卷皇皇巨著《中国科学技术史》的英国著名科技史家李约瑟（1900—1995）的汉语，为继续传播中国文化做出了贡献。

就是这样一个不受欢迎的人,在异常孤独和凄苦中,与季羡林相识、相知、相处了一年多。据季羡林回忆,他与哈隆几乎是一见如故,当他看到他们夫妇俩每天坐在办公室里,一人埋头搞研究,一人做针线活儿,过的是形单影只的生活时,心里就充满了同情。他认识到,中国人应该尊重像哈隆这样的人,正是他们把中国文化传入欧洲,正是他们在努力加强西方人对中国文化的了解。如今哈隆有了困难,帮助他是中国人的天职,而没有理由小看他,不尊重他。

汉学研究所的图书馆藏尤丰,大约有几万册,线装书最多,也有不少日文书籍,其中有一套《大正新修大藏经》,是季羡林做博士论文和进行博士后研究的必备参考书,而且没有人看,可供他一人使用,真如洪福齐天,受益匪浅。又因为哈隆在国际汉学界广有名声,而且这里所藏汉文书籍闻名遐迩,一些国内外知名汉学家便纷至沓来,吸金纳银,益善多多。比如,英国汉学家阿瑟·韦利、德国汉学家奥托·冯·梅兴-黑尔芬等人均来过这里。借此机会,季羡林又能与他们进行交流,开了眼界,长了知识;当然,这些人也难得与中国学子一见,有时还请季羡林帮忙查查资料,搞搞翻译……就这样,双方可谓"互利共赢"。

时间一长,季羡林与哈隆便成了无话不谈的知心朋友,也可以说,他们结成了忘年交——哈隆比季羡林年长20多岁。虽然哈隆不会讲汉语,但能读汉文书籍。他的汉学研究基础十分雄厚,对中国古代文献,如《老子》《庄子》等研究造诣很高。顺便说一句,当时的德国人对充满神秘色彩的老子颇感兴趣,而对偏于伦理说教的孔子少有问津。哈隆对甲骨文也很有研究,讲起来头头是道,颇有一些极其精辟的见解。他对古代西域史地也钻研得很深,其名著《月氏考》蜚声国际士林。这些正是季羡林尊重他的重要原因。如果说,哈隆原来采取"拿来主义",即亲手从中国搜集来大量文献资料,那么,他现在便可通过中国人的"送去主义",假季羡林之手来输入中国文化了。举例来说,季羡林曾替他写过许多信,寄给中国北平琉璃厂和隆福寺的许多旧书店,订购中国古籍,就这样,中国古籍便源源不断地越过千山万水,来这里安了家。季羡林还特意从国内订购了虎皮纸和笔、墨,然后为每一部线装书写好书签,贴到上面,让读者一目了然。书架上那些蓝封套都贴上黄色小条,黄蓝相间,就像飞满了无数的彩蝶,不太明亮的大书库顿时充满盎然的生气。季羡林自感心花怒发,哈隆也心满意足,只有这时,这对忘年交才会忘记各自的烦恼,一起会心地笑起来。

此时,季羡林可算遂心如意。在当时那种特殊的政治环境下,能寻到一处安身之地,且能继续完成博士论文,是他不顺中的大顺了。走马上任,轻易地当上了汉文讲师,这对季羡林来说是手拿把掐,因为他既有一年的高中国文教学实践,又有在哥廷根两年的德文训练。当他的开课通知书赫然贴在大学教务处的通知栏上,供全校上万名学生选择时,果然有许多人前来报名,但没过多久,听课的人几乎都走光了。在当时,汉文绝不像今天这样在世界上受重视,德国人也觉得学它用途不大。但这对季羡林并无任何影响,他倒可以利用课时不多的机会,跟随西克教授学习吐火罗文和完成博士论文。这种情况竟一直持续到他离开德国。总之,从1937年到1945年的8年间,即使哈隆早已离开这里,季羡林也一直在汉学研究所工作,既有每月150马克的讲师工资待遇,作为生存的基本需求,又有足够的时间从事属于本行的死文字研究,最终为自己的学业画上了一个圆满的句号,可谓幸哉!幸哉!

看来,哈隆确实是慧眼识荆、惜才爱才之人。他虽然与季羡林在汉学研究所仅仅共事一年,但两人交情至深宛如几十年的老朋友。1938年哈隆受聘担任伦敦大学汉文讲座教授,当他把这一消息告诉季羡林时,季羡林也感到由衷的高兴,为他终于摆脱这种不得志不遂愿的窘境而万分庆幸。临走时,哈隆本想把季羡林一块儿带走,但无可能,因为这样做便等于让季羡林攻读博士的努力前功尽弃。哈隆到了英国后,又劝说季羡林去英,但因"二战"正烈,亦无可能。"二战"结束后,哈隆又为季羡林在剑桥大学谋得一职位,季羡林怦然心动——这可是命运攸关的大事啊!季羡林预感到回国后已无研究印度古代语言之条件,颇生"长才难尽"之忧;而如果到剑桥大学,拿一个终身教授,搞一个名利双收,如同探囊取物,唾手可得。最终,季羡林的理智战胜了感情,毅然决定回国,对哈隆教授的盛情邀请,只好由心动变成心领了。

天下毕竟好人多。直到晚年,季羡林仍然念念不忘哈隆教授,心中萦绕着中国传统士人所具有的知遇而感恩的情结。

第八章

烽火岁月

大轰炸下的逸闻

在哥廷根，季羡林赶上了令人震惊的那一刻——第二次世界大战在欧洲战场的爆发。

1939年9月1日，德国法西斯闪电般地进攻波兰，拉开了"二战"欧洲战场序幕。在此之前，季羡林似乎已经觉察出"山雨欲来风满楼"的政治气候。大约有两年光景，德国报纸和广播电台代表官方不时地报道某某邻国对它进行挑衅了，要来进攻它了……法西斯这种"谎言说上一千遍就变成了真理"的骗术，确实蒙蔽愚弄了绝大多数德国人。他们激动了，沸腾了，掀起了一股股"爱国主义"的狂潮。对此，季羡林起初还有点儿相信，但后来不得不画上个问号。

事实是，德国的四邻陆续被贼喊捉贼者占领，波兰当然就是一例。1939年8月31日晚，一群党卫队成员穿着波兰陆军制服，对靠近波兰边境的德国格莱维茨电台开枪射击，把事先麻醉过去的集中营囚徒放在地上，充当电台

1940年6月，德军突破马其诺防线，占领巴黎

方面被打得奄奄一息的"伤亡"人员，以此制造出"波兰进攻德国"的卑鄙闹剧。与此同时，在其他地方，伪装的波兰军队和游击队也向德军发动了"进攻"，看上去，这一切都跟真的一样。第二天上午10时，希特勒在国会大言不惭地宣布，德国进入战争状态，并说："从现在起，我只是德意志帝国的一名军人，我又穿上这身对我来说最为神圣、最为宝贵的军服。在最后的胜利之前，我决不脱下这身军服，要不就以身殉国。"希特勒的这番话激起了议员们一阵阵狂热的欢呼。此时，德国人民大惊，国际舆论大哗，纳粹德国成了"被侵略者"——这就是希特勒导演这场闹剧企图达到的最佳效果。

季羡林终于识破了德国法西斯的真面目。当1940年6月德军突破马其诺防线占领巴黎，其四邻完全被征服后，季羡林预感到，德国法西斯又要寻找新的进攻对象，那就是苏联。果然，在《苏德互不侵犯条约》签订不到两年，德国法西斯又对苏联发动突然袭击，妄想在三个月内征服苏联全境，苏联人民则在斯大林领导下奋力抵抗，开始了一场伟大的反法西斯的卫国战争。

1941年6月22日，季羡林一早起来，欧朴尔夫人就告诉他，德国与苏联开火了。这种天大的事，并没有在德国人中引起多大反响，因为他们已经司空见惯了。季羡林也并不显得那么紧张，因为这已在他的预料之中。前两天他就与两个德国朋友约好去郊游，那天照行不误。他们在旷野森林中行了几十公里，唱歌，拉手风琴，玩得不亦乐乎。回来时，全城灯火管制，街灯尽熄，他们在黑暗中摸索着走回家去。季羡林倒在床上，沉思默想，早晨听到的德苏宣战的事才让他慢慢地回过神来——这一出人类历史上罕见的大戏，竟如此悄没声息地开演了，德国的老百姓表现得那么镇定自若，这是为什么呢？

季羡林仍然恪守不谈他们"国事"的禁条，只是默默地等着前方的消息。他在1941年9月28日的日记中写道："东战线的消息，一点都不肯定，我猜想，大概德军不十分得手。"其中隐含着他的幸灾乐祸之意。次日清晨，广播里突然一连8次播出"特别消息"：德军已在苏联境内长驱直入，势如破竹……这消息刺激了德国人的神经，他们振奋起来，疯狂地山呼"万岁"。季羡林则气得暴跳如雷，同时又极度紧张，浑身发抖，索性用双手捂住耳朵，心中数着一、二、三、四……盼着那声音快点儿结束，但一松手，又照旧鬼喊狼叫般的刺耳。季羡林再也按捺不住了，他热血沸腾，满腔愤慨，当晚失眠症又加重了，加倍地吃安眠药。他在9月30日日记中写道："住下去，恐怕不久就会进疯人院。"

"二战"刚开始时，盟军的飞机曾飞抵柏林上空，投掷炸弹，但技术水平很低，只能炸毁高楼上面的一二层，地下室仍然固若金汤，人们待在里面不必担忧。德国法西斯分子都是说谎专家，吹牛大王，他们的报纸、广播嘲弄盟军的飞机是纸糊的，炸弹是木制的，吹嘘德国的防空系统是铜墙铁壁。而政治上比较天真的德国人则哗然和唱，全国一片欢腾。可是日子一长，盟军飞机轰炸的次数越来越多，炸弹穿透力越来越强，由楼顶穿透到地下室，然后爆炸，地下室已无安全可言。19世纪即已成为"帝都"的柏林首先受到冲击，大约从1942冬天开始，英、美飞机分别从东西方向飞来，轮番进行"地毯"式的狂轰滥炸。此时，法西斯分子王顾左右而言他，昔日的牛皮已经吹破，再也不提纸糊飞机、木制炸弹了。中国留学生只好与德国平民百姓一样，饱受大轰炸的折磨。

哥廷根虽然是个小城，最初盟军飞机尚未光临，但后来也蒙受"垂青"，小规模的轰炸时有发生。一天夜里，英国飞机光临，警报响起来，季羡林没有在意，仍旧拥被高卧。过了一会儿，当他听到炸弹在附近爆炸震碎了楼顶上的窗户时，便连忙狼狈下楼，钻进地下室。第二天季羡林进城，看见人们正在清扫散落在大街小巷的碎玻璃，这才知道英国飞机开了一个不大不小的玩笑——投下的不是真炸弹，而是气爆弹，目的不在伤人，而在吓人。季羡林走着走着，发现了一桩怪事。只见远处一个老头儿弯腰屈背，正在仔细地看着什么。他走上前去，认出正是德国飞机制造之父、蜚声世界的流体力学权威普兰特尔教授。季羡林赶忙喊了一声"早安，教授先生"，普兰特尔教授抬起头来也说了声"早安"。然后，他告诉季羡林，他正在观察气爆弹产生的气流是怎样摧毁眼前这段短墙的，然后自言自语地说："这真是难得的机会！我的流体力学实验室无论如何也做不出这种实验。"季羡林立刻对这位忠于科学研究的老教授肃然起敬。无独有偶，季羡林还听别人说，在慕尼黑城，一天夜里盟军进行轰炸时，人们都纷纷从楼上跑下来，钻进地下室或防空洞，可是有个老头儿却偏偏从楼下往楼顶上跑。原来，他是一位地球物理教授，利用这个机会在做实验室里做不出的实验。季羡林心想，这种为科学而舍命的学者，正好体现了德国学术训练的彻底性，在自己的导师瓦尔德施米特和西克教授身上，不是也能看得出来吗？

在大轰炸中，德国人民的情况如何？据季羡林亲眼所见，每次轰炸他们都要在地下室和防空洞蹲上半夜，饥寒交迫、担惊受怕、情绪低落自不必说。但是，德国人的天性不会说怪话，至于是否存有腹诽，不得而知。正如季羡林曾仗义执言，说"俄国人民是好人民，个个都有朝气，政府却是个坏政府"一样，他对德国法西斯的愚民政策也看得清清楚楚。他说，在大轰炸的日子里，法西斯头子宣布，被炸城市的居民每人增加一份"特殊分配"：咖啡豆若干粒儿，还有一点儿别的什么。德国人特别偏爱咖啡，视之为珍珠宝石，正当人们挨过轰炸将要发脾气时，"忽然皇恩浩荡，几粒咖啡豆从天而降，一杯下肚，精神焕发，又大唱德国必胜的滥调了"。

当哥廷根如同其他大城市一样，频频遭受英国飞机轰炸的时候，季羡林与几个中国留学生就干脆不在家里恭候防空警报了。吃完早点,他们就拿着装满书籍和资料的皮包,到山上的树林中去躲避空袭。最有趣的是,刘先志和滕菀君夫妇带来了一只乌龟,是他们从柏林买来的。原来,战争期间,德国粮食奇缺,当局从被占领的国家运来一大批乌龟,供人食用。德国人对乌龟大都望而生畏,不敢吃,于是当局又大肆宣传乌龟营养之高,胜于仙丹醍醐。刘氏夫妇见这只乌龟煞是可爱,便没舍得吃,养了起来,于是它就陪着大伙儿天天上山。季羡林描述道:

> 我们仰卧在绿草上,看空中英国飞机编队飞过哥廷根上空,一躺往往就是几个小时。在我们身旁绿草丛中,这一只乌龟瞪着小眼睛,迈着缓慢的步子,仿佛想同天空中飞驰的大东西,赛一个你输我赢一般。我们此时顾而乐之,仿佛现在不是乱世,而是乐园净土,天空中带着死亡威胁的飞机的嗡嗡声,霎时间变成了阆苑仙宫的音乐,我们忘掉了周围的一切,有点忘乎所以了。

哥廷根毕竟是座小城,即使战争最残酷的时候,盟军也没有将它作为主要的轰炸目标,因此蒙受损失的程度并不非常严重。季羡林等中国留学生终于躲过了一劫。但是,距此仅百余公里的古城汉诺威却完全不同。"二战"刚结束,季羡林和张维到那儿去了一次,看见"马路两旁高楼断壁之下的地下室垃圾堆旁,摆满了原来应该摆在墓地里的花圈",因为死者的墓地就在地下室,英、美飞机的重磅炸弹穿透楼层,在地下室爆炸,结果地下室里满是尸体。

"二战"中几乎被摧毁的柏林勃兰登堡门

至于柏林,被轰炸的程度就更令人惨不忍睹。季羡林回国前虽然没有再去柏林,但听别人说,那里"一座大楼上面几层被炸倒以后,塌了下来,把地下室严严实实地埋了起来。地下室中有人在黑暗中赤手扒碎砖石,走运扒通了墙壁,爬到邻居的尚没有被炸的地下室中,钻了出来,重见天日。然而十个指头的上半截都已磨掉,血肉模糊了。没有这样走运的，则是扒而不成，只有呼叫。外面的人明明听到叫声，然而堆积如山的砖瓦碎石，一时无法清除。只能忍心不去听，最初叫声还高，后来则逐渐微弱，几天之后一片寂静，结果可知……"

季羡林慨叹道：

这样惨绝人寰的悲剧是号称"万物之灵"的人类自己亲手酿成的，难道不是这样吗？

然而，玩火者必自焚，制造这场悲剧的人绝不会有好下场。1945年4月，希特勒不甘最后灭亡，死守老巢柏林，做垂死挣扎。他在柏林周围筑起了9道防线，配置了100万士兵，20万守备队，分兵把守，并且调集3300架飞机，1500辆坦克，1.04万门大炮。在进攻柏林的战斗中，苏联空军出击7万架次，发射炮弹1.8万发，为了摧毁柏林的坚固的石头建筑物，还使用了重达半吨的炮弹。你想想，这种破坏力有多大？1945年4月30，两名苏军士兵将胜利的旗帜插上了国会大厦，宣布希特勒法西斯的灭亡。就在同日下午，躲在总理府地下室的希特勒同爱娃·勃劳恩一起自杀了。这个骄横一世、杀人如麻、凶残暴戾的法西斯元凶，终于结束了他的罪恶一生。

饥饿地狱的煎熬

饥饿与轰炸就像一对孪生兄弟，它也适时地降临在季羡林头上。

德国法西斯发动这场史无前例的世界战争，必须付出巨大的代价，尤其在经济上必须做好充分的准备。德国虽然是一个新兴的资本主义国家，但是战前的国力并非雄厚殷实，尤其是1929年资本主义世界发生前所未有的大危机，严重依赖美国资本的德国经济自然难逃厄运。权力与力量总是相伴而行，当时德国在资本主义世界中仍显得实力不足，因此政治影响远不及英美。那时德国工业生产萎缩，失业人数剧增到700万，没有黄金储备，德国商品在国际市场上骤然减少，工人失业救济金和养老金锐减，经济形势几乎跌到了低谷。此后数年，广大德国人民一直怨声载道，叫苦不迭。然而，希特勒正是在这种情况下，在垄断资产阶级和军方的支持下，经过几番权力争斗，终于在1933年1月出任总理，次年8月自称元首和总理。希特勒上台后，为了扩军备战和维护垄断资本的利益，下令改组全国经济，纳粹政权与垄断巨头相结合，控制全国的经济生活，以为战时提供财力保证；在农村则扶植富农阶级，在纳税、贷款等方面给予优惠政策，以为战时提供粮食需求。

实际上，希特勒发动的这场战争，真正的受害者乃是德国广大人民群众。据季羡林说，"二战"爆发前几年，法西斯头子就曾扬言：要大炮，不要黄油。当初德国人并不了解这句口号的真实含意，于是全国翕然响应，好像他们真不想要黄油了。

柏林街头的流浪者

那时，每人每年平均消费的黄油已由 26 公斤减到 17 公斤。大概从 1937 年开始，逐渐实行了配给制，首先限量的就是黄油，然后是肉类，最后连面包、土豆也限量供应。到 1939 年"二战"全面爆发，德国人的腰带便一紧再紧，这种推行战争经济的口号终于见到了"效应"。

那么，季羡林当时的境况如何呢？

如果把他当年在德国受的"洋罪"跟今天的孩子们讲讲，他们恐怕会瞪大眼睛感到好奇；但是实确是那种样子的，用不着夸大和缩小。据季羡林介绍，这种"洋罪"他是慢慢体会到的。其实，黄油之类的东西并不是中国人的主食，在国内也很少有人问津。所以，当德国人对黄油限量供应有点儿沉不住气的时候，季羡林却优哉游哉，处之泰然。但轮到面包和土豆也限量供应时，他就感到有点儿不妙。后来黄油干脆绝迹，代之以人造油，季羡林发现，这玩意儿要是放在汤里，还能看见几滴油珠儿，要是用来煎东西，在锅里嗞嗞几声就烟消云散，让人哭笑不得。他和同学到饭馆吃饭，经过再三考虑，才舍得花掉一两肉票，如果能在汤里见到几滴油珠儿，大家就感到心满意足，皆大欢喜了。

对季羡林来说，最重要的还是一日三餐当作主食的面包，但这恰恰让他感到头疼。因为不知里面掺了什么东西，有人说是鱼粉，刚吃还行，放上一天即有腥味儿，吃进肚里生成气体，放屁不止。如果到公共场所去，有伤大雅的事儿便屡屡发生，电影院里经常听到"虚恭"之声，此起彼伏，乐煞人也。季羡林偶尔也去看电影，虽极力克制自己，但还是以失败告终。

在那饥饿难挨的日子里，季羡林种下了不知饱的病根儿。其实，越是肚子填不满，越是饭量猛增。有一次，季羡林便打破了纪录。那天，他同一位德国女士骑着自行车下乡，帮助农民摘苹果。那时城里人谁要是同农民有一些关系，别人就会羡慕不已，其重要性绝不亚于今日走后门。那位女士与农民挂上了钩，季羡林也跟着沾了光。他们高高兴兴地来到苹果园，看见树上结满了晶莹剔透的大红苹果，不禁垂涎三尺。摘了半天，收工时农民送给他们一些苹果和土豆。他们大喜过望，骑上自行车，有如列子御风而行，一路青山绿水看不尽，轻车已过数重山。季羡林回到家里，把五六斤土豆全煮了，蘸着剩下的一点儿白糖，狼吞虎咽地塞进肚里，可是最后仍有没有吃饱的感觉。

当初，季羡林压根儿没有料到会在异域受此"洋罪"，他想，这种情况要是能让亲人们知道知道也好，可以向他们倾诉一下自己的苦衷，得到一些安慰。然而做不到，因为战争的硝烟已经阻隔了他与亲人的书信联系。这时的季羡林，就像一只断了线的风筝一样，孤零零地飘浮在雾茫茫灰蒙蒙的远空……

然而，心灵的孤苦和哀伤还可以用另一种方法来医治，那就是寄托于充满幻想的童话般的梦。季羡林虽然生也不辰，但是毕竟没有真正挨过饿；小时候虽然家穷，一年到头只能吃上两三次白面，但平日里吃糠咽菜也能填饱肚子。他一生在吃的方面没有任何奢望，"吃品"指数并不高，燕窝、鱼翅、猴头、熊掌这些玩意儿连做梦也不会梦到。但这时，季羡林真的做起"美梦"来了，梦到的是家乡的花生米和锅饼（又叫锅盔）。每天平旦醒来，回忆起梦中事儿，他的怀乡之情犹如大海波涛，奔腾汹涌，无论如何也抑制不住。

无疑，季羡林在德国真正尝到了饿的滋味儿，也经受住了考验。我们再把镜头转到20世纪60年代初的三年困难时期，据季羡林回忆，那时"大家都挨了饿，我在德国挨过5年的饿，'曾经沧海难为水'，我现在一点没有感到难受，半句怪话也没有说过"。1960年，我国发生的那场悲剧，使中国人口减少了许多。季羡林面临着一次考验。据季承回忆，那时，季羡林把正在济南老家挨饿的婶母和夫人接到北京，"父亲每月给母亲一定数目的钱做生活费，要她记账，至于够不够，他不再问。因为他不肯再掏钱，母亲也不敢再向他要钱。"此话虽可做不同的解释，但毋宁说，从饥饿的地狱中解脱出来的人，更懂得生活俭朴的意义。当今的青少年更应该明白这个道理。

难怪，季羡林在《留德十年》中说："挨饿这个词儿，人们说起来比较轻松，但这些人都是没有挨过饿的。我是真正经过饥饿炼狱的人，其中滋味实在不足为外人道也。"

为此，他向读者介绍了印度佛典《长阿含经》中关于地狱的描述：

（饿鬼）到饥饿地狱。狱卒来问："汝等来此，欲何所求？"报言："我饿！"狱卒即捉扑热铁上，舒展其身，以铁钩钩口使开，以热铁丸着其口中，焦其唇舌，从咽至腹，通彻不过，无不焦烂。

他又介绍了《神曲》第六篇：但丁在走进苦恼之城、罪恶之渊、幽灵之中，即走进地狱之后，看见了一个怪物，张开血盆大口，露出长牙；但丁的引导人俯下身子，在地上抓了一把土，对准怪物的嘴投了过去。怪物像狗一样猖猖狂吠，无非是想得到食物，现在嘴里有了东西，就默默无声了。

他认为，正因为饥饿是最难忍受的，所以东西方宗教家才设想出恶人到地狱中去尝饥饿滋味的情景。

季羡林说，他在德国挨饿时，正在读俄文版果戈理的讽刺喜剧《钦差大臣》，其中第二幕第一场奥西普躺在主人的床上独白道：

现在旅馆老板说啦，前账没有付清就不开饭；可我们要是付不出钱呢？（叹口气）唉，我的天，哪怕有点菜汤喝喝也好呀。我现在恨不得要把整个世界都吞下肚子里去。

他认为，这段话写得太好了，果戈理一定挨过饿，否则他无论如何也不会说要把整个世界都吞下去，这是对眼前饥饿地狱的绝妙讥讽。

无疑，饥饿在季羡林身上留下了巨大的伤痕，他失去饱的感觉大概有八年之久，直到"二战"结束后才慢慢恢复过来……

家书抵亿金

季羡林从1935年8月离开济南，到1947年夏天回家，中间整整相隔了12年。其中，前四年，他与亲人还能保持正常的书信联系，互相寄过照片。虽然没有飞鸿传书般的浪漫，只有报一声平安的质朴，但双方确实得到了慰藉与宽心。"二战"爆发后，德国法西斯对外国留学生控制极严，他们对外写信只能用战时限制的25个单词。由于邮路隔绝，季羡林与亲人的书信联系中断了七八年之久。这种情况，不但在今天是难以想象的，就是当时也极为少见。季羡林在《留德十年》中，将杜甫的诗句略作修改，拟定了一个标题——"烽火连八岁，家书抵亿金"，可见，在他心目中，"家书"之分量重如泰山。

季羡林逝世后，社会上对他的所谓"家庭情结"产生了种种质疑，笔者对此无意发表任何评论,只想就他留德10年的特殊历史背景下的相关情况,略谈一二。

应该承认,季羡林出国前个人婚姻并非圆满,但他毕竟已有一双儿女——那天,女儿牵着母亲的手,儿子酣睡在母亲怀中,将他送出大门。他要承担起为父、为夫的责任呀!他出国的目的也很一般,充其量只是镀一层金,回来后弄到一只"饭碗"而已。有人说,当今有些人为了心灵的"恬静"和"休憩",不得不割舍亲情,去寻找属于自己的"家",然而遗憾的是,原本每个人都有家,那个疲惫的心灵就像无家可归的流浪汉。笔者认为,倘若这句话用在季羡林身上,那也未必完全恰当。尽管当时他的家庭气氛并不十分融洽,他或许也希望自己成为一个没有家庭羁绊的自由人,去寻觅一个理想的家庭,但他到底还是守住了这片家园。从他初到哥廷根时,怀念两位母亲的思乡之情,即可见一斑。后来,无论多么寂寞孤苦,或者忧伤悲痛,只要他一想起家,就会获得温暖和释怀。是的,尽管十年寒窗苦,一朝功名就,梵文、吐火罗文为季羡林开启了通向世界的大门,但是这个来自齐鲁大地的青年,从踏上异邦的第一天起,始终没有寻找一个真正理想的家,他心中仍然装着自己的家园——生他养他的两位母亲以及他的妻子儿女。

下面,就来具体看看一纸难求的家书,给季羡林带来多少精神的苦恼和心灵的创伤。

据季羡林介绍,随着"二战"的形势日益险恶,他的怀乡之情也日益腾涌,与刚来哥廷根时不可同日而语。这种怀乡之情并非受德国人的影响,相反,德国人对待轰炸和饥饿的超然泰然态度倒使他稳定了一下情绪,不至于那么紧张。

先说轰炸,起初并不很严重,盟军飞机来时,德国人听到警笛声马上就钻进地下室或防空洞。他们表现得很有组织性,该干什么就干什么,一点儿也不

一封家书

紧张；东线德苏战争僵持下来时，德国四面受到包围，吹得神话般的防空能力几乎瘫痪，盟军飞机随时可以飞来，不论白天或夜晚，想投弹就投弹，不想投弹就用机关枪扫射，警笛也失去了作用，因为一天到晚都处于警报之中。但是，德国人仍然丝毫不紧张，出门随时观察天空，飞机来了就到街旁屋檐下躲一躲，飞机走了还是该干什么就干什么。

再说挨饿，德国人也能泰然处之，不但不说怪话，而且有时还颇幽默。有一次，报纸上登出一幅漫画，画的是一家人正在吃饭，舅舅用叉子叉着一块兔肉，逗着小外甥说："太好吃啦！"小外甥则低头垂泪。显然，那兔子是小孩子饲养的心爱之物，舅舅只晓得兔肉好吃而不理解外甥的心情。德国人给人的印象不像福楼拜的《包法利夫人》和司汤达的《红与黑》所描写的那样开朗、活泼、外露，而是严肃、认真、淳朴，他们的彻底性有口皆碑。本来，他们缺少英国人的幽默，但挨饿时却意外地幽默起来。

德国人战时沉着、冷静、乐观的态度，或许能给季羡林带来某种安慰。面对想象不到的轰炸和饥饿，与其悲观失望，唉声叹气，倒不如无复多虑，等闲视之，相信面包总会有的。季羡林曾经坦言，在欧洲10年他成了无神论者。2006年年底，他接受《人民日报》高级记者卞毓方采访时说："我在欧洲待过10年，你知道，欧洲人的坟墓，是由大理石砌成，很干净，也很安静，居民常常选择墓地聊天、休憩，不存在恐怖的感觉；其次，我在欧洲深入接触了科学，成了无神论者，不相信天地有鬼神，自然也就不怕。"

笔者认为，季羡林这种不怕鬼神的精神也是在"二战"的硝烟中锻炼出来的，那时，他看见那么多无辜的死者、伤者，他的心情自然万分悲痛，痛定思痛，又怎能不悟出一些道理来呢？

事实果真如此。据季羡林回忆，等到战争越过了高峰逐渐走向低谷的时候，从东线战场送回了大量的德国伤兵，一部分来到了哥廷根。这时，奔走于哥廷根大学各研究所之间的，除了"二战"刚爆发、男生即被征入伍而只剩下的那些女生外，就是缺胳膊断腿、拄着双拐或单拐，甚至坐着轮椅刚回来的伤残男生。在上课的大楼中，在洁净的走廊里，拐杖触地的清脆声，处处可闻。这种声音回荡在粉白黛绿之间，让人感到不是滋味儿，季羡林听了万分悲痛，欲哭无泪。

还有，与德国伤兵差不多同时涌进哥廷根的是苏联、波兰、法国等国的俘虏，人数也很多，最初由德国人看管，后来由于人数多起来，看管人员有限，好多俘虏就在大街上自由地走动。季羡林曾看见一些苏联俘虏，在郊外农田里挖收割后剩下的土豆，放在自带的锅里煮，然后狼吞虎咽地吃起来。这些苏联俘虏的命运还算可以，最差的是波兰的战俘和平民，在法西斯眼中他们是亡国奴，可以任意侮辱和歧视。他们每人衣襟上都缝了一个写着"P"

字的布条，就像印度的"不可接触者"，让人一看就能识别出来。有一天，他突然在经常路过的菜园子里，看见一个带有这种标志的波兰少女，正在那里干活儿，圆圆的面孔，大大的眼睛，酷像八九年前在波兰火车上碰到的 Wala，但他又不敢完全肯定，因此不敢贸然搭话。此后他每天路过这里总会看到她在干活儿。见此情景，他感慨道："同是天涯沦落人！"心中万分悲痛，欲哭无泪。

然而，灾难是对人性的考验，其时满目疮痍又怎能不勾起季羡林心中的难言之隐？你想想，祖国和亲人也同样遭受战争之苦，八年未见家书，与他们相隔万水千山，德国人在一起尚可排忧解愁，而他又向谁倾吐呢？正如季羡林回忆，那时对祖国抗日战争的情况几乎完全不清楚，偶尔从德国方面得到一点儿消息，由于日本是德国的盟国，德国与日本串通一气，因此都是谎言。他日日夜夜在想：祖国成了什么样子呢？家里又会是怎样呢？德华带着两个孩子，日子不知是怎么过的？叔父年事已高，家里的经济来源何在？婶母操持这个家，结果如何呢？他还特别想到了一双儿女，都说"可怜小儿女，未解忆长安"，他盼着自己的儿女能忆得起长安，知道有一个爸爸在很远很远的地方。他甚至想到家里的那条小狗"憨子"，每次他从北京回家，一进门就听到汪汪的吠声，但一看到他，立即摇起尾巴，憨态可掬；他还想起了自家院子里的那两棵海棠花，为此，他于1941年5月29日写了一篇散文，名曰《海棠花》，其中写道：

> 六年前的秋天，当海棠树的叶子渐渐地转成淡黄的时候，我离开故乡，来到了德国。一转眼，在这个小城里，就住了这么久。我们天天在过日子，却往往不知道日子是怎样过的……到了德国，更是如此。我本来是下定了决心用苦行者的精神到德国来念书的，所以每天除了钻书本以外，很少想到别的事情。可是现实的情况又不允许我这样做。而且祖国又时来入梦，使我这万里外的游子心情不能平静。就这样，在幻想和现实之间，在祖国和异域之间，我的思想在挣扎着。不知怎么一来，一下子就过了六年。
>
> 哥廷根是有名的花城……但是我却似乎一直没注意到这里也有海棠花。原因是，我最初只看到满眼繁花，多半是叫不出名字。"看花苦为译秦名"，我也就不译了。因而也就不分什么花什么花，只是眼花缭乱而已。
>
> 但是，真像一个奇迹似的，今天早晨我竟在人家园子里看到盛开的海棠花。我的心一动，仿佛刚睡了一大觉醒来似的，蓦地发现，自己在这个异域的小城里住了六年了。乡思浓浓地压上心头，无法排解。

……乡思并不是很舒服的事情。但是在这垂尽的五月天,当自己心里填满了忧愁的时候,有这么一团十分浓烈的乡思压在心头,令人感到痛苦。同时我却又有点爱惜这一点乡思,欣赏这一点乡思。它使我想到:我是一个有故乡和祖国的人。故乡和祖国虽然远在天边;但是现在它们却近在眼前。我离开它们的时间愈远,它们却离我愈近。我的祖国正在苦难中,我是多么想看到它呀!把祖国召唤到我眼前来的,似乎就是海棠花,我应该感激它才是。

　　想来想去,我自己也糊涂了。晚上回家的路上,我又走过那个园子去看海棠花。它依旧同早晨一样,缤纷烂漫地开成一团,它似乎一点也不理会我的心情。我站在树下,待了半天,抬头看到西天正亮着同海棠花一样红艳的晚霞。

季羡林70年前的这篇散文作品,怀乡之情感人至深,让我们一起好好品味吧!

季羡林最想念的还是他的生身母亲。他初到哥廷根时的思母之情,前已提及,而这时愈加强烈。母亲入梦,司空见惯,但他最遗憾的是,母亲没留下一张相片,他脑海中的那点儿母亲的影子,还是十几岁离开她时留下的,如今在梦中难以见到母亲真实的面影。是啊,这既是季羡林的最大憾事,也是上天对他的最大不公!

下面,就来具体看看季羡林日夜思念的亲人到底怎样?他的一双儿女是否还能记得起他?

季羡林后来说,那时他家中经济已经破产,靠摆小摊卖炒花生米、香烟、最便宜的糖果之类的东西勉强糊口。季承也说,那时他和姐姐不知道什么叫父亲,也不知道谁是他们的父亲,更甭说感受父亲的关爱。亲友中有好事者常问他们"你有爸吗?""你爸哪里去了?""你爸是什么模样?"……他们茫然不知如何回答。时间长了,他们感觉到这是挑衅,就再也不理睬,可是心里总在琢磨:"为什么我们没有父亲?我们的父亲到底是什么样子?"但是,承受压力最大的还是他们的母亲,那压力不是繁重的家务劳作,而是精神和舆论。那个年头儿,男人长久在外不归,女人承受不起别人的流言蜚语。母亲也没少听说过:"季羡林在国外有人了,他一定会带回来一个黄头发蓝眼睛的外国女人。"因为没地方去诉说衷情,母亲的精神压力一直无法减缓,与父亲中断联系后就更加惶恐不安。当时国内和国外战争都进行得十分激烈,这对母亲的刺激非常大,无时不惦记着父亲的安危,有时甚至找算命先生占卜吉凶……

同千千万万平民百姓一样,战争给季羡林和他的一家带来了深重的灾难。尽管如此,季羡林仍然完成了学业,奠定了一生从事科学研究的坚实基础……

博士论文的轰动

季羡林既已决定拿下博士学位,便颇用了一番心思,付出了常人无法想象的艰辛。当他选了三个系以后,就按部就班地去听课。从 1936 年夏学期到 1938—1939 年冬学期,他跟瓦尔德施米特学了三年主系即印度学课程。

瓦尔德施米特给季羡林上了两年多的梵文课,大概看出他"孺子可教",还是块料儿,终于决定收他为真正的入门弟子。1938 年冬季开学时,他同季羡林商量做博士论文的事儿,征求他的意见,问他有何想法。季羡林直率地说,论文题目绝不同中国有任何牵连,不做"两头嗷"的文章,瓦尔德施米特听了笑起来,最后给他出了个题目。对此,季羡林回忆说:

> 我的老师 Prof.Dr.Waldschmidt 给我出的博士论文题目是《〈大事〉(Mahāvastu)颂中限定动词的变化》。《大事》是用所谓佛教梵语(Buddhist Sanskrit)或混合梵语(Hybrit Sanskrit)写成的。在研究佛教的学者中,这种梵语是一门不冷不热的学科。有一些人在研究,但人数不多,英雄大有用武之地。我的老师之所以给我出这样一个题,其用意大概也就在这里。他问我同意不同意这个题目。我是一个初学者,门还没有进,更谈不上登堂入室,除了答应之外,也确实没有别的选择余地。我同意之后,接下来的是长达三年的看书、搜集资料和进行写作的时期,这是一段只争朝夕的艰苦奋斗的时期。

其实,季羡林并非是一个初学者,他毕竟学了两年多梵文。他之所以同意老师出的博士论文题目,正是因为他对研究佛教梵文产生了微妙的兴趣,似乎潜意识地感觉到,它是叩开印度佛教史研究大门的一把钥匙。瓦尔德施米特也并非把这一题目强加在他头上,而是考虑到佛教梵文还需要深入研究和开拓创新,需要有人在这片莽林中继续探索前进,因此,征求他的意见后拟出这样一个题目。

季羡林通过对《大事》的研究写出论文,这的确是一块硬骨头,谈何容易!《大事》是产生于公元 2 世纪小乘向大乘过渡时期的佛典,据说是一部律的前言,用混合梵语并夹杂许多俗语写成。在此,笔者无力对季羡林的这篇论文的意义做任何评论,但可以引用他的入室弟子、北大教授段晴的见道之言:"这篇论文探讨的问题是 Mahavastu(《大事》)所反映出的语言现象,透过对其中伽陀(也作'颂',即诗歌——笔者)部分动词变化的分析,可以观察这部佛典的起源，从而推断出原始佛典所使用的语言，这对印度佛教史的研究有重要的意义。实际上，这篇论文是一部基于混合梵语佛典的语法分析书。凡是读混合梵语佛典的人，必须参考先生的文章。应该说，世界上的学者虽然早已对古典梵语的研究达到淋漓尽致的程度，但对混合梵语以及印度俗语的研究仍然十分欠缺。任何科学的成果都经得起时间的考验。1997年初，我曾在印度普纳大学参加一个国际研讨会，会上一位法国学者大声疾呼，要加强对佛教梵语的研究，会下，这位先生特别找到我，希望得到季羡林先生早期发表的论文，因为国际上的学者没有忘记，季羡林先生曾是研究佛教梵语的专家。"

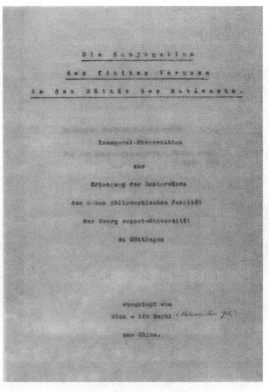

季羡林留学德国的博士毕业论文

　　千里之行，始于足下。季羡林要想完成这篇具有深远意义的论文，必须从零开始，一步一个脚印地踽踽而行。据他介绍，从确定论文题目那天起，他就在既要上课又要讲课的情况下，利用一切可以利用的时间，啃那皇皇三巨册的佛典《大事》。他的日程安排得非常紧凑。早晨在家中吃过早点就去哥廷根大学梵文研究室上课，或到汉学研究所讲课。中午在外面饭馆里吃午饭，再回到研究所看书和查阅资料，从来没有午睡过，直到下午6点回家吃晚饭。天天如此，单调刻板，但既已全身心投入，他就感到其乐融融。《大事》这部佛典很不容易读，他要查几部梵文、巴利文字典，还要经常翻阅R.Pischel那部著名的《俗语语法》。他边读边把所有的动词形式写成卡片，按字母顺序排列起来，遇到困难问题，唯有独自钻研，从未找过瓦尔德施米特，因为不到关键时刻，老师不会轻易发表自己的意见，目的在于培养学生独立研究的能力。《大事》中法国学者塞那校订的注释也可以参考，但他主要靠自己去解决，一时解决不了就放一放，等到类似的现象发现多了，集拢起来一比较，有的困难问题自然就能解决。他用了两年时间读完《大事》，还读了其他一些参考书。书读完了，卡片也做完了，他便开始分类编排，逐章逐段写文章；论文主体写完，又加上一篇附录《论词尾 -matha》和一个详细的动词字根表。至此，这篇论文就算基本完成了。

季羡林所以有信心写好这篇博士论文，笔者认为，首先因为他坐拥书城，博览群书，学习和掌握了大量的必需资料。"高斯-韦伯楼"的东方研究所图书室专业书籍齐全，又非常肃静，为他提供了难得的读书条件和环境。在这里，他读了许多"宝典"，比如从头到尾读了海德曼·奥尔登堡的《佛陀》以及他的论文中分析《大事》文体的文章；印度古代语言、宗教、文学、碑铭的书，别人看来极为枯燥乏味，然而他却情有独钟，不忍释手；他还在

"高斯-韦伯楼"

汉学研究所图书室查阅了诸如《大正新修大藏经》等中国古籍，这些古籍是中国人民智慧的结晶，徜徉其间他内心充满了自豪感。

其次，因为季羡林从德国梵文大师那里，学习了体现学术训练彻底性的考据学。这种考据学先被陈寅恪从吕德斯教授手中学到，后又被季羡林从吕德斯教授的弟子瓦尔德施米特手中学到，因此季羡林非常崇拜中外两位大师陈寅恪和吕德斯，他说：

这两位大师实有异曲同工之妙。他们为文，如剥春笋，一层层剥下去，愈剥愈细；面面俱到，巨细无遗；叙述不讲空话，论据必有根据；从来不引僻书以自炫，所引者多为常见书籍；别人视而不见的，他们偏能注意；表面上并不艰深玄奥，于平淡中却能见神奇；有时真如"山重水复疑无路"，转眼间"柳暗花明又一村"；迂回曲折，最后得出结论，让你顿时觉得豁然开朗，口服心服。

看来，两位大师的学术研究方法，在季羡林的学术生涯中产生了深远的影响。

在此，笔者也无力对季羡林的这篇论文反映出的学术研究方法做任何评论，仍然引用他的弟子段晴的见道之言："先生的论文没有长篇大论的背景介绍，没有点缀修饰的辞藻，更没有引人入胜的故事情节。论文经过寥寥数语摆出争论的关键，以及论文希望解决的问题，然

后直接进入其独特的研究领域。在整个论述过程中，作者不放过任何一个考察对象。这种经过剖析原始材料而寻出规律的论文风格近乎自然科学的学术文章。先生自己认为他早期的学术研究方法是考证式的。无征不信，这是德国治学精神的影响，结论必须建立在确凿可靠的证据之上。这种实事求是，朴实无华，形成了季羡林先生早期论文的鲜明的特点。季先生写道：'我已经习惯于德国学者（有少数例外）的那种坚实、周到、细致、彻底的，几乎是滴水不漏的治学方法。'而这特点其实贯穿他的整个学术生涯。"

"二战"爆发后不久，瓦尔德施米特被迫应征从军。季羡林一面听西克教授的吐火罗文课，一面继续完成论文写作。其间，虽然饱受中断家书的无尽忧伤，遭遇轰炸和饥饿的骇人厄运，季羡林仍旧争分夺秒，"开电灯以继晷，恒兀兀以穷年"，终于在1940年秋把论文基本写好，即将参加研究所主持的博士论文答辩。事前，他将写好的论文送给回家休假的瓦尔德施米特一阅，竟未想到出现了意想不到的插曲。

原来，由于虚荣心作怪，季羡林想以论文的"导论"来显示自己的才华，巴不得产生一鸣惊人的效应。在洋洋万言的"导论"中，他将搜集来的有关混合梵语的资料以及佛典由俗语逐渐梵文文化的各家说法罗列在一起，巨细无遗，面面俱到，应该与不应该阐述的问题混为一谈。他自我感觉良好，洋洋得意，把论文交给教授看。没过几天，瓦尔德施米特就把他叫来，仍然像平日一样，面带笑容地把论文还给他。季羡林接过去一看，只见大部分都无改动，只在"导论"部分前面画了一个前括号，后面画了一个后括号，意思是这部分的内容必须全部删掉。瓦尔德施米特见季羡林还在愣着，急忙对他说："你讨论这个问题，费劲儿很大，引书很多，但都是别人的意见，根本没有你的创见。你重复别人的意见又不完整准确。如果别人对你的文章进行挑剔和攻击，从任何地方都能下手，你是防不胜防，根本无还手之力。因此，我建议把导论通通删掉。"这席话宛如当头"棒喝"，让季羡林哑口无言，面呈羞涩，低下头去。此时，他思绪万千，心潮滚滚，难以平静。过了好一阵子，他才清醒过来，仿佛做了黄粱一梦，由衷地感激教授，最后又重新写了一篇文字极短、论述精当的"导论"。看来，瓦尔德施米特对他的中国学生还算很客气，季羡林曾回忆说：

> 德国教授多半都有一点教授架子，这是他们的社会地位和经济地位所决定的，是不以人的意志为转移的。后来听说，在我以后的他的学生们都认为他很严厉。据说有一位女生把自己的博士论文递给他，他翻看了一会儿，一下子把论文摔到地上，愤怒地说道："这全是垃圾，全是胡说八道！"这位小姐从此耿耿于怀，最后离开了哥廷根。

季羡林写作论文的这段往事让他终身不忘。他后来指导自己的研究生时，也以这种严格的标准要求。笔者的北大学兄薛克翘曾著文称："我的毕业论文《论普拉萨德的大诗〈迦马耶尼〉》初稿完成时，我将它誊写出三份，分别送给季先生和几位老师审阅，征求修改意见。季先生很快就看过了，而且提出了修改意见。他的认真仔细再次感动了我。他提出了两点意见，都让我牢记终身：一是涉及印度古代文论的部分要审慎；二是尽量避免使用时髦的词语。我明白，先生第一条意见的意思是，做学问不能浅尝辄止，不能在一个问题没有搞懂之前就发议论。第二条意见的意思是，写文章要质朴通畅，不追求华丽，不盲目使用生造出来的或海外进口的新词。关于这一点，和先生聊天时，他也曾多次说起过。他还说过：'写东西做到通顺流畅很不容易，不是人人都能做到的。现在北大的教授中，就有一些人连个便条也写不好。小小的便条里也有学问。'"

1940 年 10 月 9 日，季羡林把最后定稿的博士论文交给了文学院院长、年轻的戴希格雷贝尔教授，由他来安排论文口试答辩时间。这里顺便提一下，德国大学是教授说了算，不妨称为"教授治校"。这种教授治校的理念，20 世纪在我国上海曾经流行过，1917 年由蔡元培倡导，一度成就了北京大学的辉煌，如今成为中国教育界稀缺的良药。而季羡林在德国看到的情景是：学生经过几年努力写出论文，教授认为可以了，就举行论文口试答辩，但是通过却很难。一般先在系里或研究所内答辩，然后送到欧洲其他大学审读，经过几道关口，认为质量及格才能通过。大学的校长、院长和部长也不全是教授，他们无权干涉教授的决定。每个系或研究所一般只有一个教授，这个教授退休，另外一个才有机会晋升。看来，无论哪一个国家，教授都是一个了不起的头衔，但在知识贬值的时候，教授却不能代表应得的荣誉和地位。由此笔者想到一件事情：1994 年某个时候，教育部召开直属高校书记、校长会议，有位负责人根据下属相关部门整理的材料，指出高校新近出现的某些值得注意的"新动向"，其中包括季羡林在接受凤凰电视台采访时，说过的"教授满街走"的话。最后，陈至立部长作总结发言，明确表态：这些看法属于认识问题，可以讨论，但到此为止。

1940 年 12 月 23 日，季羡林论文口试答辩的时间到了。瓦尔德施米特又刚好回家休假，但是英文教授勒德尔却有病住院，只好决定先口试梵文、斯拉夫语言学和进行论文答辩，以后再补英文口试。

在此前几天，季羡林心中一直忐忑不安。他想，还不知道教授们会提出什么样的稀奇古怪的问题呢？他听别人说过，19 世纪末德国医学泰斗微耳和口试学生时，将一盘猪肝摆在桌子上，问道："这是什么？"学生瞠目结舌，半天说不出话来，他哪里想到教授会拿猪肝来考学生呢？结果口试落第。微耳和说："一个医学工作者一定要实事求是，眼前看到什么，就说是什么，连这点儿本领和勇气都没有，怎么能当医生呢？"又有一次，微耳和指着自己的衣服问："这是什么颜色？"学生回答说："先生！您的衣服曾经是褐色的。"微耳和大笑，立刻说："你及格了！"原来，他平时不大注意穿着，一身衣服穿了十几年，已由褐色变成黑色。前事不忘，后事之师，面对这种类似《苏格拉底的苹果》的故事，季羡林暗自提醒自己，假如教授们也提出类似的问题，那就照实回答，科学最讲究实事求是嘛！

下面，笔者不妨抄录几段季羡林当时的日记，看看他那本来胸有成竹但却忐忑不安的心理状态：

一九四〇年十二月二十三日

早晨五点就醒来。心里只是想到口试，再也睡不着。七点起来，吃过早点，又胡乱看了一阵书，心里极慌。

九点半到大学办公处去。走在路上，像待决的囚徒。十点多开始口试。Prot.Waldschmidt（瓦尔德施米特教授）先问，只有Prof.Deichgraber（戴希格雷贝尔教授）坐在旁边。Prof.Braun（布劳恩教授）随后才去。主科进行得异常顺利。但当Prof.Braun开始问的时候，他让我预备的全没问到。我心里大慌。他的问题极简单，简直都是常识。但我还不能思维，颇呈慌张之相。

十二点下来，心里极难过。此时，及格不及格倒不成问题了。

一九四〇年十二月二十四日

心绪极乱。自己的论文不但Prof.Sieg、Prof.Waldschmidt认为极好，就连Prof.Krause也认为难得，满以为可以做一个很好的考试，但昨天俄文口试实在不佳。我所知道的他全不问，问的全非我所预备的。到现在想起来，心里还极难过。

七点前（下午七点前——笔者）到Prof.waldschmidt家去，他请我过节（季羡林按：指圣诞节）。飘着雪花，但不冷。走在路上，心里只是想到昨天考试的结果，我一定要问他一问。一进门，他就向我恭喜，说我的论文是Sehr gut（优），印度学（Indologie）Sehr gut，斯拉夫语言也是Sehr gut。这实在出我预料，心里对Prof.Braun发生了无穷的感激。

他的儿子先拉提琴，随后吃饭。吃完把圣诞树上的蜡烛都点上，喝酒，吃点心，胡乱谈一气。十点半回家，心里仍然想到考试的事情。

1941年2月19日，季羡林补上英文口试，瓦尔德施米特也参加了，又得了一个Sehr gut。就这样，功夫不负有心人，他以四个"优"通过了博士考试，获得了博士学位。由此，他洞见了良心、良知和良能，足以告慰亲爱的祖国、九泉之下的母亲和活着的每一位亲人！

季羡林的博士论文通过后，立即引起轰动。无疑，这是他毕生从事印度古代语言学研究的发轫滥觞之作，起点之高、立意之新、论证之精，令人叹服，具有极其重要的学术价值。其中，附录《论词尾 -matha》的 -matha 是动词第一人称复数的语尾，不见于其他佛典，有的学者如《大事》的注释者——法国学者塞那对此也百思不得其解，并试图解释为 -ma tha，但季羡林却证明它是一个完整的语尾。参加论文口试答辩的克劳泽教授，是一位蜚声世界的比较语言学家，掌握几十种古今语言，虽然自幼双目失明，但有惊人的记忆力，上课前只需别人给他念一遍讲稿，就能几乎一字不差地讲上两个小时。就是这样一位天才人物，对季羡林论文中的"附录"给予了极高的评价，认为这是一个了不起的发现，因为同样或类似的语尾在古希腊文中也可见到，这种偶合对研究印欧语系比较语言学具有突破性意义。由此可见，这篇论文在堪称世界印欧语系比较语言学研究中心——哥廷根大学引起轰动，自在情理之中。

季羡林的博士论文，因为战争的原因未能公开发表，呈缴的是打印本，直到1982年4月才收入他的《印度古代语言论集》一书，由中国社会科学出版社公开出版发行。

攻读吐火罗文

"吐火罗文"这词儿，想必大多数人都没听说过，即或有人能叫出它的名字，也好像面对蓬莱灵山，可望而不可即。季羡林生前，有人为他深谙此道而叹为观止，笔者便偶尔听到这样的话："季老是我国唯一懂吐火罗文的学者，简直太神啦！"季羡林逝世后，人们都为失去一位头顶各色光环的大师而喟然长叹，但又有人多了一分担心——吐火罗文当真会在中国绝后吗？这也许是杞人自忧，届时尚可采取急人之所急的补救举措嘛！

说得好！其实，早在2005年9月20日，季羡林与冯其庸联合署名的报告便飞到了中南海。报告称："在中国的古代，曾经有一些民族留下了语言文字，但是后来这些民族却消失了。这种文字通常叫作死文字，例如粟特文、吐火罗文、于阗文、印度古梵文等。以上这些珍贵的资料，老早即被西方的掠夺者所劫取，但在这些古文献资料里，不仅包含着当时的民族风情，而且反映着西部不少少数民族政权的内附关系，以至于汉政权行政机构的设施等等。但是这些珍贵的资料大部分在外国人手里,其解释权也由他们掌握主导。我们急需做两方面的工作,一是建立研究机构,培养专业人才,并调集国内极少数的几位专家一起带研究生;二是向国外派留学生,不仅学习这些古文字,而且还可以在国外搜集原始资料,我们凭借这些资料,一是可以向兄弟民族做历史主义和爱国主义的教育;二是万一有国际争端的时候,我们可以主动利用这些资料,解释这些资料。"6天后,中央领导同志做出批示,要求财政部和教育部全力支持此事。

话题拢回:管子曰:"疑今者察之古,不知来者视之往。"换句话也可谓:"以史为鉴,可以知兴替;以人为镜,可以知得失。"于今,我们欲穷吐火罗文之堂奥,必当先弄清季羡林是如何学得这手绝活儿的,由此方能激励后贤,"为往圣继绝学",开一代读书治学的新风。

季羡林时常回忆说,他与吐火罗文并非有天生的缘分,只不过命好,这种机遇才向他那儿流。正是在"二战"炮声隆隆的日子里,位于战争的心脏地区,他跟随世界顶尖学者西克教授(1866—1951)学习堪称"天书"的稀奇古怪的死文字——一个"顶尖",一个"天书",遂成就了日后季羡林在此领域的丰功伟绩。

话分两头说。

先说西克,他曾用20余年的精力,与西克灵、舒尔策教授一起,对20世纪初德国考古学家在中国新疆发掘出的吐火罗文残卷进行探索研究,终于解开谜团,译读成功。这种语言又分两种方言,一曰吐火罗文A,或称焉耆语;一曰吐火罗文B,或称龟兹语,二者均为千余年前我国新疆境内库车、焉耆、吐鲁番等地居民所操语言。但是,这种语言又属于印欧语系,与英、德、法、俄、西等语同归一途。因此,吐火罗文残卷的发现以及西克等人的译读成功,对于印欧语系比较语言学、新疆古代民族史、世界民族迁徙史、佛教在中亚的传播史以及佛教入华史的研究,提供了新的重要的材料。故此,此事休言小矣,正如胡适先生说道:"发明一个字的字义,等于发现一颗新的行星。"

西克那时虽已是古稀老人,却本着"学术乃天下之公器"的精神,决意将这部"天书"——或称德国的印度学,通过初出茅庐的年轻学子,名正言

西克

顺地传回到东方中国去——实际上，那原本就属于人家的东西嘛！季羡林对此焉能无动于衷，对这位老人顿生仰慕和感激之情。他后来在追忆恩师时，曾以"猫教老虎"的故事做比喻——相形之下，西克并未多留一手，毫无私心和戒忌，把全套本领都拿了出来。

再说季羡林，当时他确乎承载着巨大的生命之重，正在极端地显示自我。"二战"伊始，他同其他人一样陷进饥饿的地狱，从此"失掉了饱的感觉，大概有八年之久"。这且不说，那么多必须要学的课程和语种，已使他这部机器超负荷地运转——他何尝不想多晒晒哥廷根冬日里的和煦太阳，或者呼吸一下春秋时节山林中的清新空气，而非要在烈日下，化作飞蛾，投到炎炎的火焰中去？尤其，他尚且没有昧着怀揣的那颗赤诚的中国心："我是中国人，到了外国，我就代表中国。我学习砸了锅，丢个人的脸是小事，丢国家的脸却是大事。"总之，这些似乎成了季羡林不想再碰吐火罗文的理由。他心中着实装着十五只吊桶，七上八下哩！

可是，季羡林又不得不正视另一种现实。他转念一想："能够到哥廷根来跟这一位世界权威学习吐火罗文，是世界上许多学者的共同愿望。多少人因为得不到这样的机会而自怨自艾。我现在是近水楼台，是为许多人所艳羡的。"这样，季羡林的心又活了！

季羡林回想在清华读书时，除学了名目繁多的必修课外，还听过一些先生的选修课。尤其是他旁听的陈寅恪先生的《佛经翻译文学》，"简直是一种享受，无法比拟的享受"，因此不仅让他学到了佛学的基本知识，而且促使他到万里异邦来学习梵文、巴利文。而眼下又一次面临难得的机遇。"二战"爆发后瓦尔德施米特被征从军，接替他的西克虽早已退休，但又不甘心享受清福，执意要开设吐火罗文课。对于西克这种"送去主义"的好意，季羡林自当报以"拿来主义"的行动。笔者认为，季羡林虽然曾自谦"到哥廷根之前，没有听说过什么吐火罗文"，但对兹事体重，起码也会有所察觉。清华读书期间，他理应受到国学大师梁启超、王国维、陈寅恪、吴宓等人治学精神和学术思想的熏陶，其中王国维、陈寅恪均对新疆吐火罗文残卷的发现以及吐火罗文的译读成功，给予极高的评价。王国维说："惜我国尚未有研究此种古代语者，而欲研究之，势不可不求之英、法、德诸国。"对于季羡林来说，这无疑是严正的宣言，当会产生一种危机感和责任心。笔者甚至设想，即使德国当时仍然被中国旧时代的顽固保守分子视作"蛮夷之邦"，采取文化封锁主义，季羡林也会像南宋诗人杨万里的《桂源铺》绝句那样——"万山不许一溪奔，拦得溪声日夜喧；到得前头山脚尽，堂堂溪水出前村"——冲破重重樊篱，捧过这块瑰宝，奔向"柳暗花明又一村"。

终于，季羡林经不住老教授如此坦诚炽烈的暖流的冲击，好像突然变成了一个"知慕少艾"的顽童，投身到老来情愈切的西克的怀抱。

1940年6月，西克开设的吐火罗文特别班开学了。说它是"特别班"，一是根本不见大学课程表的新课，二是只有两个异域青年学子——季羡林与独具慧眼、千里寻师的比利时学者沃尔特·古勿勒。这又使我们想起，美国钱德拉塞卡教授开设的天文物理班，最后不是也只剩下两个学生吗？但是，几年后那两个学生都获得了诺贝尔物理学奖，1983年钱德拉塞卡教授也获得了这个奖项。再看西克，他与两个弟子虽未获得什么诺贝尔奖，但都在吐火罗文的研究领域卓有建树，成就斐然——凭着对科学和真理的共同信仰与坚持，他们走到一起，并将顺理成章地得到回报。

回忆起西克的教学情景，季羡林感觉到就像被带到一个莫名其妙的神话王国。

首先，西克上演的这出拿手好戏所用"道具"有三：一是《吐火罗文残卷》原文影印本；二是西克、西克灵教授于1921年出版的《吐火罗文残卷》拉丁字母转写本（影印、转写同在一书中）；三是西克、西克灵和舒尔策教授于1931年出版的《吐火罗文文法》。上课伊始，西克既不教残卷上的婆罗米字母，也不讲吐火罗文文法，全由学生自己探索，他只给学生讲残卷原文。这种方法自然令人懵然、茫然，如堕五里雾中。须知，这正是德国特有的行之有效的学习语言的方法——"推人下水法"，季羡林此前跟随瓦尔德施米特教授学习梵文时已经领教过。但问题远非这么简单。季羡林一看残卷，无不惊愕，"每一张的一头都有被焚烧的痕迹。焚烧的面积有大有小，但是没有一张是完整的。我后来发现，甚至没有一行是完整的。读这样真正'残'的残卷，其困难概可想见。"据他回忆，"从一开始，主要就是由老师讲。我们即使想备课，也无从备起。当然，我们学生也绝不轻松，我们要翻文法，学习婆罗米字母。这一部文法绝不是为初学者准备的，简直像是一片原始森林，我们一走进去，立即迷失方向，不辨天日。老师讲过课文以后，我们要跟踪查找文法和词汇表。由于原卷残破，中间空白的地方颇多。老师根据上下文或诗歌的韵律加以补充。"看来，季羡林并未很快找到"北"，尚须下一番功夫去磨合。

然后，西克通过一段时间"填鸭式"的教学，迫使季羡林认识到必须尽快转换角色，由被动变为主动。于是，他同古勿勒在课前充分预习，认真准备，根据老师要讲的残卷原文阅读文法，检查索引，翻译生词；上课时，他们先由德文译出，再由老师纠正，虽然老师既要纠正他们的译文，又要用更多的时间将课文的空白补上，并译出完整的意思，但是毕竟启发了他们的主动性。就这样，季羡林"学习的兴趣日益浓烈"，每周两次上课，他"不但不以为苦，有时候甚至有望穿秋水之感了"。

西克的这种教学方法确实使季羡林受益终身，尤其对他归国40年后又重操旧业，承担译读新疆出土的吐火罗文A《弥勒会见记剧本》，起到举足轻重的作用。钱文忠教授对此评论道,季羡林"学习吐火罗文就绝不仅仅是学习一门古代语言那么简单了,其实乃是在重复一遍破译解读的过程……先生在吐火罗文研究的学术谱系中的地位,决定了他面前还没有很长的研究史可资借鉴,可以直接亲炙破译解读者本人,尽可能地接近吐火罗文被解读前的原始状态,亲身体验在依傍很少的情况下释读残卷的甘苦,从根本上培养起至关重要的独立解读的学习功力。"由此可见,季羡林确确实实是万里投荒第一人!

俗话说,投之以桃,报之以李。如同美国钱德拉塞卡教授一样,西克的付出总算得到了回报。也就是说,在学习和借鉴他的吐火罗文研究的基础上,季羡林又独辟蹊跷,锦上添花,迈出了可喜的第一步。

都说"无巧不成书",季羡林正在跟西克啃这块硬骨头的时候,他突然发现所读的第一篇吐火罗文残卷——《佛说福力太子因缘经》,恰好在中国《大藏经》中也有多种平行的异本,其中竟有一部连名字都一模一样的《佛说福力太子因缘经》。而且,除了汉译佛经异本外,他还发现在藏文、于阗文、梵文中,也有吐火罗文《佛说福力太子因缘经》的异本。季羡林的这一发现,正中西克的下怀。

原来,在译读吐火罗文残卷时,西克也曾通过与其内容相近且又能读懂的其他文字的异本,解决了一些难题。但是,眼下他对汉文一窍不通,对唾手可得的诸多汉译佛经异本只能望洋兴叹。"师傅有事徒弟服其劳",西克实则大喜过望,连忙请季羡林将发现的汉译佛经诸异本择其要者译成德文。

季羡林当然备受鼓舞——汉文,是他的母语,手拿把掐;佛经,他又近水楼台,成竹在胸。真是得天独厚,无可比肩!

于是,他将与吐火罗文残卷《佛说福力太子因缘经》最为接近的几种汉译佛经异本收集起来,译成德文,其中有《佛说福力太子因缘经》《生经·佛说国王五人经》《大智度论》《大方便佛报恩经》《长阿含经》《根本说一切有部毗奈耶药经》,以及混合梵文佛典《大事》,并参照其他大量的汉文、梵文、巴利文佛典进行详细的注释。实际上,这就等于对残损严重的吐火罗文《佛说福力太子因缘经》重新进行了检校和勘正,通过对照汉译佛经异本,原来没有读懂之处便迎刃而解了。对于此方之灵验,季羡林晚年仍然深有感触地说,《吐火罗文残卷》"第一页反面第一行的'lyom',原来不知何意,同汉文一对,知道它的确切含义是'泥';第一页反面第三行'arsal',原来不知何意,同汉文一对,知道它的确切含义是'垩'……"显然,西克当初没有解决的问题,经季羡林这么一试,就一下子"涣然冰释,豁然开朗"了。

实际上,在与老师共同解读吐火罗文残卷的过程中,季羡林在德国写的第一篇学术论文油然而生,这就是他的开山名作——《吐火罗文的〈佛说福力太子因缘经〉诸异本》。经过西克的推荐，此文 1943 年发表在国际东方学界颇有影响的《德国东方学会会刊》第 97 卷第 2 册上。试想，在"发明一个字的字义等于发现一颗新的行星"的情势下，这篇论文怎能不使他跻身于世界吐火罗文研究的前列？又怎能不使他获取中国人的话语权，在国际学术研究史上留下光辉的一页？

笔者由此联想到，季羡林从德国留学归来后，在 20 世纪五六十年代的每一次政治运动中，他都狠挖自己的思想，躬身自省道："当中华民族的优秀儿女把脑袋挂在裤腰带上，浴血奋战，壮烈牺牲的时候，我却躲在万里之外的异邦，在追求自己的名山事业……"而且他还为这种"原罪"思想付出了沉重的代价。然而，当我们听了季羡林学习和研究吐火罗文的故事后，完全可以为他骄傲地说："季先生，当年您在德国法西斯的魔掌下，并没有给祖国和人民丢脸，中华民族的优秀儿女中也有您的一席之地！"

笔者由此又联想到，自从 20 世纪 80 年代以来，同样也是古稀老人的季羡林，竟以气壮山河的魄力，用中英文写作一部大书——《吐火罗文〈弥勒会见记剧本〉译释》。其中，他利用 40 年前从西克学到的那套本领，通过平行异本进行译读，确定残卷的某些字义和语法形式，探索某些汉译字词与吐火罗文的关系，从而解决了诸多前人、国际有关研究者未能解决的问题。1998 年，此书由设在柏林和纽约的跨国出版公司 Moufon de Gruyfer 出版。"地到无边天作界，山登绝顶我作峰"，这难道不足以表明，随着季羡林在吐火罗文研究领域所取

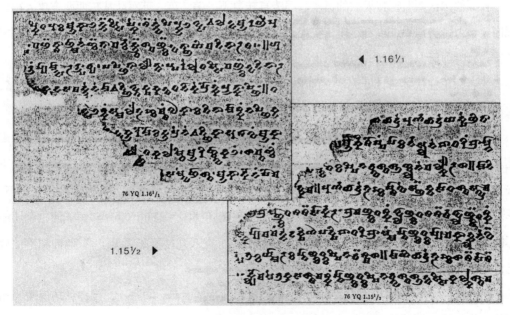

新疆本吐火罗文A（焉耆文）
《弥勒会见记剧本》第15、16张原件影印

得的辉煌成就，他当之无愧地成了一座不可逾越的高峰，而吐火罗文的研究中心也已经由西方转入东方，由德国移到中国了吗？所以，我们也完全可以为他骄傲地说："季先生，您将百岁人生都交给了祖国和人民，为他们争了光，添了彩！"

季羡林究竟跟西克学了多长时间吐火罗文，就连他自己也记不清了，只觉得时间并不算短。留德10年，季羡林固然经受了饥饿的历练、乡愁的痛楚——他本来就不属于那种"无灾无难而公卿"的人——但心中却更多地凝结着读书的乐趣、成功的喜悦以及对恩师的感怀。那么，他与西克到底保持着怎样的关系呢？

在那六出蔽空的冬日，每逢下课，黄昏降临，天阴沉沉的，大街上由于实行灯火管制，更处在一团黑暗中。此时，只见一个年轻人搀扶着一位老人，一步一步地向前走去，季羡林要把老师送回家才会放心。有时下课很晚，夜阑人静，积雪深深，天地间就好像只有他们师徒二人……多么感人的一幕！多么纯真的友情！

在那饥饿难耐的日子，季羡林首先想到老师的衰迈之身。有一次，他从自己有数的配给食品中挤出一点儿奶油，又弄来一点儿面粉、鸡蛋和白糖，到点心铺里做了一个蛋糕。当他高高兴兴地捧着这盒蛋糕来到老师家里时，老师双手颤抖着，竟然忘记说声"谢谢"，赶紧喊来师母，一起把它接过去。季羡林在这战乱之时，为老师做了这件好事儿，心中感到万分激动。

在那德国法西斯行将灭亡的日子，局势直转急下，美、英、苏军队从东西两方攻入德国境内。一天，美国兵进攻哥廷根，在炮火间隙，季羡林担心老人家的安危，急忙来到老师家查看。只听师母说，他们的房子附近刚刚落下一颗炮弹，窗户玻璃全被炸碎，玻璃片落满一桌子，老师正在伏案苦读吐火罗文的书籍，却奇迹般的没受一点儿伤。季羡林听后惊呆了，立刻对这样一位为了学术而将生死置之度外的老人肃然起敬。

1942年，季羡林获得博士学位后一度想离开德国的时候，有一天他向老师谈起这件事儿。老师立刻声音颤抖地说，他本来准备为季羡林找一个稳定的职位，以便在德国继续住下去，万没想到季羡林要走。于是，老师决计替他向大学校长申请津贴，让他出外休养一下。季羡林深受感动，回国的想法又动摇了，他想："一离开德国，谁知道哪一年再能回来，还能不能回来？这位像自己父亲一般替自己操心的老人十有八九是不能再见了。"他抑制不住自己，真想哭上一场。

在哥廷根大学的教授们按惯例周六下午去林中散步的时候，有一次，季羡林巧遇老师和其他几位教授。老师特意把他叫到跟前，向自己的同事介绍说："这个中国学生刚通过博士论文答辩，是最优等的。"言下颇有点儿得意之色。季羡林听了并未受宠若惊，而是感激之余充满了愧疚，心中越发感到不安。他每每提起这件事情时，总喜欢背诵唐诗中"平生不解藏人善，到处逢人说项斯"的绝句。他认为，传为美谈的"说项"，不期竟在万里异域见到，这除了是对自己的砥砺，还能做何理解呢？

季羡林归国后，尚与西克保持几年的通信联系，1951年，这位耄耋老人谢世了。季羡林与西克的忘年之交是那样的情深义重，他经常回忆起哥廷根的日子——春光明媚的时节，师徒俩踏着婆娑的树影，漫步在林间小径上；艳阳普照的时候，师徒俩沐浴在平静的河水中；霜叶红似二月花的季节，师徒俩在橡树下促膝交谈；寒气袭人的日子，师徒俩借着迷蒙的灯光，在吐火罗文残卷中蹚来蹚去……是呀，季羡林原本是下定决心不辜负恩师的期望的，但怎奈归国后资料短缺和受其他条件的限制，长时期没能从事吐火罗文的研究工作。迨至40余年后机会来了，他才又重操旧业，并取得了丰硕的成果，终于可以告慰恩师的在天之灵。

最后，笔者还要说一下。季羡林晚年，外界对他的学术思想和学术成就的评论，时而会传来某种不和谐的声音。比如，在他逝世前两年，台湾文坛"老顽童"、著名学者和散文家李敖便口吐狂言，称"大陆没有文化名流"、"季羡林'三顶桂冠'都不及格"。可是，有人立刻反驳说："季先生的书，李先生看也看不懂，也根本不会做出什么严肃的评论，我们何必与他去争论？李敖要贬低季羡林，只会让季羡林显得更纯净而已。我们大可不必把李敖太当真，否则未免'近敖者敖'了。"同样，笔者注意到近日网上发一微新闻：曾有人问余光中先生："李敖先生天天在不同场合找您的碴儿，您从不回应，何故？"答曰："他天天骂我，说明他的生活不能没有我。而我从不搭理，证明我的生活可以没有他。"总之，对于季羡林这类人物的评论，自然会有褒贬两端，但只要实事求是，是不难做出结论的。而季羡林的态度历来是坦诚的，他说："人家说得对的是鼓励，说得不对的是鞭策，都要感谢，都值得思考。即使胡说八道，对人也有好处。就怕一边倒的意见，人就晕了。"笔者又想起2003年教师节前夕，温家宝到医院去看望季羡林，说道："季老学贯中西，研究领域甚广，在印度古代语言、佛教史、吐火罗文等学术领域都有很深造诣，在海内外享有盛誉，您渊博的学识和不断创新的治学精神，堪称学界楷模。"相信这种评价也许终会为人们所接受。

博士后的辉煌

1941年2月19日，季羡林获得博士学位后，又乘胜出击，进行了5年的博士后研究。

这时，中国的全民族抗战已经过去4年，欧洲反法西斯战争也已经过去2年。沧桑难断情和义，苦难犹记家和国，季羡林无时不在怀念两位母亲。通过了博士考试，他便急着回国，可见那颗赤子之心。关于出国留学，季羡林历来有自己的看法，生前与很多人议论过此事。这里，笔者抄录他的文章《悼许国璋先生》中的一段话：

> 我们俩（指与许国璋）都在外国待过多年，绝不是什么土包子。但是我们都不赞成久出不归，甚至置国格与人格于不顾，厚颜无耻地赖在那个蔑视自己甚至侮辱自己的国家不走。我们当年在外国留学时，从来也没有久居不归的念头。国璋特别讲到，一个黄脸皮的中国人，那几个诺贝尔奖金的获得者除外，在民族歧视风气浓烈的美国，除了在唐人街鬼混或者同中国人来往外，美国社会是很难打进去的。有一些中国人可以毕生不说英文，依然能过日子。神话传说中说道一人成道，鸡犬升天，那一些中国人把一块中国原封不动地搬过了汪洋浩瀚的太平洋，带着鸡犬，过同在中国一样的日子，笑骂由他笑骂，好饭我自吃之，这究竟有什么意义呢？我同国璋不禁唏嘘不已。"回思寒夜话昌明，相对南冠泣数行"，我们不是楚囚，也无昌明可话。但是我们的心情是沉重的，我们是欲哭无泪了。岂不大可悲哉！

季羡林当年也许正是出于这样的心情，才毅然决定返回祖国的。1942 年 10 月，德国法西斯政权承认了南京汪精卫汉奸政权，国民党政府的公使馆被迫撤离到瑞士。他到了柏林，从住在那里的初中老同学张天麟了解到，去瑞士办理回国手续并不容易。于是，他趁机去普鲁士科学院，拜访了与西克教授共同通读了吐火罗文残卷的西克灵教授，然后于 1942 年 10 月 30 日又回到了哥廷根，继续他的博士后研究。

话题拢回。下面，就来看看季羡林在博士后期间所取得的研究成果。

事实上，自从 1940 年 12 月 23 日通过博士论文口试答辩后，他便开始沿着博士论文开辟的道路，进行印度古代语言学的研究工作，直到 1945 年 10 月 6 日最后离开哥廷根，一共用了 5 年时间。在此期间，他共写了 3 篇论文。2001 年 9 月 4 日，季羡林在接受新华网记者采访时说："现在媒体介绍我的地方非常多，但是我在德国 10 年究竟干什么东西，知道的人不多，因为用德文写的，在国内能看懂德文的人不多。"下面，笔者就来介绍一下这三篇论文的情况，以使读者能有一个大概的了解。

第一篇论文题为《中古印度语言中语尾 -am 变为 -o 和 -u 的现象》，由西克教授推荐，1944 年发表于当时具有极高的学术地位的《哥廷根科学院院刊（哲学历史学类）》第 6 号上。这篇论文在印度古代语言学界，尤其在佛教梵文研究领域产生了巨大影响，引起了一些国际著名学者的高度重视和热烈反响；但反对者的意见亦曾一度甚嚣尘上。

季羡林曾说，他研究佛教梵文即混合梵文，是将研究语言变化规律与印度佛教史结合起来，从中探索一些重要佛教经典和佛教派别产生、流传的过程和特点。这篇论文正好体现了季羡林的这一研究宗旨和目的。

首先，季羡林从用佛教梵文写成的佛典中，发现了许多语尾 -am 变成了 -o 和 -u 的现象，这一发现很重要，可以通过进一步搜集有关资料，进行比较彻底的研究。他又逐渐发现，在印度阿育王石碑铭文、较晚的佉卢文铭文、Dutreuil de Rhins 写本残卷、中国西域出土的佉卢文文书（包括于阗俗语和尼雅俗语）、混合方言佛典写本、Apabhramsa 语、于阗塞种语、窣利语和吐火罗语中，都有 -am 变为 -o 和 -u 的现象，这种现象延续时间长，流传地区广，很有研究价值。

然后，季羡林采用吕德斯首创的研究方法，即利用印度阿育王石碑铭文来确定佛教梵文中所含俗语也就是地方方言的流传地区。在印度古代史上，阿育王（公元前272—前232年在位）统治的版图空前辽阔，他所颁布的敕令并不是用梵

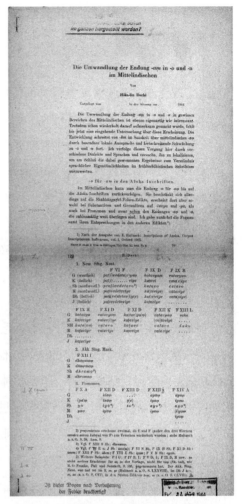

《中古印度语言中语尾-am变为-o和-u的现象》一文原稿首页

文，而是用古代半摩揭陀语刻在石碑上的。这种语言是印度东部方言，也是原始佛典使用的语言，流通的范围有限。为了使各地臣民都能读懂阿育王敕令，当时已把它译成了各地的方言。因此，如今梵文学者只要对阿育王在其统辖区域所立石碑的敕令铭文的不同方言，进行比较研究，即能看出它们的语法变化规律。

最后，季羡林按照上述方法搞清了语尾 -am 变成 -o 和 -u 的地域分布情况，认为其中 -am 变成 -o 的现象是印度古代西北部的一种方言，它的使用范围甚至延伸到与之接壤的中国新疆等地，这从西域的考古发掘以及部分佛典如《妙法莲华经》中也可以得到证明。季羡林得出的结论是：某些佛典正是由东部的古代半摩揭陀语向西北部的方言转化的，继而趋向梵文化，从中可以判断出佛教经典和佛教派别产生、流传的过程和特点。

时至今日，季羡林的这篇论文仍然在国际学术界引起热烈的讨论，甚至掀起轩然大波。季羡林说：

> 以美国梵文学者爱哲顿为代表的几个不同国家的梵文学者却提出了异议，不同意我的说法。研究学问有异议，是一个非常好的现象。真理愈辩愈明，不要怕争论，不要怕异议。但是，古今中外都有一些学者，总想用从鸡蛋里挑骨头的办法，来显示自己的高明和权威。在 -am>o 和 u 这个问题上，爱哲顿就是这样一位学者。可惜他的论证本身就不能自圆其说，矛盾层出。

在真理面前决不让步，季羡林于 1956 年、1958 年、1984 年先后发表了 3 篇论文——《原始佛教的语言问题》《再论原始佛教的语言问题》和《三论原始佛教的语言问题》，予以驳斥爱哲顿等人。此为后话，暂不赘述。

但是，季羡林并不是孤军作战，不乏支持、鼓励他的世界著名梵文学者，比如日本东京大学原实教授就是其中最突出的一位，他在国际梵文学者大会上站在季羡林一边。1980 年 7 月，季羡林应邀赴日本参加"印度学佛教会议"，在一次招待宴会上，他与原实教授初次见面。原实教授问道："听说您在德国学过梵文，教授是哪一位？"季羡林答道："在哥廷根，教授是瓦尔德施米特。"原实教授接着问道："您或许就是那位研究梵文不定过去式的 Dschi Hian-Lin（季羡林的德语拼音——笔者）？"季羡林回答说："是的。"原实教授听了投以羡慕的眼光。据 20 世纪 90 年代季羡林的日本博士研究生辛岛静志回忆，原实教授那次见到季羡林以后，曾对他说："我简直不敢相信，40 年代就发表了两部德文专著、推动佛教混合梵语研究的学者，30 多年后竟坐在我面前。"

第二篇论文题为《应用不定过去时的使用以断定佛典的产生时间和地区》，由瓦尔德施米特教授推荐，1949 年发表于《哥廷根科学院院刊》上。

这是季羡林继博士论文后发表的一篇最长的论文，瓦尔德施米特教授慧眼识珠，认为这样的文章难能可贵，非同寻常，因此亲自为其定题，并负责编校和出版。季羡林则倾注大量的心血，秉承瓦尔德施米特、吕德斯等著名梵文学者那种坚实、周到、细致、彻底、几乎是滴水不漏的治学方法和精神完成的。

长期以来，季羡林在阅读许多混合梵文佛典时发现，不定过去时这个平时并非习见的语法形式，在同一部佛典早晚不同的文本中，出现了某些改动的现象，为此他做了大量的笔记和卡片。可以说，季羡林这时又发现了具有研究价值的新材料和新问题，经过深思熟虑，开始进行研究。他以海德曼·奥尔登堡关于《大事》的论文中明确提出混合梵文佛典有早、晚两种文本为依据，将《大事》等较晚文本与《大品》《长尼伽耶》等较早文本相比较，由此得出结论：不定过去时这一语法现象在较早文本中出现较多，在较晚文本中出现较少，或者根本没有出现。为何出现这种情况呢？季羡林认为，同一部佛典本来只有一种文本，后来为顺应"梵文化"的趋势，文字便有了改变，其中不定过去时有的被保留下来，有的则被替换掉，因此从早晚不同的两种文本中可以判断佛典产生的时间。

接着，季羡林在赞同吕德斯、瓦尔德施米特等人提出的存在一种"原始佛典"理论的基础上，认为这种"原始佛典"是释迦牟尼去世后，由其子弟整理的，记述佛祖在悟道成佛后讲的十二因缘、四圣谛一类的内容，最初是用东部方言即"古代半摩羯陀语"编纂而成，由此得出结论：在一些有东部方言特点的较早的混合梵文佛典中，不定过去时的语法形式多，反之，不定过去时的语法形式少，甚至逐渐被其他语法形式所代替，从而说明不定过去时这个词法形式最初流行于东部方言纂写成的接近"原始佛典"的一些混合梵文佛典中。

看来，季羡林的这篇论文对判定许多佛典的语言特点和产生的时间、地区，提出了非常重要的意见。时过不久，这篇论文连同上一篇论文便在国际梵文学界引起了激烈的争论。季羡林在回国后三四十年漫长的岁月里，尽管研究条件极其困难，尤其经历了"文化大革命"的生死劫难，但他仍然断断续续发表了进一步阐述自己学术观点的重要文章，使之更趋完善，受到国际学术界的有力支持和高度重视。

第三篇论文题为《Pāti Āsīyati》，1947年发表于辅仁大学的《华裔学志》上。这篇论文虽然较短，但依然是一篇极其重要的论文。对此，钱文忠教授评论道："巴利文 Āsīyati 的来源，是一个长久以来聚讼纷纭的问题，此前的学者由于将目光只限于巴利文本身，一直没有能够解决问题。先生第一个突破这种画地为牢的研究方法，将目光不仅延伸到混合梵文，甚至还利用了不少汉译佛典的材料，从而做出了可以肯定是正确的答案。这篇文章解决的何止是一个字的来源问题，而是它在方法论上做出了贡献，展示了新的技术手段、研究思路。可惜的是，至少是从语文学角度研究巴利文的人，至今很少意识到这一点。"

除此3篇论文外，季羡林1943年在著名的《德国东方学会会刊》第97卷第2册发表的《吐火罗文〈佛说福力太子因缘经〉诸异本》，也是在博士后时期完成的，前文已提及，此不赘述。

天生我材必有用，季羡林在谈到自己当年用德文发表的上述论文时，说：

熟悉德国学术界情况的人都知道，科学院院刊都是享有至高无上的权威的刊物，在上面发表文章者多为院士一级的学者。我以一个20多岁至30岁出头的毛头小伙子，竟能在上面发表文章，极为罕见。我能滥竽其中，得附骥尾，不能不感到光荣。可惜由于原文是德文，在国内，甚至我的学生和同行，读到那几篇论文的，为数甚少。介绍我的"学术成就"的人，也大多不谈。说句实话，我真感到有点遗憾，有点寂寞。

季羡林遗憾吗？虽然季羡林的成功是不可复制的，但在他的数千弟子中，毕竟已经涌现出包括精通梵文、巴利文在内的东方学学者，虽然人数不多，他们仍然顽强地坚守着阵地，并取得了可喜的成绩。然而，在众多的生徒和仰慕者中，有多少人真正称得上是季羡林学术精神的继承者呢？又有多少人像他那样，甘于坐"冷板凳"呢？在我们这样一个日益强大的国家，不应该只有少数人在此领域内孤军奋战，而应该有越来越多的人加入进来，有所发明，有所创新，以跻身于世界学术之林。正如北大学兄郁龙余所说："对于季羡林的继志者来说，需要认真学习他的著作，更需要学习他的学术品格。季羡林是中国当代学术的骄傲，是中国当代学者的楷模。他的学术品格，概而言之有五：勤勉不怠，惜时如金，为其成功秘诀；预流弄潮，追寻真理，为其不死灵魂；取弘用精，灵构妙筑，为其得心常法；学术道德，为其立命之本；真情相待，从善如流，为其会友之道。"看来，只要秉承季羡林的遗志，学习他的学术品格，就会重现东方学的辉煌，以无愧于我们伟大的时代。

季羡林寂寞吗？虽然季羡林经历过资料匮乏和与国际同行中断联系的苦闷、寂寞时期，但他一直在坚持着、等待着。既然那几篇成名之作奠定了他在国际学术界的领先地位，那么，国际著名学者就不能不关注他、看重他；而他则随时告诫自己，只要有条件、有机会，就要继续让自己的学术研究与国际接轨，力求再次置身于前沿阵地。为此，一方面，他在有争议的学术问题上，通过讨论甚至辩论，提出自己的新观点，以此结交包括持不同意见的国际朋友；另一方面，他越到晚年越勤奋，高频率地写出了堪称国际一流水平的重要文章和专著，有的用英文撰写在国外发表。由此可见，季羡林并不甘寂寞，而是孜孜以求，锐意进取，使国内外朋友随时都能听到他的声音……

异国慈母

1980年11月4日—15日，季羡林回到阔别35年的哥廷根。"访旧半为鬼，惊呼热衷肠"，他就是这样走进了各位老友的家。然而，他还有自己的"家"，那就是欧朴尔太太的房子——他在那里住了整整10年。在往昔流年岁月中，他经常梦见自己的生身母亲，但又何尝不会梦见异国的母亲呢？梦如人生，能不信乎？梦中那位异国母亲的面庞，同样使他真实地感受到人生的苦涩、艰辛、愉悦、欢乐，甚至尝到了生离死别的滋味儿。正如季羡林回忆道：

> 我们共同生活了10年，共度安乐，也共度患难。在这漫长的时间内，她为我操了不知多少心，她确实像我自己的母亲一样，回忆起她来，就像回忆一个甜美的梦……

那还是1935年10月31日——哥廷根的一个迷人的秋日，季羡林带着美丽的遐想兴致勃勃地来到了明希豪森街20号。50岁左右的欧朴尔太太把他领进早已为他安排好的卧室——三楼的一个房间。说来也怪，季羡林第一眼看上去，就感到那女人身上仿佛流露出与自己母亲的相似之处。这莫非是亲人的第六感吗？

季羡林在哥廷根居住的房子，现已翻修

欧朴尔太太一家三口，她和丈夫与一个儿子。儿子在外地念大学，就把他的房子租给了季羡林。欧朴尔先生是一个工程师，在市政府工作，像普通的德国人一样，老实憨厚，少言寡语。显然，家庭的主角是欧朴尔太太。看起来，她并没有多少惊人之处，相貌和装扮平平常常，说起话来也平平常常。但是，季羡林既然准备在这儿长期住下去，与女主人打交道恐怕要更多一些，那他就必须品品她到底是怎样的人。

没过多久，季羡林就发现，欧朴尔太太并非平平常常的人，而是非常诚恳、善良、和气的人，与她相处根本用不着玩心眼、费口舌，一切都是平平静静、自自然然，无时不沐浴在温暖和煦的春风中。季羡林刚来时，自己的母亲才去世两年，思母之情一直萦绕在心间。但在欧朴尔太太那里，他正好拾回了母亲的影子，重温到母亲的温暖。是呀，她那朴实、勤劳、平凡的性格，难道不是普天下的母亲都具备的吗？

中国有一句老话：女人围着锅台转。每天一早起来，欧朴尔太太先做早点，给她丈夫一份，给季羡林一份。然后，她先把季羡林的房间打扫得干干净净，接着擦地板，擦楼道，甚至擦外面的人行道。地板和楼道必须打蜡，直弄得油光锃亮，人行道要先扫干净，然后用肥皂水洗，就是在上面打个滚儿，也不会沾上半点儿尘土。德国人这种爱清洁的习惯，自然感染了一身土气的季羡林。

欧朴尔太太还在季羡林的饮食上动了脑筋。德国人每天都要吃上几顿饭，分正餐和副餐，而季羡林是个穷学生，一无时间，二无金钱，无法摆这个谱儿，仍然是一日三餐，照"吃"不变。早晨，欧朴尔太太给他沏上一壶热茶，烤上面包片，吃得还挺惬意。中午，他在外面吃馆子，用不着欧朴尔太太操心。晚上，如果按德国人的习惯，只能吃冷食，泡一壶茶或咖啡，吃凉面包、香肠、火腿、干奶酪，可季羡林却享受了"特殊待遇"——欧朴尔太太特意把午饭留下一份，重新热一热，这样他就能吃上热饭热菜，心里美滋滋的。

季羡林晚上在家待的时间最长。约莫10点钟欧朴尔太太准时来到他的房间，把被子铺好，把被罩拿下来放到沙发上。季羡林有时感到过意不去，要自己做，但欧朴尔太太却非做不可，嘴里还叨叨说："我儿子在家时，我就是这样做的。"铺好被子，她又站在那儿同季羡林聊一会儿天，把她一天干了什么，买了什么东西，见了什么人，碰到了什么事儿，到过什么地方，事无巨细，一一道来。季羡林对此虽然不太感兴趣，但也只好洗耳恭听。刚来那阵子，季羡林的德文听力并不强，欧朴尔太太说的话，有很多他都听不懂，这样一来二去他就能听懂了。所以，欧朴尔太太成了他的真正的德文老师。欧朴尔太太每天"汇报"完了总是说一句："夜安！祝你愉快地安眠！"季羡林也照样回应了一句，然后她便回到自己的房间去了。季羡林脱下皮鞋放在门外，然后上床休息。第二天早晨他出门时，总会看到自己的皮鞋锃光瓦亮，这当然也出自欧朴尔太太之手。在此10年间，季羡林生活中杂七杂八的活儿，比如买东买西、跑来跑去、缝缝补补、洗洗涮涮，全由欧朴尔太太一手包办下来了。难道这还不是一位可敬的母亲吗？

欧朴尔太太之所以是一个平凡的人，正因为她没有过分的奢望和企求，对季羡林所做的一切，她总觉得是自己应该做的。实际上，季羡林留学期间所取得的喜人成绩，其中也有欧朴尔太太的一份功劳，由于她的细心照顾，解除了季羡林的后顾之忧，他才能全身心地投入到学习和研究中去。当他获得博士学位，把这一消息告诉欧朴尔太太时，她是多么高兴啊！她笑着说："从今以后我该叫你'博士先生'啦！"季羡林连忙说："不，不，完全没必要！"季羡林是知道感恩的，无论何时他也不会以"大学者"自居，轻视怠慢施惠于他的任何人。对于欧朴尔太太，当然更是如此。

"二战"爆发的前几年，季羡林在欧朴尔太太家生活得很安稳，很幸福，双方都留下了许多美好的回忆。可是，战火一旦燃起，而且越燃越烈，季羡林就只好与欧朴尔一家同甘共苦，相依为命了。对此，无论是老师也好，朋友也好，都不会像欧朴尔太太那样，最令季羡林忆念不忘，感受至深。

季羡林对欧朴尔太太的家世与出身，就像对自己的母亲一样，寄予无限的同情和怜悯。她的一生确实颇为坎坷。"一战"结束，德国马上发生通货膨胀，她家里仅存的一点儿黄金也"膨胀"光了，生活越来越吃紧。谁知"二战"又来了，等于雪上加霜，日子过得更加艰难。对于这场战争的罪魁祸首，她从来没说过好话，但也不知道如何去反对。她虽有一些种族偏见，说过反犹太人的话儿，但也只是随乎大流，人云亦云。在那挨饿的日子，她在乡下没有关系户，仅靠供应的一点儿食品，终日岌岌可危。欧朴尔先生终于挺不住了，他原本是个大胖子，最后饿得皮包骨，没过多久便饿死了。她儿子已经结婚，住在另外一个城市，父亲去世也没回来。那天深夜，是季羡林亲自去找大夫来的，但无济于事，抢救无方，只好等死。然后，季羡林陪着欧朴尔太太守在尸体旁度过一夜，第二天又一起把尸体送到殡仪馆去。每逢祭奠日，季羡林陪着欧朴尔太太去扫墓……从此，季羡林便成了欧朴尔太太身边唯一的亲人，承担起照顾她的责任，因为她儿子是不管她的，很少回家。

1942年10月，季羡林完成学业后决定回国，欧朴尔太太听到这个消息，极力挽留，甚至急得哭起来；季羡林也不禁热泪盈眶。当他回国未成又回到哥廷根时，欧朴尔太太喜出望外，仿佛捡回了一只金凤凰；季羡林也仿佛有游子回家之感。

"二战"快要结束时，德国老百姓的日子更加难过，不但食品严重短缺，而且燃料也成了问题，既缺米又缺柴，简直到了山穷水尽的地步。有一次，市政府为解燃眉之急，让大家到山上砍树，季羡林作为欧朴尔太太家的唯一男劳力，与她上山砍了一天树，然后运到一个木匠家，用电锯锯成劈柴。那个木匠的态度很不好，季羡林气得同他吵了一架……这时，季羡林才真正感觉到，他已是这个家的成员了，欧朴尔太太就是自己的母亲。

"二战"刚结束，有一天，季羡林和张维闯进未遭盟军轰炸的一个仓库，冒着随时都会被卫兵打死的危险,带出来一大包牛肉罐头。回家后,他将这些罐头分给了老师和朋友,剩下的就来犒劳欧朴尔太太。尝过饥饿地狱滋味的人,这些罐头简直就是仙丹醍醐。看着欧朴尔太太吃着罐头开心的样子,季羡林心中的苦辣酸甜一起涌来。他回想起与欧朴尔太太一起度过的岁月,真想一下子扑到她的怀里,尽情享受慈母般的亲情和温暖。

1945年深秋,哥廷根照样天高气爽,艳阳高照。那天清晨起来,欧朴尔太太还像往常一样,把季羡林的床榻收拾得整整齐齐、干干净净,然而,她红肿的双眼无精打采,步履沉重得像背着千斤重负。是呀,昨夜她几乎没有合眼,季羡林的影子时隐时现,多么可爱的孩子,就要离她而去了,何时再能见到他呢?而季羡林一早起来也呆呆地坐在沙发上,一动不动,惺忪的双眼透出血丝,昨夜他也压根儿没睡,望着天花板出神。那是3600个日日夜夜呀,他一刻也没有离开过欧朴尔太太,如今一旦离开,偌大的5间房子只剩下她孤身一人,冷冷清清,让她如何忍受得了呢?如何生活下去呢?此刻,他又想起当年离开官庄,离开生母时的情景……

欧朴尔太太从厨房里端来热腾腾的红茶和烤面包片,季羡林还是一动不动地呆坐在沙发上。欧朴尔太太终于忍不住了,呜咽着说:"孩子,吃点儿东西吧,省得路上挨饿。"季羡林只好勉强地吃下一点儿。

忽然,外面传来吉普车的喇叭声。季羡林站起身来,一把搂住欧朴尔太太,将头埋在她怀里。欧朴尔太太顿时放声大哭。季羡林也流着热泪,安慰她说:"欧朴尔太太,您就是我的母亲,儿子很快就会回来看您,望您多保重。"

10年相处,冬去春来,情深似海,义重如山,一切都凝结在这一刻中。这是多么感人的一幕!

季羡林压根儿没想到,这竟是与欧朴尔太太的最后别离。回国后,他给欧朴尔太太寄过几封信。有一次还费了很大劲儿,搞得一罐美国咖啡寄给她,略表心意。自从20世纪50年代开始,季羡林便与欧朴尔太太中断了书信往来。是他忘记了自己的恩人了吗?不,在那个年代,所谓"海外关系"被看成是最敏感、最危险的玩意儿,稍有不慎就会被卷入苦海中。所以,他虽然一直想着那个孤苦的异国母亲,但不敢给她写信,怕惹祸上身。季羡林是否太软弱了?笔者抄录一段他所描述的那个年代的情景:

> 一些在国外工作和讲学的中国学人,也纷纷放弃了海外一切优厚的生活和研究条件,万里归来,其中就有后来在"文化大革命"中自沉的老舍先生。他们个个意气风发,斗志昂扬,认为祖国前程似锦,自己的前途也布满了玫瑰花朵。

然而，曾几何时，情况变了，极"左"思潮笼罩一切，而"海外关系"竟成诬陷罗织的主要借口。海外归来的人，哪里能没有"海外关系"呢？这是三岁小儿都明白的常识。然而我们的一群"左"老爷，却抓住这一点不放，什么特务，什么间谍，这种极为可怕的帽子满天飞舞，弄得人人自危，个个心凉。到了"文化大革命"更是恶性发展。多少爱国善良的人遭受了不白之冤……

在这种情况下，季羡林也绝没有那么大的胆量。从此，他与欧朴尔太太便云天渺茫，互不相闻，如杜甫所说"明日隔山岳，世事两茫茫"了。

35年后，季羡林重返哥廷根，首先去看的便是他的故居，那座房子依旧整洁如初，三楼屋子的窗台上依旧摆着红红绿绿的花草。他看着看着，眼前突然一亮，那不是欧朴尔太太栽种的吗？他蓦地一阵恍惚，仿佛昨天才离开这里，今天又回家来了。他推开了大门，大步流星地跑上楼，去见母亲，然而……

苦涩的恋情

为贤者讳，尤其季羡林晚年，圈内人——他的朋友、同事、学生不再忍心打扰他，便尽量回避谈论那桩他在异国巧遇初恋的故事。不过，也有人说："在季羡林家的客厅里，至今保存着两张照片，一张是风姿绰约的金发女郎，另一张是老态龙钟的德国老妇，两张照片那么鲜明的对比着。其中深意，谁能理解？"不管怎样，这份苦涩的恋情，在季羡林的感情世界中非同小可，占着无法替代的一席之地。

季承在《我和父亲季羡林》一书中说："这恐怕是父亲的第一次真正的恋爱，也可以说是初恋。可结果如何呢？伊姆加德一边替父亲打字，一边劝父亲留下来。父亲怎么不想留下来与她共组家庭、共度幸福生活呢？当时，父亲还有可能就聘去英国教书，可以把伊姆加德带去在那里定居。可是经过慎重的考虑，父亲还是决定把这扇已经打开的爱情之门关起来……"

下面，就让我们顺着这个思路，追溯一下这对有情人的恋爱故事。

其实，季羡林与伊姆加德之间，发生的仅仅是擦肩而过的凄美之恋。他们彼此从来没有海誓山盟过，只将那份真情实意悄悄地藏在心底。就连他们的相识也是再平常不过，那是清华的老学长田德望介绍的，时间大约在1938年前后。田德望既是季羡林的清华同学，又是季羡林的北大同事。1937年，他在意大利佛罗伦萨大学获得文学博士学位后，又来到哥廷根大学进修，1939年便回国了。他虽然只在哥廷根待了一年，却为季羡林和伊姆加德牵起了一条爱情的红线。

原来，田德望的房东迈耶先生是一个老实巴交、不苟言笑的人，就跟季羡林的房东欧朴尔先生一样，但是他却有两个如花似玉的女儿，其中大女儿伊姆加德——修长的身材秀美多姿，白皙的肌肤细腻柔嫩，金黄色的头发轻盈如云，碧蓝的眼睛晶莹似水，一个好端端的聪明伶俐、活泼可爱的西方女性。而季羡林呢？虽然他那身"土气"不可能完全散去，但在清华毕竟受的是西方文学的熏陶，接触的是洋人学者，思想感情未免会发生某些变化；他来德国也已3年，正

季羡林（右）与田德望（左）

当风华正茂，倜傥洒脱，满腹经纶。都说"千里有缘一线牵"，季羡林听说老同学田德望来了——清华读书时他俩就很要好，田德望出国时，季羡林还亲自为他送行——便鬼使神差地去看他。于是，那一条爱情的红线便将本来是普普通通的季羡林与同样是普普通通的伊姆加德牵了起来。

那时，季羡林一方面饱受轰炸、饥饿和思乡之苦，另一方面又被繁重的学业压得透不过气来，如果能够得到一点儿休闲的话，那就是和田德望等几位中国朋友在一起度过的欢乐时光。不久，田德望离开了哥廷根，季羡林又从伊姆加德那里获得些许欢乐，以此来温暖这颗冰冷而寂寞的心。时间一久，季羡林每次来到伊姆加德家，就仿佛感到这里是避风的港湾，难得的清静和温馨。迈耶先生憨厚朴实，总是默默地坐在那里听着他讲话，脸上一直挂着慈祥的笑容。迈耶太太性格开朗，热情大方，总是对他问寒问暖，体贴入微，就像母亲一样。那对千金小姐呢，当然是真心对待这个既说得一口流利的德语，又具有东方人特殊魅力的异域青年，尤其那高挑的个头儿，英俊的脸庞，斯文的举止，优雅的言辞，令她们赏心悦目，觉得这便是自己心目中的"帅哥儿"。但是，季羡林更为倾慕的还是伊姆加德，毕竟她与自己的年龄相仿，意趣相投。是呀，这样的家庭，这样的姑娘，何尝不是他所追求和向往的呢？

说来也是缘分。1940年秋，季羡林把用心血写成的论文拿来请伊姆加德打字，这便为他

们之间的频频接触提供了宝贵的时机。他必须天天晚上到她家来。在她的卧室里,他就紧挨着她坐着。每当她把那些必须穿靴戴帽、点横分明的字母弄错的时候,他就手把手地教她改过来。这篇论文篇幅很长,季羡林又在上面改了又改,因此伊姆加德打字并非那么容易,但她却乐在其中。他俩每天都搞得很晚,季羡林陪着她,形影不离。直到夜深了,万籁俱寂,伊姆加德才醒过神来,稍微挪动一下身子,停下手中的活儿,柔声地说:"你该回去了。"季羡林摸黑走在路上,那颗激动的心久久难以平静……偶尔,季羡林急了,也会使出男人的性子来,指手画脚地挑毛病;这时,伊姆加德总是微微一笑,小声嘀咕几句,便又干起活儿来。事后,季羡林也会尝到后悔的滋味儿。就这样,整整一个秋天过去了,伊姆加德交到季羡林手中的,

伊姆加德

不仅仅是工工整整、清清楚楚的论文打字稿,还有那颗炽烈纯真的少女的心,或者说,季羡林最后收获了一张博士学位证书,也收获了一份沉甸甸的异国恋情。

事情还远不止于此。从这时起,一直到1945年10月季羡林离开哥廷根,整整5年时间,他几乎是与伊姆加德朝夕不离、亲密无间地走过来的。季羡林进入博士后研究阶段,陆续写了几篇重要的论文,也都需要伊姆加德帮助打字才成。每次她都高高兴兴地把活儿接过去,认认真真地完成。季羡林很懂得感情,他深知伊姆加德绝非简单地帮他打字,而是真心地爱他,只是这种爱没有明确地表达出来而已。此时,在季羡林的心中自然是非常矛盾的……

5年中,迈耶夫妇也把季羡林当作自家人一样,每逢喜事临门,总是请他来一起庆贺,热闹一番。伊姆加德每次过生日,季羡林都是座上宾,迈耶夫人还特意安排他与自己的女儿坐在一起。此时他俨然成了一位"骑士",与心爱的人共度那甜蜜的时光。伊姆加德参加社交活动,迈耶夫人也总是让季羡林陪着,就像寻找到了一位保护神,免得女儿有半点儿伤害。至于他俩之间的个人交往,那更不必说,自然是越来越亲近,简直达到须臾不可分离的

程度。在那"二战"正酣,飞机声隆隆、饥肠辘辘的日子里,他们一起蹲过防空洞,吃过发出鱼腥味儿的劣质面包;在那"二战"结束的日子里,他们都松了一口气,一起高高兴兴地听贝多芬的交响曲《英雄》《命运》《田园》《合唱》。

每当伊姆加德依偎在季羡林身旁,用她那独特的含蓄的目光深情地注视着他时,或者彼此变得十分默契、热烈,而她却欲言又止时,季羡林的心自然是非常矛盾的……

晚年的伊姆加德,身边放着曾给季羡林打字的打字机

1945年9月,季羡林正在做回国的准备。他就要离开迈耶一家,离开心爱的伊姆加德,心里是一种什么滋味呢?他是个有家室的人,那些万里之外同样饱受离别之苦的亲人正在向他招手呢!季羡林终于把决定回国的消息告诉伊姆加德。出乎意料,她并没有感到多么的惊奇,只是稍微镇静一下,劝他不要离开德国。从她那深情的眼神中,季羡林似乎意识到她想说:"假如在困难的时候,你愿意把我留在你身边,假如你允许我分担你生活中的重担,那你就是真正地认识我了。"然而,伊姆加德越是这样含蓄沉稳,季羡林越是局促不安。是呀,既然上天不来作美,那就让它成为抱恨终生的不了情吧!

10月2日,在离开哥廷根的前4天,季羡林又来到伊姆加德家,与她最后道别。伊姆加德照样没有说过多的话,只是依依不舍,嘱咐他回国后多加保重,相信迟早会相逢的。是呀,既然那颗少女的心留不住他,那就让他把它带走吧!

季羡林与伊姆加德的这份情,这份爱,完完全全地记录在他当时的日记中,不,永远铭刻在他心上。1980年深秋,季羡林率领中国社会科学代表团赴联邦德国访问。经过35年的岁月洗礼,他又踏上了哥廷根的土地。在从汉堡到哥廷根的列车上,季羡林眼前出现了昔日一长串的朋友,其中就有那个宛宛婴婴的女孩伊姆加德。他心中不停地喃喃自语道:"不想她，那不是真话呀！"她的影子随着急驰的列车在季羡林眼前晃动。

季羡林首先来到自己的女房东欧朴尔太太家，那里已经物是人非，人走楼空。接着，他怀着一种惆怅而急迫的心情，直奔迈耶先生的房子而来。他一边回忆往昔那些美好的时光，一边徐徐放慢了脚步。尽管北风吹得很凉，但他身上仍然出着汗，那颗火热的心怦怦跳动。他是否会担心遇到熟人呢？而熟人又会指责他当年为什么不向伊姆加德求爱呢？为什么在她青春的花朵凋零时才来见她呢？

季羡林终于来到迈耶先生的房子前，他镇定一会儿，敲了敲门，心想一位白发苍苍、满脸皱纹的老人一定会出现在他眼前，这会给他带来多大的安慰呀！然而，开门的并不是他想见的人，而是一位陌生的中年妇女。季羡林怔住了，急忙向她打听伊姆加德的消息，那人却摇了摇头儿，客气地说："对不起，我不知道伊姆加德小姐。"季羡林乘兴而来，扫兴而去，他心中又喃喃自语道："而今我已垂垂老矣，等到我不能想到她的时候，世界上恐怕就没人再想到她了！"

晚年的季羡林与伊姆加德恢复联系，得益于一位热心人的帮助。这个就是在德国访问的中国学者陈洪捷。1999年，陈洪捷费尽周折，终于找到了伊姆加德，并给她带去季羡林的消息。2000年，陈洪捷带香港一位女导演专程去了一趟哥廷根。并对她进行了采访。据伊姆加德说，那天季羡林来到她家时，她正在原来住的房间的楼上，而她原来住的房间则换了新人，彼此并不认识。就这样，季羡林与伊姆加德失去了最后一次宝贵的见面机会。

伊姆加德虽然已是满头银发的老人，但却精神矍铄，风韵不减当年。当然，这消息不胫而走，像风似的传到季羡林耳中。令他感到痛心的是，伊姆加德至今未嫁，徒守空房。为此，季羡林在逝世前"口述人生"时只是避重就轻地说："她怎么能出嫁呢？她每天都待在家里，没有交际。没有交际又不能用中国'父母之命，媒妁之言'的办法找对象，德国不兴这个。"伊姆加德则对陈洪捷说："第二次世界大战之后，德国人女多男少，终生未嫁的女人并不少。"看来，季羡林和伊姆加德说的都是客观原因。而季承在《我和父亲季羡林》一书中一针见血地说道："他克制了自己的感情，理智地处理了'留下来'还是'回家（国）去'的难题。虽然'祖国'、'家庭'使他战胜了'留下来'的念头，但是可以想见做这个决定是多么的不容易呀！'祖国'是个伟大的概念，当时在祖国执政的是国民党。父亲对国民党不感兴趣；对自己的那个家也感到索然无味。回去，就好像跳进了两个笼子。可是，最终他还是选择了这两个笼子。父亲的这一决定当然可以说是'仁'的胜利，而且是'至仁至义'。可是这个'仁'却成了我们这一家继续上演悲剧的种子。他的这种选择，也给伊姆加德制造了终生的悲剧——据说她因此而终生未嫁……而伊姆加德为了爱情就注定要孤独一生吗？"

　　让季羡林生前感到慰藉的是，2001年正值他90华诞之际，收到了一份来自万里之外的珍贵礼物——伊姆加德的贺卡和她80岁的照片。伊姆加德遗憾地告诉他，她因年事已高，已不能漂洋过海来看他了！

　　这就是70年前季羡林的一段传奇似的异国之恋！我们说，季羡林尽管是爱伊姆加德的，但他骨子里却深藏着中华民族的人格真髓。他在家庭婚姻遭遇挫折和不幸的情况下，仍然死守着传统的道德底线，不敢越雷池半步。他没有向伊姆加德透露自己的爱意，也没有透露自己已经娶妻生子的真情，可见他内心矛盾重重，即使产生过"非分之想"，但最后还是理智战胜了感情，又回归到传统道德底线上来。这使笔者想起印度圣雄甘地（1869—1948）年轻时去英国留学，也曾爱上他房东的女儿，那时他已娶妻生子，但他仍然冒充单身汉，做着自欺欺人的事儿。直到他觉得这样做并不会有任何结果时，才善罢甘休，承认自己性格的懦弱。还有一次，在一位老太太极力撮合下他与一个姑娘认识了。一来二去，那姑娘对他产生了垂慕之情。甘地感到很苦闷，于是写了一封信给老太太，信中说：

> 　　承您美意关心我的婚姻，给我介绍了年轻的女孩。与其让事情这么发展下去，惹出一些不必要的麻烦，不如让我向你表白我实在有负您的盛情。在我们相识的时候，我就应该告诉你我已经结婚的事实……我承认神灵现在给了我承认事实的勇气。您肯原谅我吗？我向您发誓，我对于您好意给我介绍的女孩并没有不端的行为，我知道应该遵守的规矩……

　　这反映出典型的印度人的婚姻观念和道德规范。相形之下，季羡林所欠缺的正是没有勇气将自己的爱与不爱告诉伊姆加德，结果不但伤害了别人，也伤害了他自己。说到这儿，又使笔者想起旧时中国也盛行一种"劝离风"。大凡一些颇有名气的文人学士或者其他有权势者，也曾发生休妻之事，而且尚有一些人为之推波助澜。就拿季羡林的留德前辈来说，据赵元任的夫人杨步伟回忆："那时还有一个风行的事，就是大家鼓励离婚，几个人无事干，帮这个离婚，帮那个离婚，首当其冲的是陈翰笙和他太太顾淑型及徐志摩和他的太太张幼仪，张其时还正有孕呢。"这里提到了徐志摩和张幼仪，笔者不妨再多说几句。张幼仪虽出身显赫富贵却不骄纵，相夫教子，恪尽妇道。而徐志摩从这桩包办婚姻中享受不到真正的爱，始终心存芥蒂。他追求新思想，偏重于浪漫和激情，张幼仪的那种传统女性的外柔内刚，坚忍不拔，朴实与柔韧丝丝相扣，却不能为他所接受，与他梦寐以求的浪漫与才情相差太远。于是，1922年他们在柏林宣布离婚，成为中国历史上当时少有的离婚案之一。原来，徐志摩在与张幼仪离婚前，早已对"美女加才女"的林徽因产生了恋情，但有情人终未成眷属。就连印度诗圣泰戈尔1924年访华时也看出个中端倪，临别时赠诗林徽因曰：天空中的蔚蓝爱上了大地碧绿，他们之间的微风叹了声："唉！"最终，正因为林徽因有着对男人和人生的独到把握和眼光，才嫁给了梁思成。徐志摩正在哀叹命运不公时，陆小曼闯入他的生活。在徐志摩眼中，陆小曼也是"理想中的美人"，但她是有夫之妇，而且她母亲对其与徐志摩的结合极力反对。在此骑虎难下之时，胡适、刘海粟等人一起劝说陆小曼前夫王赓与她离婚，为徐志摩与陆小曼的结合创造了条件。后来，因为陆小曼又与别人发生了不寻常的关系，徐志摩只好吞下自己酿成的苦果。

这是季羡林的前辈们留下的教训。相形之下，在对待婚姻家庭的问题上，季羡林还是明智多了，无须对他过多地挑剔和指责。他年轻时，固然伤害过别人，但他自己又何尝没受过伤害呢？几十年来，他一直以极大的克制力努力维系着一个完整的家。更何况，他几乎把自己的全部精力用于教书育人和科学研究上，自觉地实践着陈寅恪所说——"娶妻仅生涯中之一事，小之又小者耳。不志于学志之大，而兢兢惟求得美妻，是谓愚谬。"所以，季羡林的婚姻家庭虽然不甚完美，但他的思想是高尚的，他的灵魂是伟大的。

反希特勒的友人

在中国抗日战争和世界反法西斯战争期间，季羡林一直身居异邦，尤其生活在法西斯头子希特勒统治下的国度。长期以来，他为没能回国参加抗日战争而感到内疚，曾自责道：

> 反观自己，觉得百无是处。我从内心深处认为自己是一个地地道道的"摘桃派"。中国人民站起来了，自己也跟着挺直了腰板。任何类似贾桂的思想，都一扫而空。我享受着"解放"的幸福，然而我干了什么事呢？我做出了什么贡献呢？我确实没有当汉奸，也没有加入国民党，没有屈服于德国法西斯。但是，当中华民族的优秀儿女把脑袋挂在裤腰带上，浴血奋战，壮烈牺牲的时候，我却躲在万里之外的异邦，在追求自己的名山事业。天下可耻事宁有过于此者乎？我觉得无比的羞耻。连我那一点所谓的学问——如果真正有的话——也是极端可耻的。

然而，季羡林毕竟是爱国主义者，也是国际主义者。在那腥风血雨的日子里，他正好可以利用那种特殊的身份和际遇,亲自了解和考察希特勒的罪恶行径和德国人民反对希特勒的真实情况……

季羡林出国前,对希特勒实行法西斯独裁专政,自然有所耳闻。临行时清华文学院代理院长蒋廷黻先生曾告诫他,到那里要谨言慎行,不要随便发表政治见解,他会记在心上。虽然,季羡林向有爱国心、正义感,但他对旧时中国并无好感,对参加革命活动也谨小慎微,怕冒风险,在清华时胡乔木劝他投身革命遭到拒绝,便是一例。而今,身在国外,代表国家和民族,他就要随时提醒自己,维护中国尊严,不能为中国人丢脸。

季羡林来到德国后,对希特勒的本来面目以及德国人民的政治态度,是经历了由模糊到清晰、由感性到理性的过程,逐渐加深了认识。他说,刚来那阵儿,就连柏林的纳粹味儿都不太浓,更甭说哥廷根了,但仍然弥漫着崇拜希特勒的气氛。他走在柏林大街上,到处看见挂着希特勒的头像和卍字旗。人们见面时不再说"早安""日安""晚安",分手时也不再说"再见",而只用"希特勒万岁"一句话来代替。当然,他和其他中国留学生却一仍旧贯,德国人跟他们也不便说那个新词儿,还是用旧称。总之,他们与德国人各行其是,互不干扰,没有发生什么不愉快的事情。从季羡林的话说明,无论何时,世界上各个国家的人民都是友好的,问题就出在当权者或者决策者身上。

那么,德国法西斯独裁者对待中国人民的态度如何呢?季羡林从希特勒的《我的奋斗》一书判断,这个杀人魔王鬼迷心窍地奉行反犹太主义。希特勒甚至把中国人也说成是"劣等民族",是文明的破坏者,而只有他所代表的"北方人"才是优等民族,是文明的创造者,这怎能不让季羡林等中国留学生感到莫大耻辱、怒火中烧呢?季羡林并没有亲眼见过希特勒,只是常常从广播里听他歇斯底里地发表演说,像疯狗一样狂吠着。有人曾偷偷地告诉他,凭希特勒那副长相,满头黑红相间的头发,一点儿也不像金黄头发的"北方人"。且不论希特勒的祖籍在哪里(在奥地利,1932年才取得德国国籍——笔者),就说他把犹太人看成"劣等民族"、文明的破坏者,这又怎能不让季羡林等中国留学生对犹太人寄予同情,对法西斯分子任意屠杀犹太人深恶痛绝呢?

季羡林在德国学习古文字,他对政治学、哲学不感兴趣,也根本没有过当政治家和哲学家的想法。在无任何背景的情况下,季羡林等普通的中国留学生,尽管非常仇视法西斯分子迫害犹太人的罪行,但也很难像有人那样,成为保护和拯救犹太人的英雄和斗士。当然,季羡林熟悉犹太人的历史,晓得那是一个长期受苦受难的民族。在欧洲一些国家,从中世纪开始就发生过大规模杀害犹太人的悲剧。季羡林感觉到,如今,希特勒只不过继承老祖宗的衣钵,打着"民族社会主义"的幌子,玩弄罪恶的勾当。他上台伊始就将反犹排犹作为煽动日耳曼民族优越感和转移德国广大人民群众视线的重要手段。他下令不许犹太人担任公职、从事自由职业，号召抵制犹太人商店。1935年9月，他颁布《纽伦堡法》剥夺犹太人的德国公民身份，严禁犹太人与雅利安人通婚，并迫使6岁以上的犹太人佩戴一种容易辨认

被德国法西斯囚禁的犹太人，站在铁丝网内等待领取食物

的"大卫星"徽章，形同法显《佛国记》中"击石以自异"的"不可接触者"。随着反犹排犹的深入，希特勒还将15万犹太人驱逐出国，即使留下来也不受法律保护，被关进集中营或被杀害。法西斯大小头目恣意抢劫侵吞犹太人财产，许多人因此成了财主。总之，希特勒迫害犹太人的罪行罄竹难书。季羡林说，希特勒曾经对德国境内的犹太人搞过量化定性：百分之百犹太人，即祖父母、父母双方都是犹太人；二分之一犹太人，即父母双方一方是犹太人；四分之一犹太人，即祖父母或外祖父母一方是犹太人……依此类推，还可以分成若干种犹太人。百分之百犹太人必须迫害，毫不手软；二分之一犹太人稍逊；四分之一犹太人处在临界线上，可以暂时不动；八分之一以下可以纳入"人民内部"，不以敌我矛盾论处。他刚来德国时，希特勒的反犹排犹高潮已经过去，全部百分之百和一部分二分之一犹太人已经被迫害殆尽，并开始向纵深发展，大有一网打尽必欲斩草除根之势。

这时，看起来绝大多数德国老百姓都崇拜和拥护希特勒，甚至达到如疯如狂的程度；宣传舆论也是一边倒，可谓全国上下"同仇敌忾，万众一心"。但是，德国人面对希特勒杀人如麻，残酷迫害犹太人，他们心里到底是怎样想的，季羡林既有疑问便留心观察。他从那个德国小女孩儿想和希特勒生孩子的事儿上，似乎感觉到有人确实死心塌地地崇拜和拥护希特勒；他也发现有人好像是稀里糊涂地崇拜和拥护希特勒，比如欧朴尔太太，从来也没赞扬过希特勒，但又不知道如何去反对他，由于种族偏见，她拥护希特勒迫害犹太人的政策，但也谈不上是反犹的"积极分子"；他还注意到有人是真正反对希特勒法西斯的，比如他的恩师

哈隆教授，祖籍在捷克斯洛伐克苏台德地区，在感情上与其说是德国人，毋宁说是捷克人。希特勒上台后，蓄意吞并捷克西部的波希米亚和摩拉维拉两个省，其中就包括苏台德地区。因此，德国法西斯不断煽动苏台德地区的日耳曼人党即纳粹党策划苏台德"自治"，1938年终于将它占领。哈隆教授从此更加认清了德国法西斯的真实面目，愤愤不平地离开哥廷根，到英国的伦敦大学教学去了。

季羡林从眼前的这些人和事上依稀看出，希特勒正像任何蛊惑人心的政客一样，他的野心必须求助于广大民众的支持才能实现。然而，"水能载舟，也能覆舟"，民众既能把他扶上台，也能让他滚下台。这便是历史的辩证法。

季羡林来到德国的前几年，日子过得还算平静，尽管一场大风暴正在生成。面对那种"山雨欲来风满楼"的形势，他和中国留学生共同坚守政治上的底线，就是不允许任何人侵害中国国格，准确点儿说，即不允许任何人对中国人民随意谩骂和攻击。还好，实际上并没有发生此类事情，但是"二战"爆发后，希特勒法西斯承认南京汪精卫汉奸政府，1942年季羡林等中国留学生为表示抗议，决定不与日伪使馆打交道，才毅然宣布自己为"无国籍者"。仅此足以说明，他们没有屈服于德国法西斯的压力，具有一颗炽热的爱国心。

"二战"爆发后，季羡林万万没有想到，这样一出人类历史上罕见的大戏，开始时竟然平淡无奇。的确，假如没有亲身感受，谁都不会想象出这种情况。正因为季羡林身临其境，才感受得如此真切。其实，他对希特勒的面目和德国老百姓的想法，虽然了解得并非那样全面深刻，但基本上还是清楚的。这场战争本来不得人心，战前德国阴霾满天，愁云密布，人民群众在法西斯独裁者的重重高压和滔滔雄辩下，无可奈何地任其摆布。直至战事一起，人民群众才被激奋起来，并且随着虚假的战况不时地灌入耳中，他们竟然如疯如狂地山呼"万岁"。然而此时，季羡林却气得暴跳如雷，心中热血沸腾，晚上加倍地吃安眠药。他甚至产生疑惑：历史上帝国主义发动的战争，难道都是这样千篇一律吗？这与德国20年前发动的那场战争是否有异曲同工之妙呢？那时他才3岁，而这次，他会从中看出个究竟来的。

随着时间的推移，季羡林亲眼看见了战争给德国人民带来的沉重灾难。在那轰炸和饥饿的日子，他与德国人民，风雨同舟，患难与共。灾难能焕发灿烂的人性，季羡林十分同情他们，尊重那些反希特勒的人士，与他们有着共同的感情，共同的语言，甚至到了晚年仍然念念不忘。

下面，就来看看季羡林与反希特勒的人士是怎样交往的。

在他认识的德国人中间，虽然有激烈地反对希特勒的人，但是人数毕竟不多，而且为了自身的安全都隐名埋姓。前已提及，季羡林等中国留学生自从来到德国后，一直固守不与德国人谈论国事的戒律，即使对那些要好的朋友也一样。时间一长，有些德国人看出了端倪，便主动跟他们谈起了希特勒的话题，而且骂声不绝如缕。比如一个退休的法官，年龄比季羡林大多了，季羡林是通过一个中国留学生认识他的。那个中国留学生看来像是"蓝衣社"即后来的"三青团"成员，季羡林本来讨厌他，很少与他来往，但通过他却认识了一个反希特勒的人。这个法官的主子崇拜希特勒，而他却是不肖之徒。他只敢在季羡林面前说心里话，发泄满腹的牢骚。希特勒的所作所为，他无不激烈反对。季羡林知道他是一个孤苦的老人，因此更加同情和怜悯。

季羡林的另一个反希特勒的朋友是学医的大学生，年龄不过20来岁，精力充沛，热情洋溢，机警聪明。季羡林并不清楚他反对希特勒的背景，但这也无关紧要，"反对希魔同路人，相逢何必曾相识"，因为有共同的语言和感情，他们便走到一起来了。

总之，在季羡林的朋友中，无论是普通德国人，还是大学师生，公开反对希特勒的都不是很多，其原因恐怕很复杂。季羡林认为，德国人一般对政治不太敏感，甚至有点儿迟钝，再加上希特勒的高压政策，即使有人想说心里话也是欲言又止。不过，只要能认识这样几个朋友，季羡林也就心满意足了。他记得，有一年春天，中国留学生与几个德国朋友相约到山林中散步。大家坐在长椅上，在骀荡的春风中，大骂希特勒。林深人稀，不怕有人偷听，每个人都高谈阔论，胸中的郁垒一朝涤尽，直感到人生之乐莫过如此。

提起反希特勒的人士，季羡林不能忘记的还有伯恩克小姐和她的母亲。伯恩克小姐在哥廷根大学读斯拉夫语言学。她的父亲已经去世，据说生前属于四分之一或者六分之一犹太人，似乎已经越过了被屠杀被迫害的临界线，所以全家才安然生活下去。但是，既然与犹太人沾边儿，伯恩克小姐和母亲便对希特勒很反感，甚至对希特勒的倒行逆施无比痛恨。每逢季羡林等中国留学生到她家来，母子俩就将心里话儿全都倒出来。大家一边品尝着伯恩克小姐的母亲亲手烹饪的美味佳肴，一边开怀畅谈，共同痛骂法西斯头子希特勒，这简直成了平生一大快事。

伯恩克小姐和她母亲尽管对希特勒无比仇恨，但平时不敢轻易跟别人发泄，只能忍气吞声。现在，她们总算找到了推心置腹的朋友，可以将胸中的抑郁一吐为快了。而中国留学生能与他们谈得来，也自有原因。正如季羡林所说：

> 我们几个中国人，除了忍受德国人普遍必须忍受的一切灾难之外，还有更多的灾难，我们还有家国之思。我们远在异域，生命朝不保夕。英美的飞机说不定什么

时候一高兴"下蛋",落在我们头上,则必将去见上帝或者阎王爷。肚子里饥肠辘辘,生命又没有安全感。我们虽然还不至于"此中日夕只以眼泪洗面",但是精神决不会愉快,是可想而知的。在这样的情况下,只有到了伯恩克家里,我才能暂时忘忧,仿佛找到了一个沙漠绿洲,一个安全岛,一个桃花源,一个避秦乡……

是的,共同的遭遇,共同的感情,共同的语言,将反希特勒的德国人与怀有正义感的中国学子的心,紧紧地连在了一起!

纳粹末日

1945年春,"二战"局势急转直下,德国法西斯处于彻底灭亡的前夜。在国际上,除亚洲的日本外,它已失掉盟国和仆从国,陷于空前的孤立。在欧洲,反法西斯的烽火到处燃起,苏军和盟军正从东西两面夹击,向德国腹地迅猛推进。苏军取得维斯瓦—奥德河战役、东普鲁士战役和东波莫瑞战役大捷后,已经占领奥德河、尼斯河东岸地区,开始为攻克柏林做准备。美、英、加、法军队于1945年3月先后渡过莱茵河,向易北河方向逼近,于4月中旬抵达马格德堡,19日攻克莱比锡,20日攻克纽伦堡。德军在东西两线腹背受敌,节节溃败,伤亡惨重,开小差的事儿频频发生。在反法西斯力量的打击下,希特勒政权内部的矛盾和斗争日趋激烈,广大人民群众反战、厌战的情绪日益强烈。德国法西斯已经处于穷途末日、四面楚歌、摇摇欲坠的状态中。

德国经济也已濒临彻底崩溃的边缘,许多工业区和交通要道被英美等军队占领,钢铁、煤炭和石油短缺,飞机、坦克无法开动,只好任凭盟军飞机狂轰滥炸。它们随时可以飞来,甚至不再投弹,只用机枪扫射,命中率百分之百。德国人民朝不保夕,叫苦连天,再也看不到战争刚开始听到所谓"特别报道"时,那种手舞足蹈的样子了。1945年3月18日,

盟军最高统帅艾森豪威尔为诺曼底海滩桥头堡作战有功人员授勋

德国军备和战时生产部长施佩尔在给希特勒的备忘录中写道："四至八个星期内，德国经济将最后崩溃，这是可以料定的……"在此情况下，德国法西斯已无力再将战争继续下去了。

此时，哥廷根的情况怎样呢？哥廷根虽然是一座小城，但绝非世外桃源，以小见大，足可见证德国人民翻过陈旧历史的那一刻。1945年三四月间，根据"二战"盟军最高统帅艾森豪威尔的指示——"盟军不同苏军争夺柏林，而尽量多用美国的军队去占领德国"，美、英、加、法等同盟国利用7个集团军共85个师的兵力，相继占领了德国的大部分地区。哥廷根也在美英飞机的狂轰滥炸下，很快就被占领了。

下面，笔者抄录季羡林那几天的日记：

一九四五年四月六日

昨晚到了那Keller（指种鲜菌的山洞——季羡林注）里坐下。他们（指到这里来避难的德国人）都睡起来。我无论如何也睡不着，里面又冷，坐着又无依靠。好久以后，来了Entwarnung（解除空袭警报）。但他们都不走，所以我也只好陪着，腿冻得像冰，思绪万端，啼笑皆非。外面警笛又作怪，有几次只短短的响一声。于是人们就胡猜起来。有的说是Alarm（警报），有的说不是。仔细倾耳一听，外面真有飞机。这样一直等到四点多，我们三个人才回到家来。一头躺倒，醒来已经快九点了。刚在吃早点，听到外面飞机声，而且是大的轰炸机。但立刻就来了Voralarm（前警报），紧跟着是Alarm。我们又慌成一团，提了东西就飞跑出去。飞机声震得满山颤动。在那Keller外面站了会，又听到飞机声，人们都抢着往里挤。刚进门，哥廷根城就是一片炸弹声。心里想：今天终于轮到了。Keller里仿佛打雷似的，连木头椅子都震动。有的人跪在地上，有的竟哭了起来。幸而只响了两阵就静了下来。十一点，我惦记着厨房里煮上的热水，就一个人出来回家来。不久也就来了Vorentwarnung（前解除警报）。吃过早点，生好炉子。以纲（张维）来，立刻就走了。吃过午饭，躺下，没能睡着。又有一次Voralarm。五点，刚要听消息，又听到飞机声，立刻就来了Alarm。赶快出去到那Deckungsgraben（掩体防空壕）外面站了会。警报解除，又回来。吃过晚饭，十点来了Voralarm。自己不想出去，但天空里隔一会一架飞机飞过，隔一会又一架，一直延续了三个钟头。自己的神经仿佛要爆炸似的。这简直是万剐凌迟的罪。快到两点警报才解除。

四月七日

早晨起来，吃过早点，进城去，想买一个面包。走了几家面包店，都没有。后来终于在拥挤之后在一家买到了。出来到伤兵医院去看Storck，谈了会儿就回家来。天空里盘旋着英美的侦察机。吃过午饭，又来了Alarm，就出去向那Pilzkellar（培育蘑菇的山洞）跑。幸而并不严重，不久也就来了Vorentwarnung。我在太阳里坐了会儿，只是不敢回家里。一直等到一点多觉得不会再有什么事情了，才慢慢回家来。刚坐下不久，就听到了飞机声，赶快向楼下跑。外面已经响起了炸弹，然后才听到警笛。走到街上，抬头看到天空里成排的飞机。丢过一次炸弹，我就趁空向前跑一段。到了一个Keller，去避了一次，又往上跑，终于跑到那Pilzkellar。仍然是一批批炸弹向城里丢。我们所怕的Grossangriff（大攻击）终于来了。好久以后，外面静下来。我们出来，看到西城车站一带大火，浓烟直升入天空。装弹药的车被击中，汽油车也被击中。大火里子弹声响成一片，真可以说是伟观。八点前回到家来。吃过晚饭，在黑暗里坐了半天，心里极度不安，像热锅上的蚂蚁，终于还是带了东西，上山到那Pilzkellar去。

四月八日

Keller里非常冷，围了毯子，坐在那里，只是睡不着。我心里很奇怪，为什么有这样许多人在里面，而且接二连三的往里挤。后来听说，党部已经布告，妇孺都要离开哥廷根。我心里一惊，当然更不会再睡着了。好歹盼到天明，仓促回家吃了点东西，往Keller里搬了一批书，又回去。远处炮声响得厉害。Keller里已经乱成一团。有的说，德国军队要守哥城；有的说，哥城预备投降。蓦地城里响起了五分钟长的警笛，表示敌人已经快进城来。我心里又一惊，自己的命运同哥城的命运，就要在短期内决定了。炮声也觉得挨近了。Keller前面仓皇跑着德国打散的军队。隔了好久，外面忽然静下来。有的人出去看，已经看到美国坦克车。里面更乱了，谁都不敢出来，怕美国兵开枪。结果我同一位德国太太出来，找到一个美国兵，告诉他这情形。回去通知大家，才陆续出来。我心里很高兴，自己不能制止自己了，跑到一个坦克车前面，同美国兵聊起来。我忘记了这还是战争状态，枪口对着我。回到家已经三点了。忽然想到士心夫妇，以为他们给炸弹炸坏了，因为他们那一带炸得很厉害，又始终没有得到他们的消息。所以饭也吃不下。不久以纲带了太太小孩子来。他们的房子被美国兵占据了。同他们谈了谈，心里乱成一团，又快乐，又兴奋，说不出应该怎样好。吃过晚饭，同以纲谈到深夜才睡。

哥廷根就这样被解放了。

在哥廷根，季羡林与德国人民一起，度过了黎明前的暗夜。

至此，季羡林亲身经历了"二战"的始末，应该说最有发言权了。前已提及，他曾目睹哥廷根人对战争开端的反应平平淡淡，同样，他也目睹了哥廷根人对战争结束的反应平平淡淡。他说：

无论如何，这是一个极大的转折点。从此以后，哥廷根——我相信，德国其他地方也一样——在历史上揭开了新的一页。

法西斯彻底完蛋了。他们横行霸道，倒行逆施，气焰万丈，不可一世，而今安在哉！德国普通老百姓对此反应不像我想得那样强烈。他们很少谈论这个问题。他们好像是当头挨了一棒，似乎清楚，又似乎糊涂；似乎有点反思，又似乎没有；似乎有点在乎，又似乎根本不在乎。给我的总印象是茫然，木然，憒然，默然。一个极端有天才的民族，就这样在一夜之间糊里糊涂地，莫名其妙地沦为战败国，成了任人宰割的民族。不管德国人自己怎样想，我作为一个在德国住了十年对德国人民怀有深厚感情的外国人，真有点欲哭无泪了。

然而，季羡林又补充说，尽管德国人的反应有些麻木，但并非是真正的平平淡淡，很多人尚有切肤之痛。此话不假，战争给德国人民造成的心理创伤不是很快就能治愈的，需要经过较长时间的反思，才能逐渐认清希特勒法西斯的真正面目。

下面，就来看看美国兵来到哥廷根的花絮。

据季羡林回忆，美国兵进城后并没有发生类似古代西哥特人和匈奴人血洗"上帝之城"罗马的"屠城"事件。表面上看，"山姆大叔"表现得还挺文明，没有发生污辱德国人的事情，德国人也没有对他们抱着敌视态度，搞任何破坏活动。实际上，美国兵却暗自在全城搜捕纳粹分子，他们手中有一个"必名单"，各类纳粹头目都记录在案。有一天，美国兵按图索骥，找到季羡林住处对面的施米特先生家，他的女儿是纳粹女青年组织一个大区的头目。施米特先生不在家，他的太太吓得浑身发抖，来敲门求助。季羡林只好跟着来到她家。美国兵看见季羡林怔了一会儿，然后问他是什么人，来干什么的。季羡林回答说，他是"盟国"中国人，来帮他们当翻译。美国兵没再问什么，就让他当起翻译来。他们的态度还不错，没问太多的事儿。美国兵再问，施米特的太太坚持说不知道，也就不了了之。果然，审问很快就结束了，从此美国兵也没再来找碴儿。后来听说那位太太把女儿藏起来了，这是后话。

美国兵进城还占用不少民宅，凡是独门独院的别墅都被占用了，瓦尔德施米特家那幢小楼也未能幸免，后来美国兵换防撤走，里面的那些富丽堂皇、古色古香的陈设被破坏得一塌糊涂。季羡林去看时，只见平时老夫妇珍爱的那几把古典式椅子被折断了腿。教授一脸苦笑，说不出话来，心中滋味实不足为外人道也。教授夫人则数落道："美国大兵夜里酗酒跳舞，通宵达旦，把楼板踩得山响，我那几把椅子算是倒霉了！"季羡林心想："这种亡国奴的滋味儿，他们原本是没想到的。"

那些天，季羡林在大街上又看到了一幕"奇景"。沿街那些漂亮的房子，只要开着窗户，就能看到窗台上密密麻麻、整整齐齐地排满大皮靴的靴底，不是平放的而是直立的。看来，这不像是晒靴子，否则靴底不会直立。原来，那皮靴是穿在美国兵脚上的，他们正躺在屋子里睡觉，把脚放在窗台上。美国兵总给人吊儿郎当的印象，他们向上司敬礼，也没有德国兵那样认真严肃，总是嬉皮笑脸，嘻嘻哈哈的。

美国兵的"大少爷"作风和浪费习气，也让季羡林吃惊。一盒鸡鱼鸭肉罐头，往往吃不到一半就扔掉，给汽车加油，往往没加半桶就把剩下的扔掉。季羡林还亲眼看见美国兵剪断军用电线的"豪举"。他们在全城架设了许多军用电线，为了省事，不立电线杆，而将电线挂在大街两旁的树枝上，有的树枝上竟挂着几条几十条，压在一起，好像一堆堆"黑蛇"。没过多久，美国兵换防撤走，他们就干脆把每棵树上的电线就地剪断，而不是一条一条地取下来卷起来再用。这样，每棵树的枝头上挂满了被剪断的电线，也是压在一起，好像一堆堆"黑蛇"。美国兵的这些电线、石油和罐头食品，本来都是从遥远的本土空运或海运来的，但他们根本不在乎，摆出"暴发户"和"阔少爷"的派头儿。对此，季羡林看在眼中，疼在心上，总觉得他们那一套和中国人大不一样。

此时，季羡林等中国留学生已经当了三四年没有国籍的流浪汉了，美国兵进城不久，他们竟由流浪汉变成了"盟国"的一分子，成了"座上客"。有一天，他与张维找到一个美国校官，亮出中国留学生的身份，立刻受到特殊的优待。那个美军校官大笔一挥，在一张纸上写下 DP 二字，即"Dispklaced Person"的意思，说他们是因战争或政治迫害，被迫离开本国来避难的人。这当然不符合事实，但其用意何在，他们也不便去问。那个校官叫他们拿着这张字条去见一个法国俘虏兵的头儿。见了之后，那个头儿告诉他们，以后每天都可以到这儿来领一份牛肉。这下子可乐坏了季羡林和张维，都说孔子在齐闻韶，三月不知肉味儿，而今他们在德国甚至三年不知的肉味儿，却意外地从天上掉了下来，岂不大喜过望！季羡林拿着领到的牛肉回到家中，将它交给欧朴尔太太，患难中的"母子俩"过了一段有吃有喝的日子。

德国法西斯倒台时，季羡林在哥廷根经历的这一切，使他心情难以平静。一方面，他深感德国民族是一个伟大的民族，对他们所受的苦难和屈辱非常痛心；另一方面，他对德国民族败类法西斯分子的倒行逆施无比痛恨。他庆幸自己留德10年,终于成了纳粹末日的见证人。

令季羡林感到遗憾的是,没有看到日后德国有良心的作家,能够写出类似法国大文豪阿·都德(1840—1897)那样宣传爱国主义的名著《最后一课》。1870年法国与普鲁士交战,拿破仑三世在色当城头竖起白旗,与守城将士一起成为普鲁士的俘虏,从此法兰西第二帝国宣告灭亡。而今,德国面临与当年法国相同的命运。却无人站出来写点儿抒发感想之类的文章,岂不哀哉!

是的,季羡林多么急切地盼着,德国人民能够好好总结历史教训呀!

第九章
归国之路

泪别哥廷根

就在中国抗日战争和世界反法西斯战争胜利的那一刻，季羡林毅然决定返回祖国。8年前，当清华大学与德国交换研究生的学习期满时，他第一次决定回国未成；3年前，完成学业获得博士学位后，他第二次决定回国也未能成；如今这是第三次，当战争这个庞然大物被制伏后，季羡林的回国愿望终于得以实现。

1945年5月8日24时，柏林的工兵学校大厦鸦雀无声，一片寂静，德国无条件投降仪式在这里举行。在苏军朱可夫元帅的主持下，德军元帅凯特尔等人在投降书上签字，次日零时起生效，第二次世界大战欧洲战争至此结束。及至1945年9月2日9时，在停泊于东京湾的美国战列舰"密苏里号"上，又举行了日本无条件投降仪式，日本外相重光葵代表天皇和政府，陆军参谋总长梅津美治郎代表帝国大本营在投降书上签字，盟军最高统帅麦克阿瑟上将代表所有对日作战的同盟国，以及美、中、苏、英、法等国代表接受投降书，第二次世界大战宣告全面结束，这也标志着中国人民抗日战争取得了最后胜利。

日本外相重光葵在投降书上签字

面对这种情况，季羡林自然喜上眉梢，乐在

心头。他虽然舍不得离开这第二故乡,心中充满着无比的眷恋之情,但他如同做了一枕黄粱梦,醒来惊呼道:

> 是我要走的时候了!
> 是我离开德国的时候了!
> 是我离开哥廷根的时候了!
> 我的真正的故乡向我这游子招手了!

"别日何易会日难,山川悠远路漫漫",此时,最让季羡林留恋的是哥廷根的堪称自己祖父、父亲的恩师,堪称自己母亲的房东……他曾这样追述道:

> 我辞别德国师友时,心情十分痛苦,特别是西克教授,我看到这位耄耋老人面色凄楚,双手发颤,我们都知道,这是最后一面了。我连头都不敢回,眼里流满了热泪,我的女房东对我放声大哭,他儿子在外地,丈夫已死,我这一走,房子里空空洞洞,只剩下她一人。几年来她实际上是同我相依为命,而今以后,日子可怎样过呀!离开她时,我也是头也没有敢回……

是的,正如中国诗仙李白作《送别》曰:"送君别有八月秋,飒飒芦花复益愁",在这哥廷根的金色秋天,离愁别绪立刻浮上季羡林——不,还有其他一些人——的心头,又仿佛肃杀的冷风阵阵袭来,摇曳的橡树即刻被摧伏一般。

同样,最让季羡林留恋的是哥廷根的物——古城墙上高大的橡树,席勒草坪中芊绵的绿草,俾斯麦塔高耸入云的尖顶,大森林中惊逃的小鹿,初春从雪中探头出来的雪钟,晚秋群山顶上斑斓的红叶……然而,哥城尽处是春山,离人只在春山外,季羡林这一别,远方的客人啊,不知何时再能投到她的怀抱?

总之,10年光阴,转瞬即逝,多少忘不了的人

席勒草坪

和事，多少看不够的景和物，昔日只道是平常，明朝相见在梦中！

人们常说，动什么别动感情。此时，季羡林却真的动起感情来。一方面，他在留恋着他的第二故乡；另一方面，他又在想念着他的真正的故乡。对家庭的依赖和执着，应该是人类的共同本性。中国古谚说，吃尽滋味盐好，走遍天下家好。德国古谚也说，世界到处跑，才发现没有什么地方比家好。而季羡林又何尝不是这样呢？正如他坦言：

> 当年佛祖规定，浮屠不三宿桑下，害怕和尚在一棵桑树下连住三宿，就会产生留恋之情，这对和尚的修行不利。我在哥廷根住了不是三宿，而是三宿的一千二百倍。留恋之情，焉能免掉？好在我是一个俗人，从来也没有想当和尚，不想修仙学道，不想涅槃，西天无分，东土有根。留恋就让它留恋吧！但是留恋毕竟是有期限的。我是一个有国有家有父母有妻子的人，是我要走的时候了。

就这样，在翻滚着的感情大海的旋涡里，季羡林离开了哥廷根。

当时想回国要取道瑞士，可是德国境内的交通已完全中断，想到瑞士必须自己解决交通工具问题。于是，季羡林同张维去找盟军在哥廷根临时组建的军政府，英国上尉沃特金斯非常客气，答应派两辆美国吉普车送他们，起程日期当即敲定。原来，一位美国少校要陪他们一起去瑞士，他想借此机会去旅游。季羡林没有想到，此事竟办得这么顺利。他又默默地向上天祈祷，但愿他们归国途中一帆风顺，万事如意。

1945年10月6日，晴空万里，艳阳高照，哥廷根沐浴在一片灿烂的阳光中，人们以满腔的热情诚恳欢送6位中国人——除季羡林以外，还有张维一家三口，刘先志一家两口。在与哥廷根告别的那一瞬间，季羡林的脑际一片空白。面对泣不成声的欧朴尔太太和其他朋友，季羡林并没有一步三回首，而是低着头，步履沉重地朝吉普车走去。直到法国司机将车子开动，他才抑制不住激动的心情，扑簌簌地流下了热泪……

吉普车急速驶上国家高速公路，季羡林下意识地抬起头，转身看了一眼哥廷根——她就要从他的视野中消失了。霎时，唐朝诗人刘皂的《旅次朔方》在他心中涌动：

> 客舍并州已十霜，
> 归心日夜忆咸阳。
> 无端更渡桑乾水，
> 却望并州是故乡。

季羡林俨然成了一位诗人,他又吟起自己心中的诗:

> 留学德国已十霜,
> 归心日夜忆旧邦。
> 无端越境入瑞士,
> 客树回望成故乡。

曾几何时,哥廷根的烟树还历历在目,可是随着吉普车的飞速行驶,它渐远渐淡,终于变成模糊一团,直到消失得无影无踪……

别了,哥廷根!那块生活和学习了10个年头的土地,那些激动人心的流年往事,必将成为季羡林一生隽永而悠远的回忆。

别了,哥廷根!它所给予的严格而彻底的学术训练,博大而精深的研究根基,必将成为日后季羡林发射"科学卫星"的助推器。

初到瑞士

吉普车行驶在国家公路上,季羡林极力将离别的忧伤用美丽的自然风光来淡化。道路两旁的青山绿水,斑斓秋林,固然吸引了他的眼球,但脑海中仍不时地闪现出哥廷根的影子。况且,映入他眼帘的又绝非只是胜境美景,往往还有断壁颓垣、焦木枯林,这又让他伤心惨目,平添了几分忧伤。此时,他的心情如同大海的波涛,腾涌不已。于是,他又吟起自己心中的诗:

> 无情最是原上树,
> 依旧红霞染霜天。

季羡林一行是中午离开哥廷根的,到达法兰克福时天色已晚,便在那里过夜。法兰克福是全德美军总部驻地,食宿条件当然很好。当晚,他们被安排在一家美军军官下榻的旅馆住下。美军头目见来了盟国人,分外和气,特意为他们准备了一席大餐。自从战争爆发以来,饥饿已将他们折磨得十分难受,而今又变成了无钱阶级,不但没有美国钞票,仅有的那点儿德国钞票也已作废。然而,他们却受到如此招待,真是受宠若惊,感激不尽。那天晚上,虽然美国兵性情好动,活泼有加,旅馆里吵闹得很凶,但他们的心情着实不错,过得还蛮舒适。

次日清晨,他们又继续前行。本来,临行前季羡林曾乞求上天保佑,归国途中一帆风顺,未想到刚刚开始就一帆不顺,行程受阻。在这里,笔者抄录他的1945年10月7日的日记:

> 八点多开车,顺着Reichsautobahn(国家公路)向南开。路上没经过多少城市,连乡村都很少。因为这条汽车路大半取直线。在Mannheim(曼海姆)城里走迷了路,绕了半天弯子,才又开出城去。这座大城也只剩了断瓦残垣。从Heidelberg(海德堡)旁边绕过,只看到远处一片青山。走进法国占领区,第一个令人注意的地方就是汽车渐渐少了。法国兵里面的真正法国人很少,大半是黑人,也有黄人。黄昏时候,到了德瑞边境。通过法国检查处,以为一帆风顺。到了瑞士边境,因为入境证成问题,交涉了半天,又回到德国Lonach(勒纳赫),在一个专为法国军官预备的旅馆里住下。

第二天早晨,他们又来到瑞士边境,马上与国民党南京政府驻瑞士公使馆,以及在那里工作的季羡林的初中同学张天麟通了电话。此时,季羡林暗下决心:"反正已经走到这一步,只能义无反顾,背水一战了!"不料还算走运,瑞士有关方面果然下达通知,允许他们入境,张天麟还以中国外交官的身份亲自来迎接他们。可是,陪送他们的美国少校和法国司机却无法进入瑞士。季羡林等人实感抱歉,但又爱莫能助,分别时送给他们一些随

瑞士的雪山

身携带的中国小礼品,以作纪念。

1945年10月9日,季羡林一行终于告别了德国,来到瑞士。在从边境开往首都伯尔尼的列车上,他们凭窗远眺,被那奇异的自然风光吸引住了。它是那样的美妙神奇,完全出乎人们的想象——远山如黛,山巅积雪如银,倒影湖中,又氤氲成一团紫气,再衬托上湖畔的浓绿,好一处变幻莫测的仙境……看着看着,季羡林感慨万端,突发奇想:假如天下太平,大自然的美能给人们带来多少欢乐?假如瑞士也卷入了这场战争,眼前的山山水水又会给人们带来多少忧伤?

为了在路上充饥,季羡林特意从哥廷根带来几块黑面包。"一旦被蛇咬,十年怕井绳",他确实挨饿挨怕了,心想:"不管路上发生什么情况,最要紧的是把肚子填饱。"可是,这几块黑面包并没有派上用场,于是,他准备按中国人惯用的办法将它处理掉。列车飞快地行驶,他一边欣赏窗外的美景,一边寻找铁路旁边有可以投放的地方,但走了一路也没有找到。瑞士真是太干净了!季羡林不想让这几块可怜的黑面包玷污了一尘不染的土地,最后只好把它带到伯尔尼来。

伯尔尼车站到了,接站的是季羡林的老同学张天麟全家以及使馆里的其他人。提起张天麟,前面已谈过,这里再补充几句。他比季羡林长4岁,两人是初中同学,毕业后就各奔东西了。张天麟到南方参加国民党的革命,并当上了官;季羡林则两耳不闻窗外事,一心只读圣贤书。1930年两人又殊途同归,季羡林考入清华,张天麟在北大德文系读书。1935年秋,季羡林在德国哥廷根大学留学;张天麟在德国吐宾根大学留学,并拿到博士学位,然后在国民党政府驻柏林公使馆谋到一个职位。1942年季羡林学业结束后想回国,便去柏林找张天麟打听情况,方知经过瑞士回国也很难,只好作罢。此后不久,国民党政府的公使馆撤到了瑞士,张天麟又跟着到了瑞士。现在,这对老同学又见面了,张天麟已经当上了副武官,少校军衔,并兼任《扫荡报》的记者。1946年春天,季羡林与张天麟全家、刘先志全家一起回到祖国。从此,季羡林在北大任教,张天麟在北师大教书。张天麟因为海外关系复杂,新中国成立后屡交华盖运,没少挨批判,1957年被打成右派,留职降级,只许搞资料,不许登讲台。"文革"时他又难逃厄运,由于不间断地被批斗,最终得了重病,1984年去世。表面看来,张天麟与季羡林所走的道路似乎不同,前者热衷于仕途,后者埋头读书,但他们同为旧中国的知识分子。新中国成立后在极"左"思潮的影响下,他们的日子都很不好过。季羡林晚年住院期间,写过《忆念张天麟》的文章,说他当年并不真正崇拜蒋介石,也不能算是忠实的国民党党员,他有时也说蒋介石和国民党的坏话;他是一个爱国的人,一个有是非之辨的人,一个重朋友义气的人,总之是一个好人。说到这儿,笔者想起歌德的一句话:"人都认为，自己的一生要自己去引导。但在心灵深处，却有着任凭命运摆布，而无力加以抗拒的东西。"纵观季羡林和张天麟的一生，我们不是也可以悟出这个道理来吗？

到达伯尔尼的当天晚上，季羡林一行就乘车来到附近的一座小城——弗里堡，这是公使馆特意安排的，目的是为了节省开支。次日，他们又回到伯尔尼，参加当晚公使馆举行的所谓庆祝双十节的宴会。出席宴会的中国留学生很多，来自欧洲许多国家，可谓是"八方风雨会中州"，济济一堂，分外隆重。那一顿精美的中国饭菜大家已经久违了，都想变成饕餮之徒，大吃一场，吞噬一切。但是季羡林却留了个肚子，不敢多吃，因为德国医生曾告诉他，人一旦饿久了，碰上食物就会吃个没完，感觉不出饱的滋味儿，"一战"后就有许多人活活撑死了。于是，他就不敢放开肚子，畅所欲吃，但尽管如此，也算解馋了。

此后，季羡林在弗里堡住了近四个月。

弗里堡见闻

季羡林一行住在天主教神父沙利爱开办的圣·朱斯坦公寓，这里收费便宜，伙食也不错，他们过了一段安定快乐的日子。

弗里堡是一座文化城，虽然只有几万人，但有一所著名的天主教大学，还有一个藏书颇丰的图书馆，因此也可以说这是一座天主教城市。对季羡林来说，这简直是求之不得的好事儿，从中可以获得一些关于天主教的感性认识。

瑞士是一个多民族、多语言的国家，官方语言就有德语、法语和意大利语，一般老百姓都有驾驭几种语言的能力，连伯尔尼街头卖花的老太婆也能讲几种语言。圣·朱斯坦公寓的沙利爱神父讲法语，另一位神父讲德语，可谓五花八门，各显神通。再拿天主教内部的规矩来说，神父除了不许结婚以外，他们尽可享受人世间的陈酒佳酿，美味佳肴，而修女所受的限制却颇多，行动得不到自由。一位住在这里的中国人男神父曾劝说季羡林加入天主教，但他认为自己没有任何宗教细胞，也没有任何宗教需要，最终还是谢绝了。新中国成立后，季羡林在北京见过那个人，他脱掉天主教服装换了俗装，并成家立业了，这又成为一大笑柄。由此笔者联想到，印度圣雄甘地19世纪末去英国留学时，因受基督教新教的影响，由肉食者变成素食者，恐怕也是个特例。

过了不久，沙利爱神父即被梵蒂冈教廷任命为瑞士三省大主教。季羡林曾在日记里记下此事：

一九四五年十一月二十一日

吃过早饭就出去。因为今天是新主教 Charriere（沙利爱）就职的日子，在主教府前面站了半天，看到穿红的主教们一个个上汽车走了。到百货店去买了一只小皮箱就回来。同冯、黄谈一谈。十一点一同出去到城里去看游行。一直到十二点才听到远处音乐响，不久就看到士兵和警察，后面跟着学生，一队队过了不知有多久。再后面是神父、政府大员、各省主教。最后是教皇代表、沙主教，穿了奇奇怪怪的衣服，像北平的喇嘛穿了彩色的衣服在跳舞捉鬼。快到一点，典礼才完成。

一九四五年十二月二十五日

今天沙主教第一次主持大弥撒，我们到了 St.Nicolas 大教堂，里面的人已经不少了。停了不久，仪式也就开始了。一群神父把沙主教接进来。奏乐，唱歌，磕头，种种花样。后来沙主教下了祭坛，到一个大笼子似的小屋子里向信徒讲道。讲完，又上祭坛。大弥撒才真正开始，仍然是鞠躬，唱歌，磕头，种种花样，一直到十一点半才完。

都说"行万里路，读万卷书，阅无数人"，季羡林正是如此。

在弗里堡，季羡林结识了几位德国和奥地利的朋友。首先是弗里茨·克恩教授，他原是德国波恩大学的历史教授，思想进步，反对纳粹，后来在德国待不下去了，被迫逃到瑞士。季羡林一直与他相处得很好，一起翻译过《论语》《中庸》。克恩教授夫妇对季羡林关怀备至，季羡林也对他们流落他乡的遭遇表示同情和怜悯，回国后还与他们通了几封信。

其次，季羡林还认识了奥地利学者 W. 施米特和科伯斯等人，他们都是天主教神父。1938 年 3 月 12 日，德军长驱直入，兵不血刃地占领奥地利，希特勒以征服者的身份，随军到达他曾经作为流浪艺人生活过 4 年的维也纳，德、奥两国签署合并文件，奥地利成为德国的"东方省"。从此，施米特、科伯斯等人类学维也纳学派的领导人，为躲避凶焰，逃到瑞士，在弗里堡附近的村庄建立了一个研究所，继续从事研究工作。季羡林从与他们的交往中感觉到，这些天主教神父并没有"上帝气"，对天主教以外的其他宗教也很宽容公正。施米特还曾在中国北京辅仁大学教过书，著作等身，在世界学人中颇有名气。

最后，经克恩教授介绍，季羡林还认识了远在巴塞尔的瑞士银行家兼学者萨拉赞。听说此人是一位亿万富翁，对学问也很感兴趣，尤其建有一个颇具规模的印度学图书馆，因此季羡林便决定去见他。那天，他长途跋涉来到巴塞尔，参观了那个图书馆。季羡林很有感慨地说："在世界花园中，有这样一块印度学园地，难能可贵！"萨拉赞热情地招待他，请他喝茶，吃点心。之后，季羡林又到在中国住过多年的牧师热尔策家拜访。吃过晚饭，天已经黑了，当他赶到车站时，开往弗里堡的直达列车已经过去了，没办法只好登上停在月台上的一辆列车。他心想："反正瑞士也不大，上哪趟车都能到达目的地。"就这样，季羡林糊里糊涂地乘着那条铁龙，在瑞士国土上转来转去，仿佛漫游仙境的爱丽丝。可巧，这个"爱丽丝"又独具传奇色彩。他在列车上碰上了一个会讲德语的中年汉子，三言两语两人就成了朋友。季羡林把沙利爱神父荣任三省大主教的事儿告诉他，那人就像踏上脚鸡眼一样，立刻对天主教破口大骂，自称是新教徒，与天主教不共戴天。季羡林啥教都不信，任他骂去，没表示半点儿支持或反对，那人却更加兴奋欲狂，骂声不止。列车在瑞士土地上转了大半夜，终于到了弗里堡。那人又跟季羡林一起下了车，找到一个旅馆非要请他喝酒。季羡林陪他喝了几杯，只觉得天旋地转，胡乱地走到一个房间倒头便睡，醒来时已是"红日已高三丈透"，那位朋友却如见首不见尾的神龙，早已消失得无影无踪。季羡林赶紧回到圣•朱斯坦公寓，回想这一场夜游，真是做了爱丽丝般的奇幻的梦。

笔者回想起自己在印度新德里时，也曾发生过类似的事儿，只不过情节稍异，没有这样有趣而已。为怕露丑，从来没跟先生说过，倘若让他知道，师生一定会捧腹大笑，好不开心！

与公使馆的斗争

季羡林一行所以来到瑞士，并通过瑞士回国，其原因前已提及，即1942年法西斯德国承认汪精卫日伪政权后，设在柏林的国民党公使馆不得不撤到瑞士首都伯尔尼。1942年10月季羡林那次回国未成，就是因为瑞士的公使馆不予协助。回到哥廷根后，他又联合中国留学生，决定不与设在柏林的日伪使馆打交道，宣布自己为"无国籍者"。如今，他们要想回国也只好求助于国民党公使馆，先来瑞士，再从这里回国。再说，瑞士在"二战"中保持中立，又地处欧洲中心，因此这里的公使馆便成为全欧的外交代表机构，也是安排组织海外留学生回国的主要办公地。派驻这里的外交人员级别也很高，据说有一位武官曾经是蒋介石手下的"十三太保"之一，后来成为台湾海军"总司令"。

当时，国民党政府为了诱使中国留学生回国，在"救济沦落在欧洲的学生"的幌子下，不定期地向瑞士公使馆拨来款项。国民党内部原本派系复杂，矛盾激烈，这种情况也必然反映在驻外机构中，瑞士公使馆也不例外。季羡林等中国留学生了解到，这里的公使和参赞之间存在矛盾，而且听说公使馆与留学生之间也存在矛盾，起因往往出在这笔款子上。

1945年11月7日那天，季羡林等几个中国留学生来到公使馆，见了公使先生客气地说："听说国内来了一笔款项，数目很大，请按时把救济金发给我们吧。"公使先生立刻露出怪物相，支支吾吾，闪烁其词。季羡林等人见状，马上动起肝火，说："您别装糊涂了，想瞒天过海吗？办不到！请按规定发给我们！"公使先生终于沉不住气了，额上冒出了冷汗，显得十分狼狈。他下意识地拉开抽屉，斜着眼睛往里瞧了瞧，然后又关上抽屉，说："我同意发给你们。不过，你们不要声张，如果大家都来找我，那就乱了套。"季羡林等人点头称是，可是回来后便把这件事儿传开了。季羡林觉得，他们之所以这样做，并非唯恐天下不乱，只是想搞点儿恶作剧，让那位公使先生舒服不得，尝尝留学生的厉害。原来，国内寄款的消息正是那位参赞告诉他们的，此公早年也在德国留学，对留学生抱有同情感，加上他与公使有矛盾，才把事情捅了出来，这才叫唯恐天下不乱呢！

这件事儿让季羡林等中国留学生开了眼界，长了见识，又真是"行万里路，读万卷书"。就当时在德国的留学生而言，他们家庭出身各不相同，卑贱者有之，如季羡林等人；显赫者也有之，如蒋、宋、孔、陈以及冯玉祥、居正、戴传贤等人的子女，总之是鱼龙混杂。公使馆的那些老爷并非真正了解他们各自的背景，只好一律不予得罪。季羡林等人正是摸清了这个底细，才学到了从书本上学不到的知识——对付这些官老爷硬比软更有效。

途经马赛

1946年2月2日，季羡林离开瑞士，前往法国第二大城市、著名的商港马赛，同行的有张天麟一家、刘先志一家。当时要从欧洲回国只能走海路，而由马赛乘船回国又是最近的一条路。临行前，他们又向公使馆提出要求：人乘坐火车，行李用汽车托运，而且必须在费用上给予补贴。公使馆也痛痛快快地答应了。

在去马赛的路上，他们在风景秀丽的日内瓦游览了几天，参观了1919年建成的"万国宫"，以及法国启蒙运动思想家卢梭的出生地和伏尔泰的避难所。进入法国边境，海关检查得非常严格，因为从瑞士走私手表的现象极为猖獗，他们的几只箱子也没有轻易被放过。正当他们等待检查时，有人急中生智，从口袋里摸出一个瑞士法郎硬币，塞到那个检查员手中。此招儿果然奏效，那人赶忙将硬币揣起来，然后在他们的箱子上用粉笔画了一些"鬼符号"，表示放行。季羡林暗中庆幸，他从瑞士买的那两块自动的Omega金表终于免遭厄运。就这样，他们没有耽误行程继续乘车，直奔马赛。

瑞士日内瓦湖内的140米喷泉

来到马赛,最让季羡林感到新奇的是,法国的种族歧视要比欧洲其他国家大显逊色。他在德国待了那么长时间,从来没有看到过白人妇女同黑人男子挽着臂膀走在街上的事儿,在瑞士也没有看到过。然而,在这里却看到一对对黑白夫妇,手挽手地在大街上闲逛,那梨花与黑炭的影像交织在一起,真是乐煞人也。对法国人来说,这是"司空见惯浑无事",不足怪也。

季羡林在马赛第一次见到海,他虽然出生于山东省,又留洋10年,但从来没有见过海,令人难以置信。而今见到海,真是豪情满胸怀,他马上吟出杜甫描写洞庭湖的诗句——"乾坤日夜浮",心想:"这位大诗人可能也没有见到海,要不他会把这样雄浑的诗句留给大海的!"

季羡林一行拿着美军在德国哥廷根开的证明文件,到当地管理"二战"期间流落他乡者的办事处去办理手续,结果被安排在一个大仓库里住下。他们对此并不感到满意,立刻去找国民政府驻马赛的总领事馆,用在瑞士的办法与之交涉。这回他们又胜利了,马上搬进一家条件好的旅馆。他们还要求下一段航程必须乘坐头等舱,总领事馆也同意了。

船上生活

1946年2月8日晚,季羡林一行登上轮船向越南西贡开去,开始了漫长的归国之路。

这艘名叫 Nea Hells 的轮船,排水量1.7万吨,堪称巨轮,为英国所有。船上的管理人员和驾驶人员也全是英国人,而乘客则几乎全是法国兵,穿便服的乘客微乎其微,主要是季羡林等几名中国人。原来,在近半年前,"二战"刚结束时,法国企图重建印度支那的殖民统治,对越南发动了殖民战争。1945年8月21日,法军乘英国军舰在西贡登陆。9月23日,与从日本集中营里放出的法国步兵团会合,在英军的配合下,法军用突然袭击的方法占领西贡越南人民委员会和各级机关。10月5日,法国侵略军司令勒克莱尔率增援部队陆续抵达西贡，此后又以西贡为基础逐渐向越南内地进犯。眼下，季羡林等中国留学生乘坐的这艘轮船就是法国从英国租来的，目的正是运送法军到越南去镇压当地的老百姓。

季羡林一行分住在船上的两个房间里，里面设备不太豪华，但很整洁舒适。船上的伙食也不错，他们挺满意。有一天，他们来到最高层的甲板上观望海景，一个英国船员突然走过来说，只有头等舱的旅客才能到最高层的甲板来。他们大吃一惊，恍然大悟："这回又上当受骗了！"原来，战争刚刚结束，一切都未恢复正常，这是一艘运兵船，从船票上看不出是几等舱。他们还满以为是头等舱呢，实际上并不是。马赛的中国总领事馆当初答应得很好，他们感到很满意，未想到那位总领事是条老狐狸，把他们给骗了。为了争回中国人的面子，他们立刻去找船长，声明就是自掏腰包也要住头等舱，到最高层甲板上观海景。这下子感动了船长，没让他们补钱，满足了他们的要求。从此，一路上还算很顺利。

不过，他们也遇到过小小的麻烦，每次到餐厅吃饭，必须按英国人的风俗，穿上燕尾服。对于季羡林这些穷学生来说，这显然是赶鸭子上架，哪有什么带尾的衣服呢？但规矩是规矩，经过交涉，同意他们穿着西装，打好领带，擦亮皮鞋即可。每次吃饭前，他们都尽量打扮好自己，总算没失掉"风度"。轮船从地中海进入苏伊士运河，天气就开始变热了，驶进红海就更热了。每次吃完饭，他们就汗流浃背，筋疲力尽，简直是活受罪。倘若这样继续舍命陪君子，到头来恐怕就没命可舍了，于是他们又去交涉，结果同意他们在房间里用餐，这就不用再舍命了。

提起红海，季羡林在1946年2月19日的日记中这样写道：

> 今天天气真热，汗流不止。吃过午饭，想休息一会儿，但热得躺不下。到最高层甲板上去看，远处一片红浪，像一条血线。海水本来是黑绿的，只有这一条特别红，浪冲也冲不破。大概这就是"红海"名字的来源。我们今天也看到飞鱼。

红海是一条古老的商道，据说，早在公元前2000年古埃及人即在此扬帆过海，从事商业贸易。它之所以为红色，是因为这一带的红色海藻生长得异常繁茂，形成只有几米宽不知有多长的一条红线。季羡林很幸运地见到了此番盛景。

轮船上也不乏"桃色绯闻"，几千名法国兵挤在一艘船上，男女兵混在一起，有违授受不亲的事儿频有发生。按理说，男女法国兵都很热情活泼，逗人喜爱，有时他们之间搂搂抱抱，打打闹闹，也无可挑剔。可是，每当夜幕降临时，如果来到甲板上散步，那就要分外小心了。季羡林便碰上过这种情景：在黑暗的角落往往会踩上躺在地上的人，不是一个，而是两个，不是同性，而是异性。每当这时，季羡林就感到非常尴尬，但对方却毫不在意，照躺不误。于是，季羡林便赶快逃回房间。此时，房间里灯火通明，甲板上漆黑一片，刚才那一幕在他眼前好像一下子消失了，只留下记忆中隐隐约约的碎片……

与此相反，季羡林结识的一位法国青年军官却给他留下了美好的回忆。那人瘦削的身材，清俊的面孔，一副平易近人的模样。他俩经常来到甲板上用英语交谈，海阔天空，无话不谈。那人经常用轻蔑的语气讽刺法国军队，说官比兵多，大官比小官多。对夜晚甲板上发生的男女有伤大雅的事儿，他既不忌讳，也不赞成。就这样，他俩仿佛成了坦诚相见的朋友，季羡林有幸结识一位把心托在手掌上的人，感到很愉快。

轮船经过红海驶入印度洋，"二战"时在这一带水域布下的水雷还没有完全清除。当时从欧洲开往亚洲的船虽然很少，但听说已有几艘船触雷沉没了。因此，他们刚上船时便被召集到甲板上，戴上救生圈进行逃生训练。轮船通过了马六甲海峡，一天早上，船长跟大家说："昨夜我压根儿没有合眼，这是水雷危险区，万一出了差错，我怎能对得起你们？现在危险区已经过去，我可以安心睡觉了！"听了这话，大家都感到有点儿后怕。

西贡印象

1946年3月7日，晨曦刚露，晓风未起，Nea Hellas 号巨轮驶进南海，然后渐渐地转入湄公河。河面很宽阔，有如"秋水时至，百川灌河，泾流之大，两涘渚崖之间，不辨牛马"之气概。但是，它毕竟是河，而不是大海。朝阳冉冉升起，薄雾很快散去，只见两岸的芦苇蒹葭苍苍，一片青翠。船上的人在海上生活了一个多月，上不着天，下不着地，不识人间烟火，好像飘浮在空中一样，此刻又回到了人间，心中直感到踏踏实实、暖暖乎乎的。

轮船行驶了半天，才停靠在西贡的码头上。

然而，上岸后季羡林并没有感到事事温暖，首先刺激神经的是，那位船上结识的法国青年军官一反常态，翻脸不认朋友了。码头上，季羡林在万头攒动的法国官兵中好不容易发现了他，兴致勃勃地跑上前去同他握别，他却掉转头儿，眼望空虚，佯装根本没有看见的样子。季羡林大为吃惊，仿佛当头挨了一棒，他迟疑了半天，觉得这也是理所当然，姑且顺其自然吧！

事出有因。法国殖民者占领和统治越南已有一个多世纪，"二战"期间，1940年日本军国主义占领了作为法国殖民地的越南、老挝、柬埔寨，1945年日军撤走，越南人民成功地举行了"八月革命"，正式成立了越南民主共和国。法国殖民者为恢复在越南、老挝、柬埔寨的统治，从 1945 年 9 月起相继侵占了这三个国家。越南人民在胡志明的领导下，进行了 9 年抗法斗争，1954 年 3 月在奠边府战役中彻底击败法国军队，终于取得了最后的胜利。看来，那位法国青年军官盛气凌人的派头儿，并非个例，殖民主义者的"威风"绝非一朝一夕能够形成，也绝非一朝一夕能够消除。

西贡（1976 年改为胡志明市——笔者）是越南最大的海港，其名为法语音译，18 世纪已成为东南亚著名的港口和米市。来到这里，季羡林第一次领略了热带风光，感受到处处清新

1954年奠边府战役中的法国伤兵

别致。此时正是雨季，时而彤云密布，天昏地暗，雷电交加，大雨倾盆般直泻而下；时而又蓦然停止，黑云散去，蓝天现出，好一片阳光灿烂的大地。这里椰树成林，到处葱郁繁茂，浓翠扑人眉宇。在不知名的大树上，一种大蜥蜴爬来爬去，用小树枝打它，它立刻变了颜色，由灰黄变成碧绿，再渐次变成蓝色、白色……万变不离其宗，这就是所谓的变色龙。

为了适应热带气候，这里人们的服饰也很有特点，尤其是妇女愈加惹人注目，上身穿着类似中国的旗袍，用白绸子缝制，下身是用黑绸子缝制的裤子。窈窕倩女迎着热带的微风款款走来，白黑相间的服饰飘逸招展，宛如亭亭玉立、美轮美奂的仙女下凡，使人感受到东方女性之美。

西贡向以米市著称于世，这里五谷丰登，仓廪厚实。稻米一年可以收获三四次，米价非常便宜。人们不用为生活发愁，终年悠然自得，整日坐在椰树下吸烟、喝茶、聊天，打发时光。季羡林见此情景想起西方人说过的话——"世界上谁都害怕时间，但时间唯独害怕东方人"，心中不禁暗自叫绝。

自古以来，越南就是海外的"华人之乡"，特别是离西贡中心不远的堤岸，几乎全是华人。他们开办的商店里，中国货琳琅满目，饭馆里粤菜独领风骚。这里有华人小学和中学，还有华人报纸、华人书店、华人医院等。华侨中的文化人对季羡林等中国留学生高看一眼，认为他们能去西方镀金，一定很有学问，所以经常请他们给报纸写文章，给学生讲演。同世

界其他国家和地区的华侨一样，这里的华侨也非常热爱祖国，尤其8年的浴血抗战刚刚结束，他们深感自己的命运与祖国的命运息息相关，因此怀有特殊的爱国心、报国情。季羡林在这里第一次听到了《义勇军进行曲》，激励和振奋着他那颗赤子之心。有一次，他在知用中学讲演，偶尔提到蒋介石的名字，学生们忽地站起来，肃然起敬，将他吓了一大跳。后来他才知道，爱蒋便是爱国，是这里教育学生的主要内容。当然，那时在国民党统治区都是这样。季羡林逝世前一年，2008年5月19日下午，当年曾在西贡听过季羡林的讲演、1952年入北大东语系学习的叶渭渠、唐月梅夫妇，到301医院拜访他。当他们提起这件事儿时，季羡林哈哈大笑，说："那叫不识庐山真面目。"

在西贡，季羡林等中国留学生照旧利用在瑞士、马赛行之有效的方法，与南京国民政府派驻这里的总领事馆进行斗争。这个总领事馆俨然一个大衙门，沿袭中国古代"八字衙门向南开，有理无钱莫进来"的腐败作风，对当地华侨的疾苦不闻不问。华侨每每遭遇不白之冤，投诉无门，只好忍气吞声。季羡林等中国留学生来了以后，华侨将他们视为"青天大老爷"，托付他们到领事馆去说情。那些官员以为这些留学生都有后台和背景，否则不会去留洋镀金，因此不敢轻易得罪，对他们反映的问题很重视，认真加以解决。于是，他们的斗争取得了胜利，受到了华侨的拥护和信任。

此时，不但从距离上看，祖国远比万里之外的欧洲近多了，而且从感情上看，由于身在华侨群体中，感受着同胞兄弟姐妹的亲情和温暖，他们的心也与祖国贴得更亲了。在西贡度过了一个半月，季羡林等中国留学生即将结束漫长的归国之路，回到祖国母亲的怀抱。

第十章

回到祖国

回到香港

在季羡林一生的言论和行动中，对生养他的两位母亲寄予了永恒的爱。经过了10年的异邦生活，目睹了法西斯的种种罪行，他更加深刻地感受到爱国主义的可贵。他曾深有体会地说：

德国法西斯和日本军国主义者狂喊"爱国主义"喊得震天价响。这样的国能爱吗？值得爱吗？谁爱这样的国，谁就沦为帮凶。

季羡林即将回到祖国母亲的怀抱——母亲到底变成什么样子了？儿子的心情会怎样呢？于是，他又吟起自己心中的诗：

十年一觉欧洲梦，
赢得万斛别离情。

1946年4月19日，季羡林一行离开西贡，乘上一艘开往香港的船。香港本是中国的领土，虽然鸦片战争后被英国侵占已经过去一个多世纪，但海外游子来到这里仍然就像回到祖国母亲的身边。

他们乘坐的是一艘只有1000多吨的轮船，虽然被安排在头等舱，但里面的设备极其简陋。出发的第二天，就遇上了大风暴，轮船被吹得如同海上的浮萍，一会儿仿佛被吹上了三十三天，一会儿又仿佛被吹下了十八层地狱。狂风怒号，巨浪滔天，好像龙王和虾兵蟹将正在耀武扬威，兴风作浪；又好像孙悟空正用定海神针搅动大海，大闹龙宫。季羡林本来就晕船，这么大的风浪怎能忍受得了！他呕吐不止，在船舱里实在待不下去了，只好来到甲板上，躺在那里，呕吐时把胃里的那些苦水吐到大海中，就这样活活遭了两天罪。风暴过后，船上准备了鸡肉粥，味道香美，异乎寻常，燕窝鱼翅难比其美，仙药醍醐庶几近之，他连喝几碗，打起精神来。此时，晴空万里，丽日中天，海平如镜，碧波粼粼，远望一片渺茫，大海之深邃广远，令他顾而乐之，简直想手舞足蹈了。

4月25日，季羡林一行抵达香港，国民党南京政府驻香港特派员公署派人来迎接，把他们安排在一家客栈，住在两间极小的房间里。这家客栈形同中国内地的鸡毛小店，设备极其简陋，旅客形形色色，有的像小商贩，有的像失业者，有的像梅毒患者。他们没有公德心，大声喧哗，随口吐痰，吸着劣质香烟，把屋子弄得乌烟瘴气。香港乃弹丸之地，人多地少，寸土寸金，对于季羡林这些虽然留过洋但又穷得很的学生来说，能够找到这样的住处，就算谢天谢地了。他们虽然也想利用在瑞士、马赛、西贡的方法，与国民党特派员公署的老爷们交涉，但觉得住在哪里并不重要，而更重要的事儿还在后头。

英国人统治下的香港当然带有洋气。季羡林久仰香港大名，满以为可与西方相媲美，但却不然，倒觉得这里有点儿土气，没有想象中的文化气息，甚至找一个书店都不容易。这里仅有的几条马路也极其狭窄，行人摩肩接踵，熙熙攘攘，不时地从路边鸽子窝似的房子里传来打麻将的洗牌声，其势如悬河注水，雷鸣般的倾泻下来，又如暴风骤雨扫过辽阔大原。这里也没有什么自然景观，除了海景和夜景，几乎没有任何特色。只有夜幕降临时，万家灯火齐明，点缀着山城的角角落落，或高或低，或上或下，或大或小，或圆或方，有如灿烂的繁星，争辉夺艳，出奇制胜，方显出香港的无限生命力。

季羡林一行急着要返回上海，到了该与特派员老爷交涉的时候了。那位特派员名叫郭德华，威仪俨然，尊相十足，戴着玳瑁框眼镜，留着八字胡，面团团好似富家翁，摆出一副老爷架子。一看他那模样，他们心里直恶心，"不打不相识"，就给他一点儿颜色看看吧！特派员坐在那里一动不动，他们也没在指定的位置上就座，而是一屁股坐在他的办公桌上。这下子他挺不住了，马上站起来，脸上露出了笑容。此招儿真灵，季羡林一行回上海的船票很快就订好了。

这是季羡林第一次来香港。新中国成立后，他又数次到香港访问，结交了包括学术界在内的八方朋友，他的一些学术著作和散文作品也在香港出版发行过，赢得香港人的爱戴和赞誉。

上海和南京

1946年5月13日，季羡林一行乘船驶向上海。这也是一艘小船，还不到1000吨，设备更加简陋。几百个中国乘客没有铺位，胡乱地挤在一起，行李、包裹都堆在甲板上。季羡林等几个留学生还算幸运，住在头等舱和二等舱，不管外面多么吵闹和脏乱，只要把门一关，舱内还是非常安静和干净的，但想呼吸一下新鲜空气就难了。有时，他们只好到甲板上换换空气，虽然只有几步路，走起来却很不容易，必须小心翼翼地通过沙丁鱼般的人群。

甲板上挤满横躺竖卧的人群。季羡林看见，与他们一起上船的两个比利时和法国的女留学生，紧闭双眼，躺在那里不吃不喝，一动不动。有人从她们身上跨过去，或者踩在她们身上，或者把水滴到她们脸上，她们全然不知不觉，连眉毛都不扬一扬。不知她们是睡着，还是醒着呢，反正就这样一连躺了几天，一直躺到上海。季羡林惊诧不已，暗想："或许她们是虔诚的天主教徒，正因为心中装着上帝，才练就了这身功夫。"

可是，季羡林心中并没有上帝，留德10年他已经变成了无神论者。他绝不会躺在那里不吃不喝，一动不动，也绝不会不知不觉，麻木不仁。此时，他确实思绪万千，心潮澎湃。他想，将近11年的异域流离的生活就要结束了，多么盼望向祖国母亲倾诉衷肠啊！那么，季羡林想倾诉些什么呢？请听他说：

> 十一年前，少不更事，怀着一腔热情，毅然去国，一是为了救国，二是为了镀金。原定只有两年，咬一咬牙就能够挺过来的。但是，我生不逢时，战火连绵，两年一下子变成了十一年。其中所遭遇的苦难与艰辛，挫折与委屈，现在连回想都不愿意回想。试想一想，天天空着肚子，死神时时威胁着自己；英美的飞机无时不在头顶上盘旋，死神的降临只在分秒之间。遭万劫而幸免，实九死而一生。在长达几年的时间内，家中一点信息都没有。亲老、妻少、子幼。在故乡的黄土堆里躺着我的母亲。她如有灵，怎能不为爱子担心！所有这一切心灵感情上的磨难，我多么盼望能有一天向我的祖国母亲倾诉一番。

本来，"祖国"是一个神圣而伟大的字眼儿，任何人也不能玷污她。季羡林远在异邦时，就曾怀着一颗赤子之心，遥祝祖国昌盛兴旺，人民幸福安乐。他幻想着，回家来时一定跪在母亲的脚下，亲吻她，抚摩她，让热泪统统流出来。

然而，当时的祖国仍旧在国民党的统治之下。出国前，季羡林对国民党就没有什么好感，到了德国，甚至宣布自己为"无国籍者"，而现在，他又是怎么看的呢？请听他说：

但是，我遇到了困难，我心中有了矛盾，我眼前有了阴影。在西贡时，我就断断续续从爱国的华侨口中听了一些关于南京政府的情况。到了香港后，听的就更具体、更细致了。在抗战胜利以后，政府中的一些大员、中员和小员，靠裙带，靠后台，靠关系，靠交情，靠拉拢，靠贿赂，乘上飞机，满天飞着，到全国各地去"劫收"。他们"劫收"房子，"劫收"地产，"劫收"美元，"劫收"黄金，"劫收"物资，"劫收"仓库，连小老婆姨太太也一并"劫收"，闹得乌烟瘴气，民怨沸腾，其肮脏程度，远非《官场现形记》所能比拟。所谓"祖国"，本来含有两部分：一是山川大地；一是人。山川大地永远是美的，是我完完全全应该爱的。但是这样的人，我能爱吗？我能对这样一批人倾诉什么呢？俗语说："孩子不嫌娘丑，狗不嫌家贫。"我的娘一点儿也不丑。可是这一群"劫收"人员，你能说他们不丑吗？你能不嫌他们吗？

臧克家

1946年5月19日，季羡林一行抵达上海。果然，他感到这里好像是一片陌生的土地，一点儿温热的感觉都没有。好在，两位朋友热情诚恳的接待使他备感亲切。

第一位朋友是著名诗人臧克家。季羡林与臧克家是山东同乡，在清华读书时他就读过他的诗集《烙印》，并写过评论文章。他在1933年9月13日的日记中写道：

在长之处，看到臧克家给他的信。信上说羡林先生不论何人，他叫我往前走一步（因为我在批评《烙印》的文章的最末有这样一句话），不知他叫我怎么走——真傻瓜，怎么走？就是打入农工的阵里去，发出点同情的呼声。

原来两人以文会友，发生过一次小小的文案。臧克家在这部诗集中描写洋车夫、贩鱼郎、老哥哥等黑暗里可怜的人群，曾被老舍称为"石山旁的劲竹"，真心地"希望它变成一株大松"。而季羡林则认为诗中对洋车夫的真实状况并不了解，对劳动人民的感情也不是站在他们的立场上去理解。因此发表了一篇对《烙印》颇有微词的文章。正如71年后，2004年季羡林在《痛悼克家》一文中所说：

在他的诗集《烙印》中，有一首写洋车夫的诗，其中有两句话：夜深了不回家，还等什么呢？这种连三岁孩子都能懂得的道理——无非是想多拉几次，多给家里的老婆孩子带点吃的东西回去。而诗人却浓笔重彩，仿佛手持宝剑追苍蝇，显得有点滑稽而已。因此，我认为这是败笔。

然而，这样一场笔墨官司竟让他们成为终生挚友。

这是季羡林在老同学李长之的介绍下，第一次与臧克家见面。其时，臧克家负责《华声报》副刊的编辑工作，郭沫若、茅盾、巴金、叶圣陶、冯雪峰等著名作家均为副刊撰稿人。他听说季羡林在德国留学10年，懂许多种语言文字，刚刚回国受聘为北京大学东语系主任，非常高兴，于是请季羡林与自己住在一起。他曾回忆说，季羡林"带着五六大箱子书，和我热乎乎地挤在一起。我的斗室，仅有一桌一椅，进门脱鞋。我俩在'榻榻米'上，席地而坐，抵足而眠，小灯一盏，照着我们深夜长谈，秋宵凄冷，而心有余温。"

在上海，季羡林还与臧克家、王辛笛一起看望了他的老师郑振铎，在那里吃了老师的母亲做的福建菜。郑振铎为他受聘北大、担任梵文讲座而喜形于色，后来在他主编的《文艺复兴·中国文学专号》上著文称："关于梵语文学和中国文学的血脉相通之处，新近的研究呈现了空前的辉煌。北京大学成立了东语系，季羡林先生和金克木先生几位都是对梵语文学有深刻研究的……在这个专号里，我们邀约了

1996年7月23日，臧克家（右）与季羡林在一起

王重民先生、季羡林先生、傅斯年先生、戈宝权先生和其他几位先生们写这个'专题'。我们相信，这个工作一定会给国内许多的研究工作者们以相当的感奋的……"季羡林还去拜见郭沫若，但郭不在，便又去见了叶圣陶。季羡林还听说，国民党警察在南京下关车站肆意毒打进京请愿的进步民主人士，其中有一位前辈学者曹联亚，即后来与他成为同事的北大俄语系主任曹靖华。季羡林对曹先生尊敬有加，1987年曹先生逝世后还特意写了一篇怀念文章《悼曹老》。

第二位朋友是著名学者、文艺批评家李长之，也是季羡林小学、初中、高中和大学四连贯的老同学。尤其在清华读书时，他俩同为清华"四剑客"，过从甚密，交往很深，李长之以文艺批评见长，季羡林怀有当作家的愿望，二人志同道合，感情融洽，颇能谈得来。清华一别，天各一方，彼此术业有专攻，旗鼓相当。新中国成立前夕，他俩又先后在高校任教，季羡林在北大，李长之在北师大。李长之历来是个活跃人物，1949年2月，他代表北师大教授起草了"迎接解放"宣言，然后又陆续起草了"拥护解放军渡江令"宣言，以及向新政协的致敬电等。新中国成立初期，他俩都积极参加各种社会活动，并提出加入中国共产党的申请。但李长之未被批准，于1956年加入九三学社，而季羡林于同年加入了中国共产党。不幸的是，时过一年李长之即被打成"右派"，其中一条"罪状"是，他曾在文章中吹捧法西斯，这可能是有人别有用心，夸大其词；另一条"罪状"是，20世纪30年代他写过《鲁迅批判》的书，据说鲁迅本人也读过。所谓"批判"实则"评论"，但那些"左"得出奇且又不学无术之辈，岂容得在圣人头上动土，硬是将那顶帽子扣在他头上，剥夺他教书的权利，只能在图书室搞资料。"文革"中他更是在劫难逃，被一批再批，一斗再斗，"文革"后，1978年刚摘掉"右派"的帽子便与世长辞……季羡林对李长之像对另一位老同学张天麟一样，非常同情，曾经去北师大看望他，晚年著《追忆李长之》一文怀念之。

季羡林与李长之清华一别，已有10余载。当他得知李长之在南京编译馆就职，便马上来见他，并在那里待了一些日子。季羡林虽然留过洋，镀过金，但仍然是无钱阶级，住不起旅馆，晚上就住在李长之的办公桌上，白天在风景秀丽的台城游逛，什么鸡

李长之

鸣寺、胭脂井,不知去了多少次。台城上郁郁葱葱的古柳,使他想起唐代韦庄的诗:"江雨霏霏江草齐,六朝如梦鸟空啼。无情最是台城柳,依旧烟笼十里堤。"于是,他又吟起自己心中的诗:

有情最是台城柳,
伴我长昼度寂寥。

此时,季羡林是一种什么心情,不是也一清二楚吗?

季羡林在南京还会见了著名作家梁实秋(1902—1987)。他在清华时便读过梁实秋的文章,非常欣赏他的才华和文采,但那时梁先生正在青岛大学任外文系主任,无缘结识这位老前辈。这次见面季羡林愈感到梁先生人如其文,朴实无华,马上视之为好友。梁实秋全家在饭店里宴请季羡林,一边品尝美味佳肴,一边促膝长谈。季羡林感到梁先生平易近人、不端架子、真诚对待后学者的作风实为可贵,是他效法和学习的榜样。1948年梁先生去了台湾,但他一直怀念大陆的亲人,总想回来看看。直到去世前,他还委托女儿文茜和文蔷来北京看望季羡林。季羡林

梁实秋

分外感动,想起了那些流年往事。1928年,梁实秋与徐志摩、胡适等人创办了《新月》杂志,他在上面发表的文章曾经受到鲁迅的尖锐批评,后者那篇《丧家的资本家的乏走狗》曾被选入中学语文课本。季羡林则认为,仅凭这一点来评价梁先生有失公允,他在《回忆梁实秋先生》的文章中说:"鲁迅是一个伟大人物,这谁也否认不掉。但不能说凡是鲁迅说的都是正确的。今天,事实已经证明,鲁迅也有一些话是不正确的,是形而上学的,是有偏见的。难道因为他对梁实秋有过批评意见,梁实秋这个人就应该永远打入十八层地狱吗?"

可喜的是,季羡林与恩师陈寅恪终于在南京见面了。他在离开哥廷根时,给陈先生写了一封信,并附上用德文写的几篇论文,汇报自己在德国10年的学习情况。陈先生惜才如命,慧眼识人,决定将他介绍到北京大学来教书。陈先生是在英国伦敦收到季羡林这封信的。

1945年秋他为治疗眼疾,并接受牛津大学再次聘请他为客座教授而去英国,可是眼疾并未治好,怀着绝望的心情辞去牛津大学教席,于1946年6月经美国纽约乘船回国,几乎与季羡林同时回到上海。

季羡林拜谒陈先生是在时任国民党政府交通部长俞大维的官邸(俞大维的夫人是陈寅恪的胞妹陈午新——笔者),师生见面后当然分外高兴,季羡林详细地汇报了留学情况,陈先生要他带着自己写好的推荐信到鸡鸣寺下中央研究院会见时任北大代校长的傅斯年(陈寅恪与傅斯年也有姻亲,傅斯年再婚娶的是俞大维的胞妹俞大彩),还特别嘱咐他带上用德文写的那几篇论文。1999年季羡林访问台湾归来所作《扫傅斯年先生墓》一文称:

> 我同他最重要的一次接触,就是我进北大时,他正是代校长,是他把我引进北大来的。据说——又是据说,他代表胡适之先生接管北大。当时日寇侵略者刚刚投降。北大,正确说是"伪北大"教员可以说都是为日本服务的。但是每个人情况又各有不同,有少数人认贼作父,觍颜事仇,丧尽了国格和人格。大多数则是不得已而为之。二者应该区别对待。孟真先生说,适之先生为人厚道,经不起别人的恳求与劝说,可能良莠不分,一律留下在北大任教。这个"坏人"必须他做。他于是大刀阔斧,不留情面,把问题严重的教授一律解聘,他说,这是为适之先生扫清道路,清除垃圾,还北大一片净土,让他的老师胡适之先生怡然、安然地打道回校。我就是在这样一个关键时刻到北大来的。我对孟真先生有知遇之感,难道不是很自然的吗?

从中看出,傅斯年可谓一身傲骨,铮铮有声。有人说,他是知识分子中唯一一个敢在老蒋面前跷起二郎腿说话的人。抗战爆发,是他首先提出将北大、清华、南开联合组建"西南联大"的方案;抗战胜利的消息传到重庆,是他欢喜得如疯如狂,在大街上一手拎着酒瓶,一手把帽子挑在拐杖上挥舞;抗战胜利后就任北大代校长,是他将自己的老师周作人、容庚等人从北大教授中解聘,容庚为此亲自到重庆去见他,而他却破口大骂:"你这民族的败类,无耻的汉奸,快滚,不要见我!"容庚则徒唤奈何:"汉奸乎?汉忠乎?事实俱在,非巧言所能蒙蔽者,固愿受政府之检举裁判而无所逃避。"又是他以"决不为北大留此劣迹"的态度扫荡"伪北大"的教职人员,并毫不手软地对"伪北大"校长鲍鉴清提出控告。正是在这样的背景下,傅斯年将季羡林纳入自己麾下,其原因是一清二楚的。当此北大吐故纳新之时,迫切需要真正的人才,尤其需要能独当一面的大才。季羡林既是人才、大才,又是由昔日中央研究院历史语言所和西南联大的老友陈寅恪推荐,且又是同乡和留德后辈,傅斯年焉有不加聘用之理!

季羡林在上海和南京滞留了四五个月。在此期间,他无书可读,无处可读,如同"坐宫"的杨四郎,白白消磨光阴。须知,季羡林什么都可以抛弃,唯独抛弃读书和写作就无法生活,他是多么盼望早点儿能有一张哪怕是十分简陋的书桌呀!即使在这种情况下,季羡林还是分秒必争,写出了几篇文章,如《胭脂井小品序》《东方语文学的重要性》《忆章用》《老子在欧洲》,分别发表在《北平时报》,天津《大公报》、《文学杂志》,南京《中央日报》上;同时,他还应好友储安平之邀,成为在上海创办的《观察》周刊的撰稿人,其后3年间他在周刊上发表了7篇文章,如《谈翻译》《西化问题的侧面观》《邻人》《论现行的留学政策》《论聘请外国教授》《忠告民社党和青年党》《把学术还给人民大众》等。

季羡林本想从上海先回山东老家省亲,然后再去北大履职,但当时解放战争异常激烈,津浦铁路中断,有家难归。眼看着同行的几个留学生都各奔东西,他心中更加焦躁不安。1946年9月底,他被迫改变计划,从上海乘船到秦皇岛,再转乘火车,回到阔别11年的北平。

北平和济南

季羡林回到度过大学生涯的北平。他从前门车站下车,接站的有阴法鲁等老朋友。此时,北风朔朔,寒气逼人,汽车驶过长安街,路灯闪着昏黄的光,透射出几分阴冷,遍地的落叶被车轮踏过,发出索索的干裂声,随后消逝到无边寂静里……面对着眼前的一片凄凉景色,他心中默诵着"秋风吹古殿,落叶满长安"的诗句。季羡林如此触景伤情,完全是由国家的大局所致。

季羡林来到北大,住在沙滩红楼的三层楼上。其实,季羡林决定回国是做好两手准备的,即一旦国内没有他所从事的研究工作的条件,就接受剑桥大学的聘约,到英国工

北大沙滩红楼

作。但是，面临祖国正在受难，面对亲老、家贫、子幼的境况，他怎能轻率地做出返回欧洲的决定呢？是的，季羡林绝不是一个失掉天良的人，他必须承担起为人子、为人夫、为人父的责任。回到北平后经过激烈的思想斗争，他终于写信给哈隆教授，告诉他的决定。哈隆教授回信表示理解和惋惜。

一年以后，季羡林回到阔别 12 年的济南。季羡林回国途经西贡时，济南的一位亲戚把中国留学生从德国起程回国的消息告诉了季家，那是从收音机里听到的。过了两个月，家里终于接到季羡林从南京寄来的信，随信还寄来一点儿钱（季羡林在上海卖掉了从瑞士带回来的金表——笔者）。按理，季羡林在德国留学 10 年，是应该有些积蓄了，但事实并非如此，他回国的路费还是在瑞士与克恩教授一起翻译《论语》《中庸》挣来的。家里收到季羡林的信就盼着他早日回来，左盼右盼，盼了一年才盼到。

济南，作为"四面荷花三面柳，一城山色半城湖"的泉城，季羡林当然再熟悉不过了。在这里，他度过了半个童年和半个青年时代，共有十三四年光景。季羡林此番与亲人相见的情景如何呢？季承在《我和父亲季羡林》一书中已有披露，现摘录如下：

1947 年夏天，父亲乘飞机回到他阔别十二年的第二故乡——济南。当时乘坐的飞机从北平起飞的时候，济南家里的空气就凝固了。大家什么都不做，只等待那一个时刻的到来。

一天中午过后，在大门外探风的热心人忽然跑进院子里喊道："来啦！来啦！"叔祖母让我和姐姐到西屋廊檐下站好。我向前院二门方向望去，只见一个和照片上相像的年轻人走了进来，留着洋头，身穿土黄色风衣，里面是西服领带，足下是皮鞋。

当他走近我和姐姐站的地方的时候，我和姐姐便大声叫道："爸爸！"他好像没有亲吻和抱我们一下。之后，我们就被安排到别的房间去待着了……

……只记得那天晚上，父亲一直站在叔祖父的床前，恭立伺候，身上已经换上长衫，但并没有说什么话。后来，叔祖父一挥手说："歇着去吧！"父亲才轻手轻脚地从屋里退出。此后每天晚上都是如此。这给我留下了深刻的印象。至于父亲怎么和母亲话说阔别之情，又是怎样度过分别十二年后的第一个夜晚的，我当然不得而知。但从母亲第二天那木讷的感情来看，那一夜恐怕没有什么幸福可言。从那时起，父亲就演起了舍情求仁的悲剧来了！

回乡省亲期间，季羡林寻师访友，活动频繁。他去正谊中学探望了郑又桥老师。20 余年未得相见，师生见面后自然欣喜若狂。季羡林为表达自己的心情，特将杜甫的诗改成：

> 人生不相见，
> 动如参与商。
> 今日复何日，
> 共此明月光。

季羡林又应邀在济南青年会作讲演，题目是《从比较文学的观点上看寓言和童话》，这是他 12 年后重登家乡学术讲坛，自然引起各界人士的重视。

还有两件事儿值得一提，一是时任山东省政府主席的王耀武宴请了季羡林，并表示欢迎他回山东工作；一是季羡林在济南著名的聚丰德饭庄"大宴群雌"，招待 20 多位年轻女士，其中便有季羡林结婚前钟情过的"荷姐"，也是他的初恋情人。

"荷姐"是季羡林夫人彭德华的堂妹，季羡林晚年在《病榻杂记》一书中又深情地回忆起那件事儿：

荷姐（左）和彭德华（右，抱着季承）

说心里话，她就是我心想望的理想夫人。但是，阻于她母亲的短见，西湖月老祠的那两句话没有能实现在我们俩身上。现在，隔了十几二十年了，我们又会面了。她知道，我有几个博士学位，便嬉皮笑脸地开起了玩笑。左一声"季大博士"，右一声"季大博士"。听多了，我蓦地感到有一点凄凉之感发自她的内心。胡为乎来哉！难道她又想到了二十年前那一段未能成功的姻缘吗？我这个人什么都不迷信，只迷信缘分二字，有缘千里来相会，无缘对面不相识。我们俩之间的关系难道还不是为缘分所左右的吗？奈之何哉！奈之何哉！

看来，如同德国姑娘伊姆加德一样，"荷姐"也是季羡林一生爱情生活中的"牺牲品"。

与同辈大家，如周一良、钱锺书等人相比，季羡林可谓既无母爱，又无夫妻之爱。正如周一良先生曾著文称："我是生而丧母的人，不知母爱为何物，而羡林兄贫农出身，7岁过继出后，近90年在这960万平方公里的国土上，再未见到他的生母，这是多么残酷的事。我虽没受过母爱，但却享受过男女之爱，我和老伴共用一大书案，对坐齐眉达60年，不可谓非幸运。而羡林兄是应父母之命，媒妁之言结婚的……我过去很敬仰胡适之先生，原因之一，就是因为他为了不伤母亲的心而违背自己的意愿结了婚，我常把羡林兄与胡先生相比，钦佩之情不能自已。但近来才知道，胡先生的美国女友始终未婚，与他通信几十年（胡太太也知道此事），这对胡先生当然是一个很大的慰藉。如此看来，羡林兄的忠厚美德就更加可贵。这和他得以把毕生精力用于学术文化，取得这样大的成就是否也有关系？"

周一良的话再次印证了，婚姻给予季羡林的是悲剧，而季羡林给予社会的是福音。

季羡林留德10年，在那炮声隆隆、饥肠辘辘的日子里，克服了常人难以忍受的苦难，实践了"治学爱国两不误，甘洒热血铸春秋"的誓言，终于成为率先走向世界的中国学者之一。

季羡林回到祖国母亲的怀抱，经历了60年的风风雨雨，本着"天资＋勤奋＋机遇＝成功"的公式，焚膏油以继晷，恒兀兀以穷年，终于向世人展示一个少无大志的顽童，成长为中国学术泰斗、世界著名学者的非凡人生。

北大篇

第十一章

红楼冷雨

走进红楼

留德10年,季羡林将全部心思和精力用于求知解惑上,终于学有所成。在此期间,他虽然历经千辛万苦,但凭着毅力和胆识,还是挺过来了。1946年9月底,季羡林从上海乘船到秦皇岛,再转乘火车回到北平,走进熟悉而陌生的红楼。以后的路仍然会坎坷不平,他同样要拿出信心和勇气,借以验证罗曼·罗兰说的,"我是一切痛苦的主人",而非奴隶。

在北京大学百年历史长河中,红楼经历了半个世纪的风风雨雨,培育了闻名天下的"北大精神"。它位于今北京市沙滩东部,即紫禁城神武门以东的汉花园,称北大一院,建成于1918年,时值蔡元培校长任上。当时,北大共有三个学院,除红楼的文学院外,在其附近还有理学院和法学院。不过,唯有红楼被作为北大的象征,"北大精神"正是从这里传播出去的,著名的五四运动和"一二·九"运动便是其精华所在。季羡林也曾说道:"北大最突出的特点就是继承而且发扬了中国知识分子的优良传统:关心国家大事,'天下兴亡,匹夫有责'。这种爱国主义,在北大是有源可寻,由来已久的了。"一位享年百岁的老人,对于北大精神的认可远非今日始,他对北大再熟悉不过了!

此时,季羡林自然百感交集,思绪万千。16年前,北大和清华均破格录取了这位齐鲁才子。季羡林舍北大而选清华,个中隐情即是毕业后能够留洋镀金,以便抢到一只饭碗。在清华四年,他还听了不少北大名教授,如杨丙辰、朱光潜先生的课,结交了很多北大的文学青年,如号称"汉园三诗人"的何其芳、卞之琳、李广田以及萧乾、陈梦家等人,因此,对北大有一种难以割舍的感情。如今,他回来了,学有所成,手中端着的不是平平常常的饭碗,而是货真价实的金饭碗。季羡林也很走运,经由陈寅恪推荐,受胡适、傅斯年、汤用彤聘请，来到红楼走马上任。可是，10年过去了，北大对他又变得很陌生，必须一切从零开始。那么，此时此刻他内心深处究竟想了些什么呢？对此，他并没有发表过多的言论，当时的日记迄今也尚未公布于众。笔者只能根据他的行为背景按图索骥，略作粗浅的分析。

首先，季羡林要掏出心窝子来感激恩人陈寅恪，同时也可见他有一股子恃才傲物、不甘拜下风的信心和勇气。在即将离开哥廷根时，他给远在伦敦的陈寅恪写了一封长信，并附上在德国公开发表的几篇论文。要说他与陈先生有多少交情，恐怕还谈不上，只不过大学里听过他的选修课。然而，"骐骥筋力成，志在千里外"，昔日的毛头小子如今翅膀变硬了，也敢登高望远，向被誉为"教授之教授"的人投去大好消息——在名师门下学习10年梵文、巴利文、吐火罗文，且又成果惊人喜人，只等他伸出手臂，招贤纳士了！且说陈寅恪，抗战爆发后，他于1937年冬即离开北平，携家人踏上了逃亡之路，颠沛流离，贫病交加。先到长沙，然后途经中国香港、越南到中国云南的蒙自、昆明再到西南联大。1940年暑期，陈寅恪应牛津大学之聘，拟赴英国，结果被困香港。历尽千辛万苦，终于回到桂林，经常是"喝粥不饱，身心交瘁"。1943年又拖着病体入川，在成都四川大学任教。1945年他满怀"眼暗犹思得复明"的期望，远赴英伦医治，但万没想到等待他的竟是失明已成定局的判决。这无疑

1999年11月，季羡林（前排左7）出席陈纪念陈寅恪教授国际学术研讨会

是一声晴天霹雳，重重地打击了一位壮志未酬的大学者。为此，他曾赋诗感叹曰："天其废我是耶非，叹息衰弘强欲违。著述自惭甘毁弃，妻儿何托任寒饥。西浮瀛海言空许，北望幽燕骨待归。弹指八年多少恨，蔡威唯有血沾衣。"正当他绝望而归时，收到了季羡林的自荐信，这虽然绝非是治疗眼疾的灵丹妙药，但他于朦胧中看到了暗夜中的星光。"吾侪所学关天意"，按季羡林驾驭印度和中亚古代语言所具备的潜质和能力，陈寅恪依稀感觉到，在未来中国印度学的研究中，能发前人未发之覆者，非斯人莫属也。当然，也可能不止季羡林一人，比如周一良，季羡林在德国学梵文的事儿，就是他在纽约码头上送别陈寅恪回国时听说的，当时他已在哈佛大学师从叶理绥教授学习 7 年梵文，胡适和陈寅恪对他都很器重，但他回国后并没有真正在梵文研究上发力。总之，季羡林既没有辜负老一辈学者的期望，"明知山有虎，偏向虎山行"，始终如一地坚持印度和中亚古代语言的研究，又知恩图报，对陈先生的感恩之情，自打走进红楼就一直铭记在心，念念不忘。

其次，季羡林对来北大工作的安排可谓心悦诚服，满心欢喜。宏愿既遂，那他就决不应该见异思迁，用他自己的话说，他已经跳过龙门，焉能再有其他非分之想？但是，季羡林又必须面对另一种严酷的现实。正如他说的那样："此时的时局却是异常恶劣的，以蒋介石为首的国民党，剥掉自己的一切画皮，贪污成性，贿赂公行，大搞'五子登科'，接收大员满天飞，'法币'天天贬值，搞了一套银圆券、金圆券之类的花样，毫无用途。人们生活在水深火热之中，大学教授也不例外，手中领到的工资，一个小时以后就能贬值。大家纷纷换银圆，换美元，用时再换法币，每当手中攥上几个袁大头时，心里便暖乎乎的，仿佛得到了安全感。"看来，那时教授的日子也很不好过，这对季羡林当然又有一定的影响。

季羡林是有家室之累的人，既然他已经回国，就必须承担起养活全家的重担。季承曾经回忆说："像我们这样的家庭，都要靠糊火柴盒接济家庭的开销，这说明那时人们的生活水平多么低下。正统思想非常严重的叔祖父也无法顾及自己的脸面，容忍他的家庭干这种低下营生，这足以说明我们家庭经济上的窘迫。那个时候，我们多么盼望父亲能够回来……全家在庆幸抗战胜利之余，又陷入了沉重的疑惑和期盼之中。很明显，如果没有父亲，即便是抗战胜利了，我们家今后的日子也是很难维持下去的。"如果只从眼前的利害得失来说，大概有人会提出这样的看法：季羡林与其选择来北大工作，倒不如在官场上谋个一官半职，有权有势，名利双收。而在季羡林面前，这种机会也并非绝无仅有。当他在南京时，国民党政府教育部长朱家骅便接见了他，并责令中央图书馆馆长蒋复聪设宴款待，转达要将他留在南京的意向。但是，季羡林不为所动，声言已被北大校长胡适先生聘任。朱家骅这才猛然想起，大约一年前正是他电告远在大洋彼岸的胡适，北大校长一职"非兄莫属"，可未想到，胡先生已将季羡林纳入自己的旗下。还有，1947 年夏季羡林回乡省亲，时任国民党第二绥靖区司令官兼山东省政府主席王耀武也宴请他，并欢迎他回山东工作。

诚然，季羡林选择胡适而非朱家骅、王耀武，失去了做官的机会，但他心里怎样想的，倒是值得探究。事实证明，季羡林青年时代起对国

1946年冬，郭沫若（左1）、茅盾（左3）、叶圣陶（左4）、洪深（左2）等在上海

民党就从未抱有任何好感，其中包括刚刚结束的漫长的国外留学生涯。所以，要让他当个国民党的官，尽管名声显赫，利禄厚实，却非其所愿，不敢恭维。同时，季羡林对共产党也缺乏真正的了解。虽然不像他说的那样严重，"中国人民浴血抗战，我自己却躲在万里之外，搞自己的名山事业"，但在那如火如荼、出生入死的战争岁月，他毕竟身居异域，对国内的斗争情况毫无感性认识，对国民党和共产党的所作所为均无亲身体验。季羡林回国后曾见到朱光潜抗战时期从重庆写给周扬的信，其中表达了这位老先生对国民党的不满情绪和向往延安的愿望。看来，这种具有正义感的爱国知识分子确实大有人在。比如，像傅斯年那样对蒋介石忠贞不贰的人，抗战时也曾以无党派人士的身份，与黄炎培、章伯钧等人一起访问延安，受到毛泽东、周恩来、朱德的接见。然而，季羡林即使具有这样的觉悟和意愿，由于客观条件的限制，他也无法身体力行，见诸行动。

如今，季羡林回来了，他内心首先想的或许正是要补上这一课。比如，他在羁留上海和南京期间，曾前去拜访郑振铎、叶圣陶和郭沫若先生（后者未见到）。这不但是礼节性的拜访，从中体验前辈们平易近人、奖掖后学的风尚，而且因为这些人均为倾向共产党的民主进步人士，与其接触既能了解他们的政治主张、爱国活动，又能学习他们的斗争精神。季羡林还被聘为郑振铎、李健吾在上海创办的《文艺复兴》月刊和储安平在上海创办的《观察》周刊的撰稿人。须知，这都是当时的进步刊物，《文艺复兴》的宗旨是"为新的中国而工作，为中国文艺复兴而工作，为民主的实现而工作"；《观察》则为中国自由主义知识分子的主要

李公朴　　　　　闻一多

言论阵地。因此，两种刊物受到国民党的仇视，没办多久便被迫停刊和被查封。至于刊物的撰稿人，均为教育界、思想界、学术界、文艺界、新闻界的著名爱国民主人士，前者有郭沫若、茅盾、巴金、叶圣陶、许广平、沈从文、周而复、靳以、王辛笛、钱锺书、师陀、路翎、吴岩等，后者有胡适、傅斯年、许德珩、马寅初、王芸生、张东荪、冯友兰、费孝通、潘光旦等。季羡林得以跻身其中，无疑有助于廓清他对政治形势的模糊认识，增强民主自由的思想觉悟。

还有，季羡林刚刚回国，还在上海和南京时，著名爱国民主人士李公朴、闻一多在昆明被国民党特务暗杀的消息，一定会传到他耳中。这一举国震惊的事件——尤其闻一多先生，季羡林临出国时还拜访过——又怎能不使他扼腕激愤呢？当他听说当时上海人民团体联合会和学生和平促进联合会组成和平请愿团，推选马叙伦、雷洁琼、曹靖华等9名代表赴南京请愿，在南京下关车站遭到预伏的国民党特务殴打，造成震惊中外的"下关惨案"，又怎能不怒不可遏？是的，国民党的倒行逆施只能加剧季羡林心中无比的痛恨；无数爱国志士的鲜血更会激发季羡林追求进步、向往光明的决心……

总之，季羡林走进红楼，虽然时局纷扰牵动着他的心，但他压根儿也没想去做官，以图荣华富贵，而是想如何使自己的思想和行动跟上时代前进的步伐，如何不辜负恩师的关心和期望，在发展和创新中国印度学的崇高事业中有所建树。

最后，诚如季羡林所说："怀旧能净化人们的灵魂，能激励人们的斗志。"此时此刻，他刚刚告别了第二故乡——哥廷根，那里的一山一水，一草一木，师友们的一颦一笑，一言一词，都萦绕脑际，形成了许多美好的回忆。当时只道是寻常，现在却愈加想着那些人和事儿，感到格外的可亲、可爱和可贵。可是，季羡林绝不会只停留在一个"想"字上，他要用怀旧的丝缕编织激情，刺绣灵感，薪火相传，只争朝夕，力求在走进红楼伊始便风生水起，旗开得胜，用生花之笔描绘出一幅美妙的蓝图。那么，季羡林又想怎样做呢？其一，他想尽快地使梵文、巴利文乃至吐火罗文在中国大地上生根、开花、结果；其二，他想在佛教梵文的研究上打开局面，由弱变强，使世界都能听到中国的声音；其三，他想集四方之力，建立和扩大东方语文学的教学和研究基地，培养出更多的研究东方学的人才和进行文化交流的使者……看来，季羡林确实要"弃燕雀之小志，慕鸿鹄之高翔"，庶几一展宏图了。然而，常言说得好："理想和现实永远是差那么一大截儿。"季羡林的主观愿望难免受到客观条件的制约，他必须审时度势，顺其自然，一步一个脚印地前行。

国立西南联合大学校门

季羡林走进红楼，映入眼帘的是一片云谲波诡的景象。在中国近现代史上，每当外族入侵，北大这块最能代表中华文化精粹的渊薮之地，总是被视作眼中钉肉中刺，侵略者总是极尽破坏毁灭之能事。还记得，1900年八国联军打进北京时，俄军、德军先后侵占了北大的前身——京师大学堂及其周边地区，打砸抢无所不用其极，致使学校停办两年。1937年七七事变后，日本帝国主义悍然发动全面侵华战争，伴随中华民族的浴血奋战，自1938年起，由北京大学、清华大学、南开大学组成的国立西南联合大学，在春城昆明巍然挺立，谱写了中国现代教育史上光辉灿烂的篇章。可是，北平沙滩的北大红楼，虽然也以北大名义继续办学，但却变成了另外一个天地。

据季羡林回忆，他刚来时住在红楼的三层楼上，偌大的一座楼房，从其造型和外表的颜色来看，本来就给人一种神秘感，更何况楼内只住着四五个人，愈加感到人声寥寥，鬼影绰绰。听别人讲，自从1937年7月29日北平沦陷后，红楼便落入日寇之手，成了他们宪兵队的驻地，地下室则变成刽子手行刑杀人的地方。据说，由于冤魂多多，惨相戚戚，深更半夜常常听到从里面传出一阵阵鬼叫声。季羡林有时也下意识地等着那鬼声出现，但又不相信真会有这回事儿。最让他烦恼的还不是那种鬼声的恫吓，而是真正的魔鬼，即国民党特务以及

沙滩红楼前的街景

由他们纠集来的充当打手的天桥地痞流氓,经常来寻衅滋事。原来,1946年年中,国民党政府撕毁国共两党停战协议,在美国的支持下,倚仗财力和物力的优势,调动了30万军队,大举进攻中原解放区,将中共的6万军队包围分割,企图歼灭殆尽。同年秋季,国民党公然发动全面内战,中国共产党随即领导了全国解放战争。此时,国共双方矛盾激化,势不两立,北平的国民党当局也正在做垂死挣扎,把号称北平解放区之一的北大民主广场(另一个在清华园)作为镇压民主力量的目标,并把民主广场后面的红楼视作共产党的秘密据点。随着从昆明联大复员的师生陆续返校,住在红楼里的人越来越多,季羡林与他们一起每天都提高警惕,注意动静,用桌椅封锁住楼口,防备敌人闯入。

魔鬼们盯住红楼不放,虽然几次被挡了回去,但"屋漏偏逢连夜雨,船迟又遇打头风",在国民党的黑暗统治下,红楼及其周边的环境早已不像一个大学校园的样子。季羡林身居其中,在险恶的生活环境中,又怎能从事正常的教学和科研工作呢?他曾回忆起当时的生活情况:

红楼对面有一个小饭铺，极为狭窄，只有四五张桌子。然而老板手艺极高，待客又特别和气。好多北大的教员都到那里去吃饭，我也成了座上常客。马神庙（即北大理学院，又称二院的地址——笔者）则有两个极小但却著名的饭铺，一个叫"菜根香"，只有一味主菜：清炖鸡。然而，却是宾客盈门，川流不息，其中颇有些知名人物。我在那里就见到过马连良、杜近芳等著名京剧艺术家。路南有一个四川饭铺，门面更小，然而名声更大，我曾看到过外交官的汽车停在门口。顺便说一句：那时北平汽车是极为稀见的，北大只有胡适校长一辆。这两个饭铺，对我来说是"山川信美非吾土"，价钱较贵。当时通货膨胀骇人听闻，纸币上每天加一个0，也还不够。我吃不起，只是偶尔去一次而已。我有时竟坐在红楼前马路旁的长条板凳上，同"引车卖浆者流"挤在一起，一碗豆腐脑，两个火烧，既廉且美，舒畅难言。当时有所谓"教授架子"这个名词，存在决定意识，在抗日战争前的黄金时期，大学教授社会地位高，工资又极为优厚，于是满腹经纶外化而为"架子"。到了我当教授的时候，已经今非昔比，工资一天毛似一天，虽欲摆"架子"，焉可得哉？而我又是天生的"土包子"，虽留洋十余年，而"土"性难改。于是以大学教授之"尊"，而竟在光天化日之下，端坐在街头饭摊的长板凳上，却又怡然自得，旁人谓之斯文扫地，我则称之源于天性。是是非非，由别人去钻研讨论吧。

季羡林又曾回忆起当时生活在三教九流中的情景：

我现在的邻人几乎每个人都是专家。说到中国戏剧，就有谭派正宗，程派嫡传，还有异军突起自创的新腔。说到西洋剧和西洋音乐，花样就更多。有男高音专家，男低音专家，男不高不低音的专家。在这里，人长了嘴仿佛就是为了唱似的。每当晚饭初罢的时候，左面屋子里先涌出一段二簧摇板来。别的屋子里当然也不会甘居人后，立刻挤出几支洋歌，其声呜呜焉，仿佛是冬夜深山里的狼嗥。我虽然无缘瞻仰歌者的尊荣，但我的眼却仿佛能透过墙壁看到他脸上的青筋在鼓胀起来，脖子拼命向上伸长。余音在长长的走廊里回荡，我们这房子可惜看不到梁，不然这余音绕在上面怕是永远再不消逝了。岂能只绕三天呢！古时候圣人在齐闻韶，三月不知肉味。我听了这样好的歌声，吃到肚子里的肉只是想再吐出来。自己发恨也没办法。以前我也羡慕过圣人，现在我才知道，圣人毕竟是不可及了。

在这种环境和条件下，季羡林纵有孙行者的本领，也难逃如来佛的掌心。他自然又想起在哥廷根时那种遗世独立的情景：印度学和汉学研究所的图书室里阒无一人，那盈屋插架的图书任他翻阅。虽然，天上飞机的嗡嗡声和腹中的饥肠辘辘声此起彼伏，连成一片，但他闭目则浮想联翩，神驰万里，睁眼则梵典在前，华光四射，他正在埋首读经，欲发前人未发之覆……

翠花胡同

季羡林是个视学术为生命的学者，对于他来说，红楼的环境如此糟糕，学问搞不成，此处又焉能久留？于是，他欲做乱世中的特立独行的人，过不多久便搬进了翠花胡同。听起来，这个名字温文尔雅，清新悦耳，但也是"出得龙潭，又入虎穴"。翠花胡同与红楼隔着一条马路，是北大文科研究所的住处，同样是阴森可怖的地方。如果说红楼地下室的鬼叫声是近人所为，那么这里的鬼叫声则来自遥远的年代。原来，翠花胡同就是令人发指的"东厂"，明朝大奸佞魏忠贤的特务机关就设在这里，刽子手们杀人如麻，横尸遍地，又经常出现闹鬼的事儿。季羡林一生涉足过许多地方，每每留下他的文字记载，下面就来看看他对这处常人却步的凶宅是怎样描述的吧。他说：

曾经有很长一段时间，我孤零零一个人住在一个很深的大院子里。从外面走进去，越来越静，自己的脚步声越听越清楚，仿佛从闹市走向深山。等到脚步声成为空谷足音的时候，我住的地方就到了。

院子不小，都是方砖铺地，三面有走廊。天井里遮满了树枝，走到下面，浓荫匝地，清凉蔽体。从房子的气势来看，从梁柱的粗细来看，依稀还可以看出当年的富贵气象。

这富贵气象是有来源的。在几百年前，这里曾经是明朝的东厂。不知道有多少忧国忧民的志士曾在这里被囚禁过，也不知道有多少人在这里受过苦刑，甚至丧掉性命。据说当年的水牢现在还有迹可寻哩。

等到我住进去的时候，富贵气象早已成为陈迹，但是阴森凄苦的气氛是原封未动。再加上走廊上陈列的那一些汉代的石棺石椁，古代的刻着篆字和隶字的石碑，我一走回这个院子里，就仿佛进入了古墓。这样的环境，这样的气氛，把我的记忆提到几千年前去，有时候我简直就像是生活在历史里，自己俨然成为古人了。

这样的气氛同我当时的心情是相适应的，我一向又不相信有什么鬼神，所以我住在这里，也还处之泰然。但是也有不泰然的时候。往往在半夜里，我突然听到推门的声音，声音很大，很强烈，我不得不起来看一看。那时候经常停电，我只能在黑暗中摸索着爬起来，摸索着找门，摸索着走出去。院子里一片浓黑，什么东西也看不见。连树影子也仿佛同黑暗黏在一起，一点都分辨不出来。我只听到大香椿树上有一阵窸窸窣窣的声音，然后"咪噢"一声，有两只小电灯似的眼睛从树枝深处对着我闪闪发光。

这样一个地方，对我那些经常来往的朋友们来说，是不会引起什么好感的。有几位在白天还有兴致来找我谈谈，他们很怕在黄昏时分走进这个院子。万一有事，不得不来，也一定在大门口向工友再三打听，我是否真在家里，然后才有勇气跋涉过那长长的胡同，走过深深的院子，来到我的屋里。有一次，我出门去了，看门的工友没有看见。一位朋友走到我住的那个院子里，在黄昏的微光中，只见一地树影，满院石棺，我那小窗上却没有灯光。他的腿立刻抖了起来，费了好大力量，才拖着它们走了出去。第二天我们见面时，谈到这点经历，两人相对大笑。

我是不是也有孤寂之感呢？应该说是有的。当时正是"万家墨面没蒿莱"的时代，北京城一片黑暗。白天在学校里的时候，同青年同学在一起，从他们那蓬蓬勃勃的斗争意志和生命活力里，还可以吸取一些力量和欢乐，精神十分振奋。但是，一到晚上，当我孤零零一个人走回这个家的时候，我仿佛遗世而独立。没有人声，没有电灯，没有一点活气。在煤油灯的微光中，我只看到自己那高得、大得、黑得惊人的身影在四面的墙壁上晃动，仿佛是有个巨灵来到我的屋内。寂寞像毒蛇似的偷偷地袭来，折磨着我，使我无所逃于天地之间。

这就是新中国成立前夕，一位处在黑暗中的教授活生生的生活写照。另据北大教授、当时正在念高中的白化文回忆，那是1947—1948年的时候，他去过北大文科研究所。一进门是一个小院，左右两边各有一排厢房，分别住着周燕孙（祖谟）先生和宿季庚（白）先生，再往里还有几层院子，可就不敢进去了。据说那里原来是明朝东厂宦官设私刑之处，弄死人是常事。他因为胆子小，没敢进去。里面只住着季希逋（羡林）一个人，看到他进出研究所，感到真是"从容出入，望若仙人"，觉得敢于单独住在那样一个深宅大院中的高级知识分子，一定是参透了天地人三界的人；一位甘愿在近似大庙荒斋之处生活的人，一定在寂寞中追求什么，除了钻研学术，想不出还有别的。臧克家先生也曾回忆，1949年春他从香港回到北平，到翠花胡同来见季羡林。他孤身住在这里，两间小西屋让书籍占了一大半，显得拥挤。院子里树木阴森，古碑成行，仿佛还有挖掘出来的一具古棺。季羡林笑着对他说："我与鬼为邻。"臧克家心里暗想：这房子叫蒲松龄来住多么合适呀！可季羡林不怕寂寞，不惧鬼神，反而觉得清静，可以读书，可以安心工作，少受外界事物的打扰。

季羡林在翠花胡同一直住到1952年秋季。1952年夏，季承来北京参加高考，就住在父亲的宿舍里。他回忆说："翠花胡同那一所大宅院，当时是北大文科研究所的所址，但在历史上它却是明朝特务机关东厂的所在地，正门在南面。深宅大院，几层几进，不知道有多少院落。那时，大门是开在翠花胡同路南一侧，其实是大院的后门，而父亲则住在从南面数第二个院落里，也就是从北面看是倒数第二个院落的西屋里。

北京东城区翠花胡同，1946—1952年季羡林在这里的北大文科研究所宿舍居住

白天大院里有人工作，到了晚上，灯光微暗，阴森恐怖，只有一个人在临街的门房里值班，绝少有人敢深入大院。父亲就住在这样的环境里，我感到非常惊讶。姐姐当时也来了北京一趟，在那里住了几天。我目睹了父亲的孤独生活。父亲带我和姐姐吃过东来顺的涮肉和馅儿饼，喝过北京的豆汁，也在沙滩北大红楼外面的街边地摊上吃过豆腐脑和烙饼。除豆汁外，沙滩附近一家小饭馆做的猪油葱花饼、小米绿豆粥，给我留下了很深的印象。我记得，在父亲的住处，还有美国铁筒装的白砂糖，那恐怕是他在德国时的'战利品'，我很惊讶，他竟能保存到那个时候。有时，我就把砂糖夹在馒头里当饭吃。"

笔者由此联想到，现今的年轻人确实是生活在蜜罐中，他们很少能想到前辈们创业的艰辛和痛楚，甚至会怀疑，那些老学究"手无缚鸡之力，心无一夫之雄"，怎么能有那种大无畏的劲头儿？且不说前面提到的李公朴、闻一多倒在敌人的枪弹下，就是眼前的季羡林刚刚回国就遭遇如此的逆境。笔者的学兄卞毓方曾经问季羡林："您难道就一点儿也不怕吗？"季羡林回答说，他在德国待了10年，锻炼成了一名无神论者，不相信天地有鬼神，所以不怕。

卞毓方进而评论道："季先生这种不怕鬼、不信邪的精神，反映在政治信仰和学术修炼上，则为一种大无畏的淡定，包括'文革'中的'跳上井冈山'，以及晚年的政治性散文，如《牛棚杂忆》《八十抒怀》《九十抒怀》《一个老知识分子的心声》等。季先生曾自我解剖说，经过了七波八折，他如今是什么也不怕。难怪有位外国朋友对笔者的一位北大校长说：'在你们中国，有些话，只有季羡林敢说；而且说得好，易于为各方面采纳。'诚哉斯言，这的确是一种难以企及的境界。"

关于季羡林长期以来，在政治信仰和学术修炼上的那种大无畏的淡定，笔者在下面的章节中将会深入分析。但他在回国后的最初日子里，即使面临动荡的时局和艰苦的生活环境，仍然以饱满的热情和坚韧的精神投身到实际工作中，也确实难能可贵！

来到胡适和汤用彤旗下

季羡林来到红楼的第二天，就向北大校长胡适和文学院院长汤用彤两位先生报到。从此，他们在红楼共同相处了几年。

1946年7月29日，胡适（1891—1962）从美国回到北平，担任北京大学校长。在他就任之前，由傅斯年代理北大校长。这位蜚声华夏、驰名域外的学者、思想家和政治家，来到红楼后立刻受到师生热烈而衷心的欢迎。胡适回国前，傅斯年即给蒋介石写信，力荐他担任此职："适之先生经师人师，士林所宗，在国内既负盛名，在英美则声誉之隆尤为前所未有。今如以为北京大学校长，不特校内仰感俯顺舆情之美；则全国教育界，亦必以清时佳话而欢欣。在我盟邦，更感兴奋，将以为政府选贤任能者如此，乃中国政治走上新方向之证明，此一举而数得者也。"在胡适就职的欢迎会上，著名学者冯友兰发言说："胡先生出任北大校长，是一件应乎天而顺乎人的事，就全国范围来讲，再没有比胡先生更合适的人选了。"胡适本人在致辞中则说："我在抗日战

1946年，胡适就任北大校长

争期间，对于国家的贡献，实甚微末，虽然做了几年的驻美大使，但是没有替国家借过一文钱，买过一支枪，甚感惭愧。"这大概是一句实话，难怪，蒋介石及其幕僚对胡适担任驻美大使期间的作为并不满意，否则不会派宋子文去做特使，将他的职权架空。如今，胡适确实是新官上任三把火，他在归国途中"塔夫脱总统"号上，即给国民党南京政府致函，说要用"十年的时间让北大学术独立发展"，再造北大。

此前，季羡林与胡适只有一面之交。1932 年 10 月 13 日，他在清华听过胡适的一次演讲，并在当天的日记里这样写道：

> 听胡适之先生演讲，这还是第一次见胡先生。讲题是文化冲突的问题，说中国文明是唯物的，不能胜过物质环境，西洋是精神的，能胜过物质环境。普通所谓西洋物质东洋精神是错的。西洋文明侵入中国，有的部分接受了，有的不接受，是部分的冲突。我们虽享受西洋文明，但总觉得我们背后有所谓精神文明可以自傲，比如最近班禅主持时轮金刚法会（即指"九一八事变"后，国民党政客戴季陶等拉拢当时的班禅喇嘛，在北平等地发起"普利法会"，诵经礼佛，以超荐天灾病祸中死去的鬼魂——笔者），就是这种意思的表现。Better is the enemy of good（译为"更好是好的敌人"——笔者）。我们觉着我们 good enough（译为"足够好"——笔者），其实并不。说话态度声音都好。不过，也许为时间所限，帽子太大，匆匆收束，反不成东西，而无系统。我总觉得胡先生（大不敬！）浅薄，无论读他的文字，听他的说话。但是，他的眼光远大，常站在时代前面我是承认的。我们看西洋，领导一派新思潮的人，自己的思想常常不深刻，胡先生也或者是这样罢。

事后不久，季羡林又见胡适、梁实秋、徐志摩等人于 1928 年创办的《新月》月刊上，发表了胡适的一篇文章《四十自述·我怎样到外国去》，读后仿佛对胡适增添了许多好感，因为这显然是关于出国留学的经验之谈，他本来也有出去的打算；而且，他还知道了胡适的家境并非阔绰，为了遵守慈母订下的黄山脚下的婚约，只好违心地与江冬秀结了婚，后来又与"小表妹"曹诚英、美国女友韦莲司谈情说爱，通信往来，后二者竟始终未婚……季羡林从中似乎感受到某种反叛中的浪漫主义的情调。

这是 10 多年前，季羡林对胡适仅有的一点儿亲身感受，比起他的清华同学吴晗来，真差得不少。据笔者查阅资料，吴晗于 1930 年在上海读中国公学时，曾以一篇题为《西汉经济状况》的论文，博得该校校长胡适的赏识。不久，胡适离开中国公学去北平任教，吴晗随后也去了北平,在燕京大学图书馆工作,并写了一篇《胡应麟年谱》,又受到胡适的赞赏。1931年吴晗报考清华大学历史系,被破格录取,时任北大文学院院长的胡适写信给清华代校长翁文灏和教务长张子高,请他们关照吴晗,"给他一个工读的机会",翁、张立即请文学院院长冯友兰和历史系主任蒋廷黻办理……由此可见,吴晗实为与胡适关系密切的学生,而季羡林只是从此时开始成为胡适校长的部下,充其量在一块儿共事两三年,但他却把胡适视为一生6位恩师之一,其他几位是陈寅恪、汤用彤、瓦尔德施米特、西克、哈隆。至于他们二人的关系到底如何,其后几十年季羡林对胡适其人其事月旦臧否,笔者还将一一道来。

再说时任北大文学院院长的汤用彤(1893—1964),季羡林来红楼前与他也素不相识,但读过他的书。文如其人,他想象出那一定是一位瘦削慈祥的老人,有五绺白须,飘拂胸前……可如今一见面,大大出乎意料——身体略胖,身着灰布长衫,脚踏圆口布鞋,一副老农老圃的形象。季羡林与汤用彤应该是清华校友,但后者属于师长之辈,又是他"高山仰止,景行行止"的大师级人物。

汤用彤

汤用彤,字锡予,1917年清华学校毕业,1918年赴美国留学,先在汉姆林大学学哲学,后入哈佛大学研究院师从"新人文主义"大师、比较文学系主任白璧德,攻读梵文、巴利文和印度学,当时与陈寅恪、吴宓并称"哈佛三杰"。他于1922年获哲学硕士学位后回国,先后在南京中央大学和南开大学哲学系任教授、系主任。1931年夏,北大校长蒋梦麟特聘他为北大哲学系教授。抗战期间,他任西南联大哲学系主任,后又任文学院院长。直到1946年春夏之交,从云南昆明复员回到北平,他仍然担任北大文学院院长。

季羡林还记得代理校长傅斯年在南京时说的话,就是从国外留学回来,不管得了什么学位,来北大只能给个副教授的头衔,再过两三年才能评正教授。又说北大的门槛很高,别的学校教授要进北大,都要降一级,教授改成副教授。对此,季羡林早有思想准备。他在清华读书时,就听说王力先生1932年7月获得了巴黎大学文学博士学位,回国后被清华中文系主任朱自清先生聘为专任讲师,相当于副教授。但也有特例,他的清华同学钱锺书1937年获得牛津大学副博士学位,然后去法国巴黎大学进修,1938年回国被西南联大清华大学聘为教授,清华大学文学院院长冯友兰对他说,这是破例的事。季羡林承认钱锺书聪明,在学校时就很有名气，而他如今既然能够堂而皇之地走进红楼，就像唐代中了进士一样，"春风得意马蹄疾，一日看遍长安花"，那还有什么过高的要求呢？

季羡林来到北大图书馆后面的北楼，走进汤用彤的办公室，立刻被他那蔼然仁者的风采吸引住了，浑身顿时感到一阵温暖。当晚，汤用彤又邀请他赴家宴，为他接风，师母也是慈祥有加，更增加了他的幸福感。季羡林久仰汤用彤大名，现在竟然来到他的旗下，虽为同事，但正是一个拜师求教的机会，所以认为汤用彤是他的6位恩师之一。"学为人师，行为世范"，中国人特别注重人师的行为是道德文章，也就是为人和为学。提起汤用彤，可以说是当之无愧，他不仅是中国现代学术史上少数几位能融会中西、贯通华梵、熔铸古今的国学大师，尤其对印度哲学、中国佛教和魏晋玄学的研究造诣颇高，著作等身，而且为人平和宽厚，有海纳百川之度。抗战期间，他在西南联大的生活虽然极其艰苦，并遭受失去长子和爱女的巨大打击，却以继承和弘扬中华民族文化为己任，教学和科研从未间断过，出版了《汉魏两晋南北朝佛教史》《印度哲学史略》等重要著作。同样，在那种环境下，他既对学生教诲不倦，慈祥可亲，又以身示范，关心国事，对贪官污吏、发国难财者深恶痛绝……

这第一次见面，按北大的规定，汤用彤当然也会向季羡林交代关于"职称"的问题。季羡林后来回忆这件事说："我可绝没有想到，过了一个来星期，锡予先生忽然告诉我，我已经被聘为北京大学正教授兼新成立的东方语言文学系主任。""我这个当一周副教授的纪录，大概可以进入吉尼斯世界纪录了吧！"笔者又注意到另外一个细节，那就是季羡林临终前"口述人生"时说："到北楼见到汤用彤，还没有进入正常的谈话阶段，他就先讲，我让你当一个礼拜的副教授，立刻给你改成正教授。当然出我意外啊，至于为什么，我不知道。不过当时你要说我没有资格，我1941年在德国哥廷根大学，拿到哲学博士学位，现在已是1946年了。"看来，汤用彤好像事先跟季羡林交了底的。

由此，笔者不妨做这种设想，北大既已决定聘任季羡林，便事先已内定他为教授和东语系主任了。姑且不论当时组建东语系的真实的来龙去脉，但据季羡林"口述人生"称："你知道有个吴晓铃吧？搞印度文学史的。吴晓铃、罗常培，他们当时酝酿要成立一个北大东语系，而且内定吴晓铃为系主任，吴晓铃是罗常培的学生（吴晓铃，1914—1995，古代戏曲和小说研究专家，曾在北大师从胡适、罗常培，1942年去印度泰戈尔国际大学中国学院任教和从事研究——笔者）。所以，我在世界上还不知道吴晓铃这个人的时候，结果就有了一个仇敌了。因为我做了东语系主任，占了他的位置了。我怎么知道呢？所以我说，没有见面，就成了仇人。""吴晓铃在印度待过，梵文学得很不怎么样，因为他只会英文。从英文学梵文啊，反正水平是很不怎么样。"这件事看来也是真的，但最后东语系主任的位置还是归于季羡林名下。这有何说的，敢情不是沽名钓誉，而是名正言顺，实至名归。

季羡林被聘为正教授和东语系主任，确实是有"后台"，而且很硬，首先由陈寅恪引荐，再由汤用彤接纳，最后由傅斯年、胡适拍板定夺，这道程序看来是合情、合理、合法。其中，破格提拔为正教授又有先例，不足为奇，更何况季羡林获得博士学位已经5年，就连他自己都认为有资格；委任新组建的东语系主任一职则是一件非常严肃的事，事实证明，季羡林任职35年成绩显著，硕果累累，据1996年统计，一共为国家培养造就了5000余名德才兼备的人才，他们在语言文学等教学和研究领域，在社会主义建设的其他战线，均做出了杰出贡献，仅担任过驻外大使的就有12名，出使25个国家，占所有驻外使节的七分之一。

当然，上述成就不能只归于季羡林一人，但从他一生的个人学术成就来看，也确实给国家和民族增光添彩。由于当初陈寅恪、汤用彤、傅斯年、胡适等前辈的远见卓识，知人善任，才使季羡林人尽其才，学为所用，这是起码的条件，正可谓"伯乐者善识千里马也"。陈寅恪、汤用彤自不必说，他们堪称季羡林的业师，或者说，季羡林与他们是同道中人；傅斯年实际上是当时北大的"掌门人"，被胡适称为"人间一个最稀有的人才"和"最能办事、最有组织才能的天生领袖人物"。胡适远在美国尚未履职赴任时，他便果敢地吐故纳新，一面将沦陷区的北大清理干净，在几个月内为胡适打平了天下，使他回来顺利地走马上任；一面搜罗人才，接纳新兵，而对于既是留德同学又有姻亲关系的大名鼎鼎的陈寅恪推荐来的季羡林，胡适当然会欣然同意；胡适则不但生性平和，待人宽厚，一向奉行"温情主义"，而且慧眼识人，爱才如命。尊重前贤，奖掖后学，当年他介绍王国维到清华国学研究院任教一时传为佳话，陈寅恪为此曾赋诗曰："鲁连黄鹞绩溪胡，独为神州惜大儒。学院遂闻传绝业，园林差喜适幽居。"因此，他对陈寅恪介绍季羡林，当然也会欣然同意。

至于胡适与汤用彤之间的关系，也非同一般。《胡适日记》中有这样一段生动的记述：1937年1月17日，胡适为汤用彤校读《汉魏两晋南北朝佛教史》稿本，次日与汤用彤交谈。本来，汤用彤的学风与胡适"大胆的假设，小心地求证"的治学方法迥异不同，但他在交谈中却不以争个优劣长短的口气相逼，而只说自己胆子小，"只能做小心求证，不能做大胆假设"。胡适对此虽然很敏感，但却由衷地承认这是汤先生的"谦辞"，而且承认汤先生的治学态度"最可效法"。汤用彤在文化观点上强调要从民族文化中吸取精华，融汇西方文化，而不赞成胡适的"全盘西化论"，但他仍以协商温和的口气阐述自己的文化观，说他"颇有一个私见，就是不愿意说什么好东西都是从外国来的"，胡适深知汤用彤研究印度哲学和佛教成就斐然，乃以调侃的口气说："我也有一个私见，就是不愿意说什么坏东西都是从印度来的。"于是二人哈哈大笑。胡适与汤用彤二人之交，不可谓不深矣，而眼下由汤先生引进季羡林，胡适又能说什么？

总而言之，季羡林来到胡适、汤用彤旗下，被聘任为正教授和东语系主任，可谓是占了"天时、地利、人和"，事实完全证明了这一点。

虎落平川

然而，在艰难而险恶的历史境遇中，季羡林必然面临彷徨与坚守，思考与挣扎，经历了痛苦而无悔的选择。

1946年5月西南联大宣布解散后，返回北平的北京大学必然会发生一些变化。北大师生经历了十四年抗战的血与火的考验，见到引以为荣的红楼曾经变成日本侵略者的兵营，被糟蹋得不成样子，心中自然无比愤慨，但又怀有难以割舍的亲切感。他们决心要重振北大的雄风。前已提及，作为新上任的校长胡适先生，其决心是蛮大的。事实也证明，在他任职期间，提倡自由的学术氛围，教师的学术观点可以自由表达，学生的独立思维可以随意发挥。总之，北大人的性情可以发泄无遗，真可谓"独立不羁，率性而行"。比如，有一次，同住在沙滩附近松公府后院的北大教授废名（冯文炳）和熊十力，他俩因为对佛教的看法不同而争吵起来，吵着吵着突然鸦雀无声，阴法鲁先生走过来一看，原来两人互相卡住了脖子而发不出声来。季羡林本来是个正儿八经循规蹈矩的人，听了这故事自然感到好奇，心想：这大概只是北大的"逸事"，而非"正史"。

复员后的北大决定成立东方语言文学系，这本是季羡林走进红楼的理想之一。现在又把系主任的重担交与他，更使他感到分量不轻。确实，原来北大早有成立东方语言文学系的打算，但"巧妇难为无米之炊"，只因缺少诸多小语种的师资而未果。而这时的情况却变得略微好一些，招来了几位精通东方语言和文学的学者，尽可施展才华，大显身手。当然，东语系的建立直接来自胡适、傅斯年、汤用彤的决策，并有陈寅恪先生的鼓励。正因为如此，季羡林方感到肩上的担子非常沉重。

但是，建系之初并非像人们想象的那样红红火火，而是冷冷清清。全系共分3个教研组：第一组的语种是蒙文、藏文、满文；第二组的语种是梵文、巴利文、龟兹文（吐火罗文B）、焉耆文（吐火罗文A）；第三组的语种是阿拉伯文。全系教师除季羡林外，还有王森、马坚、金克木、马学良、于道泉，其中后3人又是后来调来的。学生的人数比教师还少，只有梵文班3名，其他语种没有，要是开全系大会，季羡林那间十几平方米的办公室完全装得下。面对这种"六七个人，七八条枪"的局面，如果说季羡林一点儿也不感到尴尬难堪，那是假话，他晚年回顾这件事情说："我'政务'清闲，天天同一位系秘书在办公室里对面枯坐，既感到极不舒服，又感到百无聊赖。"又说："我们这种语言哪，也招不了多少学生。梵文、巴利文，哪有什么人学啊！费力不讨好。那时候，就出力不讨好。即使到现在，学梵文、巴利文的有多少呢？没有几个。真正成才的不多，大概不到 10 个人。"季羡林回国初招的 3 名学梵文、巴利文的学生，后来都到香港去了，也都改了行。但话说回来，星星之火可以燎原，过了几年甚至几十年以后，当年这个北大最小的系，果然发展壮大起来，为国家培养了大批有用人才。

再来看看季羡林走进红楼的另一个理想能否实现，即他在德国 10 年学习的佛教梵文和吐火罗文是不是派上了用场。应该说，当时对于佛教梵文和吐火罗文的研究国内还是空白，犹如一片原始森林，需要有人蹚出一条路子来。前辈学者如陈寅恪，虽然为此也曾大声疾呼过，但他自己并未身体力行，于是只好把希望寄托在年轻人身上。他看过季羡林在德国写的几篇论文，立刻决定向北大推荐。至于那些与季羡林同辈的学者，印度的或欧美的"海归者"，真正学习佛教梵文和巴利文的恐怕寥若晨星。前面提到的周一良先生，虽然他后来没有把功夫用在梵文语言的研究上，未免有"长才未尽"之憾，但早在 1945 年他就在《思想与时代》月刊上发表《中国的梵文研究》一文，对梵文语音在中国的研究情况做了回顾。他指出，由于翻译佛典的关系，梵文语言的研究在中国历史比较悠久。关于梵文语言的书，有唐智广的《悉昙字记》和北宋印度僧人法护、中国僧人惟净合编的《天竺字源》。关于梵文文字的书，有相传为义净所著的《梵语千字文》和龟兹僧人利言所著的《梵语杂名》。他认为梵文在中印文化交流中占有重要地位，而中国古代士大夫对梵文文法重视不够，呼吁我国学术界人士今后努力于这方面的研究。

上述情况季羡林也很清楚。在他出国前，20 世纪二三十年代，我国与印度的文化学术交流，还只限于对现成汉译佛典的研究和通过第三种语言（英、日文）翻译印度梵语文学著作的层面上，如陈寅恪、汤用彤、鲁迅、闻一多、沈从文、郑振铎等前辈均做出了贡献。而季羡林在德国学习梵文、巴利文、吐火罗文时间之长，用功之勤，环境之险恶，生活之艰苦，到头来如果学非所用，前功尽弃，那他怎能接受得了？但当时国内研究佛教梵文的现状却让他不寒而栗。原来，季羡林所以能够在德国写出那样几篇有分量的论文，与那里图书资料之丰富密切相关。由于他在哥廷根大学图书馆和梵文研究所图书室查阅了上千种专著和杂志，写起论文来才下笔如神，游刃有余。季羡林曾回忆那时的情景：

> 我每天几乎是一个人坐拥书城，"躲进小楼成一统"，我就是这些宝典的伙伴和

主人，它们任我支配，其威风虽南面王不易也。整个 Gauss-Weber-Haus 平常总是非常寂静，里面的人不多，而德国人又不习惯于大声说话，干什么事都只静悄悄的。门外介于研究所与大学图书馆之间的马路，是通往车站的交通要道；但是哥廷根城还不见汽车，于是本应该喧阗的马路，也如"结庐在人境，而无车马喧"。这真是一个读书的最理想的地方……除了礼拜天和假日外，我每天就到这里来。主要工作是同三大厚册的 Mahā vastu 拼命。一旦感到疲倦，就站起来，走到摆满了书的书架旁，信手抽出一本书来，或浏览，或仔细阅读。时之既久，我对当时世界上梵文、巴利文和佛教研究的情况，心中大体上有一个轮廓。世界各国的有关著作，这里基本上都有……世界各国有关印度学和东方学的杂志，这里也应有尽有。总之，这是一个很不错的专业图书室。

相比之下，北大乃至北平图书馆的情况却令人失望，季羡林又一次面临尴尬难堪的局面。本来，他所搞的那套玩意儿，即所谓的印度学，如果缺少书刊资料，任凭再有本事，也比登天还难。科学研究毕竟不同于文学创作，光有灵感和想象无济于事。那时，他的生活虽然清苦些，寂寞些，但只要有书可读，于书中得闲，便会自有乐趣，抑或能在印度学上搞出点儿名堂来。

北平图书馆

平心而论，北大给予季羡林工作上的待遇是优越的。除东语系主任外，他还兼任北大教授会成员，北大文科研究所导师，北平图书馆评议会成员。虽然身兼数职，但他仍然有空儿读书，因为当时很少开会，有时偶尔被召集到一起，也只是为大家提供一个见面聊天的机会。为了使季羡林集中精力搞科研，汤用彤院长不但批准他搬到寂静的翠花胡同文科研究所的宿舍去住，而且与北大图书馆馆长毛子水先生共同特批，专门在北大图书馆为他设立一间研究室，并指派汤先生的研究生马理小姐做助手。

可是，季羡林发现，我国向以典籍之富甲天下，堂堂的北大图书馆（现被辟为新文化运动纪念馆，李大钊、毛泽东均在此工作过——笔者）曾经被冠以藏书甲大学的美名，于他真正有用的书却如凤毛麟角，微乎其微。北平图书馆的情况又是怎样呢？有一天，图书馆馆长袁同礼先生把季羡林请来，让他将馆内的梵文藏书清点一下。结果，这里的情况虽然比北大图书馆稍好一些，但除了并不完整的巴利文藏经和寥寥几本梵文书籍外，其他重要的梵文书籍也一概不见，比起哥廷根大学的藏书简直是九牛一毛。季羡林暗自感叹道："偌大的一个图书馆，还不如我自己的梵文书多呢。"显然，这是一句实话，臧克家先生即可出来作证：在上海，他见季羡林从国外带回了五六箱书；在翠花胡同，他见季羡林的书占了两间屋子的半壁江山。至于当时的燕京大学图书馆，所藏包括印度的东方典籍固然稍多一些，但也远不能与欧美和日本相比，只能是小巫见大巫。待到季羡林发现这块"新大陆"时，已是1952年院系调整以后的事了。总之，红楼6年，他无以与书为伴，其威风又焉有南面百城之尊？

在这种情况下，视学术研究与生命同等重要的季羡林，真就急了！他必须做出非此即彼的选择。虽然一百个人眼中有一百个哈姆雷特，但摆在他眼前的，唯有像真正的哈姆雷特那样：走呢，还是不走？此刻，哈隆教授的影子又重新出现，剑桥大学的聘约又炙手可热。季羡林想："赶快回去把家庭问题处理一下，然后返回欧洲，从事我的学术研究吧！"

这期间，还有一段与正题无关紧要的插曲。正因为季羡林在晚年"口述人生"时谈到，笔者才顺便提上一笔。在季羡林的研究室做助理的马理小姐，是北大中文系教授马裕藻（1878—1945）的女儿，长得很漂亮。她的姐姐马钰更漂亮，是北大的"校花"。马理与季羡林接触了一段时间后，竟然爱上了他。她先委托北大中文系教授阴法鲁先生向季羡林提亲，被阴先生谢绝了。于是，她就亲自找到季羡林，非常坦率地说："季先生，我要嫁给你。""啊……"季羡林对于这种突然袭击，不知如何是好，思来想去，最后婉言谢绝。据季羡林回忆，那时从国外回来的留学生，尤其留美的学生，回国后第一件事情是找工作，第二件事情便是休妻。他对这种现象很反感，总认为中国古语说得好，糟糠之妻不下堂。不过季羡林又说："马理这个问题，主要也是因为我怕叔父，胆小，要不是胆小的话，我在北京找一个房子,跟马理结婚,毫无问题,合情合理,也符合潮流,后来我还是怕这个叔父。"看来,季羡林又险些一念之差铸成大错。

1947年暑假,季羡林回国已经过了一年,他终于回到暌别12年的济南的家中。回家的情景,季承在《我和父亲季羡林》一书中作了描述。季羡林之于家,犹如巨梁之于广厦,用他自己的话说,就是必须承担为人子、为人夫、为人父的责任。当他看到家中的处境比他想象的还要严重得多,便毅然决然地给哈隆教授写信,决定辞谢剑桥大学的聘约。

当然,这是痛苦的选择,但又是无悔的选择。说痛苦,人们大概会理解,北大对他的安排,本来出于"人尽其才"的初衷,但由于眼前客观条件的限制,暂时无法使他"才尽其用",他怎能不感到痛苦呢?说无悔,人们大概也会理解,无论从眼前来看,还是从长远来看,这一决定对个人和国家来说都至关重要,回答"过去"的问题是"现在",现在终于证明,这条路选对了,他又怎能不感到无悔呢?

说是无悔的选择,笔者认为,首先维护和保全了一个业已建立起来的家庭。季承说:"当时,父亲还有可能应聘去英国教书,可以把伊姆加德带去在那里定居。可是,经过慎重的考虑,父亲还是决定把这扇已经打开的爱情之门关起来……但可以想见,做这个决定是多么不容易啊!'祖国'是个伟大的概念,当时执政的是国民党,父亲对国民党不感兴趣,对自己的那个家也并不留恋。回去,就好像跳进了两个笼子,可是最终他还是选择了这两个笼子。"这里指的是季羡林还在哥廷根时的选择,但他回国后完全可以改弦更张,重新做出选择,先休妻,然后带上自己的情人私奔去追求所谓的自由和幸福。假如这样,他给家庭必然造成悲剧。如此看来,季羡林即使跳进了家的"笼子",他也应该无怨无悔。因为,在那艰苦的岁月,全家人对于他的回国,就仿佛久旱逢甘霖,盼来了救星。季承说:"父亲回国后,我们家的生活稍稍宽裕和安定了一些。""叔祖母这位家庭主持人想的主要是父亲能多给家里一点钱……""济南解放后,1949年春,北平也解放了。父亲又寄钱回来了,家庭生活又恢复了正常。"

所以说,季羡林的选择是无悔的。

其次,季羡林之所以想重返欧洲,其主要原因是国内没有研究印度古代及中世纪佛典梵文的条件,这使他在思想上产生了剧烈的波动。用他自己的话说,就好像"虎落平川,龙困浅滩,纵有一身武艺,却无用武之地"。但是,坏事可以变成好事,人非龙虎,具有主观能动性,何况季羡林又是从不使脑筋投闲置散的人,因此他便反复琢磨,绝不能让自己的学术生命就此结束。正如他说:

然而,我心中最大的疙瘩还没有解开:旧业搞不成了,我何去何从?在哥廷根大学汉学研究所图书室阅书时，因为觉得有兴趣，曾随手从《大藏经》中，从那一大套笔记丛刊中，抄录了一些关于中印关系史和德国人称之为"比较文学史"（Vergleichende Literaturgeschichte）的资料。当时我还并没有想毕生从事中印关系史和比较文学史的研究工作，虽然在下意识中觉得这件工作也是十分有意义的，非常值得去做的。回国以后，尽管中国图书馆中关于印度和比较文学史的书籍极为匮乏，但是中国典籍则浩瀚无量。倘若研究中印文化关系史和比较文学史，至少中国这一边的资料是取之不尽用之不竭的，而且这个课题至少还同印度沾边，不致十年负笈，前功尽弃。我反复思考，掂斤播两，觉得这真是一个极为灵妙的主意。虽然我心中始终没有忘记印度古代语言的研究，但目前也只能顺应时势，有多大碗吃多少饭了。

季羡林是这样说的，也是这样做的。笔者的案头摆放着季羡林的《比较文学与民间文学》一书，翻开一看，前几篇文章均为回国初写的，不禁想到那是他在搞不成专业的情况下，被迫写出来的呀！关于他回国后最初的学术研究情况，笔者将在下节中介绍。有人说，季羡林是个"杂家"，他自己也诙谐地说，是"大大的杂家"。的确，季羡林一生学术研究的范围很广泛，他逝世后新华社发表的消息称，他是"国际著名东方学家、印度学家、梵语语言学家、文学翻译家、教育家"，他"在语言学、文化学、历史学、佛教学、印度学和比较文学等诸多领域建树卓著"。但对一般人来说，殊不知这么多"家"戴在他的头上，那是被"逼"出来的。但话又说回来，如果季羡林为了坚持搞印度古代和中世纪佛典梵文的研究，决计到剑桥大学去，他也可能取得一定的成绩，被冠以某某"家"的头衔，但他那皇皇数十卷、洋洋数千万字的巨著，其中包括对中华文化的许多精辟论述，恐怕就不会那么容易问世。

所以说，季羡林的选择是无悔的。

最后，也是最重要的，像季羡林这样的学术大师，总要代表国家和民族的尊严和荣誉，可是如果他到英国去，当真在那里定居，严格说来便是另一码事了。且让我们回头看看，许多留居海外的中国学者和专家，有的是在新中国成立前夕归来的，有的是在新中国成立之初归来的，有的正好是踩着开国大典的鼓点归来的。他们无不为国家和民族赢得了尊严和荣誉。笔者在此仅举两例，意在说明我国老一代知识分子的共同特点，就是具有爱国心、民族情。

其一为汤用彤先生。1947年，他去美国加州柏克莱大学讲授"中国佛教史"。一年后，哥伦比亚大学也邀请他去讲学，但他出于关心国事，或许期盼共产党的胜利，婉言谢绝而毅然返国。1948年年底，国民党政府行将垮台时，从南京派来飞机接一批著名的学者专家，胡适先生派人给他送来全家的机票，又被他毅然拒绝。这不仅因为他有一颗情系祖国的拳拳

老舍

心，而且出于他对中华传统文化和学术事业的挚爱和信仰，以及由此而形成的坚定刚毅的道德品质。

其二为老舍先生。他在"文革"中含冤投湖自尽，一时间令人发出"毫端空蕴千般秀，世间难寻君子兰"的慨叹，但季羡林的话却一语中的："我猜想，老舍先生决不会埋怨自己的祖国母亲，祖国母亲永远是可爱的，在任何情况下都是可爱的。他也决不会后悔回来的。但是，他确实有一些问题难以理解，他只有横下一条心，一死了之。"可见，老舍先生热爱祖国，否则当初他就不会回国。1946年，老舍与曹禺一起远赴美国，从事讲学和文化交流活动。1947年1月曹禺按期回国，老舍却留了下来，原因是他想尽快写完80万字的《四世同堂》，并对国民党当局的独裁统治非常反感和鄙视。虽然他在美国的条件也很艰苦，心情也很不舒畅，但还是在那里观望等待着，心想如果共产党在国共决战中胜出，他便马上回国，否则他便去英国伦敦大学教书。就这样，直到他等来了五星红旗在天安门庄严升起，即立刻兴高采烈地起程回国，于1949年12月12日回到北京。

这两位先生都是季羡林的长辈，又是他的恩师和挚友，他们的行为堪为人师之典范。在新中国即将诞生的那一刻，曾经一再自省"中国人民浴血抗战，我自己却躲在万里之外，搞自己的名山事业"的季羡林，如果回来了又走出去，难道他就不感到后悔吗？古语说："'利'之一字，是学问人品的试金石。"笔者认为，季羡林此时思想上的波动，归根结底也是因为那个"利"字在作怪，但他毕竟留下来了，同其他的学者专家一样，为国家和民族赢得了尊严和荣誉。

所以说，季羡林的选择是无悔的。

《浮屠与佛》及其他

季羡林虽已下定决心终生从事研究工作，尤其热衷于研究印度古代和中世纪佛典梵文，但当时国内缺少这方面的研究条件，主要是资料匮乏。当他处于"马行在夹道内，难以回马"的窘境时，只好采取迂回折中的办法，暂且将佛典梵文的研究搁置起来，转到对中印文化关系史和比较文学史的研究上。这样，既不至于脱离本行，多少与印度学沾边儿，又能充分利用国内的现成资料。于是，他就在那种险恶的时局和艰苦的生活环境中，开始了学术研究工作。

那么，季羡林从 1946 年至 1949 年的学术研究成果如何呢？他的学术研究成果，主要体现在学术文章上，同时也有一些其他的文章，如散文、杂文等。

1946 年

这一年的大部分时间，季羡林是在回国旅途中度过的，直到年底方才安顿下来。但是，他于车船倥偬中仍然见缝插针，分秒必争，写出了一些文章。在他看来，其中属于学术文章的仅有两篇。

（1）《一个故事的演变》，发表于《北平时报》1946 年 12 月 25 日。这篇文章闪烁出季羡林的灵感和想象的火花。原来，他在读小学时，语文课本中出现这样一个故事：一个乞丐讨到一罐子残羹剩饭，他就对着这罐子幻想起来——怎样卖掉这些残羹剩饭，怎样买成鸡，鸡又怎样下蛋，鸡蛋又怎样孵成鸡，鸡又换成马牛羊，终于成了大富翁，娶了太太，生了孩子。他越想越高兴，不禁手舞足蹈，狂欢之余猛然一抬脚，把罐子踢了个粉碎……至此，这个美妙的梦想化为泡影。季羡林几十年前学到的故事竟然与他在哥廷根读过的故事发生了碰撞。原来，他在哥廷根大学汉学研究所图书室阅读了上百册的中国笔记丛刊，发现其中的《梅磵诗话》和《雪涛小说》也有这个故事。同时，他在阅读印度古典梵文名著《嘉言集》和《五卷书》时，也发现了同样的故事。于是，他考证了这个故事流传演变的过程，得出中国的故事是舶来品、其老家在印度的结论。不光如此，阿拉伯的《天方夜谭》、法国拉封丹的寓言、德国格林兄弟的童话也有这样的故事，也是从印度传过去的。季羡林的这篇文章既有比较文学史研究的理论价值，又对文化交流产生积极的促进作用。据笔者 2009 年出版的《天竺故事》，从中也可见当代印度人乐于讲述这样的故事，寓于一种道德说教，因此完全可以用我们的同样的故事与他们交流和沟通。

（2）《梵文〈五卷书〉：一部征服了世界的寓言童话集》，发表于《文学杂志》1947 年第二卷第 1 期上。季羡林曾自谦道，从严格意义上讲，这篇文章不是学术性文章，他只是根据 19 世纪德国"比较文学史"的创立者 Th.Benfey 关于印度《五卷书》的一篇长文，介绍了《五卷书》流布世界的情况。但他考虑到 Th.Benfey 是"比较文学史"的创立者，其文章非同一般，对他影响很大，才把自己的这篇文章归于学术文章之列。《五卷书》是世界文学名著，德国著名学者 Th.Benfey 曾将《五卷书》译成德文，并穷毕生之力追踪此书传播发展的轨迹，从而建立了一门新学科"比较文学史"，实际上就是后来发展起来的比较文学的前身。季羡林也对《五卷书》进行了长期深入细致的研究，并且由人民文学出版社 1959 年出版了他的《五卷书》中译本，因此这篇文章同样具有学术价值。

季羡林写的其他一些文章是：《东方语文学的重要性》（天津《大公报》1946 年 7 月 21 日）、《忆章用》（《文学杂志》1947 年第三卷第 4 期）、《老子在欧洲》（南京《中央日报》1946 年 8 月 7 日）、《学术研究的一块新园地》（天津《益世报》1946 年 10 月 21 日）、《大学外国语教学法刍议》（南京《世纪评论》1947 年第一卷第 3 期）、《胭脂井小品序》（《北平时报》1946 年 11 月 6 日）、《论自费留学》（天津《大公报》1946 年 11 月 24 日）、《谈翻译》（《观察》1947 年第一卷第 21 期）、《关于东方语文学的研究》（天津《大公报》1946 年 12 月 25 日）。

1947年

这一年的学术文章共有 5 篇：

（1）《一个流传欧亚的笑话》，发表于山东《大华日报》1947 年 5 月 15 日的《学文周刊》上。这篇文章季羡林从在德国留学时经常听到的一个笑话写起：一个白人与一个黑人同住在旅馆的一个房间，夜里，正当白人酣睡时，黑人把白人的脸涂黑，然后偷了他的东西，溜之大吉。白人醒来发现那个黑人和自己的东西不见了，到处寻找，突然在镜子里看见自己的脸黑黑的，一下子怔住了，自问道："黑人原来在这里，可我到哪儿去了呢？"这笑话看似很离奇，但季羡林在哥廷根大学汉学研究所图书室翻阅中文典籍时，发现中国明代刘元卿的《应谐录》中也有这样的故事：一个里尹在押解罪僧的途中，被罪僧灌醉，剃光了头发，用绳子捆住。里尹醒来时，摸着自己的光头说："僧故在此，我今何去耶？"故事的末尾说："夫人具形宇宙，同罔然不识真我者，岂独里尹乎？"季羡林感到立意高远，寓意深刻，因此引发了他对这个笑话起源问题的思考：①在欧洲和中国不约而同产生出来的？②首先产生于中国，后来传到欧洲去的？③原产欧洲，中国从那里借用来的？④老家既不是中国，也不是欧洲，而是另外第三个地方？季羡林根据"中国同欧洲流行的许多寓言和童话，都不是在中国或欧洲产生的，而是来自印度"的流传学派的印度起源说，否认了上面前三种设想，肯定了第四种设想。但他尚未发现印度也有这样的笑话，便给自己留下继续研究和探讨的空间，并表示今后如有新材料发现，一定及时公布于众。

（2）《木师与画师的故事》，发表于天津《大公报》1947 年 5 月 30 日的《文史周刊》第 30 期上。这也是关于比较文学史研究的一篇文章，提供了中国和印度民间故事互相流传的例证，此不赘述。

（3）《从比较文学的观点上看寓言和童话》，分别发表于《山东新报》1947年10月17日的《问学周刊》第1期上和北平《经世日报》1947年12月3日的《读书周刊》第68期上。在这篇文章中，季羡林广征博引，通过纵横数万里、上下数千年的中国、印度、希腊故事的流传和演变，探讨寓言和童话的起源问题。他列举了中国家喻户晓的"曹冲称象"的故事，曾经堂而皇之地见诸正史《三国志·魏志》中，相同内容的故事也出现在汉译《大藏经》的《杂宝藏经》中；他又列举了希腊《伊索寓言》中"狼与鹤"的故事，相同内容的故事也出现在印度巴利文《佛本生经》的《慧鸟本生》中。季羡林认为，世界上的寓言和童话最初产生于一个国家、一个地域，然后向外辐射扩散，这叫作"一元产生论"，但世界上所有的寓言和童话又不可能都产生于一个国家和地域，只能说大多数的寓言和童话产生于一个国家和地域，西方学者说这个国家和地域不能超出印度和希腊，Th.Benfey即说"世界上一切童话故事的老家是印度，一切寓言故事的老家是希腊"。季羡林则不同意将童话和寓言分开，它们的老家都是印度，"因为印度的民族性极善幻想，有较其他民族丰富得多、深邃得多的幻想力"，正如鲁迅所说"尝闻天竺寓言之富，如大林深泉，他国艺文，往往蒙其影响，即译为华言之佛经中，亦随在可见"。

（4）《柳宗元〈黔之驴〉取材来源考》，发表于上海《文艺复兴》1948年9月《中国文学专号》（上）。唐代柳宗元的"黔之驴"的故事众人皆知，其全文如下："黔无驴，有好事者船载以入。至则无可用，放之山下。虎见之，庞然大物也，以为神。蔽林间窥之，稍出近之，慭慭然，莫相知。他日，驴一鸣，虎大骇，远遁，以为且噬己也，甚恐。然往来视之，觉无异能者，益习其声，又近出前后，终不敢搏。稍近益狎，荡倚冲冒。驴不胜怒，蹄之。虎因喜，计之曰：'技止此耳。'因跳踉大㘎，断其喉，尽其肉，乃去。噫！形之庞也类有德，声之宏也类有能。向不出其技，虎虽猛，疑畏，卒不敢取。今若是焉，悲夫！"对于这篇教训意义颇为深刻的寓言故事，读者似乎只是读其文而不知其来源。季羡林提出了自己的看法：它的来源与印度有关。他在读了许多印度的梵文典籍后发现，其中也有这种"黔驴技穷"的故事。比如，《五卷书》第四卷第七个故事说，一个洗衣匠以虎皮蒙驴，令其到田中偷吃麦苗，后来驴大叫起来，显露出真相而被打死；在《嘉言集》《故事海》和《佛本生经》中也有类似的故事。他还发现，在希腊《伊索寓言》和法国拉封丹的《寓言诗》里，也有《披着狮子皮的驴》的寓言故事。最后，季羡林认为，柳宗元笔下的驴的"鸣、怒、蹄"和老虎的"畏惧、好奇、恐惧、怀疑、欣喜"，是他托物言志、刻意臆造出来的；这类以驴为主角蒙了虎皮或狮皮的故事，流传于世界上许多地方，但"它原来一定是产生在一个地方，由这地方传播开来，终于几乎传遍了全世界"，对比起来，还是印度的故事更为原始，更为古老。

（5）《浮屠与佛》，发表于中央研究院《历史语言研究所集刊》1948年第20本上。前已提及，季羡林回国后由于缺乏梵文资料，已经无法进行研究。吐火罗文资料更是如此，世界上唯独在我国新疆发现的少量残卷，也早已被西方人窃走，季羡林说他当时"只有从德国带回来的那一点点资料，根本谈不到什么研究"。正当他准备与吐火罗文研究说声"再见"时，偶然翻阅了《胡适论学近著》，其中有一篇文章谈到汉译佛经中"浮屠"与"佛"谁先谁后的问题，并就此与陈垣先生展开了辩论，双方大有破釜沉舟、一辩到底之势。季羡林心想：何不站出来发表一管之见呢？看来，这一想法是有底气的，因为他刚刚从吐火罗文研究的那片莽林中走过来，而眼前探讨的这个问题，如果从吐火罗文入手，或许会便捷得多。于是，他抱着"两老我都不敢得罪，只采取一个骑墙的态度"，写作了一篇学术文章《浮屠与佛》。

季羡林利用所掌握的印度古代梵文、俗语和中亚吐火罗文的本领，经过一番周密的考证，首先认为释迦牟尼的名号——梵文Buddha，在汉文佛经中被译为佛陀、浮屠、佛等等，按一般的说法，均把"佛"当作"佛陀"的省略，比如《宗轮论述记》说："'佛陀'梵音，此云觉者，随旧略语，但称曰'佛'。"但是这种说法有问题，值得商榷。因为，"佛"这个词儿是随着佛教传来的，中国和尚刚译经时，应该保留原来的音调，不会按照自己的习惯，将两个音节的"佛陀"缩写成一个音节的"佛"，所以"佛"不是"佛陀"的省略。季羡林发现，梵文Buddh在龟兹文（吐火罗文B）中为pūd或pud，在焉耆文（吐火罗文A）中为pät，这才是汉文佛经中将释迦牟尼的名号译为"佛"的来历，即"佛"的译名是从吐火罗文的pūd（或pud）、pät译过来的。再看东汉、三国时的佛教文献，其中"佛"的出现早于"佛陀"，即在"佛"字出现之前不见有"佛陀"这个词儿。季羡林由此确信，"佛陀"非但不是"佛"的省略，反而是"佛"的延伸。

接着，季羡林认为，东汉永平年间，汉明帝遣使赴西域求法，于大月氏国写佛经42章，然后带回来的佛经即《四十二章经》有两个译本，第一个译本译自印度古代俗语，其中"佛"被译成"浮屠"；第二个译本为三国孙权时来华的大月氏国高僧支谦所译，译自中亚某种语言，第一个译本中的"浮屠"在此被译成"佛"。

最后，季羡林认为，"浮屠"这个名称，从印度古代俗语译出后就为一般人所采用，当时中国史家的记载也多用"浮屠"；其后西域高僧到中国来译经，才把"佛"这个名词带进来，当时还只限于译自吐火罗文的佛经中；后来逐渐传播开来，为一般和尚或接近佛教的学者所采用；最终由于它本身具有优越的条件，才将"浮屠"取而代之。经过季羡林的论证，笔者不妨打一个虽不确切却很通俗的比喻，原来"浮屠"与"佛"就像跑在一条道上的两辆马车，一前一后，同向而行，互相并不发生干扰，最后终于有一辆马车胜出……

对于季羡林这种十分冷僻的语言学的考证，人们也许要问：这玩意儿究竟有多大意义呢？正如胡适所说："发明一个字的字义，等于发现一颗新的行星。"季羡林也像他的老师陈寅恪一样，绝不为考证而考证，他研究梵文、吐火罗文的最终目的，在于解决中印佛教史和文化交流史的有关问题。他将吐火罗文引入进来，参加讨论，便为以往只用传统的常规手段进行研究，创新了思路，开阔了视野。尽管当时资料有限，没有圆满地解决问题，但他锲而不舍，或用他自己的话说，"抓住一个问题不放"，终于在42年后，即1989年又写了一篇《再论"浮屠"与"佛"》，解决了中印佛教史和文化交流史上的一个重要问题——印度佛教传入中国的时间和途径。

值得提及的是，在写作这篇文章时，身为正教授的季羡林，为了弥补音韵学的不足，竟去听副教授周祖谟的课，并在这篇文章结尾写道："承周燕孙先生帮助我解决了'佛'的古音问题，我在这里谨向周先生致谢。"文章写好后，他又亲自去清华念给陈寅恪先生听，蒙他首肯，介绍给中央研究院《历史语言研究所集刊》上发表。此刊自1928年起由傅斯年先生一手创办和管理，是当时国内外最权威的人文社会科学刊物，在上面发表文章宛若登临龙门，身价倍增，是十分光荣的事。季羡林的清华老师、当时在武汉大学任教的吴宓先生看到这本刊物后，在1948年9月28日的日记里写道："晚，读唐长孺携借之中央研究院《历史语言研究所集刊》（上册）完，三十七年七月出版。首为陈寅恪《元微之悼亡诗与艳诗笺证》。中有季羡林《浮屠与佛》，谓浮屠乃印度梵文俗语Buddha之对音，汉时即入中国，且通用。其后佛之单音自中央亚细亚诸国（吐火罗文B［较古］龟兹文püd，吐火罗文A［较近］焉耆文pat）译语传来，遂替代前名。实则此二字渊源不同。佛非佛陀之简省也。云云。"

季羡林写的其他一些文章是：《现代德国文学的动向》（《文艺复兴》第三卷第3期）、《西化问题的侧面观》（《观察》第二卷第1期）、《纪念一位德国学者西克教授》（天津《大公报》1947年2月22日）、《我们应该同亚洲各国交换留学生》（天津《大公报》1947年4月23日）、《我们应该多学习外国语言》（《北平时报》1947年5月18日）、《东方语言学的研究与现代中国》（《文讯月刊》第七卷第4期）、《中印研究》（期刊简介，天津《大公报》1947年7月4日）、《送礼》（天津《大公报》1947年7月13日）、《论伪造证件》（《北平时报》1947年9月21日）、《中国文学在德国》（《文艺复兴》1948年12月）、《中国人对音译梵字的解释》(《山东新报》1947年11月4日)、《论梵本〈妙法莲华经〉》(《学原》第一卷第11期)、《语言学与历史学》(上海《申报》1947年12月6日)、《论梵文纯文学的翻译》(《山东新报》1948年1月23日；北平《民国日报》1948年2月16日)。另外，他于哥廷根大学用德语写作的学术文章 Pāli Asllyati 发表在辅仁大学《华裔学志》上（Monumenta seria, Journal of Qriental Studies of the Catholie University of Peting, Vol.XⅡ, 1947)。

1948年

这一年的学术文章共有五篇：

（1）季羡林对清代著名小说家吴敬梓（1701—1754）的长篇小说《儒林外史》提出新的看法，认为该书虽然多有历史事实根据，但吴敬梓是在写小说，因此不可避免地从其他书中抄来了一些材料。为了进一步说明问题，季羡林于20世纪90年代，在另一篇文章《一个老知识分子的心声》中又说："吴敬梓真把穷困潦倒的知识分子写活了。"这与鲁迅对《儒林外史》的评价一样："秉持公心，指摘时弊，机锋所向，尤在士林；其文又戚而能谐，婉而多讽。"季羡林认为，印度的知识分子可与中国的知识分子相比，比如居于四种姓之首的婆罗门，在古代是掌握文化大权的，本应受到尊重，然而在社会上，特别在印度古典戏剧中，少数婆罗门却"很穷，就像中国的东郭先生"，受到极端的嘲弄和污蔑，被安排成剧中的丑角，而《儒林外史》就不缺少嘲弄"腐儒"，也就是落魄的知识分子的地方，鲁迅笔下的孔乙己也是这样的人物。由此看来，季羡林说吴敬梓从其他书中抄来了一些材料，其中就可能包括印度的书。

（2）《从中印文化关系谈到中国梵文的研究》，发表于北平《经世日报》1948年3月10日。季羡林从宗教、哲学、文学、医学、语言、雕塑方面，介绍了自古以来中印两国存在的密切的文化交流关系。如果按照对文化下的定义，这些交流应该属于狭义文化的交流。笔者由此想起我国古代《易·系辞》称："形而上者谓之道，形而下者谓之器。"其中的"道"和"器"则具有精神的和物质的双重性。季羡林也说："我曾经把文化分成两类：狭义的文化和广义的文化。狭义指的是哲学、宗教、文学、艺术、政治、经济、伦理、道德等；广义指的是包括精神文明和物质文明所创造的一切东西，连汽车、飞机等也都包括在内。"季羡林认为，虽然仅就上述几个方面看，在长达两千年的中印文化交流中，是中国接受了印度的影响，而印度没有接受中国的影响，但从全局来看，中印文化的交流并非单向流动（one-way traffic），而是互为影响。季羡林最后特别强调："要想了解中国文化，最少应该了解从印度传出来的佛教思想。要想了解佛教思想，最少应懂得梵文。但我们对梵文的研究是怎样呢？一千多年以前中国也曾出现过玄奘那样伟大的学者，深通梵文，但以后却继起无人，连有名的高僧在解释音译梵字的时候都出了不少的笑话。到现在竟有无知妄人公然主张学佛经当以中译本为主，我真不应该说什么好了。"看来，季羡林的要求似乎高了些，与现实的条件相差远了些，但依笔者看，亏得这一提醒，我们方能及时培养造就出一批接班人，避免了无可为继的局面。季羡林为了进一步以正视听，1996年，他又发表了《漫谈梵文研究》一文，指出印度佛教传入中国"在宗教外衣的掩护下，它带来的却是印度的文化。这种文化影响面极大，中国的哲学、文学、艺术、语言学、音韵学，以及民间信仰等等，无不受到影响……佛教不但带来了印度意识形态方面的东西，而且带来了自然科学，其中包括天文、历算、医学等等"，"所有这些东西都是通过佛典的翻译传进来的，而佛典原文大部分就是梵文，一小部分是与梵文有联系的印度叫作'俗语'的语言，南传佛教的经典语言是巴利文……"季羡林甚至认为，包括用汉、藏、蒙、满纳入中华民族的传统文化范畴，值得继承和弘扬。

（3）《"猫名"寓言的演变》，发表于上海《申报》1948年4月24日。季羡林在哥廷根大学汉学研究所图书室读过明代刘元卿的《应谐录》，从中发现了一个"猫名"的寓言故事：齐奄家畜一猫，自奇之，号于人曰："虎猫"。客说之曰："虎诚猛，不如龙之神也。请更名曰龙猫。"又客说之曰："龙固神于虎也。龙升天须浮云，云其尚于龙乎？不如名曰云。"又客说之曰："云霭蔽天，风倏散之，云固不敌风也。请更名曰风。"又客说之曰："大风飙起，维屏以墙，斯足蔽矣。风其如墙何？名之曰墙猫可。"又客说之曰："维墙虽固，维鼠穴之，

"猫名"寓言的演变

在中国的民间故事里有一个故事的类型非常别致有趣。这类故事的主要特点是：先从一件东西说起，一件一件的说下去，前后的次序一点也不牵强，看起来很自然，但结果绕一个弯子又回到原来的东西上，或者扯到一件同原来的东西绝不相容的、放在一起让人只觉得滑稽的东西上。我不知道专家们怎样称呼这个类型，我想替它起一个名字，叫做"循环式"。这类故事的起源当然也很早。但以前的我们不清楚了，我现在只预备从明朝说起，明刘元卿的《应谐录》里记载了一个短的寓言：

齐奄家畜一猫，自奇之，号於人日"虎猫"。客说之曰："虎诚猛，不如龙之神也。请更名曰龙猫。"又客说之曰："龙固神於虎也。龙升天须浮云，云其尚於龙乎？不如名曰云。"又客说之曰："云霭蔽天，风倏散之，云固不敌风也。请更名曰风。"又客说之曰："大风飙起，维屏以墙，斯足蔽矣。风其如墙何？名之曰墙猫可。"又客说之曰："维墙虽固，维鼠穴之，墙斯圯矣。墙又如鼠何？即名之曰鼠猫可也。"东里丈人嗤之曰："噫嘻！捕鼠者固猫也。猫即猫耳，胡为自失其本真哉！"

（《续说郛弓第四十五》）

这个寓言虽然由刘元卿记载了下来，但据我看它的来源一定是流行在民间的故事。也许在民间已经流行了很多年，才遇到一位朋友把它写了下来。这个寓言的主角是猫，结果却经过了虎、

· 72 ·

《"猫名"寓言的演变》首页

墙斯圮矣。墙又如鼠何？即名之曰鼠猫可也。"东里丈人哂之曰："噫唔！捕鼠者固猫也。猫即猫耳，胡为自失其本真哉？"此外，季羡林还在1943年7月出版的《艺文杂志》上发现一篇《日本古笑话》，其内容也与上述中国故事相同。当然，季羡林绝不会到此罢手，因为他研究比较文学史是以中印间的比较为重点。最后，他终于在印度的梵文名著《五卷书》《故事海》《说薮》中发现了属于同一类型的故事《老鼠招亲》，于是得出结论说："我们研究比较文学，往往可以看出一个现象：故事传播愈广，时间愈长，演变也就愈大；但无论演变到什么程度，里面总留下点痕迹，让人们可以追踪出它们的来源来。正像孙悟空把尾巴变成旗杆放在庙后面一样，杨二郎一眼就可以看出来，这庙是猴儿变的。"另据笔者了解，当代印度人也很乐意讲述这类故事，虽然为了某种道德说教，内容改动较大，但万变不离其宗，仍然具有原始故事的框架和建构。

（4）《佛教对于宋代理学影响之一例》，发表于上海《申　报》1948年5月22日。这也属于中印文化交流的文章。佛教固然对我国宋代理学有很大的影响，但以往的哲学史家只顾及思想方面的影响，而对其他方面却很少涉猎。而季羡林却自谦道："我不能，而且也不敢，讨论思想方面的大问题。"于是，他"指出一件过去似乎还没有人注意到的小事情，让大家注意"，即清尹铭绶《学规举隅》所引朱子的一段话："朱子曰：前辈有欲澄治思虑者，于坐处置两器。每起一善念，则投白豆一粒于器中；每起一恶念，则投黑豆一粒于器中。初时黑豆多，白豆少，后来随不复有黑豆，最后则虽白豆亦无之矣。然此只是个死法，若更加以读书穷理底工夫，则去那般不正当底思虑，何难之有？"季羡林认为，朱子的这种以黑白豆劝善戒恶的方法并非"国货"，实际上是受了佛经的影响，如《大藏经》中的《贤愚经》卷第13，（六七）优波毱提品第60便有这样的故事：阿难的弟子耶贳羁，奉持佛法。他听说某个居士生了一个孩子，就去向居士索要，"欲使为道"，居士不肯。后来，居士又生了一个孩子，他又去索要，居士仍然不肯。两个孩子长大以后，居士让他们在市场上做生意。有一天，耶贳羁来到这里，教他们"系念"之法："以白黑石子，用当筹算。善念下白，恶念下黑……初黑偏多，白者甚少。渐渐修习，白黑正等。系念不止，更无黑石，纯有白者。善念已盛，逮得初果。"此法与朱子所说几乎完全相同，区别只在豆子与石耳。1999年春，季羡林应邀赴中国台湾参加法鼓人文社会学院举办的"人文关怀与社会实践——人的素质"系列研讨会，会上做了《关于人的素质的几点思考》演讲。其中他又引了朱子和佛经的这两段话，认为两处都讲了善念和恶念，要"系念"不外是放纵本性和遏制本性的斗争。人为万物之灵，是能思考和分辨是非的动物，能自律，但也必须济之以他律。朱子说这个"系念"的办法是个"死法"，光靠它是不行的，还必须读书穷理，才能去掉那些不正当的思虑……

（5）《论梵文 td 的音译》，写于 1948 年 7 月 28 日，收入 1957 年出版的《中印文化关系史论丛》。这是季羡林来到红楼最初三年写的最长的一篇学术文章，是为纪念北京大学 50 周年校庆而做的。抗战胜利后北大重归红楼，本该好好庆祝一番，但瞬间内战即发，学校成为党争的重要阵地。50 周年校庆前夕，在胡适校长的倡议下，北大教授写了不少纪念论文，终因时局混乱而未能正式结集出版，季羡林的这篇论文也只能单篇铅印。他曾谈到这篇论文的内容和写作经过：

> 这篇论文讨论的主要是利用佛典中汉文音译梵文的现象来研究中国古音。钢和泰（A.Von Staël-Holstein）先生想用音译来构拟中国古音，但必须兼通古代印度俗语才能做到。
>
> 梵文的顶音 t 和 d 在汉译佛典中一般都是用舌上音知彻澄母的字来译。t 多半用"吒"字，d 多半用"荼"字。但是在最古的译本中却用来母字来对梵文的 t 和 d。这就有了问题，引起了几位有名的音韵学家的讨论和争论。罗常培先生、周法高先生、陆志韦先生、汪荣宝先生等都发表了意见，意见颇不一致。我习惯于"在杂志缝里找文章"，这一次我又找到了比较满意的正确答案。
>
> 原来上述诸位先生仅仅从中国音韵学上着眼，没有把眼光放大，看一看 t 和 d 在古代印度和中亚以及新疆地区演变的规律；没有提纲，当然无法挈领。在古代印度和中亚一带，有一个简单明了的音变规律：t>d>l>l。用这一条规律来解释汉译佛典中的音变现象，涣然冰释。我在文章中举了大量的例证，想反驳是不可能的。

从中可以清楚地看出，季羡林之所以将这个问题拿捏得如此自信，又如此迎刃而解，得益于他兼通古代印度俗语以及印度和中国新疆地区的语音演变规律。这是一门绝活儿，非术业有专攻者莫能为也，因此，著名音韵学家、语言学家罗常培先生评价此文说："考证谨严，对斯学至有贡献。"

季羡林还写了其他几篇文章，如《论聘外国教授》（《观察》第四卷第 3 期）、《论南传〈大藏经〉的翻译》（上海《申报》1948 年 3 月 13 日）、《忠告民社党和青年党》（《观察》第四卷第 13 期）、《读马元材著〈秦史纲要〉》（上海《申报》1948 年 6 月 26 日）。

1949年

这一年的学术文章共有两篇：

（1）《〈列子〉与佛典——对于〈列子〉成书时代和著者的一个推测》，写于1949年2月5日，收入1957年出版的《中印文化关系史论丛》。《列子》相传为战国时道人列御寇所撰，《汉书·艺文志》著录《列子》8篇，早佚。今本《列子》8篇多为民间故事、寓言和神话传说，从其思想内容和语言使用上，似为晋人作品。柳宗元、朱熹、宋濂、俞正燮等均对此进行过考证。近代学者章炳麟认为《列子》系由为其作注的东晋人张湛伪造，与上述某些人的考证结论相同。张湛作《列子注》称，《列子》之旨"往往与佛经相参"，但章炳麟并未具体指出抄袭哪部佛经。季羡林则以佛经中的故事与《列子》中的故事相比较，最终考证出《列子》抄袭的佛经名称及其汉译时间，从而使《列子》的成书时代和著者得以确定。季羡林认为，《列子·汤问》第五篇周穆王命工匠偃师献机器人的故事，与西晋竺法护所译《生经》卷三《佛说国王五人经》第24节中的故事几乎完全相同，"前者抄袭后者，绝无可疑"，《生经》译出时间是西晋太康六年（公元285年），因此《列子》的成书不会早于这一年，至于《列子》的作者，就是故弄玄虚的张湛。

季羡林在这篇文章的末尾写道："此文初稿曾送汤用彤先生审阅，汤先生给了我很多宝贵的意见，同时又因为发现了点新材料，所以就从头改作了一遍。在搜寻参考书方面，有几个地方极得王利器先生之助，谨记于此，以志心感。"定稿后他又送给胡适先生看，胡适先生挑灯夜读，次日便给他写了一封信，信中说："《生经》一证，确凿之至！"再说，季羡林此前发表的《浮屠与佛》一文，胡适先生也不会不读。难怪，1999年季羡林访问中国台湾时曾听李亦园院士说，胡适先生晚年任台湾"中央研究院"院长时，经常与年轻的研究人员在一起聊天，有一次他说，做学问应该向北京大学的季羡林那样。

另据钱文忠教授后来评论说："《〈列子〉与佛典》照理与吐火罗文研究毫无关系，然而，先生还是在有关《生经》处的注12里引用了自己用德文发表的那篇吐火罗文专论（即指1943年发表于《德国东方学会会刊》第97卷第2册上的《吐火罗文本的〈佛说福力太子因缘经〉诸异本》一文）。"

（2）《三国两晋南北朝正史与印度传说》，写于1949年2月18日，收入1957年出版的《中印文化关系史论丛》，英文稿收入1982年出版的《印度古代语言论集》。季羡林在这篇文章开头说，陈寅恪先生曾作《三国志曹冲华佗传与佛教故事》一文（原载《清华学报》第六卷第1期），现在他又发现一个例证，不但见于《三国志》，而且还见于《晋书》《陈书》《魏书》《北齐书》《周书》。什么例证呢？就是他注意到，在这些史籍中均有"自古创业开基之王或其他大人，多有异相"的记载。于是，季羡林将上述史籍的记载一一列了出来，认为所谓"垂手过膝，目能自顾其耳"等等，事实上绝不可能。他还引用了大量汉译佛典和部分梵文、巴利文佛典，指出其中所载"世尊三十二大人相及八十种好"固然为印度的一种传说，但却影响了中国，上述史籍所记诸帝形貌"实有佛教传说杂糅附会其间"，"史家乃以天竺传说大人三十二相中极奇特之一相加诸其身，以见其伟大耳"。因此，这篇文章也属于中印文化交流史研究的范畴。钱文忠教授曾评论说，季先生的这篇文章"虽然主要引用的是汉译佛典和不多的梵文、巴利文佛典，但是，在说明'三十二相之次第因佛教宗派不同而异'时，还是注引了当年的同学 W.Couvreur（古勿勒）的吐火罗文研究论著，这篇文章更是时隔 33 年后的 1982 年的《吐火罗语 A 中的三十二相》的先声"。

总之，季羡林回国后最初三年的学术研究成果，还是差强人意的。试想，在那时局动荡、资料匮乏、公务在身的环境和条件下，也真够他勉为其难了！但他仍然谦虚地说，他只写了 4 篇有点分量的文章，即《浮屠与佛》《论梵文 td 的音译》《〈列子〉与佛典》和《三国两晋南北朝正史与印度传说》。季羡林在去世前几年，一再提到留德期间所写的那几篇文章，如果对比一下，眼前的这些文章虽然难以令他满意，但他已经算是尽心尽力了。季羡林没有辜负恩师的教诲，也没有辜负北大的厚爱，这个被破格提拔的正教授当得够格。

再从季羡林一生研究印度古代梵文、巴利文和吐火罗文的全部历史来看，这几篇文章也起到了承前启后的重要作用。如果说他在德国的研究具有一个高起点的开端，那么，他回国后最初的研究又具有一个高要求的开局，这势必为他以后的研究奠定坚实的基础。正如钱文忠教授评论说，《浮屠与佛》《论梵文 td 的音译》《〈列子〉与佛典》《三国两晋南北朝正史与印度传说》以及《吐火罗语的发现与考释及其在中印文化交流中的作用》(《语言研究》1956 年第 1 期)、《原始佛教的语言问题》(《北京大学学报》1957 年第 1 期)、《再论原始佛教的语言问题——兼评美国梵文学者弗兰克林•爱哲顿的方法论》(《语言研究》1958 年第 1 期)，无论放在季羡林学术史上的哪一个阶段，也都是佳构杰作。

与师友在一起

总体说来，季羡林自从回国那天起，思想上一直倾向积极进步，工作上一直保持奋发图强。从他的学术水平和社会地位来看，虽然不可能是最高，但也够得上其次。对于圈内的错综复杂的人际关系，他总是怀着一颗平常心，采取与人为善、坦诚相见、谦虚谨慎、主动好学的作风和态度。

中国有句古话："以文会友。"陈寅恪先生也说过："平生风义师友间。"季羡林既然是舞文弄墨之人，又长期受到"尊师重道"的熏陶，那他便偏爱于结交学界和文坛的良师益友，无论新朋还是旧友，都会给他带来极大的愉悦和欢欣。季羡林回国后与朱光潜先生重逢了。昔日的师生现在成了同事，朱先生是西方语言文学系主任，季羡林是东方语言文学系主任。朱先生当时主编复刊后的《文学杂志》，邀请季羡林写了一篇文章《梵文〈五卷书〉：一部征服了世界的寓言童话集》，该刊还同时发表了废名的长篇小说《莫须有先生坐飞机》，可见朱先生对学界和文坛老少知名人士的重视。在此后的风雨岁月中，尽管季羡林与朱先生的际遇有所不同，但他们是携手一起走过来的。季羡林还结识了刚从美国归来在清华任教的周一良先生。他俩从前素不相识，但都在国外学过梵文，如今碰在一起，非但没有那种"文人相轻"的低俗，反而从此一块儿切磋砥砺，加深了友谊。季羡林还从汤用彤先生那里得知，"周一良的文章有点像陈寅恪"。这使他又增加了几分敬佩。既已寻到知音，季羡林搬到翠花胡同后，便发起成立一个读书会，名曰"中国东方学会"，邀请燕京大学、清华大学和北京大学的研究领域相同或相近的学者，如周一良、翁独健、邵循正、金克木、马坚、王森等参加，定期聚会，互通信息，讨论彼此感兴趣的学术问题。学会举办了多次报告会，周一良的报告内容是谈《牟子》。提起周一良，这里再多说上几句，他回国后先在燕京、清华讲授"佛经翻译文学"，后在北大治学魏晋南北朝史，旁及敦煌文献、佛经研究、日本史等，终成一代学人，但因多次转换研究方向，没有将主要精力用在梵文研究上。学会还计划出刊物，与国外学术团体进行交流，等等。季羡林本来不善交际，拙于应酬，但在治学上却不甘寂寞，喜欢广交朋友，这种"君子之交淡如水"的举动，必然唤起他的热情和朝气，就连翠花胡同那座"凶宅"也仿佛充满了生机和活力。

也就在这时，季羡林又结交了冯至先生。虽然他久仰冯先生大名，深深记得鲁迅先生赞誉过的这位最优秀的抒情诗人，且读过他的诗，但直到1946年秋才在红楼与他见面，最终竟然成了相知甚稔的朋友。冯至先生当时在北大西语系任教，他的办公室与季羡林只有一步之遥，互相往来也就越来越多。季羡林印象最深的是，他们在校外的"中德学会"度过了一段美好的时光。那是一座北平常见的大四合院，看上去古色古香，虽无曲径通幽之感，却有回廊重门之趣。"庭院深深深几许"，偌大一个三进或者四进的院落，阻隔了甚嚣尘上的市声，宛如宁静空寂的古刹。他们在这里开了许多次会，讨论中德之间文化学术交流的问题。季羡林在这里还结交了一些朋友，如张星烺、向达等研究中外交通史和文化交流史的大家和前辈。看来，他对参加这一活动自有乐趣，积极性蛮高。其原因，一是他与冯至先生都是搞德文起家的，20世纪二三十年代他们先后受业于北大德文系主任兼清华德文教授杨丙辰先生。

二是他与冯至先生又先后在德国留学过，虽然冯先生现在仍然搞德文，而他改了行，搞起印度和中亚的古文字，但他们毕竟接受过德国式的教育，具有共同的语言和感情。三是他所结交的张星烺、向达先生学术造诣很高，卓有建树，能够为他的研究工作起到指导、示范和促进

冯至

作用。笔者 20 世纪 80 年代听季先生上课时说过："比较详细了解印度史是在清末，有《海国图志》等。真正开始研究是在民国以后，有张星烺、向达等。向达在北大教书，著有《印度简史》《唐代长安与西域文明》，成绩最好。"反过来，这些学者也曾对他的研究成果给予中肯的评价。比如向达先生在《唐代长安与西域文明·前言》中说道："关于唐代历史的研究，陈寅恪、岑仲勉、贺昌群、唐长孺诸位先生都有很好的贡献。我只是参加文化史和中外关系史特别是和西域的文化关系研究的一方面。在这一方面，像近来季羡林先生对于唐代中国和印度文化关系的研究，比我以前的规模要壮阔得多了。"四是 10 多年前他在清华时既已参加了中德学会的组织创建工作，可算是"元老"了，正如他说："回国后我参加中德学会，常来那里活动的人士同 30 年代已经大不相同了。"至于季羡林其后与冯至先生整整 50 年的交往和友谊，下文还将提到。

当时在清华任教的吴晗先生得知季羡林回到北平的消息，也立即请他去做报告。1946 年 5 月 4 日西南联大解散后，吴晗夫妇于 6 月 9 日先到上海，那时季羡林也回到了上海和南京，但二人无缘见面。8 月中旬吴晗夫妇回到阔别 9 年的北平，因为正在修葺曾被日寇糟蹋得破烂不堪的清华园，同年 10 月才同师生一起搬进校园，住在十分宽敞的旧西院 12 号。吴晗与季羡林是清华同级校友，读的是历史，抗战后思想进步，倾向革命，新中国成立前夕堪称第三方面民主党派的中坚分子。季羡林来清华做报告就住在他家里，报告的内容还是不离本行，讲西域的古代语言，也就是吐火罗语。记得，他归国途中在西贡知用华侨中学讲演的内容也是吐火罗语。季羡林晚年"口述人生"时说，他这次在清华做报告"其实就是胡说八道啊，听的学生哪里懂那个啊！不过我也没有什么话好说"。依笔者看，此话正道出了他的

苦衷。季羡林在德国学了那么长时间的梵语、巴利语和吐火罗语，现在刚刚回国，就连中国话都说不"明白"，何谈其他呢？其实，他途经南京时由李长之、胡一贯安排，即在中央文化运动委员会做过一次讲演，因为11年不说中国话了，说起来很不地道，讲演效果也自在意料之中。

不过，季羡林几十年的教学和讲演、报告的效果，自有公论。他去世后出版了一部《季羡林讲演录》，从中可见一斑。笔者恰好也是亲历者，20世纪七八十年代听过他的几门课，因此有不同寻常的感受。比如，他在讲"中印文化关系史"时，并没有现成的讲稿，带到课堂上的只是一个大布口袋，里面装满了与课程内容有关的原著、旧稿、读书笔记、卡片等，届时顺手拈来，运用自如。尤其那些大大小小的纸片分外惹人注目，那里包含着先生的多少心血啊！记得，他在讲明朝中印交通和文化交流时介绍说，1978年印度著名历史学家阿里教授给他来信，信中说："如果没有法显、玄奘、马欢的著作，重建印度史是完全不可能的。"他为了收集郑和下西洋随行三人即马欢的《瀛涯胜览》、费信的《星槎胜览》、巩珍的《西洋番国志》的有关资料，曾经去图书馆"抄书"，一抄就是几天。正是由于具有这种竭泽而渔的精神，经过长期不懈的研究，他在向学生传授知识的同时，终于结集出版了《中印文化关系史论文集》。虽然这只是他诸多教学和科研成果的一例，却足以见其良苦用心。

季羡林曾经这样描述朱光潜先生在清华讲课的情形：

朱先生不是那种口若悬河的人，他的口才并不好，讲一口带安徽味的蓝田官话，听起来并不"美"。看来他不是一个演说家，讲课从来不看学生，两只眼向上翻，看的好像是天花板上或者窗户上的某一块地方。然而却没有废话，每一句都清清楚楚。他介绍西方各国流行的文艺理论，有时候举一些中国旧诗词作例子，并不牵强附会，我们一听就懂。

季羡林讲课即使与朱先生有相似之处，他也绝非"两只眼向上翻，看的好像天花板上或者窗户上的某一块地方"。笔者读过根据他的讲话录音整理发表的一篇文章《一个真正的中国人，一个真正的中国知识分子》，这是1999年他在中山大学召开的纪念陈寅恪先生国际学术研讨会上作的主题报告，只见他在开场白中说道："眼前我一张纸也没有，全从脑袋瓜里出来的，有可能出现错误，请大家原谅。"请看，一位88岁的老人，两个多小时的发言，片纸不见，多么难能可贵啊！

从吴晗先生邀请季羡林做报告这件事儿上，笔者再附带提一下季羡林对研究中国历史的一点儿看法。2008年1月16日，学兄卞毓方到301医院看望季羡林，季老对他说过这样一段话："为政治服务，这是大原则，谁都不否认，具体做起来很难。吴晗，我的清华同学，就搞不好政治与历史的关系。50年代，一次开什么学术讨论会，我被归在历史组，算研究东方史的。我在会上提出，历史讲究事实，讲究从实际中归纳出理论，不能先把理论摆在前面，拿理论硬套事实。"

但谁会想到，季羡林另一次谈及吴晗却给自己带来厄运。他在《牛棚杂忆》中说："我到处扬言：我根本看不出《海瑞罢官》会同彭德怀有什么瓜葛。我还说，'三家村'里的三位村长我都认识，有的还可以说是朋友。我同吴晗30年代初在清华是同学，1946年，我回到北平以后，还曾应他的邀请到清华向学生做过一次报告，在他家里住过一宿。如此等等，说个没完。我哪里知道，说者无心，听者有意。同我一起来南口村搞社教运动的有我一位高足，出身贫农兼烈属，平常对我毕恭毕敬，我内定他为我的'接班人'。就是这一个我的'心腹'，把我说的话都记在心中，等待秋后算账，脸上依然是笑眯眯的。后来，到了'文化大革命'中，我自己跳出来反对北大那一位臭名远扬的'老佛爷'，被关进牛棚。我的这一位高足看到时机已到，正好落井下石，图得自己捞上一顶小小的乌纱帽，把此时记住的我说的话，竹筒倒豆子，再加上一点歪曲，倾盆倒到了我的头上，把我'打'成了'三家村的小伙计'！"

闲言少叙，书归正传。1946年季羡林回国后，即面临通货膨胀、物价飞涨的难关。他当时虽然已经当上了正教授，但待遇也不是太高，当时正教授月收入80元，副教授月收入50元。他曾说："那时时局动荡，生活维艰，教授们连自己的肚子都填不饱，想尽种种办法为稻粱谋，社会上没有人瞧得起。"直到新中国成立后，1952年他被评上了一级教授，由供给制改为工资制，他的工资也没有直线上升。正如季承所讲，1955年下半年，他和姐姐大学毕业后开始给济南家里寄钱，接济生活，"因为那时父亲虽然已经是大学正教授，但工资也不过100多元。"就在这种情况下，季羡林回国后第一个想到的是年老体弱的陈寅恪先生。1946年10月，他特意到车公庄附近的天主教修道院，买了几瓶外国神父亲手酿造的栅栏红葡萄酒，来到清华园新西院36号公寓拜访陈寅恪先生。当他把酒递到陈先生手中，心中颇感安慰，那是恩师最喜欢的东西啊！是的，那几瓶酒现在看起来算不了什么，但在当时却是非同小可。第二年春天，季羡林又与周一良、王永兴、汪籛等人请陈寅恪先生到中山公园赏花散心。陈先生一生爱花，此时他双目几近失明，只能看到累累垂垂、紫气弥漫的藤萝花的影子，但心中却感到极大的熨帖。是的，在那兵荒马乱、人命危浅的日子，唯有弟子们才会想着他呢！师生们在来今雨轩藤萝深处，一面慢慢地品茗，一面促膝谈心，直感到是世界上最幸福的人。

还有一件难忘的事情。1947年冬天北平奇冷，冰天雪地，就连陈寅恪这样的知名学者也无钱买煤取暖，整日蜷缩在冷屋子里。季羡林得知此事后，立刻报告了胡适先生。这位"独为神州惜大儒"的校长又突发善心，决定赠送给陈先生一笔数目可观的美元，以解燃眉之急。但是，陈先生羞于无功受禄，拒不接受，最后决定卖掉自己的藏书来接受赠送。

那天，季羡林用胡适先生的汽车把书拉回北大，陈先生只收了2000美元。等到季羡林仔细将书清点了一遍，方才发现这满满一车书全是佛教和中亚古代语言的外文书，珍贵极了，其中一部《圣彼得堡梵德大词典》的市价就远远超过2000美元。难道陈先生真的想不再搞自己的专业了吗？不，绝不。事实证明，即使他在双目失明的痛苦中，仍然坚持学术研究。新中国成立前夕，国民党要员们动员他去台湾，被他断然拒绝。"无端来作岭南人"，他离开北平南下广州，最后在岭南大学任教。他身患多种疾病，需要两个医护人员护理才能维持日常生活，但却以顽强的毅力通过口述，由助手记录后又反复口述修改，完成数部学术论著。1952年岭南大学划归中山大学，他来到中山大学任教，承受疾病和政治风暴的双重折磨。1963年他又不幸将腿摔断，只能单足站立，但仍然坚持口述80万字的《柳如是别传》，"文革"中他被抄家，赶出教授楼，住在无医护人员护理、断了药品的小屋内，最后因心力衰竭，又伴以肠梗阻、肠麻痹，于1969年10月7日去世……

季羡林对陈寅恪先生是完全了解的，对其道德文章了如指掌。此时此刻，他完全明白了陈先生"卖书"的真实动机和目的——这种视金钱如粪土的狷介秉性难道不值得全社会学习吗？20世纪80年代初，笔者在北大东语系图书室看见季先生正在查一部厚厚的外文大词典，那时他正在翻译印度史诗《罗摩衍那》，那是陈寅恪先生留下的《圣彼得堡梵德大词典》吗？但愿会是真的。

说完学界泰斗陈寅恪，再说文坛耆宿沈从文。在清华读书时，季羡林与沈从文先生也是以文会友，二人之间发生的那段逸事令他终生难忘。10多年过去了，1946年冬他们又在红楼相见。沈先生从西南联大回到北大，仍然是中文系教授，住在人们熟悉的中老胡同，与季羡林的住处相距很近，互相经常往来。有人曾说沈从文是个"土包子"，季羡林也认为自己是个"土包子"，即使他是刚刚回国的洋博士。于是，二人在一起或许就有了共同语言。据季羡林回忆，有一次沈先生请他吃云南有名的汽锅鸡，那锅是他从昆明特意带回来的，"外表看上去像宜兴紫砂，上面雕刻着花卉书法，古色古香，虽系厨房用具，简直可以成为案头清供，与商鼎周彝斗艳争辉"。吃饭时，"要解开一个用麻绳捆得紧紧的什么东西，只需用剪子或小刀轻轻地一剪一割，就能开开。然而从文先生却抢了过去，硬是用牙把麻绳咬断。这一个小小的举动,有点蛮劲,有点粗劲,有点土劲,并不高雅,并不优美,然而它却完全透露了沈先生的个性。在达官贵人、高等华人眼中,这简直非常可笑,非常可鄙"。季羡林觉得并不奇怪,他所欣赏的正是这样一种劲头儿。还有一次,他们一起到中山公园游逛,喝茶时季羡林拿起壶来倒茶,沈先生又抢了过去,"先斟出了一杯,又倒入壶中,说只有这样才能把茶叶调得均匀",季羡林平时也许不太在意这种事儿,但此时他却有所感悟,甚至"从这一件微不足道的小事上看出沈先生的精神来"。

1988年沈从文先生逝世后,季羡林写了《悼念沈从文先生》一文,其中说道:

像沈先生这样一个人,怀念文章竟如此之少,有点不太正常,我也有点不平。考虑再三,还是自己披挂上马吧。

又说:

我们共同经历了北平的解放。在这个关键时刻,我并没有听说,从文先生有逃跑的打算。他的心情也是激动的,虽然他不故作革命状,以达到某种目的,他仍然是朴素如常。可是厄运还是降临到他头上来。一个著名的马列主义理论家,在香港出版的一个进步的文艺刊物上,发表了一篇长文,题目大概是什么《文坛一瞥》之类,前面有一段相当长的修饰语。这一位理论家视觉似乎特别发达,他在文坛上看出了许多颜色。他"一瞥"之下,就把沈先生"瞥"成了粉红色的小生。我没有资格对这一篇文章发表意见。但是,沈先生好像是当头挨了一棒,从此被"瞥"下了文坛,销声匿迹,再也不写小说了。

看来,季羡林无须把话说得太明白,因为事情的真相早已大白于天下。

20世纪三四十年代,沈从文就是很有影响的著名作家。抗战期间,他多次著文主张知识分子要在自己的岗位尽其所能,以体现"一个中国国民身当国家存亡忧患之际所能尽的义务",反诘"作家满足于际会风云,以'文化人'身份猎取一官半职,还是甘耐寂寞,在沉默努力中为民族抗战切切尽自己义务"。这些言论即遭到巴人、郭沫若的尖锐批评,认为他是在重弹30年代所宣传的"作家应与政治保持一定距离"的老调。抗战胜利后,沈从文又多次著文,一方面继续坚持他的文艺观,强调作家就应该埋头于创作,以实绩来显示文学的伟大;另一方面对正在进行的"内战"大发议论。1946年冬天,也就是上面提到的季羡林回国与他相会的前后，他在《大公报》上发表了《〈文学周刊〉编者言》《从现实学习》等文章，阐述"武力和武器能统治这个国家，却也容易堕落腐烂这个国家民族向上的进取心"，主张"把重造民族生机的希望寄予有理性的学有专长的知识分子身上，应超乎国共之上的'第三种'政治势力"，并认为"内战"无异于玩火，"历史上玩火者的结果，虽常常是烧死他人时也同时焚毁了自己"。这一系列言论当然有悖于当时的政治气候，引起了左翼作家的严厉批判和清算。其中，最具政治判决意味的是，1948年3月郭沫若在香港出版的《大众文艺丛刊》上发表《斥反动文艺》一文，说"他一直有意识地作为反动派而活动着"，是"粉红色文艺"作家代表。一石激起千层浪，其他一些左翼作家也纷纷发表文章，将矛头指向持自由主义文艺思想的代表人物沈从文、朱光潜、萧乾。但沈从文仍然想按照自己的观点来应对未来的变局，1948年11月又与朱光潜等教授和学生进行文学座谈，在发言中以红绿灯做比喻，谈论文学与政治的关系，提出："文学自然受政治的限制，但是否能保留一点批评、修正的权利呢？"

正在此时，沈从文恰好可施"金蝉脱壳"之计，免于杀身之祸。昔日西南联大师范学院的同事、国民党青年部长陈雪屏受蒋介石之命，来到被解放军包围的北平抢运知名学者教授，通知沈先生做好准备，携家眷一起南飞。相反，北大学生、中共地下党员乐黛云及其他进步学生李瑛、王一平等人先后登门，劝说他不要去台湾，留下来迎接解放，为新中国的文化教育事业做出贡献。结果，沈从文决然不去台湾，因为国民党的覆灭在他预料之中，既然他过去不曾依赖于国民党政权，抗战时选他为湖南省参议员，也被他一笑了之，如今更不能心存幻想。他后来说过："用笔了20多年，根本不和国民党混过，只因习惯为自由处理文字，两年来态度上不积极，做成一些错误，不知不觉便被人推于一个困难环境中，'为国民党利用'的陷坑边缘。如真的和现实政治相混，那就早飞到台湾广州去了。哪会搁到这个孤点上受罪？"

沈从文选择留下来，但他却成为季羡林众多师友中第一个被政治旋涡卷进去的人。1949年1月上旬，正当北平解放前夕，北大的左翼学生发起了对他的面对面的激烈批判，他们贴出全文抄录郭沫若《斥反动文艺》的大字报，挂出"打倒新月派、现代评论派、第三条路线的沈从文"的大标语。1949年2月北平解放后，沈从文先生的思想压力很大，极度恐慌，老觉得有人在批评他，在监视他，几乎成了一个被迫害狂。结果，1949年3月28日上午，他做出了一个丧失理智的举动，用剃刀割破颈处的血管，并喝下煤油，幸好被及时发现和抢救，才捡回了一条活命。后来他被送往精神病院疗养，1949年8月被调往北平历史博物馆工作。从此决定搁笔，不再触碰与现实政治联系密切的文学，转而从事远离时代和政治的古代文物研究。就在沈从文遭此厄运时，却从海外沸沸扬扬地传来消息——有人想推举他做诺贝尔文学奖候选人。这顶世界重量级桂冠又似乎要在错误的时间内降临到他头上。季羡林为此评论道："试拿我们中国没有得奖的那几位文学巨匠同已经得奖的欧美的一些作家来比一比，其差距简直有如高山与小丘。同此辈争一日之长，有这个必要吗？"

沈从文先生的悲剧是在 20 世纪 40 年代后期凸显出来的，当时季羡林已经回国，对此他不能不了解。尽管他对沈先生的个性、精神极为赞赏，但也只能将要说的话埋在心头。又因为他们的行当毕竟不同，各忙各的事，虽不能说"隔岸观火"，却也是无暇顾及。正如他在《悼念沈从文先生》一文中所说：

> 有很多可尊敬的师友，比如我的老师朱光潜先生、董秋芳先生等等，我对他们非常敬佩，但在他们健在时，我很少去拜访。对沈先生也一样，偶尔在什么会上，甚至在公共汽车上相遇，我感到非常亲切，他好像也有同样的感情。他依然是那样温良、淳朴，时代的风风雨雨在他身上，似乎没有留下什么痕迹，说白了就是没留下伤痕。一谈到中国古代科技、艺术等等，他就喜形于色，眉飞色舞，娓娓而谈，如数家珍，天真得像一个大孩子。这更增加了我对他的敬意，我心里曾几次动过念头：去看看这一位可爱的老人吧！然而，我始终没有行动。现在人天相隔，想见面再也不可能了。

新中国成立前的北大很少开会，东语系招来的学生只有星星点点几个人。所以季羡林白天上班，与其和秘书枯坐在一起，大眼瞪小眼，还不如去听听课。须知，他不是去听东语系教师的课，检查教学情况，更不想挑人家的毛病，评头论足，以此作为"淘汰"教师的证据。季羡林历来反对这种美其名曰的"评教评学"，指出"评学是虚，评教才是实"。据说，20 世纪 80 年代初他曾顶住了外界压力，声明东语系的教师一个也不动。那么，他又去听什么人的课呢？据公布的资料，1947 年他起码听了两个人的课，而且都是以毕恭毕敬、老老实实的态度听的。

一门课是汤用彤先生的"魏晋玄学"。汤先生早在西南联大时就开设了这门课，并计划出版一部《魏晋玄学》著作，但终因新中国成立前生活极不安定而未能如愿以偿，直到 1957 年《魏晋玄学讲义》一书才正式出版。季羡林来到红楼正赶上汤先生继续开这门课，课堂就在他的办公室的楼上。这真是天赐良机！季羡林本来对汤先生高山仰止，景行行止，正因为没有成为他的授业弟子而遗憾，这机会又焉能放过！再说，他也正好缺乏这方面的知识。魏晋时期玄学成为占统治地位的思想形态，为佛教的发展创造了良好的条件。正如汤先生所说，当时"佛教哲学已被引而与中国玄学相关合"，"魏晋玄学以老庄为宗"，因此"般若谈空，与二篇虚无之旨并行而亦视为得本探源之学"。看来，季羡林虽然对宗教的研究仅限于佛教方面，但对魏晋玄学乃至老庄之学也有必要进行探究。他在德国 10 年都用在学习梵文、巴利文和吐火罗文上，而如今汤先生的这门课，对他来说可谓久旱之望云霓，不可或缺。正如他后来回忆道：

> 我自认是一个上不得台盘的人，有没有架子，我自己不得而知。但是，在锡予先生跟前，宛如小丘之仰望泰岳，架子何从端起！而且听先生讲课，正是我求之不得的。在当时，一位教授听另一位教授讲课，简直是骇人听闻的事。这些事情我都不想，毅然征得了锡予先生的同意，成了他班上的最忠诚的学生之一，一整年没有缺过一次课，而且每堂课都工整地做听课的笔记，巨细不遗。这一大本笔记，我至今尚保存着，只是"只在此室中，书深不知处"了，有朝一日总会重见天日的。这样一来，我就自认为是锡予先生的私淑弟子，了了一个夙愿。

另一门课是周祖谟先生的"音韵学"。前已介绍，1947 年季羡林写作了一篇论文《浮屠与佛》，其中，对应汉字"佛"字本来应该以浊音 b 开头，而不应该以清音 p 开头，但是吐火罗文中的"佛"字却以清音 p 开头。为此，他颇伤了一番脑筋。刚好，那时周祖谟先生正在开音韵学课，真是近水楼台，他马上决定去听，以弥补自己在这方面的欠缺。周先生当时还是位副教授，一位正教授听副教授的课，又简直是"天方夜谭"，但季羡林并不管它，而是真心实意地听了进去。终于，在周先生的帮助下，他在论文中解决了"佛"字的古音问题。一报还一报，周祖谟在进行《洛阳伽蓝记》校释时，也得到季羡林的帮助。季羡林的论文既然已经写成，而且刊登在赫赫有名的刊物上，则为他增添了不少光彩，在一般作者那里，恐怕就不会再理它了。然而，季羡林在治学上有严格的要求，其中有一点就是"抓住一个问题终身不放"。正如他在 1997 年 12 月写的《我的学术总结》中说道：

> 根据我个人的观察，一个学人往往集中一段时间，钻研一个问题，搜集极勤，写作极苦。但是，文章一旦写成，就把注意力转向另外一个题目，已经写成和发表的文章就不再注意，甚至逐渐遗忘了。我自己这个毛病比较少。我往往抓住一个题目，得出了一个结论，写成了文章，但我并不把它置诸脑后，而是念念不忘。我举

几个例子。

　　我于1947年写过一篇论文《浮屠与佛》，用汉文和英文发表。但是限于当时的条件，其中包括外国研究水平和资料，文中有几个问题勉强得到解决。自己并不满意，耿耿于怀者垂40余年，一直到1989年，我得到了新材料，又写了一篇《再论"浮屠"与"佛"》，解决了那一个悬而未决的问题，心中极喜。最令我欣慰的是，原来看似极大胆的设想竟然得到了证实，心中颇沾沾自喜，对自己的研究更增强了信心。觉得自己的"假设"能够"大胆"，而"求证"则极为"小心"。

季羡林所说的那篇论文中勉强得到解决的几个问题，其中一个就是"佛"的古音问题。正因为他又读到一些与此问题有关的新材料或对旧材料的新解释，才于42年后又写了一篇论文，认为原来认定"佛"字的对音是清音，现在则大可不必胶柱鼓瑟、刻舟求剑地去解决问题，"佛"字的对音有极大的可能就是浊音。当然，这绝非季羡林的空想，在第二篇论文中他又用大量的中亚中国新疆的古代语言，以及外国学者的研究资料进行研究，对"清音浊音问题中残留的那一点点疑惑也扫除净尽了"。但尽管如此，也不能否定季羡林听周祖谟先生课的收获，因为如果没有第一篇论文，那又何谈第二篇呢？正如钱文忠教授评论说："当时，由于资料有限，没有能够圆满地解释p和'浮'、'佛'古音的对等问题，但是，用传统的常规的手段无法解决的这个难题，已经被先生引入的吐火罗文剌开了一个大口子，研究思路得到了绝大的拓展。终于，在42年以后的1989年，先生根据新获得的大量资料，发表了《再论'浮屠'与'佛'》，干净利落地了结了这个问题。"

　　季羡林留德10年，那里是"印度学"的一块"飞地"，因此所接触的大多是西方学者，没有机会与印度人直接打交道。既然他搞的是印度学、东方学，又身为北大东语系主任，那么，当时北大与印度之间进行文化学术交流的事情，便自然而然地落在他头上，这里有两件事值得一提。

　　其一，1946年9月尼赫鲁应英印总督魏菲尔之邀，组织成立临时政府，担任副总理和外交部部长，从此开始重视与中国交换留学生的工作。1947年8月15日印度宣布独立，尼赫鲁担任总理，即派印度泰戈尔国际大学教授、著名汉学家师觉月先生来中国讲学。于是，师觉月先生便成为北大印度学讲座的第一位客座教授。季羡林主持这次讲座，胡适校长极为重视，用英文致欢迎词，回顾了历史上中印两国的来往和友谊，称赞师觉月先生的学术成就。

　　师觉月（1898—1956），印度现代佛学家、中印文化史学家。1923年他赴法国巴黎大学留学，师从S.列维学习汉语，获博士学位。他所著的《印度和中国：文化关系一千年》（四卷），利用印度和中国的大量原始资料，阐述自公元前 2 世纪以来两国交往的历史，论证佛教传入中国的时间和路线、佛教在中国的发展、中印僧人在文化交流中的贡献，指出汉译佛经对佛教史和印度文明史研究的重要意义，分析印度宗教、哲学、艺术、医学、天文学、数学对中国文化的影响，以及中国文化对印度文化的影响，等等。总之，师觉月的学术成果为印度学者研究中印文化交流拓宽了道路。

师觉月在中国待了一年多时间，1948 年 11 月 25 日返回印度，在此期间，他与随后派来的印度留学生一起对汉文翻译印度词汇有误之处做了修正，还用英文发表《中文古籍中的印度古名考》论文。季羡林受胡适校长委托，负责这次讲座和师觉月的研究工作。他对师觉月的学术成就给予肯定，但对他的梵汉对音问题却提出中肯的意见。20 世纪 80 年代初，笔者在课堂上听季先生说："梵文与汉文的对音问题，搞得好很有说服力，搞得不好就像玩积木，拿着字母玩耍，把字母当成积木挪动，前面不行就放到后面，其结果必然是牵强附会，甚至荒诞离奇。"他还说："岑仲勉连梵文字母都不懂，最爱搞对音，就像玩积木一样。师觉月将中国的'帝'字和梵文对音，说与 deva（神、上帝）、gao（牛）有关系，我与他比较熟，予以驳斥，这种对音比较危险。"这既是季羡林的经验之谈，又反映出他的严谨治学的态度。

其二，1948 年 6 月北大举办了印度著名诗人泰戈尔画展，胡适校长也委托季羡林负责此事。泰戈尔（1861—1941）曾于 1924 年 4 月来中国访问，到北京之前访问了济南，在省议会发表讲演。那时季羡林才 13 岁，却有幸目睹了泰翁的风采——一把长须，神采奕奕，声如洪钟，开头便是"I know..."其实，泰戈尔的名字在中国人心中并不陌生，20 世纪一二十年代，泰戈尔的作品便被陆续介绍到中国，老一辈作家郑振铎、冰心等人都翻译过他的诗歌，郭沫若、徐志摩、张闻天、王统照等人也深受他的诗歌的影响。20 世纪 60 年代初，季羡林也曾写过关于泰戈尔的三篇文章，但却被腰斩了，没有及时得到发表，原因是在极"左"思潮的控制下，"将创造性的个人化的写作劳动纳入到教条主义统一规范的政治框框里去"。下文还将具体介绍季羡林这三篇文章的情况，此不赘述。

在筹备泰戈尔画展期间，季羡林首先想到徐悲鸿先生，请他给予帮助和指导。1939 年年底，徐悲鸿应泰戈尔之邀去国际大学讲学，1941 年回国。他与泰戈尔一起度过了一段美好的时光，为泰戈尔作了 10 多幅肖像，包括素描、速写、油画等。他还为来国际大学访问的圣雄甘地画了两张素描像。因此，季羡林久仰徐先生大名，亲自登门拜访，借来了他的名作《泰戈尔画像》，并邀请徐悲鸿、廖静文夫妇前来指导。被邀请光临画展的还有吴作人先生，季羡林在新中国成立初期开始收集名画时，野心颇大，声言凡齐白石以下者一概不收，于是

1948年6月15日，北大校长胡适（右6）与出席泰戈尔画展的来宾在子民堂前留影

便请吴先生代他买了几幅齐白石的画。泰戈尔画展于6月15日如期举行，而且办得很成功。当日，季羡林与胡适校长同各界名流学士欢聚一堂，欣喜无比，并在子民堂前合影留念。

新中国成立前夕，因为胡适校长的秘书不懂外文，北大的外事工作基本上都委托季羡林处理，比如1948年9月底，他还代表胡适校长去机场迎接印度大使。谁知几个月后，胡适也"乘机"离开北平，从此与季羡林等大陆学人天各一方，分道扬镳，"世事两茫茫"了。

夜幕下的北平

季羡林回国后，经历了第三次国内革命战争从爆发到结束的全过程。他虽然身在北平，囿于一隅，却感受到"内战"的硝烟越来越浓。10年前季羡林在清华读书时，对国民党并无好看法，但对共产党也缺乏了解；全民族抗战时他留学德国，对希特勒法西斯也无好看法，但对国内的抗日战争同样缺乏了解。如今时过境迁，正处于国共两党决战的关键时刻，关系到中华民族的命运和前途，季羡林将要身临其境接受锻炼和考验。自从西南联大解散，饱受血与火考验的北大迁回北平，这里又成为国共斗争的重要阵地，季羡林亲眼看见了一桩

1948年4月15日，北大师生在民主广场上听许德珩讲演

桩、一件件惊心动魄的事情……

那确是中国历史上最黑暗的年头儿。在举世闻名的古都北平，国民党军队、美国大兵横行霸道，无恶不作。据报载，城内"天坛古柏被砍伐，'弘佑天民'牌楼为军用卡车撞倒，中央公园花木夷为兵操场"。更有甚者，1946年12月24日夜晚，美国兵皮尔逊在东单广场强奸了北大女学生沈崇。消息传出，激起了北平各高校师生的极大愤慨，立即召开群众大会，痛斥美军的暴行，并于12月30日举行了上万人的示威游行，高喊"打倒美帝国主义！""还我中华民族尊严！"等革命口号。季羡林晚年"口述人生"提到这件事情说："沈崇事件，你知道，北大、清华的学生，所有大学学生都起来示威，喊'打倒美国帝国主义'。北京那时候，国民党军队的头儿是李宗仁，他是桂系的，与蒋介石合作。'沈崇事件'一出来，学生闹学潮。蒋介石派的是北平宪兵第5团（蒋介石的贴身队伍），去抓了一些学生。后来，胡适就坐他那辆北平仅有的一辆汽车，奔走于李宗仁和其他党政要员之间，（要他们）释放学生，抓学生不行。"季羡林与北大其他教师也积极行动起来，声援学生的正义行动，共有48位教授联名发出《致美国驻华大使司徒雷登书》，提出三项要求。季羡林还与北大、清华、燕京等北平各大学教授许德珩、闻家驷、向达、朱自清、张奚若、赵访熊、雷洁琼、翁独健等纷纷发表讲话或登台演说，抗议谴责美军暴行，强烈要求美军撤出中国。

1947年2月，国共谈判完全破裂，国民党军队由全面进攻转为重点进攻，继续将战争引向解放区；而在国统区，国民党政府开始非法逮捕民主人士和进步学生。1947年四五月间，京沪苏杭16所学校6000余名学生举行"反内战、反饥饿"的示威大游行，在南京被国民党巡警封锁殴打，造成重伤致死21人，轻伤97人，逮捕20余人，造成"五二〇血案"，激起国统区学生普遍举行"反内战、反迫害"的游行活动，北大学生也走向街头，参加游行活动。

据季羡林回忆，为支持学生运动，当时北大坚决拥护共产党的许德珩、杨汉卿、樊弘等人在民主广场发表演说，骂蒋介石。季羡林作为系主任，经常要到孑民堂前东屋里那间狭窄简陋的校长办公室汇报工作，亲眼看到胡适校长对学生运动的态度：他虽然明明知道背后有中共地下党员指挥和发动，但在每次国民党宪兵和警察逮捕学生时，他总是奔走于国民党各大衙门之间，奔走于北平行辕主任李宗仁和其他党政要员之间，逼迫当局非释放学生不行。季羡林说，胡适"关心的是学生，而不是什么党员。平时我在他那间简陋的校长办公室中也会碰到学生会的领导人去找他，提出什么要求和意见，这些学生大部分是左派学生，他统统和蔼相待，并无所轩轾"。北大的学生运动体现了以天下兴亡为己任的强烈的政治责任心，季羡林看到即使像胡适那样作为国民党统治下的一校之长，仍能主持正义，关心同情学生，当然会受到启发和教育。

1948年8月，人民解放军即将进入战略决战阶段，国民党反动派正在作垂死挣扎，变本加厉地镇压学生运动及其他一切民主运动，穷凶极恶地逮捕进步学生和民主人士。同时，国民经济也已达到崩溃的边缘，通货更加膨胀，物价更加飞涨，如同季羡林所说，当时通货膨胀已经达到了钞票上每天加一个零还跟不上物价飞速提高的速度。国民党政府为了笼络人心，破坏学生运动，给教师发了配购证，凭证可用较低价格买到"美援面粉"。著名学者朱自清身患重病，但宁愿饿死也不吃嗟来之食，终于在北平逝世。季羡林向来对朱先生十分崇拜，尤其对他的文风和文采赞不绝口，在清华读书时亲聆他的教诲，出国前亲自到朱先生的《荷塘月色》中描写的荷塘边作别……此时，他听到这个消息怎能不万分悲痛呢？他还惦记着清华的那些自己崇拜的老师，如陈寅恪、冯友兰、俞平伯、金岳霖等人的处境。

1948年11月2日，东北野战军解放沈阳，辽沈战役胜利结束。紧接着，林彪、罗荣桓、聂荣臻指挥的东北、华北野战军会合一起，发动了平津战役。1948年12月上旬，解放军对北平形成合围之势。在隆隆的炮声中，北平市民已是人心惶惶，但用季羡林的话说，北大同人和学生不但不人心惶惶，而且有的非常殷切，有的还有点狐疑，都在期望着迎接解放军。实际上，那时北大并没有停课，正准备隆重庆祝50周年校庆。这次校庆的筹备活动，胡适校长的印记尤其明显，无论《水经注》版本的展览，还是介绍图书馆善本书和文科研究所的贡献等，均可见他的个人趣味。可是万万没有想到，就在12月17日北大校庆的前两天，亦即12月15日，胡适乘机离开北平到南京去了。

原来，以蒋介石为首的国民党政府行将灭亡时，制订了一套"双抢"计划，一是抢黄金和文物，把国库中的数百万两黄金以及5000余箱文物运往台湾；二是抢人才，把能动员走的有影响的高级知识分子送往台湾。这后一项计划由蒋介石本人在南京直接策划指挥，陈雪屏、蒋经国、傅斯年三人小组具体负责实施。12月13日，蒋介石特派青年部长陈雪屏飞抵北平去劝胡适："北平的城防一天天地接近，不如早点离开！"但胡适却强装镇静，仍无马上离开之意。陈雪屏随即飞回南京复命，蒋介石并不罢休，遂于14日再次派专机飞赴北平，强行接人。当时的形势确实是一天比一天紧张，正如季羡林所说："外面的机场去不了了，在东单（现在看不出来了，原来有一块空地），飞机在那里可以勉强起飞。"胡适不可能看清蒋介石的真面目，决定要跟国民党走下去，他以为这是最后一次机会了。于是，他打电话约辅仁大学校长陈垣一起走，但被拒绝了。胡适与陈垣为多年的旧友，他们之间在学术上曾有许多交往，胡适离开北京前几天，还写信和陈垣讨论学术问题。陈垣拒绝出走后，胡适又去约清华的陈寅恪，陈寅恪倒是同意了。陈寅恪虽然历来对蒋介石国民党无好看法，此时对国民党政权更不抱任何希望，但他在北方生活不习惯，想到南方去，才与胡适一同去了南京，最后又转道上海去了广州，在岭南大学和中山大学任教，了却一生。12月14日夜晚，胡适给北大文学院院长汤用彤和秘书长郑天挺留下便笺，写道："今早及今午连接政府几个电报要我即南去。我就毫无准备地走了。一切的事，只好拜你们几位同事维持。我虽在远，决不忘掉北大。"15日下午，胡适夫妇与陈寅恪、黄金鳌、毛子水、英千里、钱思亮、袁同礼等人，在傅作义的卫队护送下，从南苑机场（季羡林说是从东单那个临时机场——笔者）登机起飞。胡适到南京后又派来一架飞机，点名要接走几位老朋友，如汤用彤、冯友兰、朱光潜、沈从文等人。但飞机返回南京时，他亲临机场迎接，打开舱门不禁大失所望，满怀希望要见的老友，除一两位以外，竟都没有走出机舱。他甚至痛苦不已，大哭一场。12月16日，国民党教育部长朱家骅在"总统府"设宴欢迎接回来的胡适等人；次日胡适在南京出席北大同学会举办的"北大五十周年校庆大会"，他在致辞中说："我绝对没有梦想到今天会在这里和诸位见面，我是一名不名誉之逃兵，实在没有面子再在这里说话。"1949年1月8日，即将下野的蒋介石请胡适共进晚餐，劝他去美国，意欲让他做大使，但被他拒绝，只表示愿意去做民间外交，争取美国人支持。3月22日胡适到中国台湾，安置家眷后返回上海，4月6日在上海公祥和码头上乘船，独自去美国，4月27日抵纽约。他的民间外交很快宣告失败，从此在美漂泊9年，于1960年10月23日返回中国台湾，直到1962年2月猝死于台湾"中央研究院"院长任上。

对于胡适1949年以后的人生轨迹，我们不能囿于政治的意识形态的评断，须以历史的客观的视野来分析。正如季羡林所说："胡适是一位非常复杂的人物，他反对共产主义，但是拿他的那一把美国尺子来衡量，他也不见得赞成国民党。在政治上他有时想下水，又怕湿了衣裳。他一生就是在这矛盾中度过的。他晚年决心回国定居，说明他还是热爱祖国大地的。因此，说他是美帝国主义的走狗，说他一生追随国民党蒋介石，都不符合实际情况。"

再把话说回来，当时季羡林大概是不够格被接走的，他资历尚浅，初出茅庐，才37岁。

但退一步讲，即使他够格就能走吗？也许，他如果向胡适校长表达要走的愿望，也能一锤定音，必走无疑，但又怎么会有这种可能呢？正如在学术研究上一样，季羡林毕竟是季羡林，他与其他一些老知识分子一样，有自己的理智、人格和正义感，抑或有爱国心，民族情。

胡适校长走后第五天，亦即 12 月 20 日，季羡林应邀参加董必武、叶剑英在北京饭店招待北平各界民主人士的集会。群贤毕至，高朋满座，季羡林自然想起胡适先生。如今一别，要说他不动之以情，麻木不仁，那又岂能当真？是呀，就在胡适离开北平的那一刻，季羡林还借用南唐后主李煜的词："最是仓皇辞庙日，教坊犹唱别离歌，垂泪对宫娥。"以此来表达自己的心情。他与胡适先生仅仅相处三年，但那种朋友似的微笑将永远留在他的心中。正如对汤用彤先生一样，他虽然不敢谬托自己是胡适先生的知己，却始终把胡适先生看作自己的知己。他与胡适先生学术辈分不同，社会地位悬殊，但由于工作的关系，他却成了校长办公室里的常客。他从来没有见到胡适先生摆当时颇为流行的名人架子、教授架子。在北大教授会上，在文科研究所的导师会上，在北平图书馆的评议会上，他与胡适先生经常面对面地发表个人的观点和看法，从来没有局促之感，与胡适先生谈话如坐春风中……

胡适在夜幕下的北平选择了自己要走的路，这里谈得过多似有喧宾夺主之嫌。总之，胡适看起来亲近蒋介石，依赖国民党，但他并未加入国民党，对共产党也无深仇大恨。季羡林就曾亲眼见到那时他的矛盾重重的心理，他回忆说，北平围城后，他在校长办公室看见一个人忽然走进来，告诉胡适解放区的广播电台昨夜有专门给他的一段广播，劝他不要跟蒋介石集团逃跑，北平解放后让他继续当北大校长兼北平图书馆馆长。胡适听了以后，含笑说了一句："人家信任我吗？"谈话到此为止，那个学生的身份他不能不知道。实际上，对于胡适等人的南飞，共产党早有意料，但还是最大限度地争取那些犹豫不决的学者教授留下来，参加新中国的和平建设事业，做出他们的贡献。共产党对胡适这样的人物当然更不能轻易放弃，要做重点工作，不仅通过电台进行宣传，而且还通过北平地下党做工作。时为北大哲学系研究生的中共地下党员汪子嵩便承担起了这项任务，季羡林上面提到的那个学生可能便是此人。胡适的老乡、北大哲学系教授郑昕也利用在胡适家中打麻将的机会挽留过他。另外，与胡适交情甚笃的吴晗，也曾两次派人登门劝其留下，甚至转达毛泽东的意见："只要胡适不走，可以让他做北平图书馆馆长。"然而，胡适先生毕竟走了。

胡适离开北大前，委托汤用彤和郑天挺主持北大校务。北大教授会马上召开了校务会议，决定成立校务委员会，管理学校各项工作。汤用彤当选为校务委员会主席，代行校长职权，领导北大度过新旧政权交替的特殊时期。

第十二章

红楼暖意

天亮了

　　1948年年底，经过平津战役，蒋介石赖以发动战争的主要军事力量已被消灭殆尽，华北基本解放，全国处于革命胜利的前夜。在北平城，寒风瑟瑟，满天阴霾，正处在风雨飘摇之中。12月17日北大校庆刚过，中国人民解放军便进入西郊罗道村，北大农学院率先进入新时代，而后清华大学也被解放。消息传来，沙滩红楼沸腾了，广大师生准备迎接黎明的曙光。1949年1月31日，北平和平解放，人民解放军举行入城仪式，浩浩荡荡开进了北平城。全城万人空巷，各界群众冒着隆冬严寒，顶着漫天风雪，兴高采烈，敲锣打鼓，夹道欢迎解放军。季羡林从翠花胡同走来，步行到不远的东四牌楼，站在欢乐的人群中，情不自禁地鼓掌欢呼，浑身热血沸腾，真正体验了这一神圣而伟大的历史巨变。

　　当天下午，季羡林去西城看望朋友，走到什刹海桥上，看见一名解放军战士在那里站岗。年轻的战士浓眉大眼，背着背包，手握钢枪，在寒风中昂首挺立，肖然不动。见此情景，季羡林"心中陡然觉得这位解放军战士特别可爱，觉得他的一身黄色的棉军衣特别可爱。它仿佛象征着勇敢、纪律、正直、淳朴；它仿佛象征着解放、安全、稳定……只要他在这里一站，整个北京城，整个新中国就可以稳如泰山"。季羡林真想走上前去，向战士道一声辛苦，伸手摸一摸那黄色的棉军装，可是他什么都没有做，只是默默注视着，注视着……回到家里，他把满腔的情感凝于笔端，连夜赶写了一篇散文《黄色军衣》。从此以后，季羡林似乎又要用那支挺拔俊秀的笔，来讴歌新的时代，新的历史，新的人生……

　　解放军进城以后，便抓紧准备接管北大、清华等高校。2月28日，北大迎接北平军事管制委员会代表钱俊瑞等10人。军管会的同志邀请学校行政负责人以及教授、讲师、助教、学生、工警代表等在孑民堂召开座谈会，商谈接管北大事宜，讨论新民主主义革命胜利后创建新北大的问题。下午2时，在民主广场举行接管北大的仪式，2000余名学生和教职员工参加。会场上欢呼声此起彼伏，"北大解放了！""北大回到人民的怀抱！"师生们的心情万分激动。季羡林自然也沉浸在欢乐的海洋中。

会上，汤用彤首先代表全校师生致辞，对军管会接管北大表示欢迎，然后钱俊瑞代表军管会正式宣布接管北大，并阐述了新时期党的教育方针和知识分子政策，同时还宣布立即取缔国民党、三青团等反动组织，停止其一切活动；取消训导制和党义之类的课程；学校行政管理工作暂由汤用彤教授负责。会后，军管会的同志和北大师生一起举行了庆祝游行。

3月5日，中共北京大学总支部召开干部大会，宣布了党的负责人，从此党的工作走向正常，党的领导逐渐加强。

5月4日，军管会最后宣布组建北大校务委员会，领导学校的行政管理工作。任命汤用彤、许德珩、钱端升、曾昭抡、袁翰青、向达、闻家驷、费青、樊弘、饶毓泰、马大猷、俞大绂、胡传揆、严镜清、金涛、杨振声、郑天挺、俞平伯、郑昕等19名教授和俞铭传、谭元堃2名讲师助教以及许世华、王学珍2名学生为校务委员会委员。其中，汤用彤被任命为校务委员会常委兼主席，许德珩、钱端升、曾昭抡、袁翰青、向达、闻家驷及讲师助教代表俞铭传、学生代表许世华为常务委员。同时任命曾昭抡为教务长、郑天挺为秘书长、汤用彤为文学院院长、饶毓泰为理学院院长、钱端升为法学院院长、马大猷为工学院院长、俞大绂为农学院院长、胡传揆为医学院院长、向达为图书馆馆长。

那时，北平刚刚解放，北大领导层的确定要经过一番严格的政治审查，上述人选大多数在抗日战争和解放战争中经受过锻炼和考验，且为各个教学和科研领域的杰出专家和带头人。总之，他们有的是左派教师和学生，有的是民主进步人士。再说，革命一旦成功，便会出现论功行赏之风，在民主党派和知识分子中，也确实有人想分得一杯羹，大小弄个官做。季羡林在这次任命中仍旧保留东语系系主任的职位，没有得到升迁，但他并无任何其他想法，足见其超世脱俗的作风。后来他说，他回国后仅仅过了3年，中国就解放了，在很长一段时间内，他都称自己是"摘桃派"，坐享革命胜利的果实。既然如此，季羡林当时岂能有过分的奢求？然而，新中国成立后知识分子确实走过了时而阳光灿烂、时而阴云密布的路。曾几何时，上述被任命的人中，如曾昭抡、钱端升、向达等在"反右"风暴中身陷囹圄。

那时，季羡林同大多数知识分子一样，觉得自己真的站起来了，获得了新生。他说："我们高兴得像小孩，幼稚得也像小孩。我们觉得'解放区的天是明朗的天'。我们看什么东西都红艳似玫瑰，光辉如太阳。""解放初期，政治清明，一团朝气，许多措施深得人心。旧社会留下的许多污泥浊水荡涤一清。我们都觉得河清有日，幸福来到了人间。"这种情况确实不止发生在季羡林一个人身上，比如叶圣陶对共产党进城后无官僚作风印象极佳，巴金对共产党初期的俭朴廉洁作风颇有好感，等等。是的，大凡有良心的知识分子，此时都感受到换了人间，一心想为共产党做些实实在在的事情。季羡林当然也如此，不但没有在荣誉、地位上患得患失、锱铢必较，而且名副其实地履行了教授和系主任的职责。除了把校内的工作做好，他还参加了校外的一些活动。

1999年3月，季羡林应邀访问中国台湾，在法鼓人文社会学院与任继愈（中）、圣严法师（左）合影

1949年5月14日，季羡林应邀出席了关于《赵城金藏》的座谈会。《赵城金藏》是北平图书馆的镇馆之宝，对于此经的修复和收藏，新中国成立伊始便被人民政府纳入议事日程。出席这次会议的有华北人民政府的杨秀峰、于力、晁哲甫，华北大学的范文澜、张文教、程德清，北平图书馆的王重民、赵万里，文管会的王冶秋、李风雨以及其他各界人士马衡、向达、孙文淑、周叔迦、巨赞、韩寿萱等。会上，赵万里、张文教、范文澜分别就《赵城金藏》的价值、守护和运送此经的经过以及共产党保护文化遗产的政策做了报告。晁哲甫要求北平图书馆做出《赵城金藏》的修复预算，报请政府批准。会后向达写了《论〈赵城金藏〉的归来》一文，发表于1949年5月23日《人民日报》上。

这是季羡林第一次参加保护和抢救《赵城金藏》的会议，从此以后他一直没有忘记这件事。迨至20世纪八九十年代，在任继愈主持下，以《赵城金藏》为底本，整理和编纂出107卷《中华大藏经》，其中也不无季羡林的贡献。更为可喜的是，20世纪90年代，他还亲自担任总编纂，整理和编纂出《四库全书存目丛书》和《传世藏书》两部巨著。总之，保护和抢救中国古代典籍堪称季羡林一生十大学术成就之一，为此他付出了毕生心血。

季羡林还当选为新中国成立后成立的中国史学会的最早会员和理事。1951年7月28日召开的中国史学会成立大会上，选举了郭沫若为会长，吴玉章、范文澜为副会长，季羡林当选为理事，归于亚洲史组，同组的还有向达、张礼千、周一良、马坚、张秀民、余元庵等数十人。季羡林的本行是对印度古代语言梵文、巴利文以及古代中亚文言吐火罗文的研究，并通过这种研究，追踪、探索和廓清印度佛教产生、衍植和流布的来龙去脉。这是一条曾被前辈学者推崇但却难以涉足的路。季羡林要想在此一路绿灯，顺利通行，就必须占有新材料，研究新问题。正如陈寅恪所说："一时代之学术，必有其新材料与新问题。取用此材料，以研求问题，则为此时代学术之新潮流。治学之士，得预于此潮流者，谓之预流（借用佛教初果之名）。其未得预者，谓之未入流。此古今学术史之通义，非彼闭门造车之徒，所能同喻者也。"如今，季羡林遇到的问题正是缺少新材料，无可研究新问题，面临"未入流"之危，因此他便根据现有的中国史籍和其他有关材料，研究中印、中外文化交流史，而且凭着自己所掌握的语言能力和技巧，完全相信能够搞出一定的深度和广度。笔者以为，季羡林的做法并非学术本体发生了转换，而是研究方略有所差异。当时的中国史学界也果真慧眼识英雄，认准季羡林会在此方面发挥自己的特长和潜力。当然，他回国后最初 3 年的学术成果就是铁的事实和证据，其中《〈列子〉与佛典》一文即被周汝昌先生译成英文 Lieh Tze of Buddhist sutra，刊登于《汉学研究》（Studia Serica）1950 年第九卷上。

　　季羡林确实不负众望。新中国成立后不久，1954—1955 年，他便在《历史研究》上发表两篇重磅级论文《中国纸和造纸法输入印度的时间和地点问题》和《中国蚕丝输入印度问题的初步研究》，后一篇论文曾送请向达先生指正，意在请他指出一些问题，但向达对其研究水平却给予高度评价，认为季羡林对于唐代中国和印度文化关系的研究，比他本人以前的研究规模壮阔得多了。20 世纪 80 年代初，季羡林在长达 30 余年与吐火罗文断绝关系之后，意外地获取了新材料，进行了《弥勒会见记剧本》的解读和翻译工作，一部大书《吐火罗文〈弥勒会见记剧本〉译释》的英译本 1998 年在德国出版，从而对西域史的研究做出巨大贡献，产生重要影响。而在此之前，他于 1997 年出版的一部长达七八十万字的巨著《文化交流的轨迹——中华蔗糖史》，展示了古代中国与多个国家和地区文化交流的历史画卷，具有重要的历史意义和现实意义。由此可以毫不夸张地说，在季羡林头衔中诸多的"家"字面前，"历史学家"也是当之无愧的，而且对历史研究他还自有一套理论。他说：

　　……五六十年代我们所学的相当一些内容是"苏联版"的，带有"斯大林的印记"的。在这种情况下，我们的人文社会科学研究，其中当然包括历史研究，都受到了感染。专以中国通史而论，历史分期问题议论蜂起，异说纷纭，仅"封建社会起源于何时"这一问题，就争论不休，意见差距超过千年，至今也没有大家比较公认的意见，只好不了了之。我真怀疑，这样的争论究竟有什么意义。再如一些书对佛教的谩骂，语无伦次，连起码的常识和逻辑都不讲……在当时极"左"思潮的指导下，颇写出了几本当时极为流行的《中国通史》，大中小学生学习的就是这样的历史。不管作者学问多么大，名气多么高，在教条主义流行的年代，写出来的书绝对不可能不受其影响，有时是违反作者本意的产品。有人称之为"以论代史"，而不是"以论带史"。关键在于一个"论"字。这是什么样的"论"呢？……这是带有苏联印记的"论"，而不一定是真正马克思主义的"论"。历史研究，贵在求真，决不容许歪曲历史事实，削足适履，以求得适合某种教条主义的"论"。

存在的问题，当然就要从自身做起，力图避免重蹈覆辙。从研究中印、中外文化交流史来看，他都注意收集翔实的资料，让史实说话，取信于人。为了准确地表达马克思主义对印度史的精辟论述，他在1951年参与了北大史学系、清华历史系、中国科学院近代史研究所为天津《大公报》编辑《史学周刊》的工作，在第3期上发表《介绍马克思的"印度大事

1949年10月9日，苏联文化艺术科学代表团访问北大，与学校领导和著名教授汤用彤、曹靖华、曾昭抡、樊弘、季羡林（后排左1）等合影

年表"》一文，同年他与曹葆华共同翻译的马克思著作《不列颠在印度的统治》和《不列颠在印度统治的未来结果》，也由人民出版社出版。

再说，那时向社会主义苏联学习的呼声日高。1949年九十月间，苏联文化艺术科学代表团来华访问。9月29日到达东北沈阳，全市万人集会欢迎，然后赴北京出席中华人民共和国成立大典，10月2日受到毛泽东、周恩来等国家领导人的接见，10月9日访问北大，季羡林也参加了这次欢迎活动。毛泽东曾说，苏联共产党"就是我们最好的先生，我们必须向他学习"。季羡林所说20世纪五六十年代我国人文社会科学研究受到苏联的影响，肯定还不止如此，其他方面也大致是这种情况。由于这种思潮的影响，季羡林必然也会接受中共对苏联的政策观点，对苏联的看法与10多年前去德国留学途经"赤都"时有所不同，但他在学术研究中能够及时察觉和总结"苏联版"的弊端，实在是难能可贵。

新中国成立初期，季羡林已经进入中年，他同从旧社会过来的其他中老年知识分子一样，只觉得换了人间——天特别蓝，草特别绿，花特别红，山特别青，共产党执政之初革故鼎新的雄才大略令他心服。但是，他也感到对于共产党领导的政府还存在一些思想障碍，比如参加大会时喊"万岁"之类的口号就张不开嘴，总觉得这句话有点儿玄乎；对脱掉大褂换上中山装也很别扭，总觉得中山装是一种代表官方身份的时尚……尽管如此，季羡林还是抓紧适应变化的形势，加速思想转变的过程。比如，1949年7月1日，他作为党外代表参加庆祝共产党生日的活动；1949年10月4日，他发动东语系25名教员联名给毛泽东主席、朱德总司令暨人民政协全体代表寄去祝贺信，表示"对伟大的人民领袖毛主席，我们致无上的敬意，我们永远在他的旗帜下前进"，等等。果然，用不多久，他喊"万岁"的口号"就喊得高昂，热情，仿佛是发自灵魂的最强音"，先前他一直穿着夫人给做的布衣布袄，后来也换上了女儿给买的中山装……

看来，事无巨细，季羡林对自己的要求都很严格，这里又有三件事不得不提：

其一，1950年季羡林由闻家驷介绍加入中国民主同盟，在民盟北京市委工作。此后几年，他一直参加北大、清华高级知识分子的学习活动，先后任高校工作委员会副主任、主任委员职务。北平市第一次民盟大会于1949年5月在沙滩北大孑民堂举行，吴晗当选为主任委员。次年办公地点搬到东四北大街一条胡同里，与季羡林一起工作的有华罗庚、周一良、冯亦代、沈一帆、金若年、关世雄、王麦初等人，给季羡林留下美好的印象。他曾到北京市的几所大学，参加那里民盟支部的座谈会或讨论会，大家互相鼓励搞好教学和科研工作。在民盟北京市委或者高校，他的人际关系都非常令人满意，非常融洽，大家敞开心扉，为了一个共同目标努力奋进……直到1957年，民盟的几个资深领导人都被揪了出来；此后又一个运动接着一个运动,文艺界、学术界的知识分子一会儿加冕,一会儿挨批,民盟虽曰神仙会,但神仙的处境也很难;"十年浩劫"更是雪上加霜……季羡林每每提起民盟中的同事和朋友,总认为他们够得上诤友,从加入民盟那天起,就与他们有共同的语言和感情。比如梁漱溟(1893—1988),中国民盟的发起人,1946年任民盟秘书长,新中国成立后任第一、二、三、四届全国政协委员,季羡林也任第二、三、四、五届全国政协委员,可见他们之间不可谓不相知也。"士可杀,不可辱",季羡林十分佩服梁漱溟这位当代的"士"。就是这样刚直不阿的"大儒"和"大士",1953年他在中央人民政府扩大会议上发言,引起不满。1955年又开始掀起批判他的思想运动。1963年至1978年他继续成为政协直属小组大批判的"活靶子"。在1974年三四月间"批林批孔"运动中,他一再拒绝批孔,有一次作了两天八个小时的发言,其中有一段话石破天惊:"我记得毛主席讲过,自孔夫子至孙中山,我们都要研究,这话就不是全盘否定孔子的意思。"对于这种"士"的精神,季羡林又怎能不由衷地敬佩呢?

其二,1950年6月25日朝鲜战争爆发,11月4日北大教员以愤怒的心情发起上书毛泽东主席的签名活动,抗议美帝国主义发动侵略战争,表示决心献出最大的力量,为保卫祖国而奋斗。季羡林也不甘落后,同汤用彤、曾昭抡、冯至、向达、楼邦彦、邓广铭、马

20世纪50年代初,汤用彤教授(右1)、邓广铭教授(左2)、
季羡林教授(左5)等签名反对美国侵略朝鲜,支持我国抗美援朝、保家卫国

坚等教授一起踊跃签名。在整个抗美援朝运动中，他身为北大工会负责人，还组织了其他一些活动表示支持。他又和东语系秘书陈玉龙共同翻译了外文资料，发表后将稿酬捐作抗美援朝之用。

其三，1951年年初，中共中央宣传部副部长、新闻总署署长胡乔木来到翠花胡同看望季羡林，一见面便说："东语系马坚教授写的两篇文章《穆罕默德的宝剑》和《回教徒为什么不吃猪肉》，毛先生很喜欢，请转告马教授。"胡乔木想，季羡林当时可能还不习惯说"毛主席"——如同他不习惯喊"万岁"一样——因此用了"毛先生"这个词。说者有意，听者也有心，季羡林对此留下了难忘的印象，感觉到共产党的高官确实能以实际行动体察民情，对知识分子非常关心和重视。

马坚的文章为何受到毛泽东的重视呢？1951年1月10日《光明日报》发表一篇题为《语无伦次的山姆大叔》的文章，作者说道："可怜的人们，能知道过一手执剑一手执经典的穆罕默德，却不知道一手拿枪炮，一手拿钱——对了，还有一只手拿'道义'，这就叫作'弄手'的弄手面目。"北京回民同胞认为此文将伊斯兰教教祖穆罕默德与美国的"弄手"相提并论，是对伊斯兰教的不尊重和误解。1月16日北京召开回民代表大会，马坚在会上讲了阿拉伯民族史和伊斯兰教概论，深受回族同胞信服，事后他发表了这两篇文章，从而避免了一场民族纠纷。

总之，在刚刚解放的日子里，季羡林与广大知识分子，固然沐浴在和煦的春风中，但也有几许忧虑。他们既有与"旧我"决裂的决心，又有适应新时代的过程。今天回过头来评论这些从旧社会过来的人，既应触及社会历史的层面，又应剖析他们的内心世界，洞察他们的欢欣与痛痒，果断与迟疑，进步与守旧，超世与入世……

东语系初现辉煌

1949年春夏之交，季羡林突然收到一封从中南海寄来的信，打开一看，发现寄信人是清华时的老同学胡乔木。享有"秀才"美誉的胡乔木，1941年"皖南事变"后调到毛泽东身边当秘书。新中国成立前他便写了许多有分量的社论和文章，毛泽东称赞他说："靠乔木，有饭吃。"解放战争中，他一直跟随在毛泽东左右，1948年毛泽东要他担任新华社总编辑兼社长、中共中央宣传部副部长。新中国成立后他任新闻总署署长、中共中央宣传部副部长。季羡林与胡乔木走的路虽然不同，但对他的人格、品质是了解的，对他的升迁也会有所了解。这本来是一封私人信件，其中却透露出一个重要的信息：现在形势顿变，国家需要大量的研究东方问题、通晓东方语文的人才。胡乔木问他是否同意把南京东方语专、中央大学边政系一部分和边疆学院合并到北大来。由此可见,当此百废待兴之时,中央的计划安排是何等及时,何等周密。季羡林回国后梦寐以求的事,尚未等到他建言献策,就被中央提到议事日程上来了。因此,他表示完全同意,并决心竭尽全力,把中央交给的任务完成。当然,从这件事上还可以悟出一个简单的道理,那就是"时势造英雄",倘若中央不做出这样的英明决策,季羡林再有本事,那也只能是单枪匹马,成就不了一番伟业。

从此,季羡林就忙起来了。1949年暑假,他一天也没有休息过,因为华北高等教育委员会及时做出了决定,上述三所院校的教师务必于秋季开学前到北大报到。季羡林不但要安排新来教师的食宿等生活问题,还要对他们的业务水平、教学能力进行全面考察,着手制订课程设置、教学计划方案……

8月,季羡林亲自到前门火车站迎接从南京来的师生。他们到校后因为宿舍拥挤,暂时住在红楼的教室里。那些日子,一个身穿灰色衬衫,手拿一个黑皮包,面容清瘦,神采奕奕的人时常出现在他们之中,这便是为他们日夜操劳的季羡林。他非常关心他们的饮食起居,并介绍北大的变化,阐述培养东方语文人才和研究东方问题的重要性和迫切性,鼓励他们努力工作,为新中国教育事业做出贡献。他那朴实无华、虚怀若谷、热情诚恳的作风和态度,给大家留下了深刻的印象,能在这样一位饱学之士和留洋博士的领导下工作,备感光荣和自豪。

此时,要说季羡林春风得意,喜气洋洋,那确实是实话。想想看,刚回国那阵儿,东语系"八九个人,七八条枪",那情景也真够寒酸的;如今人多了,枪多了,注定会兴旺发达起来呀!季羡林的办公室也从红楼搬到沙滩北楼,他高兴地把收藏的古今名人字画摆在办公室的书架上,让人看看他并非是个书呆子,而是性情中人,有广泛的兴趣爱好和深邃的情感寄托。这时,季羡林的客人也多了起来,既有他的前辈郑振铎、向达等,也有他的同辈李健吾、萧离等,还有他的老友、以研究东南亚历史著称的德籍专家傅吾康先生。他们来到季羡林的办公室,看见窗前摆放着几盆君子兰和水仙花,闻到氤氲的幽香,仿佛进入"芝兰之室",顿时神清气爽,怡然自得。鸿儒们聚在一起当然不甘平淡,或高谈阔论,或吟诗诵词,直到尽兴而别……

又过了一年多,一俟1951年1月教育部做出决定——"在全国范围内,选送100名青年来北大学习印地语、蒙古语、阿拉伯语、越南语、泰语、缅甸语、日本语、朝鲜语以及中国的维吾尔语、西南少数民族语文"——东语系便又发生了新的变化。当时的学制为四年,学习期间实行供给制,毕业后由中央统一分配。面对这种大好形势,季羡林却保持清醒的头脑,实事求是地看待扩大招生的趋势。他后来回忆说:"我要求学东方语言的学生必须学英文,这一条我坚持了。你不学英文,不行,光靠东方语言不行。"季羡林还一再强调,学习东方语言的人,要有接受终身教育的思想准备,因为改行做别的工作的可能性很大。这100名学生来到北大确实给东语系带来了生机和活力。

截至1952年秋京津高等学校院系调整结束,东语系变成了北大最大的系,不但师生的数量增加了,而且所设专业(语种)的数目也增加了,成为全国唯一的培养东方语言人才的最高教学机构。除了常年招生外,还为有关部门如地质局、公安部等举办培训班,突击培养人才。当时东语系的主要专业(语种)设置和师生人数为:

专业:
1. 蒙古语(教师2 学生3)
2. 朝鲜语(教师4 学生31)
3. 日本语(教师4 学生45)
4. 泰语(教师4 学生39)
5. 印尼语(教师8 学生67)
6. 缅甸语(教师3 学生28)
7. 印地语(教师6 学生45)
8. 阿拉伯语(教师5 学生27)

加上其他专业,总计:教师42,旧生324人,新生30人,保送干部120人

学生队伍在壮大,其文化素质虽说不是太高,但勤奋好学的劲头儿倒是很足,因为新中国刚刚诞生,谁不想学点儿真本事,为祖国的建设发展贡献一分力量呢?教师的阵容也很可观,即便他们大多是从旧社会过来的知识分子,也都想为新社会多出一把力,多培养一些共产党需要的人才。这里,不妨简单介绍几位当时任教的老先生,笔者20世纪60年代读书时曾经接触过其中几位,也曾经受过教益。

金克木(1912—2000),江西万载县人,小学毕业后1928年至1930年在家乡教书,自学过英语、世界语。1930年来到北平求学,1935年在北平图书馆任职,开始从事翻译和写作。1938年任香港《立报》

金克木

国际新闻版编辑。1939 年到湖南省立桃源女子中学教英文，当时湖南大学招聘法语教师，他找来法语字典和教科书，自学一阵儿便去应聘，结果中选登上了大学讲台。20 世纪 30 年代同施蛰存、戴望舒、徐迟等诗人相交往，创作诗歌，1936 年出版诗集《蝙蝠集》。早年曾热衷于天文学研究，正是戴望舒将他"从天上拉回人间"，鼓励他从事语言学研究。

从 1941 年起，金先生经缅甸到印度加尔各答，任中文报纸《印度日报》编辑，同时学习印地语和梵文、巴利文，后到印度佛教圣地鹿野苑即释迦牟尼初转法轮处，从侨赏弥老居士钻研梵文佛典，又随迦叶波法师学习印度教经典《奥义书》，并与印度学者师觉月、潘尼迦和戈克雷交往密切，曾协助戈克雷从藏译本、汉译本还原，校勘《集经》梵本。校勘本《集经》不久在美国刊物上发表，这是现代中印学者最早的合作成果之一。为此，戈克雷高兴地说："如果中国人和印度人合作，埋藏在西藏的大量印度古书写本就得见天日，而且不用很久，就可以多知道一些印度的古代面貌了。"

金先生的老师娇赏弥老居士有一子，名 D.D. 高善必，堪称印度现代著名的马克思主义史学家。季羡林曾说高善必"写过 Introduction of the study of Indian History，还有其他许多历史著作，用马克思主义解释历史，虽然有些狂妄自大，但很有本领……他看不起苏联，用马克思主义研究历史的，印度人他是第一个，但苏联不译他的书"，又说"原来我们是'凡是派'，认为他的观点是修正主义，而正是他敢于对马列一些观点提出不同看法……"金先生的印地语老师则是圣雄甘地的追随者。1942 年 8 月 9 日印度国大党发动要求英国殖民者退出印度运动，国大党领导人全部被捕，金先生的老师便把甘地入狱前的最后一次讲话油印成传单送给他，这又使他加深了对印度革命史的了解。笔者读过金先生晚年写的《略论甘地在南非早期政治思想》《略论甘地之死》等论文，觉得他对印度近现代史的研究也有一定的深度。

金先生 1946 年回国后任武汉大学哲学系教授，讲授印度哲学，并发表《〈吠檀多精髓〉译述》等论文。1948 年胡适聘他来北大，任东语系教授，讲授梵文、巴利文，从此成了季羡林的同事。1960 年，他们共同开设了梵文、巴利文班，招收新中国成立后第一批学生。20 世纪五六十年代，金先生陆续出版了《中印人民友谊史话》《梵语文学史》《古代印度艺术理论选》等著作，其中《梵语文学史》是我国梵语文学研究的开山之作。"文革"中金先生遭遇极不公正的待遇，由于种种莫须有的罪名强加在他头上，他所受批判和迫害就愈加残酷。"文革"后金先生调到北大南亚研究所，一直笔耕不辍，出版了《印度文化论集》《旧学新知集》等著作，1988 年退休后继续坚持写作，著作颇丰，学术随笔、翻译作品、诗集和散文集频频问世，其中论著和学术随笔有《梵佛探》《谈古新痕》《文化厄言》《艺术科学丛谈》《燕啄春泥》《燕口拾泥》《书城独白》《文化猎疑》《无文探隐》《文化的解脱》《庄谐新集》《说八股》《蜗角古今谈》等;翻译作品有梵诗《伐致呵利三百咏》《印度古诗选》《〈摩诃婆罗多〉插话选》等;诗集与散文集有《中国新诗库·金克木散文选集》《当代中国散文八大家·华梵灵妙》《雨雪集》《挂剑空垄》《金克木散文选集》《金克木小品集》《末班车》等。无论在学界还是文坛,金先生都堪称佼佼者,"文革"初期笔者去范文澜那里了解季羡林的情况,范先生说,金克木也与季羡林一样,都是"国宝";后来又听说有一位老先生这样讲:钱锺书去世后,就属金克木的学问最好。

2000年8月1日,金先生去世前4天,在病榻上度过了米寿,他笑着说:"今天是我的生日啊,我是哭着来,笑着走。"

季羡林在《口述人生》中提到:"金克木这个人有才气,他没上过大学,在印度待过几年。"还说过:"金克木是神童,我只是中等之才。"季羡林住院期间,北大学兄卞毓方有一次前去探望,提起了金克木,他说:"实在不敢赞一词,金克木很聪明……"然后举了两个例子,一是金先生只有小学学历,却能当上北大教授;二是金先生是教梵文、印地文的,却能在北大礼堂给全校师生大讲辩证唯物主义和历史唯物主义。无独有偶,张中行先生评论说:"我觉得一个人肚子里有十分,说出八分就行了,像周二先生(周作人),读他的东西,就像一个饱学之人,偶尔向外露了那么一点,可金先生正好相反,是肚子里有十分,却要说出十二分。"(扬之水:《〈读书〉十年(一)》425页——笔者)20世纪60年代初笔者在北大读书时,金克木正是东语系印地语教研室主任,但没有听过他的课。在校期间,金先生与我们班的联系似乎没有季羡林那样密切。后来,我们才听说二人之间有些磕磕碰碰,但并不知其详细,权做一种庸俗的解释——"一山不容二虎",同行间才是赤裸裸的仇恨。近来,笔者在蔡德贵的《季羡林年谱长编》中读到,1958年3月20日,季羡林在《致金克木先生》的大字报中写道:"希望你挺身而出,正视现实,抓紧时机,鼓起干劲,挖一下自己思想的根,把那些不健康的东西挖掉,把自己改变成一个又红又专、朝气蓬勃、身体健康的教育和科学研究工作者,再为人民服务三十年!"笔者在此无意胶着于对二位先生之间的是非月旦,正如卞毓方在其《天意从来高难问——晚年季羡林》一书中写道:"季先生和金先生即使有碰撞,也多半是学问上的事儿,同事同行又同为大家,到哪儿去找这样的对手?这是现代版的瑜与亮,应该从更积极的角度去看。"不管怎么看,笔者也深感二位先生的道德文章可与日月同辉,彪炳千古。

马坚(1906—1978),云南个旧市沙甸人,1929年中学毕业后来到上海伊斯兰师范学校读阿拉伯语,1931年就读于埃及开罗爱资哈尔大学宗教学院,开始译埃及著名学者穆罕默德·阿布笃的《回教哲学》,1934年由上海商务印书馆出版,并将《论语》译成阿拉伯文,

1935年由开罗古籍出版社出版。1935年转入爱资哈尔大学阿拉伯语言师范学院继续深造，1936年译埃及著名学者侯赛因·吉斯尔的《伊斯兰教真相论文集》（中文译名《回教真相》），1937年在上海出版。1939年结束长达8年的留学生涯，1940年在上海参加中国回教学会译经委员会，译白话文《古兰经》。1941年在重庆出版《伊斯兰教育史》，1942年受聘于云南大学，开设伊斯兰文化讲座，《回教哲学史》在重庆出版。1945年完成汉译白话文《古兰经》初稿。季羡林在《口述人生》中提到，"马坚先生、金克木先生是我把他们请来的"，但蔡德贵的《季羡林的一生》书中说："经向达和白寿彝教授推荐，北大文学院院长汤用彤教授代表北大聘请马坚到北大任教。1946年10月，马坚偕夫人马存真到北京，在北京大学开设阿拉伯语专业。季羡林也于稍晚一些时间到系，从此马坚与季羡林成为同事。"

季羡林在《口述人生》中又提到，马坚"原来在伊斯兰教圈子里没有什么名气。后来他写了两篇文章，第一篇是《回民为什么不吃猪肉？》，第二篇是《穆罕默德的宝剑》。这两篇文章让毛泽东主席看见了，毛主席就派胡乔木（在清华时是我的同学，不同系）去找我，我那时候住在翠花胡同。找到我啊，胡乔木说'毛先生派我来，主要是传达他对马坚教授的那两篇文章的看法，那两篇文章毛先生评价很高，认为对团结少数民族起了作用'"。胡乔木来见季羡林，转达毛泽东对马坚的两篇文章的评价，这应该是1951年年初的事。马坚于1946年10月刚来北大时，据季羡林回忆，"牛街大阿訇马松亭校长送了一些学生给胡适。这些学生当时如果考，那是考不上的，当时清华、北大是很难考的。所以这次不是正式招生的，胡适也真给面子了。后来这批人在我国驻阿拉伯国家使馆里边当参赞的，当武官的都有"。看来，马先生为培养我国首批阿拉伯语人才做出了不可磨灭的贡献，他所编写的阿拉伯语教材一直为国内各高等院校沿用至今。

可是，20世纪50年代以后，尤其1962年中共八届十中全会后全国大抓阶级斗争，人们头脑中的这根弦儿绷得越来越紧，甚至在高等学校文科教材编写上也表现出来。有一次，东语系阿拉伯语教研室选了一篇阿拉伯著名作家描写尼亚加拉大瀑布的文章，语言生动流畅，是一篇朗朗上口的文章，然而这篇选来的课文却遭来非议，说什么"把一个资本主义国家的风光写得如此美丽，岂不是长资本主义的威风吗？"系主任季羡林只好出面调停，特意让人将这篇课文译成中文，供大家讨论。马先生因此在"文革"中被批斗，笔者记得当时"造反派"抓住他说的一句话——"我的教材里塞不进马列主义"——大打出手，必欲置之死地而后快。

其实，1960年毛泽东在一次接见各国青年代表时，马坚任翻译，毛泽东向外宾介绍中国共产党的统一战线政策时，说道："马坚先生是信仰伊斯兰教的，不是共产党员，我是信仰马列主义的，是共产党员，但这不妨碍我们一起工作和合作呀！如果没有他，你们讲的阿拉伯语我听不懂；我讲的汉语你们也听不懂，现在我们彼此沟通了，这就是说我与马先生合作得很好嘛！"另据季羡林回忆："有一次中南海派人来，说是毛主席要接见阿拉伯国家领导人，请马坚教授做阿拉伯语翻译。马坚当时要洗澡。哎呀！我急得浑身冒火，那边等着接见，这边还得等人家洗澡。"就是这样一位曾被毛泽东信得过的老先生，却在人们高喊"一句顶一万句"的时候遭遇不公正的待遇，岂非咄咄怪事！

还记得，1973年，有一天北大工宣队搞了一些麸子，做成糠窝窝，又蒸了一些糖三角，每人各发一个，要求先吃糠窝窝，后吃糖三角，叫作"忆苦思甜"。马先生没听到吃的要求，把二者合起来吃了，结果招致现场批判，被勒令写出书面检查。次日，东语系贴出了他的检查："昨日我没有先吃糠窝窝，后吃糖三角，而是一起吃了，这不符合工宣队的要求，因此我作检查——人老心红战斗队，67岁队员马坚。"这真够得上一则政治幽默，是对那场"革命"的绝妙讽刺。

于道泉（1901—1992），山东淄博人，其父于丹绂是我国第一批派往日本的留学生，毕业于日本早稻田大学，回国后任山东第一师范校长，是山东教育界的老前辈，山东近代教育的奠基人。于先生是陈云夫人于若木的哥哥，早年就读于齐鲁大学、北京大学，攻数学。1934年赴

于道泉与妹妹于若木

法国巴黎索邦大学留学，研修藏文。1938年—1947年任英国伦敦大学东方非洲研究院高级讲师。后来回国在北平中央研究院历史语言研究所工作过，与赵元任合译《第六代达赖喇嘛仓央嘉措情歌》，著有《藏语口语字典》《北京图书馆馆藏满文目录》等书，为中国藏学研究走向世界做出了卓越的贡献。于先生具有语言天赋，精通藏语、蒙语、满语、英语、法语、德语、土耳其语和梵语。

1946年8月，北大胡适校长致函远在伦敦大学的于道泉，欢迎他回国任北大东语系蒙藏文教授。1949年4月于道泉回到北京，季羡林与他磋商，确定开设藏语专业，请他担任组

长。同时,于先生还接受了新闻总署署长胡乔木的邀请,参与中央人民电台新设藏语翻译和播音小组的筹备工作。1952年全国高校院系调整后,于先生调到中央民族学院,为国家培养了大批藏语人才。

"文革"中于先生也在劫难逃。在一次200多人参加的批判会上,师生们对他的批判发言已经进行了三个小时,他却一直端坐在一根柱子后面,一手抚摸下巴,一手拔自己的络腮胡子,全神贯注,进入沉思状态。主持人叫道:"于先生!于先生!"他却一声不吭。主持人急了,提高嗓门大声喊道:"于道泉!"他这才被惊醒,懵懵懂懂地问:"什么事?"主持人说:"刚才大家帮助你三个小时了,你也表个态,说几句嘛!"于先生恍然大悟,说:"对不起,我一句也没听见。"引得大家哄堂大笑。原来,他已弃绝尘世,进入冥想王国,正在琢磨着他的"一对多"的翻译机械化问题。早在1956年他就开始研究这个问题,当时有人认为这是幻想,说他不务正业。"文革"中他利用蹲"牛棚"的机会冥思苦想,终于发明一套"数码代音字",认为可以供翻译机械化使用,可见他当时就思考出一套可以在电脑上使用的汉文和藏文的软件系统了。1982年8月,在北京召开的第50届国际汉藏语言学学会上,于先生提交了一篇论文《数码字简表:数码字与罗马字对照表》,文中列举了他所设计的数码代音字用来拼读汉字和藏文规则。季羡林晚年回忆说:"于道泉这个人,是个天才。那时候,陈寅恪先生在伦敦治眼睛。于道泉怕他寂寞,就到医院去陪他。于道泉给陈先生读《资本论》,讲马列主义。陈寅恪先生腻歪透了,又不能说你别来了。于道泉一会儿研究鬼,一会儿搞无土栽培,实际上是个歪才。你'抓'不住他,他就一事无成,后来我就把他抓了一下……(于道泉)外号叫于大喇嘛,有一段时间住在雍和宫,学藏文、学蒙古文,很有点才能的……你不'抓'他,他就东一下西一下瞎搞。研究鬼和无土栽培,相差不可以道里计,但是他就这么搞。他不是在英国念书么,回来以后,先住在陈云家里边,后来他出来了,开始先在北大东语系,后来北大东语系中间改革了一下,国内的语言归到了中央民族学院去了,于道泉和马学良后来就合并到中央民族学院去了。马坚、金克木先生留下了。"这里季羡林提到的马学良,笔者也附带说几句。马学良(1913—1999)与季羡林是省立济南高中的校友,但他比季羡林晚四届,在校时二人不可能见面。1932年,济南高中校长在全校夸奖一名叫季羡林的学生同时考取清华和北大,用这个例子来激励学生。马学良从此以季羡林为榜样,勤奋刻苦学习,1934年终于以优异的成绩,考上了北大中文系,并深受国学大师的器重,可谓得"天时、地利、人和"者也。

北大东语系刚刚组建时,确乎是一张白纸,从教学上来看,既无现成的教材,也无教学经验,一切要从零开始;经过两三年的艰苦奋斗,初步摸索出一条路子,出现了蒸蒸日上的大好局面，为以后的进一步发展奠定了坚实的基础。这既有季羡林本人的功劳，也是全体教师努力的结果。在搞好教学的同时，季羡林一方面继续坚持搞自己的科研，一方面又充分发挥各个专业（语种）教师的特长，集腋成裘，群策群力，使得全系的科研工作也出现了新局面。1951年4月—11月，由季羡林、张礼千、李有义、马学良主编的《新时代亚洲小丛书》，陆续由上海东方出版社出版，其中有吕毅、陈玉龙著《越南人民反帝斗争史》，陈炎著《战斗中的马来西亚》，马超群、李启烈译《朝鲜民族解放斗争史》，郭应德著《维吾尔史略》，王宝圭著《缅甸人民的解放斗争》，任美锷编著《东南亚地理》，[日]渡部彻著、陈信德译《日本劳动运动史》，[越]长征著、黄敏中译《论越南八月革命》，马霄石著《西北回族革命简史》，白寿彝著《回回民族底新生》，陈肇斌、王清彬著《美帝国主义奴役下的日本经济》等。这些作者都是学有专长的老师，其中有的笔者在北大读书时还交往过，他们的著作也收集过。他们所以能够写出这样的作品，完全因为新中国的诞生使他们焕发了青春活力，紧握手中的笔欢呼东方革命的胜利。正如季羡林所说，那时他们"看一切都是红艳如玫瑰，光辉似太阳，愿意为祖国的建设事业贡献自己的一切"。总之，季羡林历来重视发挥集体的力量和智慧，善于调动一切积极性。北大东语系在经历了非常时期被批判为"智育第一，业务至上"以后，又在季羡林的率领下，解放思想，锐意进取，集四方之力，包括国内的和国外的，从20世纪90年代开始了《东方文化集成》《神州文化集成丛书》等多项重大的学术工程。

工会主席

读者也许会问："像季羡林那样的斯文的知识分子，'文革'中又曾被打成'资产阶级教授'，当年还能是工会主席吗？"不，季羡林确实当过工会主席，而且当得很称职。

前已提及，季羡林回国后不但被破格聘为教授和东语系主任，而且还被授予三项桂冠，一是北大教授会成员，二是北大文科研究所导师，三是北平图书馆评议会成员。用他自己的话说，其成员"皆为饱学宿儒，我一个30多岁名不见经传的毛头小伙子，竟也滥竽其间，我既感光荣，又感惶恐不安……它对我从那以后一直到今50多年在北大的工作中，起了而且还在起到激励的作用。"

确实，季羡林对于承担的每一项工作，都能尽职尽责，干得挺好，自然受到领导和群众的信任和拥护。可是，这到底与"工会"有何关系呢？他曾经介绍说：

> 我平生获得的第一个"积极分子"称号，就是"工会积极分子"。北京刚一解放，

我就参加了教授会的组织和领导工作。后来进一步发展，组成了教职员联合会，最后才组成了工会。风闻北大工人认为自己是领导阶级，羞与知识分子为伍组成工会。后来不知什么人解释、疏通，才勉强答应。工会组成后，我先后担任了北大工会组织部长，沙滩分会主席。在沙滩时，曾经学习过美国竞选的办法，到工、农、医学院和国会街北大出版社各分会，去做竞选演说，精神极为振奋。当时初经解放，看一切东西都是玫瑰色的。为了开会布置会场，我曾彻夜不眠，同几个年轻人共同劳动，并且以此为乐。当时我有一个问题，怎么也弄不清楚：我们这些知识分子同中华人民共和国的领导阶级工人阶级是什么关系呢？这个问题常常萦绕在我脑海中。后来听说一个权威人士解释说：知识分子不是工人，而是工人阶级。我的政治理论水平非常低。我不明白：为什么不是工人而能属于工人阶级？为了调和教授与工人之间的矛盾，我接受了这个说法，但是心里始终是糊里糊涂的。不管怎样，我仍然兴高采烈地参加工会的工作。一九五二年，北大迁到城郊以后，我仍然是工会积极分子。我被选为北京大学工会主席。北大教授中，只有三四人得到了这个殊荣。

偌大一个北大，教授肯定不少，但享此殊荣者却寥寥无几，真是难得啊！而且，其中只有季羡林是搞古文字的，堪称语言学专家，本来与社会，抑或与政治较少接触，但他却风风火火地干起工会的事儿来。其他几位的情况怎样呢？据季羡林介绍，"钱端升当过工会主席，而后是金岳霖当工会主席"。看来，这与他们二人所代表的学科和个人表现不无关系。钱端升（1900—1990），著名政治学家、中国现代政治学奠基人，时任北大法学院院长。尽管他思想上积极要求进步，愿意为人民服务，当上了工会主席，但遗憾的是，正是因为政治学的敏感性，在1955年中国科学院第一次学部委员大会上，他作为原中央研究院院士，竟无缘当选哲学社会科学学部委员，而季羡林则于1956年当选。金岳霖（1895—1984），著名哲学家、逻辑学家，时任北大哲学系教授。他1953年加入中国民主同盟，1956年加入中国共产党，季羡林也于同年入党。他说过："解放后，我们花大功夫，长时间学习政治，端正政治态度。我这样的人有条件争取入盟入党，难道我可以不争取吗？不错，我是一个搞抽象思维的人，但是，我终究是一个活的、具体的人。"有人说，金岳霖的转变乃是一个时代知识分子的普遍选择，这当然没错儿。季羡林在清华时听过金岳霖先生的课，对他非常尊重，后来在一篇文章中写道："金岳霖先生是伟大的学者，伟大的哲学家，他平时非常随便，后来他在政协待了很多年，我与金岳霖先生同时待了十几年，开会时常在一起，同在一组，说说话，非常随便。有一次开会，金岳霖先生非常严肃地作自我批评，绝不是开玩笑的。什么原因呢？

原来他买了一张古画，不知是唐伯虎的还是祝枝山的，不清楚，他说这不应该，现在革命了，买画是不对的，玩物丧志，我这个知识分子应该做深刻的自我批评，深挖灵魂中的资产阶级思想，不是开玩笑，真的！当时我也有点不明白，因为我的脑袋也是驯服的工具，我也有点吃惊，我想金先生怎么这样呢？这样表现呢？"不管怎样，从季羡林、钱端升、金岳霖当选工会主席这件事上，应该看到这是新中国成立初期知识分子要求思想进步的一种表现。无论何时，为人民服务总是值得提倡和发扬光大嘛！

还有一位前辈也与季羡林在工会工作过，那就是陈岱孙先生。陈岱孙（1900—1997），著名经济学家，早年留学英、美、法，在哈佛时与宋子文是同窗，时任北大经济系教授。季羡林在清华时，他是经济系主任兼法学院院长。2007 年 7 月 13 日，季羡林接受《人民日报》高级记者卞毓方采访时说："陈老原来是我的师辈，后来在北大一起搞工会，在全国政协，又分在一组——社科组，混得很熟，成了无话不谈的好朋友。有一阵子，陈岱孙和我成了北大的象征，有什么要紧事，总是让我们两人同时出席……"可见，季羡林当时工会工作干得很出色，备受拥护，名噪一时。

一般说来，工会工作无非是处理吃喝拉撒之类的事儿，但从中能够潜移默化，培养群众观点和朴实无华的作风。季羡林说："新中国成立后，我是北大的工会干部，一直当到主席。工会干部穿西服，不伦不类，穿中山装，就显得跟工人靠近，穿着穿着，就成了习惯，习惯成自然，等到全社会都西服化，我就成了守旧落伍分子。"原来，他那招牌式的蓝色卡其布中山装的出处正在这里，当然还有更为深层次的缘由，此不赘述。直到 20 世纪 80 年代初，那袭中山装又引出一则众所周知的故事——刚来报到的新生误以为季羡林是学校的工友，委托他来看管行李……还有，笔者当年在北大读书时，听到季羡林跳水救人的故事，但不知详情如何。近读蔡德贵编《季羡林年谱长编》，其中也有短短一句话：1963 年前后在朗润园后湖跳水救出一名五六岁的落水儿童，湖中水深 1.75 米。无风不起浪，这事儿想必也是真的。诚然，季羡林从未承认过知识分子是工人阶级，认为它既不是某个阶级，也不是某个阶层，但是看看他的表现，难道能说知识分子没有工人阶级的思想感情吗？当然，这是从 20 世纪 50 年代季羡林从事工会工作引起的话头儿，在此只是为了回顾一下那段历史而已。

闲话少叙，书归正传。当时，季羡林身兼数职，事务颇多，其中工会工作做得有声有色。比如，在抗美援朝运动中，他曾以工会主席的身份主持欢迎战斗英雄张积慧的大会。那天北大的民主广场人山人海，当击落美国"王牌飞行员"的英雄出现在主席台上时，人群中响起了热烈的掌声。音乐家时乐蒙也前来助兴，唱起了"二呀么二郎山，高呀么高万丈"的曲子。季羡林还为抗美援朝组织过几次募捐活动，有一回在五道口剧院举办的募捐演唱会上，著名老旦李多奎表演了精彩节目。

另据季羡林说："还有一次工会组织活动是欢迎陈毅回校。后来陈毅讲，我哪儿是北大毕业的啊？那时候，是他在中法大学挂了个名，中法大学根本没有什么影响。他就在沙滩的中老胡同租了间房子，到北大旁听。所以他说，我这个校友是这么来的。"

那时，季羡林精力旺盛，热情洋溢，经常奔走于广大师生中间，在教学、科研、工会以及其他活动中不停地忙碌着，渐渐地，他的声望日隆，威信倍增，终于在1951年当选为北京市人大代表。"人民代表"可谓人民给予的最高荣誉，肩负着为人民办事的神圣责任。于是，季羡林又成了下情上传、上情下达的人民勤务员。请看，《北京大学纪事》有如下记载：

> 1951年3月9日下午，学校召开全校师生员工大会，内容：北大参加北京市第三届人民代表会议的代表钱端升、季羡林等传达市人代会的决议，并详细报告了大会对北大所提出的39个提案的处理经过。师生们听到自己的意见被提到大会讨论并有了结果，都感到兴奋、满意。

这里，确实有季羡林的一份心血。因为人民代表来源于基层，扎根于人民群众之中，北大虽然很大，牌子很硬，但它毕竟是全国高校中的一所，也属于基层，所以季羡林必须耐心倾听师生们的各种建议，全面了解情况。

那时，季羡林忙得团团转，甚至连正常的生活秩序都被打乱了。早晨，他再也不能像从前那样，坐在红楼前饭铺里的长板凳上，悠闲地喝着豆腐脑，间或跟熟悉的人聊上几句，而是从烤白薯的小摊上买一块烤白薯，边走边吃，就像校园里的学生习以为常的吃法；中午，他时而去食堂吃饭，时而就把早已准备好的两个烧饼拿出来，泡一杯热茶，权作一顿午餐；晚上回到单身宿舍，他也只是凑合着填饱肚子。看看他那时的照片，确实显得清瘦了许多，但仍然精力充沛，全身心地投入。幸好他无后顾之忧，济南老家由夫人、婶母照料，儿子和女儿也已高中毕业，考入大学，只要寄回一点儿钱就心安理得了。

再说，那时的各种会议也开始多起来，虽然不像后来政治运动来临时有人发出"春花秋月何时了，开会知多少"的慨叹，但由于季羡林兼职多，各种名目的会也多，使他应接不暇。说到这儿，笔者想起叶圣陶先生在新中国成立初同样遇到会务缠身的窘境，在他看来，新中国的会多固然是因为事情多需要讨论，然而形式主义的弊端却有抬头，反复参加一些大致类似的会议，听许多几乎完全相同的发言，相当没有意义。季羡林绝非是"开会迷"，为了应对这种无法回避的情况，他发明了如何参加会议的"专利"。正如张光璘在《季羡林先生》

一书中写道:"凡是同季羡林一起开过会的人,都会知道他参加会议的几大特点:一是提前十分钟到会场,绝不迟到;二是发言不说空话、套话,言简意赅,说完就完,绝不拖泥带水;三是语言生动有趣,偶尔说几句诙谐幽默的话,引得哄堂大笑,使会议气氛十分活跃;四是他主持会议到点散会,绝不拖延时间,让与会者都能吃上饭。"

超负荷的运转,已使季羡林精疲力竭,看来该到那避风的港湾停歇停歇了。果然,他遇到了一次机会……

出访印度和缅甸

1951年金秋时节,中国政府派出新中国成立后第一个大型代表团——中国文化代表团访问印度和缅甸。这次访问是新中国开展全面外交工作的一部分,目的在于和两个周边国家建立和发展友好关系,宣传新中国的崭新面貌,加强彼此了解和文化交流。因此,中央领导对此次访问十分重视,周恩来总理亲自过问代表团的组建情况,并亲自审定到国外展览的图片、敦煌壁画摹本、工艺美术作品和7部电影。事实证明,这次访问不负众望,达到了预期效果,其中意义最为深远的是,它为3年后即1954年6月周恩来总理应邀访问印度和缅甸,确定以"五项原则"作为指导中印、中缅关系的基本准则,起到了思想舆论的准备作用。

下面,就来看看这次访问的具体情况。

1951年9月20日,新华社公布了代表团组成名单:

团长:中央人民政府政务院文化部副部长、物理学家丁西林

副团长:经济学家李一氓

团员:前北京大学历史学教授陈翰笙,文物局局长、文学批评家、小说家郑振铎,小说家刘白羽(兼代表团秘书长),清华大学中国哲学史教授冯友兰,清华大学物理学及应用数学教授钱伟长,中央美术学院教授、画家吴作人,北京大学经济学教授狄超白(兼代表团副秘书长),北京大学东方语文学系教授季羡林,戏剧家、电影导演张骏祥,北京师范大学中国文学系教授叶丁易,中国红十字会总会副秘书长倪斐君(兼代表团副秘书长),画家、敦煌文物研究所所长常书鸿,中央音乐学院上海分院教授周小燕。

代表团成员一共15人(另有工作人员6人),均为精心挑选的文化界、学术界有代表性的学者、教授。临行前,印度、缅甸驻华使馆均设宴欢送代表团。那时,新中国刚刚成立,共产党对于参与外事活动人员的选拔非常严格,要求政治上必须绝对可靠;一些有国际影响的著名人士也在选拔之列,因为他们能更好地发挥作用,得到国外的信任。这是季羡林第一

次访问印度。他在德国留学 10 年，那里是"印度学"的一块"飞地"，即印度以外的研究印度学的发源地；如今他既已具备了研究印度学的真功夫，在国内外发表的那几篇学术论文的影响也已超越国界，再到"印度学"的老家溯祖穷源，广交朋友，那当然是天公作美，喜不自胜的事。再说，季羡林的现实表现也得到了组织和群众的信任，尤其他一手组建的东语系是新中国唯一的培养东方语言人才的基地，理所当然要受到国家的重视，承载人民的期望，因此与东方国家交流和交往的一些外事活动自然会落在他身上。

其实，这件事儿是以私人关系牵头的，但绝非走后门，又是大名鼎鼎的胡乔木找到季羡林头上，事先跟他吹吹风，打个招呼。当胡乔木来信将此事告诉他并征求意见时，他欣然同意了。事有凑巧，在此之前，即 1951 年 6 月 22 日，《人民日报》新增四版刊登了胡乔木的《中国共产党的三十年》一文，多达四五万字。从此，广大读者甚至苏联的斯大林都知道了中国共产党有这样一个了不起的笔杆子。季羡林不会不读这篇文章，对老同学的才华和成就自然非常欣赏，眼下人家又关心自己出国的事儿，他当然要表示感谢。这里，笔者再附带介绍一件事儿，即 20 世纪 80 年代，胡乔木曾约季羡林一起到甘肃敦煌参观，却被他婉言谢绝了。为什么？用季羡林的话说，"一想到下面对中央大员那种逢迎招待、曲尽恭谨之能事的情景，一想到那种高楼大厦、扈从如云的盛况，我那种上不得台盘的老毛病又发作了，我感到厌恶，感到腻味，感到不能忍受。眼不见为净，还是老老实实待在家里为好。"季羡林不愿见"摧眉折腰事权贵"，此不是可窥一斑吗？

代表团 9 月 20 日从北京出发。前往车站欢送的有政务院文化教育委员会副主任兼文化部部长沈雁冰、文化教育委员会秘书长兼新闻总署署长胡乔木、出版总署署长胡愈之、外交部副部长章汉夫、文化部副部长周扬、教育部副部长韦悫、新闻总署副署长萨空了、政务院文化教育委员会对外文化联系事务局局长洪深、人民革命军事委员会总政治部文化部部长陈沂、中国人民保卫世界和平反对美国侵略委员会副秘书长吴茂荪、中国人民救济总会秘书长伍云甫、中华全国文学艺术界联合会秘书长沙可夫、外交学会副会长周鲠生以及各人民团体代表共 100 余人。

代表团转道武汉赴广州，在那里停留了个把月时间，把发言稿和文件译成英文，完成最后的准备工作。这是季羡林第一次来广州，他急于见到的唯一的人便是陈寅恪先生。"无端来作岭南人"，如今分别已经 3 年，陈先生的情况到底如何呢？如同《诗经》所说"逝将去汝，适彼乐园"，季羡林深信陈先生会适得其所，安度晚年的，因为他对不去台湾的决定虽九死而无悔。但是，他现在的身体如何呢？他的视力难道真的不能恢复吗？那天，秋高气爽，风

中国文化访问代表团合影留念

和日丽,季羡林来到岭南大学,在文学院院长王力先生的陪同下,拜谒了陈寅恪先生。陈先生自然欣喜万分,陈师母还做了福建菜招待他。季羡林见陈先生的眼病并未见好,而在加重,但还能看见眼前的白色的东西。他发现,陈先生楼前的草地上铺了一条白色的路,供他散步之用。碧绿与雪白相映照,宛如神话般的意境。这种设计和安排,原来是上面领导,也就是陈毅和陶铸命人做的。季羡林立刻想到,这会给陈先生带来多大的欣慰啊!最后,师生俩依依惜别,但谁会想到,这竟是一次诀别——在以后的近 20 年中,季羡林未能再见到陈先生……

代表团又转道中国香港,然后乘船途经新加坡,到达缅当时的首都仰光(今首都为内比都)。中缅两国山水相连,唇齿相依,季羡林来到这里就像回家一样。当船驶进伊洛瓦底江时,只见远处的云霭缥缈中,一座高塔耸立于蔚蓝的晴空,闪烁着耀眼的金光,那便是举世闻名的大金塔。次日,季羡林和代表团其他成员便去参观大金塔,他们赤着脚走过长长的两旁摆满了花摊的走廊,一步步地走到了大金塔跟前。这真是一个奇妙的地方,殿堂林立,佛像成排,许多善男信女长跪在佛像前,闭目合掌,虔心祷祝……季羡林最感新鲜有趣的还是大金塔本身,庞大的塔体上竟然糊满了金纸,看上去仿佛用黄金铸成,闪射出的金光把周围的楼阁殿堂、花草树木都化成了金黄色……从此，这座神奇的大金塔连同这个美丽的城市，便深深地扎在季羡林的心中。他一生6次来到仰光，每次必来大金塔瞻仰。

行色匆匆，代表团只能暂时与仰光告别，于10月28日乘飞机抵达印度的加尔各答。那天，天空格外晴朗，代表团来到第一个与中国建交的非社会主义国家，大家的心情格外激动。飞机还没有着陆，印度大地的美丽景致便映入季羡林的眼帘：河流交错，树木葱郁，稻田棋布，小村点点，好一派锦绣山河……飞机降落在加尔各答机场时，眼前的情景更让他陶醉了。他在《到达印度》的一篇散文中写道：

> 我终于走下了飞机，踏上了印度的土地。飞机场上挤满了人，大概总有两三千吧。站在最前列的人是从印度首都新德里飞来的印度政府的代表、加尔各答市政府的代表和各人民团体的代表。稍远的地方，不知道是在木栅栏以内，还是木栅栏以外，有许多人排队站在那里，里面有华侨，也有印度人民，他们手中高举着五星红旗和别的旗子。一阵热烈的握手之后，我们每个人的脖子上都套上了四五个或更多的浓香扑鼻、又重又大又长的花环，仿佛要把我们整个的脸都埋在花堆里似地。……在激昂的呼声中，我们渐渐被人潮涌出飞机场。我们前后左右全是人，每个人都有一张笑脸对着我们。在不远的地方，大概是在木栅栏以外吧，有一队衣服穿得不太好的印度人，手中举着旗子一类的东西，拼命对着我们摇晃。我们走过他们面前的时候，蓦地一声"毛泽东万岁"，破空而下，这声音沉郁、热烈，而又雄壮，仿佛是内心深处喊出来的，里面充满了火热的爱。……是他领导我们站了起来的，我今天非常具体地有了站了起来的感觉。

季羡林的这种心情是完全可以理解的。新中国成立后，1949年12月30日，印度尼赫鲁政府宣布与逃到中国台湾的蒋介石国民党政府断绝一切关系，承认中华人民共和国。1950年4月1日，印度与中国正式建交，从而揭开了中印两国和两国人民友谊的新篇章。20世纪50年代，"印地—秦尼帕依帕依"（中印人民是兄弟）的口号深入人心，两国在国际舞台上互相支持，密切合作，共同创立了和平共处五项原则。印度是首先提出恢复中华人民共和国在联合国合法席位的国家之一。1950年朝鲜战争爆发后，印度表示愿意协助和平解决朝鲜问题，但被美、英政府拒绝。1950年12月，印度和巴基斯坦等国家在联合国大会上提出了"十三国提案"，主张朝鲜问题必须在联合国范围内解决，为此应该把中国台湾代表从联合国驱逐出去，恢复中华人民共和国在联合国的合法席位和权利。印度政府还反对联合国把中国的抗美援朝谴责为中国"侵略"的决议……这一切事实不但表明印度对中国的友好和支持，而且说明只有中国人民取得了独立和解放，腰杆子硬起来，才能受到世界上一切爱好和平、主持正义的国家和人民的尊敬和热爱。印度人民当然也如此。季羡林深感自己是作为"友好使者"而来，要为促进中印两国人民的友谊，有一分热，发一分光。

代表团的下一站是印度首都新德里，季羡林作为先遣队成员先期抵达，住进中国驻印度大使馆，后来又与冯友兰、丁西林、李一氓等人被特邀下榻在印度总统府。他们先后访问了德里大学、阿里加大学，参观了德里红堡、泰姬陵、阿格拉红堡、圣雄甘地墓。在离开新德里时，代表团受到印度总统普拉萨德、印度总理尼赫鲁和教育部长阿萨德的接见，并出席印度外交秘书梅农和印中友协举办的招待会。

季羡林是研究印度佛教和印度文学的，因此他很想去游览印度的佛教圣地。果然，代表团离开新德里到达孟买，便乘印度空军的飞机飞抵阿旃陀石窟和爱里梵陀（象岛）石窟参观。

中国文化代表团员在泰姬陵前合影留念

这两座佛教石窟规模宏大,阿旃陀石窟堪与中国的敦煌石窟相媲美。代表团还访问了印度安得拉邦首府海德拉巴、西南角的柯钦和最南端的科摩林海角。然后,代表团折向西北行,瞻仰了举世闻名的位于中央邦的桑其大佛塔,以及比哈尔邦境内的多处佛教圣地,如大菩提寺、那烂陀遗址、灵鹫山等。最后,季羡林还特意来到印度诗圣泰戈尔1921年创办的国际大学,并在那里住了两夜,参观了泰戈尔故居和泰戈尔展览馆。

1951年12月9日,代表团告别印度,又回到缅甸,在东枝等地参观访问后,于1952年1月24日回到北京。

这真是一次名副其实的远游,因为它耗时多,行程长,所到之处洋溢着浓浓的友好气氛。直到晚年,季羡林还在回忆这次印缅之行:

> 我不能忘记,我们曾经在印度洋的海船上,看飞鱼飞跃。晚上在当空的皓月下面对浩渺蔚蓝的波涛,追怀往事。我不能忘记,我们在印度闻名世界的奇迹泰姬陵上欣赏"琼楼玉宇,高处不胜寒"的奇景。我不能忘记,我们在亚洲大陆最南端的科摩林海角沐浴大海,晚上共同招待在黑暗中摸黑走了八十里路,目的只是想看一看中国代表团的印度青年。我不能忘记,在佛祖释迦牟尼打坐成佛的金刚座旁流连瞻谒,我从印度空军驾驶员手中接过几片菩提树叶,而芝生先生(冯友兰)则用口袋装了一点金刚座上的黄土。我不能忘记,在金碧辉煌的土邦王公的天方夜谭般的宫殿里,共同享受豪华晚餐,自己也仿佛进入了童话世界。我不能忘记,在缅甸茵莱湖上,看缅甸船主独脚划船。我不能忘记,我们在加尔各答开着电风扇,啃着西瓜,度过新年。一想起印缅之行,我的脑海里就成了万花筒,光怪陆离,五彩缤纷。

季羡林一生4次访问印度,6次访问或途经缅甸。再扩大一点说,作为国际著名学者和社会活动家,在长达半个多世纪中,他的足迹踏遍世界上30多个国家,而且都留下朗朗上口的散文游记名篇。他把中国人民的友好情谊带给世界人民,又把世界各国人民的友好情谊带回中国,堪称"友好使者"。

一级教授

季羡林于新中国成立后在红楼待了3年,迨至1952年9月迁到原燕京大学的校址,即著名的燕园。回顾这段岁月,正如他自己所说:"人民政府一派人来接管北大,我就成了忙人。"他在为群众的事情而忙,也在为自己的学术研究而忙。但是,他在总结1950年—1956年的学术成果时,却惊奇地发现"在整整7年中,有5年我的研究成果竟是一个零"。现在,我们先来看看他在红楼三年(1950年—1952年)的学术研究成果:

1950年

一整年,我只写了两篇文章。

1.《纪念开国后第一个国庆日》

2.《记〈根本说一切有部律〉梵文原本的发现》

没有一篇学术论文,这一年等于一个零。

1951年

这一年,我写了八篇文章。汉译马克思《论印度》出版。

1.《〈新时代亚洲小丛书〉序》

2.《语言学家的新任务》

3.《介绍马克思〈印度大事年表〉》

4.《从斯大林论语言学谈到"直译"和"意译"》

5.《对于编修中国翻译史的一点意见》

6.《史学界的另一个任务》

7.《不列颠在印度的统治》(翻译)

8.《不列颠在印度统治的未来结果》(翻译)

也没有一篇学术论文,这一年又是一个零。

1952年

这一年只写了两篇文章。

1.《随意创造复音字的风气必须停止》

2.《团结起来,拯救和平》

这一年当然又是一个零。

——摘自《学海泛槎——季羡林自述》

当然,季羡林对于这种情况并不满意,但又不仅仅表现在他一个人身上,其他许多老一辈学者也时有此例。比如,朱光潜先生因为有过在国民党受训、任职、撰文等所谓"历史问题",1949年曾被管制八个月,1952年北大思想改造运动中被列为重点批判对象。因此,朱先生自称"怯懦拘谨",直到1956年毛泽东提出"双百方针"之前,"有五六年时间我没有写一篇学术性文章,没有读一部像样的美学书籍,或者是就美学里的某个问题认真地作一番思考。其所以如此,并非由于我不愿,而是我不敢……"季羡林的情况又与朱先生有所不同,详情下章再谈。但对他来说,一个主要原因是会务缠身,兼职繁多,这对于一个视学术研究为生命般重要的人,怎能忍受得了?

除了做好系主任、工会主席、民盟成员、人大代表的工作外,季羡林还承担其他众多的社会职务,也要用去大量的时间。比如,1951年12月26日,中央人民政府政务院文化教育委员会举行第31次委员会议,决定成立中国文字改革研究委员会。会议由文教委员会主任郭沫若主持,首先由文教委员会副主任马叙伦报告了中国文字改革研究委员会筹备经过,通过了中国文字改革研究委员会名单:主任委员马叙伦,副主任委员吴玉章,委员胡乔木、韦悫、罗常培、黎锦熙、丁西林、叶恭绰、陆志韦、魏建功、季羡林、陈家康、吴晓铃、林汉达。会议还通过了中国文字改革研究委员会组织细则。1952年5月16日,中印友好协会在北京隆重成立,会长为文化部副部长丁西林,副会长为陈翰笙,理事有老舍、吴印咸、吴作人、吴茂荪、季羡林、洪深、胡愈之、陈叔亮、冯友兰、刘白羽、刘尊棋、邓拓、戴爱莲、龚普生、张明养;同年10月2日,中印友好协会会长丁西林、副会长陈翰笙举行酒会欢迎印度诗人哈林德拉纳特·查托巴迪雅亚,出席作陪的有中印友好协会理事老舍、吴作人、吴茂荪、季羡林、张明养、刘白羽,文学艺术界人士梅兰芳、夏衍、柯仲平、郑振铎、田汉、艾青、邓拓、田间、谢冰心、贺绿汀、丁善德、周小燕、马少波、张骏祥、孙慎、朱明、邹

季羡林(右3)与曹靖华(右2)等人在学术研讨会上

荻帆、华君武等人。

尽管季羡林对自己学术研究的成果并不满意，但领导和群众对他的工作和业务表现还是看得很清楚。1952 年 7 月间，院系调整快要结束时，全国高等院校进行首次评定工资活动，季羡林竟然被评为一级教授，跻身于老资格的学者专家之列。其他被评为一级教授的有：陈寅恪、梁思成、陈岱孙、王力、林徽因、郭绍虞、钟敬文等。马寅初是行政三级，相当于政府的副总理，汤用彤、翦伯赞、曹靖华是行政四级，相当于政府的省部级。当时全国共评出一级教授几十名，评审条件极为严格，如冯友兰因所谓"政治关系"问题而被评为四级教授，直到 1956 年重评时才晋升一级教授。

这里，我们再跨越时空界限，把镜头推向 1956 年的燕园。那时，又赶上一次全国评定工资活动。季羡林在回忆这件事情时说：

> 这次活动用的时间较长，工作十分细致，深入谨慎。人事处的一位领导同志，曾几次征求我的意见：中文系教授吴组缃是全国著名的小说家，《红楼梦》研究专家，中国作家协会书记处书记，我的老同学和老朋友，他问我吴能否评为一级教授？我当然觉得很够格。然而最后权衡下来，仍然定为二级，可见此事之难。据我所知，有的省份，全省只有一个一级教授，有的竟连一个也没有，真是一级之难"难于上青天"了。
>
> 然而，藐予小子竟然被评为一级，这实在令我诚惶诚恐。后来听说，常在一个餐厅吃饭的几位教授，出于善意的又介乎可理解与不可理解之间的心理，背后赐给我一个诨名，曰"一级"。只要我一走进食堂，有人就窃窃私语，会心而笑："一级来了！"我不怪这些同事，同他们比起来，无论是年龄或学术造诣，我都逊一等，起个把诨名是应该的。这是由于我的运气好吗？也许是的，但是我知道，背后有一个人在，这个人不是别人，正是锡予先生。

就是在这一年，季羡林又当选为中国科学院哲学社会科学学部委员。原来，在此前一年，即 1955 年 6 月 1 日—10 日，在北京饭店举行中国科学院第一次学部委员大会，即学部成立大会。根据国务院发布的命令，共选出 233 名中国科学院学部委员，其中自然科学学部委员 172 名，哲学社会科学学部委员 61 名。季羡林虽然未当选，却是推荐人选的历史学科的主要代表人物，其他还有哲学学科的杨献珍、艾思奇、张如心、汤用彤，语言学科的王力、罗常培、丁声树、吕叔湘，经济学科的狄超白等人。

次年召开的第二次学部委员大会上，又增选了自然科学学部委员 18 名，哲学社会科学学部委员 3 名，其中一名就是季羡林。当时对他的评语是："受旧社会的影响较小，解放后接受新事物较快，政治思想进步较大。这种人约有 54 人，以季羡林为代表。季羡林在抗战胜利后不久回国，解放前对现实略有不满。解放后当选北大工会文教部长，积极工作，努力学习政治理论及时事政策，参加抗美援朝工作。通过这一系列的现实教育和他自己的努力，政治上进步较显著。"（见高等教育部：《北京大学典型调查材料》，《关于知识分子问题的会议参考资料》第二辑，第 48—49 页——笔者）

从此，季羡林可谓"名利双收"，犹如火箭般直冲九霄。新中国成立时，从 1949 年—1952 年国家实行供给制，他的待遇是每月 100 斤小米；1952 年被评为一级教授后显然也没有多大变化；待到 1956 年被重新评为一级教授和中国科学院哲学社会科学学部委员后，情况则大大改观了，这时一级教授的工资为每月 345 元，哲学社会科学学部委员的津贴为每月 100 元。有消息称，周恩来总理在 1958—1976 年时的工资为每月 404.80 元，五位中央常委都是一个级别，邓颖超的工资为每月 342.70 元。看来，季羡林所享受的待遇确实是很高的。而且，此时的物价已不像新中国成立前夕那样突飞猛进，如果到"莫斯科餐厅"吃一次，汤菜俱全，外加黄油面包和啤酒一杯，总共才 1.5 元到 2 元，吃一只烤鸭也不过六七元。然而，谁会想到，即使在这种情况下，季羡林仍然过着俭朴的生活呢？

第十三章

燕园风云（一）

从红楼到燕园

1952年1月24日，季羡林访问印度、缅甸回国后，北大红楼发生了出乎预料的变化。本来，他怀着满腔的热情出国，又怀着满腔的激动回国，可是，当他走下飞机时，骤然产生一种异样的感觉。没错儿，在此短短的四个月中，中国高校发生了两件大事：一是进行院系调整，二是开展"三反""五反"和思想改造运动。

这里先说第一件事。

新中国成立之初，毛泽东于1949年12月访问苏联，缔结了《中苏友好同盟互助条约》，从此两国关系翻开了新的一页。毛泽东还说过，苏联共产党"就是我们最好的先生，我们必须向他学习"。这种政策导致了一股"苏联热"，当时流行的口号就是"苏联的今天，就是我们的明天"。在这种政治环境中，院系调整正是向苏联学习的结果，即按照苏联高等学校的模式，调整中国原有高等学校的"院"和"系"。调整的方针是："以培养工业建设人才和师资为重点，发展专门学院，整顿和加强综合性大学。"经过院系调整，高校的性质和任务发生了重大变化：私立学校全部改为公立，工科院校得到加强，综合性大学本来想加强和巩固，但效果并不理想。

调整后的综合性大学有：北京大学、南开大学、复旦大学、山东大学、武汉大学、四川大学、东北人民大学等。多科性工业大学有：清华大学、浙江大学、南京工学院等，并新增设北京钢铁学院、北京航空学院、北京地质学院等一大批工科和单科学院。取消燕京大学、辅仁大学、齐鲁大学、圣约翰大学、沪江大学、震旦大学、岭南大学等私立大学，将其合并到其他院校。

北京大学未名湖

北大的调整方案是：北大工学院、燕京大学工科各系并入清华，清华大学成为多科性的工业高等学校，校名不变。清华大学的文、理、法三学院及燕京大学的文、理、法各系并入北京大学，北京大学成为综合性大学。燕京大学校名撤销。调整后的北京大学包括数学力学系、物理学系、化学系、生物学系、地质地理学系、历史学系、中国语言文学系、西方语言文学系、俄罗斯语言文学系、东方语言文学系、哲学系、经济学系等13个系。

1952年9月，北京大学从城内沙滩的红楼迁至西郊原燕京大学校址。10月4日，全校举行调整后第一个开学典礼，马寅初校长发表了拥护院系调整和努力建设新北大的热情洋溢的讲话，并对刚调来的副校长（后任北大党委书记）江隆基表示欢迎。至此，北大的院系调整工作全部结束。

在这次院系调整中，北大东语系又做了适当调整，即原属于国内少数民族的语言，划归中央民族学院，东语系只保留东方外国语言。国内外均有的民族语言，如朝鲜语和蒙古语，则与中央民族学院分工培养。调整后的东语系新增加乌尔都语、波斯语，加上原有的梵语、巴利语、日本语、阿拉伯语、朝鲜语、缅甸语、越南语、印地语、印尼语、蒙古语、泰语，成为名副其实的东方语言文学系。

东语系搬进原燕京大学西校门内北侧的一栋二层的古典式建筑，定名为"外文楼"，如今已有近60年的历史了，始终没有搬过家。季羡林在这里上了31年班，直到1983年卸任系主任的职务为止。

季羡林的住处也从城内的翠花胡同搬到中关村一公寓的一套单元房里。按级别，他完全可以住进校内的燕南园或燕东园的别墅小楼，但当时他只身一人，按北大的住房政策，只能住在中关村一公寓。这里距离外文楼有二三里地远，他每天骑自行车上班。季羡林住在506号，东语系教师杨通方及夫人李玉洁住在505号，他们两家门对门。这里当时十分荒凉，连马路都没有，还谈什么商店饭馆呢？回想起在翠花胡同时，季羡林每天早晨还可以在红楼前的小摊上喝一碗豆腐脑，吃一个热乎乎的烧饼，时间来不及时买一个烤白薯，趁热吃下去，还蛮惬意的；午饭和晚饭，隔三岔五去"菜根香"打打牙祭，也算能过得去。可现在呢，他只好天天吃食堂，每天晚饭时多买一个馒头带回家，第二天早晨把馒头切成片，烤热了，再沏上一杯酽茶，外加一碟花生米，如此倒也有几分乐趣。

东语系旧址

实际上，季羡林着实亏待了自己。可是，他为什么不把叔父（1955年去世——笔者）、婶母和夫人接来北京，互相照顾和扶持呢？正如季承所说："当时我们看到，父亲一个人住在中关村北大的宿舍里，房间无人收拾，卧室由于朝北，窗户缝隙很大，吹进了很多灰尘。父亲就蜷曲着睡在床上，冬天更是寒冷。我和姐姐看了以后很不是滋味，又想到母亲和叔祖母两位也是孤苦伶仃地在济南生活，那为什么他们不能住在一起，互相照应呢？那时，我和姐姐就是想让他们团聚。于是，我们决定从我们做起，尽量多与父亲接触，增进感情，然后增进他们之间的感情。也许我们做得不够，也许是父亲不肯敞开他的感情之门，我们的努力收效甚微。"季羡林的外甥女郭金冬也说："1953年，我跟舅舅去北京考学。舅舅那时独自住在中关村的一个单元房子里。这里有三间房间，但他的书更多。屋子里全是书橱、书架，每个房间里都有一张书桌。桌子上书和稿纸，还有一些书堆放在地板上，非常凌乱。我想帮他收拾，他看到后对我说千万不要动。他说，虽然有点乱，但书放在什么地方他都有数，如果一收拾换了地方找起来会非常麻烦。特别是桌子上的东西，更不能动。"

从上面两位亲人的讲述中，我们倒是觉得，季羡林没有急于让家属来京，看来也并非只是"感情"问题,还应有其他方面的考虑……直到 1962 年季羡林才把家属接到北京。

"原罪"的代价

前已提及,季羡林从印度、缅甸访问归来,正好赶上国内发生了两件事,第一件事上面已经说过,下面再来说说第二件事。

且说,新中国成立初广大知识分子本来精神焕发,干劲十足,他们将自己的前途和祖国的命运紧密地联系在一起,决心为新中国的建设事业有多少光,发多少热。但是,中央对知识分子的政策发生了偏差。

1951 年 10 月 23 日,毛泽东在全国政协会议上强调:"思想改造,首先是各种知识分子的思想改造,是我国在各方面彻底实现民主改革和逐步实现工业化的重要条件之一。"11 月 30 日,中共中央发出《关于在学校中进行思想改造和组织清理工作的指示》,要求在校教职员工和高中以上学生中普遍开展学习运动,号召他们运用批评和自我批评的方法,进行自我教育和自我改造。于是,在全国知识界包括学校、科研机构、医院、团体等等凡是知识分子相对集中的地方,全面开展了思想改造运动。

1952 年 1 月 1 日,毛泽东号召:"我国全体人民和一切工作人员一致起来,大张旗鼓地,雷厉风行地,开展一个大规模的反对贪污、反对浪费、反对官僚主义的斗争,将这些旧社会遗留下来的污毒洗干净!"1 月 4 日,中共中央要求各单位立即限期发动群众,开展"三反"运动。1 月 26 日,中共中央又发出《关于在城市中限期展开大规模坚决彻底的"五反"斗争的指示》,要求在全国大中城市,向着违法的资产阶级开展一个大规模的坚决的彻底的反对行贿、反对偷税漏税、反对盗窃国家财产、反对偷工减料和反对盗窃经济情报的斗争。于是,在全国范围内"三反""五反"运动掀起了高潮。

在北大,1952 年 1 月成立了"节约检查委员会"领导"三反"运动,由汤用彤副校长负责,学校各级领导检查了本单位的官僚主义和浪费现象,最后处理了几个管钱管物的贪污分子,"三反"运动也就算过去了。至于"五反"运动,与北大无大干系,同样匆匆而过。唯独思想改造运动,北大不但回避不了,而且还起到了始作俑者的作用。

1951 年 6 月 1 日,在北大红楼前的民主广场,举行了欢迎马寅初校长就职的盛大典礼。暑假期间,马寅初在北大发起"暑期学习会",组织教职员学习 40 天,做法是听报告,读文件,联系本人思想实际和学校情况开展批评与自我批评。8 月 1 日,马寅初在讲话中陈述这次学习的理由是"政府交给我们北京大学的任务,是做全国的模范","要建设新中国,北大要在大学中起模范作用,搞不好对不起国家。北大是首都的大学,有光荣的革命传统","我想,北大的革命传统要保持下去,学生是进步的,教员跟着也要进步。时代向前跑,你要跟着前进"。马寅初还邀请周恩来总理来校为教职人员做了一次报告。

1951年6月1日,北大学生在民主广场热烈欢迎马寅初校长

9月7日,马寅初又给周恩来总理写了一封信。信中说,北大教授中有新思想者,如汤用彤副校长、张景钺教务长、杨晦副教务长、张龙翔秘书长等12位教授,响应周总理改造思想的号召,发起北大教员政治学习运动;信中又说,"他们决定邀请毛(泽东)主席、刘(少奇)副主席、周(恩来)总理、朱(德)总司令、董(必武)老、陈云主任、彭真市长、钱俊瑞教育部副部长、陆定一副主任和胡乔木先生为教师,嘱代函请先生转达以上10位教师"。9月9日,周恩来将马寅初的来信转给了毛泽东。9月11日,毛泽东在那封信上批示:"这种学习很好,可请几位同志去讲演,我不能去。"由于得到毛泽东的首肯,事情就好办得多了。

9月29日,周恩来总理在中南海怀仁堂向以北大为主的京津高校代表做《关于知识分子的改造问题》的报告。在报告中,周恩来以切身体会详细论述了知识分子如何正确认识思想改造,取得革命立场、观点、方法等问题。

周恩来的言传身教感染了广大教师。从此,北大掀起了轰轰烈烈的思想改造运动。

看来,无论是周恩来,还是马寅初,他们的初衷都是好的,与人为善的,但事情的结果却始料未及,

这种思想改造运动又俗称"洗澡",杨绛便写了一部名曰《洗澡》的同类题材长篇小说,知趣地描绘了那个时代知识分子思想改造的"群像"。她在小说的前言中说:思想改造又称"脱裤子,割尾巴",这些知识分子的耳朵娇嫩,听不惯"脱裤子"的说法,因此改称"洗澡"。

那么，季羡林在思想改造运动即"洗澡"中的表现如何呢？他曾回忆说：

> 解放初期第一场大型的政治运动，是"三反"、"五反"、思想改造运动。我认真严肃地怀着满腔的虔诚参加了进去。我一辈子不贪公家一分钱，"三反"、"五反"与我无缘。但是思想改造，我却认为，我的任务是艰巨的，是迫切的。笼统来说，是资产阶级思想；具体说来，则可以分为几项。首先，在解放前，我从对国民党的观察中，得出了一条结论：政治这玩意是肮脏的，是污浊的，最好躲得远一点。……思想改造，我首先检查、批判这两个思想。当时，当众检查自己的思想叫作"洗澡"，"洗澡"有小、中、大三盆。我是系主任，必须洗中盆，也就是在系师生大会上公开检查。因为我没有什么民愤，没有升入"大盆"，也就是没有在全校师生大会上检查。
>
> 在中盆里，水也是够热的。大家发言异常激烈，有的出于真心实意，有的也不见得。我生平破天荒第一次经过这个阵势，句句话都像利箭一样，射向我的灵魂。但是，因为我仿佛变成一个基督教徒，怀着满腔虔诚的"原罪"感，好像话越是激烈，我越感到舒服，我舒服得浑身流汗，仿佛洗的是土耳其蒸汽浴。大会最后让我通过以后，我感动得真流下了眼泪，感到身轻体健，资产阶级思想仿佛真被廓清。

季羡林在系里检查两次就通过了，并且取得了领导东语系运动的资格，后来甚至成了文、法两个学院的领导小组组长。

一滴水可见大海，一粒沙可知宇宙。当时，许多著名的科学家、大学教授，纷纷在会议上、报纸和刊物上做公开的自我检查，讲述自己的资产阶级思想改造的心得，说的都是过于自辱的话，妄自菲薄，负荆请罪。从此，许多知识分子为灵魂的"原罪"付出了沉重的代价……

北大的思想改造运动，最后只剩下两个"钉子户"，即西语系的朱光潜和经济系的周炳琳。他俩在院、系做过多次检查，均未通过，又在全校大会上做过三次检查，仍未通过。

毛泽东得知此事后，4月21日写信给北京市市长彭真："送来关于学校思想检讨的文件都看了。看来除了张东荪那样个别的人及严重的敌对分子以外，像周炳琳那样的人，还是帮助他们过关为宜。时间可以放宽些。北京大学最近对周炳琳的做法很好，望推广至各校，这是有关争取许多反动的或中间派的教授们的必要的做法。"

毛泽东的批示下达后，4月22日周炳琳教授在民主广场举行的全校大会上做思想总结和检查，终获通过。

朱光潜教授也随之通过检查。季羡林晚年在《口述人生》中说：

> 当时一般教员就不洗了，但教员里的特殊人物，比如张东荪的大儿子，当时的张宗燧（也得洗）。实际上，张宗燧是老二，张宗炳是老大。"结婚比嫖娼便宜"等，这是张宗燧的名言。他的名言挺多的，结果让他洗的不是"中盆"，而是比"中盆"要大一点，也不是"大盆"，比"大盆"小点。因为他的口碑不好，所以给他洗"大盆"。这个故事我讲过了：他洗啊，一次不通过，两次不通过，反正洗了几次，后来，通过了。大家拿他的发言稿来看，上面写的"哭"、"哭"以及到什么时候哭，弄得大家啼笑皆非。既然通过了，就完了。张宗燧啊，那个人聪明，但是也留下笑柄了。这有什么办法？他就是这种人。

季羡林认为自己在思想改造运动中是"双清干部"，也就是清楚，清白。综观季羡林的一生，这也是完全符合事实的。他在《口述人生》中说：

> 我这个人是从来不跟人斗的，不搞小圈子。在北大，我当了一辈子中层、高层干部，跟同事没有过矛盾。我主张大事化小，小事化了。当然，也有人认为我不对，是好人主义。除了好人主义，我还有一个主义——修正主义。什么是修正主义？主张业务至上、智育第一，就是修正主义。我这一辈子啊，幸亏"修正"了一下，要不然的话，我这个"皮"上就一根"毛"也没有了。现在留了一些"毛"，就是因为"修正"了一下。

因此，检查自己的所谓"修正主义"，便成为季羡林在以后的历次政治运动中惯用的做法，并尝到了甜头儿。他说：

> 如果这就是修正主义的话，我乐意接受修正主义这顶颇为吓人的帽子。解放后历届政治运动，只要我自己检查或者代表东语系检查能够检查这一点，检查到自己智育第一、业务至上的修正主义思想，必然能顺利过关。"文化大革命"也不例外。但是我是一个"死不改悔"者，检查完了，关一过，我仍然照旧搞我的修正主义。到了今天，回首前尘，我恍然有所悟。如果我在过去四十年中没有搞点修正主义的话，我今天恐怕是一事无成，那七八百万字的著译也决不会出现。我真要感谢自己

那一种死不改悔的牛劲了。

绝不出卖良心

在新中国成立后的第一次政治运动"三反""五反"和思想改造运动中,季羡林在"中盆"里"洗了澡",似乎感觉到褪去了不少污垢,身轻体健,痛快淋漓,满以为从此相安无事,天下太平。然而,暴风骤雨般的大批判又接踵而至,批判《武训传》,批判《红楼梦研究》,批判胡适,批判胡风,批判丁玲、陈企霞……季羡林都参加了,但并没有觉得批判本身有什么问题。换句话说,他是怀着改造旧思想、接受新思想的善良愿望参与其中的。他后来说:

解放后不久,正当众多的知识分子兴高采烈,激情未熄的时候,华盖运便临到头上。批完了《武训传》,批俞平伯,批完了俞平伯,批胡适,一路批、批、批,斗、斗、斗,最后批到了陈寅恪头上。此时,极大规模的、遍及全国的反右斗争还没有开始,老年反思,我在政治上是个蠢材。对这一系列的批和斗,我是心悦诚服的,一点没有感到其中有什么问题。我虽然没有明确地意识到,在我灵魂深处,我真认为中国老知识分子就是"原罪"的化身,批是天经地义的。

胡风

季羡林的"老年反思"是他一生说真话、不说假话的表现,在真话稀缺的年代,敢于以"真"来还原"自我",实为一位文化老人对自己的最好注脚和怀念。季羡林"认为中国老知识分子就是'原罪'的化身,批是天经地义的"。这从某种意义上反映出当时知识分子普遍的真实的心理状况。然而,面对无休止的批斗,其程度越来越激烈,打击对象越来越宽泛,他又怎能不冷静下来,重新思考一下孰是孰非呢?

批判电影《武训传》,在1951年10月毛泽东发出知识分子思想改造的号召之前就开始了。这虽然只是对一部电影的批判,与身处学术界的季羡林并无直接关系,但批判一旦在政治思想、文化艺术领域,乃至全社会形成沸沸扬扬、惊天动地的局面时,他便感到很不适应,甚至彷徨和苦闷。这种政治空气对季羡林来说不可能不产生精神压力，但他并没有在公开场合表态，也没有在公开刊物上发表批判文章。

紧接着是对电影《早春二月》的批判。之后，又开始了对俞平伯的《红楼梦研究》的批判，以及胡适资产阶级唯心论思想的批判，这又是一次"反对资产阶级思想的严重斗争"。

在这次批判中，北大作为全国的最高学府绝不会落后，季羡林也要投身其中。据他回忆说："我对幕后的活动并不清楚，估计也有安排，什么人发动，然后分派任务，各守一方，各司其职。最后达到了批倒批臭的目的，让所谓的'资产阶级学术思想'成为过街的老鼠，人人喊打。"1954年12月1日，由北大工会出面召集文科部分教师和文学研究所研究人员举行座谈会，讨论如何通过《红楼梦》研究进一步开展学术批判的问题。会议主持人正是工会主席季羡林，而党委成员无一人参加，校长马寅初只作为教授出席，常务副校长江隆基代表学校给会议定下调子。而季羡林与这两位被批判者俞平伯和胡适都有师生之谊。

对于胡适先生的批判，季羡林更是如此。

这场对俞平伯、胡适的资产阶级学术思想的批判，很快又扩展到揭露和批判"胡风反革命集团"。

季羡林在批判胡风乃至后来批判丁玲、陈企霞的运动中仍然按兵不动，因为他与他们几乎没有任何关系。季羡林从来未说一句批判的话，未写一个批判的字，这不见得他有多么高明，多么有远见，只不过他对胡风及其作品知之甚少。季羡林对人对事一向极为认真，绝不会采取任何不负责任的态度和轻率的做法。

最后，再来看看陈寅恪先生遭受批判时，季羡林的表现如何。

1948年12月，陈寅恪先生与胡适一起同机抵达南京，然后转道上海去广州，最后留在那里。在那兵荒马乱、时局莫测之时，陈先生没有去中国香港，也没跟国民党去台湾或出国，乃为他相信中国共产党能建设好新中国的铁证！因此，共产党对他的表现是认同的，他在任教于岭南大学和中山大学期间，受到了周恩来、陈毅、陶铸等领导同志的关怀照顾。

然而，树大招风，对于陈先生这样的固守"独立精神，自由思想"的一代宗师来说，对他的褒贬总会相伴而生。20世纪50年代前半期，陈先生虽然没有遭受像俞平伯、胡适等人那样大张旗鼓、急风暴雨似的批判，但他的学术、思想方法和观点则时而被攻击、污蔑和讥讽，对他的精神打击也不可谓不大也。1957年"反右运动"中，陈先生毕竟躲过去了，其中或者有中央采取保护政策的因素，或者在此期间他没有发表任何公开的言论。可是，1958年"大跃进"时代，教育界掀起"厚今薄古"之风，对骨子中浸透着"封、资、修"的学术界权威人士大肆批判，陈先生再也躲不过去了，他被数百张大字报包围，沉没在"人民战争"

的汪洋大海中。从此，他终年承受疾病和政治风暴的双重折磨。1963年陈先生不仅早已失明，而且不幸将腿摔断，只能单足站立。"屋漏偏遭连夜雨，船破又遇打头风"，没过多久，"文革"的灾难又降临在他头上，造反派的大字报贴到他的床头，随后他又被抄家，赶出教授楼，住在没有医护人员护理、断了药的小屋内，终因心力衰竭，伴以肠梗阻、肠麻痹，于1969年去世。

前已提及，季羡林对陈寅恪先生从来是知恩图报的，他们虽然将近20年没有见面，但彼此感情的联系和沟通永远不会终止。患难见知己，正当陈先生遭受如此厄运时，季羡林并没有背叛恩师，落井下石。有人查遍当年的主要报刊，尚未发现季羡林写过批判包括陈寅恪、胡适等几位大师的文章，访问当年与季羡林共事的北大东语系的人，也没有谁记得季羡林发表过批判他们的言论。而遭遇厄运的陈先生假如发现了这种情况，他也会感到莫大的欣慰和感激！季羡林晚年曾对陈先生袒露心声，无愧地说：

但是，一旦批到了陈寅恪先生头上，我心里却感到不是味。虽然经人再三动员，我却始终没有参加到这一场闹剧式的大合唱中去。我不愿意厚着脸皮，充当事后的诸葛亮，我当时的认识也是十分模糊的，但是，我毕竟没有行动。现在时过境迁，在四十年之后，想到我没有出卖良心，差堪自慰，能够对得起老师的在天之灵了。

在"运动"的夹缝中做学问

上文提到季羡林于新中国成立后在红楼3年（1950—1952），学术研究成果难尽如人意。下面再来看看他来到燕园最初4年（1953—1956）的情况：

1953年

这一年我写了2篇文章。

1.《学习〈实践论〉心得》

2.《纪念马克思的〈不列颠在印度的统治〉著成一百周年》

1954年

这一年我写了4篇文章。

1.《中国纸和造纸法输入印度的时间和地点问题》

这是颇费了一些力量才写成的一篇论文。我这篇论文的主要结论是：中国纸至迟到了唐代已经传入印度。造纸法的传入，由于材料缺乏，不敢肯定。传入的道路是陆路，也就是广义的丝绸之路。

2.《中印文化交流》

3.《中缅两国人民的传统友谊》

4.《充满信心迎接1955年》

后三篇都不是什么学术论文。

1955年

这一年，我写了4篇文章。汉译《安娜·西格斯短篇小说选》出版。

1.《〈金刚般若波罗蜜经谚解〉序》

2.《吐火罗语的发现与考释及其在中印文化交流中的作用》

这一篇勉强可以算做一篇学术论文，因为并没有费多少力量，不过撷拾旧文，加以拼凑，勉成一篇而已。

3.《中国蚕丝输入印度问题的初步研究》

这同前面1954年关于纸和造纸法的文章属于同一类型。我在上面下过一些功夫，可以算得上一篇学术论文。

4.《为我们伟大的祖国而欢呼》

这是一篇应景的杂文，毫无学术价值可言。

1956年

这一年共写了5篇文章。汉译《沙恭达罗》出版。

1.《纪念印度古代伟大诗人迦梨陀娑》

2.《印度古代诗人迦梨陀娑的〈云使〉》

3.《〈中印文化关系史论丛〉序》

4.《沉重的时刻》（译文）

5.《原始佛教的语言问题》

这是印度佛教史上和西方梵文巴利文学界的一个老问题，一个比较重要的问题。即关于原始佛教究竟使用什么语言学习佛言。我的结论是：佛允许比丘们用比丘们自己的话来学习佛言。

在以上5篇中，只有最后一篇可以算是学术论文。

——摘自《学海泛槎——季羡林自述》

季羡林曾将新中国成立后 7 年的学术研究成果，说成其中 5 年竟是"零"，主要是他自我谦虚、严格要求的表现。

前已提及，1946 年季羡林回国后，立刻面临与国外学术界中断联系、国内研究资料非常匮乏的尴尬局面，他本想放弃本行，洗手不干，但经过一番思想斗争，最终选择了一条"中间道路"，即通过掌握的现成资料，尤其借助中文典籍进行中印文化关系史的研究。事实证明，在此方面他初步取得了一些成果。在这 7 年中，他的学术论文《中国纸和造纸法输入印度的时间和地点问题》和《中国蚕丝输入印度问题的初步研究》正是其中的重要收获。《中国纸和造纸法输入印度的时间和地点问题》，一反中印文化交流史研究所持"单向交流"的不合理说法，努力探求两国历史上文化交流中中国对印度的影响问题，即中国纸和造纸术传入印度的问题。文章从纸在古代西北一带传播的情况讲起，所用资料和研究方法有三：一是中国古代文献；二是考古发掘成果；三是运用独特的通过梵文语言资料进行研究的手段，考证唐代《梵语千字文》《梵唐消息》《梵语杂名》等书中都有"纸"的梵文字，比如《梵唐消息》中的 Saya 就很可能是汉文"纸"的音译，最后得出结论是中国纸最迟在唐代已传入印度。《中国蚕丝输入印度问题的初步研究》所用的考证方法也与《中国纸和造纸法输入印度的时间和地点问题》相同。1956 年 4 月 7 日，向达撰文对季羡林的这一研究给予高度评价："像近来季羡林对于唐代中国和印度文化关系的研究，比我以前的规模要壮阔得多了。"1956 年 8 月 5 日，季羡林在其《中印文化关系史论丛》一书序中称："十多年来，我一直对中印文化交流的问题感到很大的兴趣，曾陆陆续续搜集了一些资料，也曾学习着写过一些文章。但是在解放前，我一直把这件工作当作'副业'，只是为了个人的兴趣，兴之所至，随笔一挥。近几年来，才逐渐了解到这个工作的严重意义。我现在正在着手写一部比较详细的中印关系史。我的许多中国朋友对这工作感兴趣，他们给了我不少鼓励。有一些印度朋友也知道我正从事这工作，他们也给了我不少的鼓励，有的还答应把它译成印地文。这更增强了我的信心和勇气。"古人云："学至于乐，则自不已，故进也。"由此可见，季羡林对于中印文化关系史的研究不但颇感兴趣，乐在其中，而且已经初见成效，旗开得胜。

然而，季羡林真正的兴趣还是他的本行——印度古代语言的研究。由于客观条件的限制，回国后他虽然被迫搁笔，但只要有机会和场合，就不会将这个问题置于脑后，而要摆在面前，付诸笔端。姑且不谈季羡林耄耋之年在此方面的研究课题日渐增多，就是回国后的最初 10 年间，他也曾抓住机会，当仁不让，写了几篇关于印度佛教梵语的学术论文，有的在国际学术界产生重要影响。比如，1947 年 11 月 22 日他写的短文《论梵本〈妙法莲华经〉》，涉及初期佛典文字方面的问题，指出其原本一定是用古代东部方言古代半摩揭陀语写成的，因此《妙法莲华经》是从印度古代东部古摩揭陀地区传到西北部，然后由中亚传到中国和日本。1950年10月1日他写的《记〈根本说一切有部律〉梵文原本的发现》，也论证了同样的问题。1956年12月17日他写的《原始佛教的语言问题》，是他在1955年到德意志民主共和国参加"国际东亚学术讨论会"时，有机会看到一些有关佛教梵语的著作，回国后又浏览几篇国内外学者关于印度佛教史的文章以后，"忽然心血来潮，灵机一动，觉得可以利用他们使用的材料，来解决一个他们没有想到的问题"，于是将一个当时国外学术界的前沿问题第一次引入国内。1959年他应邀赴缅甸参加"缅甸研究会（Burma Research Society）50周年纪念大会"，在会上宣读了这篇文章，英译文发表在会刊上。当然，这篇论文从使用的资料看，具有很大的局限性，但正因为季羡林具有锲而不舍，持之以恒的韧劲儿，他于1958年4月4日又写了《再论原始佛教的语言问题——兼评美国梵文学者弗兰克林·爱哲顿的方法论》。时隔26年，他于1984年12月最后写了《三论原始佛教的语言问题》，终于实现了把佛教梵语的研究同印度佛教史的研究结合起来，把佛教梵语发展规律的研究同印度语言发展史的研究结合起来的双重目的。

再说，1955年他写的《吐火罗语的发现与考释及其在中印文化交流中的作用》，其中先讲吐火罗文在中国新疆发现的经过，最后指出佛教初入中国时，最早翻译的佛典几乎很少用梵文写成，而是用中亚的某一种"胡语"写成的，其中以吐火罗文为最多。因此，最早的汉文译名若以梵文为标准去对比，往往不得其解，"佛"字就是一个最有说服力的例子。过去法国学者列维已经举出过几个例子，但范围还过于狭隘。季羡林注意到这个问题，下了一些功夫，做了一些笔记，又举出两个例子，一个是"恒河"，一个是"须弥山"，这两个词都不是直接来自梵语，而是经过吐火罗文的媒介。季羡林自谦不过撷拾旧文，加以拼凑勉成一篇而已，实际上这篇论文是有新意的，不能说是勉强而已。正如钱文忠教授指出，从广义上说，他指出佛教初入中国时，佛典大都以中亚某一种"胡语"为中介，根据资料来看以吐火罗语为最多，这就将尚未得到重视的吐火罗文的意义凸显出来；从狭义上说，他以丰富的资料证明，"恒河"来自于吐火罗文A的Gaṅk、吐火罗文B的Gaṅk或Gaṅ，而"须弥山"则来自吐火罗文（A、B同）的Sumer。实际上，他已经掌握了大量的有关证据，上述两个字仅仅是其中之一二。由此看来，季羡林当时虽然已无可能像在德国那样，在西克教授的指导下用其成名作所表现出的成熟的方法，专门从事吐火罗文的研究，但他仍然念念不忘曾经留下自己足迹的奇妙的学术前沿阵地。他在10年（1946—1956）中竟然写了5篇有关吐火罗文的论文，即《浮屠与佛》（1947）、《论梵文td的音译》（1948）、《〈列子〉与佛典》（1949）、《三国两晋南北朝正史与印度传说》（1949）、《吐火罗语的发现与考释及其在中印文化交流中

季羡林展示《弥勒会见记剧本》

的作用》(1955)，以及两篇论原始佛教语言问题的论文，都是很有分量的佳构杰作。季羡林低调估计上述学术成果，一方面说明他对自己的要求极其严格，另一方面也说明他在学术研究中始终保持谦虚谨慎的态度。

正是由于这种要求和态度，季羡林才穷毕生之精力，在将吐火罗文研究视作解决佛教史上的某些重要问题的手段的同时，又从语言学，特别是比较语言学出发，将吐火罗文本身作为研究目的，这对中国来说可算是有史以来第一人。也可以毫不夸张地说，多少年来，正是他，独立支撑着吐火罗文残卷的出生地——中国在该研究领域的国际学术地位。

除此以外，季羡林又充分利用驾驭德文、印度古典梵文的能力，翻译出版了《安娜·西格斯短篇小说选》和印度古代著名诗人迦梨陀娑的名剧《沙恭达罗》。安娜·西格斯是德国现代著名女作家，以其特有的异常细腻的笔触，描写德国人民反法西斯的斗争。季羡林的这部译作1955年7月由作家出版社出版。笔者注意到，同年10月季羡林作为中国史学家代表团成员，应邀与刘大年、吕振羽赴民主德国参加"国际东亚学术讨论会"和德国汉学家会议，这应该是他带去的最好的一份礼物。笔者还注意到，1956年1月巴金和周立波作为中国作协代表团成员，应邀参加民主德国第四届作家代表大会，会上正好见到了安娜·西格斯。我想他们也许会谈起她的短篇小说中译本的反响……

季羡林翻译迦梨陀娑的名剧《沙恭达罗》，曾经轰动一时，这是中国翻译史上第一次从梵文原著直译的印度古典戏剧，虽然要比我国翻译佛经晚千余年，比西方翻译《沙恭达罗》也晚百余年，但毕竟是印度古典戏剧第一次与我国的传统戏曲相碰撞，因此意义非同寻常。

《沙恭达罗》是一部诗剧，剧中有散文对白，中间掺杂着一些诗，有点儿像中国的京剧。剧中人国王、婆罗门（丑角除外）、男性神仙都讲梵文，小丑和女性只能使用俗语。从语言可以看出身份的高低，印度古代戏曲都是这样的。剧情取材自印度古代史诗《摩诃婆罗多》，情节并不复杂：国王豆扇陀到山林中游猎，遇到了仙人的养女沙恭达罗，二人一见钟情，私自结了婚。国王回城时，留下一枚戒指做信物。他走后，沙恭达罗朝思暮想，失魂落魄，怠慢了一位脾气极大的仙人。仙人发出诅咒，让国王永远忘记沙恭达罗。后来，沙恭达罗的女友向仙人求情，仙人改口，允许国王在见到信物后想起沙恭达罗。待到养父送沙恭达罗进城，国王却不认她。沙恭达罗想拿出戒指，但戒指在路上洗手时不慎掉进河里了。沙恭达罗没有办法，只能去找母亲——一个仙女，暂时在母亲处躲避。渔夫打鱼正好从鱼肚子里得到一枚戒指，把它献给国王。国王看见戒指，立刻想起了沙恭达罗，沙恭达罗却不见了。后来沙恭达罗生了一个儿子，国王来寻沙恭达罗，先见到儿子，后见到沙恭达罗，结局是大团圆。这个剧本歌颂了纯真的爱情，语言生动流畅，故事曲折感人，深受印度人民喜爱，许多世纪一直上演不衰。印度的许多民族语言也都有《沙恭达罗》的译本。两个多世纪以前，剧本传到欧洲，18 世纪末译成英语，后来又有了法语和德语译本，在欧洲产生了巨大影响。德国大诗人歌德曾写诗赞颂这个剧，在创作《浮士德》的时候又有意模仿《沙恭达罗》的结构，在正文前头加了一个序幕。季羡林翻译的《沙恭达罗》在我国出版后，中国青年艺术剧院曾先后两次将该剧搬上舞台，受到观众的欢迎，反响强烈。周恩来总理曾陪同来访的印度副总统拉达克里希南观看演出，季羡林现场向周总理和贵宾介绍了该剧的故事情节。

季羡林虽然在思想改造和大批判中耗去大量时间，但仍然搞出了一些学术研究成果，只不过要比正常情况下少了许多。因为，一方面，新中国成立后他在政治上的表现比较积极，而且没有历史问题，他当了 6 年北大工会主席，被选为北京市人民代表，1954 年当选为全国政协委员（连任二、三、四、五届），而且数次参与外事活动，出国访问，既说明政治可靠，又说明在国际上有某些影响；另一方面，他所从事的语言学研究并不具备政治的敏感性，与所谓的意识形态沾不上边儿，对本专业以外的其他学术问题，他也无意牵涉。结果，他没有引火烧身，既没成为大批判的靶子，成为极"左"路线打击迫害的对象，也没有被选中参加批判班子，成为打手，为极"左"路线推波助澜。所以，季羡林才能够于沸沸扬扬的大批判中得闲读书，写出几篇有见地的文章来。

在此期间，季羡林也确实太累了，心情又烦躁得很。1955 年 4 月，他作为中国代表团成员赴印度参加"亚洲国家会议"，代表团团长为陈翰笙、郭沫若，副团长为巴金，团员还有谢冰心、黄佐临、能海法师。代表团乘坐火车到广州，然后绕道香港飞抵新德里。这是季羡林第三次路过香港，小住一天半，住在幽静的山上别墅中。他与巴金等人坐在阳台上，俯瞰烟波浩渺的大海，不禁思绪万千。他们真想在此长久住下来，全身心地投入创作和研究，因为对那些无休止的徒劳无益的会议的确感到太厌倦了，仿佛自己手中的那支笔不是很轻，而是很重很重……

加入共产党

从 1952 年秋北大迁到燕园直到 1956 年，季羡林除做好东语系的教学和科学研究的管理工作，即系主任的工作外，还参加了诸多社会活动和担任社会职务。比如，1953 年当选为北京市第一届人民代表大会代表；1954 年当选为中国人民政治协商会议第二届全国委员会委员；1954 年出任中国文字改革委员会委员，其他委员有丁西林、王力、朱学范、吴玉章、吕叔湘、邵力子、林汉达、胡乔木、胡愈之、马叙伦、韦悫、陆志韦、傅懋绩、叶恭绰、叶圣陶、叶籁士、董纯才、赵平生、黎锦熙、聂绀弩、魏建功、罗常培，吴玉章为主任委员、胡愈之为副主任委员；1954 年出任《历史研究》杂志第一届编委会委员，其他委员有郭沫若、尹达、白寿彝、向达、吕振羽、杜国庠、吴晗、侯外庐、胡绳、范文澜、陈垣、陈寅恪、夏鼐、嵇文甫、汤用彤、刘大年、翦伯赞；1955 年出任中国科学院哲学社会科学学部文学研究所东方文学组组长；1955 年出任中国科学院语言研究所第一届学术委员会委员，其他委员为丁声树、王力、方光焘、叶圣陶、叶籁士、吕叔湘、吴文祺、吴晓铃、罗常培、高名凯、马学良、袁家骅、陆志韦、陆宗达、傅懋绩、郑奠、魏建功……由此看来，季羡林虽然刚到中年，但在学术界已占有一席之地，甚至可以与许多前辈学者相提并论。而且，他的思想比较活跃，接受新鲜事物的能力比较强，"小荷才露尖尖角"，似有培养和发展之前途。

转眼到了 1956 年，久违的春天似乎要降临中国大地。1 月 4 日—20 日，中共中央召开了关于知识分子的会议，周恩来在会上做了《关于知识分

1954年、1959年、1964年、1978年，季羡林分别当选为第二、三、四、五届全国政协委员；1983年，当选为全国人大常委会委员。
图为1983年4月，季羡林在北京人民大会堂前留影。

子问题的报告》，指出："他们中间的绝大部分已经成为国家工作人员，已经为社会主义服务，已经是工人阶级的一部分。我们要发展社会主义建设，必须依靠体力劳动和脑力劳动的密切合作，依靠工人、农民、知识分子的兄弟联盟。"周恩来讲话的中心思想就是"为了最充分地动员和发挥知识分子的力量"，对知识分子工作中存在的问题和缺点进行了批评，并提出了一系列改革措施。会议最后一天毛泽东讲了话，向全党发出努力学习科学知识，同党外知识分子团结一致，为迅速赶上世界科学先进水平而奋斗的号召。会议结束后，全国开始了"向科学进军"的新气象。5月2日，毛泽东在最高国务会议上，提出以"百花齐放、百家争鸣"作为我国发展科学、繁荣文学艺术的方针。9月15日—27日召开的中共第八次全国代表大会指出："国内主要矛盾已经不再是工人阶级和资产阶级的矛盾，而是人民对于经济文化迅速发展的需要同当前经济文化不能满足人民需要的状况之间的矛盾；全国人民的主要任务是集中力量发展生产力，实现国家工业化，逐步满足人民日益增长的物质和文化需要"。刘少奇在这次党代会上所做的政治报告指出："党对于学术性质和艺术性质的问题，不应当依靠行政命令来实现自己的领导，而要提倡自由讨论和自由竞赛来推动科学和艺术的发展。"

中共中央发出这种指令，采取这样的举措，当然是有其社会背景和政治原因的。一方面，新中国成立后先后进行了土地改革、抗美援朝、肃清反革命、"三反""五反"、知识分子思想改造等五大运动，取得了社会主义革命的基本胜利，同时对农业、手工业、资本主义工商业的三大改造和发展国民经济的第一个五年计划取得了巨大的成功，在取得了伟大胜利后，可以转入和平建设的轨道上来了；另一方面，新中国成立后接二连三的政治运动和批判斗争，都是在中共的领导下以群众性的斗争的形式进行的，出现了政策性的偏差，损伤了许多从旧社会来的知识分子的自尊心，政治空气紧张，知识分子心存疑惧，积极性受到了极大的打击，因此必须缓解矛盾，创造一种平和宽松的环境，发挥知识分子在社会主义建设中的作用。

中央的声音和精神一经传来，真是乐煞了广大知识分子，曾几何时，他们还被戴着"资产阶级知识分子"的帽子，现在终于属于"工人阶级的一部分"了。在学术界和教育界，在经历了5年的"脱胎换骨"的思想改造后，那些教授、学者、专家又一次感受到党的温暖和关怀，他们决心将自己的才能重新施展出来，承担起教书育人的重任；在文学艺术界，许多作家、艺术家新中国成立后一直没动过笔、演过戏，现在他们又受到外在事物和客观形势的激发，文艺灵感喷涌而出。总之，全国上上下下弥漫着春天的气息。

在北大，1956年的春天也似乎比往年来得早些。教授们能够抬起头，漫步在燕园中，他们在课堂上讲课的声音也格外慷慨激昂，仿佛证明所讲的课非我莫属，有的甚至还端起了教授的架子，走路旁若无人，高视阔步，成了当时燕园独特的风景。学生们也潇洒自如，满面春风，吃饭时一边敲打着餐具，一边哼着颇为流行的歌曲，歌声萦绕在大饭厅的木梁上……

对于春天的来临，季羡林的感觉自然非常敏锐。因为，他对大自然的任何微妙的变化，都是心有灵犀，相知相通的。对于周恩来在关于知识分子会议上的讲话，他深信无疑，相信共产党说话是算数的。感动之余，他要掏出心窝子为"向科学进军"贡献光和热。1956年3月，北大东语系创办了《翻译习作》刊物，季羡林撰写的发刊词足以代表他此时的心声：

> 党和政府已经向全国的科学工作者发出了向科学大进军的号召，这是一项光荣而艰巨的任务。说它光荣，因为我们做的事情是前人所未做过的，只有今天在党的领导下才有可能。说它艰巨，因为目前我国的科学工作者，不论在质量上，在数量上都不够。要想接近世界先进水平是要经过极大的努力的。
>
> 为了完成这个任务，一方面老科学工作者要努力发挥自己的潜力；另一方面，年轻的科学工作者也要努力学习，努力向苏联和其他兄弟国家学习，向老科学工作者学习。这两个环节并行不悖，相辅相成。
>
> 在整个科学领域中，东方学是一门极为薄弱的学科。我们在这方面的研究工作同人民的需要有极大距离，和新中国的蒸蒸日上的国际地位比起来极不相称。从语言、文学、历史各方面的研究来说，我们都几乎毫无基础，都须要大力开展。但是在这个领域内，年老的科学工作者很少，因此，能不能在二十年内接近先进水平，主要是由年轻的科学工作者培养的程度来决定。
>
> 我们当前主要任务是培养翻译干部，我们将来要做的工作是翻译工作。在这方面的科学研究工作中，也同样是迫切需要的，急待展开的。展开的方式有多种多样的，出这样的小册子也是方式之一。
>
> 我们有绝对的信心，完成这一项光荣艰巨的任务，因为我们有党的领导，有马克思列宁主义作为指导的明灯，愿我们大家共同努力，携手前进！

接着是季羡林政治上的一件大事。为了落实中国共产党突如其来的对知识分子政策的调整，1956年前后全国发展了一批"红色专家"入党，季羡林便是其中之一。提起季羡林入党，今天回头看看，那是完全符合党章要求的，或者说，他经受住了党的考验，称得上名副其实的中国共产党优秀党员。

季羡林从个人申请入党到组织批准入党，其时间之短是创纪录的，但他的思想转变却是漫长的。中国俗话说"日久见人心"，共产党的形象在他心目中，经历了从模糊到清晰、从好感到挚爱的变化过程。首先，季羡林是一名卓越的爱国者，无论是国外10年（1936—1945），还是国内10年（1946—1955），他的一言一行，都无愧于我们的国家和民族。在解放初的思想改造运动中，他自称为"双清干部"，一清楚，二清白，甚至可以与年轻的党总支书记相比。他检查自己的问题主要是"对政治不感兴趣"。季羡林在思想改造运动和大批判中虽然经历了阵痛甚至煎熬，但只是作为一名普通分子参加，运动的急风暴雨并没有降到他头上，况且，他又一直认为共产党为了国家和人民的利益，为了中国的富强和社会进步，还是做了许多好事大事。他在一篇文章《充满信心，迎接1955年》对共产党表示由衷的赞扬："我们中国人民现在之所以能蓬蓬勃勃生龙活虎一般地从事于各种建设事业，使我们的祖国天天改变着面貌，我们之所以取得上面那些胜利，是和毛主席和中国共产党的领导分不开的。"正因为这种积极向上的思想认识，再加上积极主动的行为表现，季羡林在新中国成立后这几年在政治上不但一帆风顺，而且步步走运，自然受到群众的拥护和好评，受到党组织的信任和重视。

然而，季羡林在申请入党的问题上，一直采取谨慎稳重的态度。新中国成立以来，他的思想重心一直放在反省所谓旧时代知识分子的"原罪"上，无时不感到它像枷锁一样束缚着自己的思想。他要求进步，努力工作，似乎包含有一种"赎罪"的想法，抑或一种朴素的阶级感情。据传，他曾向东语系党总支书记汇报思想说，假如有特务向大饭厅扔炸弹，而他恰好在一侧，一定奋不顾身地把炸弹捡起，再扔到没人的地方；他甚至突发奇想，让时间倒流，再回到战争年代，给他上前线的机会，立功赎罪；他的幻想又几乎达到如痴如狂的程度，如果国家领导人遇到生死危机，他一定会挺身而出用自己的鲜血和生命保卫……季羡林如此想来想去，只觉得自己不配做一名共产党员，因此在申请入党上犹豫再三，莫衷一是，但最后还是下定了入党的决心。正如了解他的入党问题的臧克家所说："北平解放后不久，他还有点清高、谦逊思想。谈到有些知识分子入党问题时，他说：'共产党打下了天下，这时候你申请入党了。'环境在教育人，时间在改变人。50年代初，我在济南开人代会，恰好季羡林在家，我去看他。亲密的朋友，相会于旧地（他与我都是在济南上中学的），自然别有情意。记得，他留我在他家吃饭，饭罢，羡林亲切又严肃地对我说：'党组织培养了这几年，现在我在考虑这件大事，我的为人你是知道的，入了党，就要为党工作，全力以赴，把个人的一切全交给党。'听了他的话，我感动不已。我也严肃地对他说：'你以前关于知识分子入党的看法，今天要用事实纠正了。这一步，你是迈过来了。党和群众培养你，信任你，你应该写申请书！'他听了我的话，很感动的样子，没多说什么。我心里想，羡林不论做人，做学问，不是暴风雨似的，而是沁透式的。他入了党，一定会给党好好工作，只想给党添什么，决不

1955年，北大领导及部分系主任与先进班代表合影，站姿前排右7为季羡林

会想向党要什么。果然，羡林是这么做了。"

1956年4月4日，春光明媚，和风轻拂，燕园的景色美如画。当日下午，俄文楼二楼音乐厅座无虚席，人们静静地等待着一件喜事来临。东语系教员党支部在这里召开会议，讨论季羡林的入党申请问题。参加会议的除了东语系的党员以外，还有外系的高级知识分子中的入党积极分子。北大党委书记江隆基亲临会议，表示对此事的关心和重视。最后，经过认真严肃地讨论，一致通过季羡林的入党申请，预备期为一年，会场上爆发出一阵热烈的掌声。江隆基还发表了热情洋溢的讲话，他除了对季羡林入党表示祝贺外，又重申了党的知识分子政策，号召知识分子跟党走，同心同力建设新中国。季羡林的入党，可以说是知识分子追求进步，献身共产主义事业的典型例证，是实现人生价值的重要之举，但在那次会上，他并没有说更多的话，而要以实际行动来兑现自己的入党誓言。直到一年后，他才写了《入党一年》的文章，抒发自己的思想和心得。他说：

> 对年纪较大的知识分子来说，提高觉悟和改正缺点并不像一些人想的那样十分困难，当然也不是特别容易。组织上的教育，同志们的帮助，以及个人的努力，三者缺一不可。前二者可以说是外因，最后一条可以说是内因。只有内因与外因相结

合，觉悟才能逐渐提高，缺点才能逐渐改正。

季羡林本来是一个非常认真的人，入党后又以组织观念强、严守党的纪律而著称。据说，有一次他正要参加支部会时突然接到通知，请他出席周总理主持的宴会，他急忙到处找支部书记请假，得到批准后方才离开。他每月准时交纳党费，直到"文革"被"解放"出来后仍然补交了党费。平时党组织交给他的工作，他总是认真负责、竭尽全力完成，从不讲条件。他从不以党员自居，高人一等，盛气凌人，而是谦虚谨慎，老老实实做自己分内的事。他越到老年越能体现一名共产党员的本色，20世纪80年代初他已是古稀老人，却以北大"优秀党员"的美誉扬名校园，在北大西校门，一位老者身穿类似炊事员的衣服，站了一两个小时为新生看守行李，那便是作为老党员的季羡林。

总之，季羡林正当春风得意时，实现了人生道路的重大转折，从此为党的事业奋斗终生……

第十四章

燕园风云（二）

躲了过去

全国知识分子从平静的1956年走到1957年，从乍暖还寒的初春转到气温日渐升高的夏日，他们解放思想，排除顾虑，真心实意地以"鸣放"的方式帮助共产党整风，向各级党组织和党员干部提出大量有益的批评和建议。

现在，再来看看北大整风和反右派斗争的情况。

整风运动开始之前，全国各民主党派曾召开会议，讨论毛泽东不久前在最高国务会议第十一次（扩大）会议上提出的"长期共存、互相监督"和"百花齐放、百家争鸣"的方针。3月24日，北大教授费孝通首先在《人民日报》上发表《知识分子的早春天气》一文，谈了高等学校中存在的各种问题，以及对百家争鸣的认识与顾虑，真诚地道出了当时知识分子的心声。1956年社会主义改造基本完成以后，大规模的社会主义建设即将开始，知识分子在建设中的作用凸显出来。中国共产党提出整风，请知识分子和党外人士提意见，充分发挥他们建设社会主义的积极性。

那么，季羡林在整风运动和反右派斗争中的表现如何呢？

无疑，这期间季羡林一刻也没有离开北大，但他却像一个传奇人物一样躲了过去，既没有被划为右派，也没有参加批判右派的斗争，正如他自己所说，成了"逍遥派"。这岂非咄咄怪事？是的，局外人也许会产生疑问，但当时东语系的师生清清楚楚，知道其中的来龙去脉。

原来，一个突发事件竟成了季羡林的"挡箭牌"。反右派斗争初期，东语系由于几年来毕业生分配有改行的现象，被视为招生工作出现失误，存在问题。东语系在校学生对此反应强烈，意见纷纷，一部分学生提出转系的要求，其他学生也对毕业后的前途忧心忡忡。于是，东语系掀起了一阵转系风，学生情绪激昂，四处张贴大字报，指责招生计划失误，要求批准他们的转系申请，甚至在黑板上大字书写"救救东语系，帮帮没娘的孩子！"表示强烈的抗议。季羡林作为一系之长，学生的矛头当然要首先指向他。他们天天缠着他不放，要他做出明确回答，言辞十分激烈，甚至几次出现围攻他的紧张场面，事态越来越严重。但是，季羡林的权力毕竟有限，他无法解决眼前的问题，只好向上面汇报。最后，高教部派了一位副部长亲自负责处理这件事情，并派一位司长天天来北大协助季羡林做学生的工作，事情才得以妥善解决，104名学生转了系。单就这件事情而论，季羡林本来对学生是同情的。他历来主张学生应独立自主地选择专业，根据自己的志趣选择专业，认为不能自由选择专业也与招生时的严格政治审查有关，有些人正因为所谓的政治原因不能进某系学某专业。

这股"转系风"一吹，真就耽误了季羡林参加运动。反正有公务在身的借口，谁也挑不出毛病来，他尽可以逍遥自在，一身轻松。正如他所说："现在学校到处摆满了反击右派分子的战场，办公楼礼堂是最大的一个。此处离东语系最近，我有时就坐在办公楼前的台阶上，听大礼堂中批右派分子的发言，其声清越，震动楼宇。听腻了，便也念点书，写点文章。我悠闲自在，是新中国成立后心理负担最轻的一段时间。"这是季羡林在那场运动后说的话，他向来实话实说，绝不做事后诸葛亮。他甚至语出惊人，即使他参加了运动，"竹筒倒豆子"，把心里话全部倒出来，也不会说右派分子说的话。

季羡林并非传奇人物，他一生没有大激荡，没有大震动，是一个平凡人的平凡经历。1949年新中国成立后，中国发生的翻天覆地的变化以及共产党执政初期革故鼎新、俭朴廉洁的锐气和作风，他看在眼里，记在心上，愿意老老实实地跟党走。他听党的话，努力改造自己的旧思想，接受新思想，积极参加历次政治运动。他勤奋工作，刻苦钻研业务，终于成为北大教授中"又红又专"的典型，并光荣地加入了中国共产党，受到组织和群众的信任和拥护。因此，季羡林说："一方面，我有一件红色的外衣，在随时随地保护着我，成了我的护身宝符；另一方面，我确实是十分虔诚地忠诚于党。即使把心灵深处的话'竹筒倒豆子'全部倒了出来，也决不会说出违碍的话。因此，这虽是一次暴风骤雨，对我却似乎是春风微拂。"看来，这话正好道出了季羡林的感情的软肋——他一生确实资质平平，为自己搭建的是以"平凡"为底色的平台，又总是以"模范群众"的身份出现。

狂热的梦

反右派运动过后，又迎来了狂热的"大跃进"年代。回忆1958年，人们似乎还会记得，毛泽东曾经提出一些口号：破除迷信，解放思想，厚今薄古，不要被权威、名人吓倒，外行领导内行，插红旗拔白旗，等等。高等院校是知识分子成堆的地方，自然要首先响应和贯彻毛泽东的指示精神。这一年北大没有放暑假，全校师生在烈日炎炎下坚守自己的岗位，一面"务虚"，改造精神世界，进行红专大辩论，"拔白旗"，季羡林的同事金克木教授，不幸成了"白专"的典型，季羡林自然不能置身事外。1958年3月20日的《人民日报》上面有篇文章：《北大教授开会谈心相互批评》。内容是东语系教授季羡林"致金克木先生"的大字报。文中写道："希望你挺身而出，正视现实，抓紧时机，鼓起干劲，挖一下自己思想的根，把那些不健康的东西挖掉，把自己改变成为一个又红又专、朝气蓬勃、身体健康的教育和科学研究工作者，再为人民服务30年。"在那个复杂的年代，季羡林的调门并不算高，已属难能可贵了。另一面"务实"，夜以继日地苦干加巧干，每天都在放"卫星"，有时一天放好几个"卫星"，得意扬扬，神气十足。

北大东语系所放的"卫星"就是各专业（语种）师生组织起来编词典。8月8日，朝鲜语专业师生敲锣打鼓，向学校党委报喜，宣称他们放出了全系第一颗"卫星"，奋战一周时间完成了2万词条、100万字的《汉朝词典》。季羡林作为系主任，当然要积极支持群众的这种热情。如果说，刚刚过去的一年，季羡林没有按照上面的意图，写过一篇反右派的大批判文章，那么，他在新中国成立10周年时却写出了一篇文章，题目是《在大跃进中庆祝国庆节》。文中称：

> 只是化学系一个系就完成了研究项目一千多项，经过严格审查，其中七十几项超过了国际水平。……我所在的东语系，在短短的二十几天以内，已经编出了《汉朝词典》、朝鲜外来语词典、华日词典、越汉词典、乌尔都汉语词典、印地汉语词典等等。这些词典，无论是从量的方面来看，还是从质的方面来看，都已经达到了世界先进水平。

本来，新中国成立后每年国庆节前夕，季羡林都要写一篇文章，有的名人也一样，比如老舍，向海外华侨介绍祖国社会主义建设的成就，抒发自己的感想，这当然是一件好事。但是，季羡林的这篇文章显然不符合事实。东语系的这些词典也许都编出来了，至于出版则是未知数，有的甚至至今还没有出版。说它们达到了世界先进水平，那更是玄之又玄，但在当时疯狂浮夸的环境下，季羡林只能这样写，也算是一种"时尚"吧。

下面，就来看看当时身为朝鲜语教研室主任的张明惠后来撰文所介绍的情况：

"1959年我为编纂《汉朝词典》去延边一年,中途回京交稿,季先生在百忙中听取了汇报,又亲自带我去同出版界联系。记得是在政协俱乐部,在座的有胡愈之、陈翰伯等10多位学术、出版界的老前辈。他们谈笑风生,古今中外,涉及甚广,我既幼稚,知识又贫乏,许多见闻我听起来像'天方夜谭'似的,特别是谈到当时各大专院校师生发射所谓'科研卫星',大轰大嗡,不实事求是之风时,真是笑话百出,令人忍俊不禁。当时我的头脑还有些发热,还很不理解他们谈话的真谛,反而觉得在座的这些鸿儒名流,也真够大胆的,敢于给'大跃进'泼冷水。当时季先生可能因为是会议主持人,他没有侃侃而谈,但是看得出季先生和他们的看法是一致的,他不时很幽默诙谐地插一些话,言简意赅,一语破的,令人折服。后来我到商务去和老编辑同志具体讨论词典初稿时,他指出我们稿中的许多疏漏之处,犹如当头一棒,使我认识到我们词典的质量离出版水平相去甚远。临离京时,季先生语重心长地对我说:'编词典是一门科学,是很细致而艰苦的工作,一定要保证质量,不能急于求成,不能老搞群众大会战,应该有高水平的人把关,踏踏实实地坐下来认真研讨、推敲。'多亏季先生和出版社把关,'卫星'没有放上去,否则后果真不堪设想。时隔若干年后,人们都对'大跃进'有了正确的评价,我才进一步认识到当年季先生带我去参加的那次会议是多么有意义,在那'火红'的年代里,与会的许多长者忧国忧民,毫不考虑个人得失,敞开心扉,说出自己的肺腑之言,真是字字珠玑,句句是金玉良言,极为难能可贵。他们那种不搞浮夸,不随波逐流的求实精神,对我的教育极其深刻。我能在场聆听季先生等前辈的高见,真是十分幸运,受用无穷。"

从张明惠的这段介绍中,可以看到人们所熟悉的季羡林,看到季羡林的"真我"。

10月4日,季羡林作为中国作家代表团成员,参加在乌兹别克加盟共和国首都塔什干召开的亚非作家会议。代表团团长是茅盾,副团长是周扬、巴金,团员有肖三、许广平、谢冰心、赵树理、张庚、季羡林、祖农·哈迪尔(维吾尔族)、杨朔、戈宝权、杨沫、叶君健、纳·赛音朝克图(蒙古族)、袁水拍、刘白羽、郭小川、曲波、库尔班·阿里(哈萨克族)、玛拉沁夫(蒙古族)。塔什干是中亚的一座美丽的城市,时值金秋,阳光灿烂,天高气爽,到处散发着玫瑰花香,到处是玛瑙般的葡萄和香甜的西瓜。代表团刚来时下榻在城外的杜尔明别墅,环境十分幽静,季羡林与代表团其他成员早晨在院中的花丛中散步,感到非常惬意,远离国内的那种吵吵嚷嚷的气氛,真是在享受着一种"清福"。后来为开会方便,他们迁到城内的塔什干旅馆,与大会会场纳沃伊剧院只隔一个广场。他们每天经过广场时,总是被友好、热情的塔什干人民所包围,争着与他们合影,请他们签名。会议的主题是发展文学创作,反对殖民主义和种族主义,强调"友谊、和平、民族的独立、人类美好的将来"。

季羡林回国后写的两篇散文《歌唱塔什干》和《塔什干的一个男孩子》便是宣传和平、友谊的佳作。这次会议从10月7日至12日共开了6天，会后到哈萨克加盟共和国首都哈拉木图访问5天，直到17日离开塔什干取道莫斯科回国。在莫斯科时传来郑振铎先生逝世的噩耗，他率领中国文化代表团去阿富汗、阿联酋访问途中因飞机失事而遇难。季羡林与其他人都惊呆了，为失去一位多年的师长和老朋友而惋惜，他在后来写的《西谛先生》一文中，引了江文通的名句悼念之：

　　春草暮兮秋风惊，秋风罢兮春草生。
　　绮罗毕兮池馆尽，琴瑟灭兮丘垄平。
　　自古皆有死，莫不饮恨而吞声。

　　巴金当时也不敢相信这是事实，郑振铎与他也是20多年的老朋友，离京前还与他一起吃过饭。对于当时狂热的政治气氛，他们都有点儿紧张。郑振铎说："人民公社成立了，共产主义快要实现了，我能够亲眼看见共产主义社会，我个人再没有什么要求了，以后得好好改造自己，多多地做事情。"巴金赞同地说："你不仅可以见到共产主义社会，还可以活到100岁，为国家做出许许多多事情。"说完二人会心地发出一阵笑声。

　　的确，当时的政治气氛已经热得不能再热了。季羡林出国访问前就听到北京西城区正在搞人民公社试点，后来全国就一窝蜂似的搞起来，还办公共食堂，吃饭不要钱，过共产主义生活，反正粮食产量放"卫星"，堆得像山一样嘛！还有，那时报纸和广播里都在宣传批判资产阶级个人主义，认为个人主义是万恶之源，一切献给党，一切归功于党，做党的驯服工具，做革命事业的螺丝钉……

　　季羡林在1958年写的《在大跃进中庆祝国庆节》一文中也曾说道：

　　　　我以前常用"祖国的建设简直是日新月异"这句话；但是在今年，这句话无论如何也不够了。如果允许我杜撰的话，我想改为"祖国建设简直是秒新分异"。

　　　　最初在报纸上读到有人想亩产小麦千斤的时候，我的脑袋里也满是问号。然而不久亩产千斤的纪录就出现了。不但出现了，而且像给风吹着一样，纪录一天天升高。有的时候报上的最高纪录，第二天早晨就被打破。有一些科学家也着了慌，他们用最高深的数学、物理和化学来证明，小麦亩产最高产量是三千斤；然而事实却打了他们一记耳光，纪录一直升到七千多斤，这是人类历史上前所未有的纪录。现在有许多农民和科学家已作出计划,明年的产量不是以千斤计,而是以万斤计。

稻子也是一样,早稻的最高纪录已经达到亩产三万六千九百多斤,中稻竟达到四万三千多斤。有些人觉得这些数字简直是神话,他们有点半信半疑。信嘛,他们不能够想象,在那有限的一点点地方,这么多的稻子如何摆得下;疑嘛,他们又知道,中国报纸从来不说谎话。不管这些人怎么想,我可以告诉诸位侨胞:这些纪录还只是牛刀小试,不用说明年,就是在今年,也还会有许多地方打破这一纪录。至于最高纪录究竟是多少,现在很难预言;我只希望侨胞们有一个思想准备,将来不至于过分吃惊。

文中这种令人眼花缭乱的喜讯捷报,这种魔术般的变幻莫测的数字,季羡林真的相信吗?如果不相信,那又为什么白纸黑字,出现在他向侨胞做宣传的文章里呢?那个年代,不用做实地调查,只要照抄报纸,大讲豪言壮语,多用漂亮而时髦的形容词、富有煽动性和刺激性的词句,文章就很快写出来了。写出这种文章的又岂止季羡林一人,具有深厚文学修养和艺术造诣且一向说真话的巴金先生,不是也写出《变化万千的今天》《为振奋人心的消息而欢呼》《大快乐的日子》《空前的春天》《我们要在地上建立天堂》等等文章吗?

后来,季羡林在反思这件事情时说:"那时我已经有48岁,不是小孩子了;我是受过高等教育、留过洋的大学教授,然而我对这一切都深信无疑。'人有多大胆,地有多大产',我是坚信的。我在心中还暗暗地嘲笑那一些'思想没有解放'的'胆小鬼',觉得唯我独马,唯我独革。"

在"大跃进"中,季羡林也去过农村,难道他真的亲眼看见自己文章中描写的那种情景吗?不,绝不。他

1958年,季羡林在北大校园里参加劳动。左方手拿扁担者为季羡林

在《一双长满老茧的手》的文章中写道：

> 去年秋天，我随着学校里的一些同志到附近乡村里一个人民公社去参加劳动。同样是秋天，但是这秋天同我五六岁时在家乡摘绿豆荚时的秋天大不一样。天仿佛特别蓝，草和泥土也仿佛特别香，人们的心情当然也就特别舒畅了——因此，我们干活都特别带劲。人民公社的同志们知道我们这一群白面书生干不了什么重活，只让我们砍老玉米秸。但是，就算是砍老玉米秸吧，我们干起来，仍然是缩手缩脚，一点也不利落。于是一位老大娘就走上前来，热心地教我们怎样抓玉米秸、怎样下砍刀。在这时候，我注意到，她也有一双长满了老茧的手。我虽然与她素昧平生，但是她的这一双手就生动地具体地说明了她的历史。我用不着再探询她的姓名、身世，还有她现在在公社所担负的职务。我一看到这一双手，一想到母亲和王妈的同样的手，我对她的感情便油然而生，而且肃然起敬，再说什么别的话，似乎就是多余的了。

在这里，季羡林向人们展示的并非农村粮食放"卫星"的情景，也并非自己看到农业大丰收的喜悦心情，而独独是老大娘的那双长满老茧的手，使他抒发出贫农之子的真挚淳朴的情怀和对勤劳一生的农村母亲的感念。

季羡林写的为"大跃进"歌功颂德的文章，没过多久，当"大跃进"被确认为是一种浮夸现象时，立刻就报废了。前面说过，写文章的人不止季羡林一个，说明受骗的是一大群人，这是一个严重的教训。而严酷的事实正好表明，1958年5月开始的"大跃进"使中国的社会主义建设脱离了国情，到年底就给国民经济和社会生活造成了严重的损失。

严峻的形势迫使中央领导人的头脑有所冷静，开始着手纠正已经察觉到的实际工作中的"左"倾错误。1958年11月—1959年7月，中央召开多次会议向全党过热的头脑"泼冷水"降温，"压缩"过热的空气，主要是纠正人民公社所有制和管理体制上急于向共产主义过渡的倾向，降低工农业生产过高的指标和扭转国民经济比例失调，等等。

迨至1959年7月2日至8月1日，在庐山召开了中共中央政治局扩大会议，突然"杀出来"一个彭德怀，他向毛泽东递上"万言书""惹出大祸"，于是风云突变，由反"左"又变成了反"右"。1959年，北大在批判彭德怀和"反右倾"运动中，仍然不得安静，会议一个接着一个；同时"大跃进"非但没有得到遏制，反而继续前行，全校师生仍然处于大轰大嗡中。

对于批判彭德怀，季羡林事后说过："我一生最佩服四个人，其中有一个是共产党员。这四个人是：陈寅恪、梁漱溟、马寅初和彭德怀。"对于彭德怀"为人民鼓咙胡"的义举，他表达了自己的崇敬之情："一直到今天，开国元勋中，我最崇拜的无过于彭大将军。他是一个难得的硬汉子……"他在晚年"口述人生"时又说："实际上，我跟彭德怀没有什么关系，就是佩服他。我见过他，在并不是一个很好的地方，是在航空学院组织的一次批斗会上。我去看过批斗会，不是批斗我的会，那时候我还是没有被批斗的。我去的时候很担心，因为知道彭老总的脾气很暴躁。那个集会不是讲理的地方，他一暴躁，就不可收场了。那时候是'文化大革命'啊，把人性完全歪曲了，好人坏人也分不清楚，真正活跃的，大概都不是好人，好人不参加的。所以我去看，老是捏一把汗：我怕彭德怀脾气爆发，不堪设想。"

看来，季羡林对彭德怀所蒙受的不白之冤，是一辈子耿耿于怀的。这说明了什么呢？只能说明彭德怀，还有陈寅恪、梁漱溟、马寅初等人的人格和信念，在他心里碰撞出火花，产生了共鸣。彭德怀是国家和军队的领导人，季羡林不可能与他有直接关系。可是陈寅恪、梁漱溟、马寅初，或是恩师，或是民盟和政协中的老友，或为北大的领导和同事，季羡林与他们均保持着长期的友谊，他认为这些人"值得佩服的标准，就是敢跟（领导人）顶嘴"。这种敢顶嘴的做法当然是大逆不道，但季羡林却作如是观，不啻是对以上四位"宁向直中取，不向曲中求"者的由衷叹服。

彭德怀被打成"右倾机会主义"头子，接下来便是一场"运动"。北大副校长邹鲁风不幸成为牺牲品。邹鲁风（1910—1959）是辽宁省辽阳人，1932年参加北满游击队，1935年"一二·九"运动领导骨干之一，1936年入党，抗战期间曾任冀鲁豫第二专区专员，抗战胜利后担任辽阳市长、辽宁省副省长；新中国成立后历任东北人民政府教育部副部长，中国人民大学党委副书记、副校长。1958年从中国人民大学调任北京大学副校长，同年11月，他奉上级指示率领北大、人大师生约300人组成的联合调查组赴河南、河北调查人民公社运动情况，因为调查中发现了一些严重问题，结论不符合上边的要求，恰逢庐山会议之后，"反右倾"运动来了，邹鲁风被打成"右倾机会主义分子"受到打击迫害。在巨大的政治压力下，邹鲁风含冤自尽，终年50岁。1962年，经甄别，认定这是一起错案，邹鲁风却未得以彻底"平反"。（彻底平反系十一届三中全会之后。）季羡林与邹鲁风虽然接触不多，但他对这位参加革命很早，朴实干练，敢讲真话的副校长印象深刻，十分惋惜。1963年邹鲁风的女儿邹山鹰参加高考，成绩优异，被东语系录取，学习乌尔都语专业。根据当时的规定，新生中的高级干部子女情况，系里必须向学校领导报告。不料汇报到邹山鹰的情况时，季羡林他们受到了训斥："邹鲁风的女儿你们也敢要？"季羡林反问道："邹鲁风怎么啦？不是已经甄别了吗？

那联合调查组的案子本来就是错案嘛。"好在领导没有再说什么。

"大跃进"狂潮消退，时间到了 1960 年深秋，北风瑟瑟，寒气逼人，中国大地上正经历一场严重的饥荒危机。出现了三年困难时期，北京的一些机关动员干部到城外采榆树叶吃。这时的北大燕园也呈现出冷清萧条的景象。人们都在挨饿，浮肿病四处蔓延，校医院门口排起了长龙。学校领导不得不发出指令：减少生产劳动，停止剧烈的文体活动，暂停体育运动会，严格控制会议。党委的中心工作转到"办好食堂，劳逸结合"，抽调许多得力干部抓食堂工作，口号是"政治到食堂，干部下伙房"。

季羡林回忆说："我在德国挨过 5 年的饿，'曾经沧海难为水'，我现在一点没有感到难受，半句怪话都没有。"他在晚年"口述人生"时又说："三年困难时期怎不挨饿呢？也挨饿。那时候，我是政协委员，政协委员一个月 8 张饭票，一张吃一顿饭。我带着我的婶母和我夫人，拿着那 8 张饭票，到政协礼堂对过的一个扬州馆子里面去吃过几次。在家里吃不到什么好的，家里不行。后来给补助了。那时候孩子们相互问，你爸爸是什么干部啊？是'肉蛋干部'，是'糖豆干部'啊？'糖豆'就是低一级的。'肉蛋干部'有肉，还有一条纸烟，纸烟很贵的，是大双喜啊。（领这些特供的地方）在海淀南街。我每月去领肉，我是'肉蛋干部'，不是'糖豆干部'。烟，都送给司机了。也不是全送，一次给一盒。"

在这全民挨饿的时期，季羡林的境遇稍微好一些，精神面貌也还是不错的。1960 年 9 月，东语系招收了新中国成立后第一批 20 名学习梵文、巴利文的学生，由他和金克木授课。有 17 人 5 年后毕业，这些学生当中有人已成为当今著名的学者和专家。

《春满燕园》

1962 年，形势又有了新的转机。虽然全国经济萧条，物资奇缺，人民生活清苦，但政治气氛却变得相对宽松一些。在胡乱地折腾了几年后，北大终于恢复了正常的教学秩序，师生们可以过上安稳的日子了。就在这一年，季羡林将婶母和夫人从济南接到北京，结束了夫妻间长期的两地生活，拥有一个平静的生活港湾。这件事下面还要谈到。

前面已提及，1959 年庐山会议上批判彭德怀，以及会后"反右倾""大跃进"狂飙再起，又获得新的更大的动力。中苏关系出现了危机，加上连续三年的农业自然灾害，使国民经济面临新中国成立后最严重的困难局面。1960 年 7 月，北京开始实行凭粮票购粮。1961 年 1 月召开的中共八届九中全会，正式决定对国民经济实行"调整、巩固、充实、提高"的八字方针。与此同时，1961 年 6 月，党中央指示对在 1959 年以来"反右倾"等运动中受过批判和处分的干部和党员进行甄别，批判和处分错了的恢复名誉，官复原职。总之，无论从经济上看，还是从政治上看，当时都出现了可喜的变化。

在北大，为响应党中央的号召，对最近几年受过批判和处分的干部、党员进行了甄别和平反。1961年5月28日，党委书记陆平在全校党员大会上，一改以往的口气说："当前仍然坚持资产阶级方向的人是极少数……今后不要用白专的概念了。"到了1962年，北大又贯彻《高教六十条》精神，将原来的党委领导制改为"党委领导下的以校长为首的校务委员会负责制"，各系的党总支对行政组织也只能起"保证和监督作用"。这时，全校师生不用为大炼钢铁、大放"卫星"、批资批修而疲于奔命了，他们又重新回到课堂上。学校明确规定教师要"确保六分之五的时间用在业务上"，学生要"确保每天有6小时的学习时间"，而政治学习的时间只有六分之一。在这种情况下，中文系、历史系的学生甚至响应毛主席的号召，研究起孔孟之道来，他们背诵《论语》《孟子》以及先秦典籍《左传》《战国策》等。学生会还举办了"星期天讲座"，沈同教授讲"生命的奥秘"，黄昆教授讲"半导体"，赵以炳教授讲"健康与长寿"，李赋宁教授讲"怎样阅读西方文学作品"等。季羡林应向达先生之邀，又给历史系学生讲起了自己的老本行"吐火罗文"，当时听课的学生回忆说："季羡林讲吐火罗文文法，虽然只讲两个小时，但仍是精心准备，自己制作了大幅的字母表，向同学们展示。我想季先生教我们的并不是吐火罗文，因为我们学习这门学问还缺乏起码的基础。先生那种孜孜以求的探索精神，却使我们终身受到鼓舞。"

1961年7月1日，季羡林在全国外语教材编写会议外文组汇报会上，针对"大跃进"以来师生放"卫星"，编教材出现的弊端，向周扬提出："现在我们学生的情况是只能说大话（政治大块文章），不能说日常生活小话，选的教材全是政治性的，并不能帮助学外语。"1962年5月5日，周扬在给周恩来总理的《关于高等学校文科教材编选情况和今后工作意见报告》中，提出建立八个教材编选专业组，季羡林被指定为外语二组组长。

可见，季羡林敢于提出这样的意见，只有在政治空气宽松的情况下才能做到，否则就有可能被一棍子打死。实际上，毛泽东和中共中央正在克服阻力，纠正政治经济建设和工作中的错误。1962年1月11日—2月7日，在北京人民大会堂举行了扩大的中央工作会议，共有7118人参加，故称"七千人大会"。刘少奇在会上代表中央作了书面报告和讲话，总结了1958年以来社会主义建设的基本经验教训，分析了几年来工作中的主要缺点错误。讲话指出，当前经济困难的原因除了由于自然灾害造成农业歉收外，"还有一条，就是从1958年以来，我们工作中的缺点和错误"。报告指出，全党当前的主要任务是踏踏实实地、干劲十足地做好调整工作，并认为"1962年是对国民经济进行调整工作最关键的一年"，

"我们必须抓紧"。毛泽东在会上做了重要讲话，反复强调"不论党内党外，都要有充分的民主生活，就是说，都要实行民主集中制，要真正把问题敞开，让群众讲话，哪怕是骂自己的话，也要让人家讲"。他还表示对这几年工作中的问题承担责任，说"凡是中央犯的错误，直接的归我负责，间接的我也有份，因为我是中央主席"。关于知识分子问题，他也有新的说法，即"只要他们爱国，我们就要团结他们，并且要让他们好好工作"。但是，毛泽东仍然再次强调"整个社会主义阶段，存在着阶级和阶级斗争。这种阶级斗争是长期的，有时甚至是很激烈的"。

接着，2月21日—3月8日，国家科委在广州召开了科学工作会议。会上，周恩来作了《关于知识分子问题的报告》，指出"十二年来，我国大多数知识分子已有了根本的转变和极大的进步"，"知识分子中的绝大多数已属于劳动人民知识分子，如果还把他们看作资产阶级知识分子是错误的"。看来，周恩来的报告精神在于恢复1956年召开的知识分子会议上对知识分子的正确估计。陈毅在会上的讲话则更加直截了当，说"知识分子是人民的劳动者，是为无产阶级服务的脑力劳动者"，"你们是人民的科学家，社会主义的科学家，无产阶级的科学家，是革命的知识分子，应该取消资产阶级知识分子的帽子"。同时，他还形象地说："今天，我给你们行脱帽礼。"这个"脱帽加冕"的说法在当时广为流传，成为美谈。虽然，其后几年直到"文革"爆发，知识分子仍然处于时而加冕、时而被批的局面，但由于在这次会议上对粗暴打击知识分子的做法给予严厉的批评，确实使知识分子几年来被压抑的情绪舒缓了许多，一直悬着的心终于放了下来，他们似乎觉得周围变得一片光明，祖国的前途充满了希望。

此时的季羡林也莫不如此。而且，他还一直保持着1956年入党后"红色专家"的美誉，因此，在20世纪60年代初的四五年中，他心情舒畅，劲头儿十足。他曾经在文章中写道：

> 到了1962年，人们的头脑似乎清醒了一点，政策改变了一点，对知识分子的政策也开始有点落实。广州会议，周总理、陈毅副总理脱帽加冕的讲话像是一阵和煦的春风，吹到了知识分子的心坎里，知识分子仿佛久旱逢甘霖，仿佛在狂风暴雨之后雨过天晴，心里感到异常的喜悦，觉得我们国家前途光明，个人如处春风化雨之中。
>
> 我算是知识分子之一，这种春风化雨之感也深深地抓住了我，在我灵魂深处萌动、扩散，让我感到空前的温暖。

的确，季羡林受到党组织和群众的高度信任和拥护。1962年3月，他是北大选出的出席北京市党代会 12 名正式代表之一，1964 年第三次连任全国政协委员。除了担任中国文字改革委员会委员外，他还担任中国亚非团结委员会委员、中国亚非学会理事兼秘书长、中国作家协会理事等职务。除了作为中国代表团成员访问过印度、民主德国、苏联塔什干、缅甸外，他还应邀访问了伊拉克、叙利亚、埃及、阿尔及利亚、马里、几内亚等国家。在当时知识分子中，能够享此殊荣者毕竟是极少数。

季羡林在这种"春风化雨"的情势的感召下，从 1961 年直到"文革"开始，又写了 27 篇散文，将他在国内外所见、所闻、所思、所念、所感、所怀，以其生花妙笔，浓墨重彩地跃然纸上，抒发对国家、民族和人民的无限热爱的情怀。其中，他写于 1962 年 5 月的《春满燕园》如同一只报春的燕子，传递着春天来临的信息。

1962 年春天，季羡林接待外宾的任务非常重，每隔几天便到临湖轩去一趟。那里挂着一张水墨印的郑板桥的竹子，上面题着一首诗："日日红桥斗酒卮，家家桃李艳芳姿。闭门只是栽兰竹，留得春光过四时。"季羡林非常喜欢最后两句诗。他有时早到了，就一个人坐在客厅的沙发上细品诗意，悠然神往，觉得经过几年的运动，社会环境终于安定了，人们的心情舒畅了，这一切就像春天又回到了人间，春色满寰宇，和风吹万里。于是，一篇美妙绝伦的文章便应运而生。

《春满燕园》是 20 世纪 60 年代季羡林散文的代表作。文章第一段说时令已是暮春，燕园花事渐衰，看来春天就要归去了。第二段说"人们心头的春天却方在繁荣滋长。这个春天，同在大自然里的春天一样，也是万紫千红、风光旖旎的，但它却比大自然里的春天更美、更可爱、更真实、更持久"。第三段说昨天晚上，一位年老的教师在灯下伏案工作的情景。第四段说今天早晨校园里到处书声琅琅，图书馆里青年学生全神贯注地学习。接着，他满怀深情地说：

> 我很自然地就把昨天夜里的情景同眼前的情景联系了起来。年老的一代是那样，年轻的一代又是这样，还能有比这更动人的情景吗？我心里陡然充满了说不出的喜悦。我仿佛看到春天又回到园中：繁花满枝，一片锦绣。不但已经开过花的桃树和杏树又开出了粉红色的花朵，连根本不开花的榆树和杨柳也满树红花。未名湖中长出了车轮般的莲花。正在开花的藤萝颜色显得格外鲜艳。丁香也是精神抖擞，一点也不显得疲惫。总之是万紫千红，春色满园。

他在文章的结尾说：

1962年，季羡林（右1）与吴晗（右2）、徐以新（右3）、白寿彝（右4）等人访问叙利亚时留影

1962年，季羡林（左1）与杨秀峰（右3）、钱其琛（右1）等人访问埃及时留影

这难道仅仅是我一个人的幻象吗？不是的。这是我心中那个春天的反映。我相信，住在这个园子里的绝大多数的教师和同学心中都有这样一个春天，眼前也都看到这样一个春天。这个春天是不怕时间的。即使到了金风送爽、霜林染醉的时候，到了大雪漫天、一片琼瑶的时候，它也会永留心中，永留园内，它是一个永恒的春天。

季羡林呼唤着永恒的春天，憧憬着永恒的春天，他愿把自己的学识和心血全部奉献给这个美丽的春天。

季羡林对自己的这篇散文也很满意，他说："这是我比较喜欢的一篇东西，一写出来，我就知道，我个人感觉，它的优点就在一个'真'字。"

果然，《春满燕园》一经发表，就获得了好评和强烈的反响。季羡林的学生给他写信，称赞这篇散文；许多中学和大学课本选它做教材；在此后几年时间里，每年秋天接待新生入学时，好多学生告诉季羡林，他们在中学里读过这篇散文。总之，这篇散文为许多人心头洒满阳光，笔者更深受其鼓舞报考了北大，有幸来到季先生身边。

然而，就是这篇散文竟使季羡林在"文革"中招惹了麻烦。有一天，他到东语系学生住的40楼去看大字报，其中一张大字报正是批判他的散文《春满燕园》的。在贴大字报的"小将"心中，春天就象征资本主义，歌颂春天就是歌颂资本主义，季羡林对此大惑不解，心里感到非常憋屈。是呀，就连他的老朋友、著名诗人臧克家，不是也写过"我爱生活。我爱人生。我爱春天。春天，给生命带来了活力；春天，给人类带来了希望"的诗句吗？为什么古今中外的人士无不欢迎的象征生命昭苏的明媚的春天，会单单是资本主义的象征呢？于是，他不由自主地哼了一声，这一哼竟像他在南口参加"四清"时，谈姚文元《评新编历史剧〈海瑞罢官〉》一样，被隐藏在他身后的人记在心上，到了后来他跳出来反对"老佛爷"聂元梓时，成了批判他的一颗重型炮弹。

北大燕园的临湖轩及翠竹

朗润园安家

正当全国人民遭受三年严重困难的时候,季羡林远在济南的夫人和婶母的情况如何呢?季承曾经回忆说:"在'大跃进'、人民公社以后,便是三年困难时期。粮食不够吃,副食品极度匮乏,叔祖母和母亲在济南也是处于半饥饿状态,挣扎过活……"

1962年,季羡林的夫人彭德华和婶母终于来到了北京。这是季羡林回国后时隔16年与家人的最终团聚,其时他已届天命之年,终究知道应该过家庭生活了。北大分给他后湖岸边朗润园13公寓的一套四居室的房子,季羡林一家人在这里一直住了40多年。

从此,朗润园的家充满了温馨与和谐,成为宁静的港湾,季羡林对此感到很知足。他曾津津乐道地说:"我过单身汉生活数十年,现在总算是有了一个家。这也是德华一生的黄金时期,也是我一生最幸福的时候。我们家里和睦相处,你尊我让,从来没有吵过嘴。"他还如此描述过他的夫人:"德华天资不是太高,只念过小学,大概能认千八百字……她没有给我写过一封信,她根本拿不起笔来。到了晚年,连早年能认的千八百字也都大半还给了老师,剩下的不太多了。因此,她对我这一辈子搞的这一套玩意儿根本不知道是什么东西,有什么意义。她似乎从来也没有想知道过。在这方面,我们俩毫无共同的语言。"然而,说真的,唯其身边有这样一位老伴,才更有利于季羡林成为一位名人,一位著名的学者。

20世纪80年代初,季羡林(右1)与夫人(右2)、婶母(右3)、孙女(右4)在朗润园合影

20世纪80年代初，笔者在北大进修住在北大北招待所，离季家近在咫尺，每天早晨站在窗前都会看见季羡林夫人手拿一个布口袋，到"一体"附近的校门外采购食品。老人家有时走累了，就坐在后湖边的石凳上歇一会儿。笔者心想：这样的活儿季羡林能做吗？有一次，笔者到季家闲坐，亲眼看到饭后夫人给他端来一杯热茶。笔者心想：季羡林有这样的夫人，应该知足呀！那时，听说季羡林每日起得很早，伏案写作，有一次笔者便起早来到他的屋前，果然看见里面亮着灯光。正如张光璘在《季羡林先生》一书中描写道："他工作三四个小时之后，窗外渐渐亮了起来，黎明来到了。他抬起头来，透过玻璃窗，往远处望去，东方的天空已是一片青白，朝霞正在慢慢地散开，博雅塔的身影清晰可见。往近处看，窗前的白玉兰正含苞欲放，湖岸柳枝摇曳，湖中碧波荡漾。间或有散步的老人从窗前走过，或者晨练的年轻人跑过，传来咚咚的脚步声。这时，房门轻轻地打开了，老伴来招呼他，早饭已经做好。于是，他放下笔，来到隔壁的大屋，坐在八仙桌前吃早饭。早饭极简单：一杯热茶，几片烤馒头片，一碟炸花生米。吃完早饭，他便提着那个用了几十年的人造革书包，走出家门，沿着西侧的一条小路，向外文楼走去。"季羡林正因为有这样的老伴，才能"饭来张口，衣来伸手"，一头扎在书堆里，专心致志、全神贯注地搞他的那套玩意儿。再说，凡是到过季家的人都知道，几近半个世纪，那屋子从来也没装修过，所有家具一仍旧贯。想想看，那是一级教授呀，即使季羡林不是那种追求时髦的人，那他夫人呢？笔者心想：要是搁别人，屋子不知要装修多少次，家具不知要换多少回了！尤其在生死攸关的"文革"中，季羡林的夫人又给他多少精神安慰和生活关心啊！这是其他人无法替代的。当然，季羡林把节省下来的时间用在教学和科研上，把分内的事情做好，这就是他对家庭的最大的担当，他的家人也会对此理解和欣慰。

总之，季羡林应该为有这样温柔而贤惠的夫人感到幸福，应该为有这样温馨而和谐的家庭感到满足。

说到这儿，有人似乎会提出这样的问题：既然如此，季羡林为何不早点儿将家人接来北京呢？

季羡林逝世后，社会上对他的"夫妻感情"和"家庭情结"有种种猜测、疑问和议论，笔者觉得这是很正常的，并且发现很多人能够做出入情入理的评判，这正好应了"人同此心，心同此理"这句话。笔者认为，对季羡林生前这方面的议论，应该采取全面的、客观的、宽容的态度，否则就没有什么实际意义了。

季羡林迟迟没有将济南的家人接来北京，笔者认为：

首先，季羡林回国后踌躇满志，雄心勃勃，他的精力完全用在工作上。10年留德，独闯天涯，他已经锻炼出独立生活的能力，习惯于自由自在独来独往地搞学问的环境。他的想法是，只要按时给家里寄钱，假期里回去看看，就算尽到了责任和义务，也就心安理得了。季羡林的叔父1955年去世，在此之前他是不可能将叔父接来北京的，因为他与叔父的脾气不相投合，虽有养育之恩，但有龃龉之嫌。还有，1951年和1952年季羡林的女儿和儿子分别考到天津和北京上大学，直到1955年下半年才毕业从事工作。据季承说："那时父亲虽然已经是大学正教授，但工资也不过100多元。"季羡林从1956年第二次评工资后待遇才青云直上，而在此前负担养家糊口和培养孩子读书，使他在经济上感到吃紧，生活并非富足，倒不如这样两地生活下去，暂时维持，到时候再说吧。所以，季羡林迟迟没有接家人来京，自然有他个人的种种考虑，也就是说，不接有不接的理由。

其次，新中国成立后一个接着一个的政治运动，也使季羡林不想让家人跟他一起受牵连。眼不见为净，到时候只要向他们报个平安，就省得让他们太惦记了。那时他还年轻力壮，小时的经历，异邦的磨炼，已锻炼出吃苦的能力，有困难咬咬牙就扛过去了，与其全家跟着吃苦，不如一个人撑着。20世纪50年代，他的儿子、女儿和外甥女都来过北京，亲眼看见他在中关村一公寓过着那种形单影只的生活，真就是糊弄着过日子，但他仍然坚持着。如果说他们夫妻感情不和，不愿意走到一起去，笔者无权做这种猜测，毋宁相信季羡林自己反复说的，他是一个性情中人，也有七情六欲，甚至感情超过了需要。

最后，季羡林在天命之年把夫人和婶母接来北京，那时他夫人已经55岁了，季羡林18岁结婚，两人已是老夫老妻。在那全国挨饿的时候，理应有难同当，季羡林再不这样做真就说不过去了，已经成人的儿女也不会答应。正如季承所说："我于1961年把叔祖母和母亲接到北京，就住在中关村我的宿舍里，我同时给北大校长陆平写了一封信，请求组织上批准将叔祖母和母亲的户口迁到北京，让她们和父亲团聚。陆平校长非常重视，很快就写报告给北京市委，彭真书记也迅速地批准了北大的报告。于是，叔祖母和母亲就回济南搬家，不久就到北京和父亲团聚了⋯⋯"儿子替老爸老妈主动办了这件好事，当然是尽孝

1991年，季羡林与夫人在寓所前金婚留影

心，也很正常。季羡林全家团聚后，确实充满了温馨与和睦。正如季承所说："我们家度过了1962年、1963年两年的平静生活。国家落实知识分子政策，给父亲带来了相对的平静。父亲忙着他的著述和各种社会活动。对他来说，这是一个难得的机会。我和姐姐则开始了为维护这个家庭的默默努力……我们那时的工资只有几十块钱，父亲的工资则是我们的十多倍，我每月都要给叔祖母和母亲一些零用钱，姐姐则给他们添置一些衣物……父亲一家的日子过得还是非常和谐，温暖。每个星期天中午，总有一顿团聚的午餐……当然，父亲有吝啬的一面，也有浪漫大方的一面，他每逢'五一''十一''春节'总要邀请在北京舞蹈学院工作的五舅、舅妈和我们全家一起郊游，吃大餐……我们几乎玩遍了北京各处景点，如故宫、天坛、颐和园、动物园、大觉寺、樱桃沟、八达岭等，吃遍了多处著名餐馆，如东来顺、全聚德、翠华楼、莫斯科餐厅……"

至于季羡林与夫人团聚后的30余年朝夕相处的情景，笔者作为先生的弟子，只能从外表的观察和读过他的一些谈及家庭生活的文章中得以了解。这种外表的观察有可能是肤浅的、片面的，但笔者认为，季羡林的文章是真实感情的流露，最令人感动的是他耄耋之年的这样一段话：

> 在家庭中，我这种煞戏的感觉更加浓烈。原因也很简单，必然是因为我认为这一出戏很有看头，才不希望它立刻就煞住，因而才有这种浓烈的感觉。如果我认为这一出戏不值一看，它煞不煞与己无干，淡然处之，这种感觉从何而来？过去几年，我们家屡遭大故。老祖离开我们，走了。女儿也离我而去。这在我的感情上留下了永远无法弥补的伤痕。尽管如此，我仍然有一个温馨的家。我的老伴、儿子和外孙媳妇仍然在我的周围。我们和睦相处，相亲相敬。每一个人都是一个最可爱的人。除了人以外，家庭成员还有两只波斯猫，一只顽皮，一只温顺，也都是最可爱的猫。家庭的空气怡然，盎然。可是，前不久，老伴突患脑溢血，住进医院。在她没病的时候，她已经不良于行，整天坐在床上。我们平常没有多少话好说，可是我每天从北大图书馆走回家来，好像总嫌路长，希望早一点到家。到了家里，在破藤椅上一坐，两只波斯猫立即跳到我的怀里，让我搂它们睡觉。我也眯上眼睛，小憩一会儿。睁眼就看到从窗外流进来的阳光，在地毯上流成一条光带，慢慢地移动，在百静中，万念俱息，怡然自得。此乐实不足为外人道也。然而老伴却突然病倒了。在那些严重的日子里，我从北大图书馆走回家来，我在下意识中，总嫌路太短，我希望它长，更长，让我永远走不到家。家里缺少一个虽然坐在床上不说话却散发着光与热的人，

我感到冷清，我感到寂寞，我不想进这个家门。在这样的情况下，我心里就更加频繁地出现那一句话："这一出戏快煞戏了！"但是，就目前的情况来看，老伴虽然仍然住在医院里，病情已经有了好转。我在盼望着，她能很快回到家来，家里再有一个虽然不说话但却能发光发热的人，使我再能静悄悄地享受沉静之美，让这一出早晚要煞戏的戏再继续下去演上几幕。

在此，让我们怀着一颗美好而虔诚的心，祷祝季羡林与夫人在另外的世界里，长相厮守，永不分离！

临深履薄的印度学研究

在1957—1966年10个年头中，虽然政治运动一个接着一个，反右、"大跃进"、"反右倾"、"社教"直到"文革"开始，耗费了大量的宝贵光阴，但是季羡林仍然出了一些学术研究成果，那都是在运动的夹缝中挤出来的，而且必须小心规避运动的锋芒，如临深渊，如履薄冰，非常不容易。这些学术成果共包括三个方面：

（1）出版了两部专著，即《中印文化关系史论丛》（人民出版社，1957年5月）和《印度简史》（湖北人民出版社，1957年5月）。

《中印文化关系史论丛》主要收入1946年—1956年的作品，本来不属于本章节叙述的范畴，但因为是于1957年出版的，所以在此略提一笔；同样，《印度简史》完成于1956年，出版于1957年，在此也略提一笔。《印度简史》简明扼要地介绍了印度历史，根据当时出书的要求"厚今薄古"，对印度古代史写得很简单，重点介绍了印度近现代史，这对季羡林真是勉为其难，因为他所研究的梵文和巴利文是印度的古文字，让一个搞古文字的人来写近现代史，实属风马牛不相及。

（2）出版了两部译作，即《五卷书》（人民文学出版社，1959年10月）和《优哩婆湿》（人民文学出版社，1962年12月）。

《五卷书》是一部印度古代寓言故事集。该书序言称，南方一个国王的三个儿子"笨得要命"，"对经书毫无兴趣"，婆罗门老师采用讲故事的方式，在六个月内把"修身处世的统治论"教会了王太子。老师讲的故事共分五卷。第一卷《朋友的分裂》，讲述兽王狮子与牛为友，狮子的两个臣仆豺狼罗吒迦和达摩那迦遭到疏远，于是达摩那迦施离间计唆使狮王杀死了牛；第二卷《朋友的获得》，讲述乌鸦、老鼠、乌龟和鹿结为朋友，互助合作，躲过猎人的追捕；第三卷《乌鸦和猫头鹰从事于和平与战争等等》，讲述乌鸦和猫头鹰结怨，乌鸦族的一位老臣施苦肉计打入猫头鹰巢穴，里应外合，全歼猫头鹰族；第四卷《已经得到的东西的丧失》，讲述猴子与海怪为友，海怪的老婆想吃猴子心，猴子施计脱险；第五卷《不思而行》，讲述理发师贪财，鲁莽行事，犯下死罪。上述五卷讲述的主干故事通过主人公之间的对话，又插入各类故事 80 余个，借以传授印度婆罗门教的"正道论"和"利论"，即广义的统治论，同时也不乏明显的伦理道德和为人处世的道理。

据季羡林评论，《五卷书》通过波斯文和阿拉伯文的译本传入欧洲后，"在几百年之内，欧洲古今所有的语言几乎都有译本，有的语言前后翻译竟达六七次之多，可见其吸引力之广，受欢迎程度之高。有人甚至说，在世界上所有的著作中，《五卷书》译本数量之多仅次于耶稣教的《圣经》。19 世纪德国著名的学者 Th.Benfey 几乎是穷毕生之力，追踪此书传播发展的轨迹，从而建立了一门新学问叫作'比较文学史'，实际上就是后来发展起来的比较文学的前身"。20 世纪三四十年代，中国翻译出版了《五卷书》，但并非由梵文原著翻译，而是译自英文译本。季羡林第一次从梵文译出，译文准确，语言优美，深受读者喜爱。笔者的一些同事曾说，他们认识季羡林正是从读了《五卷书》开始的。

《优哩婆湿》是印度古代著名诗人迦梨陀娑的另一部名剧，季羡林从梵文原著直接翻译。剧中故事情节是：国王补卢罗婆娑从恶魔计身手里救出天宫歌伎优哩婆湿，二人一见倾心，彼此产生了强烈的爱情。国王回宫以后，朝思暮想，优哩婆湿回到天上，也是念念不忘。她偷偷地同女友质多罗离迦离开天宫，来到人间，到国王花园里去看他。优哩婆湿施隐身术把

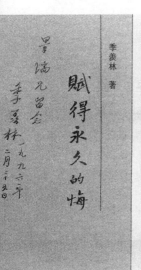   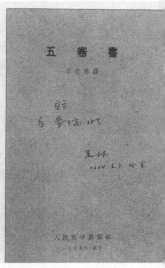

季羡林赠送好友马景瑞的散文集、译著和学术著作

身子隐藏起来，偷听国王同丑角的谈话，还写了一首情诗送给他，又派质多罗离迦去和国王见面。最后，她收起隐身术和国王相见。恰在这时，老天爷因陀罗派人找她回天宫演戏。优哩婆湿怏怏回到天宫，由于心不在焉，在演出时念错了台词，把剧中人物补罗输陀摩的名字念成了补卢罗婆娑。她的师父罗多很生气，把她痛骂一顿，赶下天宫。因陀罗对她发了慈心，告诉她，她什么时候看到亲生儿子的面孔，就能再回到天上。她下凡后同国王住在一起，王后最初有些嫉妒，后来也就无可奈何地容忍了。有一天，国王带优哩婆湿出游，国王老是看一个女妖，优哩婆湿很嫉妒，忘记了一个禁忌，走入了鸠摩罗林里去，她的脚刚一踏入，立刻变成了一株蔓萝。国王见不到她，十分着急，在林子里东找西找，对孔雀、杜鹃、蜜蜂、大象倾诉自己的心情，打听优哩婆湿的下落，可是毫无结果。最后他捡到了一块红宝石，用它一碰那株蔓萝，优哩婆湿立刻恢复原形。他们回到宫中，一只老鹰叼走了那块红宝石。有一个少年用箭射中了老鹰，这个少年就是优哩婆湿的亲生儿子。优哩婆湿不愿意回到天宫，所以她不敢和儿子见面，就把儿子寄养在一个女苦行者家里。女苦行者把儿子送来，优哩婆湿又悲又喜，悲的是要回到天宫去，喜的是见到了儿子。恰在此时，因陀罗派那罗陀下凡告诉优哩婆湿，她可以和国王白头偕老，不必急着回天宫去，于是皆大欢喜。

据季羡林考证，这个故事不完全是迦梨陀娑创作的。天女优哩婆湿和国王补卢罗婆娑的故事是印欧语系流传最广的最古老的爱情故事，具有长期演变的历史；在迦梨陀娑之后，这个故事的演变仍在进行。这应该属于比较文学的研究课题。

季羡林第一次从梵文原著翻译迦梨陀娑的《沙恭达罗》和《优哩婆湿》两部名剧，是中国翻译史上破天荒的大事，为中印文化交流做出了杰出贡献。

（3）写作了15篇论文。

《试论1857年—1859年印度大起义的原因、性质和影响》

1957年是印度民族大起义的百年纪念，季羡林为此写了这篇论文，发表于《历史研究》1957年10月号。后来这篇论文扩大成了专著《1857年—1859年印度民族大起义》（人民出版社，1958年3月）。在论文中，季羡林利用了新学到的辩证唯物主义和历史唯物主义的知识，对这次大起义提出了一些新的看法。

《中国纸和造纸法最初是否由海路传到印度去的？》

1954年，季羡林写的《中国纸和造纸法传入印度的时间和地点问题》一文，认为中国纸是由陆路传入印度的，后来有人反对这种说法，主张是由海路传入印度的。为了回应此说法，1957年季羡林再次撰文，列举了大量论据，证明海路传入说之不当。这篇论文收入《中印文化关系史论丛》一书。

《印度文学在中国》

这篇文章是季羡林根据平时阅读时所做的笔记，加以整理，按时间顺序排列开来写成的。他在题目中用了"文学"这个词，这是广义而言，童话、神话、小故事，以及真正的文学都包括在里面。文章用大量事实论证了印度文学通过各种渠道传入中国，以及对中国文化的影响。其实这是一篇关于比较文学的论文。这篇文章虽然写于1958年，但是由于个别领导受极"左"思潮的干扰，未能同意和批准发表，一直到1982年5月收入生活•读书•新知三联书店出版的《中印文化关系史论文集》一书。在此期间，季羡林还写过两篇文章《泰戈尔与中国——纪念泰戈尔诞生一百周年》和《泰戈尔的生平、思想和创作》，也同样遭到被"枪毙"的命运。

《再论原始佛教的语言问题》

这是一篇论争性的学术论文，发表于《语言研究》1958年第1期。季羡林就"混合梵语的佛典语言"问题，与美国梵文学者弗兰克林•爱哲顿（Franklin Edgerton）之间展开了一场论争，论争的焦点仍然是季羡林在德国时发表的论文中提出的"语尾 -am > o 和 u"的问题。

《泰戈尔短篇小说的艺术风格》

这篇文章对泰戈尔短篇小说的艺术风格，提出了颇有新意、又很有见地的看法。因为运气比较好，写好后立即发表于1961年5月15日的《光明日报》上。

《五四运动四十年来中国关于亚非各国文学的介绍和研究》和《最近几年来东方语文研究的情况》

这两篇文章，严格说来算不上是学术论文，因为文章的内容以资料为主，没有多少分析和论证，但是这些材料很有用，搜集时下过比较大的工夫，分别发表于《北京大学学报》1959年第2期和《中国语文》1958年6月号。

《〈优哩婆湿〉中译本前言》和《关于〈优哩婆湿〉》

1956年季羡林从梵文翻译了迦梨陀娑的剧本《沙恭达罗》以后，1962年又翻译了迦梨陀娑的剧本《优哩婆湿》。这两篇文章是关于剧本《优哩婆湿》的评介，收入人民文学出版社出版的《优哩婆湿》一书。

《古代印度文化》

这篇论文比较全面地介绍了印度古代文化的辉煌成就，包括文学、艺术、哲学、法律、天文、数学、医学等方面，发表于《历史教学》1962年第10期。

《〈十王子传〉浅论》

《十王子传》是一部著名的印度古典小说，在印度国内受到重视，欧洲许多国家也有译本，但中国读者并不熟悉。论文对这部小说做了详尽的介绍与分析，发表于《世界文学》

1963年5月号。

《关于巴利文〈佛本生故事〉》

季羡林曾选译一些巴利文"佛本生故事",在教授巴利文时又选用《佛本生故事》原著作教材。这是一篇关于巴利文《佛本生故事》的论文。"佛本生故事"即释迦牟尼前生的故事,实际上绝大部分是寓言、童话等文学作品,佛教徒通过通俗易懂的故事来宣传教义。它虽然最初产生于印度,但随着小乘佛教的传布,后来在斯里兰卡、缅甸、泰国、老挝、柬埔寨等国广为流传。这些故事随着汉译《大藏经》也传入我国,如《撰集百缘经》《贤愚经》《杂宝藏经》等经书里的故事即是。这篇论文发表于《世界文学》1963年5月号。

《原始佛教的历史起源问题》

这篇论文从经济、政治、思想等方面,论述了原始佛教起源于印度的原因,发表于《历史研究》1965年第3期。

季羡林从1946年回国至1966年,20年中的学术研究,已经大大超出了他的老本行——梵文和吐火罗文的研究范围,使其学术研究扩大化。扩大的研究对象是印度历史文化、中印文化关系、佛教、比较文学和民间文学等。其中原因前已提到,主要是由于回国以后缺乏梵文、吐火罗文的资料,难以继续深入研究。他的这种扩大研究范围的做法,开始是不得已而为之,但经过20年的努力,逐渐在新开辟的领域内取得了很大的成绩。到了20世纪60年代,季羡林已经不仅仅是一位语言学家,还是比较文学、印度学、佛学等方面的专家,以及翻译家,成了一个名副其实的"杂家"。在以后的岁月里,季羡林又继续沿着这条"杂家"的道路继续走下去,而且越走越"杂",终于在众多的学术领域内取得了辉煌的成就。

上面提到,在此期间季羡林写的3篇论文被"枪毙"了,究竟是什么原因呢?

在一般人眼中,无论如何也挑不出这3篇文章有何问题。第一篇《印度文学在中国》写于1958年1月10日,是1万多字的论文,首先全面、系统地论述了两千多年来,印度文学对中国文学的影响。其中,包括屈原的《天问》、《三国志·魏书》中的"曹冲称象"故事、六朝志怪、唐传奇和变文、柳宗元的《黔之驴》、元杂剧、明代吴承恩的《西游记》等作品,从题材或结构上都直接或间接地受到印度文学的影响,证据确凿,论述严谨,无懈可击;接着介绍了近代以来印度大诗人泰戈尔的作品对中国作家的影响,以及泰戈尔1924年访华的盛况;最后谈到印度现代作家普列姆昌德、钱达尔、安纳德等人的小说在中国的传播,以及印度电影《两亩地》《流浪者》在中国放映时受到热烈欢迎的情况。第二篇《泰戈尔与中国——纪念泰戈尔诞生一百周年》写于1961年2月21日,是一篇两三万字的长文,主要论述了泰戈尔与中国的关系,即泰戈尔论中国文化和中印关系、泰戈尔访问中国、泰戈尔对中国抗日战争的支持、泰戈尔对东方文明和中印友谊前途的瞻望等。第三篇《泰戈尔的生平、思想和创作》也写于 1961 年，与前文不同的是，它主要对泰戈尔的思想和作品进行了详尽的分析，并提出了自己的看法。

明眼人一看便知，这 3 篇文章所以被"枪毙"了，其原因正好都出在泰戈尔身上。

20 世纪 60 年代初，极"左"思潮泛滥，文化部门的领导对西方十八九世纪的著名作家，包括俄罗斯的著名作家在内，都大肆批判而毫不留情。印度的泰戈尔却是幸运的，他不但没有遭到批判，还出版了作品集。

1961 年是泰戈尔诞生 100 周年，各国都开展了纪念活动。人民文学出版社出版了一套十卷本的《泰戈尔作品集》。季羡林参加了这项工作，他后来回忆说：

> 为什么叫《泰戈尔作品集》这个名字呢？为什么不顺理成章地称之为《泰戈尔作品选集》呢？主其事者的一位不大不小的分管意识形态工作的官员认真地说："'选'字不能用！一讲'选'就会有人选。谁敢选、肯选泰戈尔的作品呢？"最后决定用《作品集》，仿佛这些译成汉文的泰戈尔的作品是从石头缝里蹦出来的，没有

1924 年春泰戈尔访华，在清华园与清华大学校长曹云祥（后排右）、北京大学教授辜鸿铭以及著名诗人徐志摩（前排右 2）等人合影

任何人加以挑选。这真是掩耳盗铃，战战兢兢，如临深履薄之举，实在幼稚可笑。

季羡林提到的这位不大不小的分管意识形态的官员，正是当时在文坛上翻云覆雨、叱咤风云的人物，他不敢也不肯选泰戈尔的作品。因为，在泰戈尔的作品中，除了有反帝反殖的"金刚怒目"的一面，还有赞扬母爱、童心、人类之爱的"菩萨慈眉"的一面，这在阶级斗争天天讲、月月讲、年年讲的时候，报刊上正在大张旗鼓地批判"资产阶级人性论、人道主义"，西方作家莎士比亚、罗曼·罗兰、俄国作家托尔斯泰、苏联作家肖洛霍夫都成了批判"人性论"、"人道主义"的靶子，谁再去选泰戈尔的作品，岂不引火烧身，自蹈死地吗？

其实，善良的人们也许会想，无论同意出版泰戈尔的作品集还是作品选集，反正都无伤大雅，对他毕竟开了绿灯，更无损于他的一根毫毛。众所周知，泰戈尔不仅是亚洲第一位诺贝尔文学奖得主，他的作品长期受到中国读者的喜爱，广为流传，长盛不衰，而且他对中国有一种特殊的感情，是中国人民的好朋友。他年轻时就写文章痛斥英国殖民者在中国推行鸦片贸易的罪行。1924年他为了寻求友谊，不顾年迈体衰，远涉重洋来中国访问，历时50天，兴致勃勃地访问了半个中国。回国后他在自己创办的国际大学里增办了中国学院。1937年日本帝国主义发动全面侵华战争时，他写诗怒斥日本侵略者的暴行，并且在给日本所谓"爱国诗人"野口米次郎的著名公开信中，义正词严地谴责日本军国主义制造的侵华谬论。正因为泰戈尔在中国的巨大影响，1956年周恩来总理访问印度时，为国际大学的亲笔题词中写道："泰戈尔是伟大的诗人、哲学家、爱国者、艺术家，深受中国人民的尊敬。泰戈尔对中国的热爱，对中国人民民族解放斗争的支持，会永远留在中国人民的记忆中。"

可是，对于这样一位既宣扬"人类之爱"又是中国人民的好朋友的外国著名作家，当时的权威却谨小慎微，做起花样文章来。他们冥思苦想，煞费苦心，终于决定出版泰戈尔作品集，而非选集，在他们看来，如果出版泰戈尔的作品集，就不会捅出大娄子；如果加上一个"选"字，或对泰戈尔及其作品进行代表个人观点的评论，就会犯上作乱，绝无好下场。这正是季羡林的文章被"枪毙"的原因之一。

另一个原因是，对于1924年泰戈尔访华一事，当时文化界的领导似乎仍然感到很敏感，成了十分棘手的问题。20世纪20年代中国文坛上正开展一场所谓"新文化阵营同封建复古派、资产阶级右翼文人的斗争"。"新文化阵营"主要指左翼作家；"封建复古派"指胡先骕、梅光迪、吴宓为代表的"学衡派"，章士钊为首的"甲寅派"，张君劢、辜鸿铭为首的"玄学派"；"资产阶级右翼文人"指"现代评论派"的胡适、徐志摩、林长民等。泰戈尔当然不知道中国文坛上的这场斗争，他只是为了寻求友谊、膜拜中国古老文化而来。他在中国访问期间一直由徐志摩、林长民等人接待。泰戈尔访华成了当时轰动一时的大事，报刊上天天在头版登载他的行踪，发表有关他的评论。正因为泰戈尔的思想既有"金刚怒目"的一面，又有"菩萨慈眉"的一面，当时中国思想文化界对他这次访华便形成了三种截然不同的态度：欢迎、反对、利用。"现代评论派"持欢迎态度，并且宣传泰戈尔是"爱的象征"，是来传播"爱的福音"的；"新文化阵营"持反对态度，瞿秋白、郭沫若、茅盾、冯乃超等人都曾著文，委婉地批评泰戈尔的思想和作品；"封建复古派"则利用泰戈尔访华为自己张目。由于这种错综复杂的关系，泰戈尔访华便成为中国现代文学史上的一件大事。应该说，泰戈尔这次访华是"不合时宜"的，正如鲁迅所说"印度的诗圣泰戈尔先生临中国之际，像一大瓶好香水似的很熏上了几位先生们以文气和玄气"，而泰戈尔本人则"被戴印度帽子的震旦人弄得一榻（塌）胡（糊）涂，终于莫名其妙而去"。

然而，20 世纪 60 年代初，距离泰戈尔访华已经过去 30 多年，这场风波本来应该早已止息，但却不然。他们对那场斗争记忆犹新，耿耿于怀。季羡林的文章一个重要内容便是介绍和评论泰戈尔访华这件事，被认为同样"不合时宜"，因此遭到"枪毙"也自在情理之中。

季羡林的这三篇与泰戈尔有关的文章，尘封了 20 多年后终于在 20 世纪 80 年代初得以重见天日，分别收入《中印文化关系史论文集》一书和发表在《社会科学战线》期刊上。值得庆贺的是，2000 年 12 月，河北教育出版社出版了《泰戈尔全集》，共二十四卷，约 1000 万字。至此，终于可以告慰这位中国人民的伟大朋友的在天之灵，他对中华民族一往情深，中国人民是永远不会忘记的；而 13 岁便在济南目睹了泰戈尔、并认为他一定是一位伟人的季羡林，也对印度民族一往情深，古稀之年又应印度朋友之邀，倾力翻译了《家庭中的泰戈尔》一书。

第十五章

十年一梦

从"社教"到"文革"

1964年冬天,北京大学开始进行"社会主义教育运动",简称"社教运动"。"社教"也叫"四清",即清政治、清经济、清组织、清思想。11月,200多人的"四清"工作队进入北大。东语系也进了工作组,组长是后来在暨南大学担任领导工作的一位姓罗的同志。工作组首先要组织积极分子队伍。在"左"的思潮影响下,虽然说是"有成分,不唯成分论,重在政治表现",但成分即家庭出身是一个重要的砝码;另一个重要砝码是政治历史。季羡林出身贫农,政治历史清白,有了这两条,加上他在师生中口碑很好,于是便被工作组认定是积极分子,尽管他也是当权派。

有些人就没有这么幸运了。或者因为出身不好,或者因为有历史问题,或者被群众揭发出了什么问题,他们统统当了"走资派",成了这次运动的靶子。

至于季羡林,他在新中国成立后历次政治运动中是"跟跟派",虽然知道自己的思想政治水平不行,但认准跟党走响应党的号召不会错。他既已被指定为积极分子,便顺理成章地站在"左派"一边,尽管对许多问题并不理解。他在后来写的"文革"回忆录《牛棚杂忆》中提到自己当时的思想说:

> 我的水平奇低,也中了极"左"思想的毒,全心全意地参加到运动中来。越揭越觉得可怕,认为北大已经烂掉了。我是以十分虔诚的心情来干这些蠢事的,幻想这样来保卫所谓的革命路线。我是幼稚的,但是诚实的,确实没有存在什么个人考虑,个人打算。专就个人来讲,我同陆平相处关系颇为融洽,他对我有恩而无怨。

但是我一时糊涂蒙了心，为了保卫社会主义的前途，我必须置个人恩怨于度外，起来反对他。这就是我当时的真实思想。

1965年6月4日，在南口参加"社教运动"的东语系师生接到通知："立即返校，参加运动。"他们乘坐汽车一进校门，就发现校园里热闹非凡，到处是人。有些人一下汽车，就被揪走，拉到什么地方批斗去了，但却没有人来揪季羡林，他还是一个自由人。回校后，季羡林做的第一件事就是看大字报。他发现东语系的大字报主要集中在两个人身上，一个是总支书记贺剑城，他是钦定的"陆平黑帮"、"走资派"。另一个是梵文教授金克木，他的罪名是"历史反革命"和"资产阶级反动学术权威"。当然，被炮轰、挨火烧的不止他们两位，许多人都上了大字报，其中也包括季羡林，说他"业务挂帅"、"智育第一"、"白专道路"、"修正主义"，还有批判他那篇《春满燕园》的，说他"歌颂资本主义"，对此他感到莫名其妙。

也许因为季羡林在"社教运动"中是积极分子，也许因为他平时在师生中没有"民愤"，也许因为他在过去运动中没有和什么人结怨，反正运动初期季羡林没有被认为是牛鬼蛇神。他的问题既然还属于人民内部矛盾，在"文革"初期的一次基层选举中，公布的选民榜上便有他的名字。看到许多自己尊敬的老师被揪斗，许多自己熟悉的朋友被打倒，场面残忍而野蛮，他的心情是矛盾复杂的。一方面，他难免物伤其类；另一方面，他又认为"文革"是为了"反修"、"防修"，自己应该竭诚拥护，积极参加运动。可是，这一次他不是积极分子了，而是要考虑自己的问题。什么问题呢？他认为，有两顶帽子是非戴不可的，一是"走资派"，二是"资产阶级反动学术权威"。按说性质应该是人民内部矛盾，可别人会怎么看呢？他知道自己是泥菩萨过河，因此分外谨慎，对大字报只看不写，诸如斗"黑帮"、炮轰工作组等活动一概不参加。他只是积极参加为外地来京串联学生的服务工作，或者下乡帮助农民麦收。用他自己的话说，他当了半年的"逍遥派"。

逍遥中也有两个小插曲：一次，一帮"红卫兵"闯入季羡林家"破四旧"，砸烂了他的一些心爱的小摆设，其中有惠山泥人大阿福。他们看到墙上的毛主席像一点儿灰尘都没有，问他是不是新挂上去的，他急中生智，说自己天天擦拭，所以没有灰尘，于是得以蒙混过关。还有一次，几个低年级学生恶作剧，勒令他交出人民币3000元，意思是看他老实不老实。他又岂敢不遵命，老老实实把钱送到指定房间，那几个学生面面相觑，其中一个说："这都是人民的血汗，拿回去，不许随便乱花！"他哭笑不得，只好把钱拿了回去。

1967年夏天,北大形成了两派对立的群众组织。

运动初期,校系两级领导干部除了极少数的几个"左派",全都"靠边站"了,季羡林也不例外。然而,他的"问题"还被认为是"人民内部矛盾"。他深知这实在难得,所以不参加任何一派,只做一个"逍遥派"。虽说"逍遥",但是并不"自在",他在苦苦思索自己的"问题"。然而季羡林最终还是没能当成"逍遥派"被迫卷入了派性斗争去,为此付出了代价,以至在"文革"中挨整,他一度想自杀,以死抗争,最终还是忍受了下来。

这段经历在季羡林写的《牛棚杂忆》书中有具体叙述,限于篇幅这里不再详述,请参见《牛棚杂忆》。

季羡林被打倒了,成了阶下囚。从1967年冬到1968年春,批斗、审讯和劳改成了他生活的全部。

除了批斗,他还经常被押到什么地方去受审。1969年2月,"牛棚"宣告解散,这一页沉重的历史终于翻过去了。春节到来的时候,季羡林终于回到家里。尽管邻居中还有人嚷嚷道:"季羡林回来了,大家都要注意他呀!"可是对于曾经沧海、饱受炼狱之苦的季羡林,这已经算不上什么了。也许,他的灵魂已经在炼狱中得到净化了吧!

门房偷译史诗

季羡林从"牛棚"里走出来,有了有限的活动自由,但他头上仍然戴着一大撮"帽子",只能算是"半解放"。严格地说,这种状况一直持续到"文化大革命"结束。

季羡林回到家里,发现一家人挤在那间9平方米的小屋里,原来他住的那间大屋子,被革委会封了门。

季羡林心想:自己现在算是什么呢?是人是鬼,他糊涂了。在牛棚"生活"了八九个月,他已经习惯低着头走路,进商店买东西也如同一个白痴,不知道说什么好,叫"同志"吧,感到自己没有资格,叫"小姐""先生"吧,又感到实在不妥,只落得一副六神无主、无所适从的狼狈相。在街坊邻居面前,他是被"群众监督"的对象。印度有一种"贱民"被称为"不可接触者",现在季羡林就成了"不可接触者",人家避之唯恐不及,自己更不敢自讨没趣。他仿佛是一名麻风病患者。

不久,季羡林奉命到40楼学生宿舍参加学习,不知又有什么样的厄运在等着他呢!他如临深渊,如履薄冰,忐忑不安。原来,东语系的"棚友"都被召唤到那里,印地语一位老教师殷洪元被无端打成"地主分子",这回被安排打扫厕所。季羡林也准备去干最脏最累的活,可是出乎他的意料,他被安排在一个印地语的班级——就是笔者当年所在的班级——参加学习。青年学生是活泼好动的,他们有说有笑,休息时吹拉弹唱,嬉笑打闹。季羡林游离之间,不知何以自处,只好呆坐一旁,如同泥塑木雕一般。1969年秋,中央的"一号命令"下达之后,北大大部分师生去了江西鲤鱼洲"五七干校",季羡林却被"疏散"到北京远郊延庆县新华营,仍然跟着那个班级活动。他在星光下出早操,顶着凛冽的西北风挑粪,在山坡下挖防空洞,如此接受贫下中农"再教育",不时还要充当"大批判"的"活靶子"。

1970年年初,"工农兵学员"进校之后,东语系搬到35楼。不知过了多久,季羡林被分配了新的"工作",当门房。35楼是一栋四层楼房,一二层住男生,三四层住女生,系党政办公室在二层。季羡林的具体任务是坐在门口的收发室里,看守门户、传呼电话和分发报纸信件。第一项任务难也不难,"不许闲杂人等入内",教职员和老学生他都认识,新学员都不认识。谁是闲杂人等?他索性一律不管。第二

"五七"干校江西鲤鱼洲分校师生劳动的场面

项任务并不简单,因为全楼只有一部公用电话,而女生电话又特别多,来一次电话爬上三四层,腿脚实在受不了,于是他站在楼前使劲儿喊,人家听见了就会下来。第三项任务好说,报纸来了,他先送到办公室,然后把信放在窗台上,让收信人自取。季羡林每天上午8点从朗润园13公寓走到35楼,12点回家,下午2点再去,6点回家。每天八个小时,步行十几里,权当锻炼身体了。此时他的工资已经恢复,却没有教学、科研任务,也没有谁敢来拜访他。没有任何干扰,倒是清静多了,过的是神仙般的日子。

可是,季羡林毕竟是一个闲不住的人,这神仙般的日子他过不惯,每天在收发室枯坐,瞪大眼睛看着人们进进出出,时间久了觉得无聊得很。他想起了古人的话:"不为无益之事,何以遣有涯之生?"无独有偶,陈寅恪先生晚年也曾想到这句话,于是开始研究陈端生的《再生缘》,为柳如是写别传。季羡林也决计来做"无益之事"。他又想起《诸葛武侯集·诫子书》说:"孔明曰:'夫君子之行,静以修身,俭以养德。非淡泊无以明志,非宁静无以致远。夫学须静也,才须学也。非学无以致远,非志无以广才。'"于是他要利用"有限的活动

自由"，开辟一块悠闲自得的"桃花源"。

到底做些什么呢？季羡林舞文弄墨惯了，想来想去也出不了这个圈子。但他写文章也没有心情，当时"四人帮"还在台上耀武扬威，他敢写些什么呢？翻译倒是可以尝试，他不想翻译原文短而容易的，想翻译长而难的，即使不能一劳永逸，也能一劳久逸。这也正是"无益之事"，因为他的翻译作品，在那个年头儿没有哪家出版社敢出版，翻译而不能出版，岂非无益？经过再三考虑，他决定翻译蜚声世界文坛的印度两大史诗之一《罗摩衍那》，这部史诗蛮长的，精校本就有2万颂，至少可以翻译成8万多行，够忙活几年了。

季羡林抱着有一搭无一搭的想法，向东语系图书室提出请求，请他们通过国际书店向印度订购精校本《罗摩衍那》。那时订购外国图书是一件十分困难的事，季羡林并不敢抱太大的希望。谁知他的运气不错，过了不到两个月，8大本精装的梵文原著居然摆在了他的面前。季羡林只觉得这几本大书熠熠生辉，这是"文化大革命"折腾了几年后最大的喜事啊！他那久已干涸的心田似乎又充满了绿色的生命，久已失去的笑容又挂在了脸上。《罗摩衍那》是一部世界名著，对印度、南亚、东南亚、对中国，甚至对欧洲一些国家都有巨大的影响。在印度、南亚和东南亚一些国家可谓家喻户晓，深入人心，历时两千年而不衰。

虽说"托无能之词，遣有涯之日"，但此时季羡林的身份岂止是当门房，头上还顶着那么多的"帽子"，他焉敢明目张胆地搞翻译？如果人家发现他"不务正业"，说不定还会招来什么麻烦呢！最后，他想了一个"妥善"的办法。季羡林认为，《罗摩衍那》原文是诗体，翻译过来也应当是诗体，不是古体诗，也不是白话诗，而是有韵脚的顺口溜；但要找出合适的韵脚，要推敲字句，让每句字数基本一致，不是容易的事。于是，他晚上在家仔细阅读原文，把梵文诗句译成白话散文，潦潦草草写在纸片上，揣在口袋里，再利用上下班的路上和看守门户、传呼电话、收发报纸信件的间隙，拿出译稿仔细推敲琢磨，改写成诗体译文。你看，坐在收发室里的季羡林，眼望虚空，心悬诗稿，若无其事，大概只有神仙才知道他在干什么。

《罗摩衍那》和《摩诃婆罗多》是印度古代两大史诗，最初是口头创作，没有文字，由伶人口耳相传。《罗摩衍那》大约流传了几个世纪之后，由一个叫蚁垤的人记录整理出来，内容以英雄美人罗摩和悉多的悲欢离合的故事为主线，中间插入许多神话、童话、寓言和小故事，幻想丰富，文采绚丽，在印度和世界文学史上占有崇高的地位。《罗摩衍那》很早就传到东南亚、中亚和西亚，19世纪传到欧洲，20世纪有了俄文和日文译本，后来又有了意大利文、英文和法文全译本，深受各国人民喜爱。遗憾的是，在季羡林之前，还没有中国人从梵文直接翻译此书。

大约从1973年起，日复一日，年复一年，季羡林用了10年时间，"听过3000多次晨鸡

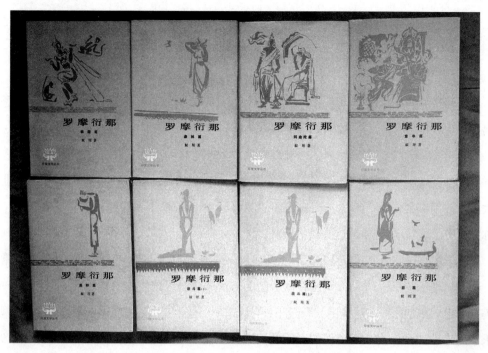

季羡林译著《罗摩衍那》1-8卷于1984年全部出齐

的鸣声,把眼睛熬红过无数次,经过了多次心情的波动",终于把8大册《罗摩衍那》译完并出版了。当"四人帮"完蛋了的时候,季羡林的翻译工作还没有完成一半。然而,天日重明,振奋了他的精神。人民文学出版社得知季羡林正在翻译《罗摩衍那》,赶忙告诉他准备出版这部书。季羡林十分高兴,他加快速度,译完了全书。从1980年第一册出版,到1984年8册全部出齐。季羡林翻译《罗摩衍那》这一浩大的工程,本来以悲剧的形式开始,却以喜剧的形式结束了。1985年,季羡林应邀参加在印度新德里举行的"印度与世界文学讨论会暨蚁垤国际诗歌节",受到与会各国学者的热烈欢迎,并当选为印度与亚洲文学分会主席。季羡林为中国翻译史和中印文化交流史树立了一座丰碑。1994年,《罗摩衍那》中译本荣获第一届国家图书奖。这一切,季羡林在收发室里偷偷摸摸翻译的时候,是压根儿想不到的。他在反思"文革"的文章中说道:

> 我扪心自问:我是个有教养、有尊严、有点学问、有点良知的人,我能忍辱负重地活下来,根本缘由在于我的思想还在,我的理智还在,我的信念还在,我的感情还在。我不甘心成为行尸走肉,我不情愿那样苟且偷生,我必须干点事情。二百多万字的印度大史诗《罗摩衍那》,就是在那段时期,那个环境,那种心态下译完的。
>
> 我活下来,寻找并实现着我的生命价值……

重执教鞭

在季羡林偷偷摸摸翻译印度古代史诗《罗摩衍那》之前，还有一个小小的插曲，就是他在离开讲台数年之后，又重执教鞭，给学生上课。

1971年秋季开学，东语系来了一批进修生，多数是本系69届、70届的毕业生，也有广播学院和外贸学院毕业的外语系学生。他们都是外交部为国家储备的外语干部，由于专业底子太薄，连丙级翻译水平都达不到，需要"回炉"。因为他们来自唐山解放军某部农场，故被称为"唐山班"。笔者便是这个班的成员。

这批学生来校不久，就发生了几件大事："九一三"事件发生后，周恩来主持中央日常工作，形势出现了转机；10月，我国在联合国的合法席位得以恢复；次年2月，尼克松访华，中美关系走向正常化。在这样的大背景下，"唐山班"的学生为了适应迫在眉睫的工作需要，渴求学习专业知识，决心把耽误的时间补回来。学校在他们进修的最后一个学期，即1972年秋季开学时加开了两门课：与所学语种相关的国家概况和第二外语。

"唐山班"学习印地语和乌尔都语的学生有二十几人，他们加开的是印度概况和英语。教这两门课的正是季羡林，笔者当然有幸聆听了他的课。当时季羡林头上还戴着"走资派"和"资产阶级反动学术权威"的帽子，身上背着留党察看的处分，政治压力之大超乎想象。上课地点就在外文楼北边的平房，就是季羡林曾经蹲过的"牛棚"，对他来说俨然"左手是天堂，右手是地狱"，刻骨铭心。当时"左"的思想还有很大势力，师生要用相当多的时间"学习政治"、参加"运动"，甚至"学工、学农、学军"。学生们将有限的学习时间主要用于专业外语的口笔翻译训练，两门副课安排的教学时间少得可怜，印度概况每周一次，英语每周两次。就是在这样的环境和条件下，学生的确感受到季羡林不同凡响的名师风采，听他讲课如同春风化雨，其乐无穷。

印度概况没有教材，季羡林授课实际是讲座式的。他作为一名印度学家，印度学知识已经烂熟于心，没用多长时间就把印度的历史、地理和经济状况简明扼要地介绍出来。他着重讲解印度近代以来的历史事件、主要政治人物、阶级关系和民族矛盾，使学生们在短时间内掌握了从事南亚外交工作必备的基本知识。季羡林的教学显示了一位史学家的非凡功力。

英语教材是北大自编的公共英语课本，困难在于要用四个月学完两年的基本内容，而且大多数同学没有英语基础，必须从字母学起。季羡林从小就开始学习英语，英语水平十分了得，教这些初学者实在是小菜一碟。可是，他仍然认真备课，为了弄准一个单词的读音，他有时要请教几名外教。英语是一种世界性语言，同一个单词在不同的地域、不同的国度，不仅读音差距明显，就是拼写和词义有时也不尽相同。季羡林在课堂上旁征博引，使学生知道了一个词牛津音怎么读，美国腔怎么念，还知道印度人是怎么说的。这样，大家就弄懂了为什么说英国和美国是被同一种语言分开的两大民族。另外，初学英语的人又都会遇到这样的问题：一个单词，不但要记拼写，还要记音标，二者往往并不一致，相当麻烦。于是学生问他："英语到底是不是拼音文字？"季羡林耐心地解释了英语读音的演变，幽默地说："所以，德国人说，英国人手里写的是 A，嘴里念的是 B。"大家听了哄堂大笑。讲到词义辨析，季羡林在黑板上画了两个部分重合的圆圈，他说："不同语言的词义不是一一对应的，只有重合部分可以相通，所以必须根据上下文的意思分析判断词义，在翻译时才不会出错。"学生一看就明白了，因此戏称其为"季羡林大饼"。季羡林讲课绝不照本宣科，而是抓住重点，把两年课程中的"干货"全捞出来，在最短的时间内让学生掌握了基本语法和一批基本词汇，并还推荐一本可以用一辈子的工具书——《牛津英汉高级双解词典》。这样，通过这个名副其实的速成班，每个学生都具备了自学英语、继续深造的能力并打下坚实的基础。

事情的发展正如季羡林期望的那样，1972 年年底，这批学生毕业之后，有的去了驻外机构，有的进了科研单位，有的以教书为业，英语成了他们今后工作和交际的重要工具。俗话说，师傅领进门，修行在个人，学生们能够掌握英语，全拜季羡林先生之赐。所以，每次他们从国外或者外地回到母校的时候，都必到朗润园 13 公寓看望恩师，几十年一直如此。

此后，季羡林是否又教了其他学生的英语，笔者没有做过调查。但据他在文章中说，他被命令去看大门，传呼电话和分发信件，后来不知怎么一来，又成了教师，教一点英文，总之是靠边站。

参观中国通史陈列

1972 年秋天，季羡林收到了一封寄自中国历史博物馆的邀请函。原来是该馆更新了中国通史陈列，邀请一批专家、学者征求意见。当时被"控制使用"的季羡林征得学校工宣队、军宣队的许可，10 月 20 日一大早就从北大出发，换乘了几次公共汽车，于上午 9 时准时赶到中国历史博物馆，一直工作到下午 5 时。只是中午稍事休息，吃了博物馆食堂送来的四个猪肉白菜包子，喝了一碗稀粥。他对上下两层 8000 平方米的展览仔细观看，认真察看展品和图片，阅读解说词，边看边提出自己的意见。对《夏代世系表》，他说："这个表有些乱。外人看不懂，特别是不降到孔甲的传接关系看不清。"对商代展品的说明牌上的文字，他指出:"应该使用国务院公布的规范汉字。"他还校正了唐代印本陀罗尼经的说明,"应写为用婆罗迷字母书写的梵文陀罗尼经";他仔细辨认了佉卢文墓志铭。当他看到《史记》摘录的文字中有"更残暴的蚩尤"时,明确指出:"不确当,缺乏历史唯物主义观点。"这些意见展示了季羡林严谨求实的治学态度和鲜明的马克思主义立场观点。

季羡林回到北大之后,经过认真考虑,于10月30号又写了一封信,进一步陈述自己对展览的意见。信的全文如下:

引曾同志:

一些不成熟的意见,已经当面奉告。这两天又仔细想了想,仍然只是一些不成熟的意见,胪列如下:

一、关于中国文学家的问题

在几千年的中国历史上,前后要有一个平衡。

在这方面,贵馆陈列好像有一点"厚今薄古"。我觉得,为了对我国人民进行爱国主义教育,在每一时代把突出的文学家陈列出来,很有必要。就是对国际友人的宣传,也有必要。因此,在几千年的文学史中,似应突出下列几个人:屈原(战国)、司马迁(汉)、陶渊明(晋)、李杜韩柳(唐)、苏辛陆等(宋)、关汉卿(元)、曹雪芹蒲松龄(清)。记得贵馆好像没有突出屈原。屈原是世界文化名人,最近主席又把《楚辞集注》送给田中,都可见其重要性。

鲁迅当然也要突出,最好在党史开始时。

这些人的相片大小也应均衡,不要把关汉卿的像画得特别大。就他的地位来说,不能这样。

二、关于中外关系问题

从长远的世界革命的观点来说,从目前我国外交战线上取得的伟大胜利来说,作为中华人民共和国的历史博物馆,都必须十分注意对外关系。主席和我国领导人经常讲到,国家无论大小都有其优点与缺点,都是互相学习互相支援的。这一点在陈列中必须表示出来。

以下谈几个具体问题:

1. 中印和中伊(朗)

在汉代通过丝绸之路和中国往来的国家现在还存在的恐怕只有伊朗和印度了,伊拉克当然也可以算在里边,苏联则另作别论。印度在当时恐怕主要还是通过其他国家的媒介同中国往来，直接往来的只有伊朗。在我们陈列中应该在汉代部分突出这两个国家。伊朗方面的实物除了上次谈到的印有伊朗图案的丝绸（可以到新疆博物馆去弄）以外，还可以把安世高陈列出来。他是安息人，当时属于波斯，他曾译过许多佛经。可以选一部他译的佛经，当作实物陈列出来，说明汉代的中伊文化关系。

2. 中印关系

那一天我们提到，应该陈列出一个从印度到中国来的和尚，这样来表示有来有往。回来以后，我想了很久，找这样一个和尚，却颇不容易。印度来华的和尚很多，找一个突出的却不易。有些突出的，如鸠摩罗什之类，又不是印度人。因此，就觉得，不必再勉强补了。反正玄奘是到印度去的，有来有往的精神，他一个人身上都具备了。

3. 中欧关系

在同今天是帝国主义的大国的关系中，我觉得，我们应该强调中国对它们的影响，而不是相反。中国的三大（或四大）发明，影响了欧洲，陈列品中已经表现出来了。此外，还可以加一些东西。比如：

a. 茶

传入欧洲后，影响很大，特别是对英国。他们今天离开茶就不能过日子。现在英（德法等）文里的茶是 fea、fee，是从福建话里借过去的。在这以前，英文里也有过 chah 字，就是中国的茶。可以查一查《大英百科全书》。

b. 中国的文学作品

可以引用歌德的话，他在同 Eckenmann 的谈话中，他对中国小说作了相当高的评价。这些小说亦非一流作品（《好逑传》之类）。但仍然看出，中国的文学作品影响了欧洲。歌德是德国最伟大的作家，世界最大的作家之一，马克思最推崇的作家之一。他的话有分量。可以查 Eckenmann 与歌德的谈话，把有关段落同德文原文陈列出来。

可能还可以想到一些，容后奉告。

法国的那一架钟，实在不像样子，应更换。

世界一百五十多个国家，不可能都陈列出来。几个重要国家可以经常陈列，作为对中国人民进行国际主义教育的材料。其他国家（或者一组国家，例如非洲、南美洲）可以准备备用的一套陈列品。有关国家的人士来馆参观，临时陈列。

现在想到的就是这样一些。仍然是卑之无甚高论，仅供参考而已。

季羡林
1972 年 10 月 30 日

补：那一块据说是刻有佉卢文或希伯来文的拱门后，如果是在开封发现的，很可能是希伯来文。因为开封有古代迁居的犹太人。

收信人耿引曾是中国历史博物馆的资深工作人员。她还清楚地记得，当年他们呕心沥血布置的中国通史展览，曾在广大参观者中好评如潮，却在"文化大革命"中遭到批判，被诬为"封建帝王的祠堂"，并被关闭。1972年这次复展，采取了当年流行的思路，突出农民起义，把农民起义作为每一个朝代开始的序幕。这种编排无疑反映了当时的政治气候。这次参观预展并提出意见，给专家学者们也提供了一次机会。对许多被打翻在地，再踏上千万只脚的"资产阶级知识分子"来说，这是展示自己"思想改造成果"的一次机会，是跟"旧我"决裂的一次展示。顺势说上几句肯定、表扬的话，无疑是一次"亮相"和表态。可是季羡林不然。虽然身处逆境，他绝不拿学术良心换取任何对自己的好处。他一丝不苟专注于展品的真实性和评价的准确性、科学性，而对歌颂革命、鼓励造反的编排保持缄默，不屑一顾，不赞一词，表现出了"威武不能屈，贫贱不能移"的气节。耿引曾一直珍藏着季羡林对展览提供的意见和这封信。她说："可以断言，绝不会因为时间的迁移而变更其价值。时间越长，就越能说明先生的思想和人格。"

插曲和闹剧

正当季羡林在自己营造的"桃花源"里，一面安心当门房，一面眼望虚空，心悬史诗，自认为绝不会有任何人——除非神仙——知道他在干些什么时，有一个小小的插曲又偏偏来找碴儿。

有一天，他突然看见门外贴着数十名东语系教师签名的大字报，内容是批判他这个"五一六"嫌疑分子。季羡林看后未做任何反应，不再像"文革"初期看到批判他的《春满燕园》时哼出声来。因为，经过了七八年大风大浪的冲击，他已经锻炼出识别是非的能力。

季羡林之所以对这张大字报的看法很有底气，因为他并不年轻，且是"牛鬼蛇神"，不可能参加这样的组织，显然是强加在他头上的莫须有的罪名。事实终于证明，所谓"五一六"组织子虚乌有，是人为制造的神话，正如季羡林所说，"像堂•吉诃德大战风车一样，成为众多笑话中最可笑的一个"。1973年3月1日，北京大学党委扩大会议终于做出了公正的结论：经过两年调查，涉嫌"五一六"分子的117人的问题已经查清，其中认定为"五一六"反革命分子的仅2人，即聂元梓和孙蓬一，其他人则"事出有因，查无实据"。会议决定给聂、孙戴上"五一六"反革命分子帽子，开除党籍，报北京市委后召开全校大会进行批斗。同时宣布清查"五一六"运动到此结束。这里所说的"事出有因"，不也正好暴露出给季羡林写大字报的幕后操纵者的丑恶嘴脸吗？看来，的确有人处心积虑要把季羡林置于死地，不达目的，绝不会罢休的。

插曲过后又来了一幕闹剧，虽然不像那张大字报那样，是直接对着季羡林来的，但是显然，季羡林难逃干系。

斗转星移，当广大群众感到"文化大革命"不能再这样马拉松似的搞下去的时候，果然出现了看似要收尾的迹象，亦即要恢复正常的秩序了。

官庄之行

1973年8月3日，季羡林夫妇携儿子季承、孙子季泓、孙女季清，回到了一别40余年的故乡。当然，季羡林这时还谈不上被恢复党组织生活，也就是还没有被"完全解放"，仍然处于"半解放"的状态。但是，当时的政治气氛毕竟宽松了些，对于像他那样的高级知识分子的禁锢有所撼动，因此他的回乡申请得到了学校领导的批准。

季羡林1933年秋回官庄为母亲奔丧，从那时起就再也没有回去过。如今整整过去了40年，他已届花甲之年，庶几动了思乡之情。他说："在官庄过了62岁生日。那年头不能大张旗鼓，私下悄悄过，谁也没告诉。"儿的生日娘受罪，季羡林是想借此来怀念生育自己的母亲呀！据季承回忆，父亲还曾带着他们去祖父母坟上磕头。

陶渊明有诗曰：羁鸟恋旧林，池鱼思故渊。此时季羡林的心境大概也如此吧！在"文革"中，北大的那个"老佛爷"为了将他打成"地主"，千方百计罗织罪名，竟然暗中派人两次窜到官庄调查。但是，乡亲们却指着那些人的鼻子说："咱村要是开诉苦大会，季羡林家应该第一个上台诉苦！"季羡林这次还乡，也是为了感谢养活过他的衣食父母，保护过他的父老乡亲。

1997年10月，马景瑞陪同季羡林参观康庄镇中学

下面，笔者不妨摘引当时的亲历者、季羡林的同乡好友马景瑞的文章，看看这次还乡的一幕幕感人的情景：

  1973年8月3日，季老带着夫人彭德华、儿子季承、孙子季泓、孙女季清，一家5口人，回到了一别40余年的故乡。这也是建国以后季老第一次回故乡。
  这时季老还处于"半打倒状态"。他们一家人从北京坐火车到禹城车站下车，转乘汽车到达康庄。这里离我们官庄村还有八里路程。当时条件差，没有别的交通工具，季老本家的人和村干部到康庄迎接季老一家人，只是准备了自行车和地拉车。原来打算让季老也坐地拉车的，季老执意不肯坐，说："我能骑自行车。"商量的结果，季老和儿子季承骑自行车，季夫人和孙子、孙女坐地拉车回村。到了村头，季老一家人下车步行回老家。小学师生一齐出动，列队欢迎，村里男女老幼一听说也都从家里走出来，站在街两旁欢迎季老一家人。季夫人结婚几十年，还是第一次来官庄，看见村上这么多人欢迎，笑着大声说："都来看老'新媳妇'啊！"一句话逗得街两旁的群众都乐了。
  季老的故居，当时还有四间西房，一家人就在这老屋里住了下来。每天来看望季老一家的村民络绎不绝，屋里屋外挤满了男女老幼。季夫人在屋里，和前来看望她的老太太、年轻媳妇拉家常。大家看到季夫人落落大方，说话和蔼亲切，以为她是一位教书先生；后来知道她没有文化，几十年勤勤恳恳，操持家务，不少人感叹地对她说："你也不容易啊！"季老在院子里摆放一张长矮桌，几条长凳子，一壶茶水，他就和老乡坐在院子里说话。他最关心的是家乡人的生活状况，询问得最多的是收成情况和孩子们的上学情况。当他得知村里有些人家忙活一年还不能吃饱，便唉声叹气，愁眉不展。当他听说村里孩子们都能念到小学毕业，还出了一批中学生和几个大学生，又非常高兴，笑容满面地说："这比解放以前强多了。"儿时的伙伴杨狗来看望季老，久别重逢，两个人都很激动，说起小时候的一些趣事，又都开怀大笑。儿时的另一个小伙伴哑巴小的父亲哑巴马洪保老人也来了，季老赶忙站起来让座、让茶。1998年8月，我去北京大学向季老汇报筹建资料馆的事，季老又给我谈起哑巴小的父亲："哑巴怎么那么聪明！当时我问他多大年纪了，他伸手比划83岁了，他怎么听见的？"
  1973年我还在临清一中教书。季老回故乡的第二天上午，问村里的干部："咱村里有一个叫马景瑞的，现在在哪里工作？他是咱村和我通信的第一人。"当天村里干部便打发人到临清一中给我送了信。8月5日，我急急忙忙赶回村里，放下自行车就往季老的故居跑，心里想，这回我终于能见到仰慕已久的季先生了。来到院子里，我看见季老身穿短袖白衬衣、灰裤子、圆口黑布鞋，正和村里人说话。我一时很激动，也很拘谨，原来在回村的路上想好的要对季老说的一肚子话，要向季老请教的一连串的问题，竟不知从何说起，最后只说了一句："您是什么时候到家的？"季老让我坐在他身旁，告诉我回来两天了，随后很慈祥地询问起我的工作情况和学习情况，还问我有什么业余爱好。我的心情慢慢平静下来，告诉季老，我很喜欢读他的散文，把刊有他的散文的报刊，能找到的都找来看了。我不知道季老当时的处境，还向他提议："您该把自己写的散文搜集起来，出一本集子。"季老沉思地说："等机会吧。将来出了散文集子，我一定给你寄一本来。"

村里安排专人给季老全家做饭。每次吃饭，季老总是称赞他做饭技术高，饭菜可口。有一次，做的一道菜是烧茄子，季老笑着说："从来没吃过这么好吃的菜。"有一天吃饭时，孙子季泓说"不饿，不想吃"，孙女季清拿起一块上顿剩下的馒头，又放下了，说"不好吃"。季老深情地说："你们看着这样的饭菜不好，这是村里特意招待我们一家的。这样的饭菜，村里的群众，别说过去，就是现在也吃不上。这次我们住的时间短，不然，我们得吃一次忆苦饭。"季夫人也给孙子、孙女讲述起季老小时在老家吃的苦："那时你爷爷还没有你们现在大哩，一年到头吃不上几顿'白的'。"

8月6日上午，季老领着儿子、孙子和孙女，来到村南头一口砖井旁边，拿起井绳，挂上水桶，亲自打水。村里有人看见，忙跑过来要替他，他不让，并对他的孩子们说："从古至今，这里没有自来水，村里人吃水，就是这样从井里打水的。"提上水来，他让孙子、孙女把一桶水抬回家。随后，他又让儿子季承从这口砖井里打了一桶水，抬回家去。

当时，村里人都不知道8月6日是季老的生日。我也是事隔多年以后才知道的。后来季老告诉我："1973年回官庄，没有什么事。我只是想老家。我在老家过了一次自己的生日。"显然，当时季老选择回老家的日子是有意为之的，只是不想告诉村里人，怕给老家添麻烦。季老一家人在官庄住了四天，时间虽短，却给村里的群众留下了美好的印象。不少人告诉我，别看人家是大学教授，在北京住了这么多年，从穿戴到说话，一点儿也没变。

8月7日，吃过早饭，季老一家人要到康庄坐汽车到济南。听说季老要走了，小学生敲锣打鼓列队欢送，村里的群众也纷纷跑来相送。季老眼含热泪，边走边回头,频频向欢送他的父老乡亲挥手致意,并几次大声对小学生们说:"回到北京,我一定会给你们寄书来的!"

老朋友来访

随着季羡林被"打倒",成了"不可接触者",他的家变得门可罗雀,与朋友的书信往来也几乎断绝了。林彪事件之后,"文化大革命"虽然还没有结束,但已是强弩之末了。季羡林与友人的联系渐渐得以恢复,1973年9月中旬,他收到济南一中退休教师盛紫舟的一封信,得知他这位老校友已来北京,便立即回信邀请他来家做客,并说要设家宴招待。盛紫舟是季羡林的临清同乡,又是季承上中学时的语文老师,此次来京住在朋友张清濯家里。张清濯也是临清人,早年毕业于北洋大学,在茅以升先生门下就读,是位道路桥梁专家。与季羡林一样,他也是靠清平县政府的奖学金读大学的。收到季羡林的邀请,盛紫舟决定与老友张清濯以及他的儿子,毕业于北京师范大学的张梦阳一道去季家造访。

这天三位客人来到风景秀丽的未名湖畔,边走边打听去朗润园的路。此时,张梦阳遇见了一位大串联时认识的北大学生,连忙向他问路。谁知那学生听说是去季羡林家,立即呈现一脸怪相,说道:"他可是反'文革'时期某位的啊!据说还藏过一把菜刀……"客人没有理睬他,径直向北走去。13公寓到了,季羡林还没有下班,两位老太太将客人迎进家门。进了家门,看见过厅里有个中年妇女在圆桌上擀面条,对客人不理不睬。原来作为季羡林书房兼卧室的大房间,早已经被别人占领,三位老人被撵到小房间去了,厨房里摆了一张饭桌,几只凳子,狭窄得难以转身。老祖忙着沏茶,彭德华告诉客人:"羡林中午12点才能回来,下午2点又要去上班。他吩咐我俩迎候了。"

不久,季羡林回来了。见到盛紫舟自然很高兴,张清濯一通报姓名,季羡林马上想起来了。他说:"知道,知道。你们家大丁庄离我们家官庄只有十里地。"听说张梦阳是北京师范大学毕业的,季羡林连忙挤在他身边坐下,问道:"李长之现在怎么样了?"张梦阳低声回答:"'文革'一开始他就扫厕所,去年我离开时,他还在扫。"季羡林叹了口气说:"李长之也是山东老乡,我和他很熟的。1960年见过一次,问他怎样,他一扭脸说,没什么。还是那股犟脾气。"张梦阳为了调和气氛,想岔开话题,与季羡林谈起了散文,说他特别喜欢杨朔的散文。不料季羡林叹了口气,说:"杨朔已经不在了。"

"怎么回事?"张梦阳吃惊地问。

"自杀了!"季羡林慨叹道,"经不起冲击。还是自己性格脆弱啊!我跟他是很好的。"

接着，又是一阵令人痛心的沉默。

这时，老祖和彭德华端来了饭菜和啤酒，忙着给客人们夹菜斟酒。季羡林对客人介绍说："这是我的婶母。我叔父去世以后，她和德华从济南来到北京，因为不是直系亲属，上不了户口。我们全家一致留她，她是我们季家的功臣啊！"

彭德华微笑着说："别看我比老祖小几岁，身体还不如老祖呢。家里的事儿主要靠老祖操持。"

老祖说："这一家人都很孝顺。"说着，端来味道醇厚的炖肉卤鸡蛋，先给客人盛上，又亲切地叫着"羡林"，给侄儿盛上。此时彭德华抢过勺子，给老祖盛好，又拉她坐下吃饭，由自己来照顾客人。

饭桌上的话题仍然是老朋友。季羡林说："我和臧克家是极好的朋友，每年都要见面。克家就很乐观，身体也很好！"

张清濯说："听说有人说臧克家能活100岁，他听了还不高兴，说他能活120岁。"

季羡林笑了笑。说："能。仁者长寿嘛！"

张梦阳上学的时候，就非常喜欢季羡林的散文，有的名篇他能够背诵。这次陪父亲和父亲的朋友去季家，是第一次见到季羡林，给他留下了终生难忘的记忆。多年后，张梦阳将这段切身经历写成了文章，发表在《齐鲁晚报》上。笔者不敢掠人之美，故摘记于此。可见我们的传主，虽然经历了九死一生的炼狱熬煎，可是敢讲真话的脾气一点也没变。

恢复党组织生活

花开花谢，瞬息之间，北大恢复党员组织生活的工作已过去了一些时日，季羡林也早已调离门房，参加印地语教研室的活动。1974年，正当这一工作快要结束时，他又遇到了麻烦。因为，在全校党员中只有两三名还被拒之门外，其中就包括季羡林，用他自己的话说，叫作"名落孙山"。

为什么竟是这样呢？据当时东语系教师党支部书记张保胜透露，所谓季羡林的问题早已在北京市委备了案，而且市委还有一个"留党察看两年"的处分决定。现在市委通知北大党委，责成季羡林所在的基层党支部补办一个支部大会"处分决议"。显然，未经支部大会讨论就做出处分决定的做法是违反党章规定的，这种荒唐之事只有在"文革"中才会出现。

张保胜说，当时在东语系"引发了该不该给先生处分的大辩论。在全系教工参加的大会上，争论是激烈的。经过双方的争论，真相大白"；张保胜主持了这次支部大会，他在这次大会上，亮明了自己的观点：抄家得来的证据，是季羡林无意保存下来的，属于无心之过，不应受什么处分。假如我们到每个同志家查抄一遍,你敢保证你家没有无意间保留下来的林彪照片?如果有,是不是都要处分?事后,他说:"会上的发言是热烈的,感人的,从中可以深切感触到他们坚持真理,敢抱不平的高贵精神。最后一致认为:未经支部大会讨论、决议,就对一个党员做出处分决定是违反党章的,处分所依据的皆为不实之词,故本支部不同意给任何处分。我将这个意见递了上去。我知道,这是不会有什么好结果的。不出所料,没过几天,我们这个支部就解散了,理由是我们犯了'右倾'错误。不久,季羡林的组织关系被转移到一个学生支部。在那里,按照上级的指示,终于补上了那个'决议'"。

在此期间,东语系军(工)宣队的头头和总支书记也曾几次找季羡林谈话。第一次告诉他,给他发全月的工资,以前扣发的也全部补上,并当场交给他1500元,并答应还有四五千元以后给他;季羡林决定将补发的工资全部作为党费上缴给国家,随即将1500元交

1976年10月24日,北京天安门广场

给了总支书记。第二次来找他,总支书记问道:"你考虑过没有,自己的问题究竟在哪里?"季羡林愕然不知所措。他心里想,要说思想问题,他有不少毛病,要说政治问题,他没有参加过国民党和任何反动组织,只能说没有。想着想着,季羡林终于没有回答他的问题。同来的那个军(工)宣队的头头颇为机灵,也很知趣,赶忙岔开话头儿,结束这次不愉快的谈话。第三次,总支的一个干部又来找他,向他宣布支部的决议:恢复他的组织生活,给予留党察

看两年的处分。如同晴天一声霹雳，季羡林在震惊之余勃然大怒。

1974年12月9日，他写信告诉老朋友臧克家："组织生活已经恢复了很久。有人硬要我按照他们定的调子跳舞，我豁出了党籍，硬不检查，我终于胜利了。生平快意事，此为第一。聂元梓已定了反革命'五一六'分子，但她的徒子徒孙仍在横行霸道！"此时有人要季羡林参加"三结合"的班子，他坚决不干。可是他也没有闲着，要参加各种学习班，"评法批儒"，要研究一些新疆出土的古文字，还要完成一些不能推辞的"政治任务"。1976年1月，他在《人民日报》发表了一篇《党的知识分子政策不容污蔑》，主要是批评自己，也不指名地批判别人。对这场浩劫的认识和反思，季羡林如同大多数党员一样，是十一届三中全会以后的事。

由此，笔者想起了巴金老人的一段话：

我明明记得我曾经由人变兽，有人告诉我这不过是十年一梦。还会做梦吗？为什么不会呢？我的心还在发痛，它还在出血。但是我不要再做梦了。我不会忘记自己是一个人，也下定决心不再变为兽，无论谁拿着鞭子在我背上鞭打，我也不再进入梦乡。当然我也不再相信梦话！

没有神，也就没有兽。大家都是人。

我们的传主——季羡林也曾说过："我做了40多年的梦，我怀拥'原罪感'40多年……所有这一些对我来说十分神圣的东西，都被'文革'打得粉碎，而今安在哉！"确实，"文化大革命"的十年一梦，噩梦醒来，有良知者拒绝再次入梦。

胡光利
梁志刚
/著

全传 下

季羡林

华中科技大学出版社
http://www.hustp.com
中国·武汉

图书在版编目（CIP）数据

季羡林全传：上下册/胡光利，梁志刚著 . — 武汉：华中科技大学出版社，2019.12
ISBN 978-7-5680-5689-2

Ⅰ. ①季… Ⅱ. ①胡…②梁… Ⅲ. ①季羡林（1911-2009）—传记 Ⅳ. ① K825.5

中国版本图书馆 CIP 数据核字 (2019) 第 234868 号

季羡林全传（上下册）
Jixianlin Quanzhuan

胡光利　梁志刚　著

策划编辑：吴素莲
责任编辑：吴素莲
特约编辑：王佩芬　王进花
封面设计：璞茜设计
责任校对：张会军
责任监印：朱　玢

出版发行：华中科技大学出版社（中国•武汉）　电话：（027）81321913
　　　　　武汉市东湖新技术开发区华工科技园　邮编：430223

印　　刷：湖北新华印务有限公司
开　　本：787mm×1092mm　1/16
印　　张：52.75　　插页：12
字　　数：1044 千字
版　　次：2019 年 12 月第 1 版第 1 次印刷
定　　价：152.00 元（上下册）

本书若有印装质量问题，请向出版社营销中心调换
全国免费服务热线：400-6670-118 竭诚为您服务
版权所有　侵权必究

◎ 季羡林晚年生活照

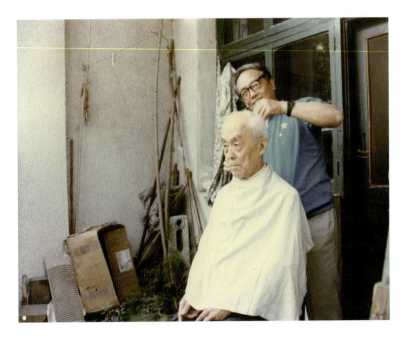

◎ 季承为父亲理发

◎ 季羡林夫妇与内弟彭松、弟媳及全家合影

◎ 1988年11月，季羡林与助手李铮在香港中文大学留影

◎ 1986年，季羡林在图书馆指导博士研究生王邦维

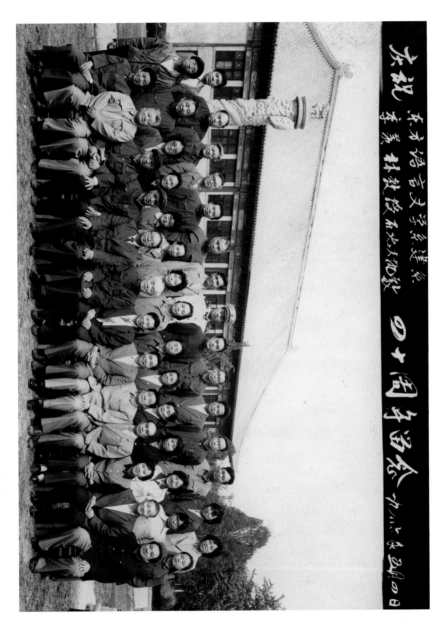

1986年5月，北京大学东语系举行"季羡林教授执教四十周年"庆祝活动时师生合影

◎ 1989年，季羡林与邓广铭等在中山大学参加纪念陈寅恪教授国际学术讨论会时合影

◎ 1994年3月，季羡林访问泰国时留影

◎ 2000年4月10日，德国驻华使馆公使代表哥廷根大学授予季羡林金质奖章

◎ 2000年5月，季羡林与北京大学师生一起迎接印度总统的到访

◎ 2001年初春,季羡林与在北大学习的泰国诗琳通公主合影

◎ 2008年7月4日,季羡林与侯仁之在北大未名湖畔

西域佛教史

第一节

两地的名称

龟兹和焉耆，在中国历史上很长的一段时间内，同为新疆丝绸之路北道（也有其他说法，不详）大国。虽然名为两地，然而在地理上、历史上、民族上、语言上、宗教信仰上等等方面，实为一体。因此，我现在叙述两地的佛教时，就在一节内叙述。然而，究竟是两个地方，古代称为两个"国"，所以有时还要分开来叙述。总之是有合有分，记者欲需要而定，这样才能仄致廓分明，使读者得一个清晰的概念。

目 录 | Contents

新生篇

第十六章 | 时来运转 ... 002

公元 1978 年 ... 002
不薄西方爱东方 ... 009
生存状态 ... 016
中国文化书院 ... 021
清塘季荷 ... 027
师生之间 ... 007
学（协）会种种 ... 013
与胡乔木谈话 ... 019
论北大传统 ... 024

第十七章 | 天竺情缘 ... 030

《罗摩衍那》研究 ... 030
治印度史 ... 040
四访天竺 ... 032
翻译《家庭中的泰戈尔》... 042

第十八章 | 学者读佛 ... 046

佛教梵语研究 ... 046
来到天山脚下 ... 054
重返哥廷根 ... 060
佛学研究 ... 049
把心留在敦煌 ... 056
三下瀛洲 ... 064

冲刺篇

第十九章 | 古卷生辉 ... 068

唐初西域 ... 068
《弥勒会见记剧本》译释 ... 074
推荐《中国纪行》... 078
一张残卷引出一部巨著 ... 070
编纂大百科全书 ... 076
古籍整理 ... 080

第二十章 文化思考 … 084

重建比较文学学科 … 084
"河东河西"论 … 087
"拿来"与"送去" … 095
"怪论"种种 … 102
从考据到兼顾义理 … 086
"天人合一"新论 091
国学热燕园 … 100
悲欢二月兰 … 106

第二十一章 百年上庠 … 110

写作《牛棚杂忆》… 110
学术道德 … 114
八十述怀 … 118
百年校庆 … 125
布衣泰斗 … 111
散文名家 … 116
成功三要素 … 122
坐拥书城 … 127

朗润园篇

第二十二章 世纪之交 … 135

米寿 … 135
中国使馆遇袭 … 143
结识石景宜 … 146
"大师论" … 152
宝岛行 … 139
印度文学院名誉院士 … 145
铿锵凤鸣 … 150
世纪钟声 … 158

第二十三章 变故连连 … 161

老祖离去 … 161
彭德华逝世 … 165
李玉洁 … 175
季清回国探望 … 184
婉如走了 … 163
"求仁得仁" … 170
长孙季泓 … 180

第二十四章 "我不是圣人" … 188

九十大寿 … 188
日记一字不改 … 198
衣锦还乡 … 193

五棵松篇

第二十五章 | "301 编外" … 202

- 癣疥之疾 … 202
- 初进 301 … 204
- 再进 301 … 206
- 回家 … 208
- 三进 301 … 210
- "四进宫" … 212
- 301 印象 … 215
- "纵浪大化中" … 217
- 病房里的欢笑 … 220

第二十六章 | "我不能封笔" … 222

- 推出《千禧文存》… 222
- 《新纪元文存》出版 … 228
- 亚洲华文作家来访 … 231
- 回忆文集 … 233
- 最后一本文集 … 237
- 朝花夕拾 … 238
- 辞三顶桂冠 … 240
- 悼念巴金 … 244
- 忆初恋，谈美女 … 246
- 呼唤公德 … 252
- 诗颂泰山 … 255
- 对联情 … 257
- 汉字缘 … 260

第二十七章 | 高山仰止 … 265

- 人中麟凤 … 265
- 回望历史 … 270
- 前瞻未来 … 275
- 揭开大钟的秘密 … 279
- 编纂《儒藏》… 281
- 《胡适全集》出版 … 283
- 东方学巨匠 … 288
- 《集成》十年 … 291
- 翻译大家 … 295
- 最高的老师 … 300
- 提倡"大国学" … 303
- 为往圣继绝学 … 309
- 感动中国 … 315
- 长寿之道 … 317

第二十八章 | 公元二〇〇八 … 320

- 心系汶川 … 320
- 杨佳来访 … 321
- 人文奥运：抬出孔子 … 323
- 双峰会 … 327
- 口述历史 … 337
- "侠"与"士" … 339
- 从《文集》到《全集》… 343
- 华梵共尊 … 346

第二十九章 | 字画风波 ... 351

风波骤起 ... 351
迟到的亲情 ... 359
护工岳爱英 ... 357
家事的嘱托 ... 361

第三十章 | 笑着离去 ... 365

最后的除夕 ... 365
告别 ... 370
身后是非谁管得 ... 381
七月风悲 ... 367
遗产纷争 ... 374

尾声 季羡林的精神遗产 ... 383

良知与良能 ... 383
一曰爱国 ... 385
三曰尊师 ... 394
知行合一铸良能 ... 405
"博学"：坐拥书城，遨游学海 ... 410
"创新"：与时俱进，高屋建瓴 ... 415
文化自信育良知 ... 384
二曰孝亲 ... 389
四曰重友 ... 398

"敬业"：敬而爱之，业精于勤 ... 406
"求实"：脚踏实地，锲而不舍 ... 412

附录 季羡林大事年表 ... 421
后记 ... 434
主要参考书目 ... 436

新生篇

第十六章

时来运转

公元 1978 年

1978年，是中国国家民族命运的重要转折点，也是季羡林人生经历的重要转折点。1997年，季羡林在回顾自己数十年的学术生涯时写道：

> 从我上面叙述的几十年的经验和教训来看，学术研究绝对脱离不开政治，决不能不受政治的影响，而且，不管你有意或无意，愿意或不愿意，不管是直接或间接，它总是会为政治服务的。在新中国成立后将近五十年的历史中，根据我个人的经验，别人的经验也差不多，什么时候政治气氛宽松一点，阶级斗争强调得少一点，极"左"的东西少一点，什么时候学术研究开展得就好一点。这是一个事实，唯物主义者应该首先承认事实。
>
> 根据我个人的经验，新中国建立后将近五十年可以分为两大阶段，分界线是1978年，前面将近三十年为一阶段，后面将近二十年为一阶段。在第一阶段中，搞学术研究的知识分子只能信。……在这种情况下，在学术研究中搞点什么名堂出来，真是难于上青天了。只有真正贯彻了"百花齐放、百家争鸣"的精神，学术才能真正繁荣，否则学术，特别是人文社会科学，就只能干瘪。这是古今中外学术史证明了的一条规律，不承认是不行的。
>
> 从1978年起，改革开放宛如和煦的春风，吹遍了祖国的大地。重点转入市场经济以后，我们的经济得到了发展。虽然还有一些不尽如人意之处，但成就却是不可忽视的。在意识形态方面，从事学术研究工作的学者们，脑袋上的紧箍咒被砸掉了，

可以比较自由地、独立自主地思考了，从而学术界思想比较活跃起来。思想活跃历来都是推动学术研究前进的重要条件。中国学术界萌发了勃勃生机。

在这种非常良好的政治大气候下，我个人也仿佛从冬眠中醒来了，心情的舒畅是将近五十年来没有过的。

的确，1978 年，在粉碎"四人帮"、结束"文化大革命"两年之后，中国社会正在发生巨大的变革。季羡林提到了政治大气候，当时与他密切相关的政治大气候，笔者再介绍一二。

1978 年初，季羡林担任第五届全国政协委员。2 月 24 日至 3 月 8 日，第五届全国政协第一次会议在北京召开，会议通过《中国人民政治协商会议章程》，邓小平当选为全国政协主席。而在此之前，邓小平已于 1977 年 8 月在党的十一届一中全会上当选中央委员会副主席。

1978 年 2 月 17 日，国务院转发教育部《关于恢复和办好全国重点高等学校的报告》，北京大学是首批恢复的 60 所重点高校之一。自从 1977 年秋季高考恢复之后，北大的教学秩序逐渐恢复，季羡林担任的东语系主任职务也得以恢复。3 月 7 日，国务院批准教育部《关于高等学校恢复和提升职务问题的请示报告》，此后各高校恢复了教员原来的职称，并开始根据"坚持原则、保证质量、全面考核、择优提升"的原则，分期分批地提升和确定教师的职称。不久，经周培源校长推荐，季羡林被任命为北京大学副校长。

4 月 22 日—26 日全国教育工作会议在北京召开，会议讨论了《1978 年至 1985 年全国教育事业规划纲要（草案）》《全国普通高等学校暂行工作条例（草案）》等文件。邓小平在会上发表重要讲话，指出要提高教育质

担任北大副校长的季羡林

量，提高科学文化教育的水平；学校要大力加强秩序和纪律，造就具有社会主义觉悟的一代新人；教育事业必须同国民经济的发展的要求相适应；提高人民教师的政治地位和社会地位；要研究教师、首先是中小学教师的工资制度，要采取适当的措施，鼓励人们终身从事教育事业。

大约在此前后，中国社会科学院从中国科学院分离出来，在酝酿领导成员时，曾经考虑让季羡林担任社科院副院长。有一种说法是季羡林婉拒了，其实不是，他没有当上副院长，另有别的原因。季羡林对当官看得很淡，没有什么兴趣，这是真的，就他的本意，如果不搞行政工作，专心科研和教学，是求之不得的；可是在中国现行体制下，不当官，科研和教学也会遇到一些难以克服的困难，这他心里也明明白白。

1978年5月11日，《光明日报》发表特约评论员文章《实践是检验真理的唯一标准》。关于真理标准的大讨论就此展开，大讨论带来了思想的大解放。

5月27日—6月5日，中国文联三届三次扩大会议在北京召开。文学艺术界联合会、作协、剧协、美协等学术团体陆续恢复。

1978年6月，中国社会科学院同北京大学商定，合作建立一个南亚研究所，季羡林以北大副校长身份任筹备小组组长，成员有社科院世界历史研究所名誉所长陈翰笙，中联部林华轩，北大亚非所所长赵宝煦，社科院宗教研究所副所长黄心川，社科院世界史研究所研究员陈洪进、孙培钧。其时，季羡林慨叹道："我本来下定决心，不再搞行政工作。然而事与愿违，奈何，奈何！"10月，南亚研究所正式成立，季羡林担任所长。1985年，中科院与北大分别办所，季羡林仍然担任北大南亚所所长，直到1989年卸任。

胡耀邦担任中组部部长之后，平反冤假错案的工作搞得轰轰烈烈。9月1日，中共北京大学党委召开全校落实政策大会，为原北大副校长、著名历史学家翦伯赞，北大一级教授、著名胶体化学家付鹰等一大批在"文革"期间遭受迫害的干部、教师和学生平反。

11月10日—12月15日，中央工作会议在北京召开。会议决定从1979年1月起，把全党工作的重点转移到社会主义现代化建设上来。12月召开了具有伟大历史意义的十一届三中全会。自此，中国进入了改革开放的新时代。

翦伯赞

正在此时,季羡林写作了一篇著名散文《春归燕园》,以多情的笔触,满腔的热忱,呼唤着春天的来临,准备敞开胸怀去拥抱一场惠及子孙万代的变革。在他眼前,燕园时令的春天固然逝去,却呈现出一种截然不同的情景:

在黄叶丛中,在红树枝下,我看到的却是阳春艳景,姹紫嫣红。这些男女大孩子一下子变成了巨大的花朵,一霎时开满了校园。连黄叶树顶上似乎也开出了碗口大的山茶花和木棉花,红红的一片,把碧空都映得通红。至于那些霜叶红于二月花的霜叶,真的变成了红艳的鲜花。整个的校园变成了一座花山,一片花海。

而且,更为发人深省的是,季羡林这次所听到的燕园琅琅读书声又似乎与往常迥乎不同:

在这平凡的书声中我听到的难道不就是千军万马向四个现代化进军的脚步声吗?我听到的难道不就是那美好的理想的社会向前行进的开路声吗?我听到的难道不就是我们的青年一代内心深处的声音吗?不就是春天的声音吗?

燕园里一花一草皆风流,季羡林也成了风流人物。1978年,他不但官复原职,而且官升一级,压在肩头的行政工作的担子越来越重。每个星期五的下午必开校长办公会,连学生食堂几点几分开饭,都要在会上反复讨论。学生宿舍的水龙头坏了,也有人半夜打电话向他反映。还有,没完没了的迎来送往,一大堆关乎吃喝拉撒的事务性工作,都压在他身上。说来也怪,若干年后季羡林回忆他当副校长时的"政绩",大多扔到脑后去了,只有两件事还有印象:一件是北大西校门南边开了一个西侧门,在马路上就可对校内景色一览无遗。

燕园内的李大钊塑像

季羡林主张在门口堆一个土山遮挡一下，建议被采纳。第二件是在俄文楼前花园内建了李大钊和蔡元培两尊塑像，在朝向、空间等问题上发生争执，季羡林提出栽几棵树，把空间区隔一下，解决了这个问题。说到这件事，笔者见蔡德贵编《季羡林年谱长编》有这样的记载：1982年10月，北京大学举行李大钊、蔡元培塑像落成典礼，校领导陪同中央首长和来宾来到会场，季羡林还是同平时一样身着朴素的衣着去参加典礼。一位不认识他的学生以为他是来参加塑像落成典礼的工人代表，就带他到后排的座位上，他不声不响地坐下来。后来，当学生知道他是季副校长时，都啧啧称道。

说到底，季羡林对担任行政职务并不情愿，总以为看起来很风光，实际上是"不务正业"，整天陷于会议和各种事务，为他所不取。他要从事写作和科研，只好利用最"保险"的一段时间，即每天凌晨4点到早上8点，因为此时不会有人拉他去开会。当然不只是季羡林，流体力学家周培源身为学校一把手，更是为一大堆行政事务所困扰，最终不得不辞去校长职务。

季羡林尽管无法全心全意搞业务，但当时的政治气候却让他有枯木逢春之感。从1966年"文革"开始到1977年的10余年间，他的学术研究是一大空白。1978年则是他再生的一年，复苏的一年，学术研究有了较好的气氛。虽然还有许多毫无意义的会议和一些大大小小的干扰，但他仍然写了16篇文章，其中有5篇是学术论文。

第一篇是《〈罗摩衍那〉中译本前言》。其时，《罗摩衍那》全书的翻译工作已经完成，《前言》简要介绍了《罗摩衍那》的成书过程，又用最简练的语言介绍了全书的主要内容、产生的年代以及评价。说到对书的评价，自然带有那个时代明显的印记，无非首先强调思想性，其次才是艺术性。思想性又是批判地继承，即所谓"破字当头，立在其中"，这合乎当时的潮流。不过，几年后季羡林发现这样的说法有些问题。他认为，谈思想性和艺术性，应该把艺术性摆在前面，因为文学作品之所以受人喜爱，首先是艺术性，没有艺术性的东西，再好、再伟大、再正确也只能是宣传品，而不能成为艺术品；有些作品没有什么思想性，或者思想性模糊，因为有艺术魅力，照样可以流传千古。至于说批判地继承，也有些问题。历史上能够流传下来的东西，必然有其优异之处，否则早就被淘汰了，所以对于文化遗产，尤其对于优秀的文化遗产，我们的任务首先应该继承，即立；而不应该首先批判，即破。

第二篇是《〈沙恭达罗〉译本新序》。《沙恭达罗》的作者迦梨陀娑是印度历史上首屈一指的伟大剧作家，可是由于印度没有历史典籍，对其生卒年月众说纷纭，莫衷一是。季羡林根据现有的材料分析推断，迦梨陀娑应该生活在笈多王朝，可能在公元350年—472年之间。这也只是一个假设。接着，他根据当时流行的做法，分析这部作品的思想性和艺术性。关于思想性，季羡林指出这部作品主要描写国王豆扇陀与沙恭达罗之间的爱情；关于艺术性，季羡林分析这部作品的艺术风格、女主人公性格的特点，并同《罗摩衍那》的女主人公悉多做了对比，对这部作品的艺术形式进行了细致剖析，一反当时对作品分析着重思想性，而对艺术性一笔带过的通常做法。

第三篇是《〈西游记〉里面的印度成分》。《西游记》的主人公孙悟空的原型是谁，中国学术界历来颇有争论。主要有两派意见，一派以胡适、郑振铎和陈寅恪为代表，主张来源于印度史诗《罗摩衍那》中的神猴哈努曼；另一派以鲁迅为代表，主张来自无支祁的神话。季羡林追随老师陈寅恪的研究方向，在汉译佛经中找出了许多同《西游记》类似的故事，说明《西游记》是受印度的影响。

第四篇是《〈中印文化关系史论文集〉前言》。《前言》的主要用意在于纠正某些印度朋友的一种说法：新中国成立之前，印度是中国的老师，新中国成立之后，中国是印度的老师。季羡林认为，这种说法不符合历史事实，文化交流从来都是双向互动的。

第五篇是《〈罗摩衍那〉浅论》。关于这篇文章以及专著《〈罗摩衍那〉初探》，笔者下文还将叙述。

总而言之，1978年季羡林的学术研究进入了一个新时期，范围涉及印度学、中印文化关系史和比较文学，以后逐步扩大，形成他的学术研究的第二个高峰。

师生之间

1980年，北京大学所在的海淀区人民代表大会换届选举。这是一次基层民主选举的实验。许多不甘寂寞的北大学子跃跃欲试，参加竞选，燕园一下子热闹起来了。中文系有位78级的女生叫张曼菱，她不是官方提名的候选人，是毛遂自荐出来的。她的竞选口号也很吸引眼球："东方女性美"，一下子成了"名人"。有同学回忆说："例外的是张曼菱，她一出来立即轰动。既然是一位女士，所以她在政治、经济、社会改革之外还要谈谈女性。张女士指出，一场接一场的运动，尤其是'文化大革命'，把男人弄得不像男人（没了骨气，没了男人气概）。女人不像女人（又粗又野，张口就能骂人）。张曼菱把这概括为'男性的雌化，女性的雄化'，还提出口号，要恢复'东方女性美'。她说的可是人品方面的内在美，像温柔，女人味，热爱家庭之类的，和相貌没什么关系。"张曼菱崇拜秋瑾、向警予，理了个男孩子样的寸头。大大咧咧，敢于"放炮"，曾经到时任文化部副部长的陈荒煤办公室直陈意见，口气还相当冲："你们老了，经历了这么多，可是现在有谁扶持我们？"陈老不以为忤，还把她和自己的信一道发在《人民日报》上，题目是《请为我们打开闸门吧》。她这个初生犊子参加竞选，不知道未名湖水有多深。虽然她在1976年清明节因为悼念周总理被打成"反革命"，但她不知吸取教训，此时又如此"出风头"，因此很快引起了一些同学不满，招致了大字报的轰击和围剿。文学专业78级"大多数革命群众"的大字报"揭老底"，抓住她的只言片语上纲上线，大有批倒批臭之概。一位授课老师看不下去了，在讲课之前说："同学们，我刚才走来看了一份大字报，很多人反对一个女同学，好像不是对同学的态度。我不明白你们的事情，但是，北大'反右'时的教训请你们吸取。"结果呢，张曼菱人大代表没有选上，连正在读研的男朋友都离她而去。

季羡林副校长知道了此事，他理解张曼菱压力有多大，担心张曼菱想不开，怕发生什么意外，就吩咐身边工作人员注意她，暗中加以保护。一天夜里，下了晚自习，张曼菱独自一人到未名湖边散步，发现有人跟着自己。这个人就是南亚所负责事务性工作的行政秘书李玉洁。她质问李玉洁为什么跟着自己。李说是奉季副校长之命，担心发生意外。见张曼菱不相信，她把张带到13公寓。张曼菱进门跟师母打过招呼，就跟季羡林进了书房。季羡林问她从哪里来，她回答："云南昆明。"季羡林说："昆明是个好地方，我去过。"令张曼菱意外的是，季羡林没有提竞选的事，也没有提大字报，他们聊人生、聊学问，谈得很融洽。张曼菱说："季羡林总是含笑对我，他从来不提我受到非议的事，而是对我说：'没事可以来。'相见时，我们谈的都是随意和淡淡的。双方都想见面，其实又没有任何实质性的'事情'要办。当我愣头愣脑闯入朗润园那荫庇下的房间时，那份轻松、惬意，是一种享受。"就这样，张曼菱结识了季羡林，找到了自己精神的导师。季羡林一直称张曼菱为"小友"。就这样，一个30年代的清华剑客，一个80年代的北大侠女，成了忘年交。

季羡林一直在默默关注和支持这位孤军奋战的女生。张曼菱也很给力。1981年3月20日晚，当中国男排以3∶2战胜韩国冲出亚洲的喜讯传来，北大同学敲着饭盆、举着火把欢呼庆祝的时候，张曼菱站住自行车上带领同学们喊出"团结起来，振兴中华！"的口号，电台广播以后，迅速响遍大江南北。毕业前夕，她的小说《有一个美丽的地方》在《当代》发表，她以"文科论文第一"的优异成绩毕业。根据这篇小说拍成的电影《青春祭》，成为知青文学的巅峰之作，在海内外引起轰动。她参加1986年在美国举办的中国电影新片展，并登上了美国《时代》杂志的封面。关于季羡林与张曼菱的交往，本书后面将继续介绍。

身为北大副校长的季羡林，深深关爱着每一位学子。他为新生看行李的故事，几乎尽人皆知，笔者在此不必再费笔墨。前些年的一个冬天，《广州晚报》刊登了石广生一篇文章，讲述了一位为人师者的感人故事，笔者愿意抄录几段，与读者共享：

1983年的9月,北京树叶开始渐黄,秋风刮着地上的落叶。一个瘦削的广东仔,穿着单薄的旧军装,带着简单的行李,走进了北京大学的南门。那个人,就是我。

第二天,一个身材不高的老人骑着单车,来到我们宿舍32楼,敲响了我的门。轻轻的叩门声,怯怯的声音,淡淡的眼神,洗得发旧的蓝士林中山装,让我以为是一个问路的普通老汉。"广东来的小石是住这吗?"老人家把声音抬高了些。声音惊动了路过的老生,他们有的叫"季校长",有的叫"季老师",然后跟着进屋。原来,竟是大名鼎鼎的季羡林教授!

季老师问寒问暖,还说可以申请困难补助,具体问问班主任或者办公室郭会计。不久在系领导和老师们的关心下,北大果然给我提供了特等助学金,还补助了被褥费用和棉花票、布票。

北京秋天的夜晚确实多了几分寒意。当我从图书馆自修回来,宿管老头迎面就说:"你刚才不在,你们系季羡林老师来看你了,还给你带了一件棉衣来呢,他说天冷了,怕你这南方孩子顶不住,专门跑过来哩,过来取吧。"

那是一件旧的棉衣,大衣左边腋下的里子已破,掀开看能看到露出来的棉絮,右边的袖口也磨损很厉害,里边的上衣袋里居然还有一枚五分钱的硬币。

季老的棉衣陪伴着我度过数载寒窗,成为我上学期间最温暖的回忆。毕业前,我把棉衣送到五道口洗衣店去修补洗净,叠得整整齐齐,又把珍藏在铅笔盒中的五分钱硬币,悄悄地放回衣兜,奉还季老师。老师客气地说,不用还。我笑了笑说,我要分配回广东了,南方天热用不上,留给新同学吧。我走了很远,透过稀疏的杨柳,看到季老师还站在门口,额头上的几绺白发,还在晨风中飘动。

不薄西方爱东方

"不薄西方爱东方",这是季羡林的一句名言。他是中国东方学的开拓者、奠基人,被称为东方学巨子。自从1946年创建北大东方语文系开始,直到1983年,除"文革"期间外,他一直担任这个系——后来改称东方语言系、东方语言文学系——的系主任。辞去系主任职务后,他依然担任博士生导师,几十年来为国家培养了大批东方语言研究人才,其中不少人成为著名学者、教授、研究员,以及外交家、翻译家。

季羡林"官复原职"以后,尽管工作繁忙,还是身先士卒,亲自带研究生。在他最擅长的印度古文字专业，1978年秋季招收了硕士研究生任远、段晴，1979年招收硕士研究生王邦维、葛维钧。这4位硕士研究生于1982年7月同时毕业。

1984年9月，钱文忠等8人考入北大本科学习梵文。直接为他们授课的是季羡林的弟子蒋忠新、郭良鋆，而季先生也对他们关怀备至。学梵文的难度人所共知，加上对毕业后前途的担忧，1985年学校允许学生转系，该班半数学生转走。为了把剩下的几位培养好，1987年季羡林亲自联系、协调，安排他们赴德国汉堡大学就读。同年，王邦维获得博士学位。1991年钱文忠获得硕士学位，同年日籍研究生辛岛静志也获得博士学位。此后季羡林亲自带的博士研究生还有3人，即李南，1996年毕业；高鸿，1998年毕业；刘波，2000年毕业。

季羡林和学生钱文忠

季羡林担任所长的南亚所，是1978年开始招收研究生的，季羡林经常以讲座的形式为研究生上课，除了讲述印度学之外，更多的还是传授治学的基本方法和学术规范。他教育研究生须有翦伯赞先生所提倡的"板凳甘坐十年冷，文章不写半句空"的治学精神，写论文前要做好相关资料的检索，写作中要勤于翻阅各种工具书，以减少事实记忆差错和错别字，要努力多掌握几门外语，不断提高汉语水平，尽力拓宽知识面。他反复强调要老老实实做学问，引用别人的东西，哪怕是一句话，也要注明出处，不可掠人之美。

1990年，南亚研究所印度留学生沈丹森的论文《宋代中国与南印度的关系》通过答辩，获得硕士学位。恰巧一位美国教授请季羡林推荐一个既懂梵文又熟悉中国古典文献的学生做助手，他便推荐沈丹森去美国工作。季羡林说：沈丹森虽然是印度人，但汉语说得流利，熟谙中国古代文化，是一位"有印度名字的中国人"。

季羡林的研究与教学绝不囿于南亚古代语言，他是综合比较研究的积极提倡者和实践者。从20世纪80年代早期开始，他就组织了一个"西域研究读书班"，把与研究西域有关联的学者召集起来，不定期交流读书心得，一年数次，延续10年之久。读书班效仿德国大学的"Seminar"，季羡林利用自己的组织力和号召力，把不同学科的研究者召集在一起，相互切磋，取长补短，探讨问题，效果比一个人单打独斗要好得多，特别是对于青年学者，更是难能可贵的学习机会。据当事人回忆，先后参加这个读书班的有：北大历史系的荣新江、张广达、王小甫，北大南亚所的王邦维、耿引曾、段晴、张保胜、钱文忠，社科院南亚所的蒋忠新、郭良鋆，社科院外国文学所的黄宝生，中央民族学院的耿世民，文物局文献研究室的林梅村等等。他们有研究梵文、于阗文、佉卢文、回鹘文的，有研究中亚、南亚历史的，有研究佛教、摩尼教的，都学有专长。在读书班里，他们能学到在课堂上学不到的东西，也遇到从未有过的挑战。季羡林还请来京访问的研究中亚问题的外国学者到读书班交流，这时英语就成为必不可少的交流工具了。几年下来，读书班成员感到不仅学识上有长足进步，而且外语水平也有明显提高。

1990—1999 年季羡林担任中国亚非学会会长，他对这项工作相当重视。他说，他担任的其他学会的领导职务可以推掉或者挂名，但亚非学会不同，因为这个学会是 1962 年在周恩来总理、陈毅副总理的亲切关怀下成立起来的，是当时全国唯一的研究国际问题、特别是亚非问题的学会。那时周扬任会长，季羡林任副秘书长。1986 年亚非学会重组，宦乡担任会长，季羡林任第一副会长。宦乡逝世后季羡林接任会长。他在主持第二、第三届理事会期间，为学会的发展做出了很大贡献。在他的倡导下，亚非学会召开东西方文化和作用的座谈会，参加会议的除学会领导成员以外，还邀请了中国社会科学院副院长李慎之、国家图书馆馆长任继愈参加。会上两种观点针锋相对，争论十分激烈。季羡林阐述了自己的观点：第一，东西方文化"三十年河东，三十年河西"，每一种文化都有它产生、发展、衰落的过程，21 世纪将是东方文化占主导地位的时代；第二，"天人合一"，人类的生产活动必须符合自然规律，那种"与天斗、与地斗"的观点是站不住脚的，西方一些国家只顾发展经济，破坏自然环境的做法只会殃及人类自身生存；第三，东方强调综合，西方强调分析，也就是强调宏观和微观的问题，现在微观分析再也分不下去了，21 世纪必须微观与宏观结合。季羡林的这些观点当然不是凭空想象出来的，他阅读了大量的中外有关资料，凭借自己渊博的历史知识、敏锐的观察能力，才得出这样的推论。他把这些观点发表出来，不怕人家反驳，是需要很大的学术勇气的。实际上，这是对独霸世界并长期统治人们头脑的"欧洲中心论"的一次勇敢的挑战。

季羡林还自费出版了《东西文化议论集》上下两册，笔者就亲自听他说过："这个问题不要光听我说，还要听听别人的意见。"果然，这个问题一直在争论中，比如 1998 年李慎之在其《东西方文化之我见》一文中说："近年来，季羡林先生以梵文专家的身份一再合三为一把东方文化作为一个整体，而且以为东方文化优于西方文化，进而按照据说'三十年河东，三十年河西'的'规律'断定：既然最近几个世纪是西方文化主导世界，那么下个世纪必然是东方文化主导世界，而且即使东西方文化汇合为一种世界文化也一定是东方文化在其中起主要作用。我对此不敢苟同。三年前曾撰《辨同异，合东西》一文，就是为说明我的这个观点。虽然如此，东西文化之说仍然日见流行。"

其实，早在改革开放伊始，季羡林就带领他的团队，发起了对"西方中心论"或"欧洲中心论"的宣战。1979年，他发起成立中国南亚学会并担任会长；1980年，他带头在北大成立比较文学学会和比较文学中心；1982年暑假，在他的倡导下，教育部在承德避暑山庄举办首届全国东方文学讲习班，一大批来自全国各地的青年教师接受东方文学的启蒙教育；1983年，全国高校东方文学研究会在四川乐山成立。1984年，季羡林在为《东方文学作品选》作序时写道：

> 解放以后，介绍外国文学开创了一个新时代。三十五年以来，我们做了大量的翻译、介绍、研究、阐述的工作，成绩辉煌，远迈前古。……但是，美中也有不足，主要是对东方文学的介绍还不够普遍，不够深入。在这个领域内，不论是古代或是近、现代，都有不少的空白点。严格一点说，我们的读者对东方文学还没有看到全貌，对东方文学的价值还不能全面评价。其影响就是中国人民对某些第三世界国家人民的思想与感情、憧憬与希望，都缺乏实事求是的了解，从而影响了我们之间思想交流和友谊增长，也可以说是不利于我们的团结。特别是在某一些同志心目中那种鄙视东方文学的看法，更不利于东方文学的介绍与研究。我不愿意扣什么帽子，但如果说这些同志还有点欧洲中心论的残余，难道还不能算是恰如其分吗？

1990年，季羡林在他担任主编的《印度古代文学史》"前言"中进一步尖锐地指出：

> 中国地处东方，同印度做了几千年的邻居。文学方面，同其他方面一样，相互影响，至深且巨。按理说，印度文学应该受到中国各方面的重视。可是多少年来，有一股欧洲中心论的邪气洋溢在中国社会中，总认为印度文学以及其他东方国家的文学不行，月亮

20世纪90年代初，《南亚研究》曾一度停刊，复刊后季羡林特意题写刊名并题词

是欧美的圆。这是非常有害的。我们搞印度文学的人，一方面要努力学习，一方面又要同社会上这一股歪风抗争，任务是艰巨的。……但愿中国的外国文学专家和一般的读者们能摒除偏见，平等地对待东西各国的文学，跂予望之。

季羡林向"西方中心论"挑战的武器，一是教学，包括开设讲座；二是办杂志；三是写书或编书。20世纪70年代末，季羡林决心创办《外国文学》杂志，从北大东、西、俄三个外语系每系抽出个把人，用心征集全校师生的内部稿件，既彰显北大外国文学方面的实力，又可以发现和培养新人。当时下立强、刘安武、范大灿、李明滨和陆嘉玉5人为编委，李铮协助做具体工作，季羡林亲自指导编辑部组稿，把关审查每期发刊的文稿。80年代初《外国文学》正式出刊。季羡林认为，老一代的专家学者的治学经验和心得，都可以算是理论，而且是有中国传统的外国文学理论，不能看轻。他建议《外国文学》杂志聘请冯至、田德望、刘振瀛、李赋宁、陈占元、金克木、闻家驷、梁佩贞、曹靖华、颜保、魏荒弩等人为顾问。他们都是这方面的名家，亲自为杂志撰写稿件，使这本杂志有了很高的水准和知名度。90年代初，杂志出版遇到经济困难，有一位系领导表示可以独资承办，条件是要拥有杂志的主导权。季羡林坚决不答应，他说："主编不是花钱就可以随便买到的。我别的职位可以不要，副校长、系主任都辞去，主编坚决不辞！"季羡林创刊并担任首任主编的《南亚研究》杂志，情况也是如此。筚路蓝缕，惨淡经营，锲而不舍，这就是季羡林的治学态度，足见他彰显和弘扬东方文化传统的信心和勇气。

学（协）会种种

季羡林在总结自己学术研究的特点时，用了一个字来概括，就是"杂"。杂到什么程度呢？根据他本人统计归纳，大概是以下14个方面：

1. 印度古代语言，特别是佛教梵文
2. 吐火罗文
3. 印度古代文学
4. 印度佛教史
5. 中国佛教史
6. 中亚佛教史

7. 糖史

8. 中印文化交流史

9. 中外文化交流史

10. 中西文化差异和共性

11. 美学和中国古代文艺理论

12. 德国及西方文学

13. 比较文学及民间文学

14. 散文及杂文创作

季羡林说自己是"杂而不精，门门通，门门松"。有点儿自我调侃的意味。其实，他在这些学术领域都达到了常人难以企及的高度，在有的学术领域又是名副其实的领军人物。进入新时期，各种各样的学术团体如雨后春笋般地出现。参加相关学会、协会的组织、领导工作，参与、组织或策划这些学术团体的学术活动，便成为季羡林无法推卸的社会工作。季羡

1982年9月，季羡林（前排左7）出席全国印度文学研究会成立大会

林究竟参加了多少学术团体和组织的活动，连他自己都说不清楚。笔者只能根据手头不完整的资料，择其大者、要者列举如下：

1. 中国外国文学学会：1978 年 12 月成立，季羡林当选副会长，1987 年 12 月当选第一副会长。

2. 中国南亚学会：1979 年成立，季羡林当选会长。

3. 中国语言学会：1980 年 10 月 21 日—27 日，在武汉举行成立大会，与会代表 195 人，全国 30 个省、自治区、直辖市和港澳地区都有代表参会。开幕式由吕叔湘主持，王力致开幕词，13 位代表作学术报告，周有光向大会介绍中国文字改革委员会改组情况和正在进行的主要工作。代表们对制定语言学科规划交换了意见。大会选举王力为名誉会长，吕叔湘为会长，傅懋绩、季羡林、罗竹风、严学宭、朱德熙为副会长。1983 年在中国语言学会第二届年会上，季羡林当选为会长，王力、吕叔湘当选为名誉会长。

4. 中国民族古文字学会：1980 年 8 月 1 日，中国民族古文字学会成立大会暨首届学术讨论会在承德召开。大会选举包尔汉、季羡林为名誉会长，傅懋绩为会长，翁独健、江平到会讲话。会议期间展示了中国民族古文字珍贵资料。

5. 中外关系史学会：1980 年 10 月，季羡林、翁独健、孙毓棠等发起成立中外关系史学会筹备组。1981 年 5 月，中外关系史学会成立大会暨首届学术讨论会在厦门大学召开，大会选举宦乡为名誉理事长，陈翰笙、季羡林、翁独健、韩儒林、侯方岳、朱杰勤、张巽、陈毕笙为名誉理事，马雍等 7 人为常务理事。

6. 中国翻译工作者协会：1981 年 4 月 3 日，由国家人事局牵头，在国务院第二招待所召开中国翻译工作者协会筹备会议。会议由国家人事局副局长田光涛主持，社科院的梅益、编译局的宋书生、北大的季羡林、出版局的陈原、大百科的姜椿芳、外文局的吴文焘和刘德有，以及中科院人事局、新华社干部部、社科院外国文学研究所、教育部高教一司、中央广播事业局等单位领导同志到会，自此中国翻译工作者协会的筹备工作紧锣密鼓地开展起来。11 月 7 日，召开第二次筹备会议，会议由国家人事局局长焦善民主持，出席会议的都是各单位的翻译名家，可谓群星璀璨，其中有冯至、朱光潜、孙冶方、师哲、张仲实、张报、张香山、盛成、张锡畴、赵安博、柯柏年、梅益、曹靖华、王子野、陈庶、吴文焘、刘德有、季羡林、钱伟长、德林、张纪明、阎明复、王效贤等。会议一致表示支持成立协会，并讨论了章程草案和人员名单。1983 年 5 月 20 日，中国翻译工作者协会第一届理事会第一次全体会议和北京市翻译工作者协会成立大会同时在全国政协礼堂举行。季羡林当选中国翻译协会副会长（姜椿芳任会长）、北京市翻译协会会长。他在会上讲话，表示市翻译协会成立之后，要尽快发展会员，建立基层组织，把翻译人员组织起来，协助有关部门解决翻译工作者的一些实际问题，使他们在"四化"建设中充分发挥积极作用。1992年季羡林当选中国翻译协会名誉理事长。

7. 中国外语教学研究会：1981年成立，季羡林当选会长。

8. 中国敦煌吐鲁番学会：1983年8月，季羡林与常书鸿、周林等20位学者联名给党中央、国务院写信，建议成立中国吐鲁番学会，很快得到中央领导同志批准，在财政部大力支持下，开始敦煌吐鲁番学会筹备工作。8月15日—22日，中国敦煌吐鲁番学会成立大会暨1983年全国敦煌学术讨论会在甘肃兰州和敦煌召开。季羡林当选会长。

9. 中国史学会：1949年成立，"文革"结束后恢复活动，1984年8月季羡林当选常务理事。

10. 中国教育国际交流学会：1984年成立，季羡林当选会长。

11. 中国高等教育学会：1984年成立，季羡林当选副会长。

12. 中国比较文学学会：1985年10月11日，季羡林在深圳参加中国比较文学学会成立大会暨首届国际学术讨论会，在会上致闭幕词，他强调指出："只有把东方文学真正纳入比较文学的研究范围，才能开阔视野。"并当选中国比较文学学会名誉会长。

13. 中国作家协会：1985年季羡林当选第四届理事会理事。

14. 中国亚非学会："文革"以前季羡林是学会理事、副秘书长，1986年当选第二届理事会副会长，1990年当选第三届会长。

季羡林参加这些学会、协会的活动，虽然占用了大量的时间和精力，但他的努力和影响，积极推动了这些团体学术研究的发展。

生存状态

季羡林承担的社会工作，远不止于学会和协会。他1978年担任第五届全国政协委员，1983年当选第六届全国人大代表、常务委员会委员，参政、议政，以及参与法律的审议和制定，成了他的重要工作。1980年5月他奉命参加充实和加强后的中国文字改革委员会的工作，12月又被任命为国务院学位委员会委员兼外国语言文学评议组负责人。他还受聘担任中国大百科全书外国文学卷、语言文字卷编纂者和新闻出版署中国图书奖评委、文化部中国文学翻译奖评委，等等。至于接受学校、企业、事业单位的聘请，担任各种职务或名誉职务，更是多得不胜枚举。有人做过统计，季羡林担任的各种职务有50多个。在担任北大东语系主任和南亚研究所所长期间，他每天必须去上班，作为副校长，校长办公会他也必须参加。人大常委会每年要开几次会,一次就是十天半月,他从未缺席过。其他兼职虽然不是经常开会,可是架不住职务太多,有些事务需要他亲自处理,有时还要参加研究生的论文答辩。因此,他的日程每天总是排得满满的,甚至排出去一两个月。

1984年2月22日,《人民日报》发表了杨匡满的一篇报告文学《季羡林:为了下一个早晨》,向读者展示了季羡林一日生活的特写镜头。笔者无法写出这样的妙文,只好当一次文抄公,以使更多的人对古稀之年的季羡林的生存状态有一个详细了解。

季羡林房间的灯,是朗润园每天亮起的第一盏灯

A:4点钟光景,黎明还没有来到这所被雅称为燕园的著名学府,楼群、塔影、湖光、松林、连同长满连翘、丁香和刺梅的路边土坡,无不沉浸在朦胧的夜色里,像是泼在宣纸上已经濡开了的淡墨。这时,朗润园一座楼下的灯亮了,一位老人起床了。一二十年来,他都是这个时候起床,简简单单地抹一把脸,便走到靠窗的书桌跟前,准备开始一天的工作。

偌大的一张书桌,堆满了前一天就摊开的各种中外文书籍、报刊、夹书的纸条、各色的卡片。桌面的空地小得只能容下两叠稿纸和一个水杯。老人戴上眼镜,时而翻阅那一堆堆书刊,时而抬头凝视开始发白的天幕,时而握笔疾书。

一会儿,他离开了藤椅,坐到一张小马扎上。就在书桌旁边,是两个大木箱,箱盖上同样堆满了各种中外文书籍、杂志、夹书的纸条、各式的卡片……不同的是除此之外几乎没有空地了。……原来,他在写作一篇学术论文的同时,还在进行另一个翻译项目。在另一个房间里还有一张书桌,同样摊开着各种材料。那里还有他的"第三战场"。近年来,他习惯在两三个"战场"同时作战。他计算着剩下的时间,紧迫啊,每一分钟都不能白白放过。

B:门被轻轻地推开,老伴出现在房门口。7点整,她叫他吃早饭。牛奶、花生米、烤馒头片——他爱吃烤馒头片。他像个老农，让老伴烤了盛在一个布袋里，放在他的工作间，饿了好就着茶吃。

7点10分，他走出了门，走过弯弯的湖边小路，走过条石搭起的小桥，微风把水浮莲和青草那种清香而又带涩味的气息送到他的鼻孔里，他深深地吸着，不由自主地加快脚步。这是他三小时紧张工作后的一次体育锻炼。

不，其实这是他去系里上班。东语系的办公楼是一座中国宫殿式的建筑，飞檐画梁，巨大的屋顶显示着一种古老的庄重、幽深和神圣。然而，这位老人的办公室在这座楼里相当于传达室的位置，同整座楼的威严可极不相称。

同屋的青年人也早早地到了，那是他的助手。青年人一面向他汇报，一面把一大堆文件、信件、杂志交到他手里。老人点着头，坐到自己的办公桌前。桌上已经堆放着许多别的书籍、材料。哦，这里是他的另一处战场，他每天要在这里工作三四个小时，处理系里的教务、行政方面大大小小的事情，回答国内外学者的各种询问，指导学生、研究生和教师的各种课程和研究项目。

不时有人推门进来向他请教。他中断手头的工作，耐心地解答着。来人一走，他马上又埋头潜心工作……了解他的人，总是把话尽量说得简明扼要，尽量少占他的时间。但即使是一个人几分钟，十个人加起来，也就够可观的了。

C：下班了，他沿着来时那条小路往回走。正午的阳光刺得他眼球发胀，浅浅的湖水蒸腾着一股热浪。他不觉得热，在那间阴凉的"传达室"里坐久了，这暖和的阳光，流动的空气恰好能使他放松一下疲惫的身体。回家路上的这十几分钟，是他一天中第二个三小时紧张工作后真正的休息。

老伴准备好了午饭，简单的三两样家常菜。他基本食素，偶尔吃点牛羊肉。来客人时，才让炒两个肉菜。他从不提什么要求，至多要一根辣椒、一根葱什么的，山东人嘛。

各色书籍散发着淡淡的气味，清香的或带潮味的，异国的或古旧的。他习惯在这种气息的包围中躺到他的木板单人床上。那是他的唯一可以歇脚的岛屿，四周便是浩瀚的书的海洋。经过凌晨以来紧张的脑力劳动之后，他利用中午时间闭上眼睛喘息一下，以获得重新去海浪中搏击的力量。

D：他醒来了。刚刚2点，不过睡了一个小时。电话铃响过两次了，老伴推门进来。还有人在隔壁房间等他。他看了看书桌和箱子盖上的那两摊东西，走了出去。

找他的人得挂号、排队。他的时间总是排得满满的，管事也好，顾问也好，挂名也好，他兼任着大小50个辞也辞不掉的职务，人们对他实行着"轮番轰炸"。

E：有一天晚上，他已经躺下了，电话铃响了。

"季副校长，我们这楼停水了。""我家里也没水。""那请你赶快反映反映吧！"

"行行行！"

谁让他没有架子呢？别人什么都愿意找他。

有人在他的桌上发现过这样的纸条："学生开饭时间有十一点一刻、十一点半、十一点三刻三个方案，据学生反映，倘若十一点一刻开饭，晚下课晚去就吃不上好菜……"

这是他亲笔记下，准备在校长办公会议上发言用的。他生气地感慨道："就一个熄灯打铃问题，讨论了几年还没有解决。"

F：夕阳西下，他走下办公楼的台阶，站在窗前的梧桐树下。那么多年，他竟没有留意这两棵梧桐属于什么品种。

他绕湖信步走着，遇到相识的师生或工友，他主动地停下来招呼，聊上几句话。这是他一天中第三次真正的休息。远方落日的余晖衬托着燕山山脉黑色的廓影。上弦月悄悄地走向中天。燕园的黄昏空气格外纯净。他绕着湖滨，又踏上了回家的小路。

朗润园里，静静的后湖边上，那盏橙色的灯又亮了。他又开始伏案工作了。不过，他不会睡得太晚，为了下一个早晨，为了再下一个早晨……

这6个普普通通的镜头，很有代表性。季羡林如此超负荷地运转，怎么能吃得消呢？他一次又一次要求辞去副校长的职务，1984年4月终于得到批准。在这个位子上，他整整干了5年，卸任后改为校务委员会副主任。这一年中共北京市委宣传部编写出版了一本《优秀共产党员事迹选》，其中有北大校刊记者写的《甘为春蚕吐丝尽——记优秀共产党员、副校长季羡林同志》一文，算是对他工作的评价。

与胡乔木谈话

与1986年冬天的学潮有关，季羡林同中央政治局委员胡乔木有过一次谈话。那时候，季羡林是北大校务委员会副主任，不过，他并非以学校领导的身份向中央首长汇报，而是应胡乔木的要求，以老朋友的身份反映个人的看法。为了便于读者了解这次谈话的背景，笔者首先根据新华社编发的《中华人民共和国大事记》简单介绍一下当时的情况。

12月中下旬，合肥、武汉、上海、南京、杭州等地一些高校的少数学生上街游行。参加游行的大多数是一二年级学生，有些学生表现出偏激的情绪和行动。地方和学校对他们进行了教育和疏导工作。23日《人民日报》发表了题为《珍惜和发展安定团结的政治局面》的社论。25日、29日《人民日报》就部分高校学生上街游行集会之事先后发表题为《政治体制改革只能在党的领导下进行》和《讲民主不能离开四项基本原则》的评论员文章。26日，北京市人大常委会通过并公布实行《北京市关于游行示威的暂行规定》，上街游行必须事先提出申请，经批准后方可实行。但仍有少数学生不经申请批准上街游行。30日，邓小平就少数学生集会游行问题，约胡耀邦、赵紫阳、万里、胡启立、李鹏、何东昌谈话，谈话中，他向全党提出旗帜鲜明地反对资产阶级自由化的任务。邓小平指出：学生闹事，大事出不了，但是从问题的性质来看，是一个很大的事件。凡是闹起来的地方，都是因为那里的领导旗帜不鲜明，态度不坚决。这也不是一个两个地方的问题，也不是一年两年的问题，是几年来反对资产阶级自由化思潮旗帜不鲜明、态度不坚决的结果。要旗帜鲜明地坚持四项基本原则，否则就是放任了资产阶级自由化，问题就出在这里。我们讲民主，不能搬用资产阶级的民主，不能搞三权分立那一套。我们执行对外开放政策，学习外国的技术，利用外资，是为了搞好社会主义建设，而不能离开社会主义道路。同日，何东昌在中外记者招待会上介绍了我国近期部分城市一些高校上街游行的情况，并回答了记者提出的问题。

那次学潮的发源地虽然不在北京，但北京的学生，特别是北大的学生是不甘人后的，这次也不例外。季羡林虽然退出了一线领导岗位，但对"文革"记忆犹新。面对学生的行动，他一方面肯定学生的爱国热情；一方面又忧心忡忡，担心局面弄得不可收拾，希望上面对学潮有个正确的估计，进行强有力的教育和恰当的引导。胡乔木当时在党中央担任要职，找季羡林了解情况，给了他一个向上面反映意见的机会。胡乔木又是季羡林清华学生时代的好友，不同于别的领导，找他谈话也并非正式的工作或思想汇报，因此完全可以敞开心扉。关于那次谈话的情况，季羡林在胡乔木逝世之后所写的《怀念乔木》一文中说：

1986年冬天，北大的学生有一些爱国活动，有一点"不稳"。乔木大概有点着急。有一天他让我的儿子告诉我，他想找我谈一谈，了解一下真实的情况。……问我愿不愿意到他那里去，我答应了。于是他把自己的车派来，接我和儿子、孙女到中南海他住的地方去，外面刚下过雪，天寒地冻。他住的房子极高极大，里面温暖如春。他全家都出来作陪。他请他们和我的儿子、孙女到另外的屋子去玩。只留我们两人，促膝而坐。开宗明义，他先声明："今天我们是老朋友会面。你跟前不是政治局委员、书记处书记，而是六十年来的老朋友。"我当然完全理解他的意思，把我对青年学生的看法，竹筒倒豆子，和盘倒出，毫不隐讳。我们谈了一个上午，只是我一个人说话。我说的要旨其实非常简明：青年学生是爱国的。在上者和年长者唯一正确的态度是理解与爱护，引导与教育。个别人过激的言行可以置之不理。最后，乔木说话了：他完全同意我的看法，说是要把我的意见带到政治局去。能得到乔木的同意，我心里非常痛快，他请我吃午饭。他们全家以夫人谷雨同志为首和我们祖孙三代围坐在一张非常大的圆桌旁。让我吃惊的是，他们吃的竟是这样菲薄，与一般人想象的什么山珍海味、燕窝、鱼翅毫不沾边儿。乔木是个什么样的官儿，也就一清二楚了。

近读谢宁的《北大三十年》，说季老与胡乔木谈话所持的观点，北大绝大多数师生是认同的。季羡林是中国共产党的优秀党员，他在晚年与党和国家领导人有过多次接触和交谈，其中与温家宝同志的谈话，新闻媒体报道过部分内容，这无疑是经过领导同志批准的；至于季羡林同江泽民、李岚清、李铁映、陈至立、刘延东等同志都谈过些什么，他本人从未对外人提及。

中国文化书院

1984 年底，梁漱溟先生和北大教授张岱年、冯友兰、季羡林、汤一介、李中华、魏常海、王守常等人发起，联合国内外数十著名学者，成立中国文化书院，汤一介担任首任院长。这是一家民间学术机构，既研究，又办学。书院的宗旨是：通过对中国传统文化的研究和教学活动，继承和发扬中国的优秀文化遗产；通过对海外文化的介绍、研究以及国际性学术交流活动，提高对中国传统文化的研究水平，促进中国文化的现代化。书院的最高领导机构是由书院导师推举产生的院务委员会，梁漱溟担任院务委员会主席。季羡林作为中国文化书院的发起者之一，是书院各项活动的积极支持者和参与者。20 世纪末，他接替梁漱溟担任院务委员会主席职务。名誉院长先后由冯友兰、陈岱孙担任。中国文化书院 80 年代的教学和研究工作搞得风生水起，90 年代的主要成就是编书。

1999 年是中国文化书院创建 15 周年，季羡林在《〈中国文化书院十五周年华诞纪念论文

中国文化书院院长汤一介（左2）为80岁以上的老先生祝寿，他们为侯仁之（右2）、梁披云（右3）、季羡林（右4）、何兹全（左1）和石峻（右1）祝寿

集〉序》中写道：

> 普天之下，从来没有完全笔直平坦的道路。一个人，一个学术团体，所能走的道路，都不是完全笔直的，绝对平坦的。我们中国文化书院当然不能例外。回想十五年前，为了认真弘扬中华优秀文化，北京大学哲学系几位老中青教师，振臂一呼，就呼唤出一个中国文化书院。创业维艰，筚路蓝缕，凭着满怀壮志，一腔热血，不畏艰苦，一往无前，时而山重水复，时而柳暗花明，风风雨雨，颠颠簸簸，终于走到了今天，罗致了一批在海内外广有声誉的专家学者，还有了一个优美固定的院址，颇成气候了。这样的十五年是值得庆祝的十五年。

这本论文集由于种种原因没有能够出版。

从中国学术史和教育史上来看，中国的学术和教育几千年来一向是两条腿走路的，一公一私，而又以私为主。私人办的通称书院，历代真正的大学者多出身于书院，或者自己办书院。只是近100多年以来，欧风东渐，中国才开始官办大中小学，私人办学的那一条腿逐渐萎缩，到了新中国成立以后，私人办学一度被禁止了。改革开放以后，允许私人办学，在春风吹拂之下，中国文化书院应时而生。在世纪交替的时候，决策者想把书院办成一所私立大学，但是未能如愿。

中国文化书院是研究和弘扬中国文化的，到20世纪末，书院已有7个分院，分别是绿色文化分院、跨文化研究分院、企业文化研究分院、影视传播研究分院、大众传播分院、杭州分院、岭南分院，此外还有上海分院筹备处。那些人文社会科学家，到了60岁的年龄都是如日中天，正是读书写作的大好时候。此时他们书读得越来越多了，知人论事的能力就越来越强了，通古今之变的本领就越来越高了，究天人之际的愿望也就越来越旺了，即使退休，也往往是退而不休。中国文化书院礼聘的正是这样的一些学者并作为导师。导师不限于中国大陆（内地），中国港、澳、台，甚至国外，都有一些。这是极可宝贵的一个学术群体，对弘扬中华文化，促进学术交流，增强学者间的了解，加深民族间的友谊，都做出了一些可贵的贡献。

1985年2月，书院面向全国举办"如何认识中国传统文化"为主题的讲习班，讲稿由书院编辑出版了《论中国传统文化》一书，即中国文化书院讲演录第一集，书中有许多大家的观点发人深省。

如梁漱溟先生说：

中国人把文化的重点放在人伦关系上，解决人与人之间怎样相处。

冯友兰先生说：

基督教文化重的是天，讲的是"天学"；佛教讲的大部分是人死后的事，如地狱、轮回等，这是"鬼学"，讲的是鬼；中国的文化讲的是"人学"，注重的是人。

庞朴先生说：

假如说希腊人注意人与物的关系，中东地区则注意人与神的关系，而中国是注意人与人的关系，我们的文化的特点是更多地考虑社会问题，非常重视现实的人生。

1985年12月又举办第二期讲习班，主题是"中外文化比较"；1986年以"文化与科学"

为主题，举办第三期讲习班；1987年举办中外文化研究两年制函授班，学员多达1.2万多人，遍布全国各省市自治区。

书院举办了许多全国范围的培训班、研究班，召开了一些国际学术讨论会，出版了大量论著和学报，团结了一大批中外学者以及中国港台学者，还编纂了《中国文化年鉴》，填补了中国年鉴出版工作的一项空白。1991年，书院由季羡林、汤一介、孙长江担任主编，编纂了《中国文化集成》100册，接着，编纂了《20世纪中国文化论著集要》8册；90年代后半期，组织编纂了《20世纪西方哲学东渐史》《道家文化研究丛书》《国学举要》《中国佛教史》等大型文化丛书。

1994年3月中国文化书院成立了绿色书院，这是中国第一家民间环保组织。其院长梁从诫教授将这个组织命名为"自然之友"。季羡林给予积极支持，他评价说："从诫本来是一个历史学家，如果沿着这条路走下去的话，就能有所成就的。然而，他不甘心坐在象牙塔里，养尊处优；他毅然抛开那一条'无灾无难到公卿'的道路，由一个历史学家一变而为'自然之友'。这就是他忧国忧民忧天下思想的表现，是顺乎民心应乎潮流之举。我对他只能表示钦佩与尊敬。宁愿丢掉一个历史学家，也要多一个自然之友。"

论北大传统

1988年是北京大学建校90周年。为了迎接校庆，吕林写了一本书《北京大学》，讲述北大的历史。季羡林为此书作序，指出北大的特点或优良传统：一是以天下为己任的思想，二是爱国主义思想。他写道：

> 为什么北京大学九十年的历史竟引起各方面的注意呢？首先当然是由于北大所处的地位。有一个简单的事实值得考虑：北大实际上是中国历史上从东汉起一直到清朝的太学或国子监的继承者，又是中国现代教育的开拓者。自从九十年前北京大学的前身京师大学堂成立以后，历经清代、北洋军阀政府、军阀混战、国民党统治各个时代，一直到了解放，北大都无愧于她的这样一个历史地位。
>
> ……我到北大工作已经四十多年了。经过四十多年的观察与思考，我觉得，北大最突出的特点就是继承而且发扬了中国知识分子的优良传统：关心国家大事。"天下兴亡，匹夫有责"，这是中国的优良传统。从汉朝的太学生起，一直到了解放后，中国的大学生以天下为己任的意识很强，北大尤甚。从五四运动，一二•九运动，

反饥饿、反迫害的斗争,一直到解放后抗美援朝运动,北大无不走在运动前面。对国家对人民的责任感可以说是已经形成了北大的光荣传统。

但是,一切发光的不一定都是金子。北大在十年浩劫期间,也曾走在前面。臭名昭著的所谓"第一张马列主义大字报"就在北大出炉,我们北大人从来不隐瞒这一件事实,而且从中吸取了教训。教训就是,在今后我们仍然要关心国家大事,以天下为己任,但必须有远见,有理智,不能盲目乱干。十年浩劫的教训,再也不能重现了。

与以天下为己任的思想有密切联系的是爱国主义思想。这一点在中国知识分子,从历史上一直到今天表现得特别突出。这原因,一方面由于中国历来有爱国主义的传统,另一方面则由于中国曾长期处在半殖民地地位。殖民地和半殖民地的知识分子,因为本身受到压迫,最容易产生爱国主义思想。

九十年来,北大的学生,当然也有教职员,在以上提到的两个特点方面,表现得十分突出。现在我国虽然已经走到了社会主义初级阶段,不压迫别人,也不受别人压迫,但是以天下为己任和爱国主义思想仍然是我们迫切需要的。

关于如何发扬北大的以天下为己任和爱国主义思想的光荣传统,2000年12月季羡林写的《欢送北大进入新世纪新千年》一文中,又有新的阐述和发展。他说:

1998年5月,北大百年校庆季羡林与老中青四代学人鸣钟致意

多少年来我形成了一个看法,我认为,中国的知识分子——古代所谓"士"——同其他国家是不相同的。两千年来,中国知识分子形成了一个优良的传统:关心国家大事,用今天的话来说就是爱国主义。从不同朝代的学生运动来看,矛头指向的

对象是不一样的，但其为爱国则一也。中国近代当代的知识分子继承了这个传统，而北大则尤为突出。

北大进入了新世纪、新千年将会怎样呢？我认为，仍然将会继承这个爱国的优良传统，这一点决用不着怀疑。但是，我却有一个进一步的希望。我们今天的知识分子，不管是年轻的还是年老的，在这个地球已经变成了鸡犬之声相闻的地球村时，我们的眼光必须放远。我们不应当只满足于关心国家大事，而应当更关心世界大事。

目前，我们的世界大事是什么呢？我们的世界形势是怎样呢？大家都能看到，依然是强凌弱，富欺贫，大千板荡，烽烟四起，发达国家依然是骄纵跋扈，不可一世。发展中国家有的依然是食不果腹。可是，在另一方面，正如二百多年前恩格斯在《自然辩证法》中所说的那样："我们不能过分陶醉于我们对自然界的胜利，对于每一次这样的胜利，自然界都报复了我们。"报复的表现已经十分清楚：生态失衡，物种灭绝，人口爆炸，淡水匮乏，污染严重，臭氧出洞，如此等等，不一而足。其中任何一个问题不解决，都会影响人类生存的前途。这一点世界上已经有人注意到，但是远远不够。

到了下一个世纪，我们北大人一方面要继承爱国主义传统，加强学术研究，增强国家的力量。另一方面又要记住恩格斯的话，努力实行张载的民胞物与的精神。最后，我赠大家四句话：热爱祖国，热爱学术，热爱人类，热爱自然。

北大将会永远活着，永远生长。

作为北京大学的终身教授，季羡林为北大服务整整63年，经历了北大全部历史的一半多，可以说他把整个生命和全部智慧献给了北大。季羡林所总结的北大光荣传统和赠予后人的四句话，值得北大人永远牢记并努力弘扬。他文中所说的张载（1020—1077）是北宋思想家，理学创始人之一。张载在《正蒙》中指出："民吾同胞，物吾与也。"意思是说天下百姓是我的同胞兄弟姐妹，世间万物是我的朋友，它所表达的是"大心"、"博爱"的情怀。在张载看来，圣贤之心如太虚之大而无外，只有大其心，才能体认天下万物，人的心应扩大到与天同大的境界，才能合天道之心。"民胞物与"是对传统文化中"和"的观念的发展和创新。人和人，人和社会，人和自然万物，应该是和谐的关系。这种理念和处世态度，是张载及后世关学学者的鲜明特点，面对当今世界上普遍存在的人与人、人与社会、人与自然关系，阶级、阶层、族群以至国与国的关系全面紧张的状况，张载的这一重要的思想，无疑是具有警世的意义。

清塘季荷

1987年中秋，季羡林写了一篇优美的散文《清塘荷韵》，记述他在朗润园池塘里栽种荷花的事。荷花是花中君子，中国人没有不爱荷花的。宋人周敦颐的《爱莲说》，赞颂荷花"出淤泥而不染，濯清涟而不妖"的品格，读书人没有不知道的。季羡林是人中君子，君子人爱君子花，君子人种君子花，成就了燕园一段佳话。

朗润园位于北大校园最北端，与昔日皇家园林圆明园仅一路之隔，是燕园风景绝佳之处。湖光潋滟，花木扶疏，杨柳依依，独少了荷花。如果是早些年，"文革"风暴还没有过去，季羡林自顾不暇，他是不可能考虑种什么荷花的；可是，现在情况根本不同了，燕园的第二个春天来临了。一切都变得那样美好，唯有这楼前的池塘，依然是"天光云影共徘徊"。每念及此，季羡林总觉得是一块心病。

于是，季羡林决定栽种荷花。朋友从湖北来，带来了几颗洪湖的莲子，外壳呈黑色，极硬，据说埋在淤泥中千年不烂。细心的季羡林找来铁锤，在莲子上砸开了一条缝，为的是让莲芽能够破壳而出，不致永远埋在泥中。如此，莲芽能不能够长出，还是个极大的未知数。他把五六颗砸开的莲子投入池塘，然后只好听天由命了。莲子种下之后，季羡林心里多了一份牵挂，每天都到池塘边去看上几次，心里总是盼着，忽然有一天"小荷才露尖尖角"，翠绿的莲叶钻出水面……可是，事与愿违，投下莲子的第一年，一直到秋凉落叶，水面上也没有出现任何东西。经过了寂寞的冬天，第二年春水盈塘，绿柳垂丝，一片旖旎的风光，让人翘盼的水面上仍然没有露出荷叶。此时季羡林完全灰了心，以为那几颗硬壳莲子大概不会再长出荷花了。但是，到了第三年，却出现了奇迹。有一天，他忽然发现，在投莲子的地方长出了几片圆圆的绿叶，颜色极惹人喜爱；只是细弱单薄，可怜兮兮地平卧在水面上，像睡莲的

季荷

叶子似的。最初仅长出了五六个叶片，季羡林嫌有点儿少，总想能多长出几片来。于是，他盼星星，盼月亮，天天到池塘边去观望。有校外的农民来捞水草，他指着那几片叶子，请求他们手下留情，不要把它们碰断了。经过了漫漫的长夏，凄清的秋天又降临人间，池塘里浮动的仍然是那孤零零的五六个叶片。这又是一个虽微有希望但终究令人丧气的一年。

真正的奇迹出现在第四年。严冬一过，池塘里溢满了春水。到了一般荷花长叶的时候，在往常漂浮着五六个叶片的地方，一夜之间，突然冒出了一大片绿叶。原来，荷花在严冬的冰下并没有停止行动，在离五六个叶片比较远的池塘中心，也长出了叶片。叶片扩张的速度，扩张的范围，都是惊人的。几天之内，池塘的大部分水面已经全被绿色所覆盖。而且，原来平卧在水面上的像是睡莲一样的叶片，不知道从哪儿聚集来了力量，竟然跃出了水面，长成了亭亭的荷叶。季羡林原本还迟迟疑疑，唯恐长出来的不是真正的荷花，此刻心中的疑云一扫而光，那真是洪湖莲花的子孙啊！"长长弯线慢慢放"，季羡林心中暗想，这几年总算耐住性子，没有白等。

楼前池塘里的荷花，自从几个勇敢的叶片跃出水面，许多叶片接踵而上，一夜之间出来了几十枝，而且迅速扩散、蔓延。不过十几天的工夫，荷叶已经遮蔽了半个池塘，从撒种的地方出发，向东西南北四面扩展。季羡林猜测，荷花在深水中淤泥里走动，每天至少要走半尺的距离，才会出现眼前的情景。对于荷花创造的这个奇迹，季羡林感叹道："天地萌生万物，对包括人在内的动植物等有生命的东西，总是赋予一种极其惊人的求生存的力量和极其惊人的扩展蔓延的力量，这种力量大到无法抗御。"是呀，季羡林本人又何尝不是如此呢？在经历了"文革"严冬，春回大地之时，生命也在创造奇迹，他的科研和写作不也是正处于第二次井喷状态吗？

荷叶前行，荷花接踵而至。据了解荷花的行家说，季家门前池塘里的荷花，同燕园其他池塘里的不一样。其他地方的荷花，颜色浅红；而这里的荷花，不但红色浓，而且花瓣多，每一朵能开出16个复瓣。这些红艳耀目的荷花，高高地凌驾于莲叶之上，迎风弄姿，似乎在睥睨一切。季羡林小时候读杨万里的诗："毕竟西湖六月中，风光不与四时同。接天莲叶无穷碧，映日荷花别样红。"心里生出无限向往。现在自家门前池塘中呈现的不就是一派西湖景象吗？西湖美景从杭州飞来燕园，多么令人高兴呀！朗润园的邻居们无不感谢季羡林为这园子增添了美景，周一良教授把朗润园的荷花命名为"季荷"。

当夏日塘荷盛开时，季羡林每天徘徊在池塘边，坐在石头上，静静地吸吮荷花和荷叶的清香。古诗云："蝉噪林愈静，鸟鸣山更幽。"在一片寂静空幽中，他默默地坐在那里，看着水面上荷叶田田，那样肥壮；荷花明艳，同样肥壮；荷花的倒影映入水中，风乍起，一片莲瓣坠入水中,从上向下落,水中的倒影却从下向上升,霎时接触到水面,二者合为一,像小船似的漂着……他曾在一本诗中读到:"池花对影落。"这样的境界有多少人能欣赏到、参悟透呢?夏季异常闷热,荷花则开得特别欢。绿伞擎天,红花映日,把一个不算小的池塘塞得满满当当,几乎连水面都看不到了。一个喜爱荷花的邻居,天天兴致勃勃地数着荷花的朵数,今天告诉季羡林说,有四五百朵;明天又告诉季羡林说,有六七百朵。他数得很细,但未必能数出确切的朵数。那荷叶底下,石头缝里,旮旮旯旯,不知还隐藏着多少骨朵儿呢!粗略估摸大概开了1000朵,真可谓洋洋大观。面对如此美景,岂可无文?季羡林铺开稿纸,写下栽种荷花的经过。不久,一篇优美的散文《清塘荷韵》跃然纸上。在写了荷花盛开的情景后,他又笔锋一转,写道:

连日来,天气突然变寒,好像是一下子从夏天转入秋天。池塘里的荷叶虽然仍然是绿油油一片,但是看来变成残荷之日也不会太远了。再过一两个月,池水一结冰,连残荷也将消逝得无影无踪。那时荷花大概会在冰下冬眠,做着春天的梦。它们的梦一定能够圆的。"既然冬天到了,春天还会远吗?"

这的确是见道之言,点睛之笔。你看,那季荷是美丽的,顽强的,经得起风霜雨雪的考验!

第十七章

天竺情缘

《罗摩衍那》研究

季羡林翻译的印度古代伟大史诗《罗摩衍那》共七卷,由人民文学出版社 1980 年出版第一卷,以后每年推出一到二卷,到 1984 年全部出齐。这部巨著的出版,在文艺界、翻译界以及外事部门引起了巨大的反响,无疑是中印文化交流史上的一件大事。这一年 9 月 15 日,中国人民对外友好协会在北京隆重召开庆祝大会,大会由对外友协副会长楚图南主持,季羡林到会讲话,人民出版社社长韦君宜在会上向印度驻华大使文卡特斯瓦兰赠送了《罗摩衍那》中文全译本。10 月 7 日,季羡林出席在杭州召开的"印度两大史诗讨论会",并在会上致辞。

关于《罗摩衍那》这部史诗,在长达 10 余年间,季羡林发表了几篇重要论文和专著。

1978 年季羡林发表了《〈罗摩衍那〉浅论》。文章首先介绍印度古代文学的一般情况,接着谈史诗文学,分析《罗摩衍那》这部史诗的思想内容以及几个主要人物的形象,如罗摩、悉多、罗什曼那、阇婆离、须羯哩婆、哈努曼、罗波那等等。季羡林指出:阇婆离的言论是印度古代唯物主义者的言论,很值得注意,由于受到正统保守的婆罗门的迫害,唯物主义言论已经很难找到了。文章还分析了《罗摩衍那》的艺术特色。

1979 年季羡林出版了专著《〈罗摩衍那〉初探》,主要介绍了这部史诗的性质和特点,史诗作者的情况,史诗的故事梗概,所谓"原始的"《罗摩衍那》,《罗摩衍那》与另一部史诗《摩诃婆罗多》的关系,与佛教的关系,成书年代,以及语言、诗律、传本、评价,与中国的关系,译文版本、译音及译文文体等等。

1982 年和 1983 年季羡林发表了《〈罗摩衍那〉简介》《〈罗摩衍那〉译后记》和《〈罗摩

衍那〉译后漫笔》3 篇文章，文字都不长。

1984 年季羡林发表了《〈罗摩衍那〉在中国》，这是一篇分量很重的学术论文，还附了英文译文。自古以来，中国翻译印度古代典籍多得不可胜数，但几乎都是佛经，唯独没有《罗摩衍那》。自从季羡林直接从梵文翻译出全译本，中国人才有机会目睹这部伟大史诗的真容。为了帮助广大读者进一步了解这部史诗与中国的关系，他在这篇文章中，介绍了数千年来这部史诗在中国各民族中流传的情况：（一）在古代汉译佛经中的痕迹；（二）在傣族中的流传；（三）在西藏的流传；（四）在蒙古族中的流传；（五）在新疆，包括古和阗语、焉耆语（吐火罗文 A）中的流传。在结束语中，他分析了罗摩故事宣传的思想，印度两大教派都想利用罗摩故事为自己张目。罗摩故事传入中国，被一些民族涂上民族色彩和地方色彩，也都想利用它为自己的政治服务，比如汉译佛经中的罗摩故事强调伦理道德，特别是忠孝，以博得统治者和人民大众的欢心。中国人不大喜欢悲剧，于是给它加了一个带喜剧色彩的收尾。他还介绍了罗摩故事在中国文学作品中的嬗变。

1985 年季羡林发表了《印度史诗〈罗摩衍那〉的诗律》，介绍了印度古代诗歌的表现形式是诗节，每个诗节分四个音步，音步有两种组成方式；《罗摩衍那》的诗律是按音节数目计算的，全书大约有 1.9 万首诗，绝大部分是用一种诗律写成。这种诗律名叫输洛迦，有 4 个音步，每个音步 8 个音节，共 32 个音节。

1992年11月，季羡林荣获印度瓦拉纳西梵文大学授予最高荣誉奖"褒扬状"的奖牌

1991 年季羡林又为他主编的《印度古代文学史》写了《罗摩衍那》一章，这是对 1979 年发表的那篇《〈罗摩衍那〉初探》的丰富和发展，增加的部分主要是：主要骨干故事的历史真实性、主要情节、艺术风格、在印度国内外的影响以及与中国的关系等等。

从以上介绍中，可以看到季羡林"抓住一个问题始终不放"，不断有所探索、有所创新的治学精神。

正因为季羡林以丰厚的学养蜚声国内外文坛，以及翻译《罗摩衍那》产生的巨大影响，1985 年，在印度首都新德里举行"印度与世界文学国际讨论会暨蚁垤国际诗歌节"，他得到盛情邀请,并被大会指定为印度与亚洲文学(中国和日本)分会主席。1992年,季羡林又被印度瓦拉纳西梵文大学授予最高荣誉奖"褒扬状"。

四访天竺

印度是南亚大国,中国的近邻。中印两国人民的交往有数千年历史。中国历史上对印度国名的称呼几经改变。西汉时称身毒,东汉时称天竺,到了唐代才使用"印度"一词。据季羡林考证,这是唐代高僧玄奘的主意。玄奘说:仔细探讨天竺的名称,有很多不同的说法,弄得一团混乱。旧时叫身毒,或者叫贤豆。现在根据正确的发音,应该称作印度。印度人民随着居住地方之不同而自名其国,远方外国,异俗之人,从远处看,采用了一个总名,对自己所喜欢的地方,称之为印度。印度者,唐朝的话就是月亮。月亮有很多名称,印度是其中之一。意思是说,所有的生物生生死死,轮回不息,好像一个没有光明的长夜,没有一个清晨的掌管者,太阳既已落山,晚上就点上蜡烛,虽然有星光来照明,哪能如同朗月的明亮?就是由于这种情况,才把印度比成一轮明月。实在是因为在这个国家,圣贤相继出世,遗法相传,教导群生,条理万物,好像月亮照临一般。由于这种原因,才把本国称为印度。

印度是一个文明古国。关于印度文明,印度大文豪泰戈尔说:"印度文明源于丛林,而不

1985年,季羡林(右1)应邀参加在印度新德里举办的"印度与世界文学讨论会",并受到印度国务部长纳拉亚南(左3)的接见

是在都市，这是一种奇特的现象。印度文明最初惊人地发展的地域，人口并不多。树木、河岸、湖泊获得足够的机会与人相处。那儿，有人，有空阔，唯独没有人群拥挤。但空阔不曾迟钝印度的心，反而辉煌了它的思想。"然而，泰戈尔又指出破坏和毁灭文明的行为首先出现在森林中。他说："人类必须认识自己生存的全部，认识人在无限中的地位……失去这整个自然的背景，人类的贫乏就丧失了单纯的优点，而变得卑鄙无耻了；人类的富足不再是宽宏大量而是变得奢侈。人类的欲望既不会有助于他的生命，也不会把人生的目标保持在界限之内。欲望本身变成了目的，使人类的生命燃起欲火，并在熊熊的火光中玩琴取乐……"

季羡林一直崇拜泰戈尔，热爱伟大的印度人民。"印度学"又是他一生中主要的学术研究方向之一。他年轻的时候使用过笔名"齐奘"，决心像玄奘那样，为中印两国人民的友好往来架桥铺路。他曾经5次出访印度：第一次是在1951年，作为中国文化代表团成员访问印度和缅甸；第二次是1955年，作为中国代表团成员去新德里参加亚洲国家会议；第三次是1978年3月，应印度柯棣华大夫纪念委员会邀请，作为对外友协代表团成员取道巴基斯坦访问印度；第四次是1985年，应邀去新德里参加"印度与世界文学国际讨论会暨蚁垤国际诗歌节"。季羡林在第三次访印归来之后，连续写了14篇散文，记录他3次访问印度的见闻和感受，总字数五六万字。1980年，这14篇文章结集出版，书名是《天竺心影》。为什么他在第一、第二次访问印度归来，没有文章问世，而独独这一次写了如此之多呢？这恐怕只能从当时中国国内以及中印两国之间的气候中去找原因了。

在《天竺心影》中，第一篇文章是《楔子》，之所以使用这样一个题目，是借《儒林外史》的一个回目"说楔子铺陈大义"。季羡林说：

什么是我的大义呢？我的大义就是中印两国人民的传统的、既古老又崭新的友谊。下面的故事和经历，虽然有前有后，而且中间相距将近三十个年头；时移事变，沧海桑田，难免有一些变化；但是哪一个也离不开这个"大义"。而且这个"大义"不但在眼前起作用，在将来也还要起作用，要永远地起作用。这就是我的坚定信念。我相信，这也是印度人民的坚定的信念。

季羡林这次访问印度历时半个多月，随身带了一个笔记本，却一个字都没有写。当告别印度回到祖国的时候，他一时百感交集，感觉到如果不把自己的所见、所闻、所思、所想写下来，就是对印度人民的犯罪，也是对中国人民的犯罪，至少是自私自利的行为。于是，他把3次访印的见闻、感受，糅合在一起，诉诸文字，写成一组优美的散文游记。

1951年，季羡林（第三排左3）作为中国文化代表团成员访印，图为印度欢迎大会

《初抵德里》一文，记述了季羡林两次到达印度时不同的场景和心境。第一次是在中印建交之初，机场人潮如海，红旗如林，他们的脖子上被印度朋友挂满花环，给他留下终生难忘的印象。第三次是在经历了两国之间小小的不愉快之后，印度人民会怎样看待中国人民，季羡林脑子里未免有一些问号。他作为先遣队员于夜间到达，接待方并不知晓，当晚下榻在中国驻印度大使馆。当团长王炳南结束了对孟加拉国的访问来到新德里，季羡林去机场迎接的时候，他眼前突然一亮：27年前的那一幕又重现眼前，德里大学和尼赫鲁大学的师生们，为中国客人涂抹香油，佩戴花环。一个高举红旗的印度青年高喊"印中是兄弟！"20多年的风云变幻，仿佛从来没有发生过。季羡林的精神一下子抖擞起来，脑子里的各种问号顿时烟消云散，马上投入到了十分紧张、十分兴奋、十分动人、十分愉快的对印度的正式访问中。

《德里大学和尼赫鲁大学》一文，介绍了这两所大学邀请季羡林去参观和讲演的情景。在德里大学，一位女学生用印地语致欢迎词，她讲到中国和印度两千多年的友好交往历史，提到了佛图澄、鸠摩罗什、柯棣华、巴苏和法显、玄奘、义净这些两国人民的友好使者，在座的中国同志感到非常亲切，彼此的心一下子就拉近了。在这样的场合该讲些什么呢？季羡林对中印文化交流史做过深入的研究，心想印度朋友也一定会喜欢听这样的历史的。于是，他讲到两国文化交流从何时开始的问题。对此，学术界有过不少争议，他不同意两国文化交流始于公元前后佛教传入中国的说法，认为还要早得多，至少可以追溯到公元前三四世纪的屈原时代。屈原的《天问》中说"顾菟在腹"，"顾菟"一词汉以来的注解都是"兔子"，而月亮里有兔子的神话在印度也极为流行,玄奘在《大唐西域记》中就有明确记载,在汉译佛典中这个故事还多处出现。因此,这个神话很可能源于印度,传入中国后被写入《楚辞》中。这样一来,中印文化交流至少有两千三四百年的历史。再如二十八宿,中印两国都有这样的名称,这个文化交流的历史可以追溯到公元前11

1978年,季羡林(左4)第三次访印受到热烈欢迎

世纪的周初,时值印度吠陀时代末期。总之,两国文化交往源远流长,值得引以为傲。季羡林讲演之后被师生团团围住,提出各式各样的问题,表达了对了解中国的渴望,整个校园都笼罩着浓烈的中印友好气氛。在尼赫鲁大学,情况同德里大学差不多,不同的是,季羡林竟听到学生用中文唱的中国歌曲,感到十分亲切。学校图书馆所藏的中文典籍和成套的《人民日报》缩微胶卷,给他留下了深刻的印象。令季羡林没有想到的是,在这两所学校,他见到了中国人民的老朋友,86岁的经济学家吉安·冒德教授和94岁的印中友好协会主席森德拉尔先生。看见为两国人民友好奋斗了一生的老朋友,看见热情好客、渴望了解中国的青年一代,季羡林坚信,中印两国的传统友谊一定能够世代相传。

《琼楼玉宇,高处不胜寒》一文,是参观泰姬陵和阿格拉红堡的游记。季羡林已是第三次来到泰姬陵,泰姬陵的美让他心醉。然而,与之有关的莫卧儿王朝老皇帝沙贾汗与爱妃蒙泰姬的爱情故事,却没有让他多费笔墨,而是笔锋一转,回忆起第一次来到泰姬陵时的一段往事:他在旅馆观看穷苦艺人耍蛇、驯鸟的表演,邂逅了一位印度青年。印度青年送给他一件微雕作品,在一粒大米上刻着"印中友好万岁"几个字。他觉得,两国人民的友好感情要比泰姬陵更美。

《难忘一家人》一文,写的是老朋友普拉萨德先生一家与季羡林的友好情谊。普拉萨德50年代在北京大学东语系任教,是季羡林的同事和部下。普拉萨德为人正直、坦荡,和中国教师、历届学生相处得非常融洽。那时候,他得了肺病,精神紧张,季羡林送去关怀和劝慰;他想去莫斯科参加世界青年联欢节,季羡林出面协调,帮助他实现了这个愿望……普拉

季羡林在泰姬陵门前留影

萨德把季羡林看作自己的长辈。当两国关系笼罩着阴云的时候，有些原本对中国友好的人士也跟风转向，普拉萨德却十分坚定，他不相信那些流言蜚语，一直坚持到护照要被吊销，才忍痛离开中国。普拉萨德回到德里，依然每天到中国使馆上班，顶住了巨大的压力，同中国人民的心连在一起。他的夫人普拉巴夫唱妇随，人家要她捐爱国捐，她问为什么？回答说是为了对付中国，她坚定地说："爱国人人有份，但捐金银首饰为了打中国，我死都不会干！我决不相信，中国会侵略印度。"在那黑云翻滚的日子里，说这样的话需要有多大的勇气啊！没想到，季羡林与老朋友能在德里重逢，他们之间有说不完的知心话。在即将离开德里的时候，季羡林又一次来到普拉萨德家，他们紧紧相拥吻别，眼睛里充满了泪水，这样真心相待、始终如一的朋友，他们之间的感情用任何语言表达都显得苍白无力。

《孟买，历史的见证》一文，描写坐落在孟买海边的著名的"印度门"，它见证了殖民主义的垮台、新生正义力量的胜利，同时描写了中印两国人民的友谊。文中说："门前是汪洋浩瀚的印度洋，门后是幅员辽阔的印度大地。在这里建这样一座门，是殖民主义者征服的象征，是他们耀武扬威的出发点。据说，当年英国派来的总督就都从这里登岸，一过这座门，就算是到了印度。英国的皇太子，所谓威尔士亲王也曾从这里上岸访问印度。当年高车驷马、华盖如云的盛况，依稀还能想象得出。然而曾几何时，沧海桑田，风云变幻，当年那暴戾恣睢、不可一世的外来侵略者到哪里去了呢？只剩下大海混茫，拱门巍峨，海浪照样拍打着堤岸，涛声依旧震撼着全城。印度人民挺起腰杆走在自己的土地上。群鸽飞鸣，一片生机。这一座印度门就成了历史上兴亡盛衰的见证。"

季羡林第一次访问印度的时候，曾经在孟买同印度朋友一起欢度当地最大的节日明灯节。这次他们到来的时候，已经过了午夜时分，仍有1000多名各界人士举着红旗到机场欢迎。次日，马哈拉施特拉邦和孟买市召开万人欢迎大会，参加集会的大部分是工人和他们的家属，中国代表团深受感动。孟买是柯棣华大夫的故乡，他的哥哥和妹妹就生活在这个城市里。当年刚刚大学毕业的柯棣华大夫，不远万里来到中国帮助中国人民的抗日战争，全心全意为伤病员服务,并在中国娶妻生子,终因积劳成疾而英年早逝。代表团来到柯棣华大夫家,受到热烈欢迎,望着悬挂在墙上的毛主席亲笔题写的挽词,大家心潮难平,思绪万千。

《一个抱小孩的印度人》一文是一篇追忆文章。1951年那次出访,中国代表团的专车挂在一列客车的尾部,车上日常所需的东西一应俱全。每当列车在车站停靠的时候,中国代表团的团员往往走下车厢,在站台上同当地印度人民以及乘车的旅客有所接触。季羡林发现,有一位穿白色衣服的中年男子,抱着一个三四岁大小的男孩儿,每次停车都急匆匆赶到中国代表团所在的专车附近,站在拥挤的人群里朝中国客人微笑。久而久之,引起了季羡林的注意:他是什么人?要到哪里去?为什么每一站都来看我们?是不是对我们有什么要求?在到达一个大站的时候,季羡林同他攀谈起来。原来,他是一位小职员,从小就听人说到中国,知道中国是印度的朋友,可是他从来没有见过中国人。这次他出门探

那烂陀寺遗址上建的玄奘纪念堂,其造型、面积几近北京故宫的太和殿

亲,没想到恰巧和中国代表团同乘一列火车,这是千载难逢的机会呀!其实,他早就到了目的地,该下车了,可他舍不得离去,便补了票,想多看几眼中国朋友。他还希望自己,至少自己的孩子能有机会去中国看一看。季羡林听到这些朴实的话语,心里感到热乎乎的,紧紧握住他的手,仿佛感到他就是中印友好的化身。他还摸了摸孩子可爱的脸蛋儿,孩子天真地笑了。一晃将近30年过去了,当季羡林旧地重游的时候,怎能不回忆起那一对父子呢?

《佛教圣迹巡礼》一文同样是一篇追忆文章。季羡林的思绪又回到第一次出访印度的情景。他想到了孟买附近的象岛,由象岛想到阿旃陀,由阿旃陀想到桑其,由桑其想到那烂陀,由那烂陀想到菩提伽耶。季羡林是治佛教史的,那次对印度佛教圣迹一览无遗,给他留下深刻的印象。阿旃陀石窟建于公元2—7世纪,是由29座石窟围成的一个半圆形石窟群,窟内壁画、石刻精美绝伦。当年玄奘曾到过这里,后来石窟就淹没在荒榛丛莽中,直至1819年被重新发现,成为举世闻名的佛教艺术宝库。桑其大佛塔位于一座山顶上,公元前3世纪阿育王为安葬释迦牟尼一部分舍利而建。这塔与中国的塔相比大不相同,如同一个石雕的大冢,四面石门上雕凿着许多佛本生故事。那烂陀寺建于公元5世纪,如今只是一片废墟,可

是在历史上却是个不得了的地方。数百年间,这里不仅是佛教中心,而且是学术中心。从晋到唐,中国的许多高僧来此留学。玄奘曾在此学习佛法和印度其他经典多年,回国后他撰写的《大唐西域记》被历史学家视为稀世珍宝,而玄奘也成为中印两国人民妇孺皆知的人物。面对一片废墟,季羡林只能凭书中的记载去想象当年的辉煌了。菩提伽耶寺大塔建于公元7—11世纪,是释迦牟尼得道成佛的地方,堪称最著名的佛教圣迹。季羡林在这里参观了那棵举世闻名的菩提树和树下的金刚宝座,眼前仿佛闪动着法显、玄奘和义净来此虔诚礼佛的影子。一位不知何时来此修行的中国老年尼姑,见到季羡林,第一句话就问:"老爷们的行李下在哪一家店里?"虽然是桃花源中人,终究是中国同胞,季羡林百感交集,布施她一些卢比,希望她的晚年过得好一些。

《回到历史中去》一文描写的是科钦。那还是第一次访印时,季羡林同另外一位中国同志一道去了科钦。科钦在南印度的喀拉拉邦,是明代航海家郑和的船队多次停泊的港口。他们一下飞机,就受到隆重热烈的欢迎。在海滩上召开万人欢迎大会,还燃放了只有节日才得一见的礼花。印度各界朋友把白色的茉莉、黄色的月季、红色的石竹、紫色的玫瑰用金丝银线穿成串,扎成球,编成花环,挂在中国朋友的脖子上。每人脖子上不知挂了多少鲜花,成了一个花人,一个花堆,一座花山。主人安排他们乘游艇游览科钦渔港,看到了用木架支撑起来的"中国渔网";他们又来到一座小岛上,在椰林掩映下,一排排民居都是中国式的屋顶、中国式的山墙。一时间,季羡林仿佛回到了历史中——靠岸的郑和宝船正在卸货,成捆的中国瓷器堆放在码头边的椰树下……

《深夜来访的客人》一文又是一篇追忆之作。从科钦,季羡林联想到近在咫尺的特里凡得琅,那里是喀拉拉邦首府,印度南方大都会。第一次访印时,他们在这里会见了刚刚从英国留学回国的当地年轻的大君,参观了一所小学校,欣赏了六七岁的小女孩儿跳着惟妙惟肖的蛇舞,又驱车去亚洲大陆最南端的科摩林海角,在浩瀚的大海中游泳。夜晚,当他们回到宾馆准备休息时,季羡林突然听到敲门声,打开房门只见一个十五六岁的男孩子,手里拿着一卷纸,显得有几分兴奋、几分羞涩、几分喜悦、几分疲惫。问他找谁,他说要找中国人,问他有什么事,他说没有什么事,就是想看一看。原来,他是一个中学生,住在离这儿几十里远的地方,听说中国人来了,他特意住在这家宾馆里。他从小听说过遥远的中国,听说过中国人聪明友善,但从来没有见过中国人,于是他就远道而来,手里拿的是他自己画的一幅画——印度教的一个神祇像,作为送给中国人的礼物。见到了想见的中国人,他感到心满意足了。季羡林问他吃饭了没有,请他进屋坐,喝点水,他都谢绝了,只是在大厅里站了一会儿就告辞了。季羡林目送他那消瘦的身影消失在夜色里,心里深深镂刻下了这位不知名的少年的影子。

《海德拉巴》一文同样是一篇追忆之作。27 年前的海德拉巴是什么样子，季羡林的记忆已经变得模糊了，唯一清晰的是高大的木棉树上开满碗口大的红花。海德拉巴本来是清新美妙、富丽堂皇的，可是季羡林旧地重游时却完全变成另外一副模样：拥挤不堪的街道，熙熙攘攘的人群，显得喧阗吵闹，烟雾迷腾。他还在奥斯马尼亚大学的欢迎大会上讲了中国唐代梵文研究的情况，讲玄奘，讲义净的《梵文千字文》，讲礼言的《梵文杂字》，等等。在参观动物园时，他在饲养员的一再鼓励下，摸了一把老虎屁股。

《天雨曼陀罗》一文的副标题是"记加尔各答"。曼陀罗又叫洋金花，印度古书上常有

海德拉巴的四塔寺，建于16世纪

"天落花雨"和"天女散花"的说法。季羡林几次来到加尔各答，只见欢迎会上万头攒动，各种花环、花束如海如山，所到之处地面上、地毯上总是撒满五颜六色的花瓣。所以，季羡林使用了这样一个标题，这花雨自然并非"天"或"天女"撒的，而是酷爱中印友好的人撒的。这样的人成千上万，多如恒河沙数。季羡林特别留心一位满脸病容的青年学生，他患有哮喘病，却拖着病体，像影子一样紧随代表团，带领群众呼喊口号，实在令人感动。

《国际大学》一文是写 1924 年泰戈尔创建的国际大学，1937 年该校成立了中国学院，20世纪三四十年代，我国著名学者谭云山、许地山、著名画家徐悲鸿、著名教育家陶行知等曾来此访问、讲学。季羡林到此也是故地重游，同样受到了热烈的欢迎。来到印度人民视为圣地的国际大学所在地尼克坦，他自然而然地想起当年泰戈尔访问中国时说过的话："印度认为你们是兄弟，她把她的爱情送给了你们。""在亚洲，我们必须团结起来，不是通过机械的组织的办法，而是通过真诚同情的精神。""我的心也宣布伟大的未来将要来临，它已经来到我们身旁。我们必须准备去迎接这个新时代。"

《别印度》一文，主要记述了离开加尔各答的前一个晚上，主人特意安排的一场魔术表演。令人称奇的是魔术师用两团白面糊住双眼，又蒙上黑色的呢绒，然后他请人在黑板上写字，写了什么，他马上就能在自己前面的黑板上一字不差地写出来。中国代表团的一位大夫

和一位印地语翻译被请上台,中国大夫用中文书写了"中印友谊万岁!"那位魔术师也用同样的速度写出了这几个汉字;翻译用印地文写了"印地秦尼巴伊巴伊"(印中是兄弟),魔术师立即大声朗读起来,引起了满堂喝彩。次日,在机场的贵宾室里,挤满了送别的人群,著名歌手比斯瓦斯高唱《印中友好歌》:

> 友好的歌声四处起,
> 印中人民是兄弟。
> 黎明降临到大地,
> 朝霞泛起在天际……

季羡林第四次访印的情况,笔者上文已经提及,这里不再赘述。

治印度史

季羡林研究"印度学"的重要内容之一是治印度史。20世纪50年代,他与曹葆华合作翻译出版有关马克思论印度的著作之后,又有几部印度史学著作问世:如《印度简史》《中印文化关系史论丛》《1857年—1859年印度民族起义》等。众所周知,印度史是印度学研究的难点。马克思说过:"印度社会根本没有历史,至少是没有为人所知的历史。"季羡林在1988年接受《电影艺术》杂志采访时说过这样的话,说明治印度史的难度非同一般:

> 我说印度人思想很深刻,可没有条理,也表现在他们的时间观念上。印度人的时间观念是很有意思的,与我们的大不一样。我们可以为玄奘西天取经启程的年代争得不亦乐乎,是贞观元年,还是贞观三年?我们争得津津有味,但印度人却十分不理解,不就是两三年的事嘛。就是一两千年,印度人也不放在眼中。关于世界名剧《沙恭达罗》的作者出生年代,在印度有两种意见,这两种意见之间,相差了1000年。在他们心目中,差个1000年又有什么关系呢?因此,马克思说,印度没有历史。这是很深刻的。

长期以来,西方和印度本国的一些历史学家对印度历史提出这样或那样一些学说和理论,可是重视考据、主张无证不信的季羡林,对此产生了质疑;他独辟蹊径,从印度古代的非史学典籍中寻找证据,用马克思主义历史唯物主义的观点进行审视,从而取得崭新的创见。

1985年，季羡林的学生蒋忠新从梵文翻译了《摩奴法论》一书。印度古代关于"法"的书籍特别多，其作者都是婆罗门，他们为了维护以婆罗门为中心的社会秩序，创制律条，规定风习，为社会各阶层制定行为规范。这一部法论产生年代大约是公元前2世纪—公元2世纪之间，其中约四分之一的内容讲法律，其余部分讲宗教伦理。近代英国人统治印度制定法律就参考了这部法论。《摩奴法论》虽然在某种程度上反映了婆罗门的主观意愿，有悖于社会的真实情况，但在论及印度封建社会起源仍有一定的合理性。因此，季羡林为该书的汉译本作序，副标题即是"——兼论印度封建社会起源问题"。

关于印度封建社会起源于何时，这是一个十分关键的问题，印度国内外的学者对此分歧很大。唯心主义史学家一般不重视这个问题，试图以历史唯物主义解释印度古代史的史学家的意见也不一致。季羡林在《〈罗摩衍那〉初探》中提出，印度封建社会开始于公元前五六世纪，其他中国学者也有不同的意见。印度唯物主义史学家多半认为印度封建社会兴起较晚，如高善必主张自上而下的封建主义从4世纪笈多王朝（公元320年—公元550年）到7世纪玄奘访印，自下而上的封建主义大约在十三四世纪。印度史学家夏尔马也认为封建主义出现较晚。季羡林以为，这种观点不够全面，是受了西欧封建主义起源的影响。根据《摩奴法论》的资料，他认为这部书的成书时间远早于笈多王朝。季羡林指出，《摩奴法论》说：国王任命一、十、二十、百、千村之长，十村之长享有一个家庭占有的土地，二十村之长享有五个家庭的田赋，百村之长享有一个村庄的田赋，千村之长享有一个城镇的税收，这同中国封建社会的食邑制度几乎完全一样，高善必称之为原始封建制度；《摩奴法论》规定工匠每月为国王无偿劳动一日，高善必称之为封建徭役制度。这同他主张封建社会从笈多王朝或其以后开始的主张自相矛盾。季羡林认为，上述《摩奴法论》的说法，是封建主义生产关系的明显证据，表明封建主义已进入成熟发展阶段。

1985年8月，第十六届国际历史科学大会在德意志联邦共和国斯图加特召开，中国代表团团长是刘大年，季羡林作为中国代表团顾问参会，并做大会发言。他提交的论文是《商人与佛教》，揭示了商人在早期佛教的传播中所起的独特作用。

20世纪90年代初，季羡林相继出版了《佛教与中印文化交流》《中印文化交流史》《印度古代文学史》等史学专著，对印度史一些长期争论不休的重大问题，如印度的种姓问题、印度历史分期问题等等提出了自己的见解。季羡林说："生产力和生产关系的矛盾、经济基础同上层建筑的矛盾是推动历史前进的动力，也是确定历史分期的重要标准。封建主义和资产阶级的历史学家不懂这些标准，他们大都以王朝作为历史分期的标准。"

季羡林还提倡把比较研究作为史学研究的重要方法。他说：

研究中国历史，具体地说研究中国历史上奴隶社会向封建社会过渡的问题，争论已经进行了几十年，到现在还没有为大家所承认的看法，其原因当然很多，但重要的原因之一，我认为就是缺少比较方法。如果把其他文明古国，比如印度，由奴隶社会到封建社会的过渡细致地加以分析，加以对比，会大大扩大我们的视野，会提供给我们很多灵感，会大大有助于讨论的推进与深入。其他学科也有类似的问题。……想要前进，想要有所突破，除了努力学习马克思主义之外，利用比较的方法是关键之一。

笔者以为，季羡林对20世纪中国学术的重要贡献之一，是他跨越国界、跨越民族、跨越时空、跨越学科的研究方法。他的比较绝不限于文学的比较、语言的比较，还有历史的比较、哲学的比较、宗教的比较、艺术的比较、民俗的比较、美学的比较等等，是广义的文化比较，由此大大地开拓了研究者的思路和视野。当然，要进行比较研究，知识面窄了是不行的；季羡林恰好主张知识面要宽，要掌握各方面的知识，诸如历史、哲学、文学、经济、政治等等。他说："研究印度不能只限于印度，不懂中国，不懂外国，就什么成绩也做不出来。"

翻译《家庭中的泰戈尔》

中国人民对印度伟大的诗人、伟大的爱国者和伟大的贤哲罗宾德罗纳特·泰戈尔并不陌生，因为他是中国人民的伟大朋友，他一生都在努力推进印中两国人民的传统友谊。19世纪末叶，泰戈尔还是一个青年的时候，就撰写文章愤然谴责英帝国主义向中国输送鸦片的罪行。1924年，他应邀访问中国。在北京受到梁启超、胡适、徐志摩、林徽因等知名学者和诗人以及广大青年学生的热情欢迎。梁启超还给他取了个中国名字"竺震旦"，说道："印度人从前呼中国为震旦，原不过是支那的译音，但选用这两个字却含有很深的象征意味。从阴曀雾雾的状态中蓦然一震，万象昭苏，刚在扶桑浴过的丽日，从地平线上涌现出来（旦字末笔代表地平），这是何等境界。泰戈尔原名正含这两种意义，把它意译成震旦两字，再好没有了。又从前自汉至晋的西来古德都有中国名，大率以所来之国为姓……今日我们所敬爱的天竺诗圣在他所爱的震旦地方过他64岁的生日，我用极诚挚、极喜悦的情绪，将两个国名联起来，赠给他一个新名曰'竺震旦'。"泰戈尔则给徐志摩取了印度名字Susima。泰戈尔与徐志摩、林徽因被喻为岁寒三友"松、竹、梅"。这为中印两国人民的友谊留下了一段佳话。

1937年，日本军国主义全面入侵中国。泰戈尔写了如同利剑怒火一般的诗篇，愤怒抨击残暴的侵略者。同年，他撰写了著名的文章《中国与印度》。就在他1941年辞世前不久，又撰写了一篇著名文章《文明的危机》，文中仍然惦念着中国的抗日战争，预言"一个伟大的未来正在离我们愈来愈近，我们应当做好准备，以迎接新纪元的到来"。泰戈尔终其一生都是中国人民的伟大朋友，一直与中国人民呼吸相通。

1924年泰戈尔访问中国时，还到过北京以外的几个大城市，包括山东省会济南。那时季羡林13岁，正在济南读中学，有缘目睹了这位银须飘拂的印度伟大诗人。虽然当时他对诗歌和印度懂得不多，可他认定泰戈尔是一个伟人。上了高中，季羡林开始阅读泰戈尔的作品，被那些优美的散文诗深深吸引，曾经模仿它的体裁写过一些小诗。进入中年，季羡林研究过泰戈尔的诗歌和短篇小说，写过一篇长文《泰戈尔与中国》。数十年来，季羡林对泰戈尔的挚爱和尊敬始终如一。他访问印度时，曾几次去泰

泰戈尔（右）在国际大学校园里

戈尔创办的国际大学，并在泰戈尔生前居住过的北楼住过一夜。黎明，他从那所古旧高大的房子里走出来，看到一个小小的池塘里，一朵红色的睡莲赫然冲出水面，迎着初升的朝阳，衬着满天的霞光，仿佛冥冥之中诗人的在天之灵，正在欢迎震旦来的客人。

1978年，季羡林第三次访问印度，在加尔各答第一次见到了女作家梅特丽耶·黛维夫人。他们自然而然地谈到了泰戈尔。黛维夫人的父亲达斯古普塔教授是泰戈尔的密友，两家亲如一家，泰戈尔把梅特丽耶当成自己的女儿。泰戈尔去世前的3年中，曾经4次到梅特丽耶在喜马拉雅山麓蒙铺的家中度假，梅特丽耶以优美的文笔记录了诗人日常生活的点点滴滴。一般来说，读者了解泰戈尔主要是通过他本人的作品，给人的感觉总是一位正襟危坐、峨冠博带、仿佛不食人间烟火的圣人，这当然没错儿，可这只是诗人的一面；诗人的另一面，我们从他的作品中是无法看到的，可是梅特丽耶看到了，而且忠实地记录了下来：泰戈尔处在家人中间，随随便便，不摆架子，一颦一笑，一喜一怒，自然率真，本色天成……看来，这要感谢黛维夫人，她给读者展现了一个真实的泰戈尔。

1981年，黛维夫人来北京访问，季羡林到她下榻的饭店，与她长谈半天。临别时黛维夫人赠给季羡林一本书，这书原文是用孟加拉文写的，后来由她自己译成了英文，书名直译

为《炉火旁的泰戈尔》，即《家庭中的泰戈尔》。黛维夫人问季羡林是否愿意把它翻译成中文。季羡林虽然没有读过这本书，但有两次同黛维夫人的接触，他相信这书一定是好书，就立刻答应了下来。

季羡林虽然很忙，可他没有忘记对黛维夫人的承诺，在众多会议的夹缝里，开始翻译。顺便说一句，自从翻译完《罗摩衍那》，因为要做的事情有增无减，他已经下决心不再搞翻译了。然而，现在受人之托，马行夹道内难以回头。好在原书文字很美，翻译起来仿佛信手拈来，不费吹灰之力，且又本色天成，宛如行云流水，简直是一种享受。很快，他就把第一章译好了。恰在这时，季羡林遇到了诗人顾子欣，知道了他也收到同一本书，而且有意翻译。季羡林认为顾子欣文笔很好，由他翻译肯定精彩，于是对顾子欣说，自己已经翻译了一章，如果他愿意的话，其余三章由他来译，出版时就算两人合译的。顾子欣认为这个主意不错，就答应了。谁知顾子欣也实在太忙，过了两年多还没有动笔，这时黛维夫人又到中国来了，一见到季羡林就问书译得怎样。季羡林如实相告，黛维夫人听了生气地说："难道非等到我死了以后，你们译的书才出版吗？"季羡林完全理解黛维夫人的心情，她想尽快看到这本书的汉译本，倒不全是为了自己，而是为了泰戈尔，为了印中友谊啊！

无奈，顾子欣依然很忙，无法指望他能在短期内译完。季羡林只好征得他的同意，独自来译。他把旧稿找出来，重新审查了一遍，接着往下译。开会时带着它，出差时也带着它，一有时间就翻译。在杭州，招待所楼道里每天晚上都放电视，并且音量开到最大，季羡林无法睡觉，第二天照样早早起来，潜思凝虑，翻译书稿；在烟台，环境好得多了，他早晨起得更早，面对茫茫海天，点点渔火，心情愉悦，翻译进行得十分顺利。回到北京不久，初译稿便告完成。接下来加工润色，写序言，经过八个月的时间，终于大功告成。1985年，汉译本《家庭中的泰戈尔》由漓江出版社出版，总算能给黛维夫人一个交代。黛维夫人这一年71岁，她自然感觉时不我待，而季羡林比她还要年长3岁呢！

泰戈尔无论在印度还是在中国，都是中印两国人民友谊的象征。黛维夫人和季羡林所做的是为这棵友谊之树施肥浇水的善举，功德无量，值得后人敬仰和称道。

2000年5月30日，印度政府赠送给北京大学的泰戈尔铜像落成，印度总统纳拉亚南和夫人亲临北大出席揭幕仪式。季羡林发表了热情洋溢的讲话，他说：

> 在整个世界历史上，像中国同印度这样两个国家有着至少两千多年的文化交流友好交往的历史，是十分罕见的。这两个古老的国家又一直到今天还都在朝气蓬勃地大踏步走上前去，这更是绝无仅有的。因此，两国人民都珍视我们的友谊，愿意继续发扬我们的友谊，切望了解我们友好历史的具体内容，这是完全可以理解的。

2000年5月30日，季羡林在印度政府赠送北大泰戈尔铜像揭幕式上讲话，季羡林的右侧为印度总统纳拉亚南

今天的世界，正处于一个新的历史时期，中国和印度也都处于一个新的发展阶段。中国在迅速发展，所取得的成就，为世界所公认；印度亦在日新月异地发展变化，尤其是高科技的发展，为世界所瞩目。在新的形势下，中印两国为了更好地建设各自的国家，相互学习，彼此交流，则显得更为重要。这对我们两国文化的发展，经济的繁荣，人民物质生活和精神生活的改善，起到了促进作用。

是的，季羡林与泰戈尔虽然所处的时代不同，但他们共同培育的中印友谊之树愈加根深叶茂，永远荫庇造福于两国人民。正如印度学者班固志·莫汉教授所说，"季羡林不仅借鉴并且弘扬了泰戈尔的思想和理想，而且赋予它新的境界与意义"，他们"均为加强中印理解做出了巨大贡献"，"根据自己对亚洲与西方哲学和历史的深刻的见解而提出了关于东方文明的优越性的学说"，"现在，需要以泰戈尔与季羡林的强调和谐与综合的'东化'学说克服'文明冲突论'"。2016年9月，在济南召开的一次会议上，笔者结识了印度学者、汉学家狄伯杰。他说："世界不得安宁的原因在于西方的'地缘政治'，而季羡林提倡的'地缘文化'可与之抗衡。这代表了东方智慧和人类的未来。"

第十八章

学者读佛

佛教梵语研究

　　研究原始佛教的语言问题，是季羡林在德国哥廷根大学攻读博士学位时确定的方向，他的毕业论文题目就是《〈大事〉颂中限定动词的变化》。《大事》是用佛教梵语或混合梵语写成的，在研究佛教的学者中，这种梵语算是一门不冷不热的学科，有一些人在研究，但人数不多，英雄大有用武之地。在瓦尔德施米特教授的指导下，季羡林艰苦奋斗3年，看书、搜集资料和进行写作，从对佛教梵语一无所知，经过长期积累，这方面的知识逐渐多起来，兴趣也逐渐浓厚。因此，他在1941年获得博士学位后被迫留在德国的4年内，在躲避轰炸、饥肠辘辘中，又用德文写了几篇有关佛教梵语的论文，其中一篇是讲不定过去时，一篇是讲 -am>o、u，即词尾 -am 发生音变，变为 o、u 的现象，都发表在哥廷根科学院院刊上，有些重要发现，引起轰动。这是季羡林佛教梵语研究的第一次高潮。这些论文后来收在中国社会科学出版社1982年出版的季羡林《印度古代语言论集》中。

　　1946年季羡林回国以后，因为既缺少应有的专著，又缺少必备的杂志，他的佛教梵语研究工作无法继续。1956年，出于一个偶然的机会，季羡林写了《原始佛教的语言问题》，这篇论文在1959年缅甸研究会（相当于国家科学院）的大会上宣读过，英译文就发表在会刊上。同样出于一个偶然的机会，1958年，季羡林又写了《再论原始佛教的语言问题》，起因是一位研究印度语言的朋友告诉他，美国著名的梵文学者爱哲顿教授（Prof. Dr.F.Edtrton）在其《混合梵语语法》中，对季羡林用德文写的那几篇论文发表了不同的看法。季羡林把《混合梵语语法》借来仔细阅读，感到爱哲顿的看法问题很多，于是写了那篇《再论》，同爱哲顿商榷。虽说是"商榷"，但却流露出季羡林感情的冲动。他说："我连忙把他那皇皇巨著连同《混合梵语词典》借了出来，仔细阅读一遍……于是情不自禁地写了那篇《再论》……但是行文的口气则颇为尖锐，讨论学术问题，本来应该心平气和，以理服人，坦荡直率，与人为善，行文不要带刺，说话不要伤人，可是我没有做到这一点。原因是多方面的。现在回想起来，其中最主要的原因是与我当时对美国的态度有关。

贝歇尔（左1）来华在北京大学外文楼做学术报告，季羡林（右1）列席参加

美国当权者对我国采取敌视仇恨的政策，我们对他们当然不会有什么好感，这是全国人民共同的感情，我当然不会例外。'城门失火，殃及池鱼'，在讨论学术的论文中，我这种感情竟自然流露的发泄到爱哲顿教授身上来了。这是不幸的，但是可以理解的。"此后，对季羡林的佛教梵语研究而言，竟是一段长达二十几年的沉默时期。

  1980年11月，季羡林应邀访问联邦德国，在哥廷根见到了已经83岁高龄的老师瓦尔德施米特。老师的接班人贝歇尔教授（Prof. Dr.H.Bechert）送给季羡林不少新出版的书，其中包括几册原始佛教语言座谈会的论文集，他还聘请季羡林担任《新疆吐鲁番出土佛典的梵文词典》顾问。回国以后，季羡林看到那些印刷精美的书籍，随意翻看几页，发现自己灵魂深处对佛教梵语并没有真正遗忘，仍然有一棵难以割舍的珍爱的幼芽，一旦气候适宜，这棵幼芽就会萌动。当他读了原始佛教语言座谈会的记录，研究了座谈会上宣读的论文，心中的那一棵幼芽着实萌动起来。此后三年，季羡林到外地开过许多会，到过西安、桂林、合肥、兰州。每一次出去，他随身携带的书中总有关于佛教梵语的论文集。每天凌晨，不论是窗外的桂林山影，还是西安丈八沟的丛篁，或者合肥稻香楼树丛中画眉的鸣唱，都打动不了他的心。他总是将那几册论文集摆在眼前的桌子上，潜心默读着……就这样断断续续而又锲而不舍地读了三年。起初他对书中的一些论文颇感新鲜，但是越读越觉得有些意见极为偏颇，好像是有意标新立异。他随时把书中的意见和自己的看法做了详细的笔记。随着时间的推移，他越来越觉得有如骨鲠在喉，不吐不快。1984年，季羡林终于拿起笔来，在间断了26年以后又写了一篇《三论原始佛教的语言问题》，同时写了《中世印度雅利安语二题》一文，把自己的未竟之意都表达出来。这是季羡林佛教梵语研究的第二次高潮。

季羡林认为，学术讨论要有充分的论据，但是座谈会上有一些意见，论据不够充分。至于贝歇尔教授的那些意见，他认为更是轻率到令人吃惊的地步，比如 -am>o、u 的问题就是如此，在他举出的书中第一行第一个字就是这样的语法现象，他却熟视无睹，偏偏说没有。季羡林深知，要一个人放弃自己的学术观点，是非常困难的；他又扪心自问：自己是不是也陷入了这个泥坑，看到不同的意见就火冒三丈呢？经过再三思考，他认为自己并非如此。贝歇尔教授和美国的爱哲顿教授，固然是季羡林的某一部分论点的反对者，他的《再论》是针对爱哲顿的，《三论》是针对贝歇尔的，但是，在世界梵文学界难道季羡林只有反对者吗？不，他在世界上也不乏支持者。日本东京大学著名的梵文教授原实博士就是最突出的一个，他曾在国际梵文学者的大会上发言，对季羡林给予鼓励，还给他写信表示赞誉。

1985 年以后，季羡林的佛教梵语研究又进入第三次高潮。迨至 90 年代，尽管公务繁忙，他还是在几个研究领域轮流作战，战果颇丰。在图书资料条件日益改善的情况下，在自己研究兴趣日益浓厚的条件下，这次高潮较前两次成绩更大。他发表了 4 篇重要论文：（1）《论梵文本〈圣德慧到彼岸功德宝集偈〉》（1986 年），对《般若经》的起源地进行分析，对《宝德藏》语言特点特别是 -am>o、u 现象进行了论述，证明这正是古印度西北方言的特点；（2）《新疆古代民族语言中语尾 -am>u 的现象》（1990 年），说明这种音变现象不仅印度西北方言有，而且发生在直到新疆的广大地区；（3）《梵语佛典及汉译佛典中四流音 r̄ l l̄ 问题》（1990 年），此文很重要，但专业性极强，也极为冷僻，笔者难以进行通俗的介绍；（4）《玄奘〈大唐西域记〉中的"47 言"问题》（1990 年），纠正了中外注者对 47 个梵文字母中元音与辅音数目的讹误。尤其在前两篇论文中，季羡林征引了大量新资料，验证他 40 多年前提出的 -am>o、u 的论点是完全正确的。

季羡林研究佛教梵语几十年，有一个指导思想始终没有改变，就是不仅找出语言发展的规律性的东西，而且力求把对佛教梵语的研究同印度佛教史的研究结合起来，因为印度佛教史上的许多问题，可以通过佛教梵语的研究得到解决；同时，研究佛教梵语的发展规律，对印度语言发展史的研究，也会有很大的帮助。具体来说，季羡林以一个语言学者的身份研究佛教，通过原始佛典的语言现象来探讨最初佛教的传布与发展，找出其中演变的规律；掌握了这些规律，就可以从一部佛经的语言特点，来判断其生成地域和年代。显然，这对研究佛教史是十分重要的。

1946 年，季羡林回国后转向佛教史研究，包括印度、中亚以及中国佛教史。其中，在印度佛教史方面，他为与释迦牟尼有不共戴天之仇的提婆达多翻了案，平了反。公元前五六世纪的北天竺，西部是婆罗门的保守势力，东部则兴起了以佛教为代表的新思潮，即进步的思潮。可是，提婆达多同佛祖对着干，他的思想和学说的本质是什么，学术界一直没弄清楚，古今中外写佛教史的学者没有一人提出这个问题。季羡林认为这对印度佛教史的研究是不利的。1987年他写了一篇长文《佛教开创时期的一场被歪曲被遗忘的"路线斗争"》，通过引经据典，证明"佛教开创时期僧伽内部两条路线斗争""比较突出地表现在赞成苦行与否定苦行、赞成轮回说与否定轮回说上。提婆达多和释迦牟尼在这两方面也是泾渭分明，形成了对立面……专就学说而论，提婆达多代表的是唯物主义，也许可以说是进步的吧！"在中亚和中国内地佛教史方面，季羡林发现了弥勒信仰的重要作用，这也是发前人未发之覆。还有他的那两篇关于"浮屠"与"佛"的文章，虽然篇幅不长，却解决了佛教传入中国的路线的大问题。

佛教梵语研究虽然十分冷僻和艰辛，却是一个非常有意义的重要课题，对此季羡林的贡献是有目共睹的：其一，他是锲而不舍的实践者，为广大学人树立了好榜样；其二，他是极其出色的领导者和组织者，培养了一批人才，为他们今后的研究指明了方向。

季羡林对佛教语言研究的贡献绝不仅仅限于中国，在国际学术界也产生了重要影响。印度学者哈拉普拉萨德·雷易在1998年8月17日印度《政治家》报上撰文说："季羡林先生在学术方面代表了自己的时代。他拓宽了我们许多人的视野，使得我们能够看到佛教与印中友谊的深刻意义。我认为，对于我们所处的这个世界，他的贡献无论在学术进步方面还是印中关系方面，都将长期有所裨益。"

佛学研究

1935年，季羡林在德国哥廷根大学学习梵文、巴利文和吐火罗文，应该说，从那时起他就开始研究佛教了。在长达70多年的漫长岁月里，不管他的研究对象"杂"到什么程度，他对佛教研究始终锲而不舍，兴趣从来没有降低过。

季羡林对于佛学研究造诣很深。一次，有个青年人向他请教佛学方面的问题，他耐心地做了解答，同时告诉那个青年人说："我从来没有信过任何宗教，对佛教也不例外。而且我还有一条经验：对世界上的任何宗教，只要认真地用科学方法加以探讨，则会发现它的教义与仪规都有一个历史发展过程，都有其产生根源，都是人制造成的，都是破绽百出、自相矛盾的，有的简直是非常可笑的。因此，研究越深入，则信仰越淡薄。"

既然不相信，为什么还要研究呢？季羡林说："我个人研究佛教是从语言现象出发的。我一开始就是以一个语言研究者的身份研究佛教的。我想通过原始佛典的语言现象来探讨最初佛教的传布与发展，找出其中演变的规律。让我来谈佛教教义，有点野狐谈禅的味道。但是，人类思维有一个奇怪的现象：真正的内行视而不见的东西，一个外行反而一眼就能够看出。说自己对佛教完全是外行，那不是谦虚，而是虚伪，为我所不取。说自己对佛教教义也是内行，那就是狂妄，同样为我所不取。我懂一些佛教历史，也曾考虑过佛教在中国发展的问题。"俗话说"旁观者清，当局者迷"，季羡林虽然自称外行，但外行也有外行的好处，他以一位文化学者的身份研究佛学，具有佛家弟子不可比拟的优势。季羡林在原始佛教语言研究方面的成就，前文做过介绍，这里再谈谈他对佛学研究的贡献。

对于佛学研究，季羡林首先注意解决对佛教评价的问题。他认为，马克思主义对宗教的评价众所周知，但是我国学术界过去对佛教的评价存在简单化、片面化的倾向。个别学者是用谩骂的口吻来谈论佛教的，这不是好的学风，谩骂不等于战斗，也不等于革命性强。他认为，佛教既然是一个宗教，宗教的消极方面必然存在，但中华民族创造了极其卓越的文化，历经千年而没有失去活力，为世界各民族所仅见，其原因当然很多，但重要的是它具有海纳百川的胸怀，随时都在吸收外来的新成分，绝不僵化，东汉以来佛教的传入便功不可没。从整个世界文化发展的情况来看，一种文化不管在某一时期内发展得多么辉煌灿烂，如果故步自封，抱残守缺，又没有外来的新成分注入，结果必然会销声匿迹，成为夜空中的流星。佛教作为一个外来的宗教，传入中国以后，抛开消极的方面不讲，积极的方面是无论如何也否定不了的。中国人的思想观念、语言文学、科学技术，乃至音乐、舞蹈、美术、建筑、雕塑、民俗、医药、养生等等无不受到佛教的影响。总之，它影响了中华文化的方方面面，为它增添了新的活力，促其发展，助其成长，这是不可否认的事实。

季羡林反复强调，过去在评价佛教方面，一些史学家、哲学史家确实失之偏颇，不够全面。他们说佛教是唯心主义，同唯心主义做斗争的过程，就是唯物主义发展的过程，一度流行的说法就是佛教只是一个"反面教员"。人们在很长一段时间习惯于这一套貌似辩证的说法，今天已不能再满足于这种认识了，必须对佛教重新估价，对佛教在中国历史上和文化史、哲学史上所起的作用，要细致、具体、实事求是地加以分析，以期做出比较正确的论断。这也是一种拨乱反正，否则我们就无法写中国哲学史、中国思想史、中国文化史，更无法写中国绘画史、中国语言史、中国音韵学史、中国建筑史、中国音乐史、中国舞蹈史等等。总之，弄不清印度文化和印度佛教，就弄不清我们自己的家底；而且，佛教在中国的影响绝不限于汉族，其他兄弟民族特别是藏族、蒙古族和傣族，都受到深刻影响，在这方面我们的研究十分落后，决不能再继续下去。百年以前，恩格斯已经指出，佛教有辩证思想，可是有一些论者言必称马恩，其实往往是仅取所需的狭隘的实用主义。任何社会现象都是极其复杂的，佛教这个上层建筑更是如此，优点和缺点纠缠在一起，很难立即做出定性分析。因此，季羡林大声疾呼，我们一定要屏除一切先入之见，细致地、客观地、平心静气地就佛教对中国文化的影响进行分析，然后做出结论，只有这样的结论才符合客观事实，具有说服力。

由此看来，正确地分析评价佛教对中国文化的影响，是季羡林对佛学研究的第一个贡献，具体成果包含在他的大量史学著作，特别是关于中印文化交流史的著作中。季羡林对佛学研究的第二个贡献是对宗教前途的客观估价，以及在此基础上提出的关于宗教政策的建议。

季羡林曾经和哲学家冯定一道探讨过宗教的前途问题。他提出了一个问题：是宗教先消灭呢，还是国家、阶级先消灭？最终他们两人的意见完全一致：国家、阶级先消灭，宗教后消灭，换句话说，即使人类进入大同之域共产主义社会，在一定的时期内，宗教或者类似宗教的想法，还会以某种形式存在着。季羡林注意到恩格斯说过的话："创立宗教的人，他们必须本身感到宗教上的需要，并能体贴群众的宗教需要，而烦琐哲学家照例不是如此。"他认为，所谓群众的需要多种多样，有真正的需要、虚幻的需要、麻醉的需要、安慰的需要，尽管形式不同，其为需要则一也，否认这一点就不是唯物主义者。

既然如此，我们是不是就不要宣传唯物主义、宣传无神论了呢？季羡林肯定地回答："我们信仰马克思主义，我们是唯物主义者。宣传、坚持唯物主义是我们的天职，这一点决不能动摇。我们决不能宣传有神论，为宗教张目。但是，唯其因为我们是唯物主义者，我们就必须承认客观实际，一个是历史的客观实际，一个是眼前的客观实际。在历史上确实有宗教消灭的现象，消灭的原因异常复杂。总起来看，小的宗教，比如会道门一类，是容易消灭的。成为燎原之势的大宗教则几乎无法消灭。即使消灭，也必然有其他替代品。举一个具体的例子，佛教原产生于印度和尼泊尔，现在在印度它实际上几乎不存在了。为什么产生这个现象呢？印度史家、思想史家有各种各样的解释，什么伊斯兰教的侵入呀，什么印度教的复活呀。但是根据马克思的意见，我们只能说，真正原因在于印度人民已经不再需要它，他们已经有了代用品。佛教在印度的消逝绝不是由于什么人，什么组织大力宣传，大力打击的结果。在人类历史上，靠行政命令的办法消灭宗教，即使不是绝无仅有，也是十分罕见。"至于眼前的客观实际，季羡林发现，苏联建国几十年，对无神论的宣传可谓不遗余力，对宗教的批评也可谓雷厉风行，然而结果怎样呢？宗教并没有被消灭，反而还有抬头之势，这种经验和教训值得我们借鉴。

因此，季羡林提出的对策是：对任何宗教，佛教当然也包括在内，我们一方面决不能去提倡，另一方面我们也用不着故意去消灭，这样做毫无用处。如果有什么地方宗教势力抬头了，我们一不张皇失措，二不忧心忡忡。宗教是在人类社会发展到某一阶段产生出来的，它也会在人类社会发展到某一阶段消灭。操之过急，徒费气力。我们的职责是对人民进行唯物主义、无神论教育，至于宗教是否因之而逐渐消灭，我们可以不必过分地去考虑。

季羡林对佛学研究的第三个贡献是通过研究佛教与生产力的关系，发现了"天国"门票越卖越便宜的现象，揭示出佛教发展逐步世俗化的规律。宗教会不会成为社会发展、生产力发展的障碍呢？季羡林认为会是这样，但并非是决定性的。他研究宗教史发现了一个很有趣的现象：宗教往往会适应社会和生产力的发展而随时改造自己，改变自己。在欧洲，路德的宗教改革就是一个例证，姑且不谈。在亚洲，通过研究印度和中国佛教部派形成和发展演变的过程，证明从小乘有部到大乘空部，再到大乘有部，修习方式发生了很大的变化。佛教小乘改为大乘，在个别国家，比如日本，和尚可以结婚，成家立业。小乘是"自了汉"，想解脱必须出家。出家人既不能生产物质产品，也不能生产人，长此以往社会将无法继续存在，人类也将灭亡。大乘逐渐改变了这个弊端，想解脱——涅槃或者成佛，不必用那样大的力量，只需膜拜或口诵佛号等等，就能达到目的。小乘功德要靠个人积累，甚至经世积累；大乘功德可以转让，这样既能满足宗教需要，又与物质生产不相矛盾。比如，居士改变了过去的情况，他们除了出钱支持僧伽外，自己也想成佛，也来说法，这就是所谓"居士佛教"，它是大乘的一大特点。如此不但物质生产的问题解决了，而且人的生产的问题也解决了，因为居士可以在家结婚。仍以日本为例，日本佛教不可谓不流行，但是生产力也不可谓不发达，其间的矛盾并不太突出。仅在京都一地，佛教寺院和所谓神社就有1700多所，中国虽有"南朝四百八十寺"之说，但同日本比起来简直是小巫见大巫。日本人口众多，土地面积狭小，竟然留出这样多的土地供寺院使用，其中自有缘故，值得深入研究。总之，佛教在日本，不管是以什么形式存在，一方面能满足人们对宗教的需要，另一方面又不妨碍生产力的发展，所以才能在社会上一直保持活力。从上述事实季羡林总结出一条宗教发展的规律：用尽可能越来越小的努力或者劳动，满足尽可能越来越大的宗教需要，这条规律不但适用于佛教，也适用于其他宗教。

当然，季羡林的研究重点还是中国佛教。他认为，佛教在中国的发展是一个非常有意义的研究课题。佛教传入中国以后，经历了试探、适应、发展、改变、渗透、融合等许多阶段，最终成为中国文化、中国思想的一部分。佛教在中国产生了许多宗派，流传时间有的长，有的短。至于在中国发展起来的禅宗，最终发展到呵佛骂祖的程度，几乎成为佛教的对立面，这是人类思想史上的一个有趣的现象。中国佛教的禅宗流传延续的时间最长，原因何在？季羡林认为至少有两个原因：一是禅宗主张"顿悟"，不必累世修行即可成佛；二是提

季羡林与赵朴初亲切交谈

2000年访问台湾时，季羡林向圣严法师赠送欧阳中石书写的条幅

倡生产劳动，"一日不作，一日不食"，与生产力发展不相违背。

季羡林又从宗教修行与生产力发展之间的矛盾入手，解释顿悟与渐悟的利弊优劣。他认为，顿悟较之渐悟大大有利。渐悟需要的时间多，耗费精力多，这当然会同物质生产发生矛盾，影响生产力的发展；顿悟需要的时间少，甚至可以不用时间和精力，一旦顿悟，洞见真如本性，即可立地成佛；而且，人人皆有佛性，就连十恶不赦的恶人也有佛性，甚至其他生物都有佛性。这样一来，满足宗教信仰的需要与发展生产力之间的矛盾就迎刃而解、一扫而光。

季羡林强调解决生产力的发展与宗教信仰之间的矛盾并非没有根据。中国历史上几次大规模的排佛活动，都与经济也就是生产力有关。在所有的佛教宗派中，深知这个道理的只有禅宗一家。它顺应宗教发展的规律，提倡信徒参加生产劳动，借以改变寺院靠庄园收入维持生活的做法，因此寿命最长。最著名的例子是唐代禅宗名僧怀海（720—814）制定的"百丈清规"，其中规定禅宗僧徒靠劳作度日。

总之，除了从语言学角度研究佛教传布发展的路径而外，季羡林对佛学研究的主要贡献是上述三点。虽然他所提出解决的问题，其他学者也研究过，阐述过，但他毕竟是资深研究者，因此从某种意义上说，其影响更大。

季羡林通过佛教学术研究，结识了佛教界的一些高僧大德，如已故中国佛教协会会长赵朴初居士和台湾中华佛学研究会、法鼓大学的创建人圣严法师等等，他们成为终身的挚友，留下了"大儒"和"大德"互通心声的佳话。

来到天山脚下

1979 年暑期，作为北大副校长的季羡林，应新疆大学之邀，到天山南北考察讲学。这是他第一次来到新疆。当时笔者正在乌鲁木齐军区工作，季先生的日程虽然安排得满满的，但他仍然惦记着自己的学生，特意让工作人员通知笔者到新疆大学一晤。

那天，笔者一早便赶到新疆大学，发现几年不见，季先生仿佛显得更年轻了，头发虽已全白，脸色却很红润，只见他步履矫健，双目有神，精神状态非常好。显然，"文革"风雨过后他又焕发了第二次青春。笔者问他的身体状况，他说："很好。解放了，心情舒畅，全身仿佛有使不完的劲儿。"简单谈了谈东语系的情况，先生说："今天的活动全排满了。这样吧，你就跟在我身边。有时间咱们就说说话。"接着他问主人："他是我的老学生，我们好几年没见了。让他待在这儿，不会影响我们谈工作吧？"新疆大学领导笑着说："完全没有问题。"这样，笔者就有机会在恩师身旁度过了愉快的一天。季先生先是和新疆大学领导讨论教学问题，接着到学校图书馆去鉴定善本古籍。在从会议室去图书馆的路上，先生关切地询问笔者的工作和生活情况。当他得知笔者已经结婚、有了孩子的时候，显得很高兴，说："向你爱人问好。"笔者说："她也很想来拜见先生，只是今天得给学生上课。我们能不能一起到先生下榻的野营地看望您？"先生说："还安排了很多活动，离开新疆时，我会通知你的，咱们车站见吧。"他特别勉励笔者好好工作，不要丢掉专业。在新疆大学图书馆，他还不忘对那里的负责人说："这是我的学生，在军区工作，搞中亚情况调研。如果来你们这里查阅资料，请提供方便。"当时笔者正在搞一个中亚历史和地理情况的课题，在先生的鼓励和支持下，笔者

高昌古城大佛寺讲经堂，玄奘西行时曾在此讲经说法

找了几家图书馆，终于找齐了所需的资料，其中一本巴尔托里德的专著颇有帮助。

季羡林同新疆是有缘分的。早在青年时代，他在德国学习吐火罗文，研读的文献《福力太子因缘经》就是从新疆出土的。所谓吐火罗文，就是曾经流行于库车、焉耆一带的古代语言。库车古称龟兹，是丝绸之路的重镇。这次他来新疆，库车是必去的地方，在那里考察了千佛洞。若干年后，他译释的吐火罗文《弥勒会见记剧本》，则是出土于焉耆。季羡林还有一个非去不可的地方，就是吐鲁番。吐鲁番有交河和高昌两座历史古城，如今虽然只是两处遗址，依然像磁石一样吸引着他。吐鲁番是全国最低洼的地方，八月骄阳如火，小小的盆地如同一口大锅把太阳光的热量聚集起来，大地晒得滚烫，每一粒沙子都在闪闪发光；火焰山上赭红色的岩石如同跳动的火焰，空气中翻滚着炙人的热浪，天地之间仿佛都在燃烧……就在这样的天气里，季羡林来到不长一棵树、没有一棵草的高昌古城，在黄土堆砌的残垣断壁间仔细辨认古代城门、街道、王宫、佛塔、厅堂、民居。他一边看一边对照脑子里的《大唐三藏法师传》中的记载，思绪回到一千多年以前，想象当年玄奘同高昌国王鞠文泰母子的交往、王宫旁边香火鼎盛的道场、月色朦胧中远来的商旅进城的情景……交河古城离吐鲁番县城不远，从外表看同高昌几乎毫无二致，同样是黄土堆砌的残垣断壁，同样是寸草不生一片荒凉。此时，季羡林脑子里回响起幼年习读李颀的诗句："白日登山望烽火，黄昏饮马傍交河。行人刁斗风沙暗，公主琵琶幽怨多……"他登上残存的城墙极目远望，但见平畴沃野，绿浪翻滚；脚下是千仞危崖，矗立河心，清流夹岸，居高临下。好一座险要的城池！他心中豁然开朗：原来交河这个地名是这样来的。

好客的主人还安排季羡林一行忙中偷闲，游览博格达雪峰下的天池。这是一个形成于冰川时代的高山湖泊，湖面海拔 1980 米。冰山映碧水，美丽而壮观，季羡林如此描述道：

> 天山像一团黑云，横亘天际。从很远的地方就可以望到山顶上白皑皑的雪峰，插入蔚蓝的天空。我在内地从来没有见到过真正的雪峰。来到这里，乍一看到，眼前仿佛一下子亮了起来，兴致也随之而腾涌。……汽车再向上盘旋，最后来到一个山脊上。眼前豁然开朗，久仰大名的大天池就展现在眼前。烟波浩渺，水色深碧，据说深不可测。在海拔两千米的地方，在众山环抱中，在一系列小山的下面，居然有这样一个湖泊。不见是不会相信的，见了仍然不能相信。这更加强了我的疑问：不是从天上摔下来的又是从什么地方来的呢？

就在这风景绝佳之地，季羡林竟看见了大煞风景的一幕：有人在湖边宰羊，当场做手抓羊肉吃，弄得石头上血迹斑斑。他不由得锁紧了眉头。

新疆是令人魂牵梦绕的地方。这里不仅有壮丽的风景，好客的朋友，更为重要的，这是欧亚大陆的腹地，世界上唯一的四大文化圈交会处。季羡林曾经多次指出，世界上绝没有第二个这样的地方，古老的丝绸之路穿过这里，留下许多珍贵的历史遗存，是从事文化交流史研究的一块不可多得的宝地；异域文化包括佛教和伊斯兰教从这里传入，为中国文化注入新鲜血液；中华民族光辉灿烂的文化从这里传出去，对世界文化做出了不可磨灭的贡献。

说到这儿，笔者也自然想起英国十六七世纪伟大思想家弗兰西斯·培根对中国文化的看法，他说："我们应当观察各种发明的威力、效能与后果，最显著的例子便是印刷术、火药和指南针。这三种发明都不为古人所知；虽然它们的起源都是在近期，但却是又不为人所知而默默无闻。而这三种发明却都曾改变了整个世界事物的全部面貌和状态——第一种是在（知识传播的）文献方面，第二种是在战争上，第三种是在航海上，并且跟着这些发明的利用又引起了无数的变迁。由此看来，世上没有一个帝国，没有一个教派，没有一个星宿比这三种机械发明对于人类发生过更大的力量与影响了。"

培根所说的三种发明都是"中国品牌"，也都是通过新疆传到西亚、南亚，最终传遍整个世界。几千年来，中国通过西域同欧洲和中亚、西亚，甚至非洲进行交往，足见新疆地位的重要性；西方和中亚同中国的陆路交通几乎全部通过新疆，也是由于新疆的地理位置决定的。新疆受到各种文化的浸染，东有中国汉族文化，南有印度文化，西有闪族伊斯兰文化和欧洲文化，甚至古代希腊的雕塑艺术，都通过形成于阿富汗、巴基斯坦、印度一带的犍陀罗艺术流派传入新疆，再传入中国内地；新疆最早接受汉族文化，然后是印度文化，再后是伊斯兰文化，三者之间对峙、并存、会合的现象逐步形成。

目前，虽然从宗教方面来看，伊斯兰教统一了新疆，但从深层文化来看，几大文化体系的痕迹依然隐约存在。新疆依然是研究世界文化交流的最好场地。

新疆是个好地方，季羡林晚年仍然挂记着它，不时地同笔者谈起那里的情况。

把心留在敦煌

季羡林一行从乌鲁木齐登车东行，并没有直接返回北京，而是来到另一个令他魂牵梦绕的圣地——敦煌。他在琳琅满目、美不胜收的莫高窟千佛洞，仔细观摩，流连忘返，花了整整6天时间。初到敦煌，季羡林心中很不平静。他说：

我对敦煌可以说是"久仰大名,如雷贯耳"了。我在书里读到过敦煌,我听别人谈到过敦煌,我也看过不知道多少敦煌的绘画和照片。几十年梦寐以求的东西如今一下子看在眼里,印在心中,"相见翻疑梦",我似乎有点怀疑,这是否是事实了。

敦煌是古代中国的西陲重镇,毗邻西域,是吸收外来文化的最后一站。公元4世纪—14世纪形成的敦煌莫高窟绘画和雕塑,是举世闻名的佛教艺术瑰宝。无数工匠在这里不舍昼夜,画了1000年,塑了1000年,在400多座洞窟——大的如同一座宫殿,小的只是一个佛龛——都布满了精美绝伦的绘画和雕塑,都是价如拱璧的国宝。千佛洞每日迎来送往无数游客。俗话说:"外行看热闹,内行看门道。"季羡林在这里看出了什么门道呢?

莫高窟既是佛教洞窟,里面最多的壁画便以佛本生故事为题材。释迦牟尼来到世间,到长大结婚、出外游历、出家修行、得道成佛、广收徒众、讲经说法、涅槃解脱的全部经历,都用绘画的形式表现出来,人物众多,形象生动。季羡林最感兴趣的还是那些描绘涅槃的壁画:释迦牟尼逝世后,右胁向下躺在那里,许多人围在他的身边,已经得道的脸上毫无表情,没有参透生死的捶胸顿足、号啕大哭,而外道六师看见敌手已死,一个个兴高采烈、手舞足蹈。好一幅人生哀乐的画卷!季羡林说,这虽然是一幅宗教画,却把世间的人生百态栩栩如生地搬进了画中。

许多表现西方极乐世界的壁画,把本来虚无缥缈的神话世界,刻画得如此形象逼真,生动活泼。原本荒诞不经的东西,比如过去的人或人生,借助现实人生中的模式再现出来,我们不得不佩服古代工匠的惊人技艺。最令季羡林吃惊的是,在圣洁的"天堂"琼楼玉宇中间,画师竟别出心裁地画了一只小老鼠,用意何在,引人深思,这简直是一种石破天惊的创造!

绘画和雕塑不仅有表现佛经的内容,而且有数量不少的变文的内容。所谓变文,是唐代说唱艺术的一种,可能类似于后来的"拉洋片"。艺人一边展示图画,一边说唱,其中既有佛经故事,又有世俗的民间故事和历史传说。季羡林在洞子里看到了法华经变、楞伽经变、金光明经变等内容的壁画,其中维摩诘经变最为常见。如第103窟中《维摩诘说教》壁画,画的是维摩诘生病在家,佛祖派文殊菩萨来探视维摩诘,向他宣说大乘教法。维摩诘侧坐在床上,眉峰微挑,正好辩到激烈处,他那矍铄的神情,激昂的活力,表现出善于辩论以词锋战胜对手的能力。可见在唐代,能言善辩的维摩诘是一个家喻户晓的人物。季羡林一边看着,一边回忆起大乘佛典中的《维摩诘经》,其中浓烈的文学趣味和个性鲜明的居士菩萨的形象曾对他产生较大影响。

壁画中还有一些表现世俗生活,或者与世俗生活相关的内容。季羡林在《张义潮出游图》

《维摩诘说教》，敦煌壁画

前驻足观看，只见这位唐代大官僚、大军阀那副威风八面的样子；又见《五台山图》画的是从正定到太原绵延数百里的旅途和人民的生活情景，画面中不仅有来自波斯的骆驼商队，还有航行在大海上的商船，验证了季羡林的关于商人在佛教的传播和发展中起到重要作用的论断。总之，在这些壁画中既有佛祖、菩萨、罗汉、天王，又有僧侣、居士、农夫、商人、百工、优伶、牧人、学者、官僚、地主、流民、娼妓，五行八作，应有尽有。从他们的长相及服装判断，有的来自中国境内的各个民族，有的来自丝路沿线的各国人民，是他们共同创造了灿烂的古代文明。而莫高窟本身，也绝不是一个民族的工匠所能完成的，它为研究中西文化交流史提供了丰富而形象的资料。

在敦煌的这些日子，季羡林每天都很兴奋。他说：

> 我们就在这样一个仿佛远离尘世的弥漫着古代和异域气氛的沙漠中的绿洲中生活了六天。天天忙于到洞子里去观看，天天脑海里塞满了丰富多彩五光十色的印象，塞得是这样满，似乎连透气的空隙都没有。我虽居处于斗室之中，却神驰于万里之外；虽局限于眼前的时刻之内，却恍若回到千年之前。浮想联翩，幻影沓来，是我生平思想最活跃的几天。

季羡林甚至突发奇想，在此度过余生，但是不行，还有许多工作等着他呢！怎么办？他说：

> 我真是进退两难、左右拮据。在敦煌，在千佛洞，我就是看一千遍、一万遍也不会餍足的。有那样桃园仙境似的风光，有那样奇妙的壁画，有那样可敬的人，又有那样可爱的影子，从我内心深处我真想长期留在这里，永远留在这里。真好像在茫茫的人世间奔波了六十多年才最后找到了一个归宿。然而这样做能行得通吗？事

实上却是办不到的。我必须离开这里。在人生中，我的旅途远远不到结束的时候，我还不能停留在一个地方。在我前面，可能还有深林、大泽、崇山、幽谷，有阳关大道，有独木小桥。我必须走上前去，穿越这一切。现在就让我把自己的身躯带走，把心留在敦煌吧。

的确，季羡林把心留在了敦煌。对敦煌吐鲁番学的研究，是他一生十大学术研究工程之一，不仅对敦煌吐鲁番出土文书的研究成就骄人，而且从人类文化交流的视角，对敦煌和西域独特地位的科学论断，高屋建瓴，俯察全局，为这门学科研究提供了更加广阔的视野。

在此，笔者不妨追忆一下敦煌学的研究历史。100多年前，由于敦煌藏经洞的发现，中国学坛以及世界学坛上出现了一门新学科"敦煌学"。可惜的是，大量敦煌文献流失海外，影响和制约了敦煌学的研究。国学大师王国维先生在《最近二三十年中国新发现之学问》一文中说："当时粟特、吐火罗人多出入于我新疆，故今日犹有遗物。惜我国人尚未有研究此种古代语言者，而欲研究之，势不可不求之英法德诸国。"陈寅恪先生在《敦煌劫余录》序中写道，有人认为"敦煌者，吾国学术之伤心史也"，又说："寅恪有以知其不然。"他列举了许多没有被外人盗走的敦煌卷子，说我们还大有可为。这种说法颇为鼓舞人心，然而，新中国成立前的半个世纪以及新中国成立后的30年中，我国除了少数学者对敦煌学的研究有所贡献外，敦煌学几乎是一片荒漠；而在国外，一代又一代汉学家研究敦煌学，取得了可观的成果，1957年，英国出版了著名汉学家翟理斯用8年时间编成的《大英博物馆藏敦煌汉文写本目录》，就是一个典型的例子。这种墙里开花墙外香的状况显然极不正常。无怪外国某敦煌学者口吐狂言："敦煌在中国，敦煌学在日本。"

中共十一届三中全会以后，改革开放的春风吹绿神州大地，敦煌学也同别的学科一样，从悠长的寒夜中苏醒过来。季羡林到新疆和甘肃考察回来不久，中国敦煌吐鲁番学会应时而成立，一批中青年敦煌学者，踔厉风发，脱颖而出，在不长的时间内出版了大量有较高学术

1985年，季羡林在敦煌吐鲁番学讨论会上发言

水平的著作。季羡林作为学会会长，更是身先士卒，为中国争得了在敦煌吐鲁番学研究领域的话语权，令外国同行不能不刮目相看。1988年在北京召开的中国敦煌吐鲁番学会年会上，季羡林提出了一个响亮的口号："敦煌在中国，敦煌学在世界。"得到了与会中外学者的同声赞成。时至今日，世界以及中国敦煌学蓬勃发展的事实证明，这个口号是准确而合时宜的，有利于国内外敦煌学者的团结协作，共同促进敦煌学的繁荣。

1985年夏天，第二届敦煌吐鲁番学术讨论会在乌鲁木齐召开，季羡林主持了这次会议。会上围绕变文之"变"，两位中国青年学者同国外同行发生了激烈的争论，双方都说了一些过头话。季羡林对争论双方既严肃批评，又耐心引导，维护了团结和大局。会议结束时，他发表了重要讲话，提出四大文化体系的重要观点，同年10月季羡林写了《敦煌学、吐鲁番学在中国文化史上的地位和作用》一文，其中说道："我们知道，世界上历史悠久、地域广阔、自成体系、影响深远的文化体系只有四个：中国、印度、希腊、伊斯兰，再没有第五个；而这四个文化体系汇流的地方只有一个，就是中国的敦煌和新疆地区，再没有第二个。"

季羡林主张，中国敦煌吐鲁番学的研究工作，要注意微观和宏观两个方面相结合。在微观方面，要多培养一些专门从事于一个问题或一个方面研究工作的学者，把所有的数据都搜集起来，认真细致地加以分析研究，不要急于求成，而要锲而不舍地干它几年、十几年甚至几十年，这样必有所成。在宏观方面，要从中国、印度、希腊、伊斯兰四大文化的交流和汇流的高度来考察个人手边的小问题，视野扩大了，成果必然迥乎不同。他还主张把我国西藏的古藏文和梵文贝叶经的研究纳入敦煌吐鲁番学研究范围之内，并为此亲自给中央领导同志写信，提出建议。

2000年召开的纪念敦煌藏经洞发现100周年大会，表彰了10位对敦煌学研究有突出贡献的中外学者，季羡林名列其中。这的确是众望所归，当之无愧，但他却自谦地说："我对于敦煌学贡献不大，如果真有的话，也不过是啦啦队中的一个成员而已。"

重返哥廷根

1980年冬天，季羡林回到阔别35年的德国小城哥廷根。这次，季羡林是率领中国社会科学代表团访问联邦德国的，哥廷根是代表团行程中的一站，在这里停留三天。他坐在从汉堡到哥廷根的火车上，脑海里面影纷呈，多少旧事涌上心头。过去30多年来没有想到的人，想到了；过去30多年来没有想到的事，想到了。那些尊敬的老师，那像母亲一般的女房东欧朴尔太太，那美丽温柔的女友伊姆加德，他们的音容笑貌都呈现在眼前。还有，那窄窄的街道、街道两旁的铺子、城东小山上的橡树林、密林深处的小咖啡馆、黄叶丛中的小鹿、冬末春初从白雪中钻出来的白色小花雪钟，也都一齐争先恐后地呈现在眼前。

火车一停，他飞也似的跳了下去，踏上哥廷根的土地，这日他忽然想起了一首唐诗：

少小离家老大回，
乡音无改鬓毛衰。
儿童相见不相识，
笑问客从何处来？

在季羡林的心灵深处，哥廷根这座异域小城早已成为第二故乡了。他曾在这里度过风华正茂的整整10年，足迹印遍了全城的每一寸土地。他曾在这里快乐过，苦恼过，追求过，幻灭过，动摇过，坚持过。这一座小城决定了他一生要走的路，是他学者生涯的起点。

小城几乎没有变。市政厅前广场上矗立的那尊牧鹅女郎的铜像，同35年前一模一样。教堂的尖顶直插蓝天，一群鸽子仍然像从前一样，悠然自得地在铜像周围飞翔。广场周围的大小铺子也

1980年，季羡林重返哥廷根。左1为贝歇尔教授（Prof. Dr.H.Beehart）

几乎都没有变，那著名的餐馆"少爷"、"黑熊"正在招揽着食客。他索性来到地下餐厅，里面陈设如旧，座位如旧，灯光如旧，气氛如旧，连那年轻漂亮的服务小姐也似曾相识。他仿佛昨天晚上在这里吃过饭，今天又回来了。

环境虽然没有改变，然而人却大大地改变了。季羡林意识到，毕竟过去了这样长时间，他在火车上回忆起的那些人，有的如果还活着的话，年龄已经过了100岁。这些人的生死存亡就用不着去打听了；那些计算起来还没有这样老的人，他也不敢贸然去问，怕的是听到他不愿意听的消息。他的心里感觉到一种莫名其妙的压抑，压得他喘不过气来。他怀着这样沉重的心情去访旧，首先去看他住过整整10年的房子。欧朴尔太太早已离开了人世，但房子还在。他走到那所房子外面，抬头向上看，只见三楼那间他住过的屋子的窗户，仍然同以前一样摆满红红绿绿的花草。他推开大门，大步流星地跑上三楼。当他下意识地要掏钥匙开门

的时候，忽然意识到现在里面住的是另外一家人了。从前房子的女主人早已安息在墓地里了。自从离开哥廷根，季羡林经常梦见这所房子，梦见房子的女主人。他在这里度过的日日夜夜，有愉快，有痛苦，经历过轰炸，忍受过饥饿。男房东逝世后，他多次陪着女房东去扫墓。他这个异邦青年成了她身边唯一的亲人，无怪他离开时她号啕痛哭。而今，季羡林回来了，然而她却再也见不到，永远见不到了。他又去寻访伊姆加德，敲开那熟悉的房门，开门的是一位陌生的中年妇女。她不知道谁是伊姆加德，季羡林只好悻悻地离开。然而，后来香港一家电视台拍摄季羡林的生平传记片，前去哥廷根真就见到伊姆加德了。季羡林90岁生日的时候，收到了伊姆加德的贺卡和她80岁时的照片，岂不大可喜哉！

那年哥廷根的冬天来得早，10月间就下了一场雪。白雪、绿草、红花，相映成趣。季羡林不由得回忆起当年的冬天，日暮天阴，雪光照眼，他挽扶着年逾古稀的西克教授，慢慢地走过十里长街。心里感到凄清，但又感到温暖。这位像祖父一样慈祥的老人，如今不知在哪个墓地里长眠呢！

还有著名的席勒草坪，当年季羡林常和同学们在这里散步，沿着弯曲的小径上山，登上俾斯麦塔俯瞰哥廷根全城。他们在森林中茅亭下躲避暴雨，深秋时分惊走觅食的小鹿……今天季羡林又来到这里，虽然绿草如旧，亭榭犹新，但是往昔的游伴早已荡若云烟，杳如黄鹤了。

散步归来

幸好，几十年来季羡林昼思夜想最希望见到的人，最希望还能活着的人——他的"博士父亲"瓦尔德施米特教授和夫人居然还健在。教授已经83岁高龄，夫人比他寿更大，86岁。一别35年，如今真有"相见翻疑梦"之感。老教授夫妇万分激动，季羡林心里也如波涛翻滚，一时说不出话来。他们围坐在不太亮的灯光下，杜甫的名句一下子涌上季羡林的心头：

人生不相见，
动如参与商。
今夕复何夕？
共此灯烛光。

45年前季羡林来到哥廷根，同瓦尔德施米特教授第一次见面，以及以后长达10年相处的情景，历历展现在眼前。那是剧烈动荡的10年，中间经历了第二次世界大战，他们没有过上几天好日子。大战一爆发，教授唯一的儿子就被征从军，阵亡在北欧战场。不久，教授也被征从军。他预订了剧院的年票，每周一次陪师母看戏的差事就落到了季羡林肩上。深夜，演出结束后，季羡林把师母送到山脚下那座漂亮的三层楼房里，然后再摸黑走回自己的住处……

　　老师的处境如此，作为学生的季羡林处境更糟。烽火连年，家书亿金。祖国在受难，他的全家老小在受难，他自己当然也在受难。夜晚思绪翻腾，往往彻夜不眠，白天头上有飞机轰炸，肚子里没有食物充饥，连做梦都梦到家乡的花生米。大概有六七年之久，季羡林就是在这样的境况中学习、写论文、参加答辩、获得学位。教授每次回家度假，都要听季羡林的汇报，看他的论文，提出意见。正是恩师呕心沥血，耳提面命，季羡林才有今天。

　　现在师生又会面了，不是在季羡林所熟悉的那座楼房，而是在一所豪华的养老院里。教授已经把房子捐赠给了哥廷根大学印度学和佛教研究所，把汽车卖掉，搬到养老院来了。养老院富丽堂皇，健身房、游泳池，应有尽有。但是，到这里来的人都是七老八十的人，多半行动不便，对他们来说，健身房和游泳池实际上等于摆设。他们不是来健身，而是来等死的。头一天晚上还在一起吃饭、聊天，第二天早晨说不定就有人见了上帝。一个人生活在这样的环境中，心情如何，可想而知。可是，教授夫妇孤苦伶仃，不到这里来，又能到哪里去呢？

　　那天，季羡林一下汽车就看到在高大明亮的玻璃门里面，教授端端正正地坐在圈椅上，看样子已经等了很久。他瞪着慈祥昏花的双眼，仿佛想用目光把学生吞下去。握手时，他的手有点儿颤抖。他的夫人更是老态龙钟，耳朵聋，头不停地摇摆，同30多年前判若两人。就是这样一位老人，却为季羡林烹制了当年在她家常吃的食品。两位老人异口同声地说："让我们好好地聊一聊老哥廷根的老生活吧！"这"老"字折射出几许悲凉。是呀，他们现在只能用回忆来填充日常生活的空间了。季羡林把刚刚出版的汉译《罗摩衍那》送给老师，老师却不解地问："你是搞佛教梵文的，怎么翻译这个？"季羡林没有办法用几句话解释清楚。是说因为缺乏资料，他已经半改行了，还是说他在"文革"中的遭遇，无奈之下偷偷译出来的？显然都不妥。他只好顾左右而言他，问教授还要不要关于中国佛教的书，教授反问道："那些东西对我还有用吗？"季羡林又问教授正在写什么东西，教授说："我想整理一下以前的旧稿，不久就要打住了！"看来，这相依为命的两位老人的生活是阴沉的、郁闷的。在他们前面，正如鲁迅在《过客》中所写的那样："前面？前面，是坟。"

季羡林心里陡然凄凉起来。教授毕生勤奋，著作等身，名扬四海，受人尊敬，难道他晚年就该这样度过吗？季羡林的到来显然给他们带来了极大的快乐；一旦他离开这里，他们又将会怎样呢？季羡林真有点儿依依难舍，想尽量多待些时候。中间，季羡林几次站起来告辞，教授却带着乞求的口吻说："才10点多，时间还早嘛！"他只好又坐下来。夜深了，季羡林狠了狠心说了声："夜安！"站起来告辞出门。教授一直把他送下楼，送到汽车旁边。此时，季羡林心潮翻滚，明确地意识到，这是与恩师的最后一面了。但是，为了安慰老人，也为了安慰自己，他脱口说了一句："过一两年，我再回来看您！"这句话感动了教授，他脸上显出了笑容，说："你可是答应了我了，过一两年再回来！"季羡林噙着泪水，钻进汽车。汽车开走时，他回头看老人还站在那里，一动也不动，活像是一座塑像。季羡林默默地祈祷着，愿老人家健康长寿，愿这一座塑像永远停留在自己眼前，永远停留在自己心中……

三下瀛洲

20世纪80年代，为了同日本佛教学术界进行交流，季羡林曾三次访问日本。1980年7月他首次访问，是应室伏佑厚邀请参加"日本国际佛教讨论会"。室伏先生是中国人民的老朋友，曾任石桥湛山首相的私人秘书，随石桥湛山访问中国受到周恩来总理的亲切接见。室伏先生后来多次访问中国。1978年，他的大女婿三友量顺博士和二女儿法子到北大拜会季羡林，三友是研究梵文佛典的。两个年轻人请季羡林到北海仿膳饭庄参加宴会，季羡林在那里和室伏先生第一次见面。季羡林见室伏先生精明敦厚，对他印象颇好，于是就成了朋友。季羡林访问日本时，下榻在新大谷饭店，有幸结识了日本梵文和佛学界的泰斗、东京大学教授中村元博士。中村元比季羡林小一岁，据说他除了做学问，对别的事情全无兴趣。他们一起在箱根笔谈时，中村先生为季羡林写了4个汉字"以兄事之"。他们一起在京都参加日本国际佛教讨论会，一起参观考察佛教寺院，还拜访了100多岁的日本高僧。季羡林发现，在世界上所有的国家中，解决宗教需要与生产力发展之间的矛盾最成功的是日本，他们把佛教的一些清规戒律加以改造，既满足了宗教需要，又促进生产力的发展。季羡林同中村先生讨论了这个问题，中村先生说："在日本，佛教的世俗性或社会性是十分显著的。"

季羡林第一次访问日本的情景，他的学生、日本学者辛岛静志博士曾撰文说："1980年先生第一次访问日本时，日本学者们举行了招待会。到会者都知道先生是北京大学副校长、

中国教育国际交流会欢迎会合影

著名敦煌学者，而先生在印度学方面的成就却无人知晓。宴会进入高潮时，原实先生借着酒意问先生：'听说您在德国学习过梵文，教授是哪一位？'先生答道：'在哥廷根，教授是瓦尔德施米特。'原实先生又接着问：'您或许就是那位研究梵语不定过去式的 Dschi Hian-lin 先生？'异地遇知音，或者换句话说，自己的成绩得到了他人的肯定，常人至此，便会欢喜至极。先生则淡淡地说：'是的。'事后，原实先生告诉我，他简直不能相信，40 年代发表了两部德文论著、推动佛教混合梵语研究的学者，30 多年后竟坐在他面前。若不是被原实先生问起，先生必是不会自己提起的。先生是真正做到了'淡泊以明志，宁静以致远'。"

1986 年，季羡林两次访问日本。6 月，他率领中国教育国际交流协会代表团访问日本，应邀在早稻田大学做题为"东洋之心"的讲演，然后又应日本学界和经济界人士要求作"和平与文化""经济与文化"的讲演。三友和法子陪同季羡林参观诗仙堂。在箱根，季羡林再次和室伏先生一家相聚，没有想到的是，极少参加应酬的中村元也来了。季羡林感觉他一身儒雅，兼有几分佛气，确是一位可交的朋友。因为有许多共同的语言，他们交谈甚欢。

同年秋天，季羡林又率领中国教育国际交流协会访日赠书代表团访问日本。

1987年，季羡林与中村元在北京大学合影

1987年10月，北大召开中日比较文化研讨会，中村元是日方代表团团长，季羡林在北大临湖轩接待他和其他日本朋友，并在未名湖畔合影留念。两位印度学的世界级权威，掺杂着中、英、德文的对话，引起了后辈学者的极大兴趣。1996年，季羡林主编大型丛书《东方文化集成》，聘请中村元先生担任名誉顾问。正因为季羡林为中日文化学术交流做出了重要贡献，以及在中日佛学界、印度学界享有崇高的威望，2008年5月，日本学士院正式聘任他为客座院士。至此，季羡林成为百年来第一位获得日本学士院客座院士身份的中国籍会员，也是国际印度学领域获此殊荣的第三人。

冲刺篇

第十九章

古卷生辉

唐初西域

《大唐西域记》是一部十分重要的历史地理著作,作者是家喻户晓的唐代高僧玄奘。这部书是奉唐太宗李世民之命写成的,记述了玄奘赴印度游学所经历过的或得自传闻的138个国家、地区、城邦的见闻,包括其幅员、地势、人口、经济、宗教、民俗、语言文字等等情

玄奘

况,全书共十二卷,对公元7世纪中亚、南亚许多历史情况记载准确,语言简洁,至今仍然是中亚、南亚古代史和中外关系史的重要文献。由于古代印度没有什么历史文献,这部书就显得弥足珍贵,近代以来全世界研究印度史和中亚史的学者都视之为至宝。印度著名历史学家阿里曾对季羡林说:"如果没有法显、玄奘和马欢的著作,重建印度史是完全不可能的。"

但是,这部书问世一千多年,版本众多,诸多外文译本错讹之处甚多,地名人名译法皆不统一,给读者带来极大困难。此书在国内没有完善的点校本与注释本,校勘和注释就显得尤为必要。做这项工作需要通晓古代印度和中亚史地、宗教、语言文字等多方面的知识,还要懂得英文和日文,以便与译本相互参照,因此能胜任者少之又少。

20世纪50年代末,历史学家、北大教授向达拟订了一个《中外交通史籍丛刊》计划,准备整理出版古籍42种,

其中就有唐代名著《大唐西域记》。向达雄心勃勃，将整理研究此书作为晚年的一件大事。这项工作当然不可能由他一个人完成，中华书局委派编辑谢方来请北大学者共同参与此事。1961年1月，北大组成了一个小组，成员有向达、邵循正、季羡林、邓广铭、周一良，由向达提出初步意见，进行集体研究。向达还专程赴广州向陈寅恪汇报此事，陈先生也牵挂着这部书。

1962年7月，中共中央宣传部发出《关于已摘帽子的右派分子写的稿件发表问题的通知》，明确了摘帽"右派"的著述"原则上可以发表和出版"。此时，孤寂凄冷的向达有如枯木逢春，精神为之一振，这一年他向中华书局提出了一个整理《大唐西域记》的庞大计划，设想分别出版影印本、简注本、详注本，决心以余生的精力完成这个计划。可是由于政治形势的变化，这项工作刚刚有了一点儿眉目就搁浅了。1964年10月，中华书局正式通知向达，影印本不能出版。1966年6月，"文革"爆发，被列为"牛鬼蛇神"的向达受到残酷的批斗，有时一天被斗数次，随后被劳动改造。向达一向肾脏不好，劳动期间病情发作，红卫兵斥其"装病抗拒改造"，拒绝送他到医院救治，拖延数天才勉强同意抢救，但已回天乏术。1966年11月24日，著名历史学家向达死于尿毒症，终年66岁。

史无前例的"无产阶级文化大革命"终于成了历史。1977年底，中华书局旧事重议，重新启动《大唐西域记》的整理工作，并列入出版计划。编辑谢方再一次来到北大，邀请季羡林来主持其事。季羡林表示愿全力支持。他在回忆接受此项任务的心情时说："《大唐西域记》的重要性尽人皆知，但是一千多年以来，我国学者对这一部书的研究，较之日本远远落后，我认为，这是我们学术界之耻，尝思有以雪之。"正是抱着这种发愤雪耻的心态，季羡林邀集张广达、朱杰勤、杨廷福、耿世民、张毅、蒋忠新、王邦维7位专家组成校注班子，在借鉴参考了向达等人已有成果的基础上，重新对《大唐西域记》进行整理。1978年8月18日，季羡林在北大外文楼召开《大唐西域记》第一次工作会议，会后自掏腰包，请与会者到北京莫斯科餐厅用午餐，工作从此展开。这部书没有设主编，署名季羡林等校注，但季羡林是名副其实的主编，他除了参与注释，还审阅了全部注释稿，提出了许多中肯的意见，对有些重要的条目，甚至亲自重写，如长达3000字的"四吠陀"注释；他还对历代学

《大唐西域记校注》书影

者的注释进行研究，对一些重要问题提出新解，纠正了前人包括日本学者的一些错误。1985年，中华书局出版了63万字的《大唐西域记校注》。这部书借鉴了中外学者的研究成果，纠正了一些错漏之处，解决了一些遗留或者忽略的问题。至此，几代中国学人的艰苦努力终于有了结果。1994年，这部书获得第一届国家图书奖。

为了帮助读者更好地阅读和研究《大唐西域记》，季羡林还花了一年多的时间，查阅了大量资料，写出了10万言的《玄奘与〈大唐西域记〉——校注〈大唐西域记〉前言》。内容之广泛远远超过《大唐西域记》原书。他从以下几个方面进行了详细的论述：（1）唐初的中国；（2）六七世纪的印度；（3）唐初中印交通情况；（4）关于玄奘；（5）关于《大唐西域记》。其实，这篇前言就是一部专著，不但对《大唐西域记》提供了导读，而且对研究唐代中印关系史和中亚史、佛教史都具有重要的价值。举一个例子说明：《大唐西域记》中有5处提到"大乘上座部"，而100多年来关于"大乘上座部"，日本和欧洲的学者众说纷纭，始终没有做出合理的解释。季羡林查阅了大量中外史料，进行了深入研究，指出："大乘本无所谓'上座部'和'大众部'之分。""所谓'大乘上座部'并不是大乘与上座部两种东西，而是接受大乘思想的小乘上座部的一种东西，可是又包含大乘与小乘两方面的内容，因此才形成了'大乘上座部'这种奇怪的教派"。这就解决了佛教史研究中长期争论不休的一个问题。

《大唐西域记校注》出版以后，季羡林考虑到一般读者，特别是缺乏古文根底的读者，即使有了注释也难以读懂该书，认为有必要对该书进行今译。于是，他趁热打铁，另组班子，完成了《〈大唐西域记〉今译》一书，1985年由陕西人民出版社出版，深受广大读者的欢迎。季羡林还计划把《大唐西域记校注》翻译成英文出版，以纠正现有两个英译本中的错误。这项工作难度很大，直到目前还没有进行，希望有人能出来担纲重任，以实现季羡林生前的心愿。

一张残卷引出一部巨著

20世纪最后20年，正值季羡林70至90岁，当此耄耋之年，他的学术研究却进入冲刺阶段。他的著述颇丰，其中最有代表性的是篇幅最长的专著《糖史》。

季羡林很早就发现，现在世界上流行的几大语言中，"糖"这个词几乎都是转弯抹角地出自印度梵文 Śarkarā 这个字。中国的"糖"字，英文叫"sugar"，法文叫"sucre"，德文叫"Zucker"，俄文叫"caxap"。一看便知这个字是一个来源。一般来讲，一个国家接受外来的东西，最初把外来的名字也带来了，后来有的改变了，有的没有改变。糖从一个地方传到另一个地方，如果本地没有，就会把外来词也带进来。英文的"糖"字来自印度，是从梵文 Śarkarā 转借来的，一比较就知道。这说明英语国家原来没有糖，糖是从印度传去的，否则为什么用印度字呢？我们中国原来也没有糖，从前有个"餳"字不念"易"，也不念"阳"，念"糖"。中国糖最早是甘蔗做的，中国是甘蔗的原产地，《楚辞》中就曾提到。当时人们吃甘蔗，也喝甘蔗浆，而由甘蔗浆变成糖则用了一千多年。季羡林从中领悟到，在糖这种微不足道的日常用品中竟隐含着一部人类文化交流史。

提起季羡林研究糖的历史，那还是出自一个偶然的机缘。1981 年，一张当年被法国人伯希和带走的敦煌卷子辗转到了北大历史系几位教师手里。他们拿给季羡林看，季羡林发现：卷子两面都有字，正面写的是佛经，背面的内容与制糖有关，是十分罕见的科技资料；但内容并非一目了然，间有错字、漏字，并有一些难解之处。季羡林下决心啃开这个核桃。关键问题是，其中有一个从未见过的词"煞割令"。"煞割令"是什么呢？季羡林对照上下文反复琢磨，忽然想到梵文 Śarkarā，原来是糖！他一下子豁然开朗，立即写了一篇《一张有关印度制糖法传入中国的敦煌残卷》，从此便开始研究糖史。他想起青年时在德国留学时，在汉学研究所翻阅过大量的中国笔记丛刊，里面颇有一些关于糖的资料，可惜当时脑子里还没有这个问题，就视而不见，统统放过，今天只能从头做起。那时电子计算机还很少见，而且技术也没过关。不可能把所有的古籍或今籍一下子都收入。季羡林只能采取笨办法，自己查书；

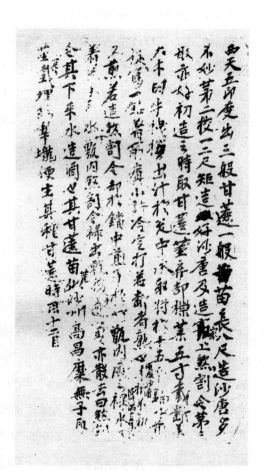

关于记载印度制糖法传入中国的敦煌残卷

然而典籍浩如烟海，穷毕生之力也难以查遍。季羡林收集材料历来是"竭泽而渔"，不肯放过任何可能有用的材料，于是他利用北大图书馆藏书在高校首屈一指、查阅方便的条件，以善本部和教员阅览室为基地，搜断枯肠、绞尽脑汁地收集资料。当时季羡林已经 80 多岁，老伴又患重病，两度住院，可是他却开始拼老命了。每天他从家到北大图书馆，走七八里路，除星期日闭馆外，不管冬天还是夏天，不管刮风下雨还是坚冰在地，从未间断过。在1993年和1994年将近两年时间内，他终于翻遍了整个书库，包括查阅了《四库全书》中有关典籍，特别是医书。

从大量的资料中，季羡林发现了一些规律：首先，中国最初只饮甘蔗浆，用甘蔗制糖的时间比较晚；其次，同古代波斯一样，糖最初是用来治病的，不是调味的；再次，从中国医书上来看，使用糖的频率越来越低，以至于很少见了；最后，也是最重要的一点，把原来红色的蔗汁熬成糖浆，再提炼成洁白如雪的白糖，这项技术是中国人发明的。季羡林认为，最为重要的是，制糖技术的相互学习，表明文化交流是双向的，不是什么单行线。《新唐书》里就讲到唐太宗李世民派人去印度学习制糖技术，这是中国正史里的记载。汉字"糖"出现在六朝，说明唐太宗时中国已能制糖，但水平不高，派人去印度学习。这是历史事实，但问题不在这里，问题是印地文中有个字叫"cīnī"，意为"中国的"，并有"白糖"的意思。"中国的"英文叫"chinese"，"中国"英文叫"China"、法文叫"Chine"、德文叫"China"，都是从梵文"Cina"变来的。印度自称在世界上制糖水平最高，历史最悠久，因此"Śarkarā"这个字传遍世界，但为什么又把"白糖"叫"cīnī"呢？1985年季羡林去印度参加关于《罗摩衍那》的国际讨论会，一次，他当大会主席，问在场的印度学者"cīnī"怎么来的？糖出在印度，为什么"白糖"叫"中国的"？结果没有一位学者答得出来。后来有个丹麦学者，知道季羡林在研究糖的历史，寄来了一篇论文。这篇论文不知是哪国人写的，只知道名字叫Smith，论文是讲cīnī及其来源，季羡林看了感到作者自己也解释不通，有矛盾。论文说，"cīnī"的意思是"中国的"，而白糖却和中国没关系，因为在中古时期白糖很贵，当药来用，非皇家贵族、大商人是吃不起的。为何"cīnī"叫"白糖"呢？因为，中国有几件东西在世界上很有名，如瓷器，英文"China"既当"中国"讲，也有"瓷器"的意思。中国的瓷器也曾传入印度，但只有印度的阔人才用瓷器。中国瓷器是白色的，于是把中国瓷器的"白"和白糖的"白"连在一起。印地文中的"白糖"应该是"cīnī śarkarā"，后来因为字太长，简为"cīnī"。看来，论文作者断然认为，无论如何"cīnī"和中国没关系，中国从来没有生产过白糖，也没有向印度输出过白糖。季羡林则认为这是无知妄说，不过这篇论文也有借鉴之处。研究这类问题的方法应该是，首先要确定"cīnī"这个字是什么时候出现的，即上限在何时；其次要确定在什么地方出现"cīnī"这个字，进而确定中国在什么时候生产白糖，又从什么时候、什么地方传入印度。这样研究才比较科学。可是，问题之难在于不知道"cīnī"在印度何时出现。季羡林问过印度学者，他们也答不出来。而Smith却做了些工作，他查了印度的文学作品，发现 "cīnī" 一字出现在公元 13 世纪，这是他的功绩。另外他又基本上把现在印度好多种语言中表示 "白糖" 这个意思的词追踪清楚，总的情况是，在印度西部语言中都来自梵文的 Śarkarā；在东部语言中都来自 cīnī 或者 cini，孟加拉文就是这样。由此可以推断，中国白糖是由印度东部进入印度的。再研究中国究竟有没有白糖，出口了没有，到印度了没有，这个问题就好解决了。

我国 7 世纪唐太宗时确实派人向印度学习制糖技术，说明那时我国制糖水平并不高，但学习以后制的糖，其颜色、味道都超过印度。《新唐书》说 "色味逾西域远甚"，说明一方面引进了，另一方面改进了，这是唐朝的情况。到了宋朝仍然制糖。到了元朝又来了一个变化，13 世纪马可·波罗的游记中有一段记载：在福建尤溪有一批外国制糖工人，他们是蒙古大汗忽必烈从巴比伦抓来教中国工人制糖的，炼白糖。巴比伦这个地方有人说是现在的伊拉克，有人说是埃及，埃及开罗的可能性较大。上述记载说明印度制糖传到波斯，从波斯传到埃及。埃及当时很多手工业占世界领先地位，而蒙古人的文化水平不高，蒙古大汗抓了些制糖工人，送到中国的福建尤溪，尤溪出甘蔗，在那里教中国人炼糖。到了明朝末年，很多书里讲炼糖，其中有一段记载说，原来的糖炼不白，有一次遇到一个偶然的机会，倒了一堵墙，墙灰落入糖中，发现制的糖变白了，这在化学上讲得通，灰里有碱，因此糖炼白了。明朝末年中国的白糖在国际市场成了抢手货，而且有根据说，中国的白糖在郑成功时代已经出口了，郑成功家里就做白糖生意。从中国运货去日本，在货物中就有白糖，这证明 13 世纪后，中国的白糖开始出口。那么，中国的白糖是否出口到印度？书上记载印度派船去新加坡买中国的白糖，而没有记载中国直接出口白糖到印度。但有可能是从福建泉州运白糖到孟加拉，泉州当时是世界上一个很大的港口，那里有穆斯林的和印度教的文化遗迹，福建尤溪制的白糖运到泉州，然后泉州由印度船运回印度，上岸的地方是东印度，讲孟加拉语。

季羡林认为，上面这些都是历史事实，从中得出结论是文化交流不是直线的，而是曲折的。"cīnī" 这个字的例子便说明文化交流的复杂性。印度还有一个字叫 "misrī"，意为 "冰糖"，但 "misrī" 也是 "埃及的" 意思。印度制糖的技术虽然先进，但不能否认他也向别的国家学习。东面学中国，"白糖" 叫 "cīnī"，西面学埃及，"冰糖" 叫 "misrī"，从语言现象分析只能得出这个结论。

以上介绍的仅是季羡林《糖史》的一小部分内容。这部专著洋洋 80 万字，分国内编和国际编两部分，1997 年由经济日报出版社出版。在季羡林之前，世界上已有两部大型的《糖史》，一为德文，作者是 von Lippmann，是世界名著；一为英文，作者是 Deerr，材料比较新。季羡林在写《糖史》国际部分时，曾引用这两部书中的一些资料。季羡林从语言切入，以研究文化交流为重点，写出《糖史》，可谓独辟蹊径，优于外国的著作。2000 年这部《糖史》获"长江读书奖"。

季羡林的入室弟子、印度学专家葛维钧曾撰《穷搜百代不世之功》一文，评论《糖史》说："季羡林先生以他博洽精深的学识和超乎常人的毅力，为我们写出了糖的历史。他的研究成果，尽管他仅借一句'虽不中，不远矣'抵作评价，在我看来，却是充满了不争之理。学林中有好耳食之言，逞无根游谈的伪劣之作，也有穷原竟委，言必有征的不朽之篇。糖味甘甜，人人皆知；甘甜何来，凭谁而详？盖有非常之功，必待非常之人。非观之如是，不足以明《糖史》的成就。"笔者以为，这段话是再中肯不过了。

《弥勒会见记剧本》译释

季羡林在耄耋之年学术研究冲刺阶段，完成的另一部巨著是吐火罗文《弥勒会见记剧本》译释。诚然，季羡林是中国学习和精通吐火罗文的第一人，但他从欧洲回国以后，由于资料和其他条件限制，他始终没有把吐火罗文当作主业，几乎 30 年没有集中精力和时间接触、研究吐火罗文。这颗火种难道就这样熄灭吗？终于因为一个偶然的机会，他又重操旧业。

所谓吐火罗文，又称焉耆—龟兹文，是在新疆库车、焉耆一带流行的古代语文，属于印欧语系。全世界通晓这种语文的学者，据说不超过 30 人。20 世纪 70 年代后期，季羡林到新疆讲学，在自治区博物馆见到陈列的吐火罗文残卷，发现由于没有人认识这种婆罗米字母，展品放颠倒了。他指出了这个错误，新疆的同志才知道季先生可以解读这种"天书"。

1981 年，新疆博物馆副馆长李遇春来到北大，送来 44 张 88 页吐火罗文残卷，请季羡林解读。这批文物是 1973 年在焉耆七个星断壁残垣中发现的，由于无人能识，已在库房沉睡数年了。当时年逾古稀的季羡林许久没有摸过这种东西了，感到已经生疏，未敢贸然答应。可是，面对这样珍贵的资料，他又焉能不为之心动？最终他硬着头皮，答应一试，于是全力以赴，对付这颗难啃的核桃。他把斜体婆罗米字母转写成拉丁字母，并把残卷的页码理顺，借助工具书大体了解了残卷内容同弥勒有关。他的运气不错，翻译了几页便发现书的名称是：《弥勒会见记剧本》。他大喜过望，因为这不仅是一部佛经，而且是一部文学作品，不仅对研究佛教史有用，而且对研究文学史也是难得的资料。在新疆一带，弥勒信仰曾经十分普遍，发现过好几个焉耆文的《弥勒会见记剧本》，其中还有回鹘文译本。不过，别的国家研究吐火罗文的学者，还没有谁诠释过这些残卷中的任何一张。一年后，季羡林虽然大体上了解了残卷的内容，但还是有不少难以辨认的字，要解决这个问题，只有对照其他语言的译本。1982年，他在正式对残卷进行翻译之前，写了两篇文章，一篇是《吐火罗语A中的三十二相》，另一篇是《谈新疆博物馆吐火罗文A〈弥勒会见记剧本〉》。1983年，季羡林在从事大量行政工作和其他研究工作的同时，开始翻译和诠释《弥勒会见记剧本》。因为我国藏有为数不少的该剧本的回鹘文文本，季羡林试图利用回鹘文《弥勒会见记剧本》校对补足焉耆文残卷残缺的部分，再逐字逐词加以翻译。但他不懂回鹘文，只好请几位回鹘文专家协助，其中有中央民族大学的耿世民教授、新疆工学院的李经纬教授、新疆博物馆的伊斯拉菲尔·玉素甫、多鲁坤·阚白尔等。在他们的帮助下，季羡林选了4页比较有把握的入手，开始翻译和诠释。良好的开端是成功的一半，此后几年季羡林继续扩大战果，每年都有所前进。其间，一度因资料缺乏，不得不向海外朋友求助，其繁其难可以想见。季羡林夜以继日，奋战不息，1987年他写了两篇长文《关于吐火罗文〈弥勒会见记剧本〉》和《吐火罗文A（焉耆文）〈弥勒会见记剧本〉与中国戏剧发展之关系》。前一篇主要讲吐火罗文剧本的情况、印度戏剧的发展、印度戏剧在中国新疆的传播、印度戏剧与希腊戏剧的关系、中国戏剧的发展情况、吐火罗文剧本与中国内地戏剧发展的关系以及中国戏剧与印度戏剧的异同。后一篇先讲吐火罗文本《弥勒会见记剧本》同回鹘文文本的异同，接着讲印度戏剧的来源和中国戏剧的起源，最后讲印度古代戏剧与中国古典戏剧，特别是与京剧的相似点。1989年，季羡林又写了一篇论文《梅坦利耶》，这是专著《吐火罗文A（焉耆文）〈弥勒会见记剧本〉译释》中的一章，有英文译本。"梅坦利耶"是"弥勒"的另外一种译法，季羡林在这篇论文中论述了二者的来源和相互关系。同年季羡林还写了《吐火罗文和回鹘文〈弥勒会见记剧本〉性质浅议》，回答了以下三个问题：是创作还是翻译？内容是什么？体裁是什么？经过十几年的艰苦奋斗，到1997年12月，季羡林对《弥勒会见记剧本》的汉译、英译和注释全部完成了。

1998年，由季羡林转写、翻译和注释，并得到德、法两国吐火罗文学者W.Winter和G.-J.Pinault协助的英译本《新疆博物馆藏甲种吐火罗语弥勒会见记残卷》，由总部分别设在柏林和纽约的跨国出版公司Mouton de Gruyter出版，列入Winter教授主编的《语言学的趋向丛书》（*Trends in Linguistics*），作为其中《研究与专著》（*Studies and Monographs*）系列的第113种。这是一部存世规模最大的吐火罗文文献英译本，它的出版在西方学术界引起了轰动，使他们不得不对中国学者刮目相看。在完成了这个巨大的学术工程之后，季羡林激动地说："我心里感到了很大的安慰，我可以告慰恩师的在天之灵了！"

编纂大百科全书

《中国大百科全书》是我国进入新时期第一项规模宏大的文化工程，季羡林积极参与其中，在《外国文学卷》和《语言文字卷》的编纂中留下了浓墨重彩的一笔。

1978年6月，中共中央批准国家出版局、中国科学院、中国社会科学院《关于筹备出版〈中国大百科全书〉情况的报告》，成立了以胡乔木为主任的中国大百科全书总编辑委员会。

1979年，中国大百科全书总编辑姜椿芳热情邀请季羡林参加大百科的编纂工作。此时，担任北大副校长的季羡林尽管兼职很多，工作繁忙，但他仍然对大百科全书的编纂工作表示全力支持。7月，《外国文学卷》编委会召开第一次会议，确定各分支学科的编写组。季羡林任该卷编委会副主任委员兼南亚文学编写组主编，主任委员由冯至担任。他们二位既是同事又是挚友，心灵相通，合作愉快。季羡林既负责策划、组稿、审稿，还要亲自撰写部分词条。他根据自己多年从事外国文学教学和研究的经验，提出编纂的指导思想和一些具体意见：（1）论述应当客观、全面。就《外国文学卷》来说，应该以发展和联系的观点叙述外国文学在特定环境中的演变和盛衰，不以"政治态度"定优劣论取舍，纠正不注意艺术成就、

1980年，季羡林（前排右1）参加中国大百科全书外国文学卷的审稿会，在莫干山与朱光潜（前排右4）、冯至（第二排左4）等人合影

忽视在历史上的影响和贡献同时又不敢为健在的作家立传的倾向。（2）资料必须准确、丰富，要有最新资料，反对故步自封。（3）东方文学和西方文学，大国文学和小国文学，要正确对待。重视第三世界文学，破除"欧洲中心论"，但不轻视西方文学。条目释文中要点明有关国家的文学在中国的影响，与中国的联系。（4）按照在文学上的成就和贡献的大小确定是否立条及条目字数的多少。各个国家的条目和字数要保持相对的平衡。（5）文体力求一致。（6）译名务须统一。实践证明，季羡林的这些意见是正确的，也是可行的。

进入撰稿阶段之后，有一些同志信心不足，推迟编写的意见时有所闻。1980年7月，编委会在浙江莫干山召开第一次词条编写审稿会，季羡林在会上鼓励大家抓紧有利时机，克服一些不切合实际的想法，相信我们有条件有能力完成好大百科全书的编写任务。事实证明，季羡林的意见是颇有远见的，因为这一卷的作者主要是社科院外国文学研究所和北京大学从事外国文学教学科研的专家学者，"文革"后他们承担的教学科研任务越来越重，如果当时不抓紧大百科全书的编纂工作，稍一松劲儿就可能半途而废。会议休息时，季羡林与冯至、朱光潜一起在山间散步，但见满山翠竹，一派生机。一向很少写诗的季羡林诗兴大发，赋诗一首：

    莫干竹世界，遍山绿琅玕。
    仰观添个个，俯视惟团团。

《中国大百科全书·外国文学卷》两大册360余万字，仅用了三年多一点时间就完成了，1982年9月正式出版。季羡林参加了从策划到成书的整个过程。他在该书的评介中写道："在本书的形成过程中，每一个工作步骤我都参加了。我同大百科全书的同志们，以及编辑与写作的同志们一起，既走过阳关大道，也走过独木小桥；既尝到了顺利的欢乐，也尝到了挫折的痛苦；这部书的优点和缺点，我知之悉而感之切。"他不无自豪地说："出版这样一部巨著，这件事本身就是对我国外国文学研究的一个重大贡献。称之为皇皇巨著，是当之无愧的。"

编纂《外国文学卷》的任务完成之后，季羡林又马不停蹄转战于《语言文字卷》的筹备和编纂工作。季羡林和吕叔湘共同负责筹划。

1984年2月20日至24日，语言文字卷编委会在北京举行第一次会议，编委会正式组成，成员有：顾问王力、吕叔湘，主任季羡林，副主任周祖谟、许国璋，委员王宗炎、刘涌泉、朱德熙、许宝华、陈原、张志公、张斌、周有光、胡裕树、俞敏、傅懋勣等。同年季羡林还被聘为中国大百科全书总编辑委员会委员。

季羡林曾经回忆说：

最难忘的是当我受命担任"语言卷"主编时的情景。这样一部能够而且必须代表有几千年研究语言学传统的世界大国语言学研究水平的巨著，编纂责任竟落到了我的肩上，我真是诚惶诚恐，如履薄冰。我考虑再三，外国语言部分必须请（许）国璋先生出马负责。中国研究外国语言的学者不是太多，而造诣精深、中外兼通又能随时吸收当代语言新理论的学者就更少。在这样的考虑之下，我就约了李鸿简同志，在一个风大天寒的日子里，从北大乘公共汽车，到魏公村下车，穿过北京外院的东校园，越过马路，走到西校园的（许）国璋先生的家中，恳切陈词，请他负起这个重任。他二话没说，立刻答应了下来。我刚才受的寒风冷气之苦和心里面忐忑不安的心情，为之一扫。

据李鸿简回忆，那是在1985年12月，正遇上阴冷大风天气，季羡林没有穿大衣，只穿一身中山装，戴着鸭舌帽。临时要不到车子，也没有找到出租车，公共汽车上很拥挤，他一直站着，在北外谈完工作，还是许先生向学校要了一辆车，送他回北大。

如同编纂外国文学卷一样，季羡林不遗余力，精心策划、细心组织，既拿指挥棒，又拉小提琴。就笔者所知，《吐火罗语》《梵文》《窣利文（粟特文）》《佉卢字母》《婆罗米字母》《翻译》等词条，都出自季羡林的手笔。而在季先生的鼓励下，笔者与同事也撰写了《印度古文学》等词条，权作一次"练兵"。季羡林在学术上远见卓识，为人又谦和宽容，颇具影响力和号召力。在他的领导下，经过大家的共同努力，《语言文字卷》的编纂工程进展很顺利。1985年10月在烟台召开中国大百科全书《语言文字卷》定稿会议，会后季羡林与朱德熙、吕叔湘、姜椿芳、周祖谟一起登蓬莱阁观海，感受到如果没有大海般的胸怀和力量，怎能坚持用4年时间，把《中国大百科全书·语言文字卷》编纂成功。事实证明，《外国文学卷》和《语言文字卷》在整个大百科全书编纂中不仅进度快，且质量高，深受读者欢迎。

推荐《中国纪行》

1985年6月1日，季羡林为张至善、张铁伟等译的《中国纪行》写了一篇序言。他说："我认为，这是一部非常值得重视、非常重要的书。它完全可以同《马可·波罗游记》媲美，先后辉映，照亮了中西文化交流的道路。"

季羡林为何做出如此之高的评价呢？这部书成书于1516年，即中国明武宗正德十一年，原文是波斯文。作者为阿里·阿克巴尔，他是哪国人，是否真的来过中国，学界存有争论，但可以肯定，他是一位中亚穆斯林。书中讲述的明代中国的情况基本翔实可靠，内容涉及中国当时的地理、军队、宗教、仓库、宫廷、监狱、节庆、妓院、医疗、立法、学校、外侨、农业、货币、法律、剧场等等，有如一部关于中国的百科全书。这部书过去不大为人所知，19世纪有了英译本和德译本，在欧洲逐渐引起注意。20世纪30年代，历史学家张星琅首次在中国介绍此书。张星琅是《马可·波罗游记》一书的译者，是《中国纪行》译者之一张至善的父亲。《中国纪行》与《马可·波罗游记》有所不同，后者记述的内容偏重宫廷和社会上层，前者则记述了大量民间、基层的情况，并对一些重大历史事件，如明代"土木堡之变"介绍甚详，而西方史学家却很少记载。所以，这部书具有重要的历史学术价值。

《中国纪行》的德译本和英译本，是译者在季羡林的帮助下，从意大利都灵大学图书馆借到的。季羡林认为，我国史书虽多，可是要想真正了解过去历史上人民生活的真实情况和细节，资料仍显不足。特别是一个外国人来到中国，能够看到一些我们所习而不察的东西，把它记录下来，不仅能为外国研究中国历史的学者提供帮助，而且有利于中国人了解自己的历史。尤其令中国人引以为自豪的是，在阿里·阿克巴尔看来，中国、中国人是值得赞美和学习的。如书中第四章写道："在世界上除了中国以外，谁也不会表现出那样一种井井有条的秩序来。毫无疑问，如果穆斯林们能这样恪守他们的教规——虽然这两件事无共同之处——他们无疑地都能按真主的良愿成为圣人。"书中第六章写道："整个中国人，从平民到贵族都培养得懂礼节。在表示尊敬、荣誉和严守礼节方面，世界上没有人能和他们相比……中国人非常守纪律，无人可以相比。"总之，阿里·阿克巴尔认为，中国明朝的物质文明和精神文明，都达到令外国人羡慕和称道的程度。

季羡林还认为，更为重要的是，《中国纪行》中译本的出版，是对"欧洲中心论"、中国某些人的"贾桂心理"的有力冲击。实际上，这也是季羡林提出东西文化"三十年河东，三十年河西"论的有力证据。季羡林说：

我还想从另外一个观点来谈一谈本书的价值。我们一向被称为伟大的民族。但是到了近代和现代，外国人怎样来认识我们呢？我们自己又是怎样来认识自己呢？外国人认识我们，我们自己认识自己，都有一个曲折的过程。如果划一条界限的话，1840年开始的鸦片战争就是一条天然的界限。在这之前，在17、18世纪，中国人在欧洲人心目中，是有天才的民族，是伟大的民族，是有高度文明的民族。当时他们向往的是中国,学习的是中国。但是殖民主义一旦侵入中国,中国许多弱点暴露出来了。首先是中国力量不强。在信奉优胜劣败的欧洲人眼中,中国不行了,中国人不吃香了,中国成了有色人种,成了劣等民族。久而久之,他们忘记了曾经有一段崇拜中国文化的历史。而我们中国人自己也忘记了过去在欧洲人心目中的地位。有志者要奋发图强,爱国雪耻。庸俗者则产生了"贾桂思想",总觉得自己不行。中华人民共和国的成立,是另一条界限。绝大多数的中国人感觉到真正是站起来了,腰板挺直了。绝大多数外国朋友对中国也另眼相看了。但是一百多年来的习惯势力,余威未退。有"贾桂思想"者也不乏人,最典型的代表就是"四人帮"一伙。他们义形于色,振振有词,天天批什么洋奴哲学,实际上在他们灵魂深处,他们自己最有洋奴相。见了洋人,屁滚尿流,奉若神明。到了今天,我们进行爱国主义教育的任务,还很艰巨,我们必须教会青年人怎样正确认识外国,怎样正确认识自己。我们决不盲目排外,我们承认外国有很多东西我们必须学习,但是我们也决不盲目拜倒在外国人脚下,认为月亮也是外国的圆。用什么办法来进行这种教育呢?方法当然很多,读过去历史上外国人的中国纪行,也是方法之一,而且我认为是有效的方法。

古籍整理

1991年,季羡林担任《传世藏书》主编,这是国家"八五"计划出版重点项目。该书精选从先秦到清末的文化典籍1000种,3万卷,约3亿字,编为123巨册,分为经、史、子、集四库,每库又分若干类,包括清代编纂的《四库全书》和其他所有大型古籍中的一流经典和重要著作。这样浩大的一项文化工程,要在几年时间内完成,其难度可想而知。北京大学、复旦大学、中国社会科学院等26所大学和科研单位的2700多位专家参加编纂和校点,依靠全国协作,历时6年圆满成功。《传世藏书》出版以后,季羡林来到济南,向山东大学等单位捐赠这部倾注大量心血的古籍。他在捐赠仪式上发表讲话,对流行一时的"文化搭台,经济唱戏"的口号提出批评,认为这种提法不妥,应该是"经济搭台,文化唱戏","经济和文化最好是互相搭台,互相唱戏。否则,经济和文化单独发展却都发展不起来"。

季羡林不仅为古籍的整理出版日夜操劳,而且对古籍的流转和使用也十分热心,经常借各种机会呼吁对古旧书业予以支持。1992年1月中国书店成立40周年,他书写了一段相当

长的题词,大声疾呼"要重视古旧书业":

> 当今世界上各种科技文化繁荣的国家,古旧书业都是非常兴盛的。日本的东京和法国的巴黎是众所周知的。在我们中国,由于历史特别悠久,文化水平又高,古旧书业有悠久而光辉的历史。在清代的许多笔记中,我们常常能够读到当时的文坛祭酒同古旧书店亲密交往的佳话,王渔洋是其中最著名的一个。近代中国许多著名的学者往往也同琉璃厂的古旧书店有亲密的关系,鲁迅、郑振铎、向达都是如此。在最近几十年内,由于一些原因,古旧书业相当不振。这对弘扬中华文化是非常不利的。我现在借祝贺中国书店40岁生日的方便,呼吁有关人士:要重视古旧书业。我再说一句:要重视古旧书业。

1992年4月20日,国务院办公厅印发《关于调整国务院古籍整理出版规划小组成员的通知》,调整后的组长是匡亚明,副组长是周林、王子野、刘杲,秘书长是傅宗璇,成员有王元化等47人,季羡林等44人担任顾问,该小组1993年更名为国家古籍整理出版规划小组。

1996年10月,季羡林(左3)参加《传世藏书》捐赠仪式

就在《传世藏书》正在紧张编纂的时候,季羡林又把"战线"拉长了,1994年5月,国家又一项大型古籍整理工程——编纂《四库全书存目丛书》开始上马,胡绳担任总顾问,顾问有任继愈、张岱年、周一良、杨向奎、胡道静、程千帆、饶宗颐等,总编纂仍然由季羡林挂帅,刘文俊具体负责编委会的工作。全国50多所大学和研究机构以及中国台湾、日本、美国的近百位古籍整理专家、版本学者参加了编纂工作。该丛书历时3年,于1997年全部出齐,受到海内外学术界的热烈欢迎和广泛利用。

《四库全书存目丛书》是由《四库全书》派生出来的一套大型丛书。清朝乾隆年间编纂的《四库全书》,根据文渊阁藏书共收录历代典籍3761种,号称中国文化的渊薮。其实全书

国家领导人雷洁琼、王光英、胡绳等与《四库全书存目丛书》编纂、顾问、工委同人合影。前排右2为总编纂季羡林

不全,所收书籍中有不少内容经过篡改和抽毁,还有大量典籍被摒弃在外,有的予以禁毁,有的列为存目。其中列为存目的有6793种。

为什么有些图书列为存目?根据乾隆三十八年(1773)五月十七日上谕,这些图书"止存书名,汇为总目",而不收其书。原因大体有以下4种:

其一,"有悖谬之言",即有批评清王朝统治的言论;

其二,"非圣无法",即含有反礼教、反传统的倾向;

其三,著作时代切近者;

其四,"寻常""琐碎"之作。

这些存目的图书,数量比《四库全书》本身要大得多,内容异常丰富,有许多著作对研究古代哲学思想和政治思想文化很有价值。其中史类著述最为可观,对史学研究颇有裨益,有价值的文学类书籍更是不胜枚举,还有大量地理、文字学、医学、天文历算、农家、刑法、杂家、释家的珍贵典籍。编委会本着"尊重历史,保存文献"的总方针,第一步的工作就是普遍调查,尽数收集。从乾隆年间确定存目到现今,时间已经过去220年,中间经历了长期战乱和许多自然的人为的灾害,这些书到哪里去找?经过在全世界200多家图书馆、博物馆和高等学校大规模查访,找到了存目所列的图书4000余种,6万余卷,有许多珍贵稀见古籍,甚至被认为已经失传的古籍也被找了出来。

《四库全书存目丛书》分为经、史、子、集4部,以及目录、索引共1200册,每册800页,所收书籍八成是宋、元、明、清历代善本,三成是孤本,到1997年全部出齐。

关于《四库全书存目丛书》的整理重印,曾经在学界引起争论,《读书》杂志发表了一些诗文对《存目丛书》有所论说，还发表了一些续修《四库全书》的意见。1995年2月，季羡林给《读书》杂志写信，提出了不同的意见。这两封信均在同年《读书》杂志第5期刊出。关于这场笔墨官司，笔者不谙始末，此处不做介绍。

在此期间，季羡林除了参与以上两项大型古籍整理工程之外，还担任东方学大型系列丛书《东方文化集成》和《百卷本中国历史》主编，以及其他几部中小型丛书的主编。尽管从1991年开始，他不再担任北大校务委员会副主任，改任名誉副主任，行政性工作似乎减少了一些，但仍然忙得不可开交。1993年9月11日，他在为李润新所著《文学语言概论》作序时说："我进入了一个新的忙乱时期，身上负的各种各样的债务压得我喘不过气来：文债、信债、会债、咨询债、顾问债、座谈会债、招待会债、迎来送往债、采访债，如此等等，不一而足。我有时候烦上心头，简直想'出家'，以了尘缘。"

第二十章

文化思考

重建比较文学学科

比较文学19世纪产生于欧洲，20世纪逐渐发展成有完整理论体系的学科，并形成了4大学派：德国学派、法国学派、西欧学派和美国学派。中国在20世纪初，王国维和鲁迅就发表了比较文学的论文。20年代末30年代初，比较文学成为一门学科，代表人物是吴宓和陈寅恪。当时在清华大学，吴宓开设"中西诗之比较"课，陈寅恪开设"中国文学中的印度故事的研究"课，培养了一批比较文学学者，如李健吾、钱锺书、季羡林等。三四十年代，朱光潜的《文艺心理学》《诗学》和钱锺书的《谈艺录》是比较有影响的比较文学专著。由于两代学者的努力，我国的比较文学有了一定的基础。可惜新中国成立以后的一个时期，比较文学作为一门学科被取消了，比较文学领域成了一片沙漠。直到改革开放之初，世界各国的大学普遍开设比较文学课程，而绝大多数中国人竟不知比较文学为何物。

20世纪80年代初，季羡林看到了来自国外的一些比较文学书刊，发现我们在这个领域已经大大落后了。当时由于思想不够解放，还有人把比较文学等同于"精神污染"，他心里很着急，决心冲破这个禁区。1981年1月，在季羡林的倡导下，北大一批对比较文学感兴趣的学者成立了北京大学比较文学研究会，大家一致推举季羡林为会长。研究会出版了《北京大学比较文学研究丛书》和《北京大学比较文学研究会通讯》。1983年，由南开大学、天津师范大学发起，召开了全国第一次比较文学学术讨论会。1984年，季羡林担任主编的《中国比较文学》期刊在上海创刊。1985年10月，由35所高校和研究机构发起的中国比较文学学会在深圳大学成立，杨周翰当选会长，季羡林被推举为名誉会长。1987年，国家教委规定比较文学为大学一些学科的必修课。短短几年时间，中国的比较文学学科从重新创建，到蓬勃发展，迅速走向世界。1983年，中美两国学者在北京召开比较文学讨论会，1985年杨周翰当选为国际比较文学学会副会长。

季羡林是一位杰出的比较文学研究者。新中国成立之前，他就曾经写过《老子在欧洲》《"猫名"寓言的演变》《柳宗元〈黔之驴〉取材来源考》等论文。1978年以后，他又写了大量有分量的比较文学论文，如《〈西游记〉里的印度成分》《〈罗摩衍那〉在中国》《吐火罗文A（焉耆文）〈弥勒会见记剧本〉与中国戏剧发展之关系》等，堪称比较文学领域的力作。季羡林是当代中国比较文学研究当之无愧的领军人物，提出了一整套比较文学研究的主张，呼吁建立比较文学中国学派。他说："我们进行比较文学研究，并不是为比较而比较。对我们来说，比较不是目的，而是手段。我们是想通过各国文学之间的比较研究，探讨出规律性的东西，以利于我们的借鉴，更好地继承和发扬我们民族传统中的精华，更好地发展我们的新文艺。"针对西方学者在比较文学领域的"欧洲中心论"，他还指出："研究比较文学必须重视东方文学在世界文学史上的地位，重视中国、印度、伊朗、阿拉伯、日本等东方国家文学对世界文学的巨大影响，其中包括对欧洲文学的影响。"这些看法受到亚洲各国学者的支持，在世界其他国家也受到广泛重视。1986年季羡林在《〈中国比较文学年鉴〉前言》中写道：

> 人们不是常常谈论比较文学的中国学派吗？什么叫"中国学派"呢？我认为，至少有两个特点，这两个特点都同我上面讲的那几层意思是密切相关的。第一个特点是，以我为主，以中国为主，决定"拿来"或者扬弃。我们决不无端地吸收外国东西，我们决不无端地摒弃外国东西。只要对我们有用，我们就拿来，否则就扬弃。这一点"功利主义"，我看是必须讲的。第二个特点是，把东方文学，特别是中国文学，纳入比较文学的轨道，以纠正过去欧洲中心论的偏颇。没有东方文学，所谓比较文学就是不完整的比较文学。这样比较出来的结果也必然是不完整的，不完全符合实际情况的。比来比去，反正比不出什么名堂来。对本门学科发展起阻滞作用，为我们所不取。

季羡林针对比较文学研究中一度出现的"乱比"的倾向，主张广通声气，博采众长，从而为中国比较文学研究指明了方向，既受到中国学者的一致赞同，也受到许多外国知名学者的支持。季羡林认为，中国和印度这样的多民族东方大国，国家中各民族文学之间的差别不亚于欧洲国与国文学的差别。针对这种特点，应尽快研究中国境内各民族的文化关系，加强对国内各民族的了解，探讨中华民族文学的发展规律，这样会大大有助于中国各民族的团结。笔者以为，我国比较文学在不长的时间内出现初步的繁荣，一个中国学派正在形成，其中季羡林的功绩甚至比他的其他研究成果更显赫。

从考据到兼顾义理

1997 年，季羡林根据自己长期治学的轨迹，总结出一个从重考证到兼顾义理的转变过程。

清儒把学问分为三门：义理、辞章、考据。季羡林说，就自己的脾气秉性，他最喜欢的是考据，或称考证，最不喜欢的就是义理。因为考证是实实在在的东西，看得见、摸得着，其精髓就是无证不信，"拿证据来"，不容你胡思乱想；而义理，按现在的说法就是哲学，有多少哲学家就有多少个哲学体系，公说公有理，婆说婆有理，恍兮惚兮，让人摸不着头脑。

中国的考据学盛行于清代乾隆、嘉庆年间，那时候大师辈出，使我们读懂了一些以前无法读懂的古书，这是他们的最大贡献。到清末民初，随着西方学术传入，产生了一批会通古今，同时会通中西的大师，其中陈寅恪、汤用彤都是考据名家，他们又恰恰是季羡林的老师。后来季羡林去德国求学，他的德国老师，如瓦尔德施米特、西克等等，所使用的实证主义研究方法，同中国的考据并无二致。季羡林师承中德两国考据高手的衣钵，他重考据之学，而且成绩斐然，便毫不奇怪了。

"老年忽发义理狂"，季羡林从重考据到兼顾义理，转折点当以 1992 年写的《"天人合一"新解》为标志。季羡林在《学海泛槎》一书中说：

> 对我来说，这算得上是一篇重要的文章。我在上面以及在其他许多地方，都说过我不大喜欢义理。在这一篇论文之前，我忍不住也写过一些谈义理的文章，但篇幅大都不长，内容也不成体系。从这一篇论文起，我谈义理的文章多了起来，有的篇幅也比较长。是不是我对义理改变了态度，喜欢起来了呢？对这个问题，我自己也有点说不清楚。毋宁说，我对义理，想法多于喜悦。我爱好胡思乱想，有些想法实在是想入非非，我自己也不敢喜欢；有些想法，则自己也觉得颇有道理。别人越是反对，我越是反思，却觉得自己越来越正确。报纸杂志上的一些文章和一些消息，别人也许不屑一顾，有的我却视如拱璧，因为它证明了我的看法和想法路子是正确的。"老年忽发义理狂"，对我一生的学术研究是重要的。我甚至狂妄地想到，有朝一日，我这些想法的意义和价值甚至会超过我在考证方面所做出的贡献。至于究竟

怎样，只有等待未来事态的发展来证实了。

严格地说，考据只是一种研究方法，为考据而考据的事不能说没有，但是大多数考据是为了弄明白一定的事实或一定的道理，这就是重考据而兼顾义理。陈寅恪、汤用彤莫不如此，他们以严格的考据作为基础，探求的义理才比较牢靠，比较信得过。季羡林虽然多次申明自己不喜欢义理、不擅长义理，可是，连他自己都没有想到，老年竟对义理发生了兴趣，而且发表了不少有关义理的"怪论"。其实，在笔者看来，他走上这条路是必然的，因为他的老师就是这样走过来的。只不过由于政治气候的不同，五六十年代陈寅恪也好，汤用彤也好，当时的环境不可能允许他们发表更多的"怪论"。50年代初，陈寅恪提出的三条意见，已经够"骇人听闻"的了，因而落个可悲的下场。季羡林是幸运的，他赶上了改革开放的新时期，所以能比他的老师走得更远。下面着重介绍一下季羡林的"义理"——"河东河西"论、"天人合一"新论等等，这是他对中华文化做出的独特贡献。

"河东河西"论

20世纪80年代，中国掀起了一股前所未有的文化热。随着我们国家的社会主义建设日益发展，在接受几十年来的经验和教训的基础上，文化建设的任务已经提到议事日程上来。人类历史上任何社会，都不能专靠科技来支撑，物质文明必须与精神文明同步建设，我们今天的社会当然也不例外。随着国门的打开，一些人产生了近乎病态的崇洋心理，全盘西化的主张一时间甚嚣尘上。他们在严重地甚至病态地贬低自己文化的氛围中，有意无意地抬高西方文化，认为自己一无是处，只有外来的和尚才会念经。这样，怎么能够客观而公允地评价中国文化呢？对此，季羡林感到深深的忧虑，经过慎重思考，1989年他写了一篇重要文章《从宏观上看中国文化》，文中说：

> 探讨中国文化问题，不能只局限于我们生活于其中的这几十年近百年，也不能局限于我们居住于其中的九百六十万平方公里。我们必须上下数千年，纵横数万里，目光远大，胸襟开阔，才能更清晰地看到问题的全貌，而不至于陷入井蛙的地步，不能自拔。总之，我们要从历史上和地理上扩大我们的视野，才能探骊得珠。

这篇文章的核心观点是：人类文化产生是多元的，绝不是哪一个国家或民族单独创造出来的。从人类几千年的历史来看,民族和国家,不论大小,都或多或少地对人类文化宝库做出了自己的贡献。但是,每一个民族或国家的贡献又不完全一样。有的民族或国家的文化对周围的民族或国家产生了比较大的影响,积之既久,形成了一个文化圈或文化体系。有史以来,人类总共形成了4个文化圈:从古希腊、罗马一直到近代欧美的文化圈,从古希伯来一直到伊斯兰国家的闪族文化圈,印度文化圈和中国文化圈。在这4个文化圈内有一个主导的影响大的文化,同时各个民族或国家又是互相学习的,各个文化圈之间也是互相学习的。这种相互学习就是文化交流,文化交流促进了人类文化的发展,推动了社会前进。倘若从更大的宏观上来探讨,这4个文化圈又可以分成两大文化体系:第一个文化圈构成了西方大文化体系;第二、第三、第四个文化圈构成了东方大文化体系。"东方"在这里既是地理概念,又是政治概念,即所谓第三世界。这两大文化体系之间的关系也是互相学习的。仅就目前来看,统治世界的是西方文化,但是从历史上来看,二者的关系可以用一句俗语来概括,这就是"三十年河东,三十年河西"。

其实,季羡林关于4个文化圈的观点并不是1989年才形成的。据笔者所知,早在1985年,在乌鲁木齐召开第二届敦煌吐鲁番学学术讨论会时,他就有过明确的表述,得到了国际学术界的普遍认同;1987年,他又发表《中国文化发展战略问题》,进一步阐述了这个观点;

1995年,季羡林在"陆文星、韩素音中印友谊奖"设立十周年庆祝会上发言

1990年，他担任中国亚非学会会长后曾主持召开东西文化座谈会，也阐述过"三十年河东，三十年河西"的观点。

总之，在东方文化与西方文化的关系上，季羡林认为，东方文化在历史上曾经辉煌过，引领过世界潮流。自工业革命以后，西方文化逐渐占了上风。中国从清末到现在，中间经历了许多惊涛骇浪，封建统治、辛亥革命、洪宪窃国、军阀混战、国民党统治、抗日战争、解放战争，一直到中华人民共和国成立后的社会主义初级阶段，我们西化的程度日趋深入。到了今天，除了我们的一部分思想感情以外，真可以说是"全盘西化"了。无论如何，这不是一件坏事，而是一件天大的好事，是一件不可抗御的事。有几千年古老文明的中国，如果还想存在下去，就必须跟上世界潮流，决不能让时代潮流甩在后面。

但是，季羡林又严肃指出，事情还有另外一面，它也带来了不良后果，最突出地表现在一些人的心理上，认为凡是外国的东西都好，凡是外国人都值得尊敬，这是一种反常的心理状态。确实，西方不仅是船坚炮利，而且在精神文明和物质文明方面，有许多令人惊异的东西，要想振兴中华，必须学习西方，这是毫无疑问的。20年代就有人提出"全盘西化"的口号，今天还有不少人有过这种提法或者类似的提法，其用心良苦可以理解。我们必须向西方学习，今天要学习，明天仍然要学习，这是决不能改变的。如果我们故步自封，回到老祖宗走的道路上去，那将是非常危险的；但是，应当指出的是：人类历史证明，全盘西化理论上讲不通，事实上办不到，但这并不影响我们向西方学习。

季羡林还介绍了英国历史学家汤因比关于任何一种文明都不可能万岁的观点，特别介绍了汤因比同池田大作谈话中对中国文化寄予的希望，并介绍了德国伟大诗人歌德对中国文化的看法。他一针见血地指出："我们自己应该避免两个极端：一不能躺在光荣的历史上，成为今天的阿Q；二不能只看目前的情况，成为今天的贾桂。"

季羡林既然认为，从人类全部历史上来看，东方文化和西方文化的关系是"三十年河东，三十年河西"，目前流行全世界的西方文化并非从来如此，也绝不可能永远如此，那么，他就抓住这个问题不放，后来又在几篇短文和几次发言中重申过，而且做了进一步的发挥，即到了21世纪，"三十年河西"的西方文化就将逐步让位于"三十年河东"的东方文化，人类文化的发展将进入一个新时期。

季羡林何以认为，到了21世纪西方文化就将逐步让位于东方文化呢？他是从一种比较流行的、基本上为大家接受的看法出发的：从总体上来看，东方的思维方式、东方文化的特点是综合；西方的思维方式、西方文化的特点是分析。在西方，从伽利略以来的400年中，自然科学走的是一条分析的道路。越分越细，现在已经分析到层子（夸克）；但有人却说，分析还没有到底，还能分析下去。对此，我国的自然科学界和哲学界也发生了一场争论：物质真是无限可分吗？持肯定观点的人占绝大多数，他们相信庄子的话："一尺之棰，日取其半，万世不竭。"如果真是这样的话，西方的思维方式，西方的分析方法，乃至西方的文化就能永远存在下去。越分析越琐细，西方文化的光芒也就越辉煌，以至无穷。"三十年河东，三十年河西"这一条人类历史发展的规律，就要被扬弃。可是，季羡林认为庄子说的是一个数学概念，不是物理学概念。在极少数反对这种物质无限可分观点的人中，金吾伦的《物质可分析新论》可以作为代表，他认为"物质无限可分论"无论在哲学上还是科学上都缺乏根据。在哲学上不能用归纳法支持一个关于无限的命题；在科学上，①夸克禁闭，即使夸克再可分，也不能证明物质粒子无限可分；②宇宙学研究表明宇宙有起源，我们无法追溯到起源以前的东西；③量子力学新进展否定了层层往下追索的隐变量理论。所以，无限可分论玩的是一种"套层玩偶"。虽然，分析方法曾对科学和哲学的繁荣作过极大的贡献，但决不能无限夸大，而且正日益显示出它的局限性。当代物理学和自然科学的新进展表明，宇宙是一个不可分割的整体，而无限分割的方法与整体论是相悖的，无限可分论是机械论的一种表现。季羡林无疑是赞成金吾伦的这个看法的。

同时，季羡林又从一种方兴未艾的新学说——混沌学受到启发，获得支持。美国学者格莱克写了一本书《混沌：开创新科学》，认为混沌学是关于系统的整体性质的科学，它扭转了科学中简化论的倾向，即只从系统的组成零件夸克、染色体或神经元来做分析的倾向，而努力寻求整体，寻求复杂系统的普遍行为；它把相距甚远的各方面的科学家带到了一起，使以往的那种分工过细的研究方法发生了戏剧性的倒转，亦使整个数理科学开始改变自己的航向；它揭示了有序与无序的统一，确定性与随机性的统一，是过程的科学而不是状态的科学，是演化的科学而不是存在的科学；它覆盖面之广，几乎涉及自然科学与社会科学的各个领域。难怪有的学者竟然这样断言，20世纪的科学只有三件事将被记住：相对论、量子力学和混沌学，混沌学是20世纪物理科学的第三次大革命。

为什么到了20世纪末，西方文化正在如日中天光芒万丈的时候，西方有识之士竟然开创了与整个西方文化背道而驰的混沌学呢？季羡林认为，答案只有一个，就是他们已经痛感到，照目前这样分析是行不通的，必须改弦更张，另求出路，人类文化才能重新洋溢出活力，继续向前。西方的哲学思维是只见树木，不见森林，只从个别细节上穷极分析，而对这些细节之间的联系则缺乏宏观的把握，并把一切事物都看成一清如水，但实际情况并非如此。中国的东方思维方式从整体着眼，从事物之间的联系着眼，更合乎唯物辩证法的精神。比如，中医在这方面便胜过西医，西医是头痛治头，脚痛治脚，中医则是全面考虑，多方照顾，一服中药，药分君臣，症治关键，医头痛从脚上下手，较西医更合乎辩证法。季羡林认为现在世界上流行的模糊数学，正表现了相同的精神。

因此，季羡林得出的结论是，西方形而上学的分析已经快走到穷途末路了，它的对立面东方的寻求整体的综合，必将取而代之。换言之，以分析为基础的西方文化也将随之衰微，代之而起的必然是以综合为基础的东方文化。这种取代在21世纪中就将看出分晓，是不以人们的主观愿望为转移的文化发展的客观规律。但是，季羡林强调，这里所说的"取代"并不是"消灭"，而是继承西方文化之精华，在此基础上再把人类文化的发展推向一个更高的阶段。

"不畏浮云遮望眼，只缘身在最高层"，季羡林的"河东河西"论固然不可机械地理解为"文明过后是沙漠"，但一经出笼，便立刻引起了轩然大波，后来又平息下来。依笔者看，倒不是因为季羡林的辩才占了上风，而是因为人们都在注意历史发展的客观事实，或者借用了季羡林的话说："至于究竟怎样，只有等待未来事态的发展来证实了。"

"天人合一"新论

季羡林是一位具有大智慧的学人，他经常考虑的是人类的前途和命运问题。那么，21世纪我们所面临的最重要的问题是什么？1998年3月4日，他在为郑彝元的《道统论》作序时写道：

> 我平生为不中不西而又亦中亦西之学，偏考据而轻义理，此盖天性使然，不敢强求也。迨至耄耋之年，忽发少年之狂，对义理问题，妄有所论列；但局促门外，有若野狐，心情介于信疑之间，执着则逾意料之限。数年前曾写一长文《"天人合一"新解》，意在唤起有志之士正确处理人与大自然之关系。盖谓西方科技文明，彪炳辉煌，为时已久。造福人类，至深且巨。然时至今日，际此上世纪之末，新世纪之初，其弊害渐趋明显，举其荦荦大者，如环境污染，臭氧出洞，人口爆炸，疾病丛生，淡水匮乏，生态失衡，如此等等，不一而足。此皆大自然对人类征服之报复，而芸芸众生，尚懵懵懂懂，使人不禁有"错把杭州作汴州"之慨叹。此诸弊害，若其中任何一方阻止无方，则人类生存前途必处于极大危害之中，事实如此，非敢危言耸听也。

要解决这些问题,首先必须弄清楚这些问题产生的根源。季羡林通过长期研究和观察,发现问题的根源是把人与自然的关系搞错了,是人类与自然为敌的后果,是以分析思维为基础的西方文化风靡世界的结果。西方科学技术无疑为人类创造福利,但同时也产生了诸多问题。西方以为自然是个奴隶,可以征服,这种想法和事实不符,事实证明自然是不能征服的。出路何在?需要到以综合思维为基础的东方文化,特别是中国古代思想宝库中寻求解决之道,"天人合一"便提供了解决问题的思路,即人类必须改弦易辙,和大自然交朋友。于是,季羡林早在1992年就写了一篇重要文章《"天人合一"新解》,其主要内容如下。

"天人合一"这个命题的来源,大多数学者的解释都是源于儒家的思孟学派,其实这是一个相当狭隘的理解。广义的理解是"主张'天人合一',强调天与人的和谐一致是中国古代哲学的主要基调"。这个代表中国古代哲学主要基调的思想,是一个非常伟大的、含义异常深远的思想。

儒家经典《周易》说:"大人者与天地合其德,与日月合其明,与四时合其序,与鬼神合吉凶,先天而天弗违,后天而奉天时。"这里阐述的就是"天人合一"的思想,是人生的最高的思想境界。到了汉代,汉武帝独尊儒术,董仲舒是当时儒家的代表,明确地提出了"天人之际,合而为一"的思想。宋代出了不少大儒,尽管学说在某一些方面有所不同,但在"天人合一"上几乎都是相同的,大哲学家张载有两句非常著名的话,"民吾同胞,物吾与也",简称"民胞物与","与"就是"伙伴"的意思,这两句话言简意赅,含义深远;理学领袖程颐也说:"天、地、人,只一道也。"

在儒家之外,道家、墨家和杂家等也都有类似的思想。老子说:"人法地,地法天,天法道,道法自然。"王弼注说:"与自然无所违。"《庄子·齐物论》说:"天地与我并生,而万物与我为一。"看来,道家在主张"天人合一"方面,比儒家更明确得多。墨子对天命鬼神的看法有矛盾,一方面强调"非命""尚力",人之富贵贫贱荣辱在力不在命;另一方面又推崇"天志""明鬼",其中"天"好像是一个有意志行赏罚的人格神,天志的内容是兼相爱。他的政治思想,比如兼爱、非攻、尚贤、尚同,也有同样的标记。吕不韦在《吕氏春秋》中说:"成齐类同皆有合,故尧为善而众善至,桀为非而众非来。""天降灾布祥,并有其职。""山云草莽,水云鱼鳞,旱云烟火,雨云水波,无不皆类其所生以示人。"这也是主张自然(天)是与人相应的。虽然中国古代也有征服自然的想法,如荀子想制天、胜天,想征服自然,不过这种观点不是主流,而事实证明,你想征服自然,你想制天必为天所制。

印度古代思想派系繁多,但是其中影响比较大、根底比较雄厚的仍然是人与自然合一的思想。《奥义书》中论述梵我关系常使用一个词是"梵我一如"(Brahmātmaikyam)。吠檀多派大师商羯罗主张不二一元论，大体的意思是：真正实在的唯有最高本体梵，而作为现象界的我（小我）在本质上就是梵，二者本来是同一个东西。这一套理论无非是说"梵我合一"，也就是"天人合一"，由此看来中印两国的思想基本上是一致的。

中国古代思想和印度古代思想的表述，虽然使用的名词不同，但内容则是相同的。换句话说，"天人合一"的思想是一种普遍而又基本的东方思想，是东方综合思维模式的最高最完整的体现，它讲人与大自然合一，是有别于西方分析思维模式的。这种思想非常值得注意，值得研究，值得发扬光大，因为它关系到人类发展的前途命运。

人同其他动物一样，本来包括在大自然之内，但是自从人变成了"万物之灵"以后，顿觉自己的身价高了起来，要闹一点儿"独立性"，想同自然对立，想平起平坐，于是产生了人与自然的关系。处理好这种关系至关重要。

因为人类的一切生活必需品，包括衣、食、住、行，都必须取自于大自然，人离开大自然一刻也活不下去，可见人与自然关系之密切、之重要。那么，怎样来处理好人与自然的关系呢？

在此问题上，东方文化与西方文化是截然不同的。西方的主导思想是征服自然；东方的主导思想是与自然万物浑然一体。西方人向大自然穷追猛打，暴力索取，在一段时间内看似很成功，大自然被迫勉强满足了人类生活的物质需求，他们的日子越过越红火。于是，他们忘乎所以，飘飘然自命为"地球的主宰"了。东方人对大自然的态度是同自然交朋友，了解自然，认识自然，在此基础上再向自然有所索取。"天人合一"这个命题，就是这种态度在哲学上的表述。况且，东方文化其中包括"天人合一"思想，曾在人类历史上占过上风，起过导向作用，后来由于种种原因，时移势迁，被西方文化取而代之。这是值得认真总结的。

东方文化的综合思维模式，恰恰承认整体概念和普遍联系，认为人与自然是一整体，人与其他动物都包括在这个整体之中。人不能把其他动物都视为敌人，征服它们。人吃一些动物的肉，实在是不得已而为之，但不能将它们赶尽杀绝。从古至今，东方的一些宗教，比如佛教即反对杀生，反对肉食；中国固有的思想中，表现对鸟兽的同情，比比皆是，最著名的两句诗"劝君莫打三春鸟，子在巢中待母归"人人皆知，非常感人，但在西方诗中是难以找到的。孟子的话"恻隐之心人皆有之"，同样表现了这种感情。

东西方的区别就是如此突出。在西方文化风靡世界的几百年中，在尖刻的分析思维模式指导下，西方人贯彻了征服自然的方针。结果怎样呢？有目共睹，十分严重。他们对大自然的得寸进尺永不餍足的需求，已使大自然忍无可忍。须知，大自然的忍耐程度并非无限，而是有限，在限度以内，它能够满足人类的某一些索取；过了这个限度，则会对人类加以惩罚，有时甚至是残酷的惩罚。

然而,有没有挽救的办法呢?当然有的,就是以东方文化的综合思维模式济西方文化的分析思维模式之穷。首先要按照中国人、东方人的哲学思维,其中最主要的就是"天人合一"的思想,同大自然交朋友,彻底改恶向善,彻底改弦更张。只有这样,人类才能继续幸福地生存下去。这样做并非要铲除或消灭西方文化,西方文化迄今所获得的光辉成就,决不能抹杀,而是在西方文化已经达到的基础上更上一层楼,把人类文化提高到一个前所未有的高度。总之,中国文化和东方文化中有不少好东西,等待我们去研究,去探讨,去发扬光大。"天人合一"就属于这个范畴。

石破天惊,季羡林的《"天人合一"新解》一经发表,如同"河东河西"论一样,立即引发了一场激烈的争论。支持者有之,反对者也不少。代表人物之一就是中国社会科学院原副院长李慎之先生。反对者认为,只有发展科学,发展技术,发展经济,才有可能最后解决环境问题,决不能为保护环境而抑制发展,否则将两俱无成。季羡林则认为,为了保护环境决不能抑制科学的发展、技术的发展和经济的发展,这个大前提绝对是正确的。但是,处理这个问题,脑筋里必须先有一个必不可缺的指导思想,这个指导思想只能是东方的"天人合一"的思想。从发展的最初一刻起,就应当在这种思想的指引下,念念不忘过去的惨痛教训,想方设法,挖空心思,尽最大的努力对弊害加以抑制,决不允许空喊:"发展!发展!发展!"高枕无忧,掉以轻心,梦想有朝一日科学会自己找出办法,挫败弊害。常言道:"道高一尺,魔高一丈。"到了那时,魔已经无法控制,而人类前途危矣。中国旧小说中讲到龙虎山张天师打开魔罐,放出群魔,到了后来群魔乱舞,张天师也束手无策了。最聪明最有远见的办法是向观音菩萨学习,放手让本领通天的孙悟空去帮助唐僧取经。但同时又把一个箍套在猴子头上,把紧箍咒教给唐僧,这样可以两全其美,真无愧是大慈大悲。西方科学家们决不能望其项背。他们那一套"科学主义"是绝对靠不住的。事实早已证明了:科学绝非万能。

1993年,季羡林又写了一篇《关于"天人合一"思想的再思考》,文中补充了日本和朝鲜古代的"天人合一"思想。他说:

> 日本深受中国宋明理学的影响,对于"天人合一"的思想并不陌生。这一点在讲日本思想史的书中,在许多中国学家的著作中,很容易找到。……朝鲜有比较悠长的哲学发展的历史,一方面有自己本土的哲学思想,另一方面又受到邻国中国哲学思想的影响。中国儒家思想在三国时期已传入朝鲜,儒家的天命观影响了朝鲜思想。到了高丽末李朝初期,宋代程朱之学传入。作为宋代理学基础的"天人合

一"思想,也在朝鲜占了上风。在这时期出现了一批程朱理学的代表人物,比如李穑(1328—1396)、郑梦周(1337—1392)、郑道传(1337—1398)等等,在他们的学说中,都有一些关于天地万物之理的论述;但是,明确提出"天人合一"思想的是权近(1352—1409)。他用图表来解释哲学思想,其中最重要的是"天人心性合一之图",他把这张图摆在所有图的最前面,以表示其重要性。他反对天人相胜论。……权近又提出了天人相类相通的学说。……李朝前半期的哲学思想,以及那以后的哲学思想,仍然或多或少地呈现出"天人合一"的色彩。因此我们可以说,这种东方特有的"天人合一"的思想,在朝鲜哲学史上也是比较明确的。……东方几个有代表性的国家,我都谈到了。因此,我说,"天人合一"的思想,是东方文明的主导思想,应该说是有坚实可靠的根据的。

长期以来,季羡林一直坚持自己的观点,他利用各种场合,大声疾呼,不能以牺牲环境为代价谋求发展。人类衣食住行所有的东西都是从大自然得来的,只有向大自然伸手要才能活下去,不能有征服大自然的思想。不征服怎么办呢?只有一条路,就是和自然做朋友,天人要合一。梁从诫写了一本《为无告的大自然请命》,季羡林欣然命笔,为之写序,告诫人们不要忘记恩格斯关于大自然报复的警示。他认为,人类只要还有理性,就必然会得出这样的结论。对于所听到的各种各样的声音——赞成的或反对的,甚至冷嘲热讽,季羡林不相信"真理越辨(辩)越明",而是对赞成者表示感激,对反对者恭谨倾听他们的观点,拜读他们的文章,但决不商榷,决不辩论。因为,这些议论是非与否,只有将来的历史发展能够裁决。看来,将近20年前的那一场交锋,现在应该说看到某些结果了。我国的发展战略已经从"又快又好"调整为"又好又快",两个字的顺序变化,标志着经济建设重点的转移,标志着人们思想认识的深化。而且,不仅仅是我国,世界各国对环境保护的重视,对可持续发展的认识,同以前相比也大不相同了。此时此刻,人们不得不佩服季羡林的远见卓识。

"拿来"与"送去"

季羡林非常重视文化交流,认为文化交流能够促进社会发展和人类进步。他主张,对于西方文化,我们要坚持鲁迅先生提倡的"拿来",同时又要把我们优秀的东西"送去"。他说:"对西方的文化,鲁迅先生曾主张'拿来主义',这个主义至今也没有过时。过去我们拿来,今天我们仍然拿来,只要拿得不过头,不把西方文化的糟粕和垃圾一并拿来,就是好事，就会对我们国家的建设有利……我觉得，今天，在拿来主义的同时，我们应该提倡'送去主义'，而且应该定为重点。为了全体人类的福利，为了全体人类的未来，我们有义务要送去……"

季羡林又是如何强调文化交流对于促进社会发展和人类进步的呢？他说："我一向特别重视文化交流的问题，既主张拿来主义，也主张送去主义。对中国与外国的文化交流，我的基本观点是'拿来'与'送去'。我认为，文化一旦产生，其交流就是必然的。没有文化交流，就没有文化发展。交流是不可避免的，无论谁都挡不住。从古代到现在，在世界上还找不到一种文化是不受外来影响的。交流也有不好的，但不好的交流对人类没有益处，不能叫文化。对人类有好处的、有用的、物质、精神两方面的东西交流，才叫'文化交流'。文化不论大小，一旦出现，就会向外流布。全人类都蒙受文化交流之利。如果没有文化交流，我们简直无法想象，人类会是什么样子。"

季羡林还对文化交流做了具体的阐述。他认为，文化既有其民族性，又有其时代性。一个民族自己创造文化，并不断发展，成为传统文化，这是文化的民族性；一个民族创造了文化，同时在发展过程中它又必然接受别的民族的文化，要进行文化交流，这就是文化的时代性。民族性与时代性有矛盾，但又统一，缺一不可。继承传统文化，就是保持文化的民族性；吸收外国文化，进行文化交流，就是保持文化的时代性。所以，文化的民族性与时代性这个问题是贯彻始终的。所有文化都是以民族性为纬线、以时代性为经线交织在一起的，因而呈现五光十色的特点。

文化是随着时代不断前进的，自20世纪以来，出现了一种提倡"全盘西化"的观点，这与文化交流有联系。现在，整个人类社会，不独中国，而且全世界，都是西方文化占垄断地位。眼前哪一样东西不是西方文化？电灯电话，楼上楼下，就连我们穿的，从帽子到鞋子，全都西方化了。这个西化不是坏事，"西化"要化，不"化"不行，创新、引进就是"化"，但全盘西化却不行，不能只有经线，没有纬线。全盘西化在理论上讲不通，在事实上更办不到。

在文化交流方面，中国是一个很有特色的国家。几乎是从一有文化开始，中国文化中就有外来文化的成分。中国人向来强调"有容乃大"，不管是物质的，还是精神的，只要有利就吸收。海纳百川，成就了中国文化之大。中外文化的交流，一直没有中断过，最大的两次是佛教的传入和西学东渐。佛教传入的结果形成了中国佛教，成为中华传统文化的一部分；而明末清初以来西方文化在我国广泛传播，则是"西学东渐"，从此我们才有了"中学"和"西学"这样的名称，才有了"东方文化"和"西方文化"这样的说法。"西学"的先遣部队是

1999年5月,季羡林(前排右7)出席纪念五四运动80周年国际学术讨论会

天主教。天主教传入中国,并非自明末始,但像明末清初那样大规模地传入,还是第一次。唐代有所谓三教的说法,指的是儒、释、道,此时又来了一个新三教,道家退出,增添了一个天主教。

就目前来说,我们对西方文化和外国文化,当然要重视"拿来",就是把外国的好东西"拿来"。拿来的无非三个方面:物的部分、心物结合的部分、心的部分。物的部分,如咖啡、沙发、啤酒、牛仔裤、喇叭裤,这一系列东西,只要是好的都拿。试看,我们吃的、喝的、穿的、戴的、乘的、坐的、住的、用的,有哪一件完完全全是中国土生土长的呢?汽车、火车、飞机、轮船,我们古代有吗?可可、咖啡、纸烟、可口可乐、啤酒、香槟、牛排、面包,我们过去有吗?我们吃的土豆、玉米、菠菜、葡萄,以及许许多多的水果、蔬菜,都是外来的。这菠菜的"菠"字,本身是音译,不是意译,它叫菠薐、菠薐菜,是印度、尼泊尔一带产生的。茉莉花也是外来的,甚至连名字都不是中国固有的。我们用的乐器,胡琴、钢琴、小提琴、琵琶,也都是外来的。将这些东西拿来,完全正确。现在,我们确实又拿来了许多东西,真不少,好的坏的都拿来了,连艾滋病也拿来了,这是不应该的。心物结合的部分,比方说制度,也可以学习。最重要的还是心的部分,即价值观念、民族性格。因为我们的价值观念、思想方式,不能马马虎虎,必须把弱点克服掉,否则,我们的生产力发展不了。一个非常可贵的经验是：在我国国力兴盛，文化昌明，经济繁荣，科技先进的时期，比如汉唐时期，我们就大胆吸收外来文化，从而促进了文化的发展和生产力的提高；到了见到外国东西就害怕，这也不敢吸收，那也不敢接受，往往是我们国势衰微、文化低落的时代。

中华文化不仅有海纳百川的气概，而且有天下为公的胸怀。对于我们的好东西，向来主张与其他民族分享，决不保守，决不吝啬。汉唐的时候，世界的经济中心、文化中心在中国；明末清初以前确实有过"东学西渐"，根据历史事实，在中西文化交流史上，"东学西渐"从来也没有中断过。中华文化的博大精深吸引了西方传教士、外籍华人、留学生、商人等，他们纷纷来中国"猎宝"，并将其广泛传播到世界各地。人类文明之所以能发展到今天这个样子，中国人做出了巨大的贡献。中华民族是伟大的民族，在过去几千年的历史上有过许多重要的发明创造，四大发明是尽人皆知的，无须赘言。至于无数的看来似乎是细微的发明，也出自中国人之手，但其意义绝非细微。有一部书是阿里·玛扎海里的《丝绸之路》，还有李约瑟的那一部名著，都有详细的介绍。如果没有中国的四大发明，人类社会的进步和文化的发展，将会推迟几百年，这是世人的共识。

季羡林之所以反复强调在坚持"拿来"的同时，重点提倡"送去"，显然又与他主张的"三十年河西，三十年河东"论有关。前文已提到，季羡林认为近几百年以来，西方文化产生的弊端颇多，如不纠正，人类前途岌岌可危。弊端产生的根源，与西方文化分析的思维方式有紧密联系。西方对为人类提供生存所需的大自然分析不止，穷追不息，提出了"征服自

季羡林（左1）与钟敬文（左2）、张岱年（左3）、启功（右1）合影

然"的口号。天何言哉,然而"天"——大自然却是能惩罚的,惩罚的结果就产生了诸多弊端。拯救之方就是改弦更张、改恶向善,而这一点只有东方文化能够做到。东方文化的基本思维方式是综合,表现在哲学上就是"天人合一",张载的《西铭》是一篇表现"天人合一"思想最为精辟的文章:"乾称父,坤称母,予兹藐焉,乃混然中处。故天地之塞,吾其体,天地之帅,吾其性。民吾同胞,物吾与也。"印度哲学中的"梵我一如"也表达了同样的思想。总之,东方文化主张人与大自然是朋友,不是敌人,不能讲什么"征服"。只有在了解大自然、热爱大自然的条件下,才能伸手向大自然索取人类衣、食、住、行所需要的一切。也只有这样,人类的前途才有保障。我们要送给西方的就是这种文化中的精华,或者说,"天人合一"就是我们"送去主义"的重要内容。

对于"送去主义",季羡林不仅大声疾呼,而且身体力行。2001年10月,季羡林等76位中华文化学者,发表了《中华文化复兴宣言》,声称亚洲四小龙的崛起和日本的高速发展,都吸收了中华文化思想的智慧;当前西方一些有远见之士都在尽力研究中华文化,并提出"西方的病,东方的药来医"的做法,这说明中华文化在当今世界仍有无穷的价值。从20世纪90年代开始,季羡林主编了一套《东方文化集成》大型丛书,内容包括东方各国的重要文献典籍,计划出500多种,600多部,已经出版了100多部,现在还在继续出版。季羡林还和王宁主编了一套《东学西渐丛书》,1999年由河北人民出版社出版,共7部,包括朱谦之的《中国哲学对欧洲的影响》、王宁的《中国文化对欧洲的影响》、王兆春等人的《中国军事科学的西传及其影响》、韩琦的《中国科学技术的西传及其影响》、刘岩的《中国文化对美国文学的影响》、史彤彪的《中国法律文化对西方的影响》、孙津的《中国现代化对西方的影响》。从这套丛书可以清楚地看到,公元十六七世纪以前的欧洲,文明的发展与中国有多么大的差距。他们向中国文明的学习,先从科学技术开始,不仅包括造纸、印刷、火药、指南针"四大发明",还包括陶瓷、冶金、纺织等,以及军事技术和兵法;之后又逐步深入到文化,即价值观、思想和道德,再就是哲学,进而对中国社会制度的理性思考。这与后来中国人接受欧洲文明的顺序是相似的。有人发表评论说,这套丛书可以增强我们变革和发展的信心。

季羡林还主张,首先要送去的就是汉语。"射人先射马,擒贼先擒王",汉语即是"王"。因为,中华民族的优秀文化以及中国人民的智慧大部分保留在汉语言文字中,中国人要想弘扬中华民族的优秀文化,外国人要想学习中华民族的优秀文化,都必须首先掌握汉语。作为一位语言学家,季羡林深知汉语本身具备一些其他语言所不具备的优点,它是世界上最短的语言,使用汉语能花费最少的劳动,传递最多的信息,我们必须感谢祖先,给我们留下了汉语言文字这一瑰宝。仅就目前将近12亿人使用汉语言文字来说，在与外国人交流思想、传递信息方面，所节省的时间可用天文数字来计算。汉语之功可谓大矣。

主张"拿来"、提倡"送去"，季羡林为我们树立了榜样。他在治学方面身体力行，拿来了"德国的彻底性"，抓住一个问题终身不放，达到了常人难以企及的高度；他极力发掘中国的和东方的"天人合一"思想、"和为贵"理念，主张送去，用以济西方的"征服自然""物竞天择"之穷，乃至创造更高层次的人类文明，表现出一位学术大师拯世救人的情怀。

国学热燕园

1993年夏秋，"国学热"在北大校园悄然升温。8月16日，《人民日报》第三版刊登一篇通讯，题目是《国学，在燕园又悄悄兴起》，引起了国内外的广泛关注。

这一年六七月间，北大酝酿成立国学院。北大传统文化研究中心为此开了一次座谈会，文科几个系的负责人同季羡林、邓广铭、任继愈、张岱年等先生商讨国学院的经费、人员等问题。季羡林发言说："只要国学院批准成立，经费不是大问题，如果学校不能解决，国学院是可以自己解决的，人员大部分可以由各系的教师兼职。"季羡林的话虽然平淡无奇，但可以看出他的心情是急迫的。可惜，那次座谈会没有形成一致的意见，筹建国学院的事也就延宕下来。这次座谈会还有点儿小花絮：会后大家去勺园就餐，邓广铭、季羡林、任继愈三位先生是山东老乡，他们说："就点咱们山东人的家常饭吧。"连忙吩咐厨房烙饼、剥大葱、上大酱。

转眼秋季已过，又有学生来找季羡林，想利用晚上的课余时间，请他讲一讲东方文化和国学问题。季羡林不知道有多少学生对此感兴趣，就劝他们找一个小一点儿的教室，能容纳百十人就行，可是同学们坚持要去电教大楼的报告大厅。报告会定在晚上7点，外边下着蒙蒙细雨，初冬的北京天气已渐渐寒冷，教室里还没有暖气。季羡林来到会场，发现有400多个座位的大教室早已座无虚席，走廊里站的是人，台阶上坐的也是人。人虽然多却秩序井然，鸦雀无声。据说5点多就有人来占座位。面对这些英姿勃发、求知若渴的青年学子，季羡林的眼眶湿润了。

为什么会出现这种情况呢？首先，季羡林认为，弘扬中华优秀文化是海内外中华儿女的共同愿望，提出这个口号顺乎人心，应乎潮流。中华民族有五千年光辉灿烂的文化，五色杂陈，头绪万端，弘扬什么呢？怎样弘扬呢？季羡林主张：我们要像韩愈所说的那样，"沉浸醴郁，含英咀华"，经过细细品味、认真分析，找出其中的精华，结合具体情况发扬光大之，以期有利于中国人民和世界人民的进步与发展。国学表面上是研究过去文化的，实际上它既与过去、又与现在甚至将来联系密切。我们不是都在谈论建设中国特色的社会主义吗？什么是"特色"？"特色"表现在什么地方？季羡林经过反复考虑，认为科技对发展生产力固然非常重要，万不可缺，但很难表现什么特色。特色最容易表现在精神文化方面，哲学、宗教、文学、艺术、伦理、道德、经营、管理都属于这个范畴。这些学问主要保留在"国学"中，其中不少是中华文化、中华智慧的结晶，它产生于中国的过去，其影响却延续到现在甚至将来，不仅影响到中国，而且影响到世界。

其次，季羡林认为，国学的作用不仅如此，而且能激发我们中华民族的爱国热情。爱国主义始终左右着我们民族的心灵。北大有光荣的爱国主义传统，弘扬爱国主义思想，激发爱国主义热情，也是今天国学研究的任务之一。

改革开放以后，由于真理标准的大讨论导致思想的解放，中国人的价值观念经历了重构的过程。青年学生头脑里有许多问号，他们要到外国人或者中国的古人那里去寻求答案，这是很自然的事。燕园里的"国学热"就是在这种情况下出现的。不仅仅是北大，在全国"国学热"也在渐渐升温。1994年10月22日，季羡林在中国亚非学会第四次会员代表大会上做报告，又一次谈到国学问题。他说：

> 北京大学从去年开始研究国学，我们过去有研究国学的传统，后来断了，尤其在"文化大革命"期间，国学是被打倒的东西、被认为是影响我们前进的绊脚石。我们东方文化是有些好东西，如中国古书上的一句话："己所不欲，勿施于人。"能做到这八个字，到共产主义也不过这个水平。类似这么精辟的话多得很。历史上讲宋太祖时赵普曾说过以半部《论语》治天下的话，有人说这是胡说八道，我看实际上用不了半部论语，有几句话就能治天下。我们中央领导同志号召大家要弘扬中华民族的优秀文化，这是很正确的。可是现在有人反对，说什么提倡新国学，其目的就是否定马克思主义，如一些书上就有文章反对东方文化、反对国粹、反对国学。最近《文汇报》开辟专栏，专门讨论国学问题，这很有意义。我觉得我们老祖宗有些话很有用，当然，我们不是把封建主义搬到社会主义里来，不是这个意思。昨天我接到一封来自通州运河中学的来信，运河中学是非常有名的学校，该校培养了很多有用的人才，1947年朱自清先生曾去该校讲学，现在又邀请我去讲学。该校通过研

究国学，通过弘扬中华民族的优秀文化来进行爱国主义教育，我觉得这种做法很好。当然，我们也不能说中国的文化都是精华，没有糟粕，不能那样说。问题是精华和糟粕是非常难分的，有时它还会变化。如孝敬父母的孝，到底是糟粕，还是精华？"五四"时代，孝一定是糟粕，毫无疑问；到了六七十年代，孝还是糟粕；可是到了今天，我们不是还提倡要孝敬父母和尊敬老人吗？我是不赞成《二十四孝》的，但孝敬父母，恐怕到了共产主义社会也得孝敬父母，因为父母老了，从人道主义也应该得到赡养和尊敬。所以说精华与糟粕有时是不易分清的。

从季羡林的报告不难看出，他是国学研究的积极提倡者，而不是盲目提倡者，燕园"国学热"确有他的一份贡献。他后来又提出了"大国学"的概念，这恐怕就是民间，乃至官方称他为"国学大师"的原因所在，可他本人却坚决拒绝这顶桂冠。这是后话。

不过，燕园的"国学热"并没有持续多久。

"怪论"种种

季羡林在学术上坚持与时俱进，坚决反对因循守旧。他站在学术的前沿，善于抓住一些新发现、新理论、新成果，同时对一些似有定论的学术观点，大胆挑战，提出重要的学术主张，表现出非凡的智慧。2007年，笔者编选《季羡林谈义理》这部书时，听他说过："对义理，我是个外行。外行有外行的好处。有些内行熟视无睹的问题，外行一眼就看出来了。"他在《学海泛槎》一书的总结部分，专门有《我的义理》一节，其中说道：

我在上面提到的我一生所写的许多文章中都讲到我不喜欢义理，不擅长义理。但是，我喜欢胡思乱想，而且我还有一些怪想法。我觉得，一个真正的某一门学问的专家，对他这一门学问钻得太深，钻得太透，或者也可以说，钻得过深，钻得过透，想问题反而会缩手缩脚，临深履薄，战战兢兢，有如一个细菌学家，在他眼中，到处是细菌，反而这也不敢吃，那也不敢喝，窘态可掬。一个外行人，或者半外行人，宛如初生的犊子不怕虎，他往往能看到真正的专家、真正的内行所看不到或者说不敢看到的东西。我对于义理之学就是一个初生的犊子。我决不敢说，我看到的想到的东西都是正确的；但是，我却相信，我的意见是一些专家绝对不敢想，更不敢说的。从人类文化发展史来看，如果没有绝少数不肯受钳制，不肯走老路，不肯故步自封的初生犊子敢于发石破天惊的议论的话，则人类进步必将缓慢得多。当然，我们也必须注意常人所说的"真理与谬误只差毫厘"、"真理过一分就是谬误"。一个敢思考敢说话的人，说对了了不得，说错了不得了。因此，我决不能任意胡说八道。如果心怀哗众取宠之意、故作新奇可怪之论，连自己都不信，怎么能让别人相信呢？我幸而还没有染上这种恶习。

季羡林最著名的怪论是东西文化"河东河西"论，前文做过介绍。对于此"怪论"，许多人已经见怪不怪了。他的其他重要的"怪论"还有几例，不妨介绍一下：

一、汉语语法研究必须改弦更张

世界上的语言种类繁多，至今没有一个公认的"科学"的分类方法。汉语是同西方印欧语系截然不同的语言，这是举世公认的事实。而研究汉语语法的方法，使用的却是研究印欧语言的那一套方法，始作俑者是马建忠的《马氏文通》。那部书的开创之举当然功不可没，可是没有分清汉语与西方语言的根本不同。汉语不同于西方语言是显而易见的：汉语只有单字，没有字母，单字或以单字组成的词没有任何变化。西方语言以单词为单位，有性、数、格、时、态、体的区别和变化；汉语词性难以确定，显得模糊，西方语言词性明确。于是自"五四"以来，就有人主张对汉语进行改革，鲁迅、胡适均持这种意见。汉语中本来有个表示第三人称的"他"字，"五四"时期又造了个"她"、"牠"、"它"，分别表示女性、中性等，"他"就专指男性。以后我们继承下来了，但也有毛病，不如就用一个"他"字，比方"他们"，里面有男有女，怎么办？再如，鲁迅20世纪20年代的译作，常出现"历史底地"之类的词，感到不知所云。其实，"历史"英文是 history，是名词，historical 是所属格，加个"底"字表示，historically 是副词，于是再加"地"字，就成了"历史底地"。这样的语言改革简直成了笑话，现在没有人再提了。对汉语进行语法分析的那一套理论，是借用西方那种有形态变化的语言的方法，这条路迟早会走不通的。汉语妙就妙在"模糊"上，比如韩愈的《谏迎佛骨表》中说："人其人，火其书"第一个"人"字，本来是名词，在这里却是动词，"火"字也一样；再如《阿房宫赋》里的"六王毕，四海一"，"一"本来是数词，这里成了动词，就是"统一"。因为世界上没有什么绝对清楚纯粹的东西，故有新兴"模糊学"的兴起，为人们观察错综复杂的现象提供了崭新的视角，也为世界文化的进步与发展提供了新的契机。应该建立汉藏语系（藏缅语系）比较语言学，从这个语系语言自身的特点出发，研其特有的规律。

二、中国通史必须重写

中华民族是最重视历史的民族，长达几千年的历史都有连续不断的文字记载，而且不止一种。正史之外还有野史。通史也自古就有。虽然不能说史籍记载的全是事实，但中华民族是一个讲究实事求是的民族。近代以来，有些学者写了一些《中国通史》，根据丰富的史料，观点则见仁见智。20世纪五六十年代写成的通史，相当一部分内容是"苏联版"的，不符合中国的实际情况；后来又受到极"左"思想的影响，"以论代史"而不是"以论带史"，况且这些"论"往往是教条主义的。

我们过去写通史，认为比较有把握的是最早从商代写起，这样我们的历史只有3000多年，无法同埃及、巴比伦甚至印度相比。近年随着考古工作的飞速发展，夏代的历史已经清晰，甲骨文已经相当成熟，其前必有一个漫长的发展过程。随着考古发现的进展，中国的历史应该大大向前追溯。

原来学界认为中国文化的发祥地在黄河流域，考古发掘的结果告诉我们，长江流域的文化发展决不可忽视，也是中国文化发祥地之一。否则，怎么可能产生《楚辞》这样的高水平的文章？长江流域之外，在南方许多地方还发现了文化遗址，所以我们不能再走过去写历史的这一条老路。

三、中国文学史必须重写

20世纪以前，中国没有专门的文学史。新中国成立前受到外来影响，出了几种中国文学史，内容基本一致，水平参差不齐。新中国成立以后，来自苏联的教条主义理论，一时被奉为金科玉律；我们自己也创造了一些"土教条"，贴标签。评价文学作品一味强调"政治标准"，忽视"艺术标准"。从近几十年出版的影响较大的中国文学史中不难发现：论述一个作家或一部作品的政治性或思想性时，不惜工本，连篇累牍，侃侃而谈，难免牵强附会；一旦谈及艺术性，则缩手缩脚、畏首畏尾、敷衍了事。此通病也。艺术性是文艺作品的灵魂。衡量一部文艺作品，艺术性决不应忽视，甚至无视。如果缺乏艺术性，思想性再好、再高也无济于事，因为这样的作品读者是不接受的。有一些文学作品，思想性很模糊，但艺术性极高，照样流传千古，李商隐的许多无题诗就是例证。可惜几十年来，我国的文学史忽视了这一点，这样的文学史是不行的。因此，应该重新改写中国文学史。

四、美学研究需要根本转型

中国古代美学思想丰富多彩，可惜没有形成体系。近代美学是从西方传入的"舶来品"。

新中国成立以后，美学逐渐发展成为显学，各种流派争论不休，争论的焦点在于美的性质：美是主观的？还是客观的？还是主观、客观相结合的？实际上，我们是跟在西方学者后面，走进了误区，走进了死胡同。何以见得？从语言学的角度分析"美"这个词的词源，就会发现中国的"美"不同于西方的"美"。按照西方语言，"美学"这个词的词源与人的感官(sense organ)有关。所谓人的感官，无非是眼、耳、鼻、舌、身。可是，西方的美学家只讲眼和耳，美术、雕塑、建筑属于前者，而音乐属于后者。中国则不然，中国的"美"，词源学上的解释，如《说文》："美，羊大也。"羊长大了，肉好吃，就称为美。这与人的什么感官相联系呢？主要是舌头，再加上一个鼻子。中国还有什么"美酒""美味佳肴""美食家"之类。这在西方都不能用"美"来表达。因为西方的"美"不包括舌头和鼻子的感受。英文的美 beautiful，这个词可以形容人，但不可以说菜，不可以说面包。中国学者讲美学，不讲中国的"美"，岂非咄咄怪事？要走出误区，美学研究必须根本转型，大破大立，另起炉灶，吸收中西两方的长处，不全面的地方加以纠正和补充，建立起自己的美学理论框架。

五、中国文艺理论需要开辟新天地

最近七八十年，在世界范围内，各种各样的文艺理论层出不穷，国际文艺论坛吵吵嚷嚷，甚是热闹，独独少了中国的声音。于是，有人形象地说：中国患了"失语症"。原因何在？原因固然很多，其中最主要的是"贾桂思想"作怪。京剧《法门寺》里有一个角色名叫贾桂，是个典型的奴才。人家让他坐下，他说："站惯了。"有贾桂思想的人，总觉得自己事事不如人，没有勇气，也没有见识，把老祖宗的好东西也丢得一干二净。其实我们中华民族有悠久的历史，历史上有水平极高的文艺理论宝库，不过这种文艺理论是植根于我们综合的思维模式，与西方分析的思维模式形成的文艺理论截然不同。西方面对一部文艺作品，或者是一件艺术品，拿手好戏是拿起解剖刀来，把它切成小块，条分缕析，搞得支离破碎，然后再用各式各样的"理论"加以解释或表达，加上不知多少抽象名词，弄得眼花缭乱，如同雾里看花。我们则截然不同，面对一位作者，或者一部作品，先要反复玩味，将其精要烂熟于心，然后用最鲜明、生动而又凝练的语言总体评价之。读者就是根据这样的总体评价，认同这位作者或是这部作品的。这类例子不胜枚举：如"清新庾开府，俊逸鲍参军"，是说庾信的文章特点是清新，鲍照的特点是俊逸。还有，李白是"飘逸豪放"，杜甫是"沉郁顿挫"。中国古代文艺理论书不多，刘勰的《文心雕龙》和钟嵘、司空图各有一部《诗品》，都值得读一读。还有一些《诗话》，内容丰富，门派繁多，议论蜂起，什么"神韵说""性灵说""肌理说""境界说"等等，往往简简单单几句话，内容却包罗万象，也值得研究和继承。总之，我们的文艺理论并非没有什么"话语"可说,之所以在世界上"失语",其原因一是欧洲中心主义作祟;二是我们自己腰板挺不直,被国外那些五花八门的"理论"弄昏了头脑。我们有悠久雄厚的基础,只要多一点自信,少一点自卑,是大有可为的,也决不会再"失语"下去的。但是兹事体大,绝不是一蹴而就的事,我们必须付出艰苦的劳动,多思考,勤试验,在不薄西方爱东方的思想指导下,才能为世界文艺理论开辟一个新天地。任何掉以轻心的做法都是绝对有害的。

悲欢二月兰

季羡林居住的 13 公寓在北大朗润园的北端。楼前是一池碧波荡漾的湖水,湖岸垂柳依依。西侧,湖山环抱间有一条曲折的幽径,季羡林每天去外文楼上班,走的就是这条小路。东侧,与专家招待所之间是一座很不起眼的小土丘,最初只不过是几米高的一个土堆,上面长满野草。当年形而上学盛行,经常"打扫卫生",全楼的居民都被召唤出来拔草,不是"绿化",而是"黄化"。20 世纪 70 年代后期,挖出湖底的淤泥把土丘堆高了一两米,这样就颇有一点儿"山"势了。东头的苍松,西头的翠柏,一年四季郁郁葱葱。中间有一棵榆树,从树龄来看,可算是松柏的曾孙,也枝干繁茂,高枝直刺蔚蓝的晴空。季羡林工作累了的时候,经常到湖边走走,登上土山望望。美丽的风景和凉爽的风,把他的疲倦一扫而空。

不知道从什么时候起,季羡林注意到小山上不仅有野草,还有一种春天开得最早的野花——二月兰。二月兰又叫诸葛菜,是北京常见的野花。早春,连翘和碧桃还在含苞待放的时候,二月兰就开花了。它植株高不盈尺,花朵不大,十字花形,紫白相间,没有什么特异之处。如果只有一两棵,在百花丛中,决不会引起任何人的注意。但是它却以多胜出。每到杨柳刚刚绽出嫩芽,它便绽开了小花,最初只有几朵,但是一转眼,一夜之间仿

季羡林与满山的二月兰

佛就能变成百朵、千朵、万朵。这种野花也有大、小年之别，碰到小年，只在小山前后稀疏地开上那么几片；遇到大年，则在山前山后开成一片片，就像发了狂一样。"怒放"的"怒"字真是奇妙无比，而二月兰一"怒"，从土地深处吸来一股原始动力，一下子把花开遍燕园，开遍北京的街巷田野，紫气直冲云霄。

季羡林在燕园住了几十年。最初，他并没有特别注意这种小花。1991年春天，恰恰是二月兰开花的大年，他蓦然发现，从楼旁小土山开始，走遍整个校园，目光所及之处，无不有盛开的二月兰，宅旁、篱下、林中、山头、土坡、湖边，只要有空隙的地方，都是一团紫气，间以白雾，开得淋漓尽致，气势非凡。

这时候，一些同二月兰有关联的回忆涌上季羡林的心头。原来很少想到的或根本不曾想到的事情，现在想到了；原来认为十分平常的琐事，现在显得十分不平常了。他一下子清晰地意识到，这种十分平凡的野花竟在自己的生命中占有重要的地位。他真有点儿吃惊了。

"人有悲欢离合，月有阴晴圆缺，此事古难全。"季羡林的悲欢离合，确实同二月兰有难解难分的联系。唐人诗句说得好，"年年岁岁花相似，岁岁年年人不同"啊！

看到二月兰，季羡林最先想到的是老祖。老祖已于1989年春天病故，当年她活着的时候，每当二月兰开花，她就拿一把小铲，带一个黑书包，到成片的二月兰旁青草丛里去寻找荠菜。只要看到她的身影在二月兰的紫雾里晃动，季家午餐或晚餐的餐桌上必会弥漫着荠菜馄饨的清香。老祖是一位了不起的坚强女性，她在季家最困难的时候嫁给季羡林的九叔做"填房"，帮助季羡林的夫人彭德华伺候老的，拉扯小的，度过了10多年战乱的岁月。九叔病故以后，她和彭德华来到北大，27年间，她每天操持家务，把家里安排得井井有条。季家四代同堂，从来没有吵过架，总是充满浓浓的亲情，是一个令人羡慕的家庭。在季羡林一生最倒霉的时候——"十年浩劫"中，家被抄，被打成了"反革命"，有很长一段时间每天去接受监督劳动，还随时准备着被红卫兵押解到什么地方去"批斗"，坐"喷气式"，经常被打得鼻青脸肿。虽然明知正义在自己手中，可是那年月是非颠倒，他呼天天不应，叫地地不灵，一腔义愤，满腹委屈，无处倾诉。然而一回到家里，老祖和他的夫人，在每人每月只能得到十几元钱生活费的情况下，殚精竭虑，弄一点儿好吃的东西，希望能给他增加一点儿营养，更重要的是希望能给他增添一点儿安慰，鼓励他坚持活下去，等待春天的来临。

季羡林又想到自己的爱女婉如，她也在1992年夏季故去了。当婉如还活着的时候，她每次回家，只要二月兰正在开花，她离开时总是穿过左手是二月兰紫雾，右手是湖畔垂柳绿烟的小径，匆匆忙忙走去，把老父亲的目光一直带到湖对岸的拐弯处。婉如总是忙于设计院的工作，除了工作她还有自己在和平里的小家，也有忙不完的家务。她平时很少回来，可是在老父亲成为"不可接触者"的那几年，婉如有意约上弟弟延宗（季承）尽可能多回家看看，让老人家享受一点儿亲情的欢乐。还有那几只憨态可掬的小猫，依偎在主人的身旁，它们不懂哲学，分不清两类不同性质的矛盾，从来没有表态要同季羡林划清界限。所有这一些极其平常的琐事，都给季羡林带来了无限的安慰。尽管窗外千里冰封，斗室内却是暖意融融。在坚冰围困的季节，这一点儿暖意支撑着他，走过了人生最艰难的一段路，没有坠入深渊。再后来，婉如退休了，她有时间回家来了。可是不久就得了不治之症，早早地撒手走了，给父母留下了不尽的思念和哀伤。

虎子

季羡林还想到山东来的小保姆杨莹。杨莹也同小山和二月兰结了缘。俗话说，近朱者赤，小杨没有虚度在老先生身旁的时光，读了不少唐诗宋词，她曾套用宋词写过三句话："午静携侣寻野菜，黄昏抱猫向夕阳，当时只道是寻常。"那时候季羡林家的小猫虎子和咪咪还在世，经常可以在二月兰丛里看到它们，一黑一白，在紫色中格外显眼。

所有这些琐事都是寻常到不能再寻常了。然而，曾几何时，老祖和婉如永远永远地离去了，杨莹回了山东老家，虎子和咪咪也不知钻到哪一个幽暗的角落，再也没有回来。老祖和婉如的走，把季羡林的心带走了，虎子和咪咪也忆念难忘。如今，阳光照样普照，二月兰依然怒放，可是人已不见了。此时此刻，美丽的画面成了无人的空镜头，老先生感到无边的寂寥和凄凉。回忆这些往事，如云如烟，原来是近在眼前，如今却如蓬莱仙山，可望而不可即了。

对于季羡林这样的心情和遭遇，二月兰一点儿都无动于衷，照样无休无止地开花。这又是二月兰开花的大年。在校园里，眼光所到之处，无不有二月兰的存在。二月兰是不会变的，世事沧桑于它如浮云；然而人和人的心情却是在变的，月月变，年年变。季羡林想学习二月兰，以不变应万变，能办得到吗？

"文革"结束，季羡林否极泰来，从"不可接触者"一下子成了"极可接触者"。到处听到的是赞美的言辞，到处见到的是亲切的笑脸。白天季羡林忙得马不停蹄，没有时间哀伤；

晚上一回到家，虽然老伴彭德华和儿子延宗（季承）还在，可是老祖到哪里去了？婉如到哪里去了？天地虽然照样朗朗，阳光虽然照样明媚，季羡林却感觉异样的寂寥与凄凉。

看见二月兰，季羡林既感到了欢乐，又感到了悲凉。他想，自己应该弄清楚，什么叫"悲"？又什么叫"欢"？是自己成为"不可接触者"时悲呢？还是成为"极可接触者"时欢呢？其实，没有老祖和婉如的逝世，这问题本来是一清二楚的；现在似乎悲欢难以分辨了。如果说，当年他没有意识到悲中有欢，现在他应该切实地意识到，欢中有悲了。呜呼，无可奈何，无可奈何！

其实，从这时起，季羡林的欢中之悲，才刚刚开始……

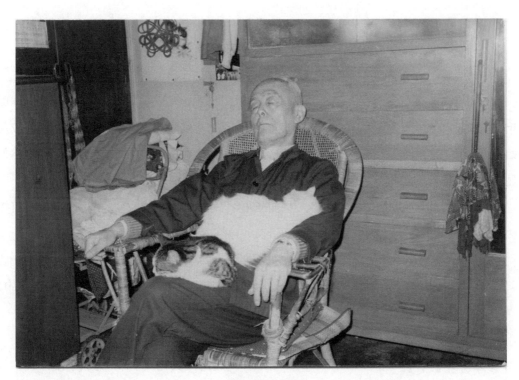

季羡林和他的爱猫

第二十一章

百年上庠

写作《牛棚杂忆》

1998年5月4日，北京人民大会堂灯火辉煌，北京大学正在这里隆重庆祝建校100周年，党和国家领导人亲临大会祝贺。西郊的燕园也是张灯结彩，旌旗招展，花团锦簇，校友如云，一个个喜气洋洋。随处可见的书摊上摆放着为纪念校庆出版的新书，其中有一本格外显眼，那就是季羡林的新作《牛棚杂忆》。

当时，改革开放已经过去十几年，中国的政治气候发生了根本改变。季羡林从"不可接触者"变成"极可接触者"，每天忙得不可开交，可是，他并没有忘记那一场劫难。

"文化大革命"结束后，季羡林一直在思考着一些问题，特别是在撰写《牛棚杂忆》时，考虑得更集中，更认真。那么他在思考一些什么问题呢？

第一个问题是：吸取了教训没有？

第二个问题是："文化大革命"过去了没有？

第三个问题是："无产阶级文化大革命"为什么能发生？

季羡林的回答是：这个问题太大，他自己不知所以。有没有能回答的人呢？其中有善意的，抱着科学的实事求是的态度，说一些真话；也有恶意的，歪曲事实，造谣诬蔑，把一池清水搅浑。虽然说"蚍蜉撼大树，可笑不自量"，但是毕竟不是好事。

《牛棚杂忆》手迹

马识途(季羡林曾为他的《沧桑十年》作序说:"马识途'棚友'的经历同我是不同的,他是老革命,是著名的作家。他在牛棚中的经历,同我大同而小异,殊途而同归。他肯写出来,对我来说,实如空谷足音。")

在对以上问题进行严肃认真的思考以后,季羡林下决心把这本书写出来,尽管是在北大"牛棚"这样一个极为狭窄的层面上,但他深信,一滴水中可见宇宙。

季羡林曾把《牛棚杂忆》说成是率尔之作,绝不是什么惨淡经营、愁苦构思的结果。他是凭着记忆,把脑海里的东西转移到纸上,当初并没有想到出版,只觉得几乎把自己的性命赔上的经历,一生只有一次,倘若任其飘散消逝,未免有点儿可惜,对不起自己。为了悲剧不再重演,这些用血和泪写成的文字,都是前辈们留给子孙后代的最可宝贵的财富。

布衣泰斗

季羡林出身寒微,尽管他名满天下,却从不忘本,经常说的一句话是"农民的小米养活了我"。他总是把自己当作普通劳动群众的一员,只要别人需要,他就毫不犹豫地伸出援手。因此,民间亲切地称他为"布衣泰斗"。

每天,这位七八十岁的老者身穿旧蓝布中山装,脚蹬圆口黑布鞋,推着一辆破旧的自行车,从公寓楼出出进进,怎么也看不出这是一位学界巨子。再到他家里瞧瞧,水泥地,大白墙,油漆斑驳的旧家具,再简单不过的木板床,盥洗室里的小木凳裂成了八瓣,用绳子捆着还在用,塑料桶里装着洗过衣服和蔬菜的水,留着冲厕所。一日三餐简简单单,素食为主,偶尔吃点儿牛羊肉。20世纪90年代,季羡林的夫人已经过世,儿子也不再回来,经常在家吃饭的是4个人:除了他还有保姆小张、小张上中学的儿子和每天过来帮忙的助手李玉洁。

季羡林家盥洗室裂成八瓣仍在使用的凳子

那年月"脑体倒挂"严重,季羡林每月工资扣除房租、水电费、燃气费,才剩下700元左右,一半付给保姆,一半用做生活费。好在他"爬格子"不时有些稿费,自己又非常节省,生活水平还不至于下降。2001年,小张得了肝炎,不宜再做家政工作,离开季家时,季羡林给了她1万元钱,那时候1万元是个不小的数目。

山东聊城在晚清出过一位热心办"义学"的奇人武训。赵丹主演的电影《武训传》曾一度受到批判。

20世纪90年代山东冠县出了位效法武训办学的义学痴幺富江,当他办学遇到困境时,到北大来找季羡林。季羡林对他表示赞赏和支持,把纪念武训的题词"千古一人,柳林腾辉"交给他,幺富江受到很大鼓舞。

季羡林积极支持民间办教育。1994年,民办的北京圆明园学院招收了第一批学生,季羡林担任该院名誉院长,并为学院题词:

十年树木,百年树人,教育为立国之本,古有明训。纵观中国教育史,办教育总是两条腿走路。时至今日,民办教育的重要意义决不应再忽视。

他还为学院首届学生题词:

成为北京圆明园学院的一员,你将担负起历史大任和民族重托。

第二年,圆明园学院从革命老区招收了一批学生。季羡林记挂着这些孩子,冬天,他冒着严寒到学院为他们讲课。当时他感冒初愈,不顾医生的劝阻,穿着厚厚的棉大衣来到学院。讲课之后,他还和学生们在校园里合影留念。他说:"这些孩子是从老区来的,能到北京上学很不容易。我要见见他们,多给他们一些鼓励。"又说:"对于青年人来说,学习的目的不是为了个人,是为了建设我们的祖国。首先要把爱国主义摆在前面。一个人不爱国的话,就什么都谈不上。因此我希望受资助的学子们要明确自己的学习目的,要学好知识,做一个爱国、爱家乡的人。学成之后，为祖国、为家乡的建设贡献自己应尽的力量。"

中央电视台记者曾就圆明园学院资助老区学生的事采访季羡林。季羡林对记者说："我们圆明园学院坚持资助老区学生、始终关心革命老区教育事业的发展，为老区培养师资、培育人才，这是顺乎潮流，迎乎时代的。""学院之所以举办资助老区贫困学生的活动，主要道理在于从智力上帮助老区脱贫致富。老区过去在革命时期做出了极大的贡献，但由于历史上的种种原因，他们一直没有脱贫。贫困山区相对我们中国12亿人口来说，教育水平应该得到普遍的提高，提高一部分不行，一部分地区不行，一部分人也不行。要普遍提高的话，必须从年轻一代着手，就必须从老少边区特别是老区的青少年着手。当年他们的父母，或者祖父祖母为我们革命做过贡献，像人家那样的孩子就应该首先得到受教育的机会，通过教育提高他们的素质，进而加快老区科技致富、知识脱贫的步伐。这也正是我们圆明园学院资助老区学生的主要意义所在。"

季羡林当然不仅仅关心对青年一代的培养，下面，再来看看他同老铁匠和淘粪工人交往的故事。

山东省微山县有位盲人老铁匠，名字叫沈恒志。他从小喜欢听书看戏，虽然没有读过书，可是记忆力却很惊人。他在70多岁的时候，凭记忆把小时候听过的当时流传甚广的民间故事口述出来，由殷昭利、殷亮二人整理，书名叫《民间佚失故事集》，可惜没有一家出版社愿意出版。1996年，老铁匠托人找到季羡林，想请

季羡林与钟敬文

他帮忙推荐一下。季羡林说："这个忙应该帮，但我不是研究这个的，不能信口开河，最好还是听一听钟敬文先生的意见。"他把书稿转给钟先生。钟先生是北京师范大学教授、民俗学和民间文学专家。他看了书稿很高兴，巴不得有这样的著作出版，立刻写了一篇序。季羡林知道了，说："既然钟先生说好，那肯定错不了。他写了序，我就提个书名吧。"他马上挥毫写下了《民间佚失故事集》七个大字。有了两位学界巨擘的推荐，老铁匠的书终于出版了。原来他被人讥讽为"老骨头发贱"，现在一下子成了当地的名人。这个二老荐书的故事一时

传为佳话。

也是在1996年,北京市评出一位"藏书状元",此人并非文化人,而是一位淘粪工人,名叫魏林海。季羡林是北大藏书状元,两位状元惺惺相惜。季羡林对他甚为钦佩,为他题词曰:"梅花香自苦寒来。"魏林海住在海淀区六郎庄,与北大是近邻。1997年,为庆祝香港回归,他与几位乡间书画之友筹划在自家西屋办一个书画展。他们想请一位名人写几个字,以便为展览壮声色,于是找到一位小有名气的画家,不料此人瞧不起这些种田的、淘粪的。魏林海一气之下,发誓要找大名人,鼓起勇气来见季羡林。季羡林立即欣然命笔,题写了"六郎庄农民书画展"横幅,字迹苍劲有力,韵味高雅古朴,为展览添彩不少。季羡林还为六郎庄的文化活动室题写了"文化乡村"的匾额。从此,他与魏林海结为忘年交。

学术道德

季羡林作为著名学者,他的治学可以用两句话来概括:板凳甘坐十年冷,文章不写半句空。他非常重视学术道德,把它称为"学术良心"。他在学术自传《学海泛槎》中,专门写了《学术良心或学术道德》一节。他说:

> 学术涵盖面极大,文、理、工、农、医都是学术。人类社会不能无学术,无学术,则人类社会就不能前进,人类福利就不能提高;每个人都是想日子越过越好的,学术的作用就在于能帮助人达到这个目的。大家常说,学术是老老实实的东西,不能掺半点假。通过个人努力或者集体努力,老老实实地做学问,得出的结果必然是实事求是的。这样做,就算是有学术良心。剽窃别人的成果,或者为了沽名钓誉创造新学说或新学派而篡改研究真相,伪造研究数据。这是地地道道的学术骗子。在国际上或我们国内,这样的骗子亦非少见。这样的骗局决不会隐瞒很久的,总有一天真相会大白于天下的。许多国家都有这样的先例。真相一旦暴露,不齿于士林,因而自杀者也是有过的。这种学术骗子,自古已有,可怕的是于今为烈。我们学坛和文坛上的剽窃大案,时有所闻,我们千万要引以为戒。
>
> 这样明目张胆的大骗当然是绝不允许的。还有些偷偷摸摸的小骗,也不能不引起我们的戒心。小骗局花样颇为繁多,举其荦荦大者,有以下诸种:在课堂上听老师讲课,在公开学术报告中听报告人讲演,平常阅读书刊杂志时读到别人的见解,认为有用或有趣,于是就自己写成文章,不提老师的或者讲演者的以及作

者的名字，仿佛他自己就是首创者，用以欺世盗名，这种例子也不是稀见的。还有人在谈话中告诉了他一个观点，他也据为己有。这都是没有学术良心或学术道德的行为。

我可以无愧于心地说，上面这些大骗或者小骗，我都从来没有干过，以后也永远不会干。

1993年6月6日，季羡林接受《走进崇高》杂志记者的采访，回答了他的治学方法和秉持的学术道德问题：

问：您是怎样做学问的？或者说怎样才能做好学问？

答：这个问题太大了。第一，要专心不二，要坐得住冷板凳。大千世界，五彩缤纷，刺激人欲望的事情太多了。但是要想做学问，就不能有太多的欲望，认准了你要研究的学问，就一心不二、拼全力地完成它。也许你几年内看不到战果，但你不必灰心，要百折不挠、持之以恒，坚持下去一定会有收获的。但是，我不同意所有的人都来做学问，那样我们就会饿死了；当然，我也不同意所有的人都下"海"经商，那样就会被商海淹没。国家是架庞大的机器，要正常运转，就要机件齐备，缺一不可，还要配合默契。总之，根据各人的条件，国家的需要，合理分工，各人都发挥其长，我们的国家才有长足的发展。

第二，要实事求是，不要弄虚作假。这就是说做学问要有老老实实的态度。知之为知之，不知为不知，是知也。不可强不知以为之。大学问家王国维说："《诗经》我总共懂不了50%。"他这是老老实实的态度，这才是一个真正的学者的态度，是值得尊敬的。现在如果有人说，《诗经》我全部读懂了，我说他是吹牛；如果有人说，我什么都会，我断言他是个大骗子。偷别人的研究成果为己有，东抄西凑，沽名钓誉，这样为国为人都没有益处，为自己也只能是炫耀一时，久之必败。古人做学问讲究"才、学、识"，我给增加了一个"德"，德就是真，就是诚，就是实，就是道德，不讲道德的治学是没有出息的。

问：三个战场同时展开又交叉进行，这样不会打断思路吗？

答：不。这好比磨刀，每换一个战场，等于磨了一次刀。我同时进行的战场往往是截然不同的，这边是刻板的文字，那边是丰富的想象，另一边是严密的考证。这样交叉进行可以使我大脑的兵力轮番休整互为补充，还有一个好处是，研究的课题不同，所用的资料也不同，不同的课题分别摆开就等于根据目标固定兵力，用起来既方便也节约了时间。这样不仅不能打断我的思路而且很快进入情况，投入战斗……

问：那么您酝酿、构思的最佳时间和环境是什么？

答：浪漫诗人拜伦每闻到烂苹果就灵感涌动、诗兴大发；而欧阳修视马上、枕上、厕上为构思诗文的最佳场所；我有我的新"三上"，即机（飞机）上、路上、会上。由于乘飞机的机会太多，养成了在飞机上写作、构思的习惯；自己漫步路上是思考问题的大好时机，常有灵感爆发，因此，我不希望别人陪我、送我；我兼职多，参加的会议多，而当今的会议套话、空话、形式太多，加之主讲人哼哼啊啊的口语，只用四分之一的听力就记住了会议的全部精神，其余四分之三就可以用以思考与写作了，久而久之，我一置身于会场就像拜伦闻到烂苹果的味道，思路格外活跃。记得一次在人民大会堂开会，灵感涌动，不写不快，可是进大会堂不准带包，身边无纸，急中生智，我就用请柬写，一张请柬的反正两面都写满了还没有写完，邻座的同志递过来他的请柬，并会心地一笑，我居然险些不好意思起来……噢，对了，你不要把这一习惯宣扬出去，大家都这样，众多的主持会者该来找我算账了！这是环境造成的习惯，我当了三十多年的系主任，每天要按时上班，社会活动又多，加之神经衰弱，早上不干点儿活，就没时间干活了。

问：季老，听说您很欣赏陶渊明的一首诗？

答：是的，十年浩劫之后，我成了陶老夫子的志同道合者。"纵浪大化中，不喜亦不惧，应尽便须尽，无复独多虑。"我现在就是抱着这种精神，昂然走上前去。只要有可能，我一定做一些对别人有益的事，决不想成为行尸走肉。今后无论遇到什么风雨，我都不愁不惧，我都会昂然前进的。

散文名家

季羡林是当代著名散文家。中学时代，他受胡也频、董秋芳等先生的影响和鼓励，开始文学创作，70 余年从未间断。季羡林的散文文如其人，情真意切而又朴实恬淡，天然本色中呈现繁富绚丽之美，这是匠心独运、惨淡经营的结果。他的《留德十年》《牛棚杂忆》一时洛阳纸贵，他的《赋得永久的悔》《清塘荷韵》脍炙人口，感人至深，《赋得永久的悔》曾获"茅盾文学奖"。1999 年，《季羡林散文全编》由中国广播电视出版社出版，钟敬文先生写诗赞曰："浮花浪蕊岂真芳？语朴情淳是正行。我爱先生文品好，如同野老话家常。"温家宝总理看望季羡林时说，季老的作品"如行云流水，叙事真实，传承精神，非常耐读"。乐黛云教授把季老散文的特点概括为"真情、真思、真美"，"三真"如同一条红线，贯穿季羡林几十年的散文作品。细品起来，季羡林散文不同时期的韵味又有所不同，20世纪三四十年代有晓风残月的沉郁，五六十年代有光风霁月的明朗，70年代以后如晨钟暮鼓般平和而动人心魄，这反映了不同时期他的人生经历和心路历程。季羡林谦逊地说自己是个教书匠，写散文是他的业余爱好，是客串。的确，季羡林的散文不同于许多专业作家，有其独到的特色。其不同之处何在？"庾信文章老更成，凌云健笔意纵横"，他的散文是东西方审美情趣兼收并蓄，是以广博学识底蕴为基础返璞归真。正如有人说，他大儒无声，他深水静流，说的固然是他的人格魅力，但文如其人，用以形容他的散文也恰如其分。季羡林曾在《〈赋得永久的悔〉自序》中"夫子自道"曰：

倘若有人要问："你追求的是一种什么样的文采和风格呢？"这问题问得好。我舞笔弄墨六十多年，对这个问题当然会有所考虑，而且时时都在考虑。但是，说多了话太长，我只简略地说上几句。我觉得，文章的真髓在于我在上面提到的那个"真"字。有了真情实感，才能有感人的文章。文采和风格都只能在这个前提下来谈。我追求的风格是：淳朴恬淡，本色天然，外表平易，秀色内涵，形式似散，经营惨淡，有节奏性，有韵律感，似谱乐曲，往复回还，万勿率意，切忌颟顸。我认为，这是很高的标准，也是我自己的标准，别人不一定赞成，我也不强求别人赞成。

季羡林的散文深受读者的欢迎，发行量很大。1980年，散文集《季羡林选集》由香港文学研究社出版，同年，散文集《天竺心影》由百花文艺出版社出版。1981年3月，散文集《朗润集》由上海文艺出版社出版。1986年《季羡林散文集》由北京大学出版社出版。进入90年代，1991年中国文联出版公司出版《万泉集》；1992年中国人民大学出版社出版《季羡林小品》、东方出版社出版《留德十年》；1995年百花文艺出版社出版《季羡林散文选集》；1996年，人民日报出版社出版《赋得永久的悔》、北京大学出版社出版《怀旧集》、浙江人民出版社出版《人生絮语》。此外他在报刊发表的新作难以统计。90年代后半期，各种各样的季羡林散文作品选本层出不穷，名目繁多，所收文章有新作也有旧文，排列组合，颇多重复。季羡林不赞成这种做法，多次下令"刹车"，但收效甚微。对广大读者来说，阅读季羡林散文是一种美的享受，知识的滋养，性情的陶冶和心灵的净化；对出版社来说，出版季羡

季羡林散文集《三真之境》书影

林散文是一种光赚不赔的买卖,何乐而不为?

改革开放以来,季羡林在繁忙的公务活动和教学科研之余,创作了大量散文佳作。比如,《梦萦红楼》《梦萦未名湖》《我和北大》《我的书斋》和《两行写在泥土地上的字》等等,记述他在北大半个多世纪的辛勤耕耘,读者可以感受到他人生的大起大落,经历的雨雪风霜,还可以欣赏燕园的四季美景;《二月兰》《园花寂寞红》《怀念西府海棠》《神奇的丝瓜》《幽径悲剧》《老猫》《咪咪》《咪咪二世》《喜鹊窝》等等,从写花草树木到小猫、小狗,读者可以感受到他对生命的关爱和同大自然的水乳交融,欣赏自然万物的春意盎然,生气勃勃;季羡林本来喜静不喜动,可是由于工作的原因,他频繁出差,留下《登黄山》《登庐山》《石林颂》《西双版纳赞》《游小三峡》《富春江上》《虎门炮台》《火焰山下》《洛阳牡丹》《延吉风情》《佛山心影》等作品,读者可以跟随他游历祖国的名山大川,激发爱国主义情怀;季羡林访问过世界上30多个国家,在访问印度、泰国、缅甸、日本、韩国、尼泊尔以及非洲后创作的散文作品,读者可以随他走一遭,领略异国风情,体验友好情谊;季羡林写了大量情真意切怀念师友的忆旧文字,读者可以结识中国近现代许多文化巨匠,如胡也频、陈寅恪、吴宓、郑振铎、老舍、沈从文、胡适、汤用彤、冯友兰、赵朴初、周培源、臧克家、李广田……大家云集,群星璀璨,如见其人,如闻其声;季羡林写了《寸草心》《一条老狗》,抒发对母亲早逝"树欲静而风不止,子欲养而亲不待"的终天之恨,对祖国母亲至诚至爱始终不渝的赤子感情,读者可以与他一起心动;季羡林写了大量谈论人生感悟的散文和杂文,对漫漫人生苦辣酸甜的真知灼见,对国家、人类未来的思考,读者奉之为真正的人生宝典……

八十述怀

1991年8月6日是季羡林80岁生日。这天晚上,北大电教大楼报告厅灯火通明,前来贺寿的师生人山人海,挤得水泄不通。这个大教室有400个座位,原计划300余人到会,谁知一下子来了600多人。门外和走廊摆满了花篮,台上的花束堆得像小山一样。季羡林嘱咐会议组织者：不要惊动高龄的朋友，比自己年长的一律不要请。可是86岁的冯至先生从城里赶来了，83岁的吴祖缃先生坐着轮椅来了，民盟中央副主席丁石孙先生来了，北京图书馆馆长任继愈先生也来了，还带来一副寿联：

履霜坚冰心忧天下，蒙以养正功在学林。

国学大师、北师大教授启功先生送来寿联：

懋著德言标学府，兼融华梵仰宗师。

中文系白化文教授献上贺联：

岱岳华颠，名高九译；宗师鹤寿，会集群贤。

前来贺寿的还有北外教授许国璋、新加坡作家周颖南等等，季羡林忙不迭下台迎接、搀扶年迈的老友，并把学生和朋友送的鲜花分送给来宾。他说："希望大家起码都活到80，超

1991年，北大举行庆祝季羡林80寿诞大会

过了更好！"

季羡林的学生、梵文学家蒋忠新代表校友向他献上《季羡林八十华诞纪念论文集》。他说，为避"私嫌"，他不便评说自己的恩师，只好借助一下别的学者的评论。他曾直接听一位同学讲："文革"中他们去范文澜先生处外调，范老说的第一句话就是："季羡林不能整，他是国宝！"

季羡林在热烈的掌声中答谢到会的和来函来电的朋友们，他说："我把大家对我生日的祝贺看作是对我的鞭策，我将努力工作，争取为人民再多做一些有益的工作。"

会上，来宾发表了热情洋溢的讲话。冯至先生回顾了北京解放初期，东语系和西语系在同一座楼上办公，他和季羡林朝夕相处的往事；石俊教授在发言中回忆早年师从季羡林学习梵文，他总结季先生治学的4大特点：精通西方而又力图超越西方；注意文化交流，即相互促进和提高；大处见小、小处见大，宏观见微观、微观见宏观的考据方法，从不孤立看问题；韧性战斗，老而弥坚，毅力惊人。他说，一个人能如此多能，实属罕见。

北大图书馆还在北大文库为庆贺季羡林80华诞举办了专题展览。

季羡林正值耄耋之年，此刻，他在想些什么呢？这一年元旦，他写了一篇散文，题目是《八十述怀》，文章开头说：

> 我从来没有想到，我能活到八十岁；如今竟然活到了八十岁，然而又一点也没有八十岁的感觉。岂非咄咄怪事！

接着，季羡林回忆自己50岁时，正值三年困难时期，流年不利，挨了一阵子饿，但比起在德国的经历来，根本不算什么，而且当时他的精神面貌是一生最好的时期；60到70岁时候，跨越"十年浩劫"，九死一生，然后有了充裕的时间，200余万言的印度古代史诗《罗摩衍那》得以翻译完成。仿佛又做了一场缥缈的春梦，一下子就到了80岁。是呀，这是一条短暂的路，又是一条漫长的路，季羡林当然要回头望望，他看见的情景是：

> 在灰蒙蒙的一团中，清晰地看到了一条路，路极长，是我一步一步地走过来的，这条路的顶端是清平县的官庄。我看到了一片灰黄的土房，中间闪着苇塘里的水光，还有我大奶奶和母亲的面影。这条路延伸出去，我看到了泉城的大明湖。这条路又延伸出去，我看到了水木清华，接着又看到了德国小城哥廷根斑斓的秋色，上面飘动着我那母亲似的女房东和祖父似的老教授的面影。路陡然又从万里之外折回到神

州大地,我看到了红楼,看到了燕园的湖光塔影。令人泄气而且大煞风景的是,我竟又看到了牛棚的牢头禁子那一副牛头马面似的狰狞的面孔。再看下去,路就缩住了,一直缩到我的脚下。

在这一条十分漫长的路上,我走过阳关大道,也走过独木小桥。路旁有深山大泽,也有平坡宜人;有杏花春雨,也有塞北秋风;有山重水复,也有柳暗花明;有迷途知返,也有绝处逢生。路太长了,时间太长了,影子太多了,回忆太重了。我真正感觉到我负担不了,也忍受不了,我想摆脱掉这一切,还我一个自由自在身。

回顾以往的经历,既然如此沉重,为何不向前看呢?季羡林感到,前面的路不是很长,也没有什么好看的地方。他想起了鲁迅的散文诗《过客》里面的那个过客。过客已经走了许多的路,他已经疲惫不堪,但是,他不能停下来,因为有个声音催促着他,一直朝前走。前面是什么地方呢?老翁告诉他,那里是坟墓;而小女孩儿告诉他,那里开着野蔷薇和野百合花。季羡林觉得,

季羡林的工作房间兼卧室

自己就是那个过客。虽然没有什么声音催促,可是自己非朝前走不行。前面既有坟,也有野蔷薇、野百合花。他的下一个目标是"相期以米","米寿"就是88岁。对于自己的寿命长短,他抱着一种顺乎自然的心态:

我现在就是抱着这种精神,昂然走上前去。只要有可能,我一定做一些对别人有益的事,决不想成为行尸走肉。我知道,未来的路不会比过去的更笔直,更平坦。但是我并不恐惧。我眼前还闪动着野百合和野蔷薇的影子。

事实已经证明,80岁以后的季羡林,本来到了颐养天年的时候,却进入学术研究的冲刺阶段,以异乎寻常的信心和毅力,攻克难关,勇于创新,取得了令世人震惊的成果。

《糖史》尚未完成，《弥勒会见记剧本》还在译释，他一如既往，倾其全力，奋斗不息。然而，他却连遭大故：81岁痛失爱女，84岁失去相濡以沫60多年的老伴。他虽然自称参透了人生，可怎能无动于衷呢？他只能把痛楚深深埋在心底，一头扎进书斋，每天"爬格子"不止。说到爬格子，不能不讲一讲季羡林冒险的经历，名之为《老翁逾窗记》亦无不可。那是1995年，季羡林已经84岁高龄，正处在平生写作的第二个高峰。为了他的皇皇巨著《糖史》，每天跑一趟北大图书馆，几达两年之久，风雪无阻，乐此不疲。6月9日，他照例4点半起床，到东边的书房中去写作。在埋头写作近两个小时后，看看表，已经6点多了。此时老伴去世已有半年多，没有人来喊他吃早饭。季羡林感到肚子饿了，该吃点东西了，早饭后还要参加马坚教授诞辰90周年的纪念大会。于是他放下笔，准备回西边屋吃饭去。可是不知谁从外面把门锁上了，怎么办？其实看看窗外，随便喊谁通知一声家里保姆来开门，问题就解决了，也可以随便喊人给学生打个电话，请他来打开房门。可是季羡林不想麻烦别人，他看到封了顶的阳台上有一扇玻璃窗可以打开，于是不假思索，立即开窗跳出。从窗口到地面约有1米8高，他一坠地就跌了一个大马趴，脚后跟有点儿痛，但他感觉没有大碍。实际上，旁边就是水泥台阶的角，如果脑袋碰上，后果真的不堪设想。当天上午他参加马坚教授诞辰90周年纪念大会，并讲了话，下午参加中法比较文化研究会建会5周年的纪念活动，他在李铮和乐黛云的搀扶下楼上楼下地参观展出的书籍。第二天他又到天津南开大学做报告，脚已经肿起来了。第三天才到校医院检查，左脚跟骨裂，医生问他为什么不早来治疗，他却以一笑作答。同事和学生知道了这件事，都心疼地批评他不该如此冒险。他自己也深以为然，在后来写的《老年十忌》一文中，把这件事写了进去，劝诫老年朋友且莫"不服老"。他说："人上了年纪，是一个客观事实，服老就是承认它，这是唯物主义的态度；反之，不承认，也就是不服老，倒几近唯心了。当然，服老不是什么都不做，只是应该量力而行，服老和发挥主观能动性是两回事。"近据报载，有人说老先生晚年真的患了"逾窗症"，这倒真令人匪夷所思了！

成功三要素

20世纪最后20年，季羡林名声显赫，是一位社会公认的成功人士。他撰写的谈人生经验或经历的文章频繁出现在平面媒体上，编辑而成的书籍在市场上也很热销。他写过一篇短文，标题是《成功》。文章开宗明义，写道："积七八十年之经验，我得到了下面这个公式：天资＋勤奋＋机遇＝成功。"他解释说："这个公式实在是过分简单化了，但其中的含义是清楚的。搞得太烦琐，反而不容易说清楚。"

谈到"天资"，季羡林说本来想用"天才"这个词，但天才是个罕见现象，其中不少是"偏才"，可惜古今中外参透这一点的人极少极少，更多的是自命"天才"。他们仿佛是从菩提树下金刚台上走下来的如来佛，开口便昭告天下："天上天下，唯我独尊。"这种人最多是在某一方面稍有成就，便自命不凡起来，看不起所有的人，一副"天才气"催人作呕。这样的人在社会上并不少见，他们是社会上不安定的因素。所以，他弃"天才"用"天资"。所谓"天资"，首先必须承认，人与人之间天资是不相同的，这是一个事实，谁也否认不了。

谈到勤奋，季羡林自有亲身感受，但他一个字也没讲，只是举一向为古人所赞扬的例子，如囊萤、映雪、悬梁、刺股等，流传千百年，家喻户晓。韩愈的"焚膏油以继晷，恒兀兀以穷年"，更为读书人所向往。如果不勤奋，天资再高也毫无用处。

谈到机遇，季羡林说，它往往被人所忽视，其实是存在的，而且有时影响极大。他以自己为例，6岁离开故乡到济南求学是一次机遇，1935年清华大学派他到德国留学又是一次机遇，如果没有这些机遇，他的一生完全不会像现在这个样子。

接着，季羡林具体分析以上成功三个要素中的"勤奋"。他说，天资是由"天"来决定的，我们无能为力。机遇是不期而来的，我们也无能为力。只有勤奋我们完全可以自己决定，我们必须狠下功夫。在这里，古人的教导也多得很，"业精于勤荒于嬉，行成于思毁于随"。这两句话大家都很熟悉。季羡林又引用王国维《人间词话》中的那一段名言："古今之成大事业大学问者必经过三种之境界。'昨夜西风凋碧树，独上高楼，望尽天涯路。'此第一境也。'衣带渐宽终不悔，为伊消得人憔悴。'此第二境也。'众里寻他千百度，蓦然回首，那人却在，灯火阑珊处。'此第三境也。"季羡林非常欣赏这一段话，早在40多年前，他就在《研究学问的三个境界》一篇文章中引用了这一段话，并进行详细的讲解。他认为，第二境即是勤奋，最为关键。所谓"勤奋"，既有人的躯体之苦乏，亦有心志之锤炼。就拿从事教育和科学研究的人来说，其中搞自然科学的，既要进行细致深入的实验，又要积累资料；搞社会科学的必须积累极其丰富的资料，并加以细致的分析和研究。在工作中，每个人都会遇到层出不穷、意想不到的困难，一定要坚忍不拔，百折不回，决不允许有任何侥幸求成的想法，也不容许徘徊犹豫，只有这样才能得到最后的成功。他说："我希望，大家都能拿出'衣带渐宽终不悔'的精神来做学问或干事业，这是成功的必由之路。"

对于终身从事教育工作的季羡林来说，拿出"衣带渐宽终不悔"的精神来做学问或干事业，这不仅是他的言教，更是他的身教。他以自己的实际行动为青年一代树立了光辉的榜样。1988年他在《季羡林自传》中写道："我记得，鲁迅先生在一篇文章中讲了一个笑话：

一个江湖郎中在市集上大声吆喝，叫卖治臭虫的妙方。有人出钱买了一个纸卷，层层用纸严密裹住。打开一看，妙方只有两个字：勤捉。你说它不对吗？不行，它是完全对的。但是说了等于不说。我的经验压缩成两个字是勤奋。再多说两句就是：争分夺秒，念念不忘。灵感这东西不能说没有，但是，它不是从天上掉下来的，而是勤奋出灵感。"他认为，时间就是生命，而且时间是一个常数，对谁都一样，谁每天也不会多出一秒半秒。对于研究学问的人来说，时间尤其珍贵，更要争分夺秒。1988年他在《如何利用时间》一文中，介绍如何"利用时间的边角废料"。因为要参加各种各样的会议和社会活动，没有完整的时间可用，他就挖空心思，在会前、会后，甚至在会中构思或动笔写文章；在飞机上、火车上、汽车上，甚至自行车上，特别是在步行时更是思考不停，充分利用时间的"边角废料"。

季羡林即使每天再忙，也要挤出一点时间读一点青年学生的作品。《北大校刊》上发表的文学作品，他几乎都要看。他对青年一代寄予无限的希望，希望他们成为一个成功者，他教育学生既要自己钻研，又要谦虚认真地向老师学习。他说，老师和学生一教一学，就好像是接力赛跑，一棒传一棒，老师是跑前一棒的人，学生要从老师手里接棒，一定会比老师跑得更快、更远，这就是"青出于蓝，而胜于蓝"。他又告诫学生天下万事万物，发展永无穷期，人外有人，天外有天，"老子天下第一"的想法是绝对错误的。他要求学生对老祖宗遗留下来的浩如烟海的文学作品，必须要有深刻的了解，最好能背诵几百首旧诗词和几十篇古文，蕴含于心中，低吟于口头，这对于文学创作和人文素质的提高都有极大的好处，不管将来是教书、研究、经商、从政，还是从事文学创作，都是如此。对外国优秀文学作品，也必须下一番功夫，精练揣摩，对于提高文学修养决不可少。如果能做到这一步，则必然能融会中西，贯通古今，创造出更新更美的作品。他还经常引用宋代大儒朱熹的一首诗：

少年易老学难成，
一寸光阴不可轻。
未觉池塘春草梦，
阶前梧叶已秋声。

季羡林认为，这首诗不但对青年有教育意义，对老年人也同样有教育意义。光阴，对青年和老年都是转瞬即逝，必须倍加爱惜。"一寸光阴一寸金，寸金难买寸光阴"，这是古人留给我们意义深刻的话，必须牢记在心。

季羡林成功的秘诀除了勤奋之外，还在于终生学习。他在 1990 年 11 月为《学者论大学生的知识结构与智能》一书作序时说：

> 人的一生是一个学习过程。大学或研究院毕业，只是这个过程的一个阶段的结束，而绝不是学习的终结。我们还要继续学习下去的，一直到不能学习的那一天。我们终生的座右铭应该是：锲而不舍，持之以恒，老而不已，学习终生。

百年校庆

1998 年是北京大学建校 100 周年。这种算法是从北京大学的前身京师大学堂开始的，京师大学堂是戊戌变法遗留下来的为数不多的遗产之一。另外还有一种意见，认为北大的历史应该从汉代的太学算起，可是这种意见不是主流。

那年春季，北京大学校庆的各项活动相继展开。季羡林为校庆两次题词，一次是：

> 北大之风，山高水长。

另一次是：

> 巍巍上庠，世纪风云。

什么意思呢？笔者以为，季羡林为郝平著《北京大学创办史实考源》所写序言中的一段文字，可理解为是对他的题词含义的诠释。他说：

> 按照目前流行的计算法，今年是北京大学的百年校庆。这在北大无疑是一件大事。在全中国，无疑也是一件大事。在这样吉祥喜庆的日子里，郝平同志把他这一部心血凝成的《北京大学创办史实考源》拿出来献给学校，献给全校的师生员工，献给遍布在全世界各地的，在不同的工作岗位，作出了不同贡献的北大校友们，真可以说是锦上添花之举。我相信，这一部书一定会受到大家的热烈欢迎。
>
> 我在这里还想加上一段绝非"多余的话"。我在很多地方都说过：中国知识分子是世界上最好的知识分子。他们最突出的特点是爱国主义。例子不用到远处去找，

在我上面讲到的"学统"中，在北大遥远的"前身"中就有。东汉太学生反对腐朽的统治，史有明文，绝非臆造。这个传统一直传了下来，到了明末就形成了顾炎武在《日知录》中所说的："保天下者，匹夫之贱，与有责焉耳矣。"后来演变成了"天下兴亡，匹夫有责"。北京大学创办以后，一百年来，每到中国在政治上和文化上的关键时刻，北大师生，以及其他大学的师生，就都挺身而出，挽救危亡。"五四运动"就是最好的证明。一直到中华人民共和国建国以后，——这一段历史占了北大百年历史的一半——北大师生爱国之心未曾稍减，此事可质诸天日，无待赘述。

4月20日，北京国林风图书中心与北京大学联合举办"北京大学迎百年校庆暨国林风·未名读书文化节活动"和"影响中国20世纪历史进程的重要文献"展览，季羡林为展览揭幕。在校庆日前后的40多天里，季羡林忙于参加各种各样的纪念活动，上镜23回，接受采访200余次，接待来访者不计其数。

4月29日，中共中央总书记、国家主席江泽民亲临北京大学祝贺百年校庆，并与师生代表座谈。季羡林受文科教授推举，出席座谈会并在会上发言。江泽民对季羡林拱拱手说："季老，久仰大名，如雷贯耳，今日一见，三生有幸。"季羡林在会上说："北大和清华，是中国的牛津、剑桥，双峰并立。周总理来过北大多次，可他不是国家元首。作为国家元首，毛主席没有到北大来。以国家主席的身份到北大来，你江泽民是第一人，可以载入校史。"接着，季羡林提出两条意见，一条意见是要文理并重，不要重理轻文。他说："重理轻文，从我小时候就重理轻文，那时候省里面考留学生就没有文科。"另一条意见是要防止人才流失。他说，一个人从小学读到大学毕业，得花多少钱？这钱表面上是私人的，实际上也是国家的。结果毕业一分配，该发挥作用了，走啦。到美国不是肉包子打狗吗？一去不回头。要想办法留住人才。据当时在场的同志回忆，季羡林在发言中还说："中国的知识分子，物美价廉，经久耐用，不止我一个，都这样。"其实，季羡林如此呼吁，目的就在于要求增加对教育经费的投入。

江泽民对季羡林提出的文理并重、增加教育经费投入的意见十分重视，他在1998年5月的一次讲话中强调人文社会科学与自然科学同等重要。不久，高校985规划出台，对高校文科的支持力度明显增强。

5月4日，北京大学在人民大会堂庆祝建校100周年，党和国家领导人江泽民、李鹏、朱镕基、李瑞环、李岚清等出席庆祝会，江泽民发表讲话，向全国大学生和各界青年提出4点殷切的希望。这一天的《人民日报》海外版发表周汝昌先生的诗作《读季羡林先生为北京大学百年题词贺文感赋寄呈》：

黉府巍巍讵上庠，风云世纪饱沧桑。
列星文史成经纬，北斗奎枢拱耿光。
材育百年神旧羡，薪传六艺体新量。
京师谓大学为本，念我中华举寿觞。

戊寅谷雨佳日八旬盲叟周汝昌

北大百年校庆，还有一件事需要提及：就是季羡林对北大光荣传统的论列，较之10年前又有所发展。他在这一年7月6日为肖超然著《巍巍上庠 百年星辰》一书作序时写道：

我认为，谈论北大的优良传统，离不开中国知识分子的优良传统，因为北大的教师和学生都是知识分子。几千年来，知识分子——也就相当古代的"士"——一经出现，立即把传承中国文化的重任压在自己肩上。不管知识分子有多少缺点，他们有这个传承的责任，这个事实是谁也否定不掉的。世界各国都有知识分子，既然同称知识分子，当然有其共性。但是，存在决定意识，中国独特的历史环境和地理环境决定了中国知识分子的根深蒂固的爱国主义思想，这个事实也是无法否定的。

专就北大而论，在过去的一百年内，所有的拌击邪恶、伸张正义的大举动，北大总都是站在前排。这就是最具体不过的，最明显不过的爱国主义思想的表现，连一般人认为是启蒙运动的"五四运动"，据我看，归根结底仍然是一场爱国主义运动。引进"德先生"和"赛先生"只是手段，而不是目的，其目的仍在振兴中华，爱我国家，其他众多的运动，无不可以作如是观。

同爱国主义有区别但又有某一些联系的，是古代常讲的"气节"，用通俗的话来讲，就是"硬骨头"，刚正不阿，疾恶如仇，也就是孟子所说的："富贵不能淫，贫贱不能移，威武不能屈。"……而北大在这方面确又表现很突出，很鲜明，很淋漓尽致，所以我只能这样讲。

坐拥书城

季羡林一生的主要活动可以用6个字来概括：读书、教书、写书，总之离不开书。书籍

是季羡林生命中不可缺少的组成部分,且听他的"夫子自道":

> 我是一个最枯燥乏味的人,枯燥到什么嗜好都没有。我自比是一棵只有枝干并无绿叶更无花朵的树。
>
> 如果读书也能算是一个嗜好的话,我的唯一嗜好就是读书。
>
> 我读的书可谓多而杂,经、史、子、集都涉猎过一点,但极肤浅,小学中学阶段,最爱读的是"闲书"(没有用的书),比如《彭公案》《施公案》《洪公传》《三侠五义》《小五义》《东周列国志》《说岳》《说唐》等等,读得如醉似痴。《红楼梦》等古典小说是以后才读的。读这样的书是好是坏呢?从我叔父眼中来看,是坏。但是,我却认为是好,至少在写作方面是有帮助的。

季羡林读中学时,省吃俭用,通过邮购的方式购买外文图书;读大学和在海外留学时,有时饿着肚子也要买书。他说:"古今中外都有一些爱书如命的人,我愿意加入这一行列。"

季羡林藏《全唐文》,清嘉庆间内府刻本

季羡林6岁离开官庄老家的时候，家里没有一本书。35岁从海外归来，所带行李唯有6大箱书，如此日积月累，书越来越多。虽然经历"十年浩劫"，季羡林的藏书并没有受到太大损失。在北大朗润园13公寓季羡林家中，两套单元房，包括客厅、卧室加上过厅、厨房，封了顶的阳台，大大小小8个房间，从地板到天花板，满满当当堆的全是书。册数从来没有统计过，大概总有几万册，其中一些梵文和西文书籍，堪称海内外孤本。在北大教授中，季羡林是公认的"藏书状元"。季羡林说："我的藏书都像是我的朋友，而且是密友。我的书友每一本都蕴涵着无量的智慧。我只读过其中的一小部分。这智慧我是能深深体会到的。"季羡林并非以藏书家自命，然而坐拥如此大的书城，他心里感觉美极了！他在书堆中一坐，便忘记了尘世间的一切不愉快的事情，怡然自得。世界之广，宇宙之大，仿佛只能容得下他和他的书。窗外粼粼碧水，依依垂柳，阳光照在玉兰花的肥大的绿叶上，他都一概视而不见，连他平常喜欢的鸟鸣声也听而不闻了。

书籍给季羡林以知识和智慧，快乐和希望，也给他带来麻烦，甚至灾难。先说麻烦，书多了，用起来固然方便，但他没有时间和精力整理和管理，有时用起来反而不便。他并不是一个不爱清洁和秩序的人，但是，因为事情头绪太多，脑袋里考虑的学术问题和写作问题太多，而且每天都收到大量的书籍、报刊和信件，转瞬之间就摞成一摞。在此情况下，需要看某一本书，往往是遍寻不得，"只在此屋中，书深不知处"，急得满头大汗，也是枉然。他只好到图书馆去借，等到把文章写好了，把书送还图书馆，无意之间在一摞书中，竟找到了原来要看的书，可谓"得来全不费工夫"，然而晚了，工夫早已费过了，弄得他哭笑不得。等到要用另一本书时，又重演一次这出喜剧。再说灾难，在"文化大革命"中，季羡林以收藏封资修书籍的罪名挨过批斗。1976年唐山地震时有人提醒他，家里书太多，夜里万一有什么情况，书会封住逃生的出路，可是那种万一的情况并没有发生。季羡林爱书如命，经常自己购买，加上各方朋友赠送的书籍越来越多，几间房子全被填满了。

季羡林的藏书虽多，但他进行科学研究这点儿书远远不够。他搞的专业是冷门中的冷门，全国没有任何图书馆能满足需要，哪怕是最低限度的需要。有些科研项目往往因为缺少必要的书刊而搁浅，他的抽屉里就积压了不少无法写完的稿子。他有时跟朋友开玩笑说："搞我们这一行，要想有一个满意的图书室简直比搞四化还要难。全国国民收入翻两番的时候，我们也未必真能翻身。"

话虽这样说，可是图书馆的藏书对季羡林的科研工作仍然帮助很大，尤其北大图书馆。对季羡林帮助最大的还是北大图书馆。北大图书馆藏书为全国大学之冠，虽然没有多少梵文方面的藏书，但佛教史、中印文化交流史方面的图书还是不少，他需要的资料基本上都能找到。回国之初，他在搞好行政和教学工作外，一有时间就到图书馆潜心默读，不久就写出了几篇有分量的学术论文。北大从红楼迁到燕园，季羡林仍然是图书馆常客，后来图书馆最终被封闭。图书馆重新开放之后，季羡林又开始频繁地进出图书馆。他认为一个第一流的大学，必须有第一流的设备、第一流的图书馆、第一流的教师、第一流的学生和第一流的管理，五个第一流缺一不可。而第一流的图书馆又显得特别突出。他常说，北大图书馆是全国大学图书馆的翘楚，这是北大人的骄傲。这里的藏书一部一册都来之不易，一页一张得之维艰，全体北大人必须十分珍惜爱护，让北大图书馆健康长寿。

　　有人问季羡林，在中国文学作品中哪些书是他最喜爱的？季羡林回答有10种，并发表了自己的见解。（一）司马迁的《史记》。它既是一部伟大的史籍，又是一部伟大的文学作品。平常所称的《二十四史》，尽管水平参差不齐，但是哪一部也不能望《史记》之项背。（二）《世说新语》。这是一部由许多颇短的小故事编纂而成的奇书，有些篇只有短短几句话，连小故事也算不上，但每一篇几乎都有几句或一句隽语，表面简单淳朴，内容却深奥异常，令人回味无穷。（三）陶渊明的诗。有人称陶渊明为"田园诗人"。从思想内容上来看，他颇近道家，中心是纯任自然，从文体上来看，他的诗简易淳朴，毫无雕饰，与当时流行的镂金错彩的骈文迥异其趣。（四）李白的诗。李白是中国文学史上最伟大的天才之一，在唐代以及以后的1000多年中，对李白的诗几乎只有赞誉，而无批评。（五）杜甫的诗。杜甫也是一个伟大的诗人，千余年来，李杜并称，但是二人的创作风格迥乎不同：李白是飘逸豪放，杜甫是沉郁顿挫，李白没有枷锁跳舞，杜甫戴着枷锁跳舞，二人的舞都达到了极高的水平。（六）南唐后主李煜的词。李后主后期词不多，但是篇篇都是杰作，纯用白描，不做雕饰，一个典故也不用，几乎都是平常的白话，老妪能解；然而意境却哀婉凄凉，千百年来打动了千百万人的心，在词史上岿然成一大家。（七）苏轼的诗文词。中国古代赞誉文人有三绝之说，三绝者，诗、书、画三个方面皆能达到极高水平之谓也，苏轼却至少已达到了五绝：诗、书、画、文、词，因此可以说，苏轼是中国文学史和艺术史上最全面的伟大天才。（八）纳兰性德的词。中国词的创作到了清代又掀起了一个新高潮，名家辈出，在灿若列星的词家中，纳兰性德的词从艺术性方面来看，已经达到了完美的境界。（九）吴敬梓的《儒林外史》。此书的思想内容是反科举制度，它的特点贵在艺术性，吴敬梓惜墨如金，从不作冗长的描述，书中人物众多，各有特性，只讲一个小故事，或用短短几句话，活脱脱一个人就仿佛站在我们眼前，栩栩如生，这种特技极为罕见。（十）曹雪芹的《红楼梦》。在古今中外众多的长篇小说中,《红楼梦》是一颗璀璨的明珠,堪称状元,中国其他长篇小说都没能成为"学",而"红学"则是显学,读这样一部书,主要是欣赏它的高超的艺术手法,那些把它政治化的无稽之谈,是不可取的。

至于学术著作,哪几部对季羡林影响最大?季羡林认为是两位大师的著作:德国的海因里希·吕德斯,他的老师的老师;中国的陈寅恪,他的业师。他们都是考据大师,方法缜密到神奇的程度。吕德斯是世界公认的梵学大师,研究范围颇广,对印度的古代碑铭有独到深入的研究。印度每有新碑铭发现而又无法读通时,大家就说:"到德国去找吕德斯去!"可见吕德斯权威之高。吕德斯著作极多,那部中短篇论文集《古代印度语文论丛》是对他一生影响最大的著作之一。这书对别人来说可能极为枯燥,但对他来说却极为有味、极富灵感,读之如饮醍醐。陈寅恪的著作,特别是《寒柳堂集》和《金明馆丛稿》,使用考据方法,不说空话,无证不信,从一个不大的切入口切入,如剥春笋,每剥一层,都是信而有征,让你非跟着他走不行,剥到最后,露出核心,得出结论,让你恍然大悟,没有法子不信服。陈寅恪考证不避琐细,但绝不是为考证而考证,小中见大,往往含有极大的问题,他读陈寅恪的文章,简直是一种最高的享受。

1997年4月8日,季羡林写了一篇杂文,题目是《天下第一好事,还是读书》,文章说:

> 古今中外赞美读书的名人和文章,多得不可胜数。张元济先生有一句简单朴素的话:"天下第一好事,还是读书。""天下"而又"第一",可见他对读书重要性的认识。
>
> 为什么读书是一件"好事"呢?
>
> 也许有人认为,这问题提得幼稚而又突兀。这就等于问"为什么人要吃饭"一样,因为没有人反对吃饭,也没有人说读书不是一件好事。
>
> 但是,我却认为,凡事都必须问一个"为什么",事出都有因,不应当马马虎虎,等闲视之。现在就谈一谈我个人的认识,谈一谈读书为什么是一件好事。
>
> 凡是事情古老的,我们常常总说"自从盘古开天地"。我现在还要从盘古开天地以前谈起,从人类脱离了兽界进入人界开始谈。人成了人以后,就开始积累人的智慧,这种智慧如滚雪球,越滚越大,也就是越积越多。禽兽似乎没有发现有这种本领,一只蠢猪一万年以前是这样蠢,到了今天仍然是这样蠢,没有增加什么智慧。人则不然,不但能随时增加智慧,而且根据我的观察,增加的速度越来越快,有如物体从高空下坠一般。到了今天,达到了知识爆炸的水平。……

人类千百年以来保存智慧的手段不出两端：一是实物，比如长城等等；二是书籍，以后者为主。在发明文字以前，保存智慧靠记忆；文字发明了以后，则使用书籍。把脑海里记忆的东西搬出来，搬到纸上，就形成了书籍，书籍是贮存人类代代相传的智慧的宝库。后一代的人必须读书，才能继承和发扬前人的智慧。人类之所以能够进步，永远不停地向前迈进，靠的就是能读书又能写书的本领。我常常想，人类向前发展，有如接力赛跑，第一代人跑第一棒；第二代人接过棒来，跑第二棒；以至第三棒、第四棒，永远跑下去，永无穷尽，这样智慧的传承也永无穷尽。这样的传承靠的主要就是书，书是事关人类智慧传承的大事，这样一来，读书不是"天下第一好事"又是什么呢？

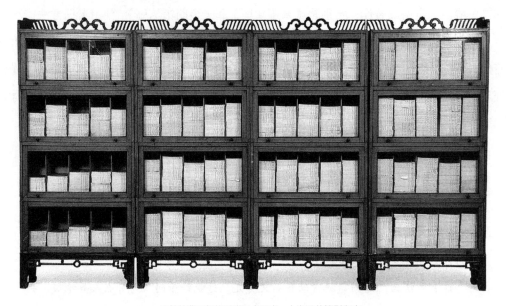

季羡林藏四部丛刊附二十四史，上海涵芬楼影印本

但是，话又说了回来，中国历代都有"读书无用论"的说法，读书的知识分子，古代通称之为"秀才"，常常成为取笑的对象，比如说什么"秀才造反，三年不成"，是取笑秀才的无能。这话不无道理。在古代——请注意，我说的是"在古代"，今天已经完全不同了——造反而成功者几乎都是不识字的痞子流氓，中国历史上两个马上皇帝，开国"英主"，刘邦和朱元璋，都属此类。诗人只有慨叹"可惜刘项不读书"。"秀才"最多也只有成为这一批地痞流氓的"帮忙"或者"帮闲"，帮不上的，就只好慨叹"儒冠多误身"了。

但是，话还要再说回来，中国悠久的优秀的传统文化的传承者，是这一批地痞流氓,还是"秀才"?答案皎如天日。这一批"读书无用论"的现身"说法"者的"高祖"、"太祖"之类,除了镇压人民剥削人民之外,只给后代留下了什么陵之类,供今天搞旅游的人赚钱而已。他们对我们国家竟无贡献可言。

总而言之,"天下第一好事,还是读书"。

1998年,为纪念北大百年校庆,季羡林、张岱年、朱伯崑、厉以宁、任继愈、汤一介、李学勤、余敦康、吴良镛、庞朴、金克木、赵敦华、侯仁之、谢冕等54名学者联合推荐中外人文经典书目,其中应读书目30种,选读书目30种。笔者以为,这个书目不仅对青年学子十分重要,对广大读者也很有用,故在此抄录如下:

应读书目为:《周易》《诗经》《老子》《论语》《孙子兵法》《孟子》《庄子》《史记》(司马迁)、《坛经》(惠能)、《古文观止》(吴楚才、吴调侯)、《唐诗三百首》(孙洙)、《宋词三百首笺注》(唐圭璋笺注)、《红楼梦》(曹雪芹)、《中国近三百年学术史》(梁启超)、《鲁迅选集》《中国哲学简史》(冯友兰著,涂又光译)、《中国法律与中国社会》(瞿同祖)、《理想国》(柏拉图著,吴献书译)、《神曲》(但丁著,王维克译)、《哈姆雷特》(莎士比亚著,曹未风译)、《思想录》(帕斯卡尔著,何兆武译)、《社会契约论》(卢梭著,何兆武译)、《历史理性批判文集》(康德著,何兆武译)、《约翰·克利斯朵夫》(罗曼·罗兰著,傅雷译)、《科学史》(丹皮尔著,李珩译)、《共产党宣言》(马克思、恩格斯)、《资本论》(第一卷,马克思)、《路德维希·费尔巴哈与德国古典哲学的终结》(恩格斯著,张仲实译)、《毛泽东选集》《邓小平文选》。

选读书目为:《礼记》(戴圣)、《荀子》《左传》(左丘明)、《韩非子》《论衡》(王充)、《三国志》(陈寿)、《世说新语》(刘义庆)、《文心雕龙》(刘勰)、《李太白集》《资治通鉴》(司马光)、《明夷待访录》(黄宗羲)、《儒林外史》(吴敬梓)、《人间词话》(王国维)、《中国哲学大纲》(张岱年)、《国史大纲》(钱穆)、《圣经》《国富论》(亚当·斯密)、《论法的精神》(孟德斯鸠)、《复活》(列夫·托尔斯泰)、《物种起源》(达尔文)、《城堡》(卡夫卡)、《飞鸟集》(泰戈尔)、《新教伦理与资本主义精神》(韦伯)、《精神分析引论》(弗洛伊德)、《西方哲学史》(罗素)、《历史研究》(汤因比)、《德意志意识形态》(马克思)、《社会主义从空想到科学的发展》(马克思)、《哲学笔记》(列宁)。

2001年,季羡林可能是感到自己年事已高,要给花费毕生心血积累的藏书找一个妥善的归宿,便决定捐赠给北京大学。7月6日下午举行了捐赠仪式,北大图书馆许诺,将季羡林捐赠的图书作为特藏进行保存和使用。从此，作为季羡林生命的一部分而且是最为重要部分的藏书，就同他本人逐渐分离了。孰料，2008年发生了"字画风波"，季羡林的想法发生了一些变化。北大方面表示，完全尊重季老的意见。而什么是季老意见呢？利益相关各方各执一词，难以统一。他的这些宝贵藏书还有字画，注定不得安宁。在季羡林逝世以后，2009年12月15日，季羡林故居发生了5000册线装书被盗窃的案件，不久案件告破，原来作案者不是"外人"，而是自称李玉洁"干女儿"的王如和季家的男保姆方咸如。2011年5月，窃书人王如、方咸如出庭受审，2012年2月，王如取保候审，其间，她自称"季羡林基金会秘书长"四处活动。2016年6月7日，北京市第一中级人民法院判处王如有期徒刑5年；方咸如有期徒刑3年，缓刑5年。

朗润园篇

第二十二章

世纪之交

米 寿

1999年3月中旬，中国文化书院在北京友谊宾馆雅聚，为该院导师中几位80岁以上的老先生集体贺寿。寿星中最年长的是张岱年，90岁；其次是季羡林和侯仁之，88岁；接下来是何兹全，85岁；最小的王元化，80岁。文化书院为季老贺寿的对联是：

> 人生百尺楼，云水襟怀观宇宙
> 学术千秋业，绝学梵释擅名山

早在1998年10月17日，北京大学就为季羡林88岁寿辰举行了庆祝仪式。学术界、文学界、艺术界的大家名流欢聚一堂，钟敬文、启功、张岱年、林庚、陈原、黄苗子、郁风、方成、汤一介、黄宗江、舒展等，对季羡林数十年如一日兢兢业业于学术研究和教书育人的道德风范，特别是近年来在著述和编纂工作中敢讲真话的精神，表示由衷的钦佩。季羡林致答词，感谢与会者的热情祝福，并将由他担任顾问的三卷本《思忆文丛：记忆中的反右派运动》一一签名，赠送大家。

1999年8月14日下午，北京湖广会馆旌旗招展，乐曲悠扬，会馆馆长徐立仁和北大校友旅日学者靳飞发起的为季羡林庆贺米寿的专场演出在此隆重举行。一时间，群贤毕至，少长咸集，150多位嘉宾中不乏鸿儒大师级文化名人，其中有张中行、吴祖光、欧阳中石、黄宗江、范用、梅绍武、屠珍、洁泯、刘曾复、甘英、陈尧光、周树曾等。演出的剧目是京剧《十字坡》《单刀赴会》《空城计》。会馆中高朋满座，丝竹悦耳，笑语欢声。与这么多朋友围

季羡林88华诞合影，前排左3起：张岱年、钟敬文、季羡林、林庚、侯仁之

坐，品茗赏戏，季羡林高兴极了，放言要请所有在场的人吃饭。靳飞挑选了20来人和季老共进晚餐。席间，在《贵妃醉酒》中扮演杨玉环来自深圳的昆曲演员胡文阁恰巧和季老坐在一起。季羡林十分欣赏这位梅派男旦，称赞他扮相俊美，唱腔婉转。靳飞在演出开始前致辞，赞扬季老的人品和学品。季羡林向他索要讲稿，拿到稿子以后，还举在手里认真地说："请给我签个名，好吗？"

1999年12月9日，北京大学季羡林海外基金会与江西教育出版社在北大勺园联合召开座谈会，一为庆贺季羡林先生米寿，二为庆贺《季羡林文集》（24卷）荣获第四届国家图书奖。新闻出版署署长于友先、全国人大常委会副

季羡林米寿纪念京昆演唱会

委员长丁石孙、时任中共中央统战部副部长刘延东、中国人民对外友协会长陈昊苏、清华大学教授张岂之、江西教育出版社社长兼总编辑周榕芳、中国作家协会党组书记张锲、北京大学副校长何芳川等近百位嘉宾出席。于友先讲话称季羡林为出版界的衣食父母，他说："季老宝刀未老，一生辛勤耕耘，著作等身。新闻出版署的直属出版社，如人民出版社、人民文学出版社、大百科全书出版社、中华书局等都在出季先生的书，都在受季先生的益，许多地方出版社也在出季先生的书，江西教育出版社出版的这套文集就是精选之作，作为季先生的山东老乡我为他感到荣耀和骄傲。我国的新闻出版事业之所以能够繁荣和发展，其中一个重要原因就是因为有像季先生这样的一大批杰出学者的鼎力支持。"座谈会上，学者们盛赞学界一代宗师季羡林学术精深、贯通东西，通晓多国语言，尤精梵文、巴利文、吐火罗文，在当代世界极少见。数十年来他一直在寂寞的领域默默坚持，孜孜不倦，堪称楷模。香港著名学者饶宗颐先生借用清代学生献给老师王士禛的名联，为季羡林祝寿：

天下文章莫大是，
一时贤士皆从游。

北大中文系教授白化文先生献贺诗：

声闻九译弦歌众，
寿世文章百卷成。
米寿遥联茶寿乐，
燕园一塔一先生。

最后一句甚妙，言季先生之高，此后学界便有季老是"全国最高的老师"一说。

著名书法家沈鹏献上墨宝为贺。各界朋友祝福季羡林先生寿酒长饮，腕力长健，写出更多好文章。

就在这次寿宴上，张曼菱从云南赶来了。她来到勺园三号楼，没有想到，有人把门，凭请柬方可进入。恰好遇到了校领导郝斌。她说："我没请柬。"郝斌说："这还难得住你？"说着自己进去了。张曼菱对把门的说："我是季老特邀的客人，请柬在季老那里。"说着闯了进去，直奔主桌。季羡林见张曼菱来了，惊喜地站了起来。

张曼菱发现，那天参会者高人云集，四壁挂满名人贺寿的条幅，都在盛赞先生，说他有为天下称道的德才。贺寿者歌功颂德，有位先生说他是"未名湖畔一盏明灯"，一位女记者说他是自己心中的"红太阳"。当司仪说要寿星老儿讲话的时候，季羡林却语出惊人："我刚才坐在这里，很不自在。我的耳朵在发烧，脸发红，心在跳，我听见大家说的话，你们不是在说我，你们说的是另外

1999年12月9日，北大举办《季羡林文集》出版暨祝季老米寿座谈会

一个人。我不是那样的，当然，我在争取成为那样的。我只是一个研究东方文化的人，各方面常识很浅陋，文笔不如作家，学问也不是很深厚。我只是尽我所能而已。"这番有季羡林特色的话，婉转推辞了别人的盛情，表达了自己应守的本分。

在朗润园的家里，张曼菱为季羡林献上了贺礼，是一张普通的毛边宣纸，上写着："温不增华，寒不改叶。羡林先生寿比青松。一九九九己卯年秋月，学生张曼菱贺，托父代书。"张曼菱解释说，没有装裱是父亲的意思，因为季先生寿辰，一定名家高人云集，这幅字不适合挂在那里。季老说："难得。"说着接过来，轻轻抚摸，自语道："我自己裱。"后来，这幅字一直挂在季羡林卧室里。临终前吩咐人收好，还给张曼菱。

宝岛行

1999年3月26日，季羡林由北大副校长郝斌和助手李玉洁陪同，应圣严法师邀请，赴中国台湾参加法鼓人文社会学院举办的"'人文关怀与社会实践'系列学术研讨会：人的素质（1999）"。此次赴台的路费，是圣严法师提供的。27日晨，季羡林来到"中国台北故宫博物院"山溪堂，与同来参会的国家图书馆馆长任继愈在青山绿水间游览，当日还参观了法鼓山。29日—31日在台北图书馆开会，季羡林在会上发表演讲《关于人的素质的几点思考》，提出把人文关怀分为人与自然、人与人以及人自身的思想感情处理三个层次，这三种关系处

季羡林（右1）应邀参加"人文关怀与社会实践"系列学术研讨会

理好了，人就幸福愉快，否则人就痛苦。这就是季羡林的"和谐观"的基本观点，引起中央领导和广大群众的关注。

在台期间，季羡林访问了中国台湾"中央研究院"、台湾大学、"中央图书馆"、圆山大酒店和张大千的摩耶精舍，出席了中国台湾北大校友会等团体举办的多次欢迎宴会，还专程到胡适和傅斯年的墓地祭扫。季老在胡适墓前三鞠躬，然后对身后的郝斌说："鞠躬！"郝斌鞠躬如仪。胡适是北大的老校长，傅斯年曾任代理校长。今朝两位北大副校长为老校长扫墓，竟成为文坛一段佳话。

10天之内，季羡林一行走马看花，马不停蹄，行色匆匆。这次中国台湾之行给季羡林留下了深刻而美好的印象。返回以后，5月上旬，他把所见、所闻、所想，以《台游随笔》为题，写成了一组散文。

出发之前，季羡林的脑子里是有一个问号的，这就是台湾人对大陆人的看法究竟怎样？因为毕竟分离了半个世纪，这中间发生了许多不愉快的事情。季羡林担心，台湾人对大陆人恐怕不会有好感的。这种担心也事出有因，因为不久前他从台湾东吴大学林聪明教授那里得知，台湾一家出版社翻印了他的《五卷书》，竟把他的名字改为"季宪林"，以此来逃避当局

季羡林祭扫北大老校长胡适先生墓、代理校长傅斯年先生墓

的检查,让他觉得啼笑皆非。可是,当他在香港机场登上台湾的班机,一进机舱门,笑容可掬的空中小姐立刻过来搀扶,服务温馨而得体。她们一路上送饮料、送饭菜、送报纸忙个不停,脸上始终挂着亲切真诚的微笑。这微笑把季羡林心里的惴惴不安一扫而光。

经过一个多小时飞行,飞机开始徐徐降落。当中国台湾的陆地映入眼帘的时候,季羡林首先想到了宝岛的历史。他在《台游随笔》中写道:

我虽然是初次来台湾,但是台湾对我并不陌生。我在读小学时在历史和地理课中,对台湾已经颇为熟悉了。我知道,中国这一个第一宝岛,自古以来,就是中国不可分割的一部分。但是,自明末清初以来,就交了华盖运。西方新兴的殖民主义国家看上了它,依仗着自己的坚船利炮,不远数万里,从欧洲窜到台湾来,企图据为己有。哪里有侵略,那里就有抵抗。于是郑芝龙、郑成功父子相继率领民众驱逐海寇。甲午战役以后,倭寇又入侵宝岛。唐景崧、刘永福等人,又率众抵抗。此时清廷已腐朽透顶,把台湾拱手送人。什么仁人志士也无能为力了。记得在清华读书时,在吴宓(雨僧)先生的诗集注中,读到了台湾爱国志士丘逢甲的两句诗:"地陷东南留大岛,天生豪杰救中原。"豪迈的诗句,掷地可作金石声,读之令人回肠荡气,浩然之气陡增。这两句诗,几十年来我一直不能忘记。今天我来到台湾。双足一踏上台湾的土地,这两句诗立即响在我心中。我想到古书上的两句话,我想套用在台湾上:"台湾乃报仇雪耻之乡,非藏污纳垢之地。"我觉得,从今天的政治形势来看,我们海峡两岸的同胞,如果都能记住这两句诗和这两句话,将会是大有好处的。

季羡林完全没有想到,一走出机场大厅,就看见十几位北大东语系的校友高举着大红横幅在迎接他。中国台北的校友几乎是全体出动,他们都在70岁上下,一个个白发苍苍。季羡林感受到了浓浓的友情、亲情、手足之情。从机场前往下榻的富都大饭店,季羡林透过车窗观看台北的街市,好像回到了50年前的老家一样,没有一点儿陌生感。满街的招牌都是繁体汉字,人们的衣着打扮和大陆一模一样,有些地段很像中国香港,可是行人操的不是难懂的粤语,而是类似普通话的语言,距离一下子就拉近了。

北大同学会设宴欢迎大陆来的校友。这是一次老年人的聚会,因为他们几乎都是20世纪40年代后期到台湾来的,会长杨西昆已经92岁高龄,其他校友也在耄耋之年。早年曾在经济系就读的包德明女士站起来致辞,她两眼含泪,大声说:"我有一句话,已经在心里憋了几年。今天,看到大陆来的亲人,忍不住非说出来不行了。常言道'血浓于水',台湾和大陆的人都是炎黄子孙,为什么竟不能统一起来?台湾富,大陆强,合起来就是一个既富且强的大国,岿然立于世界民族之林中,谁也不敢小看,谁也不敢欺负。这是中华民族绝大的好事,为什么竟不能实现?"她说着,激动得不能自持。全体校友无不为之鼓掌动容。季羡林在中国台湾,不止一次听到台湾朋友说"血浓于水"四个字。由于此次来访是一次学术交流,所以他们不主动谈及政治话题,可是两岸同胞盼望祖国统一的共同心声,可谓心有灵犀,是任何人也隔不断的。

北大东方学系校友会台湾分会欢迎季羡林

季羡林已是一位望九老人,经不起旅途劳顿和气候的剧烈变化,他患了感冒,发烧接近40℃,校友们知道后都十分关切。台湾大学图书馆馆长林光美女士最积极,她又是通知杨西昆先生，又是陪季羡林到台湾大学医院请专家诊治。杨西昆派自己的私人医生前来看病，包德明在深夜里亲自送来祖传的治疗哮喘灵药。同这些不是亲人，胜似亲人的朋友相处，季羡林怎么能不感动呢?

法鼓山在中国台北以东数十公里处，依山傍海，群峦竞秀。季羡林在这里会见了老友圣严法师。圣严法师是深受台湾人民爱戴又广有徒众的高僧大德。几年前，他访问北京，在颐和园听鹂馆设素斋招待北京学界朋友，季羡林与他促膝对坐，谈经论学，成为好友。其后，佛学研究所所长李志夫教授受圣严法师委托在中国台湾出版了《季羡林佛教学术论文集》。1998 年圣严法师再度来访，季羡林在天食素菜馆为他洗尘，又结识了圣严法师的高足惠敏法师和法鼓大学校长曾济群教授。这次季羡林来到台北，登上法鼓山，旧友重逢，其乐融融。圣严法师筹集巨资，买下这一片山地，正在大兴土木，建设法鼓大学和佛学研究所，不是为培养僧侣，而是为培养社会所需的建设人才。中午，他们一起享用义工烹制的素斋自助餐。

在此期间，有两个女孩儿形影不离地陪着季羡林一行，一个叫李美宽，一个叫陈修平。她们张罗大家上车下车，就餐住宿，充当导游，服务的热情和细致感动了每一个人。一开始，大家还以为她们是旅行社的导游，时间长了才知道，她们原来是义工，是在法鼓大学开会期间专门提供义务服务的，不取分文报酬。她们都有自己的工作，出来做义工耽误的时间，回去要用休息时间补回来，真正是无私奉献。台湾义工很多，在法鼓山上也有很多义工，多是青年女子，一个个温文尔雅，待人彬彬有礼，说话轻声细语，干活却麻利干练，尽心竭力，从搞卫生到烧饭菜，全靠她们。她们烹制的素斋，色、香、味都不同凡响。看到这么多的义工，为了信仰甘于奉献，季羡林感到心灵的震撼；同行的季老助手李玉洁无疑也受到感动。2003 年，季老在医院住院，70 多岁的李玉洁衣不解带地照顾先生，我们这些做弟子的着实为之感动。当我们向她致谢的时候，她却说："谢什么？我就是季老身边的一个义工。"

中国使馆遇袭

1999 年 5 月 7 日，午夜（贝尔格莱德时间），以美国为首的北约冒天下之大不韪，悍然使用 5 枚导弹，从不同角度袭击中国驻南斯拉夫联盟大使馆，造成馆舍严重损坏，新华社和《光明日报》驻南斯拉夫记者邵云环、许杏虎和朱颖遇难，20 余人受伤。5 月 8 日，中国政府发表严正声明，强烈抗议美国为首的北约的暴行。中国社会各界群情激愤，人民群众表现出极大的愤慨和爱国热情。12 日，3 位烈士的骨灰和受伤人员回到北京。中国人民的抗议声讨活动达到高潮。刚刚参加了北京大学师生抗议声讨活动的季羡林，接受了《人民日报》记者的采访。

季羡林说："初闻这一消息，我非常吃惊，第一个反应就是怀疑可能是误炸。但现在从种种事实来看，实在不容善良的人们那么解释。我们过去或许还对世界抱有善良的幻想，以美国为首的北约这一罪恶行径给我们敲响了警钟。学生们上街抗议完全是正义的表现，年轻人思想活跃，行动快，他们的抗议代表了中国12亿人的心声。爱国主义是我们中国历史上最优秀的传统之一，我认为爱国主义有两重意思：一是决不允许别人侵略我们，二是我们决不侵略别人。爱国主义和国际主义是辩证地结合在一起的。中国人富有东方智慧和仁者精神，中国人对世界的认知方式和与自然天地和谐相处的东方文化精神，将在21世纪有着深远重大的指导意义。"

回到家里，季羡林思绪万千，心潮难平，昔日在法西斯德国遭遇大轰炸的情景，又浮现在眼前。次日清晨，他摊开稿纸，奋笔疾书，一个早晨，一篇杂文《无敌国外患者国恒亡》便应运而生，跃然纸上：

无敌国外患者国恒亡

这是一句颇常引用的古语。一般人很难理解透彻的。试想一个国家，不管是历史上的，还是现在的，外无敌国外患，边境一片平静，内则人民和睦，政治清明，民康物阜，不思忧患，这难道不是人间乐园吗？

然而，一部人类历史却证明了另外一个真理。人们嘴里常说的一些俗话，也证明了另外一种情况。常言道："人无远虑，必有近忧。"这一句简单明了的话，几乎每个人都有这种经验。至于一个国家，例子也可以举出一些来。唐明皇时代经过了开元、天宝之治，天下安康，太仓里的米都多得烂掉。举国上下，忘乎所以。然而"渔阳鼙鼓动地来"，唐明皇仓皇逃蜀，杨贵妃自缢马嵬，几乎亡了国。安禄山是胡人，现在胡人已多半融入中华民族大家庭中，当时却只能算是"敌国"。明皇的朝廷上下缺少了敌国外患的忧患意识，结果是皇帝被囚废，人民遭了大殃。对我们来说，这实在是一面明镜，也充分证明了"无敌国外患者国恒亡"这个真理。

当前，我国人民，在改革开放以来，生产有了发展，生活有了提高；但是，根据我的观察和我自己的亲身体验，忧患意识却大大地衰退，衰退到快要消失的地步。有的人争名于朝，争利于市，好像是真正天下太平，可以塞高了枕头，酣然大睡了。

从国际上来看，原来的两个超级大国只剩下了一个，它已忘乎所以，以国际警察自命，到处挥舞大棒，干涉别人的内政。但是，一些人，包括我自己在内，下意识里认为，大棒反正不敢挥舞到我们头上来，我们一点忧患意识也用不着有了，心安理得地大唱卡拉OK，大吃麦当劳。环顾世界，怡然自得。

然而，正在这千钧一发的关头上，宛如石破天惊一般，以美国为首的北约，竟敢冒天下之大不韪，用导弹轰炸了我们的驻南使馆，造成了人员伤亡，房舍破坏。这本是一件极坏的事情；然而，坏事变成了好事，一声炸弹响，震醒了我们这些酣睡的人们，震清了我们的脑袋瓜，使我们憬然省悟，世界原来并不和平，敌国外患依然存在。这一声炸弹震醒了我们的忧患意识，使我们举国上下奋发图强，同仇敌忾，团结更加强固，这大大有利于我们国家的进步与建设。

现在回到本文的标题上，我们真不得不从内心深处感激我们的古人。他们充满了辩证思维，显示了无比的智慧。我想，我们全体炎黄子孙都会为此而感到无上的骄傲的。

宋代陆游有诗云："位卑未敢忘忧国。"季羡林也无时不在牵挂着祖国的安危，总想尽上一份赤子之心，企盼祖国日益强大，屹立于世界民族之林。

印度文学院名誉院士

1999年7月5日，印度文学院授予季羡林先生名誉院士学衔仪式在北京大学临湖轩举行。印度文学院院长罗摩坎达·赖特、印度驻华大使南威哲、北京大学副校长何芳川到场，北京大学和中国社会科学院数十位专家参加仪式。印度文学院隶属于印度联邦政府，是推动该国语言、文学、出版事业的重要机构。名誉院士学衔是该院授予外国退休学者的最高荣誉。季羡林终身从事印度学研究和教学，硕果累累，此次授予学衔可谓实至名归。

南威哲大使首先发言说："季羡林教授对印度的研究，倾注了毕生的精力，真可谓是一个传奇人物。季羡林教授也是世界上公认的梵文研究的带头人。他对中印两国历史长期相互交流的研究所做的贡献，时至今日仍然起到先锋作用。"接着，罗摩坎达·赖

1999年，印度文学院院长罗摩坎达·赖特先生授予季羡林名誉院士仪式

特院长代表印度文学院致辞说:"季羡林教授一贯致力于维护文化的真正价值。我们对他表示无比的尊敬。事实上,是他给了我们这样一个机会来表达对他的敬意。我们荣幸地授予他印度文学院名誉院士的称号,以感谢他为中印两国人民的友谊所做的贡献。我们衷心地祝愿这种友谊不断发展,彼此间的了解更加广泛。"他还说:"季羡林教授是一位世界知名的杰出的东方学者,也是当今世界公认的最为著名的梵文学者之一,在开创中国对印度古典文学的研究方面的贡献,是无与伦比的,因而理应获得这一最高等级的嘉奖。采取这一史无前例的创举,把名誉院士头衔授予季羡林教授,这是印度文学院的殊荣,我对此举倍感欣慰。"

最后,季羡林用中英文致答谢词,他说:"世界知名的文学机构印度文学院,授予我名誉院士学衔,在我来说的确是一大喜事,也是一大荣誉。这是印度人民对中国人民的友谊的标志或象征。我认为,这一崇高荣誉不能仅仅属于我一个人,而应属于所有从事印度研究的中国学者。其中有些人现在就在座。他们应当与我分享。"他还用中英两种语言吟诵曹操的诗句"老骥伏枥,志在千里,烈士暮年,壮心不已",并说:"我虽非烈士,但仍要为中印两国文化交流多做贡献。"

结识石景宜

2000年1月,季羡林写了一篇散文《佛山心影》,总结自己的交友之道。他说:

我交了一辈子朋友,我究竟喜欢什么样的人呢?我从来没有做过总结。现在借这个机会考虑了一下。我喜欢的人约略是这样的:质朴,淳厚,诚恳,平易;骨头硬,心肠软;怀真情,讲真话;不阿谀奉承,不背后议论;不人前一面,人后一面;无哗众取宠之意,有实事求是之心;不是丝毫不考虑自己的利益,而是能多为别人考虑;最重要的是能分清是非,又敢于分清,因而敢于路见不平,拔刀相助,疾恶如仇;关键是一个"真"字,是性情中人;最高水平当然是孟子所说的"富贵不能淫,贫贱不能移,威武不能屈"。我曾写过一篇短文《我害怕天才》,现在想改一下,我不怕天才,而怕天才气,正如我不怕马列主义,而怕马列主义面孔一样。古人说"金无足赤,人无完人",我自己不能完全做到上面讲到的那一些境界,也不期望我的朋友们都能完全做到。但是,必须有向往之心,虽不中,不远矣。简短一句话,我追求的是古人所说的"知音"。孔子说。"勿友不如己者"。"如"字有二解:一是"如同",二是"赶得上",我取前者。我平生颇有几个一见如故,"一见钟情"的朋友。我们见面不过几次,谈话不过几个小时。他的表情,他的谈吐,于我心有戚戚焉,两颗素昧平生的心立即靠拢,我们成了知己朋友。

季羡林所说的"一见如故"的朋友,石景宜博士便是一位。石景宜不是季羡林的多年旧友,他们是临近20世纪末才相识的。石景宜,1916年生,广东佛山人,第七、八、九届全国政协委员,中国香港汉荣书局董事长,是一位爱国书商。他以卖书、出版为业,在香港创出了一番事业。说他是爱国书商,爱国的表现又很独特:从1978年开始,他向内地和中国台湾无偿赠送珍贵的图书,到1999年据不完全统计,已向内地数百家文化、教育、科研机构赠送图书300万册,向中国台湾赠送图书11万册,可以说受益单位遍及神州大地,海峡两岸。

不过,在北京大学授予石景宜名誉博士学位之前,季羡林对他了解甚少。1998年10月14日,北京大学图书馆馆长林被甸教授陪两位香港客人——石景宜和他的儿子石汉基,来到季羡林家中造访,他们拿出一帙从中国台湾购得的贝叶经请季先生鉴定。季羡林接过来一看,原来是用泰文字母刻写的巴利文《大藏经》。巴利文是印度古代的一种文字,没有固定的字母。在南印度,就用南印度字母抄写,间或也用天城体字母;在泰国,就用泰文字母;在缅甸,就用缅文字母;在英国,近代刊行巴利文经典通常使用拉丁文字母,现在世界各

1998年,香港石景宜博士(左1)拜访季羡林(中)

国的巴利文学者、佛教学者也都习惯使用拉丁文字母。据德国梵学大师吕德斯的看法，泰文字母的巴利藏有许多优异之处。季羡林当即写出了鉴定意见，认为这帙巴利文贝叶经既有学术价值，又有极高的收藏价值，十分珍贵。石景宜万分高兴，庆幸为贝叶经找到了识者，做出权威性的鉴定。他当场将贝叶经赠送给季羡林，季羡林欣然接受。这就是他们交往的开始。

1998年10月29日，北京大学在新建图书馆大楼举行隆重仪式，授予石景宜名誉博士学位，以表彰他对祖国文化教育事业做出的巨大贡献。季羡林看到，广东省的几届党政领导专程来京祝贺，深感他们对石景宜的尊重。季羡林也对石景宜的爱国善举表示由衷的钦佩。他认为，石景宜捐书的规模之大是绝对空前的，这一件事从表面上看起来，能促进海峡两岸文化教育的发展；但是其意义远远不止于此。它能增进两岸同胞的相互了解，而了解又能使感情增长，感情逐渐浓厚了，会大大有利于统一。等到将来中华土地金瓯重圆之日，麒麟阁

1999年11月，季羡林（前排右6）参加石景宜先生向全国101所高校赠书仪式

上必然会有石景宜的名字。

12月1日,石景宜和夫人刘紫英携义女施汉云再次来到季羡林家中,带来一帙缅文字母刻写的巴利藏贝叶经。这部经典装帧十分考究,两面夹板上涂以金饰,堪称"国宝"。石景宜要把这部贝叶经赠送给季羡林,季羡林立即谢绝,说:"这是宝贝,应由石老自己收藏。"

当时季羡林正在撰写《新疆佛教史》,需要参考中国台湾出版的《高僧传索引》,但北京大学图书馆只有其中的一本。季羡林抱着试试看的心情跟石景宜提及,让他万万没有想到的是,四五天以后,施汉云从香港打来长途电话,说:石景宜深感此事十万火急,将《高僧传索引》从台湾购得,用特快专递送到了香港,现已从香港寄出,很快就可以送到季羡林手中。这可是雪中送炭,石景宜对朋友之忠诚,办事之雷厉风行,让季羡林大受感动。

1999年11月8日,石景宜在暨南大学向全国101所"211工程"大学赠书。11月1日,他又专程来到北京,请季羡林参加赠书仪式。平常深居简出的季羡林"舍命陪君子",飞越迢迢关山,亲临羊城现场。

施汉云和暨南大学副校长蒋述卓教授到机场迎接。季羡林下榻在暨南大学专家楼。11月9日上午,赠书仪式在曾宪梓捐建的科学会堂举行。教育部副部长韦钰院士以及来自中央和广东省的一些党政要员参加了捐赠仪式。大厅里坐满三四百位大学负责人和图书馆馆长,他们代表101所"211工程"大学。这些大学是在教育部的领导下,极其严格慎重地被评选出来,成为全国1000多所大学的排头兵,代表中国高等教育的最高水平。季羡林触景生情,当场即兴吟诵道:

百座文曲聚暨大,八方风雨会羊城。

石老的儿子石汉基代表父亲发言。仪式隆重简朴,不到一个小时就结束了。

赠书仪式结束后,石景宜热情邀请季先生到他的家乡——广东佛山、南海参观游览。季羡林访问了暨南大学、佛山陶瓷厂、西樵山、南国桃园、南海影视城,同石景宜共同度过了"永世难忘"的3天。他还被石景宜、刘紫英伉俪文化艺术馆聘为永久学术顾问,并为该馆题词"功在祖国,泽被人民"。季羡林乘机北返时在高空回忆:"我们短短三天相聚,已经结成了深厚的友谊,这友谊像仙露醍醐一样,滴到了我这老迈的心头,使它又溢满了青春的活力。垂暮之年,获此殊幸,岂不快哉!岂不快哉!"

2001年12月20日,石景宜、石汉基父子在北京国家图书馆向西部70所大学图书馆和

70 所公共图书馆等 150 个单位赠书，所赠 40 万册图书均为中国香港和中国台湾出版。石氏父子还向中国台湾捐赠 10 多万册大陆书籍。季羡林特意从医院发来贺信说："我是下定决心要参加您的赠书仪式的，无奈医院不让外出，我只能借此信表达心意。"此后石景宜多次赠书，季羡林都有贺函送来。

石景宜了解到季羡林虽然名满天下，每月薪水却只有紧巴巴的 1700 元（1998 年的标准——编者），每次来京除赠送书籍、资料之外，还不忘带些营养品，并请季羡林在高级宾馆吃上一顿。他想在经济上帮助季羡林，但又不好直接送钱，于是便想出生意场上通用的办法。2003 年 12 月他来会见季先生时，委婉地说："请您帮我写一部传记，30 万字，一字一元，好吗？"他没有想到，商业法则在季羡林这里不灵。季羡林固然赞赏石景宜的爱国情怀，却不愿意为了挣钱而给他写传记。石景宜仍然坚持说："字数不在多少，您随便写，写多长算多长，总钱数不变。"季先生哪里肯接受，他对李玉洁说："我要是写一个字，就等于从别人口袋里掏一块或几块钱，那我还能写得好吗？"

2005 年，季羡林为祝贺石景宜 89 岁寿辰，发来蛮有"味道"的贺词："期颐期颐，越过期颐，还有几十年。"

2007 年 10 月 21 日，石景宜在香港逝世，享年 91 岁。11 月 10 日，悼念仪式在香港殡仪馆举行。

由于担心季羡林精神受到刺激，周围的人对他隐瞒了石景宜去世的消息。2007 年底与 2008 年春，石汉基两次从香港赴京，仍然如从前一样，代表父亲到 301 医院向季老问好，并以父亲的名义，送给季老一些营养品。关于石景宜的近况，他只说是身体欠安，暂时不能来北京。季羡林听罢，总是双手合十，连说："谢谢他的礼品！谢谢他的礼品！请你也代表我向你父亲问好。"

铿锵凤鸣

1999 年 12 月，季羡林接受凤凰卫视主持人杨澜的采访，针对当时教育领域内的问题和弊端，毫不隐讳，提出批评，一针见血，一鸣惊人。请看采访记录摘要：

杨澜：现在好像有一种教授泛滥的现象，过去评一个教授是一种很荣誉的事，现在基本上谁都能够评得上了。

季羡林：就是这样子。我开过玩笑，将来只要进"北大"，包括工人在内，一进来就定教授，工资可以有区别。

杨澜：有一种"提退"的说法，就是提你当了正教授，然后又请你退休。这算是照顾面子吧？

季羡林：有一句话很难听："教授满街走，讲师多如狗"，不过确实如此。

杨澜：教师队伍恐怕还面临一个很严重的问题，就是青黄不接。

季羡林：我用了一个名词叫"海洋主义"，出洋、下海。

杨澜：有些人说，留学生之所以不回来，很多是因为那边的物质生活条件好。我在想，在您留学的那个时代，中国的生活水平和西欧比，差距比现在还要大，为什么那个时候留学生都回来了呢？

季羡林：那时候差距不大。

杨澜：不大？

季羡林：他们回来后在国内的生活水平是高级的，所拿的工资是300块"大头"、400块"大头"，那很高级了。反正起码不比国外低。

杨澜：我们总说要创办世界一流的大学，你对这个口号怎么看？

季羡林：这个口号很含糊，一流几流，有个条件就是经费，而经费，咱们只好甘拜下风。

杨澜：所以这不是一个个人素质和能力的问题。

季羡林：现在，最需要解决的是经济问题。你把工资提高5倍、10倍，他的地位就提高了。不论"科教兴国"，什么兴国，先给增加教育经费。

杨澜：如果教师的待遇能够得到实质的改变，那么刚才我们说到的所谓青黄不接的问题，可能都能得到很大程度的改变。

季羡林：这样没有问题。……

令人关注的是，这次采访中季羡林的意见，在一次会议上被有人当作"阶级斗争新动向"的实例提出。所幸时代不同了，教育部的高层领导认为，这是认识问题，不是什么"阶级斗争新动向"。更应该庆幸的是，季羡林的意见得到了领导和有关部门的重视，国家对教育的投入，后来有了大幅度提高。

关于增加教育经费的问题，季羡林可谓一"呼"百"呼"，只要有适当的机会，他就会呼吁有关方面注意解决这个问题。这里，笔者不妨再摘引1999年2月21日他的《我对未来教育的几点希望》一文中的一段话：

我们政府提出了科教兴国的方针，受到了全国人民的热烈拥护。把教育的重要性提高到兴国的高度，可以说前承千年传统，后开万世太平。特别是在今天知识经济正在勃然兴起的大时代中，教育更有其独特的意义。知识经济以智力开发、知识创新为第一要素，不大力振兴教育，焉能达到这个宏伟的目标？但是，我要讲一句实话，我们的振兴教育，谈论多于行动。别的例子先不举，只举一个教育经费在国民收入中所占的百分比之低，就很清楚了。我们教育所占的百分比，不但低于发达国家，在发展中国家中也是比较低的。这让很多人难以理解。我们国家正在努力建设，用钱的地方很多，这一点谁都理解，没有人想苛求；但是，既然把教育的重要性提高到那样的高度，教育经费却又不提高，报纸上再三辩解，实难令人信服。现在，据我了解所及，全国各类学校经费来源十分庞杂，贫富不均的程度颇为严重。大学的党委书记和校长，主要任务是"找钱"。连系主任的主要任务也是"创收"。如果创收不力或不利，奖金发不出去，全系教员就很难团结好。学校的根本任务是教学和科研，是出人才，出成果。现在却舍本而逐末，这样办教育，欲求兴国，盖亦难矣。因此，我对未来教育的第一个希望就是切切实实地增加教育经费。

"大师论"

季羡林一生写了大量的序言。有少量是为自己的文集作序，大量的是应邀为朋友、学生，甚至朋友的朋友、学生的学生写序。这个"大量"到底是多少呢？2008年由王树英编选、新世界出版社出版的《季羡林序跋集》有230余篇，60万字。笔者浏览了一遍，发现这个本子还有一些重要的遗漏。在这部文集前面，有一篇季羡林本人写于2005年11月的序，说明了自己对写序乐此不疲的原因。他说，他从小学到高中前半，作文都用文言文，写这样的文字"仿佛必然峨冠博带，装模作样，装腔作势，戴着枷锁跳舞。""在这样的情况下，如果偶尔给自己的一本书，或别人的一本书写一篇不太长的序或跋，则创作心态立即改变。在这里，装模作样，峨冠博带派不上用场。代之而来的是直抒胸臆，山巾野服。""这就是我热爱序跋的原因。"1985年11月季羡林也为李铮编辑的《季羡林序跋选》写过一篇自序，他说："就我自己而论，我不但喜欢读序跋一类的文字，而且也喜欢写。其原因同喜欢写作几乎完全一样。这就是，序跋这种体裁没有什么严格的模子，写起来，你可以直抒胸臆，愿意写什么就写什么，愿意怎么写就怎么写。如果把其他文章比作峨冠博带，那么序跋（当然也有日记）则如软巾野服。写起来如行云流水，不受遏制，欲行便行，欲止便止，圆融自如，一片天机。写这样的文章，简直是一种享受。"

季羡林所写序跋，绝大多数篇幅不长，但也有几次例外。如他为《胡适全集》和《赵元任全集》所写的序都相当长，实际上是重要的学术论文。关于胡适和《胡适全集》，本书另有记述，这里着重讲一讲季羡林创作于世纪之交的《〈赵元任全集〉序》和《〈汤用彤全集〉序》。赵元任和汤用彤都是季羡林老师辈的国学大师，一生著作颇丰，在学界影响深远。他们的全集包括一生的著述，有如原始森林，浩浩莽莽，为其作序，没有宏大的视野、广博的学识和科学的方法无论如何也无法完成。实际上，堪当此重任者，亦非季羡林莫属，而他的这两篇序也绝非面面俱到，是专门论述学术大师的，故可称之为"大师论"。

《〈汤用彤全集〉序》写于1999年7月14日，是应汤先生之子汤一介要求写的。季羡林说："一介兄让我给全集写个序。初颇惶恐：我何人哉！敢于佛头着粪耶！继思有理。我虽不是锡予先生的及门弟子，但自己认为是他的私淑弟子。从上大学起，他的著作就哺育了我，终生受用不尽。来北大工作，又有知遇之感。现在，值《全集》出版之际，难道我真的就无话可说，无话能说，无话要说吗？"

汤用彤，著名学者，湖北黄梅人，毕业于清华学校，留学美国，回国后先后在东南大学、南开大学、中央大学、北京大学和西南联合大学任教；新中国成立后任北京大学校务委员会主席、副校长，中科院哲学社会科学部委员，第一、二、三届全国人大代表，第一届全国政协委员，第三届全国政协常委。汤先生专治佛教史和哲学史，治学严谨，精于考订，并结合运用西方分析哲学方法，对玄学与佛学的关系、佛教史的发展规律、魏晋玄学的言意之辨和本末有无之争等问题，均有创见。主要著作有《汉魏两晋南北朝佛教史》《印度哲学史略》《魏晋玄学论稿》《往日杂稿》等。季羡林说自己是汤先生的私淑弟子，是指他1946年到北大任教时，听过汤先生的"魏晋玄学"课。那时季羡林的身份已是教授，和学生一起听课，当时被认为是稀罕之事，但他很坦然，而且认为每一堂课都是一次特殊的享受，几十年后记忆犹新，终身引以为荣。

季羡林在《〈汤用彤全集〉序》中要说的话，已经考虑许久，别人也多有所议论，就是这样一个问题：学术大师能不能超越？这里说的是人文社会科学方面的大师，不是理科的；是真正的大师，不是自命的或被别人捧成的。季羡林的论点是："每一个大师都是不可超越的"，论证是"长江后浪推前浪，世上新人换旧人"只是一般规律，或者说，后人超越前人在一般规律上没错，但也有例外。希腊神话无疑是旧的东西，但马克思却说它有永恒的魅力。在地质史上，地球上的造山运动，出现了一些高山，它们一次性出现，后来并未被超越。在人类的文学史和学术史上，有时也出现一些伟大的诗人、学者或思想家，如屈原、李白、杜甫；如但丁、莎士比亚、歌德；如孔子、司马迁、司马光等等。他们如同那些高山，也是不能被超越的。

其实，季羡林此论的目的，在于探讨学术大师是如何出现的，大师的特点和作用怎样。他说：

> 自清末以来，中国学术界由于种种原因，陆续出现了一些国学大师。我个人认为，最主要的原因是西方文化、西方学术思想和哲学思想，以排山倒海之势涌入中国，中国学坛上的少数先进人物，接受了西方的影响，同时又忠诚地继承和发扬了中国古代优秀的学术传统，于是就开出了与以前不同的艳丽的花朵，出现了少数大师，都是一次出现而又不可超越的。我想以章太炎划界，他同他的老师俞曲园代表了两个时代。章太炎是不可超越的，王国维是不可超越的，陈寅恪是不可超越的，汤用彤也同样是不可超越的。

季羡林在另外一篇文章中又说：

> 在中国几千年的学术史上，每一个时代都诞生少数几位大师。是这几位大师标志出学术发展的新水平；是这几位大师代表着学术发展的新方向；是这几位大师照亮学术前进的道路；是这几位大师博古通今，又熔铸古今。他们是学术天空中光辉璀璨的明星。

季羡林以章太炎划界，区分两个不同的时代，意思是从19世纪末到20世纪初，中国学术有一大转变。在此前后都有大师，分别代表各自的学术水平。俞曲园无疑是他那个时代的大师，其特点是熔铸古今；而章太炎那个时代，仅仅熔铸古今就不够了，还要会通中西，方可成为大师。王国维、梁启超、陈寅恪、胡适、陈垣等莫不如此。以这个标准来判断，真正的大师少之又少。而汤用彤先生就属于这样的大师，在他的身上，明显地体现出熔铸古今、会通中西的特点。他对中国古代典籍的研读造诣很高，对汉译佛典以及僧传都进行了深刻彻底的探讨，运用起来得心应手，如数家珍；他远涉重洋，在美国哈佛大学研习梵文，攻读西方哲学和印度哲学；加上个人天分与勤奋，汤用彤成为大师绝非偶然。

季羡林认为，说大师是不可超越的，并不是说学术到了这些大师手里就到达了顶点、巅峰，不能再发展了。学术发展的道路是不平坦、不均衡的，往往在有新材料被发现、新观点出现时，少数奇才异能之士就会脱颖而出，这就是大师。大师也不能一下子把所有问题都看到，都解决，大师解决的问题也不见得都彻底，这就给后人留下了继续探讨的余地。如此，大师一代一代传下去，旧问题解决了，还有新问题，永远有问题，永远有大师。每一个大师都是不可超越的，每一个大师都是学术发展道路上的一座里程碑。

季羡林的《〈赵元任全集〉序》手迹

《〈赵元任全集〉序》写于 2000 年 8 月 30 日。

赵元任，著名语言学家，原籍江苏武进，生于天津。早年留学美国，并游学法、德、英等国。1925 年后为清华国学研究院四大导师之一，中央研究院历史语言研究所研究员，并致力于国语运动和汉字改革，是国语罗马字的主要制定者之一。他 1938 年后定居美国，先后任夏威夷大学、耶鲁大学、哈佛大学、加利福尼亚大学教授，1945 年任美国语言学会会长。他语言学造诣很深，通晓中、英、德、法等多种语言，并运用现代语言理论和科学技术研究语言文字、汉语音韵、汉语方言和汉语语法，颇多建树，在学术界享有盛誉；同时对音乐、哲学、数学、物理学也颇有研究，著有《中国语言入门》《现代吴语的研究》《语言问题》《中国话的文法》《新诗歌集》等。1973 年 4 月，他和夫人杨步伟首次回国访问，受到周恩来总理的接见。

清华国学院教授阵容之强，可谓前无古人，后无来者。"四大导师"梁启超、王国维、赵元任和陈寅恪是中国学界巨擘。在全国都按照西方模式办学的情况下，国学院保持了浓厚的中国旧式书院色彩,学生与导师直接打交道,真正做到了因材施教,虽然办学时间很短,却培养出一批知名教授和学者,在清华大学乃至全中国的教育史上留下了灿烂的一页。1930年季羡林考入清华时,国学院已经撤销,他没有听到赵元任的课,也没有与赵元任见过面,可是对赵元任并不陌生,因为他读过赵元任的许多著作,如赵元任与于道泉合译的《仓央嘉措情歌》,又从于道泉和别的朋友那里知道不少有关赵元任的情况——最初是研究数学和物理的,后来转向语言学,赵元任是一位语言天才,审音辨音的能力远胜于常人,各地方言学什么像什么,就连相声大师也望尘莫及……总之,赵元任是一位大师级语言学者,对汉语研究造诣很高,在国语的普及以及教授外国人汉语方面卓有建树。

季羡林在《〈赵元任全集〉序》中,首先提出了一个非常实际的问题:"而今,大师往矣,留下我们这一辈后学,我们应当怎么办呢?"回答当然是"学习大师的风范,发扬大师的学术传统。"他又马上问:"如何发扬呢?"如此自问自答,季羡林意在提出解决问题的办法。

接着,季羡林谈自己的"哲学"。经过多年思考和观察,他认为东西方文化是不同的,思维方式存在差异。东方的特点是综合,西方的特点是分析。西方思维方式产生出分析色彩极浓的印欧语系语言,东方思维方式产生出汉语这种难以用西方方法分析的语言。20世纪是微观分析的世纪,而21世纪应该是微观与宏观相结合的世纪。同时,他还强调了科学方法的重要性。当然,这些只是为他的核心观点做铺垫,他的核心观点就是:"根据赵元任先生的基本精神,另辟蹊径,这样才能'活'。"为此,季羡林谈了汉语发展演变的情况。他说:

> 我闲时常思考汉语历史发展的问题。我觉得,在过去两三千年中,汉语不断发展演变,这首先是由内因决定的。外因的影响也决不能忽视。在历史上,汉语受到了两次外来语言的冲击。第一次是始于汉末的佛经翻译。佛经原文是西域一些民族的语言,梵文、巴利文以及梵文俗语,都是印欧语系的语言。这次冲击对中国思想以及文学的影响既深且远,而对汉语本身则影响不甚显著。第二次冲击是从清末民初起直至五四运动的西方文化,其中也包括语言的影响。……五四以来流行的白话文中西方影响也颇显著。人们只要细心把《儒林外史》和《红楼梦》等书的白话文拿来和五四以后流行的白话文一对照,就能够看出其间的差异。按照西方标准,后者确实显得更严密了,更合乎逻辑了,也就是更接近西方语言

了。然而，在五四运动中和稍后，还有人——这些人是当时最有头脑的人——认为，中国语言还不够"科学"，还有点模糊，而语言模糊又是脑筋糊涂的表现。他们想进行改革，不是改革文字而是改造语言。当年曾流行过"的"、"底"、"地"三个字，现在只能当作笑话来看了。至于极少数人要废除汉字，汉字似乎成了万恶之本，就更为可笑可叹了。

季羡林认为，赵元任和我们所面对的就是这样一种汉语。赵先生在他所处的时代，只能用西方微观分析的方法研究汉语，并取得了辉煌的成就，达到了尽善尽美的程度。如果追随他的足迹，成绩绝不可能超越他，因为大师是不可超越的；如果另辟蹊径把微观和宏观结合起来，发现新材料，提出新观点，做出新创造，就会出现新的大师。但是，季羡林建议不妨先做一件具体的工作，即进行藏缅语系的比较研究，从而揭示汉语结构的特点，建立真正的汉语语言学。其实，这个任务早在20世纪30年代陈寅恪先生便已提出，只是没有人能理解，更没有人去认真尝试。陈寅恪在《与刘叔雅论国文试题书》中一针见血地指出："故欲详知确证一种语言之特殊现象及其性质如何，非综合分析，互相比较，以研究之，不能为功。而所与互相比较者，又必须属于同系中大同而小异之语言。盖不如此，则不独不能确定，且常错认其特性之所在，而成一非驴非马，穿凿附会之混沌怪物。因同系之语言，必先假定其同出一源，以演绎递变隔离分化之关系，乃各自成为大同而小异之语言。故分析之，综合之，于纵贯之方面，剖别其源流，于横通之方面，比较其差异。由是言之，从事比较语言之学，必具一历史观念，而具有历史观念者，必不能认贼作父，自乱其宗胤也。"

总之，学术研究有如宇宙的探索，未知的领域总是大于已知的领域。在此情况下，如何来继承和发扬大师的治学传统和学术成果呢？季羡林说：

一是忠实地、完整地、亦步亦趋地跟着先生的足迹走，不敢越雷池一步。从表面上看上去，这似乎是真正忠诚于自己的老师了。其实，结果将会适得其反。古今真正有远见卓识的大师们都不愿意自己的学生这样做。依稀记得一位国画大师（齐白石？）说过一句话："学我者死。""死"不是生死的"死"，而是僵死，没有前途。这句话对我们发扬赵元任先生的学术传统也很有意义。我们不能完全走赵元任先生走过的道路，不能完全应用元任先生应用过的方法，那样就会"死"。

第二条道路就是根据元任先生的基本精神，另辟蹊径，这样才能"活"。……首先我要说，既然20世纪的科学方法是分析的，是微观的。而且这种科学方法绝不是只限于西方。20世纪是西方文化，其中包括科学方法等等，垄断了全世界的时代。不管哪个国家的学者都必然要受到这种科学方法的影响，在任何科学领域内使用的都是分析的方法，微观的方法。不管科学家们自己是否已经意识到这一点，反正结果是一样的。我没有能读元任先生的全部著作，但是，根据我个人的推断，即使元任先生是东方语言大师，毕生研究的主要是汉语，他也很难逃脱掉这一个全世界都流行的分析的思潮……

如今，问题既已被季羡林等前贤尖锐地提出，要想实践之，解决之，尚待明日大师之努力。

世纪钟声

2000年元旦，在世纪交替，千年更迭的历史时刻，北京西郊的世纪坛响起了21响浑厚悠扬的钟声。围观的人群中爆发出热烈的掌声和欢呼声，响彻北京晴朗的天空。参加撞钟的是10位老者和10位少年，一老一少为一对，年龄相加100岁，10对一共1000岁。10位老者都是科技教育界的耆宿，他们是费孝通、丁石孙、吴阶平、孙孚凌、万国权、季羡林、周巍峙、陈佳洱、柴泽民、冯其庸；10位少年是受到希望工程资助的学生代表。寓意是在这承前启后、继往开来的历史时刻，科教兴国深入人心，各项事业后继有人，祖国明天更美好，更辉煌。

在新世纪、新千年到来的时候，季羡林在想些什么呢？他考虑最多的还是东西方文化问题、环保问题、天人合一问题和分析思维与综合思维问题，这些问题无时无刻不萦绕在他的脑际。而此时此刻，他又多了一个如何对待八十有九的高龄问题。就在这一天，他的《迎新怀旧——二十一世纪第一个元旦感怀》跃然纸上，其中写道：

昨天夜里，猛然醒来，开灯一看，时针正指十二点，不差一分钟。我心里一愣：我现在已经是二十一世纪的人了。未多介意，关灯又睡。早晨七点，乘车到中华世纪坛去，同另外九个科学界闻人，代表学术界十个分支，另外配上十个儿童，共同撞新铸成的世纪钟王二十一响，象征科学繁荣。钟声深沉洪亮，在北京上空回荡。这时，我的心蓦地一阵颤动，"二十一世纪"五个大字沉重地压在我的心头，真正感觉"往事越千年",我自己昨天还是二十世纪的"世纪老人",而今一转瞬间,我已经成为二十一世纪的"新人"了。

在这关键的时刻,我过去很多年热心议论的一些问题,什么东西方文化,什么环保,什么天人合一,什么分析的思维模式和综合的思维模式等等,都从我心中隐去。过去侈谈二十一世纪,等到二十一世纪真正来到了眼前,心中却是一个大空虚。中国古书上那个叶公好龙的故事是很有启发意义的。

然而,我心中也并不是完全的真正的空虚,我想到了我自己。我现在确确实实是八十九岁了。这是古今中外都艳羡的一个年龄。我竟于无意中得之,不亦快哉!连我这个少无大志老也无大志的人都不得不感到踌躇满志了。但是,我脑海里立即出现了一个问题:活大年纪究竟是好事呢?还是坏事?这问题还真不易答复。爱活着是人之常情,连中国老百姓都说:"好死不如赖活着。"我焉能例外!但是,活得太久了,人事纷纭,应对劳神。人世间一些魑魅魍魉的现象,看多了也让人心烦。德国大诗人歌德晚年渴望休息(ruhen)的名诗,正表现了这种心情。我有时也真想休息了。

中国古代诗文中有不少鼓励老年人的话,比如"老骥伏枥,志在千里。烈士暮年,壮心不已"。又如"天意怜幽草,人间重晚晴"。又如"余霞尚满天",等等。读起来也颇让老人振奋。但是,仔细于字里行间推敲一下,便不难发现,这些诗句实际上是为老人打气的,给老人以安慰的,信以为真,便会上当。

那么,老年人就全该死了吗?也不是的。人老了,识多见广,正反两面的经验教训都非常丰富,这些东西对我们国家还是有用处的,只要不倚老卖老,不倚老吃老,人类社会还是需要老人的。佛经里面有个《弃老国缘》的故事,说的就是这一番道理。在现在的中国,在二十一世纪的中国,活着无疑还是一种乐事。我常常说:人们吃饭为了活着,但活着不是为了吃饭。这是我的最根本的信条之一,我也身体力行。我现在仍然是黎明即起,兀兀穷年,不求有惊人之举,但求无愧于心,无愧于吃下去的饭。

文如其人,几句大实话朴实无华,没有豪言壮语,唯有脚踏实地,兢兢业业,兀兀穷年,说到做到。归根结底,"世纪老人"是把自己的希望寄托在"新世纪新人"身上;而新人们虽说"后生可畏,焉知来者之不如今也",但仍须向前辈们学习,生命不息,奋斗不止,庶能肩负起振兴中华的历史使命。

关于 21 世纪究竟是从 2000 年算起，还是从 2001 年算起呢？这是个争执已久的问题。对如何划分世纪，国际上一直存在着争论，争论的焦点是"世纪"与"年代"的关系。在我国的报刊中，"年代"一词的应用十分广泛，无一例外都是从"0"年起始。我国天文学界专家学者认为，如果主张 2000 年为 21 世纪的第一年，那么 2000—2009 年则可称为 21 世纪的"初十年代"；如果主张 2001 年为 21 世纪的第一年，那么 2000 年则无法纳入任何年代的一年。因此我国天文学者认为世纪应从"0"开始，2000 年应是 21 世纪的第一年。

第二十三章

变故连连

老祖离去

季羡林的婶母("兼祧"后的继母)陈绍泽是季家的核心人物,因为她的辈分最高,被晚辈称为"老祖"。作为家长的季羡林,是从来不理"家政"的,其夫人有婆婆在,大事小事也不过问,因此婶母便成为家庭的"总管"。陈绍泽比季羡林大12岁,比彭德华大8岁。在1935年—1946年的11年间,季羡林远在欧洲,数年音信皆无,是她苦苦支撑着这个家,度过了最艰难的战乱时光,季羡林称赞她为"老季家的功臣"。1962年来到北京之后,她操持家务、接待客人、抚育重孙辈孩子,是绝对主力。特别是"文化大革命"期间,季羡林运交华盖,幸有她作为中流砥柱,才幸免家破人亡。所以,季羡林对这位婶母十分敬重,十分孝顺。他知道她喜欢吃鱼,有时特意步行三四公里,到海淀街上排队买炸鱼。季羡林的孙女季清说:"爷爷对老祖和奶奶是很尊敬的,也教育孩子们尊敬和关爱她们。老祖用她毕生的精力,带大了爸爸和姑姑,又带大了他们的儿女们。她的功劳是不可磨灭的。老祖做的饭菜,有几种十分绝妙:春天的荠菜馄饨,清香可口;端午节的粽子,饱满香糯;秋天自腌的雪里蕻,鲜嫩脆爽;春节的酥菜,色香味俱佳。"笔者也曾有幸几次见到老祖,吃过她亲手烹制的美味藕夹,对她的印象是深明大义,记忆力特强,十分慈祥,十分亲切,十分精明,十分勤劳。那时她已经80多岁了,推着儿童车从服务社买菜回来,见到笔者第一句话就说:"你是从新疆来的。你的老师说过,一定要留你吃饭。你中午不许走。"

1989年春节,是老祖的最后一个春节。大年初二,彭德华的五弟彭松一家,还有季老秘书李铮一家都来了,为老祖庆祝90大寿。老祖感到体力不支,吃过午饭就躺下了,从此一病不起,2月7日住进医院,21天后因肾功能衰竭与世长辞。1995年,季羡林在《寸草心》

一文中专门写了"我的婶母"一节,他说:

这里指的是我九叔续弦的夫人。第一位夫人,虽然是把我抚养大的,我应当感谢她;但是,留给我的却不都是愉快的回忆。我写不出什么文章。

这一位续弦的婶母,是在1935年夏天我离开济南以后才同叔父结婚的,我并没有见过她。到了德国写家信,虽然"敬禀者"的对象中也有"婶母"这个称呼,却对我来说是一个空洞的概念,一直到1947年,也就是十二年以后,我从北平乘飞机回济南,才把概念同真人对上了号。

陈绍泽(老祖)

婶母(后来我们家里称她为"老祖")是绝顶聪明的人,也是一个有个性有脾气的人。我初回到家,她是斜着眼睛看我的。这也难怪,结婚十几年了,忽然凭空冒出来了一个侄子。"他是什么人呢?好人?坏人?好不好对付?"她似乎有这样多问号。

这是人之常情,不能怪她。

我对她却非常尊敬。她不是个一般的人。我离家十二年,我在欧洲经历了第二次世界大战,她在国内经历了日军占领和抗日战争。我是亲老、家贫、子幼。可是鞭长莫及。有五六年,音讯不通。上有老,下有小,叔父脾气又极暴烈,甚至有点乖戾,极难侍奉。有时候,经济没有来源,全靠她一个人支持。她摆过烟摊;到小市上去卖衣服家具;在日军刺刀下去领混合面;骑着马到济南南乡里去勘查田地,充当地牙子,赚点钱供家用;靠自己幼时所学的中医知识,给人看病。她以"少妻"的身份,对付难以对付的"老夫"。她的苦心至今还催我下泪。在这万分艰苦的情况下,她没让孙女孙子失学,把他们抚养成人。总之,一句话,如果没有老祖,我们的家早就完了。我回到家里来也恐怕只能看到一座空房,妻离子散,叔父归天。

我自认为还不是一个混人。我极重感情,决不忘恩,老祖的所作所为,我看到眼里，记在心中。回北平以后，给她写了一封长信，称她为"老季家的功臣"。听说，她很高兴，见了自己的娘家人，详细通报。从此，她再也不斜着眼睛看我了，我们两人之间的关系十分融洽，互相尊重。我们全家都尊敬她，热爱她，"老祖"这个朴素简明的称号，就能代表我们全家人的心。

叔父去世以后，老祖同我的妻子彭德华从济南迁来北京。我们一起生活了将近三十年，从没有半点龃龉，总是你尊我敬。自从我六岁到济南以后，六七十年来，我们家从来没有吵过架，这是极为难得的。我看进入吉尼斯世界纪录，也不为过。老祖到我们家以后，我们能这样和睦，主要归功于她和德华二人，我在其中起的作用，微乎其微。以八十多岁的高龄，老祖身体健康，精神愉快，操持家务，全都靠她。我们只请了做小时工的保姆。老祖天天背着一个大黑布包，出去采买食品菜蔬，成为朗润园的美谈。老祖是非常满意的，告诉自己的娘家人说："这一家子都是很孝顺的。"可见她晚年心情之一斑。我个人也是非常满意的，我安享了二三十年的清福。老祖以九十岁的高龄离开人世。我想她是含笑离开的。

老祖永远活在我的记忆里。

婉如走了

季羡林的女儿季婉如出生于 1933 年 5 月 8 日，小学和中学是在济南读的，1951 年考入天津大学土木工程系。婉如天分很高，学习成绩优异，季羡林十分喜欢。那时候高等学校开展互帮互学运动，她给父亲写信，要求他放下教授架子，虚心接受学生批评，信里还提到现在流行红毛衣。季羡林心领神会，立刻买了两斤红毛线寄给女儿。1955 年，婉如大学毕业，分配到第二机械工业部第二建筑设计院工作。

季婉如的爱人何颐华是她的大学同班同学，毕业后曾留学苏联，在中国建筑科学研究院地基所工作。他们的儿子何巍，小名叫二泓，在外公外婆身边长大，直到结婚成家。

季婉如和她的弟弟季承（原名季延宗）为了一家人能够团聚实在是煞费苦心，做了许多工作。1961 年，季承分到了中科院在中关村的房子，与季羡林在北大中关村的一公寓宿舍相距不远。姐弟二人把老祖、母亲，还有和他们一起生活的季羡林二妹的儿子常永德一起接到北京，安顿在季承家里。季羡林过来看望，还带他们到福利楼吃川菜，游览北京的名胜古迹。第二年，姐弟二人背着父亲给北大校长陆平写信，要求将祖母和母亲的户口迁来北京。北大请示了北京市领导，经彭真市长批准，季羡林一家终于在北京团聚。

尽管婉如工作很忙，但每个星期天几乎都要回到北大朗润园的家中，为三位老人带来他们喜欢吃的食物，如韭菜鸡蛋饼、炸藕盒、素什锦等等。她为老人打扫房间，把换下来的脏衣服和床单拿回自己家去洗，忙个不停。每逢阳光明媚的日子，她就用轮椅推着母亲，出来晒一晒太阳。特别是"文化大革命"期间，季羡林成了"不可接触者"，婉如回家就更勤了，经常约上弟弟回北大，尽量多让老人享受一点儿亲情。婉如确实非常顾家，为了维护季家的祥和，为了三位老人生活得舒适一点儿，她竭尽全力。也许父女的沟通更容易些，也就是说，季羡林往往愿意听女儿的话，婉如在增进父母之间的感情方面，发挥着不可缺少的重要作用。因此，季羡林对婉如赞许有加，常说："有女万事足啊！"

1990年10月13日，季羡林带着儿子儿媳、女儿女婿，还有孙子、外孙游石花洞，这是一次十分难得的全家出游，儿孙绕膝，其乐融融。可惜好景不长，1991年接近年底的时候，婉如正在父母家中操持家务，突然便血。她以为是痔疮发作，回到和平里自己家后就去医院检查，方知得了直肠癌，并且到了晚期，癌细胞已经扩散了。

婉如手术后第一次化疗，一夜之间头发几乎掉光，从此拒绝接受第二次化疗。不久，她的腹部大量积水，连肿瘤科的权威专家都束手无策。弟弟季承开车带她去看中医，医生在玻璃板下压的广告里寻找"治病"的中药。婉如看出这是在应付她，拉着弟弟就走。她说："生死由命，富贵在天，随它去吧。"然而，让婉如最放心不下的还是自己的母亲。

没有人把婉如患病的消息告诉彭德华，因为她已经风烛残年，经不起这样的打击。婉如一连几周没有来北大，和姥姥、姥爷住在一起的何巍也开始经常回和平里自己家中，季羡林猜到女儿大概生病了。他一再追问，何巍才如实相告。季羡林听后沉默良久，叹了口气说："尽人事，听天命吧！"说罢就把自己关进书房里，一整天没再说一句话。

话虽这样说，季羡林对爱女仍然放心不下。他在李铮陪同下，第一次去女儿家看望。事已至此，似乎任何语言都是苍白无力的，季羡林只是默默地注视着自己的女儿。过了不久，由季承开车，季羡林和老伴再次来到和平里。老太太拉着女儿的手，不停地问这问那，而季羡林仍然坐在一边，

季羡林和夫人看望生病的女儿，左1为外孙何巍

一言不发,目光一刻都不曾离开女儿。在回家的路上,他无奈地叹息道:"看一眼少一眼了!"

不久,婉如再次住进医院,于 1992 年 6 月 23 日去世。这位聪明勤奋善良孝顺的女性,活了不到 60 岁。那一天,何颐华给何巍打电话说:"妈妈不行了。"何巍和爱人李庆之急忙离开外公家。这当儿,季羡林借口出去散步,陪着外孙和外孙媳妇走了很远很远……

何巍办完母亲的后事回到北大,季羡林没有问一句话。他一切都明白了!季羡林把自己关在书房里,外婆让何巍喊他吃饭。何巍推开书房的门,发现外公老泪纵横,书桌上的稿纸已经被泪水洇湿,上面写的字是《哭婉如》。这篇散文后来已经完成,秘书李铮见过,可是未见发表。1993 年 6 月,季羡林在他的另一篇散文《二月兰》中写道:

当婉如还活着的时候,她每次回家,只要二月兰正在开花,她离开时,总穿过左手是二月兰的紫雾,右手是湖畔垂柳的绿烟,匆匆忙忙走去,把我的目光一直带到湖对岸的拐弯处。

如今,天地虽宽,阳光虽照样普照,我却感到无边的寂寥与凄凉。回忆这些往事,如云如烟,原来是近在眼前,如今却如蓬莱灵山,可望而不可即了。

如果不是婉如早逝,季羡林的晚年也可能是另一番景象,可惜历史没有"如果"。

季婉如逝世不久,她的丈夫何颐华得了肺癌,发现时也已经到了晚期,于 1996 年 7 月 7 日病逝。季婉如和何颐华安葬在北京西郊万安公墓,离父母和老祖的合葬墓仅仅一步之遥。

彭德华逝世

都说婆媳关系是"天敌",可也有例外。季羡林的老伴彭德华同他的婶母陈绍泽的关系就非同一般。自从陈绍泽 1935 年嫁到季家,她俩在半个多世纪里形影不离,风雨同舟,相依为命,如同骨肉。1989 年老祖病故之后,彭德华大哭一场,从此,孱弱的身体越发不振。女儿婉如去世的消息,一直没有人告诉她,可是她见老伴、儿子和外孙从前老是跑医院,现在不去了,不难猜出结果,只好忍痛而活着。

彭德华本来就不爱说话,如今更加沉默了。她每天静静地坐在床头,孤独地打发时间。老祖死了,婉如死了,她也想到了死。她感到活着既无益又无趣。她对儿子说:"还不如早点死了的好,死了干净!"

过了一些时日,女婿何颐华来看望她。她看见女婿来了,感到非常惊异,脸上出现非常

季羡林的婶母陈绍泽（左）和夫人彭德华（右）

痛苦的表情，但没有号啕大哭。她什么都没问，别人也没说什么，大家都痛苦地无言相对。

1993年12月2日清晨，彭德华突然中风。儿子季承接到电话马上赶回来，见母亲脸肿嘴歪，行动困难，但意识清楚，就把她送进西苑中医院。经过一段时间的治疗，彭德华的病情稍微稳定，院方动员出院；回家不久，病情出现反复，又被送到北大校医院。季羡林工作虽然很忙，但生病的老伴是他放不下的牵挂，他时常去医院看望。季羡林是一个内心炽烈如火而表面平静似水的人，似乎没有人知道他当时是怎么想的。季羡林逝世之后，人们发现了一篇他没有完成的遗稿，题目是《最后的抚摸》。文中写道：

> 老伴卧病住院，已经将近一年了。不能说话，不能吃东西。有时能认人，有时不能。我时不时地去看她……十二月五日早上，我照例到大图书馆去，已经到达时，忽然心血来潮，来到了病房。德华和以前一样躺在那里，似睡非睡，脑袋直摇晃。我抚摸了她的手，她的额部，都是温温的。这温暖直透我的心。她没有睁眼，也没有看我，哪知道这就是最后的抚摸。

彭德华于1994年12月6日去世，享年88岁。遗体火化那天，季承把母亲送到八宝山。李铮和夫人徐淑燕，还有朗润园的邻居们手捧鲜花来向季奶奶告别。一对多么和睦的婆媳啊，先后都走了。曾住在楼上的商老师不会忘记，他刚搬来的时候，不会生煤炉，是季奶奶手把手地教会了他；左

季羡林的夫人彭德华

邻右舍不会忘记，那一年端午节，婆媳俩包了20多斤糯米粽子，分送给各家各户；隔壁的小女孩不会忘记，当他们全家外出的时候，把心爱的猫咪寄养在季爷爷家里，季奶奶不但每天给猫喂水喂食，还要给猫洗澡、换猫砂……

季羡林在《寸草心》一文中，颂扬了大奶奶、母亲、婶母三位女性之后，又让他的老伴彭德华沾了一次光。他这样写道：

在道德方面，她却是超一流的。上对公婆，她真正尽上了孝道；下对子女，她真正做到了慈母应做的一切；中对丈夫，她绝对忠诚，绝对服从，绝对爱护。她是一个极为难得的孝顺媳妇，贤妻良母。她对待任何人都是忠厚诚恳，从来没有说过半句闲话。她不会撒谎，我敢保证，她一辈子没有说过半句谎话。如果中国将来要修《二十几史》，而其中又有什么"妇女列传"或"闺秀列传"的话，她应该榜上有名。

师母生前，笔者曾见过她几次。每次去季家造访，都要到师母跟前问一声好，仅此而已，但感觉她很慈祥，沉默寡言。笔者和老祖聊天时，她总是笑眯眯地在坐在一旁，从来不插嘴。在彭德华病重的时候，孙女季清曾专程从洛杉矶回来看望。2008年9月3日，作家卞毓方收到季清从美国寄来的文章，题目是《我的奶奶》。这是十分难得的关于彭德华的文字，只有她的孙女才能写得出来。文章写道：

说实在的，写奶奶还挺不容易的。奶奶太平凡了，可是对我们季家来讲，她又是那么的伟大。奶奶虽然没有惊天动地的事业，更没有慷慨激昂的言辞，可是，如果没有她的细心照顾与体贴，如果没有她坚强的意志，如果没有她默默无闻的精神，在当时"文革"那个黑暗的年代，爷爷和我们的生活将是如何，是很难想象的。奶奶文化不高，也就是个高小毕业的水平，那还是在扫盲运动中获得的。记得奶奶去上扫盲班的时候，她从来不旷课、不迟到，每逢有时间，她就坐在床上拿着报纸，一字一句地念，真像个小学生一样。每次扫盲班我都跟着去，也跟着认了不少的字。有时候，奶奶碰到不认识的字会问我，我就故意逗她，"我还没上学呢都会念，您咋不会？小时候读书没用功吧？"

奶奶很少和我们讲过去的事，都是老祖像讲故事似的，告诉我们季家的过去。从她那里得知，奶奶没上过学。不是上不起，而是旧时候，女孩子是不可以上学的。但是，奶奶学会了烹饪、缝衣服、纳鞋底、绣花等手工绝活。每年入秋时分，奶奶就为爷爷一针一线地缝棉袄、棉裤；开春时，又是一针一线地为爷爷纳鞋底，做布鞋。

自从记事起，我就没见奶奶和我们坐在一起吃过饭。当然，节假日不算。老祖有时会搬个凳子坐在桌子的一角，那也是因为爷爷请得勤了点儿，奶奶则总是推说地方不够，或是还不饿，就坐在床上或旁边的椅子上看着我们吃。我们吃得越香，抢得越欢，她就越高兴，脸上流露出幸福、满意的微笑。有时我们抢得太欢了，她就笑着说："抢什么，下次再给你们做。"等我们都吃好了，奶奶把桌子上的剩饭菜都收拾起来，然后，把上顿所剩的饭菜拿出来，一个人坐在那里津津有味地吃着。我问奶奶："为什么你不吃今天的饭菜，而要吃昨天剩下的呢？今天的饭菜够您吃的呀？"奶奶说："不能浪费粮食。我吃昨天的，就可以把今天的留到明天。否则，昨天剩下的挨不到明天，就会浪费掉。"是啊，那时没有冰箱，剩饭剩菜最多只能保留一天，否则就会发霉变质。奶奶是个地地道道的贤妻良母，一切为了家，为了丈夫，为了婆婆，为了孩子们。她从不知道为自己去想，去计较。记得爸爸经常问奶奶，下次我来，您想要点什么，想吃点什么尽管说。奶奶却怎么也想不出来，总是说："不需要什么，不用麻烦。""你带什么来都好。只要老祖、爷爷喜欢就行。"

由于爷爷被打倒，曾有过轻生的念头，北大"命令"奶奶看好爷爷，不能让他再寻短见。那些红卫兵小将、武斗分子，如此肆无忌惮地折磨、侮辱这些手无寸铁的饱学之士，却又生怕他们一命呜呼，我实在不能理解。难道说是有人在暗中保护？奶奶很少出门，她从早到晚不是在厨房忙碌三餐，就是在卫生间洗衣物。那时没有洗衣机，都是用手一件一件地搓，一件一件地淘，一件一件地拧干，再一件一件地拿到阳台上去晾，然后用那种古老的熨斗把衣服一件件地烫平。我从未见奶奶抱怨过，或发脾气，也很少见她坐下来休息。有几次，我见奶奶悠闲自得地坐在椅子上，抱着手，笑眯眯地望着窗外。我便跑去缠奶奶，要她和我一起玩，奶奶却说她没空，我觉得奇怪，你明明坐在那里没事，怎么说没空呢？后来听老祖说，爷爷在家，奶奶是不可以走开的，方才恍然大悟。

在季老之子季承先生写的《我和父亲季羡林》一书的封底，印着不知何人所写的这样一段话："在儿子的笔下，季羡林可以说是一个人生的失败者，一个有国无家的浪人，一个孤独、寂寞、吝啬、无情的文人。早年的心结——寄居叔父家，无爱的婚姻，母亲的早逝，塑造了他压抑、封闭、孤傲的性格。他的意气用事毁了自己一家，又使他身陷阴谋的泥沼而难

季羡林夫妇与内弟彭松（前排右2）、弟媳（前排左1）及全家合影

以自拔。"果然如此吗？倘若真的这样，那么，这个家庭的氛围一定是冰冷的、紧张的。可是，笔者与季老一家数十年的接触，绝无此感觉。而且，不单单是笔者，季老的其他弟子也不会有这样的感觉。请看季老的入室弟子、北大教授段晴的一段话：

看过写先生家庭生活的文章，那些零散的画面又从记忆的深处浮现眼前。若不把这些画面用文字勾勒出来，怕是不得安宁了。

先生的家曾经那样温馨。

李铮的年代，我们常常可以随便打个招呼便径直走入先生的书房。先生的书房藏书丰富，而且没有图书馆闭馆的限制，所以一有了非查不可的念想，首先想到的便是先生的书房。师兄弟、姐妹们都曾尽情享受那里的书香。

这样一次，我逗留在那里，到了先生家开饭的时间。先生说，先吃饭，然后再看。于是从书房步入有饭桌的房间，那里也是师母晚上歇息的地方。印象中吃的是面汤，还有自家腌制的雪里蕻，小小的一碟。

那时候，先生的女儿婉如还在。饭后先生家的女眷迅速收拾好了一切。她们让我坐着别动，跟先生聊。我坐着，背朝连着厨房的门厅。背景处是笑声和说话声。

倏忽间，她们不知何时已经返回，师母坐在角落的木板床上，那永远是她坐的地方，而且永远守住这一角。婉如半躺着，头部和上半身抵着墙，依偎在母亲身旁。

全记不得我们在谈什么，只记得先生端坐着，满面生辉，话语不多，但是富有幽默。先生和我谈话，实际上是说给师母和婉如的。说得师母和婉如很开心。师母转过头来看看婉如，满眼慈爱。她们相对着，咯咯地笑啊，笑。先生愈发满面光辉，以他特有的方式尽情享受着这人间亲情的快乐。

那时我好羡慕，羡慕婉如可以依偎在母亲身旁。我的母亲很早便去世了，也许，是这个原因吧，所以看到人到中年的婉如还可以依偎在母亲身旁，便格外地羡慕。

后来先生说，德华走了，婉如走了，把他的心也带走了。

忆昔荷畔清屋居，炊香书味总相宜。

莫论人间疾与苦，儿女承欢有贤妻。

说得好极了！这便是弟子眼中季羡林一家昔日的场景，绝对是温馨的，而不是冰冷的，紧张的。

"求仁得仁"

1995年2月，季羡林发表了一篇杂文《1995年元旦抒怀——求仁得仁，又何怨！》。这篇文章很短，却很难读懂，其中没有介绍背景，也略去了起码的事实，唯有气势磅礴的感情宣泄。文中说：

是不是自己的神经出了点毛病？最近几年以来，心里总想成为一个悲剧性人物。然而我却于最近无意中得之，岂不快哉！岂不快哉！这里面当然也有遗弃之类的问题，但并不是自己被遗弃，而是自己遗弃了别人。自己怎么会遗弃别人呢？不说也罢。总之，在我家庭中，老祖走了，德华走了，我的女儿婉如也走了。现在就剩下我一个孤家寡人，赤条条来去无牵挂了。我成为一个悲剧性的人物，条件都已具备，只待东风了。孔子曰：求仁得仁，又何怨！

看来，季羡林幻想自己成为一个悲剧性的人物，而这个幻想最近于无意中得以实现了。怎么实现的呢？原来因为"遗弃"，不是别人遗弃了自己，而是自己遗弃了别人。遗弃了谁呢？文中没有说。为什么遗弃？文中也没有说。总之，自己既然希望成为悲剧性的人物，这个愿望实现了，应该说是"求仁得仁"，没有什么可抱怨的，只有欢呼才是，"岂不快哉！岂不快哉！"可是，且慢！有看悲剧而流泪的，还没有听说过看悲剧而欢呼的。季羡林说的莫非是反话？于是，这里出现了3个问号。

现在，我们就来试图解答这3个问题。

第一个问题：是谁被季羡林遗弃了？季羡林的亲人，老祖、女儿和夫人已经相继去世，孙子季泓去了美国，孙女季清去了澳大利亚，外孙何巍去了加拿大。这个家庭里现在只剩下两个成员，季羡林和季承，非此即彼。文章说得明白，不是别人遗弃了自己，而是自己遗弃了别人。毫无疑义，这个被遗弃者不是别人，非季承莫属。在被父亲"遗弃"的时候，季承已年届花甲，曾任中国科学院高能物理所高级工程师，当时"下海"在中科院开办的辐射技术公司当总经理，并不依赖自己的父亲生活。显然，这里说的遗弃，不是法律层面的遗弃，而是情感层面的。

第二个问题：为什么遗弃？过去从未听说父子之间有什么矛盾，更难以想象会有什么大仇大恨。因为有揭人家丑之嫌，笔者不敢主动打听此事。但仔细去听，也听到过一点儿风声，与季承先生书中披露的大相径庭。意思大约是这样的：其一，季承和伺候老太太的小保姆相好，当时季承尚未和前妻离婚，老爷子以为有辱门风，遂下了驱逐令。其二，季承不愿意分担母亲的医疗费，令父亲生气。退一步讲，这些事情即使是真的，那也算不了什么大仇大恨。为琐事生气，在任何家庭都可能发生，当时可能都在气头上，父子俩各不相让，于是关系闹僵了。这样的解释似乎能说得通，不过，随着时间的推移，父子之间的龃龉必将逐渐消退，疙瘩一定会解开。而在季承先生《我和父亲季羡林》一书中，又有新的说法：儿子孝顺母亲，因为父母感情不和，父亲出于嫉妒，才把儿子撵走。当真是这样吗？这样的说法以前

父与子

闻所未闻，看老夫妇相濡以沫的情景，感觉似乎不至于如此。到底孰是孰非？俗话说，清官难断家务事。季羡林和季承之间的事是典型的家务事，既然在季老生前，父子二人已经和好，现在要弄清当初为何反目确实已无必要。

第三个问题：季羡林的"又何怨"说的是反话吗？这个问题的答案应该是明确的。无论旧道德还是新道德，都不主张亲属间相互遗弃，不主张父子反目成仇。季羡林一生提倡和谐，身体力行，大声疾呼，写过许多提倡家庭和睦、父慈子孝，主张以"真"和"忍"处理家庭关系的文章。请看，1999年10月23日，他在《梦游二十一世纪》中写道："我梦到，在每一个家庭里，父慈子孝，兄友弟恭，夫妻相敬相爱，相忍相让……在任何时代，人生都是一场搏斗，搏斗就难免惊涛骇浪。在这样的浪涛中，有胜利者，当然也有失败者。在整个社会中，家庭对这样的浪涛来说，就是一个安全的避风港。胜利者回到这个避风港中，在温馨的气氛中，细细品

季承为父亲理发

味这胜利的甜蜜；失败者回到这个避风港中，追忆和分析失败的教训，家庭的温馨会增强他的斗志。回忆之余，愤然而起，他又有了足够的勇气和力量，再回到社会中，继续拼搏，勇往直前，必须胜利在握而后止。家庭的作用大矣哉！"10天之后，即1999年11月3日，他又在《希望二十一世纪家庭更美好》中写道："家庭是组成社会的细胞，集无数细胞而成社会。家庭安则社会安；家庭不安，则社会必然动荡。""一个人不可能没有一点缺点，也不可能不犯一点错误。只要到不了触犯刑律的程度，夫妻间就应该互相理解，互相原谅。"季羡林是心口如一的人，不是说一套做一套的两面派。那么，他为什么不主动与儿子和好呢？笔者的理解是条件尚不成熟。因为"鬼打墙"，季羡林无从了解儿子的态度，甚至不能同儿子有任何联系，他只能隐忍，等待时机。苍天不负苦心人，经过多年等待，时机终于来了。2008年11月7日，季羡林父子在人为地分离13年后重归于好，这才是合天理、顺人心的一件喜事。见面时，季承说的第一句话就是："爸爸，我给您请罪来了。"季羡林则回答说："你何罪之有啊。这些年，（我）何尝不是天天想念呀。"

可是，往昔情况却大不一样。话说1994年12月4日，季羡林对儿子季承说"今后你不

要来北大了"。父子二人都说了一些过头话，从此不再来往，季家只剩下一个孤老头子。季羡林在历数自己的家庭成员时，把猫、乌龟、甲鱼都算在内了。越是如此，越显得他凄凉和孤独。父子反目，季承固然有责任，但季羡林本人也难辞其咎，用他自己的话来说，就是"大事不糊涂，小事不一定不糊涂"。在家事的处理上，他的确糊涂了一次，而且为此付出了沉重的代价。

在季承看来，季羡林所做的糊涂事儿不止这一件，他的另一件糊涂事儿是疏远李铮。

李铮，满族，1950年参加工作，那年他17岁，是北大东语系的职员，从事教学行政管理工作。1978年李铮正式担任复出后的系主任季羡林的秘书，直到1996年2月退休。李铮靠自学成才，工作勤勤恳恳，认真细致，尽职尽责。他为人正直，表里如一，和季羡林一家亲如家人。1983年季羡林在《〈罗摩衍那〉全书译后记》中评价李铮说，"他这个人勤勤恳恳，兢兢业业，认真努力，一丝不苟"，"他对我的帮助等于延长了我的寿命。如果没有他的帮助，我绝不能做现在做的这些工作"。1990年11月2日，季羡林在《比较文学与民间文学》自序中写道："我又要感谢我的助手李铮同志。他来到我身边工作时，只有十几岁。我们合作40年了，从来没有发生过任何龃龉，即使极其微末的，也没有过。他工作认真负责，滴水不漏。他这一次又以他那细致入微的工作作风和令人佩服的敏锐的对汉语的语感，重新帮我校注了这一部书稿子。我曾在别的地方说过，他对我的帮助，节省了我的精力，等于延长了我的生命。现在我仍然要说这样一句话。"因此，李铮退休以后，接受返聘继续担任季羡林的秘书。可是，李铮很快发现，有人故意给他的工作制造困难，还有人制造舆论，说他嫌返聘金太少。他找季羡林解释，自己并不在乎返聘金多少，希望不要给他的工作制造麻烦，也希望有个年轻的同志协助自己工作。可是季羡林不但没有为他撑腰，反而与他日渐疏远。李铮感到十分愤懑。1998年，季羡林的《牛棚杂忆》由中央党校出版社出版，书中使用了李铮整理的《季羡林年谱》。该书的稿费是20万元，可李玉洁说稿费只有2万元。她转达季羡林的意见，给李铮2000元，李铮没有接受。李玉洁就对季羡林说，李铮嫌稿费太少。季羡林很生气，认为李铮在争稿费，说以后不用李铮的东西了。其实，李铮是觉得稿费数目不对，他对季羡林提出了自己的怀疑，并亲自同别的同事一起向出版社查询此事。就在李铮他们去出版社当天，李玉洁又把18万元存折交给季羡林，并把给李铮的稿费增加到4000元。李铮仍然拒绝接受，他说，他是想把事情弄清楚，并不是嫌稿费少，稿费他愿意捐出来，供季羡林今后出书使用。可是，季羡林却下令不再追究稿费问题。

李铮感觉自己受到了李玉洁的暗算，而且失去了季羡林对自己的信任，心情更加抑郁，1998年12月因为心脏病突发去世。李铮的死，让季羡林失去了一位得力助手，也给某些别

季羡林与李铮在长白山合影

有用心的人乘虚而入提供了机会。

季羡林承认自己的一时糊涂，2009年2月6日，他在口述历史的时候，对蔡德贵和护工岳爱英等人说："一个人都清楚的，也不容易。我这个人就是，糊涂了以后，还知道自己糊涂，这就是我的好处。""造成这个结果呢，我自己也得负点责任。脑筋早一点转过来就好了，现在转，比不转要好。"这当然是后话。

2000年11月5日，季羡林写了一篇短文《我的家》，回忆了老祖和彭德华在世时，这个3位老人组成的家庭是何等温馨。字里行间充满浓浓的亲情，读来让人感觉无限留恋，更加感觉季老写该文时处境的悲凉。他写道：

> 我曾经有过一个温馨的家。那时候老祖和德华都还活着，她们从济南迁来北京，我们住在一起。
>
> 老祖是我的婶母，全家都尊敬她，尊称之为老祖。她出身中医世家，人极聪明，很有心计。从小学会了一套治病的手段。有家传治白喉的秘方，治疗这种十分危险的病，十拿十稳，药到病除。因自幼丧母，没有人替她操心，耽误了出嫁的黄金时刻，成了一位山东话称之为"老姑娘"的人。年近四十，才嫁给了我叔父，做续弦的妻子。她心灵中经受的痛苦之剧烈，概可想见。然而她是一个十分坚强的人，从来没有对人流露过，实际上，一个丧母的孤儿，又能对谁流露呢？
>
> 德华是我的老伴，是奉父母之命，通过媒妁之言同我结婚的。她只有小学文化，认了一些字，也早已还给老师了。她是一个真正善良的人，一生没有跟任何人闹过对立、发过脾气。她也是自幼丧母的，在她那堂姊妹兄弟众多的、生计十分困难的大家庭里，终日愁眉愁面，当然也受过不少的苦，没有母亲这一把保护伞，有苦无处诉，她的青年时代是在愁苦中度过的。
>
> 至于我自己，我虽然不是自幼丧母，但是，六岁就离开母亲，没有母爱的滋

味,我尝得透而又透。我大学还没有毕业,母亲就永远离开了我,这使我抱恨终天,成为我的"永久的悔"。我的脾气,不能说是暴躁,而是急躁。想到干什么,必须立刻干成,否则就坐卧不安。我还不能说自己是个坏人,因为,除了为自己考虑外,我还能为别人考虑。我坚决反对曹操的"宁要我负天下人,不要天下人负我"。

就是这样三个人组成了一个家庭。

为什么说是一个温馨的家呢?首先,是因为我们家六十年来没有吵过一次架,甚至没有红过一次脸。我想,这即使不能算是绝无仅有,也是极为难能可贵的。把这样一个家庭称之为温馨难道不恰如其分吗?……

如果真有"毫不利己、专门利人"的人的话,那就是老祖和德华。她们忙忙叨叨买菜、做饭,等到饭一做好,她俩却坐在一边,看着我们狼吞虎咽,自己只吃残羹剩饭。这逼得我不由不从心里尊敬她们。

这篇文章还说,自从老祖和老伴去世,家里只剩下自己一个人,过了一段孤苦凄清的日子,这便是"得仁"的结果。看来,季羡林"求仁得仁"并不难,难的是由"仁"入"圣",他终究不是圣人,有七情六欲,要过普通人的生活。后来,由于李玉洁的帮助,家里渐渐恢复了生机。

李玉洁

在季羡林的晚年生活中,有一个不可或缺的人物,那就是李玉洁。2000年11月5日,季羡林在他的散文《我的家》中讲到了自己几位亲人相继去世后的处境,他说:

我的同事,我的朋友,我的学生,了解到我的情况之后,立刻伸出了爱援之手,使我又萌生了活下去的勇气。其中有一位天天到我家来"打工",为我操吃操穿,读信念报,招待来宾,处理杂务,不是亲属,胜似亲属。让我深深感觉到,人间毕竟是温暖的,生活毕竟是"美丽的"(我讨厌这个词儿,姑一用之)。如果没有这些友爱和帮助,我恐怕早已登上了八宝山,与人世"拜拜"了。

这位"不是亲属,胜似亲属"的"打工者",就是李玉洁。

李玉洁生于 1928 年 8 月，沈阳人，20 世纪 50 年代是季羡林的邻居，后来成为同事，再后来成为他的管家。李玉洁的丈夫杨通方是北大东语系朝鲜语专业教师，曾在北大中关村公寓与季羡林住对门。季羡林的家属没有来北京的时候，季羡林出差就请李玉洁夫妇照看房子。那年月搞政治运动，杨通方因为是韩国"海归"，以莫须有的罪名动辄挨整，李玉洁的日子并不好过。而作为系主任的季羡林对他们经常有所照顾，李玉洁认为季羡林对自己一家有恩。"文化大革命"结束后，北大和社科院联合成立南亚所，李玉洁从外文局调入，从事事务性工作。在季羡林成了孤家寡人、艰难度日之际，已经退休的李玉洁自愿担当他的义务助理。

李玉洁先是指挥季家的家政服务人员，整理季羡林凌乱不堪的书房。且看季羡林在《九十述怀》中的描述：

> 玉洁率领着方方和小李，杀入我的书阵中。她运筹帷幄，决胜斗室，指挥若定。伯仲伊吕，大将军八面威风，宛如风卷残云一般，几周之内，把我那些杂乱无章、不听调遣的书们，整治得规规矩矩，有条有理。虽然我对她们摆的书阵还有待于熟悉；可是，现在一走进书房，窗明几净，豁然开朗。我顾而乐之，怡然自得，不复再有"轻生"之念。我原来想：就让它乱几年吧，等到我的生命画句号的时候，自然就一了百了了，哪里会想到今天这个样子！

"伯仲伊吕"何许人也？是辅佐商汤王灭夏的伊尹和辅佐周武王灭商的吕尚，即姜子牙，你看李玉洁在季羡林眼中与这两位大将军在伯仲之间，是何等高大威猛！逐渐地，李玉洁包揽了季羡林所有的日常杂务。她每天都到季家来，最重要的事情是给季老读报，读信，还要同不断打电话来或者亲自登门来的造访者打交道。因为季羡林年事已高，学校领导指示在他的门上贴出通告，想挡一下造访者。但是许多客人视而不见，照样敲门不误，有的竟在门外荷塘边等上几个钟头，还有扛着沉重的摄像机来的电视台导演和记者。季老实在应接不暇，李玉洁就充当"拦驾大使"，想尽花样，费尽唇舌，说服那些热心的朋友少安毋躁。她必须对众多造访者进行筛选和排队，只让季老接见非见不可的客人，而且要限定时间和话题。这是一件十分费力不讨好的工作，李玉洁为了老先生的健康，确实付出了许多辛劳，但也得罪了不少人。

季羡林到外地开会、考察和讲学，都带李玉洁去，就是回山东老家，她也不离左右。从 2001 年年底起，季老几次住院，李玉洁出了大力，天天陪伴在病房。她的两个儿子都在国外，老伴杨通方身体也不好，她常常趁午饭后季老休息时，回家照顾老伴，接着又赶回医院。虽然还有杨锐等人相助，但李玉洁绝对唱主角，季老那里的事情，基本上都是她一个人说了算。

季羡林与李玉洁

2006年8月初，李玉洁得知中央领导同志要来医院为季老祝贺生日，脚不沾地地做着各种准备。病房的布置，季老的着装，以及每日常规会客等等，她都安排得井井有条。前两次，温家宝总理来看望季羡林，季先生穿的是医院的病号服，这次，她特意委托笔者买来一件土红色短袖上衣，让季老穿上。温总理来时，季老一亮相便被呼为"红衣少年"，效果确实不错。5日，李玉洁一夜无眠；6日是个"正日子"，温总理来，她忙活了一整天，晚上也许是过于兴奋，或者考虑接下来的活动，她又没有睡好；7日、8日，她继续操劳不止。8日下午，她正在病房里忙着，突然"咕咚"一声栽倒在地。李玉洁虽然能干，但毕竟是年近80岁的人了，血压又高，这次中风瞬间进入深度昏迷，生命垂危，所幸病在301医院，抢救十分及时，才捡回一条命。

季羡林当然牵挂着李玉洁的病情，虽然表面镇静从容，每天仍然坚持写作，会客。11日，也就是李玉洁病倒后的第三天，季羡林写了一张便条："月有阴晴圆缺，人有悲欢离合，此事古难全。"让杨锐拿去念给李玉洁听。就这17个字，杨锐念了一遍又一遍。让人意想不到的是，奇迹终于出现了！昏迷中的李玉洁眼角流出了泪水！"李阿姨有反应了！"大夫、护工都激动不已。

8月18日，季羡林写了第二张便条："天佑善人，天道酬善。"仍由杨锐拿到李玉洁病床前念，此时李玉洁早已清醒了。

8月21日，是李玉洁的78岁生日，季羡林写了一首诗《贺玉洁病愈》，向她祝贺：

玉洁生病　绝顶聪明

先选时节　后定环境

二者完成　病情得控

> 一转瞬间　又吹东风
> 从此以后　永远康宁

10月1日，季羡林又给李玉洁写了一封信：

玉洁：

祝你节日好！当年我们相对背诵苏东坡"明月几时有？"那一首词的时候，其中有两句话："人有悲欢离合，月有阴晴圆缺，此事古难全。"当时你也同意这个观点，现在身体力行。

李玉洁毕竟是一位耄耋老人，得了这样重的病，要想完全康复是不可能的。几年时间过去了，身体仍十分虚弱。在她病倒之后杨锐接替了她的工作。

季羡林晚年，先后担任他的助手的有李铮、李玉洁和杨锐三人。李铮为人正直、勤勉，可惜过早逝世了。从1996年—2006年李玉洁照顾季老，其辛苦不同寻常，这是有目共睹的。为了季羡林的健康，她对来访者是比较严苛的，这也不难理解。比如，在20世纪末，她曾教训笔者："管一管你的孩子。他们不管是中午还是晚上，也不管老先生是在吃饭还是睡觉，推门就喊'季爷爷'！"还有，笔者前去探望季老，多数时候不能进门，有时是站在病房门口偷偷看一眼。笔者的一个朋友陪父亲在301住院，和季老就在同一层病房，几次想去看看季老，可是每当走到季老病房门口，看见那个"凶巴巴的老太太"，只好失望而归。这当然都会被人理解，因为季老的健康要紧，听说确实有人带来"坏消息"而引发季老病情波动。比如，季老在南楼住院的时候，他最器重的得意弟子梵学家蒋忠新的爱人王秀桂来看望，季老从她口中得知自己的爱徒英年早逝的噩耗，病情陡然加重，从此，李玉洁对来人更为严加防范。可是，使人难以理解的是，季老的儿子和近亲竟然也不能靠近季老，这就很不正常了。季承当初跟父亲说了过头话，不久就后悔了，得知父亲住院的消息，他万分着急，曾经一次又一次来到医院传达室，但就是进不了病房大门。季老的外甥女彁金冬从济南来看舅舅，在医院传达室等着，等来等去等到了一句话："把东西留下，回去吧。"

杨锐接手之后，基本上是萧规曹随。她对来访者的严苛程度比李玉洁有过之而无不及。有一位来访者对季老说："我见到您的内弟彭松了，他很惦记您。"话音未落，季老还没有开口，就被杨锐打断："哪里有这样的亲戚？没有！"季老也只好哑口无声。彭松不仅是他的内弟，而且是他的发小，可季老身边的人偏偏不让见，只好"真话不全说"了。还有，2009年5月2日，笔者去看望季先生，碰到一位90岁的老学者孙正达先生。孙先生是来给季老送他主编的《世界列国国情与民俗丛书》的。季老是这套书的总顾问，为丛书撰写了序言。孙先生抱怨说，"我去年就要来送书，可杨锐不让我来。我把书寄到北大，打电话问她收到没有，她说：'没有时间去取。'"季老也证实说："我确实没有看过这书。"笔者没有资格评论杨锐的工作，只是说一点儿自己知道的事儿。显然，季羡林的生存空间，当时是被极度压缩了。老先生虽然一忍再忍，终至忍无可忍。

现在回头来说李玉洁。她的确是一个有争议的人物。季老的许多朋友、弟子感谢她付出的劳动。笔者便亲眼见到一件令人感动的事，2000年4月间，有一次晚上八九点钟去季老家办一件急事，季老已经入睡，只有李老师在另一个房间值班，当时她坐在椅子上直打瞌睡，须知，那时她也是古稀老人了。季老的亲属却对李玉洁深恶痛绝。季老生前身后发生的一些怪事、鬼事，她似乎难逃干系，而她本人又老迈病弱，无力为自己辩解。她对季老管得那样紧，似乎有她的道理，或者有她自己的打算，这些不好妄加猜测。季承说："她阻挡我们父子相见，累死病死不值得同情。"（这话是从媒体上看到的，没有向本人求证，不见得确切——笔者）也许，唯有季承才有资格说这样的气话、狠话，因为他确实受到了不应受到的伤害；但是人们不会忘记，这些年是谁在照顾季羡林。李玉洁到底是个什么样的人，相信历史自有公论。

李玉洁病倒之后，2007年7月下旬，师兄张保胜争取到一次去医院看望先生的机会，笔者跟随师兄一起去向先生祝贺96岁生日，并在当天的日记里这样写道：

2007年7月27日　星期五　晴

和张保胜老师夫妇相约去301医院看望先生。同来的有张敏秋夫妇、张光璘夫妇，还有蒋忠新的夫人王秀桂。

先生看上去情况不错，杨锐说先生在康复中，现在可以自己走到厕所。先生看到几位老学生很高兴，先打听他们的孩子情况，这些孩子都是先生看着长大的，他们结婚有的还是先生主婚，现在都做了父母。先生回忆起当年张保胜住德斋的时候，有一次，家里包了饺子，老祖叫卫东来吃，卫东吃饱了，先生叫他跑一跑，松松裤带再吃。"那孩子一顿吃了50个饺子！"说起来，大家都笑了。先生询问了一些熟人朋友的近况,如葛维钧、王瑶、谭中、黄文焕,说到谭中时,他说,谭中寄来的新作已经收到了。解放初访问印度,丁西林是团长,和谭中的父亲谭云山见过面,没有深谈。那次见到一位小脚老太太,不知道什么时候出国的,一见面就问:"老爷们的行李下在哪一家店里?"

季老说,最近卞毓方写了一本我的传记,书名是《季羡林:清华其神,北大其魂》,写得朴实无华,实事求是。这是第五本了。于青一本,王树英一本,蔡德贵那一本我没看,张光璘那本写得比较好,我改动了几处。

季老耳朵重听,杨锐让我坐在先生旁边,说话大声些。他问我爱人谷建华的情况,说我们还是在新疆认识的呢。季老问我回过新疆没有?乌鲁木齐变得怎样了?1979年那次到了吐鲁番、库车、敦煌和兰州,和新疆博物馆建立了联系。他问我是不是退休了,在做什么。我说,我已经退休,有了一些空闲,读先生谈义理的文章,很受教育,我想把这些文章整理成书。先生表示可以,并说:"(对哲学)我是外行。不过,外行有外行的好处,就是没有框框,敢讲。"我说先生有许多观点,经得起历史和实践检验,是正确的。先生说:"那是千虑一得。"我问先生在做什么,他说:"还是写点儿东西,习惯了。还不糊涂,可以慢慢写,停不下来。"我说盼着读您的《病榻杂记》续集。

张保胜向先生汇报自己的科研项目《元、明、清代蓝扎体梵文经咒总汇》的完成和准备鉴定情况后,大家围在先生身旁唱《祝你生日快乐》,同贺季老96岁生日,季老高兴地打着拍子。他亲自为每人切了一块蛋糕。在品尝蛋糕之后,风趣地说:"味道好极了!"

从季老病房出来,我们又去东楼病房看望李玉洁。李老师见我们来了,很高兴。她已经能够下床活动了,说话仍不大清楚。她能一一叫出我们每一个人的名字。还对王秀桂说:"他们都是东语系的学生,你不是。"

长孙季泓

季羡林的病房里每天访客不断,有各级领导来表示关怀的,有朋友、学生前来看望慰问的,有新闻界人士前来采访的,有出版界人士前来商议出书的,有通过各种关系前来求文求字的,有热心读者前来拜会的,等等。可是,这些都不能代替他的亲人。离开越久,季老的思亲之情就越加浓烈。屈指算来,自从他 90 岁生日那次见到孙子季泓,又有 6 年没有相见了。小泓怎么不来看爷爷呢?是啊,远隔重洋,又是四口之家,回来一趟,谈何容易呀!季羡林考虑半天,吩咐工作人员说:"买飞机票给小泓寄去,让他们回来一趟,告诉他,我想他们了。"

早在 1983 年 5 月,季羡林就写了一篇著名散文《别稻香楼》,副标题就是"怀念小泓",文章说:

几年前我游黄山时,正当盛夏,久旱无雨。黄山那一些著名的瀑布都干涸了。著名的云海也基本上没有看到。只在北海看到了一点类似云海的白云,聊胜于无,差足自慰而已。有名的杜鹃花,因为时令不对,只看到一片片绿油油的叶子,花是一朵也没有看着。而现在呢,正是阳春五月,杜鹃花开满了黄山,开成了一片花海。据说,今年雨水充沛,所有的黄山瀑布都奔腾澎湃,"飞流直下三千尺","一条界破青山色"。有了雨,云海当然就不在话下。你试想一想:这样的瀑布,这样的云海,再衬托上满山遍野火焰似的杜鹃花,这是多么奇丽的景色啊?它对我会有多么大的吸引力啊?

然而我仍然决心不游黄山,原因要到我的感情深处去找。上一次游黄山时,有小泓在我身边。这孩子是我亲眼看他长大起来的。他性格内向,文静腼腆,我们之间很有些类似之处,因此我就很喜欢他。那一次黄山之游,他紧紧地跟随着我。其他几个同他年龄差不多或者稍大一点的男孩子结成一伙,跳跃爬行,充分发挥了他们浑身用不完的青春活力。小泓却始终跟我在一起,爬到艰险处,用手扶我一下。他对黄山那些取名稀奇古怪的名胜记得惊人地清楚;我说错了,他就给我更正。在走向北海去的路上,有很长一段路,我们"前不见古人,后不见来者",在原始大森林里,只有我们两人。林中静悄悄的,听自己说话的声音特别响亮。此情此景,终生难忘。回到温泉以后,有一天晚上,我和小泓坐在深谷边上的石栏杆上。这里人来人往,并不安静。然而由于灯光不太亮,看人只像一个个的影子,气氛因此显得幽静而神秘。"巫山秋夜萤火飞",现在还正在夏天,也许因为山中清凉,我们头顶上已有萤火虫在飞翔,熠熠地闪着光;有时候伸手就可以抓到一只。深涧中水声潺潺,远处半山上流出了微弱的灯光。我仿佛是已经进入一个童话世界。此情此景,更是终生难忘了。

可是现在怎样了呢?现在只剩下我一个人,坐在稻香楼中。不管从别人口里听到的黄山景色是多么奇丽,多么动人,我仍然是游兴索然:我身边缺少一个小泓。

直下三千尺的瀑布能代替小泓吗？不，不能。红似火的杜鹃花能代替小泓吗？不，不能。此时此刻，对我来说，小泓是无法代替的。我不愿意孤身一人，在黄山山中，瀑布声里，杜鹃花下，去吞寂寞的果实。这就是我不再游黄山的原因。

　　我同小泓游黄山时的一些情景，在当时，是异常平淡的，甚至连觉得平淡这种感觉都没有。然而，时隔数年，情况大变。现在我才知道，那样平淡的情景，在我一生中，也许仅仅只有一次。时过境迁，人们绝不可能再回到过去去；过去的时光也决不会再重现人们眼前。人的一生，不管寿限多么长，大概都是如此的吧。

这是一篇优美的散文，也是一篇伤感的散文。季羡林如此深情的怀亲之作，除了关于母亲，就只有关于长孙小泓的这一篇了，足见祖孙之间的感情非同一般。

季泓生于1962年，小时候随爷爷奶奶生活，在北大附小和附中就读。季泓还记得，在他记事的时候，爆发了"文化大革命"，爷爷的日子不好过，蹲牛棚，挨批斗。后来日子好过一些，他整天就是看书，写文章，没有人来串门，顶多就是找同住在一套房内的田德望教授聊聊天，因为"文革"期间季羡林奉命让出四居室的一半，给田德望家住。老朋友臧克家从干校回来以后，季羡林有时进城，带上季泓，路上顺便买点儿茶叶，去看望臧克家。1973年，季泓11岁，季清10岁，季羡林想念老家了，和老伴带着季承和孙男娣女，一起回了一

2007年6月18日下午，季羡林与孙子、孙媳、曾孙、曾孙女

趟临清。看到家乡依然很穷，季羡林很难过，回北京后决定给老家的小学校捐一些书。他常常带着季泓兄妹，到城里的王府井书店帮他选书。1981年，季泓高中毕业，去芝加哥留学，爷爷并不支持他出国。季羡林本人是老留学生，对出国留学的苦辣酸甜自有亲身的感受，可是孙子坚持要走，他也只好勉强同意。季泓离开北京的时候，爸爸妈妈和爷爷奶奶都到机场送行，只有老祖留下来看家。

季泓到美国以后，一直住在芝加哥，大学毕业后，在一家通迅器材公司服务。季泓20世纪90年代初加入美国国籍，1994年回国探亲，经人介绍认识了现在的妻子杨朝晖，1995年在美国结婚，1998年生了儿子季念。2001年季羡林90大寿，全家三口一起回来祝贺，还陪爷爷回了一趟临清老家。2002年出生的女儿季妍，还没有见过太爷爷呢。

2007年6月15日，季泓夫妇带着一双儿女从芝加哥飞回北京。18日下午，季泓一家前往301医院看望季羡林。两个孩子是美国生，美国长，讲英文，中文只能听，讲不利索。小孩儿天性活泼，在病房里又跳又笑，一刻不停。季羡林见到孙子、孙媳和重孙子、重孙女，自然非常高兴。因为上午接待金庸，有点儿累了，讲话不多，事后季泓回忆说："我向爷爷介绍两个小家伙的脾气，哥哥温驯，妹妹霸道，妹妹在家里常常欺负哥哥。爷爷笑了，说：'噢，你小时候，你妹妹也是经常欺负你。'"

季泓性格内向，不善言谈。采访时记者问他：在美国有没有人谈起过你爷爷？季泓回答：没有，周围的人都是搞理工的，对文科方面的人物不熟悉。刚去美国那几年，倒是不断有人邀请爷爷去讲学，爷爷没去。问起妹妹季清，他说在洛杉矶，与爱人在搞游艇什么的。又问表弟何巍，他说在加拿大，在一家化工企业当工程师。他和妹妹、表弟虽然都生活在北美，但很少见面，平时靠电话联系。

季泓一家四口在京期间，除了探亲访友，就是到处逛，去了天坛、故宫、长城、北大燕园、颐和园。6月26号下午，全家再次去医院看望爷爷。季羡林这天精神很好，主动问他们都去了哪里。说到天坛，季羡林说："天坛有回音壁，我以前听过，你们小时候也听过，百年不变。"说到在长城脚下住农家小院，季羡林说："这机会难得，让小孩儿好好了解中国。"两个小家伙给太爷爷唱歌，是关于奥运的"北京欢迎您"，季羡林高兴得鼓掌。他们还分别和太爷爷比掌，看看谁的手掌大，两小一老全神贯注，稚气盎然，乐趣横生。

季泓一家6月29日返回美国，但令人遗憾的是，这竟是他们祖孙的最后一次见面。

季清回国探望

一年以后，季羡林的孙女季清也从洛杉矶回来看望爷爷。2008年7月4日，季羡林回到自己在北大朗润园的家中，同孙女和两个重外孙女见面。为什么要在北大而不是医院见面呢？笔者听到了两种不同的解释：其一是季老坚持要回家；其二是说季清是外国籍，不能到301医院。看来第一种解释比较靠谱，因为笔者知道，季羡林一直要求回家。

季清是同爱人和孩子一起回来的，爱人是美国人，大女儿南南16岁，小女儿孟美10岁。季清生于1963年，在北京读完大学，1988年出国，先去澳大利亚，后到美国。她说："我是在爷爷身边长大的，这次回来，看到爷爷一天天老了，作为小辈，不能在身边尽孝，很是惭愧。老祖去世那年，我刚出国不久，又碰上国内动乱，回不来。当时写了一篇《悼老祖》的文章，也不知收在哪里了。后来，奶奶生病，是中风，住在北大校医院。我当时决定，一定要回国看看她老人家，不能等人死了之后再悼念。结果，我回来了。奶奶那时已躺在病床上，不能走动，不能说话，但她看到我，眼睛一亮，仿佛说，孙女小清你可回来了，转头又看了看重外孙女南南，流露出无限慈爱。南南当时才2岁，不记事。我走后不久，奶奶就与世长辞了。对她的离世，我是欣慰的，一则我带南南探望了她，有过临终告别；再则，奶奶是苦命人，她这死，实际上是解脱了。这是我们家的事，我不愿多说。现在，爷爷也老了，更老了，我看着爷爷，耳边总像有个声音在说：你不能走，你一定要尽力照顾你爷爷。这是上天给我最后的机会，我要把它抓住。"

季清为了和爷爷见面，7月4日，她带着南南和孟美9点半就到了北大西校门。门前熙熙攘攘地聚了不少学生，穿着礼服，拍照留念，可能是毕业典礼的日子。进了西校门，首先见到小石桥。季清告诉女儿，自己小时候经常和哥哥、表弟在这里玩耍。有一次，三个七八九岁的小孩儿在桥上打赌，看谁能从桥的外侧走过去，表弟何巍自告奋勇，第一个上去尝试，没想到才走几步，就"扑通"一声掉到水里，她吓得叫起来，哥哥说，你跑得快，赶快回家请老祖来。桥离家抄近路也有一两里地，季清呼哧呼哧跑到家里，拉着老祖火急火燎地跑回来，何巍已被一位老师救起来了。

过了小石桥，季清指着左侧的外文楼，告诉女儿：这里就是太姥爷上班的地方。太姥爷的秘书李铮在一楼办公。从前，她经过楼下，常常听到屋内有节奏的打字声。小时候经常听爷爷夸奖李叔叔，说他虽然一个英文字不识，可打起字来速度奇快。爷爷的手迹，也只有李叔叔能毫不费力地全部认出来。可惜李叔叔寿命不长，早已离去了。

到了未名湖畔，她指给南南和孟美，前面就是妈妈冬天的滑冰场，那边的三个窗口，是租冰鞋的，再过去，就是东操场，从前常在那里看露天电影。

到了朗润园13公寓，季清发现，楼前湖里没有水，湖底是干的，长满了杂草。当年爸爸和表弟帮助爷爷种下的莲子，也就是后来叫作"季荷"的，现在只有绿叶，不见一朵荷花。

站在家里的阳台上，季清望眼

2008年7月4日，季清（右2）带两个女儿与爷爷在北大朗润园家中

欲穿地眺望沿湖的马路，过了好久，看见两辆轿车缓缓驶来，第一辆是黑色的，第二辆是浅色的，轿车停下来，几位穿制服的女士有的搬轮椅，有的拿氧气袋，有的拿水瓶，有的拿纸巾，分工明确，动作迅速。她们忙活了一阵儿，季羡林出现了。他端坐在轮椅上，被人推着走过来。季清赶过去拉着爷爷的手，有人大声对季羡林说："这是您的孙女儿，来看您了。"季羡林含笑说："我的眼睛不管用了，只能看到个轮廓，看不清五官了。人老了，鼻子、眼睛、耳朵都成了装饰品。"

季羡林回到家里，环顾四周，说："回到家心情非常好，在这里毕竟住过好多年。这里似曾相识，可是不太记得了。"有人告诉季羡林，家没怎么变，只是稍微收拾了一下。这时有人拿来几件东西，放在沙发上，然后一件件地递给季清和两个女孩儿，说："这是你爷爷送给你们的礼物。"季羡林送给季清的，是一幅带金边的孔子画像，送给两个重外孙女的是北京奥运会的一套茶壶茶杯和一套福娃。

季羡林来到自己的书房，要找《章用诗集》，没有找到。他吩咐助手，一定要找到，他要在医院里看看。这诗集是当年在哥廷根时，章用交给他保管的。在屋内没待多久，季羡林就由人推着，出门，下了台阶，在门口照相，然后去勺园用餐。

这次回家，季羡林没有看到他的爱猫"大强盗"，这只猫已经失踪一个多月了。

从13公寓出来，季羡林在北大原副校长郝斌、图书馆原馆长林被甸、北大副秘书长赵为民以及著名学者汤一介、乐黛云夫妇陪同下向勺园走来。路上遇见熟人，他就停下来拉几句话。学生们见到他，争着跟他照相。来到未名湖北岸，碰到侯仁之教授，也坐着轮椅，似

侯仁之

在有意恭候季羡林。侯仁之鼻子里插着氧气管，已经不能说话，两位老朋友手拉着手，久久不肯放开。关于季老和侯老的这次会面，《人民日报》高级记者卞毓方先生是目击者，他在《天意从来高难问——晚年季羡林》一书中有传神的描绘：

"季羡林先生的轮椅停了下来，他遇到另一位坐轮椅者，一望而知，也是高龄学者，老相识，鼻孔插着管子，应是输氧吧。这是谁呢？瞧着面熟，一时又想不起来。两位老人在交流，对方的语言系统已经失灵，主要靠手势，季先生也举起左手，伸出四根手指。这是什么意思？四，四什么呢？啊，猛然醒悟，来者是侯仁之先生，历史地理系的，与季先生同庚，1911年12月6日出生。季先生这四根手指，明明白白，说的是：老伙计，我比你大四个月！不会错，肯定是这个手语，去年，季先生曾两次和我谈起侯先生，首先蹦出的，就是双方的生日。从2008回望1911，叹白发而神驰青丝，两位老人执手相望，不啻是北大百年校史上的一次绝唱。（据次日出版的北大校报，季先生见到侯先生，第一句话就是：'今天就想来看你！我们是多年的、几十年的老友。'侯先生虽然无法用语言表达，但他一直紧握着季先生的手，眼睛一刻也不曾离开季先生的脸，就那么一直望着。）

当年，笔者在北大读书的时候，侯仁之先生是教工中的长跑冠军，操场上经常见到他健步如飞的身影。眼前侯先生的身体状况，明显不如季先生，这是否意味季先生'不锻炼主义'的胜利呢？一笑。"

季清在接受卞毓方采访时又说：

"就这样一路走到勺园，形成几十人的队伍。进了餐馆，上二楼，未名厅。服务生问想喝点儿什么饮料，爷爷不假思索地回答：'啤酒！'我知道爷爷没有酒量，也不经常喝酒，但在高兴时总会拿酒助兴。待所有来宾的酒水上齐，爷爷向众人祝酒，并说，祝酒要用德文gesundheit。大家不懂，爷爷说这是比较文学，在座有一位专家，你们听她讲吧。那是一位女教授，她说季老出难题，以后要专门研究研究。

"餐桌上，爷爷即兴发表了谈话，他说：'今天我看到了《爱丽丝漫游奇境记》，我觉得好多地方似曾相识，又似乎全不认识，这就跟咱们国家一样，原来不是这样子的，可是一忽儿就变得这么好，让人不敢相认。'"

那天中午1点20分，用餐完毕，季羡林离开北大，回301医院休息。与孙女季清的会见便告结束。这次回家，来去匆匆，季老一直被稠人广众所围绕，没有机会和孙女独处。季清感到很遗憾，因为不能与爷爷聊聊家常，凡她开口问什么，总是别人抢着回答。季清手里拿着一本书，想让爷爷签个名，都一直没有机会。季清事后说："我千里万里地从美国飞回来，见我的爷爷，他身边的人说，我入了美国籍，不能进301医院。爷爷就说，那我回家见我孙女。爷爷回家了，我们见面了，就几分钟，演戏一样，就没有我的事了。我真想不通，非常想不通。"……

季清的感觉没有错。季羡林晚年失去了自己的生活空间，对此，他本人是心知肚明，而又无能为力的。他曾对到医院探望他的某位教授说："我不过是人家的道具而已。"

第二十四章

"我不是圣人"

九十大寿

2001年是季羡林先生90华诞。"鲁殿灵光在，梵天寿量高"，这对他的众多朋友和学生无疑是一件大事。在将近一年的时间内，季羡林所在的单位、朋友和学生，用各种不同的形式为他庆寿。

2001年春节，季羡林在家中留影

2000年10月15日，百位著名学者、作家聚会北大勺园，庆祝"'当代中国文化书系'首发暨季羡林教授90华诞"，钟敬文、张岱年、启功、张中行、林庚等参加。钟老说："季老的人品堪称一流，他虽然年事已高，但仍不懈工作，这是一种精神在支持，而这种忘我的精神值得我们大家学习。"张岱年说："季老学贯中西，不仅是个学者，还是文学家，在哲学、史学方面都有研究，他的成就是多方面的。虽然季老今年90岁，仍有充沛的精力，思想活跃，预祝季老写出更多的文章著作。"季羡林也在会上发了言。他精神矍铄，思维敏捷，话语幽默，他说："你们刚才说的那个人不是我。"称外界对他评价过高，应该三七开，只信其三。他说，现今对老年的看法有失偏颇，年龄大也有优势，不能一概认为老人只是社会负担。80岁以前都不应算老，特别是搞文学的，60岁才是高潮，所以仍应不懈工作，老年朋友应该向120岁进军，向150岁进军。

2001年4月15日下午，中国文化书院联合北京大学中国哲学与文化研究所和广州南方高科有限公司，在北京友谊宾馆多功能厅为季羡林举办90华诞庆祝活动，丁石孙、启功、汤一介、梁从诫、庞朴、王尧、田壮壮、张会军等参加。季羡林应邀成为北京电影学院副院长张会军等筹拍的公益宣传片的主角。该片主旨是宣传"尊师重道，薪火相传"，通过季老怀念母亲和几位恩师，继承和发扬中华民族的传统美德。季老对记者说："尊师重道是中国文化的一个重要组成部分，在当今社会，对弘扬中国文化的意义很重要。"该片2001年在中央电视台和山东电视台多次播出。

与此同时，朋友和学生也写了大量贺寿对联和贺幛、寿序为季老贺寿，这里选部分妙联，以飨读者。

钟敬文拟词，启功手书寿联：

珠玉千篇学子同沾光泽，
泰嵩一老人寰共仰嵯峨。

张中行贺联：

行百里者半九十，
颂大业人皆万岁。

饶宗颐贺联：

物外笑谈无畛域，
雨余泉石长精神。

范曾贺联：

群星以北斗为尊，万里蒙麻曾贺米；
学界持南山作寿，千秋有幸待烹茶。

   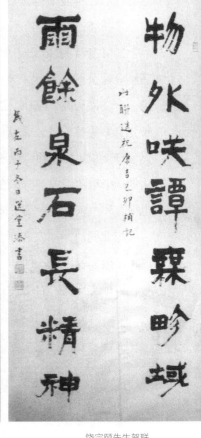

钟敬文先生拟词，启功先生书寿联　　　　　　　　　张中行先生贺联　　　　　　　　　饶宗颐先生贺联

刘正成贺联：

愿效嵩呼歌大寿，
还随莱舞颂期颐。

中国楹联学会嵌名贺联：

羡爱梵文追圣哲，
陶蒸荷韵仰儒林。

中国艺术研究院刘梦溪撰写的《季羡林先生九十寿序》是一篇妙文，准确扼要地叙述了季羡林的学问传承和学术成就以及高尚学德。季老说："这也只有梦溪才写得出来。"现抄录于下：

先生九十矣。九乃至大至博至祥至吉之数。谚云："九九十成。"《易》曰："乾元用九，天下治也。"今禹域之内，寰宇之中，凡承学之士，鲜有不知先生之名者。然知先生之名，未必知先生其人。知先生其人，未必知先生之学。知先生其人其学者众，真知先生其人其学者也稀。《礼》："上公九命为伯。"喻品阶之高也。《语》："君子有九思。"谓行远不迷也。《诗》："鹤鸣于九皋，声闻于天。"以其深泽也。《书》："洪范九畴，彝伦攸叙。"缘方法之多途也。《骚》："余既滋兰之九畹兮，又树蕙之百亩。"以见其生徒有繁，嘉惠后学之高情也。《书序》："九州之志，谓之九丘。"言风气所凝聚也。盖先生为学品阶之高、行谊之正、泽被之深、进径之广、桃李之众、风气之所凝聚，足为当代上庠学风之嚆矢。

吾国学术晚清为一大变局，五四一变，三四十年代又一变。现代学术之发端并结出果实，即集中于此一时期。美雨欧风，旧邦新命，整厘传统，会融新知，硕儒高学，应运凤鸣，乾嘉之后，耸立高峰。新学与旧学相斥相继，中学与西学相拒相融，驳杂多变，为此期学术之特异景观。新中有旧，首推绩溪胡先生；旧中有新，莫过海宁王先生。王之凤契托命为义宁陈寅恪先生。而陈、胡皆先生之恩师，薪命相传，老而弥笃。王之学由新转旧，所发明在殷周制度暨古器物古文字古史，二重证据，为现代学术奠基；陈之学立足乙部，兼及梵夹道藏，诗史互证，今情古典，成一代通儒之象。王学开辟多，涓滴之续，即可成就。陈学精深兀立，几成绝响，唯我季先生最近义宁，而另有进境。先生东鲁临清人，生孔孟之乡，处奖励游学之世。幼承庭训，已知苦读向学，壮而负笈欧陆，厚植根基，十年艰辛，终于有成。

临清之学，不以传统小学之文字训诂入，而以异域之古文字、稀有文字立，故能独得国际东方显学之专学绝域之入室门径。二十世纪之国际东方显学，曰敦煌学、曰甲骨学、曰印度学、曰蒙古学、曰西夏学、曰藏学、曰现代佛陀之学。因入径至难，均称绝域。敦煌、甲骨吾国学人涉猎者众，绩学者也多。蒙古学胶县柯凤荪先生后，两宁（海宁、义宁）继之辨之，再后，吾不知矣。佛学石埭杨仁山、宜黄欧阳竟无、崇得太虚、丹阳吕秋逸四大师学兼仰信，而黄梅汤锡予先生截断众流，自成知识统系，卓然大家，先生固师事之，且以《浮屠与佛》名篇鸣世。惟印度学一科，先生独辟而自立之，故存"前不见古人，后不见来者"之叹。吾国道咸以降，考史之学以治辽金元史及边疆史地为能事，因缘凑泊，为后续之中土学人切入二十世纪东方显学辟一特殊路径，即中西交通史研究是也。先生固二十世纪此学此科此一显学之余脉新枝之集大成者，且已开比较文化与比较文学之先河。

……

　　先生之所从事固绝域之学、出世之学也。因以入世之精神为出世之学，遂使所为之出世之学具入世之精神。异域僻典，不觉其冷；转音训字，不病其繁。然先生并不以钩索沉隐于绝学之域自划，犹沛沛然尽有不能放释之入世情怀。故心系家国，每作出位之神思；感时忧世，常鸣旁通之秘响。睹西方势强、国性不立，反对文化霸权，遂倡河西河东之说……前年，有私淑之学子请益于先生，云学位候选人资格已获，惟导师不堪师表，如何？先生曰：不妨虚与委蛇，俟通过学位，即弃而去之。先生性平易，望之温，即之也温，晚生后学，可以相亲。深情积郁，则笔之于文，或文化批评，或散文随笔杂记，七十年如一日，未尝稍辍。文如其人，一本自然。久已卓立于艺苑文坛，浑然而不自知。散文之于先生，乃学之别体，而非学之余事。先生为学不藉时会而得师缘，为人不深求世事以养性气。八十年代末，曾有预闻国政之高请，先生却之。晚年学益醇，思益新，笔益健。平生著书高一丈，八十后所著逾五尺。此固先生之勤、学术之幸，然亦国家之悲也。

　　陈寅老昔述杨遇夫先生之学于战乱之世曰："一旦忽易阴森残酷之世界，而为清朗和平之宙合，天而不欲遂丧斯文也，则国家必将尊礼先生，以为国老儒宗，使弘宣我华夏民族之文化于京师太学。其时纵有入梦之青山，宁复容先生高隐耶？然则白发者，国老之象征，浮名者，亦儒宗所应具。又何叹哉？又何叹哉。"固寄望于将来、有待于当道者也。若夫临清季先生，执教京师太学已逾半个世纪，弘宣我华夏民族之文化不遗毫发之余力，立足东方，笑对当世，头白年高，青山无梦，不待尊礼，已国老儒宗矣。岂敢述学，九秋颂九，为先生寿。

　　岁次庚辰九月后学刘梦溪拜撰。

妙哉斯文，情感真挚，文笔华美，而绝非溢美。乐黛云教授为庆贺季羡林90华诞编辑了一本书《季羡林与二十世纪中国学术》，许多重量级学人纷纷赐稿，评述和赞誉季羡林在学术上的巨大贡献，此为其中一篇。

5月17日，北京大学隆重举行"庆祝季羡林先生90华诞暨从事东方学研究66周年大会"。时任国务院副总理李岚清、全国人大常委会副委员长雷洁琼、外交部部长唐家璇发来贺信，中央统战部、教育部、外交部、作家协会、山东省政府的领导，还有德国、印度、伊朗等国家的驻华大使，亲临祝贺。北大、清华的校友和学生们更不必说，逸夫楼会场内外摆满了花篮，到处是喜气洋洋的人群，一时盛况空前。季羡林身不由己，自嘲"成了祝寿专业户"！那天，笔者与大学的同班同学还有班主任老师去为季老祝寿。老人家身体很好，声言要活到120岁。我们师生过得很愉快，顶着灿烂的春光，畅游燕园，还照了许多相。大家深知，这都是托老人家的福呀！

季羡林既然成了"祝寿专业户"，在他晚年，朋友和学生为他贺寿，就是一件平常的事了。然而，他也同样惦记着为别的老先生庆贺生日。2001年9月1日下午，中国文化书院在北京友谊宾馆友谊宫举行了一次中秋同仁雅聚。这次活动的主题是为书院的几位导师祝贺生日，同时庆祝中国文化书院大众传播分院和岭南分院落成。出席的寿星有侯仁之、何兹全90寿辰，周一良88寿辰，张世英、牟小东80寿辰。雅聚活动由书院院长王守常先生主持，名誉院长张岱年先生，首任院长汤一介先生出席，季羡林以院务委员会主席身份发表了热情洋溢的讲话。他希望书院能将为80岁以上老人的祝寿活动长期办下去，保持中国人尊老敬长的文化传统，祝在座的老人健康长寿。

季羡林（二排左3）与前来贺寿的京城友人合影

衣锦还乡

8月，季羡林的家乡聊城市和临清市的党政领导诚恳地邀请他回故乡庆祝90岁生日。盛情难却，季羡林只好答应。北京想随他回乡的人实在太多，几经思考协商，尽量精简，还是组成了一支不小的队伍，其中有北大党委原常务副书记、副校长郝斌教授，清华大学徐林旗研究员，著名演员、导演、八一电影制片厂原厂长王晓棠将军，央视著名主持人倪萍，季羡林的助手李玉洁、杨锐和高鸿，季老的孙子季泓，还有中央电视台、凤凰卫视、浙江电视台、山东电视台、北京电影学院、清华大学、聊城电视台的拍摄组，以及从临清赶来北京迎接的工作人员和聊城、临清驻北京办事处的陪同人员，总数不下三四十人，一节软卧车厢装不下，还有人安排在别的车厢。这样，在众人簇拥之下回故乡去，绝非季羡林的本意，可是此时，他已身不由己。

火车驶出北京，沿京九铁路经河北，直达山东。季羡林感到十分快乐，想起了陶渊明的诗："久在樊笼里，复得返自然。"他看见车窗外闪过千里田畴，生机盎然，一片绿色。时而有小桥流水，红砖小房，一条条小路；时而有行人、自行车和拖拉机，在浓得化不开的大片绿色上，缀上了星星点点的景物……北方的农村是恬静的、安详的，车厢里则显得十分活跃、热烈。尤其是各路电视台的人马，他们有的不远千里而来，就是为了拍摄车中的情景，此时争分夺秒决不含糊，争抢"制高点"，争抢最佳视角，不过忙碌而有序，紧张而有礼。各个不同单位的人，有的是新知，有的是旧友，彼此在包厢里闲谈，其乐融融。倪萍那2岁多的儿子小虎子，人见人爱，他也不怕生人，从一间包厢走到另一间，成了大家的"开心果儿"，为旅途增添了许多乐趣。

不知不觉中，火车到了临清车站。季羡林惊奇地发现，站台上挤满了人。临清市的党政领导，几大班子，几乎全到了。季羡林被簇拥着走出车站，看到站前广场上停放着大小汽车10余辆。他们按照工作人员的分配，登上了不同的车。第一辆是开路的警车，后面跟着一条汽车长龙，在行人不太多的大马路上，呼啸而过。每隔几十米，就有一个值勤的警察，看到车队，举手敬礼。季羡林坐在车内，暗自思忖：这与自己的地位实在不相称！在北京，有时也碰到过类似的场面，可那是国家领导人迎接外国元首的车队；今天自己也竟然坐在车中，真有点儿不可思议。他蓦地想起中国老百姓嘲笑前呼后拥的官僚的歇后语："猪八戒做皇帝——望之不似人君。"现在自己不就像那个猪八戒吗？正在内心自我嘲笑中，车队已来到下榻的宾馆。

第二天，8月6日，季羡林一大早就出发到官庄去。

官庄距临清20公里。山东公路的数量和质量蜚声全国，临清到官庄的一段路也都是柏油马路，平坦，宽敞，开车40分钟即到。回乡扫墓，本是个人的私事儿，用不着兴师动众，可是临清市领导派了开路的警车，还有一大批官员随行。季羡林最不喜欢摆谱儿，这一次着实没有办法，只好客随主便。车队转瞬就到了官庄。在季羡林的记忆里，官庄是一个贫困僻壤的小村庄，全村人口不足2000，此时却千人空巷，还有不少外村来看热闹的人。车队一进村，就被人墙堵住，只好下车步行。只见人头攒动，人声鼎沸，小学生排成长队，站在路旁手执小红旗，连声不断地高呼："欢迎！欢迎！热烈欢迎！"红红的小脸蛋儿上溢满了欢乐、兴奋，还掺杂着一点儿好奇。虽然有人维持秩序，小学生的阵列还是不时被后面的观众冲破。季羡林心中有些纳闷：有什么可看的呢？不过是一个九旬白发老翁而已。84年以前，当眼前这些小学生的老爷爷、老奶奶还活着的时候，自己曾在这个村里住过6年。当时家里极穷，常年吃不饱，穿不暖。在夏天里，他赤条条一身无牵挂，根本不知道洗手洗脸为何事，中午时分，跳入小河沟，然后爬上来在黄土堆里滚上几滚，浑身沾满了黄土，再跳入沟中洗干净。现在，隔了这么多年，那个脏孩子又回来了，可是已经垂垂老矣！

季羡林来到自己家的旧宅，原来的几间西房早已不复存在，80多年前的样子只能在记忆中搜寻了。现在的样子他也看不清楚，因为院子里挤满了人。季羡林在院子现在的主人义德家里坐了几分钟，然后被人扶着，冲破重围，出了大门。

他们又坐上汽车，在人海中驶向墓地。由于乡亲和本家晚辈的精心安排，墓地上一切都已准备就绪，有供品、香烛，还有一挂鞭炮。这里共有两座坟墓，一座埋葬着他的祖父母，另一座埋葬着他的父母。季羡林最关注的当然是母亲的坟。他一生不知道写过多少篇怀念母亲的文章，也不知道有多少次在梦中同母亲见面，但看到的只是一个迷离的面影。母亲的模样他实在记不清了！今天来到这里，母亲就在眼前，只隔着一层不厚的黄土，然而却人天悬隔，永世不能见面。季羡林的眼泪夺眶而出，滴到面前的香烛上。他跪倒在母亲墓前，心中暗暗地叨咕："娘啊！这恐怕是你儿子今生最后一次来给你扫墓了。将来我要睡在你的身旁！"拜祭完毕，季羡林向成百上千围观的乡亲们招了招手，表示谢意，然后赶紧钻进了汽车，因为在临清，中午的祝寿宴会正等着他呢。

宴会的菜肴精美丰盛，可是季羡林对这样的宴会既感谢又害怕。他一怕应酬，二怕喝酒，只好以白开水代之。遵照中国的传统

季羡林在90华诞晚宴上

礼节，别人来敬酒，被敬者必须站起来回敬，季羡林自然不敢例外。他连连起立，大家看了于心不忍，力劝他坐着不动。即使如此，他仍然不胜其烦，左边出现了一只敬酒的酒杯，连忙举杯喝上一口；右边又出现了一只，又喝上一口；有时几只酒杯同时并举，只好连喝几口，最后肚子喝得胀胀的……真可谓"食前方丈，不饥不饱"。

下午的祝寿大会是临清和聊城两级市领导精心安排的，地点在临清宾馆的礼堂。只见会场金碧辉煌，雕梁画栋，一派富丽堂皇的景象。贺客人来人往，个个笑容满面，不但盈门，而且盈楼、盈堂。

会场用桌子围成了一个四方形，中间摆了一些花木，贺客围坐在一起，在一个平面上活动，不设主席台，更显得亲切。

季羡林在祝寿晚会上观看文艺节目

季羡林被簇拥着坐在舞台前正中对着礼堂大门的上座，左右两旁依次坐着省里来的领导、聊城和临清两级市领导，还有学校、驻军、文化界、教育界的代表。由于来人太多，无法一一把来宾都介绍给季羡林。有点儿出乎意料的是，他的老朋友、首都师范大学教授欧阳中石和张苕京夫妇，还有山东大学校长展涛教授也远路迢迢专程赶来了。季羡林端坐在寿星老的位置上，感到快乐、感激、兴奋，还有一些愧疚，一时说不清是什么滋味儿。

大会开始，首先走进来两队八九岁的小朋友朗诵诗歌，只听满篇都是"季爷爷"。季羡林真想走上前去抱一抱、亲一亲这些孩子。因为在他眼里，孩子们才是"最可爱的人"。季羡林突然想起自己写过的几篇专门给孩子看的文章，那篇《三个小女孩》被选入课本，为大家所熟知。当然，对家乡的孩子季羡林更有一种特殊的感情，若干年前，每逢"六一"儿童节，他都要到新华书店选购一两百本儿童读物，寄给官庄小学。为了买到一些好书，他经常要花大半天工夫，从西郊赶到王府井，请孙子或孙女帮忙，精挑细选，然后几个人抬到邮局寄书。在今天的祝寿会上，见到了这些可爱的孩子，往事一下子涌上他的心头。他暗想，一定要为这些可爱的孩子再做一些事儿。果然，2007年季羡林又为临清市康庄镇希望小学捐赠了25万元人民币。

祝寿大会继续进行。季羡林静听各位来宾的发言，有的慷慨激昂，声音高亢，有的轻声细语，慢条斯理。由于耳背，他不可能完全听明白每个人在说什么，但是毫无疑问，内容全是赞颂之词。季羡林边听边想：自己绝不是一个完全淡泊名利的人，只不过运气好，在40多岁风华正茂的时候，在学术界、大学里，所有最高的荣誉和工资级别，都已拿到手。因此，在那以后不知道有多少次评职称、评工资级别的活动中，他都表现出淡泊的态度，从来不与人争。这并非自己人品高，而是已经争无可争，已经到了头了。最近几年，出了几本季羡林传记，报纸杂志上还登了很多关于他的文章，其中有不少溢美之词。一有机会，他就告诉读者：自己没有那么好，没有那么了不起，书上和报刊上的话，只信一半就不少了，如果说真有什么优点的话，那就是还有点儿自知之明，知道自己能吃几碗饭，他明白，人家对他是无所求的，说的都是心中想说的真话，是对自己的鼓励和鞭策，人家说的并不是自己已经到达的境界，而是应该到达的境界……

轮到季羡林发言了。在讲话方面，季羡林是见过大世面的。无论在国内还是国外，用汉语还是英语、德语发言，他从来不用发言稿，即兴讲来，不蔓不枝，有条不紊。然而今天在自己的家乡，在几百人的会上，轮到自己致答谢词了，他却作了难，感情激动万分，思绪千头万端，不知道从何说起，心直跳，嘴也不听使唤了。他觉得这是生平最失败的一次演讲，走出会场，仿佛是腾云驾雾。

祝寿大会是祝寿活动的高峰，还有一个次高峰，就是祝寿晚会。

晚会仍然在临清宾馆的礼堂举行，会场的布置大变，原来的四方形不见了，代之以成排的椅子。季羡林被安排在第一排椅子的正中，同排的有王晓棠、郝斌等。不仅椅子上坐满了人，而且站在两旁的人也是里三层外三层，挤得水泄不通。晚会的主题当然是颂扬和祝贺，给季羡林留下深刻印象的是，王晓棠将军的诗朗诵和临清戏校小学员表演的《印度舞》。为了庆祝季羡林90寿辰，那几个小学员加紧排练出这个节目。季羡林知道，印度舞蹈要求极高，看着他们一举手，一投足，觉得还真蛮像那么一回事儿哩。此时，他的心情怎能用"感动"二字表达呢？看到孩子们那认真的模样和天真的笑容，他的眼泪不禁夺眶而出。事后，季羡林在讲述这次回乡的感受时写道：

> 自念九十年以来，我确实做过一些有益的事情，也确实犯过不少的错误；但是我绝没有做过半点对不起我们伟大祖国的事情，即使冒一些可能是很大的风险，也在所不惜。然而，祖国人民对我的回报却远远超出了我个人认为应该有的水平。这一次回到故乡，更使我惊诧不已。今天的晚会上对我的颂赞更使我坐立不安。我一

介书生，无权无势，无论是市领导对我的热情接待，还是小孩子们对我的赞颂，绝不可能有任何功利目的，连一丝一毫也不会有的。区区不佞对他们会有什么好处呢？他们完全是出自一片真诚，没有一点要求回报之意。我虽已年届九旬，还希望再活上若干年，能为我们祖国，为我的故乡，为故乡的这些可爱的孩子，竭尽全力，做一点有益的事情。

日记一字不改

季羡林准备做什么有益的事情呢？治学和为文是他的强项。就在祝寿活动结束不久，季羡林推出了一本另类的文集《清华园日记》。日记是写给自己看的，为什么要出版呢？且听笔者慢慢道来。

24卷本的《季羡林文集》编辑完毕之后，江西教育出版社的吴明华发现有些重要的文稿尚未收录进来，打算收集一些文章继续编纂。季羡林交给他一篇十几万字的学术回忆录《学海泛槎》。如果单编一卷，显得有些单薄。季羡林原想把自己在清华四年的求学生涯写一写，凑成一卷。其实，他并没有认真考虑过要写什么《自传》，只是曾想如果写的话，自己一生可以分为八个阶段。《留德十年》和《牛棚杂忆》均已成书，各为其中的一段。清华求学这四年，可算另一段。

于是他找出了在清华读书时写的四本日记。这些写于70多年前的日记，曾跟着他乘火车远赴欧洲，又乘海轮回到北京；"文革"期间被造反派抄走，后又发还。季羡林打开日记仔细阅读，感到"面生可疑，好像不是出于自己之手"。他把这些日记与自己近期的日记加以比较，发现这些当年的日记，除了每天的"流水账"，间有写自己的感情或感觉的地方，"写得丰满，比较生动，心中毫无顾忌，真正是畅所欲言"。因而，他开始喜欢这些70年前所写的东西了。他想到，当年自己在全国一流的文学期刊和报纸上发表了不少散文和书评，在文坛上已经小有名气，可那些东西是写给别人看的，难免忸怩作态。而写给自己看的日记，则是"有感即发，文不加点"，文字上虽"有披头散发之感，却有一种真情流贯其中，与那种峨冠博带式的文章迥异其趣"。它写出了一个真实的大学生时代的季羡林。于是，他改变了主意，不想再用现在的笔去写当年的季羡林。干脆把日记的原文原样奉献给读者，让读者看一看自己写文章的另一面。他的这个想法得到了责编吴明华和助手李玉洁的支持，这更增加了他的信心。

可是，新的问题又来了。清华四年，可日记只有两年的。季羡林开始写日记是17岁，即日军占领济南,他失学在家的 1928 年。第二年上高中到后来上大学的头两年没有写日记。现存的日记从 1932 年 9 月 13 日—1934 年 8 月 11 日,其中 1934 年 9 月 28 日—10 月 23 日,因为母亲病故,回乡奔丧中断数日。这样的日记,如同一只没有脑袋的蜻蜓,无法完整展示大学四年的情况,怎么办呢?作为补救措施,季羡林写了一篇"引言",交代了决定影印出版《清华园日记》的经过,还简要回顾了 1930—1932 年的求学情况,逐一介绍了清华西洋文学系的老师。

2001 年 11 月的一天,清华大学教师徐林旗来访。当他得知季羡林的《清华园日记》的情况时,表现出极大的兴趣,当即表示愿意在清华大学出版。季羡林十分高兴,他说:"我是清华出身,我的研究工作发轫之地是清华,送我到德国留学的也是清华。回国后半个多世纪以来,自己虽然不在清华工作,但是始终保持着密切的联系。我的《清华园日记》能由清华人帮助出版,还能有比这更恰当的吗?"

《清华园日记》最早的版本有两种,一种影印本,一种排印本。排印本是根据敬忠和高鸿的转写稿发排的,将字迹潦草的手稿誊写工整,还要纠错补漏,转写工作绝非易事;高鸿还为日记中的外文、人名等进行了注释。出版工作进展很快,不到五个月时间,季羡林已经校完了排印稿,还写了一篇简短然而十分重要的后记。他明显感受到"神化"的压力,直截了当地指出:

"日记是写给自己看的,什么样的思想,什么样在人前难以说出口的话,都写了进去。万没想到今天会把日记公开。这些话是不是要删掉呢?我考虑了一下,决定不删,一仍其旧,一句话也没有删。我 70 年前不是圣人,今天不是圣人,将来也不会成为圣人。我不想到孔庙里去陪着吃冷猪肉。我把自己活脱脱地暴露于光天化日之下。"

就是季羡林的这份率真、这份坦荡、这份洒脱赢得了广大读者,特别是青年学子的尊敬和爱戴。笔者与大学校园里的青年朋友探讨季老的为人为学,他们提的问题有许多是关于《清华园日记》的,不少同学认为此书是最喜欢的励志书。有位朋友说:"以前我对季羡林老先生的印象就是'国宝''国学大师'之类自带光环的称号。直到看到这本《清华园日记》,一位有热血,有叛逆,爱打牌,好吃瓜,逼急了会爆粗口,伤心时会痛哭流涕的小年轻儿才如此鲜活地出现在我的眼前。"

一位笔名老愚的评论家分析说:

"一字未改的《清华园日记》,是季羡林 21—23 岁之间的记录,当时,他是清华大学西洋文学系的学生。他从三年级开始写日记,他这样表述日记的价值:'日记是最具体的生命的

痕迹的记录。以后看起来，不但可以在里面找到以前的我的真面目，而且也可以发现我之所以成了现在的我的原因。'

"怨天尤人似乎是这一阶段的主要心理特征。他把一切苦难都归结于他人。他陷在泥潭里，孤芳自赏，寻找着生命的出口。虽然成家了，但他依旧是个少年，无助，孤傲，寂寞，压抑，唯一看得见的出口在那里：写作，扬名立万。支撑季羡林的是文人的情怀，博得功名再计较。他心里郁积着一腔怨气，困兽犹斗。内有看不见人生路的苦闷，外忧异族侵扰。家庭的双重痛苦压在心头：叔父叔母的期许与怨言，经济的拮据，懒得沟通的妻子。

"无爱无性的人生，与母亲 8 年不得相见的苦痛吞噬他脆弱而敏感的心。可以说，这是他一生黑暗焦虑的日子，他化解的途径唯有交友，写作，读书，眺望彼岸——德国。

"浪漫主义诗学，天生属于不甘于寂寞的年轻人，是他们精神的安慰剂。逃避现实卑琐而艰难的日子，以心灵主宰身体生命的高歌猛进，只能属于一茬又一茬年轻人。苦难的土地孕育了一批这样的人物。季羡林一生的密码全在这本日记里。他是孤独的，外面再热闹，内心是寂寞的，吝啬于感情，他处于严重的压抑中，内心奔放却冷面孤傲。"

笔者认为，这种分析是到位的。也许正因为如此，许多同学喜欢摘抄日记中的"警句"，相互传观。自 2002 年以来，15 年间，到底有多少家出版社出过此书，已经难以统计。印数保守估计，当以数十万计。

五棵松篇

第二十五章

"301 编外"

癣疥之疾

进入新世纪、新千年之后，一向很少和医院打交道的季羡林，渐渐陷入了疾病的困扰之中。用他自己的话说，就是被迫四"进宫"。

2002年夏季，季羡林忽然浑身发痒，夜间更甚。他问过身边的友人，都说患此病症者不乏其人，有的试过中医，有的请西医诊治，效果大都不尽如人意。未几，季羡林的双臂出现了红点，他以为不过是"癣疥之疾"，没有什么了不起，采取的对策一是忍，二是拖。

其实，早在三四十年以前，季羡林就有了全身发痒的症状，每年冬天，气候干燥，他的两条小腿就出现小水疱，甚至溃烂流水，他就用橡皮膏贴上，有时候腿上乱七八糟地贴着多块橡皮膏。他的学生张保胜曾陪他去位于宽街的北京中医院向当时的皮肤科权威赵炳南教授求诊，服了赵大夫开的药，确有效果。后来赵大夫去世，接替他的是一位王大夫。他和季羡林同为全国人大北京代表团的成员。每当皮肤病复发，季羡林不得已向他求诊的时候，才知道自己患的是老年慢性瘙痒症。

季羡林这次患病，拖了几天，不仅不见好转，而且有越来越厉害的趋势。出于无奈，他只好上医院，这次去的是西苑医院。西苑医院是北大的近邻，在全国中医院中广有名声，那里有位邹铭西大夫，是公认的皮肤科权威。他诊病时，身边坐满了年轻的实习大夫、研究生等，如同众星拱月一般。按常识，这样的大夫应该傲气凌人、顾盼自雄，可是邹大夫却不然。他对病人和颜悦色，笑容满面。季羡林看着他为一位衣着朴素的老年女患者诊治，病人小腿上有许多小水疱，流脓、流水，他一点儿也不嫌脏，亲手触摸患处。这让季羡林对他的医德十分钦佩。

季羡林向邹大夫详细说明了病情，还把手臂上的红点指给他看。邹铭西摸了摸患处，号了号脉，然后开了几服中药；回家煎服，没过几天，小红点逐渐消失，但是身上的痒并没有停止，使用从邹大夫那里拿来的止痒药水，用了几次，起初有效，后来就逐渐失效。此时，友人范曾先生送来几瓶西医止痒药水，使用结果同中医的药水完全相同。季羡林只好交替使用两种药水，效果却越来越差，每天半夜痒得钻心，睡不成觉，只好爬起来，浑身上下一通乱挠，后背自己挠不着，就用竹子做的"痒痒挠儿"。

这样对付了一段时间，季羡林没能把病拖垮，反而病情有了新的发展。他的两只手心里忽然冒出一层小疙瘩，有点儿痒，皮肤糙糙的，极不舒服。李玉洁和杨锐又陪他走进邹铭西大夫的诊室。邹大夫看了看季羡林的手心，轻声说："这是典型的湿疹，我给你吃一服苦药，很苦很苦的。"

这药果然奇苦无比。季羡林活了一大把年纪，虽然不是经常吃药，可是中药西药也吃过不少，从来没有为吃药犯过难。这次邹大夫开的苦药，刚端到口边，强烈的苦味儿便直冲鼻孔，季羡林一边默念着"下定决心，不怕牺牲"，一边几口喝净，赶紧漱口、吃冰糖。

服药一两天，双手手心皮肤下大面积充水，继而手背、十指又长出水疱，有大有小，高低不一，疱里充满水分，不慎碰破，里面的水滋出很远很远，有时可以滋到头上和脸上。逐渐地，脚上也长出水疱。怎么办？季羡林土法上马，主动进攻，找根缝衣针，用酒精消毒后刺破水疱，把水放出来，谁知水势极旺，刺不胜刺，挑灯夜战一个多小时，刺破的水疱似乎还没有新冒出的多。第二天早晨，他见满手水疱依然胀鼓鼓的，既失望又烦恼。

季羡林只好再去找邹铭西大夫。邹大夫察看了他的双手，顿时面色严肃，说道："一旦扩散到了咽喉，事情就不好办了！"李玉洁请求邹大夫再开个处方，邹大夫又正色道："赶快到大医院住院观察！"看来，情况可能比较严重，可到底有多严重呢？有必要住院吗？季羡林一天到晚忙个不停，他舍不得拿出大块时间去住院。

7月27日晚上，季羡林已经睡下，忽然有人敲门，原来是张衡来了。张衡是山东大学的小校友，在大学学的是文学，毕业后来北京从事书籍和古玩生意。他为人热心诚恳，凡是季羡林的事儿都不遗余力地去办。知道了先生有病，他岂能袖手旁观？在忙碌了一天之后，他仍然风风火火地跑到季家，拿来白矾和中草药。他把中草药熬好，倒在脸盆里，让季羡林把手泡在里面。泡了一会儿，他又把先生手上血淋淋的水疱用白矾末埋起来，双脚也照此处理，然后用布缠好，让先生上床睡觉。半夜，因为双手双脚缠得难受，季羡林起来把布解开；第二天早晨一看，白矾末确实起了作用，水疱似乎被糊住了，可是又从旁边冒出了更大的水疱，让人哭笑不得。

张衡并非一个鲁莽之人，他学过中医，搜集过民间验方，开始似乎很有把握；可是，道高一尺，魔高一丈，试过几次他终于认输，便劝先生赶快住院治疗。季羡林仍然不去住院。

此后半个多月，是季羡林一生思想感情最复杂、最矛盾、最困惑的时期之一。一方面，他认为自己的病不过是癣疥之疾，没有什么大不了的，希望侥幸"蒙混过关"；另一方面，他见病情一天天发展恶化，不知结果如何，担心和恐惧挥之不去，与日俱增。这期间也有"好消息"——北大校医院张大夫说，某校长也得过这种病，住在校医院，输液一个礼拜就出院走人；他的学生钱文忠说，毒水流得越多，毒气出得越多，这是好事，不是坏事……这些话季羡林爱听，符合他的侥幸心理。

季羡林双手长满了水疱和黑痂，家里又访客不断，采访的，录音录像的，络绎不绝。客人来了，他不敢同人家握手，怕传染给人家，抱歉的话一天不知说了多少遍。还有，接待客人合影留念似乎必不可少，可是两只手这个样子，藏在哪里呢？因此，他一听照相就惶恐不安。

那些天，季羡林的脑子里仿佛总有两个人在吵架：一个说，你没有病，能吃能喝，能写文章能看书，能会见客人接受采访，还能上电视，你有什么病？痒痒也算病？起几个水疱也算病？你有那样娇气吗？另一个说，怎么没病？你不但有病，而且病得不轻，连西苑医院邹大夫都没招儿了。没有病你泡药水干什么？敷白矾干什么？而且——糟了，他发现连指甲盖下边都冒出了水疱，想把它刺破都不可能了。季羡林没辙了，只好承认自己确实有病，终于在李玉洁和杨锐的"裹挟"下，去了301医院。

初进301

其实，对季羡林来说，解放军总医院——301医院并不陌生，因为2001年12月，季羡林在这里住过一次院，12月31日才出院回家过年，那次是所谓的"一进宫"。

那是11月12日，李玉洁于无意间发现季羡林的棉裤有些不对劲儿，怎么硬邦邦的呢？细看才明白，不知道是什么时候，他尿湿了棉裤，现在已经干了；再细问，方知他小便失禁，于是劝他马上去医院看看。季羡林借口说忙，坚持不去。那时候，北大的教职员工看病，合同医院在北医三院，重点照顾的若干位一级、二级老教授在友谊医院，每年搞一次体检。一开始，季羡林还有积极性，体检每年都参加。后来因为每年都"平安无事"，他便不再重视体检，已经5年不去友谊医院了。

季羡林不肯去医院，一天天拖着。12月7日，他一早起来就尿急，尿频，尿不尽。时间不长，上了四五次厕所。奇怪，今天怎么了？他朝马桶里一看，吓了一跳。这不是血吗？小便中带血，而且量不小，这还了得！于是，李玉洁不由分说，一边向学校领导报告，一边把他送进西苑医院。大夫建议去大医院，他们想到了牟善初，便直奔301医院而来。

1934年，季羡林在济南高中当国文教员时，牟善初是他的得意门生，在四五十个同班学生中，他的作文是绝对"状元"。当时季羡林想，这孩子高中毕业考上一个名牌大学中文系，将来肯定会成为一个优秀的作家。谁知"世事纷纭果造因"，后来牟善初参了军，成为一名医术精湛的军医，曾经担任国家领导人的保健医生和301医院副院长。"文革"以后，他带着儿女到北大拜会自己的老师，季羡林也曾带着孙子孙女到301医院回访。牟善初为人淳朴厚道，不善言辞，85岁了还穿着白大褂出诊、查房。季羡林住院得到他的精心安排和照顾。

刚住院时，季羡林被怀疑得了膀胱癌，做了各种检查，包括头部、肺部、五脏。最后还要做膀胱镜检查，就是把一根管子通过尿道伸进膀胱进行观察，如果确诊为膀胱癌，便要做手术。做过这种检查的病号都说十分痛苦。季羡林心想：再痛苦可以忍着，如果不是癌，还好；如果是，大不了是死，我这么大年纪了，反正不怕死，算了吧！他拒绝接受膀胱镜检查，还递交了书面申请，表示因此延误了治疗，由自己负责。但301医院自有一套办法，从科主任卢晓行，到医生聂道海、史军，轮流当说客、做工作。最让季羡林感动的是泌尿科专家李炎唐大夫，亲自用手指伸进他的肛门做探查。他终于同意接受膀胱镜检查。李炎唐大夫亲自为他做了检查，关于这次接受检查的情形，季羡林在文章中说：

季羡林住在"准高干病房"，南8楼2区13床

> 最后，我还是下定了决心去做膀胱镜手术，不管多痛，都在所不惜。当我坐上轮椅被推往手术室去的时候，心里面大有"风萧萧兮易水寒，壮士一去兮不复还"的气概。结果膀胱镜手术终于做了，十分顺利，除了有时候有些小小的痛苦外，总起来说是没有痛苦的。我自己除了大大地松了一口气之外，忍不住暗自嘲讽：你已

经活到了 90 高龄，自谓博古通今，识多见广，无所不能，无所畏惧；然而一次微不足道的考验，竟把你吓得像见了猫的耗子，你不觉得自己浮浅，你不觉得脸红吗？

对于膀胱镜检查，季羡林的切身感受是痛，但不像有人说的那么痛。经过仔细检查，排除了膀胱癌，季羡林放心了，一边治疗，一边工作，还为嵩山少林寺鉴定了珍贵的佛教文物《阿弥陀佛西方极乐世界》唐卡。

由于对症治疗，季羡林的病情很快好转。他在谈到这次住院对 301 医院的总体印象时，说：

> 我的总印象是：这里毕竟是解放军医院，气氛肃穆活泼，个人职责清楚，而且纪律严明。所有超出自己职责范围的事情，无论大小，都必须请示汇报。那种令不行，禁不止的作风，这里是找不到的。我在医院的两周，成了我"学军"的两周。

那次季羡林住院是在南 8 楼 2 区 13 床，算是准高干病房，条件不错，收费也很高。301 医院高干病房不少，部队少将以上、文职副部长级以上都能住。季羡林是国宝级学者，有没有资格住高干病房，没人明确答复。李玉洁心里不平，逢人就说，逢人就问，终于传到了中央几位领导耳中。中组部马上派了一位局长到季羡林家，说明 1982 年他已被定为副部长级待遇。问题是北大某个环节出了点儿差错，20 年换了几任校领导，竟无人知道此事。既然真相大白，季羡林住高干病房也就名正言顺，没有问题了。

再进 301

这里接着说季羡林住院诊治皮肤病的事儿。2002 年 8 月 15 日，李玉洁和杨锐把季羡林送到 301 医院牟善初副院长的办公室。由于病房床位异常紧张，牟善初亲自打电话进行协调。下午 4 时，终于在南楼呼吸道科病房挤出了一个单间，把他安置进去。这一层楼共有 18 间病房，季羡林住的这一间门牌号是 13，房间有五六十平方米。这里警卫森严，楼外有战士日夜站岗。医院把所有的病人都称"首长"，因为他们都是将军级的军官，称首长名正言顺。季羡林是个教书匠，乍听人家叫他"首长"很不习惯，感觉有些滑稽，便自嘲是"冒牌货"。

季羡林是住进来了，但问题并没有最后解决。皮肤科主任李恒进大夫心里还有顾虑。这时，恰好 301 医院的眼科主任魏世辉大夫有事儿来病房找季羡林，于是，两位主任谈起季羡林的病情。李大夫说："北医三院的水平高，那里还有皮肤科研究所。"魏大夫笑着说："你是西医皮肤科权威大夫，你是怕给季羡林治病治不好，砸了牌子！"李大夫无话可说，只好笑一笑。

第二天早晨，就在季羡林的病房里进行了第一次会诊，此时他住院才十几个小时。季羡林看见满屋子都是白大褂，难以分清哪位是哪位。他认出了西苑医院的邹铭西大夫，他也被李大夫请来参加会诊。季羡林忙不迭地向邹大夫做检讨：没有听他的话，及早来医院，招致今日之困难和周折。邹大夫一笑置之，没有说什么。每位大夫都察看了一遍，李大夫还要季羡林咳嗽一下，听一听喉咙里是否已经起了水疱，还好没有，大夫们便到会议室研究去了。

第三天上午又进行第二次会诊。这次来的是301医院有关科室的主治大夫，检查病人皮肤科以外的身体情况，研究制订治疗方案。经确诊，季羡林患的是天疱疮，是一种十分危险的病症。当天下午，李大夫把北大校长许智宏院士和副校长迟惠生教授请到医院，向他们说明季羡林的病情可能颇有麻烦，让他们心中有底。

别看医生当初有些顾虑，可季羡林并不稀罕住院，因为他担心长期住院会耽误时间。他曾几次问李大夫何时才能出院。此时李大夫已经胸有成竹，沉思片刻回答说："如果年轻50岁，有半个月就差不多了。现在则至少一个月。"

皮肤科医务人员只有十几人，其中主任李恒进，副主任冯峥，还有一位年轻的汪明华大夫和季羡林接触较多，他们细致谨慎，责任心极强，很快赢得了季羡林的高度信赖和尊敬。

孰料，就在季羡林住院的第四天晚上，他已经上床，还没有睡着，偶尔用舌尖舔了一下上颚，蓦地舔到了两个小水疱。他马上想起了邹铭西大夫说过的话和李恒进大夫会诊时对他的要求。他的舌头仿佛被火球烫了一下，神经即刻紧绷了起来。莫非水疱已经长到喉咙里了？他本能地联想到死，脑子里开始快节奏地放起了电影——这十几年燕园经常出现的一个镜头：某老教授家门前来了一辆救护车，在老教授登车而去时，响起画外音："风萧萧兮易水寒，壮士一去兮不复还！"接着，是自家门前的荷塘，塘里季荷绿叶擎天，荷香十里。接着，是一只雪白的波斯猫，这不是"大强盗"吗？它在干什么？哦，是来看爷爷回来没有，难道再没有机会见面了吗？接着……到头来，一行浑浊的老泪溢出了眼角。

渐渐地，季羡林平静下来，理性回归到头脑中。他开始批评和嘲笑起自己："怎么样？害怕了吧？你不是参透了生死奥秘吗？你不是度过了生死大关吗？黄铜当不了真金，假的就是假的！两个小水疱就把你吓破了胆！"

次日一早，护士通知做B超检查。季羡林心里"咯噔"一下，又紧张起来了。心想，是不是去年"膀胱癌"的疑问依然存在？做B超的大夫在他的小腹部位使劲儿地按，仔细地查。

还好,没有事儿。

季羡林经过了一系列检查、会诊,排除了一切应该排除的因素,就开始对症治疗。天疱疮是一种免疫系统疾病,需要用皮质激素类药物进行治疗。皮肤科几位大夫根据病情和病人的体质、年龄仔细斟酌,把握剂量,开始用药。几天下来奇迹发生了,水疱开始干瘪,接着结痂,黑痂脱落,季羡林的手脚恢复了本来面目。看着自己细润柔滑的双手,他心里比吃了蜜还甜。

季羡林住院之后,301医院的领导十分重视。不仅是他的老学生、原副院长牟善初常来嘘寒问暖,现任的院长朱士俊,政委范银瑞,副院长秦银河、苏元福、王树峰、林运昌等也都来探望。他们劝季羡林别急着出院,多住些天,彻底检查一下,把该治的病好好治疗一下。

于是,又进行了第三次会诊。季羡林本来是来治皮肤病的,因为病房实在紧张,借住在呼吸道科病房里。检查发现,他患有哮喘和肺气肿。这下子不必转诊了,连呼吸道方面的毛病也"修理"了一下。当然,不只是呼吸道疾病,季羡林的血压原来没有什么问题,这次服用激素一度升高,大夫严密监测,认为属于应激反应,没有发生什么问题。口腔科大夫为季羡林治好了齿龈溃疡,眼科魏大夫为他检查、治疗了眼病,还为他配了一副平生最满意的眼镜。用季羡林自己的话说,是住了一次院,治了4种病。

治病间隙,季羡林还写了数万字的文稿,可以说是治病、工作两不误。他对301医院的评价是:医德、医术、医风三高医院,李恒进大夫是三高大夫。

2002年国庆节前夕,季羡林出院了。正如李大夫事先估计的至少一个月,这"二进宫"总共住了45天。

回　家

季羡林从301医院捡回了一条命,高高兴兴地回到了北大校园。

回到朗润园的时候,天已黄昏。门前荷塘里的荷花,看不清叶子的颜色,显得灰蒙蒙一片;可爱的波斯猫认出了主人,在他的两腿间蹭来蹭去,没完没了。他刚刚进屋坐下,那只猫立刻跳进他的怀里,无论如何也不肯离开。

第二天早晨,他依旧4点多起床,坐在窗前的书桌旁。外边天还黑着,什么都看不清楚。不久,天蒙蒙亮了,晨练的人们开始活动了,一个穿红衣服的小伙子跑到西边去了,西边走过来一个挺着大肚子的孕妇,后边不远处跟着一位寡居的老教授夫人。同46天以前一模一样,季羡林每天早晨必见的人物,今天全看见了。他好像根本不曾离开,住院的事儿仿佛根本不存在似的。

等到天光大亮的时候，季羡林仔细观察那满塘的季荷，绿盖满塘，浓碧盈空，使他精神为之一振。他记得住院之前，第一朵荷花正好开在窗前，孤零零的一朵大红花昂然挺立，朝开夜合，给他带来极大的欢愉。季羡林住院后，听前来探视的人讲，季荷开得如火如荼，红光照亮朗润园，成了燕园一道亮丽的风景线，又给他带来无限的慰藉。

季荷

在荷塘的对岸，有一座万众楼，雕梁画栋，金碧辉煌，是北京大学中国经济研究中心所在地。"万众楼"三个大字是季羡林应中心主任林毅夫（曾任世界银行高级副行长、首席经济学家——编者）之邀亲笔题写的。此楼坐东朝西。每当夕阳西下的时候，才能看清楚那三个金光闪闪的大字。此时正是早晨，楼背着阳光，可是季羡林发现，好像有什么东西把阳光反射到楼的西面，三个大字依然金光闪烁，清晰可辨。这一发现给他带来无穷的乐趣。

从万众楼，季羡林自然而然地想到了自家门前左侧的小土山，他对那里的一草一木都了如指掌。他想到了前几年，初冬第一场雪后，在那皑皑白雪中傲然挺立、鲜红浓艳的丰花月季；他想到了草木间跳来跳去的花喜鹊、灰喜鹊，敲打着鼓点的啄木鸟，叽叽喳喳的小燕子，唱着"光根儿最苦"的布谷鸟；他想到了过去黑压压成群结队，而如今十分罕见的乌鸦，在"除四害运动"中被围剿得灰头土脸的麻雀……此时季羡林尽管独自一人，枯坐窗前，思绪却如同鸟儿一般，自由翱翔，无限美好。他记得唐诗中的鸟儿，"西塞山前白鹭飞"，"两个黄鹂鸣翠柳，一行白鹭上青天"；他记得1951年在印度加尔各答乘车去国际大学的路上，第一次看到白鹭上青天的情景；他记得前几年游广东佛山，在一片湖边树林中看到的成群白鹭……他铺开稿纸，记录下这自由翱翔的思绪，一篇美文《回家》油然而生，这篇散文的主题词就是"欢喜"，请看：

现在我仍然枯坐在临窗的书桌旁边，时间是回家的第二天早上。我的身子确实没有挪窝儿，但是思想却是活跃异常。我想到过去，想到眼前，又想到未来。甚至神驰万里想到了印度。时序虽已是深秋，但是我的心中却仍是春意盎然。我眼前所看到的，脑海里所想到的东西，无一不笼罩上一团玫瑰般的嫣红，无一不闪出耀眼的光芒。记得小时候常见贴在大门上的一副对联："万物静观皆自得，四时佳兴与人同。"现在的朗润园中的万物，鸟兽虫鱼、花草树木，无不自得其乐。连这里的天都似乎特别蓝，水都似乎特别清。眼睛所到之处，无不令我心旷神怡。思想所到之处，无不令我逸兴遄飞。我真觉得，大自然特别可爱，生命特别可爱，人类特别可爱，一切有生无生之物特别可爱，祖国特别可爱。宇宙万物无有不可爱者。欢喜充满了三千大千世界。

总之，季羡林回到家中，心情是无比欢愉的，只可惜好景不长……

三进301

时隔不久，季羡林又"三进宫"。

季羡林回家以后，心情愉快，劲头十足，马上超负荷工作起来。可是，天有不测风云，人有旦夕祸福，11月23日，晚饭时他吃了一大碗凉拌白菜心，当时就觉得吃多了一些，吃完饭看电视时忽然感到身上发冷，好像掉进了冰窟窿里一样，牙齿咯咯作响，全身颤抖不止。身边人把他抱到床上，打电话请来校医院的保健大夫。大夫们给他打针、开药，他觉得有点儿迷糊。

24日，他依然卧床，水米不曾沾牙；25日，略有好转，但仍不能吃东西；26日，大有好转，有人将俄罗斯学者李特文斯基的《东土耳其斯坦佛教史》送到，他正需要这本书，感觉有精神，翻阅了几页；27日，觉得情况很好，学生刘波从西藏请来一位活佛，为先生念咒消灾，季羡林并不相信这个，但他尊重学生的这份真挚情意，刘波坐在先生身边，再三说："你的身体没有问题！"

28日，情况突变，体温升至39℃，李玉洁和杨锐急忙叫来救护车，把先生送进301医院。

住进医院，一量体温，高达39.4℃。危险！立刻抢救！此时，季羡林迷迷糊糊，只觉得屋子里的人出出进进，有人拿来冰枕，还有人拿来什么。打针——据说这一支药水价值1000多元，四五个小时之后体温降至36℃左右，基本正常，抢救转为观察。

这次还是住在南楼高干病房，三楼15号。主治医生是张晓英、段留法、朱兵，护士长是邢云琴，责任组长赵桂景，护理勇琴歌。在后面的一个多月时间里，季羡林主要同这几位打交道。

季羡林以为，住院观察上几天，顶多十天半个月，如果没有大问题，也就可以出院，打道回府了。可是，事实并不是这样。第二天就开始输液，上午一次、下午一次，晚上还有一次。吊瓶子没完没了，天天如此，季羡林的牢骚怪话也出来了："春花秋月何时了？吊瓶知多少。"到底是老先生，发牢骚也与众不同，还要寻扯上南唐李后主。

季羡林现在极其被动，极其无奈。没有一个大夫明确告诉他，他得的是什么病，该怎么治，需要多少时间。于是，他抱怨说：医院奉行的"政策"是"病人可使由之，不可使知之"。这种抱怨丝毫改变不了他的"处境"。

针头扎在手臂上，药瓶吊在半空中，一只手臂一动也不能动，这种姿势保持半个小时，甚至一个小时还可以，时间久了就手酸臂痛，难以忍耐。可是，一个小时又绝对不行，每天要输液10个小时以上，实在苦不堪言。季羡林一向惜时如金，如此大量"浪费"时间，他都心疼死了！还有难以排遣的寂寞，如何打发时间，驱走无聊呢？季羡林尝试了许多办法。他博闻强记，许多古代散文名篇、古诗词，还有不少外国名诗，英文的、德文的、法文的，都装在脑子里。开背！果然，这主意不错，可以温故而知新，若干年前学习的东西还没有忘记，增强了他的自信心。这样时间长了，又难免乏味，不想再背了，下一个节目是什么呢？季羡林喜欢京剧，虽然谈不上"戏迷"，但有一定欣赏水平。他回忆起看过的京剧，耳边隐隐约约响起《空城计》中诸葛亮在城门楼上那一段优美的唱腔："我正在城楼观山景，耳听得城外乱纷纷……""先帝爷，下南阳，御驾三聘；算就了，汉家业，鼎足三分。"这是马连良，还是谭富英唱的？真棒！还有，诸葛亮口中那个"卧龙冈散淡的人"也是自己呀！你不是给我输液吗？我不是不能动吗？好，那我就闭着眼睛听戏喽！不求创造奇迹，只图随遇而安，不只听戏，他还要听音乐。多少年没有听《伏尔加船夫曲》了，那还是1957年在塔什干大剧院听的呢。"伏尔加，伏尔加母亲河，河水滔滔深又阔！……"多么雄浑，多么优美！他沉醉在自己幻想的旋律中，思绪十分活跃，纵横驰骋。他想到俄罗斯的文化名人，想到发现了元素周期表的门捷列夫，想到托尔斯泰和陀思妥耶夫斯基的长篇小说，如同原始森林，恢宏壮阔，想到普希金的诗，列宾的画。平时紧紧张张，现在有时间了，他闭着眼睛，如同老牛反刍般尽情享受着品味着……

季羡林已经92岁了，他的身体就像一架运行了92年的老机器，由于磨损和老化，难免这里或者那里发生这样那样的问题。有时他漫不经心地说声这儿痛，那儿痒，医院便真当回事儿。一次，他说到牙齿，大夫听到了，立刻吩咐护士用轮椅把他推到牙科主任治疗室，仔细检查，又修又补，花了不少时间，这时旁边还坐着一位将军等着看病，季羡林心里感到很不自在。还有一次，他说到便秘和外痔，不到一个小时肛肠科大夫来了，认真地给他检查，让他既感动又内疚。从此，季羡林学"乖"了，绝口不再说这儿说那儿，果然输液瓶渐渐减少，医生和病人相安无事。

转眼到了年终岁末，季羡林的病治得差不多了。家中又不知堆积了多少事情等待他处理，季羡林心急如焚，向科主任张大夫申请出院。张大夫告诉他，必须经副院长牟善初批准，牟善初当然希望先生多住些日子，把病彻底治好。季羡林连写两封信给他，终于获准出院，时间是2002年12月31日下午。

2003年的元旦和春节，季羡林是在燕园度过的。这是他在家里过的最后一个春节，外孙何巍从海外回来陪着外公，家里显得并不冷清。

"四进宫"

2003年2月21日，季羡林第四次住进301医院。此前，笔者同北大校友、时任国家档案局局长中央档案馆馆长的毛福民一道去朗润园给先生拜年，先生气色很好，谈笑风生，只是行走已经不便，告辞时，他为不能亲自送客出门表示歉意。多少年来，先生的送客之道都是亲自送至楼前马路上，看客人远去才回去，即使对学生晚辈也如此。谁知，过了几天听说先生又住院了，这次是因为心肌衰竭，住在301医院马路西边的康复楼。康复楼的警卫比南楼更森严，从此笔者再见先生就不那么容易了。这是季羡林最后一次住院，也是时间最长的一次，直到2009年7月11日逝世，他的这次"四进宫"一共演出了6年4个月零20天。

季羡林这次住院的情况，在他的回忆文章中没有详尽的记述，笔者只能根据一些零星的材料，大体勾勒出一个轮廓。

这次是因心脏病住院的，《病榻杂记》中有一篇短文，题目就是《安装心脏起搏器》，全文如下：

听说个别老友安装了起搏器。

我也是有心脏病的，学名大概是心律不齐。这一点玉洁是知道的。于是她也让我安装。我答应了。

我这个人好胡思乱想。一看到起搏器，我立刻莫名其妙地想到了马克思。几十年前，我读过一本书，讲到马克思的死：他孤零地坐在一间屋子里，被人发现时已经死去。用常识来答：只能由于心脏突然停止跳动或脑血管出了问题，如果当年已经有了起搏器，而马克思已经装上了的话，他一定不会这样愉快地"无痛而终的"。他能够继续活下来，继续写他的《资本论》，写到什么程度，那就很难说。反正可以免掉恩格斯许多麻烦。

这篇短文与其他文章有所不同，文末没有时间。季羡林到底安装了起搏器没有？答案应该是肯定的。

有一次，笔者在电话中得知先生要做心脏手术，不放心，要求前去探望，后经李玉洁老师同意，只能在门外悄悄看看，不准进病房，也不准打听病人的病情。那是在手术的第二天，笔者从门缝偷偷看了几眼，只见先生已经醒了，神色安详，正坐在床上吸氧。李老师说："手术非常顺利。"此后，在先生过生日时，笔者知道他长年睡眠不好，离不开安眠药，就想买一个磁疗枕头送去，征求李老师意见。她说："不可以。因为装了起搏器，害怕干扰。"依此推断，那次手术大概就是安装心脏起搏器。

2003年8月18日，季羡林在《九三述怀》中有这样一段话：

> 近两年来，运交华盖，疾病缠身，多半是住在医院中。医院里的生活，简单而又烦琐。我是因一种病到医院里来的，入院以后，又患上了其他的病。在我入院前后所患的几种病中最让人讨厌的是天疱疮。手上起泡出水，连指甲盖下面都充满了水，是一种颇为危险的病。从手上向臂上发展，发展到一定程度，就有性命危险。来到三○一医院，经李恒进大夫诊治，药到病除，真正是妙手回春。后来又患上了几种别的病。有一种是前者的发展，改变了地方，改变了形式，长在右脚上，黑黢黢脏兮兮的一团，大概有一斤多重。我自己看了都恶心。有时候简直想把右脚砍掉，看你这些丑类到何处去藏身！幸亏老院长牟善初的秘书周大夫不知从哪里弄到了一种平常的膏药，抹上，立竿见影，脏东西除掉了。为了对付这一堆脏东西，三○一医院曾组织过三次专家会诊，可见院领导对此事之重视。

这段文字告诉我们，皮肤疾病虽然有反复，但终于治愈了。

后来，季羡林被转到骨科，在那里治疗右腿的骨髓炎，医生在小腿骨上钻了孔，并留了引流条，换药很痛苦，先生能忍，一声不吭。这似乎是2003年8月间的事儿。8月30日，

季羡林在医院仍然坚持看书、写作和研究

李玉洁给《光明日报》记者韩小蕙打电话，谈了季羡林的情况。她说："90多岁的人动大手术，全身吊着，还笑着问我们哭丧着脸干什么？我们当然笑不起来。他就说，我已经超额了，一点儿都不觉得自己是个病人。见我们还不放松，就又说，你何必为它双损失？一个损失（身体）就够了，不能在心理上再损失。手术以后，先生躺在床上，闭着眼睛，皱着眉头，我们以为他难受。谁知他一开口，说的全是环境保护、国际关系、美伊战争、中国的发展、21世纪的世界形势等等。他对很多问题的看法都有超前性和预见性，而且都说得很对。比如20多年前，就讲到环境保护问题，呼吁人与自然和谐相处。将来把先生的日记公布出来，可以清楚地看到他有好多深刻之处呀！"

2004年春节，正月初六，季羡林委托李玉洁给韩小蕙打电话，说了三件事：第一向她祝贺猴年春节；第二询问她的身体情况；第三告诉她看到她编的《美国新生活方式丛书》，很高兴，认为这是一件重要的事。李玉洁还说，先生每天依然早起，看书、看报、写文章、写日记，一切都和在家里一样，就是有点儿"懒惰"，不愿意锻炼身体，舍不得时间。但先生的心态很好，每天都谈笑风生，说自己是一块老表，经过擦油泥、修理小毛病，又可以走一段时间了。韩小蕙把这些信息披露在自己的文章里。笔者考虑到这是先生第一次在医院过节，便去医院拜年，可是没有见到先生，也没有见到李老师，只在大门前和杨锐见了一面。杨锐说，李老师在医院陪护时从行军床上摔下来，行动不便，但无大碍，还说季先生的病情也很稳定。

此后的几个春节，季羡林都是在医院过的。他虽然经常吵着要出院，但终究未能如愿。他认为自己没有大病，这个"首长"是假冒的，这个病号也是假冒的。他自称是"301编外"，有几分自嘲，也有几分无奈。

301医院的医疗条件、医德、医风都是一流的，可是，自然规律是不可抗拒的，季羡林终究是一个接近百岁的老人，机体的衰老逐渐严重，牙齿一个个脱落，视力和听力一点点丧

失,行走的能力也渐渐衰退。2003年以后,他在文章中写道:

> 我现在的座右铭是:
> 老骥伏枥,志在十里。
> 烈士暮年,壮心难已。

明眼人一看便知,这是经过改造的曹孟德的诗句。怎么回事呢?季羡林解释说:

> 为什么不写上百里、千里,甚至万里呢?那有多么威武雄壮呀!其实,如果我讲"志在半里"也是瞎吹。我现在不能走路,活动全靠轮椅,是要别人推的。我说"十里",是指一个棒小伙子一口气可以达到的长度。

301印象

季羡林的最后10年,大部分时间是在301医院度过的。他对301医院印象如何呢?请看他在2006年6月为301医院书写的条幅:

> 301是中国的标志,
> 301是中国的符号,
> 301是中国的光荣,
> 301是中国的骄傲。
> 我能够在此养病,
> 也分得了光荣一份。
> 既治好了我的病,
> 也治好了我的心。

2007年12月31日,季羡林又仿照词牌《忆江南》,写了一篇《301赞》:

> 301好,
> 中华之窗口,

大夫人人皆能手，
护士敬业跟着走。
声誉遍五洲。
301 好，
三高又三名，
大夫人人能起死，
护士帮助更回生。
我曾三进宫。
301 好，
病人之天堂，
大夫人人皆内行，
护士谨遵职守忙。
美誉传四方。

2005年，季羡林与医护人员一起过生日

对 301 医院的医护人员，如医生李恒进、宋守礼，护士长刘珍蓉等，季老写过不止一篇文章进行感谢和表扬。他于 2005 年 6 月 29 日写的《白衣天使新赞》，用了他很少用的"毫不利己，专门利人"盛赞这些"白衣天使"。文中写道：

我曾写过一篇赞白衣天使的短文。目标只停留在护士身上，所见不广，所论必浅。

最近一两年来，我自己申报为生病专业户，皇天后土，实加佑护。身上这里起个疱，明天那里又起了包。看起来眼花缭乱，实际上性命却丢不了。我衷心窃自怡悦，觉得这个职业算是选对了。

有生病专业户，就必然有它的对立面治病专业户，这就是广义的白衣天使。这一个群体，到处救死扶伤，治病救人，毫不利己，专门利人，他们是最可爱的人。

我甚至想入非非，觉得这一批天使，在他们决心学医的时候，就证明他们是有宿根、宿愿的，这种宿根、宿愿，与"我不入地狱，谁入地狱"有密切联系。

我在上面提到，毫不利己，专门利人，这两句话是我们有时会听到的。几十年来，我们从大小领导人嘴里常常听到这两句话。然而这两句话究竟有多大分量呢？好像不大有人去考虑过。

人是动物之一,一切动物的本能就是,一要生存,二要温饱,三要发展(传宗接代)。要想克服这些本能性的东西,谈何容易!

根据我多年来的观察和体验,我觉得,在多少年来形成的成百上千的职业行当中,最与毫不利己、专门利人接近的是大夫,也就是白衣天使。试想,一个病人和一个大夫相对而坐。此时病人唯一的愿望就是把病治好,大夫唯一的愿望也是把病人的病治好,两个人的愿望完全一致,欲不毫不利己、专门利人,岂可得乎?

近几年来,自从我申报为生病专业户以后,我都住在医院中,具体地说就是三〇一医院。我天天接触到的人就是大夫、护士等一大群白衣天使。他(她)们那种毫不利己,专门利人的风度时时在熏染着我。他们既治了我身上的病,也治了我心头的病。

"纵浪大化中"

2006年元旦,季羡林写了一篇《狗年元旦抒怀》。他写道:

今天是狗年元旦。这个元旦同其他年的元旦是大同小异。但是,对我来说,却还有不同的意义。今年是我回国六十周年纪念,是我参加北京大学工作六十周年纪念,是我创办东方语言文学系六十周年纪念。虽然说了三项六十周年,在时间上只有一个六十周年。这个六十周年一过,我已经走到了九十五岁了,而且还要走上前去,一直走到不能再走的时候。

中国人庆祝新春有一副最有名的春联:"天增岁月人增寿,春满乾坤福满门。"第一句话是没有错的,天和人确实都增了寿;第二句话表达了人们美好的祝愿。寿,在中国是一个非常吉祥的词儿,但是,对于一个95岁的老者来说,听到增寿这样的词句,能不别有一番滋味儿在心头吗?此时再说增寿一年,不就等于说向生命的尽头又走近了一步吗?这个道理本来是一清二楚的,然而,季羡林并不悲观。有寿可增总是好事嘛!他感到最幸福、最兴奋的是,有幸活在当今的中国,看到国家领导人脚踏实地地为全国人民谋幸福,看到全国人民如处春风化雨之中,看到中华民族实现腾飞的百年梦想正在变成现实,看到东方文化逐渐重现辉煌。他感到由衷的欣慰。如果有人问他:"对你目前的95岁高龄有什么想法?"他会毫不犹豫地回答:"我既不高兴,也不厌恶。这本来是无意中得来的东西,应该让它发挥作用。比如说,我一辈子舞笔弄墨,现在为什么不能利用我的这一支笔来鼓吹升平,增强和谐呢?现在我们的国家是政通人和，海晏河清。可以歌颂的东西真是太多太多了。歌颂这些美好的事物，95年是不够的。因此，我希望活下去。岂止于此，相期以茶。"

2006年5月14日，北京大学举行盛大集会，庆祝东方学学科建立60周年、季羡林教授执教60周年暨95华诞。全国政协副主席、致公党中央主席罗豪才，全国人大常委、民盟中央副主席、中央文史馆馆长、北大教授袁行霈，民盟中央副主席、清华大学教授卢强，中共中央统战部副部长楼志豪，印度驻华大使苏里宁，中国作家协会副主席、中国现代文学馆馆长陈建功，清华大学副校长谢维和，北京大学东方研究院名誉顾问林忠健，北京大学校长许智宏院士，北大党委常务副书记吴志攀，副校长张国有等参加庆祝活动。国务委员陈至立发来贺信，贺信说，季先生60年来致力中外文化交流，为推动中华文化的传播，促进人类不同文明之间的和谐发展与共同繁荣做出了卓越贡献。大会开得隆重热烈。季羡林没有出席这次集会，他在事前录制的一段录像中，表达了要用手中的笔继续鼓吹升平、增强和谐的愿望，令与会者深受感动。第二天，有人向他汇报了大会的盛况，他说："我就是一个普通的教授，搞这么大的场合干什么？还惊动了中央领导，小题大做，不值得。"

8月8日，季羡林又写了一篇《九十五岁初度》。他写道：

> 庄子说：万物方生方死。从这个观点上来看，我又死了一年，向死亡接近了一年。不管怎么说，从表面来看，我反正是增长了一岁，今年算是九十五岁了。在增

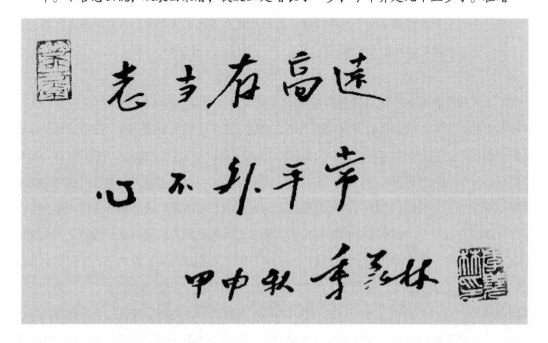

季羡林为北大举行的"东方学科建立60周年、季羡林教授执教60周年暨95华诞庆祝大会"题词

寿的过程中，自己在领悟、理解等方面有没有进步呢？仔细算，还是有的。去年还有一点叹时光之流逝的哀感，今年则完全没有了。这种哀感在人们中是最常见的，然而也是最愚蠢的。"人间正道是沧桑"，时光流逝，是万古不易之理。人类，以及一切生物，是毫无办法的。"夫天地者，万物之逆旅；光阴者，百代之过客。"对于这种现象，最好的办法是听之任之，用不着什么哀叹。

季羡林清醒地意识到，自己面临着一个无论如何也绕不过去的问题：死亡问题。长寿当然是好事，可是它还有另一面，离开死亡不太远了。中国人是讲求实际的民族，一生中实际问题确实不少，但最突出的问题之一就是死亡。人们既厌恶死亡，又无能力避免之，因此重要的是怎样理解死亡。包括人类在内，世界上的生物林林总总，千千万万。生物的关键固然在于生，但死是生的对立面，有生必有死，这是一切生物的普遍规律，谁也违背不了。

季羡林非常欣赏晋代大诗人陶渊明的一首诗，题目是《形影神》，专门讲述对生死的看法，饱含哲理的对话。在这首诗的序中，陶渊明写道："贵贱贤愚，莫不营营以惜生，斯甚惑焉，故极陈形影之苦，言神辨自然以释之。好事君子，共取其心焉。"陶渊明在诗的最后写道："三皇大圣人，今复在何处？彭祖爱永年，欲留不得住。老少同一死，贤愚无复数。日醉或能忘，将非促龄具？立善常所欣，谁当为汝誉？甚念伤吾生，正宜委运去，纵浪大化中，不喜亦不惧。应尽便须尽，无复独多虑。"结尾四句精彩极了，季羡林把它奉为自己晚年的座右铭，反映出他的平淡、冲和、不惧生死而又自强不息的人生态度。

具体来说，季羡林的态度是：死是不可避免的，对待不可避免的事情，最聪明的办法是以不可避免的心态视之，然后随遇而安，使不可避免的危害性降至最低点；反之，如果对生死之类的不可避免性进行挑战，则必然招致大灾祸。"服食求神仙，多为药所误"，嬴政、刘彻、李世民就是典型的例子。既然非走不行，哭又有什么意义呢？反不如笑着走更使自己洒脱、满意、愉快。

在对待生死问题上，季羡林也有一位知己，就是已故的佛学大师赵朴初居士。朴老2000年5月21日（时年93岁）逝世前的遗诗说："生固欣然，死亦无憾。花落花开，水流不断。我今何有，谁欤安息。明月清风，不劳寻觅。"而且，他生前还说过一句预言式的话。1986年，季羡林和赵朴初陪同班禅大师赴尼泊尔参加世界佛学大会。当季羡林走进专机候机大厅时，朴老对他的夫人陈邦织说："别人都是哭着走，独独季羡林是笑着走。"

君子安贫，达人知命。参透了生死的季羡林自然少了许多烦恼。对那些郁闷的人，忧郁的人，特别是老年人，他曾以4句打油诗相劝："人生在世一百年，天天有些小麻烦。最好办法是不理，只等秋风过耳边。"他一辈子舞笔弄墨，虽然年事已高，脑子仍然清楚，宝刀不老，笔耕不辍。他庆幸自己赶上了中国历史上最好的时期之一，想用手中的笔歌颂美好的生活，歌颂伟大的祖国，呼唤公德，呼唤人类的良知，为建设和谐社会、和谐世界贡献力量。

病房里的欢笑

虽说来日苦短，但季羡林在人生的最后时期，还是有声有色，有滋有味的，在与先生的长期接触中，笔者深知他讲话风趣幽默。在301医院，客人和工作人员也经常听到他讲些笑话，病房里不时传出欢声笑语。

季羡林讲过小时候在济南见过的"地方"送礼的事儿。所谓"地方"即地保，负责地方基层的行政和治安。逢年过节，"地方"提着一只鸡和两瓶"水酒"，挨家挨户给街坊"送礼"。老住户们都明白，这是他借机敛财的手段，不但没有人收他的"礼"，反而要"赏"他一些酒钱。他转悠了一天，拿着一大堆赏钱回家，把鸡放下，继续养着，再把瓶子里的凉水倒掉。每次都是如此。可是，这一次来了一家新住户，不是山东人，不了解此地的风俗。他们真的收下了"地方"的"礼物"，老妈子还没有关上门，就听见了"送礼"的"地方"在骂街。

讲到济南大明湖的历下亭，季羡林说，有两个外地游客在历下亭看到杜甫题写的楹联"海右此亭古，济南名士多"，于是就开始议论，出言不逊，说："什么'济南名士多'？分明是济南名士多王八！"旁边一个济南人听了不高兴，他听口音已经知道这两个游客是什么地方人了，故意不露声色。他说，我给你们讲个故事吧：东海龙王举行考试，大王八去赶考，半路要下蛋，就找到两条鱼和一个坛子。王八下了蛋，盛在坛子里，由鱼抬着，跳过龙门，吵闹着直奔龙宫。龙王很奇怪，问："什么人在外边吵闹？"通报说："鱼抬的是王八，坛盛的是

2006年，季羡林在医院中谈笑

王八蛋！"结果把骂济南人的鱼台人和郯城人也都给骂了。

有一件事却是真的。季羡林讲道，20世纪50年代，一次北大办公楼礼堂开大会欢迎尼赫鲁的妹妹，不知道什么人规定，只能讲印度民族语言，不准讲英语。会议中间，要下楼休息，翻译忽然"卡了壳"，一屋子的人都愣在那里。这时，季羡林在主席台上急中生智，大喊："Down stairs, please!"才解了围。

季羡林说："早年间，搞知识分子思想改造，提倡'洗澡'，根据职务和学位级别，分大盆、中盆和小盆。我的检讨过关也比较容易，只要把'业务挂帅'、'白专道路'两顶帽子一戴，就能过关。检讨归检讨，可是，我坚决不改。我不搞业务搞什么？如果我不搞业务，今天岂不是什么都没有，变成光屁股了？"

季羡林说，一次，一位担任驻外大使的老学生带着六七岁的小孙女来看望他。小孙女见爷爷奶奶称他为"老师"，就问："老爷爷，您是教什么课的呀？"他回答说："我教的呀，是稀奇古怪。"

季羡林说：北大创建之初，学员都是封建官僚，三品官、四品官都有。因为引进西式教育，要上体育课，教师是平民百姓，不敢直接下达"稍息""立正"的口令，就想出一个折中的办法，喊"老爷们请稍息！""老爷们请立正！"

2008年12月5日下午，季羡林的病房里又响起了开心的笑声。原来，他一边"口述历史"一边讲了一件有趣的往事：1951年那次出访印度，代表团规模很大。郑振铎是副团长，冯友兰是团员。郑振铎身材魁梧，说话声音洪亮，喜欢和人"抬杠"，好开玩笑。冯友兰长髯飘胸，仙风道骨，表情严肃，偶尔也说点儿笑话，懂得幽默。郑振铎经常开冯友兰的玩笑，管他叫"大胡子"。一次在中国大使馆，冯先生坐在那里理发，郑振铎站在一旁起哄。理发师正在给冯先生刮脸，郑先生在旁高呼："把他的络腮胡子刮掉！"理发师被喊得不知所措，一失手，把冯先生的胡子刮掉了一块儿，没有办法，只好剃光。郑先生大笑不止，别人也赔着笑，冯先生则微微一笑，面不改色。

此类笑话不胜枚举，仅举以上几例，可见季羡林是个十分幽默之人。

第二十六章

"我不能封笔"

推出《千禧文存》

2000年7月,季羡林的老学生周奎杰和她的同事张世林到北大看望季老。周奎杰是学习越南语的,1968年毕业后分配到外文出版社工作,当时担任新世界出版社总编辑。李玉洁拿出季老新出版的几本书给她看,周奎杰趁机说:"季老,让你的学生给你出一本书吧。我保证搞好。"季羡林答应了。第二年5月,新世界出版社推出了季羡林的小册子《千禧文存》,约14万字,收录了2000年他所写的除《焉耆龟兹佛教史》以外的全部作品。这本书由李玉洁、周奎杰和张世林共同策划,把季羡林在世纪、千年交替之际写的作品收集在一起,以此为他的90华诞做一个小小的纪念。季羡林的老朋友、著名书画家黄苗子先生题写了书名。

把季羡林的新作收集到一起出书,这种做法获得了巨大的成功。春末交稿,出版社以最快速度付印发行。初印6000册,很快销售一空,接着加印5000册,销路依然很好。季羡林的书除了《牛棚杂忆》之外,这样销售火爆的场面并不多见,正如他在分析为何出现这种情况时说道:

《千禧文存》书影

山有根,水有源,大千世界万事万物无不

有其根源。《千禧文存》走红的根源是什么呢？难道是因为书中的文章字字珠玑，句句梦笔生花吗？否，绝不是的，有的文章连我自己都不喜欢，遑论读者。想来想去，根源只能一个，就是文章新，都是在最近一年中制造出来的，不像我那些大量的散文选集，东选一篇，西选一篇，杂凑成集，重复在所难免。我个人认为，这样的选本出多了，是对读者的愚弄，是不道德的行为。可是这种不道德的行为我竟犯过多次。绝不是为名为利，而是抵挡不住组稿者的如簧之舌，只有败下阵来。我在一本散文集的自序中竟写出了这样的话："如果读者认为集中文章重复过多，可以不买这一本书，只看一看自序就够了。"这有点像美国香烟盒上印上了dangerous（危险）这样的字样，多么可笑，又是多么可悲！不管怎么说，《千禧文存》没有这样的现象，于是就获得了读者的青睐了。

你看，季老的话多么诚恳、认真而又不失幽默。其实，季羡林创作这部文集的氛围一点儿都不轻松。文集不算自序，共收入文章43篇，其中有散文11篇，杂文13篇，序18篇，贺信1篇。这当然不是他一年时间的全部作品，自序里说得明明白白，《焉耆龟兹佛教史》不包括在内。这就是说，在这一年里，季羡林的主要学术研究课题是他和唐艺杰教授共同担任主编的《中国佛教史》。这是一部大型的学术著作，共有12卷之多，季羡林亲自撰写的《焉耆龟兹佛教史》，是《中国佛教史·新疆卷》的一章。季羡林认为，现已出版的《中国佛教史》虽然不少，但严格说来只能叫"汉族佛教史"，因为没有把信仰佛教的少数民族包括进来。汉族只是中国56个民族之一，不能代表所有的民族，所以不能叫真正的《中国佛教史》。为了纠正这种偏颇，季羡林与其他学者下决心修一部真正的《中国佛教史》，把

《焉耆龟兹佛教史》手迹

中国境内凡与佛教信仰有关的民族包揽无遗，努力从全国佛教学者中选聘对某一民族、某一地区的佛教最有研究的专家学者，穷数年之努力，完成这部前无古人的伟大史学著作。这当然是季羡林的主攻方向，而收进《千禧文存》中的几十篇文章，只不过是他利用时间的"边角余料""业余"创作的。

再看季羡林当时的身体情况。这一年的头五个月，他正在为白内障眼疾所困。5月下旬之前，他的右眼几乎完全失明，左眼只有0.1的视力，抬头看不见窗前的玉兰花，走路看不见脚下的台阶。他坐在书房里，就是凭着这一点点微弱的视力，同稀奇古怪的古文字拼命，研究他的新疆佛教史。5月中旬他住进同仁医院，下旬手术后由"目中无人"转变为"大放光明"，心情大不一样了。笔者注意到《千禧文存》共有191页，其中106页是在4月8日之前写成的，也就是在眼睛几乎看不见的情况下，摸索着写成的。这需要何等坚强的勇气和毅力啊！其中有一篇为辽宁少儿出版社推出的《东方民间故事精品评注丛书》写的序，完成于2000年4月2日。据丛书副主编之一胡光利回忆，季老作为丛书的主编，理应写一篇序言。但考虑到季老正患眼疾，为了减轻他的负担，胡光利就从季老过去关于民间文学的论述中摘抄了几段文字，稍加改造，作为序言的代拟稿，念给季老听。季老听后没有表态，让把稿子放下，说："过两天你再来。"两天以后，胡光利再到季家，季老拿出自己亲笔书写的稿子。原来季老没有用那个代拟稿，而是重起炉灶，一笔一画地写满6页稿纸，字有花生米那么大，足有1300多字。看到季老在如此艰难的情况下仍旧一丝不苟，胡光利感动得不知道说什么才好。

季羡林70岁以后患有老年白内障，右眼在20世纪80年代做过手术，术后视力大有改善。可是在90年代后期，这只眼睛又长出了一层白膜，医学上叫"后发障"，病情发展迅速，很快就到了"伸手不见五指"的地步。这时，没做过白内障手术的左眼，也只有不足0.1的视力，行动如同盲人。他上不见蓝天，

《东方民间故事精品评注丛书》序言手迹

下不见大地，走路深一脚浅一脚；门前满树的玉兰花，春风中舞动的杨柳枝条，他都无法欣赏了。眼睛成了这个样子，说不着急那是假的，可是，季羡林牢记古人的话"既来之，则安之"，顺其自然。他以晚年双目失明而大有作为的3位老师陈寅恪、冯友兰和陈翰笙为榜样，尤其效法陈寅恪晚年口述80万字的《柳如是别传》和冯友兰晚年口述《中国哲学史》，克服重重困难，潜心研究，笔耕不辍。

5月下旬住院以后，由施玉英大夫主刀，左眼动手术，右眼打激光，大获成功，眼前的浓雾顷刻消散。手术之前不见舆薪，手术之后却能明察秋毫了。离开燕园不过9天，季羡林感觉真像是换了人间。他在文章中写道："花花世界，万紫千红，大放光明，尽收眼中。我真想手之舞之，足之蹈之了。我真觉得，大千世界是美妙的。我真觉得，人间是秀丽的。我真觉得，生活是可爱的。"

这部文集的十几篇散文中，令人印象深刻的有3篇。第一篇是开头的《迎新怀旧》，副标题是《二十一世纪第一个元旦感怀》。在新世纪、新千年到来的时候，季羡林有什么感怀呢？有的是关于人类生存与发展的大问题、文化问题、环保问题……下面这段文字发人深省：

> 我自己不比任何人聪明，我也参加到这一系列的纷争里来。我谈的主要是文化问题，20世纪和21世纪东西文化的关系问题。我认为，20世纪是全部人类历史上发展最快的一个世纪。在这个世纪以前西方发生的产业革命大大地解放了生产力，二百多年内，给人类创造了巨大的财富和福利，全世界人民皆受其惠。但这只是事情的一个方面。另一个方面则是并不美好的，由于西方人以"征服自然"为鹄的，对大自然诛求无餍，结果遭到大自然的报复和惩罚，产生了许多弊端和祸害。这些弊端和灾害彰彰在人耳目，用不着我再来细数。现在世界上几乎所有的政府和人民团体都在高呼"环保"，又是宣传，又是开会，一时甚嚣尘上。奇怪的是，竟无一人提到环保问题产生的根源。为什么欧洲的中世纪和中国的汉唐时代，从来没有什么环保问题呢？这情况难道还不值得人们深思吗？
>
> 我自己把环保问题同20世纪和21世纪挂上了钩，同东西文化挂上了钩。同时我又常常举一个民间流传的近视眼猜匾的笑话，说21世纪这一块匾还没有挂出来，我们现在乱猜匾上的大字，无疑都是近视眼。能吹嘘看到了匾上的字的人，是狡猾者，是事前向主事人打听好了的。但是这种狡猾行动，对匾是可以的，对21世纪则是行不通的。难道谁有能耐到上帝那里去打听吗？我主张在21世纪东方天人合一的思想——这是东方文化的精华——能帮助人们解决环保问题。我似乎已经看到了还

没有挂出来的匾上的字。不是我从上帝那里打听来的，是我根据自己的观察和思考得出来的。我是我自己的上帝。

第二篇是排在倒数第二的《九十述怀》，写于12月20日。文中记述了季老从80岁开始冲刺到90岁这10年中，那些值得纪念的甜蜜回忆：首先是两年间风雨无阻地每天跑一趟大图书馆，心无旁骛地撰写了80万字的科学巨著《糖史》，接着啃一个更加难啃的核桃，破译和释读新疆出土的焉耆语残卷《弥勒会见记剧本》，英译本在德国出版后引起了轰动，为中国学者争得了这个领域的话语权。两部著作完成，平生大愿告一段落。文中又讲到了他的生存现状以及对工作的自我评价：

1991年，80岁高龄的季羡林坚持每天骑车到北大图书馆

我的家就我一个孤家寡人，我就是家，我一个人吃饱了，全家不害饿……每天早晨四点半起床……五点吃早点，可以说是先天下之早点而早点。吃完立即工作。我的工作主要是爬格子。几十年来，我已经爬出了上千万的字。这些东西都值得爬吗？我认为是值得的。我爬出的东西不见得都是精金粹玉，都是甘露醍醐，吃了能让人升天成仙，但是其中绝没有毒药，绝没有假冒伪劣，读了以后至少能让人获得点享受，能让人爱国，爱乡，爱人类，爱自然，爱儿童，爱一切美好的东西。总之一句话，能让人在精神境界中有所收益。

季羡林的这种"爬格不知老已至，名利于我如浮云"的境界，正是中国老一代知识分子的良心所在。

第三篇是《佛山心影》，记述了季老应石景宜博士邀请去广东佛山参观访问的三天行程。石景宜是香港的一位出版家，他以图书为桥梁，沟通海峡两岸，为祖国文化教育事业做出了巨大的贡献。1998年10月，经国务院学位委员会决定，北京大学授予石景宜名誉博士学位。季老的这篇文章主要叙述他同石景宜的交往，本书前文已有叙述。古希腊哲人有言："告诉我你的朋友是谁，我就知道你是谁。"看来，季羡林与石景宜的交往是有缘分的。

文集中的杂文多数是为《新民晚报·夜光杯》栏目的供稿，是谈人生感悟的，其中《成功》结合自身经历，总结出"天资＋勤奋＋机遇＝成功"的公式，这是至理名言。《老年十忌》结合解剖自己，提出的许多观点颇有见地，颇多教益。

几十年来，我已经爬出了上千万的字。这些东西都值得爬吗？我认为是值得的

文集中的序文分量最重，也最杂。从中国的古代典籍《论语》和《孙子兵法》、印度的古典名著《五卷书》，到近代的《西学东传人物丛书》，再到当代的《燕园师林》；从讲佛教美术的《中国飞天艺术》，到刘国龙的几个手抄本，再到《德语动词、名词、形容词与介词固定搭配词典》；从《千禧韩中词典》，到《董秋芳译文选》，再到唐师曾的《重返巴格达》，季老为之作序，可谓五花八门，应有尽有。季老写序决不应付了事，一般都要通读书稿，有感而发，言之有物，显示出学问的博大精深。

在这些序文中，本书前文提及的《〈赵元任全集〉序》绝对不同凡响。记得2005年笔者编选《此情犹思——季羡林回忆文集》，一共五卷十编，其中第十编原计划收入季老的散文新作，但他认为不妥，理由是那些散文的分量不足以成为文集的压卷之作。他拿出了4篇能代表他的学术思想的文章，组成第十编，编目便是《学海探珠》，其中一篇就是《〈赵元任全集〉序》。这篇序言有6000多字，其长度在季羡林所作序跋中是不多见的。文章首先简要介绍了国际公认的语言学大师赵元任先生的学术成就，接着笔锋一转，跑开了"野马"——从他自己的"哲学"讲起，讲到东西方文化的不同；讲到东西方思维方式的差异：东方的特点是综合，也就是"整体概念，普遍联系"，西方的特点是分析；讲到语言和文化的源头或者基础；讲到西方的分析的思维模式产生出分析色彩极浓的印欧语系的语言，东方的综合的思维模式产生出汉语这种难以用西方方法分析的语言；讲到20世纪是微观分析的世纪，21世纪应当是微观与宏观相结合的世纪；讲到科学方法的重要性；等等。这些看似和《赵元任全集》毫不相干的问题，其实是为了回答一个问题，就是如何继承和发扬赵元任先生的治学传统。他的结论是"我们不能完全走元任先生走过的道路，不能完全用元任先生应用过的方法，那样就会'死'"，"根据元任先生的基本精神，另辟蹊径，这样才能'活'"。最后，他引用陈寅恪先生 70 年前的话，提出的藏缅语系比较研究的课题，认为是时候了，"到了 21 世纪，我们必须改弦更张，把微观与宏观结合起来"，"必须认真分辨出汉语的特点，认真进行藏缅语系语言的比较研究。只有这样，才庶几能发多年未发之覆，建立真正的汉语语音学。归根结底一句话，我认为这是继承发扬赵元任先生汉语研究传统的唯一正确的办法"。

文集中还有两篇文章，是谈散文创作的，其实也是序。一篇是为卞毓方写的《意匠惨淡经营中》，另一篇是为梁衡写的《追求一个境界》。季羡林本人是散文大家，自称"惨淡经营派"，他把这两位晚辈作家视为自己一派，欣赏有加、赞许有加、扶持有加、鼓励有加，并寄予厚望。季老这两篇谈散文创作的序文，无论对作者，还是对读者，都是很有价值的。

《新纪元文存》出版

由于《千禧文存》大获成功，第二年，几位策划者又依样画葫芦，把季羡林 2001 年所写的文章收集起来，推出一本《新纪元文存》初编。因为"新纪元"时间跨度太长，初编后边还可以有二编、三编，乃至更多，足见编者的聪明。可是，再往后出的却是《病榻杂记》，这是后话。

前文已经交代，2001 年 12 月，季羡林因为便血住进了 301 医院，年底才出院回家。这部文集的《自序》也是从北大写到医院，又从医院写回北大，于 2002 年 1 月 4 日完成，其中把生病住院的情况向读者做了一个交代。

这部文集于 2002 年 6 月由新世界出版社出版，13 万字，收进文章 40 篇，其中散文 6 篇，杂文 12 篇，序言 11 篇，书评 6 篇，信函、题词、讲话稿 5 篇。销路仍然不错，首印达 8000 册。

文集中有 4 篇散文悼念故去的亲人、友人。《一条老狗》是悼念母亲的，这是继《赋得永久的悔》之后又一篇催人泪下的作品。母亲离去前 8 年未能见上一面，是季羡林终身无法抚平的伤痛，他写的纪念母亲的文章数量已经难以统计。一位 90 岁的老人，此刻思念母亲的情感又跃然纸上。请看：

我从来不信什么轮回转生；但是，我现在宁愿信上一次。我已经九十岁了，来日苦短了。等到我离开这个世界以后，我会在天上或者地下什么地方与母亲相会，趴在她脚下的仍然是这一条老狗。

另外 3 篇散文是哀悼马石江、周一良和李长之的，同样情真意切，读来感人至深。马石江曾经担任北京大学党委副书记，周一良是季羡林的朋友兼"棚友"，李长之则是他的小学、大学同学，同为"四剑客"之一。这些怀旧文章，抓住往日点点滴滴的小事，反映逝者的高贵品质或者不幸遭际，能够使人感受到切肤之痛。这是一些蘸着血和泪写成的文字。周一良一度追风，晚年追悔莫及；李长之因一本书，吃尽苦头。他们的遭遇，可以说是我国老一代知识分子的缩影。通过悼念李长之，也道出了季老心中的苦涩和无奈。李长之的成名之作《鲁迅批判》虽然是个小册子，却成了文坛政治气候的晴雨表。李长之是1978年底去世的，在此前两年，"四人帮"已经粉碎，新时代的曙光已经显现。有一家出版社找到李长之接洽再版事宜，条件是将"批判"改为"评论"或"分析"。李长之坚持不改。他不无苍凉地表示："批判其实就是分析、评论的意思，我为《鲁迅批判》遭了一辈子罪，不改。不出，也罢！"季羡林的《追忆李长之》的结尾的确是一条豹尾，抽打着读者的心：

又隔了一段时间，我随对外友协代表团赴印度访问，在那里待的时间比较长。回国以后，听说长之已经去世，我既吃惊又痛苦。以长之的才华，本来还可以写一些比较好的文章共庆升平的。然而竟赍志以没。我们相交七十余年，生不能视其疾，死不能临其丧，我的心能得安宁吗？呜呼！长才未展，命途多舛；未臻耄耋，遽归道山。我还没有能达到"悲欢离合总无情"的水平。我年纪越老，长之入梦的次数越多。我已年届九旬，他还能入梦多少次啊！悲哉！

散文《故乡行》篇幅最长，记述了季老应家乡市委和政府邀请，回山东临清参加祝寿活动的情况。本书前文已经做过叙述，此处不再重复。

文集中的杂文，像《千禧文存》一样，主要是给上海《新民晚报》的《夜光杯》副刊写的人生感悟的稿子。四五年时间，季老已经写了80多篇杂文，这些文章被于青编辑成书，即《人生小品》。季老在《自序》中，讲述了自己的创作过程和所付的甘苦。关于这些千字文的创作动机和效果，他说：

四五年来，我在上海《新民晚报·夜光杯副刊》上，总共写了八十来篇千字文。从读者反馈回来的信息还是令人满意的。有的读者直接写信给我，有的当面告诉我，他们是认可的。全国一些不同地区的报纸杂志上也时有转载，也说明了那些千字文是起了作用的。那些千字文，看上去题目虽然五花八门，但是我的基本想法却是一致的。我想教给年轻人的无非是：热爱祖国、热爱人类、热爱生命、热爱自然。我认为，这四个"热爱"是众德之首。有了这四个"热爱"，国家必能富强，世界必能和睦，人类与大自然必能合一，人类前途必能辉煌。我虽然没有直接拿这四个"热爱"命题作文；但是我在行文时或明或暗，或直接或间接总离不开这个精神。这一点是可以告慰自己和读者的。

不同于《千禧文存》的是，这本文集有6篇书评或影评，其中3篇是为参加中国图书奖评选所写的推荐信，分别是《世界经典散文新编》、黄宝生等汉译《摩诃婆罗多》、《林徽因文集文学卷》。第一部书是天津百花文艺出版社推出的大型套书，收录新的译文多，可以扩大中国读者的阅读面，也对中国散文作家有借鉴价值。《摩诃婆罗多》是和《罗摩衍那》齐名的印度古代两大史诗之一，由季羡林的弟子黄宝生等翻译成汉语，季羡林推荐的是其中的汉译《毗湿摩篇》。林徽因是有名的建筑学家，著名的才女，她写的东西不多，搜集更难。这一部书是由林徽因之子梁从诫编辑整理，天津百花文艺出版社出版的，萧乾作序，甚为珍贵。还有3篇分别是对高占祥的《人生宝典》、吴全德院士的《科学与艺术的交融》的书评和对电影《芬芳誓言》的评论。高占祥当过高官，又是诗人、学者、书画家、摄影家，季羡林却没有读过他的书。高占祥送来自己的书，季羡林"在惊喜之余，连忙武装起来，眼戴深度老花镜，手持放大镜，用艰苦卓绝的精神，宛如攀登珠穆朗玛峰，一句句，一页页，把《人生宝典》大体读了一遍"，"不禁有所感焉"。他认为"高占祥同志从各个方面思考人生道德修养问题，细大不捐，了无遗漏；用简明朴素的语言，阐明平常而又深刻的道理；不是死板的教条，而是活生生的典范。称之为《人生宝典》，实在是名副其实的"。从中可见，在道德教育中，季羡林反对陈义极高、高不可攀的道德教条，主张从小处做起，从现在做起，从自己做起，逐步提高全社会的道德水平，促进社会和谐。

文集中的数篇序言都与文化密切相关。而在季羡林看来，文化与人类命运息息相关，因此他善于抓住各种机会，不遗余力地宣传人类应该与大自然和谐相处的思想。《〈华林拾珍〉序》中的一段文字便可作为代表：

窃以为，居今之世，科技虽极度发达，而综观全球，实有令人不寒而栗者。战火频仍，时局板荡，人心浇离，道德日下。此皆无法掩盖之事实。加之，人类对大自然诛求无餍，征服无已。天虽无言，而能报复惩罚，众多自然灾害，随之而生，凡此皆彰彰在人耳目。人类实已面临险境，近数年来，全球各国政府憬然醒悟，环保之声洋洋乎盈耳矣。羡林向不信西方基督教徒末日裁判之说，然而，根据上陈诸端，所谓人类末日岂全为耸人听闻之说乎？济之之方，其道多端，而对广大群众而言，则佛家慈悲为怀之俗谛，以及中国传统思想之精髓所谓"天人合一"之说，倘设法加以发扬，必能事半功倍。宋代大儒张载所谓"民吾同胞，物吾与也"，实有与佛家慈悲为怀之说相通之处，羡林尝谓此乃东方文化之精华，允宜大力提倡者也。

文集中的祝词、题词以《清华大学九十华诞祝词》最为匠心独运。祝词说：北大清华逐渐并肩发展为中国最高学府，其校风迥然不同，各有所长，不应厚此薄彼。"至若两校办学方针，则皆可归纳为三会通：古今会通，中西会通，文理会通。合而言之，即将古今中外之文化精华融会而贯通之，将文理之畛域冲破，使之相互影响也"。他还特意讲到当年蔡元培要求给北大文科学生开设科学方法课，清华要求文科学生必修一门理科课程，以及当今大科学家李政道和大艺术家吴冠中提倡科学与艺术的结合，认为这对于扩大学生的眼界，提高学生素质以及分析、解决问题的能力，是非常必要的。由此，体现了一个当今教育家的远见卓识。

亚洲华文作家来访

2004年9月26日上午，季羡林在301医院迎来了一批特殊的客人——亚洲华文作家文艺基金会董事敬老团一行。在中秋佳节之际，这些海外作家专程赶到北京，向德高望重、著作等身的季羡林先生表示敬意和慰问。季老听到这个消息，一大早就做好了迎接客人的准备，特意穿了一件大红色的毛背心，头戴一顶手工钩织的蓝色瓜皮帽，精神矍铄地等候在洒满阳光的病房。上午9点30分，来自菲律宾、马来西亚、日本、文莱、美国，以及中国台湾和香港地区的18位作家在基金会董事长林忠民、秘书长符兆祥的带领下，来到301医院的小会议室。季羡林在医护人员的陪同下，坐着轮椅，双手合十，笑容可掬地来到作家们中间。所有的客人起身鼓掌致意，他们大多数都读过季老的著作，深知季老的才华和学术教学方面的成就，但遗憾的是从未谋面。今天他们能面对面地与季老促膝谈心，都非常兴奋，感到十分光荣。基金会秘书长、中国台湾作家符兆祥向季老一一介绍来访的作家，他们是基金会董事长、菲律宾作家林忠民和菲律宾作家杨美琼、陈若莉、陈琼花、黄珍玲，马来西亚作家林木海、永乐多斯，文莱作家王昭英、孙德安，日本作家赖连金，中国香港作家余渊若、柯洛文以及美国作家张金翼等。林忠民向季老赠送了终生成就奖纪念牌和2000美元敬慰金。纪念牌上深情地写着：

　　季羡林大师：著作等身，文通中外，丰富了中华文学的内涵，拓展了白话文的境界，诚为文化瑰宝，本会为表崇高敬意，谨赠纪念牌一座。

　　林忠民发表讲话，感谢季老破例安排此次活动。季老从轮椅上执意起身要表达谢意，风趣而谦逊地说道："我这个作家有点冒牌，我在文学上是个外行，只不过从中学就开始写文章，一直写到现在没有停笔。我今年虽然年已93岁，年迈多病，但仍然坚持每天写点东西，有研究也有创作。""我会永远写下去，尤其赶上了今天这么好的时代，每个人都应该有所作为。我愿尽我的力量，献出我的晚年。"他认为人老了，"如果什么事情也不干，对自己对社会都是一种'浪费'"。季老对身在海外，从事华文创作的广大作家表示敬意，希望他们再接再厉，把海外华文文学创作推向新高峰。季老还向基金会和全体作家赠送了签名的《季羡林文集》二十四

2004年9月，季羡林获得亚洲华文作家终生成就奖，左2为林忠民

卷以及六卷本的《季羡林散文全编》。最后，全体团员和季老合影留念，依依惜别。

亚洲华文作家文艺基金会成立于1991年，总部设在菲律宾的马尼拉，多年来致力于团结全亚洲地区的华语作家，传播中华精神，弘扬中华文化。尤其是慰问有成就的华文老作家，成了基金会每年必做的头等大事，自成立以来已陆续向中国的巴金、冰心、臧克家、曹禺、苏雪林赠送了终生成就奖纪念牌。

对于季羡林在学术和文化方面的贡献，港澳台同胞和海外华人华侨大多数持肯定和赞扬态度，但也不乏批评意见。兼听则明，偏听则暗，听听各种不同意见，加以分析比较，有助于我们克服片面性。可是有的海外人士戴着有色眼镜，没有摆脱以"国共"画线的思维定式，攻击季羡林"没有骨头"、"后来没写什么东西"、"歌功颂德"、"民族主义"，完全是罔顾事实，一派胡言。引起许多国内外人士的强烈不满。张保胜教授撰文《〈我的老师季羡林〉序——与余英时、李敖商榷》，据理予以驳斥；张曼菱女士更是写出一本书《为季羡林辩——几多风光几多愁》，她尖锐地指出："国内学者所经历的曲折与辛酸，是难以对外人道的。而国内学者所承担的责任和那种'跌倒又爬起来'的弘毅精神，虽九死而不悔地推动着中国大地艰难前进，这种奉献与作用，则是海外人难以取代的。"对于没有"乡愁"的海外客来说，"就是把我烧成灰，每一粒都是爱国的"季羡林是不可理解的。

回忆文集

2004年下半年，梁志刚收到大学时代的同窗好友胡光利的来信，提议为迎接恩师季羡林先生九五华诞，合作编选一部季羡林回忆文集作为生日礼物。这书部头较大，涵盖面较广，必须认真操作才是，于是我们拟定了编选提纲，计划编五卷，200万字，然后联系出版单位。哈尔滨出版社很感兴趣，派出曾撰写领袖传记的杨庆旺先生与我们联系。事情有了眉目，2005年春节已至，梁志刚利用给先生拜年的机会，向季老吹风，向李玉洁老师做工作，希望得到支持。李玉洁认为这是好事，可以做。可是，季先生的态度却很慎重。他说："你和光利都是老实人，文稿交给你们，我放心，因为你们不会胡来。可是，你们想过没有，印这样大的一套书，要花不少钱呢。我的书印的种类已经不少了。今天这个编，明天那个编，有些我都不知道。编这么多书，卖得出去吗？如果卖不掉，赔了钱，出版社怎么办？你告诉出版社，请他们慎重考虑。"

我们把季老的意见告诉了出版社，出版社开会进行了认真研究，认为这套书做好了，如果不能成为畅销书，起码可以成为长销书，不至于赔本，并表示下决心投入人力、财力和物力,力求把这套书打造成为精品。季老听取了出版社集体研究的意见,同意签合同。

在文集的编选过程中,还有几件事需要请示先生。一件事是想请他为文集写个自序。梁志刚把这个打算对先生说了,他问:"写什么呢?"梁志刚说:"您随便写。"他又问:"这不是你们送给我的生日礼物吗?"梁志刚说:"是啊。"他继续问:"那就写,我要过生日了,欢迎你们送我礼物,行吗?"先生的幽默让人忍俊不禁。最后他说:"哪里有欢迎人家给自己送礼物的呢?还是你们写吧。"无奈,梁志刚等人起草了"编者前言",请先生审阅。他看见稿子里有"大师"、"国宝"之类字眼,不高兴,批评了梁志刚等人,说:"我正在写文章辞大师、辞国宝,你们怎么又这么写?"梁志刚等人听后马上修改,改了三遍才通过。

第二件事是第五卷的内容,原计划是"病榻新作",想把季羡林在301医院里的新作收在其中。李老师赞成这个想法,可是先生一直没有表态,更没有给稿子。直到前几卷快开印了,这一卷的稿子还没有定下来。梁志刚去问先生,先生说了两层意思:第一,那些稿子还未定稿,而且答应先给周奎杰他们(新世界出版社)的,不能给你们,那样会言而无信。第二,这样一部大的文集,靠那几篇小文章,压不住阵脚,需要一些有一定学术价值的东西放在那里才行。于是,他亲自拿出了4篇文稿:《胡适全集序》、《赵元任全集序》、《汤用彤全集序》和《玄奘与〈大唐西域记〉——校注〈大唐西域记〉前言》。遵照先生的意见,我们把这部分内容定为"学海探珠"。事实证明,还是季老考虑得周到,如果没有这些分量很重的作品,哪里还像一个大学者的回忆文集呢?

第三件事是关于书中的照片。李玉洁为梁志刚等人提供了部分照片,梁志刚等人自己也收集了一些。在编选过程中,温家宝总理到医院看望季先生,许多平面媒体都刊登了总理与季老的合影。责编建议把这张照片收入书中,而且希望梁志刚等人再找一找季老与其他领导同志的合影,认为别人也是这么做的,可能是个卖点。季老知道了,严肃地说:"不许用,一张都不许用。怎么能借领导同志的光宣传自己呢?"季老如此严格要求自己,令人肃然起敬。

《此情犹思——季羡林回忆集》书影及新书发行公告

2006年1月,全国图书订

货会在北京国际展览中心举行。哈尔滨出版社决定1月9日在京召开《此情犹思——季羡林回忆文集》新书发布会。季老本来不主张开会，在出版社再三请求下同意了，但让李玉洁转达了他的三点意见。梁志刚等人和出版社遵照季老的意见，会开得简短、朴素，专家学者、业内人士和媒体记者200余人到会，收到了良好的宣传效果。梁志刚在会上发言，谈了编选此书的过程和感受。以下是当天的发言稿：

各位领导，各位朋友，各位同志，上午好！

非常高兴有机会代表胡光利同学和我向大家汇报一下《此情犹思——季羡林回忆文集》的编选过程。

季羡林先生是北京大学教授，当代著名学者，他的学问上下几千年，纵横数万里，在座都知道，不用我介绍。我只讲一点和先生直接接触的事。我们最初知道季羡林教授是在上世纪60年代初期，当时我们还是中学生，是季先生的优美散文《春满燕园》把我们吸引到北大校园。1964年，我们考入北大东语系，第一次见到先生，感觉他十分朴素，和蔼可亲，认定他是好人，好领导。

1967年，我是北京大学井冈山兵团09纵队的勤务员，由于派性，由于幼稚，我曾经竭力拉先生"上山"，当时的确是想"捍卫毛主席革命路线"，其实什么是"毛主席路线"自己也不明白，也是为了壮大本派的山头，没想到他因此受到了极大的伤害。我们想保护他，去找乔冠华、找范文澜，他们都很同情，但无能为力。这是我一生干的最蠢的事。后来，在林彪自我爆炸之后，先生亲自为我们教授英语和印度学课，我们分配工作到了新疆，胡光利同学有机会回到母校学习梵文。先生每次去新疆，都让工作人员通知我，抽出时间接见我，关怀我在边疆的工作和生活，还多次写信对我教诲和鼓励。我回北京后接触更多，先生亲切关怀我家人的健康和孩子的成长。师恩高厚，没齿不忘，我是既感激又歉疚。怀着这样的心情，我总想为先生做点什么。读他的《留德十年》和《牛棚杂忆》，太精彩了，知道这是他计划中的七章回忆录中的两章，总盼着其他几章早日问世。我们知道先生太忙，身体不比从前，心里很着急。所以，胡光利同学提出整理一部完整的季羡林回忆文集时，我很高兴参与，愿意努力办好此事，给先生做个寿礼。现在这五卷十编已经出来，感谢哈尔滨出版社和各界老师，特别是李玉洁老师、欧阳中石老师以及各界朋友的鼓励和帮助，实现了我们的心愿。这部书到底编得如何，相信读者会做出公正的判断。

收进这部书的文章，多是先生几十年的旧作，就是这些旧作，真实地记述和承载着厚重的历史，感染了几代人，教育了几代人。对本书的编选工作，我们是竭尽全力，严肃认真的，不敢稍有懈怠，不敢辜负恩师的信任和广大读者的厚望。力求通过季先生独特的视角，回顾他走过的漫长而又丰富多彩的人生，让读者可以从中寻见我国学界、文坛乃至整个民族上个世纪的历史足迹，受到启发和教益。在编书过程中，因为我在北京，和先生联系较为方便，又得到先生许多教诲。

朋友们请看本书的"编者前言"，文字不多，却曾三易其稿。我们出于对先生的崇敬，原稿中有"国学大师"、"国宝级学者"、"北大唯一的终身教授"等字眼，我们以为实事求是，并不为过，可是先生看了不高兴，他说："我要写文章，'辞国宝'、'辞大师'，真正的大师是王国维、陈寅恪、吴宓，我算什么？一个杂牌军而已，不过生得晚些，活的时间长些罢了。是学者、是教授不假，但不要提'唯一的'，文科是唯一的，还有理科呢？现在是唯一的，还有将来呢？我写的那些东西，除了学术上有一些有一定分量，小品、散文不过是小儿科，哪里称得上什么'家'？外人这么说，是因为他们不了解，你们是我的学生，应该是了解的。这不是谦虚，是实事求是。"遵照先生的意见，我们改了一稿，先生看了说：还是有吹捧之嫌。再改，改了三遍才算通过。

关于这次新书发布会，先生请他的助手李玉洁老师转达了三条意见：领导同志公务繁忙，不要请领导同志到会；不要放我同领导同志的合影，不能借领导的光宣传自己的书；也不要放我的录像片，放几张照片可以，我季羡林有什么了不起？就是一个普通的作者，不要招摇。他说应当靠书的内容、书的质量赢得读者，而不是靠宣传。熟悉季先生的人都知道，这是他的一贯思想，一贯风格。我们感到，为先生编书的过程，又是一次受益颇多的当学生的过程，不仅是学习季老的为文，更重要的是学习季老的为人。先生风范，山高水长，先生的教诲，我们终身受益。十分感谢出版社和发行单位尊重老先生的意见，今天这个发布会很成功，也很朴素。常言道：文如其人。几年前，《季羡林散文全编》出版时，著名民俗学家钟敬文老先生写诗赞曰："浮华浪蕊岂真芳，语朴情醇是正行；我爱先生文品好，如同野老话家常。"这话确实说到我们心里去了。季先生的文章是朴实无华的，他的为人同样是朴实无华的。我们认为朴实的美才是真美，才是最美。

谢谢大家。

次日，季老在医院接见了哈尔滨出版社的领导和编辑人员，向为此书付出辛劳的同志表示感谢。

季老的这部回忆文集首印 1 万册,在知识界和广大读者中反响很大。在新书发布会上,著名梵文学学者黄宝生、印度学学者王树英、中国作家协会副主席陈建功对此书给予高度评价。画家顾延声到 301 医院为季老画像,旁题为"……季老在九十五高龄著述出版了《此情犹思——季羡林回忆文集》 二〇〇五年十二月"。

最后一本文集

2007 年 1 月,季羡林的最后一部文集《病榻杂记》,由新世界出版社和中国香港和平图书有限公司出版。策划这部书的是《千禧文存》和《新纪元文存》的原班人马。书名是责编张世林起的,另一位责编周奎杰因为退休,当了特邀编辑。

原来计划收入这部文集的文章都是 2002 年创作的,季羡林还为本书起了《新生集》的书名,连自序都于 2003 年 1 月 13 日写好了,笔者见过手稿。"新生"者,庆祝季老 2002 年底第三次出院,获得新生也。可能是因为不久他又第四次住院,出文集的事情便被耽搁了。细心的读者一定会问:"怎么叫《新生集》呢?应该叫《新纪元文存》续编或者第二集呀?"季老的解释是:上一册《新纪元文存》封面上虽然印着"初编"二字,但字号比较小,容易被忽视。如果只是粗看封面,会被读者误以为是已经买过的,影响销路,考虑到经济效益,还是换一个书名为好。识时务者为俊杰,市场力量之大,季老用心之良苦,皆在这几个字的书名里了。

责编张世林不喜欢这个书名,认为太老套,不够吸引眼球,提议改为《病榻杂记》。季羡林略加思索,欣然接受,并赞曰:"世林兄不愧是内行,能点石成金。"

季羡林手稿

这便是文集的定名经过,可谓一波三折。

名曰"杂记",内容确实够杂的。这部文集的篇目不以创作时间、而以内容为序编排。大体有:个人经历回忆的10篇,忆念亲人、师友的13篇,谈"义理"与治学方法的4篇,以人生感悟为主的20篇,序言及读后感12篇;排在书末的31篇,其中有谈老病的,有谈生死的,有论美丑的,有谈新年感悟的;等等。如果细分体裁,有散文,也有杂文、随笔,还有为友人、医生、护士的题词,以及歌颂泰山的诗歌,等等。算起来,不包括最前面的2篇序,此书共有90篇文章,24万字。从篇后所注的成稿时间判断:2001年2篇,2002年41篇,2003年21篇,2004年2篇,2005年2篇,2006年9篇,无确切时间的13篇;其中《安装心脏起搏器》应为2003年所写,其余有待进一步考证。有意思的是,季老在正文最前边加了《小引》,是2003年6月写的。其中说:"一进羊年(2003年),对别人是三羊(阳)开泰,对我则是三羊开灾、三羊开病。没有能够看到池塘生春草,没有能看到楼前小土山上露出一丝绿意,更谈不到什么'沾衣欲湿杏花雨,吹面不寒杨柳风'了。我就病倒,被送进了301医院"。《小引》结尾还特意注明了4次住院的时间:"第一次2001年12月。第二次2002年8月,第三次2002年11月,第四次2003年2月。"这就说明这些文章都是在病榻上完成的,货真价实。是的,就在每天有六七瓶药水高高地挂在头顶上、足够"吃"它四五个小时的情况下,季老仍然写了这么多文章,真实地记录了几年来在病榻上的所思所想。这部文集首印5万册,堪称大动作。出版社大概猜到了,季羡林几年没出新书,读者都在渴望知道他的近况吧。

下面笔者试图对这部文集的主要内容作简要的介绍。

朝花夕拾

《病榻杂记》中的前半部分,是季羡林的忆旧文字,从篇幅看,约占全书的五分之二。季老回忆了自己的小学和中学时代,依次是济南一师附小、新育小学、正谊中学、北园山东大学附中、济南高中;接着是1930年北大的入学考试和清华毕业后担任济南高中国文教员的一年。这些都是他的亲身经历,为读者以及季羡林历史的研究者提供了大量鲜活翔实的资料。接下来的几篇——夹在中间的《周作人论——兼及汪精卫》那篇杂文不算——是忆念亲人、师友的,包括张天麟、陈寅恪、钟敬文、臧克家、巴金、哈隆、瓦尔德施米特、母亲、父亲、宁朝秀大叔、小姐姐、荷姐、早年邻居田家的两个娃娃小凤和小华,等等。这些文章记述了季老一生的点点滴滴,拂去数十年岁月的尘埃,摆在我们面前的这些清新的记忆,同样弥足珍贵。

这部文集出版之前，有些关于季羡林的传记，对这一段历史往往语焉不详。现在季羡林本人用了4.3万字，回忆自己从9岁到19岁的经历，情况就大不相同了，无疑可以给广大读者以及有关研究者以极大的满足。从这些文章中人们可以了解到，季羡林是如何从一个野性未驯的贪玩孩子，变成了一个风华正茂的青年才俊。说来机遇很重要，这要感谢他的叔父季嗣诚。从大里说，他把季羡林带到城里上学，给了他求学的机遇；从小里说，当他知道学校要办课余古文班、英文班的时候，毫不犹豫地掏出几块大洋，给侄儿开"小灶"，这并不是所有家长都能做到的。还要感谢老状元王寿彭，他奖励作为甲等第一名的季羡林，唤起了他的进取心和荣誉感，促使他三年高中获得了"六连冠"。当然不只是王寿彭，还有鞠思敏、杜

《病榻杂忆》书影

老师、郑又桥、徐金台、祁蕴璞、王崑玉、胡也频、董秋芳等老师的辛勤栽培。虽然季羡林本人的天分和勤奋也很重要，但是如果没有机遇，或者没有抓住机遇，再高的天分也会被埋没；如果没有激励，勤奋也难以持久。

季羡林一生尊师重道，时光过去了八九十年，当年那么多老师的音容笑貌，就连哪一位老师给自己的哪一篇作文写了什么样的批语，他都记得如此清晰，确实难能可贵，令人感动。这些回忆对现代和当代教育史的研究，也有一定的参考价值。

季羡林住院以后，有一些"坏消息"对他是封锁的。2004年，笔者得知他的挚友臧克家病故的消息后，打电话问李玉洁，季老是否知道，李老师说："可不敢告诉他。"可是后来他知道了，写了饱含深情的纪念文章。巴金去世后，有位护士给他打针时无意间走漏了消息，季羡林遂有《悼巴老》问世。这些忆旧文章，有长有短，篇篇情真意切，其中的《病房杂忆》还披露了十六七岁的他与"荷姐"青涩的初恋，有人读后甚至恍然大悟：怪不得季老一生对荷花情有独钟呢！

辞三顶桂冠

《病榻杂记》出版后,在广大读者,乃至舆论界引起巨大反响的是,季羡林要把他头顶上的三顶桂冠摘下来,即辞"国学大师"、辞学界(术)泰斗、辞"国宝"。这是2002年10月3日他写的《在病中》一文中的三个段落,文字不是很长,但备受关注,故摘引于下:

辞"国学大师"

现在在某些比较正式的文件中,在我头顶上也出现"国学大师"这一灿烂辉煌的光环。这并非无中生有,其中有一段历史渊源。

约莫十几二十年前,中国的改革开放大见成效,经济飞速发展,文化建设方面也相应地活跃起来。有一次在还没有改建的大讲堂里开了一个什么会,专门向同学们谈国学,中华文化的一部分毕竟是保留在所谓"国学"中的。当时在主席台上共坐着五位教授,每个人都讲上一通。我是被排在第一位的,说了些什么话,现在已忘得干干净净。《人民日报》的一位资深记者是北大校友,"于无声处听惊雷",在报上写了一篇长文《国学,在燕园又悄然兴起》。从此以后,其中四位教授,包括我在内,就被称为"国学大师"。他们三位的国学基础都比我强得多。他们对这一顶桂冠的想法如何,我不清楚。我自己被戴上了这一顶桂冠,却是浑身起鸡皮疙瘩。这情况引起了一位学者(或者别的什么"者")的"义愤",触动了他的特异功能,在杂志上著文说,提倡国学是对抗马克思主义。这话真是石破天惊,匪夷所思,让我目瞪口呆。一直到现在,我仍然没有想通。

说到国学基础,我从小学就读经书、古文、诗词,对一些重要的经典著作有所涉猎。但是我对哪一部古典,哪一个作家都没有下过死功夫,因为我从来没有想成为一名国学家。后来专治其他的学术,浸淫其中,乐不可支,除了尚能背诵几百首诗词和几十篇古文外,除了尚能在最大的宏观上谈一些与国学有关的自谓是大而有当的问题比如天人合一外,自己的国学知识并没有增加。环顾左右,朋友中国学基础胜于自己者,大有人在。在这样的情况下,我竟独占"国学大师"的尊号,岂不折煞老身(借用京剧女角词)!我连"国学小师"都不够,遑论"大师"!

为此,我在这里昭告天下:请从我的头顶上把"国学大师"的桂冠摘下来。

辞学界（术）泰斗

这要分两层来讲，一个是教育界，一个是人文社会科学界。

先要弄清楚什么叫"泰斗"。泰者，泰山也；斗者，北斗也。二者都被认为是至高无上的东西。

光谈教育界，我一生做教书匠，爬格子。在国外教书十年，在国内五十七年。人们常说："没有功劳，也有苦劳。"特别是在过去几十年中，天天运动，花样翻新，总的目的就是让你不得安闲，神经时时刻刻都处在万分紧张的情况中。在这样的情况下，我一直担任行政工作，想要做出什么成绩，岂不戛戛乎难矣哉！我这个"泰斗"从哪里讲起呢？

在人文社会科学的研究中，说我做出了极大的成绩，那不是事实。说我一点成绩都没有，那也不符合实际情况。这样的人，滔滔者天下皆是也。但是，现在却偏偏把我"打"成泰斗。我这个泰斗又从哪里讲起呢？

为此，我在这里昭告天下：请从我头顶上把学界（术）泰斗的桂冠摘下来。

辞"国宝"

在中国，一提到"国宝"，人们一定会想到人见人爱憨态可掬的大熊猫。这种动物数量极少，而且只有中国有。称之为"国宝"，它是当之无愧的。

可是，大约在八九十来年前，在一次会议上，北京市的一位领导突然称我为"国宝"，我极为惊愕。到了今天，我所到之处，"国宝"之声洋洋乎盈耳矣。我实在是大惑不解。当然，"国宝"这一桂冠并没有为我一人所垄断。其他几位书画名家也有此称号。

我浮想联翩，想探寻一下起名的来源。是不是因为中国只有一个季羡林，所以他就成为"宝"。但是，中国的赵一钱二孙三李四等等，等等，也都只有一个，难道中国能有十三亿"国宝"吗？

这种事情，痴想无益，也完全没有必要，我来一个急刹车。

为此，我在这里昭告天下：请从我的头顶上把"国宝"的桂冠摘下来。

三顶桂冠一摘，还了我一个自由自在身。身上的泡沫洗掉了，露出了真面目，皆大欢喜。

引文就到这里，从中读者不难看出，季羡林"三辞"的态度是认真的，绝不是"哪里、哪里""过奖、过奖"之类的谦辞和应付,更不是如某些人所说的"作秀"。

在季羡林看来,真正的大师少之又少;可是实际上,各种各样假冒的、伪劣的、自封的大师却多得不得了。他不愿意同这些"大师"为伍,曾经对人说过:"如果我会画画,我就画一幅漫画:一群鸭子,伸长脖子,争一顶帽子。帽子上写'大师'二字。"季羡林安身立命,靠实实在在地做学问,而不是靠别人吹捧或自吹自擂。他讨厌虚名,是因为充满自信,他在这篇文章里又说:"露出了真面目,自己是不是就成了原来蒙着华丽的绸罩的朽木架子而今却完全塌了架了呢?也不是的。我自己是喜欢而且习惯于讲点实话的人。讲别人,讲自己,我都希望能够讲的实事求是,水分越少越好。我自己觉得,桂冠摘掉,里面还不是一堆朽木,还是有颇为坚实的东西。"他还"夫子自道"地回顾了自己的"功业":在德国时对佛教梵文的研究,回国后对佛教史的研究,以《糖史》为代表的文化交流史研究,以《弥勒会见记剧本》为代表的吐火罗语研究,散文创作,以汉译《罗摩衍那》为代表的翻译工作,关于"天人合一"的呼吁,对敦煌学、比较文学的研究,以及把印度学引进中国。他说:"我就是通过这些'功业'获得了名声,大都是不虞之誉。政府、人民,以及学校给予我的待遇,同我对人民和学校所做的贡献,相差不可以道里计。我心里始终感到愧疚不安。现在有了病,又以一个文职的教书匠硬是挤进了部队军长以上的高干疗养的病房,冒充了45天的'首长',政府和人民待我可谓厚矣。扪心自问,我何德何才,获此殊遇!"笔者以为,季羡林一方面实事求是地总结了一生所做的工作,这都是他的"优胜纪略",是颇为坚实的东西,学界一般人难以企及,即与比肩者亦寥若晨星;另一方面他又非常谦虚,总觉得国家和人民给予的荣誉问心有愧。正因为如此,他虽力辞"桂冠",却很难如愿。

早在2006年12月,《病榻杂记》还未摆上书店的柜台,媒体就对季老的"三辞"表现出浓厚的兴趣。12月19日,《新京报》发表消息《季羡林新书辞"国宝"》,12月20日,《文汇报》发文《季羡林自谈"真面目",想辞"国宝"等称号》。新书出版之后,各种评论就更多了。2007年1月8日和10日,《燕赵都市报》接连发表署名张敬伟的文章《季羡林自动摘去高帽是对谁的棒喝》和《季羡林的清醒折射了谁的颠顶》。1月11日新华社发表时评《季羡林"摘冠"是一面镜子》,这在对季羡林"三辞"的各种评论中无疑是最权威的。评论说:

北大教授季羡林先生在最近出版的《病榻杂记》中称,他希望摘去民间封给他的"国学大师"、"学界泰斗"和"国宝"三项桂冠,还自己"一个自由自在身"。此事引发了学术界和社会各界的广泛关注和议论。这种现象,既是出于人们对季先生高尚学术品格的钦佩,也是公众对当前充斥于学术界的一股追慕虚名、浮躁功利风气的不满,更是全社会对纯净学术环境、讲求学术品格的深切呼唤。

以季先生的学术造诣,民间封之"国学大师"等称号可谓实至名归,季先生却三呼"摘冠",意味深长。当前的学术界,不少人为自己能"加冠"奔走呼号。为了求得这样那样的"桂冠",学术造假者有之,道德失范者有之,不务正业热衷做官者有之。风气弥漫所至,玷污了学术殿堂的圣洁,侵蚀着学术界的肌体,毒化着社会道德和风气,引起了公众和大多数学者的深切忧虑和强烈不满。

学术成果是推动社会进步的巨大力量。对那些以自己的辛勤钻研造福社会的学者,社会理应给予相应的回报。但那种不择手段地追逐名利,不曾付出艰辛的研究和探索却想靠投机取巧博得种种好处的行为,是学术道德和品格的沦丧。当一个学者整日抛头露面风光无限,忙于在这"讲座"那"论坛"之间飞来飞去,他有什么时间和沉静之心研究学问呢?他能够给社会奉献什么样的研究成果呢?特别是某些"著名学者",头上顶着这"家"那"家"的重重光环,肩上扛着这样那样的官衔品序,满足于级别职称带来的种种荣耀和应酬之中,端酒杯的时间多于端燃烧杯,这样的学者除了吃吃老本,还能拿得出什么像样的学术成果呢?

"总上电视的科学家,他的科学生涯就快结束了。"发明了汉字激光照排技术的王选教授生前说过的这句话,与季羡林先生大呼摘掉"三顶桂冠"其实异曲同工。愿学术界能够因他们的言行而有所触动,洗掉虚华浮躁的泡沫,像季先生那样"还了我一个自由自在身",踏踏实实搞学问,为国家和民族奉上真正的研究成果。

季羡林与张光璘在一起

1月26日,新世界出版社、中国香港和平图书有限公司和中国外文局联合召开《病榻杂记》出版座谈会。北京大学教授袁行霈、张光璘,中国工程院院士傅熹年,中国社会科学院研究员徐芳苹,中央民族大学教授王尧在会上发言,对季羡林的学问、人格和这部新作予以高度评价。袁行霈的话有一定代表性:"一个没有典范的社会是悲哀的,一个虽有典范而不懂得尊敬的社会更是悲哀的。我们还有季先生这样一些典范,而我们也知道如何敬之爱之,用他们的人格和学问来规范自己。"

中国人讲究"盖棺论定",季羡林的大师级学术水平以及人格品位当下即可做出肯定的结论。季老去世之后,龙协涛先生写了一副挽联:

文望起齐鲁通华梵通中西通古今至道有道心育英才光北大
德誉贻天地辞大师辞泰斗辞国宝大名无名性存淡泊归未名

笔者认为,这副挽联概括了季羡林的一生。上联的"三通",集中代表他的学问和事业,下联的"三辞",真实代表他的品德和人格魅力。

悼念巴金

2005年10月中下旬,笔者在外地出差,从广播中听到了巴金先生逝世的消息,稍后两三天,便在开封大学的阅报栏里,看到了刊登在当地报纸上的季羡林写的悼念文章,文章不长,只有几百字。全文如下:

悼巴老

巴金老人离开我们,走了,永远永远地走了。此事本在意内,因为他因病卧床不起有年矣。但又极出意外,因为,只要他还有一口气活着,一盏明灯就会照亮中国的文坛,鼓励人们前进,鼓励人们向上。

论资排辈,巴老是我的前辈,同我的老师郑振铎是一辈人。我在清华读书时,就已经读过他的作品,并且认识了他本人。当时,他是

巴金

一个大作家,我是一个穷学生。然而他却一点架子都没有,不多言多语,给人一个老实巴交的印象。这更引起了我的敬重。

我觉得,一个作家最重要的品德是爱祖国、爱人民、爱人类。在这三爱的基础上,那些皇皇巨著才能有益于人,无愧于己。

巴老一生创作了大量的作品,在国内外广泛流传。特别是他晚年那些随笔,爱国爱民的激情,炽燃心中,而笔锋又足以力透纸背,更引起了广泛的注意和反响。

巴老!你永远永远地走了。你的作品和人格却会永远永远地留下来。在学习你的作品时,有一个人决不会掉队,这就是95岁的季羡林。

文如其人。没错儿,这是季老的文章,情真意切,明白如话,朴素之极而又恰如其分。虽然有点儿像决心书,但不是每个人都能写出来的。我心里有些纳闷:像巴老去世这样的消息,为了"安静"病榻上的季老,李玉洁老师是不可能在第一时间告诉他的。那么,季先生的消息怎么会这么灵通呢?

返京之后,笔者打电话向李玉洁询问此事,她说:"上海的贺晓钢打电话来约稿,我说,晓钢你糊涂吗?这话我哪里敢说?可是季老却拿出了不知什么时候写好的稿子说,拿去吧,给上海发电报。原来一个小护士,是个文学爱好者,来给季老打针时说:'季老,这下您该当作协主席了吧?巴老已经去世了,您别再推辞了,我们都希望您当作协主席!'"

看来,坊间确实流传着季羡林不接受作家协会主席候选人提名的事。那是作家协会领导换届时,有领导同志建议季羡林接替主席职务,可是他坚辞不受,说:"只要巴老活一天,他就是我们的作协主席。"巴老去世后,作协酝酿新的领导人选,又有人提名季羡林,他依然坚辞不受。2007年1月,东方出版中心出版了吴志菲和余玮合著的《中国高端访问(2):中国当代文坛具有影响力的21人》,季羡林名列其中。收入该书的《季羡林:作家"票友"更是一部人格的书》一文提到:据悉,在作家协会酝酿新领导人选时,曾有人提名季羡林作为作家协会主席的候选人,季羡林听了连忙谢绝,说:"我是个教书匠,叫我教授,我理直气壮地接受;若叫我作家,我会脸红,因为作家是个神圣的称号,假若一定要把我拉进去,我也只是个滥竽充数的'作家票友'。"为此,两位作者评论道:季先生一生著作等身,"梵学、佛学、吐火罗文研究并举,中国文学、比较文学、文艺理论研究齐飞",仅就散文这个领域的成就,季羡林就是一位当之无愧的作家。他非常反感"学术泰斗"、"一代宗师"、"学贯中西"等这类对他的赞美之词,在《悼念沈从文先生》一文中,他说"我是一个微不足道的人",一个人面对赞誉能保持清醒,确是难能可贵的。

忆初恋，谈美女

《病榻杂记》中的这两篇文章是比较另类的，说它另类主要是指文章的话题。在一般人心目中，季羡林是一位峨冠博带、仙风道骨的老先生，让他谈论自己的初恋，谈论他对异性的美丑的看法，似乎不大靠谱儿。可是，季老也是人，有七情六欲，"爱美之心，人皆有之"，所以谈初恋，谈美人，就没有什么可奇怪的了。笔者认为，第一篇文章披露了他的初恋，为他的生平研究提供了第一手材料，当然重要；第二篇文章提出了中国文化不同于其他文化的一个重要之处，不妨称之为"美人文化论"，故更值得研究。

初恋是令人终身难以忘怀的。2005年，正值季老95岁暮年，在医院写下了《病房杂忆》。说"杂"其实也不"杂"，文中只有"小姐姐"和"大宴群雌"两个小标题，都与他的初恋有关。小姐姐者，乃为季羡林童年时济南佛山街柴火市邻居彭家二大娘的二女儿，比季羡林大，所以称之为姐姐，但是大不了几岁，所以又称之为小姐姐。"没有美的爱，犹如没有饵的钓竿"，季老正是从美谈起，他说，时隔80多年，他现在一闭眼，犹能看到小姐姐不同凡俗的标致形象。中国旧时代赞扬女性美有许多词句，什么沉鱼落雁，什么闭月羞花，这些陈词滥调用到小姐姐身上，都不恰当，都有点儿可笑，倒是宋词里面的一些丽词秀句可供参考。接着，他举了几个例子，全部取自苏轼的词作，共四段：其一，《江城子》："腻红匀脸衬檀唇，晚妆新，暗伤春。手捻花枝，谁会两眉颦？"其二，《雨中花慢》："嫩脸羞蛾，因甚化作行云，却返巫阳。"其三，《三部乐》："美人如月，乍见掩暮云，更增妍绝。算应无恨，安用阴晴圆缺。"其四，《鹧鸪天》："罗带双垂画不成，殢人娇态最轻盈。酥胸斜抱天边月，玉手轻弹水面冰。无限事，许多情。四弦丝竹苦丁宁。饶君拨尽相思调，待听梧桐叶落声。"

季老又解释说：

> 类似的例子还可举出一些来，我不再列举了。我的意思无非是想说，小姐姐秀色天成。用平常的陈词滥调来赞誉，反而适得其反。倘若把宋词描绘美人的一些词句，拿来用到小姐姐身上，将更能凸显她的风采。我在这里想补充几句：宋人那一些词句描绘的多半是虚无缥缈的美人。而小姐姐却是活灵活现，真实存在的人物。倘若宋代词人眼前真有一个小姐姐，他们的词句将会更丰满，更灵透，更有感染力。

说到这儿，读者的印象似乎是，美固美矣，只是有些抽象。完全不像维吾尔族民歌里唱的阿拉木汗那么具体:"她的眉毛像弯月,她的腰肢像绵柳,她的小嘴很多情,眼睛能使你发抖。"这也许是民族审美心理有所差异,汉族人偏爱含蓄的原因。总之,在季老看来,小姐姐不但人美,心也美。那时家中有一位患麻风病的使女,小姐姐同情她,从不嫌弃她。这样的美人,要比画里画的还漂亮,而且心地善良,敢情就是季羡林当年心存爱慕的梦中情人。读者当然也会这样猜测。接着季老又叙述了自己的经历,从小学、中学、大学、留洋,一直到回国,任北大教授兼东语系主任。分别多年之后,他再次有机会见到小姐姐。说到这儿,季老突然打住,开始讲《大宴群雌》。

1947年(原文为1948年,有误——笔者)季羡林从国外回来,当上了北大教授,阔别12年后第一次荣归故里,在济南有名的大饭店聚丰德大宴宾客,请的全是女性。不用说,小姐姐是必请。还有呢,就是小姐姐的亲妹妹,彭家四姑娘,平常叫她"荷姐",或"四姐"。季老深情地回忆说:

这个人比漂亮,虽然比不上她姐姐的花容月貌;但也似乎沾了一点美的基因,看上去赏心悦目,伶俐,灵活,颇有一些耐看的地方。我们住在佛山街柴火市前后院的时候,仍然处于丑小鸭阶段;但是四姐和我的关系就非常好。她常到我住的前院北屋同我闲聊,互相开点玩笑。说心里话,她就是我心想望的理想夫人。但是,阻于她母亲的短见,西湖月老祠的那两句话没有能实现在我们俩身上。现在,隔了十几二十年了,我们又会面了。她知道,我有几个博士学位,便嬉皮笑脸地开起了玩笑。左一声"季大博士",右一声"季大博士"。听多了,我蓦地感到有一点凄凉之感发自她的内心。胡为乎来哉!难道她又想到了二十年前那一段未能成功的姻缘吗?我这个人什么都不迷信,只迷信缘分二字,有缘千里来相会,无缘对面不相识。我们俩

季羡林的初恋荷姐

之间的关系难道还不是为缘分所左右的吗？奈之何哉！奈之何哉！

原来，季羡林的初恋对象并非小姐姐，而是她的亲妹妹，彭家的四姑娘。但是有缘无分，他娶的却是彭家的三姑娘。小姐姐固然天生丽质，却与季羡林只有姐弟情分。四姑娘同他年龄相仿，脾气相投，两小无猜，青梅竹马，本是一桩好姻缘，奈何长辈不给做主，自己又做不了主，这甜甜的初恋，只能有个酸涩的结局。

《我的美人观》似乎是《病房杂忆》的姊妹篇，写作日期不详，可以肯定是在住院以后写的。季老在文章开头以游戏戏谑的笔调，写造物主造人，创造女人和男人时的不同心情，然后加上一首诗，表述中国文化对美人的重视：

中华自古重美人，
西施貂蝉论纷纭。
美人至今仍然在，
各为神州添馨淳。

季老认为，美人身上有多处美的亮点，其中最为引人注意的就是细腰。而在蒙昧的远古，人类为了填饱肚子，男女都终日奔波，腰都是很粗的，没有什么细腰问题。大概到了先秦时期，情况有了改变。季老举出两个证据：《诗经》第一篇中"苗条（窈窕）淑女，君子好逑"和先秦典籍中"楚王好细腰，宫中多饿死"的记载。那时候，不事劳动的贵族妇女，崇尚细腰之美，流风至今不绝。关于《诗经》中的那两句话，笔者小时候听家母说过，后来上了学，读了书，发现书上都是"窈窕淑女"，而非"苗条淑女"，直怪娘亲没有文化。这次在季老书里出现的是"苗条（窈窕）淑女"，当然不敢说季老没有文化了。笔者又查了几本字典，发现"苗条"与"窈窕"间是不能画等号的，是否《诗经》有这样的版本，只有将来找机会请教识者了。如同前一篇谈"小姐姐"，这篇季老也引用了宋词中有关美女细腰的描述，而且多达9处，分别是：

1. 柳永《乐章集·木兰花》
酥娘一搦腰肢袅，回雪萦尘皆尽妙。几多狎客看无厌，一辈舞童功不到。星眸顾拍精神峭，罗袖迎风身段小。而今长大懒婆娑，只要千金酬一笑。

2. 柳永《乐章集·浪淘沙令》

有个人人，飞燕精神，急锵环佩上华茵。促拍尽随红袖举，风柳腰身。

3. 柳永《乐章集·合欢带》

身材儿、早是妖娆，算风措、实难描。一个肌肤浑似玉，更都来、占了千娇。妍歌艳舞，莺惭巧舌，柳妒纤腰。自相逢，便觉韩娥价减，飞燕声消。

4. 柳永《乐章集·少年游》

世间尤物意中人，轻细好腰身。

5. 秦观《淮海集·虞美人影》

妒云恨雨腰肢袅，眉黛不堪重扫。薄幸不来春老，羞带宜男草。

6. 秦观《淮海集·昭君怨》

隔叶乳鸦声软。啼断日斜阴转。杨柳小腰肢，画楼西。

7. 贺方回《万年欢》

吴都佳丽苗而秀，燕样腰身，按舞华茵。

8. 秦观《淮海集·满江红》

越艳风流，占天上、人间第一。须信道，绝尘标致，倾城颜色。翠绾垂螺双髻小。柳柔花媚娇无力。笑从来，到处只闻名，今相识。

9. 辛弃疾《临江仙》

小靥人怜都恶瘦，曲眉天与长颦。沉思欢事惜腰身。枕添离别泪，粉落却深匀。

这些都是关于美人细腰的描述。季老接着写道：

　　我现在的首要任务是解释一下，为什么细腰这个现象会同美联系起来。简截地说一句话，我是想使用德国心理学家 Lipps 的"感情移入"的学说来解决这个问题。

比如说，你看一个细腰的美女走在你的眼前，步调轻盈、柔软，好像是曹子建眼中的洛神。你一时失神，产生了感情移入的效应，仿佛与细腰女郎化为一体，得大喜悦，飘飘欲仙了。真诚的喜悦，同美感是互相沟通的。

后来，季老在解释这种"感情移入"学说时说，如果你看见一位500磅体重的老太太，她走路都很吃力，如果她在跳芭蕾舞呢，那就更别扭啦，你会感觉太费劲，不美。季老在文章中指出："世界文明古国，特别是亚洲文明古国，不止中国一个。为什么只有中国传留下来这么多超级美人，而别的国家则毫无所闻呢？我个人认为，这绝不是一个无足轻重的问题。如果研究比较文化史，这个问题绝对躲不过去的。目前，我对于这个问题考虑得还不够深透。我只能说，中国老百姓的中国史观，是丰富多彩的，有滋有味的，不是一堆干巴巴的相斫书。"季老是东方学大家，学贯中西，他提出的问题必有根据，也十分有趣。他还说："我认为，美人之所以被称为美人，必然有其异于非美人者。但是，她们也只具有五官四肢，造物主并没有给她们多添上一官一肢，也没有挪动官肢的位置，只是在原有的排列上卖弄了一点手法，使这个排列显得更匀称，更和谐，更能赏心悦目。"这话说得自然贴切，入情入理。

人们谈论美与非美，必然涉及美学的深层次问题：美到底是主观的，还是客观的？这个问题多年来争论不休，以后还会继续争论下去。其实世界上不同的民族，或者同一个民族在不同的历史时期，审美心理和审美标准有很大的差别的。在中国，同为美女，环肥而燕瘦。汤加国的美女到了中国，恐怕没有多少人会认同的。从读者对季老这两篇文章的反响看，许多人很关心第一篇文章，特别是季承把他四姨的照片公布之后，更是吸引了一些人的眼球。而后一篇文章，尽管季老当时下了"太岁头上动土"的决心，却几乎没有引起什么反响。原因嘛，也许读者以为，季老的美人观如同他本人一样，太过老旧，不合时宜了。笔者读了这篇文章，倒觉得好像戛然而止，似乎没有写完；果然，后来读季承的《我和父亲季羡林》一书，发现其中《最后的高论》一节，似乎可以作为这篇文章的补充，故抄录于下：

父亲离世后，我翻检日记，发现父亲有一段议论非常有趣，仔细看来，竟是父亲最后对我说的属于高论一类的东西。这应该是他最后的高论了。不过你猜，这最后的高论是什么？恐怕你不会想到，是关于美人问题。父亲谈美人问题，在我和他重聚之后有过多次，每次都连带谈到缠小脚的问题。父亲过去写过一篇《我的美人

1961年，季羡林的婶母（左2）、夫人（左3）、女儿（左1）、儿媳（左4）在南口青龙桥火车站詹天佑塑像前合影

观》的文章，这次，旧话重提，对我讲起他对这个问题的高论来了。

首先，他认为，在世界文明古国中，没有哪个国家像中国这样，留传下来那么多超级美人。诸如，西施、明妃、赵飞燕、貂蝉、二乔、杨贵妃、柳如是、董小宛、陈圆圆等。这是为什么？他在上述文章里曾说他对这个问题考虑得不够深透，可到对我谈话的时候，他却有了自己的看法。他说，这大概和民族特点有关。中华民族是最爱美的民族，凡是美的东西，都喜欢、都欣赏。美人是美好的事物中间重要的一种，因此不但受到帝王将相、公子哥儿的喜爱，也是为普通人民所喜爱的。中国又是一个非常重视历史，重视历史记载的国家，所以这些美人和她们的故事就被记载下来，传承下来，形成了中国文化的一大特点。

其次，说到美人之所以美，这牵扯到美学问题，而美学又是玄而又玄的，父亲不愿意深入探讨。他只想用他朴素的看法去分析这个问题，给出一个美人为什么美的解释。美人美有多种原因，父亲也只就一点说来，那就是美人皆有细腰。细腰成为美人美的答案，也成了父亲美人观的立论之点。至于为什么有细腰就美，父亲也有解释。他认为，女人有细腰，走起路来婀娜多姿，步调轻盈，很容易产生"感情移入"的效应，能有和美女化为一体的感觉，飘飘欲仙，得大喜悦，而真诚的喜悦和美感是互相沟通的，于是就美了。

但是，事情总是"美中不足"的。在一个有热爱美人传统的国家里，却发生了一个令父亲百思不得其解的现象，那就是缠小脚。父亲说，女人缠小脚非但残酷，也谈不上美。说小脚生莲花，小脚怎么会生莲花呢？大脚才是莲花。男人怎么会觉得小脚是美的呢？不可理解，更不知道为什么会发生这种现象。这个问题，他曾经多次谈到，而且还特别表扬了满人，因为他们虽入主中原但是就是不缠脚。不过似乎父亲也感觉到，缠小脚恐怕仍然和美有关，因为小脚女人走起路来也有细腰女人同样的效果，就如近代妇女穿高跟鞋一样，是有异曲同工之妙的。古时候，高跟鞋尚未发明，为了让妇女们尽显她们的诱人风采，首先在宫廷里让女人们将脚缠起来，结果效果惊人，备受赞赏，随之也为民间接受，甚至成为民族的传统。

再后，不光是小脚女人行走时的风采诱人，就连小脚本身也成了引诱男人的物件，以小脚为美随即也成了人们的定识。总之，以残酷换美感（性感），就是缠脚的答案了。类似的情形，在其他民族中间也并不罕见，譬如，把脖子拉长，嘴唇割裂，耳垂撑大，鼻孔穿洞等等。一个丑陋的传统，竟和美有关，这是父亲一下子不能接受的，因为对他来说，为了获得美的效果而对女人采取如此残酷的做法是不可思议的。

父亲爱美，当然也爱美人，他的这一"最后的高论"充分体现了他对美的认识和追求，在寿近期颐的时候，仍把"美"和"美人"的话题拿来思考，足见他对生活的热爱。

据蔡德贵讲，季老也同他谈论过美人问题，讲到美人的标准，他认为可以归纳为"六字诀"：腰细、脸白、腿长。看来，这个问题见仁见智，季老的标准算是一家之言，而绝非像有人误解的那样，仅是为美人而谈论美人，或仅是茶余饭后的谈资而已。

呼唤公德

《病榻杂记》中一连有5篇谈公德的短文，分别写于2002年5月28、29、30日和6月4日、14日，频率之高，反映出季羡林的急切心情，直想一吐为快。文章针对那些屡遭诟病的不讲公德的现象：一是乱扔垃圾，二是有伤风化，三是有损国格，四是随地吐痰。

此时，季老人在医院，文章的场景仍在燕园。朗润园波光潋滟，荷红柳绿，风景宜人，环境优雅。湖边几排长椅子是人们休憩的好地方。不仅此地住户、本校师生，就连外来游客都喜欢在这里坐一坐。季老工作累了，也喜欢在秘书的陪同下，出来走走、坐坐。

可是他们经常看到，长椅子周围一片狼藉，塑料袋、破餐盒、饮料瓶、水果核、香烟蒂、瓜子皮，应有尽有。虽然几步之遥就有垃圾箱，扔垃圾不过举手之劳，可是有人就是视而不见，把废弃物随手乱扔。在风景绝佳处，这样做实在大煞风景，看到遍地垃圾，确实让人头疼。

有一次，季老和李玉洁看见住在附近专家招待所的一对外国夫妇，手持竹夹和塑料袋，弯腰曲背在那里捡拾垃圾，不禁为自己的同胞感到脸红。他们认为，乱扔垃圾者不顾公德，为我们的国家抹了黑。我们总该做些力所能及之事，给中国人挽回一点儿面子。于是决定，第二天他们也来捡拾垃圾。

次日上午，一位年逾九旬的老者和一位年过古稀的老妇，拎着塑料袋，手持竹夹，出现在湖边。他们把废餐盒、烟头、水果皮，一一夹起来，装进塑料袋，扔进垃圾箱。最难办的是瓜子皮，这些东西细小而且数量极多，有的经过践踏，已经和泥土难解难分。他们弯下腰，甚至蹲在地上，把它们一个个抠出来，一会儿工夫，就腰酸背痛，大汗淋漓了。可惜没有遇上摄影家或者新闻记者，如果在这时候拍下一张照片：90岁的老教授捡拾垃圾，该是多么珍贵，多么有教育意义啊！季羡林并不孤立，他的邻居，一位新华社的退休干部，也加入了他们的行列。

再说湖边的木椅，这里是制造垃圾的场所，也是谈情说爱的圣地。经常见到一对或者几对青年男女，坐在长椅上，拥抱接吻，旁若无人。更有甚者，青天白日，一个躺着，另一个压在上面，令路人侧目，行者咋舌。住在专家招待所的"老外"看了，恐怕也自愧弗如。还有，北大后湖边，土山绵延，茂林修竹，环境清幽，人迹罕至，也成了"野鸳鸯筑巢"的好地方。几位捡拾垃圾的老先生，时而能捡到废弃的避孕套，实在让人恶心。此类事季老也曾目睹过，他忍无可忍，大声疾呼，在公共场所，还是收敛一点儿为好，少做有碍观瞻、伤风败俗、丢人现眼的事情。

季羡林又谈出国旅游。随着我国经济的飞速发展，人民生活水平的提高，越来越多的中国公民走出国门，去国外观光旅游。季老以为这是大好事，可以开阔人们的眼界，增长人们的见识，有百利而无一害。不仅如此，他还主张对外"拿来"的同时，也要"送去"，既学习外国的优秀文化，又宣传中国的优秀文化。可惜，有的中国游客，拿来的并不一定是精华，送出去的也并不一定是精华，甚至是糟粕。在中国香港《亚洲周刊》上，有人撰文把中国游客的不文明行为概括为"七宗罪"：第一宗"脏"，乱扔垃圾；第二宗"吵"，在飞机上，在火车上，在餐厅中，在饭店里，大声喧哗；第三宗"抢"，不守规则，不讲秩序，干什么都要抢先；第四宗"粗"，不懂起码的礼貌，不会说"谢谢"、"对不起"；第五宗"俗"，在饭店吃饭时，把鞋脱掉，赤脚蹲在椅子上，或盘腿而坐；第六宗"窘"，穿戴不齐，令人尴尬，穿着睡衣，在大厅里东奔西逛；第七宗"泼"，遇到不顺心的事，不但动口骂人，而且动手打人。季老认为，以上七宗，加上随地吐痰的"国吐"和随口而出的"国骂"，实在是一些中国人的痼疾，带到国外给中国人脸上抹黑。他建议：应该在出国之前，组织一次短期学习，把注意事项讲清楚，或许能起到一点儿作用。

除了以上3篇，季羡林意犹未尽，隔了三天又写了一篇，专门针对随地吐痰的顽疾，他在历数以往整治效果甚微之后，开出了一剂处方，即借鉴新加坡的经验，严惩重罚。如果有人随地吐痰，不是罚5毛，而是罚500元，但要有两个先决条件：一是耐心教育，不厌其烦，苦口婆心；二是国家严格执法，绝不许任何人耍赖。如此持之以恒，推向全国，几年之后"国吐"恶习即可根除。

过了10天，季羡林又写了《同胞们说话声音放低一点》，继续抨击中国人的陋习。说话声音过高，也是我们的"国习"。人多的地方必定嘈杂，在国内，大家都习以为常，而外国人常常不堪忍受。季老曾多年住在德国，又出访过30多个国家，深知中国人因为太吵闹为人诟病，所以一定要改掉这一陋习。他说："我个人认为，说话是传递思想必要的工具。说话声音高到只让对方（聋子除外）听懂就行了，不必要求每个人都是帕瓦罗蒂。"

季羡林晚年何止写了以上5篇呼唤公德的文章。20世纪90年代，他陆续写了《论广告》《论包装》《论教授》《论博士》等文，目的仍然是呼唤道德的回归。近日，笔者又重读一遍季老1998年12月12日写的《关于名牌意识》一文，觉得非常贴近生活，贴近大众，不妨摘录如下：

> 我们腰包里的那几文钱实在是来之不易，想买东西，必定是左斟右酌，反复思考，期望能得到物美价廉，经久耐用的结果。在这样情况下，倘见名牌，一定会优先录取，钱也出手得容易，心里还溢满了购物的喜悦。专就北京一地而论，真不愧是首善之区，千年古都，名牌林立，驰誉天下，什么同仁堂的国药、六必居的酱菜、月盛斋的酱牛肉、天福号的肘子、内联升的鞋、盛锡福的帽子、全聚德的烤鸭，如此等等，难以细数，这些名牌的历史，大都超过了美国。它们之所以能成为名牌，专靠产品质量。在二三百年的长时间内，兢兢业业，子孙相传，专意保持名牌质量，其困难程度真不下于唐僧取经。
>
> 全国各地都有一些名牌。有这样的先例在前，今天把创名牌提到了战略的高度，真可以说是顺乎人心，应乎潮流睿智之举了。

然而，我却顿时忧心忡忡起来。我亲眼目睹了一些情况，又听到了一些传闻，在目前向市场经济转轨的情况下，假冒伪劣的商品充斥市场，这种坏风气使许多人迷了心窍。据说一个酒厂每天向广播电台开进一辆桑塔纳，开出一辆奥迪，顿时发了大财。然而泡沫决不会长久存在的，结果是商人已经腾达去，此地空留恶名声。连上述的许多名牌，传闻有个别的已耐不住寂寞，有改弦的动向，搞一点小小的掺假活动。古人说：千里之堤，溃于蚁穴，小小的掺假逐渐会变为大大的掺假，则几百年的盛名会毁于一旦，岂不大可惜哉！岂不大可哀哉！

诗颂泰山

季羡林是齐鲁大地的儿子，他一生的作为无愧于泰岳和黄海。在他的前半生，这里是一片贫瘠空旷的赭褐色土地，在他的后半生慢慢地发生着变化，他晚年则情不自禁地舞起笔来，描绘和赞颂家乡的巨变。

2005年7月29日，温家宝总理来301医院看望季羡林先生。新华社记者在报道中说：温总理看见季先生摊在小桌上的稿纸，问道："最近您在整理什么？"季羡林说："写关于泰山的文章，名叫《泰山颂》。第一句是，'上连九天，吞吐日月'。总的来说，就是希望泰山的水更甜，祖国的花更美，更加政通人和。"读了这则报道，笔者心想，季老很少写诗，难得有如此雅兴，这首诗是什么样子的呢？

8月31日，泰安方面来人看望季羡林。季老说，《泰山颂》已经写了两稿，他仍不大满意，他还说，自己写文章不唯上，不唯书，只唯实、只唯真、只唯美。

这一年冬天，笔者有机会登临泰山，听泰安的朋友介绍，季老应泰安市的要求，写了《泰山颂》，已经在当地报纸上发表，准备镌刻在泰山绝顶的天街上。当时笔者仍然未能见到这首诗。

及至2007年1月，季老送给笔者新出版的《病榻杂记》，先看目录，一眼就发现书中有这首诗；迫不及待翻到262页，原来是一首四言古体诗，无标点，于是默读一遍：

巍巍岱宗　　五岳之巅
雄踞神州　　上接九天
吞吐日月　　呼吸云烟
阴阳变幻　　气象万千

兴云化雨	泽被禹甸
齐王未了	养育黎元
鲁王未了	春满人间
星换斗移	河清海晏
人和政通	上下相安
风起水涌	处处新颜
暮春三月	杂花满山
十月深秋	层林红染
三十三天	海中三山
伊甸乐园	人间桃源
处处胜景	谁堪比肩
登高望岳	壮思绵绵
国之魂魄	民之肝胆
屹立东方	亿万斯年

诗句朗朗上口，气势磅礴，没有生僻的典故，明白如话。可是，"齐王未了"、"鲁王未了"是什么意思呢？令人匪夷所思。原来，这里是把"齐青未了"和"鲁青未了"排错了。杜甫的《望岳》诗里，不是有"齐鲁青未了"吗？季老是把这一句拆成了两句，这符合他的文风特点。

这首诗后面没有标注时间，似乎是若干稿中的一稿，说明它的创作经历了一个较长的过程。果然，后来从卞毓方《天意从来高难问——晚年季羡林》一书中看到：2008年12月21日，季老又拿出《泰山颂》进行修改，在"杂花满山"句后，加了三行24个字："万木争高，万卉争艳。争而不斗，和谐自然。天人合一，宛然实现。"其他地方也有所改动。看来，季老在赞颂家乡巨变的同时，又把和而不同、争而不斗的天人合一思想糅进诗中，境界就更高了。

2006年，第十九届世界诗人大会在我国山东泰安召开。会上，季羡林、高占祥、李国彝3位被授予世界桂冠诗人称号。季老的"桂冠诗人"称号，是不是因为这一首《泰山颂》而授予的？不得而知。可是，明摆着，这又是一顶"高帽子"。刚辞了"三项桂冠"，又飞来一顶，简直辞不胜辞！这就叫作"身不由己"吗？或许，此时的季羡林已经被"神化"，非要到戴什么桂冠不可的文化符号吗？这个问题恐怕只能供"季羡林现象"的研究者去研究了。

2007年6月6日，泰安市泰山文化协会举行揭牌仪式，季羡林从医院写来贺词：

> 欣闻泰安市泰山文化协会成立，倍感欣慰。泰山文化实滥觞于远古，为中华文化之启明星，历代众多帝王多以封禅泰山为毕生要务，良有以也。特别是泰安人，生于斯，长于斯，仆伏仰望，更应当弘扬泰山文化，践行泰山精神。望泰山文化协会春华秋实，事业有成。

据报道，季羡林的《泰山颂》由著名书法家欧阳中石书写，泰山景区精选上好的天青石，聘请最好的工匠，将两位大师的作品镌刻成一块诗碑，立于岱庙石刻园。2008年5月14日举行了《泰山颂》石碑落成揭碑仪式。读者朋友们，以后去泰山旅游，可别忘了去岱庙石刻园里看看这个双绝碑哦！

对联情

对联与诗，特别与古诗有密切关系。季羡林喜欢古诗，对对联也情有独钟，许多名联他都常背诵把玩，或者书赠朋友、学生。如韩愈的名联"书山有路勤为径，学海无涯苦作舟"，杜甫的名句"香稻啄余鹦鹉粒，碧梧栖老凤凰枝"，李商隐的名句"沧海月明珠有泪，蓝田日暖玉生烟"，还有毛泽东的诗句"红雨随心翻作浪，青山着意化为桥"是典型的唯美派，季羡林十分欣赏。他认为，对联是中国语言文学中特有的，是世界文苑中的一朵奇葩，对联可以把方块汉字的特点发挥到极致，充分体现汉字的奇妙。他说："书法是中国传统的艺术之一，从唐代传入日本，至今兴盛不衰。楹联则是中国独有的艺术。因为只有像汉语这样有独特结构的语言才能有。世界任何其他语言都根本无法讲什么平仄、对仗等等，也就没有楹联，道理是非常清楚的。在中国漫长的历史上，书法和楹联一向是紧密结合的。一直到今天，在全国各地的名山胜刹，古寺梵宫还都悬有名人书写的楹联。民众过年时也往往用红纸书写楹联，张诸门楣，或表示祝贺，或表示期望，或言志，或抒情。为佳节凭空增添了无量欢悦。"

季羡林认为，青少年读一点儿楹联，可以体会中国文字之特点。他经常讲陈寅恪先生在1933年清华大学入学考试时所出考题中有"孙行者"三字，让考生对对子。他说：

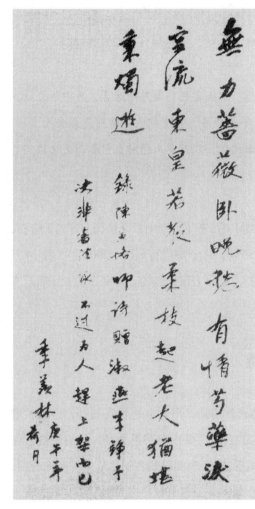

季羡林赠助手李铮夫妇题诗

当年陈寅恪应刘文典教授书，出对联，对对子，是个很有名的公案。这就是汉语的特色。他也讲过，要想把汉语讲清楚，就要把和汉语同语系的语言搞清楚，这才能知道汉语是怎么回事。对对子，西方语言无法对，只有汉语。从前我建议过，应该开个诗律课，讲韵律。清华已开了。中国诗平声、仄声，这个东西是汉语的特点，汉语的艺术性就表现在这个地方。如果语言艺术不行，怎么研究古典文学。过去我们写文学史，讲艺术性，必须讲韵律。对对子，韩国就有，很有意思。赵杰你在韩国时，不知遇到过没有，吃饭时让你对对子。咱们中文系的教授到韩国，人家让你对对子，你"丈二和尚摸不着头脑"，不丢人吗？！说韩国精通，那过分，但他们懂韵律。在东国大学开会时，他们就出对联，让我们对。如"孙行者"，对的不是"祖冲之"，就是"胡适之"，都对。因为"祖孙"对，"胡孙"对，"之者"对，"行冲适"都是动词。周祖谟先生对出来了，他家学渊源。

季羡林认为，欣赏楹联可以让学生学到不少东西，开阔眼界，活跃情思，陶冶情操，提高精神境界，培养爱国主义精神。

因此，季羡林与中国楹联学会的朋友过从甚密，把欣赏佳联作为难得的精神享受。志趣相投的朋友和弟子，在他晚年为他祝寿时，相互酬唱，创作了不少寿联妙品，除了前文提到的以外，还有不少佳作，在此仅举几例：

为庆贺季羡林九五华诞，弟子王邦维、白化文、葛维钧、冯丹、李鼎霞、解南燕恭赠寿联：

九译学人咸称天北斗，
五洲弟子同庆鲁东家。

印度尼西亚潘仲元贺联：

学贯中西通古今文化国宝季羡林，
柏翠松苍歌五福童颜鹤发超百龄。

2002年，中国台湾孔德成先生赠季羡林的对联，借用了清代石韫玉的词句：

精神到处文章老，
学问深时意气平。

沙道维贺联：

国尊泰斗歌盛世，
民敬耆宿乐生平。
二度花甲再增卅年岁月，
半日光景又添一篇妙文。

2008年1月6日，中国楹联学会刘太品先生到医院看望季羡林，给他带来《中国对联作品集》（2006年卷）、《2006佳联300副》和《对联入门》等书。季老说："对联是中国特有的东西，只有汉字才能构成对联，其他的拼音文字便不行。""对联的用途很广，我从前曾把一副对联当作座右铭，就这八个字：'为善最乐，能忍自安。'""古人说忍是心头上一把刀啊，我对这个忍字体会颇深。做人要忍字当先，做事业的要忍艰难困苦，做学问的要忍寂寞和清贫。古代有位姓张的老人，五代人100多口不分家，生活在一块，事情传到皇帝那里，皇帝就跑来问老人治家有什么秘诀，结果老人拿起笔来在纸上连写了100个'忍'字。一个家庭是如此，一个国家也是一样。""现在孔子学院在全世界已有100多所。我觉得他们应该在教材里加点对联的内容。""对联写好了，会有很大的容量。如大观楼长联。"接着，他背诵道：

八百里滇池，奔来眼底，披襟岸帻，喜茫茫空阔无边。看东骧神骏，西翥灵仪，北走蜿蜒，南翔缟素；高人韵士，何妨选胜登临。趁蟹屿螺洲，梳裹就风鬟雾鬓；更萍天苇地，点缀些翠羽丹霞。莫辜负四围香稻，万顷晴沙，九夏芙蓉，三春杨柳。
　　数千年往事，注到心头，把酒凌虚，叹滚滚英雄谁在？想汉习楼船，唐标铁柱，宋挥玉斧，元跨革囊；伟烈丰功，费尽移山心力。尽珠帘画栋，卷不及暮雨朝云；便断碣残碑，都付与苍烟落照。只赢得几杵疏钟，半江渔火，两行秋雁，一枕清霜。

季羡林如同表演一般，216字的长联一口气背下来，一字不错。97岁的老人，记忆力真叫绝了！他还解释说："孙髯翁的上联从东西南北的地理方位描写了滇池的风光，下联则从汉唐宋元说尽了中华五千年的历史。"

汉字缘

2009年2月10日，蔡德贵带企业家潘石屹等人来访，季羡林题写"爱国、孝亲、尊师、重友"赠给潘石屹，其中"爱"字是繁体字"愛"，季老从这个字讲起，打开了话匣子。他说："我写爱字，一定要加上心字，这里面有个故事。那一年我去泰国访问，遇到了当地侨领郑午楼博士。郑先生问我：'中国的简体字，爱字没有心了，没有心还怎么爱？'这话让我印象深刻，所以，我写爱字，一定加上心字。不用心，用什么爱呢？其实呢，简体字本身是有一些问题的，类似的情况诸如：亲字不用见，圣字没有王等等。"

季羡林又回忆起20世纪50年代参加文字改革委员会的情况。他说："简化汉字，当初的动机是有人主张最终废除汉字，走拼音文字的道路。1954年召开日内瓦会议，各国记者云集瑞士，抢着报道大会新闻。西方国家使用拼音文字，他们报道消息的速度比我们使用方块汉字快，结果就有人主张，我们也走拼音字母化这条路，废除方块汉字。越南原来也是使用汉字的，后来拉丁化了，使用拉丁字母，脚下穿靴，头顶戴帽，弄得很烦琐。其实，汉字是废除不得的。因为世界文化的特点，就是多元的，不是一元的。科学也是不断发展的，说不定有一天，使用字母的国家，还比不上我们使用方块字的发稿速度快。"

蔡德贵告诉季老："越南是把汉字完全废除了，韩国原来也取消了汉字教学，现在觉悟了，提倡国民恢复汉字，而日本是奖励学习汉字的人。"

季老说："他们的做法是聪明的。因为科学的进步，永无止境。用方块字，彼一时比较慢，此一时呢，是不是快得多了？最终谁快谁慢，还说不定呢。"

蔡德贵说:"现在一个女孩子,一天可以打几万字。"

季老说:"王选发明了激光照排,大大加快了出版速度,很了不起。"

季羡林又回忆说:"20世纪50年代的文字改革委员会,以吴玉章为首。吴玉章在延安时就提倡拉丁化。背后是毛泽东、胡乔木。那时候,提倡文字拉丁化,是革命的象征,谁这样主张,谁就是革命的。谁反对,谁就是保守、守旧,就是不革命。"

这时,来访的楼叙坡说:"还有人提倡世界语呢。"季老接过话茬儿说:"我认为,那永远办不到,而且无聊得很。世界本来就是各种现象并存的,搞语言统一化,那是不可能的。世界语是 Esperanto,那个词本身就包含一种希望,一种想象。世界上每一种文字,都有它的文化背景,有的已经几千年了。所以世界文化是百花齐放,丰富多彩的,完全没有必要,也不可能统一起来。如果硬要统一成一种语言文字,那是索然寡味的。汉字已经有几千年的历史了,传承中华文化,维系国家统一,功不可没。"他还说:"我是坚决反对废除汉字的。废除繁体字,推行简体字,是文字改革的第一步。繁体字是可以拆分的,每个字后面都有一个故事。国内也有人主张不要废除繁体字。外国的汉学家们都反对废除繁体字。有个中文名字叫夏白龙的外国天主教神甫,原来是在辅仁大学教书的,说:'我们辛辛苦苦和汉字打交道,认识了一些汉字,你这一改革,我们的本钱全没了。'"

关于20世纪50年代的文字改革工作,笔者在这里介绍一下背景情况:1949年8月25日,毛泽东收到吴玉章的信。吴玉章认为,中国文字应该改为拉丁化的拼音文字,不要注音字母或日本假名式的拼音,并建议在全国各地选择试点试行新文字。毛泽东把此信转给郭沫若、茅盾和马叙伦征求他们的意见。郭沫若等人赞成中国文字改革走拉丁化的拼音方向,但认为,实现拼音文字要有一个很长的过程,现在就重点实行新文字,未免过于草率。虽然吴玉章实行新文字的建议被搁置,但他的拼音化主张,得到了包括毛泽东在内的许多人的支持。1949年10月10日,一个名为"中国文字改革协会"的组织成立,毛泽东派胡乔木参加该协会,以便随时了解和指导文字改革工作。1951年12月26日,国家文教委员会决定成立中国文字改革委员会,马叙伦任主任委员。马叙伦传达了毛主席的新指示:文字必须改革,走世界文字共同的拼音方向,形式应该是民族的,字母和方案都要根据现有汉字来制定。从1952年3月开始,文字改革委员会主要是做两件事:制定汉字简化方案和制定汉语拼音方案。汉字简化的进展比较顺利,而汉语拼音方案,由于对什么是民族形式认识不统一,方案陷于难产。1955年10月15日—23日,全国文字改革会议在北京召开,《汉字简化方案修正草案》在会上通过,而专家们拿出的6套拼音方案,却没有议定。会议结束以后,经济学家周有光被调入文字改革委员会工作。此后,中共中央政治局会议经讨论,决定支持使用拉丁字母。1956年1月20日，毛泽东在知识分子问题会议上，在吴玉章关于文字改革工作的发言后，明确表态，支持采用拉丁字母。几天后，中共中央发出《关于文字改革问题的指示》，文件说："中央认为，汉语拼音方案采用拉丁字母比较适宜。"1956年1月28日，国务院第二十三次全体会议通过《关于公布汉字简化方案的决议》。1956年2月20日，中国文字改革委员会发表了《汉语拼音方案（草案）》。这个草案引起了社会各界的极大关注和热烈争论。制定方案的专家们充分听取各种意见，他们召开多次会议进行研究，但各种意见难以统一。最激烈的反对意见，不是反对用拉丁字母给汉字注音，而是反对用它取代汉字。为了使汉语拼音尽早在社会文化生活中发挥作用，周恩来专门作出指示："汉语拼音方案还不是文字方案，它是给汉字注音，帮助扫盲，帮助推广普通话的，它还不能代替汉字。至于汉字将来是否用拼音文字代替，这个问题需要从长计议，现在不做决定。"1957年11月1日，国务院第六十次全体会议通过了《汉语拼音方案（草案）》。1958年2月11日，第一届全国人大第五次会议正式批准了这个方案。

正是在这种背景下，季羡林作为中国文字改革委员会委员，提出了许多合理建议，认为每个国家的文字发展，都有自身的规律，不可能都走一条路。汉字的特点是单音字，一个字就是一个音节，排列起来，就会产生音乐感。四个字排列起来，朗朗上口，就有了最初的四言诗："关关雎鸠，在河之洲。"后来，四言发展成五言："白日依山尽，黄河入海流。"再后来，五言发展成七言，为什么没有发展成八言、九言呢？这是文字决定的，八言、九言不好念，念起来太长了，七言正好。李白的《早发白帝城》："朝辞白帝彩云间，千里江陵一日还。两岸猿声啼不住，轻舟已过万重山。"读起来非常优美。

季羡林认为，社会是在不断发展的，语言文字也在不断发展，不断会有一些新词汇出现。比如"不折腾"，中国人一听就懂，可是翻译成英文怎么译？众说纷纭，莫衷一是。他把它翻译成 no trouble making，大家都赞成这个译法。什么意思呢？折腾，其实就是制造麻烦的意思，不折腾，就是不制造麻烦。这说明，搞翻译，只懂得外文不行，必须有深厚的中文功底。只有把中文的意思理解透了，才谈得上准确翻译成外文。

季羡林又多次说过：每个汉字都有一个故事。测字或拆字，以汉字造型为依托，隋唐时代即已在中国民间流行，盛于宋元，是汉字特有的文化现象，虽为文字游戏，却也不无道理。这里，笔者想提一段轶闻：有一位叫李土生的民间学者潜心研究汉字30年，分析了7000个汉字的构成和历史，写出了一本书《土生说字》，季老感到有趣。2007年2月的一天，这位作者来到季老的病房，向他讲述了整部书的写作过程和拆字阐述的有关依据。季老饶有兴趣地问："有没有'佛'字？"李土生翻开书，找到佛字，季老手持放大镜，仔细观看。李

1985年7月,季羡林参加中国语言学会年会,与王力(前排左5)、朱德熙(前排左3)、侯宝林(前排左1)合影

土生在一旁侃侃而谈:佛,从人,从弗;"弗"表示否定,为"不"之意。"人""弗"相合,意为"佛"不是世俗中人,而是智慧之人、觉悟之人、觉行圆满之人。"佛"字左半部分以"人"字为部首,突出了学佛之人首先要把做人放在首位,要做一个慈悲善良之人。"佛"的右半部分以"弓""丿""丨"组成,"弓"字弯弯曲曲,喻示从凡间到极乐世界的路不是一帆风顺的,成佛需要经历众多劫难,才能脱离生死苦海,摆脱六道轮回,最终到达涅槃的彼岸——极乐世界。修行的目的是由迷钝到开悟,由凡人到圣人,因此"弗"中的"丿"为邪,"丨"为正。"丿""丨"穿"弓"而过,表示不论邪人正人,善人恶人,只要能弃邪改正、弃恶向善,皆可以成佛。季老听了非常高兴,双手合十向他致谢,并欣然命笔,题写"汉字很值得研究",赠予李土生。

季羡林对汉语语法的研究也有独到的见解,值得引起重视。他认为,"汉语语法研究必须另起炉灶,改弦更张",这是他经过长期研究和观察得出的结论。他说:

世界语言种类繁多,至今好像还没有一个大家公认的"科学"的分类法。不过,无论如何，汉语同印欧语系的语言是截然不同的两类语言，这是无论谁也无法否认的事实。然而，在我们国内，甚至在国外，对汉语的研究，在好多方面，则与对印欧语系的研究无大差异。始作俑者恐怕是马建忠的《马氏文通》。这一部书开创之功不可没，但没有能分清汉语和西方语言的根本不同，这也是无法否认的。汉语只有单字，没有字母，没有任何形态变化，词性也难以确定，有时难免显得有点模糊。在五四运动和以后一段时间内，有人就想进行改革，不是文字改革，而是语言改革，鲁迅就是其中之一，胡适也可以算一个。到了现在，"语言改革"的口号没有人再提了，但是研究汉语的专家们的那一套分析汉语的方法，我总认为是受了研究西方有形态变化的语言的方法的影响。我个人认为，这一条路最终是会走不通的。

汉语有时显得有点模糊，但是，妙就妙在模糊上。试问世界上万事万物百分之百地彻底地绝对地清楚的有没有？自从西方新兴科学"模糊学"出现以后，给世界学人，不管是人文社会科学家，还是自然科学和技术科学家，一个观察世间错综复杂的现象的新的视角，这对世界文化的进步与发展是大有裨益的。

因此，我建议，汉语语法的研究必须另起炉灶，改弦更张。

第二十七章

高山仰止

人中麟凤

季羡林从2003年住进解放军总医院之后,温家宝总理先后5次到医院看望。他们的谈话看似闲聊,实际谈的都是关系国家民族前途和命运的大事,是名副其实的高端对话。温家宝作为一名政治家,他的话语充分体现了党中央尊重知识、尊重人才的政策。而季老作为一名老知识分子,以自己的知识和智慧为国家兴盛、天下和谐出谋献策,表现了以天下为己任的情怀。根据新华社的报道,温家宝总理5次看望季羡林的情况如下:

2003年9月9日,第十九个教师节前夕,温家宝总理来到解放军总医院,看望住院治疗的季羡林先生。温家宝和季老亲切攀谈,关切地询问他的病情和治疗情况。温家宝说:"季老学贯中西,研究领域甚广,在印度古代语言、佛教史、吐火罗文等学术领域都有造诣,在海内外享有盛誉,您渊博的学识和不断创新的治学精神,堪称学界楷模。"当听说季老住院期间还写了一本散文集时,温家宝说:"我很喜欢您的散文,是您的热心读者。"季老那天谈兴甚浓,他说,21世纪的中国前程似锦,温家宝表示赞许。临别时,温家宝叮嘱季老要保重身体,祝愿他健康长寿。

2005年7月29日9时许,温家宝总理一迈进解放军总医院康复楼的病房,就握住坐在椅子上的季羡林的手,说:"季老,我看您来了。下个月,就是先生的94岁生日,我向您表示祝贺。"

看到病房简单朴素,书桌上摆放着不少书籍。温家宝说:"听说您现在还天天写作?最近还要出一本新书,叫《学海泛槎》。"

季羡林说:"已经出来了。"

温家宝说:"能不能给我一本?还有人给您写了一本传记,叫《非凡人生》,您这一生,不容易啊!"

季羡林说:"我已经94周岁了,并不打算'走'。我要活到108岁。"

温家宝说:"您现在的思维、精神和两年前我来看您时一样好。我想,这和您的毅力有关。"温家宝又指着自己的头示意说,"也和您的追求、理想有关。"

季羡林说:"只要活着,脑筋就要天天不停。"

温家宝说:"我今年4月访问印度。出访前看到了《梵典与华章》一书,开卷就是您的题词'文化交流是推动人类社会前进的重要动力之一。如果没有文化交流,我们简直无法想象人类今天的社会会是一个什么样子'。"

季羡林面带微笑说:"这是我的思想。一个人,一个国家如果关起门来过日子,那不行。"

温家宝向周围的人说:"我们不仅要继承和发扬自己的优良文化传统,也要借鉴其他国家的先进文化和经验。"

"就是爱国主义和国际主义相结合。"季羡林补充说。

顿时,大家都笑了起来,房间里的气氛显得轻松而热烈。

温家宝又说:"您的《留德十年》和《牛棚杂忆》我都学习过。去年我访问德国还专门引用您的一段话:我一生有两个母亲,一个是生我的那个母亲,一个是我的祖国母亲。"

季羡林说:"二者缺一不可。"

温家宝说:"我给华侨讲时许多人都热泪盈眶。"

"应该列入小学教科书。"季羡林趁机提出建议。

"好,我回去以后给教育部反映反映。"温家宝高兴地说。

温家宝随身拿出一件小礼物送给季羡林——那是一幅水晶玻璃画,上面有激光"刻印"的温家宝和季羡林在一起的画像。

温家宝说:"这上面还刻了一句您最喜欢的话:'真情。'您常讲,做人要真情、真实、真切。"

季羡林说:"对,'三真'是我做人、做事的原则。"

温家宝问道:"最近您在整理什么?"

季羡林说:"写关于泰山的文章,名叫《泰山颂》。第一句是'上连九天,吞吐日月'。总的来说,就是希望泰山的水更甜,祖国的花更美,更加政通人和。"

温家宝说:"我们努力做到这一点。"

2005年8月15日温家宝总理给季羡林写来亲笔信,信中说:

先生苦学不倦，笔耕不辍，著作丰厚，学问深刻，用力甚勤，掘发甚广，实为人中麟凤。先生待人真诚，行事正直，脚踏实地，实事求是，尤为人之楷模，先生的人品深为我所景仰。

羡林先生：

承赠大著多种，都收到了，十分感谢。没有什么奉答先生，惟有给国家和人民多做些工作，以谢厚意。

先生十分细心，务希书都为我签名，这是极为珍贵的。先生苦学不倦，笔耕不辍，著作丰厚，学问深刻，用力甚勤，掘发甚广，实为人中麟凤。先生待人真诚，行事正直，脚踏实地，实事求是，尤为人之楷模，先生的人品深为我所景仰。

宜军求是，尤为人之楷模，先生的人品深为我所景仰。

岁生日的候，为这封信祝贺你著，你健康，愿你长寿，愿你多生新着。

肃此，敬颂

大安

温家宝
二零零五年八月十日

温家宝写给季羡林的信

2006年8月6日，温家宝总理如期走进解放军总医院病房，向这位学贯中西、笔耕一生、在海内外享有盛誉的学者表示敬意。

当天季羡林特意穿了一件红色的衬衣，病房内充满了喜庆的气氛。温家宝说："您今天穿了一件红衣服，非常精神。您现在是红衣少年。"顿时，大家都笑了起来。

听说季羡林仍然每天一早就开始写作，思维敏捷，温家宝高兴地说："您最大的特点就是一生笔耕不辍，桃李不言，下自成蹊。您写的作品，如行云流水，叙事真实，传承精神，非常耐读。我刚刚看过您写的《我的人生感悟》和《季羡林谈人生》，有几篇文章我读了几遍。"

季羡林感慨地说："我一生大起大落。"

温家宝说："您写的几本书，不仅是个人一生的写照，也是近百年来中国知识分子经历的反映。中国知识分子历经沧桑，艰难困苦，但爱国家、爱人民始终不渝。他们不懈奋斗，把自己的知识奉献社会，服务人民。"

季羡林和温总理饶有兴趣地探讨了"和谐"这个话题。

季羡林说："有个问题我考虑很久，我们讲和谐，不仅要人与人和谐，人与自然和谐，还要人内心和谐。"

温家宝说："《管子兵法》上说：'和合故能谐'，就是说，有了和睦、团结，行动就能协调，进而就能达到步调一致。协调和一致都实现了，便无往而不胜。人内心和谐，就是主观和客观、个人与集体、个人与社会、个人与国家都要和谐。个人就能够正确对待困难、挫折、荣誉。"

季羡林说："我们现在这个时代好，经济发展，政通人和。要注意的是在发展经济的同时，加强政治、文化和社会建设，提高人的素质。"

温家宝说："中国要受到世界的尊重，第一要靠经济发展，老百姓生活幸福。第二要靠国民素质、民主与法治、精神文明、道德力量。科学、文化、艺术的发展，最重要的是要贯彻'百花齐放、百家争鸣'的方针，提倡学术民主。"他举例说："中国历史上的先秦、魏晋南北朝，出了不少大思想家、大哲学家，重要的一条是思想解放。我们要广开言路，集思广益、兼收并蓄、博采众长。"

不知不觉已近上午10时。在"祝你生日快乐"的歌声中，季羡林分切生日蛋糕，请总理和大家一起分享。温家宝起身告辞时说："我对您的生日记得特别清楚。您在书上写道：1911年8月6日生于山东省清平县官庄一个农民家庭。"临别时，温家宝紧紧握住季羡林的手，久久不愿离去。

2006年11月29日，《人民日报》发表温家宝总理同文艺工作者的谈话。在谈到季羡林时，温家宝说："这两年，季羡林先生因病住在301医院，我每年都去看他。他非常博学，每次谈起来，对我都有很大教益。中国像他这样的大师，可谓人中麟凤，所以我非常尊重他。在今年的谈话中，他对我说，和谐社会除了社会的和谐、人与自然的和谐，还应该讲人的自我和谐。我说，先生，您讲得对。如能够做到正确处理自我与社会的关系，正确对待荣誉、挫折和困难，这就是自我和谐。后来，我们谈话的大意，写进了十六届六中全会文件。"

2007年8月6日是季羡林先生的96岁寿辰。温家宝总理第四次来到解放军总医院康复楼，为他祝寿。

干净整洁的病房里，摆放着温总理赠送的君子兰，绿意盎然。"您送给我的手写的《牛棚杂忆》很宝贵，字工工整整，非常认真，一丝不苟。"温家宝告诉身穿红色中式绸装的季羡林说："我每次都深得教益，去年咱们谈的'和谐'，您提出人要自身和谐，我向中央作了反映，中央全会的决定里就吸收了您的意见。"

看到季羡林精神不错，听说他每天坚持写东西，听别人读报纸，而且乐观地坚信自己能活到茶寿108岁，温家宝十分高兴。他说："最近，我看您讲良知、良能。我认为，这是知和行的统一观，也是人的品德和能力的统一，这个思想很深刻。"

温家宝说："我喜欢看您的散文，讲的都是真心话。您说自己一生有两个优点：一是出身贫寒，一生刻苦；二是讲真话。对吧？"

季羡林说："要说真话，不讲假话。假话全不讲，真话不全讲。就是不一定把所有的话都说出来，但说出来的话一定是真话。"

季羡林接着说："我快100岁了，活这么久值得。因为尽管国家有这样那样不可避免的问题，但现在总的是人和政通，海晏河清。"

"我们做得不够，还要多努力，把工作做好。您也要把身体保重得更好，多看些年。"

温家宝谈起季老送给他的一篇文章《泰山颂》。温家宝说："写得很好。文章感人，而且有气势。您大概从小就对泰山很喜欢？"

季羡林说："我的家乡在山东。泰山的精神实际上就是中华民族的精神。"

"对，这篇文章实际上就是民族颂。"温家宝表示赞同。

"最后两句话是——'国之灵魂民之肝胆。屹立东方亿万斯年。'人民的灵魂，百姓的脊梁，中华民族大有前途。"季羡林饶有兴致地说。

"对，季先生讲的就是民族精神。"

病房里，宾主相谈甚欢。临走时，温家宝真诚地嘱托季老保重身体。

2008年8月2日，温家宝总理第五次来到解放军总医院看望季羡林。

"季老，我提前给您祝寿了。"走进病房，温总理趋步向前，握住了季羡林先生的手。

落座后，温家宝亲切地问季老："我记得您今年97岁了。思维还这么清楚，是不是和常用脑有关？"

季羡林说："对，大脑要不停地活动。秀才不出门，便知天下事。"

温家宝说："今年灾害多，年初冰雪灾害，'5•12'汶川大地震也是多年没有的。"

季羡林说："地震以后政府反应快，威信大大提高，对当地人民也是教育。"

温家宝说："我常讲，几千年来，我们国家都是灾难和文明进步伴随在一起的。有一句名言：没有哪一次巨大的历史灾难，不是以历史的进步为补偿的。"

"是恩格斯说的。"看到季老反应这么敏捷，大家都笑了起来。

"我们的历史总是和洪水、干旱、地震等灾害联系在一起,但我们这个民族从来没有溃散过。反而愈挫愈奋。"温家宝说。

季羡林表示同意:"一个民族和一个人一样,灾难能锻炼一个人的意志,也能锻炼一个民族的意志。"

"我想起清华大学的校训——自强不息,厚德载物。这就是我们的民族精神。"温家宝望着季老说。

"是的。"季羡林肯定地回答。

聊起教育和学习的话题,一辈子从事教育工作的季羡林主动向总理提问:"现在英语都普及了吧?"

"小学就开始学了,小学是记忆最好的时候。"温家宝告诉季老,"掌握一门语言,就掌握了一种工具。"

"对,语言是一种工具。"季羡林提议,"大学外语教育不但要加强,而且要鼓励学生多学几门外语。"

"奥运会快开了。"温家宝告诉季老。

"这是件大事,是世界对中国的肯定。"

"这是我们国家实力的表现。"温家宝和季羡林共同回忆起百年来中国参加奥运的历程,"体育的强盛,代表一个民族的强大"。

"现在国家领导人不好当。治乱世易,治平世难,治理我们这样一个大国,更难。"季羡林说。

温总理深有感触地说:"我常记住一句话,名为治平无事,实有不测之忧。我们有许多值得忧虑的地方,脑子一点儿不能放松。"

临别,温总理站起来,微微弯下腰,双手握住季老的手,说:"您别起来了,明年我再来看您。"

可惜,天有不测风云。2009年7月11日,离98岁生日还有不到一个月的时间,季羡林的人生大戏落幕了。是啊,季老逝世,党和国家失去了一位重要智囊。

回望历史

"怀旧能净化人们的心灵",季羡林经常这样说。晚年他在回望历史的时候,心情是坦然的,自如的。因为,他经历了那么多的政治运动,经历了那样多的惊涛骇浪,可他从不为个人的利益或个人的进步，出卖自己的良心，更不曾伤害自己的恩师。对陈寅恪、胡适、汤用彤，他始终怀有深深的敬意。1995 年，季羡林在文章中回忆道：

> 世事如白云苍狗，变幻莫测。解放后不久，正当众多的老知识分子兴高采烈、激情未熄的时候，华盖运便临到头上。运动一个接着一个，针对的全是知识分子。批完了《武训传》，批俞平伯，批完了俞平伯，批胡适，一路批，批，批，斗，斗，斗，最后批到了陈寅恪头上。此时，极大规模的、遍及全国的反右斗争还没有开始。老年反思，我在政治上是个蠢材。对这一系列的批和斗，我是心悦诚服的，一点没有感到其中有什么问题。我虽然没有明确地意识到，在我灵魂深处，我真认为中国老知识分子就是"原罪"的化身，批是天经地义的。但是，一旦批到了陈寅恪先生头上，我心里却感到不是味。虽然经人再三动员，我却始终没有参加到这一场闹剧式的大合唱中去。我不愿意厚着面皮，充当事后的诸葛亮，我当时的认识也是十分模糊的。但是，我毕竟没有行动。现在时过境迁，在四十年之后，想到我没有出卖我的良心，差堪自慰，能够对得起老师在天之灵了。

显然，在众人批判陈寅恪的时候，季羡林没有落井下石。

1999 年，季羡林作《站在胡适之先生墓前》一文，其中写道：

> 到了 1954 年，从批判俞平伯先生的《红楼梦研究》的资产阶级唯心论起，批判之火终于烧到了适之先生身上。这是一场缺席批判。适之远在重洋之外，坐山观虎斗。即使被斗的是他自己，反正伤不了他一根毫毛，他乐得怡然观战。他的名字仿佛已经成一个稻草人，浑身是箭，一个不折不扣的"箭垛"，大陆上众家豪杰，个个义形于色，争先恐后，万箭齐发，适之先生兀自岿然不动。我幻想，这一定是一个非常难得的景观。在浪费了许多纸张和笔墨、时间和精力之余，终成为"竹篮子打水，一场空"，乱哄哄一场闹剧。

在批判胡适的闹剧中，季羡林的表现如何呢？他一直保持沉默，沉默就是表态，凡是打那时期过来的人，都知道要做到这一点很不容易。对于批判，他有自己的底线：不违心，不出卖，不跟风。李敖站在台湾的角度，批评季羡林"是个很弱很弱的教授"，殊不知在大陆的学人中，能做到季羡林这样一言不发的，已经是凤毛麟角，难能可贵了。季羡林之所以能够做到这一点，如果按照正常的逻辑思维，也许只能说明他洞察到了胡适的影响远非通过一场运动就能消除。

季羡林怀念诸位师长与同辈，有他特有的幽默和从容。朱学勤评价胡适说："这个温和的人竟然做到了某种倔强性格做不到的事情——始终以一种从容的态度批评着那个时代，不过火，不油滑，不表演，不世故。"这番话用到季羡林身上，也是恰如其分的。

1997年，季羡林作《回忆汤用彤先生》一文，开头写道：

> 我对于汤用彤先生的回忆就是最闪光之点。
>
> 但是，有人会提出疑问了："你写了那么多对师友的回忆文章，为什么单单对于你回忆中最亮之点的汤锡予（汤用彤先生的号）先生却没有写全面的回忆文章呢？"这问得正确，问得有理。但是，我却有自己的至今还没有说出来过的说法。试想：锡予先生是哪一年逝世的？是在1964年。一想到这个年份，事情就很清楚了。在那时候，阶级斗争已经发展到年年讲、月月讲、天天讲的程度。所谓"无产阶级文化大革命"虽然还没有爆发，但是对政治稍有敏感的人，都会感到"山雨欲来风满楼"的高压气氛。锡予先生和我都属于后来在"十年浩劫"中出现的"资产阶级（反动）学术权威"这一号的人物，我若一写悼念文章，必然会流露出我的真情来。……我没有这个胆量，所以就把对锡予先生怀念感激之情，深深地埋在我的心灵深处。到了今天，环境气氛已经大大地改变了，能够把真情实感从心中移到纸上来了。

也许，这就是李敖所说的季羡林的"弱"吧？季羡林不说假话，真话呢，时机不对，也不能说；环境气氛改变了，真话自然要说。这是季羡林从多年的政治运动中总结出来的经验，也是他的政治智慧。季羡林在怀念汤用彤的文章中，没有写汤先生生病的原因。据冯友兰之女宗璞在《霞落燕园》中说："最先离去的是汤用彤先生。我们是紧邻。1954年的一天，他和我的父亲同往人民日报社开会批判胡适先生，回来车到家门，他忽然说这是到了哪里，找不到自己的家。那便是中风先兆了。约十年后逝世。"而马嘶在《未名湖性灵》中也有记载："汤用彤副校长在城里参加一个批判胡适的会议归来，在他居住的燕南园下了车，竟迷迷糊糊找不到自己的家了。自此，他就患了脑血栓，一病不起。汤用彤和胡适是老搭档和挚友，长期在北大共事。"……

季羡林回顾往事是超脱的，恬然的，他行得正，坐得稳，经过了那么多火海刀山，还是"全须全尾"，毫发无损，这在20世纪的文化老人中是不多见的。但是，这绝不意味着他"一贯正确"以及他走过的道路笔直，没有曲折。他主张还历史以本来面目，只有忠于事实，才能忠于真理，因此他对自己、对别人做过的错事、蠢事绝不回避，更不粉饰。1958年一场"大跃进"的闹剧在全国上演，季羡林写了一篇题为《在大跃进中庆祝国庆节》的文章，就是这样一篇文章，出自主张"假话全不说"的季羡林笔下，确实大煞风景。而季羡林坚决主张，保留这篇文章，把它作为一面镜子，用它来时时照照自己。1993年2月，他写了一篇长文《我的心是一面镜子》，系统回顾了自己的心路历程。他写道：

> 那时候我已经四十七八岁，不是小孩子了；我是受过高等教育、留过洋的大学教授，然而我对这一切深信不疑。"人有多大胆，地有多大产"，我是坚信的。我在心中还暗暗嘲笑那一些"思想没有解放"的"胆小鬼"。觉得唯我独马，唯我独革。

按说，季羡林相信那句话也很正常，无可厚非，当时就连某些领导人和著名科学家不是也相信无疑吗？

季羡林有一句常说的话，"不悔少作"。他就是这样老老实实写自己的历史，也用同样的态度对待别人。冯至之女冯姚平回忆说：冯至"大跃进"时期编写教材，任务是要在很短的时间内编出一本德国文学简史，父亲和田德望先生带着一些青年教师一起编。这本书虽然是在他多年研究成果的基础上写成的，但是也不得不接受当时的一些观点，包括当时苏联和东德对于一些作家的评价，而他自己对于那些观点是不认同的。冯至快去世的时候，外文所打算编一本集子为他祝寿，里面收集一些父亲的同事和学生们的研究成果。书快编成的时候，外文所的人要拍一些冯至的书影放在集子里，冯至特意叮嘱我："不准拿那本书。"冯至觉得，弄出那样一个东西出来，是一种耻辱。后来给他编全集的时候，为了保持历史的原貌，编委会决定把这本书收进去，冯姚平觉得，不能给父亲加以粉饰。为此，她还专门请示了季羡林。编委会认为，遇到重大问题，都要认真听取季羡林的意见。最后，季羡林为《冯至全集》编委会亲笔撰写了编者按：

> 冯至先生有一些文章写于五六十年代极"左"思想炙手可热的时期，今天读起来十分别扭。但是我们仍主张保留原样，一字不改。其目的是：一、历史真实不容掩盖，更不容篡改。二、当时中国有良心的知识分子，在高压之下，有意无意地说些违心的话，不得不尔。冯先生的内心未必如此。现在我们在感谢改革开放，解放思想的同时，保留一个像冯先生这样道德高尚、品质淳朴的诗人和学者当时的一些

违心之论，对读者，特别是青年读者是大有好处的。他们从中可以看到学者们正直纯真的灵魂会被扭曲到什么程度。这样的前车之鉴是十分难得的。

季羡林作为一名历史学家，主张对历史事实和历史人物实事求是，反对所谓"以论代史"和用"扣帽子"、"贴标签"的办法评价历史人物。2001年4月5日，他在《清史》编纂座谈会上讲话，4月6日，又与任继愈、王钟翰、戴逸、李文海等再次呼吁编纂《清史》，得到社科界的积极响应。他对《清史》编纂提出重要的指导性意见："我们第一步的任务是实事求是把历史资料整理出来。写的时候，特别是列传，例如《曾国藩列传》必须有的，不要骂曾国藩什么汉奸、刽子手，那一套我想现在不会有的。做了什么事情，就写什么事情，一字不贬。至于褒贬怎么做？等我们的书编成了以后，学者自己写文章，每个人的看法不一定一致。对洪秀全怎么评价，我觉得有很大分歧。过去把洪秀全捧上了天，他是不是那个样子？我看洪秀全不是捧的那样。他没有成功，成功了也是帝王，而且是莫名其妙的基督教徒。他会给老百姓办事情？那根本不可能。所以对一个人的评价，对一件事情的评价也存在分歧。我们不能期望，在书里面我们的褒贬都那么准确、那么完全。我想，我们客观地、实事求是地写，历史人物做了什么事情，就讲什么事情。"他还主张，研究清史的应该懂满文，日本的清史研究者中懂满文的很多，而我们研究清史的学者，懂满文的太少，这种状况应该改变。

季羡林对历史和历史教学有许多精辟深刻的见解，黄钟大吕，振聋发聩，值得重视。他说，我们中华民族是一个重视历史的民族。在两千多年的封建社会，有过许多次改朝换代，而后一个朝代，都为被它推翻的那个前朝修史，留下了二十四史。因为后一个朝代的统治者不可能为被它推翻的那个朝代说好话，所以这个二十四史不能说是信史，可靠性值得怀疑。而《史记》和《资治通鉴》两部通史，司马迁和司马光不是为被推翻的前朝修史，所以就说一些真话，可靠性要好一些。范文澜的《中国通史》教科书已经过时，书中对佛教采取谩骂的态度，显然是不可取的。还有我们的历史教材，都是讲这个"祖"、那个"宗"，而历史的真相是，人民群众创造了历史。中国的四大发明，指南针、火药、造纸和活字印刷术，都不是封建帝王发明的，而是老百姓发明的。人民群众是历史的创造者这句话，连中学生都知道，可是有些人并不真正相信；有些人虽然相信却说不出理由来。问题出在我们的历史教学上。过去的教科书，不管是范老的，还是什么人的，应当改过来，体现人民创造历史。"文化大革命"那样大的事，过去的时间并不长，就有许多人不明真相。这是小事精细，大事糊涂。

季羡林从中西文化比较的视角，观察和分析了中西文化的利弊，提出了一些独到的见解。2008年12月3日，北京国子监博物馆馆长吴志友、国学馆馆长纪捷晶到301医院拜访，季羡林对他们说：孔子是大成至圣先师，新中国成立以后也经过一段艰苦的经历。"五四运动"就提出"打倒孔家店"的口号。"五四运动"当然很重要，但有些做法有点极左，过了头。孔家店是不能打倒的。孔子这个人了不起，他是礼、乐、射、御、书、数、德育、智育、体育全面发展。中国文化与西方文化有根本区别。西方文化就是讲斗、斗、斗，中国是和为贵。国学就是中国文化。中国文化对世界有广泛的影响。中国这个民族是了不起的民族，我们发明造纸，发明活字印刷，如果没有造纸，没有印刷，整个世界文化得要推迟200年。有了造纸，有了印刷，传播就容易了，就推动了整个世界文化的前进。中国文化有很大功劳。我们现在提出和谐，这个概念我觉得很了不起。现在全世界你争我斗，可唯独我们提出和谐。天人合一，就是人与自然要和谐，不要斗争。这个西方跟东方有很大的区别。西方是《天演论》那一套，"物竞天择，适者生存"。西方首先提出竞，要斗争。马克思主义提出斗、斗、斗，有它的历史必然性，你不这样提出，封建主义照样统治，怎么行？马克思主义有时代的必要性，不能因为现在，就否定马克思，他有他的功绩。可是现在我们完全根据他的说法去做，也不行。因为时代变了，我们不能讲斗、斗、斗，我们要讲和、和、和。什么思想都要根据当时的政治环境，它不是一成不变的。历史唯物主义的观点是变的，变的根据就是人类要向更高的层次发展。

显然，季羡林总结历史经验，是为了把握规律，着眼于现在和未来。

前瞻未来

当人类社会进入21世纪的时候。季羡林作为一位世纪老人、著名教育家，前瞻未来，他关心的是国家的前途、人类的命运，他谈论的是天人合一，构建和谐社会；他渴望的是早日实现"科教兴国"、"人才强国"的奋斗目标。2001年11月2日，季羡林在北京大学首届文科论坛上发表讲话，题目是《天人合一，文理互补》。关于天人合一，他说：

> 21世纪我们所面临的最重要的问题是什么呢？不但在中国，而且在全世界，大家可能有多种想法，现在我谈谈自己的想法。大概若干年以来，究竟多少年没有计算过，我们这个地球村里面，自然界发生了很多过去没有或者比较罕见的现象，比如气候变暖、淡水缺乏、生态平衡破坏、人口爆炸、动植物灭绝、臭氧层出洞、洪

水泛滥、新疾病产生等等。我们自己想一想，这些问题，如果有一个解决不了，我们人类的前途和发展就有困难。比如水，我们从来没有想到水会发生问题。北大就是一个例子。最近，我看了一篇文章讲：如果现在发生了世界大战，大家不是争油，而是争水。由此可见水的重要性。

这些问题是怎么来的呢？我先举两句话，一句是德国的伟大诗人歌德说的："大自然从未犯错误，犯错误的是人。"第二句是伟大的思想家恩格斯讲的："我们不要过分陶醉于我们对大自然的胜利，每一次胜利，自然界对我们都进行了报复。"

为什么自然界对我们报复呢？中国和欧洲对自然的态度不同。我们中国讲人与自然应该和谐相处，就是"天人合一"。"天人合一"这个词儿在中国哲学史上是很重要的一个词儿，大家对它的解释很不一样。这是我的一个解释：天就是大自然，人就是人类。大自然与人类要和谐统一，不要成为敌人。宋代大哲学家张载有两句非常著名的话："民，吾同胞；物，吾与也"，简称"民胞物与"，"与"是"伙伴"的意思。这两句话言简意赅，含义深远。

在欧洲情况有些不同。查一下英文字典，"征服"是"conquer"，举的例子是"conquer the naturer"，把自然看作敌对的，否则怎么会谈到"征服"呢？最近几百年来科学技术的发展，应该说，给人类带来了很大的福利。……但带给我们福利的同时，也产生了上面提到的诸多问题。他们以为自然是个奴隶，是可以征服的。这种想法和事实不符。刚才我说的那些现象就证明自然不能征服。我个人认为，这些问题或弊端之所以产生，其根源就在于"征服自然"。

那怎么办呢？我们人类的衣食住行所有的东西都是从大自然来的，我们只能向大自然伸手要，我们才能活。否则，我们就活不下去。不征服怎么办呢？只有一条路，就是：我们和自然做朋友，天人要合一。

关于文理互补，他说，从科技和文化的发展趋势来看，未来许多学科将日益分化，不少学科之间的界限将不那么分明。在教育上，加强文理之间的渗透十分重要。他还回顾了北京大学的办学史，早年北大校长蔡元培先生就十分重视教学上的文理兼顾，规定文科学生必须学一门理科的课程。20世纪30年代，清华大学也是这样做的。我们要想创新，应该从这里开始。

在此之前，2001年10月2日，季羡林在中国民俗学学科建设与人才培养研讨会上也说：

我想给大家介绍一点的就是我最近的想法。因为今年是新千年的第一年，学术必须创新，跟世界万事万物一样。要是不创新，一停止，学如逆水行舟，不进则退。21世纪要想创新，对我们自然科学和人文科学来说，我觉得只有一条路，就是文理渗透，搞文科的要懂理科，搞理科的必须懂文科。我这个想法不限于民俗学，也不限于人文社会科学，自然科学也一样。经常创新，必然文理交汇，文理交融。

前已提及，早在1998年北大百年校庆时，季羡林便向江泽民同志提出文理并重的问题，受到重视。英雄所见略同，两弹一星元勋钱学森，诺贝尔物理学奖获得者李政道，也提出了文理互补、文理交融的主张。

2004年2月13日，季羡林写了一篇《一个预言的实现》，其中写道：

> 大约在十几二十年前，我曾讲过一个预言：21世纪将是中国的世纪。
> 我没有研究过新兴的科学预言学，我也不会算卦占卜，我不是季铁嘴、季半仙，但也并非全无根据。我的根据只是一点类似地缘政治学的世界历史地理常识。
> 我发现，在这个地球村中，每一个时代都有自己的政治经济文化中心，有的在东方，有的在西方，存在的时间长短不一，影响的程度也深浅不一。而这个中心不是一成不变的，而是有规律地变动着。拿最近几百年的世界史来看，就可以看出下面的规律：17、18世纪，它是在欧洲大陆法、德等国，19世纪在英国，20世纪在美国，21世纪按规律应该在中国。所以我说：21世纪将是中国人民的世纪。这绝不是无知妄言，也不出于狭隘的爱国主义，而是规律使然。可在当时，颇有一些什么士嗤之以鼻。我并不在乎，是嗤之以鼻，还是嗤之以屁股，那是他们的事，与我无干。
> 值得庆幸的事是，我在十几二十年前提出来的预言完全说对了。中华民族所固有的大气磅礴的创造力，被种种内在的和外在的力量堵塞了几百年；现在，一旦乘机迸发，有如翻江倒海，势不可挡。例子多得不胜枚举。我只举一个看似虽小而意义实大的例子："中国制造"（made in china）的商品现在流传全世界，包括美国在内，这在以前无论如何是难以想象的。中国报刊以"中国和平崛起，世界拍案惊奇"等类词句来表达这种感情。

可见，季羡林的预言完全不是什么心血来潮或者出于"民族主义"，而是站在世界历史的视野，登高望远，把握规律得出的结论。当年被"一些什么士嗤之以鼻"的预言，如今正在变为现实，季羡林的内心怎能不豪情壮壮、信心满满呢！这是一种民族自豪感和自信心，只有和我们的国家民族同呼吸、共命运的人才能享受到。因而，他对自己提出的"河东河西"论更加充满信心。

季羡林预言的是世界大势，是历史发展的必然趋势。然而，历史发展中又往往会出现一些难以预料的偶然事件，而这些偶发事件也都是必然趋势的一环。2001年9月11日，全国政协外事委员会召开"21世纪论坛——不同文明对话"研讨会，季羡林在会上发言指出，21世纪要处理好国家与国家、人民与人民、人类与自然的关系。他在讲到国与国之间关系时，谴责那个以世界警察自居、实行霸权主义的超级大国，说："多行不义必自毙，人家联合起来跟你干，你迟早要倒霉的。"

2003年5月，季羡林为《中国少林寺碑刻卷》作序，明确提出，在21世纪要想实现人类的和平与发展，唯有弘扬中华文化精髓，首先要弘扬"和为贵"的精神和理念，观点鲜明，掷地做金石之声。兹摘录如下：

> 时至今日，人类已经进入21世纪。可是，新世纪并没有给人民带来新希望。环顾全球，狼烟四起；侵略公行，杀人越货；翻云覆雨，指鹿为马；手挥大棒，唯我独尊。然而，在世界很多地区，饿殍遍野，人民生活在水深火热之中。最令人不安的是，西方挟科技发展之余威，怀抱"征服自然"之壮志，对大自然诛求无厌，穷追不舍。目前在自然界中已经出现了众多的灾害，如臭氧出洞，气候转暖，生态平衡破坏，动植物灭绝的速度加强，如此等等，不一而足。恩格斯早就警告过人们，大自然是会报复的。上面列举的几种灾害不就是大自然的报复吗？人类倘再不悬崖勒马，改邪归正，则发展前途殆矣。
>
> 但是，归正必须有一个方向，而这个方向只有中国能够指出。中华文化光辉灿烂，方面很广。目前谈中华文化者侈谈弘扬者多，而具体指出哪一方面应首先弘扬者尚未之见。我个人的意见，首先应该弘扬的是中华精神的精髓"和为贵"。历史上许多哲学家的学说，比如什么天人合一，民胞物与等等，体现的都是"和为贵"精神。连人工修建的长城，体现的也是这种精神。一个侵略者决不会修筑长城的。这是我对修筑长城意义的新解，自谓已得其精髓，决无可疑。（中略）
>
> 现在又是我们中华民族奉行送去主义的大好时机了。这次我们送去的就是"和为贵"。世界人民企盼和平，如大旱之望云霓。

揭开大钟的秘密

北京市海淀区有个觉生寺，因为清代乾隆朝把一口铸造于明永乐年间的大钟悬挂于此，故被称为大钟寺，而觉生寺这个名字反倒差不多被遗忘了。现在那里是北京市古钟博物馆。永乐大钟铸造于1418年前后，是15世纪初世界上最大的佛钟。钟通高5.60米，口径3.30米，青铜铸造，重46吨。钟体内外尽铸汉梵经咒，总计23万之巨。汉字铭文为《金刚经》《心经》《法华经》等7部佛典。铭文梵字5000有余，从未有人解读过。梵文是印度的古文字，懂得的人不多。加诸大钟上的梵字字体与今天所习见的不同，不是天城体而是罕见的蓝扎体，所以很少有人能够读通，几乎成了"天书"。解读和诠释大钟上梵字经咒，是季羡林亲自指导他的入室弟子、北京大学张保胜教授完成的。据季羡林初步研究判断：这些铭文每个字符是一个音节，多字合一联合表意。字符共有三种：第一种种子字，一种可以派生多种意思的字符，作参禅观想用；第二种陀罗尼，从发音和表意看，属于咒语；第三种曼陀罗，由种子字和周围的艺术线条组成的小幅"文字画"。

2001年夏天，张保胜到北大朗润园看望先生。季羡林拿出一函《永乐大钟铭文真迹》，问他对蓝扎体梵文有没有兴趣。张保胜看了激动不已。季老遂令他承担大钟梵字铭文的解读和诠释任务，张保胜欣然领命，并请先生担任特约顾问。

季羡林慧眼识人。他知道，在"文革"前跟随他学习了5年梵文和巴利文的张保胜，毕业后多年从事梵文教学和研究，在梵文文物的辨读方面下过功夫，发表了一些有分量的论文，如《敦煌沙符考》《沙符与法颂》《敦煌陀罗尼》《河北宣化辽墓出土的悉昙陀罗尼》等，还为湖北考古所、北京五塔寺石刻博物馆、辽宁省博物馆等单位解读过类似文物，是国内少有的梵文专家。季羡林相信他可以完成这项艰巨的任务，解开这座有近600年历史的佛钟的奥秘。

永乐大钟上的梵字铭文总体上属于陀罗尼，即咒语的范畴。佛教密宗强

季羡林与张保胜在一起

调,凡咒语"但当诵持,勿须强释"。如今,世界上对佛教密宗的研究很热,出了不少密宗著作,我国在这方面还比较落后。季羡林认为,对陀罗尼的研究是有价值的,"它是古代的遗存,属于文物。凡文物就有文物价值。作为文物,哪怕是一片纸、一片瓦也应当细心地加以保护和研究,因为它记录着历史,蕴涵着文物产生时期的社会、信仰和文化信息,折射着昨天的人类文明。而研究人类的昨天是为了更真切地认识今天,认识昨天和今天是为了更好地预示和规划明天。我们不能没有历史,没有对历史文化的研究和借鉴,就不能有现在和将来的发展"。季羡林的这些主张,不仅对大钟梵字的解读具有重要指导意义,而且对弘扬中华文化、建设中华民族共有的精神家园具有重要的现实意义。

解读和考据大钟上的梵字铭文共分 8 个层次:一、解读,将原文蓝扎体梵文字母转写成拉丁字母;二、复原,将一个个平列的梵文音节连缀成单词和完整的陀罗尼;三、断句和断咒;四、定名,即确定咒文的名称;五、汉语音译,通常采用汉译佛经原有的音译,佛经上没有的要新译;六、出典,标出咒语的出处;七、意译,凡能意译的都译出汉文意思;八、诠注,把梵字的语法形式、意义、咒语的典故、象征意义等加以注解和说明。这些工作可谓困难重重:第一,有的铭文字体细小,密密麻麻挤在一起,加上数百年的风化剥蚀,有的字迹已经模糊不清;第二,梵字铭文为等距离音节铸造,中间没有明显的起止标示,断句断咒难度很大;第三,必须熟悉密宗经典,熟悉汉译佛经,而佛教经典汗牛充栋,寻找相关经咒如同沧海觅粟。好在张保胜治学勤勉细致,季羡林对此也倾注了大量的心血,这项工作进行得比较顺利。2001 年 11 月 19 日,天气阴冷,三四级北风呼呼刮着。张保胜在大钟寺现场讲解梵文陀罗尼,90 岁高龄的季羡林不顾众人劝阻,坚持坐在寒风里,认真听了两个多小时。中央电视台播放了这段视频。那时候他已经患病,只是不动声色,在那儿硬撑着,20 天后终于被送进 301 医院。后来笔者曾问季老:"就是为张保胜站脚助威,您有必要在那儿冻两个多小时吗?"季老说:"有必要。因为他讲的有些新东西,有的我还不了解。"季老对待学问和学生的态度,实在令人感动。

张保胜在梵字铭文的解读过程中,受到中国台湾学者林光明先生和中国佛教协会副会长、雍和宫住持加木扬·吐布丹法师的大力支持,以及他的同门师弟王邦维教授和高鸿博士的热情襄助,历时 5 年终于圆满完成。从此,人们第一次了解了大钟上这些神秘的文字是什么意思。

2006 年,北京大学出版社出版了张保胜的专著《永乐大钟梵字铭文考》,季羡林欣然命笔写序。他满怀深情地写道:"希望在不久的将来使我们的研究能上一个新的台阶,并逐步赶上世界的步伐。有志于此者,盍兴乎来!"

编纂《儒藏》

《儒藏》是季羡林晚年积极提倡并指导编纂的一套大型丛书,是中国传统文化,乃至相当长的历史时期内的主流文化的集大成者。古代中国有儒、释、道三教之说,陈寅恪先生论中国思想史时指出:"南北朝时,即有儒释道三教之目。"其中,佛家经典称《大藏经》或《佛藏》,道家经典称《道藏》,唯有儒家无可称"藏"者。2002年11月8日,北京大学"《儒藏》学术研讨会"在校内一院召开。季羡林、张岱年、汤一介以及北大社科部部长陈郁缀、中国哲学与文化研究所所长李中华和哲学系、图书馆负责人到会。会上,季羡林从近期和远期目标阐述编纂《儒藏》的重要性。近期目标是实现传统文化与现代文化的结合,人文与社科的结合,中西文化的结合;远期目标是弘扬中华文化。11月27日,他又致信北大《儒藏》编委会,提出对编纂《儒藏》的具体意见。

2003年春,北京大学成立《儒藏》编纂与研究委员会。时任校长许智宏担任主任,季羡林任名誉主任,下设工作组,汤一介、吴志攀为组长。2006年4月成立《儒藏》精华编纂委员会,季羡林任名誉总编纂,汤一介(首席专家)、庞朴、孙钦善、安平秋任总编纂,参与编纂的还有中国人民大学等单位。汤一介曾提出请中国人民大学孔子研究院院长张立文教授主持《中华儒藏精华》的编纂工作,因该校领导不同意而未果。后来汤一介与张立文研究分工,汤负责国内部分,张负责国际部分。

汤一介负责的编纂工作,到2005年冬已经初见成效。他在11月8日的一次讲话中说:"《中庸》第二十二章中说:'唯天下之至诚,为能尽其性。能尽其性,则能尽人之性。能尽人之性,则能尽物之性。能尽物之性,则可以赞天地之化育。可以赞天地之化育,则可以与天地参矣。'人类社会生活应该由自身做起,即由'安身立命'起,而至于'推己及人',再至'民胞'、'物与',而达到'保合太和'的与天地为一体的至高境界。这就是儒家可能为当前人类社会提供的极有价值的精神财富。"(汤一介《我们三代人》,中国大百科出版社2015年版,第458页)

2008年10月16日,季羡林同蔡德贵谈到《儒藏》的编纂。他说:"在编纂《儒藏》的工作中,最卖力气的是汤一介先生。编纂《儒藏》的想法,是从中国经典里选那么一些可以入'藏'的,但是现在还没有到那个程度。我是《儒藏》名誉总编纂,最近工作的进展情况不甚清楚。儒家的著作浩如烟海,要'藏'的话,必须搞出一个次序来,是非常不容易的。中国研究《道藏》的人,我知道的,一个在澳大利亚,叫柳存仁;还有一个是天津大学

《儒藏》于 2011 年正式出版

化工系教授陈国符。《儒藏》应该有人搞,有人研究。"

2008年12月9日下午,中国人民大学张立文教授到301医院向季老汇报《儒藏》国际部分的编纂情况,并拿出他们编纂的《国际儒藏》第一卷,即韩国部分。此时,汤一介他们编纂的部分已经完成了8册。儒学不仅在中国,对韩国和日本也有很大影响。张立文说:"儒学早就走出去了。中国传统文化早在公元前就走出去了。韩国、日本,还有欧美。中国文化早走向世界了。"季老说:"韩国尊孔比我们要强,我在韩国访问时,有韩国朋友对我说:韩国30%是天主教,30%是什么教,100%是儒教。汉城大学有个奎章阁,里面藏书不多,但很有特色。李退溪就是韩国的。"季羡林还说:"《儒藏》实在是非做不可,要不然会影响我们国家的面子,人家问《佛藏》有了,《道藏》有了,为什么没有《儒藏》?人家一问,你回答不出来,不好交代。中国传统文化这课还得补,年轻人还得认识繁体字,大学生不管是哪个系,从一年级开始都应该学习马克思主义,同时要开国学课,没有这个不能毕业。过去有个说法,《四库全书》就是《儒藏》,这是不对的。因为《四库全书》不光是儒学,代替不了《儒藏》。《四库全书》不能叫《儒藏》。"季老认为,编纂《儒藏》是一件好事,非常应该做。第一,做此事一定要慎重。比如,日本的《大正大藏经》很有用,国外的学者经常引用,可是标点却一塌糊涂。现在我们已经习惯了,引这部书,不看标点。第二,标点也不容易。二十四史,早就组织了一个班子,标点错误不少,到现在还有人挑错。《元史》里面错误最多。最后,季老希望精心编纂,把《儒藏》做成精品。

现在《儒藏》的北大版和川大版现已正式出版,终于可以告慰季羡林的在天之灵了。

《胡适全集》出版

2003年9月18日，北京大学和安徽教育出版社联合召开《胡适全集》出版暨胡适学术思想研讨会，季羡林是该书的主编，他从医院请假直接来到会场，足见对这次会议的重视。应该说，重新认识和评价胡适，季羡林是一个扛旗的人物。

胡适这个名字，对今天的青少年来说，已经很陌生了，更谈不到有人会读他的书。因此，笔者借此机会简要地介绍一下胡适。胡适是中国现代史上的风云人物，是中国现代思想史、文化史、学术史和教育史上一个举足轻重的人物。胡适早年在上海中国公学求学，参加过学潮，1910年到美国康奈尔大学留学，毕业后到哥伦比亚大学研究院师从杜威学习实用主义哲学，1917年获哲学博

季羡林在医院养病期间，接受邀请参加《胡适全集》出版暨胡适学术思想研讨会，并在会上发言

士学位，同年初在《新青年》撰文《文学改良刍议》，反对文言文，提倡白话文，主张文学革命，7月回国任北大文科教授，和陈独秀、李大钊等共同编辑《新青年》，创办《每周评论》，大力提倡"新文化"或"新思潮"，是新文化运动的重要领导者之一。"五四运动"后期，新文化运动发生分化，胡适主张"多研究些问题，少谈些主义"；在学术上倡导"大胆的假设，小心的求证"的治学方法，对后来的学术界有重大影响。1922年胡适创办《努力周报》，鼓吹"好人政府"和"省自治联邦制"。1925年参加段祺瑞策划的"善后会议"。1926年去欧美、日本游学。1927年回国后担任中华教育文化基金会董事。1928年发起人权运动，反对国民党独裁与文化专制主义。1931年胡适任北大文学院院长，"九一八"后创办《独立评论》，主张"全盘西化"。1937年"七七事变"爆发后，胡适参加国防参议会，赴美、英、加拿大宣传中国抗战，后任驻美大使。1942年任国民党行政院最高政治顾问。1945年，胡适作为中国代表团成员，参加了联合国的成立，回国后任北大校长。1946年当选"国民大会"主席，

带头提出《戡乱条例》。1948 年任国民党中央研究院院长。1949 年去台湾，不久去美国，先后担任"中华教育文化基金会"干事长、国民党"光复大陆设计委员会"副主任、中国台湾"中央研究院"院长等职务。1962 年 2 月在中国台北病逝。从以上的介绍中可以看出，胡适一生的经历相当复杂。20 世纪 50 年代大陆发起对胡适思想的批判，其中许多是非难以说清楚，要公正客观地评价胡适，绝非一件容易的事。

胡适比季羡林整整大 20 岁，经历也大相径庭，他们在北大共事不到三年，是工作中的上下级，而且这段时间胡适经常去南京，并非朝夕相处，论说是扯不上多少关系的。可是偏偏不然，他们有很好的私谊，留下许多难以忘却的回忆。季羡林回顾自己的一生，认为对他影响最大的有 6 位恩师，胡适就是其中之一。他从德国回来后被北大聘为教授、东语系主任，胡适校长起了决定性的作用，对他有知遇之恩。季羡林是一个极重感情的人，也是一个知恩图报的人，所以要评价胡适，他不可能保持沉默。当然，他追求的是客观公正，绝不会因为私谊而袒护和美化胡适。

在"左"倾思潮泛滥时，对胡适的批判甚嚣尘上，但胡适思想却在季羡林心中种下了种子。1954 年，从批判俞平伯的《红楼梦研究》的资产阶级唯心论开始，批判之火逐渐烧到了胡适身上。这是一场缺席的批判，胡适远在重洋之外。大陆学界人士个个义形于色，争先恐后，万箭齐发，胡适的名字仿佛成了一个稻草人，浑身是箭。可是，季羡林没有凑这个热闹，一直保持沉默。1987 年 11 月，他写了一篇文章《为胡适说几句话》，起因是他在报刊上看到一篇文章，说胡适"一生追随国民党和蒋介石"。季羡林以为不然，他的意见是"胡适是一位非常复杂的人物，他反对共产主义，但是拿他那一把美国尺子来衡量，他也不见得赞成国民党。在政治上，他有时想下水，但又怕湿了衣裳。他一生就是在这种矛盾中度过的。他晚年决心回国定居，说明他还是热爱我们祖国大地的。因此，说他是美帝国主义的走狗，说他'一生追随国民党和蒋介石'，都不符合实际情况"。这样的话无疑有为胡适翻案的嫌疑。搞了这么多年政治运动，许多人都心有余悸，有人便劝季羡林不要急着发表，可他不听，发表了，结果还不错，没有挨批。自从改革开放之风吹绿了中华大地，人们的思想得到空前的解放，1996 年安徽教育出版社决定出版一部超过 2000 万字的《胡适全集》。主编这一重要职位，出版社选定季羡林担任。季羡林自认为不是胡适研究专家，力辞不敢应允。但是出版社说，现在北大曾经同胡适共过事且过从比较频繁的人，只剩下他一人了。这是实情，季羡林只好应允，也想借此报知遇之恩。于是，他为《胡适全集》写了一篇长达 1.7 万字的序，副标题是"还胡适以本来面目"，目的在于拨乱反正，以正视听。

还胡适以本来面目

在中国近百年来的学术史上、思想史上、文化史上、文学史上，甚至教育史上，胡适都是一个举足轻重的人物，一个矛盾重重的人物，一个物议沸沸扬扬的人物，一个很值得研究而又非研究不行的人物。

最近安徽教育出版社决定出版约莫有两千万字的《胡适全集》，征序于我。我没有怎样考虑，便轻率地答应了下来。现在说是轻率，但在当时并没有一点轻率的感觉，反而觉得确有点把握。因为我从中学起，一直到大学，到留学，到回国任教，胡适的著作从《尝试集》《胡适文存》起，一直到《胡适论学近著》，再加上报纸杂志上他的那一些政论文章都读过，有的还读了不止一遍。对他的学术造诣以及对政治和社会问题的看法，自己觉得颇有把握。在另一方面，在40年代后半期，我作为北京大学的一个系主任，同作为校长的胡适，经常有接触的机会，请示汇报，例所难免。在学术研究方面，我同他一样，都推崇考据之学，颇能谈得来。从而对他的为人，待人接物，应对进退，有充足的感性认识。有了这两个方面，为他的《全集》写序，心里是觉得颇有底儿的，答应下来，难道还能算是轻率吗？

这篇序文从胡适在中国近百年来学术史、思想史上的地位，作为学者、思想家、政治家和社会活动家的胡适，以及作为人、朋友的胡适等方面谈起，多角度、全方位地评价了胡适极其矛盾、极其复杂的一生。在文章的结尾，季羡林写道："有一点我们都是应该肯定的：胡适是一个有深远影响的大人物，他是推动中国'文艺复兴'的中流砥柱，尽管崇美，但他还是一个爱国者。……我们对人，对事，都要实事求是，这是我们从事学术研究的人起码的准则。"后来，又有人邀请季羡林在《学林往事》上写一篇关于胡适的文章，那是他刚刚从中国台湾访问回来抱病写成的。这一篇文章的副标题是"毕竟一书生"，原因是前一篇序文的副标题说得太满，借此副标题谈自己对胡适的看法比较实事求是。

1999年3月，季羡林应邀访问祖国的宝岛台湾，在繁忙的学术交流活动间隙，季羡林特意到胡适和傅斯年的墓地凭吊，回来写了两篇真情感人的散文。其中，《站在胡适之先生墓前》通过他与胡适直接交往的点点滴滴，写出了一个有血有肉的活脱脱的胡适，他说：

在此后的三年内（指1946—1948年），我在适之先生和锡予（汤用彤）先生领导下学习和工作，度过了一段毕生难忘的岁月。我同适之先生，虽然学术辈分不同，社会地位悬殊，我们见面的机会非常多。他那一间在孑民堂前东屋里的狭窄简陋的校长办公室，我几乎是常客。作为系主任，我要向校长请示汇报工作。他主编报纸上的一个学术副刊，我又是撰稿者，所以免不了也常谈学术问题。最难能可贵的是他待人亲切和蔼，见什么人都是笑容满面，对教授是这样，对职员是这样，对学生是这样，对工友也是这样。从来没见他摆当时颇为流行的名人架子、教授架子。

适之先生是非常懂得幽默的，他决不老气横秋，而是活泼有趣。有一次召开教授会，杨振声先生新收得了一幅名贵的古画，为了想让大家共同欣赏，打开铺在一张极大的桌子上，大家都啧啧称赞。这时适之先生忽然站了起来，走到桌前，把画卷了起来，作纳入袖中状，引得满堂大笑。

在这篇文章中，季羡林回忆了新中国成立前的三年中，他发表过的那两篇学术论文《浮屠与佛》和《列子与佛典》。第一篇涉及的正是胡适同陈援庵"争吵到面红耳赤的问题"，季羡林根据吐火罗文解决了这个问题，胡适"不会不读到这篇论文"。关于第二篇，他说：

第二篇文章，写成后我拿给了适之先生看，第二天他就给我写了一封信，信中说："《生经》一证，确凿之至！"可见他是连夜看完的。他承认了我的结论，对我无疑是一个极大的鼓舞。这一次，我来到中国台湾，前几天，在大会上听到主席李亦园院士的讲话，他讲到，适之先生晚年任"中央研究院"院长时，在下午饮茶的时候，他经常同年轻的研究人员坐在一起聊天。有一次，他说，做学问应该像北京大学的季羡林那样。我乍听之下，百感交集。这说明，适之先生一直到晚年还关注着我的学术研究。知己之感，油然而生。

在这篇文章中，季羡林又回忆了新中国成立前夕他亲眼看到的两件事。一件是，在"沈崇事件"和"反饥饿、反迫害"抗议活动中，北平学生经常示威游行，背后都有中共地下组织指挥，胡适对此当然心知肚明。但是，每次北平国民党的宪兵和警察逮捕了学生，他都乘坐他那辆当时北平还极少见的汽车，奔走于各大衙门之间，逼迫国民党当局释放学生。为了同样的目的，他还亲笔给南京驻北平的要人写信，据说这些信至今犹存。另一件是，有一天，季羡林正在校长办公室与胡适谈话，一个学生走进来对胡适说："昨夜延安广播电台曾对他专线广播，希望他不要走，北平解放后将任命他为北大校长兼北京图书馆馆长。"他听了以后，含笑对那个学生说："人家信任我吗？"这个学生的身份他肯定明白，但他并没有拍案而起，怒发冲冠，态度依然亲切和蔼。

季羡林认为，胡适尽管以青年暴得大名，誉满士林，经历了光芒万丈的时期，但他一生处在一个矛盾中，一个怪圈中——一方面从事学术研究，一方面又进行政治活动和社会活动。他一生忙忙碌碌，倥偬奔波，如同"过河卒子"，却不知道自己身陷怪圈中。当局者迷，旁观者清，季羡林却深知胡适本质上是一位学者，一介书生。他是思想家，却没有独立的体系，没有既定的目的，一辈子都在匆匆忙忙地行动。他不是政治家，却热衷政治活动，被蒋介石玩弄于股掌之间而至死不悟。由此看来，胡适的确是一个"书呆子"。

季羡林对胡适的评价，可以说是打破坚冰，开了实事求是的先河，引起众家对胡适的客观评论。2004年广东人民出版社出了一本《思想操练——人文对话录》，谈到旧时一些著名的大学校长。该书作者之一智效民认为："胡适当年在中国公学当校长时，就干得很好。后来做北大校长，虽然没有多久，但是在中国大学校长的历史上，胡适无疑是一位出色的校长。罗尔纲回忆他当年在中国公学读书时的情景，对胡适的民主作风和开明办学风格，很怀念。他说：'进学校后，首先使我感到痛快的，是学校不挂国民党党旗，星期一上午不上国民党纪念周。学校办公室前，竖有许多木牌，给先生贴壁报用，那些壁报，有左派办的，有国民党办的，有国家主义派办的，有无党无派办的。胡适一视同仁，准许学生各抒己见。'"另一位作者高增德认为："胡适1946年从美国回来做北大校长，总是提倡要独立研究，不盲从，不受欺骗，不用别人的耳朵当自己的耳朵，不用别人的头脑当自己的头脑。"胡适办学的主张和见解，对于研究中国思想史和教育史，乃至改革当今的大学教育，无疑都是有裨益的。

本节提到《站在胡适之先生墓前》一文，这无疑是一篇感人至深的好散文。但需要指出的是，美中亦有不足。问题出在文章开头的一段话："1948年12月中旬，是北京大学建校50周年的纪念日。此时，解放军已经包围了北平城，然而城内人心并不惶惶。北大同人和学生也并不惶惶；而且，不但不惶惶，在人们的内心中，有的非常殷切，都在期望着迎接解放军。适逢北大校庆大喜的日子，许多教授都满面春风，聚集在沙滩孑民堂里，举行庆典。记得作为校长的适之先生，做了简短的讲话，满面含笑，只有喜庆的内容，没有愁苦的调子。"可惜，这个记忆是错的。文章完成于1999年5月2日。好在他自己有所察觉，于5月14日写了一个"后记"缀于文后。"后记"说："文章写完了。但是对开头处所写的1948年12月在孑民堂庆祝建校50周年一事，脑袋里终究还有点疑惑。我对自己的记忆能力是颇有一点自信的，但是说它是'铁证如山'，我还没有这个胆量。怎么办呢？查书。我的日记在'文革'中被抄家时丢了几本，无巧不成书，丢的日记中正巧有1948年的。于是又托高鸿查胡适日记，没能查到。但是，从当时的报纸上的记载中得知胡适于12月15日已离开北平，到了南京,并于 17 日在南京举行北大校庆 50 周年庆祝典礼,发言时'泣不成声'云云。可见我的记忆是错了。"一位望九老者,记忆发生一些差错毫不足奇。这篇文章也是瑕不掩瑜。令人钦佩的是季老的一丝不苟的认真精神。笔者得悉此事,利用出差南京的机会,特意到中国第二历史档案馆查阅了《胡适之先生年谱长编》,并复印了胡适在 1948 年 12 月的活动资料送给季先生。季先生说:"(纠错)已有'后记',文章不再改,你可以用这些资料另写文章。"

爱屋及乌,季羡林对胡适的故乡徽州绩溪情有独钟。他曾经为《名人故里绩溪》丛书题写书名,还特意书写了胡适最喜爱的一首南宋大诗人杨万里的绝句《桂园铺》,送给胡适家乡的孩子们:

万山不许一溪奔,拦得溪声日夜喧;到得前头山脚尽,堂堂溪水出前村。

2006 年 7 月,季羡林还委托北大党委常务副书记吴志攀专程赴安徽,将自己新出版的著作《阅尽沧桑》和《故乡明月》赠送给绩溪县。

东方学巨匠

季羡林是新中国东方学学科的开创者和奠基人。在长达 65 年中,他一再强调文化交流可以促进人类社会的进步,主张东西方文化相互取长补短,创造人类新文化,以解决人类的生存和发展面临的难题。2005 年 11 月 15 日,季羡林致信北京论坛:

欣闻北京论坛(2005)隆重开幕,心情十分激动。论坛以"文明的和谐与共同繁荣"为主题,这是我所赞同的。

我历来主张,以分析为基础的西方文明和以综合为基础的东方文明之间,应该取长补短、互相融合、和谐发展、共同繁荣。今天人类社会遇到了很多难题,就必须东西方文明互相学习,互相借鉴经济发展模式和思维方式,把人类文明的发展推上一个更高的阶段。

恩格斯的一段话很值得我们学习思考:"我们不要过分陶醉于我们对大自然的胜利。因为,每一次这样的胜利,大自然都对我们做出了报复。"

学术研究是文明的重要载体,学者则承担着传承文明,创造新文明的伟大使命。来自各个国家和地区的学者聚会在北京,开展交流与对话,必将为人类文明的发展做出新的贡献。

因为老病,我不能躬逢其盛,实在感到非常遗憾,但我的心,永远和大家在一起!

季羡林的学术研究是广义的人类文化,研究领域很广博,跨多个学科。刘梦溪在总结季老的学术成就时说:"季先生所专精的学问区域,主要在4个方面:一是印度学和中亚古文字,以所撰写《印度古代语言》和《吐火罗文研究》为代表;二是梵典翻译之学,以其所译述之《罗摩衍那》《五卷书》等梵文经典及《吐火罗文〈弥勒会见记〉译释》为代表;三是佛学,以两论《浮屠与佛》、三释大乘经典《妙法莲华经》和《玄奘与〈大唐西域记〉》为代表;四是中西交通史的研究,以晚年成书的《糖史》为代表。季先生在这4个对一般学人而言相对生僻的领域,均做出了独特的学术贡献。这些领域属于东方学的范围,因此我们称季先生为20世纪世界东方学的重镇、古印度学研究的巨擘、梵文翻译的大师、中西交通史的大家,不大会有人找出反对的理由。"

不错,季羡林的学术研究既广且精,重点在印度学、佛学和中西交通史,但又不限于印度学、佛学和中西交通史,还涉及语言学、历史学、比较文学等领域。他的治学方法长于考据,但又不限于考据,特别是晚年则更重义理。总之,他会通华梵、会通中西、会通古今,以上下几千年纵横数万里的宏大视野考察人类文化现象,逐渐把握了文化发展的规律和趋势。

季羡林认为,世界上林林总总的民族,不论大小、久暂,只要存在或者曾经存在,总会在物质和精神方面有所创造,就是对人类文化有所贡献。因此,人类文化来源是多元的,不是一元的。文化有个特点,它是天下为公的,一旦被创造出来,就会向外流传,它既可以为这一个地区、民族的人们服务,也可以为那一个地区、民族的人们造福。不同地区不同民族的文化通过交流,互通有无,相互吸收,相互学习和融合,自己原来没有的东西有了,原来不会的学会了,他们的本领越来越大,创造的物质和精神财富越来越多。文化的交流,促进生产力发展,推动人类社会前进。从这个意义上说,一部人类历史,就是一部文化交流史。民族的就是世界的,每个民族的固有文化,构成了它的民族传统,而吸收、借鉴和融合外来文化,就形成了它的时代特征,各民族的文化都是以民族传统为经线,以时代特点为纬线织成的锦缎。人类文化就是这样多姿多彩、五光十色的锦缎。

季羡林认为,在人类历史上,既然各个民族或国家,不论大小,都或多或少地对人类文化宝库做出了自己的贡献,这是一个历史事实,无法否认,那么,同样不可否认的是,每一个民族或国家的贡献又不完全一样。有的民族或国家的文化对周围的民族或国家产生了比较大的影响，积之既久，形成了一个文化圈或文化体系。他根据自己多年的研究，总结出人类自从有历史以来，总共形成了四个大文化圈：古希腊、罗马一直到近代欧美的文化圈，从古希伯来起一直到伊斯兰国家的闪族文化圈，印度文化圈，中国文化圈。在这四个文化圈内有一个主导的影响大的文化，同时各个民族或国家又是互相学习的，在各个文化圈之间也是互相学习的。这种相互学习就是文化交流。倘若从更大的宏观上来探讨，这四个文化圈又可以分成两大文化体系：第一个文化圈构成了西方大文化体系，第二、三、四个文化圈构成了东方大文化体系。这两大文化体系之间的关系也是互相学习的。目前统治世界的是西方文化，但是从历史上来看，二者的关系是"三十年河东，三十年河西"。从发展趋势上看，21世纪东方文化，特别是中国文化将重现辉煌。

这种对于东西方文化的比较研究，并非自季羡林始。据吴学昭著《吴宓与陈寅恪》，早在1919年，在美国哈佛大学，陈寅恪和吴宓做过长谈，谈话的内容便是中西文化的长短、优劣、异同以及体用问题。其中陈寅恪提出的见解为国富民强的理想提供了一个全新的文化学视角，吴宓在日记中对此有详细的记载。这些见解的深刻性和全面性，不仅远胜过去的洋务派，而且远胜新文化运动以来"全盘西化"的主张。后来，陈寅恪和吴宓都在清华大学执教，成为季羡林的业师，他们的学术思想和治学方法无不影响季羡林的一生，季羡林继承和发展他们关于东西方文化的观点，自然比别人走得更远。薪火相传，陈寅恪和吴宓闪耀出的思想火花，70年后在季羡林手上燃起了熊熊的火炬。

季羡林学术研究的特点是以语言作为切入点。语言是思想的外化，是人类思维的工具，不同的民族操不同的语言，他们的思维模式也千差万别。季羡林发现，人类的思维模式尽管千差万别，但总起来说不外乎分析和综合两种。东方文化和西方文化的根本差别正在于思维模式的不同，西方主分析，东方主综合。近代以来，主分析的西方思维方式风靡世界，给人类带来了巨大的福利，但也为人类的生存与发展埋下了巨大的隐患。人类面临的诸多难题，如能源匮乏，淡水不足，人口爆炸，环境污染，气候变暖，臭氧层破坏，生态失衡，物种灭绝，新疾病蔓延，自然灾害频发等等，如果按照西方分析的思维模式，一味强调发展，诛求无厌，不计后果，是不可能解决的。那么，出路何在呢？

季羡林认为，在处理人与自然的关系上，主分析的西方提出的口号是"征服自然"，对大自然穷追猛打，结果环境日益恶化，资源日渐枯竭，人类遭到大自然的报复，生存和发展陷于空前的危机；主综合的东方则主张"天人合一"，中国宋代哲学家张载即提出"民胞物与"的思想。这个古老命题的新解就是"人与自然和谐相处"。多少年来，由于西方思维模式占有绝对优势，东方的一些合理主张被忽视，连东方人自己也没有身体力行的勇气。既然人类面临生存危机，那就必须改弦更张，大力倡导"天人合一"，可谓此其时也。季羡林还发现，不仅古代中国人主张"天人合一"，古印度哲学也有类似的主张，"梵我一如"即是同西方"征服自然"的自然观相对立、以自然为友的东方自然观。总之，只有和大自然交朋友，和大自然和谐友好相处，人类才能生存发展，只有以中国、印度等国家为代表的东方智慧济西方之穷，才有人类的出路。这就是季羡林"三十年河西、三十年河东"的理论依据，也是他信心满满地预言"21世纪东方文化将首领风骚"的根据所在。

季羡林晚年不遗余力地宣传"天人合一"，旗帜鲜明地反对"征服自然"，赢得了越来越多的赞成和支持。这是一位东方学家对整个人类的贡献。试看，如今关注可持续发展、注意保护环境、发展低碳经济，已经成为世界各国的共识。我们可以坚信，人与自然为敌的历史终将结束。

2006年12月13日，北京大学授予季羡林、侯仁元、徐光宪、曲绵域、王燮、韩济生、厉以宁、王阳元、袁行霈、林毅夫等10名教授"蔡元培奖"，这是北大教师最高荣誉奖，表彰获奖教师在教书育人、传承文化、知识创新和社会服务方面做出的杰出贡献。季羡林获此殊荣，是对他在东方学学科建设和发展中所做贡献的充分肯定。

《集成》十年

季羡林不仅在理论上主张和强调东西方文化交流的重要性，而且在实践中为促进东西方文化交流，尤其对弘扬东方文化做了许多具体的工作。

2006年10月31日，北京大学东方学研究院在民主楼隆重召开"季羡林与东方学"学术研讨会，庆祝《东方文化集成》100部出版。学术界、教育界、文化界专家学者100多人到会，围绕季羡林对东方学的贡献、已经出版的100部东方文化专著以及未来《东方文化集成》的筹划与编撰进行了深入的研讨。

《东方文化集成》1994年启动，季羡林担任总主编，这是他晚年主持的最重要的大型文化工程之一。《东方文化集成》（以下简称《集成》）旨在发掘和整理东方文化遗产，弘扬东方优秀文化，将东方文化全面系统地编撰成书，介绍给全世界，以增进中国人民与东方各国人民之间的相互了解与文化交流。1996年，季羡林为《集成》写了总序，简要阐述了他对文化及相关问题的主要观点：文化多元论、文化交流论、东西方文化论、河东河西论、拿来主义与送去主义，总之就是一句话："只有东方文化能够拯救人类。"总序指出，我们反对"西

《东方文化集成·泰戈尔文学作品研究》（唐仁虎等著）书影

方中心主义"，而不张扬"东方中心主义"，目的是推动人类不同文化间的相互学习、相互了解、维护世界和平、促进世界大同。

为了保证《集成》的质量，季羡林亲自写信，聘请20多位国内外知名学者专家担任名誉顾问或顾问。为了反映东方各国文化发展的全貌，使每一个东方国家都在其中占有一席之地，真正集东方文化之大成，经过精心设计，《集成》分为《东方文化综合研究编》《中华文化编》《日本文化编》《朝鲜、韩国、蒙古文化编》《东南亚文化编》《南亚文化编》《伊朗、阿富汗文化编》《西亚、北非文化编》《中亚文化编》《古代东方文化编》等10大部分，预计出500册。同时，组成了总编委员会和10个分编委员会，成立编辑部。数十名主编和编委大多是季羡林的弟子和再传弟子、东方学科的专家学者，通过他们联系了一大批国内外的作者，形成了一支老中青三结合的东方学研究队伍，其人数之多、力量之强、水平之高，是史无前例的。以《中华文化编》为例，10年间出版的专著占《集成》已出版总量的20%以上，撰稿人朱伯昆、汤一介、乐黛云、王永兴、方广锠都是当今学术界的名流大家。

自从1997年《集成》第一部书出版，经过10年艰苦奋斗，到2006年，已出版百部图书。这100部图书虽然选题各异，水平有别，但大多数是成功的，约有30部在国内外获得各种奖励，有些将成为传世之作。

在当今市场经济大环境下，学术专著出版之难，是人所共知的。况且，如此浩大的工程，完全依靠这些年逾七旬的教书匠，借助民间力量，显然举步维艰，自有苦衷。但是，季羡林总是以乐观的态度鼓励编委会和编辑人员，他说："《集成》是一项事业，为了事业应在所不惜，我们付出了不少代价，碰到很多钉子，成了碰钉子'老手'、'专业户'，我一生碰钉子最多的事要算《集成》了，但我不在乎。一个人活在世界上不碰钉子是不可能的，困难是客观存在的，人活着就是为克服困难的。认定我们干的事对国家对民族有好处，就要锲而不舍地干下去，为后人留些实实在在的东西。"他还说："要办一件事不容易，办成更不容易。总是要付出代价的，古今中外，无一例外。我们要有一个艰苦奋斗的长期思想准备，坎坎坷坷是正常规律。今后的路还长着呢！我们一定要排除干扰，干我们应该干的事，把书编好，真正干些实事，造福后人。"季羡林坚信，"编辑、出版《集成》益世利民，能加强中国人民对东方文化的理解，达到增进东方各民族和国家之间的友谊"，"只有以中国文化为基础的东方文化能够拯救人类，东方文化必将普照世界"。同时，他还清醒地认识到，"就国情而言，研究东方文化底子薄，整体水平不是很高。通过抓《集成》的工程，培养人才，促进人才成长，提高研究水平，这是个基本建设。弘扬东方文化，就像赛跑的接力棒，要持之以恒"。

的确，季羡林为《集成》工程倾注了大量心血。从组班子、拟课题到聘顾问、写聘函，他都一一亲自动手。他约见各分部主编，布置任务，提出要求；他主持编委会，研究决定重大问题；为了筹集出版资金，他不断约见国内外客人，给有关方面负责同志写信，还不顾年高病弱，千里迢迢去国外"化缘"，终于从泰国的谢慧如先生处募集到一笔启动资金；他还先后约见十几家出版社的同志，进行宣传，争取支持，经济日报出版社、光明日报出版社、天津人民出版社和昆仑出版社先后参与了这一工程。季羡林最关心的是图书质量问题。他说："《集成》是传世之作，一定要保证质量，要经得起历史的检验。做学问，偷懒不行，要勤跑图书馆，要查古籍，急于求成不行。"为了搞好图书设计，他亲自给丛书的美术设计朱虹讲解说，东方文化最根本的精神就是"天人合一"。围绕这四个字，他侃侃而谈，讲了两个多小时。朱虹心领神会，将"天人合一"的哲学思想贯穿图书设计的全过程，做到贴近大自然，以近似水墨画的风格表达东方文化的深沉、博大、宏伟、绚丽的神韵。

经济日报出版社是最早拿到出版权的，他们迎难而上，提出"创国际一流，又要最大限度地节约资金"的出书要求，于1997年3月推出了首批10种12册图书。有关专家、学者和出版部门的领导对这套丛书的内容、装帧、设计、印刷，给予了很高评价。薄一波称赞"这是一件功德无量的大事"。著名学者刘梦溪说："这是一套具有战略眼光的丛书，既是一百年来对东方文化讨论的总结，也是对21世纪东方文化可能作用的期待，对于新的世纪而言，这是一套奠基之作，同时也是对上一个一百年东西方文化交流不平等以及欧洲中心主义的一个回应。"1997年10月首批图书到京，1998年2月就有两种脱销，4月，首印2000册的6种图书全部售完。自1999年开始，一些图书陆续获奖，著作权也时有输出。季羡林的《文

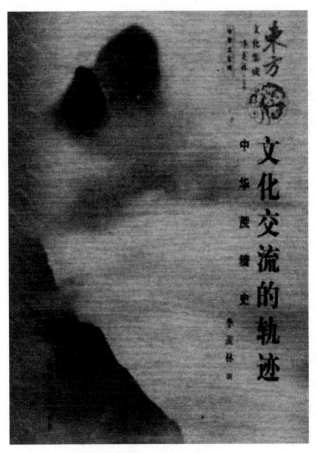

《文化交流的轨迹——中华蔗糖史》书影

化交流的轨迹——中华蔗糖史》荣获首届长江读书奖，叶渭渠与唐月梅合著的《日本文学史》获国家图书奖外国文学奖。后来，由于市场情况变化，出版社回款困难，后续项目难以落实。虽经种种努力，但最终不得不由第二、第三乃至第四家出版社接手。这套丛书确实经历了当今出版学术著作的文化苦旅。

2002年4月17日，在北大民主楼召开的"《东方文化集成》丛书出版与21世纪东方文化"座谈会上，季羡林说："中国古老的'天人合一'思想是符合世界发展趋势的，东方文化在21世纪必将得以弘扬。"2005年1月19日，《集成》编委会开会时，季羡林因病不能到会，他请助手转达了三条意见：

一、大家辛苦了，向大家拜年！祝大家身体健康，阖家快乐！

二、出了那么多书，真不容易，谢谢大家为《集成》付出的艰辛劳动，人们不会忘记你们的。我们就是凭着对国家的热爱，对东方文化的热爱，对民族负责的精神走到一起来了。做前人没有做过的事，是非常值得的。

三、对《集成》说起来很内疚。我是主编，实际是主而不编，许多工作都是大家干的，没有大家的努力，就没有今天的成绩，特别是工作小组的几位同志，做了许多艰苦、细致的工作，应该提出表扬。

我身在医院，不能前去参加编委会，心里感到不安。但我仍然非常惦记《集成》的方方面面。希望我们的《集成》工作更上一层楼，再接再厉，把《集成》编好。说实在的我都不好意思再说什么了，因为我没有干事。还是那句话，锲而不舍、团结协作。为弘扬东方文化，做实实在在的事。

季羡林看到了《集成》第 100 部出版，但遗憾的是，他却看不到第 200 部出版了。这个巨大的文化工程是季老的未竟之业，后面的路还很长，很艰辛。最近，编辑部负责人告诉笔者：季老逝世之后，这项工程在刘延东、柳斌杰等领导同志的关心和支持下，被列为国家重点支持的出版项目之一，目前已出版 200 余册。但愿季老的弟子和再传弟子，以及所有热爱东方文化的人们继续努力，让季老的遗愿早日实现。

翻译大家

人所共知，季羡林是中国当代翻译名家，他从事翻译的历史甚至比他从事教学、科研和散文创作的时间更长些。用他自己的话说，是数十年"研究、创作与翻译并举"。这是季羡林的一大"特色"，因为这样干的人极少。总之，翻译工作是季羡林终身从事的事业之一。

2006 年 9 月 26 日，中国翻译协会授予季羡林"翻译文化终身成就奖"，他因健康原因没有参加表彰大会。在书面发言中，他说：

我一生都在从事与促进中外文化交流相关的工作，我深刻体会到翻译在促进不同民族、语言和文化交流中的重要作用。自从人类有了语言，翻译便应运而生。在世界文明发展的历史长河中，在中华民族伟大复兴的进程中，翻译，始终都是不可或缺的先导力量。中华几千年的文化之所以能永盛不衰，就是因为，通过翻译外来典籍使原有文化中随时能注入新鲜血液。可以说，没有翻译，就没有社会的进步；没有翻译，世界一天也不能生存。

季羡林荣获"翻译文化终身成就奖"

季羡林对翻译的认识如此之高，决不同于把翻译看作"传声筒"、看作简单的技术工作的世俗之见，这就是他在翻译领域取得非凡成就的思想基础。

1930年，当季羡林还是一名中学生的时候，他就在山东《国民新闻》《 趵突周刊》和天津《益世报》上发表译作，有泰戈尔的《小诗》，屠格涅夫的散文《老妇》《世界的末日》《老人》《玫瑰是多么美丽，多么新鲜啊！》等等；在清华求学期间，他又有多篇译作发表；1935年他到德国留学，学习佛教梵语，即梵语、巴利语和俗语形成的一种混合语言，并用德语撰写了几篇关于印度佛教梵语的论文，发表在《哥廷根科学院院刊》上；1946年回国后，他开始从事中印文化交流史方面的研究工作，新中国成立初期从德文翻译了《马克思论印度》和德国女作家安娜·西格斯的短篇小说集，后来将印度古典戏剧《沙恭达罗》和《优哩婆湿》、寓言集《五卷书》以及《佛本生故事》等名著从梵文和巴利文译成中文。季羡林的所有这些翻译作品都受到了中国读者的欢迎和喜爱，《沙恭达罗》还被数度搬上中国舞台。不仅如此，季羡林在20世纪50年代和60年代前半叶，还经常执行政治任务，在一些重要场合担任高级翻译，其中有中共"八大"文件的翻译工作。周恩来总理会见外宾时，季羡林也多次充当译员。据季羡林回忆，外宾走后，周总理有时候会把参加接待的中国同志留下来，谈一谈有什么问题或纰漏，其实是总结经验教训，这时候刚才还很严肃的场面一下子变得轻松活泼起来，大家都争着发言，谈笑风生，有时候一直谈到深夜。有一次，总理发言时使用了中国常见的"倚老卖老"这个词儿，翻译一时有点迟疑，不知道怎样恰如其分地译成英文，总理注意到了，客人走后就把中国同志留下来，讨论如何翻译好这个词儿。

在"文革"期间，季羡林从"牛棚"出来之后，奉命在学生宿舍楼看守门户，他不甘寂寞，偷偷翻译了印度古代伟大史诗《罗摩衍那》，20世纪80年代他又在繁忙的工作之余翻译了《家庭中的泰戈尔》。更为艰巨的是，他在耄耋之年整理和翻译的新博本吐火罗文残卷《弥勒会见记剧本》，这是一部存世篇幅最长的吐火罗文文献，从20世纪80年代初开始到1998年最后完成，克服了无数难以想象的困难，不仅译成现代汉语，而且译成英文在德国发表，可谓旷世奇功。

季羡林多年从事翻译，备尝了其中的艰辛。他说："翻译比创作难。创作可以随心所欲，翻译却囿于对既成的不同语言文本和文化的转换。要想做好翻译，懂外语，会几个外语单词，拿本字典翻翻是不行的，必须下真功夫，下大功夫。"他举了个很有意思的例子：把"孝"这个词翻译为英语，用一个词翻译不出来，得用两个词，因为虽然不能说外国没有孝，但是孝并非作为一个很重要的概念，所以译过去就得用两个词。英文里面的两个词是儿女的"虔诚"与"尊敬"，而在中文中光一个"孝"就够了，这说明"孝"这个词有中国的特点。由此看来，季羡林在从事翻译工作中，既注意研究语言，又注意研究文化。他还发现，汉语本身还具备一些其他语言所不具备的优点。20世纪50年代他参加中共"八大"翻译处的工作长达几个月，发现一个从来没有人提到过的现象，即汉语是世界上最短的语言，使用汉语能达到花费最少的劳动、传递最多信息的目的。他感叹道，真应该感谢我们的祖先给我们留下了这一瑰宝，十几亿使用汉语言文字的人，在交流思想、传递信息方面所省出来的时间应以天文数字来计算，汉语之为功可谓大矣！

归纳起来，季羡林在翻译方面的成就有三个特点：一是数量多，仅一部《罗摩衍那》就有七卷（八册），200万字；二是难度大，相当多的作品是从罕见的古代语言译出，具有很大的历史地理跨度，必须具有广博的背景知识；三是质量高，许多作品均为脍炙人口的精品，如汉译《五卷书》，尽管一版、再版，多次重印，依旧一册难求。

季羡林不愧是翻译大家。他能够跳出翻译而谈翻译，为中国文化的研究提供了一个崭新的视角。1993年10月，他为林煌天等人编纂的《中国翻译词典》作序时写道：

最近半个多世纪以来，在世界上一些大国中，颇有一些有识之士，在认真地思考讨论人类文化的演变和走向问题。英国学者汤因比可以作为一个代表。他的大著《历史研究》已被译为汉文。他把世界上过去所有的文明分为23或26个，说明没有任何文明是能永存的。我的想法同这个说法相似。我把文化（文明）的发展分为五个阶段：诞生、成长、繁荣、衰竭、消逝。具体的例子请参看汤因比的著作。我在这里声明一句：他的例子我并不完全赞同。

汤因比把整个中华文化（他称之为"文明"）分为几个。这意见我认为有点牵强、机械。我觉得，不能把中华文化分成几个，中华文化是一个整体。

但是，这里就出现了一个尖锐的问题：你既然主张任何文化都不能永存，都是一个发展过程，为什么中华文化竟能成为例外？为什么中华文化竟能延续不断地一直存在到今天呢？这个问题提得好，提到了点子上。我必须认真地予以答复。

倘若对中华五千年的文化发展史加以分析，中间确能分出若干阶段，中华文化并不是前后一致地、毫无变化地发展下来的。试以汉唐文化同其他朝代的文化相比，就能看出巨大的差别。汉唐时代，中华文化在世界上占领导地位，当时的长安是世界上文化的中心。其他朝代则不行。到了近代，世界文化中心西移，我们则努力"西化"，非复汉唐之光辉灿烂了。

但是，不管经过多少波折，走过多少坎坷的道路，既有阳关大道，也有独木小桥，中华文化反正没有消逝。原因何在呢？我的答复是：倘若拿河流来作比，中华文化这一条长河，有水满的时候，也有水少的时候；但从未枯竭。原因就是有新水注入。注入的次数大大小小是颇多的。最大的有两次：一次是从印度来的水，一次是从西方来的水。而这两次大注入依靠的都是翻译。中华文化之所以能常葆青春，万应灵药就是翻译。翻译之为用大矣哉！

1999年，季羡林在北京大学外国语学院成立大会上发言

文中讲人类文化，讲中华文化，讲文化的发展规律，看似与翻译没有多大关系；然而，笔锋一转讲的就是翻译，画龙点睛，妙极了，这就是季氏文风。

季羡林一直关心翻译学术研究和学科建设。2004年11月4日—7日，中国翻译工作者协会第五届全国理事会会议在北京召开，季羡林作为中国译协名誉会长从医院发来贺信，向大会表示热烈祝贺，并说：

尽管我不能到会，但作为学界的一名老兵，想到翻译，我感慨良多。在人类历史发展的长河中，在世界多元文化的交流、融会与碰撞中，翻译始终都起着不可或缺的先导作用。

对外开放二十多年来中国的翻译事业更是取得了世人瞩目的成就，中国的翻译学术研究和翻译学科建设也有了长足的发展。翻译使中国融入世界，也使世界走近中国。学翻译、教翻译、研究翻译、评论翻译、从事翻译职业工作已经成为与对外开放同步前行的社会文化热点之一。中国译协作为全国性的翻译学术团体，在其中发挥了不可替代的组织协调作用，中国翻译工作者的努力和成果有目共睹。

新世纪是你们的世纪，在面临众多机遇的同时，也许会碰到更严峻的挑战。衷心希望大家能够继往开来，与时俱进，为促进中外交流、为中国的兴旺、为人类的发展多做贡献。

2005年2月6日，季羡林对前来探望的中国译协第一常务副会长赵常谦说：翻译工作应该得到社会应有的重视，翻译不同于创作，但又是高度创造性的劳动。创作可以随心所欲，而要做好翻译，在必须具备过硬的外语语言和异域文化功底的同时，还要有良好的汉语和汉文化功底，不是懂几句外语就可以做好翻译的，这是个误区。希望社会应该重视对小语种外语人才的培养，这是国家的百年大计。他还对翻译工作者提出了更高的要求：翻译工作作为沟通的桥梁和纽带，需要有严肃认真的译德译风，差之毫厘都可以造成难以弥补的损失。

2006年1月25日上午，中国译协和《中国翻译》杂志社的负责人来医院看望季羡林，季羡林语重心长地说："一定要重视翻译质量，这不是简单的学术问题，而是社会、文化问题；要加强对翻译工作的监督管理，中国译协应承担起这份责任；要倡导严肃、认真、积极、健康的学风和批评氛围，翻译工作者应脚踏实地，树立对社会负责的观念意识。"

8月8日，中国译协常务副会长郭晓勇等到301医院为季羡林祝寿，季老为中国译协题词：

翻译工作是跨学科、跨部门的，在促进中外文化交流、振兴中华的事业中起着不可替代的桥梁作用。文明的社会，开放的国家，需要职业翻译家。

还应提及的是，季羡林在马克思主义经典著作的翻译方面，也有独到的见解。我们现在读的马克思、恩格斯的著作，有不少文章是从俄文转译成汉语的，季羡林对此不以为然，他认为应该从原文直接翻译，转译的方法不妥。他在临终前"口述历史"时说：

马恩著作，一个大问题，我以前问过中央编译局的一个局长，我说你们翻译马恩全集，依据什么语言啊？他坦然回答：俄文。我说：咱们现在的马恩全集啊，是俄国人对马恩的理解，不一定正确。这个事情是真的假的，我不知道。中央编译局一个领导，他说根据俄文最可靠。我认为是不对的。马克思、恩格斯写的东西有德文的，也有英文的。一本书，我和曹葆华翻译的，《马恩论印度》，那是我们根据原文翻译的。原文是德文的就根据德文，原文是英文的就根据英文。一转译啊，就发生错误。而且按道理讲，原文是什么文的，就以什么文字为主，这连小孩都知道，这是常识。

因此，季羡林主张，马恩全集再版时有的文章应该重译，从原文直接译出，不要转译。笔者认为，这个建议很重要，有助于我们全面准确地理解马克思主义经典作家及其作品。

最高的老师

2004年12月12日上午，清华大学校长顾秉林院士、校务委员会副主任胡显章教授等到301医院看望季羡林，接受季老向母校捐赠的季羡林文化促进基金15万美元，并为季老颁发了捐赠证书。顾校长首先代表全校师生员工向季老表示问候，感谢季老长期以来对母校的关心和支持，尤其是对清华大学文化建设和人文学科发展给予的指导和帮助，祝季老早日康复、健康长寿。季羡林感谢顾校长在百忙之中来医院看望，并对母校近年来取得的成就表示欣慰。他说："捐赠的事决定很长时间了，赶上'非典'，又住院，一拖就是一年，今天总算可以兑现了。钱不多，不过来路清楚，都是'爬格子'所得。希望能够抛砖引玉，为母校做贡献。"顾校长感谢季老的捐赠，说："季老捐赠的不仅仅是钱，更是一笔宝贵的精神财富。清华要建设成世界一流大学，学校文化建设至关重要，季老等清华学长们的高尚人格、严谨的治学态度也是清华文化的重要组成部分，值得我们认真继承和弘扬；季老强调要重视人文教育，要注重文理渗透的理念，我们要更好地理解和实践。"

2005年10月3日，季羡林家乡的聊城大学来人到医院看望，向季老赠送以他的人生经历为素材、由该校学生创作的剪纸集。季老就聊城大学的建设问题，与他们进行了语重心长的谈话。他以一个资深教育家的战略眼光，重点强调了三个问题：人才队伍建设、学科与学位点建设、民间文化发掘研究。他说："要发展高等教育，创建高水平大学，在搞好校园硬件建设的同时，重要的是要做到广揽贤才，抓好人才队伍建设。一要注重学校内部人才队伍的培养；二要用五湖四海的战略眼光，加强国内外的合作与交流，注重人才选择，积极引进国外人才,大量聘任国内名校的名人名师,为我所用;三要营造一个有利于产生学术大师的良好的研究环境,纵观当今世界著名大学,哪里有好的研究传统,哪里有自由探索的学术氛围,哪里就会吸引住人才。'善弈者谋势,不善弈者谋子',学科与学位点建设是学校工作的龙头,学科建设的状况和学位点的多少从根本上反映和体现了学校的办学水平、学术地位和综合竞争力。因此,学科与学位点建设是学校发展的大势,必须谋好。现在聊城大学已有45个硕士学位点,基本具备了一个高起点的学科平台,在2007年博士学位点申报中,要充分准备,进一步突出学科方向,集中力量努力获得博士学位授权点,使学校发展再上一个新台阶。聊城是一个历史文化名城,民间文化资源丰富,种类繁多,很多民间文化已经在这块土地上生存发展了几百年、上千年,希望学校的师生注意发掘民间优秀文化资源,抢救保护民间文化遗产,研究探讨民间文化理论与规律,弘扬中华民族的优秀文化传统,为鲁西民间文化的发展与研究作出应有的贡献。"

2007年教师节,北京大学附中校长程翔带着两名学生到医院看望季羡林。季老看见孩子们,非常高兴,关切地询问:"你们的英语课本是谁编的?"当他得知是人民教育出版社编的,便用英语问道:"你们读过奥斯汀的《傲慢与偏见》吗?读过莎士比亚的四大悲剧吗?"

学生们回答:"读过。"

季老听了很高兴,说:"要学好英语,英语实际上是世界语。会说英语,与国外人交流就很方便。要认真学,不要学成'洋泾浜'。"季老又谈了英国英语与美国英语的不同。

接着,季老问:"你们的语文课本是哪里编的?"

"也是人民教育出版社。"程翔向季老汇报了语文教材的变化情况,说课文分"必修"和"选修","选修"课文有15种之多,可供学生选择。

季老听了也很高兴,说:"这样好。"

季老问文言文在语文教材中的比例,程翔回答说:"总量占百分之四十。"

季老又问:"《报任少卿书》《祭十二郎文》《陈情表》有没有?"

"有。"

"《进学解》有没有?"

"没有,很遗憾。"

"应该选进来,开头几句就很好。"季老接着背诵起来,"国子先生晨入太学,招诸生立馆下,诲之曰'业精于勤荒于嬉,行成于思毁于随。'"

然后,季老又背起《陈情表》中的两句:"臣之进退,实为狼狈。"并对学生说:"'狼狈'是什么意思?是狼狈为奸吗?不是。这里是'窘迫'的意思。"

季老说:"中学生要多背一些古文。中国的诗文有意境,背过之后会感到很美。"

程翔向季老介绍了中学语文教学对背诵的基本要求,并告诉季老,高考也有背诵默写的考题。季老表示赞同。

这时,程翔对一个学生说:"背一篇古文给季爷爷听吧。"学生很愉快地答应了。季老的秘书杨锐让这位同学坐到离季老更近的位置,这样季老可以听得更清晰些。

学生开始背诵韩愈的《师说》:"古之学者必有师,师者所以传道授业解惑者也。"

"没有'者'。"季老立即纠正道。

大家都笑了。季老的记忆力如此之好,对学问一丝不苟,这种严谨治学的精神使人深受感动。

季羡林与小学生在一起

季老说:"背诵,还可以纠正错误。古人说'不尽如人意',今天,有些人省掉了一个'如'字,成了'不尽人意',意思就变了,讲不通了。"

谈着谈着,谈到季老的散文。程校长对季老说:"您的《幽径悲剧》选进了中学课本,很感人。"学生说:"我们学这篇课文时,老师组织全班同学到北大去找那条幽径。"季老说:"写散文要有感情,没有感情写不出好散文。"

时间过得真快,半个小时不知不觉过去了。师生依依不舍,同季老告别。他们很想和季老继续谈下去,因为听季老谈话,实在是如遇春风,如沐春雨。

2007年12月,季羡林和许嘉璐、布赫等11位知名人士发起资助山区贫困学生就读职业学校和高等院校的公益活动——山花工程启动,呼和浩特市55名贫困学生从中直接获益。

2008年6月12日,北京大学校长许智宏院士和教育基金会秘书长邓娅博士专程来到301医院,向季老颁发捐赠证书。为庆祝北大110周年校庆,季羡林将积攒多年的百万元稿费捐赠北大，设立"北京大学季羡林奖助学金"，希望用这笔基金的收益奖励优秀的学生取得更好的成绩，帮助贫困学生顺利完成学业。季羡林说，教育要靠大家来办，作为北大的教授，能够为国家贡献点力量，是一种光荣。同时，他也希望通过他的举动，带动更多校友和朋友来支持教育，支持北大。许智宏对季老在汶川地震后第一时间向灾区捐赠20万元表示敬意，并介绍了北大在赈灾方面的各项举措。他特别讲述了灾后学生们踊跃捐款献血的义举。季老听后欣慰地说：灾害有时候不完全是坏事，在一定程度上也能兴邦。我们不希望灾难发生，但既然发生了，就要让坏事变成好事。这次四川大地震，从主席、总理到基层都积极投入到抗震救灾中，大大提高了中国的国际形象。随后，许智宏和季羡林共同签署了"北京大学季羡林奖助学金"设立协议。许智宏表示：季老的高尚情操，严谨的治学态度，以及卧病在床还心系学校的精神值得我们认真学习、继承和弘扬，我们一定会把这笔基金用好，为将北京大学建设成为世界一流大学做出贡献。

2009年7月9日上午，北京首届"成人传统礼仪"在北京孔庙和国子监隆重举行。160多名高中生参加仪式。当年北京高考文科状元刘庭梅和理科状元宁少阳受到了媒体的高度关注，而且收到了一份意想不到的珍贵礼物：年近期颐的季羡林以"高考状元"为抬头，亲笔题写了"天道酬勤"和"至德要道"两块匾额。此时，谁会料到，曾被香港著名学者饶宗颐——还有许多人——称为"最高老师"的季羡林，48小时后便永远离开了我们。

提倡"大国学"

自从20世纪八九十年代"国学热"在燕园兴起，季羡林的名字就被频繁地和"国学"联系在一起，或者说，他便被称为令他"浑身起鸡皮疙瘩的国学大师"了。然而，对于国学，季老倒有自己的一套独特的见解。什么是国学？国学的内涵是什么？学术界一直是有争论的。一种意见是，国学即中国文化的同义语，中国文化应该包括56个民族的文化，各民族文化之间应该是相互尊重和平等存在的关系；另一种意见认为，国学是传统意义上的中国文化，就是以汉文化为主、以其他民族文化为辅的中国文化。季羡林是主张前一种意见的，为了与后一种意见即狭义的国学相区别，他在国学前边加了一个"大"字，称为"大国学"。他认为，中国文化的博大精深，海纳百川，表现在多元化和开放性、包容性上。国学包括中国境内各民族的文化，诸如汉文化、蒙古文化、西藏文化、维吾尔文化、满文化、壮文化、傣家文化、朝鲜文化等等，总之，有多少民族，就有多少文化。单就汉文化而言，包括许多不同的地域文化，诸如：河洛文化、齐鲁文化、燕赵文化、三晋文化、吴越文化、岭南文化、

2009年6月10日下午,季羡林与央视《开心辞典》主持人王小丫谈"开心学国学"

湖湘文化、荆楚文化、闽南文化、巴蜀文化、红山文化等等。汉民族在发展过程中,融入了中国历史上许多少数民族的成分,而汉文化中也逐渐融入了历史上许多少数民族的文化成分。中国文化还包括历史上传入的外来文化,例如佛教文化。佛教传入中国两千年,已成为中华文化不可分割的组成部分,逐渐发展成为汉传佛教、藏传佛教、南传佛教三大流派,仅汉传佛教就包括法性宗、天台宗、瑜伽宗、律宗、密宗、禅宗、华严宗、净土宗8大宗派。由此可见,中华文化百花齐放,异彩纷呈。

前已提及,季羡林的"三辞"发表以后,舆论界和学术界对季羡林是不是国学大师争论得不可开交,问题的关键就在于对"国学"这个概念的理解上。而恰在这时,季羡林研究所和中国书店推出了一本《季羡林说国学》。事实说明,不管季羡林是不是国学大师,他对国学的真知灼见都是发人深省的。此书的代前言是一篇访谈录,记录2007年3月季老的一次重要谈话。他说:

现在国学特别热,但是年轻人对国学的概念比较模糊,不太清楚。那么,什么是"国学"呢?简单地说,"国"就是中国,"国学"就是中国的学问,传统文化就是国学。

现在对传统文化的理解歧义很大。按我的观点,国学应该是"大国学"的范围,不是狭义的国学。

既然这样,那么国内各地域文化和五十六个民族的文化,就都包括在"国学"

的范围之内。地域文化和民族文化有各种不同的表现形式，但又共同构成中国文化这一文化共同体。举个例子，比如齐文化和鲁文化，也不一样。"孝悌忠信"是鲁文化，"礼义廉耻"是齐文化。就是说鲁文化着重讲内心，内在的；齐文化讲外在的，约束人的地方多。"孝悌忠信"是个人伦理的修养；礼义廉耻，就必须用法律来规定，用法律来约束了。鲁国是农业发达，鲁国人就是很本分地在务农。齐国商业化，因为它靠海，所以姜太公到齐国就是以商业来治国。具体的例子，如刻舟求剑，这种提法就是沿海文化的。而"日出而作，日落而息"，恐怕就代表鲁文化了。齐鲁文化互补，是中国传统文化的重要组成部分。但是齐鲁文化以外，还有其他地域文化也很重要。过去光讲黄河是中国文化的中心，我是不同意的，长江文化、其他地域文化其实都应该包括在国学里边。敦煌学也包括在国学里边。

咱们讲文化交流，文化交流有两种形式，一个是输出的，一个是进来的。敦煌是进来的代表，很多文明程度很高的国家文化都到过敦煌。佛教从国外进来，经过很长时间的演变，形成了有中国特色的中国佛教。敦煌里边有很多内容是佛教的，也有其他文化的，是古代中国吸收外来文化的最后一站，再往下就没了。

吐火罗语的《弥勒会见记剧本》，是不是也算国学？当然算，因为吐火罗文最早是在中国新疆发现的。吐火罗文是中国古代的一种语言，是别的地方没有的。另外，很多人以为国学就是汉族文化。我说中国文化，中国所有的民族都有一份。中国文化是中国五十六个民族共同创造的，这五十六个民族创造的文化都属于国学的范围。而且后来融入到中国文化的外来文化，也都属于国学的范围。

我们现在的国学研究还很粗糙，很多应该包括的内容还没有挖掘出来。

历史不断发展，不断地融入，这是没有时间界限的。儒家、道家是传统文化，佛家也是啊，把佛家排除在外，是不对的。

季羡林认为，只有在充分研究继承挖掘大国学的优秀传统文化的基础上，吸收全世界各国各民族的先进文化，才能创建我们新时期的新文化。他十分重视陈寅恪对中国传统文化的研究。在《王观堂先生挽词序》中，陈先生写道："吾中国文化之定义，具于《白虎通》三纲六纪之说，其意义为抽象理想最高之境，犹希腊柏拉图所谓 Idea 者。"这个见解非常精辟。中国哲学同外国哲学不同之处极多，其中最主要的差别之一，就是中国哲学喜欢谈论知行问题。按照知和行两个范畴，把中国文化分成两部分：一部分是认识、理解、欣赏等等，属于知的范畴；一部分是纲纪伦常、社会道德等等，属于行的范畴。这两部分合起来形成了中国文化。在这两部分的后面还存在着一个最为本质，最具有特征、深义的中国文化。正如陈寅恪在论中国思想史时指出："南北朝时，即有儒释道三教之目。故自晋至今，言中国之思想，可以儒释道三教代表之。此虽通俗之谈，然稽之旧史之事实，验以今世之人情，则三教之说，要为不易之论。故两千年来华夏民族所受儒家学说之影响，最深最巨者，实在制度法律公私生活之方面，而关于学说思想之方面，或转有不如佛道二教者。"因此，在中国思想史上，在"行"的方面产生影响的主要是儒家，而在"知"的方面起决定作用的则是佛道二家。潜存于这二者背后那一个最具中国特色的深义文化，是"三纲六纪"等伦理道德方面的东西。

　　季羡林认为，专就佛教而言，它的学说与实践也有知行两个方面。原始佛教最根本的教义，如无常、无我、苦，以及十二因缘等等，都属于知的方面。八正道、四圣谛等，则介于知行之间，其中既有知的因素，也有行的成分。与知密切联系的行，比如修行、膜拜，以及涅槃、跳出轮回，则完全没有伦理的色彩。佛教传到中国以后，它那种无父无君的主张，是与中国的"三纲六纪"等完全对立的。在与中国文化的剧烈冲击中，佛教如果不能适应现实情况，必然不能在中国立定脚跟，于是佛教只能做出一些伪装，以求得生存。早期佛典中有些地方特别强调"孝"字，就是歪曲原文含义以适应中国具有浓厚纲纪文化色彩的需要，可见中国深义文化力量之不可抗御。对于这一点，中国不少学者是感觉到的，比如梁漱溟说："中国人把文化的重点放在人伦关系上，解决人与人之间怎样相处。"冯友兰说："基督教文化重的是天，讲的是'天学'；佛教讲的大部分是人死后的事，如地狱、轮回等，这是'鬼学'，讲的是鬼；中国的文化讲的是'人学'，注重的是人。"庞朴说："假如说希腊人注意人与物的关系，中东地区则注意人与神的关系，而中国是注意人与人的关系，我们的文化的特点是更多地考虑社会问题，非常重视现实的人生。"这些意见是非常正确的。孔子就是这种意见的代表者。"子不语怪、力、乱、神"，他还说过："未知生，焉知死。"而且，国外一些眼光敏锐的思想家也早已看到了这一点，比如德国最伟大的诗人歌德就是其中之一。1827年1月29日，歌德同埃克曼谈"中国的传奇"时说："中国人在思想、行为和情感方面几乎和我们一样，使我们很快就感到他们是我们的同类人，只是在他们那里一切都比我们这里更明朗、更纯洁，也更合乎道德。还有许多典故都涉及道德和礼仪。正是这种在一切方面保持严格的节制，使得中国维持到几千年之久，而且还会长存下去。"就连在审美心理方面，中国人、中国思想、中国文化都有其特点，比如日本学者岩山三郎说："西方人看重美，中国人看重品。西方人喜欢玫瑰，因为它看起来美，中国人喜欢兰竹，并不是因为它们看起来美，而是因为它们有品。它们是人格的象征，是某种精神的表现。这种看重品的美学思想，是中国精神价值的表现，这样的精神价值是高贵的。"

总之，季羡林认为，中国文化同世界其他国家的文化，既然同为文化，必然有其共性，但又有它的特性。中国文化的特性最明显地表现在或者可以称为深义的文化上，这就是它的伦理色彩，它所张扬的"三纲六纪"，以及注重解决人与人之间的关系问题。

中华民族拥有五千年光辉灿烂的文化，对人类做出了卓越的贡献，因此，弘扬中华优秀文化乃是当今国内外炎黄子孙的重要任务。弘扬什么呢？怎样弘扬呢？对此问题，季羡林强调需要认真地研究，因为我们的文化五色杂陈，头绪万端，要像韩愈说的那样"沉浸浓郁，含英咀华"，经过这样细细品味，认真分析的工作，把其中的精华寻找出来，然后结合具体情况，发扬光大之，如此才有利于中国人民和世界人民的前进与发展。"国学"就是专门做这项工作的一门学问，并日益显示出它的重要作用。

季羡林认为，国学研究的任务应该为现实服务，为未来着想。国学绝不是"发思古之幽情"，表面上它是研究过去的文化，有一些学者也曾使用"国故"这个词儿，但是实际上它既与过去有密切联系，又与现在甚至将来有密切联系。现在我们建设中国特色社会主义，其特色表现在什么地方？科技对我们国家建设来说，对发展生产力来说，固然非常重要，万万不能缺少，但是却很难表现出什么特色。即使在原子能、电脑、宇宙飞船等尖端科技方面有突出的成就，超过了世界先进国家，也只能是程度的差别，水平的差别，谈不到什么特色。这些东西为"硬件"，硬件的本质都是一样的，没有什么特色可言。特色最容易表现在精神文化方面，称之为"软件"，哲学、宗教、文学、艺术、伦理、道德、经营、管理等等都属于这个范畴，都保留在我们所说的"国学"中，其中有不少是中华文化、中华智慧的结晶，直至今日不但对中国人发挥影响，它的光辉也照耀到了国外去。有一位国家教委（现教育部）的领导说，他在新德里时亲耳听到印度总统引用中国《管子》关于"十年树木，百年树人"的话，在巴基斯坦也听到巴基斯坦总理引用中国古书中的话，足以证明中华文化、中华智慧已深入世界人民心中，这是我们中国人应该感到骄傲的。所有这些都明白无误地表现了中国的特色，它产生于中国的过去，却影响了中国和世界的今天，甚至将来也会受到影响。

季羡林认为，国学的作用并不就此为止，它还能激发中华民族的爱国热情。"爱国主义"是一个好词儿，但是有真伪之分。被压迫被侵略的民族为了自己的生存与尊严，不惜抛头颅、洒热血，奋抗顽敌，伸张正义，这是真爱国主义。反之，压迫别人，侵略别的民族，有时候也高呼爱国主义，这样的"爱国主义"是欺骗本国人民的口号，是蒙蔽别国人民的幌子，实际上是极端民族沙文主义的遮羞布，是伪爱国主义。而中国的爱国主义在主体上属于真爱国主义范畴，这有历史为证。不管我们在漫长的封建时期内，"天朝大国"的口号喊得多么响，事实上始终有外来的侵略者，主要来自北方，先后有匈奴、突厥、辽、金、蒙、满等等。今天，这些民族基本上都成了中华民族的组成部分，但在当时只能说是敌对者，我们不能否定历史的本来面目。在历史上，连一些雄才大略的开国君主也难以逃避耻辱，如刘邦曾被困于平城，李渊曾称臣于突厥，这是最明显的例子。我们也不能说，中国过去没有主动地侵略过别人，这种情况也是有过的，但不是主流，主流是中国始终受到外来的威胁。与此同时，也出现了许多位令我们敬仰、歌颂的爱国者，如岳飞、文天祥、史可法、郑成功、林则徐、邓世昌等等。一直到今天，爱国主义始终左右我们民族的心灵。探讨和分析中国爱国主义的来龙去脉，弘扬爱国主义思想，激发爱国主义热情，也是今天研究"国学"的重要任务。

2007年6月16日，季羡林致函北京大学国学研究院院长袁行霈教授，祝贺研究院成立15周年，提出国学研究"要认清新形势，提出新办法"，突出"和谐"的伟大思想，为国学研究指明了方向。贺信说：

热诚祝贺北大国学研究院成立十五周年。

国学，实际上是中华文化的同义词。

有几千年传统的中国文化，现在日益为全世界所重视，各国孔子学院的建立，可以充分证明这件事。

现在我们的任务，用一句常用的话来表达就是任重道远。

作为全国最高学府的北京大学，本身就是中国文化的一部分，我们当仁不让。但是，我们却不能（用）陈陈相因的老办法来研究，我们必须认清新形势，提出新办法，使中国文化能在当今错综复杂的世界上真能闪耀出新的光辉。和谐，这一伟大的思想，实际上是中华文化的一个基本组成部分，又是同西方的征服自然的思想相对峙、相抗衡而发展的。试把中国张载的"民，吾同胞；物，吾与也"的思想，同西方的所谓进化论的思想"物竞天择，适者生存"，摆在一起来看，其高下，其深浅，真有天壤之别。

但是我们切戒自满，我们必须有创新精神，中国古人所说的"满招损，谦受益"必须成为我们的座右铭。

在季羡林最后的岁月里，他口述历史74次，谈论最多的话题仍然是"大国学"。他还主张，国学应该从娃娃抓起，至于如何让娃娃听得懂，需要研究和探索。可见，国学，在这位世纪老人心中的分量何等重啊！

为往圣继绝学

季羡林对民族传统文化遗产的抢救和保护十分热心，可谓不遗余力。他以保护文化遗产为己任，认为这是达到"天人合一"的手段和途径。1999年12月，他为《世界遗产大典》作序时写道：

今天的知识分子，手无缚鸡之力，过去被人称为腐儒，现在在一段时间内又被人曰为"老九"。但是，现实证明，所谓有识之士却多出于知识分子群中。我们嘴中有三寸不烂之舌，手里拿着毛锥，现在则是钢笔和圆珠笔，切不可小看这几件东西，有了它们，我们就有了用武之地。我觉得，我们要做一点类似启蒙的工作，把危险和希望都实事求是地告诉全世界的人民，让他们了解到，今天的地球已经小到成为一个"地球村"，村中住着将近二百个国家，成千上万个民族。不管你想到没有，我们这一大批国家和民族，同处在地球这一艘诺亚方舟上，我们只能同呼吸，共命运；我们只能同舟共济，决不能鹬蚌相争；我们需要的是相互的理解和友谊，我们拒绝的是相互的仇恨和伤害。对待大自然，我们决不能像西方那样"征服自然"，对自然诛求无餍，以致受到了大自然的报复和惩罚。总之一句话：中国宋代大哲学家主张"天人合一"学说的张载说过："民，吾同胞，物，吾与也。"这是至理名言，我们都要认真遵行，不允许丝毫阳奉阴违。

能做到上面说的这一些事情，是万分困难的。我们应该从各个方面下手，分工合作，细大不捐，庶几能有所成就。各个方面的组织和人物也应该通力合作，达到同一个目的。二战后成立的联合国，我认为，就是在这方面的一个尝试。虽然在半个世纪以来，联合国确实做了不少的事情，但是，总的来看，它不能说是成功的。同居一厦之内，而各怀鬼胎，微笑握手，暗想拳经，这样的组织，焉能有成！联合国所属的教科文组织却做了不少好事情，比如通过了《保护世界文化和自然遗产公约》，又制订了《世界遗产名录》，就是其中最富有深远意义，有利于世界人民的盛举。现在广西人民出版社不惜斥巨资，费了三年多的时间，艰苦备尝，出版了这一部《世界遗产大典》，根据联合国教科文组织的《世界遗产名录》，对每一项已被批准的遗产做了科学性与可读性、知识性与趣味性相结合的叙述，实在是一件利国利民的好事。

这一部大典的意义究竟何在呢？我认为，中国人读了这一部书，总会在不知不觉中感到世界是一家。比如说，长城和泰山等是在中国，它们是中国的，但同时它们又是世界的，世界各国的人民都能到中国来欣赏这些文化和自然遗产，得到美感享受，长城和泰山的恢宏和雄伟会震慑从而净化他们的心灵。金字塔在埃及，它是埃及的，但同时也是世界的。不管哪一个国家的人到了埃及，看到了金字塔，都会有同看长城和泰山一样的感受。其他所有的世界文化和自然遗产，都会起同样的作用。这些遗产可以帮助世界人民增强相互了解和友谊，感到人人都是地球村里的人，只能团结友爱，不能互相仇视。当然，只靠几百个文化和自然遗产是绝不能完全达到上述目的的，我们还必须做很多的其他工作，才能有所成就。但是，长江大河不遗涓涓细流。我们的文化和自然遗产，就算是细流吧，也自有它们的作用。

联合国教科文组织的定名中用了"保护"二字，本书的"前言"中也用了这两个字。但是，我认为，保护只是手段，而不是目的。真正的目的是达到我上面再三阐述的全世界人与人一体，人与大自然合一的认识。

总而言之，我觉得，只要我们认识明确，众志成城，那些被带入新世纪的弊端和祸害，会逐渐被铲除掉的。

季羡林晚年，为抢救和保护中国优秀文化遗产，做了大量的全方位的工作。

2001 年，为加强珍贵档案遗产的抢救和保护，国家档案局启动中国档案文献遗产工程，这是世界记忆工程的一项基础工作。季羡林欣然答应担任该工程的国家咨询委员会名誉主任委员，并为《中国档案文献遗产名录》题写了书名。他说：这是一件功德无量的事，这件事只有档案部门能够做，而且一定要做好。我愿意当一名啦啦队员，为你们摇旗呐喊、站脚助威。

2001 年 2 月 25 日下午，季羡林在北大正大国际中心参加"保护中华文化遗产"座谈会，与侯仁之、宿白、吴良镛、任继愈共同发起建立"中华文化遗产保护基金"。

2001 年 10 月，季羡林担任顾问并亲笔题词的《20 世纪科技与文化大事记》一书，由甘肃人民出版社出版，费孝通、钱伟长任名誉主编，主笔是希文华。卢嘉锡称该书为"世界版科技文化资治通鉴"。

2001 年 11 月 4 日下午，在北京琉璃厂西街中国文化遗产书店举行"弘扬民族优秀文化，构建中国风格的新文化"学者座谈会。季羡林到会讲话，充分肯定文化遗产书店为传统古籍的保护所做的努力。在谈到古籍保护时，他说："中国的古籍保护一部分要靠各大图书馆，一部分则要靠书店。我个人认为，我们国家对古籍文物的保护力度不够，这表现在对流失古籍的收回工作上投入的资金不足，由于各大图书馆的经费不足，造成很多古籍文物即使有机会，也无法从海外拿回来。不过这些文物不管流到哪里，都代表着中国文化。"他还说："很多珍稀的古籍文物应以保护收藏为主，不应都作价出售。"这些意见受到政府相关部门的高度重视。

第二年夏天，财政部和文化部启动"中华再造善本工程"。季羡林为工程题词："祝中华再造善本工程启动，酉山事业，功在千秋。"他说，中国历来有修书修史的传统，中国历史上几个大型修书工程，都是在太平盛世时完成的，这是当时国力兴盛的重要标志。中国再造

季羡林与费孝通（左1）

善本工程有计划地保护、开发、利用这些善本古籍，对于中华文化的继承和传播，发挥传统文化在弘扬和培育民族精神上的巨大作用，都具有重大的意义。

2002年1月，季羡林与于光远、冯骥才等85位专家学者发出《抢救中国民间文化遗产呼吁书》，启动"中国民间遗产工程"。

2002年8月8日，在北京房山云居寺举行"辽金石经发现45周年纪念暨石经文化研讨会"开幕大会。北京市文化发展基金会副秘书长韩陆在大会上宣读了基金会特邀理事、房山石经研究会会长季羡林先生的贺词。季羡林因天疱疮未愈，遵医嘱不能到会，他委托中国敦煌吐鲁番学会秘书长柴剑虹和徐自强转达对大会的祝贺和对与会代表的问候。他在贺词中说：

云居寺辽金石经是我国珍贵的文化遗产，蕴涵着极其丰富的文化内涵。云居寺辽金石经已经重新面世45年，虽然我们已在它的保护、研究上取得了许多成绩，但我要说这远远不够，尤其是在我们为北京举办2008年奥运会而大力倡导"人文奥运"的今天，全面、深入地发掘云居寺石经的人文价值，是房山石经研究会义不容辞的

职责。我坚信在与会代表的共同努力下,这次研讨会一定会取得令人鼓舞的成果!

2004年6月22日,季羡林任中国西藏文化保护与发展协会名誉会长。

9月3日—5日,由许嘉璐、季羡林、任继愈、杨振宁、王蒙共同发起,以"全球化与中华文化"为主题的"2004文化高峰论坛"在北京召开,季羡林在大会上发言。会议通过了《甲申文化宣言》,宣言主张:每个国家或民族都有权利和义务保存和发展自己的文化传统,有权选择接受、不完全接受或在某些领域完全不接受外来的文化因素。

2005年1月,中华书局出版了一部《中国女书合集》。季羡林为该书写了序言。据《辞海》解释,女书是湖南江永、道县一带瑶族妇女使用的一种文字符号,用以书写湘南汉族人的土语,经外界发现整理,源流不详。字形是长菱形,由右上向左下倾斜,有600多字,其中约半数的形体似从汉字蜕变而来,可视为音节文字。书写内容多为表述妇女苦难、衷情的歌谣。

20世纪90年代初,相关方面开始对女书进行保护和研究。赵丽明女士及其合作者编辑了《中国女书集成》。全国妇联、清华大学、中央民族学院(现中央民族大学)、湖南文物考古研究所、华中师范大学、湖南省博物馆、中南民族学院(现中南民族大学)和江永县政府共同发起全国女书考察研讨会,著名语言学家季羡林、周有光做书面发言,并担任女书研究专业委员会顾问。季羡林说:

> 我认为,女书实在是中国人民伟大精神的表现。众所周知,在旧社会,劳动人民受到压迫,受到剥削,受到歧视,他们被剥夺了学习文化的权利。大量的文盲就由此产生。而旧社会的妇女,更是处于被压迫、被剥削、被歧视者的最下层。她们在神权、君权、族权、夫权的四重压迫下,苟延残喘,过着奴隶般的生活,哪里还谈得上什么学习呢?她们几乎统统是文盲,连起一个名字的权利都被剥夺。但是,她们也是人,并不是牲畜。她们有思想,有感情,能知觉,善辨识。她们也想把这种感情表露出来,把自己的痛苦倾诉出来。但因苦于没有文字的工具,于是就运用自己独特的才识,自己创造文字。宛如一棵被压在大石头下的根苗,曲曲折折,艰苦努力,终于爬了出来,见到了天光,见到了太阳。试想,这是多么坚忍不拔的精神,多么伟大的毅力,能不让人们,特别是我们男子汉们,敬佩到五体投地吗?这难道不能够惊天地泣鬼神吗?

2004年4月16日,"中国女书展暨中国女书研究会成立大会"在清华大学召开。研究会是在彭珮云、季羡林、周有光的指导下,由全国妇联妇女研究所、北京语言大学语言研究所、清华大学一些学者,湖南永州市、江永县的一些学术部门共同发起成立的。4月30日,季羡林为女书申报世界文化遗产写推荐信,信中说:

> 女书作为一种在旧制度下,被剥夺了学习文化的权利的民间普通劳动妇女,运用自己独特的才识,创造出来的女性专用文字,实在是中国人民伟大精神的表现,足以惊天地,泣鬼神。这种女书文献以及相关的文化,具有语言文字学、人类学、社会学、民俗学、历史学、文学等多学科价值;其社会功能,至今为现代文明所运用。目前只有一个半自然传人(阳焕宜,1909年出生,何艳新,1940年出生),濒临灭绝。这是人类的宝贵遗产,完全符合联合国教科文组织《世界记忆遗产》所要求的各项条件。因敢竭诚推荐。

女书被收入国家档案局编纂的《中国档案文献遗产名录》首卷。

2005年4月10日,费孝通、季羡林、任继愈等46位文化名人联名倡议抢救民间家书。他们认为,民间家书维系着人间的光芒,映照出美好的人际关系、高尚的生活准则、优良的行为操守和道德传统。家书是中华民族凝聚力和亲和力的体现。为国家计、为民族计、为子孙计,抢救民间家书,迫在眉睫。倡议要求留住家书,捐出家书。这一呼吁受到社会各界的热烈响应,许多珍贵民间家书被捐献出来。年内,抢救民间家书组委会主编民间家书集《家书抵万金》,由新华出版社出版,季羡林欣然题写书名。

9月20日,季羡林与冯其庸联名给中央写报告,建议建立研究西域古文字研究机构,培养专业人才。他们在报告中说:"在中国的古代,曾经有一些民族留下了语言文字,但是后来这些民族却消失了。这种文字通常叫作死文字。例如:粟特文、吐火罗文、于阗文、印度古梵文等,以上这些珍贵的资料,老早即被西方掠夺者所劫取,但在这些古文献资料里,不仅包含着当时的民族风情,而且反映着西部不少少数民族政权的内附关系,以至于汉政权行政机关的设施等等,但是这些珍贵的资料大部在外国人手里,其解释权也由他们掌握主导,我们建议急需做两方面的工作,一是建立研究机构,培养专业人才,并调集国内极少数的几位专家一起来带研究生;二是向国外派留学生,不仅学习这些古文字,而且可以在国外搜集原始资料。我们凭借这些资料,一是可以向兄弟民族作历史主义和爱国主义教育,二是万一有国际争端的时候,我们可以主动利用这些资料,解释这些资料。"6天后,中央领导同志即做出批示,要求财政部和教育部全力支持此事。

2005年11月,针对大高玄殿、孚郡王府、皇史宬等7处著名文物保护建筑被占用的困境,季羡林与郑孝燮、徐苹芳、侯仁之等10位专家联名发出倡议书,呼吁相关单位尽快腾退修缮,早日向社会开放。

2006年8月8日,首届国际因明学术研讨会在杭州召开,季羡林向会议递交了书面发言:

> 因明学是一个冷门学科,研究它既没名也没利。现在有人为此奔波,热心推动这门学科的研究,很不容易,我非常高兴!因明学再不抓就完蛋了,若不是因为疾病缠身,必将亲赴杭州参加会议。

笔者在这里宕开一笔,介绍一下因明学。因明学的确是一门冷学科,恕我孤陋寡闻,以前从未听说过什么因明学。经查相关资料,因明学是印度古代逻辑学。"因"指原因、根据、理由;"明"含有学术的意义。因明学有古因明和新因明之别。公元5世纪印度哲学家无著和世亲吸收正理派成果形成的因明学为古因明,古因明的推理用五支做法。6世纪陈那及其弟子所发展的为新因明,新因明的推理用三支做法。在中国,唐玄奘于7世纪中叶翻译了陈那、商羯罗主的著作,并经其口授由其弟子做了一些注疏,其中窥基所注《因明入正理论疏》六卷最为重要,后人据以研究者甚多。从11世纪起法称的因明传入中国西藏,有很大发展,藏传佛教格鲁派创始人宗喀巴大师创造了因明学理论新体系。

2006年11月,民政部地名研究所在北京召开《千年古县》试点片筹拍座谈会,讨论该片的拍摄工作。季羡林为《千年古县》题写了片名,并担任该片语言方面的首席专家。该片是联合国地名专家组同中国政府的合作项目"中国地名文化遗产保护工程"的一个配套项目。总顾问是全国人大常委会副委员长许嘉璐,民政部部长李学举担任顾问,被聘为地理、文保、文史等方面首席专家的还有侯仁之、郑孝燮、任继愈、金开诚、文怀沙、罗哲文、李学勤等。

2007年1月,由季羡林、庞朴、汤一介、周一良主编的《东方文化丛书》由江西人民出版社出版。丛书撷取有关东方文化的多部有影响著作,旨在回答什么是东方文化、中国文化在东方文化中占什么地位、东方文化发展前景如何等,已出了6种:日本涩泽荣一著《论语与算盘:人生·道德·财富》、法国汪德迈著《新汉文化圈》、英国李约瑟著《中国古代科学思想史》、汤一介著《新轴心时代与中国文化的建构》、干春松编《儒家、儒教与中国制度资源》、印顺著《中国禅宗史》。

与此同时,由赵朴初、季羡林、张仃、李家振、常任侠、古干等80多位权威学者联袂编出的佛学巨著《佛教画藏》，由河北美术出版社出版。季羡林在序言中写道："《佛教画藏》的出版能济西方文化之穷，并使东方文化为人类造福，为人类的未来造福，使人类免于灾难。"

感动中国

央视开播《感动中国》节目10年，不知感动了多少中国人。那还是2007年2月26日19时54分，中央电视台一套节目隆重推出2006年度"感动中国"人物颁奖盛典。著名学者季羡林和独臂英雄丁晓兵、蓝领专家孔祥瑞、排爆专家王百姓、气象学家叶笃正、好军医华益慰、爱心大姐林秀贞、阳光少年黄舸、青岛爱心群体微尘、慈善家霍英东一道，被全国观众评选为"感动中国"十大人物。此外，颁奖盛典还向改变中国命运的英雄群体——中国工农红军表达了特别致敬。

颁奖典礼隆重、热烈，这是一次精神盛宴，全国广大电视观众又一次深受感动。

组委会给季羡林的评语是：

智者乐，仁者寿，长者随心所欲。曾经的红衣少年，如今的白发先生，留德十年寒窗苦，牛棚杂忆密辛多。心有良知璞玉，笔下道德文章。一介布衣，言有物，行有格，贫贱不移，宠辱不惊。学问铸成大地的风景，他把心汇入传统，把心留在东方。

评委的评价是：

季羡林创建了东方语文系，开拓中国东方学术园地，是享誉海内外的东方学大师。季老不仅学贯中西，融汇古今，而且在道德品格上同样融合了中外知识分子的优秀传统。中国传统士大夫的仁爱和恕道，强烈的忧患意识和责任感，坚毅的气节和情操；西方人文主义知识分子的自由独立精神，尊重个性和人格平等的观念，开发创新的意识。这些优秀传统都凝聚和融汇在季老身上。所以，他能够做大学问，成大事业，有大贡献，他是中国现代知识分子的一面旗帜和榜样。

季羡林身在医院，没有亲临颁奖大会，大会现场只能播放对他的采访录像。尽管如此，场面依然令人感动：

画面上，当记者采访季老时，他说："我这一生没什么优点，如果非让我说一条那就是勤奋。"多么朴实的话语！当记者小心翼翼地颁给季老奖杯时，他一直重复着四个字："受之有愧。"又是多么谦逊的话语！

话再说回来，自从北大百年校庆以来，季羡林大红大紫，各种不虞之誉纷至沓来，难以招架。季羡林挣扎着要摘掉头顶上的桂冠尚未得逞，又被戴上了一束光环。这着实耐人寻味。如同大乘佛教神化释迦牟尼一样，季羡林似乎也被神化。在这里，笔者想给读者讲一个故事：玄奘西行求法来到那揭罗曷国，即现今阿富汗东部贾拉拉巴德市附近。一天，他带徒弟来到一座石窟中，朝拜如来佛。左等右等，如来佛一直没有出现，玄奘也一直默默地祷告："恶事总须弃，善事莫相违，至意求妙法，必得见如来。"他一边祷告，一边在干湿的地上双手合十，叩头跪拜，一遍两遍……忽然，石窟内出现朦朦胧胧的光须臾间如灯火通明，只见如来佛端坐在莲花座上，头顶光环，身后簇拥着众多菩萨和罗汉……如今，看到画面上被采访的季羡林，眼前仿佛闪现出慈眉善目、庄严妙相的如来佛的影子。

确实，季羡林的入选引起了一场争论。支持者认为：96岁的季羡林先生长年任教北京大学，在语言学、文化学、历史学、佛教学、印度学和比较文学等方面都有很深的造诣，研究翻译了梵文著作和德、英等国的多部经典名著，其著作已汇编成24卷的《季羡林文集》，现在即使身居病房，每天还坚持读书写作。季羡林先生为人所敬仰，不仅是因为他的学识，还因为他的品格。他说：即使在最困难的时候，也没有丢掉自己的良知。他在"文革"期间偷偷地翻译印度史诗《罗摩衍那》，又完成了《牛棚杂忆》一书，凝结了很多人性的思考。他的书，不仅是个人一生的写照，也是近百年来中国知识分子历程的反映。讲真话，是他信奉一生的原则，而讲真话的人在当今社会又显得那么弥足珍贵。因此，季先生留给我们的不只是学术上的遗产，更重要的是怎样做人，怎样对人，怎样对自己，怎样对他人，这些在季羡林先生的《牛棚杂忆》《我的人生感悟》《病榻杂记》《季羡林谈人生》等作品中都有很好的诠释。一个人能够如此长时间地感动中国，世间尚存几人？他一直让我们每一个有良知的人心里流淌着一丝丝的温存，而让这个物欲横流的世界也显现出一些净明，他的谦逊，博爱，让我们每一个人的心里颤动不已。季羡林先生入选2006年感动中国人物，实在是一种迟来的荣誉。反对者则认为：社会给予季羡林先生的荣誉已经非常高了，并不需要所谓感动中国人物去给予他一生的肯定，这种评选应该更多地给予那些默默无闻的人。他不需要2006年感动中国，他在很多人没有出生的时候就已经感动了中国。季羡林的学者身份在一定程度上和评选感动中国人物是不搭调的。一时间，互联网上感动中国的贴吧里十分热闹，两种观点争论得不亦乐乎。这种争论对如何办好这个节目自然不无裨益，不过有一点可以肯定，即使反对者也不否认，季羡林先生的事迹和精神足以感动中国。

请听一听季羡林的直接领导对他的评价吧。2006年10月20日，北京大学党委书记闵维方对国际合作部学生记者说："北大最受尊重的是季羡林、王选、厉以宁这些学者，而不是我们这些管理干部。"在另外的场合，他还说："季老心中装载的不仅仅是中国，而是整个东方，乃至整个世界。他是为传播整个人类的文化和精神毕生耕耘、无私奉献、闪闪发光。季老的人生原本就是一部书，一部启迪人智慧的书，一部净化人心灵的书，一部永远激励人奋进的书，一部令人回味无穷的书。"笔者认同这样的评价。

长寿之道

中国历代文人，寿命达到六七十岁的不多，活过90岁的更是凤毛麟角。季羡林1962年就查出冠心病，后来又患肺气肿、白内障等，但他从未被病魔吓倒，竟然活到98岁，可谓长寿矣。因此，季老进入耄耋之年经常有人向他询问长寿之道，养生之术。他回答说："我没有什么长寿秘诀，我父母只活到40多岁，我原本也没对自己寿命抱什么奢望，可不知怎么就不知不觉地活到了80多，像做梦一样。"当进一步追问他时，他竟说了这样一句话："养生无术是有术。"

这话听起来好像很深奥，其实极为简单明了。说白了，就是季老独创的"三不"主义：不锻炼，不挑食，不嘀咕。

他的"三不"主义，容易招来误会，需要加以解释。

第一，不锻炼。季羡林并不绝对反对适当的体育锻炼，但不要过头。他年轻的时候，曾经是狂热的球迷。由于体质较弱，上清华时经常感冒，于是他下决心锻炼身体，爱上了手球和网球，经常在球场上打得大汗淋漓，身体逐渐壮实起来，感冒之类的小病不治自愈，也为后来的苦读和治学打下了很坚实的基础。中年以后他不刻意锻炼身体，主要是因为没有时间，只能"吃老本"。他算了一笔账：如果一天用去两个小时锻炼身体，几十年下来要用去多少时间？这些时间能做多少事情？他有两位朋友，天天锻炼身体，用去许多时间，结果如何？一个经常闹病，另一个先他而去。季羡林认为，这种靠锻炼求长寿的做法不足取。他说，一个人如果天天望长寿如大旱之望云霓，而又绝对相信体育锻炼，则此人心态恐怕有点儿失常，反不如顺其自然为佳。

第二，不挑食。季羡林常见有人刚入中年，就开始挑食，蛋黄不吃，动物内脏不吃，每到吃饭，计算卡路里，核算胆固醇，战战兢兢，如履薄冰，窘态可掬，令人失笑。他说，以这

季羡林在湖畔戏猫

种心态而欲求长寿，岂非南辕而北辙！季羡林认为，五谷杂粮、瓜果蔬菜只要有营养的东西，都可以吃。鸡鸭鱼肉，当然也可以吃一些，只是不要贪食，不可偏食，不要挑肥拣瘦。

第三，不嘀咕。季羡林认为这一点最重要。对什么事情都不嘀嘀咕咕，豁达开朗，乐观愉快，吃也吃得下，睡也睡得着，有问题则设法解决之，有困难则努力克服之，决不为芝麻绿豆大的事情大伤脑筋，也决不毫无原则地随遇而安，决不玩世不恭，更不庸人自扰。理想状态是如同陶渊明所说，"纵浪大化中，不喜亦不惧"。"心净自然寿"，有这样的心境，焉能不健康长寿？

笔者认为，单就"不嘀咕"，季羡林是名副其实的实践者。他一生为人坦荡，光明磊落，不追名，不逐利，不打小算盘，不赶时髦，拿得起，放得下，一向以真面目、真性情示人，可谓真潇洒。古人曰"仁者寿"，俗语说"德高者寿高"，真正做到"不嘀咕"的，唯有仁者、德者，"心底无私天地宽"，当然就高寿嘛！又如北大老校长马寅初先生，活了101岁，一生可谓大起大落，可他铁骨铮铮，一生追求真理，无私无畏。新中国成立前在南京当过立法委员和财政委员会、经济委员会委员长，也坐过国民党的监狱；新中国成立初任中央人民政府委员、政务院财政经济委员会副主任、华东军政委员会副主席、浙江大学和北京大学校长等职。1955年提出控制人口的理论，1957年发表《新人口论》，观点非常正确，利国利民，结果挨批，搞得遍体鳞伤，这真是天大的冤屈。可是人家什么事都没有，回到家中书写了一副对联："宠辱不惊闲看庭前花开花落，去留无意漫观天外云卷云舒。"事实证明，马老是真正的德者、仁者，终于迎来了十一届三中全会以后的平反。综观季羡林的一生，难道不也属于这样的前辈楷模吗？

季羡林积数十年之经验，对长寿之道还有很重要的一点补充：人决不能让自己的脑筋投闲置散，要经常让脑筋活动着。根据外国科学家的实验结果，"用脑伤神"的旧说法已经不能成立，应改为"用脑长寿"。人的衰老主要是脑细胞的死亡，中老年人的脑细胞虽然天天死亡，但人一生中所启用的脑细胞只占细胞总量的四分之一，而且在活动的情况下，每天还有新的脑细胞产生，只要脑筋的活动不停止，新生细胞比死亡细胞的数目还要多。因此，勤于动脑筋，则能经常保持脑中血液的流通状态，而且能通过大脑协调控制全身的功能。

说到这里，笔者想起现代著名作家、教育家叶圣陶老先生。叶老活到94岁，他生前讲过自己的长寿之道，也是三句话：一抽烟，二喝酒，三不锻炼身体。其中的第三条与季老不谋而合。其实，探讨人类长寿这样的问题，仁者见仁，智者见智，很难得出科学而又公允的结论。季羡林的"三不"主义尽管是一家之说，但与诸家之说又有相通之处，这就是积极、乐观、豁达的人生态度，这才是最重要、最根本、最不可或缺的。

2009年3月16日，中国艺术研究院的刘梦溪和陈祖芬到医院看望季羡林。季老思维敏捷、言语清晰，同客人谈论了生死问题，谈到了东西方对长寿的不同态度。他说："追求长寿，从比较文化学的角度看，很有意思。西方人对长生不老没有感觉，'寿'这个字外文几乎表示不出来。我读了这么多年的西方文学作品，几乎看不到什么讲长生的。只有一个近似的例子，就是美国的华盛顿·欧文，他的那个 The sketch book，林琴南把它译为《拊掌录》的，里头讲到一个荷兰人，Rip Van Winkle，到山里躲避凶悍的妻子的故事，喝了一种酒，就睡着了，一觉醒来，过了20年，外边的世界大变，似乎涉及长生不老的问题。东方，特别是中国，却很流行什么得道成仙。有一首诗说：'王子去求仙，郸城上九天，山中方七日，世上已千年。'古代皇帝没有一个不想长生不老的，'人生不满百，常怀千岁忧'。帝王到泰山封禅，就是为了追求长生不老。帝王服食仙药，结果中毒，一命呜呼。"看来，季老对刻意追求长寿持否定态度，而他本人长寿，他说是于无意中得之，没有什么秘诀可言。北大的老先生，90岁以上的有几位，季老说："我不同他们比赛。"

为学在求益，为道在求损，伍迪·艾伦也说："放弃所有让你想活到100岁的东西，你就可以活到100岁。"季羡林积百年人生之体验，确实参透了生老病死，又如林语堂说："人类加入了动植物界的永久行列在前进着，出世，长成，死亡，把空位让给别人。人类只有在看透这尘世生存的空虚时，才开始大彻大悟起来。"郭沫若说得更尖锐，更深刻："人也有从醉梦中醒来的时候，在这时候他们渐渐知道睁开眼内观外察，他们才会发觉自己才是无边的海洋上一叶待朽的扁舟，漫漫的黑夜里一段将残的迷梦，大家只是牢不可破的监狱内一名待决的死刑囚。"

第二十八章

公元二〇〇八

心系汶川

2008年是一个大悲大喜之年。年初,南方发生了历史罕见的冰雪灾害。5月12日,四川汶川发生了八级强烈地震,造成了巨大的人员伤亡和财产损失。季羡林是一位忧国忧民的知识分子,灾区的灾情、灾区的百姓、灾区的孩子无时无刻不在揪着他的心。

汶川大地震发生的时候,季老正因为齿龈发炎而发着低烧,得知了地震的消息,他就开始了病床上的牵挂。报纸来了,他让工作人员先读关于地震的消息,他坐在沙发上,工作人员紧挨着沙发扶手,大声为他读报。他迫切希望得知更多关于灾区的详细情况。有时候,他没有听清,会说:"大声点儿,重复一下。"当他听说自己的"老朋友"温家宝总理第一时间赶往灾区,提出"只要有百分之一的希望,就要尽百分之百的努力进行救援"时,老人眼圈红了,他哽咽着说:"他给大家带了个好头儿!"几天来,老人吃不好饭,睡不好觉,不断向身边工作人员询问灾区的受灾面积、伤亡人数、那里学校的情况、学生的情况……

5·12汶川大地震纪念碑

5月15日,中央电视台为制作抗震救灾节目来人采访，季老为节目题词："万众一心，人定胜天""抗震救灾，众志成城"。他看了关于地震的报道，潸然泪下，当即决定向四川地震灾区捐款20万元人民币，说道："我尽我的力量，帮助灾区的儿童，不让受灾的孩子失学。"

20万元人民币捐款虽然不算多，可季老确实为灾区尽了自己的力量。直至20世纪末，他基本上靠每月的工资生活，那时候工资很低，稿费也没有多少，经济上是相当拮据的。台湾有位诗人访问他之后，赋诗一首描绘他的生活状态：

> 荷塘看老莲，
> 午夜抱书眠。
> 虚名满天下，
> 囊中常无钱。

进入21世纪，季羡林的书出得多，稿酬、版税多了一些，但远没有外界传说的那么多，比起那些畅销书的作者更是少得可怜，而且基本上都捐出去了——捐给北大100万元人民币，清华15万元美金，2008年2月份为临清康庄希望小学捐了25万元人民币，春天南方雪灾又捐了1万多元人民币。这一次，老人手里的确没有多少钱了，但还是倾其所有，尽心尽力。据2008年5月17日《美术报》发表的《全国艺术家，行动起来！》的报道，季羡林先生又把刚刚收到的1万元人民币稿费捐给了灾区。

据悉，四川当地政府征得季羡林先生同意，将他捐赠的20万元人民币救灾款，用于重建雅安市图书馆。

杨佳来访

2008年6月23日下午，季羡林的病房里来了一位特殊的客人，但见她身材颀长，一副清秀的脸庞，一双秀气的眼睛透过白框眼镜注视着你。读者可能想象不到，她其实什么都看不见。原来，她叫杨佳，是全国政协委员、中国科学院研究生院教授、联合国残疾人权利委员会委员、九三学社成员。季老从报纸上知道她的事迹：1963年生于长沙，15岁时考上了郑州大学英文系，毕业之后留校任教。1987年毕业于中科院研究生院。1992年因病双目失明。2000年考入哈佛大学肯尼迪学院，一年后凭借顽强的毅力，获得了哈佛大学公共管理硕士学位，是哈佛建校以来首位获此学位的外国盲人。杨佳创造了"3V教学法"（Verbal "词汇"、

Voice "声音"、Vision "形态"),她热心残疾人事业和社会公益事业,赢得了广泛赞誉。季老对这位身残志坚的女学者十分钦佩,为她讲起了盲人治学的故事,鼓励她战胜疾病,干出一番事业来。

季老说,鲁迅有位朋友,名叫爱罗先珂。他原来是俄罗斯贵族,小时候因为害麻疹双目失明。十月革命时被赶出来,先到我国的哈尔滨,后来又去了日本。他长期流亡国外,和鲁迅结识时已经比较晚了。他眼睛看不见,可是思维很清楚,照样写东西,把脑子里所想的写出来。他不是创作小说,而是写童话。他写东西也不用盲文,而是找一个人给他做记录,就这样写了一本童话集,很有名。还有一位盲人学者,是他认识的哥廷根大学教比较语言学的克劳泽教授。比较语言学是德国新兴学科里非常困难的一门学问。克劳泽会几十种语言,否则他怎么讲比较语言呢?克劳泽眼睛看不到,要上课,怎么办呢?于是就先备课,把讲稿准备好,请人念一遍,他就记住了,可以滔滔不绝地讲两个钟头,一句都不会错。这就叫本事,这就是天才。他训练有素,大脑就像照相机一样。以上例子说明,眼睛不好,看不见,对做学问有一定的影响,但是影响不大,关键是看你如何对待它。

季老所说的这两个人,笔者查了一下相关资料:

爱罗先珂(1889—1952),俄国诗人、童话作家。4岁时因患麻疹双目失明。1914年起在日本、暹罗、缅甸、印度等地学习和讲学。1921年—1923年在中国结识鲁迅等人,并在北京大学、北京世界语学校讲学。回国后从事翻译和盲人教育工作。创作主要用世界语和日语,作品中常流露空想社会主义思想。作品有童话集三卷:《天明前之歌》《最后的叹息》和《为了人类》。在我国出版的有《爱罗先珂童话集》《桃色的云》《枯叶杂记》《幸福的船》和用世界语出版的讲演集《一个孤独的心灵的呻吟》等。

关于克劳泽教授,季羡林在他的《学海泛槎》与《留德十年》中都有记载。其中与季羡林直接相关的是,1941年2月对季羡林博士论文中一个附录的评价。《留德十年》是这样说的:

> 至于我的博士论文,当时颇引起了一点轰动。轰动主要来自 Prof. Krause(克劳泽教授)。他是一位蜚声世界的比较语言学家,是一位非凡的人物,自幼双目失明,但有惊人的记忆力,过耳不忘,像照相机那样准确无误。他能掌握几十种古今的语言,北欧几种语言他都能说。上课前,只需别人给他念一遍讲稿,他就能几乎一字不差地讲两个小时。他也跟西克教授学过吐火罗语,他的大著《西吐火罗语语法》,被公认为能够跟西克、西克灵(Singling)、舒尔策(Schulze)的吐火罗语语法媲美。他对我博士论文中关于语尾 -matha 的一段附录,给予了极高的评价,因为据说在古希

腊文中有类似的语尾，这种偶合对研究印欧语系比较语言学有突破性意义。

杨佳没有辜负季老的期望，她在英语和盲人电子计算机应用教学方面以及维护残疾人权益方面，均取得了骄人的成就。2008 年，她获得北京奥运会、残奥会志愿者杰出贡献奖，同年在联合国总部召开的首届《残疾人权利公约》缔约国大会上，当选残疾人权利委员会委员，2010 年荣获中国十大品牌女性称号。

人文奥运：抬出孔子

2007 年 7 月 28 日，中国评论新闻社发文《季羡林建议张艺谋奥运开幕式"抬孔子"》，文章转引季羡林的话说："北京奥运会是一个扩大中国文化影响的绝好机会。办好人文奥运，不是建几座模仿外国的大楼，而是对中华民族文化的传承和发扬。"季老还说，他是奥运会文化艺术顾问，这个顾问一定要当好。北京奥组委刚刚成立时，开幕式总导演张艺谋就来征求他的意见，季老说，中国作为东道主，要把中国文化中最美好的一面充分展示给外国人，"我建议在开幕式上将孔子'抬出来'，因为他是中国传统文化的典型代表"，"当今世界并不太平，到处都是你争我夺。而中国向来是一个追求和平、和谐的国度，奥运会正是一个展示我们国家和民族伟大形象的机遇"。季老还强调，要办文化奥运，在弘扬中国文化的同时，也要注意吸收外来的优秀文化。

季羡林的建议会不会被采纳？这个建议如何变成张艺谋的创意？当时确实引起了公众极大的兴趣。

2008 年 8 月 8 日，第 29 届奥林匹克运动会开幕式吸引了全世界的目光。在开幕式的文艺演出中，孔门弟子诵读《论语》的宏大场景和活字印刷突出的"和"字，给全世界留下了深刻的印象。人们自然不会忘记，奥运会文化顾问季羡林在此创意中发挥的作用。8 月 15 日韩国文学评论家、延世大学教授柳中夏在韩国《中央日报》上撰文称：中国通过本届奥运会实现东西方文化交融，更加彰显自信。北京人文奥运负责人张艺谋曾拜访元老学者季羡林，听取他对人文奥运的意见。季羡林告诉他："怎样才能诠释好人文奥运这个理念呢？怎样才能让孔子再现人间？仅仅围绕着秦始皇做文章是不行的。"

看来，张艺谋导演和他的团队采纳了季羡林的意见，创意"抬"出了孔子，而且是为突出"和为贵"而"抬"出来的，不仅仅是一个穿古代服装的卡通小老头儿，可谓得其精要，恰到好处。其实，早在奥运会开幕前一年多，2007 年 7 月 27 日《人民日报》就登出一则报

奥运会开幕式

道《一个文化老人的和谐观》，作者是季老的学生卞毓方，其中就有季老谈奥运一段话：

通过奥运会展示和谐形象

离开医院前，我们又谈到了2008年北京奥运会。

"这是一个扩大中国文化影响的绝好机会。办好人文奥运，不是建几座模仿外国的大楼，而是对中华民族文化的传承和发扬。"季老说，他是奥运会文化艺术顾问，这个顾问，一定要当好。

北京奥组委刚刚成立时，开幕式总导演张艺谋就来征求季老的意见。季老当时对张艺谋说，中国作为东道主，要把中国文化中美好的一面充分展示给外国人。

我问："奥运会的一个重点就是开幕式和闭幕式。关于这，您有什么具体考虑吗？"

"我建议在开幕式上将孔子'抬出来'，因为他是中国传统文化的典型代表。"他说，"当今世界并不太平，到处都是你争我夺。而中国向来是一个追求和平、和谐的国度，奥运会正是一个展示我们国家和民族伟大形象的机遇。"

季老还强调，要办文化奥运，在弘扬中国文化的同时，也要注意吸收外来的优秀文化。"中国人向来强调海纳百川有容乃大。奥林匹克文化的内核就体现了中国文化包容、融合的特点。因此，届时表现其地域文化的独特魅力也是应有之义。"

"应该通过奥运会,让世界了解中国文化、了解中国人民、了解中国特色社会主义精神文明成果"。季老认为,要让2008年奥运会成为歌颂人、尊重人、追求高尚文化精神的过程,使2008年奥运会以自己独特的魅力体现"和谐、交流与发展"的文化主题。

"北京无比深厚的文化积淀与现代文化的有机结合,一定会使北京奥运成为具有独具魅力的盛会。"季老满怀希望地说。

季羡林"抬出孔子"的高论一出,立刻引来了广泛的争议,支持者有之,反对者亦有之,在互联网上吵得沸沸扬扬。季老是不上网的,他也从来不和人家争论。作为奥运会的文化艺术顾问,他只是尽自己的职责而已。当然,多年来他一直在利用各种可以利用的机会,宣传和实践用中国优秀传统文化挽救世界的理念,"抬出孔子"是他这种理念的体现。

从上面的叙述中,读者可以得出这样的印象:张艺谋向季羡林请教,季老当面向他提出"抬出孔子"的建议,甚至有人绘声绘色,描述季羡林同张艺谋见面的情景。然而,这却是以讹传讹,事实并非如此。请看,2008年10月16日,季老在口述历史的时候,同他的助手蔡德贵有这样一段对话。

蔡:如何挖掘儒学的价值呢?

季:当时我建议奥运会抬出孔子,因为六艺里面是有体育的。他们有些人对这个很感兴趣。

蔡:张艺谋来咨询过您的意见吗?

季:没有。

蔡(显然大吃一惊):张艺谋没来吗?

季(十分肯定地):没来过。

蔡:但是这就热闹了。网络上和有关报纸报道说,张艺谋到301医院来拜访您。您对他说,奥运会要抬出孔子。

季:他没有来过。

蔡(仍不放心):就是电影导演哪。

季:我知道。不认识(张艺谋)这个人,名字知道。

蔡:所有报纸都这样报道了。

季:我不是建议他的,(是)一个叫陈什么的,原来是北京市副市长。

蔡：张艺谋没来301医院？

季：没有。

蔡：那这个就热闹了。新闻界怎么了？传说张艺谋来见您，说您那个时候有点发愣，当时，跟前有张艺谋的秘书反应比较快，说，季老，张艺谋就是电影界的季羡林。大家都笑了。

季：没有这回事。我第一个建议，是北京市一个叫陈什么的副市长，名字忘记了，请我去到一个什么地方，讲讲什么叫人文奥运。那次去的名人不少。

看来，事情清楚了，季老提议"抬出孔子"，这个基本事实没有错；错的是那些添枝加叶的细节。这些细节是如何添加进去的？恐怕只有那些手持生花妙笔的媒体记者知道。

当今，这样望风捕影的事儿时有发生，并不稀罕。笔者记起一个关于北大另一位名教授侯仁之的事。侯仁之是著名历史地理学家，为我国向联合国教科文组织申请世界遗产项目出了大力，被誉为"中国申遗第一人"。传说，有一次他去国外参加学术会议，为了展示中国的悠久历史，特意带上了两块长城砖，开会时往讲桌上一放，四座皆惊，效果特好。他的传记作者陈光中向侯老求证此事，侯仁之笑道："两块长城砖？我搬得动吗？"不过此事也并非空穴来风，1980年，经国家文物局批准，北京大学向美国匹兹堡大学赠送两块明代北京城砖，实物是邮寄去的，而城砖的照片和砖上文字的拓片，是侯老带到美国去的。看来正规的传播媒体，也可以干出三人成虎之事。这话扯远了，还是回到正题。

奥运会结束后，2008年11月28日，季羡林又和来访的客人谈及这次盛会。他说："当时奥运会，我提出孔子，有两个考虑，一个是对中国来讲，我们现在弘扬中华文化，怎么弘扬？要弘扬中华文化必不能缺少孔子。另外从世界来讲，现在世界越来越小，问题越来越多。怎么挽救世界？我们中华民族的最大特点就是和，'礼之用，和为贵，先王之道斯为美。'和，孔子是讲和的，所以有世界意义，不限于中国。现在我们成立了很多孔子学院，我就说，孔子学院不光学汉文，学汉文很重要，但要有内容，内容就是中国文化。中国文化最有代表性的就是孔子。所以说，现在世界越来越小，问题越来越多，怎么能够让世界和平共处，只有中国文化能够救世界。利用和为贵，利用和，孔子就代表了和。所以我们弘扬中国文化，不仅为了我们中国人，而且是为了全世界的人。只有中国文化能够救中国，能够救世界。"

其实，季羡林对北京奥运会的贡献绝不仅限于建议开幕式"抬出孔子"，他还是北京奥运会最年长的志愿者之一。2007年他担任北京志愿者协会名誉会长，并为志愿服务事业题词：要大力提倡志愿者精神。2008年3月20日，北京志愿者协会秘书处的同志受团市委书记刘剑委托到医院看望季老，他们为季老佩戴了奥运志愿者"微笑圈"，介绍了《北京志愿服务促进条例》的有关内容。季老对协会秘书处的同志说："志愿精神应大大提倡，并要对志愿者历史作相关研究。""中华民族有许多优秀品质，助人为乐就是其中之一。帮助别人，'路见不平拔刀相助'，都是志愿精神的体现。"季老还谈到，当今世界范围内局部地区动荡，不安全因素增多，我们国家提出和谐的概念，应在志愿服务方面多想些办法，对世界多做贡献。

北京大学教授叶朗和朱良志为了迎接奥运，编写了《中国文化读本》。季羡林知道后很高兴。他对叶朗等人说："这是一件值得称赞的好事。你这个人做事有眼光，有魄力，这两条缺一不可。看准了就去做，坐而论道不行。中国文化内容很丰富，很活泼，作为一个中国人，我们应该让我们的青年人了解中国文化的博大精深。中国文化中的'和谐'这个概念，对人类社会有多大的影响啊！我们自己讲得还不够。刘淇同志问我：'什么是人文奥运？'我回答说：'两句话，一句是宣传中国优秀文化，一句是吸收外国优秀文化。'人才培养各国不一样，但有共同点，都是让青年人既了解本国文化，又了解外国文化。"季老还谈到书法、围棋、昆曲、二胡，说"这些好东西，必须有人提倡"。他主张在中小学开书法课，并让学生学一种乐器，如二胡。

看来，季羡林这个奥运文化顾问既顾且问，这个奥运会最年长的志愿者也是名副其实。北京奥运会志愿者被称为"蓝立方"，成了北京的名片，是奥运一道亮丽的风景，这其中怎能没有季老的一份辛劳呢？

双峰会

当今中国学界有"南饶北季"的说法，是说国务院参事、中国香港学者饶宗颐和北大教授季羡林是双峰并峙的两座学术高峰。饶宗颐，1917 年生于广东潮安，字固庵，号选堂，是我国当代著名历史学家、考古学家、文学家、经学家、教育家和书画家，是集学术、艺术于一身的大学者，又是杰出的翻译家。饶宗颐曾任香港大学教授，笔耕 70 年，治学领域遍及 10 大门类：敦煌学、甲骨学、考古学、金石学、史学、目录学、词学、楚辞学、宗教学及华侨史料等诸多学科。仅其中《20 世纪饶宗颐学术文集》即浩浩 12 卷，洋洋 1000 多万字。饶先生通晓英语、法语、日语、德语、古梵文、巴比伦古楔形文字等 6 国语言文字，其中古梵文、巴比伦古楔形文字被形容为异国"天书"。他出版图书 70 余种，学术论文 500 余篇，艺术方面于绘画、书法造诣尤深。

季羡林曾对饶宗颐的学术成就有过介绍性文字，称其在中国文、史、哲和艺术界，乃至在世界汉学界都是一个极高的标尺。1993年上海古籍出版社推出《饶宗颐史学论著选》，季羡林写了一篇热情洋溢的序言，向内地学界详细介绍了饶宗颐的学术成就。饶宗颐的学术著作，并非大多数人都可以读懂，要向社会做全面介绍，唯有季羡林这样的大家方能胜任。2000年季羡林的学术自传《学海泛槎》出版，他在该书中说道："在这一篇序言中，我首先介绍了饶宗颐先生的生平，然后介绍他的著作。饶先生学富五车，著作等身，研究范围极广，儒、释、道皆有所涉猎，常发过去学者未发之覆。我在这里提出来了一个大家所熟知，而实践者却不算太多的观点，这就是：'进行学术探讨，决不能故步自封，抱残守缺，而是必须随时应用新观点，使用新材料，提出新问题，探索新方法。只有这样，学术研究这一条长河才能流动不息，永远奔流向前。'我认为，这个意见很值得我们大家都来深思，而且付诸实施，任何时候也不应忘记。饶先生是做到了这一点的。"足见这篇序言之用意，并非仅仅介绍饶宗颐及其著作，而更重要的是阐述学术研究的新观点，新方法。现将这篇序言抄录出来，虽说长了一些，但笔者以为，非如此难以窥见饶宗颐先生的庙堂之美妙，也难以见到季羡林的良苦用心。

  饶宗颐教授是著名的历史学家、考古学家、文学家、经学家，又擅长书法、绘画，在中国台湾省、中国香港，以及英、法、日、美等国家，有极高的声誉和广泛的影响。

  几年以前，饶先生把自己的大著《选堂集林·史林》三巨册寄给了我。我仔细阅读了其中的文章，学到了很多东西。在大陆的同行中，我也许是读饶先生的学术论著比较多的。因此，由我来用序言的形式介绍一下饶先生的生平和学术造诣，可能是比较恰当的。中国有两句古话："桃李不言，下自成蹊。"即使我不介绍，饶先生的学术成果，一旦在大陆刊布，自然会得到知音。但是，介绍一下难道不会比不介绍更好一点吗？在这样的考虑下，我不避佛头著粪之讥，就毅然答应写这一篇序言。

  饶宗颐幼承家学，自学成家。自十八岁起，即崭然见头角。此后在将近五十年（季羡林此文写于1984年——笔者）的漫长的岁月中，在学术探讨的许多领域里做出了显著的成绩，至今不衰。饶宗颐教授的学术研究涉及范围很广，真可以说是学富五车，著作等身。要想对这样浩瀚的著作排比归纳，提要钩玄，加以评价，确非易事，实为我能力所不逮。因此，我只能谈一点自己的看法。

  从世界各国学术发展的历史来看，进行学术探讨，决不能故步自封，抱残守缺，而是必须随时应用新观点，使用新材料，提出新问题，摸索新方法。只有这样，学术研究这一条长河才能流动不息,永远奔流向前。讨论饶先生的学术论著,我就想从这个观点出发。我想从清末开始的近一百多年来的学术思潮谈起。先引一段梁启超的话:

> 自乾隆后边徼多事,嘉道间学者渐留意西北边新疆、青海、西藏、蒙古诸地理,而徐松、张穆、何秋涛最名家。松有《西域水道记》《汉书西域传补注》《新疆识略》,穆有《蒙古游牧记》,秋涛有《朔方备乘》,渐引起研究元史的兴味。至晚清尤盛。外国地理,自徐继畬著《瀛环志略》,魏源著《海国图志》,开始端绪,而其后竟不光大。近人丁谦于各史外夷传及《穆天子传》《佛国记》《大唐西域记》诸古籍,皆博加考证,成书二十余种,颇精赡。(《清代学术概论》)

梁启超接着又谈到金石学、校勘、辑佚等等。其中西北史地之学是清代后期一门新兴的学科;在中国学术史上,这是一个新动向,值得特别重视。金石学等学问,虽然古已有之,但此时更为繁荣,也可以说是属于新兴学科的范畴。这时候之所以有这样多的新兴学科崛起,特别是西北史地之学的兴起,原因是多种多样的。赵瓯北的诗句:"江山代有才人出,各领风骚数百年",应用到学术研究上,也是适当的。世界各国的学术,都不能一成不变。清代后期,地不爱宝,新材料屡屡出现。学人的视野逐渐扩大。再加上政治经济的需要,大大地推动了学术的发展。新兴学科于是就蓬蓬勃勃地繁荣起来。

下面再引一段王国维的话:

> 古来新学问之起,大都由于新发见之赐,有孔子壁中书之发见,而后有汉以来古文家之学、有赵宋时古器之出土,而后有宋以来古器物古文字之学。惟晋时汲冢竹书出土后,因永嘉之乱,故其结果不甚显著,然如杜预之注《左传》,郭璞之注《山海经》,皆曾引用其说,而竹书经年所记禹、益、伊尹事迹,至今遂成为中国史学上之重

梁启超墨迹

大问题。然则中国书本上之学问,有赖于地底之发见者,固不自今日始也。(《女师大学术季刊》,第一卷,第四期,附录一:《近三十年中国学问上之新发见》,王国维讲,方壮猷记注)

这里讲的就是我在上面说的那个意思。王国维把"新发见"归纳为五类:一、殷墟甲骨;二、汉晋木简;三、敦煌写经;四、内阁档案;五、外族文字。我觉得,王静安先生对中国学术史的总结,是实事求是的,是正确的。

近百年以来,在中国学术上,是一个空前的大转变时期,一个空前的大繁荣时期。处在这个伟大历史时期的学者们,并不是每一个人都意识到这种情况,也并不是每一个人都投身于其中。有的学者仍然像过去一样对新时代的特点视而不见,墨守成规,因循守旧,结果是建树甚微。而有的学者则能利用新资料,探讨新问题,结果是创获甚多。陈寅恪先生说:

一时代之学术,必有其新材料与新问题。取用此材料,以研求问题,则为此时代学术之新潮流。治学之士,得预于此潮流者,谓之预流(借用佛教初果之名)。其未得预者,谓之未入流。此古今学术史之通义,非彼闭门造车之徒,所能同喻者也。(《陈垣〈敦煌劫余录〉序》,见《金明馆丛稿二编》,1980年,上海古籍出版社)

陈先生借用的佛教名词"预流",是一个非常生动、非常形

王国维墨迹

象的名词。根据这个标准，我们可以说，王静安先生是得到预流果的，陈援庵先生是得到预流果的，陈寅恪先生也是得到预流果的，近代许多中国学者都得到了预流果。从饶宗颐先生的全部学术论著来看，我可以肯定地说，他也已得到预流果。

我认为，评价饶宗颐教授的学术成就，必须从这一点开始。

谈到对饶先生学术成就的具体阐述和细致分析，我想再借用陈寅恪先生对王静安先生学术评介的几句话。陈先生说：

"然详绎遗书，其学术内容及治学方法，殆可举三目以概括之者。一曰取地下之实物与纸上之遗文互相释证。凡属于考古学及上古史之作，如殷卜辞中所见先公先生考及鬼方昆夷猃狁考等是也。二曰取异族之故书与吾国之旧籍互相补正。凡属于辽金元史事及边疆地理之作，如萌古考及元朝秘史之主因亦儿坚考等是也。三曰取

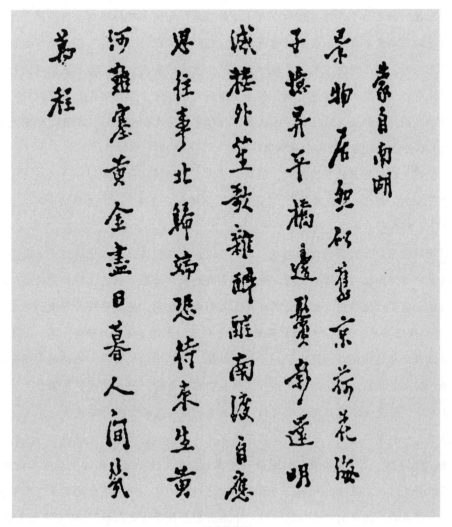

陈寅恪墨迹

外来之观念与固有之材料互相参证。凡属于文艺批评及小说戏曲之作，如红楼梦评论及宋元戏曲考唐宋大曲考等是也。此三类之著作，其学术性质固有异同，所用方法亦不与尽符会，要皆足以转移一时之风气，而示来者以轨则。吾国他日文史考据之学，范围纵广，途径纵多，恐亦无以远出三类之外，此先生之书所以为吾国近代学术界最重要之产物也。"（《王静安先生遗书序》，见《金明馆丛稿》二编）

陈先生列举的三目，我看，都可以应用到饶先生身上。我在下面分别加以论述。

一、地下实物与纸上遗文

饶宗颐教授在这方面的成就是非常显著的。一方面，他对中国的纸上遗文非常熟悉，了解得既深且广。另一方面，他非常重视国内的考古发掘工作。每一次有比较重要的文物出土，他立刻就加以探讨研究，以之与纸上遗文相印证。他对国内考古和文物刊物之熟悉，简直达到令人吃惊的程度。即使参观博物馆或者旅游，他也往往是醉翁之意不在酒，而是时时注意对自己的学术探讨有用的东西。地下发掘出来的死东西，到了饶先生笔下，往往变成了活生生的有用之物。再加上他对国外的考古发掘以及研究成果信息灵通，因而能做到左右逢源，指挥若定，研究视野，无限开阔。国内一些偏远地区的学术刊物，往往容易为人们所忽略；而饶先生则无不注意。这一点给我留下了深刻的印象。

饶先生利用碑铭的范围很广，创获是非常突出的。从中国藏碑一直远至法国所藏唐宋墓志，都在他的视野之内。《论敦煌石窟所出三唐拓》一文主要从中国书法的观点上来研究伯希和携走的三个唐代拓本。在《从石刻论武后之宗教信仰》一文中，他利用碑铭探讨了武后的信佛问题。几十年以前，陈寅恪先生在他的论文《武曌与佛教》中曾详细探讨过这个问题。他谈的主要是武后母氏家世之信仰和她的政治特殊地位之需要。他指出，武后受其母杨氏之影响而信佛，她以佛教为符谶；他又指出，《大云经》并非伪造；对唐初佛教地位之升降，他作了详细的分析。总之，陈先生引证旧史与近出佚籍，得出了一些新的结论。陈先生学风谨严，为世所重；每一立论，必反复推断，务使细密周详，这是我们都熟悉的。但在《武曌与佛教》这一篇文章中，陈先生没有利用石刻碑铭。饶先生的这一篇文章想补陈先生之不足，他在这里充分利用了石刻。他除了证实了陈先生的一些看法之外，又得出了一些新的看法。他指出，武后在宗教信仰方面一度有大转变，晚年她由佛入道；他又指出，武后有若干涉及宗教性之行动，乃承继高宗之遗轨。陈、饶两先生的文章，各极其妙，相得益彰，使我们对武后这一位"中国历史上最奇特之人物"（陈寅恪先生语）

的宗教信仰得到了一个比较完整的了解。

二、异族故书与吾国旧籍

饶宗颐教授在这方面取得了很大的成绩。这一方面的内容是很丰富的，中外关系的研究基本上也属于这一类。在饶先生的著作中，中外关系的论文占相当大的比重，其中尤以中印文化交流的研究更为突出。我就先谈一谈中印文化交流的问题。

在《安荼论与吴晋间之宇宙观》一文中，饶先生从三国晋初学者，特别是吴地学者的"天如鸡子"之说，联想到印度古代婆罗门典籍中之金胎说，并推想二者之间必然有某种联系。中国古代之宇宙论，仅言鸿蒙混沌之状，尚未有以某种物象比拟之者。有之，自三国始。汉末吴晋之浑天说以鸡卵比拟宇宙。印度佛经中讲到许多外道，其中之一为安荼论，他们就主张宇宙好像是鸡子的学说。印度古代许多典籍，比如说梵书、奥义书、大史诗《摩诃婆罗多》等等，都有神卵的说法。估计这种说法传入中国，影响了当时中国的天文学说，从而形成了浑天说。最初宣扬这种学说的多为吴人。这种情况颇值得深思，而且也不难理解。吴地濒海，接受外来思想比较方便。陈寅恪先生的《天师道与滨海地域之关系》，讲的就是这种情况。

大家都知道，中印文化交流关系头绪万端。过去中外学者对此已有很多论述。但是，现在看来，还远远未能周详，还有很多空白点有待于填充。特别是在三国至南北朝时期，中印文化交流之频繁、之密切、之深入、之广泛，远远超出我们的想象。在科技交流方面，我们的研究更显得薄弱，好多问题我们基本没有涉及。我们要做的工作还多得很，我们丝毫也没有理由对目前的成绩感到满意，我们必须继续努力。我们要向饶宗颐教授学习，在中印文化关系史的研究上，开创新局面，取得新成果。

除了中印文化关系以外，饶先生还论述到中国在历史上同许多亚洲国家的关系。《早期中日书法之交流》这一篇论文，讲的是中日在书法方面的交流关系。《说"诏"》一文讲的是中缅文化关系。《阮荷亭〈往津日记〉钞本跋》则讲的是中越文化关系。这些论文，同那些探讨中印文化关系的论文一样，都能启发人们的思想，开拓人们的眼界。我在这里不再细谈。

三、外来观念与固有材料

我在这里讲的外来观念是指比较文学，固有材料是指中国古代的文学创作。饶宗颐教授应用了比较文学的方法，探讨中国古代文学的源流，对于我们研究中国古代文学史也有很多启发。

在《〈天问〉文体的源流》一文中，饶先生使用了一个新词"发问文学"，表示一个新的概念。他指出,在中国,从战国以来,随着天文学的发展,"天"的观念有了很大的转变。有些学者对于宇宙现象的形成怀有疑问。屈原的《天问》就是在这样的环境下产生出来的。饶先生又进一步指出,在《天问》以后,"发问文学"在中国文学史上形成了一个支流,历代几乎都有模拟《天问》的文学作品。饶先生从比较文学的观点上探讨了这个问题,他认为,这种"发问文学"是源远流长的。世界上一些最古老的经典中都可以找到这种文学作品。他引用印度最古经典《梨俱吠陀》中的一些诗歌,以证实他的看法。他还从古伊朗的 Avtsta 和《旧约》中引用了一些类似的诗歌,来达到同样的目的。中国的《天问》同这些域外的古经之间是一种什么样的关系呢?苏雪林认为可能有渊源的关系,并引证了印度的《梨俱吠陀》和《旧约》。饶先生似乎是同意这种看法。我自己认为,对于这个问题现在就下结论,似乎是为时尚早。但是,不管怎样,饶先生在这一方面的探讨,是有意义的,有启发的,值得我们认真注意的。

饶先生治学方面之广,应用材料之博,提出问题之新颖,论证方法之细致,给我们留下深刻的印象,在给我们以启发。我决不敢说,我的介绍全面而且准确,我只不过是尽上了我的绵薄,提出了一些看法,供读者参考而已。

如果归纳起来说一说的话,我们从饶宗颐教授的学术论著中究竟得到些什么启发、学习些什么东西呢?我在本文的第一部分首先提出来一个重要的问题:进行学术探讨,决不能故步自封,抱残守缺,而必须随时接受新东西。我还引用了陈寅恪先生的"预流果"这一个非常形象的比喻。我在这里再强调一遍:对任何时代任何人来说,"预流"都是非常重要的。我们做什么事情,都要预流,换一句通俗的话来说,就是要跟上时代的步伐。生产、建设,无不有跟上时代的问题。学术研究何能例外?不预流,就会落伍,就会停滞,就会倒退。能预流,就能前进,就能创新,就能生动活泼,就能逸兴遄飞。饶宗颐先生是能预流的,我们首先应该学习他这一点。

预流之后,还有一个掌握材料、运用材料的问题。我们都知道,进行学术研究,掌握材料,越多越好。材料越多,在正确的观点和正确的方法的指导下,从中抽绎出来的结论便越可靠,越接近真理。材料是多种多样的;但是我们往往囿于旧习,片面强调书本材料,文献材料。这样从材料中抽绎出来的结论,就不可避免地带有片面性与狭隘性。我们应该像韩愈《进学解》中所说的那样:"玉札丹砂,赤箭青芝,牛溲马勃,败鼓之皮,俱收并蓄,待用无遗。"我在上面已经多次指出,饶先生掌握材料和运用材料,方面很广,种类很多。一些人们容易忽略的东西,到了饶先生笔下,都被派上了用场,有时甚至能给人以化腐朽为神奇之感。这一点,我认为,也是我们应该向饶先生学习的。

中国从前有一句老话:"学海无涯苦作舟。"如果古时候就是这样的话,到了今天,我们更会感到,学海确实是无涯的。从时间上来看,人类历史越来越长,积累的历史资料越来越多。从空间上来看,世界上国与国越来越接近,需要我们学习、研究、探讨、解释的问题越来越多。专就文、史、考古等学科来看,现在真正是地不爱宝,新发现日新月异,新领域层出不穷。今天这里发现新壁画,明天那里发现新洞窟。大片的古墓群,许多地方都有发现。我们研究工作者应接不暇,学术的长河奔流不息。再加上新的科技成果也风起云涌。如今电子计算机已经不仅仅限于科技领域,而是已经闯入人文科学、社会科学的藩篱。我们从事社会科学研究工作的人,再也不能因循守旧,只抓住旧典籍、旧材料不放。我们必须扫除积习,开阔视野,随时掌握新材料,随时吸收新观点,放眼世界,胸怀全球;前进,前进,再前进;创新,创新,再创新……愿与海内外志同道合者共勉之。

一九八四年九月十日,时为农历中秋,诵东坡"但愿人长久,千里共婵娟"之句,不禁神驰南天。

抄录并阅读季羡林的序言,笔者的感受是:如果说,唯有陈寅恪先生能够介绍王国维先生,那么,也唯有季羡林先生能够介绍饶宗颐先生,此其一;大师做学问,不同凡响,其立意之高、眼界之广、非常人所能及,其用功之勤、见识之深,亦非常人所能及,此其二。我辈后学,看了这样的介绍,对大师如何治学,可略知一二,此实为度人之金针也。

2008年10月28日,来京办画展的饶宗颐先生到301医院看望季羡林先生。下午2时45分,饶

2008年10月28日,季羡林与饶宗颐合影

老来到医院门口,径直通过安检来到四楼的病房。媒体记者抢先走进季老的房间,只见他身着浅灰色中装,满面红光,如孩童般期待的神情,双手合十,翘首盼望。记者向季老问好之后,迅速占领拍照的最佳位置。这时,饶老出现在门口,双手抱拳,兴高采烈地向季老走来,两位老先生紧紧握手。饶老对季老说:"您是全中国最高的老师。"此时,两位老人一个合十,一个作揖,都是内心感情的自然流露,表现了既不同又相通的南北风范,双峰并峙,风景独特。数十年来,他们曾多次相见,亲切交谈,但这却是最后的一次。

饶老来访的前一天,蔡德贵来为季老做口述历史的录音和拍摄工作,季老告诉蔡德贵,饶老多才多艺,能书善画,在中国香港没有人能和他相比。饶宗颐与季羡林相交数十年,两人在语言学、中西文化交流等方面的研究颇有交集,惺惺相惜。"南饶北季"已成学界佳话。季羡林是最早向内地学术界撰文评价饶宗颐的。他盛赞饶宗颐"近年来,国内出现各式各样的大师,而我季羡林心目中的大师就是饶宗颐"。1993 年,两人共同创办《华学》杂志,传播中华传统文化。饶宗颐形容季老"笃实敦厚",并称"季先生是中国唯一的"。正如他为蔡德贵所著《季羡林传》作序时说:

从我肤浅的考虑,常见的学问家,可能有下面几种类型:一是才士型,一是辩士型,还有探险家型,或者是会计师型。才士型胜处在紧抓问题,入情入理,但易流于感情用事,接近文学家。辩士型长于辨析,鞭辟入里,每每播弄辞说,有如哲学家。其他一是比较大胆,有究元决疑的绌幽疏证精神,另一则谨慎扎实,喜欢校勘、统计,好像核数师。这几种类型有单纯的,亦有复杂的。有的一人只能属于某一类型,有时一人亦可同时兼有其中一二者。我不欲举出任何人属于哪一类型,让读者自己去考虑或遴选代表人物。

我所认识的季先生,是一位笃实敦厚,人们乐于亲近的博大长者,摇起笔来却娓娓动听,光华四射。他具有褒衣博带从容不迫的齐鲁风格和涵盖气象,从来不矜奇、不炫博,脚踏实地,做起学问来,一定要"竭泽而渔",这四个字正是表现他上下求索的精神,如果用来作为度人的金针,亦是再好没有的。

要能够"竭泽而渔",必须具备许多条件:第一要有超越的语文条件;第二是多彩多姿的丰富生活经验;第三是能拥有或有机会使用的实物或图籍,各种参考资料。这样不是任何一个人可以随便做到的,而季老皆具备之,故能无一物不知,复一丝不苟,为一般人所望尘莫及。

"竭泽而渔"的方针,借《易经·坤卦》的文句来取譬:真是"括囊、无咎、无誉"，又是"厚德载物"的充分表征。多年以来，季老领导下的多种重要学术工作，既博综，又缜密，放出异彩，完全是"海涵地负"的具体表现，为中华学术的奠基工程做出人人称赏的不可磨灭的劳绩。有目共睹，不待我多所置喙。

口述历史

季羡林《病榻杂记》中有一篇文章是《封笔问题》，他说："旧日的学者，活到了一定的年龄，觉得自己精力不济了，写作有困难了，于是就宣布封笔。""我脑筋里还残留着许多旧东西，封笔就是其中之一。我现在虽然真正达到了耄耋之年，但是，我自己曾在脑袋中做过一次体检，结果是非常完满。小毛病有点儿，大毛病没有。岂止于米，相期以茶，对我来说，绝不是一句空话。在这样的情况下，封笔的想法竟然还在脑子里蠢蠢欲动，岂不是笑话！"接着，他陈述了不能封笔的三条理由：第一，十几年前，他所预言的21世纪是中国世纪，现在证据日多，让他信心日增；第二，现在政通人和，海晏河清，国家领导人值得信赖；第三，自己舞笔弄墨70年，自认还有力量舞弄下去，不可以放弃机会。所以，他曾经三次明确表态："我不能封笔！"

虎老雄心犹在，可是自然规律终究是无法抗拒的，它不以人的主观意志为转移。无论是季羡林本人的坚强毅力，还是301医院专家的高尚医德和精湛医术，都回天无力。季老的器官在一天天衰老，生命在一点点凋零，他舞弄了70年的那支笔，也显得越来越难以驾驭了。

2008年，有一次笔者请先生在一份委托书上签字，惊奇地，而且难过地发现：季老写了两笔，签字笔没有墨水，纸上没有留下任何痕迹，季老竟没有发现——他的眼睛完全看不见了。最后不得不另换一支笔，才签好了他的名字。在这种情况下，他要坚持写作，谈何容易！

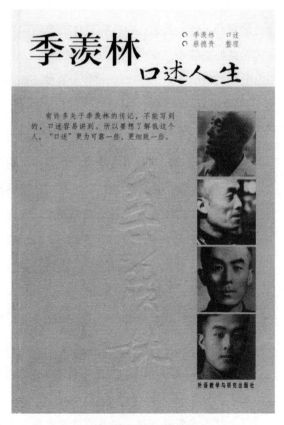

《季羡林口述人生》书影

季老写作，一向是自己一笔一画在稿纸上"爬格子"，他不习惯使用电脑打字。他也尝试过口述，请别人代写，特别是在他的眼睛害病的时候。可是不行，请别人代写，他的思路不能连贯，这种方法不合适。

就这样，季老摸索着，在稿纸上留下了多篇已经开头，但未能完成的文稿，如《泉城忆旧》《一年将尽夜，万里未归人》《关于长生不老》《"侠"与"士"》等等。这些文章季老已有腹稿，但还没来得及变成文字，就遗憾地被永远带走了。

临终前一年，季老的头脑虽然还清醒，但他已经意识到时不我待。2008年10月1日，他给温家宝总理写信，要求山东大学蔡德贵教授来给他做助手，通过整理录音的方式，口述历史。这是一个不得已的办法，以季老的为人，但凡他有能力，一定是亲自动手，把要说的话写出来，绝不会麻烦别人。

蔡德贵是山东人，生于1945年，1965年考入北京大学东语系学习阿拉伯语，1970年毕业。1982年获得山东大学硕士学位，后任山东大学教授、博士生导师。蔡德贵曾担任山东大学季羡林研究所副所长，著有《季羡林传》，对季老的经历很熟悉。曾经有读者问他，"季老为什么选择你做他的助手？"他回答说："季老的弟子都有重要的教学科研任务，有的还担负行政领导工作。我是一个行将退休的小老头儿，可能季老认为这样比较恰当。"笔者以为，这完全是外交辞令，季老之所以选择蔡德贵，本人说得十分明白。

2008年10月13日，蔡德贵正式开始为季羡林做口述历史的工作。那一天，季老说：

> 今天我为什么千里迢迢把你从山东叫来，要你做我的口述历史，是因为你以前写过我的传记，对我比较熟悉。我们国家在发生很大的变化。要跟上时代，不然的话，稍微一疏忽，就会被社会所抛弃。学术界我还有大量工作要做，但要做哪些工作，我自己也不清楚，什么时候清楚，也不知道。但有一天非清楚不可。我觉得，知识分子是大事不糊涂，小事不一定不糊涂。做口述历史，我的原则是"假话全不说，真话不全说"。这个原则我多次强调过。有些事情现在就不能说，什么时候说，不敢说（山东土话，意为不好说）。
>
> 叫你来，是口述我的历史。口述历史，现在，在学术界也是很时髦的，而我则是因为眼睛视力减弱，看不见，无法写东西。本来想写两篇文章，一篇谈"侠"，一篇谈"士"，但也都是因为眼睛的原因，而无法下笔。我也想写一本《中外恩师谱》，也无法如愿。
>
> 过去我写过自传，好多事情没有写，有些事情绝大多数对我有兴趣的人还不知

道。现在有必要更多地透露出一些,但我现在也不一定全说。

口述历史有什么意义?现在学术界比较流行,有的口述历史已经出版。对我自己来说,也很有意义。我已经年近百岁,应该对自己的一生做一个小结。

为什么想到你呢?因为我们相交甚久,互相了解比较多,你做这个工作最恰当。

至于如何进行,如果口不停地说,一天可能就够了。但是那样太累。决定一天说两个小时,大概八九次就够了。别的工作也可以做。

就是这么一个目的。

我对你讲的,不是对每个人都能够讲的。但也没有什么秘密,每个人都可以来听。别人来听,也可以。

你听我口述,你是了解我最多的人。别人不知道的事情,你知道。所以请你来做这个工作。

蔡德贵 2009 年 6 月赴美国之前,大约 10 个月时间共记录季羡林口述历史 75 次。他们相约,待蔡德贵从美国回来继续这项工作。可是,这个愿望没有实现,而且永远不可能实现了。在季羡林逝世一年以后,口述历史的内容陆续整理出版。

细心的读者不难发现,季羡林的《病榻杂记》根据文后标注的写作时间,2001 年 1 篇,2002 年 42 篇,2003 年 23 篇,2004 年 1 篇,2005 年 2 篇,2006 年 10 篇,未标注时间的 15 篇。显然,随着年事日高,季老虽然"难得糊涂",可他的写作却越来越力不从心。2004 年以后,季老写文章就十分困难了,以致后来不得不采用口述的办法,权当继续工作,聊以自慰,这的确是令人痛心而无奈的。

"侠"与"士"

"侠"与"士"是中国文化特有的两个概念,是季羡林晚年经常考虑的,他曾想以此撰文,但终未实现。2008 年 10 月 13 日,季老在第一次口述历史时对蔡德贵说:"在中国语汇里,有两个字,我觉得是西方文化里没有的,就是'侠'和'士'。'侠'字,西方语言里没有,据说日文里有,是从中国传过去的,'侠'字是中国特有的。侠一般被认为是好人,仗义疏财。一个侠,一个士,祢衡骂曹是士。西方说的知识分子,不能等同于士。"

祢衡(173—198),字正平,东汉末年名士,文学家。因出言不逊触怒曹操,被遣送荆州刘表处,后又因出言不逊,被送至江夏太守黄祖处,终为黄祖所杀。祢衡骂曹的故事,见于罗贯中的《三国演义》第 23 回：孔融推荐祢衡去见曹操，曹操没有以礼相待。心高气傲的祢衡立刻反唇相讥，把曹操的门下之士一个个批得体无完肤。曹操恼羞成怒，命他当个小鼓吏借机羞辱他。后来在宴会上，祢衡裸衣击鼓，当众痛骂曹操，发泄心中怒气。《击鼓骂曹》也是京剧传统剧目。

祢衡骂曹的故事，季羡林讲过多次，他认为在祢衡身上体现了"士可杀，不可辱"的精神。有骨气，不怕死，为了匡扶正义，牺牲性命在所不惜，这才是中国的士。近代的士，季羡林推崇章太炎。章太炎反对袁世凯称帝，胸佩勋章，赤着脚，到新华门痛骂袁世凯，把生死置之度外。当代的士，季羡林最佩服的是两个人，文的梁漱溟、武的彭德怀。他们敢说真话，骨头硬，为了坚持真理，敢于犯颜直谏，百折不回。"士"和"侠"的相通之处，就在于维护正义，进而实现社会的和谐。

关于章太炎、梁漱溟和彭德怀，笔者在此做以简要介绍：

章太炎（1869—1936），即章炳麟，太炎是他的号。民主革命家、思想家、学者。浙江余杭（今属杭州市）人。1897 年因参加维新运动被清廷通缉，流亡日本。1903 年被逮捕入狱，1904 年与蔡元培等发起成立光复会。这一年农历十月十日是慈禧太后七十大寿，章太炎写了一副脍炙人口的对联，痛骂这位清王朝的"老佛爷"："今日到南苑，明日到北海，何日再到古长安？叹黎民膏血全枯，只为一人歌庆有；五十割琉球，六十割台湾，而今又割东三省，痛赤县邦圻益蹙，每逢万寿祝疆无。"1906 年参加同盟会，1909 年任光复会会长，1911 年从日本回国任孙中山总统府枢密顾问并主编《大共和报》，1913 年宋教仁遇刺后参加讨袁，被袁世凯禁锢，袁死后获释，1917 年参加护法军政府，任秘书长，1924 年脱离孙中山改组的国民党，1935 年在苏州设立章氏国学讲习会，以讲学为业，晚年赞助抗日救亡运动。

章太炎

梁漱溟（1893—1988），哲学家、教育家。广西桂林人。早年参加同盟会，1917 年任北京大学印度哲学讲席；1924 年离开北大任河南村治学院教育长，并接办北平《村治月刊》；1931 年在山东邹平创建山东乡村建设研究院，抗日战争中主张团结抗日，1946 年任民盟秘书长，新中国成立后任第一、二、三、四届全国政协委员，第五、六届政协常委。新中国成立初期曾就农村问题，同毛泽东当面发生过激烈争论。晚年担任民办的中国文化书院院务委员会主席，离职后，其主席职务由季羡林接任。

彭德怀（1898—1974），无产阶级革命家、军事家。中国旧时有句话"文死谏、武死战"，是说忠臣的，彭德怀是个集文谏之德与武战之功于一身的人。革命战争年代和抗美援朝战争，立下了赫赫战功，1959年在庐山会议期间给毛泽东写了一封长信，被称为"万言书"。他是党内高级干部中第一个犯颜直谏、站出来说真话的人。随着历史的推进，人们才越来越明白，当年他所面临的绝不是一件具体的事情，而是一种制度，一种作风。对毛泽东来说，接受意见也要有相当的雅量。毛泽东有时对党外人士常有过人的雅量，但彭德怀的遭遇是人所共知的，党的十一届三中全会为他平了反。

2008年2月27日，季羡林为中央电视台奥运频道的《武林大会》节目以及3月6日播出的《武林盛典》题词，表达了季老心目中对侠义精神的理解以及对武林大会的厚望。题词的全文是：

> 中国人的传统美德之一就是助人为乐，路见不平，拔刀相助。故带刀的人就不会是我们平常所讲的白面书生，即带刀的就与武术有关，中国古书上常常有侠这个字，我想，侠就是带刀的侠客。望武林大会把大侠的精神留住。赠武林大会愿与大会共勉之。

著名武侠小说家金庸先生2008年6月18日拜访季羡林时，两人曾一起探讨"侠"，一致认为中外"侠"的含义是很不同的。中国的侠下面是两撇，是两个人在打架。路见不平，拔刀相助，在中国人看来是对的，这就是"侠"的精神。反对以大欺小，以强凌弱。反对压迫、反对强权，追求平等，追求和谐，这就是中国文化的魅力所在。但是，

季羡林与金庸

西方崇拜强权，认为强的可以欺负弱的，结果发生两次世界大战，世界至今还很不太平。

读季羡林对少年时期的回忆文章不难发现，他对自己的父亲否定的文字较多，主要是说他不务正业，耗尽家财。而季羡林晚年同他的儿子季承谈话时，唯一对父亲表示肯定的，是说他有几分"侠"气。季羡林本人，虽然少年时候受武侠小说的影响，一度迷恋习武，想

当"侠客",却未修成正果。毫无疑问,从他一生所走的道路看,他的的确确是一名当代的"士",有人称他为"当代原封的士"。有意思的是,季承认为自己的父亲也有几分"侠"气,他在《我和父亲季羡林》中记述了2008年11月8日与父亲的那次谈话:"那一天,还谈到了'侠'和'士'。他从清平官庄的贫农单身汉胡二疙瘩谈起,说中国社会上有一种人,应该是属于流氓无产者,在他们身上有一种'侠'气,行侠仗义,扶弱济贫,也即所谓'路见不平,拔刀相助','为朋友两肋插刀'。这些人属于'侠'一类。在他们身上有一种侠气。你爷爷就有点'侠'气。我说,在你身上也有'侠'气。他笑了笑,说可能也有点。至于'士',并不一定都是知识分子,他们身上也有一种气,可谓之'士气',坚持真理,勇于抗争,刚直不阿,精神独立,思想自由……中国的侠和士,外国是没有的,也不好翻成英文。堂·吉诃德是侠义之徒,但中国的侠士精神有传统,外国没有传统。"

"侠"也好,"士"也罢,其实季羡林推崇的是一种硬骨头精神。他主张,国要有国格,人要有人格。他是一个外柔内刚之人,看上去很文弱,甚至有点儿胆小怕事,可是在关键时刻,在原则问题上,铁骨铮铮,寸步不让。他看不起山东人说的那种"孬种"。他在《略说中国传统文化及其特点》一文中说:

我认为中国伦理道德中有两点值得提倡,第一点是讲气节、骨气。一个人要有骨头。我们现在不是还讲解放军硬骨头六连吗?文章也讲风骨。骨头本来是讲一种生理的东西,用到人身上,就是指人要讲气节。孟子就讲富贵不能淫,贫贱不能移,威武不能屈,此之谓大丈夫。富贵我们也不怕,贫贱我们也不怕,威武我们也不怕,这在别的国家是没有的。就是说作为一个人,我有我的人格,顶天立地,不管你多大的官,多么有钱,你做得不对我照样不买你的账。例子很多。《三国演义》里有个祢衡敢骂曹操,不怕他能杀人。近代的章太炎,他就敢在袁世凯住进中南海称帝时,到中南海新华门前骂袁称帝。这种骨气别的国家也不提倡。"骨气"这个词也不好译,翻成英文也得用两个词:道德的"反抗的力量",或者"不屈不挠的力量",我们用一个"气节"、"骨气",多么简洁明了。我们中国的小说中,随便看看,都有像祢衡这样的人。我们为什么崇拜包公?就是因为他威武不能屈。皇帝掌握生杀大权,但皇帝做错的包公照样不买账;达官显贵虽然有钱有势,包公也照样不买账。这种品行外国是不提倡的。

我常对年轻人讲,不仅在国内要有人格,不能一见钱就什么都不讲了,出国也要有国格,不能忘记自己是中国人,不能忘记国格。

第二点是爱国主义。世界上真正提倡爱国主义的是中国。比如苏武北海牧羊而气节不改的故事，连小孩都知道。写《满江红》的抗金英雄岳飞，他的爱国精神更是历代传诵，后人在杭州西湖边专给他盖了一座庙。又如文天祥，谁都知道他的名言"人生自古谁无死，留取丹心照汗青"，全国都有他的祠堂。近代、现代的爱国英雄也多得很，如抗日战争中的张自忠、佟麟阁等等。（下略）

　　我认为，从世界文化的发展趋向看，中国文化包括中国道德的精华，在21世纪的将来，会在人类精神文明的发展中，发挥更重要的作用。这是我所期望的。

在这里，季羡林是在挖掘我们民族传统文化中最宝贵的东西——中国道德的精华，而且大声疾呼，身体力行，要把它发扬光大，而决不要遗失掉。

在这里，季羡林所宣扬的"侠气"和"士气"，实际上也是蕴藏在人们心中的一份"英雄情结"，一旦拥有它，就拥有了蓬勃旺盛的生命力，就有了建功立业的信念和决心。这在季老身上，不是也得到了完美的体现吗？

从《文集》到《全集》

《病榻杂记》是季羡林最后的文集，2007年1月之后，尽管多家出版社又出版了各种各样的季羡林文集，但都是把旧作排列组合，重出一次，没有一篇是新作。

据说大画家凡·高的画作，在他生前只卖掉一幅，相比之下季羡林则幸运得多了，他的书在他去世前几年，卖得特别火。2008年和2009年，是季羡林作品出版的井喷时期。在中国大陆，季羡林如果不是出书最多的学者，也肯定是出书最多的学者之一。无论在哪个城市，只要走进大书店，都可以看到这位老先生的著作陈列在显著位置上，他的不少作品还登上了畅销书排行榜，再版且数次印刷。当代中国出版社2006年1月出版的《季羡林谈人生》，到2009年9月，重印次数竟达26次之多。

有人统计过2008年出版的季羡林的部分作品：

一、陕西师范大学出版社：《季羡林文集》（志虑心物／贤行润身／阅世心语／忆往述怀），出版时间2008年7月，定价134.80元。

二、华艺出版社：《季羡林自选集：三十年河东，三十年河西》，出版时间2008年10月，定价24.80元；《季羡林自选集：读书·治学·写作》，出版时间2008年5月，定价26.80元；《季羡林自选集：牛棚杂忆》，出版时间2008年10月，定价42.00元；《季羡林自

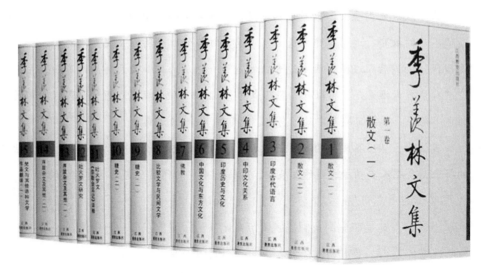

季羡林文集（二十四卷），1999年江西教育出版社

选集：一生的远行》，出版时间2008年6月，定价42.00元；《赋得永久的悔》，出版时间2008年6月，定价24.80元；《悼·念·忆》，出版时间2008年6月，定价26.80元；《红》，出版时间2008年5月，定价36.80元；《我的心是一面镜子》，出版时间2008年5月，定价32.80元；《季羡林谈人生》，出版时间2008年5月，定价28.00元；《季羡林谈国学》，出版时间2008年5月，定价26.80元；《季羡林谈佛》，出版时间2008年5月，定价28.00元；还有《风风雨雨一百年》等书，此处不一一列举。

三、当代中国出版社：《季羡林散文精选》，出版时间2008年7月，定价29.50元；《季羡林自传》，出版时间2008年4月，定价45.00元。

四、中国书店出版社：《季羡林：禅心佛语》，出版时间2008年8月，定价32.00元；《季羡林：读书有用》，出版时间2008年8月，定价28.00元。

五、新星出版社：季羡林《真话能走多远》，出版时间2008年5月，定价35.00元。

六、人民出版社：季羡林《留德十年——人民文库丛书》，出版时间2008年6月，定价26.00元。

七、百花文艺出版社：季羡林主编《百年美文哲思卷（上下）》，出版时间2008年4月，定价55.00元；季羡林主编《百年美文女性情感卷（上中下）》，出版时间2008年4月，定价73.00元。

八、中华书局：《佛教十五题》，出版时间2007年1月，定价29.00元；《季羡林说和谐人生》，出版时间2008年1月，定价23.00元。

九、国际文化出版公司:《季羡林生命沉思录》,出版时间 2008 年 1 月,定价 22.00 元。

十、哈尔滨出版社:《此情犹思——季羡林回忆文集》(第四卷),出版时间 2008 年 1 月,定价 29.80 元。

十一、浙江文艺出版社:《季羡林散文》,出版时间 2008 年 4 月,定价 28.00 元。

十二、黑龙江人民出版社:《季羡林谈义理》,出版时间 2008 年 12 月,定价 28 元。

这只是不完全统计,出版社肯定不止上列 12 家,书也不止上列这些。同年,当代中国出版社还出版了《季羡林谈读书治学》《季羡林谈师友》《季羡林谈佛》《季羡林谈翻译》《三十年河东、三十年河西》《季羡林谈写作》等等。在商品经济时代,名人出书已成潮流,出版季羡林的书可带来丰厚的利润,已经成为众多出版社的共识。然而,围绕出版权的明争暗斗也日趋白热化,各种各样选本的"撞车"、盗印,甚至未经作者授权擅自出版或随意删节、改写的事情时有发生。据粗略统计,国内出版季羡林著作的出版商有 70 余家。盗版盗印的无法统计。此时季老已经无力去关照和理论这些了。

就在"季羡林出书热"愈演愈烈之时,《季羡林全集》的编纂工作也正式启动。2008 年 7 月 15 日,柴剑虹到 301 医院向季老汇报启动仪式的准备情况。此前,柴剑虹称已经接到季老授权,并许诺全集收录的作品忠于原著。当天下午 2 时 30 分,在北京外国语大学外研社大楼九层多功能厅,举行《季羡林全集》项目启动仪式。仪式由外研社副社长彭冬林主持,蔡剑峰总编辑致辞。季老特派学术助手杨锐参加。杨锐宣读了季老的信,信中说:"我虽然年近期颐,但仍然难得糊涂,我目前头脑中还有几个学术问题,随时都在考虑,比如东西方关于'长生不老'理解的差异问题,就是其中之一。我希望本书的出版不至于浪费纸张,灾梨祸枣。"会上发言的还有黄宝生、柴剑虹。

《季羡林全集》将囊括自 20 世纪 20 年代迄今季羡林的全部作品,包括近千万字的散文、杂文、序跋、学术论著和译著共 30 卷,将成为收录最全的一套季羡林作品集。因规模宏大,卷次较多,外研社计划于 2011 年作为季羡林百岁贺礼全部推出。准备每年陆续推出 3—10 本,2008 年先出版三卷散文,

《季羡林全集》

前两卷在7月底8月初完成。外研社2009年携带已经出版的图书参加了法兰克福国际书展。《季羡林全集》已全部出齐。

蔡剑峰总编辑介绍说，外研社拟将季羡林的作品翻译成其他语种，介绍给世界。

《季羡林全集》编辑出版委员会的组成人员有：领导小组——郝平、李朋义、于春迟、蔡剑峰；学术顾问组——黄宝生、葛维钧、郭良鋆、柴剑虹、蔡德贵、张光璘、钱文忠、杨锐；编辑执行组——柴剑虹（组长）、孙晓林、赵伯陶、张才梅、孙文颖、张进、彭冬林、严学军、满兴远、王琳（兼项目负责人）。

2009年6月9日，《京华时报》报道说：

> 昨天下午，季羡林之子季承，著名学者、《季羡林全集》编辑委员会主任柴剑虹，外语教学与研究出版社副社长王芳等人共同在印刷机上启动按钮，由外研社推出的《季羡林全集》正式开机印刷。该全集囊括了季羡林从20世纪20年代至今的全部作品。
>
> 季承在开机仪式上称，近年来，图书市场上出现了大量署名为季羡林的图书，质量参差不齐，有的甚至任意更换文章题目或改动原作文字，这些未经季老授权的书影响了季老的声誉。据外研社介绍，两年前，时任北外校长的郝平和外研社社长李朋义专程拜访季老并征得他的同意，将《季羡林全集》独家授权外研社出版，并在季老本人指导下组织了该全集的专家委员会。
>
> 据柴剑虹教授介绍，即将推出的《季羡林全集》拟定为30卷，包括近千万字的散文、杂文、序跋、学术论著、译著等。全集将成为收录季老作品最全的一套文集。因为规模宏大，卷次较多，外研社计划于2010年在季老生日时，作为贺礼全部推出。本次开机印刷的为前六卷，主要是季老的文学创作，如散文、回忆录、日记（《清华园日记》《留德十年》《牛棚杂忆》）等，其中有些作品是首次面世。10月份，外研社将携这套文集参加法兰克福国际书展，向世界展示季老作品的魅力。

华梵共尊

2008年1月15日上午，印度总理莫曼汉·辛格在中国社会科学院发表演讲《21世纪的印度与中国》，第一句话就说："中国伟大的学者、当代最著名的印度学家季羡林教授曾经精辟地指出，中国和印度两大文化圈，彼此互相学习，相互影响，极大地加速了中印两大文明的发展进程。这既是历史，也是现实。"对于这种评价，季羡林是当之无愧的。6月6日，印度外长慕克吉专程到301医院看望季羡林先生，他说："我是代表印度总统帕蒂尔正式授予您'莲花奖'奖章。感谢您多年来在印度学研究方面做出的贡献。""莲花奖"（Padmaaward）是印度国家最高荣誉奖，季羡林成为获得这项荣誉的第一个中国人。

众所周知，人类几千年的文明史，共创造了4个大的文化圈，每个文化圈都各有一门对应的学问——西学、国学（国外称汉学）、印度学、伊斯兰学等，每门都是一个庞大的学科体系。就印度学而言，包括历史、地理、宗教、哲学、语言、文字、民族、民俗、文学、艺术等等，几乎涵盖了文化的方方面面。比起治西学和国学来，我国治印度

怀念文集《华梵共尊》书影

学的力量并不强，学者少之又少。季羡林无疑是一位奠基人物，晚年他曾"夫子自道"地说："我觉得有相当大意义的工作是我把印度学引进了中国，或者也可以说，在中国过去有光辉历史的有上千年历史的印度研究又重新恢复起来。现在已经有了几代传人，方兴未艾。"

季羡林治印度学20世纪30年代始于德国，以学习和研究印度古文字为肇端。从他在哥廷根留学时走上了主修印度学的道路，历时70余年，不管其研究领域扩大得多么庞杂，对印度学的研究始终没有放弃，研究的兴趣从来未曾消减，可谓一以贯之。

1951年，季羡林担纲的从德文翻译的卡尔·马克思的著作《论印度》，经中央编译局审定出版。马克思说过，印度无历史，是说印度人不重视历史记载，传世的史书为零。在这种情况下，治印度史之难可想而知。可是，季羡林不畏艰难，潜心研究，1957年出版了史学专著《印度简史》和《中印文化关系史论丛》。1958年又出版了一部《1857—1859年印度民族起义》，在印度人民反对英国殖民统治起义100周年之际，用辩证唯物主义和历史唯物主义观点对英国统治时期的史料进行分析，对这次起义提出了一些崭新的观点。1979年，季羡林的《〈罗摩衍那〉初探》出版，这部专著细致入微地介绍了这部史诗的历史背景和文学背景，论述了有关印度古代社会的一些重要理论问题。在这些史学著作中，季羡林对一些前人没有注意或者没有解决的印度历史问题进行了科学的探讨，提出了独到的见解。他还从生产力与生产关系的矛盾入手，提出印度历史分期的正确主张，受到国内外学者的赞誉。

中印两大民族的文化交流源远流长，已有数千年的历史。这种交流从来就是相互的，而不是什么"单行道"。很难想象如果没有印度文化，今天的中国文化会是什么样子，反过来也是如此。自从东汉佛教传入中国，译自印度的典籍几乎只限于佛经，其他内容绝少涉及。季羡林对印度文化的研究打破了这个局限，大大开阔了人们的视野。1957年他从梵文翻译出版了迦梨陀娑的名剧《沙恭达罗》，并与中国青年艺术剧院合作，给当年中国的戏剧舞台增添了一笔亮丽的南亚色彩。1959年他出版了译自梵文的印度古代寓言故事集《五卷书》，广大中国读者终于可以一睹这部风靡世界的名著的真容。1962年他翻译出版了迦梨陀娑的另一部剧本《优哩婆湿》。"文革"结束后，他翻译的鸿篇巨制印度伟大史诗《罗摩衍那》出版。季羡林的译著填补了我国梵文文学的空白。他还主持编写了一部80万字的《印度文学史》。季羡林的贡献决不限于翻译，他还对中印文化交流的历史做了大量的研究工作，有许多重要的学术创见。

季羡林发现，追本溯源，印度文学传入中国应该追溯到远古时代，在先秦典籍中即可发现蛛丝马迹。屈原的《天问》说："厥利惟何，而顾菟在腹？"月亮里有一只兔子的传说，恐怕有几千年的历史了。而在梵文词汇中，"月亮"这个词的一部分含义恰恰就是"兔子"。在《佛本生经》中也有大量月亮同兔子有关的故事，可以证明月兔传说的源头在印度。还有尽人皆知的曹冲称象的故事，虽然已经写入了中国的正史，可是据考证，也是产自印度的舶来品。六朝志怪小说受印度寓言故事的影响是明显的；唐朝的传奇和变文，从内容到题材，有许多来自印度；唐朝柳宗元的《黔之驴》，元代马致远的《黄粱梦》、尚仲贤的《柳毅传书》，无不受到印度文学的影响；而明代文学名著《西游记》中的孙悟空，其原形应该是《罗摩衍那》里的神猴哈努曼。至于现代，亚洲第一位诺贝尔文学奖得主、印度大文豪泰戈尔对中国文坛的影响，更不是短短几句话所能概括的。季羡林为中外许多著名人物写过纪念文章，通常每人只有一两篇，不同寻常的是，他为泰戈尔写的文章多达8篇。

正因为文化交流从来不是"单行道"，而是交光互影，所以季羡林研究了中国的蚕丝传入印度、中国的纸和造纸技术传入印度、中国的钢和钢铁冶炼技术传入印度等课题，取得了令人信服的成果；而中印两国人民相互学习制糖技术的问题，则更为典型，在他的《糖史》里有详尽的论述。

无论在中国还是在印度，唐代高僧玄奘都是一个家喻户晓的人物，他是两国人民友谊的象征。青年时代的季羡林，就崇拜玄奘舍身求法的精神，见贤思齐，他为自己起了笔名"齐奘"。数十年来，他以勤奋的研究收获累累硕果，同时还参加了大量的社会活动，书写了一位当代玄奘的历史，无愧为中印两国人民的友好使者和彼此沟通的桥梁。1951年，他参加中

2000年11月19日，季羡林会见印度学者班固志

国文化代表团首次访问印度；1955年，赴印度参加亚洲国家会议；1978年，随对外友协代表团访问印度；1985年，参加在新德里召开的印度与世界文学国际讨论会和蚁垤诗歌节，被大会指定为印度和亚洲文学（中国和日本）分会主席；1992年，印度瓦拉纳西大学授予他最高荣誉奖"褒扬状"；1996年8月，印度国大党领袖索尼娅·甘地访华时出席中印关系回顾与展望学术讨论会，并在会上致辞，题目是《东方文化要重现辉煌》；1999年印度文学院授予他名誉院士学衔；2000年印度总统纳拉亚南来华访问，向北京大学赠送泰戈尔半身铜像时，出席仪式并发表热情洋溢的讲话……我们来读一读他记述出访印度的散文集《天竺心影》，其中写道"对我这样喜欢舞文弄墨的人来说，行动就是用文字写了下来，让广大的中国人民都能读到，他们虽然不能每个人都到印度去，可是他们能够在中国通过文字来分享我们的快乐，分享印度人民对中国人民的友情"，"我深深地感觉到：如果我不把我的经历写下来，那就好像是对印度人民犯了罪，也好像是对中国人民犯了罪；至少也是自私自利的行为"。这哪里是季羡林笔下的文字，分明是他手中捧着的一颗滚烫的心！

著名印度学者班固志·莫汉曾撰文对季羡林和泰戈尔做以比较。他说："尽管他们的出身和经历各不相同，可他们的思想和人格却惊人地相似。季羡林不仅借鉴而且弘扬了泰戈尔的思想和理想，而且赋予它们新的境界与意义。两位作家的著述均体现了深厚的人道主义这一特点，而且均保持了诗人霍普金斯所谓'洞察世界的最可贵的独到'目光。他们两个人同时既有慈悲菩萨的一面，又有怒目金刚的一面，均为加强中印理解做出了巨大贡献。同样不同凡响的是，他们两人为了他们民族的福祉捐弃了他们拥有的一切。泰戈尔将自己的生命奉献给国际大学，季羡林则将自己的生命奉献给北京大学。此外，他们两个人都根据自己对亚洲与西方的哲学和历史的深刻见解而提出了关于东方文化的优越性的学说。在今天，由于'9·11'事件之后的世界存在许多变幻莫测的因素，他们关于'人类大同'的理想比以往任何时候都更加关系重大。以西方为中心的所谓'文明冲突'论，造成了'自我'的二元架构，即以西方主流及'非自我'的文明为一元，而以伊斯兰和'儒家中华'为另一元，并使这种架构合法化。现在，需要以泰戈尔与季羡林的强调和谐与综合的'东化'学说克服'文明冲突'论。"这话很有见地，从一个印度学者的评论中，我们也可以看到季羡林作为伟大的印度学家与伟大的东方学家的统一。

第二十九章

字画风波

风波骤起

假若不是发生了一次偶然事件，季羡林的生活状态可能到临终都不会改变。可是，天有不测风云，2008年10月30日，《中国青年报》刊登了记者刘万永的一篇文章《谁盗卖了国学大师季羡林的藏品》。此文如同一枚重磅炸弹，掀起了巨大的波澜，引出了世人瞩目的"字画风波"，季羡林晚年的生活状态随之发生了戏剧性的变化。这篇文章很重要，不妨全文抄录如下：

10月24日，正在哈尔滨的新华社记者唐师曾收到一封邮件："季羡林先生处在危险中，藏画被盗卖，你是先生的朋友，你必须救救他！"

唐师曾与季羡林相识10多年，而且知道季羡林先生住在301医院。但并不认识发信人张衡。他回复："我不认识你，凭什么相信你？"

发信人显然很急，立即发来了季羡林5份手迹的扫描件："季先生的字你总会认识吧？"

"季先生被称为国宝，国宝的宝竟然被偷着拍卖了！"唐师曾深感震惊。

10月28日，唐师曾赶回北京，见到了举报人张衡，张衡提供的情况再次让他震惊。

这种流散方式很不正常

张衡是季羡林的朋友，也是一名收藏爱好者，在北京开设了一家美术馆。

2007年4月27日，张衡参加了"北京金兆艺术品拍卖会中国书画专场拍卖会"。

拍卖会上，他发现了季羡林收藏的 16 幅书画作品，包括费孝通、吴祖光、臧克家等名人的书画作品。北京金兆艺术品拍卖公司印发的拍卖图录册标明："季羡林上款，同一藏家友情提供。"

张衡解释说："'季羡林上款'的意思是，这些作品的受赠人是季羡林，'同一藏家友情提供'，说明这些书画的卖主是同一个人。"

"按照季羡林的性格，他不会把这些藏品扔出来换钱花。"张衡对《中国青年报》记者说。

张衡说，根据常识和自己的鉴定能力，他认为这些拍卖品是真的，于是拍下了 14 件，成交价共 6.1 万元。

此后，张衡陆续参加了在北京举行的几次小型拍卖会，又发现了 10 多件季羡林的藏品。出于多种原因，他又拍下了 10 件，成交价共计 1 万多元。

张衡说："不管出于什么原因，季羡林的藏品这样流散出来都是很不正常的。"

张衡说，他很想向季羡林当面求证这批书画作品是不是季老授权拍卖的，但季老住在 301 医院，见面须经北大和 301 医院批准，以他的身份，见面非常困难。

张衡认为，不管季羡林的藏品是否属于被偷卖，自己都应该和北大打招呼，提醒学校加强管理。

张衡给北大校办通了电话。"校办很客气，表示要通知有关方面，还留下了我的电话。"

张衡说，10 多天过去了，北大校办没有给他回话。但他却意外地接到了季羡林秘书杨锐的电话。张衡说："她很不客气，质问我，你是山东大学的人，凭什么管我们北大的事？"

张衡说："我越来越感觉季羡林先生处境危险。"

季羡林：从没委托别人卖画

10 月 28 日晚，唐师曾和张衡等人设法在 301 医院见到了季羡林。

唐师曾说，季老神志清晰，说话很有条理。

唐师曾向《中国青年报》记者播放了他采访季羡林的 DV 录像。

录像中，唐师曾问："您家里的藏画是怎么流出去的？"

季羡林答："过程不知道，但很多人都知道这件事。"

问："多长时间了？"

季羡林答："丢画两三年了。"

问："为什么不报案？"

季羡林答："小事一桩，不知道怎么传出去的，以为就是（别人）偷几幅画卖，看来（现在）认识是不够了。"

采访中，季羡林还表示，他不缺钱，没必要去卖画，他也从来没有委托别人去卖画。

10月20日，季羡林手书了一份证明：我从来没有委托任何人拍卖我收藏的字画和其他物品。因为我并不需要钱，上述流言，别有用心，请大家千万不要上当。

采访临近结束时，季羡林多次表示，他不愿意住在301医院，住院的费用也由自己承担。他说："我希望回北大去。"

多次反映没有结果

张衡对本报记者说："收藏季老书画藏品时，我考虑了很多，唯一没有考虑的是举报。"

但现在，张衡只能向媒体求助，因为北大至今没有给他任何回复。

10月16日，张衡再次给北大校办打电话，反映季羡林藏品被盗卖一事。

第二天，北大校办督察室工作人员乔淑芝等两人会见了张衡夫妇。会谈持续了一个半小时，乔淑芝等做了书面记录。

10月20日，张衡带着季羡林的5封亲笔信直报北大领导。

10月22日，张衡给北京301医院领导写信请求立即加强防范措施，确保季老的安全；立即询问季老的个人意见，了解相关情况；尽快与北大党委取得联系，核实相关情况。

10月23日，张衡再次给北大领导写信称："未得到北大领导的回应，实在是出乎意料和不可思议。"他希望，立即派人到301医院看望季老，了解他本人的意思；立即派人接替杨锐的工作。

藏品被谁盗卖？

2001年7月6日，90高龄的季羡林先生将珍贵的图书、手稿、字画等藏品亲手捐献给北大图书馆。此次捐献的100多幅字画珍品中，年代最远的是宋朝的，近代的有齐白石的作品。

张衡说，此次被盗卖的书画藏品和季羡林捐赠给北大的不是一回事，而是季老家中的藏品。

张衡说，季老在北大有一套两居室，大门钥匙由"小方"保管。小方曾长期照顾季羡林，50岁左右，季羡林称呼他为"小方"。房间钥匙先由季羡林秘书李玉洁保管，李玉洁生病后交现任秘书杨锐保管。

今年9月30日，季羡林书面通知小方：没有我的签字，任何人都不许进入我的房间。

10月23日，李玉洁提供了书面证言：金兆公司图中编号为526的书法作品是吴祖光、新凤霞来贺老先生90大寿时带来的礼品；字画534号（臧克家书法立轴）是我亲眼所见；521号是我扛过去的。以上作品我在2001年秋交给杨锐保管。

此前的10月1日，季羡林给温家宝总理写信说："我现在需要一位助手。山东大学某同志是我多年的老友，他最适合担任这个工作。"

10月16日，季羡林给闵维方写信说："经过仔细的考虑，我认为，像我这样什么实际工作都没有的人，有一个所谓秘书是多此一举。建议取消。"

同一天，他再次写信说："杨锐女士太辛苦。她有一个家庭需要管理，还有自己的社会活动，我实在不忍心看她每天还要到医院来。"

10月29日晚，记者拨打杨锐的手机，电话已关机。

当晚，季羡林弟子、复旦大学教授钱文忠在博客上撰文说，季羡林先生的女儿、女婿去世多年。孙子、孙女、外孙都和各自的配偶、孩子生活在北美。先生的儿子也已年过古稀，有自己的专业领域，先生的后代都没有依赖先生。

他认为，要查清楚这件事情其实并不难，拍卖公司是有严格手续的，只要到拍卖公司去查一下，看看是什么人将这些字画送去拍卖的；或者顺着这条线查下去，事情不就水落石出了吗？

张衡说，他已经就此向北京市海淀区公安分局报案。

引文就到这里。这是一出扑朔迷离、云谲波诡的戏，至今没有水落石出。斜刺里杀出了一个张衡，季羡林原来的生活环境被打乱了。至于字画事件的是是非非，局外人无法说清楚，局内人也各说各的，唱的是一出《三岔口》，给人的感觉是利益相关各方在那里博弈。

张衡是季羡林的山东大学小校友，与老先生是忘年交。季羡林在《病榻杂记》中有《在病中》一文，其中一节就是"张衡插曲"。季羡林对张衡的评价很高，说"他为人精明干练，淳朴诚恳。多少年来对我帮助极大，我们成为亲密的忘年交"。对张衡发出的声音，自然是应该重视的。

张衡的博客《季羡林先生藏品被拍卖一事，我知道点内情》，爆料出一些惊人的细节——是真是假，难以判断：季老藏品首次出现在拍卖会上是2007年4月27日，以后又多次出现；张衡买了字画并向北大反映，却被杨锐斥责为"多管闲事"；2008年9月底张衡见到季老，季老表示字画不想追了，要求换秘书；在张衡的鼓励下10月1日季老给温总理写了信。博文还爆料出"鸡骨头"事、开窗事等，矛头直指杨锐。10月31日，《北京青年报》刊登《季羡林家中藏画流落拍卖市场》，钱文忠和唐师曾接受了记者的采访，杨锐却谢绝采访，要求司法部门调查。一直到后来，杨锐总是保持低调。她的态度是："我沉默，因为我清白。"11月5日，北京大学官方做出反应。据媒体报道：

北京大学新闻中心在该校官方网站上发表声明，声称"目前尚未发现季老藏品外流的情况"。

此前有消息称，季羡林的老友、新华社记者唐师曾和收藏家张衡近日披露，季羡林收藏的数十幅名人字画，从去年开始分批流向拍卖市场。之后，唐、张两人先后到医院探望季羡林，才得知这些字画是在季羡林毫不知情的情况下被盗卖的。季羡林强调："我并不需要钱，也从没委托任何人拍卖我收藏的字画和其他物品。"其秘书杨锐因此被指有盗卖嫌疑。

对此，北京大学新闻中心在声明中说："我校对有关季羡林先生私人藏品外流拍卖的消息高度重视，学校已成立工作小组展开调查，并按照季老的要求，对其收藏正在逐一进行清点登记，目前尚未发现季老藏品外流的情况。"

声明指出，根据季老意见，目前某些人手中流传的上款为季羡林的当代字画，并非其真藏，我校工作小组正对此进行调查，我们希望有关部门给予积极配合。

声明最后说，衷心感谢媒体和公众对季老的关心，我校将始终尊重季老意愿，妥善安排好医疗照顾和日常起居，为他舒心愉快的生活、工作创造条件。我们也呼吁有关媒体尊重事实，尊重法律，客观报道。

此后，张衡手里的字画被宣布为赝品。可是张衡说，从来没有人对他所买的字画进行过鉴定。事情就是这样莫衷一是，让人越看越看不明白。反正现在季老已经作古，季老活着的

署有季羡林上款的书画藏品

时候就主张不追究，这件事也就不了了之了。

但是，可以肯定，"字画风波"绝非空穴来风。所流失的也并非仅仅是字画而已。在季老晚年，盗卖季老文物的事时有发生，热心人士保护季老文物的努力也一直没有停歇。2009年2月2日，季承通过荣宏君收回了一批流向市场的季老书信和条幅，其中有吴组缃、饶宗颐、臧克家、周汝昌等给季老的信件，还有一幅季老手书的对联。

作为字画风波的直接后果——出乎人们预料，却也在情理之中——是季老身边又换了一拨人：杨锐换成了崔岩——崔岩不久就回北大去了。蔡德贵2008年10月10日来到季老身边，开始协助他做"口述历史"的录音。令人感到欣慰的是，季老唯一的儿子季承回到了父亲身边，承担起了照顾父亲的责任。

字画风波的来龙去脉至今尚不明朗。2008年11月7日，北京大学新闻中心在该校官方网站发表声明称：目前尚未发现季老藏品外流的情况。可是当天下午，季羡林本人说："我当时就有感觉，有人当面叫我季爷爷，背后却在偷画。这事谁也掩盖不了，为什么说掩盖不了？偷了画再去拍卖行拍卖，人证物证都在，能掩盖吗？偷多少我不知道，经济价值不好说，这些古画更不好说，有喜欢的也有不喜欢的，所以价值不好衡量。"不久，季承爆料出在李玉洁的箱子里发现了部分藏画，其中有宋代大文豪苏轼的书法作品《御书颂》，此事的前因后果，尚不清楚，整个事件依然扑朔迷离。有人指出，根本不存在什么"字画流失"，这是彻头彻尾的谎言，是一个针对北大的阴谋。是谁一手造成的？有人认为张衡，有人猜测季承，有人分析蔡德贵，有人怀疑钱文忠，还有人认定李玉洁是"字画门"的幕后推手，可是都没有拿出任何事实材料作为依据，仅是主观臆测而已。

季老逝世之后，字画风波虽渐远渐淡，但至今也还有些热心的人仍然继续关注其结果到底如何，围绕季老遗产的争夺战似乎愈演愈烈。正如有评论所说："季羡林晚年真的就成了单纯的符号，其符号的价值代替了一个普通人生活应该有的烟火气，人一旦被符号化容易造成类似囚徒的困境。这样有儿孙和没儿孙一个样的老人，其私人物品被别人随意处理，岂不是顺理成章？"真相究竟如何，今天仍是个谜。季老的一位弟子，收集了数百条相关消息，想理出个头绪来，结果未能如愿。不过，有一点可以肯定：在2001年7月，季老向北大"捐赠"以后，手里仍然有些字画，基本上是友人赠送的，这些与已经捐给北大的字画并非一回事。除了字画，尚有书信，还有季老本人题写的条幅之类，肯定是部分流失了。季老并未说假话，有一位老同学告诉我，季老曾给他写过一封信，他从未收到，可是却在一个文物商那里见到此信，这里面肯定有鬼。

护工岳爱英

岳爱英是季羡林在301医院住院期间最后一位护工。2008年7月9日，她受医院陪护中心委派来到季老身边，接替护工王向丽。直到2009年7月11日季老逝世，岳爱英在医院陪护了一年零两天。在此期间，她协助医护人员并先后与季老的助手杨锐、崔岩、蔡德贵以及季老的儿子季承合作，尽职尽责，陪季老走完了最后一段人生之路。

笔者同岳爱英见过两三次面，印象是此人善良、勤快、干练、口无遮拦，透着一股山东人特有的豪爽之气。

自从发生了"字画风波"后，我们这些做弟子的，不放心季老的人身安全。有位师兄从医院回来说，医院加强了病房的警卫措施，小岳很负责，说："外边来的食物，我先尝过，才给季老吃，保证安全。"

2008年11月初，小岳主动征得季老同意，和季承取得联系，安排季承来医院看望父亲，促成了这对白发父子的和好。话是开心的钥匙，小岳和季老拉家常时，季老告诉她：曾经从别人那里听说，季承要下药毒死父亲。小岳说：老爷子，你放心，不会有这样的事。事后，她把此事告诉了季承。父子间的芥蒂，通过努力终于逐步化解了。季承的媳妇要带着儿子宏德到医院看望爷爷，第一次见面季老想给孙子送个红包，可是手里没钱。因为存折和工资都在秘书手里，去要，很可能碰钉子。怎么办呢？有个学生出了个主意，先找小岳借，把红包给宏德，然后通知秘书还账。

山东人喜食大葱，小岳是山东聊城人，说话也似乎带有很冲的大葱味儿。蔡德贵说她是"铁嘴豆腐心"。和季老说话她也是"梆梆的"，喜欢"抬杠"，季老不以为忤，反而觉得有趣。

有一次，小岳用轮椅推着季老出去晒太阳，走的路和平时不一样。季老说："你这么走，把我搞糊涂了。"小岳说："你不是难得糊涂吗？"季老说："我现在不难得了，经常糊涂。"季老嘴里只剩一颗牙了，吃一小口东西也会粘在牙上，所以经常要使用牙签。有一次，他说："小岳，拿牙签来。"小岳问："喝凉水也用牙签吗？"季老说："用。"

2009年2月6日，季老跟蔡德贵谈起自己财物的事儿，说："这个还不能就此了结。坏人必须受到惩罚。所以还没有了结，只是个开端。我这个人就是这样子，这个工资啊，也不低，而且是永不退休的。只要我活着，一个月就是1万多一点。结果，那么一个结果，有些人认为我是阿木林，其实，我并不是阿木林。这个东西，就是伸张正义。这个，造成这个结果啊，我自己也得负点责任。脑筋早一点转过来就好了，现在转，比不转要好。"

小岳不仅在生活起居上尽心尽力地照顾季老，而且对季老身边物品的保管也很负责。季老病床下边放着一个箱子，可能是李玉洁从北大拿来的，自从李玉洁病倒，这个箱子就没有人动过。小岳把它打开整理，发现了一批珍贵的书信和老照片。其中有20世纪30年代后期章用回国途中写给季羡林的明信片和诗作。章用是季老青年时代的莫逆之交，虽然是学数学的，但是家学渊源，诗写得很好。这里抄录两首，以飨读者。

其一

八年未见海，一见心开悟，
连波何处止，极目没飞鹭，
昔我从所来，今作彼岸渡，
一帆自往还，往还人非故。
呼吸谢新陈，阴阳伴哀娱，
区区方寸间，纷纷胜败数，
胜败亦何常，人生有奇遇，
未夸历世深，已觉频散聚。
苦忆竹马年，莱衣同孺慕，
时失方为得，自新且自诈。

弟章用未是草 23 日

其二

> 越鸟南枝剧自伤，
> 未能反哺累萱堂。
> 巢倾铩羽归飞日，
> 客树回看成故乡。
>
> 羡林吾兄呈正，弟用未是草

迟到的亲情

2008年11月初，护工岳爱英与季承通电话，说季老这里有许多事情需要处理，季老欢迎儿子来看自己，希望他尽快到医院来。他们约定11月7日上午在医院病房见面。

《人民日报》高级记者卞毓方是笔者的老同学，他采访过他能找到的季老的所有亲属，极力促成父子和好。所以，季羡林父子见面的情况，他在第一时间得知，并及时告诉了笔者。他在《天意从来高难问——晚年季羡林》一书中有这样一段记述：

季羡林风波中最重要的一件新闻，就是11月7日上午，季承进入301医院，与父亲相见。读者应该记得，从1995年起，这一对老父子已经十三年没有见面。

据在场人员透露，季先生与儿子相见时，有如下的对话。

季承跪在老父面前说："爸爸，我给您请罪来了。"

老人家说："你何罪之有啊，这些年，何尝不是天天想念呀。"

"我现在还是给李政道先生做助手，他和你一样是个工作狂。"

"好，当懒人，没出息。"

"以前也想来看你，就是进不来，以后就好了。"

"父子团聚是人之常情，不希望我们团聚的人是不正常的。"

"十三年来，我每天都走到这里，可就是进不来！"

"为什么这么多障碍？我了解一点，但不懂。"

"十三年了，儿子想父亲呀！"

"我对年的概念没有，但我知道时间很长，太长啦！"

2009年，季羡林与儿子季承合影

新华社记者唐师曾见证了这对白发父子13年后重逢喜极而泣的场景，并用镜头定格了这幸福的瞬间。在季承不满1岁的时候，季羡林去欧洲留学，12年后父子才见面；在父亲进入暮年的时候，他们又分别了13年。加在一起是25年。人生有几个25年？这真是悲剧！至于这悲剧是如何酿成的，有关方面说：是季羡林本人坚决不见季承。而这是否季羡林的本意，人们有理由怀疑。所幸悲剧已经终结，季羡林顺其自然地享受到人性的大爱和亲情的温暖。

季承1995年从中科院物理所退休，在一家房地产公司干了两年。1997年到中国高等科学技术中心工作，担任中心顾问，主要工作是为李政道做助手。他已经同前妻离婚，并同马晓琴结婚。11月13日，季承领着媳妇，抱着不满1岁的幼子宏德走进季羡林的病房。病房里充满了浓浓的亲情。让人感到心酸的是，季老第一次见到小孙子，想送他一个红包，可是他手里没有现钱，只好向护工小岳借了3000元钱。

还不仅仅是儿子一家，被隔绝了多年的其他亲属也与季羡林恢复了联系。11月9日，季羡林的内弟舞蹈家彭松和叶宁夫妇也到医院来看望姐夫。彭松93岁，叶宁也已经90岁了。3位银发老者讨论人生感受，回忆童年趣事，令人唏嘘不已。

彭松和叶宁来医院看望季羡林

11月16日，孙女季清又从海外回来。接下来的几天，季老对儿子和孙女交代身后事，写条子要求相关人员把自己的财产交到季承和季清手里。

12月6日，季羡林以书面形式委托季承全权处理自己的一切事务，对捐款、藏书、文物和住房的处理一一做出了明确安排。

2008年11月，季承和女儿季清来医院看望季羡林

家事的嘱托

自从儿子季承回到了自己身边，季老便要求他把日常事务管起来。季承根据季老的意见，请前秘书和前前秘书移交住房钥匙、手稿、户口本、存折等私人物品，却遇到了不少困难。

2008年11月15日，季老对季承说："现在，我把钱，两处房子（指北大13号公寓两套住房和后来购买的蓝旗营'院士楼'一套新房——笔者）以及所有的财产，都交给你保管。"

季承问："您放心吗？"

季老回答："怎么不放心？我放心。"

第二天，季承带着季清来到病房，季老很高兴。季老嘱咐季清协助她父亲向秘书要回自己的私人物品。当得知季承索要他的私人财物遇到阻力后，季老同意季承向学校反映，并由季承代笔，写下了第一个委托书：

玉洁同志：请你将你保存的我的日记、文稿、书画、钱、礼品等全部交给季承、季清二位。谢谢！

季羡林（签名）2008年11月18日

季老在委托书上签上了自己的名字。

季承父女在卞毓方的陪同下，找到李玉洁。他们给李玉洁看了季老的条子，并对她多年来对季老的照顾表示感谢，同时要求她交出季老的私人物品。李玉洁说：自己手里没有季先生一分钱，钱都交给杨锐了，日记和手稿也交给杨锐了。蓝旗营住房的钥匙，她和杨锐各有一套。她的那一套，为了避嫌，让她儿子拿走了，儿子12月8号从国外回来，可以交给季承。

季承在李玉洁那里碰了钉子，季老为了他能同有关方面交涉，又于11月20日亲笔写了两张条子：

第一张：
以前写给李玉洁、杨锐的文件统统作废，因为时过境迁，保存已无必要。

第二张：
委托季承负责处理我的事务。

尽管有了父亲的授权，季承办起事来依旧困难重重。有些人不相信他可以处理父亲的事务，就连在朗润园13号公寓看房子的雇工方咸如都不许季承进门。为了进一步打消某些人的疑虑，季老于12月6日又给季承写了两个文件，一个文件是：

1. 全权委托我的儿子季承全权处理我的一切事务。
2. 我生平好聚书，一生藏书大约有几万卷，我把这些书放在北大图书馆，作为特藏，只供人阅读，不能同其他书籍混合编目，只能让人阅读。

另一个文件是：

有几件事情在这里声明一下：
1. 我已经捐赠北大一百二十万元，今后不再捐赠；

2. 原来保存在北大图书馆的书籍文物只是保存而已，我从来没有说过全部捐献；

3. 蓝旗营院士楼应该改在我的名下，我出的钱。

2001年6月7日，季羡林向北大捐赠个人藏品协议书签字仪式

这里提到了保存在北大图书馆的"书籍和文物"，而且声明只是"保存"，并非"全部捐献"，与过去的说法不同。据报道，2001年7月6日下午，在北京大学图书馆举行了捐赠仪式，季羡林将自己收藏的一批珍贵藏书、手稿、古今字画捐赠给北京大学。北大图书馆将为季先生捐赠的图书开辟"季羡林特藏室"，并把季先生捐赠的古字画存入古籍特藏室，使之在最好的条件下，得到保管和利用。现在季羡林又说不是全部捐献，是不是出尔反尔呢？应该说事出有因，不得不尔。

季羡林的藏品，浸透着他一生的心血，其中的古代字画堪为价值不菲的文物。虽然说是捐了，但他不能不管不问，他时而还要从图书馆"借"一些回来观赏。自从几年前，他发现这些字画不明不白地流向社会，更加对这些藏品放心不下。他和儿子重新相见之后，主动谈起了藏品流失的问题，对此深信不疑。他说，对于有人要偷他的画，早有察觉，那已经是几年前的事了。有人当面叫他爷爷，背后就偷画。他们就是想弄几张画去卖钱。对这种事情，要"认真对待，一笑了之"。

12月14日，季承又去找李玉洁要住房钥匙，李玉洁说："钥匙被杨锐拿走了。"季承知道她是在搪塞，钥匙其实一直在她手里。可是她不给，季承也无奈，只好空手而归。直到

2009年3月，他才拿到了钥匙。

2009年1月13日，北大有关负责同志到医院向季羡林通报书画的清点结果，并说没有发生流失的情况。季老询问了几幅他最喜爱的古画，包括苏轼的《御书颂》，陈老莲、齐白石的画，他们回答说都在，没有丢。季老说，他的这些画只是交给北大图书馆保管，如何处理需要另行研究。不是交给北大图书馆就表示捐给北大了。他的家乡临清，可能要捐给他们一些。北大负责同志说，这些书画北大都妥善保管着，季老说捐就捐，说不捐就不捐。其他物品，如工资卡、户口本、住房钥匙等，都会归还的。

1月16日，北大两位负责同志再次来到医院，通知了季老关于学校领导的决定。据季承记录，主要有以下8条：

1. 交还杨锐保管的工资卡、存款单；
2. 蓝旗营的住房归季羡林先生所有；
3. 蓝旗营住房内的物品由学校和季承一同清点后交还；
4. 十三号公寓两套住房由学校收回，里面的东西待清点后交还季承；
5. 今后医院属于自费开支的部分由本人负担，学校不再给补助；
6. 现在的秘书撤回；
7. ×××幅藏画捐赠与否由季先生决定；
8. 季羡林的图书在图书馆单独编目，供读者阅览。

这一次，北大负责同志交还了季老的工资卡、存款单、户口本和2001年的捐赠协议原件。

3月23日，北大校方同季承一起清点蓝旗营住房中的物品。清点进行了三天半时间。令人吃惊的是，在这套住房李玉洁的房间柜橱里，发现了那幅苏轼的《御书颂》。

4月2日，北大校方和季承一起清点了朗润园13号公寓宿舍里的物品。

第三十章

笑着离去

最后的除夕

2009年1月26日是旧历春节。季羡林的最后一个春节是和儿子、儿媳、小孙子一起度过的。季老终于结束了孤独生活,享受到天伦之乐,这是多么来之不易啊!

春节前一天,也就是旧历除夕下午,护士和警卫战士在季老的病房里挂起了"福"字,季老给小孙子准备的压岁钱用红纸包着,摆在桌子上。海军司令部招待所的厨师张春生来了,为季老做山东风味的年夜饭。季老兴致勃勃地同张大厨聊起了中国的饮食文化。他说,中国菜靠实践,个人发挥的余地很大。同一个菜,同样的配料、火候,不同的人做出来,口味差别很大。好菜是艺术品,不能工业化生产。中国人与外国人思维方式不同,中国饭不靠定量配置,无法按菜谱照图索骥。讲起山东老家的风俗,季老说:管"吃醋"不叫"吃醋",忌讳,叫"吃忌口";管"饺子"不叫"饺子",叫"包子"。看来,季老虽非"食客",但对饮食文化不乏其知。

关于这次过节的情况,季承在《我和父亲季羡林》一书中有详细记载:

2009年春节,季羡林给孙子压岁红包

2009年1月25日，那是旧历年除夕。事先我和小岳、护士长、秘书（指崔岩——笔者注）商量好，要和父亲一起欢度春节，因为这个春节是我们父子团聚之后的第一个春节，一定要热热闹闹地度过。海军年轻的烹饪大师张春生，自告奋勇，要为父亲和大家准备拿手好菜。护士长要准备最好的饺子馅，秘书要带来可口的家常菜，还有许多朋友要送来美味的食品。

那天下午父亲刚刚起床，病房里已经开始忙碌起来。先是护士长带领护士和警卫战士们来布置房间，不一会，病房就充满了节日的热烈气氛。转眼包饺子的案桌就布置停当，包好的饺子已经摆满了一桌子。这时，只见张春生大师和新华社记者施宝华、唐师曾等人陆续来到，运送美味佳肴的大提盒逐个打开，到这时，屋里已经充满了食物的诱人香气，令人不禁垂涎欲滴了。请看张春生大师的菜谱：鲜活海参汤、贡米鲍鱼、奶油烤鱼、虾丸汤。

父亲逐样品尝，赞不绝口，甚至说出了以下溢美之词："我吃了一百年饭，没有吃过这么好的！"这时，父亲因景生情谈起了中国的饮食文化。他说，中国的饮食文化是独特的。袁枚在南京建造随园，曾写过一部《随园食单》。后来，赵元任的夫人将食谱译成英文在美国出版。很多美国人，按照食谱去烹调，结果均不成功。可见中国烹饪技术的独特。

当天晚上，大家欢聚一堂，品尝美食，祝贺父亲春节愉快，健康长寿。父亲则兴奋异常，话匣敞开，高谈阔论，丝毫

季羡林在301医院度过最后一个春节

没有倦意。大家顾及父亲的精力，相约在晚9时结束聚会。

季老敞开话匣子，还说了些什么呢？季承没有细说。据有关材料，季老舀起碗里的鸽子

蛋，说起《红楼梦》来："当初刘姥姥进大观园，鸽子蛋要一两银子一个呢。"季老说，中国文化受西方影响最大的是戏剧，主要是受易卜生戏剧的影响。他年轻的时候，不是挽救京剧，而是挽救昆曲。那时候京剧还有点市场。中国传统戏曲，曲高和寡，如今昆曲已经不大流行了。现在年轻人讲究速度，与传统戏剧有代沟。从历史看，三十年河东，三十年河西，世界的中心依次是在欧洲大陆、英国、美国，现在已经转向中国。看来，季老最得意的，是他的那个河东、河西论。也难怪，他自己说是"千虑一得"，当初那么多人反对，讽刺、挖苦，他不在乎，事实证明他可以笑到最后。

季羡林可能从来没有想到，他的人生会有这样一个大团圆的结局，而不是悲剧的结局，真是天佑仁者！

七月风悲

2009年5月2日，笔者最后一次拜见季老。事先同季承约好，去301医院看望老人家，给他送去黑龙江人民出版社寄来的《季羡林谈义理》一书的稿酬，还有东方出版社新出版的拙作《人中麟凤：季羡林》的样书。过去给先生稿费是通过转账，后来听到季老向护工借钱的事，心里很难受，这次就取出现钱，交到先生手里。那天约定的时间是下午3:30，可是4:00了，先生还没有醒，这是十分罕见的。笔者不忍心让小岳叫醒先生，直到4:20才进入病房。见先生几乎完全失明，耳朵也更加重听了，人显得非常瘦，笔者心里有一种不祥的预感；同来的西南联大的校友孙正达先生是位90岁的长者，在有限的会见时间里，尽量让他先和先生说话。然后，笔者只问了问先生的起居和缺不缺换季的衣服。先生笑了，说："我就穿这个（指病号服），反正我又不出门。"先生还是那么幽默，当把稿费递给先生时，先生让小岳收起来。笔者把《人中麟凤：季羡林》的样书留下，说："如果有精力，可以请工作人员为您读一读，有修改意见，再告诉我。"先生点了点头。关于这本书，季老早就表过态："你可以写，不要夸大，也不要缩小。书稿我就不看了。"笔者是尽己所能，遵照先生的意见办的，临别时又对先生说："您多多保重，生日前我再来看您。"

7月1日，师姐周奎杰、周志明和邹山鹰去看望季老，回来说先生精神挺好。7月7日，王树英老师去医院看望季老，回来也说先生硬朗着呢，他通知了几个老同学，大家分头做点儿准备，想在7月底8月初，搞个微型party，为老人家庆祝生日。

7月5日新疆恐怖袭击事件发生以后，楚水来病房谈及此事，老人家思维敏捷，一针见血地指出："泛突厥主义就是后台。"

7月10日上午,季老接待出版界人士牟洁来访。下午,季老精神挺好,用毛笔为有关方面题词,为孔子卫视题词:

弘扬国学,世界和谐

应老朋友臧克家的女儿臧小平请题词:

臧克家故居

为四川地震灾区广济中学题词:

抗震救灾,发扬中华民族优秀传统

为山东大厦题词:

孔孟之乡,礼义之邦——山东大厦存,季羡林时年百岁

但人们万万没有想到,这几幅题词竟是季羡林的绝笔。季老实现了自己的诺言,他没有"封笔",在生命的最后时刻那支笔仍然握在手里。

7月11日,北京天气闷热,一大早就热得人透不过气来。8时许,笔者从电视新闻节目得知任继愈先生走了,心里一惊,认识任先生还是1979年他和季先生一道去新疆那次,后来没有什么联系。任先生和季先生是山东同乡,又是好朋友。7月初笔者去国家图书馆,听在那里工作的朋友说,任老病重,可没有想到走得这样快。更没有想到的是,10时许,电话铃响,一位朋友打来电话,说:"季老走了!"笔者不相信这是真的,马上给季承打电话,不通;上网去查,北大在搭建灵堂。季老真的走了!

后来听知情人说,平时季老醒得很早,可是,这一天8:00了,还在睡,而且有鼾声。8:15,大夫来了,说:"老爷子,起来,该吃点东西了。"季老睁开眼睛说了句什么,大夫一摸脉搏,不好!马上抢救。到9时许,宣告不治。

季羡林的一生,恰如英国哲学家罗素所言:

一个人的一生应该像一条河——起初很小，它被两岸紧紧地约束着，猛烈地冲过岩石和瀑布，逐渐地变宽了，两岸后退了，河水较为安静地流着，到最后，不经过任何可以看得见的间隙，就和大海汇合在一起，毫无痛苦地失去了它单独的存在。

罗素本人也是如此，他离开这个世界时是99岁。

季承在《我和父亲季羡林》中记述了季老辞世的过程：

2009年7月11日，清晨我突然接到小岳的电话，说父亲今早起不了床，言语不清，陷入昏迷，现在正在抢救中，要我尽快去医院。我以最快的速度赶到医院的时候，医生正在极力抢救父亲。医生告诉我，情况很不好，父亲的心脏对于注射的药物已没有反应，监视屏上反映心脏跳动的荧光线一直是平的，这说明心脏已经不工作了。按通常的规定，病人心脏停止跳动之后的抢救工作，一般是进行30分钟，但对父亲，他们决定再延长30分钟。但是，任何延长的抢救已经无济于事，30分钟后，大夫们决定宣布父亲已经死亡，时间是上午9时整。

中国教育界、社会科学界的一颗巨星陨落了！最早赶来的是北京大学党委副书记杨河和校办副主任秦春华。匆匆吊唁之后，回学校去安排后事。

此时正在301医院检查身体的中共中央政治局常委、国务院总理温家宝闻讯，立即中断了体检赶来。总理伫立在季老床前，满含深情地说：季老，我本打算在8月6日来为您祝寿的，还准备和您讨论几个问题，没想到您竟突然离去了，使我很失望。温总理对季承说，季老一生勤奋好学，著作等身，谦和平易，为世人所敬仰。季老的离去使他失去一位挚友，为此他十分悲伤。他深切哀悼季老逝世，并对季老家人表示慰问。

11时，中共中央政治局委员、国务委员刘延东赶到医院。她站在季老的遗体前，赞扬季老是造诣很高的语言学家、教育家、文学家，是真诚的爱国者，是受大众尊敬的学者。

接着，北京大学党委书记闵维方、校长周其凤等也赶到医院，吊唁季老，商讨治丧事宜。

季羡林走了，就像他本人所说，他是笑着走的。他有充分的理由笑到最后。

他在"文革"炼狱中捡了一条命，改革开放30年他用捡来的这条命创造了学术奇迹：翻译印度古代伟大史诗《罗摩衍那》、组织校注《大唐西域记》、撰写80万字的科学巨著《糖史》、解读世界上最长的吐火罗文文献《弥勒会见记剧本》……一位学者穷毕生精力，能够完成这些成就中的任何一项，就很了不起了；而季羡林，确是当之无愧的学界泰斗！

季羡林1946年从海外归来，创建了中国东方学学科，数十年筚路蓝缕，终于渐入佳境，为国家培养了大批外事和研究人才，其中作为冷门的梵文、巴利文专业，新中国成立后培养了三批本科生。"文革"以后，季羡林亲自带出了9名研究生，挑起了教学和科研的重担。新华社驻德国记者在季羡林逝世后采访了他的母校哥廷根大学校长菲古拉，菲古拉说："季羡林毫无疑问是一位杰出的学者。他在这里学习了梵学，在学术上他是德国最有名的梵学家之一，对后来的学者也有很大帮助。他后来回到中国，在北京大学成立了东方语言研究中心，将他的专业在中国发扬光大。在哥廷根大学的历史上，曾经产生过45位诺贝尔奖获得者，在我看来，季博士就是我们的第46位。他所做出的成绩，与哥廷根大学历来的许多诺贝尔奖获得者荣誉相当。"

季羡林著作等身，他的书很受欢迎，最近几年有七八十家出版社，推出了200余种季羡林著作，《季羡林全集》编纂业已启动，成为收录最全的一套季羡林作品集。

季羡林一生太孤独了。小时候寄人篱下，青年时被迫接受包办婚姻，与生母8年未见而抱恨终生，只有当他刚刚从"牛棚"回家，头上还顶着一大摞"帽子"的时候，享受些许家庭的温馨。后来父子反目，他又成了孤家寡人。所幸，天可怜见，在他生命的最后八个月，父子重归于好，亲人又回到他的身边，弥补了人生的一大遗憾。

最重要的是，季羡林挚爱的祖国，正在以雷霆万钧之势和平崛起，任何力量都不能阻挡。他在20年前所预言的"21世纪将是中国世纪"的实现，这是他此生最为引以为自豪的。

告　别

季羡林逝世的噩耗随着电波，传遍了全国、全世界。

7月12日，《南方日报》刊登中国香港学界泰斗饶宗颐先生悼念任继愈和季羡林的悼词：

国丧两宝，哀痛曷极。

饶宗颐先生还用杜甫长沙送李十一韵写了一首挽诗悼念季羡林：

遥睇燕云十六州，商量旧学几经秋。
榜加糖法成专史，弥勒奇书释佉楼。

史诗全译骇鲁迅，释老渊源正魏收。
南北齐名真忝窃，乍闻乘化重悲忧。

周汝昌先生发表挽诗：

大师霄际顾人寰，五月风悲夏骤寒。
砥柱中华文与道，渠通天竺梵和禅。
淡交我敬先生久，学契谁开译述关。
手泽犹新存尺素，莫教流涕染珍翰。

范曾先生与妻子南莉送来挽联：

圣者遗音传陬邑，知述焉而征，千秋俊彩高风在；
季公荷瓣满黉园，正淳然以馥，一代祥星吉雨来。
季羡林先生千古！

刘梦溪先生送来挽联：

大哉上庠贤夫子，岂云已经西去；
俨然田舍一老翁，可谓原本善来。

12日，北京大学在校园内百年大讲堂搭建了灵堂，校内师生和校外来的吊唁者，排起了长长的队伍。一周时间，吊唁的人流不断，人们顶着烈日，冒着大雨，来向这位学界领袖表示深切的哀悼。据新华社报道，截至7月17日下午18时，几乎所有在职的和离退休的党和国家领导人都参加了吊唁，当时参加的党和国家领导人有胡锦涛、江泽民、吴邦国、温家宝、贾庆林、李长春、习近平、李克强、贺国强、王刚、王岐山、王兆国、回良玉、刘淇、刘延东、李源潮、汪洋、张高丽、张德江、俞正声、李鹏、万里、乔石、朱镕基、李瑞环、刘华清、尉健行、李岚清、曾庆红、吴官正、罗干、王沪宁、路甬祥、乌云其木格、韩启德、华建敏、陈至立、周铁农、李建国、蒋树声、严隽琪、桑国卫、梁光烈、马凯、孟建柱、戴秉国、杜青林、阿沛·阿旺晋美、帕巴拉·格列朗杰、马万祺、陈奎元、黄孟复、张梅颖、孙家正、郑万通、邓朴方、万钢、林文漪、彭冲、王芳、谷牧、姜春云、吴仪、曾培炎、邹家华、陈慕华、雷洁琼、彭珮云、李铁映、司马义·艾买提、何鲁丽、丁石孙、许嘉璐、蒋正华、盛华仁、唐家璇、肖扬、韩杼滨、贾春旺、钱伟长、宋健、胡启立、罗豪才等，通过不同方式向北京大学转达对季羡林先生辞世的深切哀悼，向季老亲属表示慰问并敬献花圈。

北京大学举办季羡林追思会，各界人士前来吊唁

7月19日上午，中央电视台报道：中国共产党优秀党员、北京大学资深教授、国际著名东方学家、印度学家、梵语语言学家、文学翻译家、教育家季羡林在北京八宝山革命公墓火化。8时许，温家宝、贾庆林、李长春、李克强、王兆国、刘淇、刘云山、刘延东、李源潮、韩启德、陈至立、马凯、杜青林、张梅颖、郑万通、万钢、彭珮云、胡启立、罗豪才缓步来到季羡林遗体前肃立默哀并鞠躬，做最后告别，与亲属一一握手表示慰问。

八宝山革命公墓礼堂庄严肃穆，季羡林的遗体安卧在鲜花翠柏丛中，覆盖着鲜红的党旗。大厅悬挂着季羡林教授的巨幅遗像，横幅上写着"沉痛悼念季羡林先生"，两侧的挽联是：

季羡林追悼会现场

文望起齐鲁通华梵通中西通古今至道有道心育英才光北大。
德誉贻天地辞大师辞泰斗辞国宝大名无名性存淡泊归未名。

上联概述了他博大精深的学术成就，下联凸显了他淡泊名利的人格魅力。
来自环渤海作家的挽联巧妙地嵌进了季老散文名篇的题目：

一季酷暑唯有清塘荷花润谁为国学注灵魂，
百载人生常伴微光马缨香总有诗诲铭心头。

季承送父亲最后一程

季羡林与夫人彭德华的遗像摆放在一起

前来参加遗体告别的人群，把礼堂前的小广场挤得水泄不通。据报道，告别仪式于上午10时开始，可是一大早，就来了许多人。有的是住在昌平、大兴等远郊区，是乘头班公交车或地铁赶来的。张曼菱也从云南专程赶来，为恩师献上从家乡带来的鲜花。这里，不仅有季老的朋友、同事和学生、读者，还有许多与季老素昧平生的百姓远道而来，要送这位草根出身的布衣泰斗最后一程，场面十分感人。长长的队伍缓缓地行进，告别仪式持续了三个多小时。队伍中有来自河北白洋淀的芦苇艺术家杨炳军先生,胸前捧着用芦苇精心制作的季老的肖像画;来自济南的张士华和高连菊夫妇,他们是济南著名小吃"油旋张"的传人,手举着黑底白字的挽幛,上写"油旋张感激您,家乡人怀念您"。他们说:"季先生是我们的恩人。"原来自从季老为他们题词"酥软香油旋张"以后,他们的生意火得不得了。还有一对来自日本的师生,东京大学教授丘山新和他的学生、在中国读博士的津田量,他们下午就要回国,拉着行李箱赶到八宝山来送别敬爱的季先生。

在季羡林的第二故乡德国哥廷根,7月17日当地报纸详细报道了季羡林的生平和他去世的消息,他的母校哥廷根大学第一时间在网站上用德文和英文发了讣告。

7月29日,据新华社消息,印度总理莫曼汉·辛格日前致函中国国务院总理温家宝,代表印度政府和人民对季羡林先生逝世表示沉痛哀悼。辛格表示,季教授是世界最著名的印度学家之一。他在佛学和印中千年文化交流史领域知识渊博,并因此广受尊重。他将印度典籍译成中文,对增进中国对印度文化的理解发挥了关键作用。为感谢他对印中关系做出的巨大贡献,印度政府和人民2008年授予他"莲花奖"。辛格说,季教授的离世使我们失去了一位真正的朋友和倡导增进延续数千年关系的杰出人士。

7月31日,印度资深外交家、前外长贾斯万特·辛格在《印度教徒报》上发表文章,悼念中国著名学者季羡林先生。辛格说,他得知季羡林逝世的消息十分悲伤,同时又为中国政府和人民对他的极高评价而感动。季先生最重要的成就之一就是对印度佛学和印度古代语言的研究,他孜孜以求知识,杜绝名利,不愧为当今学者的典范。

遗产纷争

就在遗体告别仪式接近尾声的时候,告别大厅门口突然发生了小小的闹剧。可以称为2008年字画风波的第二幕。

当时参加告别仪式的人群已经渐渐散去,季承和其他亲属也准备离开。一个白衣女子(王如,自称是季老前秘书李玉洁的干女儿)突然朝一位男士大喊:"钱文忠要偷季老的乌龟!"这喊声立刻引起了在场记者的注意。摆在告别仪式现场的瓷缸里的乌龟,原来是季老养在病房里的,此时有人想把它拿到家属乘坐的汽车里去,把它带回家。拿乌龟的男士并非钱文忠,他听到喊声,立刻就把乌龟放下,走开了。可是,他仍然被说成是"钱文忠派来的"。那位白衣女子和另一位妇女对记者说:"从字画被盗风波到季老的死都是一场阴谋!是钱文忠在背后指挥季承抢夺财产!""季老不能白死,所有迫使季老死的人都要付出沉重的代价!"一时间,钱文忠和"乌龟门"事件,在报纸和网上炒得沸沸扬扬,逐渐发展成季承、钱文忠与李玉洁的隔空对骂。钱文忠是季老的学生,上海复旦大学教授,《百家讲坛》主讲人之一,风华正茂,意气风发;李玉洁是季老的第二任秘书,2006年8月因脑溢血住院后一

生前好友和各界人士送别季羡林

直未能出院,风烛残年。可见,双方均为季老"身边人"。"战争"因何而起?明眼人心里明白:利之所驱也。

2009年8月4日《南方都市报》刊登该报驻京记者彭美同一位实习生采写的文章《季羡林身后事》,对此也有较为详细的报道,文章的导语说:"围绕着遗产纷争,儿子、弟子、秘书、好友都牵涉其中,每个人都宣称站在正义的一方,可每个人都逃脱不了利益的嫌疑。"这篇文章全文如下:

一边是大师的桂冠,一边是喧嚣的谜案。

从去年的字画流失,到遗体告别仪式上的乌龟被偷,再到季、李隔空骂战,针对季羡林先生的这场遗产纷争,如同一场电视剧,人物相继登场,情节波澜起伏。季老的儿子、弟子、秘书、好友、看护,甚至好友的义女、秘书的干女儿都牵涉其中。他们每个人都宣称自己站在正义的一方,代表了季老,可是每个人都逃脱不了利益的嫌疑。

而每天追逐于两方的媒体,也只能看到表象。除了感叹人性的复杂,无法推出真相。

盗画风波

去年秋天,季羡林过完了97岁大寿,温家宝总理刚来看望了他。老先生精神、身体俱佳。他跟弟子们说,自己要活到120岁。

9月30日,他与山东大学的小友张衡见面。就是这一见,揭开了纷纷扰扰延续至今的财产纷争。

张衡,男,40多岁,山东人,曾经开过图书公司,后来从事字画生意。季老曾在《季羡林自传》里写,"张衡是我山东大学的小校友。"

按张衡的叙述,早在2007年4月,他在北京拍卖会场见到季老的藏画,以6.1万元拍下其中14件藏品。但他与季老见面时,季老说,字画的事情我知道了,我也不要这些了,就想换个秘书,拿你这个取个证。

张衡说,之后,季老又给北大校长闵维方写了两封信。"但都无回音"。

一气之下,张衡向北京海淀公安分局报了案,并和唐师曾一起采访老先生,准备向媒体披露该事。

唐师曾,男,48岁,新华社记者,季羡林好友之一。在他录的DV中,季羡林说,"(字画)不知道怎么传出去的,以为就是(别人)偷几幅画卖,看来认识是不够了。"DV公之于众,矛头直指北京大学和杨锐。

杨锐,女,52岁……2006年,季羡林秘书李玉洁脑溢血中风住院后,杨锐被推荐为季羡林的秘书,掌管了季老家中的一切钥匙。

站在风口浪尖的杨锐选择了不回应。迫于压力的北大,则于11月3日撤掉杨锐的秘书身份,并成立字画被盗调查组。

三天后,北大调查组公布了调查结果:季老秘书杨锐保管的季老藏品并未外流。张衡拍得的字画都是假的。但张衡信誓旦旦:至少中间有3幅作品为真。

由于北大拒绝公布调查组组成人员和调查经过,张衡也拒绝向媒体出示这些藏品,谁真谁假,公众和媒体一时无法辨认。

儿子回归

就在事情扑朔迷离时,季羡林的独子季承出现了。

季承,1935年生,结过两次婚,育有两子一女。事发时他73岁,在北京李政道高等科学技术中心兼职。

季承以与父亲冰释前嫌的形式出场。11月7日晚,电视播出的画面显示:季承一进病房就跪下了,说:"老爷子,我给您请罪来了。"老爷子说:"你何罪之有啊,这13年里,(我)何尝不在想你啊。"两人就此和好。

这时,公众也才知道,这对父子虽然生活在一个城市,竟然早在1995年就已断绝联系，13年来没有见过面。

季承为何选在此时归来？事后，季承对《南方都市报》记者说，自己13年来没见父亲，是因为北大和季老身边的人从中作梗。只在此时，两方阻隔他的人都迫于压力，放松了对他的阻隔，他才得到了个机会。

但是外界充满了传言。流传最广的一种说法是，1995年，时年60岁的季承与家里20多岁、照顾季老夫妇的小保姆马晓华（此处有误，应为马晓琴，下同——本书笔者）有了感情。季羡林认为此事有辱门风。恰恰此时，季羡林妻子彭德华生病去世，季承不愿承担母亲的部分医疗费用。父子间激烈争吵，彻底决裂。

季承否认了这一说法，他认为与父亲决裂有着复杂的感情原因，其中之一是季羡林认为子女只对母亲好，妻子去世后，子女也不会孝敬他。而事实上，2004年，季承确实与前妻离婚，与小保姆马晓华结婚了。去年7月，他们的儿子出生。

有人由此猜测，季承已经73岁，儿子尚幼，选在此时出来，是否与遗产相关？更有人怀疑，是否季承策划了这起字画被偷事件。

季承否认了这些猜测。他称，事发前，他和张衡互相不知道对方的存在，所以无从策划。但对于父亲的遗产，他的说法是，"我没有兄弟姐妹了，我们家的东西就应该是我的，不需要去争夺。"

和父亲和好后的季承也把矛头对准了北大。他说，父亲想把自己的东西捐给北大，却在协议书里把祖父和母亲的东西也一并捐出去了，捐赠应属无效，希望北大放弃该捐赠，否则他会考虑司法途径。

北大则对此回应：2001年，季羡林曾与北大签下捐赠协议，2004年，捐赠仪式举行，捐赠早是事实。且季老与北大之间的捐赠协议，属于公益性捐赠。季老本人也没有向北大表示过反悔捐赠协议的意向。如果季承要通过司法途径，那么，季承首先应该起诉的不是北大，而是季老。

季承则拿出了季老最新的委托书。《南方都市报》记者事后看到，委托书全文为："全权委托我儿子季承处理有关我的一切事务、物。季羡林戊子冬2008年12月6日于301医院。"

至此，字画被盗风波经过一步步发酵升级，已成了一场财产纷争。由于其中亲情、捐赠等复杂的利益关系，公众乃至一路追踪的媒体，都已无法辨认事件真相。

乌龟事件

没想到的是,大半年后,健康状况稳定的季羡林先生突然去世。季承接受《南方都市报》记者采访时表示,这大半年里,他每天都会去医院看父亲,陪父亲说话、吃饭,父亲心情也很好。此间,父亲没有再立任何遗嘱。去世那天也走得突然,没有留一句话。谈及遗产分配,他和北大都有些回避,"现在先办季老后事"。

但8天后的季老遗体告别仪式上,王如、施汉云和方咸如3人突然出现,再次提前引燃这场纷争的导火索。

王如,又名王茹,女,40多岁,李玉洁众多干女儿之一。

施汉云,女,40多岁,季老生前好友石景宜的义女,自称季老小友。

方咸如,男,50岁左右,原为北大保安,后被李玉洁推荐成为季老北大家中的看护。7月季老去世后,被季承解雇。

当日,遗体告别仪式接近尾声。一名男子手中的瓷盆被几名学生强行夺走。指挥抢夺瓷盆的王如把矛头直指钱文忠———瓷盆里有季老生前养的两只小乌龟,该男子是钱文忠派来偷乌龟的。这就是媒体所说的"乌龟门"。

钱文忠,男,43岁,上海人,季羡林弟子。1984年,考入北京大学东方语言文学系,现为复旦大学历史系教授。

北大保持沉默,钱文忠和季承次日联手发起反攻:王如3人背后绝对有人指使,即李玉洁。

7月20日至23日,钱文忠连续在其博客发表5篇文章,指责李玉洁侵占季老财产,证据为二:在中国银行有20多笔存款,拒不按照季老书面意见交出,其中有一笔就达25万美元;李玉洁的房子里,发现了季羡林30多幅藏画精品。

但是23日和24日,北京媒体收到了发自李玉洁手机的两条短信:"我要特别声明,钱文忠不是季老的学生,季老也从来没有承认过""季承、钱文忠合伙逼死了季老,现在又想造谣气死我,因为我是唯一知情的人……真相很快就会披露。"

《南方都市报》记者看到,这一短信确实为李玉洁留给记者的手机号码所发。至此,"乌龟门"演变成季、钱、李3人的隔空骂战。

81岁秘书

7月21日和30日,《南方都市报》记者在北京301医院见到李玉洁。81岁的老人自从2006年脑溢血后住院至今,目前已不能下床行走,但精神尚好。李玉洁否认短信是自己发的,"我连短信都不会看呢"。不过,与记者交谈时,她的左手紧攥手机,或将手机盖到被子下,不许旁人接近。

李玉洁回忆,1995年,她已退休,准备去威尼斯生活。老先生在南亚所的工作无人帮忙,资料很乱。有一天,老先生请她吃完饭问她:去威尼斯的行程定了没有?她说没有。老先生说,我现在需要人帮忙。

老先生从不开口求人,肯如此说,李玉洁就没去威尼斯,当起了秘书。她认为,老先生如此器重她,自己的钱比老先生还多,干吗还要工资呢?就一分钱不要了。

但是对于季老的儿子季承,李玉洁态度完全不同——"确实是个不孝子"。

一个反复被她提起的事实是,父子决裂的13年中,李玉洁常劝季承来看父亲。即使中午来也行,她可以在季老午觉醒来告诉他,儿子来过了,"可是劝不动"。

去年冬天,李玉洁与季承在医院见了一次面。当时,李玉洁以为季承是来感谢她的。可是,季承竟然拿出了一封一看就不是季老笔迹的假信,要她交出季老的钥匙。她当然没给。从此两人也没再相见。

她说,2006年季老95岁大寿前,书画家范曾确实给了她25万美元。她便准备拿来给老先生建纪念馆用。但是后来老先生的纪念馆没有建成,她便以老先生名义存进了银行。当时范曾还问她:"钱是给你的,你干吗以老先生的名义存啊?"

儿子反击

而季承显然也非常反感这个父亲的前秘书。李玉洁说的故事到了他那里,也完全成了另外一种版本。

季承认为,自己和父亲决裂后,李玉洁就不顾丈夫反对,来到季老身边,其实有嫁给季老的想法。与父亲去年重归于好后,他也曾跟父亲开玩笑:您为什么不娶李玉洁?季老笑着回答:"她这个人不可靠。"

在他的叙述中,尽管李秘书没要一分钱工资,可是2002年以后父亲就把钥匙、财物都给她保管。在此期间,李用掉的父亲的钱比应该发给她的工资还要多。此外,他和父亲决裂的13年间,李没一次促成他们相见,相反,她一直在阻拦。

他说,去年与父亲和好时,父亲也已经看穿了李玉洁的目的。11月8日,他手写了一封信,要李玉洁把所掌管的钥匙都交出来,父亲在信后也签了字。但李玉洁一看信就说这不是季老的笔迹，是假信，不给钥匙。

至于25万美元的争议，季承认定，范曾这笔钱是给李玉洁，要她给老先生建纪念馆用。今年5月，范曾还特地写信给李玉洁，劝她钱是给老先生的，你不要挪用。

范曾已常年居住法国。昨晚，记者看到该信的复印件。这封写于2009年5月14日的信件称："李大姐，关于筹建季老纪念馆之25万美金，应专款专用……苟不能动工，此款一旦转用他处，恐回转不易，惟李大姐慎之。"

尾 声

如果说这场遗产纷争是一场战争，现在，季承凭着他是季羡林的独子的身份，拥有了季老遗产的处置权，成了这场战争中的唯一胜利者。

目前，北大校方已经退出了这场遗产纷争。根据《南方都市报》记者了解，北大此前已表示尊重"季老一切事务由季承打理"的最新意愿，宣告2001年的捐赠协议无效，之前，季老对北大的所有捐赠也不成立。

"乌龟门"中的三位主角：王如不再出现，也不接任何电话。施汉云则对《南方都市报》记者说，她对季承、钱文忠都无恶意。被季承解雇的方咸如，如今还住在季老北大的家中，但他也知道自己被解雇了。

更早之前的"字画门"中的张衡，甚至没有来参加季老的遗体告别仪式，他说，他要退出江湖。唐师曾则早就说，他不管这件事情了。

而钱文忠说，我只管一件事情，就是把不明去向的东西拿回来，拿回来以后怎么处理，这是季家的事情，不是我应该操心的了。

季承还要面对的最后一个"敌人"，就是李玉洁。对方是他父亲此前的秘书。

引文到此结束，其中各方意见交代得比较清楚，可是隐藏在后面的事实真相不得而知，笔者以为，断言季承是"唯一的胜利者"，为时过早；说北大退出遗产纷争，有违事实。

果然，2009年12月15日，字画风波的闹剧又上演了第三幕：季老去世5个月后，北大朗润园13号公寓的旧居突发盗窃案，价值300余万元人民币珍贵古籍、图书和文物被盗。从现场看，盗贼是从窗户入室的，室内书架空空，满地狼藉。经过公安机关侦破，犯罪嫌疑人很快就被抓获，被盗的古籍文物如数追回。正如季承猜测的那样，窃贼不是别人，正是二如：一个是前边讲到的白衣女子王如，另一个是为季老看家多年、季老去世后被季承解雇的雇工方咸如。他们为什么如此胆大妄为，实在令人费解。而季承认定，这种疯狂的行为是受李玉洁的指使。季老北大故居被盗案虽然于 2011 年 5 月 11 日开庭审理过，但不知何故，迟迟未宣判。2012 年 2 月，王如取保候审。她谎称自己无罪释放，并自称季羡林基金会秘书长四处行骗。2016 年 6 月 7 日，被判有期徒刑 5 年，收监执行。有人去问李玉洁，王如是不是她的干女儿？李玉洁说："没有这回事。"另据媒体报道，2011 年 11 月 12 日季承拍卖父亲藏书共 165 种，最终成交额超过 1620 万元人民币，其中就包括曾经轰动一时的季羡林故居被盗案中追回的遗物。

季老在世时，围绕他财产的明争暗斗和巧取豪夺的闹剧就已经开始上演。已经出场的几个角色不是外人，都是季老身边人，他们自认为有机可乘便为所欲为。人们也许会提出这样的问题：人言"近朱者赤"，季老那么高尚的人格，怎么没有影响和感化这几位身边人呢？季老生前为何没有看清他们的真面目呢？人心隔肚皮，这问题很难回答。也许，季老的心太好了，或者用他说过的"大事不糊涂，小事不一定不糊涂"可以解释吧！

季羡林逝世以后 3 年，季承仍坚持向北大讨要父亲的遗产。而季承的外甥何巍也向舅舅提出要代母亲继承外祖父的遗产。因协商无果，季承将北大告上法庭。2016 年，法院经审理判季承败诉，说已经捐赠给北大的东西不许返还，还要季承承担诉讼费 56 万元。季承不服，提起上诉。2017 年 12 月，季承的上诉被驳回，维持原判。季承输了官司。

身后是非谁管得

季羡林走了，留下了物质的、精神的和学术的三大遗产。围绕他的物质遗产发生的不愉快的事情，有人痛心疾首，有人冷眼旁观，而绝大多数人对此并没有什么兴趣，相信总会有尘埃落定的一天。

至于精神遗产，闵维方先生曾说季老是一部书，值得人们认真学习，仔细研究。这当然是从精神层面说的。笔者认为，季老活着，他是一部书，一代又一代的读者从中获益；季老不在了，也许会出现"代际"之间的"失忆与遗忘"，但他仍然是一部书，读者可以从后人的研究和阐发中间接受益。况且，季老又不仅仅是一部书，而且早已被人当作一个"文化符号"，所幸还无人为此申请"专利"。在他生前，有关人士已经成立季羡林研究所、季羡林纪念馆、季羡林国学院、季羡林国际文化研究院，等等。这些机构有官办的，也有民办的，频繁地编书、讲学、办展览、开研讨会，颇有成绩。据笔者所知，季老生前对"季羡林学"研究的态度是积极支持的，但坚决反对借此牟利。季老逝世后，"季羡林学"研究的热度不会很快减退。我们相信，这种研究能对弘扬中华文化、建设中华民族共有的精神家园，发挥积极的作用；至于是否会发生借机牟利的事，那也很难预料，但愿不会。

季老的学术遗产，是他开创的中国东方学学科。孔门弟子三千，有贤人七十，传承了儒学两千余年；季门的弟子又何止三千，如今他的一些亲炙弟子已经挑起了重担。能否再出大师，虽说尚在未定之数，但是我国高校和科研机构的东方学、印度学的研究，已经从北到南，从东到西，开花结果，形势喜人。人们没有理由悲观失望。2008年5月，北京图书馆出版社出版了一本新书《风采：北大名师的岁月留痕》，作者是肖东发、周家珍和戴龙基。时任北大校长许智宏院士为该书撰写了序言《大师风采北大精魂》，其中说："一代大师季羡林先生总结中外各著名大学的经验，得出了'大学的台柱毕竟是教师，特别是名教师、名人'的论断。季羡林曾有一段话对此做了高度概括，他说：'一所大学或其中某一个系，倘若有一个在全国或全世界都著名的大学者，则这一所大学或者这一个系就成为全国或全世界的重点和"圣地"。全国或全世界的学者都以与之有联系为光荣，访问学者趋之若鹜。一时门庭鼎盛，车马盈门。倘若这一个学者去世或者去职，而又没有找到地位相同的继承人，则这所大学或这个系身份立即下跌，几乎门可罗雀了。'"

不可否认，季羡林的逝世毕竟留下了巨大的学术真空。这个真空能不能得到填补？何时能得到填补？在浮躁、喧嚣的今世，这个问题的确不易回答，就看季老的弟子和再传弟子的功力和定力了。然而，值得欣慰的是，季老的学术思想和做人准则已为人们普遍理解和接受，一代新人必将茁壮成长，因此，上面许智宏院士引用季老的那段话尚不至于一语成谶。

季羡林逝世不久，便从海外传来某些学者的指责，如李敖先生、余英时先生。他们指责季羡林"没有骨头"、"很弱"、"歌功颂德"、"后来没写什么东西"、"民族主义"等等。这些站在干岸上的人，对风雨中坚守的祖国大陆学者，带有政治偏见，而且罔顾事实，是十分可笑的。笔者的近作《我的老师季羡林》付梓，索序于师兄张保胜。他在序言中对泼向季羡林的污水逐条加以批驳，（可惜出版社未经作者同意，擅自做了删节）。张曼菱更是推出一部力作《为季羡林辩——几多风光几多愁》，她说："一个饱经世纪风霜，善良而孤苦的老知识分子；一个欲为天下分忧，为青年护翼的北大教授；一个承负了黑暗的闸门欲放青年人到光明里去的师长；季羡林应该得到一个公正的历史评价和一份人性的纪念。"

尾声

季羡林的精神遗产

良知与良能

季羡林离开我们已经 10 年了。记得，当年北大党委书记闵维方说过："季老心中装载的不仅仅是中国，而且还有整个东方，乃至整个世界。他为传播整个人类的文化和精神而毕生耕耘、无私奉献、闪闪发光。季老的人生原本就是一部书，一部启迪人智慧的书，一部净化人心灵的书，一部永远激励人奋进的书，一部令人回味无穷的书。"季羡林这一部书确实教育滋养了几代学人，他虽然离去了，可是他的道德文章还将使一代又一代人受益。在最后的岁月里，他考虑和谈论最多的是什么呢？是"和谐"。2007 年 7 月他在接受《人民日报》记者采访时讲过这样一段话：

> 要想达到个人和谐的境界，需要具备两个条件：良知和良能。知是认识，能是本领。良知是基础，良能是保障，两者缺一不可。知行合一，天人合一，方能和谐。良知是什么？概括起来就是八个字：爱国、孝亲、尊师、重友，这在中国传统文化中都有。一个人如果做到了这一点，那就可以说他是个人和谐了，而每一个人都和谐了，那整个社会也就和谐了。

季羡林把"良知"概括为"爱国、孝亲、尊师、重友"8 个字，继承了中国传统文化的精华，又富有时代精神，是他一生为人处世的原则，也是对青年一代的谆谆教导和殷切期望。

"良知"如此，而"良能"是什么呢？能是本领，从事不同行业的人们，本领各不相同。

作为学者和教师，季羡林数十年坚持的也是 8 个字："敬业、博学、求实、创新。"他不仅自己坚持，而且大力提倡，并把它作为聊城大学的校训。笔者认为，以此作为知识分子的良能，是适宜的。以这样的良知为基础，有这样的良能为保障，天人合一，知行合一，定能有所作为，实现人生的价值。

文化自信育良知

1990 年，季羡林在题为《略说中国传统文化及其特点》的讲演中，论述了中国传统文化和传统道德：

> 说在中国传统文化的宝库中，中国传统道德是最重要的一部分内容，这话完全正确。因为从世界各国来看，像中国这样几千年如一日重视伦理道德的还没有第二个国家。什么叫中国传统道德？或者说中国传统道德有哪些内容呢？这个问题很复杂，每个人的回答都可能不一样。我讲讲自己的看法，我想这里面起码应包括这么几部分内容。
>
> 第一，正如我的老师——清华大学陈寅恪教授曾经说过的，《白虎通》当中的三纲六纪是中国文化的精华。什么叫三纲呢？就是君臣、父子、夫妇。他讲的当然是君为臣纲，父为子纲，夫为妻纲。这里边有糟粕，如夫妻应该是平等的，怎么男人成了女人的纲了呢？这个我们先不讲它。六纪，一是仲父，就是父亲的兄弟姊妹；二是兄弟；三是族人；四是族舅，就是母亲家的人；五是师长；六是朋友。他说，这三纲六纪是中国文化的中心，我看他的话很有道理。因为人类自有社会以来，必然要有一种规则来维系，不然的话社会就乱七八糟。现在马路上为什么要有交通警？为什么要有红绿灯？这就是一种规则，一种规章制度，要求大家都来遵守，这样社会生活才能进行。要是没有这些规则，社会生活就不能进行。《白虎通》的三纲六纪，把当时社会所有的人际关系都规定了。
>
> 第二，我们的文化还有一个提法，是我们的特点，就是"格、致、诚、正、修、齐、治、平"。意思就是格物、致知、诚意、正心、修身、齐家、治国、平天下八个步骤。先从自己开始格物，就是了解事物，了解以后致知，把规律找出来，诚意、正心就不用讲了，修身就是修自己，然后齐家，把家治好，然后再治国，治国以后是平天下。就是从个人内心一直到天下……天下就是世界。个人要从内心出发，诚

意、正心，一直推到治国、平天下。这套系统的步骤，属于伦理道德范畴，也属于政治范畴，是其他任何国家所没有的。

第三，"礼义廉耻，国之四维。"就是说，礼义廉耻是国家的四个支柱。除了这个提法外，古人还提出了"孝悌忠信，礼义廉耻"等说法，意思都差不多。

上述三个方面是古代伦理道德最先最主要的内容。懂得了这三个方面的内容，大体就了解了中国伦理道德最基本的内容。

用季羡林提倡的"爱国、孝亲、尊师、重友"与他上面所说的古代伦理道德相比较，不难看出二者的密切联系和明显区别。这是因为，随着时代的发展，违背时代需要的被扬弃了；适应时代需要地得到了继承和发展。我们这个时代的良知，正是季羡林大力提倡并身体力行的做人原则。季羡林是一个言行一致、心口如一的人，他以一生的实践证明了既继承传统，又与时俱进，为我们树立了光辉的榜样。

一曰爱国

季羡林在《一个老知识分子的心声》一文中写道："我生平优点不多，但自谓爱国不敢后人，即使把我烧成了灰，每一粒灰也还是爱国的。"这是季老的肺腑之言，也是他的人格的真实写照。

2005年7月30日，温家宝总理到医院看望季羡林。在谈话中，温家宝说："您的《留德十年》和《牛棚杂忆》我都学习过。去年我访问德国还专门引用您的一段话：我一生有两个母亲，一个是生我的那个母亲，一个是我的祖国母亲。"季羡林说："二者缺一不可。"温家宝说："我给华侨讲时，很多人都热泪盈眶。"季羡林趁机提出建议："应该列入小学教科书。"温家宝答应向教育部反映。季羡林是认真的，2006年新年伊始，他在病榻上拟就了一篇供小学生阅读的课文《我们都有两个母亲》。季羡林把对祖国的爱，凝聚在这100多个汉字里。他用数十年思考的结果，告诉孩子们一个浅显、却又容易被忽视的真理。

季羡林爱国终生一以贯之。在历史的紧要关头，他一向旗帜鲜明。1931年他在清华大学读书时，适值"九一八事变"发生，中国军队不抵抗，东北陷入日寇之手。季羡林义愤填膺，和同学们一起卧轨拦截火车，绝食去南京向国民政府请愿，要求抗日。

第二次世界大战期间，季羡林在德国留学和工作。当时哥廷根小城有几个中国同学，其中就有后来担任清华大学副校长、深圳大学校长、中国科学院院士的张维。季羡林和同学们约定：如果同德国学生发生冲突，他们出言不逊，侮辱了我们个人，我们可以酌情原谅；如果他们侮辱我们的国家，那就必须同他们拼命。1942年，国民党政府的使馆撤离柏林，取而代之的是汪精卫汉奸政府的使馆。季羡林对汉奸政府深恶痛绝，不愿与之发生任何联系，他就和张维等毅然到德国警察局，宣布自己无国籍。他们这样做是冒着极大危险的，因为一个人失去了国籍的保护，就变成了如同天上的一只飞鸟，随时可能被人射杀。可是，季羡林认为为了自己的祖国，这个险是非冒不可的，自己是堂堂正正的中国人，宁可失掉性命也不能失掉人格和国格。

第二次世界大战结束，季羡林毅然谢绝剑桥大学的邀请，辗转数国，历尽千辛万苦，回到满目疮痍的祖国。当解放军兵临北平城下，少数高级知识分子选择衣冠南渡的时候，季羡林却义无反顾地留下来，为建设新中国贡献自己的力量。

在经历了"文化大革命"的重重磨难之后，国门初开，学人出国成为潮流。此时的季羡林，尽管工资只有中国香港教授的十分之一、德国教授的百分之一，他依然坚定地留下来，焚膏油继日晷，为祖国的崛起而呕心沥血。他不仅在学术研究中奋力冲刺，而且痛定思痛，总结历史的经验教训。他感佩巴金以老迈龙钟之身，呕心沥血写出《随想录》，同样蘸着自己的血和泪写出了《牛棚杂忆》这部警世之作，把它当作我们伟大民族的一面镜子，告诫人们永远不要重蹈历史的覆辙。季羡林说：

> 中华民族是一个伟大的民族，勤劳、勇敢、智慧，对人类做出了巨大的贡献。这是谁也否认不掉的。我自以生为中国人为荣，生为中国人自傲。如果真正有轮回转生的话，我愿生生世世为中国人。

此言掷地可作金石之声！

季羡林的爱国并非与生俱来，而是后天得来的。他出生在半殖民地半封建的旧中国，上高中时，济南被日军占领，他当了一年"亡国奴"，他个人的命运和国家命运紧密相连。中国知识分子向来有"以天下为己任"的传统，最关心时事，最关心政治，最爱国。这是由中国历史环境所造成的，在中国历史上，哪一个朝代没有虎视眈眈伺机入侵的外敌？存在决定意识，反映到知识分子头脑中，就形成了根深蒂固的爱国心。"天下兴亡，匹夫有责"，表达了中国知识分子的心声，是中国知识分子所特有的。季羡林在北京大学工作和生活了半个多世纪，而北大人以天下为己任的意识尤其突出。从"五四运动""一二·九运动"、"反饥饿、反迫害"的斗争,一直到新中国成立后的抗美援朝,北大无不走在前面。爱国主义和对国家对人民的责任感形成了北大的光荣传统。2000年1月,季羡林写了一篇文章《历尽沧桑话爱国》,他说:

> 我1946年回到北大任教,至今有53年是在北大度过的。在北大53年间,我走过的并不是一条阳光大道。有光风霁月,也有阴霾漫天;有"山重水复疑无路",也有"柳暗花明又一村"。一个人只有一次生命,我不相信什么轮回转生。在我这仅有的可贵的一生中,从"春风得意马蹄疾"的少不更事的青年,一直到"高堂明镜悲白发"的耄耋之年,我从未离开过北大。追忆我的一生,"虽九死其犹未悔",怡悦之感,油然而生。前几年,北大曾召开过几次座谈会,探讨的问题是:北大的传统到底是什么?参加者很踊跃,发言也颇热烈。大家的意见不尽一致。我个人始终认为,北大的优良传统是根深蒂固的爱国主义。

季羡林作为北大的终身教授,是北大人的杰出代表。他的爱国主义既有实践,又有理论。

爱国主义、集体主义、社会主义是时代的主旋律。季羡林对爱国主义的诠释是具体而又独到的。

季羡林认为,爱国须有"国",没有"国"就没有爱国主义,有了国家就出现了爱国主义。在中国,出现了许多爱国者,比欧洲、美国都多,有屈原、苏武、岳飞、文天祥、史可法等等。在欧洲历史上找一个著名的爱国者比较难,法国有爱国者Jeanne d'Arc(贞德),而在欧洲历史上再找一个岳飞、文天祥式的爱国者很难,什么原因呢?并不是欧洲人不爱国,也不是中国人生下来就是爱国的。因为存在决定意识,是我们的环境决定我们爱国。近代以来则受到来自西方、北方或东方的敌人的威胁和侵略。这个历史存在,决定了中国56个民族爱我们的祖国。

在1999年的一次会议上,季羡林在演讲中提出这样一个问题:"爱国主义是不是好的?"他自问自答:"爱国主义可分为正义的爱国主义与非正义的爱国主义。正义的爱国主义是什么呢?一个民族、一个国家受外敌压迫、欺凌、屠杀,这时候的爱国主义我认为是正义的爱国主义,应该反抗,敌人来了我们自然会反抗。还有一种非正义的爱国主义,压迫别人的民族,欺凌别人的民族,他们也喊爱国主义,这种爱国主义能不能算正义的?……杀了人家,欺侮人家,那么你爱国爱什么国,这个国是干吗的?所以我将爱国主义分为两类,即正义的爱国主义与非正义的爱国主义，爱国主义不都是好的。"季羡林特别强调，所谓爱国，爱的就是你那个国籍的国。2002年他在《再谈爱国主义》一文中写道：

> 爱国的国字，如果孤立起来看，是一个模糊名词。哪里的国？谁的国？都不清楚。但是，一旦同国籍联系在一起，就十分清楚了。国就是这个国籍的国。再讲爱国的话，指的就是爱你这个国籍的国。如果一个国家热爱和平，决不想侵略、剥削、压迫、屠杀别的国家，愿意同别的国家和平共处。这样的国家是值得爱的，非爱不行的。这样的爱国主义就是我上面所说的正义的爱国主义。反之，如果一个国家，特别是它的领导人，专心致志地侵略别的国家，征服别的国家，最终统一全球，天上天下，唯我独尊。这样的国家是绝对不能爱的，爱它就成了统治者的帮凶。爱国主义与国际主义是相通的，是互有联系的。保卫世界和平是二者共同的愿望。

2002年5月，季羡林参加大型电视专题片《我愿以身许国》暨《科学家的故事》首映式，他在谈观后感时说：

> 这两部片子意义何在呢？我归纳为两点：爱国与奉献。以爱国主义的情操来推动奉献精神；以奉献的实际行动来表达爱国主义的情操。二者紧密相连，否则爱国主义只是一句空话，而奉献则成为无源之水，无本之木。
>
> 爱国主义是中华民族的优秀传统，历数千年而未衰。原因是中国历代都有外敌窥伺，屠我人民，占吾土地，从而激起了我们民族的爱国义愤，奋起抵抗，前仆后继，保存了我们国家的领土完整，维护了我们人民的生命安全，一直到了今天。
>
> 到了今天，我们国家虽然仍然处于发展中国家行列中，但是早已换了人间，我们在众多方面取得了令人瞩目的成绩，在全世界普遍的经济不景气的气氛中，我们却一枝独秀。我们国家在世界民族之林中的地位日益崇高。没有我国的参加，世界上任何重大问题都是解决不了的。在这样的情况下还有必要大声疾呼地提倡爱国主义吗？
>
> 我的意见是：有必要，而且比以前更迫切。我们目前的处境是，从一个弱国逐渐变为一个强国。我们是一个有十三亿人口的大国。这种转变会引起周边一些国家的不安。虽然我们国家的历届领导人都昭告天下：我们决不会侵略别的国家，但是我们也决不会听任别的国家侵略我们。这样的话，他们是听不进去的。特别是那一

个狂舞大棒,以世界警察自居,肆意干涉别国内政的大国,更是视我为眼中钉。在这样的情况下,我认为,我们"国歌"中的一句话:"中华民族到了最危险的时候",还有其现实的意义。

因此,我们眼前发扬爱国主义精神,不但不能削弱,而且更应加强。我们还要把爱国与奉献紧密结合起来。如果没有两弹一星的元勋们的无私奉献精神和行动,如果我们今天仍然没有两弹一星,我们的日子怎样过呀!那一个大国能像现在这样比较克制吗?说不定踏上我国土地的不仅是20世纪三四十年代打着膏药旗的侵略者,还会有打着另外一种旗帜的侵略者。

想到这里,我们不能不缅怀二十三位两弹一星的元勋们以及他们的助手们的丰功伟绩。他们长期从家中"失踪",隐姓埋名,躲到沙漠深处,战严寒,斗酷暑,忍受风沙的袭击,奋发图强,终于制造出来了两弹一星,成了中国人民的新的万里长城。他们把爱国与奉献紧密地结合起来。他们是我们学习的楷模。我是不是过分夸大了两弹一星的作用呢?绝不是。以那个大国为首的力图阻碍我们前进的国家,都是唯武器论者。他们怕的只是你手中的真家伙。希望我们全国人民认真学习两弹一星的元勋们,也把爱国与奉献紧密结合起来。我们将成为世界大国是历史的必然,是谁也阻挡不住的。

读着这些振聋发聩的文字,一颗拳拳爱国之心跃然纸上。回望季羡林为我国的学术事业、教育事业不懈奋斗的一生,他在爱国与奉献的结合上为我们做出了榜样。20世纪80年代中期,季羡林曾经预言:21世纪将是中国的世纪。他这样说并不是因为他爱国,而是他研究了数百年来世界政治经济文化中心的变化规律,得出的科学判断。他的这个预言正在被历史的发展所证实,这是季羡林晚年最得意的一件事。他说:中华民族所固有的大气磅礴的创造力,被种种内在的和外在的力量堵塞了几百年,一旦迸发出来将有如翻江倒海,巨龙腾空,势不可挡,每一个中华儿女无不为之骄傲与自豪。

二曰孝亲

几千年来,中国社会就是一个宗法伦理色彩非常浓厚的社会,为世界上任何国家所不及。"忠孝"二字是中国传统伦理道德的核心。历代有不少皇帝标榜"以孝治天下",中国老百姓讲究"父慈子孝",以达到家庭和谐,是一种优良的传统伦理美德。当然,也有一些提倡愚孝的故事流传极广，比如王祥卧冰、割股疗疾等等，淡化了"父慈"，片面强调"子孝"。这种封建伦理观念，显然已经陈腐；然而，家庭是社会的细胞，唯有家庭和谐了，社会才能和谐，孝亲作为处理家庭关系的一条原则，并没有过时。季羡林主张，孝应该是一个理性的概念，"父慈子孝"应该是对等的，他反对愚孝，也反对不孝。季羡林是语言学大师，他发现把"孝"这个词翻译为英语，用一个词翻译不出来，得用两个词。什么原因呢？因为虽然不能说外国没有孝，但是孝并非作为一个很重要的概念，所以译过去就得用两个词。两个什么词呢？就是儿女的"虔诚"与"尊敬"，而在中文中光一个"孝"就够了。这就说明"孝"这个词有中国的特点。季羡林善于从古代的典籍中吸取有益的营养，他在1999年写的《谈孝》一文中说：

中华民族毕竟是一个极富于理性的民族。就在已经被视为经典的《孝经·谏诤章》中，我们可以读到下列的话：

昔者天子有诤臣七人，虽无道，不失其天下；诸侯有诤臣五人，虽无道，不失其国；大夫有诤臣三人，虽无道，不失其家；士有诤友，则身不离于令名；父有诤子，则身不陷于不义。故当不义，则子不可以不诤于父，臣不可以不诤于君；故当不义，则诤之，从父之令，又焉得为孝乎？

这话说得多么好呀，多么合情合理呀！这与"天下无不是的父母"这一句话形成了鲜明的对立。后者只能归入愚孝一类，是不足取的。

到了今天，我们应该怎样对待孝呢？我们还要不要提倡孝道呢？据我个人的观察，在时代变革的大潮中，孝的概念确实已经淡化了。不赡养老父老母，甚至虐待他们的事情，时有所闻。我认为，这是不应该的，是影响社会安定团结的消极因素。我们当然不能再提倡愚孝；但是，小时候父母抚养子女，没有这种抚养，儿女是活不下来的。父母年老了，子女来赡养，就不说是报恩吧，也是合乎人情的。如果多数子女不这样做，我们的国家和社会能负担起这个责任来吗？这对我们迫切要求的安定团结是极为不利的。这一点简单的道理，希望当今为子女者三思。

季羡林的故乡山东聊城地区（现为聊城市），古代属于鲁国。鲁文化中"忠孝节义"的因素十分浓厚。季羡林受到的早期教育，形成了他人格的核心，忠孝思想在其中占有重要地位。他从小就听惯了羊羔跪乳、乌鸦反哺的故事，在他的意识里，不能遵从父母长辈的人，是禽兽不如的。

季羡林从 1917 年离开官庄到济南念书，到 1934 年大学毕业，总共回过三次老家。这三次都同"尽孝"有关。第一次是在上小学的时候，回家为大奶奶奔丧。大奶奶并不是他的亲奶奶，但是从小就对他异常疼爱。老人家去世了，季羡林跑 200 多里路赶回家为她奔丧，认为这是天经地义的事情。第二次回家是在上初中的时候，父亲病重，季羡林赶回家发现父亲直挺挺地躺在土炕上，面色红润，但是不能动也不能说话。村里没有医生，季羡林每天坐着牛车，带上一匣点心，跟二大爷到离官庄十几里的一个地主庄园去请医生，给父亲诊脉，看完病用牛车送医生回家，再抓药给父亲吃。路是土路，坑洼不平，牛车走在上面，颠颠簸簸，来回两趟，要用去差不多一整天的时间。这还不算什么，要命的是，路边的青纱帐里时常有土匪出没，充满危险。就这样奔波数日，父亲的病情趋于稳定，季羡林只好先回济南。过了没有多久，父亲死了，一叔到济南接季羡林回家安葬父亲。父亲死后，家里没有了男主人，母亲只有半亩地，养活自己都不容易，如何帮助母亲，当时的季羡林实在是有心无力。

随着年龄的增长，季羡林开始考虑一些切实的问题。他梦想着，大学毕业以后自己找到了饭碗，手头有了钱，第一件事就是把母亲接到济南，她才 40 来岁，今后享福的日子还长着呢。

可是季羡林的美梦，1932 年秋被一纸"母病速归"的电报打得支离破碎。回到济南，季羡林方知母亲不是病了，而是死了。这消息真如五雷轰顶，他陷入了深深的悔恨和自责。为上学离开了母亲，没有能为母亲尽孝，铸成了季羡林终身的悔恨。1994 年 7 月，季羡林写了一篇散文《赋得永久的悔》。文中写道：

> 古人说："树欲静而风不止，子欲孝而亲不待。"这话正应到了我身上。我不忍想象母亲临终前思念爱子的情况；一想到，我就会心肝俱裂，眼泪盈眶。当我从北平赶回济南，又从济南赶回清平奔丧的时候，看到了母亲的棺材，看到那简陋的房子，我真想一头撞死在棺材上，随母亲于地下。我真后悔，我千不该万不该离开了母亲。世界上无论什么名誉，什么地位，什么幸福，什么尊荣，都比不上待在母亲身边，即使她一个字也不识，即使整天吃"红的"。这就是我的永久的悔。

这篇文章在《光明日报》"文荟"栏目刊出，引起了巨大的反响，获得了鲁迅文学奖。许多老年读者觉得文章发出了他们的共同心声；许多青年读者给季羡林写信，从这些来信可以看出，季羡林的孝道对他们影响至深，其中两位在校研究生在信中说："我们被您在《赋得永久的悔》里面所流露的浓郁的亲情深深地感动了。您在文章中说，您如果以后不去济南,不去北京,不去德国,您就可能会是一个农民,一个文盲,但是您的母亲却会比您不在身边要活得长,活得好。多么崇高深沉的爱!宁愿舍弃自己的一切去换取母亲的幸福而不可得,便成了一位望九之年的老人的'永久的悔'。回想起来,我们时时以'天之骄子'而自豪,自恃青春年少,风华正茂,随波逐流,去追逐自己的梦想,在很大程度上忽略了远方的父母……看了您的文章,我们的心受到强烈的震动。从小到现在,我们被倾注了母亲满腔的从不企求回报的爱。我们大了,母亲也老了。我们再不能等到自己90岁了才悔恨地想起当初不该离开母亲,忽略母亲……您的心路历程,您的文章刚好告诉了我们这样一个朴素的道理:爱国应从爱母亲做起。"

读到这里,我们便会明白:为什么季羡林把孝亲列为人类的良知。

季羡林的孝亲,更多地表现在他同叔父和婶母的关系上。叔父是个守旧而严厉的家长,婶母马氏更加疼爱的是自己的女儿。季羡林的童年并不幸福,可是他小小年纪就明白,自己受教育的机会是叔婶给的,应该感恩图报。15岁的季羡林,写过一首十七言诗:

> 叔婶不我爱,
> 于我有何哉?
> 但知尽孝道,
> 应该。

这首诗活脱脱表达了一个寄人篱下的少年的心境。季羡林可不是说说而已,需要他"尽孝道"的严酷考验就摆在眼前。

老话说:"不孝有三,无后为大。"因为季羡林是季家唯一的男孩儿,父辈把接续季家香火和光宗耀祖的希望都寄托在他的身上。1929年,18岁的季羡林已经是一个出类拔萃的高中学生了。这时候,叔父和婶母认为他该娶妻生子,就为他娶了媳妇。正在求学的季羡林是不愿意有家室之累的,况且长辈给他娶的并不是他心仪的女孩儿。可那时候的规矩是"父母之命,媒妁之言",婚姻当事人是无权参与的,因此季羡林对于这桩婚事除了服从没有别的选择。

在济南南关佛山街柴火市,有一段时间季家住前院,彭家住后院,两家的孩子常在一起玩。彭家有好几个女儿,其中四姑娘小荷聪明伶俐,和季羡林年龄相仿,小时候,俩孩子十分要好,朦胧中都把对方当作自己的意中人。不知道两家大人是怎么想的,季羡林最终娶的不是老四,而是她的堂姐彭德华。彭德华端庄、勤快、贤惠、孝顺,在叔叔婶婶眼里是最合适的媳妇。1933年，季羡林夫妇有了女儿婉如，又过了两年，有了儿子延宗（季承），老一辈交给季羡林夫妇的延续香火的使命完成了。可是，对季羡林夫妇来说，由于文化水平的差异，他们的婚姻生活实在谈不上美满。2002年，91岁的季羡林回忆当年从清华毕业，回济南省立一中任教时的家庭和婚姻，他写道：

> 一个人不管闯荡江湖有多少危险和困难，只要他有一个类似避风港样的安身立命之地，他就不会失掉前进的勇气，他就会得到安慰。按一般的情况来说，家庭应该起这个作用。然而我的家庭却不行。虽然同在一个城内，我却搬到学校里来住，只在星期日回家一次。我并不觉得，家庭是我的安身立命之地。

彭德华只读过几年小学，认识千把字。季羡林身在欧洲的时候，她从来没有给他写过一封信，因为她已经拿不起笔来了。季羡林终身研究的南亚和中亚古文字，对她来说就更是不折不扣的"天书"。季羡林当然苦闷，这种苦闷在他上大学的时候，在《清华园日记》中就有诉说。他在哥廷根留学时，遇到了温柔美丽的德国少女伊姆加德，伊姆加德也深深爱着他，她的父母迈耶夫妇也很喜欢季羡林。可是，季羡林不是徐志摩，不是郭沫若，他来自礼仪之邦，来自孔孟之乡。他深知自己是有家室的人，没有爱和被爱的权利。他忠于自己的义务。他一狠心，一跺脚，斩断情丝，选择了永远离开。

季羡林名气太大，而彭德华太平凡了，平凡到季羡林的许多学生只知道师母慈祥贤惠，却不知道师母姓什么叫什么。

彭德华逝世以后，季羡林在一篇散文中这样评价自己的妻子：

> 在文化方面，她就是这个样子。然而，在道德方面，她却是超一流的。上对公婆，她真正尽上了孝道；下对子女，她真正做到了慈母应做的一切；中对丈夫，她绝对忠诚，绝对服从，绝对爱护。她是一个极为难得的孝顺媳妇，贤妻良母。她对待任何人都是忠厚诚恳，从来没有说过半句闲话。她不会撒谎，我敢保证，她一辈子没有说过半句谎话，如果中国将来要修《二十几史》，而其中又有什么"妇女列传"或"闺秀列传"的话，她应该榜上有名。

正因为如此，季羡林对妻子彭德华心存感激，尽管共同语言不多，却始终不离不弃。季羡林的孝亲还突出地表现在他对叔父续弦的婶母陈绍泽的孝敬上。陈氏是1935年季羡林出国以后嫁到季家的，1947年季羡林回到济南才第一次见到。第一次见面，她斜着眼睛打量这位从天上掉下来的侄子，不知道他究竟是好是坏。季羡林以自己的实际行动，证明了他是一个有良心的人，是一个极重感情，知恩图报的人。季羡林在散文《寸草心》里，借用唐代诗人孟郊的那首诗，歌颂了作为自己长辈的三位女性——大奶奶、母亲和老祖（即婶母陈绍泽）。关于老祖，他写道："她不是一个一般的人。在我离家12年，我在欧洲经历了第二次世界大战，她在国内经历了日军占领和抗日战争。我是亲老、家贫、子幼。可是鞭长莫及。有五六年，音问不通。上有老，下有小，叔父脾气又极暴烈，甚至有点乖戾，极难侍奉。有时候，经济没有来源，全靠她一个人支撑。她摆过烟摊；到小市上去卖衣服家具；在日军刺刀下去领混合面；骑马到济南南乡里去勘查田地，充当地牙子，赚点钱供家用；靠自己幼时所学的中医知识，给人看病。她以'少妻'的身份，对付难以对付的'老夫'。她的苦心至今还催我下泪。在这万分艰苦的情况下，她没有让孙女孙子失学，把他们抚养成人。总之，一句话，如果没有老祖，我们的家早就完了。"正是因为季羡林铭记老祖的恩情，1962年季羡林把妻子和老祖接到北京，30年如一日悉心奉养，而且教育子女和孙子女孝敬老祖。记得20世纪60年代，笔者读大学的时候，他担任系主任，工作十分繁忙。有时候却见他步行五六里路，到海淀西大街排队买炸鱼，一打听才知他是为老祖买的，因为老祖喜欢这一口。老祖活着的时候，绝对是一家之主，她以90岁高龄辞世。

据季羡林的朋友欧阳中石回忆，由于城市建设和城市规模的迅速扩大，季羡林叔父和婶母的坟茔已经无处寻觅，季羡林为此非常不安。他委托欧阳中石的夫人张茞京女士，在济南郊区另找新址，为叔父和两位婶母重新建造了合葬墓，了却了一桩心愿。

据季羡林的邻居反映，季老家中数十年你尊我让，从来没有吵过架，与邻居也是和睦相处，关系融洽。学生段晴用这样的诗句记载恩师家那些温馨的日子："忆昔荷畔清屋居，炊香书味总相宜。莫论人间疾与苦，儿女承欢有贤妻。"季羡林认为，要处理好家庭关系，一要真诚，二要容忍。他说："人处在家庭和社会中，有时候恐怕需要讲点容忍的。唐朝有一个姓张的大官，家庭和睦，美名远扬，一直传到了皇帝的耳中。皇帝赞美他治家有道，问他道在何处，他一口气写了一百个'忍'字。"季羡林自己何尝不是如此。他的忍是他"尽孝道"导致的直接结果之一。

三日尊师

"古之学者必有师。师者，传道、授业、解惑也。"季羡林求学20余年，教过他的老师不下百位。师生关系在旧时代是"六纪"之一，所谓"一日为师，终身是父"；可这是旧道德，时代不同了，不宜再提倡。季羡林提倡的尊师有所不同，他有一套"接力棒理论"，从20世纪50年代直到晚年，是一贯坚持的。

关于"接力棒"的比喻，在季羡林的著述中多次出现。比喻的对象，一开始是指师生关系，指学业；后来扩大为事业乃至人类社会和人类理想。仅举几个例子：

1959年，季羡林在一篇文章中谈到研究学问时写道：

我们既要自己钻研，同时也要兢兢业业地向老师学习。打一个不太确切的比喻，老师和学生一教一学，就好像是接力赛跑，一棒传一棒，跑下去，最后到达目的地。我们之所以要尊师，就是因为老师在一定意义上是跑前一棒的人。一方面，我们要从他手里接棒；另一方面，我们一定会比他跑得远，这就是所谓"青出于蓝，而胜于蓝"。

1995年季羡林在另一篇文章中写道：

我相信，不管还要经过多少艰难曲折，不管还要经历多少时间，人类总会越变越好的，人类大同之域决不会仅仅是一个空洞的理想。但是，想要到达这个目的，必须经过无数代人的共同努力。有如接力赛，每一代人都有自己的一段路程要跑。又如一条链子，是由许多环组成的，每一环从本身来看，只不过是微不足道的一点东西；但是没有这一点东西，链子就组不成。在人类社会发展的长河中，我们每一代人都有自己的任务，而且是绝非可有可无的。如果说人生有意义与价值的话，其意义与价值就在这里。

但是，这个道理在人类社会中只有少数有识之士才能理解。鲁迅先生所称之"中国的脊梁"，指的就是这种人。

1998年9月9日季羡林又撰文称：

我觉得，在人类前进的极长的历史过程中，每一代人都只是一条链子上的一个环。拿接力赛来作比，每一代人都是从前一代手中接过接力棒，跑完了一棒，再把棒递给后一代人。这就是人生。人生的意义与价值就在于认真负责地完成自己这一棒的任务。做到这一步，就可以心安理得了。

就季羡林本人来说，他从自己的老师陈寅恪、瓦尔德施米特等人手里接过接力棒，跑了几十年，他的这一棒跑得很出色，他已经把接力棒交给了自己的学生。他问心无愧，可以心安理得了。

季羡林是一位学者，他的学问是为往圣继绝学，他的成就是多方面的，这里只说最主要的。

季羡林治印度学是从学习佛教梵文入手的。20世纪30年代中后期，在德国，他在瓦尔德施米特教授指导下，艰苦奋斗3年时间，从对佛教梵语一无所知，到以优异成绩取得博士学位。1941年后他被迫留在德国的4年内，又接连写了三篇有关佛教梵语的论文，发表在哥廷根科学院院刊上，其中有些重要发现在研究所引起轰动。论文有些观点在数十年后梵文界仍然有人引用。1956年季羡林写了《原始佛教的语言问题》，1958年写了《再论原始佛教的语言问题》，1984年又写了《三论原始佛教的语言问题》以及《中世印度雅利安语二题》。1985年以后，季羡林的佛教梵语研究进入冲刺阶段，发表了多篇有分量的论文。季羡林研究佛教梵语几十年，指导思想是找出语言发展的规律性的东西，把对佛教梵语的研究同印度佛教史的研究结合起来。季羡林以一个语言学者的身份研究佛教，通过原始佛典的语言现象来探讨最初佛教的传布与发展，找出其中演变的规律。在印度佛教史方面，1987年他写了一篇长文《佛教开创时期的一场被歪曲被遗忘了的"路线斗争"》，为提婆达多翻案。他发现了在中亚和中国内地的佛教信仰中，弥勒信仰的重要作用，也是发前人未发之覆。他的那两篇关于"浮屠"与"佛"的文章，解决了佛教传入中国的道路的大问题。季羡林在研究佛教梵语方面取得如此成就，他终生感谢他的老师瓦尔德施米特教授，称他为自己的"博士父亲"。读季羡林的文集，读者可以发现，每次提到瓦尔德施米特，他都充满了敬意与怀念。

笔者以为，季羡林最骄人的学术成就，莫过于他在文化学方面的贡献。在这方面，讲"名师出高徒"是恰如其分的。季羡林的确是从他的老师陈寅恪和吴宓手中接过了接力棒，跑出了优异成绩。

季羡林认为，在历史上，东方文化曾经辉煌过，引领过世界潮流。自工业革命以后，西方文化逐渐占了上风。中国从清末到现在，西化的程度日趋深入，这是不可抗拒的历史潮流。有几千年古老文明的中国，如果还想存在下去，就必须跟上潮流，决不能让时代潮流甩在后面；但是，它也带来了不良后果，最突出地表现在一些人的心理上，认为凡是外国的东西都好，凡是外国人都值得尊敬，这是一种反常的心理状态。我们必须向西方学习，今天要学习，明天仍然要学习，这是决不能改变的。如果我们故步自封，回到老祖宗走的道路上去，那将是非常危险的；但应当指出的是：人类历史证明，全盘西化，理论上讲不通，事实上办不到。任何一种文明都不可能万岁，必须避免两个极端：一不能躺在光荣的历史上，成为今天的阿Q；二不能只看眼前的情况，成为今天的贾桂。从人类全部历史来看，东方文化和西方文化的关系确是"三十年河东，三十年河西"，目前流行全世界的西方文化并非从来如此，也绝不可能永远如此，到了21世纪，"三十年河西"的西方文化就将逐步让位于"三十年河东"的东方文化，人类文化的发展将进入一个新时期。

自20世纪初以来，中国学术界陆续出现了一些国学大师。其主要原因是西方文化、西方学术思想和哲学思想以排山倒海之势涌入中国，中国学坛上的少数先进人物，接受了西方的影响，同时又忠诚地继承和发展了中国古代优秀的学术传统，于是就开出了与以前不同的鲜艳的花朵，出现了少数大师。如王国维、梁启超、陈寅恪、汤用彤等。1919年，陈寅恪和吴宓在美国哈佛大学做过一次长谈，谈话的内容是关于中西文化的长短、优劣、异同以及体用问题。90年前，陈寅恪为国富民强的理想提供了一个全新的文化学视角，吴宓在日记中对此有详细的记载。这些见解的深刻性和全面性，不仅远胜过去的洋务派，而且远胜新文化运动以来那些"全盘西化"的主张。后来，陈寅恪和吴宓都在清华大学执教，成为季羡林的业师。他们的学术思想和治学方法，影响了季羡林的一生。季羡林到北京大学任教，也得益于陈寅恪的推荐。季羡林继承和发展了陈寅恪和吴宓关于东西方文化的观点，他之所以比别人看得远些，是因为他站在巨匠的肩头。陈寅恪和吴宓那次长谈闪耀的思想火花，70年后在季羡林手上燃成了熊熊的火炬。

关于陈寅恪的治学，以前曾有一种误解，即把他仅仅看成是一个考据家，这其中自然含褒贬二义。有人则对他的史事考辨颇有微词，认为烦琐冗长，意义不大，甚至他的学生钱锺书也不愿听他的课。但是，1984年傅璇琮先生在《一种文化史的批评》一文中评论道："把陈寅恪的学问归结为考据，那只是看到它的极为次要的部分。从考据和资料上超过陈寅恪，应该说并不十分困难……陈寅恪难于超越之处，是他的通识，或用他的话来说，是学术上的一种'理性'（《王静安先生遗书序》，《金明馆丛稿二编》218页）。这就是经过他的引证和考析，各个看来零散的部分综合到一个新的整体中，达到一种完全崭新的整体的认识。"季羡林1990年也曾著文称陈寅恪先生"决不为考证而考证，他那种悲天悯人、明道救世的精神，洋溢于字里行间"。1997年，季羡林在《学海泛槎》一书中说，他当年在清华大学旁听陈寅恪的"佛经翻译文学"和朱光潜的"文艺心理学"即美学，"陈、朱二师的这两门课，使我终身受用不尽。虽然我当时还没有敢梦想当什么学者，然而这两门课的内容和精神却已在潜移默化中融入了我的内心深处。如果说我的所谓'学术研究'真的有一个待'发'的'韧'

的话，那个'韧'就隐藏在这两门课里面。"

季羡林的尊师，不仅表现在学术学业上，更重要的是表现在人格上。"疾风知劲草，板荡识诚臣"，在季羡林的一生中，有6位先生被他称为"恩师"。中国的三位：陈寅恪、汤用彤、胡适，德国的三位：瓦尔德施米特、西克、哈隆，这几位在他的心目中的地位可谓神圣，他一生经历了那么多风风雨雨，不管顶着多大的政治压力，都没有违心地批判他们。

关于季羡林同老师的交往，1996年，钱文忠写过一篇《经师人师的风范》，记录了他陪季羡林去给三位老先生贺年的情景。他写道：

> 1990年1月31日，先生命我随侍前往燕南园向冯友兰、朱光潜、陈岱孙三老贺年。路上结着薄冰，天气极为寒冷，也已是80高龄的先生一路上都以平静而深情的语调，赞说着三位老先生的为人治学，先到朱先生处，只有夫人奚先生在家，先生身板笔直，坐在旧沙发的角上，恭恭敬敬地贺年；再到冯先生三松堂，只有宗璞和蔡仲德先生在家，《冯友兰先生年谱初编》记其事曰"未遇"，先生身板笔直，坐在旧沙发角上，恭恭敬敬地贺年；最后到陈先生处，陈先生倒是在家，见先生来访，颇为惊喜，先生仍是身板笔直，坐在旧沙发角上，恭恭敬敬地贺年，其时两卷本《陈岱孙文集》正好出版，陈先生从内室取出书，题签，起身，半躬着腰，双手把书送给先生，先生也是起身，半躬着腰，双手接过，连声说："谢谢，谢谢。"冬天柔和的阳光，照着两位先生的白发……这几幕场景一直鲜明地印在我的记忆中。

季羡林尊师若此，他本人当然也赢得了广大学子的爱戴和尊敬。走在校园里，经常有认识或不认识的学生向他表达敬意。1998年秋季开学不久，一天早晨，季羡林来到家门前的荷塘边，无意间发现刚下过雨的泥地上，用树枝写的两行字："季老好！ 98级日语。""来访。98级日语。"显然，这是一些刚刚踏进校门的新生，来拜访他们崇敬的季先生了。他们可能在荷塘边伫立了许久，仰望着先生书房窗户透出的灯光，不忍心去打扰，就在泥地上写下了这几个字。季羡林望着这几个字，老泪滴落在泥地上。

四曰重友

在中国人的人际关系中，朋友被列为"六纪"之一，是相当重要的。季羡林一生交了许多朋友，虽然说"君子之交淡如水"，但依然充满了浓浓的友情。他们在政治上互相爱护，学术上互相切磋，生活上互相关心；同欢欣，共患难，相扶相伴，走过崎岖不平的人生之路。

季羡林小时候的玩伴杨狗和哑巴小，当年三个小伙伴每日形影不离。杨狗一辈子在村里务农，季羡林晚年回官庄，多次去看望这位老朋友，还叮嘱晚辈，尽量给杨狗一些帮助。哑巴小后来进入绿林，被官府砍了脑袋。

季羡林的亲密学友有李长之、吴组缃和林庚，他们当年都是文学青年，志同道合，号称清华"四剑客"；还有乔冠华和胡乔木，后来当了高官，尽管季羡林敬官而远之，可同他们的友谊却保持了几十年。他留学时结交的章用，可惜英年早逝；张维，他们一直保持联系。2005年4月，北大中文系为林庚教授祝贺95岁生日。季羡林从医院写来"相期以茶"的条幅，还有亲笔贺信，信中回顾了他们70多年的交往，并说："我们都是老实人，不愿意作惊人之笔。"

季羡林同许多老一辈学人保持着亦师亦友的关系，应了"平生风义兼师友"这句话。除了上面提到的，还有作家巴金、老舍、沈从文、冰心，诗人冯至、臧克家，历史学家范文澜、郑天挺、向达，敦煌学家常书鸿，民俗学家钟敬文，物理学家周培源，语言学家王力等等。季羡林同他们交往一向执弟子礼，但又不失为心有灵犀的好朋友。

至于季羡林的同辈及晚辈的学人，好朋友就更多了。大家熟知的有国学家饶宗颐、启功、汤一介，画家吴作人、范曾，书法家欧阳中石、梁披云，剧作家吴祖光，红学家周汝昌、冯其庸，历史学家周一良、翁独健、马石江、白寿彝，哲学家任继愈，历史地理学家侯仁之，作家张中行、李广田、金庸、韩素音、徐城北，物理学家王选，语言学家许国璋、于道泉，社会学家费孝通，摄影家邵华，出版家石景宜，还有日本著名学者池田大作、中村元、室伏佑厚，韩国的金俊烨，泰国的郑午楼、陈贞煜等等。他们互为知音，互为知己，志趣相投，惺惺相惜。

在季羡林的众多弟子和读者中，被季羡林引为知己，称为朋友的人不在少数。就是朋友的朋友，弟子的下一代，甚至第三代，季羡林也以"老友"或"小友"相称。这里，笔者摘录中央电视台编导周兵的文章，其中回忆拍摄《东方之子》时采访季羡林的情景："我见过老人家三次。第一次是和白岩松在1995年做《学者访谈录》。当时季羡林老师坐着，在白岩松掏名片的一刹那，他就站起来，弯着腰等着。白岩松掏了较长时间，季老就一直弯着腰等着，这个场景到现在都是很清晰。后两次见他，虽然他可能已经不记得我们，但是我们每次走的时候，他依然会站在他们家门口，很有礼貌地望着我们渐渐走远。做人做到这份上真让人敬佩。"

是不是季羡林跟所有的人都交朋友呢？那倒不是。"物以类聚，人以群分。"古希腊哲人说:"告诉我你的朋友是谁,我就知道你是谁。"季羡林也把他交往的对象分为"朋友"和"非朋友"——非朋友不一定就是仇敌。

季羡林2000年1月写了一篇《佛山心影》,文中总结了自己的交友之道,本书前已提及,此不赘述。

看来,季羡林选择朋友的标准是很高的,同这些标准相悖的人,季羡林是归入"非朋友"之类的。而季羡林的所谓"重友",具体来说,就是用以下标准来要求和规范自己的行为。

第一条:"质朴、醇厚、诚恳、平易。"这几个字用来形容季羡林本人是再恰当不过了。张中行在《季羡林先生》一文中描写道:"结识之前,有关季先生的见闻,虽然不多,也有值得说说的,用评论性的话总而言之,不过两个字,是'朴厚'。在北京大学这个圈子里,他是名教授,还有几项煊赫的头衔:副校长,系主任,研究所所长。可是看装束,像是远远配不上,一身旧中山服,布鞋,如果是在路上走,手里提的经常是个圆筒形上端缀两条带的旧书包。青年时期,他是很长时期住在外国的,为什么不穿西服?也许没有西服。老北大,在外国得博士学位的胡适也不穿西服,可是长袍的料子、样式以及颜色总是讲究的,能与人以潇洒、高逸的印象。季先生则不然,是朴实之外,什么也没有。"

张中行还举了一个让他深受感动的例子:人民大学出版社印了几个名人的小品,其中有季羡林和张中行的。一个学生的儿子开小书店,拿着书登门,求张先生签名,并请张先生代他登季先生之门求签。他认为季先生名位太高,不敢直接去求。张先生拿着十来本书来到季宅,让来人在门外等。季先生边签名边对张先生说,"卖我们的书,这可得谢谢。"签完便走出来,握着来人的手,连声道谢。来人念过师范大学历史系,见过一些教授,但没有见过向求人的人致谢的教授,一时不知道说什么才好,嘴里咕噜了两句,抱起书跑了。

还有一件事几乎尽人皆知。就是有一年新生入学,有个新生临时有什么事,把行李放在路边,请一位工友模样的老者帮忙看行李。第二天开学典礼这位同学发现,这位"老工友"居然坐在主席台上。他原来就是副校长,大名鼎鼎的季羡林教授!平易至此,难以附加矣!

第二条:"骨头硬,心肠软。"硬骨头精神,"士可杀,不可辱","千军可夺帅,匹夫不可夺志",这是自古以来中国知识分子的传统。季羡林在大是大非面前,正气凛然,不惜杀身成仁,一生共有三次,一次是1931年,一次是1942年,前文已经讲过;第三次是1967年冬天,他被打成"反革命",决心以死抗争,只因红卫兵认为他的态度"极其恶劣",要杀一杀他的"威风",在千钧一发之际拉他去批斗,才免于一死。

季羡林所说的硬骨头,主要指人格、国格。他说:

  我认为中国伦理道德中有两点值得提倡，第一点是讲气节、骨气。一个人要有骨头。我们现在不是还讲解放军硬骨头六连吗？文章也讲风骨。骨头本来是讲一种生理的东西，用到人身上，就是指人要讲气节。孟子就讲富贵不能淫，贫贱不能移，威武不能屈，此之谓大丈夫。富贵我们也不怕，贫贱我们也不怕，威武我们也不怕，这在别的国家是没有的。就是说作为一个人，我有我的人格，顶天立地，不管你多大的官，多么有钱，你做得不对我照样不买你的账。……我常对年轻人讲，不仅在国内要有人格，不能一见钱就什么都不讲了，出国也要有国格，不能忘记自己是中国人，不能忘记国格。

  英国籍作家韩素音在《谈谈季羡林教授》一文中说："我可以继续地写季羡林，写他尊严的人格，他对于物质利益的毫不动心，他对于书的热爱，他的耐心，还有他的充分的真诚。对我来说，他将永远是气节的象征。他毫不追求权力、财富或者被人颂扬，他整个地献身他的国家中国和中国人民，还有他不动摇的忠诚，对我们所有的人来说，都是一个榜样。"

  说到心肠软，季羡林对祖国、对生命、对自然、对人类充满了爱。1973 年他回官庄，看见乡亲们日子过得苦，心里很难过。为了让乡亲们看病方便，为了娃娃们上得起学，他曾经多次为官庄卫生室和小学捐书、捐款。1994 年，他获得了北京大学特别奖，在奖金还没有领到手，数目尚不清楚的情况下，他写信给故乡的晚辈，决定给官庄捐 1 万元人民币，用来发展教育，而此时他的夫人生病住院正需要花钱。2008 年 5 月 12 日汶川发生特大地震，病中的季羡林慷慨解囊，捐出 20 万元稿费，为的是不让灾区的孩子失学。

  第三条："怀真情，讲真话。" 2001 年乐黛云教授选编了一部季羡林的散文集，书名为《三真之境》。乐黛云说："每次读季羡林先生的散文都有新的体味。我想那原因就是文中的真情、真思、真美。"季羡林有句名言：真话不全说，假话绝不说。前半句的意思是，有时因为迫于情势，真话不能做到"知无不言，言无不尽"；而后半句，绝不说假话，这是他做人的道德底线。

  北大中文系教授袁行霈回忆说："'大跃进'时期中文系和东语系的部分教师在密云炼钢。季羡林作为东语系主任前去看望，并和他们一起住了两天。那时候，有些人喜欢说些鼓动性的话，编一些顺口溜体的鼓动词，甚至说些言不由衷的假话、大话、空话。以季先生的身份和肩负的任务，理当说些鼓动的话。可是他什么都没有说，只是默默地和大家一起干活。"

  《书摘》杂志主编李春林说，季先生"待己敬，待人敬，他生活在敬的境界中。待己敬，也就是忠实于自己的人生原则，不随波逐流，不人云亦云，不矫情饰行，不圆通练达。20 世纪90年代初，先生不止一次讲过：'我了解北大的学生，大学生是爱国的。'稍后两年，先生又常说：'大学生是爱读书的，不信你到北大图书馆看看。'"

季羡林的洋弟子、日本学者辛岛静志说："先生于名利看得很轻，于情却看得很重。在先生家读书时看到，每逢来了客人，无论对谁，先生总是亲自送客送到门口。与师母更是相濡以沫。去年（1995年）夏天曾与妻子带着九个月的儿子去看先生，谁知，离京的前两天，先生竟托人带给我们一身小衣服，说是送给小孩的。"

从生活中的一点一滴的小事，即可看出季羡林绝对出自真心，而非故意包装自己。他家的卫生间里，经常放着一桶从门前池塘打来的浑水，用来洗拖把、冲马桶；90多岁了，他还拎着塑料袋、手持竹夹，在楼前池塘边捡拾游人扔在地上的垃圾……

第四条："不阿谀奉承，不背后议论。"俗话说："逢迎拍马，君子不齿，拨弄是非，君子不为。"季羡林一生淡泊宁静，敬官而远之，对自己的朋友也不例外。他的一位青年时代的朋友当了大官，不时送他一些各地的土特产品，可是他除了自己写的书，没有回赠过什么。那位朋友不止一次到北大看望他，可是他只到朋友家里去过一次，还是应邀去谈工作的。这位朋友请他同游敦煌，那时他对敦煌学研究多年还没有到过敦煌，真想去看一看，可是他一想到下边接待中央大员的那种场面，心里就感到别扭，谢绝了。笔者同季老交往40多年，从未听到过季老背后议论别人的不是。知识分子中有一种很不好的风气，就是"文人相轻"，季羡林经常批评那些自以为"老子天下第一"的人。他自己做人一贯低调，可是他奖掖后学却从来不遗余力。"平生不解藏人善，到处逢人说项斯。"写推荐信、写评语、写序言，总是想方设法为年轻人鸣锣开道。他在自己的研究成果中引用他人的学术成果，哪怕只有一点点，也不忘注明出处。

第五条："不人前一面、人后一面。"一个人能做到表里如一，光明磊落，实属不易。有道是"识时务者为俊杰"、"好汉不吃眼前亏"，可是季羡林当不了这样的俊杰或好汉，因为不肯说违心的话，他在"牛棚"里受了太多的皮肉之苦；因为不肯做违心的检讨，他宁可"蹲小号"、坐"喷气式"。他曾说自己"政治水平极低"，总是后知后觉。20世纪50年代发动批判胡适运动，各家豪杰万炮齐轰，季羡林独独保持沉默。其实，不表态就是一种表态，因为季羡林认同胡适的"大胆的假设，小心的求证"的治学方法，而且从未忘记胡适的知遇之恩。当时他承受的政治压力之大，非亲历者难以想象。时任北大副校长的汤用彤先生，从城里参加批判胡适的会回来，在自家门口竟迷了路，从此一病不起。1986年，季羡林写了《为胡适说几句话》一文，震惊文坛。当时，胡适还是个"反面教员"，评价胡适尚属禁区，有朋友劝他不要写这样的文章，免得招来麻烦。可是季羡林认为，这不仅仅是对一个人的评价问题，而是涉及许多重大学术问题，自己应该站出来说话，把真相告诉大家，还胡适以本来面目。季羡林的文章开启了重评百年学术史的先河。胡乔木宦海沉浮数十年，人们对他颇多争议。在他去世之后，季羡林写了《怀念乔木》，情真意切，感人肺腑，目的之一是为胡乔木辩诬。

第六条："无哗众取宠之意，有实事求是之心。"2002年秋天，季羡林在住院期间写了一篇长文《在病中》。文章说"我现在想借这个机会廓清与我有关的几个问题"。接着，他郑重地写下了《辞"国学大师"》《辞学界（术）泰斗》和《辞"国宝"》三节文字。他写道："三顶桂冠一摘，还了我一个自由自在身。身上的泡沫洗掉了，露出了真面目，皆大欢喜。露出了真面目，自己是不是就成了蒙着华贵的绸罩的朽木架子而今却完全塌了架了呢？也不是的。我自己是喜欢而且习惯讲点实话的人。讲别人，讲自己，我都希望能够讲得实事求是，水分越少越好。我自己觉得，桂冠取掉，里面还不是一堆朽木，还是有颇为坚实的东西的。"季羡林有实实在在的成就，所以他充满自信而绝不炫耀。货色不行，靠廉价的桂冠、吹捧、包装，都是靠不住的。2006年1月，季羡林的回忆文集《此情忧思》出版，他不主张开新书发布会，出版社坚持要开，他约法三章：第一，不要请领导同志到会；第二，不要摆放他同领导同志的合影；第三，他本人不到会，也不要放映他的讲话录像。他说，书好不好读者说了算，人家说好，是鼓励，人家挑毛病是鞭策，都应表示感谢。

权力、地位、金钱、名誉，甚至知识，都可以成为人们炫耀的资本。季羡林却是一个懂得享受寂寞的人。1980年季羡林第一次访问日本。日本学界举行招待会，与会者都知道季羡林是北大副校长、著名敦煌学家，却无人知晓他在印度学方面的成就。酒过三巡，日本学者原实借着酒意问季羡林："听说您在德国学过梵文，教授是哪一位？"季羡林回答："在哥廷根，教授是瓦尔德施米特。"原实接着问："您或许就是那位研究梵文动词不定式的季羡林？"季羡林淡然答道："是的。"他乡遇知音，季羡林毫不喜形于色，更不骄矜，他的淡泊宁静，让日本学者佩服得五体投地。

第七条："不是丝毫不考虑自己的利益，而是能多为别人考虑。"1999年，季羡林写了一篇《关于人的素质的几点思考》。文章说："道德讲善恶，讲好坏，讲是非，等等。那么，什么是善，是好，是是呢？根据我上面的说法，我们可以说：自己生存，也让别人或动植物生存，这就是善。只考虑自己生存不考虑别人生存，这就是恶。《三国演义》中说曹操有言：'只教我负天下人，不教天下人负我。'这是典型的恶。要一个人不为自己的生存考虑，是不可能的，是违反人性的。只要能做到既考虑自己也考虑别人，这一个人就算及格了，考虑别人的百分比愈高，则这个人的道德水平也就愈高。"讲到季羡林为别人考虑，举个简单的例子：1981年，硕士研究生王邦维需要借阅北京图书馆的《赵城金藏》，对一些古代刻本做校勘。经联系，北图答复，因为是稀世文物，只有像季羡林这样的学者才可以借阅，研究生不行。季羡林当时担任北大副校长、南亚研究所所长，还有许多兼职，工作十分繁忙。王邦维不敢为自己的研究任务耽误季老的时间。季羡林知道后，硬是挤出一天时间陪王邦维去北图，抄校这部经典。

第八条："最重要的是能分清是非，又敢于分清，因而敢于路见不平，拔刀相助，疾恶如仇。"季羡林讨厌那种是非不分的"浑人"，看不起在恶势力面前畏首畏尾的"孬种"。1967年，北大的造反派头目炙手可热，为所欲为。季羡林看见白发盈顶的老教授不畏强权，站出来反对那个自恃功劳很大、后台很硬、作威作福的"老佛爷"聂元梓，心中十分钦佩。他也直言不讳，批评"老佛爷""以势压人"。有人警告他："当心你的脑袋！"他毫不畏惧，心想"你越来逼我，我就越不买账"。他因此"获罪"被抓进"牛棚"，整得死去活来。但他始终不悔，并以此为自己今生最得意的事情之一。最近读纪念季羡林的文集，看到他仗义执言的另一个例子：1986年4月，季羡林和时任北大副校长张学书一行应洛阳北大校友会之邀去参观访问。当时坐软卧有级别要求，列车长看到客人是位70多岁的老者，为了便于照顾，就临时调整了铺位，把季羡林、张学书和两位随行干部安排在第一间包厢。谁知后来上来一位司局级官员，见自己的铺位被调换了，大发雷霆。他拒绝去另外安排的铺位，在通道跺着脚，大声嚷嚷，说"有人级别不够，也坐软卧。车长滥用职权，调换铺位。我要向铁道部反映，撤了他的职！"年轻的列车长被"训"得直掉眼泪。季羡林充分肯定了列车长的爱老行为，而对那位官员的霸道行为十分反感。他悄悄对随行的工作人员说："你去找这个人，贴近他的耳朵告诉他两个意思：第一，你这种做法实在太过分了。第二，如果你去铁道部告状，撤列车长的职，包厢里那位老人就以人大常委的身份去找总理，要求撤你的职。说完你就回来，不必和他吵架。"那位工作人员照办了。说来也怪，刚才还大吵大闹的那位官员立刻安静下来，悄悄离开了软卧车厢。

可是对于学术上的争论，季羡林却是高挂"免战牌"，他不相信"真理越辩（辨）越明"，主张大家唱一出《三岔口》，你打你的，我打我的，是非优劣，让观众去评判，因为打笔墨官司容易使当事双方丧失理性，互相攻击，其结果是离真理越来越远。

第九条："关键是一个'真'字，是性情中人。"季羡林多次讲自己是性情中人。季羡林一生怀真情、说真话，光明磊落、坦坦荡荡，敢爱敢恨，敢做敢当，是非分明。对于那些城府很深、捉摸不透，整天戴着面具，喜怒哀乐不形于色的人；对于那些对人毫无感情冷若冰霜的人，季羡林是不同他们交朋友的。季羡林说："我是一个'性情中人'。我对亲人，对朋友,怀有真挚的感情。这种感情看似平常,但实际上却非常不平常。我生平颇遇到一些人,对人毫无感情。我有时候难免有一些腹诽,我甚至想用一个听起来非常刺耳的词儿来形容这种人:没有'人味'。按说,既然是个人,就应当有'人味'。然而,我积80年之经验,深知情况并非如此。'人味',岂易言哉!岂易言哉!"

季羡林把求真务实的作风,提到"学术良心"的高度。他说:"学术是老老实实的东西,不能掺半点假。通过个人努力或集体努力,老老实实地做学问,得出的结果必然是实事求是的。剽窃别人的成果,或者为了沽名钓誉创造新学说或新学派而篡改研究真相,伪造研究数据,这是地地道道的学术骗子。"

君子和而不同。季羡林和他的朋友是君子之交,绝不是你好、我好,一团和气。且不说当年清华"四剑客"在工字厅外经常争论得面红耳赤,就是同终身挚友臧克家、终身敬重的沈从文等人的交往,季羡林也是从对某一作品的不同意见开始的。朋友们相互间坦诚相见的批评意见,不仅没有让对方感到不快,反而成了他们数十年友谊的开端。

季羡林最钦佩的是孟子所说的那种"大丈夫"。在他的心目中,师友中的陈寅恪无疑是这样的"大丈夫"。季羡林称赞他是"一个真正的中国人,一个真正的中国的知识分子"。还有被国民党反动派杀害的胡也频,在日本统治时期宁可饿死也不与侵略者合作的鞠思敏,季羡林对他们都怀着深深的敬意。他说,以他们作为自己的楷模,见贤思齐,心向往之,"虽不中,不远矣"。与这样的贤者为友,相互学习、相互砥砺,其人格必日益高尚。即使这样的朋友已经故去,作为"后死者",怀念他们的优良品质,同样能净化自己的灵魂。

2007年8月6日,温家宝总理到301医院看望季羡林时说:"去年咱们谈的'和谐',您提出人要自身和谐,我向中央作了反映,中央全会的决定里就吸取了您的意见。"又说:"最近,我看您讲良知、良能。我认为,这是知和行的统一观,也是人的品德和能力的统一,这个思想很深刻。"

知行合一铸良能

季羡林作为学者和教授,有其学者教授的良能。能之良与不良,只能从实践中加以考察。季羡林是主张"知行合一"的,他的良能体现在他的"行"里。考察季羡林终身从事的教学、治学实践,他为聊城大学制定的校训"敬业、博学、求实、创新"即可概括他的良能。他说:"我教了一辈子书,做了一辈子学问研究","如果硬要我来个总结,我想我这一生坚持的无疑是四个词:敬业、博学、求实、创新。"

"敬业"：敬而爱之，业精于勤

季羡林终身以教学为业。1934 年大学毕业以后，他在济南高中教书一年。1946 年从欧洲留学回国，担任北京大学教授直至去世。他 1983 年获得北京市教育系统先进工作者称号，北京大学 2006 年授予他首届"蔡元培奖"；作为学者，哥廷根大学是他的学术发轫之地，2000 年哥廷根大学授予他金质奖章，校长费古拉评价说："在哥廷根大学的历史上，曾经产生过 45 位诺贝尔奖获得者，在我看来，季博士就是我们的第 46 位。他所做出的成绩，与哥廷根大学历来的许多诺贝尔奖获得者荣誉相当。"作为印度学家，时任印度总理的莫曼汉·辛格说："季教授是世界最著名的印度学家之一""他对增进中国对印度文化的理解发挥了关键作用。为感谢他对印中关系做出的巨大贡献，印度政府和人民 2008 年授予他莲花奖。"作为翻译家，中国翻译工作者协会授予他"终身成就奖"；作为公众人物，中央电视台授予他在 2006 年"感动中国十大人物"奖。至于他的学术论文、专著、译著，获奖难以计数。获奖虽然不能说明一切问题，但有一点是肯定无疑的，即他在许多领域获得了常人难以企及的成绩。作为学者和教授，季羡林无疑是佼佼者。

在谈到如何获得成功时，季羡林十分欣赏王国维在《人间词话》里的一段话：

古今之成大事业大学问者，必经过三种之境界。"昨夜西风凋碧树，独上高楼，望尽天涯路。"此第一境也。"衣带渐宽终不悔，为伊消得人憔悴。"此第二境也。"众里寻他千百度，蓦然回首，那人却在灯火阑珊处。"此第三境也。

1959 年 7 月，他首次在《研究学问的三个境界》一文中引用这段话，并根据自己的经验和体会进行了解释：

第一个境界"昨夜西风凋碧树，独上高楼，望尽天涯路。"出自宋代词人晏殊的《鹊踏枝》。意思是：在秋天里，夜里吹起了西风，碧绿的树木都凋谢了。树叶子一落，天地间显得特别空阔。一个人登上高楼，看到一条漫长的道路，一直通向天边，不知道究竟有多长。形象地说明了一个人立志做一件事情时的情景。志虽然已经立定，但是前路漫漫，还看不到什么具体的东西。他本人在 1935 年冬，立志学习梵文的时候，情况即是如是。

第二个境界"衣带渐宽终不悔，为伊消得人憔悴"引自柳永的《蝶恋花》。王国维借用那两句来比喻：在工作进行中一定要努力奋斗，刻苦钻研，日夜不停，坚持不懈，以至身体瘦削，连衣裳的带子都显得松了。但是，他（她）并不后悔，仍然是勇往直前，不顾自己的憔悴。季羡林认为，在三个境界中，这可以说是关键，根据他自己的体会，立志做一件事情之后，必须有这样的精神才能成功。要想在实践活动中找出规律来进一步推动工作，是十分艰巨的事情。就拿从事教育和科学研究的人来说吧，搞自然科学的，既要进行细致深入的实验，又要积累资料。搞社会科学的必须积累极其丰富的资料，并加以细致的分析和研究。在工作中，会遇到层出不穷意想不到的困难，一定要坚韧不拔，百折不回，决不允许有任何侥幸求成的想法，也不容许徘徊犹豫。只有这样才能得到最后的成功。接着，季羡林加进了自己的发挥，提出了"接力棒"理论："我们既要自己钻研，同时也要兢兢业业地向老师学习。打一个不太确切的比喻，老师和学生一教一学，就好像是接力赛跑，一棒传一棒，跑下去，最后到达目的地。我们之所以要尊师，就是因为老师在一定意义上是跑前一棒的人。一方面，我们要从他手里接棒；另一方面，我们一定会比他跑得远，这就是所谓'青出于蓝，而胜于蓝'。"学术事业、教学活动如同接力赛，一代一代薪火相传。

第三个境界"众里寻他千百度，蓦然回首，那人却在，灯火阑珊处。"引自辛弃疾的《青玉案·元夕》。意思是到处找他（她），也不知找了几百遍几千遍，只是找不到，猛一回头，那人就在灯火不太亮的地方。王国维引用这几句词来说明获得成功的情形。一个人既然立下大志做一件事情，于是就苦干、实干、巧干。但是什么时候才能成功呢？大可以不必过分考虑。只要努力干下去，而方法又对头，干的火候够了，成功自然就会到你身边来。季羡林本人则是经过数十年如一日的艰苦奋斗，终于登上了学术的巅峰。

季羡林的这篇短文，教给了无数向科学进军的年轻学子科学的方法。过了 40 年，他在题为《成功》的另一篇文章中说："积七八十年之经验到了下面这个公式：天资＋勤奋＋机遇＝成功。"接着，他对成功的三个条件加以分析：天资是由"天"来决定的，我们无能为力。机遇是不期而来的，我们也无能为力。只有勤奋一项完全是我们自己决定的，我们必须在这一项上狠下功夫。他再一次引用王国维的那一段话，此时他的理解已经升华。作为成功人士，他有资格谈论如何获得成功。"勤奋"，这就是季羡林成功的"秘诀"，也是他用来度人的"金针"。

季羡林的勤奋是十分有名的，数十年来，每天凌晨 4 点钟刚过，他就点亮了燕园第一盏灯，人家说他是"闻鸡起舞"，他说"不，是鸡闻我起舞"。他的这个早起的习惯坚持不懈，即使出国访问，也不例外。1986 年 11 月，他出访尼泊尔，26 日凌晨，写下了两篇随笔《飞跃珠穆朗玛峰》和《加德满都的狗》，次日清晨又写了两篇《乌鸦和鸽子》与《雾》。别人在睡觉，他却在工作，他充分利用凌晨到早饭这宝贵的三四个小时，搞科研，写文章。因为别人起床以后，什么会议呀，电话呀，采访啊，还有杂七杂八的行政事务，他就很难找出整块的时间进行科研和写作了。整块的时间没有，零星的时间他也绝不放过。他发现了一些可以利用的时间的"边角废料"：比如在路上，在飞机上、火车上、汽车上、自行车上，特别是步行的时候，要不停地考虑问题，甚至可以下笔书写；还有在会上，他要参加的会议极多，会前会后总有些时间可用，就是会中，往往也可以挤出一些时间来。因为有些会议很长，发言者空话、套话不少，他只消用一只耳朵即可捕捉到必要的信息，余下的精力便可构思甚至写好一篇文章。

季羡林如此勤奋，其动力来自何方？他出身贫寒，最初是为了一只饭碗，不奋斗便无法生存；自从上高一受到省教育厅长、前清状元王寿彭的嘉奖，激发了他的荣誉感，名和利作为他勤奋的动力也是不可否认的。而后他去欧洲留学，看到许多纨绔子弟的不堪，他决心为中国人争一口气。再而后，他登上学术殿堂，以学术为业，敬业则成为动力，敬之深而爱之切，他的动力是逐步升华的。而季羡林的敬业是与他的爱国紧密联系的，是他爱国的具体体现。他的敬业，是为国争光，为中国人争气，不仅争中国人在国际学坛上的话语权，而且立志"让外国学者跟着我们走"。敬业是中华民族的传统美德，是社会主义核心价值观的重要内容，季羡林把它作为校训的首要，是经过深思熟虑的。试想，如果一个学生，对学业不敬不爱，抱着混文凭的心态，何谈博学？何谈成才？如果一位教师，对教学不敬不爱，得过且过混饭吃，甚至追名逐利，不择手段，又怎能教书育人？

敬业，说到底是责任心。唯有敬业之人，才可能对天下兴亡尽匹夫之责。季羡林说："干我们这一行，社会责任感很重要，用实际行动为大众着想，为学生着想，为社会尽到自己的义务，也就不愧学生叫我一声老师，不愧祖国和人民给我的这些信任了吧。"他是个责任心极强之人。举几个小例子：第一个例子，当年编纂《中国大百科全书》季羡林担任"语言卷"主编，他深知责任重大。这样一部巨著必须能代表我国几千年研究语言学的传统和语言学研究水平，他感到诚惶诚恐，如履薄冰。考虑再三，外国语言部分必须请许国璋出马负责。中国研究外国语言的学者不是太多，而造诣精深，中西兼通又能随时吸收当代语言新理论的学者就更少。出于这样考虑，极少出门访友的季羡林，亲自登门请许国璋先生"出山"。1985年12月在一个风大天寒的日子里，季羡林没有穿大衣，只穿一身中山装，戴着鸭舌帽。临时要不到车子，也没有找到出租车，公共汽车上很拥挤，他一直站着，到魏公村下车，穿过北京外国语学院的东校园，越过马路，走到西校园的许国璋家中，恳切陈词，请他负起这个重任。许国璋二话没说，立即答应下来。在编纂工作中，季羡林不遗余力，精心策划、细心组织，既拿指挥棒，又拉小提琴。《吐火罗语》《梵文》《窣利文（粟特文）》《佉卢字母》《婆罗米字母》《翻译》等词条，都出自季羡林的手笔。

第二个例子，据李克强同志回忆，1982年，他翻译英国法律著作《法律的正常程序》一书，书中有一些英文古词语，既难懂更难译。有一天他遇有一词，实在弄不通，恰好参加校外一次会议，与季羡林同住在西苑饭店，就向季先生请教。季羡林当即做了回答，但同时又说："你可以先这样。"李克强当时还不理解他说的意思，当天晚上他发现季先生没住在饭店。次日季先生返回，即向李克强讲述了这个词的由来和多种含义，解释得十分详尽。多年之后，李克强回忆起这件事，仍然感慨不已，他说："我不敢想象季先生是否因为这件事而返校，但我敢肯定季先生当晚认真地查阅了这个词。也许，季先生并不是一定要向我传授某种知识，他的所作所为实际上是在诠释'吾爱吾师，吾更爱真理'的含义。"

季羡林的敬业不仅仅表现在对待传道、授业、解惑上，更加重要的表现是在对待学生上。他以教书育人为业，对学生异乎寻常的爱，如同父母兄长，体贴关怀，细致入微。

在20世纪五六十年代，季先生对学生的关爱是出了名的。笔者记得初入大学的时候，当时季先生给梵文班高年级同学教课，与低年级同学接触不多。但有两件事给我印象很深，过了几十年，依然历历在目：一是开学不久，系学生会通知，哪位同学没有脸盆，可以领一个。那时候刚经历了三年困难时期不久，有些来自贫困家庭的同学买不起两元一个的白搪瓷脸盆，只好用五毛一个的瓦盆洗脸。季先生知道了，自掏腰包买了几十个脸盆送到学生会。我虽然没有去领脸盆，但心里暖暖的。二是那年"十一"，我第一次参加国庆游行，见到毛主席，兴奋得不得了。晚上回来听同宿舍同学说，他们看了电视转播，而且是在季先生家里！我着实吃惊不小。要知道，那时候电视机可是个稀罕物儿。记得未名湖岛亭的教工俱乐部有一台，学生是不让看的，我就有过混进去看电视被轰出来的经历。季先生叫一群衣冠不整甚至打着赤脚的大孩子到自己家里看电视，实在出乎我的意料。据此我认定季先生是好人，好领导，能在这样的老师门下求学是我的福分。

在那"史无前例"的日子里，学生为了表现自己"革命"，对老师胡批滥斗，还有个别"亲炙弟子"竟动手殴打先生。可是先生一片爱生之情并未因此变冷。关于季羡林与学生张曼菱、石广生的交往，本书第十四章《师生之间》已有叙述，此处不做重复。不过那时季羡林已不再担任本科生的教学任务，人们用一句俗语道出他与学生的关系："隔辈亲。"

从这些例子不难看出，季羡林的敬业就是怀着高度的责任心，把敬业当作爱国的具体表现，把自己的本职工作做到极致，以此为祖国贡献一分力量。而作为教师，他的爱生，既是敬业的具体体现，又是他尊师的必备条件。这是他对优秀师德的薪火相传。

"博学"：坐拥书城，遨游学海

季羡林一生与书为伴，读书、教书、写书，与书结下了不解之缘。他说"书能给人以知识，给人以智慧，给人以快乐，给人以希望"，"天下第一好事还是读书"。他上小学的时候就爱看闲书，读了大量课外书；上初中时，放学后还参加古文学习班，读《史记》《左传》《战国策》等等；他10岁开始学习英文，每天晚上去尚实英文学社上课，坚持了8年之久，上高中时已经可以阅读英文原著并发表译作，又开始学习第二外语德语；大学时他不满足于必修课的学习，选修了朱光潜教授的"文艺心理学"，旁听了陈寅恪教授的"佛经翻译文学"课。季羡林还旁听甚至偷听了不少外系的课，朱自清、俞平伯、冰心、郑振铎等教授的课他都听过。听这些名家讲课，长知识，开眼界，使他获益不少。因为他积累了丰厚的学养，迨至去德国留学，选择专业方向的时候，他有充足的底气，坚决不选与中国文化相关的专业，不做"两头嗍"的文章。在哥廷根大学，他学习梵文、巴利文、吐火罗文、英文、俄文、斯拉夫文、阿拉伯文和希腊文，对藏文、佉卢文、粟特文亦曾涉猎。他还利用在汉学研究所担任讲师的便利条件，阅读了大量中文藏书，特别是笔记小说和佛教《大藏经》，扩大了自己的知识面。在学习吐火罗语的时候，就利用《大藏经》中所载《佛说福力太子因缘经》解决了吐火罗文文献中若干词汇的含义。在第二次世界大战的战火硝烟中，在饥肠辘辘的岁月里，他潜心学问，枵腹购书，从欧洲归来后，带回的是几大箱图书。

学成归国，他被聘为北大教授、东语系主任。论说可以不必再学习了。可是他不，汤用彤先生开"魏晋玄学"课，他在征得同意后认真听课，诚心诚意做汤先生的"私淑弟子"；当时担任副教授的周祖谟开"音韵学"课，他也认真去听，他的论文《浮屠与佛》发表时，特意注明，周先生帮助他解决了"佛"字的古音问题。

季羡林不仅坐拥书城，在书海中遨游，而且在20世纪40年代后期，效仿哥廷根大学的"习弥纳尔"即研讨班，组织了读书会，名曰"中国东方学会"，邀请燕京大学、清华大学和北大的研究领域相同或相近的学者，如周一良、翁独健、邵循正、金克木、马坚、王森等参加，定期聚会，互通信息，讨论彼此感兴趣的学术问题。这些各有专长的学者互通信息，切磋学问，相互启发，胜似一个人单打独斗。在20世纪80年代，季羡林在南亚研究所也是采用这种方法，组织了一个"西域研究读书班"，把与研究西域有关联的学者召集起来，不定期交流读书心得，一年数次，延续10年之久。季羡林发挥自己的组织能力和号召力，把不同学科的研究者召集在一起，相互切磋，取长补短，探讨问题，效果明显，特别是对于青年学者，更是一个难能可贵的学习机会。做学问要达到一定的深度，必须有一定的广度为前提。没有广阔的视野，广博的知识，坐井观天，是无法研究学问的。季羡林所掌握的多种语言为他获取知识提供了广阔的视野和独特的视角，他又不囿于一己之见，善于博采众长，终于成就了一位百科全书式的大学问家。季羡林的学术研究是广义的人类文化，研究领域很广博，跨多个学科。

据季羡林在《学海泛槎》一书中总结，他的学术研究范围多达14个方面。在这14个领域中，他都取得了骄人的成就，在学术界有口皆碑。因敬业而博学，因博学而登上学术高峰，季羡林为读书人树立了一个榜样。季羡林的博学，正是他敬业的具体表现。他说："既然当了教师，那就甘为人梯吧，我学的越多，为学生们铺的台阶就越长，他们的路也就能走得更长远。"

书籍是传承人类文化的重要载体，季羡林主张开卷有益，他说："人类千百年以来保存知识的手段不出两端，一是实物，比如长城等；二是书籍，以后者为主。"1994年4月5日，他专门针对大学生写了一篇题为《开卷有益》的文章，语重心长。以下抄录两段，献给读者：

> 什么人需要读书呢？在将来人类共同进入大同之域时，人人都一定要而且肯读书的，以此为乐，而不以此为苦。在眼前，我们还做不到这一步。"四人帮"说：读书越多越反动。此"四人帮"之所以为"四人帮"也，我们可以置之不理。如今有个别的"大款"，也同刘邦和项羽一样，是不读书的。不读书照样能够发大财。然而，我认为，这只是暂时的现象，相信不久就会改变。传承文化不能寄希望于这些人身上，而只能寄托在已毕业或尚未毕业的大学生身上。他们是我们的希望，他们代表着我们的未来。大学生们肩上的担子重啊！他们是任重而道远。为了人类的继续生存，为了前对得起祖先，后对得起子孙，大学生们（当然还有其他一些人）必须读书。这已是天经地义，无须争辩。

> 读什么样的书呢？自己专业的书当然要读，这不在话下。自己专业以外的书也应该"随便翻翻"。知识面越广越好，得到的信息越多越好，否则很容易变成鼠目寸光的人。鼠目寸光不但不利于自己专业的探讨，也不利于生存竞争，不利于自己的发展，最终为大时代所抛弃。

学习各种各样的知识，能不能都派上用场呢？季羡林说："严格讲起来，天下没有无用的材料，问题是对谁来说，在什么时候说。"最好的办法是"脑海里考虑问题，不要单打一，同时要考虑几个"，这样，搜集材料的面就会大，材料积累就会多，一旦用起来，就会左右逢源了。笔者认为，季羡林的博学，也是他尊师的一种体现。当年西克要他学习吐火罗文，并非出于他对这种文字有多少兴趣，他也未曾考虑这种语言有无用处，而是谨遵师命。他相信天下没有无用的知识。

"求实"：脚踏实地，锲而不舍

清代，人们把学问分为考据、辞章和义理三部分。季羡林说过，他最喜欢的是考据，最不喜欢的就是义理。因为义理用现在的话说就是哲学，哲学家讲的道理惚兮惚兮，摸不着看不见，公说公有理，婆说婆有理，让人摸不着头脑。他喜欢实实在在，摸得着看得见的东西。而考据的精髓在于无征不信，有根有据，容不得毫无根据的胡思乱想。这种脚踏实地的研究方法，很对季羡林的心思。清代乾隆、嘉庆年间，考据之学大盛，大师辈出，经过他们的考据，许多过去无法读懂的古书，人们能够读懂了。季羡林佩服这些大师，决心步其后尘。季羡林热爱考据是受到恩师的影响。陈寅恪、汤用彤都是考据高手，而他的德国老师瓦尔德施密特和老师的老师吕德斯奉行实证主义研究方法，与中国的考据并无二致，他们都是考据巨匠。季羡林师承中德两国考据大师的衣钵，在20世纪80年代中期以前取得的学术成就，无论在语言学方面，还是在史学方面和比较文学方面的，都属于考据。季羡林从重考据到兼顾义理，转变发生在20世纪80年代中期。

胡适重视考据，他提出的"大胆的假设，小心的求证"。季羡林认为是至理名言，尽管这个方针曾遭受接连不断的攻击与批判，季羡林对它却深信不疑，不遗余力践行之。首先，大胆的假设是必要的，如果没有勇气突破前人之见，不敢打破常规，解放思想，而是因循守旧，鼠目寸光，拾人牙慧，何来学术进步？所以应当提倡敞开胸怀，放开眼界，开动脑筋，大胆提出假设。有了大胆的假设，这个假设能不能成立，符合不符合实际，则需要靠小心的求证来解决。一个假设，即使是"天才的火花一闪"，不可能一经提出，就完全符合实际情况。求证必须小心谨慎，必须仔细严谨，必须客观公正、多角度多层次地进行，必须随时准备坚持真理而修正错误。原来的假设有多少正确就坚持多少，有多少错误就修正多少，决不允许简单草率，掺杂私心杂念，甚至弄虚作假。

1947年季羡林的论文《浮屠与佛》，解决了一个两位学术大咖争论的问题，季羡林利用所掌握的印度古代梵文、俗语和吐火罗文的本领，经过一番周密的考证，首先认为释迦牟尼的名号——梵文 Buddha，在汉文佛经中被译为佛陀、浮屠、佛等等，按一般的说法，均把"佛"当作"佛陀"的省略，比如《宗轮论述记》说："'佛陀'梵音，此云觉者，随旧略语，但称曰'佛'。"但是这种说法有问题，值得商榷。因为，"佛"这个词儿是随着佛教传来的，中国和尚开始译佛经时，对释迦牟尼名号的音译应该保留原来的音调，不会将两个音节的"佛陀"缩写成一个音节的"佛"，所以"佛"不是"佛陀"的省略。季羡林发现，梵文 Buddha 在龟兹文（吐火罗文 B）中为 pūd 或 pud，在焉耆文（吐火罗文 A）中为 pät，这才是汉文佛经中将释迦牟尼的名号译为"佛"的来历，即"佛"的译名是从吐火罗文的 pūd（或 pud）、pät 译过来的。再看东汉、三国时的佛教文献，其中"佛"的出现早于"佛陀"，即在"佛"字出现之前不见有"佛陀"这个词儿。季羡林由此确信，"佛"并非"佛陀"的省略，而"佛陀"反而是"佛"的延伸。接着，季羡林大胆地猜测，东汉永平年间，汉明帝遣使赴西域求法，于大月氏国写佛经42章，带回来的佛经即《四十二章经》有两个译本，第一个译本译自印度古代俗语，其中"佛"被译成"浮屠"；第二个译本为三国孙权时来华的大月氏国高僧支谦所译，译自中亚某种语言，第一个译本中的"浮屠"在此被译成"佛"。"浮屠"这个名称，从印度古代俗语译出后就为一般人所采用，当时中国史家的记载也多用"浮屠"；其后西域高僧到中国来译经，才把"佛"这个名词带进来，当时还只限于译自吐火罗文的佛经中；后来逐渐传播开来，为一般和尚或接近佛教的学者所采用；最终由于它本身具有优越的条件，才将"浮屠"取而代之。季羡林的这个猜测，或者假设，涉及佛教传入中国的路径问题。由此说来，佛教传入中国应该是两条路径，一条是直接传来（浮屠），一条是经西域传来（佛）。这个假设靠不靠得住呢？限于当时的条件，尚不能求证。时间过了42年，1989年季羡林写了另一篇论文《再谈"浮屠"与"佛"》，从"佛"字对音的来源开始求证，列举了这个字在大夏文、巴列维文、安息文、粟特文、达利文中的拼写，发现只是大夏文和梵文是两个音节，译成汉语即为"浮屠"，而其他文字均为一个音节，译成汉语即为"佛"。接着探讨佛教传入中国的路径和时间，考证出，最早传入中国的《四十二章经》原文为大夏文。而后汉、三国时期译经大师支谦、安业高等所译佛典使用的语言是吐火罗文或伊朗语系的文字，不是梵文。这样一来，1947年那篇文章提出的佛教直接从印度传来的假设就不能成立了。而佛教传入分两个阶段的说法还是可以成立的。一个路径较早，是通过大夏传入；一个路径稍晚，通过西域传入。两个路径都是间接的，不是直接的。

从这个例子我们可以看出，一是季羡林治学严谨求实的态度；二是他抓住一个问题始终不放，锲而不舍的韧劲。同样，对于原始佛教语言研究，他也是终身坚持，一以贯之的。

季羡林自谦地说自己是半个史学研究工作者。他在历史研究方面的主张有4条：第一，不能认为任何结论都是真理，不可动摇；第二，必须敞开思想，放远眼光，随时准备推陈出新，改变以前的所谓结论；第三，必须随时注意新材料的发现，不管是考古发掘发现的新材料、新发现的古籍以及偶尔发现的石刻、石碑等等；第四，必须随时注意报刊，尤其是国外报纸杂志上的文章。他的学术研究，一向是"竭泽而渔"地占有材料，然后加以去粗取精、去伪存真，由此及彼，由表及里地分析研究。他自觉运用辩证唯物主义指导科学研究，他在印度史、佛教史、中印文化交流史、糖史和敦煌吐鲁番学方面的成就，证明了他是一位杰出的马克思主义史学家。

对于史学家，求实的"求"，虽然只有一个字，却包含着艰辛的探索。因为历史的真相，由于年深日久，总是掩埋在许多光怪陆离的表象之中。但你仔细搜寻，总可以找到某些蛛丝马迹。季羡林就抓住这些蛛丝马迹，穷究不舍，如剥春笋，逐步还原历史的真相。在研究糖史的时候，他从"糖"字在汉语中的出现（大约在隋前的南北朝），发现此前中国有蔗而无糖，进而找到到唐太宗派人去印度学习制糖技术的记载；又从印地语 cini 一词的出现和流传，判断白糖的脱色技术从中国传入印度的时间和路径。这样，以糖为媒介，中印两大民族的文化交流史便逐步清晰起来了。

季羡林一生坚持只讲真话，不说假话，这是他获得成功的基础和前提。他大力提倡学术道德、学术良心，鞭挞弄虚作假的学术骗子。他说："学术是老老实实的东西，不能搀半点假。通过个人努力或者集体努力，老老实实地做学问，得出的结果必然是实事求是的。这样做，就算是有学术良心。剽窃别人的成果，或者为了沽名钓誉创造新学说或新学派而篡改研究真相，伪造研究数据，这是地地道道的学术骗子。"即使学术上的"小偷小摸"，例如听老师讲课，或者在别人的文章中发现有用的材料或观点，拿来据为己有，写文章不提人家的贡献，也被季羡林先生列为当引以为戒的不光彩行为。他赞扬那些学术道德高尚的学者，说这些人专心一致，唯学是务，勤奋思考，多方探求，写出的文章尽管可能参差不齐，但他们都是值得钦佩和赞美的，这些人才是中国学术界的脊梁。针对时下的学术剽窃、欺世盗名歪风，季羡林深恶痛绝，他大力倡导清代正统派的学风。他十分赞同梁启超的观点："隐匿证据或曲解证据，皆认为大不德。""凡采用旧说，必明引之，剿说认为大不德。""孤证不为定说。其无反证者姑存之。得有信证，则渐信之。遇有力之反证则弃之。"这些也是他本人并要求学生严格遵守的学术道德。

"创新"：与时俱进，高屋建瓴

做学问的最高境界是创新。而创新是以求实为基础的，唯如此，这个新才靠得住。

"没有新意不要写文章"是季羡林的一贯主张。特别是单篇的论文，他更强调出新。他坚决反对充满陈词滥调"代圣人立言"的垃圾文章，而这样的文章比比皆是，这对学术的进步毫无意义。他认为：单篇论文的核心在于讲自己的看法、自己不同于前人的新意，要发前人未发之覆。有了这样的文章，学术才能一步步、一代代向前发展。而"新意"从何而来？他的经验是"新意"出于"灵感"，而灵感来自勤奋。获得灵感的前提是，你对某个或某些问题必须早有考虑，日思夜想，一旦有了相应的时机，便可豁然顿悟。比如牛顿看到苹果坠地，而发现万有引力。季羡林的相应时机，大多来自阅读杂志，也有时来自"读书得间"，因为杂志上的文章往往只谈一个问题，里面可能有新意，你读了受到启发，举一反三，写出文章又可启发别人。如此循环往复，便可推动学术进步。他反对不读杂志，对国内外同行的新著作、新杂志不闻不问，而空喊"与国际学术接轨"的口号。这些人连"轨"在何处都不知道，接什么轨？

学界公认"南饶北季"是20世纪末中国学术界两座高峰。总结两位大师治学的方法，无疑具有重要的意义。季羡林在1999年为饶宗颐的《中国宗教思想史新页》作序时写道：

> 我个人觉得，选堂先生的学术研究有四大特点：第一，研究范围广，使人往往有汪洋无涯涘之感。这在并世学人中并无第二人。第二，选堂先生的论文引用材料范围极广。古典文献，固无论矣。对当代学人的文章，他也几乎是巨细不遗。当前国内出版的学报，数量极大。我们注意的往往只是几个著名大学的学报，穷乡僻壤的一些师范学院的学报，往往被我们所忽视。选堂先生则不然。这些生僻的学报，他也往往尽收眼中，加以引用。第三，选堂先生非常重视考古发掘的地下新资料。他对大陆考古发掘情况了如指掌。不用举更远的例子，眼前这一部新著就是最好的证明。第四，由于具备了以上诸条件，加以能读书得闲，所以饶先生在论文中时有新的创获。
>
> 以上四项中，第四项最为重要。学术研究，必随时有新创获，这样学术才能前进。如果每个学人都陈陈相因，固守旧说，不敢越雷池半步。那么，学术必然会原地踏步，毫无进展，学术研究也就根本没有意义了。

而季羡林本人治学何尝不是如此呢？请看他的亲炙弟子葛维钧在《季羡林精选文丛》序中所言：

> 典据翔实，考订详赡，是季先生论著的明显特点。在季先生尊为恩师的学者中，胡适先生是十分重要的一位。他对于胡适无征不信，有一分证据说一分话的主张，无疑是完全接受的。而他自己，则似乎犹嫌不足，乃至不辞就三分证据求一分话。季先生在搜求证据上所下的功夫有时是我们难以想象的。即以《蔗糖史》的撰写为例，该书前后断续用去了季先生17年，其中1993年和1994年更是完全用于在北大图书馆内查阅典籍，收集资料，除周日外，"风雨无阻，寒暑不辍"。他所使用的资料，除一切近人的有关论著以外，还有中国古代的正史、杂史、辞书、类书、科技书、农书、炼糖专著、本草和医书，包括僧传及音义在内的佛典、敦煌卷子、诗文集、方志、笔记、报纸、中外游记、地理著作、私人日记、各种杂著、外国药典、古代语文（梵文、巴利文、吐火罗文）以及英、德等西语文献。类别几乎无所不包，数量可称汗牛充栋。古今典籍中凡他认为可资利用的，务必千方百计找来读过，穷搜极讨，而后心安。经他翻检的图书，总计不下几十万页，每有所得，"便欣喜如获至宝"；而枯坐半日，终无所获，则同样可能。每遇此时，便只好"嗒然拖着疲惫的双腿，走回家来"。这就是季先生的研究方法和研究态度，以及他在研究过程中的情感历程。若问季先生的学术道路，此番景象，就是写照。

在从事科学研究的实践中，季羡林认为，必须在4个方面下功夫：第一是理论，第二是知识面，第三是外语，第四是语文。

说到理论，当然要学习马克思主义，主要是学习其世界观和方法论。可是需要切记，不能把马克思主义教条化，马克思主义是随着时代发展而不断发展的，绝不是僵化的教条。也不能把马克思主义神秘化，让人望而生畏。不能认为马克思的每句话都是放之四海而皆准，没有这回事。真理是不害怕批评的。马克思主义的精髓在于辩证唯物主义，唯物主义就是实事求是。把黄的说成黄的是唯物主义，把黄的说成黑的就是唯心主义。而辩证法是看问题不孤立，不僵死，要注意事物多方面的联系，在事物运动中把握规律。除了马克思主义以外，古今中外一些哲学家的著作、思维方式和推理方式，也应该学习和研究。因为没有百分之百的唯物主义者，也没有百分之百的唯心主义者。常言道："智者千虑，必有一失"，那些唯心主义哲学家也绝非毫无长处。采取"贴标签"的方式,把复杂的问题简单化、教条化,是有害无益的。

知识面越广越好,是因为不管你探究的领域多么专门、多么狭窄,只有以广博的知识作为基础,你的眼光才能放远,研究方可深入,这是人所共知的常识。知识面应该有多宽呢?当然是越宽越好。季羡林主张,搞人文社会科学的,应该学习一些科学技术知识,精通一门自然科学则更好。因为当今学术发展的大趋势是:边缘学科和交叉学科越来越多,而学科界限越来越混同起来。再像过去那样死守学科阵地,老死不相往来,等于抱残守缺,故步自封,何谈创新?当前西方新的学术流派蜂起,我们也应当加以研究,不能简单地盲从或者拒绝。

外语很重要,现在的世界,不过是一个小小的地球村。这个地球村里住着200多个国家和地区,语言五花八门,不通外语,则无法交流。外语中的英语,是名副其实的世界语,我们必须熟练掌握之,不但要求能读、会译,还要求能听、能说、能写。只有能用英文写论文,你的论文才能走出国门。至于与国外同行交流,参加国际学术会议,不能听说英语,那就是聋子和哑巴。

至于汉语,季羡林为什么也要提出来,是因为他认为我们现在的汉语水平非常成问题,每天出版的报纸杂志,错别字、病句俯拾皆是,简直成了"无错不成书(报)"。这些差错固然有编辑、排版者的责任,文章作者也难辞其咎。要写一篇准确、鲜明、生动的文章绝非轻而易举。因而一定要下大气力提高汉语水平。

从季羡林学术研究发展的轨迹——"由考据到兼顾义理"不难看出,他走的是一条从追究事实真相到探索规律的路子。而他"晚年忽发义理狂",是他多年不懈攀登,"会当凌绝顶,一览众山小"的必然结果。笔者认为,季羡林对20世纪学术的最大贡献,在于他的对古老命题"天人合一"的新解,以及关于和谐三个层次观点、提出"文化交流促进人类社会进步"的理论、关于两种思维方式和东西文化"三十年河东、三十年河西"的论断和东方文化将重现辉煌的预言。这些都是汇通东西,融汇古今,古为今用,洋为中用的大手笔。

季羡林的学术研究,绝不是为学术而学术,用一句时髦的话来说,他是坚持以问题为导向的。是什么问题呢?在晚年,他经常萦绕心头,念念不忘的是关乎人类生存与发展的大问题。首先是人与自然的关系问题。从20世纪80年代中期,季羡林就注意到人类面临诸多巨大的难题:能源匮乏、淡水不足、人口爆炸、环境污染、气候变暖、臭氧层破坏、生态失衡、物种灭绝、新疾病蔓延、自然灾害频发,虽然没有发生世界大战,但局部的、地区性的战乱不息等等。这些问题,是西方文化风靡世界,一味强调发展,对大自然诛求无厌,不计后果造成的。如果这些问题不解决，人类的生存必然出现危机。出路何在呢？季羡林的研究结果是，唯有以东方智慧济西方文化之穷，才能解决这个问题。看一看季羡林对两个口号的比较研究，就一清二楚了。在处理人与自然的关系上，西方提出的口号是"征服自然"；而以中国和印度为代表的东方则主张"天人合一"，季羡林对这个古老命题的新解是"人与自然和谐相处"，在中国宋代有张载提出的"民胞物与"思想。很明显，这不是方式方法之争，而是根本立场之争。季羡林的观点已逐渐得到广泛的认同，并为高层决策者所采纳，科学发展观和美丽中国目标成为我们的指导思想；在国际上成为联合国千年发展计划的重要内容。"天人合一"新论，是季羡林献给全人类的东方文化瑰宝。

他从处理人与自然的关系入手，进一步思索人与人、国与国之间的关系，向西方奉行的丛林法则、地缘政治提出挑战；他从老祖宗那里找到"己所不欲，勿施于人"和"和为贵"的思想；他再进一步，考虑人自身的和谐，提出"和谐"的三个层次的理念，受到党和国家领导的高度重视、充分肯定，贡献足以载入史册。

语言是思想的外化，是人类思维的工具。不同的民族操不同的语言，人们的思维方式是千差万别的。作为语言学家的季羡林发现，人类的思维模式尽管千差万别，但不出分析和综合两种模式。东方文化和西方文化根本的差别在于思维模式的不同，西方主分析，东方主综合。近代以来，主分析的西方思维方式风靡世界，给人类带来了巨大的福利，但也为人类的生存与发展埋下了巨大的危机。季羡林对东方学的最大贡献，当属他对东方文化地位和作用的论述，以及他对东方文化将引领世界潮流的科学预言。

改革开放以来，随着国门的打开，一些人产生了近乎病态的崇洋心理，全盘西化的主张一时甚嚣尘上。在严重地甚至病态地贬低自己文化的氛围中，人们有意无意地抬高西方文化，认为自己一无是处，只有外来的和尚才会念经。季羡林感到深深的忧虑，经过慎重思考，他在1989年写了一篇重要文章《从宏观上看中国文化》。他提出：

探讨中国文化问题，不能只局限于我们生活于其中的这几十年近百年，也不能局限于我们居住于其中的960万平方公里。我们必须上下数千年，纵横数万里，目光远大，胸襟开阔，才能更清晰地看到问题的全貌，而不至于陷入井底之蛙的地步，不能自拔。总之，我们要从历史上和地理上扩大我们的视野，才能探骊得珠。东西两大文化体系之间的关系是互相学习的。仅就目前来看，统治世界的是西方文化。但是从历史上来看，二者的关系可以用一句俗语来概括，这就是"三十年河东，三十年河西"。历史上，东方文化曾经辉煌过，引领过世界潮流。自工业革命以后，西方文化逐渐占了上风。有几千年古老文明的中国，如果还想存在下去，就必须跟上世界潮流。要想振兴中华，必须学习西方，这是毫无疑问的。我们今天要向西方学习，明天仍然要学习。如果故步自封，回到老祖宗走的道路上去，那是非常危险的。但是，人类历史证明，全盘西化，理论上讲不通，事实上办不到。季羡林赞成英国历史学家汤因比关于任何一种文明都不可能万岁的观点，他一针见血地指出："我们自己应该避免两个极端：一不能躺在光荣的历史上，成为今天的阿Q；二不能只看目前的情况，成为今天的贾桂。"

季羡林认为，到了21世纪，"三十年河西"的西方文化将逐步让位于"三十年河东"的东方文化，人类文化的发展将进入一个新时期。原因何在呢？从总体上看，东方思维方式、东方文化的特点是综合；西方思维方式、西方文化的特点是分析。

分析方法曾对科学和哲学的繁荣做过极大的贡献，但决不能无限夸大，因为它正在日益显示其局限性。当代物理学和自然科学的新进展表明，宇宙是一个不可分割的整体，而无限分割的方法与整体论是相悖的。无限可分论是机械论的一种表现。同时，季羡林从一种方兴未艾的新学说——混沌学受到启发。美国学者格莱克写了一本书：《混沌：开创新科学》。混沌学是关于系统的整体性质的科学。它扭转了科学中简化论的倾向，即只从系统的组成零件夸克、染色体或神经元来做分析的倾向，而努力寻求整体，寻求复杂系统的普遍行为。它把相距甚远的各方面的科学家带到了一起，使以往的那种分工过细的研究方法发生了戏剧性的倒转，也使整个数理科学开始改变自己的航向。它揭示了有序与无序的统一，确定性与随机性的统一，是过程的科学而不是状态的科学，是演化的科学而不是存在的科学。它覆盖面之广，几乎涉及自然科学与社会科学的各个领域。为什么在西方文化如日中天光芒万丈的时候，西方有识之士竟然开创了与西方文化背道而驰的混沌学呢？答案只有一个，这就是：这些有识之士已经痛感，照目前这样分析是分析不下去的。必须改弦更张，另求出路，人类文化才能重新洋溢着活力，继续向前。

季羡林得出结论：西方形而上学的分析已经快走到穷途末路了，在它的对立面东方的寻求整体的综合，必将取而代之。以分析为基础的西方文化也将随之衰微，代之而起的必然是以综合为基础的东方文化。这种取代在21世纪中就将看出分晓。这是不以人们的主观愿望为转移的文化发展的客观规律。这里所说的"取代"，并不是"消灭"，而是继承西方文化之精华，在这个基础上把人类文化的发展推向一个更高的阶段。"不畏浮云遮望眼，只缘身在最高层。"季羡林的"河东河西"论一出，立刻引起轩然大波。后来争论逐渐平息，并非季羡林的辩才占了上风，而是历史发展本身，让越来越多的人逐渐看清了这是不可改变的大趋势。这些被称为"季羡林义理"的理论，无疑都是石破天惊的创新。尽管一经提出，就遇到激烈的反对，但季羡林却益发坚定。历史发展的大趋势证明，他是对的。王岳川教授认为：

"季羡林提出'三十年河西,三十年河东'理论,坚持'天人合一'的看法,相信21世纪是中国世纪,强调'西化'必将让位于'东化'的看法,具有相当的前瞻性和战略眼光。""未来文化只能是多元互动的文化,一种对话的生态主义文化。这一语境将使新世纪这个文化出现全新的发展空间……"

前文已经提及,1981年季羡林从一张写有熬糖方法的唐代敦煌卷子着手,经过17年艰苦奋斗,写出一部科学巨著——80余万字的《糖史》,以人们司空见惯、微不足道的糖为媒介,展开了1000多年中印两国,乃至世界各国各民族相互学习,不断创造,文化交往的宏伟画卷,得出了"文化交流促进人类进步"的科学结论。印度学者将这个结论称为季羡林的"地缘文化"论。2016年,笔者参加一次座谈会,印度学者狄伯杰就说:世界不得安宁的根源在于西方的"地缘政治",而季羡林的"地缘文化"可与之抗衡,给人类的未来带来希望。笔者欣喜地看到,季羡林先生的这个重要观点已经走出国门,受到越来越多各国学者的欢迎,相信它必将在"人类命运共同体"的构建中,发挥重要的作用。这是作为学者和教授的季羡林以自己的良知、良能,奉献给他挚爱的祖国乃至整个人类最宝贵的财富。

纵观季羡林先生教书治学的一生,笔者以为,他所坚持的这8个字,"敬业"是前提,"博学"是根基,"求实"是态度,"创新"是目的。前提也好,目的也罢,都是为了使我们的祖国更富强,人民更幸福。总之,季羡林的良能是他做人的良知在一生实践中的具体体现。他的良知、良能是互为表里的。季先生的良知良能,为有志于学的人,树立了一个标杆。

2019年1月10日修订于北京北苑家园绣菊园

附 录

季羡林大事年表

1911 年
8月2日,生于山东省清平县(后划归临清市)官庄村。6岁以前在官庄随马景恭老师识字。

1917 年(6 岁)
去济南投靠叔父季嗣诚,进曹家巷私塾,读《百家姓》《千字文》《四书》等。

1918 年(7 岁)
秋,进山东省立第一师范附设小学。

1920 年(9 岁)
转学到济南新育小学读高小,课余在尚实英文学社学习英文。

1923 年(12 岁)
秋,高小毕业,考入正谊中学。从初中一年级下学期开始学习。课后参加古文学习班,读《左传》《战国策》《史记》等。晚上继续学习英文。

1925 年(14 岁)
夏,父亲季嗣廉在清平县官庄病逝。

1926 年(15 岁)
春,初中毕业后在正谊中学读高中半年。

秋,转入济南北园白鹤庄山东大学附设高中文科班。由于学习成绩优异,受到校长王寿彭表彰。作文《〈徐文长传〉书后》受到王昆玉老师赞扬。自学《韩昌黎集》《柳宗元集》以及欧阳修、三苏的文集,并开始学习德文。

1928 年（17 岁）

5 月，日本军队侵占济南。辍学一年。创作短篇小说《文明人的公理》《医学士》《观剧》，发表在天津《益世报》。署名希逋。

1929 年（18 岁）

秋，转入济南杆石桥山东省立高中继续学习。受业师胡也频影响，阅读马克思主义文艺理论，写过一篇《现代文艺的使命》，因胡先生受到国民党反动派通缉而文章未能发表。在写作方面，受到董秋芳老师指导和鼓励。

这一年，由叔父、婶母包办，与彭德华结婚。

1930 年（19 岁）

翻译屠格涅夫散文《老妇》《世界的末日》《老人》《玫瑰是多么美丽，多么新鲜啊！》等，分别发表于天津《益世报》，济南《国民新闻》《趵突周刊》。

高中毕业，投考邮局邮务生未果。

夏季，同时考取北京大学和清华大学。后入清华大学西洋文学系，专修方向为德文。

清平县政府在季羡林大学学习期间为他提供奖学金。

大学期间，选修法文和俄文。旁听陈寅恪教授的《佛经翻译文学》，选修朱光潜教授《文艺心理学》获益良多，对后来的学术研究产生深远影响。

4 年间，创作散文《年》《回忆》《枸杞树》《母与子》《红》《兔子》《老人》等 10 篇。翻译史密斯、马奎斯、荷尔德林、杰克逊等外国作家的散文和诗歌多篇。协助业师吴宓教授编辑《大公报》文艺副刊。

1933 年（22 岁）

4 月 14 日，女儿婉如出生。

9 月，母亲赵氏在官庄病故，在季羡林心里留下了永久的痛。

1934 年（23 岁）

夏，毕业于清华大学西洋文学系。毕业论文题目是《荷尔德林早期的诗歌》。

秋，应济南山东省立高中校长宋还吾之邀，担任该校国文教员。

1935 年（24 岁）

5 月 15 日，儿子延宗（季承）出生。

秋，清华大学同德国达成协议，交换留学生。季羡林报名被批准，9 月赴德国哥廷根大学，主修印度学。先后师从瓦尔德施米特教授、西克教授学习梵文、巴利文、吐火罗文，同时学习俄文、斯拉夫文、阿拉伯文。继续散文创作。

1937 年（26 岁）

经哈隆教授推荐，兼任哥廷根大学汉学研究所讲师。

1941 年（30 岁）

被哥廷根大学授予哲学博士学位。博士论文题目是 Die Konjugation des finiten Verbums in den Gāthās des Mahāvastu（《〈大事〉颂中限定动词的变化》）。

在博士后的 5 年内，季羡林写了几篇相当长的论文，发表在《德国东方学会杂志》和《哥廷根科学院院刊》上。有《吐火罗文本的〈佛说福力太子因缘经〉诸异本》《中世纪印度语言中词尾 -am 变为 -o 和 -u 的现象》《应用不定过去时的使用以断定佛典的产生时间和地区》等，每一篇都有新的创见。

1945 年（34 岁）

10 月，与其他留学生一起离开德国去瑞士，等待大使馆安排回国。在瑞士将《论语》和《中庸》译为德文。

1946 年（35 岁）

春，经法国、越南、中国香港，回到中国上海。

秋，被北京大学聘为教授兼东方语文学系主任。系主任一职直至 1983 年（"文革"期间除外）。

旅途中写出论文《一个故事的演变》和《梵文〈五卷书〉：一部征服了世界的寓言童话集》。

1947 年（36 岁）

写作论文《从比较文学的观点上看寓言和童话》等。

1948 年（37 岁）

写作论文《〈儒林外史〉取材的来源》《论梵文 td 的音译》等。

10 月，论文《浮屠与佛》发表于《中央研究院历史语言研究所集刊》第 20 册上，论述佛教传入中国的路径问题。

1949 年（38 岁）

发表论文《〈列子〉与佛典》。

写作论文《三国两晋南北朝正史与印度传说》。

10 月 1 日，开国大典，应邀在天安门广场参加观礼。

1951 年（40 岁）

参加中国文化代表团访问印度、缅甸。

译自德文的卡尔·马克思著《论印度》，由人民出版社出版。

1953 年（42 岁）

当选北京市第一届人民代表大会代表。

1954 年（43 岁）

任第二届中国人民政治协商会议全国委员会委员。

任中国文字改革委员会委员。

发表论文《中国纸和造纸法输入印度的时间和地点问题》。

1955 年（44 岁）

作为中国代表团成员，赴印度新德里参加亚洲国家会议。

10 月，赴德意志民主共和国参加国际东亚学术讨论会。

译自德文的《安娜·西格斯短篇小说选》出版。

叔父季嗣诚在济南病逝。

发表论文《吐火罗语的发现与考释及其在中印文化交流中的作用》《中国蚕丝输入印度问题的初步研究》。

1956 年（45 岁）

加入中国共产党。

当选中国亚非团结委员会委员。

任中国科学院哲学社会科学部委员。

译自梵文的迦梨陀娑剧本《沙恭达罗》，由人民文学出版社出版，并由中国青年艺术剧院搬上舞台。

写出论文《原始佛教的语言问题》。

1957 年（46 岁）

论文集《中印文化关系史论丛》，由人民出版社出版。

《印度简史》，由湖北人民出版社出版。

1958 年（47 岁）

《1857—1859 年印度民族起义》，由人民出版社出版。

作为中国代表团成员，赴塔什干参加亚非作家会议。

写出论文《印度文学在中国》《再论原始佛教语言问题》。

1959 年（48 岁）

任第三届全国政协委员。

应邀参加缅甸研究会 50 周年纪念大会，并在会刊发表论文《原始佛教的语言问题》。

译自梵文的印度古代寓言集《五卷书》，由人民文学出版社出版。

1960年（49岁）

北京大学东方语言文学系招收第一批梵文、巴利文本科生，同金克木教授一起为这些学生上课。

写出论文《关于〈优哩婆湿〉》。

1961年（50岁）

该年写了三篇关于泰戈尔的文章：《泰戈尔与中国》《泰戈尔的生平、思想与创作》《泰戈尔短篇小说的艺术风格》。只有最后一篇在当年发表。

1962年（51岁）

应邀赴伊拉克参加巴格达建城1200周年纪念大会，会后参观了埃及、叙利亚。

当选亚非学会理事兼副秘书长。

译自梵文的迦梨陀娑剧本《优哩婆湿》，由人民文学出版社出版。

夫人彭德华和婶母陈绍泽从济南迁来北京。

发表著名散文《春满燕园》。

1963年（52岁）

写出论文《关于巴利文〈佛本生故事〉》和《〈十王子传〉浅论》。

1964年（53岁）

任第四届全国政协委员。

参加中国教育代表团出访埃及、阿尔及利亚、马里、几内亚等国。

1965年（54岁）

季羡林和金克木培养的新中国第一批梵文、巴利文本科生毕业。

写出论文《原始佛教的历史起源问题》。

1966—1976年（55—65岁）

"文化大革命"中受到不公正对待，一度被关入"牛棚"。从1973年起，利用劳动空余时间偷偷翻译印度伟大史诗《罗摩衍那》。

1977年（66岁）

继续翻译整理《罗摩衍那》译稿。这部18755颂、8万行的鸿篇巨制年内完成。

1978年（67岁）

任第五届全国政协委员。

恢复北京大学东语系主任职务。

担任北京大学副校长。

担任北京大学与中国社会科学院合办的南亚研究所所长。1985年北大与社科院分别办所后，继续担任北大南亚研究所所长，至1989年底。

参加对外友协代表团出访印度。

中国外国文学会成立，当选副会长。

发表散文名著《春归燕园》。

1979年（68岁）

受聘担任《中国大百科全书外国文学卷》编委会副主任委员兼南亚文字编写组主编。

中国南亚学会成立，当选会长。

专著《〈罗摩衍那〉初探》，由外国文学出版社出版。

1980年（69岁）

应日本友人室伏佑厚邀请赴日本参加印度学佛学会议。结识日本学者中村元、峰岛俊雄等。

《罗摩衍那》第一卷，由人民文学出版社出版。

散文集《天竺心影》，由百花文艺出版社出版。

8月，被推选为中国民族古文字学会名誉会长。

10月，中国语言学会成立，当选副会长。

通过中国作家协会参加国际笔会。

率领中国社会科学代表团赴德意志联邦共和国访问。在哥廷根拜会恩师瓦尔德施米特教授。

应聘担任哥廷根科学院《新疆吐鲁番出土佛典的梵文词典》顾问。

被任命为国务院学位委员会委员。

散文集《季羡林选集》，由香港文学研究社出版。

1981年（70岁）

散文集《朗润集》，由上海文艺出版社出版。

《罗摩衍那》第二卷出版。

中国外语教学研究会成立，当选会长。

1982年（71岁）

论文集《印度古代语言论集》，由中国社会科学出版社出版。

《中印文化关系史论文集》，由三联书店出版。

《罗摩衍那》第三、第四卷出版。

1983 年（72 岁）

获北京市教育系统先进工作者称号。

当选第六届全国人民代表大会代表。

当选第六届全国人大常委会委员。

在中国语言学会第二届年会上当选会长。

中国敦煌吐鲁番学会成立，当选会长。

《罗摩衍那》第五卷出版。

1984 年（73 岁）

任北京大学校务委员会副主任。

受聘为《中国大百科全书》语言卷编辑委员会主任。

受聘为《中国大百科全书》总编辑委员会委员。

当选中国史学会常务理事。

中国教育国际交流协会成立，当选副会长。

《罗摩衍那》第六、第七卷出版。

1985 年（74 岁）

论文集《原始佛教的语言问题》，由中国社会科学出版社出版。

主持《〈大唐西域记〉校注》，并亲自撰写 10 万字的前言《玄奘与〈大唐西域记〉》，该书由中华书局出版。

赴新德里参加"印度与世界文学国际讨论会暨蚁垤国际诗歌节"。被大会指定为印度和亚洲文学（中国和日本）分会主席。

应中国香港中文大学邀请作《印度文学在中国》的演讲。

组织翻译的《〈大唐西域记〉今译》，由陕西人民出版社出版。

以中国代表团顾问身份赴斯图加特参加第十六届国际历史科学大会。提交论文《商人与佛教》。

当选中国作家协会第四届理事会理事。

中国比较文学学会成立，被推举为名誉会长。

翻译的印度梅特丽耶·黛维的《家庭中的泰戈尔》，由漓江出版社出版。

1986 年（75 岁）

主持中国亚非学会第二届代表会议，当选中国亚非学会副会长。

应聘为中国文化书院导师。

北京大学东语系举行"季羡林教授执教四十周年"庆祝活动。

《印度古代语言论集》论文和《新博本吐火罗文A（焉耆语）〈弥勒会见记剧本〉、1.31/2 1.31/1 1.91/1 1.91/2 四页译释》，同时获得北京大学首届科研成果奖。

应中村元、室伏佑厚邀请赴日本。商谈成立"国际文化交流中心"事宜。在早稻田大学作《东洋人的心》演讲。在日本经济界、学术界集会上作《经济与文化》演讲。

秋，率领中国教育国际交流协会访日赠书代表团访问日本。

参加全国人大常委会代表团访问尼泊尔，参加世界佛教联谊会第十五届大会。在特里普文大学作《中国的南亚研究——中国史籍中的尼泊尔史料》演讲。

受聘为冰岛大学吐火罗文与印欧语系研究顾问。

《季羡林散文集》，由北京大学出版社出版。

1987年（76岁）

应邀参加在中国香港中文大学举行的国际敦煌吐鲁番学术讨论会。会上宣读论文《吐火罗文（焉耆语）新博本〈弥勒会见记剧本〉76YQ1.2和1.4两张（四页）译释》。

《〈大唐西域记〉校注》和《〈大唐西域记〉今译》获陆文星——韩素音中印友谊奖。

《原始佛教的语言问题》获北京市哲学社会科学和政策研究优秀成果奖。

1988年（77岁）

主编《东方文学作品选》（上、下）获1988年中国图书奖。

论文《佛教开创时期一场被歪曲被遗忘了的"路线斗争"——提婆达多问题》，获北京大学科学研究成果奖。

6月，任中国文化书院院务委员会主席。

受聘为文化部"中国文学翻译奖"评委会委员。

受聘为江西人民出版社《东方文化丛书》主编。

11月，应邀赴中国香港中文大学讲学，讲题为：吐火罗文剧本《弥勒会见记》与中国戏剧之关系；从大乘佛教之起源看宗教发展规律。

受聘为重庆出版社科学技术著作出版基金会指导委员会委员。

1989年（78岁）

获中国民间文艺家协会"从事民间文艺工作三十年"荣誉证书。

受聘为重庆出版社《语言·社会·文化》丛书编委会顾问。

获国家语言文字委员会"从事语言文字工作三十年"荣誉证书。

发表题为《从宏观上看中国文化》的演讲，提出：人类的4个文化圈可以分成东方和西方两大文化体系，这两大文化体系之间的关系是互相学习的。仅就目前来看，统治世界的是西方文化。但是从历史上来看，二者的关系是"三十年河东，三十年河西"。

婶母陈绍泽在北京病逝。

1990 年（79 岁）

论文集《佛教与中印文化交流》，由江西人民出版社出版。

《中印文化关系史论文集》获全国首届比较文学图书评奖活动"著作荣誉奖"。

受聘为《神州文化集成》丛书主编。

受聘为河北美术出版社《画说世界五千年》丛书编委员顾问。

当选中国亚非学会第三届会长。

受聘为中国香港佛教法学会《法言》双月刊编辑部顾问。

1991 年（80 岁）

主编《简明东方文学史》获北京大学第三届科学研究著作荣誉奖。

应邀参加中国教育国际交流协会代表团访问韩国。

担任《东方文化丛书》《东方文化集成》主编。

7 月，任北京大学校务委员会名誉副主任。

《佛教与中国文化》获北京市第二届哲学社会科学优秀成果一等奖。

1992 年（81 岁）

发表论文《"天人合一"新解》，主张发扬东方的、中国的"天人合一"传统，人与自然和谐相处。

女儿季婉如在北京病故。

作为中方代表，参加《人民日报》与日本朝日新闻社举办的展望 21 世纪亚洲国际讨论会。

被印度瓦拉纳西梵文大学授予最高荣誉奖"褒扬状"。

1993 年（82 岁）

赴澳门参加东西文化交流国际学术讨论会。

任民盟中央文化委员会副主任。

获北京大学"505"中国文化奖。

受聘为泰国东方文化书院国际学者顾问。

1994 年（83 岁）

主持撰写的《〈大唐西域记〉校注》获第一届国家图书奖（古籍整理类）;译著《罗摩衍那》获第一届国家图书奖（文学类）。

应邀赴泰国参加华侨崇圣大学揭幕典礼,受聘为该大学顾问。

散文《赋得永久的悔》获茅盾文学奖。

获中国作家协会中外文学交流委员会授予的"彩虹翻译奖"。

担任《传世藏书》《四库全书存目丛书》《百卷本中国历史》主编。

被聘为宝山钢铁集团公司宝钢教育基金会顾问。

12月,夫人彭德华病逝。

1995年(84岁)

北京大学季羡林海外基金会建立。

主编《简明东方文学史》获全国高校外国文学教学研究会首届优秀著作奖。

《留德十年》获第二届新闻出版署直属出版社选题奖一等奖。

《中国翻译名家自选集·季羡林卷》,由中国工人出版社出版。

1996年(85岁)

北京大学举办东语系建系50周年暨季羡林教授执教50周年庆祝大会。据不完全统计,50年来该系培养中国特命全权大使20位,出使25个国家。先生作为该系创始人和领路人,功不可没。

《人生絮语》《怀旧集》《我的心是一面镜子》《季羡林学术文化随笔》相继出版。

1997年(86岁)

专著《糖史》由经济日报出版社出版。

主编的《东方文学史》获第三届国家图书奖。

《赋得永久的悔》获鲁迅文学奖。

1998年(87岁)

获伊朗德黑兰大学授予的荣誉博士学位。

《吐火罗文A〈弥勒会见记剧本〉》英译本在德国出版。

《季羡林文集》24卷由江西教育出版社出版。

《牛棚杂忆》由中央党校出版社出版。

1999年(88岁)

应邀赴中国台湾参加人文关怀与社会实践系列学术讨论会。归来写散文《台游随笔》,其中《站在胡适之墓前》获韬奋新闻奖并收入该年度《全国优秀散文选》。

《季羡林文集》获第四届国家图书奖。

获印度文学院授予的名誉院士头衔。

《季羡林散文全编》由中国广播电视出版社出版。

出席纪念"五四运动"80周年国际学术讨论会。

2000年（89岁）

《学海泛槎——季羡林自述》，由山西人民出版社出版。

《糖史》（国内篇）获长江图书奖。

接受德国哥廷根大学授予的博士学位金质证书。该证书专门颁发给在该校获博士学位50年以上，且在学术上做出突出贡献者。

写出《新世纪新千年寄语》等文章，提出："我们人类要同大自然成为朋友。"

会见中国台湾学者马树礼。

2001年（90岁）

《千禧文存》，由新世界出版社出版。

主编《东方民间故事精品评注丛书》（15卷），由辽宁少年儿童出版社出版，并获冰心儿童图书奖。

《季羡林文丛》，由沈阳出版社出版。

北京大学出版社出版《季羡林与二十世纪中国学术》一书，全面总结先生的学术理论。

5月17日，北京大学举办庆祝季羡林先生90华诞暨从事东方学研究66周年大会。国务院副总理李岚清、全国人大常委会原副委员长雷洁琼、外交部部长唐家璇发来贺信。外交部副部长李肇星、中央统战部副部长刘延东以及印度、德国、伊朗驻华大使到会祝贺。

向北京大学捐赠图书、字画、手稿等。

在《漫谈伦理道德》一文中提出"和谐"的三个层次：人生一世，必须处理好三个关系：第一，人与大自然的关系，也就是天人关系；第二，人与人的关系，也就是社会关系；第三，个人身、口、意中正确与错误的关系，也就是修身问题。这三个关系紧密联系，互为因果，缺一不可。

应国家档案局聘请担任中国档案文献遗产工程全国咨询委员会名誉主任委员。

2002年（91岁）

《新纪元文存》，由新世界出版社出版。

10月，写成长文《在病中》，其中郑重提出：辞"国学大师"、辞"学界（术）泰斗"、辞"国宝"。

2003年（92岁）

向清华大学捐赠15万美元，用来建立"季羡林文化促进基金"。

1月27日，教育部部长陈至立看望季羡林。

9月9日，中共中央政治局常委、国务院总理温家宝看望季羡林。

9月18日，《胡适全集》出版暨胡适学术思想研讨会召开，作为主编的季羡林应邀出席大会并讲话。

2004年（93岁）

散文集《清塘荷韵》出版。

9月26日，来自马来西亚、菲律宾、日本、文莱等国家，以及中国香港、台湾地区的华文作家齐聚301医院，为季羡林举行授奖仪式，授予季羡林亚洲优秀作家奖。

当选中国翻译协会名誉会长。

2005年（94岁）

中国孔子基金会成立季羡林研究所。

7月29日，中共中央政治局常委、国务院总理温家宝到医院看望季羡林先生。

2006年（95岁）

《此情犹思——季羡林回忆文集》由哈尔滨出版社出版。

《季羡林谈人生》由当代中国出版社出版。

5月14日，北京大学举行盛大集会"庆祝东方学学科建立60周年、季羡林教授执教60周年暨95华诞"。国务院总理温家宝写来亲笔贺信，赞扬他是"人中麟凤"。

8月6日，温家宝总理到医院看望季羡林先生，祝贺他95岁生日。

受聘为北京2008年奥林匹克运动会中国组委会顾问。

9月，被中国翻译协会授予"翻译文化终身成就奖"。

第十九届世界诗人大会在山东泰安召开，季羡林被大会授予世界桂冠诗人。

12月13日，被北京大学授予"蔡元培奖"。

2007年（96岁）

1月5日，被中央电视台评为感动中国人物之一。感动中国给他的评语是：智者乐，仁者寿，长者随心所欲。曾经的红衣少年，如今的白发先生，留德十年寒窗苦，牛棚杂忆密辛多。心有良知璞玉，笔下道德文章。一介布衣，言有物，行有格，贫贱不移，宠辱不惊。

1月，《病榻杂记》，由新世界出版社出版。

6月18日，香港著名作家金庸夫妇到医院看望先生。

8月6日，温家宝总理到医院看望先生，祝贺他96岁生日。在一次谈话，季羡林提出，国学应该是"大国学"概念。

10月9日，中国香港知名演员林青霞看望先生。

2008 年（97 岁）

5 月 12 日，日本学士院聘季羡林为客座院士。

6 月 6 日，印度外长慕克吉受印度总理辛格委托授予季羡林"莲花奖"。"莲花奖"是印度政府授予在科学、文学、艺术和学术方面取得卓越成就人士的最高荣誉。

6 月 20 日，《中国青年报》报道：季羡林先生向北京大学捐赠稿费 100 万元建立北京大学季羡林奖助学金。

7 月，《季羡林全集》编纂在外研社启动。

8 月 2 日，温家宝总理到医院看望先生，提前为他祝寿。

8 月 4 日，中共中央政治局委员、国务委员刘延东到医院看望先生。

9 月 27 日，哥廷根大学授予季羡林杰出校友荣誉称号。

10 月 23 日，被评为山东"精气神"形象大使。

10 月 28 日，中国香港知名学者饶宗颐看望先生。

12 月，《季羡林谈义理》，由黑龙江人民出版社出版。

2009 年（98 岁）

7 月 11 日上午 9 时，在北京逝世。中央领导人先后到医院送别季老。

后　　记

　　我于1964年秋考入北京大学东语系求学，1970年春毕业离校，在校期间与系主任季羡林先生接触较多。1971年秋—1972年底，回母校进修一年多，有幸成为季先生的亲炙弟子。此后师生一直保持联系，数十年来，季先生的耳提面命，让我终身受益无穷。在先生这里，我找到了做人的标杆和精神家园。多年前，我就有一个心愿，就是把先生的一生忠实记录下来，让更多的读者从中受益。

　　2005年，在我行将退休的时候，大学同窗好友胡光利教授邀我一起编辑季先生的回忆文集《此情犹思》，编书过程中，反复阅读先生的文稿，多次去医院当面聆教，感慨良多，为先生撰写传记的愿望亦愈发强烈。2007年，我把自己的想法报告了先生，征求他的意见。季先生说："你写吧。别人写，你也可以写。你是老实人，不会瞎写。写完可以发表，（稿子）我就不看了。但要记住：不要夸大，也不要缩小，实事求是。"得到先生首肯，我很受鼓舞。我对收集的资料爬罗剔抉，反复甄核，每天写上一两千字，2009年4月，拙作《人中麟凤：季羡林》出版，5月初，给先生送上了样书，并请先生提出意见。

　　就在我一心期待季先生反馈意见的时候，晴天一声霹雳，传来了先生仙逝的噩耗。我痛感那本书无法反映季先生一生的经历和业绩，我和胡光利继续广泛搜集资料和图片，秉持季先生提出的"不要夸大，也不要缩小，实事求是"的原则，合作写出了《季羡林大传》即《早年求学之路》《北大治学生涯》和《最后十年》三部曲，力求全景式反映传主的一生。此书得到季承先生授权，2013年出版后反响强烈，被有的出版单位列为参与季羡林书稿编辑的必读书目，有作家和从事季羡林研究的学者、学生把它作为不可或缺的参考资料，许多读者与我们一道探讨季羡林先生的为人为师为学之道以及传主的心路历程，不少"季迷"因此书与我结为好友。还有一些曾与季羡林先生共事、交往的朋友以及我们的师兄弟姐妹，为我们提供了不少宝贵的第一手资料。深圳大学郁龙余教授则在其大作中这样讲述在书店购得此书时的兴奋和喜悦：

　　　　一次我去深圳中心书城，听到一位女子在念："季羡林第一次访问印度的时候，曾经在孟买……"我回头一看，一对母子坐在地上，手里捧着一本大书。我上去一问，母亲笑着将书的封面亮给我。原来是《季羡林大传》出版了，作者是我的同门师兄胡光利和梁志刚。我兴冲冲地问：在哪个书架上拿的？母亲用手一指，就在附近。我在周围书架上寻找了几遍，没有发现。于是，请书店服务员帮忙。他在电脑上一查，告诉我在哪个书架。我去一找，果然找到，如获至宝，可惜全书共三卷，缺第二卷。我又找服务员，请他查查书店一共有几套书。他一查，说只剩一套了，要我等等那对母子。我在书城逛了几圈，该买的书都装上了推车，回到原处发现两个小时过去了，母子俩仍在读那本书。我上前说，这套书共三本，书城只剩下了一套。你们买不买？如果不买，我想买。母亲看我这么想买，就把书给了我。我说了声谢谢，就去书架边凑齐了一套，推着车直奔收银台去。这是我在买书经历中一段有趣的插曲，也从一个侧面看出，季羡林在民间有多热。（郁龙余、朱璇：《季羡林评传》第245页，山东教育出版社，2016年版）

一晃过去了四五年的时光。这期间，又陆续搜集到一些关于季先生的重要材料。研读季先生跌宕起伏而又波澜壮阔的人生经历，我们又有了一些新的收获。我和胡光利都认为，是应该对季先生的传记做出补充和修订的时候了。感谢华中科技大学出版社给了这样的机会。这部《季羡林全传》是在大传的基础上经增补修订而成的，内容仍然是述而不作，结构则更加紧凑严谨，改为上下两卷。不幸的是，我的合作者、挚友胡光利先生已于2016年冬天驾鹤西去。此书的出版，也是对亡友最好的纪念。

在写作过程中，我们参考了季先生的亲人、朋友、学生的回忆及评论季先生的著作和文章，并采用了他们提供的季羡林先生照片，以及季先生的恩师、好友的照片，在此表示衷心的感谢。感谢我的老上级、老同学毛福民先生拨冗为本书作序。感谢国华羡林（北京）文化发展有限公司王佩芬女士和她的团队为本书出版付出的辛勤劳动。感谢季羡林读书会各位书友的热情鼓励和大力支持。

我和胡光利都深感，季老这一部大书，是我们一辈子也读不完的。而且限于种种主客观条件，此书名曰全传，其实难副。我们的讲述仍有明显缺漏，欢迎广大读者批评指正，我愿意在朋友们和广大读者的帮助下，继续努力查漏补缺，力求准确还原一个真实完整的季羡林先生。

梁志刚
2019年4月于北京

主要参考书目

[1] 季羡林著:《季羡林全集》30卷,外语教学与研究出版社,2009
[2] 季羡林著:《季羡林自述:我这一生》,中国青年出版社,2011
[3] 季羡林著:《季羡林日记:留德岁月》,江西人民出版社,2014
[4] 蔡德贵著:《季羡林传》,陕西师范大学出版社,2010
[5] 蔡德贵编著:《季羡林年谱长编》,长春出版社,2010
[6] 蔡德贵编:《季羡林讲演录》,长春出版社,2010
[7] 蔡德贵编:《季羡林书信集》,长春出版社,2010
[8] 王树英著:《非凡人生:季羡林先生》,新世界出版社,2005
[9] 卞毓方著:《季羡林:清华其神,北大其魂》,江西教育出版社,2007
[10] 卞毓方著:《天意从来高难问:晚年季羡林》,中国文联出版社,2009
[11] 卞毓方主编:《华梵共尊:季羡林和他的家人弟子》,广东教育出版社,2010
[12] 张光璘著:《季羡林先生》,作家出版社,2003
[13] 季承著:《我和父亲季羡林》,鹭江出版社,2016
[14] 郁龙余、朱璇著:《季羡林评传》,山东教育出版社,2016
[15] 于青著:《季羡林画传》,华中师范大学出版社,2006
[16] 张曼菱著:《为季羡林辩:几多风光几多愁》,深圳报业集团出版社,2016
[17] 梁志刚著:《人中麟凤:季羡林》,东方出版社,2009
[18] 饶宗颐等:《永远的怀念:我们心中的季羡林先生》,北京大学出版社,2010
[19] 施汉云著:《我眼中的季羡林》,新世界出版社,2011
[20] 蔡德贵整理:《大国学:季羡林口述史》,陕西师范大学出版社,2010
[21] 吴学昭著:《吴宓与陈寅恪》,清华大学出版社,1992
[22] 陆键东著:《陈寅恪的最后20年》,三联书店,1995
[23] 岳南著:《南渡北归》3卷,湖南文艺出版社,2015
[24] 乐黛云编:《季羡林与二十世纪中国学术》,北京大学出版社,2001
[25] 臧克家等:《人格的魅力——名人学者谈季羡林》,延边大学出版社,1996
[26] 张光璘等:《凡人伟业——中外学人眼中的季羡林》,中国文联出版社,2008
[27] 张世林主编:《想念季羡林》,新世界出版社,2011

[28] 梁志刚选编：《季羡林谈义理》，人民出版社，2010
[29] 王树英选编：《季羡林序跋集》，新世界出版社，2008
[30] 汤一介著：《我们三代人》，中国大百科出版社，2016
[31] 《东方文化集成》编委会编：《集成十年》，北京图书馆出版社，2006
[32] 李长之著：《鲁迅批判》，北京出版社，2011
[33] 叶新校注：季羡林《清华园日记》（全本校注版），东方出版中心，2018